[内部资料　注意保密]

CHINA CONSTRUCTION BANK ALMANAC

中国建设银行年鉴

2015

中国金融出版社

责任编辑：肖丽敏
责任校对：张志文
责任印制：裴　刚

图书在版编目（CIP）数据

中国建设银行年鉴 2015（Zhongguo Jianshe Yinhang Nianjian 2015）/中国建设银行编. —北京：中国金融出版社，2015. 12
ISBN 978 - 7 - 5049 - 8221 - 6

Ⅰ. ①中…　Ⅱ. ①中…　Ⅲ. ①建设银行—中国—2015—年鉴　Ⅳ. ①F832. 33 - 54

中国版本图书馆 CIP 数据核字（2015）第 274471 号

出版发行　中国金融出版社
社址　北京市丰台区益泽路 2 号
市场开发部　（010）63266347，63805472，63439533（传真）
网上书店　http：//www. chinafph. com
　　　　　（010）63286832，63365686（传真）
读者服务部　（010）66070833，62568380
邮编　100071
经销　新华书店
印刷　北京七彩京通数码快印有限公司
尺寸　205 毫米×280 毫米
印张　44
插页　24
字数　1634 千
版次　2015 年 12 月第 1 版
印次　2015 年 12 月第 1 次印刷
定价　139. 80 元
ISBN 978 - 7 - 5049 - 8221 - 6/F. 7781

《中国建设银行年鉴2015》编委会

《中国建设银行年鉴2015》编辑部

本年鉴数据使用责任说明

本年鉴为中国建设银行股份有限公司内部刊物，不对外发行，本年鉴中的部分数据在使用之初仍处于审计过程中，为了在年鉴中真实体现当时数据使用环境的历史面貌，我们保留了这些数据。这些数据与本行公布的招股说明书、定期报告和临时公告有差异的，应以招股说明书、定期报告和临时公告的数据为准。因此，本年鉴使用者不得以任何形式复制、打印、转发、分发或以其他任何方式使用这些数据。如有违反，责任自负。

卷首语

2014年，面对复杂多变的经营环境，建设银行认真贯彻中央决策部署，把握大势、推动转型、克难奋进，实现了规模、质量和效益协调发展。

截至2014年末，集团资产规模达16.74万亿元，较上年增长8.99%；客户存款总额达12.9万亿元，增长5.53%。主要经营指标在同业中保持优良水平。经营收入达5 567.4亿元，较上年增长8.92%；其中利息收入增长12.28%；手续费及佣金净收入占经营收入比重为19.49%；实现净利润2 282.47亿元，同比增长6.1%；平均资产回报率（ROA）、平均股东权益回报率（ROE）、成本收入比等核心财务指标分别为1.42%、19.74%和28.92%，净利息收益率（NIM）为2.80%；不良贷款率为1.19%。市场地位进一步稳固，市值排名回升至全球银行业第四位，品牌价值蝉联国内金融业首位。

第一，支持经济转型，服务大局，体现了责任担当。2014年，建设银行紧密配合国家政策，着力支持国计民生重点领域和薄弱环节，进一步发挥建设银行传统优势，基础设施贷款新增占公司类贷款新增的66%，投向重点在建续建项目、国家重点工程、城镇化和新农村建设等领域。助推“走出去”战略，在自贸区、“一带一路”、沿边开放地区设立专业机构或专业团队，加强境内外联动服务；跨境业务快速发展，跨境人民币结算量居四大行前列。

拓展普惠金融。针对小微企业服务模式落后、成本高、质量差等问题，大力推广助保贷等新的经营模式，以及信用贷、POS贷等小微企业专属产品，持续提升为小微企业服务水平；小微企业贷款结构得到优化，抵押率不断提高。配合商事登记制度改革，着力扶持大众创业和万众创新。探索农村金融服务新模式，通过服务网点结构调整，不断增加县域机构网点数量，加强与供销社等涉农企业和机构的跨界合作，组织综合金融服务，推广手机银行、ATM、POS机等服务方式，连接涉农龙头企业产供销链条，延伸了服务渠道。涉农贷款余额达到1.8万亿元。继续保持住房金融领先优势，个人住房贷款余额达2.4万亿元，房改金融市场占比超过50%。发挥“民本通达”品牌优势，民生领域贷款余额达2 468亿元。

多方挖掘潜力降低企业融资成本。全行认真贯彻落实中央关于解决企业融资难、融资贵问题的指示精神，加强了筹资端的量价策略研究，调整了贷款考核政策，为客户提供包括直接融资在内的多种低成本融资工具。主动减费让利，2014年11月全面实施新版服务价目表，在此前已大幅减免收费的基础上，进一步精简了收费项目，降低了大众服务收费标准。

第二，着力深化改革，边行边试，加快了转型步伐。总行党委成立了全面深化改革领导小组。开展了公司治理机制研究，着手优化子公司治理结构，跟踪研究国企改革动向；梳理形成了党委深化改革和转型发展思路；启动并实施总行本部组织机构集约化改革，初步解决了经营与管理职责不够清晰、专业职能分散等问题。部分分行按照集约化导向，调整优化了部门设置。开展了总行审批事项清理工作，精简下放了46%的审批事项。

完成转型发展的顶层设计。2014 年，集全行之力，组织开展了转型发展规划制订工作，年底正式印发了《中国建设银行转型发展规划》。规划明确了全行到2020 年的发展方向、转型目标、经营导向和实现路径，明确提出了到 2020 年实现“资本充足、结构合理，管理规范、控制有效，功能完善、基础扎实，国内最佳、国际一流”的目标，努力创建最具价值创造力的银行；同时也指出了转型是个不断发展的过程，要求全行上下通过边行边试，在发展中摸索转型、在转型中推动发展。

各分行、各部门按照转型规划的总体思路，主动把转型发展作为经营管理的重要指导，在管理理念、经营策略、资产配置、考核机制、组织架构等方面，不断进行探索和调整完善。有的分行不断优化信贷结构、强化信贷管理，注重企业全量资金管理，努力增加基本结算户。大力推行综合金融服务方案，增强了综合金融服务功能，满足客户各种服务需求。公司板块完成了转型发展的具体路线图，明确了 7 大类 19 项细化目标。总行优化了考核机制，大幅调整和精简指标体系，考核重点进一步向市场表现倾斜，加大市场表现和风险控制指标的权重，等级行指标由 9 个调整为 5 个，KPI 指标由 36 个调整为“8 + 4”模式。在领导班子竞争力考核、等级行考核和 KPI 指标上，突出了转型的导向。

集团综合化经营框架基本形成，非银行金融牌照保持领先。首家获批筹建养老金管理公司；并购期货公司顺利完成，建信期货正式开业，并按照总行对子公司总体要求加快完善和发展；中德住房储蓄银行在中国人民银行、中国银监会等部门的支持下，经国务院批准，纳入国家多层次住房保障体系，获准全国展业，为快速发展打下了政策基础。子公司金融资产翻番，突破 1.2 万亿元，净利润增长 32%。建信信托管理资产规模跃居行业前列；建信基金公募业务规模表现良好；建信人寿保费收入银行系最佳；建信租赁新增租赁资产规模跻身行业前列；建银国际 IPO 承销项目数在香港各大投行中领先。

多功能服务能力显著提升。通过资产管理、投行和子公司的综合化服务，为客户解决融资需求 1.04 万亿元，超过全年贷款新增总额。债券承销金额和收入实现同业“四连冠”。金融市场业务收入增长 19%。托管规模增长 38%，新发基金托管、企业年金和养老金托管等业务规模市场领先。信用卡业务收入、资产质量等 6 项核心指标保持同业领先地位。授信流程优化取得了实实在在的成效，在缩短流程、提高效率、强化实质性风险控制的基础上，有序推进“三授信”。建立了集团并表授信管理制度，开展“百行千户”活动，落实主动授信理念；总行牵头完成全球授信 24 户，已覆盖 6 成海外机构；推动项目评估专业化转型，评估金额提升 21%。工程造价咨询收入居国内造价咨询机构首位。

国际业务发展和转型取得重要进展。2013 年海外并购和新设一级机构 4 家，总数达到 21 家，初步实现了对海外主要市场的覆盖。习近平总书记亲自为新西兰子行揭牌，李克强总理亲自宣布建设银行为伦敦人民币清算行，为全行加快国际化进程奠定了重要基础，也极大地激发了全行努力做好海外业务的积极性和热情。离岸人民币业务快速发展，成功发行了宝岛债、点心债、歌德债、大洋债等。主动融入全球市场，参与国际竞争，落地经营步伐加快，海外机构资产增长34%，净利润增长48%。

第三，转变经营方式，狠抓基础，增强发展后劲。面对激烈的市场竞争，全行各级机构认真落实宏观管理部门、监管部门关于持续稳健经营的要求。总行鲜明地提出了在经营管理上要保持定力、打牢基础，坚持稳健经营、持续发展；在存款上要把重点放在日均指标，不得冲时点；在客户服务上要发挥综合化优势，增加有效产品供给，提高产品覆盖度，增强客户黏合力，不搞“短平快”。通过上述工作，矫正了部分分支机构重时点轻日常、重存款轻客户服务的经营模式，引导全行把工夫下在平时，把主要精力转到打牢客户基础、抓好综合服务上。

转变客户营销和服务方式。全面推进对公业务“三综合”、零售业务“三综合”，大力拓展“三大一高”客户，狠抓基本户和全量资金。落实主办行制度，公司有效客户、个人客户、私人银行客户实现较快增长，单位人民币结算账户增量和增速保持市场优势。推动小微企业业务向“以小为主、以微为重”转变，搭建银政合作平台开展批量营销，全年客户新增同业领先；助保贷等新模式得到了国务院领导同志的肯定。

以客户为中心推动渠道功能转变。网点“三综合”取得新进展，建成综合性网点1.37万个，综合营销团队1.75万个，网点功能逐步向客户营销平台、客户体验平台、产品展示平台转变。深化柜面业务前后台分离，处理效率提高了60%。加快电子银行和自助渠道建设，积极探索智慧银行服务模式。全行离柜账务性交易占比达到88%，其中电子银行账务性交易量占比为47.4%，主渠道地位凸显；手机银行、个人网银、微信银行等新兴渠道发展迅猛，保持市场优势地位。

部门银行问题逐步得到解决，以集团利益最大化为导向的整体协同配合不断加强。近年来，总分行之间、总分行与子公司之间、境内外及各分行之间的业务联动和交叉营销取得重要进展，一点接入、多方协同的联动机制初步形成。母子公司全年业务联动量达到2 492亿元，境内外联动创新和业务合作更加密切，珠三角、京津冀等区域协调委员会联动机制成效显著，集团综合性、多功能优势得到了较好发挥。

第四，做实管控责任，全力以赴守牢风险底线。风险管理体制改革成效显现，按照“风险管理职责进党委”的改革要求，各级分行党委切实承担起风险管控主体责任，形成了风险管控强大的领导力和执行力。总行党委和管理层靠前指挥，召开了十多次风险管控重点分行座谈会和风险处置专题会议，并与地方政府、监管部门、相关企业沟通协商风险处置化解方案；建立总分行领导牵头处置重大信用风险项目机制，其中总行牵头的“三十大”风险项目处置化解率达33%。总分行领导带头落实风险管控责任，在全行起到了重要的示范作用。“信贷风险防控年”活动成效显著，通过盘活、回收、减免息、拍卖、打包转让、核销等多策并举，实现了年度不良贷款控制目标。拨备覆盖率、拨贷比保持了良好的风险抵补水平。

进一步发挥审计、纪检监察、巡视、合规等部门监督检查的作用，组织经营部门全面排查、风控部门滚动排查，及时发现问题、消除隐患、落实整改。2013年加大了对信贷风险、违规经营、违章操作等有关案件的查处力度，对违规、违纪行为严肃责任追究，严厉处理主要责任人员、领导干部和关键岗位的责任人员，发挥了警示教育作用。

着力强化信贷管理和风险内控基础。加强行业和区域信贷政策研究和制定工作，信贷政策更加贴近实际，更好地满足不同区域、不同行业的差别化要求。梳理完善了信贷基本制度，强化信贷管理薄弱环节，印发了贷前和贷后管理、加强信贷文化建设等指导意见，信贷管理“两头轻、中间重”问题开始受到重视。落实审批“三结合”，建设集中放款中心，加强和促进贷前调查和贷后规范管理工作。按照新资本协议要求落实全面风险管理，首批获准实施资本管理高级法。全面推进内控合规体系建设，编制《通用内部控制标准》，制定了海外机构、子公司内控合规指引。

第五，加强党的建设，薪火传承，汇聚全行力量。全行认真学习贯彻习近平总书记系列重要讲话精神，不断巩固和深化教育实践活动成果。按照“三严三实”要求抓整改、转作风。各级领导干部政治意识、大局意识明显增强，思想作风、工作作风、廉政作风进一步转变，想干事、求上进、谋发展的思想意识日益强烈，作风建设取得明显成效。总行党委领导班子教育实践活动“两方案一计划”全面落实，整改措施已完成95%，其余将于2015年整改完成。严格落实“八项规定”精神，认真排查办公用房、公务用车、职务消费、公款出国（境）和企业兼职，从严控制购建项目和装修改造标准，规范外包事项管理。全行招待费、会议费、宣传费和车辆费同比分别下降33.4%、43.2%、21.7%和14.4%。中央督导组对建设银行作风建设工作给予了充分肯定。

全面落实党风廉政建设主体责任。总行党委召开全行视频会议进行布置，制定了落实党委主体责任和纪委监督责任、惩治和预防腐败体系、纪律检查体制改革、巡视等配套制度。按照中央关于加强党员领导干部培训和从严管理干部的要求，总行党委决定每年适时举办各分行、各部门“一把手”培训班，并成功开展了首次培训，反响很好。强化各级领导班子和队伍建设，有计划、有步骤地调整和充实各分行领导干部，配齐配强一级分行领导班子。推进干部年轻化，充实后备干部队伍，加大了各层级干部之间的交流力度。坚持机关人员充实到前台部门和基层的人力资源配置导向，坚持薪酬、职级、培训等向经营一线倾斜的激励导向，不断调动基层员工的积极性，营造基层业务骨干在职业生涯上能干事、干成事的良好氛围。

传承发扬建设银行的优良传统。60周年行庆宣传工作简朴务实、有声有色，通过讲好“建行故事”、传播建行“好声音”，在社会上引起了良好反响，提升了社会声誉，增强了员工的自豪感和使命感。践行社会主义核心价值观，宣传了李红英同志等先进典型。全行创建全国文明单位55个，总数和增量均为同业第一，为全行提供了正能量。各级工会、共青团、老干部工作卓有成效，通过“温暖工程”、帮扶救助、全员健身计划等一系列活动，关心、关爱员工；通过劳动竞赛、青年员工成长帮助计划、创新创效金点子、积分微公益等特色活动，激发了员工参与改革发展的热情。

建设银行的良好业绩得到了市场的高度认可。在国际权威奖项排名中，被英国《银行家》杂志评为世界银行品牌1 000强第二位，被美国《福布斯》杂志评为全球企业2 000强第二位。

2014年的成绩来之不易，得益于党中央、国务院的统揽全局、正确领导，得益于宏观管理部门、监管部门的科学统筹、悉心指导，得益于全行广大干部员工的辛勤工作、锐意进取。目前，建设银行正处于转型发展的重要关口，任务繁重，内内外外的挑战考验我们的勇气、决心和智慧。只要全行上下坚定信心、创新思维、近虑远谋，就一定能够通过转型破解难题，赢得新常态下的新发展！

王洪章

张建国

郭　友

2014年6月13日，董事长王洪章到建设银行宁夏回族自治区分行调研考察工作。

2014年7月10日，董事长王洪章到建设银行湖北省分行视察工作间会见湖北省省长王国生。

2014年7月17日，董事长王洪章与巴西Banco Industrial e Comercial S.A.（巴西BIC银行）控股股东在国家主席习近平与巴西总统罗塞夫见证下签署了《股份交割谅解备忘录》。

2014年11月10日，董事长王洪章在APEC工商领导人峰会全球金融论坛演讲。

2014年11月21日（新西兰当地时间），董事长王洪章在中国建设银行（新西兰）有限公司开业庆祝活动上致辞。

2014年5月15日，行长张建国参加第二届“青年创新建行强”创新创效金点子大赛展示暨青年创先争优表彰（视频）活动，并与“中国建设银行”最美青年员工合影。

2014年8月5日，行长张建国会见神华集团有限责任公司总经理凌文一行。

2014年10月17日，行长张建国参加在北京举办的中国建设银行“客户服务，我最用心”个人客户服务岗位劳动竞赛决赛并为获奖选手颁奖。

2014年12月4日，行长张建国与云南省委书记李纪恒，省委副书记、代省长陈豪座谈。

2014年12月31日，行长张建国赴建设银行北京数据中心视察并慰问全体员工。

2014年4月10日，党委副书记、党校校长郭友出席2014年春季学期（第30期）干部进修班开学典礼并讲话。

2014年5月21日，党委副书记郭友到建设银行湖北省分行调研。

2014年6月26日，党委副书记郭友到深圳视察建设银行首家智慧银行。

2014年8月12日，监事长郭友到哈尔滨培训中心调研。

2014年10月17日，监事长郭友到建设银行辽宁省营口分行调研网点“三综合”建设情况。

2014年2月24日，副行长朱洪波在全行纪检监察工作会议上作工作报告。

2014年3月20日，副行长朱洪波在中国建设银行“养颐无忧”产品发布仪式上致辞。

2014年9月10日，副行长朱洪波会见戴姆勒集团戴姆勒集团全球司库Kurt Schaefer先生。

2014年6月18日，副行长胡哲一出席建设银行上海市分行成为自贸区首批分账核算业务试点银行签约仪式。

2014年8月5日，副行长胡哲一到建设银行吉林省分行调研。

2014年12月18日，副行长胡哲一到建设银行湖北省分行调研“裕农通”业务。

2014年2月26日，副行长庞秀生参观浪潮集团云计算创新中心。

2014年11月5日，副行长庞秀生到武汉南湖数据机房考察投产准备工作。

2014年7月21日，副行长庞秀生到建设银行四川省分行调研并指导工作。

2014年3月25日，副行长章更生到建设银行浙江省分行营业部调研。

2014年7月24日，副行长章更生会见上海国际能源交易中心董事长杨迈军。

2014年11月21日（新西兰当地时间），副行长章更生主持中国建设银行（新西兰）有限公司开业庆祝活动。

2014年2月28日，副行长杨文升到建设银行信用卡中心开展工作调研。

2014年11月4日，副行长杨文升到建设银行广西壮族自治区分行进行工作调研。

2014年12月12日，副行长杨文升到贵州茅台集团调研。

2014年11月27日，副行长黄毅到建设银行广东省分行慰问困难员工及员工家属。

2014年12月9日，副行长黄毅考察建设银行上海市分行员工活动中心。

2014年12月17日，副行长黄毅到建设银行甘肃省分行调研指导工作。

2014年12月17日，副行长余静波出席建设银行北京市分行与中央国家机关住房资金管理中心举行的全面加强住房资金业务合作协议暨住房公积金贷款、归集业务合同签署仪式。

2014年12月30日，副行长余静波到建设银行北京智慧银行调研。

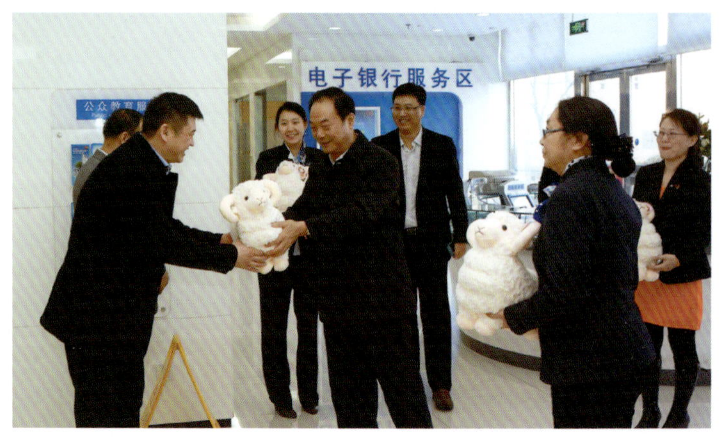

2014年12月31日，副行长余静波慰问建设银行北京市右安门支行一线员工。

目 录

002 第一部分 战略决策与战略管理
004 董事会的改革与成就
009 监事会的改革与成就

014 第二部分 战略部署暨文献资料
016 锐意深化改革 加快转型发展 持续创造新的竞争优势
王洪章（2014 年 1 月 22 日）
025 保持政策定力 打牢经营基础 在转型中实现良性发展
王洪章（2014 年 4 月 17 日）
032 沉着应变 主动作为 以转型破解难题推动科学发展
王洪章（2014 年 8 月 7 日）
039 在中国建设银行成立 60 周年座谈会上的讲话
王洪章（2014 年 9 月 29 日）
042 赓续传统 锐意改革 砥砺奋进 携手共铸建设银行更加辉煌的明天
王洪章（2014 年 9 月 30 日）
047 坚持发展 严控风险 全力以赴争取良好市场表现
王洪章（2014 年 10 月 31 日）
054 强化经营 稳中求进 不断提升发展能力
张建国（2014 年 1 月 22 日）
061 增强危机意识 强化风险管控 全力保障资产质量稳定和运营安全
张建国（2014 年 3 月 11 日）
069 坚定发展信心 强化执行能力 全力做好下半年经营管理工作
张建国（2014 年 8 月 7 日）
075 在总行机关保密专题党课上的讲话
张建国（2014 年 9 月 10 日）
079 认清形势 扎实工作 努力完成全年经营目标
张建国（2014 年 10 月 31 日）
084 在2014 年全行审计工作会议上的讲话
郭 友（2014 年 4 月 2 日）
087 在战略与创新专题研讨暨夏季工作座谈会上的总结讲话
郭 友（2014 年 8 月 8 日）

088 在党校2014年秋季学期（第31期）干部进修班开学典礼上的讲话
郭　友（2014年9月10日）
090 在总行巡视工作培训班上的讲话
朱洪波（2014年2月25日）
092 在综合金融服务和供应链金融服务动员部署（视频）会上的讲话
朱洪波（2014年7月2日）
098 在部分分行信访维稳工作座谈会上的讲话
朱洪波（2014年10月16日）
0101 在2014年夏季海外工作座谈会上的讲话
胡哲一（2014年8月11日）
108 在全行理财业务推动（视频）会上的讲话
胡哲一（2014年8月21日）
112 在一级分行党委书记及总行部门总经理专题培训班上的讲话
胡哲一（2014年11月20日）
132 坚持价值导向　推进转型创新　全面提升计财管理能力
庞秀生（2014年2月27日）
141 在2014年夏季海外工作座谈会上的讲话
庞秀生（2014年8月12日）
143 在大数据应用高级研修班上的讲话
庞秀生（2014年9月24日）
145 在全行对公业务转型视频会上的讲话
章更生（2014年1月3日）
153 加快转型　夯实基础　推动对公业务健康快速发展
章更生（2014年4月9日）
163 在对公业务风险管控专题视频会上的讲话
章更生（2014年12月2日）
171 主动授信　严格审批　全面提升授信审批工作的价值贡献
杨文升（2014年3月11日）
179 紧跟市场　加快转型　提升能力　推动零售和电子银行业务再上新台阶
杨文升（2014年4月10日）
187 在2015年个人业务旺季营销启动会上的讲话
杨文升（2014年12月5日）
194 在第二届“青年创新建行强”创新创效金点子大赛颁奖展示暨青年创先争优表彰活动上的讲话
黄　毅（2014年5月15日）
196 深入学习贯彻习近平总书记系列重要讲话精神　着力推动机关党建各项工作迈上新台阶
黄　毅（2014年8月1日）
200 尽职尽责　发挥作用　为全行业务健康发展作出更大贡献
余静波（2014年4月2日）

208 第三部分　改革发展与内部管理
210 一、改革创新与业务发展
210 资产负债管理
213 财务会计管理
217 股权与投资管理
219 公司业务
223 战略客户业务
226 机构业务
229 小企业业务
232 养老金业务
234 投资托管业务
237 结算与现金管理业务
239 个人存款与投资业务
242 财富管理与私人银行业务
243 住房金融与个人信贷业务
246 信用卡业务
248 网络金融业务
251 金融市场业务
253 投资银行业务
255 国际业务
258 渠道与运营管理
260 数据管理
263 信息技术管理
265 战略规划及研究工作
268 子公司改革发展与内部管理
274 海外机构
281 二、内部管理与风险控制
281 办公自动化与基础工作管理
286 风险管理
289 信贷管理
291 授信审批管理
293 内部审计
296 内控合规管理
299 产品创新与管理
301 法律事务
304 安全保卫
306 采购工作
309 新一代核心系统建设推进工作
313 三、党建工作与队伍建设
313 人力资源工作
317 反腐倡廉与纪检监察工作

319 公共关系与企业文化建设
321 离退休人员管理工作
322 总行机关党建工作
326 党校（高级研修院）培训工作
328 工会（团委）工作

332 **第四部分　境内分行改革与发展**
334 北京市分行
336 天津市分行
339 河北省分行
342 山西省分行
345 内蒙古自治区分行
347 辽宁省分行
351 吉林省分行
354 黑龙江省分行
356 上海市分行
359 江苏省分行
362 浙江省分行
364 安徽省分行
367 福建省分行
370 江西省分行
373 山东省分行
376 河南省分行
379 湖北省分行
381 湖南省分行
384 广东省分行
387 广西壮族自治区分行
390 海南省分行
392 重庆市分行
395 四川省分行
399 贵州省分行
402 云南省分行
406 西藏自治区分行
407 陕西省分行
410 甘肃省分行
413 青海省分行
416 宁夏回族自治区分行
419 新疆维吾尔自治区分行
422 深圳市分行
425 大连市分行
428 宁波市分行

431 厦门市分行
435 青岛市分行
438 苏州分行
441 哈尔滨培训中心
444 常州培训中心

448 **第五部分 综合统计**
450 中国建设银行股份有限公司资产负债表
451 中国建设银行股份有限公司利润表
452 中国建设银行股份有限公司现金流量表
454 中国建设银行存、贷款主要指标统计表（人民币）
454 中国建设银行存、贷款主要指标统计表（外币）
455 中国建设银行个人贷款主要指标统计表（本外币）
455 中国建设银行各分行存款主要指标统计表（本外币）
457 中国建设银行各分行贷款主要指标统计表（本外币）
459 中国建设银行各分行国际结算业务量情况统计表
460 中国建设银行各分行中间业务收入情况统计表（本外币、境内）
461 中国建设银行各分行借记卡主要指标统计表（本外币）
462 中国建设银行各分行信用卡主要指标统计表（本外币、境内）
463 中国建设银行各分行电子银行业务主要指标表（本外币）
464 中国建设银行100个中心城市行各项存款综合排名表（本外币）
466 中国建设银行100个中心城市行各项贷款综合排名表（本外币）
468 中国建设银行各项存款市场占比表（本外币、分地区）
469 中国建设银行各项贷款市场占比表（本外币、分地区）

470 **第六部分 专题与调查研究**

一、专题研究（此部分见光盘）

战略规划管理及子公司战略实施调研报告
监事会调研组
产能过剩行业信贷管理调研报告
监事会调研组
美国银行信贷管理做法及启示
总行信贷管理部 信贷管理跟岗培训小组
国库现金管理中商业银行的选择策略
总行机构业务部
美国银行现金管理业务经验分享报告
总行资金结算部 全丽萍 张宇
民间融资风险传染的法律机制及对策研究
总行法律事务部课题组
商业银行纪检监察特派员效能研究
总行纪委、监察部课题组

赴美国银行学习跨文化管理情况的报告
总行公共关系与企业文化部 跨文化经验分享项目组
关于农产品物流产业链金融商业模式的探讨
河南省信阳分行课题组
基层共青团组织如何赢得“80/90后”青年员工
四川省分行　高贺军
甘肃分行员工满意度、忠诚度、幸福度调查报告
甘肃省分行　王文永　张新起　蔺文辉

二、市场研究（此部分见光盘）

SHIBOR定价模型研究
总行金融市场部　郑葵方　胡珊珊　路思远
大资管时代商业银行SWOT分析及应对策略
河北省分行　刘超
河北分行统筹推进电子商业汇票业务跨越发展
河北省分行　梁会丽
河北私人银行客户养老需求分析与思考
河北省分行　王世荣　董晓葵　甄莉　宋丽
关于在上海设立人民币资金交易中心的可行性及给我行带来的业务机会
上海市分行　张文倩　黄鑫
做强县域市场是转型发展的战略选择
——安徽省分行实施推进县域支行发展战略情况调研
安徽省分行　凌云
光伏产业发展分析及信贷策略
江西省分行课题组
互联网金融发展与商业银行对策的研究
江西省分行课题组
中小城市房地产市场走势对银行业的影响
——以河南省部分中小城市为例
河南省分行　吕斌　杜晨曦
建行与企业财务公司合作探讨
广东省分行　易景安
贵州分行煤炭行业信贷业务调研报告
贵州省分行调研组
新疆维吾尔自治区分行关于新疆生产建设兵团电力行业研究的报告
新疆维吾尔自治区分行　张辉
新疆维吾尔自治区分行关于国储棉政策变化对新疆棉花产业影响的研究
新疆维吾尔自治区分行　张辉　赵亮　李琳
关于新疆维吾尔自治区银行业反恐怖融资内控机制的研究
新疆维吾尔自治区分行　李增林　邓德山
利率市场化对商业银行财务状况的影响研究
宁波市分行课题组
宁波市房地产信贷的风险防控与持续发展实证研究
宁波市分行课题组
微信银行的探索与展望
深圳市分行

把握行业本质　优选客户项目
——现代煤化工行业客户和项目选择策略
总行授信审批部　贾鹏
把握好船舶行业复苏中的业务机会
总行信贷管理部　李钢

472 三、风险管理研究
472 如何破解贷后管理痼疾
总行风险管理部
476 关于全行担保圈贷款风险专项排查情况的报告
总行信贷管理部　阎妍
483 民营企业风险排查及分析报告
总行信贷管理部　韩喜汶
492 小企业信贷业务风险成因分析及相关措施和建议
总行小企业业务部　杨寒
497 浅析信贷企业涉及民间借贷的甄别与防范
福建省分行　连育青
502 山东省分行担保圈风险管控研究
山东省分行风险管理部课题组
507 新形势下强化内部控制的思考
总行内控合规部　安瑛晖
510 经济“新常态”下信贷欺诈特征及防范
总行授信审批部　周巍

514 四、业务探讨
514 重温邓小平金融理论　深化商业银行改革实践
行长办公室党支部理论组
520 发挥计算机技术优势，强化内部审计职能
总行审计部　王一专　赵耀
525 雾霾经济营销策略建议报告
总行公司业务部　行业管理处
532 美国银行的网络精准营销及启示
总行网络金融部　李彬
534 浅析中国 ATM 市场的国产化发展和应对策略
总行采购部　杜芳
537 抓住移动金融发展机遇　推进金融 IC 卡应用的思考
天津市分行　霍军　吕涛　刘任博　吴非娜
539 我行新型结算产品应用及发展研究
天津审计分部　马泽娟　杜玉清　邢峥　朱佳
544 住房公积金异地互贷业务产品创新的探讨
天津市分行　邵四华
546 抓住我市电子信息产业转型机遇　促进信贷结构调整
天津市分行　王宝铭　胥建　刘芳　李爽
553 关于银行拓展网络金融市场的思考
浙江省湖州分行　赵宁　耿桂明
556 营业网点综合化建设对提高新增对公账户存款贡献度的思考
福建省分行营运管理部课题调研组

559 关于发展个人支农贷款的调研
山东省菏泽分行　郭占军　李军
561 关于发展跨境电子商务的思考
河南省分行　王会昌　河南省东区分行　刘海波　王君
565 建行创新能力提升研究
广东省分行　沈奕明
571 跨境融资租赁业务初探
海南省分行　蔡雄　王美琼　姚芙蓉
574 人民币存贷款主要定价政策参考
云南省分行　周子喻
581 金融支持新型城镇化建设思考
青海省分行　李振宇　申顺
586 县支行个人贷款业务发展浅析
——以建设银行青海省分行为例
青海省分行　吕建萍
588 普惠金融视角下国有大型银行发展小微金融的启示
——基于国际实践经验与宁波区域探索的比较研究
宁波市分行　施立可
591 浅析国内人才测评业务发展趋势及其对工作的启示
常州培训中心　伍晓燕
595 五、高层论坛
595 培育优秀建行文化　建设国际一流银行
中国建设银行董事长　王洪章
600 加强三个能力建设　勇担大型银行责任
中国建设银行董事长　王洪章
602 现代银行制度的实践与探索
中国建设银行副行长　庞秀生
606 建设银行云计算数据中心及运维体系建设实践探讨
总行信息技术管理部总经理　金磐石
609 以创新转型推动信用卡跨越式发展
总行信用卡中心总经理　段超良
612 新常态下商业银行发展普惠金融对策研究
内蒙古自治区分行行长　邱书民
615 关于通过市政债方式支持城镇化建设的思考
江苏省分行行长　杨毓
620 加快十大转型　构筑发展新优势
河南省分行行长　石亭峰
624 融资融智，助力“丝路经济带”文化建设
甘肃省分行行长　艾尔肯·艾则孜

628 第七部分　大事记
630 领导重要活动类
646 机构及人事类
649 会议类

659 业务类
668 综合类

674 **第八部分　附录**
676 2014 年建设银行董事会成员名录
677 2014 年建设银行监事会成员名录
678 2014 年建设银行总行党委成员名录
679 2014 年建设银行总行高管人员名录
680 2014 年建设银行总行部门领导名录
690 2014 年建设银行分行领导名录
701 2014 年建设银行境内子公司负责人名单
702 2014 年建设银行境外机构负责人名单
703 2014 年建设银行审计机构负责人名单

CHINA 中国建设银行年鉴
CONSTRUCTION BANK ALMANAC
2015

第一部分　战略决策与战略管理

董事会的改革与成就

2014年，面对复杂多变的经营环境，建设银行董事会（以下简称董事会）持续完善公司治理，着力开展重大问题研究，推动战略转型发展，加强风险内控管理，强化服务国家建设、防范金融风险、参与国际竞争三个能力建设，提高银行经营绩效、管理能力和市场形象不断提升。

经过董事会、监事会、管理层和全行38万员工的共同努力，2014年，建设银行总资产规模突破16.9万亿元，净利润达2 283亿元，同比增长6.1%，不良贷款率、资产回报率（ROA）、股东权益回报率（ROE）、每股收益和资本充足率等多项核心指标领先同业。

建设银行良好的经营业绩得到了市场的高度认可。市场地位进一步稳固，市值排名回升至全球银行业第四位，品牌价值蝉联国内金融业首位。在国际权威奖项排名中，被英国《银行家》杂志评为世界银行品牌1 000强第二位，被美国《福布斯》杂志评为全球企业2 000强第二位。

一、持续完善公司治理

健全的公司治理是银行战略明晰、经营稳健、效益良好、服务优良的根本保证。董事会始终致力于不断完善结构合理、机制健全、制度严密、运转高效的公司治理体系，努力探索公司治理的最佳实践。

（一）严格执行股东大会决议

2014年，股东大会审议通过了董事会报告、监事会报告、财务决算方案、利润分配方案、固定资产投资预算、股东大会对董事会授权方案及选举董事和监事九项议案。作为股东大会的执行机构，董事会遵照法律法规的有关规定，严格执行股东大会各项决议，组织实施2013年度分红派息工作，派发现金股息750.03亿元，为股东带来了丰厚回报；认真执行固定资产投资预算，充分发挥资源的配置作用，支持战略转型和渠道建设；顺利完成2014年度外部审计师的聘任工作，在提升外部审计服务质量的基础上，有效地节省了审计费用。严格执行股东大会决议，切实维护了股东权力的有效行使，保障了股东的合法权益，保证了公司治理体系依法有序运行。

（二）积极履行决策职能

董事会把握大势，积极履行决策职能，充分发挥战略决策作用。年内，董事会共召开定期会议和临时会议7次，审议议题53个，内容涵盖转型发展、资本规划、风险管理、海外发展、投资并购、高管聘任、薪酬考核、授权管理和优先股发行等多个方面。积极审慎地作出各项决议，综合体现了董事会对宏观经济形势、银行经营管理等方面的战略思维和判断，引领新形势、新常态下的建设银行改革和发展方向。董事会战略发展、审计、风险管理、提名与薪酬和社会责任与交联交易5个专门委员会共召开会议26次，审核、听取和讨论议题共195项，为董事会战略决策提供了有力支持。全体董事会成员认真履职尽责，按时与会、积极决策，2014年会议出席率均为100%。

（三）持续完善授权体系

完善的授权体系是公司治理高效有序运行的基础性制度保障。2014年，董事会以提高决策效率、完善运行机制为重点，结合银行自身公司治理实践和业务发展需要，对公司治理各层级授权事项进行全面梳理，完善原有股东大会对董事会授权方案、董事会对行长授权方案，并将部分董事会决策事项授权至各专门委员会，重点调整了战略发展委员会和管理层对单个股权投资项目的审批权限，增加了董事会相关专门委员会在董事会成员多元化、IT架构、会计基本政策、风险政策和消费者权益保护等方面的职责。经过此次授权体系的完善，建设银行股东大会对董事会、董事会对委员会和董事会对行长的多层次授权体系日趋成熟，在依法合规、加强监督与风险可控的前提下，及时满足经营发展的需要，兼顾约束制衡与成本效益，有效提升了公司治理体系的运行效率。

（四）加强董事会制度建设

董事会注重加强制度建设，通过强化会议计划性管理，建立与管理层及其所辖机构的沟通制度，充实有关专门委员会职能，不断优化董事会运行效率。为加强会议计划性管理，董事会在年初即确定全年的会议日程，并向全行征集议题计划，会议日程一经确定便不变更，各项待审议题按计划上会，无特殊情况一般不再另行召开董事会会议。2014 年，建设银行召开董事会会议 7 次，在上市同业中会议次数最少，审议效率最高，计划性管理成效显著。为加强与管理层的沟通联系，董事会制定了《董事会与管理层及其所辖机构联系制度》，规定与管理层及其所辖机构日常联系的原则、内容和方式，确保信息的快速传递、顺畅沟通和及时决策。依据有关监管要求和公司治理实践，在吸收借鉴国内外同业先进经验的基础上，关联交易控制委员会增加了社会责任方面的职责，以更好地开展履行企业公民责任、保护消费者合法权益等工作。

（五）提升董事会成员履职能力

2014 年，董事会成员尽职尽责，持续提升履职能力。为及时掌握国内外宏观经济形势和分支机构的经营管理情况，董事会成员先后赴江苏、福建、河北、山东、内蒙古、上海和贵州等境内分行进行专题调研，以战略研究为重点，内容涵盖经营模式和盈利模式转型、风险管理、产品创新、资本管理和子公司管理等多个方面。为加快海外战略的推进，董事会成员前往中国香港以及新西兰、英国和澳大利亚等境外机构进行考察，拜访当地监管部门和金融机构，深入了解当地金融业的运营状况，获取国际经济金融最新信息，为科学决策提供信息支持和依据。此外，董事会成员还定期参加监管机构和本行组织的各类培训，及时掌握公司治理、监管法规和市值管理等方面的最新变化和进展，不断提升履职能力。

二、全面推进战略转型

围绕“综合性、多功能、集约化”的发展战略，董事会制订转型发展规划，加强资本管理，完善海外战略布局，加快综合化经营步伐，关注信息科技建设，推动银行转型发展。

（一）研究制订转型发展规划

针对国际、国内经济金融形势发生的深刻变化，银行业面临改革持续深化、监管要求升级、金融“脱媒”提速、市场竞争加剧、改制红利式微等严峻挑战。在年内历次董事会会议上，董事会均听取宏观经济形势报告，深入分析宏观经济金融形势及货币政策、财政政策变化的影响，研究判断建设银行面临的机遇和挑战。为了积极研究经营发展中面临的重大问题，探索转型发展方向，董事会还专门召集两次重大事项讨论会，就转型发展和业务创新等重点内容进行研讨，提出应对策略。经过大量调查研究和反复论证，董事会指导制订了《中国建设银行转型发展规划》，规划全行到2020年的发展方向、转型目标、经营导向和实现路径，确定了“资本充足、结构合理，管理规范、控制有效，功能完善、基础扎实，国内最佳、国际一流”的目标，明确了“向综合性银行集团转型，向多功能服务转型，向集约化发展转型，向创新型银行转型，向智慧银行转型”的方向，全力增强建设银行竞争优势和价值创造能力，实现稳健可持续发展。

（二）加强资本管理

根据外部环境和监管政策变化，结合建设银行经营发展的需要，董事会一方面大力推进资本节约措施的落实，在外部筹资最少的情况下保持了资本充足率同业优势，另一方面积极研究新资本工具发行，拓宽资本补充渠道，为业务发展提供充足的资本储备。2014 年，董事会审议通过了在境内外发行减记型二级资本工具议案，授权管理层综合考虑资本需求、市场环境和投资者需求等因素，灵活把握发行时机，于 2015 年末前发行不超过 380 亿元人民币二级资本工具。董事会积极探索境内外发行优先股，建议股东大会批准在境内发行优先股不超过600亿元人民币和境外发行优先股不超过200亿元人民币。此外，董事会重视股东投资回报和募集资金的规范管理，制订了《2015—2017年股东回报规划》、《优先股发行摊薄即期回报的影响及填补措施》和《募集资金存储及使用管理办法》，将建设银行持续发展、资本管理与股东整体利益予以统筹兼顾。

（三）完善海外战略布局

根据海外发展战略总体部署，董事会密切关注海外发展规划执行情况，评估分析海外业务发展现状，研究海外业务发展的重点问题，进一步提升海外机构的管理能力和盈利能力。董事会积极推进海外机构的布设，审议批准了在欧洲五国设立经营性机构、在瑞士和伦敦设立分行及收购印度尼西亚Windu银行股份的议案。在董事会的推动下，澳门分行、新西兰子行和多伦多分行相继成立，迪拜子行转为分行，巴西子行顺利并表，伦敦子行成功申请获得人民币清算行资格。2014年末，建设银行海外机构总数达到了21家，覆盖全球20个国家和地区，跨时区、跨地域、多币种、24小时不间断的全球金融服务网络体系已初步建成。一般性外币存款新增、转贷款余额和国际结算量等多项业务指标居同业前列，海外业务规模、全球综合金融服务能力显著提升。

（四）完善综合化经营平台

以成为功能齐全、领先同业的综合金融服务提供商为目标，董事会持续推动完善综合化经营平台，非银行业金融牌照保持同业领先。年内，董事会密切关注子公司业务发展情况，加强业务发展评估，强化目标管理和激励约束，推动集团成员之间建立更加紧密的战略协同机制；批准设立养老金管理公司，整合现有养老金业务资格和业务功能，打造国内首家综合性、市场化和专业化的养老金资产管理机构，充实丰富子公司经营领域；通过向建信租赁增资等举措，促进子公司业务保持持续快速增长，市场排名不断提升，发展实力不断增强，进一步向集团综合化经营和管理的目标迈进。

（五）持续加强信息科技建设

董事会高度重视信息科技建设，强调其在转型发展过程中的基础保障作用，积极稳妥地推动“新一代”核心系统上线运行。年内，董事会多次听取“新一代”核心系统工作进展情况汇报和信息科技风险管理情况报告，明确要求加强各信息系统的对接融合，建立统一、稳定、高效的基础设施，持续提高信息系统开发应用能力；加快建设大数据开发与分析中心，深化大数据运用，提升智慧银行水平；完善风险管理系统建设，防范信息科技风险；关注“新一代”核心系统关联交易功能建设，确保系统平稳上线切换；加强与互联网企业的合作，吸收借鉴其先进的技术和理念。

三、不断增强风险内控能力

2014年，伴随“三期叠加”影响逐步深入，国内经济进入“新常态”，银行业风险暴露加快，不良贷款反弹，处置难度明显上升。董事会严格遵循境内外监管要求，强化信贷资产质量管控，完善全面风险管理，加强集团层面并表管理和内部控制体系建设，不断增强风险内控能力。

（一）强化信贷资产质量管控

2014年，董事会密切关注全行资产质量变化情况，加快重点领域风险处置化解，加大不良贷款处置力度。董事会重点关注长三角、珠三角等地区，制造业、批发零售业等行业，贸易融资、保理、承兑等产品的风险管理状况；加强政府融资平台贷款风险管理，跟踪、调整贷款投放和管理政策，做好地方政府性债务确权工作；加强房地产信贷业务风险防范，做好行业风险排查，严控房地产开发贷款增长，优化房地产开发类信贷结构；加强产能过剩行业贷款风险管理，提高准入标准，做实风险缓释，加强贷后管理；加强压力情景下信贷资产质量分析，对风险集中的行业和区域、地方政府平台、房地产行业和民营企业等风险敞口加强管理。2014年末，全行不良贷款率为1.19%，完成年度经营计划设定的目标，在同业中继续保持较低水平。

（二）提升全面风险管理能力

为提升市场竞争力与风险管控水平，董事会持续推进全面风险管理，督促管理层对集团主要风险进行全面量化分析和评估，涵盖信用风险、市场风险、操作风险、流动性风险和声誉风险等。同时，伴随海外发展战略的推进，董事会关注海外机构风险状况，在深入研究国别风险的范畴、识别、计量、限额管理等方面的基础上，审议通过《国别风险管理政策》，充实扩展了风险管理范畴，提升了全面风险管理能力。

（三）加强集团层面风险管理

围绕综合化经营战略目标，董事会不断加强集团层面并表管理和风险管理。董事会注重完善集团层面统一授信，健全覆盖表内外、境内外、本外币和母子公司的全面风险管理体系建设，深入研究子公司跨业经营特点，对集团内6家主要子公司、27家村镇银行的主要风险进行试评估，提升风险评估准确程度，促进集团层面的风险管理不断改进完善。此外，董事会还对2013年并表管理计划的执行情况和2014年并表管理工作的要点进行了专题研究，提出持续丰富并表管理工具，改进并表管理手段，推动管理层健全防火墙和集团内部风险隔离机制，强化对大额风险暴露、内部交易的风险管控，确保发展战略、风险偏好在集团范围内得到贯彻落实。

（四）完善内控体系建设

根据中国银监会《商业银行内部控制指引》等有关监管要求，结合建设银行的实际情况，董事会持续完善内控体系建设，进一步加强内控管理，推动内控各项工作的制度化、规范化。年内，董事会指导制定了《内部控制评价办法》、《内部控制缺陷认定标准》、《2014年度境内一级分行内部控制评价方案》和《柜面业务内控合规指引》等多个制度办法；密切关注内部控制评价工作进展，并及时听取情况报告；充分研究海外机构所在国内控合规管理监管要求，避免因国内外监管要求差异而出现的偏离；重视内外部审计过程中的内控发现及整改建议，关注内控整改措施的落实，确保审计发现事项的整改质量和效率。

（五）推动资本管理高级方法实施

董事会高度重视资本管理高级方法的实施工作。在董事会的推动下，建设银行于2014年4月获准实施资本管理高级方法，成为首批实施资本管理高级方法的银行之一。针对中国银监会提出的资本管理高级方法实施中存在的问题，董事会持续跟踪和督导整改落实情况，涉及资本配置机制、高级方法实施的评价机制、分支行落地实施的考核机制、计量模型的持续监测和优化机制、数据质量和IT系统支持机制和风险计量团队的保有机制六个方面。董事会还多次听取信用风险内部评级体系等高级方法的运行情况报告，对其有效性进行重点检查，专题研究高级方法实施进展情况。资本管理高级方法在业务管理中的推广和应用，有力地推动了全行经营模式的转变和风险管理能力的提升。

四、持续提升良好市场形象

董事会持续保持与监管机构的良好沟通，关注中小股东诉求，提升银行市场形象，积极维护与投资者的关系，高质量地完成信息披露工作。

（一）坚持高质量的信息披露

2014年，董事会将信息披露视为与股东进行沟通的重要渠道，秉承依法合规和最大限度地维护银行利益的原则，及时、准确和完整地披露公司治理、经营管理、财务业绩等方面的信息。2014年，共发布定期报告4次，临时公告55次，涉及信息披露文件203份，完成各类权益申报事项88项。此外，董事会还注重加强信息披露的制度建设，健全内部信息披露工作流程，提高工作效率，保证工作质量；提升集团信息披露工作的协同性，指导协助子公司向证券交易所的信息报备；做好内幕知情人管理、静默期实施安排。2014年，建设银行保持信息披露文件零差错，证券监管零违规、零质询和零处罚，得到监管机构、投资者和分析师的高度认可。

（二）加强市值研究和投资者管理

2014年，受全球宏观经济金融形势、资本流动及市场预期等多种因素影响，境内外资本市场波动较大，银行市值管理的困难和挑战显著增加。董事会指导和部署市值研究和投资者沟通工作，合理引导市场预期。全年日常接待国内外机构投资者与分析师来访750多人次，处理550余次投资者来电和1 100余次投资者邮件，定期向市场主要分析师和机构投资者发送《公司通讯》和《行业研究报告》；加强股价监测，编制《股价变动监控报告》；组织市值管理培训，内容涵盖宏观经济走势、资本市场、投资者行为、股价驱动因素、危机管理和境外监管要求等方面，努力在全行树立和普及上市公司观念、公司治理理念和市值管理意识。

（三）出色组织 APEC 相关活动

作为 APEC 中国工商理事会副主席单位和 APEC 工商咨询理事会（以下简称 ABAC）中国代表企业，建设银行认真组织承办 APEC 会议相关活动，积极参与国际交流，展现了良好的企业形象。王洪章董事长作为 ABAC 中国代表，出席 ABAC 和 APEC 工商领导人峰会相关会议，与各经济体领导人和工商界代表广泛交流，提出了“加强区域金融基础设施和机构合作”的提案，为创建自由便利的贸易和投资环境、推动亚太地区金融合作建言献策，同时与其他国家的工商界代表探讨潜在的合作机会，宣传建设银行改革发展取得的成绩，提升中国银行业的国际形象。

执笔：王赢

监事会的改革与成就

2014年，中国建设银行监事会紧密结合宏观经济金融形势和银行经营管理实际，按照公司治理要求，进一步创新和完善工作机制，突出监督重点，持续提升监督实效，支持和推动银行完善公司治理和稳健发展。

一、聚焦监督重点，提高监事会议事质量

2014年以来，监事会在合理安排常规监督工作的基础上，明确提出要聚焦点、议大事、讲实效。为此监事会会议的内容和流程做了相应调整，研究讨论在会议议程中得到充分体现。监事会成员围绕重点议题深入研究、积极讨论，使会议形成独立、统一且针对性强的监督意见，促进了监事会议事效率与质量的提高。

全年共召开监事会会议7次，审议通过银行定期报告、监事会报告、股东代表监事候选人等18项议案，对风险分类和拨备计提、重大风险事项中的内控问题、全行经营工作安排、案件防控、监事会工作重点等事项进行了研究讨论，并从监督角度提出意见和建议；对银行财务报告、募集资金使用、重大资产收购与出售、关联交易、内部控制及履行社会责任等事项依据规定发表了独立意见。专门委员会有效运作，为监事会开展相关监督提供积极支持。履职尽职监督委员会召开会议4次，审核通过监事会对董事会、高级管理层及其成员年度履职情况的评价报告等5项议案，对公司治理文件修订、转型规划实施等事项进行了研究讨论，组织落实监事会确定的监督工作方案；财务与内部控制监督委员会召开会议5次，审核通过银行财务报告等7项议案，定期听取财务报告审计、内控合规、内审发现及整改、信贷资产质量、全面风险管理等专题汇报，及时了解和掌握全行财务、内控和风险重要事项。

二、切实履行职责，有效开展监督工作

（一）深化财务监督，促进稳健经营

2014年，监事会深化对财务报告依法合规性的监督，关注可能影响财务报告真实性、准确性、完整性的重大事项，定期听取外审师审计财报情况的工作汇报，围绕定期报告编制与审计重点与外审师展开积极讨论，及时跟踪分析财报监管新规，通过列席相关会议对董事会、管理层履行财报职责情况进行监督，就减值准备、盈利能力、业务及管理费用、信息披露等方面作出了提示或建议。加强对重要财务事项的分析研究，就存款偏离度、同业财务报告、外审师管理建议书的整改落实等开展专项分析，提出的专业建议得到董事会、管理层的重视，促进了相关工作的改进。听取经营工作安排及政策措施的汇报，与管理层就2015年经济金融形势、利率市场化进程、收费监管及相关影响等进行了研究讨论，提出了积极寻找新的业务和利润增长点，保持适当拨备水平，不断增强抵御风险能力，努力实现兼顾规模、质量和效益的持续发展等建议。

（二）推进内控监督，促进内控机制建设

2014年以来，监事会持续开展对董事会和高管层履行内部控制职责、完善内部控制体系、组织实施内部控制评价工作等情况的监督。及时跟进分析银监会《商业银行内部控制指引》（修订稿），按监管新要求进一步梳理内控监督工作思路。定期听取内控合规工作情况、内部审计主要发现及整改、内部控制评价工作情况等专题汇报，就内控机制体制建设与管理层展

开深入讨论，提出完善内控组织体系、强化合规意识和加强审计整改等意见建议。落实案件防控监督职责，定期了解案件防控工作情况，提出强化案件高发领域专项治理，加大案件风险排查力度，深入分析案件成因等建议。加强对新业务、新产品内部控制情况的监督，研究制度建设、操作流程和关键风险环节，分析内控缺陷及其成因，并重点对电子银行业务内部控制情况进行了调查分析。

（三）把握风险监督要点，促进风险管控

监事会主动适应经济下行期经营情况的变化，着重加强对银行信用风险的监督力度，以信贷资产质量为重点，按季听取信贷资产质量情况专题汇报，与管理层交换意见，重点关注了信贷风险分类、拨备充足性、不良和逾期贷款变化趋势、小企业和民营企业贷款、房地产贷款、政府融资平台贷款、不良贷款核销等十余个重点问题。动态跟踪了解重大风险事项及其影响，适时提示管理层健全与大宗商品类贷款属性相匹配的管控体系，加强对政府融资平台贷款还款来源的监测和预警，强化资产质量管理，有效控制重点领域风险，关注逾期贷款季后规律性反弹现象等，对加强风险防范提出意见或建议。针对当期热点和重要事项开展专题分析，重点关注了银行流动性风险管理、理财业务风险管控、信贷政策、同业业务、民事败诉案件、银监会监管指标执行、风险管理体制机制优化调整等情况。

（四）开展履职监督，做好履职评价

2014 年，监事会成员列席了本行董事会及管理层各类重要会议共计 240 多次，对董事会、高管层及其成员履职情况进行监督。定期审核股东大会、董事会决策程序、表决结果、信息披露等的合法合规性，持续关注及分析股东大会和董事会决议的执行情况。加强对重大决策与执行情况的监督，重点关注了转型规划制订与实施，及时充分了解信息，听取实施工作安排的汇报，就制订有效措施量化考核转型规划实施效果，定期评估转型规划实施情况，进一步细化时间进度和部门职责等提出建议。组织开展对董事会、高管层及其成员年度履职监督评价工作，包括对部分董事、分行主要负责人的访谈座谈，集中审阅董事会、高管层及其成员年度履职报告，在董事、监事、高级管理人员及部分总行部门负责人范围内组织无记名履职测评，对董事、高管个人年度履职情况进行审核等。与往年不同的是，2014 年增加了对监事会、监事的无记名履职测评。研究提出对董事会、高级管理层及其成员年度履职情况的评价报告、监事会及其成员履职情况的自我评价报告，经监事会会议审议后按要求报送监管部门，董事、高管、监事履职评价结果纳入监事会报告通报股东大会。

三、关注战略性、全局性事项，提升监督效能

（一）结合全行中心工作，从监督角度助推转型发展和稳健经营

在加快转型发展、加强风险管控等关系全行长远发展的重大问题上，监事会通过多种途径和形式，积极发表意见、提出建议。在全行性的重要会议上，监事会主要负责人多次强调要深刻领会战略转型对银行长期、稳健发展的重要意义，在服务经济社会发展大局中，紧紧围绕“综合性、多功能、集约化”及智能化、创新性的要求，尽快转变经营模式，进一步增强竞争优势，提升长远发展能力；坚持“底线思维”，坚决遏制不良贷款集中暴露，确保不发生系统性和区域性风险；平衡好发展和风险的问题，保持银行健康稳定发展。在董事会及其专门委员会会议上，监事会成员对不良贷款变化趋势、转型规划制订、信息科技风险、基层机构内控合规管理、审计计划制订等提出了监督意见。此外，在听取职能部门专题汇报、开展现场调研、参与访谈座谈等监督工作中，监事会成员主动加强与不同层面的交流，提出意见和建议。

（二）把握经营管理新变化，提高监督工作的针对性

2014 年，随着经济增长放缓和结构调整，银行业风险进入高发期，风险类型和表现形式趋于多样，案件防控形势严峻。监事会敏锐关注到这些新态势，进一步把监督工作资源向风险内控方面倾斜，聚焦经营管理中相关重要事项，开展持续、深入的研究分析，与董事会、管理层进行充分讨论、沟通，切实履行风险内

控监督职责。例如，重点关注全行风险分类和拨备计提相关事项，集中研究讨论经营形势、资产质量、利润增长、拨备计提问题，建议管理层保持准备金拨备政策的一贯性和连续性，适当降低利润增长预期，加大拨备计提，为未来化解风险和发展预留空间；高度关注重大信用风险事项暴露的内部控制问题，听取专项汇报并进行研究讨论，提出进一步健全全行特别是基层机构的内控合规体制建设，加大案件排查力度，加强对重点区域、行业和客户风险管控，确保全行业务合规、平稳发展的建议。此外，监事会还通过非现场分析的方式，对电子银行业务内部控制情况、民事败诉案件损失原因及其管理机制、信贷政策对全行发展战略和信贷结构调整的支持作用及可操作性、全行存款偏离度管理情况等进行了专项监督。

（三）深入开展专题调研，使监督工作更接“地气”

2014 年，监事会将涉及全行改革发展和转型的大事作为调研重点，组织开展了战略规划管理与子公司战略实施、集约化经营管理、产能过剩行业信贷管理、理财业务风险管控等专题调研。访谈总行多个职能部门，赴多家基层机构了解具体情况，深入调查研究，充分掌握第一手信息资料。这些调研紧扣业务发展新常态，提高了监督工作与经营管理实际的契合度，针对性较强，提出的问题和建议也较为务实、中肯。如战略规划管理与子公司战略实施调研提出进一步重视战略规划评估工作，建立健全评估工作机制；研究制订综合化经营专项战略规划，进一步明确子公司在建行集团中的战略目标、发展远景、功能定位。集约化经营管理调研指出跨机构跨条线统筹协调联动、资源配置、业务流程和大数据应用等需要改进与加强的方面，提出完善联动平台和利益补偿机制，对网点的定位、发展和布局及管理模式开展前瞻性研究，适时对业务流程进行调整改进，建立系统性的大数据工作机制。产能过剩行业信贷管理调研指出产能过剩信贷管理面临信用风险管理压力增大、精细化管理水平不足等挑战，提出顺应经济转轨趋势，动态管控产能过剩行业贷款；做实产业企业评估，加强科学预判；合理把握差别化政策，减少管理博弈负效应；加快统一信息平台建设，为一线经营提供支持。理财业务风险管控调研指出业务经营与风控未实现有效分离，现有风险管理方法难以适应业务多元化投资及不断创新发展的需要等需要关注的方面，就有效控制风险、提高管理效率提出了管理建议。调研报告均转呈董事、高管、职能部门参阅，指出的问题、提出的建议得到了董事会、管理层的认可和重视。

四、加强对内部审计工作的指导

监事会认真履行对内部审计工作的指导职责。定期听取内部审计发现及其整改情况的汇报，就加强对整改措施落实情况的跟踪检查、推进内控手册化建设和全行合规管理文化建设、关注理财业务发展、关注逾期贷款时点反弹现象等提出了意见和建议。对于年初制订的全行内部审计计划，监事会成员进行认真审阅，并在列席审计计划制订相关会议时就年度审计重点安排提出建议。监事会主要负责人在全行审计工作会议上提出，内部审计作为重要的监督力量，要在从严治行中发挥更大作用；作为一支专业力量，要在揭示重要风险和重要问题中发挥更大作用；作为管理体系的一部分，要在促进业务健康、稳定、持续发展中发挥更大作用；作为相对独立的体系，要在促进全行管理水平提高上发挥更大作用的要求。监事会还审议通过了关于银监会对建设银行内审履职情况现场检查整改工作方案的报告，建议内部审计在继续坚持风险导向原则前提下，紧密结合监管机构的新要求和监管重点，结合新的业务发展情况做好审计工作。

五、加强自身建设，提升监督能力

（一）顺利完成监事会成员改选，实现了工作的平稳过渡

2014 年，部分监事辞任，按照规定的提名、审核及选举程序，我行职工代表大会于年初选举产生了一名新任职工代表监事；年中股东大会选举产生了一名新任股东代表监事，随后召开的监事会会议选举产生了监事长。全体监事勤勉尽职，认真参与议案议题的研究讨论和审议，独立、客观发表意见，行使表决权。积极列席董事会、管理层会议，参与监事会的专题汇报、调研检查、访谈座谈、情况沟通会议等工作。注意与公司治理各方充分沟通，注重分析研判，主动提供专业意见，为开展监督工作作出贡献。

（二）加强培训和同业交流

监事会成员积极参加各类培训，不断提高履职能力。参加证券监管部门举办的专题培训，研究探讨上市公司董监事权利义务责任、信息披露、政策监管等课题；参加外审师举办的2014年报关注重点研讨会，深入学习了解会计准则发展动态、审计报告修订动向及年度监管重点。加强与股东、同业监事会的交流，学习和借鉴好的经验与做法。与中国上市公司协会、国家开发银行、出口信用保险公司等就如何开展监事会工作进行了交流；参加中投公司控参股银行监事会座谈会，深入探讨如何依法履行监事会职责，进一步发挥监事会职能作用。

（三）加强指导，提升监事会办事机构运作水平

在监事会指导下，监事会办公室总结工作经验，不断完善工作流程，改进与职能部门的常态化沟通协调机制，加强信息和资源共享；加大对重要信息的监测、分析和报告，并深入基层调研，掌握第一手信息资料；规范议案审阅工作，提高审阅质量，为监事发表意见提供参考；持续增强提供专业化支持与服务的能力，全年编制提供监督工作参考22期，其中风险监督参考10期；及时整理监事会及监事的主要监督工作和活动情况，通过《监事会工作动态》的形式定期呈送监事，加强成员之间的互动和交流。监办主动适应监督重点的调整、议事模式的转变，进一步改进并优化监事会会议议程安排，做好重点议题背景资料和研究分析等基础性工作，为监事会会议讨论创造了条件、提供了保障。一年来，监事会办事机构着力加强对监督工作的支持保障功能，自身运作水平不断提升，较好地满足了监事会履职的需要。

六、问题与改进

（一）各项监督工作的针对性需要进一步增强

面对银行经营形势的新常态，监事会工作的新思路、新举措还不够多，对关系银行发展的重大问题的监督还需要不断加强，主动有为的空间还很大。在复杂严峻的经营形势下，监事会要更加深入地了解全行经营管理的实际情况，进一步突出内控、风险监督重点，深化对信用风险管理、信贷资产质量、内控缺陷、案件防控、合规管理、不良处置等方面的监督，对于一些重大、重要事项进行必要的提示，切实发挥建设性的监督作用。

（二）履职监督和评价工作仍需拓展

在对董事会、高管层及其成员的履职情况实施监督和评价方面，监事会探索创新仍显不足，履职监督重点还不够突出。在今后工作中需要不断改进工作机制，丰富监督手段，充实监督内容，更加充分、及时地了解和掌握履职信息，更加准确、全面地作出履职评价，力争使履职评价在促进工作方面发挥更大的作用。

（三）监事会自身建设应持续加强

随着银行内外部经营环境变化和现代公司治理对监督工作不断提出更高的要求，监事会成员的履职水平需不断提高，要持之以恒地加强自身建设，努力学习新知识新业务，不断提高专业素养，在实际监督工作中投入更多的精力，做实基础工作，提升监督层次。

回顾2014年的工作，建设银行监事会依法合规运作，其成员恪尽职守，取得了新的成绩。同时，我们也认识到，在经济新常态和银行转型发展的形势下，监事会工作面临新的要求和挑战。在新的一年里，建设银行监事会将积极服从、服务于全行中心工作，着力提升监督的前瞻性、有效性，切实做好各项监督工作，为建设银行的稳健持续发展作出更大的贡献。

执笔：王炽

CHINA 中国建设银行年鉴 2015
CONSTRUCTION BANK ALMANAC

第二部分 战略部署暨文献资料

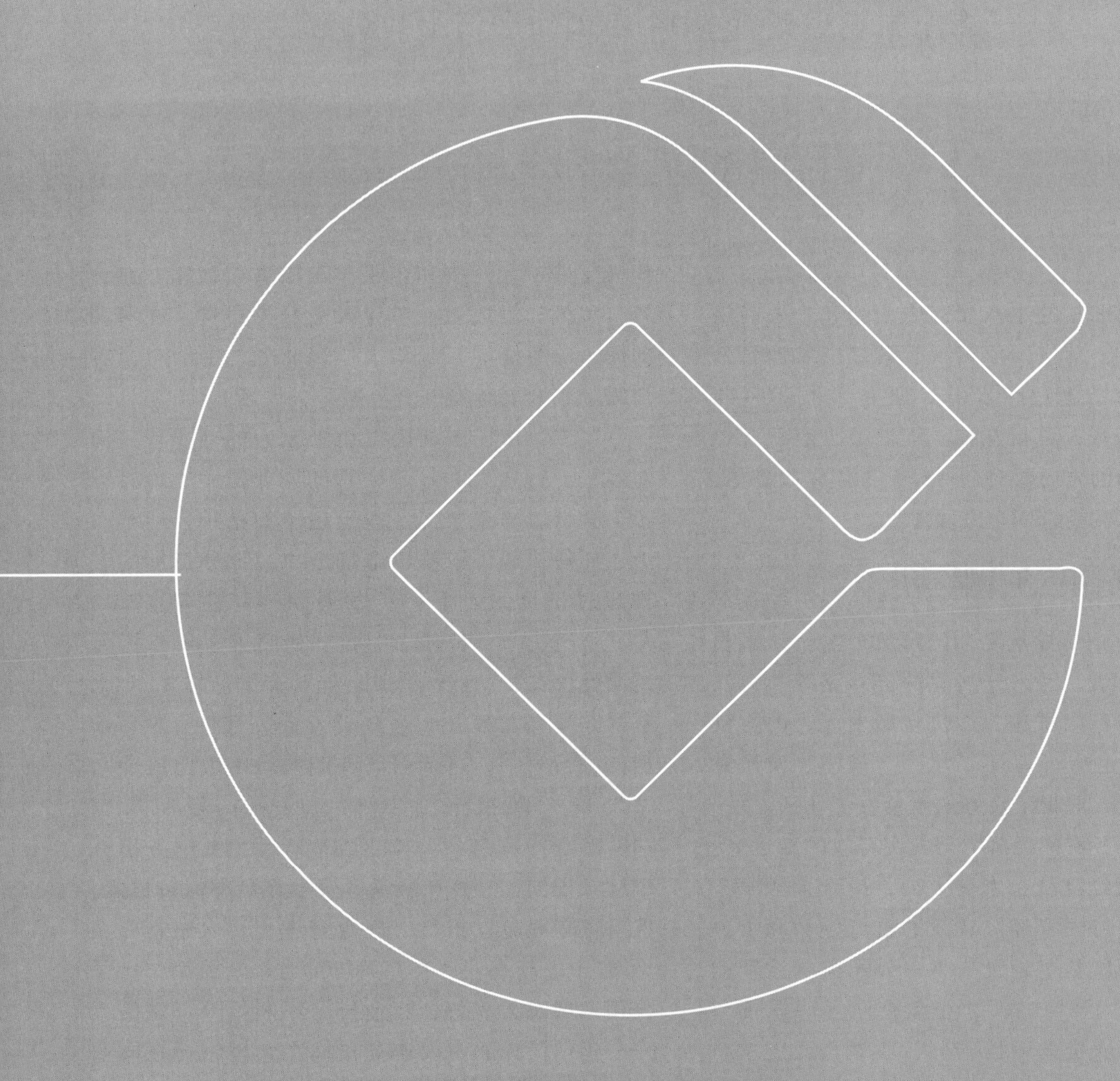

锐意深化改革　加快转型发展
持续创造新的竞争优势

——在中国建设银行2014年工作会议上的讲话

王洪章

（2014年1月22日）

同志们：

为深入贯彻党的十八届三中全会和中央经济工作会议精神，落实国家宏观管理部门和监管部门的要求，总结2013年工作，研究部署2014年的转型发展任务，总行党委、管理层决定召开这次会议。建国同志还要对全行经营工作作出部署。下面，我代表党委讲四个方面意见。

一、关于2013年主要工作

2013年，面对异常复杂的形势，全行认真贯彻中央决策部署，深入开展党的群众路线教育实践活动，坚持稳中求进，加快转型发展，内生动力持续释放，创新驱动不断增强，规模、质量和效益稳步提升，取得了良好的改革发展业绩。

第一，服务实体经济取得扎实有效的新进展。全行紧紧围绕经济社会发展大局，提升金融服务效能。积极支持国家经济建设的重点领域和重大项目，全行新增基本建设贷款占公司类贷款新增近三成。强化了“三农”、小微企业等薄弱环节金融服务，涉农贷款增长27%，小微企业贷款新增、客户数及新增居四大行第一。围绕实体经济需求不断丰富金融产品和服务，全年完成了961项产品创新，在四大行中领先；发挥“民本通达”系列产品的品牌优势，民生领域贷款余额达到2 260亿元，养老金账管新增规模、受托新增规模同业第一。加快物理网点、自助和电子渠道建设，扩大服务覆盖面。全行网点机构达到1.46万个，其中“三综合”网点1.26万个；现金类自助设备运营数量达到6.9万台；手机银行业务以及善融商务、微信银行等电子银行创新领先同业。积极支持扩大开放和企业“走出去”战略，在上海自贸区和沿边重要口岸设立分支机构，在深圳前海、珠海横琴新区积极拓展业务，主动对接客户需求，开展跨境综合金融服务创新。

第二，市场表现迈出稳中有为的新步伐。面对经济下行压力和日趋激烈的同业竞争、跨界竞争，全行以勇于争先、敢于超越的精神，迎难而上，抓住机遇，稳住了市场地位，部分指标的表现超过预期，为下一步发展赢得了主动。2013年，全行资产、负债、中收、利润等主要指标保持同业第二；一般性存款、储蓄存款新增10年来首次跻身同业第一（有16个分行一般性存款新增居四大行第一，24个分行在四大行中占比提升）；平均资产回报率（ROA）、股东权益回报率（ROE）、净利息收益率（NIM）等主要财务指标继续领先同业；资产质量、资本充足率保持稳定，拨备覆盖充分；投行、现金管理、私人银行、金融IC卡等新兴业务在四大行排名第一或第二；子公司发展态势良好，行业排名不断提升，建信人寿、建信信托的主要业务指标在大型银行系同业中排名第一。

第三，战略转型取得关键领域的新突破。全行按照“综合性、多功能、集约化”的战略导向，不失时机加快转型。综合性转型取得重要进展，收购上海良茂期货正式获批，综合金融牌照领先同业；母子公司业务联动量达到1 358亿元，子公司净利润增长25.6%。海外布局提速，新成立了6家海外机构，完成了巴西BIC银行并购签约；海外机构资产增长57%，税前利润增长36%。多功能转型深入推进，通过整合集团资源，提升产品供给能力、服务定制能力和资产配置能力。客户产品覆盖度不断提升，对公信贷客户产品覆盖度达到4.8个，个人有资产客户产品覆盖度达到3.4个。集约化转型进展有序，营运集中力度加大，完成了1.4万个网点机构28类产品的前后台分离；集团集约化管理机制不断健全，业务协同和风险并表管理得到强化。推进风险和信贷体制机制改革调整，加强了风险抓总管理和全流程管控，促进了信贷管理的专业专注；开展授信流程优化，提高了信贷服务效率。新一代核心系统建设一期13个项目投产上线并释放功能，二期34个项目全面启动，为全行经营管理转型提供了有力的支撑。

第四，转变作风带来改革发展的新气象。全行认真贯彻中央要求，在中央第33督导组的指导下，扎实深入开展党的群众路线教育实践活动，取得了实实在在的成效。活动开展以来，针对查摆出来的“四风”问题，全行制定了整改措施2.1万条，其中已经落实1.48万条，制定了配套制度4 026条。各级机构班子成员深入基层调研，研究解决实际问题，提升了科学决策能力和推动改革发展的能力。轻车简从，不搞迎来送往；压缩不必要的出差，严格出差、出国请假报告制度。精简审批、优化流程，总行审批事项减少30%，答复下级行请示效率提升22%。勤俭办行的观念逐步深入人心，招待费支出下降21%，会议费支出下降45%。全行通过教育实践活动，弘扬了主旋律，传递了正能量，并将活动成果转化成为提升服务、推动改革发展的强大动力。

回顾过去一年的工作，党委、管理层注意抓了以下几点。

一是坚持服务实体经济的基本方向，推动科学发展。党委、管理层深刻认识到，银行发展必须牢牢植根于实体经济，必须紧紧围绕实体经济需求配置金融资源、创新金融服务。全行按照中央关于稳增长、调结构、促改革的要求，通过差别化信贷政策、综合化金融服务，促进经济发展和产业结构调整；同时，在复杂多变的市场环境中保持了定力，不参与恶性竞争和“空转”套利，自觉维护金融市场秩序，在“6·20钱荒”等市场波动中发挥了国有控股大型银行“稳定器”的作用。坚持发展仍是解决所有问题的关键这个重要发展思想的战略判断，通过发展提升服务实体经济的能力，在加快自身的转型发展中助推经济转型升级。

二是坚持“以客户为中心”的服务理念，引领经营转型。准确分析把握客户多样化、多层次的金融需求，科学确定银行经营转型的方向、路径和重点。根据客户需求持续改进服务、创新产品，通过“双向进入”建立伙伴式的新型银企关系，在为客户创造更大价值的同时实现银行的盈利增长。以深化改革的勇气和决心，根据客户体验不断调整优化内部管理模式和体制、机制，推动“部门银行”向“流程银行”转变，切实提升对市场变化和客户需求的响应能力。

三是坚持改革创新的发展思路，激发内生动力。经过股改上市以来多年的持续高速增长，建设银行的股改红利逐步消失。党委、管理层按照中央关于深化改革和创新驱动发展的要求，大力推动产品创新、流程创新、技术创新、商业模式创新以及体制、机制改革创新，破解制约发展的重点、难点问题，通过改革创新获取新的发展红利。2013年，在全行季度工作会议中增加了战略与创新专题研究内容。通过电子银行战略、风险体制和信贷机制改革调整、产品创新等专题，推动了重要领域的业务发展创新，促进了体制、机制完善，释放了发展潜力。

四是坚持依靠群众的工作方法，调动各方面积极性。在管理政策上，强调总行因势利导、分行因地制宜，发挥基层首创精神。在资源配置上，薪酬、培训和人员配置等向经营一线倾斜，调动基层积极性。坚持干部人事制度改革，加大干部交流培训力度，不断提升干部队伍的履职能力；加强党风廉政建设，努力遏制大案、要案的发生。在企业文化建设中，坚持以人为本，通过“知行合一，实干兴行”等主题实践活动，凝聚发展力量。在青年工作中，通过开展创新创效、志愿微公益、最美青工评选、青年员工成长帮助计划等富有时代气息的活动，为青年搭建成长平台，激发改革创新热情。通过最大限度地发挥人的创造力，全行以机构网点和人员数量居四大行第三的条件，取得了资产规模和利润总额第二、业绩指标领先的市场表现，实现了股东、客户和广大员工利益的协同发展。

2013年取得的成绩来之不易，得益于党中央、国务院的坚强领导，得益于宏观管理部门、监管部门的指导帮助，得益于全行广大员工的拼搏奉献。这里，我代表总行党委、董事会、监事会、管理层，向大家表示衷心的感谢！

二、关于面临的形势和问题

近年来，市场变化、经营形势的复杂性都大大超出我们的预期，全行一定要认真学习贯彻十八届三中全会、中央经济工作会议精神，深刻领会习近平总书记在会议上所做的重要讲话精神，加强对形势的研判，提前谋划。对于已经看准的事情，要抓住时机，借深化改革的东风加快推进，打主动战、下先手棋。对于一时还看不清楚的事情，要冷静观察，加紧研究，做好政策储备，谋定而后动。这样，才能做到习近平总书记所要求的，“一静一动，静要有定力，动要有秩序”。

目前可以看得准的，主要有：一是经济基本面。从国际形势看，世界经济将延续复苏的态势，尤其是美国的居民消费、住房和劳动力市场都在逐步改善，退出量化宽松政策可能是个逐渐的过程。从国内形势看，经济将保持7.5%左右的适度增长，长期向好的基本面没有变，不会发生一些学者担心的经济“失速”现象。而且随着全面深化改革的推进，新的改革红利将持续释放，创新驱动能力不断增强，这些都将为经济发展提供持续的动力和坚实支撑。

二是可以抓住的现实机遇。我国经济发展仍处于可以大有作为的重要战略机遇期。中央一系列重要会议对下一步改革发展做出了明确部署。全面深化改革带来的发展方式转变、政府职能转换、多种形式所有制经济发展、多层次要素市场培育，以及由此催生的诸多新兴产业、新生业态等，都给银行发展带来新一轮的历史性机遇。

在“新型四化”尤其是城镇化方面，国家将重点支持基础设施建设、民生领域建设、节能环保、“三农”等领域，推进若干大型石化、现代煤化工基地建设，加快城市轨道交通和停车设施建设等，特别是在中西部将集中建设一批重大基础设施项目。这些都是我行擅长的业务领域，一定要抢占先发优势。

在扩大开放方面，也有很多看得准、抓得住的市场新机会。除了自贸区等业务创新外，在服务内陆和沿边开放方面也大有可为。特别是“一带一路”，即丝绸之路经济带和21世纪海上丝绸之路建设，发展势头非常迅猛。我们在新疆霍尔果斯率先成立了国际边境合作中心支行，短短一个多月时间就吸引了大量客户和资金。在中国—东盟自贸区、沿边金融综合改革试验区等重点领域，也都有大量的商机。对于这些看得准的高成长性市场，一定要及早介入，适度超前布局。

此外，随着经济转型升级，很多新产业、新企业将蓬勃兴起。以电子商务为代表的现代服务业、先进制造业、信息消费产业、战略性新兴产业，以及教育、文化、医疗、养老等民生相关产业，发展势头非常强劲。有些新兴产业虽然目前规模较小，但在不远的将来会成为名副其实的“大行业”。抓住了这些发展机会，将为我们的客户结构、资产结构、盈利结构转型赢得主动。

需要冷静观察的，主要有：一是不确定因素较多。从国际形势看，世界经济处于深度调整期，刺激政策带来的反弹在政策退出后能否持续，存在很大变数，欧洲、日本、新兴经济体的经济走向也有很多不确定性。中央经济工作会议特别指出，大国货币政策、贸易投资格局、大宗商品价格的变化方向都存在“二律背反”，要充分考虑到世界经济的不确定性和复杂性。从国内情况看，虽然经济稳中向好，但仍存在较大下行压力。在“三驾马车”中，消费需求增长动力偏弱，企业投资意愿不强，出口竞争力下降。财政政策、货币政策总体还是紧平衡格局，要守住稳增长、保就业的“下限”和防通胀的“上限”，仍面临很大挑战。

二是潜在风险隐患较多。当前，我国处于“三期叠加”的特殊阶段，很多问题和风险将逐步显化。正如习近平总书记所指出的，“稳中也有忧，稳中也有险。”特别是产能过剩严重，部分地方政府性债务增长过快，一些企业负债率过高，去产能、去杠杆必然要经历一个“阵痛”的过程，由此可能带来大量不良贷款暴露等问题，形势复杂严峻。同时，房地产风险、影子银行业务风险等都处于积聚和变化中；利率汇率市场化改革深入推进、多层次资本市场加快发展、客户逐利行为日趋活跃，使得流动性风险、市场风险不断加大；监管要求的升级、资本约束的加强，给银行业传统高资本消耗的增长模式带来了新挑战。

从建设银行自身情况看，也面临不少问题和困难。

一是改革红利递减。建设银行重组改制的先发优势日趋弱化，有些领域已经被后来者赶超。下一步从哪个领域、以什么为抓手、通过什么方式来获取新的发展红利，取得新的竞争优势，目前还处于摸索阶段。

二是传统优势正在丧失。过去我们在重大基础设施、重点项目领域一直处于领先地位，但是目前这个优势已经不明显，有些项目在服务响应、专业评估等方面已落后于竞争对手。此外，像住房金融、零售银行转型等方面的先发优势也在弱化，很多同业在学习借鉴我们的做法后，有可能很快赶上或超过我们。

三是市场地位面临挑战。从四大行资产总量来看，2008 年以来我们与市场领先者的差距越来越大，与居后者的差距越来越小。存款市场占有率方面，有的分行市场位次明显下滑，有 19 家分行与建设银行目前市场地位不相符，存款差距最大的达到近 2000 亿元。市场占有率的消长，背后体现的是市场竞争能力变化，必须引起关注。

四是部分重点领域落后。首先，海外布局没有优势，虽然这几年通过新设和并购并举，加快了推进步伐，2014 年还准备再设立 10 家左右海外机构，但是与同业领先者相比还有不小的差距。在中国企业“走出去”和人民币跨境贸易结算飞速发展的大形势下，有很多商机我们还没有抓住。其次，在县域的布局没有优势，目前我们在 700 多个县还没有机构网点。随着城镇化和新农村建设的全面推进，有些县域的经济将迎来高速增长。如果错失了这块高成长性的市场，将给未来发展带来战略上的被动。

此外，在适应利率市场化、存款保险制度的建立、监管规则变化、应对利差收窄、存款竞争加剧、金融“脱媒”的压力，以及来自第三方支付、互联网金融“跨界”竞争等方面，全行在思想认识、策略研究、政策储备上，也都存在不同程度的差距。

面对新情况、新变化、新问题，总行和一级分行，特别是总行必须把加强研究提升到战略高度。这对于一家大型银行来说尤为重要。2012 年以来，总行依托战略与创新专题研究机制，陆续开展了流程银行建设、子公司发展和管理、集约化、电子银行、产品创新等战略专题研究，取得了很好的成效，起到了“推动理念变革，形成战略思维，引导管理创新”的作用。下一步，要在此基础上进一步整合资源、提升层次，突出问题导向，做到一个问题一个问题地研究透。总行党委已经决定对研究部的名称和职责作出调整，增加了战略管理职能，这也是对研究工作提出更高的要求。研究要与业务发展更紧密地结合起来，使研究成果更好地支持战略转型、政策制定、管理决策、市场拓展和业务创新。

三、关于 2014 年工作要求

2014 年是贯彻落实十八届三中全会精神、全面深化改革的第一年。按照中央经济工作会议精神，党委、董事会、管理层结合建设银行实际确定了全年的经营计划目标和工作重点。总的要求是，紧紧围绕“综合性、多功能、集约化”的战略定位，牢固树立机遇意识、忧患意识，“以客户为中心”加快推动战略转型，以创新为驱动不断增强发展后劲，通过强化管理夯实发展基础，通过深化改革赢得新的发展红利，努力实现建设银行的科学发展、转型发展、稳健发展。这里重点强调四个方面。

（一）大处着眼，抓住机遇赢得先发优势

要积极进入国家经济建设的主战场，找准目标市场定位和发展主攻方向，将市场机遇转化为实实在在的经营效益。

在支持国家重点建设项目方面，要发挥好我行的传统优势、综合服务优势。对于纳入国家或省级规划的铁路、城市轨道交通、市政、水利、通信等重大基础设施项目，以及大型石化、现代煤化工基地、核电等重大建设项目，石油、粮食等重点储备项目等，要加大营销力度，优先合理安排信贷资源。通过金融租赁、投行、造价咨询、现金管理、内保外贷等综合性、专业化服务，为客户节约成本、提升效益。子公司也要紧紧抓住这个机遇，注重发挥牌照优势，制定更加积极的发展目标，在服务实体经济、维护客户中闯出新

天地；要发挥“1+1>2”的战略协同效应，努力提升对集团发展和利润增长的贡献度。

在促进产业结构升级方面，要做到扶优限劣，抓住新的增长点。要继续严控产能过剩行业、高污染高耗能行业的信贷投放，严格把握准入标准；同时要有“正面清单”，对于其中的优质企业和符合中央“四个一批”要求的客户，要给予相应支持。要认真落实三中全会关于深化生态文明体制改革的精神，按照中国银监会《绿色信贷指引》的要求，加大对绿色经济、低碳经济、循环经济的支持力度；要提前研究碳排放权、排污权等交易市场的发展，探索研发配套的金融产品和服务。

在促进区域协调发展方面，要通过差别化政策实现内涵式发展。要围绕国家区域发展战略、主体功能区规划和“两横三纵”的城镇化战略布局，针对不同地区的经济结构、资源禀赋和特色优势，制定区域差别化的信贷政策和经营策略，不能搞“一刀切”。要认真研究产业由东部向中西部梯次转移乃至向境外转移的规律和金融需求，做好行际和跨境衔接，努力实现“客户走到哪里，建设银行服务就跟到哪里”。要针对大城市、县域的特点，通过差别化的政策安排和资源配置，充分发挥在大城市的比较优势和在县域的后发优势。尤其是县域业务的发展潜力非常大，要抓紧筹划，逐一分析。各个县域情况不同，业务发展的重点和经营模式也要有差异。总行产品创新与管理部要牵头组织研究，以创新的思路，提出几种可供选择的县域业务经营模式。

在改善薄弱领域金融服务方面，要通过加大创新，提升普惠金融服务能力。要针对新型城镇化、新农村建设的金融需求，加快产品创新和服务模式创新。扩大林权抵押贷款范围，开展大中型农机具、农村土地承包经营权和宅基地使用权抵押贷款试点。积极支持大型集团化农垦区和农业产业化项目。探索与涉农金融机构合作模式，针对县域金融服务需求推出对接的产品和服务。要继续创新小微客户批量化经营模式，积极拓展供应链融资以及产业链融资、商业圈融资、企业群融资。通过与地方政府合作、设立风险补偿资金池等，搭建小微企业服务平台，实现多方共赢。

在支持企业“走出去”方面，要通过强化集团联动，增强跨境服务能力。努力做好境内外机构信息共享和业务协同，提供“一站式”的优质服务。有条件的海外机构要争取成为当地人民币清算行，伦敦、悉尼、法兰克福、首尔及其他区域的机构，要积极参与人民币离岸市场建设，力争成为本地人民币业务的引领者。要着力提升全球现金管理和资金清算服务、全球授信服务的专业化能力，加快系统建设。要积极探索完善双边利益分享机制，实现全球客户关系管理，提升本外币、境内外的综合服务整合能力。

（二）加快转型，争取新一轮竞争的主动权

全行在转型问题上要统一认识，不加快转型就会落后，对此要有强烈的忧患意识和危机意识，这也是当前衡量建设银行战略管理能力的重要标准。总行在2013年底分片区召开了4个转型发展座谈会，广泛听取各分行和总行相关部门的意见建议，凝聚了共识，也初步形成了一些思路。《公司业务转型方案》已经完成，明确了转型的思路、方向和目标，符合总行公司业务转型的要求，下一步要抓紧细化落实。目前，总行已启动了全行转型发展规划的专题研究，争取在6月底前后完成规划并提交董事会审议。这里，谈几点看法供大家讨论。

第一，转型要始终坚持以客户为中心。转型转什么、怎么转、什么时候转，必须依据客户的需求，考虑客户的体验，不是为转型而转型，不能一相情愿。转型不是丢掉传统业务，而是要通过传统和新兴业务并重，为客户提供更丰富的选择、更周到的服务。要持续加强存款、贷款、结算等传统业务，围绕提升质量、效益和效率来实现传统业务转型。要强化内外联动，提高全球服务能力。要大力发展投资银行、私人银行、电子银行、资产管理等新兴业务，围绕创新服务方式、服务产品和服务功能来引领转型。衡量转型的成效，不是单纯看新兴业务增长了多少，更要看为客户综合服务的能力提升了多少，客户需求是否得到充分响应，客户满意度提高了多少。

第二，要围绕客户、产品和渠道，着力推进5个方面的转型。一是由存贷款为主向综合服务型银行转型。目标是打造综合化服务能力，围绕客户需求拓展服务内涵，更鲜明地体现金融服务业的基本属性和服务实体经济的基本取向。二是由简单的服务向多产品、多功能服务转型。主要是加大产品供应和交叉销售，匹配客户多层次的需求，通过线上及线下便捷的渠道，使客户充分地享受到建行集团多样化的产品和服务。三是由手工处理向电子化转型。重点是提升信息化、流程化、智能化水平，改变“人海战术”的落后模式，充分发挥IT技术、大数据在经营管理中的作用。2014年，新一代核心系统建设进入关键攻坚阶段，二期的34个项目是重中之重，对推动全行转型发展具有战略性意义。全行要从人力、物力、财力上给予充分的支持保障，确保项目顺利推进，系统功能加快释放。四是由商业银行向金融集团管理模式转型。关键是加强集团层面的统筹，实现经营管理集约化、资本集约化。要加快推进集团“一体化”，通过各种优势资源在集团内共享，实现集团整体效益最大化。要加快建立覆盖集团各成员、各主要风险类别和不同资产维度的风险监测体系，形成集团风险统一视图，提升集团整体风险管控能力。五是由传统型银行向创新型银行转型。核心是从要素驱动为主向创新驱动为主转变，通过产品创新、流程创新、商业模式创新、管理模式创新，破解发展与资本约束、规模约束和资源约束的矛盾，激发持续发展的内生动力。

第三，转型要抓住关键点、找准切入点。资产业务方面，一是树立“大资产”的理念。既要考虑表内资产，也要考虑表外资产；既要考虑银行资产，也要考虑集团资产。二是增量和存量并重。既要科学安排新增贷款投向，又要有效运用存量贷款回收再贷资源，并探索通过资产证券化、打包转让等市场化手段盘活存量，优化信贷结构。三是发挥好贷款的牵引带动作用。以贷款带动有效客户、基本账户的拓展，带动存款、结算、理财、投行等综合业务的发展。四是优化非信贷资产结构。着力提升资产管理的专业化能力、全球化资产配置能力，积极拓展非信贷资产业务；增强资产组合管理能力、资产定价能力，提升资产整体收益水平。

负债业务方面，一是树立“大负债”理念。要从抓存款向抓客户全量资金转变，跳出存款抓存款，加强跨条线资金的综合统筹，依托集团优势完善链式服务，提高资金体内循环和上下游承接能力。二是加强负债策略的研究，适时调整内转价格管理，适当扩大分行的定价权。三是大力拓展基本结算户，积极发展结算类产品和代发工资业务，吸纳资金沉淀，增加低成本负债。2013年全行单位人民币银行结算账户增量、增速都跃居四大行第一，2014年要持续发力、深挖潜力，保持住好的发展势头。四是研发市场化新型负债产品，拓展多元化负债来源，增强主动负债能力。

中间业务方面，一是减少对利差转化的依赖。要加快综合性、多功能发展，在抓好支付结算、借记卡等传统业务的同时，大力拓展投行、保险、租赁、基金、期货经纪等综合化业务，以及金融市场、投资理财、托管、资产管理、养老金管理等新兴业务，培育新的盈利增长点。二是加大融智型业务创新，积极拓展造价咨询、新型财务顾问等业务，改变过于依赖融资型业务的格局。要通过产品创新和挖潜增收，实现中间业务市场地位稳中有升。

服务渠道方面，一是充分释放网点的潜力。近年来全行加大了新设网点的力度，但是受制于内部资源和外部监管政策，增长空间有限。下一步工作重点要放在加快网点“三综合”建设、推进低效网点整改、丰富网点服务功能上面。抓紧解决柜面制度和流程不统一的问题，梳理整合各条线的管理制度；在这方面，营运管理部作为渠道管理部门，要统筹好对公对私各条线的网点服务功能，抓紧做好，尽快见效。二是以企业级姿态全力发展电子银行业务。已上线的业务，要继续提升交易量占比；还没有上线的业务，要加快上线进度。在此基础上，要积极研究O2O（online to offline，即线上业务和线下传统业务融合）的做法，通过线上线下分工协同，使网点资源尽可能地发挥营销、产品展示、客户体验三个平台和其他“面对面”的综合服务功能，同时要推广自助银行，加快自助设备的研发和配备。

第四，要通过学习和实践提升转型发展能力。习近平总书记2013年在中央党校的讲话中，特别提到面对新形势新任务的“本领恐慌”问题。他指出，全党同志特别是各级领导干部，都要有本领不够的危机感；本领不是天生的，要通过学习和实践来获得。

全行各级领导干部要围绕转型发展的要求，把学习和实践提上重要日程，大兴学习之风。

“非学无以广才，非志无以成学。”特别是总分行两级干部要下大工夫，加快知识更新，努力成为引领转型发展的行家里手。转型中必然会遇到很多新事物、新问题，各级领导干部要勇于实践、勤于实践、善于实践，特别是一些转型业务和新产品，领导干部要尽可能多去亲自体验。要带着问题去实践，在实践中解决问题，摸索转型发展的科学规律。

（三）强化风控，保障安全平稳运营

2014年风险管控、案件防范的压力比往年都要大，全行要时刻绷紧这根弦。要以落实全面风险管理、深化案件治理、推进内控体系建设为抓手，守牢底线，进一步做实做强“三道防线”。要重点抓好以下方面。

一是强化流动性风险管控。2013年“6·20钱荒”事件大家都记忆犹新，同年底又再度出现银行业流动性吃紧。虽然目前状况得到缓解，但是从大环境看，预计2014年仍将延续流动性紧张的格局。全行一定要高度警惕，切实加强流动性预判和资金调度，做好情景分析和压力测试。要从集团层面进行流动性的统筹，加强对理财、子公司、境外机构和外币购汇资金的管理，合理摆布资产负债结构，确保本外币流动性安全。

二是抓好不良贷款防控和处置。事前环节，做实预警预控。要依托系统、模型等技术手段，提前发布风险预警信号。高度重视集群性风险苗头，严防局部性风险演变为系统性风险；各业务条线、各子公司要加大对关注类贷款以及负债率高企、现金流紧张客户的跟踪监测力度，控制风险敞口。

事中环节，做到快速应对。出现重大风险事件要第一时间双向报告，制定化解措施；该与地方政府、法院及监管部门沟通协调的，要及时主动汇报，争取支持。总行要通过组成多部门联合工作小组等方式，加强对相关分行的综合指导。

事后环节，做好妥善处置。要真实分类，快速处置，争取主动。要在已取得成效的基础上，进一步推广行领导牵头处置大额风险的机制。要善于借助市场化手段，拓宽不良贷款处置渠道。2013年我们与资产管理公司合作，顺利完成了60亿元不良贷款打包转让，要认真加以总结和推广。要通过回收、盘活、转让、核销等多策并举，努力完成全年不良贷款处置任务。

三是保持案件治理高压态势。2014年要将信贷业务真实性管理和员工违规代客交易作为重点，抓好专项整治。要进一步健全案件防控工作机制，完善案件防控工作办法和责任制考评办法。要依托科技手段健全排查机制，提高技防能力。坚持“零容忍”和“三个不放过”，大案、要案一票否决。

四是落实责任制。各分行党委班子对不良贷款、案件防范、维护稳定等要全面负起责任，各级行“一把手”是第一责任人，分管行领导是主要责任人。在执行好尽职免责制度的同时，对于因严重失职、内部欺诈等导致不良贷款和案件的当事人，要“终身追责”；要认真执行2013年底总行下发的员工辞职相关规定，不能出了问题一走了之。要认真做好舆情管理，防范声誉风险。要加强营运管理，完善应急预案，做好应急演练。要高度重视信访维稳工作，责任到岗到人，妥善处置群体访事件，加强与当地党委政府和有关部门的沟通协调，努力把矛盾化解在基层；在法律政策框架内尽力帮助更多协解人员纳入社保范围，帮助协解人员解决特殊性困难需要，积极履行社会责任。

要加强审计监督，密切关注可能引发重大风险的苗头性和倾向性问题，提高敏感性和前瞻性。切实抓好内外部审计、检查发现问题的整改，做到积极主动、措施有效、杜绝形式、完全彻底。要强化内控合规管理，持续推进内控体系建设三年规划的实施，加紧落实关键领域任务清单，组织编制重点业务的内控指引和手册，建立自上而下、独立有效、责任明晰的内控合规工作机制。要高度重视安全保卫工作，做好对重点场所、重要部位的排查，及时消除隐患；进一步加强交通、消防管理和自然灾害预警，提升防抢、防盗、防火、防爆和防汛工作水平。

（四）深化改革，破解制约转型发展的体制机制束缚

面对新形势、新任务，全行要进一步解放思想，勇于改变不合时宜的观念和做法，改革不适应转型发展的体制、机制。总行将成立改革领导小组，统筹全行的改革转型工作。2014年，要从全行反映突出的问题入手，加紧推进以下几项改革调整。

一是简政放权，精简审批事项。要按照“授权有责、权责对等、抓大放小、抓特殊放一般”的原则，进一步精简和下放审批权，避免总行和分行“争权”；要做到寓管理于服务之中，寓风控于流程之中，调动总分行和基层行多个积极性。总行已经启动了审批目录编制工作。审批目录发布后，凡未纳入目录的事项，分行不再上报总行审批；保留的审批事项，要作出审批期限承诺，提高效率。总行部门从繁杂的审批事务中解脱出来后，可以集中精力做好政策制定、工作指导、事中事后检查监督等工作，有助于提升精细化管理水平。

二是优化流程，调整准入机制。认真落实和推行授信流程优化方案。要以客户为中心完善授信流程，研究建立在综合授信、集团授信、全球授信中一次准入的机制。要按照平衡风险管控和服务效率的原则，区分不同情况，规范和压缩准入事项，调整权限分布，总行重点对监管部门有严格要求、风险把控难度较大的业务进行核准。

三是统一归口，优化政策管理。要减少政策随意性，提高政策的统一性、规范性。全行信贷政策统一由信贷管理部归口，整个集团都要认真执行，其他部门不再以任何形式出台信贷政策。要按照中央关于宏观政策要稳、微观政策要活的要求，提高我行政策的市场响应速度，根据变化及时调整。对于重大政策，要研究建立后评价和定期重检机制。

四是明晰导向，改进考核机制。考核是极为重要的“指挥棒”，是企业级的管理工具。总行下决心对延续多年的考核机制作出重要调整，目的是为了更加清晰地体现转型发展的战略要求。要科学设置考核指标，依据精简的原则，体现核心经营成果和关键业务。对分行的考核要突出与当地同业的比较，突出转型发展导向，引导分行提升市场表现。对总行部门的考核，重点放在总行集约化经营的业务、承担具体审批职责的事项，以及服务的质量和效率、监督管理的有效性等方面；考核指标要避免与分行存在利益交叉，不能与分行“争利”。

五是整合资源，加强集约化管理。集约化是全面提升生产要素效率的重要途径，也是综合性、多功能的必要基础。目前当务之急，一要从集团层面推进集约化管理，对内体现“大资产、大负债”管理要求，对外要实现以客户为中心的账户集成，形成“一个客户，多个产品，一站式服务”的运行机制；要推进集中运营管理，探索母行向子公司提供IT开发、呼叫等后台支持服务。二要从总行层面积极探索推进集约化经营。对于总行能够直接经营的业务，要尽可能实现集中经营或公司化运作，像资产管理、养老金、金融市场业务、电商平台等，都可以朝着集约型、公司化的方向积极探索。

四、加强各级党组织建设和党风廉政建设，落实责任制

全行改革和转型发展的任务复杂艰巨。要按照中央关于加强党对全面深化改革领导的要求，发挥好党的政治核心作用，不断增强各级党组织推进改革和转型发展的本领。

（一）深入学习贯彻习近平总书记系列重要讲话精神

要按照“八个领会”的要求，全面深刻地学习掌握习近平总书记一系列重要讲话的科学内涵，用讲话精神武装头脑、指导工作，推动改革发展实践。要结合金融企业特点，以讲话精神为指引强化思想建设、组织建设、作风建设、制度建设和反腐倡廉建设，切实将党的政治优势、组织优势和群众工作优势转化为建设银行的竞争优势、创新优势和转型发展优势。

（二）建设转变作风长效机制

群众路线教育实践活动虽然告一段落，但转变作风是长期持续的工作，只有进行时，没有完成时。要把整治“四风”的成果通过建章立制固化下来，适时组织“回头看”，认真查缺补漏。要按照习近平总书记在教育实践活动第一批总结暨第二批部署会议上的要求，运用教育实践活动的好做法、好经验，把中央要求贯彻落实到“末梢神经”。要结合学习贯彻中纪委三次全会精神，在全行组织开展领导干部“正风肃纪、勤业守廉”主题教育活动，促进领导干部坚定理想信念，严守各项规定，持续改进作风。要认真落实中央关于党政机关厉行节约反对浪费条例，结合建设银行实际制定具体规定。各级纪检监察部门、

审计部门、巡视组要加强常态化监督，做到经常抓、长期抓，对于踩“红线”、闯“雷区”的，坚持发现一起、查处一起，以刚性的制度约束，推动作风建设长效化。

（三）抓好班子建设和干部队伍建设

认真贯彻全国组织工作会议精神，严格执行新近修订的《党政领导干部选拔任用工作条例》，落实中央关于从严治党、从严管理干部的要求，建设一支信念坚定、勤政务实、敢于担当、清正廉洁的高素质领导干部队伍。要适应建设银行改革发展需要，选优配强全行各级领导班子，尤其要选准配好党委书记、行长。要运用好教育实践活动的丰富成果，坚持民主集中制，提高民主决策、科学决策、依法决策水平。要进一步增强班子成员的政治意识、大局意识、担当意识，提高驾驭和解决复杂矛盾的能力。

推进人才强行战略，激发和释放人才红利。要坚持深化干部人事制度改革，加快建立集聚人才体制、机制。进一步加大管理人才的培养选拔力度，多渠道为优秀人才脱颖而出创造条件；推进总分行、分支行及部门之间的人才交流，补充基层工作经历，多岗位历练和培养人才。要培养一批具有专业优势、业务互补、创新能力强的专业技术人才，探索推进全行青年人才库建设，进一步完善海外人才培养机制，加快海外人才队伍建设。要针对不同类别、层级、岗位员工的能力素质需求，设计精品培训项目，提高培训针对性和实效性。当前要重点加大对网点一线员工培训资源的倾斜力度，使更多的员工具备“三综合”所要求的专业技能。

（四）加强党风廉政建设

要认真贯彻落实习近平总书记、王岐山同志在中央纪委三次全会的讲话精神，深入推进我行党风廉政建设。要按照中央《建立健全惩治和预防腐败体系2013—2017年工作规划》的要求，制定我行的实施意见，抓好惩防体系工作的总体部署和科学规划。要严明党的纪律，特别是政治纪律和组织纪律，做到令行禁止，确保中央决策部署在全行的贯彻落实。要坚持以零容忍态度惩治腐败和违规、违纪行为，保持高压态势。各分行、各部门、各子公司要对照要求抓落实，通过责任分解、建章立制、监督检查，建立不想腐、不能腐、不敢腐的反腐倡廉机制。要按照中央要求，深化党风廉政建设领域的改革创新，完善纪检监察管理体制、机制；同时，行内各项改革举措要注意配套和衔接，体现惩治和预防腐败的要求。要认真落实中央纪委副书记、监察部部长黄树贤同志来我行调研时提出的要求，加强纪检监察理论研究和实践探索。

要强化权力制约，加强对领导干部的监督。要加强巡视监督，巡视组要全面履职，提升发现问题的能力，不能表面化、形式化。要着力发现是否存在违反党的政治纪律问题，着力发现领导干部是否存在权钱交易、以权谋私、贪污贿赂、腐化堕落等违纪违法问题，着力发现是否存在形式主义、官僚主义、享乐主义和奢靡之风等问题，着力发现是否存在选人、用人上的不正之风和腐败问题，着力发现经营管理中是否存在严重违规、违纪问题。巡视办要加强对巡视工作的指导，切实提高巡视工作质量。要加强信访核查，抓早抓小，发现问题及时处理，防止问题扩大。

认真落实党风廉政建设责任制。按照中央要求，党委负主体责任，纪委负监督责任。这次会议要组织各分行、各部门主要负责人签订《党风廉政建设及案件防控责任书》，把责任明确化、具体化。近期，总行还将出台《党风廉政建设责任制考核办法》，对各责任单位进行严格考评。各级党委要加强对党风廉政建设的统一领导，特别是主要负责人要切实承担起第一责任；各部门要落实“一岗双责”，对本条线党风廉政建设负管理和监督责任。纪检监察部门要有责任意识，要切实负起监督职责，敢于坚持原则，敢于碰硬。党委和纪检监察部门不认真履行职责就是失职。要通过严格的责任追究制度，确保党风廉政建设责任制的落实。

（五）汇聚改革发展正能量

要按照中央关于培育和践行社会主义核心价值观的要求，紧紧围绕全行转型发展目标，以理想信念为核心，加强思想政治工作和企业文化建设。强化职工民主管理，充分发挥工会、共青团、青联等组织的作用，开展好劳动竞赛活动，发挥好先进典型的示范引领作用。要做好老干部工作。要推动实施“温暖工程”，通过心理关爱、工作关爱、生活关爱、组织关爱等措施，增强爱岗敬业意识，激发广大员工的发展潜能。通过全行员工的共同努力，把转型发展的蓝图一步步变为现实。

2014年我们将迎来建设银行六十周年华诞，这是全行的一件大事，我们要以认真学习贯彻十八届三中全会的实际行动和转型发展的优异成绩来庆祝和迎接建设银行六十年华诞。要严格执行中央八项规定和厉行节约反对浪费条例，不搞行庆活动。要通过合适方式，总结建设银行六十年发展改革的经验，传承建设银行良好的企业文化，凝聚改革和转型发展的正能量。

当前，我国进入了全面深化改革的关键历史时期，建设银行也处于转型发展的重要关口，既有新挑战，又有新机遇，全行干部员工要以高度的责任感，迈出改革创新的新步伐，为实现中华民族伟大复兴的中国梦，建成国内领先、国际一流银行的建行梦，作出我们应有的贡献！

保持政策定力　打牢经营基础 在转型中实现良性发展

——在中国建设银行2014年春季工作（视频）会议上的讲话

王洪章

（2014年4月17日）

同志们：

这次工作会议的主要任务是分析第一季度的经营情况，布置下一阶段的重点工作，旨在进一步打牢经营基础，沉着应对挑战，保持政策定力，加快转型发展。会议还邀请5个单位从坚持稳健经营、持续提升市场表现和实现管理方式转型、努力提高经营水平等方面，做了典型发言和经验交流，讲得很好，请大家认真学习、借鉴。我代表党委和管理层讲几点意见。

一、当前经营形势和面临的问题

2014年第一季度经营情况。2014年以来，面对异常复杂的外部形势和更趋激烈的市场竞争，全行上下按照年初工作会议的部署，积极开展旺季营销，着力强化风险防控，认真落实转型要求，各项工作推进有序。总的来看开局很好，做到了稳中有为、张弛有度；虽有局部风险暴露，也存在某些隐忧，但困难在预料之中，风险在可控范围之内。

一是业绩指标符合预期。截至3月末，全行（境内外本外币）资产规模达到15.8万亿元，比年初增长7 417亿元。人民币贷款新增2 370亿元，比上年同期多增91亿元。本外币一般性存款新增6 863亿元，比上年同期多增85亿元。实现净利润654.7亿元，增长11.4%。NIM为2.82%；成本收入比为23%；ROA、ROE分别为1.69%和23.9%。

二是市场表现稳中有进。2014年第一季度，全行一般性存款日均余额四大行占比提升0.12个百分点，日均新增四大行第二；中间业务收入在四大行占比26.2%，总量和增速四大行第二；ROA、ROE等指标继续保持领先。

三是风险态势总体可控。截至2014年3月末，全行不良贷款余额为903亿元，不良贷款率为1.05%，比年初上升0.02个百分点。面对风险暴露压力，全行加大了处置化解力度，第一季度共处置不良贷款82亿元，遏制了不良贷款快速反弹的势头。境内分行拨备覆盖率为257%，在同业中处于较好水平；拨贷比为2.8%，符合监管要求。流动性储备充分，人民币备付率为1.59%。

对当前形势的认识。2014年是全面深化改革的第一年，经济社会发展出现了很多新情况、新变化，既给商业银行发展创造了新的机遇，也带来了很多以往没有遇到的困难和挑战。

——从经济基本面上看，下行压力持续存在，但经济运行仍保持在合理区间，符合中央既定的转方式、调结构的政策取向。投资、消费、出口"三驾马车"的动能虽有减弱，但结构呈趋势性改善，尤其是服务业保持了稳定增长，居民消费结构升级加快；社会融资总量和结构总体合理，市场资金面逐步缓和，短期利率回落。这些都为银行经营创造了相对有利的市场环境。

同时也要看到，国际经济形势虽有好转，但是外需对我国经济增长拉动有限。国内经济转型面临的困难还很大，尤其是在去杠杆、调结构的过程中，由于企业经济效益下滑、资金链断裂、产能压缩、关停并转等带来的风险将会陆续暴露出来。过去在企业兼并重组中发生的撇账赖账、逃废银行债务等现象，目前在一些省市又开始出现，必须提高警惕。

准确研判大势是做好银行经营的前提。要充分认识到，经济结构调整是个长期的过程，目前遇到的困难不会是暂时的，中央也不会为经济一时波动而采取短期的强刺激政策。在最近召开的国务院常务会议以及李克强总理在博鳌论坛的讲话中，对此再次做了强调。全行要尽快适应经济"新常态"，主动调整自己，顺应形势变化，做好打持久战的准备。

——从建设银行情况来看，我们有自身的优势，有转型发展的良好基础，因此应该有应对困难的坚定信心。当下银行业面临的困难和考验是共同的，就看谁能看得清、办法多、应对准、动手快。除此之外，更重要的是看谁的经营基础好。大家都有应对流感的经验，不能光靠吃药，关键还是看谁体质好，谁预防应对更及时有效。

建设银行的"体质"是很好的。在公司治理、经营管理、客户服务、业务创新和盈利能力等方面，我们都走在国内银行业的前列。60年深厚的历史积淀和文化传承，特别是率先重组改制的"改革红利"，为我们转型发展、应对新挑战打下了很好的基础。

同时，建设银行的应对措施是及时有效的。近年来，全行对形势变化做到了提前预判，率先启动了战略转型，明确了以"客户为中心"的"综合性、多功能、集约化"的转型方向，制定了"三大一高"和小微企业、民生等领域的重点发展政策，探索建立了对公业务"三综合"（综合营销、综合服务、综合定价）以及网点"三综合"机制，着力开展了客户高层营销、集团联动营销，敏锐抓住了自贸区、内陆沿边开放等政策机遇推进金融创新，积极服务企业"走出去"，加速国际化进程；同时，为适应市场需要，果断实施了风险体制改革、信贷机制调整和授信流程优化，科学精简下放了部分审批权限，适时调整了考核机制，激发调动了总分行两个积极性。通过下先手棋、打主动仗，赢得了转型发展的先机。

尤其在风险管控方面，通过风险和授信体制、机制的改革调整，做实了全面风险管理，明确了各级领导班子的风险管控责任，促进了风险和授信管理的专业、专注。2013年，总行管理层直接牵头处置20个风险项目，效果非常好，2014年将进一步扩大到30个；各分行也比照总行做法，建立了班子成员牵头处置重大风险项目的管理机制。在信贷政策、授信管理、信贷审批、风险计量、押品管理、贷后监控、资产保全等方面，全行着力强化了基础管理，提高了对风险的预警预控和处理应对能力。

面对新的形势变化，总行在年度工作会议上提出了加快转型发展、持续创造新的竞争优势的年度工作总体要求。各分行认真贯彻总行会议精神，深入分析本区域经济金融形势和同业状态，找准自身优势和面临的挑战，就强化管控、加强营销、经营转型、改革创新、严格考核等方面进行了具体安排和落实。总行成立了全行深化改革领导小组，启动了转型发展规划专题研究。各部门陆续召开了业务条线会议，提出了具体任务和目标要求。总的来看，形势发展变化考验了我们，我们也经受住了考验。在这过程中，全行上下应对得法、措施得当、工作得力，继续取得了良好的市场表现，也得到了监管部门、股东和市场的高度评价。借此机会，我代表党委、董事会、监事会、管理层向全行员工表示衷心的感谢！

需要关注的问题。开年以来，从总行到基层一线员工都深切地感受到，2014年遇到的困难和压力前所未有。虽然第一季度开局不错，但与往年相比，有的指标并不令人满意，用某些基层同志的话讲是"旺季不旺"，而且很多以前担心的问题也陆续显露出来。突出问题有以下方面。

一是信用风险暴露进入高发期。2014 年第一季度，全行不良贷款的峰值一度突破 920 亿元，逾期贷款峰值突破 1 300 亿元，表外垫款则再度超过百亿元；重大信用风险事件频发，涉及 90 个客户、信贷金额 105 亿元，件数达到 2013 年全年总数的 63%，金额达 2013 年全年总额的 45%。如山西联盛、宁波兴润置业等风险事件，涉及金额大、负面影响大，使建设银行的声誉受到损害。浙江小微企业信用风险、江苏钢贸风险的暴露，拖累了全行的后腿。承兑汇票、保函、信用证垫款上百亿元，居高不下，至今未取得治理成效。还有个别分行管理失职，发生了多起案件。出现这些问题的原因，既有市场变化、客户违约等引发的外源性因素，更有不少内源性因素，包括经营思想不端正、工作不扎实，甚至管理上不负责任、信用审查不严格、审批不专业等，还有的存在道德风险和内部欺诈，如内外勾结、违规代客办业务、假个贷等。

二是稳健发展的基础还不牢固。突出表现在存款冲时点现象比较严重。2014 年第一季度，全行人民币存款时点新增 5 687 亿元，其中三月最后 5 天新增 8 400 多亿元，而四月初 3 个工作日就掉了 5 600 多亿元，特别是几个大行的时点波动现象突出。这其中固然有部分是理财产品到期的影响，但季末冲时点甚至“买存款”也是重要因素。究其症结，主要是两个方面。第一，存在主观方面的经营思想不端正的问题。有的分支机构还是热衷于“面子工程”，追求表面光鲜、顾头不顾尾，季末、年末临时抱佛脚，搞“短平快”、“一招鲜”、“一锤子买卖”。第二，客户基础较差。开基本结算户的客户少，而且质量不高，很多贷款户的基本户不在我行；主办行意识不强，应该成为主办行的没有争取到，拱手让给其他银行，存款自然很少会沉淀到我们这里。这两个问题说明，有的分支机构工夫没有下在平时，没有放在打基础、抓客户上面，重时点、轻日常，重存款、轻客户，最终结果只能是搞短期行为冲时点，既加剧了经营波动，使流动性管理、成本管理变得被动，也对建设银行长远发展和声誉带来不好的影响。

三是新金融业态跨界竞争的压力凸显。突出表现在互联网金融快速发展对传统银行业务冲击日益明显，而且监管相对滞后。虽然从目前的金融体量来看，互联网金融对大型银行还构不成实质性的威胁，但在对个人、小微客户的争夺中，其服务效率、服务方式具有明显优势。各种“宝”类互联网金融产品热销，出现了监管套利和不公平竞争，同时无形中抬升了利率中枢，甚至改变了大众客户的理财习惯和价格敏感性，客观上加速了利率市场化进程。应该讲，在经营模式、业务政策、成本管理、服务能力等方面，互联网金融给我们提出了很多新的课题。同时，在互联网金融与银行业务合作中，客户资金安全问题等相关风险，也需要我们认真对待。

四是应对市场变化的准备还不够充分。年初以来，各业务条线、各部门根据全行工作会的部署，加大了市场研究力度，制定了相应经营策略，加强了对下的督促指导，取得了很好的成效，但也存在对新的形势和困难估计不足、准备不足的问题，表现在一些具体的政策储备、策略研究、管理手段、专业技能等还跟不上市场形势和客户需求的变化。有的分行碰到困难和问题，主动应对不够，主动想办法不多，甚至还寄希望于总行改变政策、调整指标乃至降低标准。

此外，全行在经营管理集约化、创新驱动和创新能力建设、人力资源配置、组织架构调整以及干部队伍建设、作风建设等方面，也还存在不少有待解决的问题。有些总行已经有明确的要求，应强力推进，加大执行力；有些还需深入研究，要抓紧作出相应的调整和改进。

二、下一步要重点抓好的几项工作

习近平总书记多次强调，“一分部署，九分落实。”面对新形势、新问题，全行上下一定要保持政策定力，紧紧围绕年初工作会议的要求，牢牢把握既定的战略方向、转型要求，按照各项业务政策、信贷政策、风控要求、考核政策，坚定不移地抓好落实。相关工作总行在近期相继召开的一系列专业工作会议上已作出具体安排，这里我重点强调几点。

（一）着眼市场表现，做好二季度工作

上半年的工作进展，事关全年大局。第一季度计划完成进度快的分行，要继续保持良好势头；

进度落后的分行，要查找原因，加大力度，迎头赶上，努力实现上半年时间过半、任务过半的目标。如“北上广”以及江苏、浙江、山东、河北等大行，要有更多的担当，为全行多作贡献。一家大行的指标掉下来，可能其他好几家分行再怎么努力也补不上。中部和西部地区分行要抓住当前国家政策支持、经济增长态势较好的机遇，加快发展，尽快实现同业赶超。中心城市行的存款、贷款、中收、利润占全行七成以上，这些分行特别是省会城市行一定要在状态，发挥好“排头兵”的作用；总行在资源配置上也要给予倾斜。当然，总行始终强调的是市场表现，确实因为市场大环境的变化导致完不成计划指标的，总行会给予相应的容忍度，但前提是市场地位不能降，同业位次不能下滑。

昨天，总行召开了第一季度经营形势分析会，对经营情况和问题进行了分析，研究布置了第二季度经营工作。总体要求，还是要坚持年初既定的政策和经营策略，落实“大负债”经营思路，围绕客户抓全量资金、提升代发工资业务比例、拓展县域等新增长点，努力稳存增存；加强关键时点资金调度，确保流动性安全；强化风险管控，遏制不良贷款反弹；着力调整优化信贷结构，提升综合收益；通过创新，提升中间业务发展能力，科学合理地拓展收入来源；加快投资银行、养老金、电子银行、私人银行、金融IC卡行业应用、跨境人民币结算、现金管理等战略性业务发展；推进综合化经营，完善集团联动机制、考核机制，提升子公司盈利能力；加快国际化战略实施，做好海外机构设置、跨境金融创新等工作。各分行、各部门、各子公司要抓紧推进，抓好落实。

（二）落实既定战略，加快调整转型

转型势在必行，既是形势所逼，更是银行科学发展的内在要求和主动行为。在群众路线教育实践活动中，全行上下对此已经形成了高度共识。古人讲，“行胜于言”。现在关键是抓落地，要用行动说话。

首先，对于已看准了并作出明确部署的转型安排，要加快实施。总行已经在管理、政策、作风建设等方面，围绕转型发展要求做了较大的调整和改进。各分行、各部门不要等，能做的事情先做起来，早抓早见成效。有的分行和部门已经研究了转型发展具体措施，要求很明确，相应的细化策略、配套措施等要尽快跟进，努力在全行转型中发挥带头示范作用。

其次，对于目前还看不准的，要加紧研究。当下同业都在研究综合化、多功能以及转型问题，这些战略问题我们已经在2012年做了深入研究，并形成了明确的调整思路。在战略实施过程中，可能会涉及重要的体制、机制调整，要立足自身的实际情况研究透彻，审慎决策，谋定而后动，切忌“翻烧饼”。第一季度，总行启动了转型发展战略规划的研究制订工作，并确定了12个重点专题。这项工作要继续扎实推进，争取拿出一份高质量的转型发展规划，6月前后提交董事会审议。

需要指出的是，转型不能是“猴子掰棒子”，我们原有的优势要越转越突出，自身的特色要更加鲜明。像我们过去在项目评估等领域的特色优势，现在已经不明显了，这是非常可惜的。通过转型，一定要把自身的特色优势进一步做强，实现从优秀到卓越的提升。转型过程中还要注意把基础打好。“基础不牢，地动山摇。”转型涉及基础性的工作，一定要“先立后破”，不能转空了、转虚了。

（三）认真落实信贷政策，严格执行贷款制度，切实把控风险

总行上个月已经印发了2014年全行信贷政策，后续的区域差别化政策也将下发。各分行、各部门要认真贯彻执行，提高政策执行力。对于违反总行信贷政策、造成风险和信贷资金损失的，要严肃追究责任。

对风险要高度重视，积极化解，绝不能掉以轻心。当前金融风险已经成为宏观经济运行中的一个突出问题。经济下行必然会带来银行业不良贷款上升的压力，但应对如何，结果大不相同，这也是对我们科学发展和转型能力的重大考验。建设银行在国内同业中最早开展了风险压力测试，对此我们是既有预判，也有预案的。要按照既定的安排，继续严格落实资产质量“一把手”责任制、贷款责任收贷制度，将风险防控作为今年重中之重的工作来抓。在这个问题上，各级领导要把握几点：一是有作为，冲在第一线，亲力亲为；二是有办法，不光了解情况，还要拿出管用的措施；三是有底线，不能迁就不合理的要求，做到有理有利有节，维护好建设银行的合法权益。需要强调的是，对于那些听任风险暴露而无所作为、贻误处置风险有利时机，甚至人为掩盖风险的行为，以及那些导致风险的违章、违规、违纪甚至违法的行为，要坚持“零容忍”的态度，发现一起查处一起。

要按照“查旧控新”的要求，做实、做细存量信贷业务排查，严控新发放贷款的风险。2014年在全行开展“信贷风险防控年”专项治理活动，前几天总行正式下发了实施方案。全行要以此为契机，扎实推进存量信贷业务的风险排查和化解、新增信贷业务的风险预控和把关。

对存量信贷业务，要逐户摸排、健全台账、动态跟踪、锁定风险。从这些年信贷风险处置的经验和教训来看，谁对风险发现得早、行动得快、应对得及时，谁就能抢到主动权，特别是在控制有效资产、处置抵质押品、争取地方政府支持等方面，一步主动、步步主动。现在多花些精力把存量风险排查透了，早作安排，下半年乃至今后几年的风险压力就会小很多。排查时要注意掌握技巧、抓住重点，要着力追踪客户资金的具体流向，仔细核查抵质押品和保证人的实际状态。排查也要落实责任制，对于该排查的贷款没排查、重大的问题没发现、该处置的风险没及时处置，应严肃追究相关人员的责任。

近期，要全面开展对高风险的行业、客户群和产品的排查，特别要重点抓好以下方面：一是结合2013年对亿元以上贷款的民营企业审计发现的问题，逐项排查清楚；二是对小微企业风险进行拉网式排查；三是对大企业、集团及其子公司进行全面风险排查，防止下一轮企业改制中逃废债务的发生；四是对风险高发的保函、承兑汇票、信用证等表外产品进行专项排查。对于排查发现的问题，要根据客户的风险状况真实分类，加快跟进处置措施，通过清收、盘活、核销、打包转让等多种方式，提高处置效率和效果。2014年上半年，要力争处置不良贷款200亿元。总行管理层牵头的30个重大信用风险项目处置化解意见已经陆续下发，并重点推进实施。各分行领导要比照总行的做法，牵头处置重大风险项目，靠前指挥，将风险化解责任落实到岗、到人。

对于新增信贷业务，要科学管理，严把入口关。第一，要做好客户选择、项目选择。信贷风险管控的核心是客户选择，“了解你的客户”是识别、控制风险的前提和基础。公司部等对公业务经营部门要加强对优质客户的营销，努力提供优质产品。授信审批部门要按照对公业务“三综合”授信要求，坚持审批标准和贷款条件，强化真实性审查，选择好并维护住大中型客户。对集团性客户要根据其实际需求，采取多种信用支持方式作出合理配置，最大限度地规避风险。对跨区域项目和涉及多个分行的业务，经营部门和授信部门要加强统筹，防止信息混乱、多头授信。对跨业经营、综合化较强的企业，要认真分析各板块的经营状况、发展趋势和风险程度，有选择地给予支持。

客户选择准确与否，直接影响贷款的质量。例如，处在同样的经营环境，温州农商行的贷款不良率就很低（2013年底平均为1.29%），应该讲这不是因为他们的信贷制度流程、风控系统和技术比我们高明，主要还是对当地客户和项目做到“知根知底”。再如，2014年第一季度分行上报的重大信贷风险事项中，居然还有2013年新发展的客户，我们信贷糊里糊涂投进去了，其他银行的贷款顺利脱身撤出来。真不知道客户选择方面是怎么把关的！

第二，更好地发挥审批的把关作用。审批是控制风险的最后一道关口，应对信用风险承担最终责任。要按照“三结合”的要求（即宏观政策与企业状况相结合、报表信息与企业家行为相结合、表内与表外相结合），严格把握审批标准，坚持实质性审批。要加强全行审批人队伍建设，提升专业能力，保持队伍相对稳定，做到专业专注。

第三，持续优化风险评级技术。2014年4月3日，中国银监会正式核准我行实施资本管理高级法。要根据高级法要求，进一步优化完善风险计量模型和参数；同时，结合经济下行期的特点，着力提高风险敏感度，加大计量工具应用的力度，更好地支持客户选择、授信评估和风险管控工作。

第四，完善“黑名单”制度。公司部要以信贷核销明细为基础，整合多维度信息，牵头建立动态的数据库，形成覆盖全行的“黑名单”管控机制，实现对高风险客户的精准甄别。例如，企业及其法人代表、实际控制人有逃废银行债务“前科”，特别是在我行核销过贷款的，涉足黄赌毒的，涉足民间高利贷和非法集资的，被列入法院强制执行名单的，在对私业务中存在假按揭、信用卡套现、大额分期违约等不良行为的，都要列入“黑名单”，相关人员的身份证号码等信息要录入系统，今后各分行、各子公司一律不得对其发放贷款或提供其他形式的授信服务。

（四）端正经营思想，打牢客户基础

要认真理解和贯彻总行考核政策。新的考核政策在经营导向、市场引导上做了较大调整，在存款上不考核时点指标，强调日均指标，对分行的经营水平、市场表现提出了更高的要求。但是有一些分行对此认识不足，经营思想尚未完全扭转过来，冲时点现象仍然很严重。总行要做好具体分析，需要再提出一些针对性措施。要进一步引导各级机构树立审慎、规范、可持续的经营理念，遵循商业银行经营的内在规律。这里再重申一下，总行不以存款时点指标论英雄，各级机构也不要再为时点指标纠结，要把精力都放在打基础、利长远的工作上面。

基础实才能行得稳。解决存款时点问题的关键，还是要打牢经营基础；经营基础的核心是客户基础，这是建设银行的短板。近年来通过大力抓基本户、抓有效客户，这类客户增长速度比较快，但是与同业领先者相比，无论是数量还是质量都有差距。做强客户基础没有什么捷径，必须扎扎实实地下真工夫、硬工夫。要注意抓好几点：一是大幅度提高我行贷款户的基本结算户比例；二是新发放贷款要主推“主办行”制度，努力争取基本结算户；三是小微企业贷款户必须以开立基本结算户为基本条件，实现企业资金全量全流程的服务和监督；四是机构客户要突出重点，抓好服务链条，上下承接，形成服务优势。在抓基本结算户、推主办行制度过程中，把对公业务“三综合”做实、做强，这样“大负债”的经营理念才能落地，客户的结算、销售归行率才能上去，资金才能引得来，存款也才能稳得住；而且，还有助于解决银企信息不对称问题，增强对客户资金流向监督和信贷风险把控的能力。这种制度安排也是“双赢”的，客户通过基本结算户和主办行制度，可以获得更稳定的资金支持、更好的综合化服务以及更优惠的综合定价。

要持续推动网点“三综合”建设，将网点的客户营销和综合服务潜力充分释放出来，努力增加客户数量，提升客户质量。2013 年网点“三综合”建设进展很快，效果很好，2014 年要再加把劲，力争实现 70% 的原单一对私业务网点能够办理对公业务，80% 的原单一对公柜台可以办理对私业务，90% 的综合性网点组建起综合营销团队、开展联动营销。要认真研究解决目前存在的一些网点综合营销力量不够、产品输送渠道不顺畅、部门多头管理等问题。要大力强化“三综合”网点员工的专业技能培训，抓紧开发网点“八岗位”培训教材和课件，并在培训资源上给予倾斜。

（五）做好内部挖潜，逐步实现集约化经营

推进集约化是全行的重要战略之一，也是转型发展的必然要求。近年来，全行在功能整合、集中经营、前后台分离等方面开展了卓有成效的工作，提升了经营层次，降低了经营成本，提高了经营效率。下一步，还要紧紧围绕经营要素的优化配置，以体验最佳、效率最高、成本最低为目标，积极探索新形势下的集约化路径。2014 年要重点抓好以下方面。

一是成本集约化。要着力强化成本管理，提高资源使用效率。2014 年，总行机关加大了成本集中管理力度，费用不再切分到部门，实行整体统筹配置。分行的营销费用、广告费用等，也要求统筹考虑、突出重点、集约使用。从第一季度执行情况来看，效果不错，同比招待费下降 49%，会议费下降 55%，广告费下降 9.8%，差旅费下降 6.5%。下一步还要继续加大力度，如全国统一的广告形象宣传、高层客户营销等，都要集约化，总行要集中管起来。要通过持续细化完善成本管理措施，控制费用支出、盘活存量资源、严格外包管理，制定厉行节约的配套制度等，加快建立成本集约化的长效机制。

二是后台服务集约化。总的要求：第一，凡是后台能够集中操作的，就尽量放到后台，充分释放网点经营一线的生产力；第二，后台集约主要体现在系统集约、机控集约，而不是把人员都往后台集中；第三，后台管理要逐步实现统一。2014 年，要持续深化前后台分离，如对公和个人汇划落地类业务、现金缴款、公积金等业务前后台分离要加紧推广，进一步为网点减负；要结合新一代核心系统建设规划，推动业务集约化处理模式在系统架构中的实现；持续完善集中作业体系，强化技术支撑。要大力推进呼叫中心服务的集约化，在加快号码整合的基础上，适时启动物理整合和业务整合，实现管理整合。统一电话银行业务支持平台建设，统筹优化全行呼叫服务资源配置，提高接通率。

三是组织经营机构集约化。要按照“流程银行”逻辑和专业专注的原则，梳理内设机构的职责，明确功能定位。在推进集约化过程中，要坚持“总体稳定、个别调整、加强前台、整合后台”的原则，稳妥实施。要通过整合优化，解决目前存在的管理与经营不分、总行与分行争利、职能与机构职级不匹配、人员与承担职责任务不平衡等问题，实现经营集约、管理集成、服务集合。例如，总行能够直接经营的业务，可按资产性质分类由前台部门采取集中经营或公司化运作模式；对于中后台部门，要进行功能整合，解决分工过细问题。

一二级分行都要提高管理、经营和服务的集约化水平。一级分行在精简管理和审批事项的前提下，要进一步提高管理、审批的集约化能力，人力、产品的输送能力和渠道整合协同能力。二级分行要提高为网点服务的集约化水平，节省人力、减少成本，进一步释放网点的市场销售能力。

统筹网点布局，向投入产出比高、金融资源丰富、发达县域等成长性良好的区域倾斜。科学配置人力资源，向经营一线倾斜；压缩机关管理人员、行政后勤人员，分流充实到一线。有的分行开展了机关“消肿、瘦身、下沉、提效”，取得了较好的效果。同时，随着互联网技术和电子银行业务发展，以及考虑到人力资源制约等因素，下一步要着力优化网点结构，今后可考虑多建一些自助网点，摆上几台自助设备再配上两三名员工，就可以把基本的业务开展起来。

（六）激发创新活力，调动全员积极性

2014 年以来，创新部收到总分行报送的产品创新项目计划 1 600 多项，经审核初步确定了 1 000多项创新计划，无论是数量还是质量都比往年有明显的提升。要按照全行创新工作会议要求，集中全员智慧，争取 2014 年在关键领域、核心业务方面推出一批有市场影响力的创新产品。这里再强调几点。

第一，要紧紧围绕客户需求推动产品创新。全行创新团队、产品创新实验室要善于开门做创新，增进客户体验和互动交流，让广大客户也参与到创新研发中来。大家都知道小米手机，它有个很好的做法就是发动消费者参与创新，因此拥有了一大批忠实客户，就是所谓的“米粉”。我看过一个报道，说有超过 60 万的“米粉”参与了小米手机系统研发，每周系统更新功能中有 1/3 是“米粉”提供的意见和创意。这个思路很值得我们借鉴。

产品研发创新还要注意跟进客户行为习惯、消费习惯的变化。例如，随着智能手机和平板电脑的普及，移动终端已经从通信工具逐步演变为社交、商务和消费平台。要抢占移动终端入口，把我们好的创新产品，以及适合在移动端销售的传统产品，尽可能延伸、迁移到移动终端上，打造移动的“金融超市”。

第二，以开放的心态探索商业模式创新。全球很多优秀的企业都将商业模式创新放在最优先的地位。过去，国内银行业在这方面的研究不够。近年来，互联网金融、O2O 商务模式等兴起，给我们很多启发。例如，P2P 平台“拍拍贷”经营的也是小微贷款，但是据介绍 7 年间累计坏账率只有 1.52%。平安银行最近升级了企业手机银行，推出 O2O 服务模式，实现对公业务线下商务和线上服务互动。这些新的商业模式都值得仔细研究，可以从中汲取不少对我们有益的东西。此外，在“智慧银行”服务模式创新方面，国内外不少同业开展了探索。我行首家智慧银行 2014 年也在深圳分行推出，反响很好。下一步总行建立相关标准后，可以考虑在“北上广”或重点省会城市行先期推广，同时不断加以优化提升，尽快形成生产力，争取做到引领市场。

第三，进一步调动员工积极性。要紧紧围绕全行转型发展目标，通过工作关爱、组织关爱、生活关爱、心理关爱等措施，调动全体员工积极性。特别要重视对基层一线员工的关心、关爱工作，落实好薪酬向一线倾斜的政策。2013 年，我们在全行工资增长有限的情况下，专项安排了 9 亿元用于增加网点“八岗位”员工工资。2014 年，还要继续加大对一线的倾斜力度，强化基本保障功能，将网点一线岗位津贴转入基数，并提高员工工作餐补助标准。各级机构还要多想办法，为员工多办实事。

（七）抓好整改落实，深化教育实践活动成果

按照总行党委制订的“两方案一计划”（《党委领导班子教育实践活动整改方案》、《“四风”突出问题专项整治方案》和《教育实践活动制度建设计划方案》），各项整改工作扎实推进，取得了良好的成效。截至目前，总行党委领导班子制定整改措施252条，已完成190条；各分行制定整改措施2.2万多条，已完成1.8万多条；总行各部门制定整改措施950条，已完成近800条。下一步，还要继续巩固深化群众路线教育实践活动成果，结合全行转型发展工作，重点抓好以下方面。

一是持续抓整改落实。要按照整改台账，逐项跟踪、逐条落实。特别要重点针对领导班子和干部队伍作风建设、促进转型发展、提高服务质量和效率、风险防控以及解决基层反映的突出问题等方面，加大整改督促力度。要扎实做好审批事项精简工作。2014年初，总行各部门对各自承担的审批事项进行了认真梳理，研究提出了精简方案；行长办公室汇总整理后，发给了各分行征求意见。经过反复多次的沟通讨论，目前已拟订了审批目录的初稿，初步考虑保留审批事项130项左右，精简40%以上。这项工作还要抓紧推进，争取尽快完成审批目录编撰并正式印发。

二是强化建章立制和执纪监督。加快整改的配套制度建设，确保年底完成建章立制工作。各级纪检、巡视、审计、内控等部门要加大制度执行和整改落实情况的监督检查力度，避免“四风”现象反弹。

三是领导干部要率先垂范。教育实践活动以来，各级领导干部的“四风”问题得到很大程度的遏制，全行精神面貌发生了显著变化。在此基础上，各级领导干部要进一步提高认识，增强责任感，切实做到三点，即主动精神、担当意识、执行力，以良好的精神面貌和务实态度抓好各项工作。

同志们，2014年是建设银行转型发展的关键一年。第一季度开局较好，第二季度要继续努力。只要全行上下坚定信心、保持定力，强化风险管控，打牢发展基础，我们就一定能够通过加快转型赢得先机，实现最佳的市场表现。

沉着应变　主动作为
以转型破解难题推动科学发展

——在战略与创新专题研讨暨夏季工作座谈会上的讲话

王洪章

（2014年8月7日）

同志们：

为深入学习贯彻中央政治局会议和国务院常务会议精神，总结上半年的工作，分析经营形势，研讨转型发展规划，布置下一阶段工作任务，总行党委决定召开这次会议。上午张建国行长将对全行经营工作作出部署，后面还安排了交流发言和分组讨论。我首先代表党委讲几点意见。

一、盘点半年工作，冷静分析面临的形势和问题

2014年以来，全行认真贯彻党中央国务院的决策部署，围绕稳增长、调结构、惠民生、防风险，着力深化改革，推动转型发展，取得了超出预期的经营成果。上半年，全行资产规模达到16.2万亿元，实现净利润1 296亿元，同比增长

9.24%。财政部考核得分首次跻身榜首。经营稳定性提高，存款偏离度在四大行中最低，得到了监管部门的好评。总的来看，各项业务运行平稳，市场表现良好。

一是发挥特色优势，加大对实体经济的支持力度。全行按照年初工作会议的部署，坚持服务实体经济的基本方向，着力增加金融供给，增强对国计民生重点领域的“输氧供血”能力。上半年基础设施贷款新增1 488亿元，同比多增739亿元，承销相关债券757亿元，支持了大批重点在建续建项目。创新小微企业和“三农”金融服务，推广“助保贷”等特色业务，小微企业贷款新增793亿元，涉农贷款新增807亿元。发挥“民本通达”品牌优势，民生领域贷款余额达到2 388亿元。通过信贷、投行等综合服务拓宽保障房建设融资渠道，贷款余额达到812亿元。积极支持企业“走出去”，贸易融资累计投放7 803亿元，同比增长24%，跨境人民币结算量7 106亿元，同比增长80%。上海自贸区业务创新加速推进，获准开办分账核算业务（FTU）。实施差别化信贷政策，助推产业升级和产能转移，严控“两高一剩”等限制类领域信贷投放，压缩退出贷款212亿元，五大严重产能过剩行业贷款余额比年初减少61亿元。

二是着力深化改革，战略转型取得新进展。总行成立了深化改革领导小组，强化顶层设计和统筹组织。全行转型发展规划已完成初稿，计划在这次会议讨论修改后，适时提交董事会审议。按照总行党委的转型思路，对于已看准的转型方向，不少分行进行了积极探索，有的在寻找新市场和客户方面取得了初步成效。总行审批事项目录已经正式发布，精简了46%的审批事项。整合了资产管理业务，实现同业业务、理财业务的集中统一管理。全力推广集团授信、综合授信、全球授信。以“三大一高”客户为重点，在全系统开展客户综合金融服务、大客户综合定价和综合营销。深化前后台分离，全行1.4万个机构网点28类柜面实时性业务实现了总行集中处理，日均82.5万笔。综合化经营协同推进，子公司资产增长22%，母子公司业务联动量达到1 275亿元，同比增长114%。国际化战略取得新的突破，获得了伦敦人民币清算行资格；澳门分行正式开业，新西兰子行、多伦多分行获批；拉美“双核”（巴西、智利）布局推进顺利，收购BIC银行列入习近平主席出访巴西议事日程，在两国领导人的见证下签署了交割备忘录。

三是保持高压态势，全力防控风险和案件。全面落实资产质量责任制，全力以赴地守住了风险底线。总行在武汉召开了13个重点分行信用风险管控专题座谈会；总行高管层直接牵头处置的重大风险项目由20个增加到39个，各一级分行领导班子牵头处置的风险项目共400多个。“信贷风险防控年”活动初见成效，通过排查发现风险苗头，提前采取措施，累计处置不良贷款278亿元。强化综合治理，开展了“管控关键环节、防范突出风险”案件治理活动、非法集资风险专项排查活动以及“正风肃纪、勤业守廉”主题教育活动。尽管经济下行给银行业带来很大的风险和案件暴露压力，我行上半年仍保持了较低的不良贷款率和案件损失率。实践证明，2013年以来实施的风险和信贷体制调整、强化风险和案件治理的各项措施，方向是正确的，效果是明显的。如果不是动得早、抓得紧，现在风险暴露可能会更多，工作可能会非常被动。

四是强化基础建设，经营能力和发展后劲得到增强。开展了“抓主办户、争主办行”等营销活动，上半年公司类有效客户新增7.2万户，基本结算户新增21.9万户；个人类有资产客户新增983万户，激活零资产客户超过千万户。以客户全量资金管理和服务为重点，建立客户资金体内循环工作机制，提高资金承接率。优化授信流程，开展主动授信，提高授信审批效率。产品创新机制进入良性运行，客户需求响应速度提升，完成了产品创新357项。新一代核心系统建设纵深推进，一期项目顺利收尾，部分二期项目上线运行，并提前释放了个人开户预免填单等17项功能。网点“三综合”覆盖面进一步提高，综合网点达到1.31万个，综合柜员占比达到73%，综合营销团队1.35万个；部分分行先行先试，积极探索功能型网点向智慧型网点的转型。大数据的分析和应用已得到全行重视。

干部人事制度改革继续推进。加强了各级行领导班子配置和干部上下交流，强化干部培训、班子结构调整、选拔优秀年轻干部等组织人事工作，取得了新的进展。调整考核内容和考核机制、加强激励约束取得新成效，坚持机关人员、薪酬向一线倾斜等工作继续推进。企业文化建设、科学应对舆情、加强对外宣传、强化市值管理，以及工会、共青团和老干部工作等，都取得了重要成果。

五是扎实抓好整改，群众路线教育实践活动收尾不收场。细化分解“两方案一计划”，专人负责、逐项落实。总行党委派出检查组对8家分行整改落实情况开展专项检查，对3家分行开展巡视；机关党委对9个部门进行了检查。总行、分行党委以及各部门党支部的整改工作均已完成80%以上。上半年，全行行政招待费同比下降40.2%，会议费下降45.3%，差旅费下降10.3%，公务用车费下降3.5%。通过深化教育实践活动，促进了客户服务质量的持续提升，网点客户平均等待时间同比缩短13%，个人客户满意度提高1.7个百分点。

上半年的成绩来之不易，是全行上下共同努力的成果。这充分表明，建设银行拥有一支敬业、专业、能吃苦、能战斗的干部员工队伍。这里，我代表总行党委、董事会和管理层，向大家并通过大家向全行员工表示衷心的感谢！

当前，内外部形势更趋复杂，银行经营环境正在发生深刻变化，全行上下必须要有充分的认识和思想准备。

从国际形势来看，经济复苏进程仍然曲折。美国经济率先复苏，非农就业等多项指标表现良好，但基础仍不牢固，工业产值、新房开工等指标都低于预期；欧洲经济未见明显转机，近期发生的葡萄牙银行债务危机等风险事件，暴露出欧元区经济金融的问题还比较多；新兴经济体增长乏力，呈现分化走势，发达国家复苏对新兴经济体的拉动效应也在减弱。

从国内形势来看，经济总体运行平稳，仍处于合理区间。一方面，积极有利的因素增多，前两个季度GDP增速分别为7.4%和7.5%，经济发展状况有所好转；中国制造业采购经理指数、出口增速、用电量、货运量、新增贷款规模均比第一季度有所上升，经济运行稳中有进，出现了向好的苗头，市场信心在增强；经济结构有所改善，第三产业增速累计8个季度超过第二产业；城镇就业继续扩大。这些都体现了我国经济巨大的韧性、潜力和回旋余地。另一方面，经济下行压力依然很大，投资、消费、出口“三驾马车”整体乏力，固定资产投资增速为十多年来最低水平，社会消费品零售总额增幅也创近年来新低，产能过剩问题突出，PPI连续28个月负增长。周期性因素和结构性因素相互交织，经济运行中矛盾风险挑战之多前所未有。

从银行业情况来看，大型银行重组改制后经过近10年的高速发展，现在也已进入了“换挡期”。工、农、中、建四大行2014年利润增速预计都将回落到一位数的水平，而且这可能成为未来的“新常态”。在发展减速的同时，信用风险暴露不断加速。整个银行业不良贷款已连续11个季度攀升。我行也面临风险集中爆发、瞬间爆发的严峻态势。2013年以来，风险事项件数和金额逐季上升；上半年全行不良贷款、逾期贷款分别增长了104亿元、336亿元，集团不良贷款余额已经超过了2005年上市初期的水平。重大信用风险事件暴露191起，户数和金额分别同比上升247%和263%。小型客户不良贷款居高不下，中型客户不良贷款近期也明显增加。尤其让人担忧的是，长三角地区不良贷款尚未得到有效控制，珠三角以及东部、中部等地区风险也开始冒头，且有向区域风险演化的趋势，必须引起高度警惕。

如此复杂严峻的局面，是我们上市以来没有碰到过的。不少同志感到困惑甚至无所适从。我们也听到一些同志讲，现在有点不知道该怎么干了，过去很多行之有效的套路、打法，现在好像不管用了，突然间感觉找不到方向、使不上劲了。世界经济的曲折波动和我国经济发展中的矛盾相互交织，由此引发的经济下行压力和金融风险，使我们处在一个发展、改革、转型的重要十字路口。如何认清发展方向、保持政策定力，掌握“新常态”下驾驭风险的新本领，这是摆在全行面前的紧要课题。

二、把握金融运行规律，一心一意谋发展促转型

面对错综复杂的国内外环境，我们要坚定信心，主动作为。要牢固树立发展意识。发展是解决中国一切问题的基础，也是解决建设银行面临

问题的前提和关键。绝不能让业务发展、利润增长、信用风险滑出合理的区间。全行要自觉服务大局，坚持转型发展，破解当下难题，在积极支持经济社会发展中，形成建设银行新的发展优势。

（一）把思想统一到中央要求上来，不断提升支持实体经济的能力

2014 年 7 月以来，中央领导多次就当前经济形势和下半年经济工作召开会议。在近期召开的中央政治局会议、国务院常务会议上，习近平总书记、李克强总理对做好当前经济工作提出了明确要求。全行上下要认真学习领会中央的决策部署，将其作为下一步经营工作的重要指南。

要坚持服务经济社会大局，支持实体经济做强。过去有个说法，“哪里有建设热土，哪里就有建行人”，这是我们的优良传统。在新的时期特别是经济困难时期，建设银行要在金融服务经济建设中更好地发挥生力军的作用。要从大局进行谋划，根据国家经济社会发展规划和新型“四化”战略，着眼于国家和地方政府研究推进的重大工程建设以及配套建设，在基础设施、战略新兴产业、现代农业、节能环保、生产性服务业和重大民生工程等领域，加大业务拓展和资源倾斜力度。各分行要结合区域特点，加强与地方政府沟通互动，工作要主动一点，及时掌握信息和政策动向，抢抓重大优质项目。在支持实体经济中，要着重抓好三个方面。

主动调整信贷结构。要用好增量和存量信贷资源，抓住经济结构调整机遇推动信贷结构调整，同时以信贷结构调整支持和促进产业结构调整，达到经济与金融互动、客户与银行双赢的目的。信贷结构调整要按照“三大一高”客户战略的要求，巩固建设银行在基础设施建设、重点工程和大型企业方面的服务优势，注重抓好重大项目和重点企业营销，争取主办行资格。对重点工程建设项目，要加强项目评估、客户评级，增强综合服务能力，努力实现对重大项目、重点企业的“一条龙”服务。要逐步提高大型企业贷款的比重，重视发展小微企业业务和“三农”服务，巩固住房金融等零售业务的优势，进一步调整我行信贷结构，实现组合更优、效益更好、风险更低。

加大创新力度。在当前经济发展方式转变、产业转型升级的重要时期，产品创新无论如何强调都不过分。各前台部门是产品研发、推广和推动创新的主体，要把产品创新作为重点纳入工作日程抓紧抓好。要充分发挥全行 7 个创新实验室的平台作用，加大产品研发力度。前台部门和创新实验室要充实产品研发力量，持续地提供更多契合客户需求的产品。在服务模式上，要强化公司部门和集团客户部门的统筹牵头作用，发挥集团综合化经营的优势，大力推行综合金融服务和供应链融资。对小微企业的服务，要实现业务模式转型，坚持以小为主、以微为重。要改变传统的单客户分散营销和管理的方式，大力推行“助保贷”业务模式，与政府合作批量筛选客户、流程化作业，把政府职能部门、行业协会、担保机构、园区管理等多方面力量整合到一起，综合服务，共担风险。截至目前，全行“助保贷”累计发放 500 亿元，仅发生过 2 笔不良贷款，不良率仅为 0.05%，效果很好。通过类似的创新，小企业贷款风险成本、运营成本可以大幅下降，一方面可以让利给小企业，降低企业融资成本，另一方面又能提高银行的收益，实现双赢，真正把履行社会责任和商业可持续性有机结合起来。

端正经营思想，转变经营作风，提高优质客户选择能力。银行是高风险行业，在经营管理上必须坚持审慎原则，要切实纠正不切实际的高速度发展、粗放经营、与管理不相匹配的经营方式。分析目前一些分行暴露的信用风险，其中一个问题就是不加选择地发放贷款，脱离客户基础过度开具承兑汇票、信用证、保函等。这样做虽然在短期内占据了市场，扩张了规模，但一遇到经济形势发生变化，由此带来的风险和损失异常之大，教训十分深刻。这种经营理念和经营方式不能再延续下去了。

我国经济门类齐全，结构调整和转型升级处于关键时期，产业结构正在发生重大变化。推进行政审批改革、放宽市场准入，使市场活力得到有效释放，传统产业、现代服务业、互联网技术相互渗透、相互促进，产品创新、业态创新以及各类新兴经济体层出不穷。科学地选择优质企业给予支持，既是服务实体经济的要求，也是银行实现价值创造和可持续发展的基础。剖析全行信用风险成因，其中一个也是最重要的原因，就是客户选择出了问题。除了专业能力不强外，还存在职业素养和职业道德问题：一是急功近利，二是不负责任，三是个别项目中存在贪图私利、恶意违规，滋生腐败以及道德风险。

选择客户要“胸有丘壑”，知己知彼。要加强对新的资源、新的领域、新的经济业态的研究，努力寻找新市场、发现新客户、探索新模式、创造新价值。要掌握选择客户的科学方法，要有定性、定量分析，要有集体决策的制衡机制。当前，要着力加强对公客户营销工作，准确分析客户在哪里，哪个领域、哪个行业、哪类业务需要银行提供金融服务，金融服务该怎么跟进，产品怎么配套和创新，价值链如何实现。这次会议交流的县域金融专题，是研究如何在缺乏物理渠道的情况下，通过跨界合作的新模式，将广大农户发展成为建设银行的客户，把巨大的“长尾”价值挖掘出来。全行类似的例子还有不少，要认真加以总结，形成示范，并快速复制推广。

（二）沉着应对变化，打好风险管控主动仗

《孙子兵法》讲，“以虞待不虞者胜”。只有准确研判风险，把握规律，既敢于出招又善于应招，才能掌握主动权。

要理性地看待风险。银行经营与经济周期紧密关联，经济下行必然导致银行风险暴露和不良资产增加，这也是经济周期规律决定的。所以要把握好几条：一是要有长期作战的思想准备。建设银行股改上市近 10 年来，不良贷款经历了持续双降、额升率降、掉头双升的过程，与经济周期吻合。第二季度我们根据中国银监会要求，以 3 月末数据为基础做过一次压力测试，在 GDP 增速 7%、房价下跌 10%、M_2 增长 12% 的轻度压力情景下，如果没有针对性措施，全行不良贷款率将上升至 2.43%。应该讲，没有经历过完整经济周期考验的银行，就不可能成为名副其实的好银行。二是要有风险管理创造价值、在发展中化解风险的积极理念和态度。做银行不可能没有风险，关键是弄清会有什么样的风险，如何科学防范、预警和处置风险。如果能够真正做好客户识别、选择、服务全过程以及产品研发、业务流程等全方位的风险管理，不仅能保障宝贵的金融资源有效促进经济发展，而且可以显著降低银行风险和损失，提升经营质量和效益。三是要有“底线思维”，即确保不发生系统性和区域性金融风险。面对当前的风险态势，在思想上要有理性的认识，不能乱了阵脚，要把困难想得多一点，把措施准备得更充分一点，积极主动应对，坚决遏制住风险高发势头，努力争取最好的结果。在经济下行压力下，建设银行要敢于担当，这是为经济发展、为结构调整作贡献，这也是大局。

要研究当下风险的特征和规律。对不良贷款要进行区域、行业、客户、产品等多维度分析，利用大数据研究贷款劣变、风险迁徙的规律。通过梳理暴露的重大风险事项，发现和掌握带有共性的风险特征，如跨业扩张、过度融资、循环担保、开工不足、持续亏损或现金流为负，以及涉足民间借贷、涉黑涉赌、涉及官员贪腐案件等。要有对应的化解风险措施，同时要举一反三，对存在类似特征的存量信贷进行排查，加强日常监测，有效提升风险预警预控的敏感度。

要注重从自身查找问题。古人讲，“反听之谓聪，内视之谓明”。出了重大风险和案件，要更多地从自身经营管理方面进行检视和反思。如信贷流程管理重制度建设、轻检查落实问题，贷款“三查”重授信审批、轻贷前调查和贷后检查问题，信用风险重处置、轻教训吸取和风险技术应用等问题。如果这些问题不解决，信用风险很难控制住。

要严肃处理违规违纪问题。在一些重大风险事项和案件中，我们发现内部个别干部员工行为不端，甚至内外勾结，刻意隐瞒重要风险信息，故意“放水”，与客户串通造假；还有的利用手中资源以权谋私，输送利益。对这类现象，绝不能纵容姑息。近期总行将下发重大风险案件和责任追究指导意见，并将陆续对一些重大风险事项和案件进行责任追究和人员处理，在总结教训引以警示的基础上向全行通报。需要强调的是，查处案件要“罪人不孥”，重点是查处主要责任人、领导干部和关键人员，对重大风险事件主要直接责任人的责任认定追究一定要有力度，要触动、触痛，真正起到警示教育作用；对其他绝大多数同志来讲，主要以批评教育为主，处理范围不宜过大。同时，要着力强化日常监督。古人讲，“禁微则易，救末者难”。要长期坚持抓好抓实员工的行为排查，防微杜渐。

要实行严格的风险管理责任制。将风险管理

情况纳入领导班子和分行主要责任人的年终考核，对于风险排查不落实、风险处置不得力、重大风险应对不及时，以致持续产生和暴露风险、未完成风险控制目标的分行，实行“一票否决”。

要完善风险偏好管理机制。重检风险偏好陈述书是董事会要求重点抓好的一项工作，从2015年开始，董事会每年要听取一次风险偏好陈述书报告。银行的风险偏好，强调的是对总体风险的容忍度和承受力，以及如何实现风险、资本与收益的有效平衡，目标是达到资本集约化经营、收益覆盖风险成本，提升价值创造能力。面对市场环境和风险形势的急剧变化，一方面，要切实抓好风险偏好的传导落实，进一步强化对风险选择、风险资产配置的政策引导，优化配套的制度、标准、风险底线、计量技术工具等；另一方面，要适时重检风险偏好，提高重检频率。既要重检偏好陈述书内容，也要检查偏好传导机制和执行情况。重点强化风险调整后资本回报（EVA、RAROC）、风险资产结构调整、风险缓释安排、综合化格局下集团风险偏好的研究，并根据重检结果及时作出预调、微调，提升对风险变化的响应能力。

（三）坚持深化改革，加快转型发展步伐

按照党的十八届三中全会要求，继续深化改革，要通过深化改革破解发展中遇到的难题。回顾建设银行的发展历史，过去也曾经历过多次发展困难时期，20世纪90年代还一度处于“死里逃生”的境地，但是得益于敢为人先的改革举措和战略转型，建设银行不仅摆脱了困境，而且走在了同业的前列。总行党委决定，面对新的挑战，全行要以十八届三中全会精神为指导，继续发扬建设银行锐意改革的优良传统，加快战略转型，在转型发展上努力做到谋划更先一筹，行动更快一步。

集思广益制订好全行转型发展规划。在专题研究和调研的基础上，总行战略规划部牵头起草了转型发展规划初稿，这次会议专门安排半天的时间进行研讨，听取各分行的意见和建议。规划总的思路是，围绕总行党委确定的“综合性、多功能、集约化”的转型目标，以提升价值创造能力、打造“最具价值创造力银行”为主线，全面协调推进“五个转型”。规划还针对各个业务领域和管理环节，提出了转型重点内容、目标和要求，就强化转型发展的人才、技术、资源等保障提出具体措施。讨论稿提前发给了各分行，希望大家从战略的高度，以大局的视野，结合自身的实际，畅所欲言，多贡献好的思路和建议。通过广泛听取意见，凝聚全行智慧，争取制订出一份兼具现实和长远指导意义的转型发展规划。

以重点突破带动整体改革的深入推进。2013年我们不失时机地开展了风险和信贷体制改革调整，促进了全行信贷经营和风险管控能力的提升。根据转型发展规划的总体部署，下一步要分类制订转型发展实施方案和完善配套制度，把体制优势充分发挥出来。当前，银行业新一轮的改革已经开启，以混合所有制为主要内容的改革正在酝酿之中，总行党委深化改革领导小组一直在跟进银行业改革的大势，结合建设银行实际，相关改革专题正在加紧研究。总的把握是，一方面要缜密论证、周密谋划，做到谋定而后动；另一方面要看准一项就推进一项，做到既积极又稳妥。

2014年，要在以下几个领域加紧研究深化改革措施，争取尽快破题。一是总行组织机构集约化。要对功能分散、运行成本较高、效率较低的组织机构进行“合并同类项”。按照“综合性、多功能、集约化”的战略转型要求，以持续创造新的竞争优势为立足点，梳理界定部门职责，优化调整内设机构，建立经营集约、管理集成、服务集合的现代商业银行总行组织架构。二是开展公司治理结构研究。探索新形势下国有控股金融企业治理的规律和深化改革路径，寻求公司治理中效率和制衡的最佳实践。三是子公司现代企业制度建设。规范子公司治理结构，着力健全子公司的市场化运行机制、市场化管理模式、市场化考核评价体系，使子公司真正成为具有良好价值创造力的市场化主体。

加快既定转型要求的落地实施。总行党委已经明确了转型发展的战略方向和总体思路，有的分行和部门已着手组织转型的推进工作。这次会议又专门安排了个金部、集团部分别就个人业务转型、客户综合金融服务等进行交流。全行要以高度的紧迫感推动转型，对于总行已经确定的转型事项和具体要求，要抓紧落实。

各分行要立足于自身实际，坚持问题导向，

结合区域特色、区位优势，研究制定具体转型措施。加大创新，激发活力，思想可以再解放一点，思路再开阔一点。要在巩固和提升传统优势、特色优势的基础上，通过转型培育竞争新优势和价值创造新优势。要抓好转型落地的“最后一公里”，通过加强引导、完善激励机制和考核措施，将转型的要求传导到每个基层机构、每位员工。《孙子兵法》讲，“上下同欲者胜”。要广泛调动各级机构员工的积极性，把各方面正能量都聚到转型发展中来。

三、加强党的建设，为转型发展提供强有力的组织保证

持续深化群众路线教育实践活动。要按照“三严三实”的要求，在抓常、抓细、抓长上面下工夫，做到认识上再提高、措施上再强化、责任上再落实，杜绝虎头蛇尾的松劲现象。要扎实抓好整改工作，虽然目前未完成整改的事项只剩下10%左右，但这些基本都是“硬骨头”，要采取销号管理等方式逐条跟踪督促。有些问题表现在下面，根子在上面，需要上下联动加以整改。要对照整改台账开展“回头看”，对成效不明显、群众不满意的不放过，对整改不到位、大而化之的不放过，确保件件有落实，善始善终、善做善成。

严格落实“八项规定”精神和党风廉政建设要求。各级党员领导干部要率先垂范，带头严格执行中央关于办公用房、公务用车、职务消费、企业兼职等一系列规定。要逐项对照排查，认真整改，不能打擦边球，发现超标准配置办公用房和公务车辆的，一律予以清理腾退。全行用车预算支出压缩不低于30%，车辆购置数量压缩30%以上。停建缓建一批营业办公用房购建项目，从严控制购建和装修改造标准。梳理外包事项目录，严控外包费用支出增长。强化对职务消费、公务接待的监督检查，从严查处顶风违纪人员。要认真按照中央要求和总行布置的方案，做好各级机构培训中心的全面排查和整改，不能让培训中心成为“四风”问题的避风港。各级党委要切实担负党风廉政建设的主体责任，党委书记是第一责任人，党委其他成员要在职责范围内承担党风廉政建设领导责任；要牢固树立不抓党风廉政建设就是严重失职的意识，落实好“一岗双责”的要求；进一步完善责任追究制度，对主体责任落实不力、造成严重后果的，实行“一案双查”，既追究当事人责任，又要追究相关领导的责任。审计、合规、纪检、巡视等部门要切实负起监督责任，着力发现违规违纪、腐败和作风方面问题，对其中典型案件涉及的责任人员，该处分的处分，该通报的通报。要建立常态化监督机制，年底要对党风廉政建设进行考核。

加强领导班子和队伍建设。在当前内外部环境复杂，全行又处在转型发展的关键时期，要进一步加强各级领导班子能力建设，通过教育培训工作提高理论素养，夯实政治理念，增强履职本领。要配齐、配强各级领导班子，特别是选好“一把手”。习近平总书记指出，用一贤人则群贤毕至，见贤思齐就蔚然成风。要确保各级机构“一把手”作风正、能力强，有改革意识，善谋发展，会带队伍。要进一步加大领导班子结构调整力度，注意选拔优秀年轻干部充实到各级领导班子，以进一步增强班子活力，提高战斗力。从严管理干部，加强对各级领导班子的管理和监督，对缺乏抓班子带队伍本领的、工作长期没有起色以致贻误工作的，要抓紧整顿和调整。要进一步强化角色意识和政治担当意识，努力建设信念坚定、素质过硬、纪律严明、作用突出的党组织和党员队伍。要加大“三综合”网点党员干部和广大员工的思想教育和综合业务培训力度，新入行大学生要优先满足“三综合”网点的需要；基层一线员工薪酬和激励机制要优于或不低于管理行员工。按照中央关于发展党员的要求，严格标准，积极引导，把群众中的优秀分子吸收到党员队伍中来。要严格党员管理，加强党员教育，对于严重违反党纪甚至思想上、政治上同党员标准相悖的人员，应坚决清除出党。

发挥党组织战斗堡垒作用。要认真落实领导干部直接联系基层、联系群众制度，各级党委班子成员每人要联系一个基层机构，通过深入调研、主动谈心、定期接访，指导帮助基层机构推动转型发展工作；要结合银行窗口行业的特点，推行党员承诺践诺制度，促进客户服务能力提升。要强化核心价值观教育，着手制定“建设银行公共关系与企业文化建设纲要”，以新时期金融企业

的标准构建领先的企业文化。要以党建带动工会、共青团的建设，深化“走一线、送关爱、鼓干劲”主题活动，持续推进温暖工程与员工成长帮助计划，把全行的力量汇聚起来，齐心协力推动转型发展。

同志们，下半年的工作任务更加艰巨。全行上下要坚定信心，因势而谋、应势而为、顺势而动，以改革转型的思路破解难题，实现可持续发展，努力建设最具价值创造力的银行。

在中国建设银行成立60周年座谈会上的讲话

王洪章

（2014年9月29日）

尊敬的各位领导，各位同志：

大家下午好！六十年建行风雨路，数十载发展感恩情。今天我们齐聚一堂，迎接建设银行成立60周年，共襄建行甲子盛事、共话往昔峥嵘岁月、共商改革发展大计。首先，我代表总行党委、董事会、监事会、高管层，向在座的各位领导、各位同志、各位员工代表，并通过你们向全行37万名员工、全体离退休老同志及其家属，为建设银行60年来所作出的巨大贡献和付出的不懈努力表示衷心的感谢，为建设银行改革发展所洒下的辛勤汗水表示崇高的敬意！

刚才几位老领导和员工代表的发言以及会上播放的短片，回顾了建设银行60年的发展历程和辉煌业绩，沧海桑田，让人心潮澎湃，感慨万千。特别是几位老行长的发言，发自肺腑，字字珠玑，给了我们很多新的启迪。像道炯老行长讲的提拔使用优秀年轻干部、女干部等经验做法，都对我们现在的工作有很大启示。

60年来，建设银行在新中国经济建设的洪流中应运而生、砥砺奋进，在国家经济发展和改革开放大潮中应势而起、发展壮大，从一家经办基本建设拨款的专业银行，发展成为目前总资产超过16万亿元，公司和个人客户近3亿户，规模、质量和效益等经营指标在全球银行业名列前茅，《福布斯》全球企业2 000强四项指标（销售额、利润、资产、市值）综合排名第二的大型综合性商业银行集团。建设银行改革发展取得的辉煌业绩，得到了党中央、国务院的高度评价。近日，习近平总书记、李克强总理、马凯副总理等中央领导同志在建设银行60年来发展情况报告上专门作出了重要批示，对建行的工作给予了高度评价和肯定，对我们未来发展也提出了殷切期望与要求。全行员工倍感亲切，备受鼓舞。总行党委昨天专门组织了传达学习，并向全系统下发了通知，要求各单位、各级党组织迅速将中央领导同志的批示精神传达到每位员工。我们一定要认真学习贯彻中央领导同志的重要批示精神，再创新佳绩，进一步把建设银行建设好。

盘点风雨岁月，细说纵横经纬。建设银行发展与改革的每个成绩都是在党中央、国务院坚强领导下取得的，都得益于我们认真学习贯彻党中央、国务院的一系列方针政策和重要指示。同时，建设银行每个发展阶段，都彰显了共和国经济建设和改革发展的时代特点，都标记着一代代建行人生生不息的奋斗足迹。刚才几位老领导、老同志做了饱含深情的发言，以自己的切身经历和鲜活的事例，与大家一起重温了这段激情燃烧的岁月，给我们上了一堂精彩的行史课。总结下来，我想可以用5个关键词来勾画这60年的发展脉络和特点。

一是“服务大局”。建设银行从成立第一天起，就以服务国家、服务民生为己任，全身心地投入到国家经济建设主战场中。从最初的国家156个重点项目起步，建设银行一直跟进服务，由点及面，足迹踏遍了每一块建设热土。自成立到1978年这25年间，共经办了各类基本建设投资5 628亿元，支持建成大中型项目4 000多个。尽职尽责“守计划、把口子”，制止宝贵建设资金的损失和浪费，不放过问题、不怕得罪人。通过严格监督审查，为国家节约下了资金108亿元，这在当时是非常大的数目（相当于1954年全国财政收入的近一半，1978年全国财政收入的近十分之一）。改革开放以来，建设银行将服务大局的精神进一步发扬光大，坚持“以客户为中心、以市场为导向”，积极支持能源、交通、通信、制造业、服务业以及农林牧渔、教科文卫等国计民生的各行业各领域，为国家经济发展和转型升级作出了突出贡献。古人讲，“不谋全局者，不足谋一域。”正是得益于服务大局、吃透并用好政策，建设银行的发展道路才越走越宽广；也正是这种大胸怀、大格局，成就了建设银行的大事业。

二是“改革进取”。改革是中国最大的红利，也是贯穿建设银行60年发展的最大红利。在国家财政、金融与投资体制改革，国有银行商业化转型、重组改制上市等历次重大改革大潮中，建设银行都是勇立潮头，一次次承担先行先试的“开路先锋”角色。在履行财政职能和专业银行时期，建设银行创新并完善了“四按拨款”机制，实现了对过去“供给制”财政拨款模式的彻底变革；探索发展银行业务，打破信贷资金不得进入基本建设投资领域的“禁区”；以超前的意识摸索“一业为主，多种经营”，拓展信托投资、咨询、租赁、证券等业务。在商业银行和股份制银行时期，建设银行以“一心一意办银行”为指导思想，领先开启了转型进程，确立了“双大”战略，创造性地建立了统一法人制度，实行了资产负债管理，完善了内部审计机制；1997年亚洲金融危机后，为化解金融风险，建设银行承担了率先剥离不良资产、创设资产管理公司的试点改革任务；2004年，作为首批试点银行完成了股份制改造，并于2005年率先上市。近年来，根据经济转型升级的趋势，建设银行适时启动了“综合性、多功能、集约化”的转型发展战略。应该说，在每个关键的历史阶段，建设银行都走在了改革发展的前列。很多重要的改革举措都开风气之先，引领业界发展进步，促进了国有银行乃至中国金融业的改革创新实践。正因为有这种改革进取精神，成就了建设银行从当初拨款“银行”到当今享誉全球的股份制现代商业银行的跨越。

三是“善抓机遇”。面对风起云涌的时代大潮，发展契机稍纵即逝。正如习近平总书记所指出的，“抓住了就是机遇，抓不住就是挑战。”在发展的每个关键节点上，建设银行都敏锐地把握了大势，以卓识远见、果敢善断的智慧，抢占发展先机。在负责财政拨款监督中，建设银行以贴近服务重大项目建设为契机，迅速聚集并培养了高素质的专业队伍，奠定了此后在基础设施领域不可复制的竞争优势。在摸索发展银行业务过程中，建设银行不失时机地拓展新领域、试水新业务，如开办了现金和居民储蓄业务、国际业务、信用卡业务；创新推出房地产金融服务，把最初别人不敢接手的住房公积金业务办得风生水起；同时，抓住国家工业化、城镇化机遇，短短几年间迅速搭建起了覆盖全国的银行服务网络。从商业化转型到重组改制上市的历程中，建设银行更是步步先行，以“两个在所不惜”实现了彻底的商业化改造，以率先剥离不良资产实现了轻装上阵，以重组改制实现了脱胎换骨式的变革，以新一轮转型发展抢占了先发优势。纵观60年来的发展，建设银行始终以强烈的机遇意识，因势而谋、应势而动、顺势而为，善于下“先手棋”，实现了一步领先步步主动。

四是“荟萃英才”。回顾60年的历史，如果说建设银行发展紧紧抓住了国家建设和经济腾飞的“天时地利”，那么长期重视干部员工队伍建设则是发挥“人和”之利的根本所在。打造政治过硬、业务过硬的干部员工队伍，始终是贯穿于建设银行组织建设和人才队伍建设的红线。一方面，着力发挥党组织的政治核心和政治保障作用，做到了队伍政治坚定；另一方面，倡导专业专注，尊重科学、尊重银行经营规律，强化技术培训，做到了队伍业务精专。员工队伍的凝聚力、战斗力，在建行发展遇到波折的过程中得到最生动的展现。在经历“大跃进”和“文化大革命”中两次机构撤并后，建行员工先是从1.7万减少到5 000人，第二次则锐减到2 600人。但是恢复机构后，建行仅仅用了一年左右时间就基本完成了人员归集，而且招之即来、来之能战，迅速担负起了国家交给的投身改革开放、支持经济建设的重要任务。在新时期，建设银行通过不断深化干部人事制度改革，加大人才培养选拔力度，尤其是近年来通过全面推进人才兴行战略，选拔和集聚人才的体制机制进一步完善。同时，60 年来全行涌现出了一大批先进模范、在各个岗位上作出重大贡献的先进集体和先进个人。“济济多士，乃成大业。”正是得益于这支特别能吃苦、特别能战斗的专业化队伍，使得建设银行能够以机构网点和人员数量四大行第三的条件，取得了资产规模和利润总额四大行第二、业绩指标领先的市场表现。

五是“传承文化”。建设银行文化在 60 年发展历程中赓续绵延，不断丰富创新，目前已经成为建设银行独具特色的发展禀赋。我个人体会，建设银行文化的发展积淀，大致经历了 4 个阶段：第一个阶段，从成立到 1978 年这 25 年间，承担双重职能、履行监督责任，形成的重要文化积淀是“责任、团结、奉献”。建设银行自成立那一天起，来自五湖四海的建行人凝心聚力，从领导到员工都恪守对国家经济建设高度负责的态度。这种深沉的责任感，鞭策大家在工作中认认真真、兢兢业业。很多同志都是舍小家顾大家，在建设工地上奔波，在万壑千山中驰骋。

第二个阶段，从 1979 年到 1994 年这 15 年间，推进银行改革、回归银行本职，形成的重要文化积淀是“开拓、创新、包容”。在摸索拓展银行业务过程中，全行自上而下解放思想，敢闯敢拼，包括储蓄在内的诸多新业务都是在这一时期开办并快速发展壮大。在观念理念、管理手段、经营方式、人才使用、工作方法、新老业务协同等方面，做到了取长补短、兼容并蓄。可以说，没有这种精神，就没有今天的建设银行。

第三个阶段，从 1994 年到 2004 年这 10 年间，实行“四自”经营，商业银行转型基本完成，形成的重要文化积淀是“规范、竞争、进取”。当时王岐山同志提出的振聋发聩的建行改革发展“五论”特别是“一心一意办银行”的指导思想，奠定了建设银行商业化改革的重要理论基础，确立了竞争思维、市场观念、进取精神、品牌意识等现代企业文化的理念。在这期间，建设银行总资产从 1994 年的 1.4 万亿元，增长到 2004 年的 3.9 万亿元，为 10 年前的 2.8 倍。

第四个阶段，从 2004 年至 2014 年 10 年间，建立现代企业制度，深化转型发展，形成的重要积淀是“稳健、诚实、公正”和“以客户为中心，以市场为导向”的现代商业银行经营理念。全行以建设国际一流银行为目标，明确战略导向，着力完善公司治理、管理体制、业务流程，强化风险意识和诚信文化建设，进一步丰富和发展了企业文化内涵，促进了业务的快速健康发展。2004 年全行总资产为 3.9 万亿元，到 2014 年上半年已达到 16.4 万亿元，为 10 年前的 4.2 倍；净利润从 2004 年的 484 亿元，提升到 2013 年的 2 151亿元，为10 年前的4.4 倍。可以说，建设银行企业文化的厚积薄发，激发了广大员工强大的凝聚力，赋予了建设银行独有的特色优势，形成了建设银行强有力的竞争“软实力”。

饮水思源，不论是创业初期还是改革发展阶段，建设银行所取得的成就，都凝聚着一代代建行人的艰辛和智慧，凝聚着全行员工和各位老领导、老同志的心血和汗水。对此我们怀有深深的敬意，此时此刻，非平常感谢之词所能表达。一代代建行员工和老领导、老同志的身上，传承着建设银行的优良传统，积淀着建设银行厚重的文化底蕴。这种胸怀大局、心系国家、甘于奉献的情怀，艰苦奋斗、恪尽职守、严谨细致的作风，勇于改革、善于创新、力争上游的斗志，是我们受益无穷的精神财富，值得我们和年轻一代建行人认真学习继承、不断发扬光大。这是建设银行文化薪火相传、建设银行事业兴旺发达的重要保障。全行各级机构和广大员工要从建设银行事业长远发展和内在需要的高度，珍惜这些优良传统，传承好这些文化，保持住这种精神。

当前，中国经济社会发展已经进入新的历史时期。全面深化改革、经济转型升级，给银行发展带来难得的历史机遇和创新空间；国际经济金融形势的瞬息万变，中国经济“新常态”和“三期叠加”的复杂形势，也对银行业提出了很多新课题、新挑战。对于面临的新形势，全行一定要有深刻的认识。要清醒地看到，建设银行过去先行改革的“红利”已经不多了，没有任何理由躺在以往的成绩单上"吃老本"。所谓"一篙松劲退千寻"，如果不激流勇进、改革创新，加快转型发展，我们在新一轮的竞争中就可能要落后。

针对新形势、新情况，建设银行党委立足于既有发展基础、经营特色和比较优势，提出了"综合性、多功能、集约化"的转型发展战略，要求全行牢固树立发展意识。发展是解决中国一切问题的基础，也是解决建设银行面临问题的前提和关键。我们要巩固和发扬传统优势，培育新的增长点，积极拓展新的领域；大力发展综合化服务以及海外业务和跨境金融业务，在关键领域实现重点突破。围绕提升价值创造能力、建设"最具价值创造力银行"的目标，全面协调推进"五个转型"，以改革转型获取新的发展红利，打造新的竞争优势。

发展永无止境，改革创新永无止境。建设银行历史上每一次改革创新，都推动建设银行事业迈上一个新的台阶，都激发出建设银行新的生机和活力。正是这种勇立潮头、锐意创新的禀赋，使得60岁的建设银行，既沉稳持重又朝气蓬勃。这次座谈会老中青欢聚一堂，可谓"群贤毕至，少长咸集"。我们要把老同志丰富的阅历和经验、年轻人活跃的创意和激情汇聚起来，共同为建设银行发展贡献智慧和力量。正如刚才老领导所讲的，全行上下同心，誓让山成玉、铁变金，就必定能够实现建设银行"金玉满堂"。让我们以60年的历史与积淀、60年的坚持与不悔、60年的诚挚与热情，继往开来，为实现建成国内最佳、国际一流银行的"建行梦"作出不懈的努力，为实现习近平总书记提出的中华民族伟大复兴的"中国梦"作出新的贡献！

谢谢大家！

（根据录音整理）

赓续传统　锐意改革　砥砺奋进　携手共铸建设银行更加辉煌的明天

——在中国建设银行成立60周年（视频）大会上的讲话

王洪章

（2014年9月30日）

同志们：

今天我们欢聚一堂，以隆重热烈而又简朴务实的形式，庆祝中国建设银行成立60周年，共同回顾与国咸休、艰辛砥砺的发展历程，共同瞻望改革发展、事业日新的美好未来。

刚才，传达了习近平总书记、李克强总理、马凯副总理在建设银行成立60年来情况汇报上的重要批示。中央领导同志对建设银行成立60年的发展和改革给予了高度评价和充分肯定，对建设银行的未来发展提出了殷切的期望和要求。全行员工倍感亲切，备受鼓舞。总行党委已于2014年9月27日进行了传达学习。我们一定要认真学习好、贯彻好中央领导同志的重要批示精神，按照习近平总书记的要求，进一步强化服务国家建设、防范金融风险、参与国际竞争三方面能力的建设，再创新佳绩，把建设银行建设得更好。

60年前，建设银行诞生于如火如荼的新中国建设热潮中。"一五"规划初期，为适应大规模基本建设投资管理的需要，中央人民政府政务院于1954年9月作出了成立中国人民建设银行的决定，周恩来总理亲自予以批准；当年10月1日，在新中国成立5周年举国欢腾之际，机构在北京正式挂牌，成为财政部下属的负责基本建设投资拨款的专业银行；1996年，经中国人民银行批准，更名为"中国建设银行"。

从创业初期的"哪里有重点建设，哪里就有

建设银行人”，到改革大潮中的“死里逃生”和率先改制上市、建设现代商业银行，60年来，建设银行始终砥砺奋进、近虑远谋、锐意改革、不断创新，由一家经办基本建设拨款的专业银行，发展为总资产超过16万亿元，公司和个人客户近3亿户，规模、质量和效益等经营指标在全球银行业名列前茅的大型综合性商业银行集团，成为共和国砥柱中流的金融巨子。在履行财政职能及专业银行期间，建设银行先后经办财政拨款3.14万亿元、拨改贷1 117亿元，精心尽力地支持服务了长春一汽、全国十大钢铁基地、八大重型机械厂以及武汉长江大桥等大批国家重点项目。在商业银行及股份制银行时期，建设银行资产规模从1.07万亿元发展到16.4万亿元（截至2014年6月末），增长约14倍；累计投放贷款超过48万亿元，贷款余额增长约19倍；创造利润（税后）1.34万亿元，上缴税收6 335亿元，年利润增长约90倍。

回顾60年不平凡的发展历程，我们深深感到，建设银行所取得的每一份成绩，都是党中央、国务院坚强领导的结果，都得益于我们认真学习贯彻党中央、国务院一系列方针政策和重要指示，得益于建设银行始终与国家同呼吸、共命运。在国家经济建设和改革发展的每一个历史阶段，建设银行都是责在人先、勇立潮头，不负重托、不辱使命。

——建设银行成立伊始，就积极投身国家经济建设主战场。“一五”期间，全国完成基本建设投资550亿元，其中国家预算内投资近500亿元，均由建设银行负责组织供应和监督使用。建行员工与项目建设者同吃同住，筚路蓝缕、栉风沐雨。建行人以尽职尽责、严谨专业的作风，把握经济规律，创造性地运用“四按”原则，即按计划、按预算、按程序、按进度拨款并监督使用，为国家重点建设“守计划、把口子”，受到了毛泽东主席等中央领导同志的肯定。1954年至1978年，共制止不合理开支108亿元，为国家节约了巨额资金。

——在改革开放的新时期，建设银行积极参与财政、金融与投资体制改革，在完善财政职能的同时多方探索拓展银行业务。1979年，建设银行升格为国务院直属的专业银行，1983年开始独立经营、独立核算。全行敏锐抓住机遇，运用信贷手段大力推进预算内基建投资管理体制改革。1979年至1993年，建设银行代理的财政拨款、拨改贷资金占同期国家财政支出约为50%；通过严格审查工程造价，为国家节约资金439亿元。按照邓小平同志关于“建设银行应起到杠杆的作用、要广开门路”的指示精神，全行积极摸索开展新业务、开拓新领域：率先利用存款发放基本建设贷款，打破了信贷资金不得进入基本建设投资领域的“禁区”；开办了工商企业流动资金贷款业务、现金和居民储蓄业务、信用卡业务；探索“一业为主，多种经营”，拓展国际金融业务，兴办债券代理业务；创新推出房地产金融服务，助力全国住房制度改革和商品化进程。同时，配合国家经济建设需要加快机构网点布局，初步搭建了覆盖全国的银行服务网络。

——在商业化转型过程中，基于对当时经营形势的把脉，时任建设银行行长的王岐山同志高瞻远瞩地作出了必须“死里逃生”的诊断，鲜明地提出了建设银行改革发展的“五论”特别是“一心一意办银行”的指导思想，奠定了建设银行商业化改革的理论基础，确立了竞争思维、市场观念、进取精神、品牌意识等现代企业文化理念，开展了大刀阔斧的改革。从1994年起，通过分离政策性业务、移交财政职能，建设银行按照自主经营、自担风险、自负盈亏、自我约束的“四自”原则，开始了全面商业化转型。全行以王岐山同志强调的“两个在所不惜”的决心，全力推进改革、严格规范经营。制定并实施了建设银行第一份改革与发展纲要；确立了“双大”经营战略，发挥自身特色优势，大力支持关系国计民生的大行业、大企业；建立了统一法人管理的基本制度，实行资产负债管理，完善了内部审计机制，出台了员工违规行为处理办法；创新金融产品和服务机制；前瞻性地实施了“三千人工程”等人才战略项目，培养适应商业银行发展需要的骨干队伍；启动了CIS战略，推进品牌建设和企业文化建设。经过艰苦卓绝的努力，实现了由专业银行向商业银行的历史性转变。

——1997年亚洲金融危机爆发后，建设银行积极落实中央决策，先行先试处置不良资产，化解金融风险。1999年，建设银行承担了率先剥离不良资产、创设资产管理公司的试点改革任务。通过探索创新，规范有序地完成了不良资产剥离，为国有商业银行改革闯出了一条新路。与此同时，全行实施了信贷管理体制改革，建立了专业化的信贷审批机制，推行贷款五级分类制度，健全了风险管理和内部控制体系，确立了独立垂直的内部审计体系，引入了金融电子化、办公自动化等新技术，实施了全员劳动合同制，开展了员工住房和薪酬激励机制改革探索等。建设银行以全新的视野和敢为人先的精神，实现了国有商业银行的深化改革。

——在股份制改革和建立现代公司治理机制的进程中，建设银行又一次走在了金融改革的前列。2003 年，根据党中央、国务院的决策部署，建设银行作为首批试点银行进行了股份制改造，并于 2005 年率先完成了上市。凭借股改的先发优势，建设银行加快了发展创新步伐，明晰发展愿景，制订发展规划，推动流程再造。坚持“以客户为中心、以市场为导向”，对作业流程、服务模式、管理制度、资源配置机制等进行了变革，实现了“脱胎换骨”式的转变，朝着世界一流银行的目标迈出了关键性的步伐。

——党的十八大特别是十八届三中全会以来，建设银行着力深化改革、推动转型，呈现出蓬勃发展的新气象。进一步落实“综合性、多功能、集约化”的发展战略，以改革创新激发内生活力、以转型发展打造新的竞争优势，取得了出色的经营业绩和市场表现。一是集团发展迈上新台阶。2014 年上半年，建设银行集团资产规模达到 16.4 万亿元；实现净利润 1 310 亿元，平均资产回报率（ROA）为 1.65%，股东权益回报率（ROE）为 22.97%，净利息收益率（NIM）为 2.8%，主要财务指标继续领先同业。在经济下行压力下保持了风险状况的基本稳定，不良贷款率为 1.04%，资本充足率为 13.89%，拨备覆盖率达 249%。个人住房贷款余额及新增保持同业首位，投行、现金管理、私人银行、金融 IC 卡、信用卡、企业年金等战略新兴业务均走在同业前列。二是支持实体经济取得新进展。发挥建设银行特色优势，大力拓展“三大一高”客户，加大对国家重点项目和经济社会发展薄弱领域的支持力度。全行基础设施贷款新增占对公贷款新增额约为 50%，贷款余额达到 2.44 万亿元，支持了大批重点在建续建项目。住房金融继续领先同业，“要买房到建行”的口号日益为社会所广泛接受。研发并推广“助保贷”等小微企业专属产品，首创小微企业“信贷工厂”模式，贷款余额达到9 463 亿元，获得了 2013 年度唯一“最佳中小企业服务银行”荣誉。加大民生领域金融创新，打造“民本通达”服务品牌，在文化、教育、社保、医疗、环保、养老等民生领域赢得了先发优势。三是战略转型实现新突破。稳妥有序地推进集团综合化经营，拓展信托、租赁、基金、保险、期货、养老金融及工程造价咨询等业务，初步搭建了综合化经营平台，非银行金融牌照种类领先于其他银行。服务扩大开放和企业“走出去”，在主要国家和地区都设立了机构，增强了国际竞争力。目前，已拥有 20 家海外分行和子行，总资产超过 1 万亿元，除新设机构外均实现盈利。推进“新一代”核心系统建设，加快网点“三综合”建设，推进对公业务“三综合”服务，深化前后台分离，综合服务能力和客户满意度显著提升。加快网络金融发展创新，网络银行、手机银行用户分别达到 1.64 亿户、1.31 亿户，2014 年上半年手机银行交易额突破 3 万亿元，大大方便了客户，增强了普惠金融服务能力。借着全面深化改革的东风，建设银行开启了新一轮转型发展的进程。

追本溯源，饮水思源。建设银行 60 年所取得的辉煌成就，归功于党中央、国务院的坚强领导和正确决策，归功于一代代建行人的艰苦奋斗和开拓进取，凝聚着一代代建行人的心血、智慧和创造。60 年来，在全力服务国家经济建设过程中，全行各个机构、各个条线、各个岗位上涌现出了一大批先进典型和模范人物。据不完全统计，共有全国劳动模范和先进工作者 24 名，全国五一劳动奖章获得者 40 名，全国金融劳动模范 239 名，全国金融五一劳动奖章获得者 365 名，全国金融青年岗位能手和服务明星 49 名。全行员工、先进模范所作出的奉献和取得的业绩，永远铭刻在建设银行事业的丰碑之上，他们的敬业精神和优良作风将薪火相传，成为建设银行宝贵的精神财富。这里，我谨代表总行党委、董事会、监事会、管理层，向全行 37 万多名员工，向全体老领导、老同志和在各个时期为建设银行改革发展作出重要贡献的所有干部员工，表示诚挚的感谢和崇高的敬意！

察古资今，鉴往知来。建设银行60年的光辉历程，谱写了一曲与时代同进步、与国家共发展、与百业竞繁荣的壮丽史诗，创业时期的艰苦奋斗、勤俭节约，改革时期的锐意进取、敢为人先，转型时期的审时度势、创新应变，其中有很多宝贵经验值得我们深入总结，有很多智慧值得我们认真汲取。在新的历史条件下，这些经验和智慧依然富有生命力，是指引全行科学发展和改革创新的重要指南。

60年的发展经验告诉我们，只有服务大局、心系民生，才能始终保持正确的发展方向。60年来，服务国家经济建设的宗旨意识，深深融入建设银行的血液之中。建设银行刚成立就响应国家号召，在雪域高原简陋的建设工地帐篷里设立了支行，服务康藏公路建设。“机构跟着项目走、服务跟着需求走”，这个做法一直保持了下来，并发展成为今天的“以客户为中心、以市场为导向”的经营理念。一代代建设银行人矢志不渝，在支持经济社会发展中发挥了生力军的作用。新中国建设也为建设银行提供了建功立业的广阔舞台。凭风好借力，伴随中国经济的崛起，建设银行发展迈上了一个又一个新台阶。实践证明，只有忠实服务于国家经济社会发展大局，牢牢植根于实体经济，建设银行的发展才能不偏离方向，建设银行的事业才能根深叶茂、蒸蒸日上。

60年的发展经验告诉我们，只有锐意改革、志存高远，才能始终走在时代的前列。1955年的全行分行行长会议，就提出了“观察发展趋势，接受新鲜事物，吸取先进经验”的要求。在国家经济建设、财政和金融改革进程中，建设银行以敢闯敢试的锐气、开阔前瞻的眼界，屡屡承担改革“开路先锋”的角色。无论是在财政和投融资体制改革、重组改制上市、管理架构变革等制度创新，还是在中长期信贷、房地产金融等重要领域的业务创新，以及品牌建设和优秀企业文化培植等方方面面，建设银行都是披荆斩棘、引领发展的先行者。与时俱进的改革创新精神，已经内化为建设银行的文化基因，成为驱动发展的内生动力。

60年的发展经验告诉我们，只有恪守规则、稳健经营，才能始终守牢风险底线。邓小平同志曾经讲过，建设银行是为国家看门的，没有列入国家计划的项目，天王老子批的项目也不能拨款。认真“守计划、把口子”，建设银行人一直铭记这个教诲，守规矩、讲原则，不放不该放的款、不做不该做的事，始终坚守理性、自律、稳健的经营风格。在商业化改革初期，市场上一度出现高息揽储等乱象，建设银行以“失去一点市场份额也在所不惜”的鲜明态度，坚决予以抵制。在此后的发展历程中，面对一次次市场波动，建设银行始终秉持传统、保持定力，不跟风逐利，不参与恶性竞争，依法合规经营，坚持有所为有所不为。与此同时，着力完善全面风险管理体系，打造“三道防线”风险管控体制、创新风险管理技术、倡导新型风险文化，及时处置化解了各类风险。正是得益于此，建设银行在实现快速发展的同时，一直保持了良好的资产质量，守住不发生系统性、区域性金融风险的底线，发挥了大型银行市场“稳定器”的作用。

60年的发展经验告诉我们，只有专业专注、打牢基础，才能持续提升科学发展能力。建设银行从成立开始就注重打造政治过硬、业务过硬的干部员工队伍，在全行第一次工作会议上，就提出了每年轮训10%的专业培训计划。当改革大潮涌起，各种理念和变革尝试层出不穷之时，“一心一意办银行”的指导思想，厘清了建设银行的金融属性，巩固和发展了建设领域的专业优势，并以此为基石延伸拓展了新兴领域，形成了建设银行独有的专业特色。在商业化转型、重组改制和国际化进程中，建设银行善于学习借鉴国际银行业先进经验，结合实际、为我所用，全力推进制度建设、流程再造、技术研发，实现了经营管理水平的快速提升。在专业、专注的基础上，着力重塑传统业务优势、打造新兴业务优势、构建智能银行优势、巩固公司治理优势，使得建设银行发展在坚实的基础上不断再创新高。

60年的发展经验告诉我们，只有艰苦奋斗、慎终如始，才能实现建行基业的历久长青。“艰难困苦，玉汝于成”，这也是建设银行发展的生动写照。当年建行员工在艰苦的建设工地、厂区矿区山区，滚一身泥、出一身汗，用好国家的每一分钱，算准每一笔账。“逸能思初，安能唯始”，进入新时期，建设银行人仍然保持本色，坚持勤俭办行。在业务规模、经营效益大幅提升的情况下，全行成本收入比等指标一直保持在业内较低的水平。同时，通过为客户精打细算，最大限度地节约成本、增加收益，赢得了广大客户的长期信赖，为建设银行金融服务打出了品牌。也正是这种克勤克俭、特别能吃苦、特别能战斗的精神，使得建设银行能够以机构网点和人员数量四大行第三的条件，取得了资产规模和利润总额四大行第二、业绩指标领先的良好市场表现；使得建行人能够克服别人难以克服的困难，不断地取得进步。

站在新的发展起点上，在充满自豪和信心的同时，我们又倍感责任和压力。从宏观大势来看，中国经济社会发展已经进入全面深化改革、经济转型升级的阶段，给银行业发展带来了难得的历史机遇和创新空间；同时，国内外复杂多变的经济金融形势、经济“新常态”和“三期叠加”的复杂局面，又对银行业提出了诸多新课题、新挑战。从我们自身情况来看，经过股改上市以来多年的持续高速增长，建设银行的股改红利在逐渐消失，经营管理也存在不少亟待提升的地方。“一篙松劲退千寻”，如果不激流勇进，加快改革创新，我们在新一轮竞争中就有可能要落后。正是基于这种忧患意识和问题导向，总行党委作出了加快战略转型的决策，立足既有发展基础、经营特色和比较优势，着力推进“综合性、多功能、集约化”战略；围绕提升价值创造能力、打造“最具价值创造力银行”的目标，全面协调推进“五个转型”，以改革获取新的发展红利，以创新打造新的竞争优势。

——要进一步强化发展意识，紧紧围绕实体经济大局谋划全行转型发展。发展既是解决中国一切问题的基础，也是解决建设银行面临问题的前提和关键。要按照战略转型目标和要求，抓住目标市场和目标客户，找准发展的主攻方向，实现兼顾规模、质量和效益的科学发展、可持续发展。强化金融与实体经济良性互动，着力在基础设施、战略新兴产业、现代农业、节能环保、生产性服务业以及重大民生项目等领域加大支持力度，增强金融对实体经济的“输氧供血”能力，助推产业结构调整，促进经济提质增效升级。

——要进一步强化改革创新意识，不断解放思想、解放生产力。以党的十八大、十八届三中全会精神为指引，全面深化改革，破解制约发展的体制、机制束缚。努力在混合所有制的探索、现代企业治理机制和经营机制的完善、转型发展规划的制订和实施等方面取得重点突破，以此带动全面改革的纵深推进。进一步完善创新机制，加强对新产业、新业态和新技术的研究，着力推动产品创新、流程创新、技术创新和商业模式创新，努力以自主创新引领市场、驱动发展。

——要进一步强化风险意识，增强理性分析、主动应对的能力。准确研判和把握经济“新常态”下企业风险和金融风险的迁徙演化规律，提升风险预警预控的有效性；落实风险责任制，牢牢守住风险底线。着力强化信用风险防控，返璞归真，重拾过去贷款“三查”中好的做法，重塑项目评估、客户评级、授信风险评价和造价咨询等领域的传统优势。大力推广运用大数据分析、计量模型、系统机控等先进工具，丰富日常风控技术手段，将风险管理能力打造成为建设银行的一项核心竞争力。

——要进一步强化人才兴行意识，加快建立集聚人才的体制机制。全面推进人才兴行战略，着力发现人才、培养人才、用好人才，充分激发和释放人才红利。坚持深化干部人事制度改革，加大人才培养选拔力度，多渠道为优秀人才脱颖而出创造条件。强化角色意识和政治担当意识，努力建设信念坚定、素质过硬、纪律严明、作用突出的党组织和党员干部队伍，做好示范带头。加大对基层一线的人力资源配置、培训、薪酬的倾斜力度，使广大员工在建设银行事业中实现自身的职业梦想，获得全面发展进步。

善建不拔筑伟业，继往开来谱新篇。一代代建行人以自己的智慧和心血，书写了建设银行事业的绚丽华章；在新的起点上，全行员工将以自己的激情和创造，续写建设银行的光荣与梦想。“善建者行，成其久远”，每位建行人都有责任传好建设银行事业的接力棒，以驰而不息、行健致远的追求，以舍我其谁、力争上游的豪情，以戮力同心、众志成城的力量，再展新猷、更铸辉煌，努力建成国内最佳、国际一流的现代商业银行，为实现中华民族伟大复兴的“中国梦”，作出无愧于时代、无愧于国家、无愧于历史的新贡献！

坚持发展　严控风险
全力以赴争取良好市场表现

——在2014年秋季工作（视频）会议上的讲话

王洪章

（2014年10月31日）

同志们：

为深入学习贯彻党的十八届四中全会和国务院常务会议精神，分析经营形势，推动转型发展，做好风险防控，完成好全年各项工作任务，总行决定召开这次会议。张建国同志还要对经营工作作出安排。这里，我代表党委讲几点意见。

一、认真学习贯彻党的十八届四中全会、国务院常务会议精神

上周召开的党的十八届四中全会，听取和讨论了习近平总书记做的工作报告，审议通过了《中共中央关于全面推进依法治国若干重大问题的决定》，对全面推进依法治国，推动国家治理体系和治理能力现代化作出了战略部署。

习近平总书记在报告中指出，全面推进依法治国，是深刻总结我国社会主义法治建设成功经验和深刻教训作出的重大抉择，是全面建成小康社会和全面深化改革开放的重要保障，是着眼于实现中华民族伟大复兴中国梦、实现党和国家长治久安的长远考虑。市场经济就是法治经济，和谐社会应该是法治社会。全面推进依法治国，必须坚持党的领导，具体体现在党领导立法、保证执法、支持司法、带头守法上；必须坚持人民主体地位，坚持法治为了人民、依靠人民、造福人民、保护人民；必须坚持法律面前人人平等，绝不允许任何人以任何形式以言代法、以权压法、徇私枉法；必须坚持依法治国和以德治国相结合，既重视发挥法律的规范作用，又重视发挥道德的教化作用；必须坚持从中国实际出发，突出中国特色、实践特色、时代特色。

习近平总书记强调，要扎扎实实地把全会提出的各项任务落到实处。一是紧紧围绕全面推进依法治国总目标，加快建设社会主义法治体系，坚持立法先行，坚持立改废释并举，加快完善法律、行政法规、地方性法规体系，包括完善市民公约、乡规民约、行业规章、团体章程在内的社会规范体系。二是准确把握全面推进依法治国工作布局，坚持依法治国、依法执政、依法行政共同推进，坚持法治国家、法治政府、法治社会一体化建设。三是全面推进依法治国重点任务，着力推进科学立法、严格执法、公正司法、全民守法。四是着力加强法治工作队伍建设，司法人员必须信仰法律、坚守法治、秉公执法。五是坚定不移地推进法治领域改革，坚决破除束缚全面推进依法治国的体制、机制障碍。

十八届四中全会闭幕之后，李克强总理主持召开了国务院常务会议。会议分析了当前国际国内经济形势，指出前三个季度我国经济运行保持在合理区间，实现了稳中有进、稳中提质。GDP增长7.4%，其中第三季度增长7.3%；城镇就业新增1 082万人，已超过全年预期目标；CPI同比上涨1.2%，控制在预期目标之内。与此同时，仍面临不少困难和压力。工业领域价格处于下降通道，PPI已连续31个月负增长；投资增长后劲不足，制造业、房地产和基础设施投资增长回落；工业企业盈利能力下降，库存和资金拖欠增加；产能过剩、房地产市场波动、地方政府性债务等都不同程度地影响金融稳定运行。

会议对下一步工作做了部署，要求抓紧抓好行政审批制度、财政金融体制等重点领域改革，

进一步激发活力、动力；用好、用活财政金融产业政策，降低企业融资成本，加强金融定向调控，减轻企业税费负担；支持产业转型升级，制定出台鼓励电子商务、快递物流、大数据、云计算等服务业新兴业态发展的政策措施；增强内需对经济的支撑作用，集中力量建设一批重大工程，涉及交通、粮食、水利、信息电网油气重大网络、清洁能源、生态环保等领域；围绕“一带一路”、京津冀协同发展和长江经济带建设、新型城镇化等重大战略和规划，谋划一批重大投资和建设项目，条件成熟的可提前开工；努力稳定外贸进出口，进一步扩大对外开放。会议还就做好岁末年初有关重点工作提出了要求。

总行党委于2014年10月25日召开了党委扩大会议，传达学习了四中全会和国务院常务会议精神，结合建设银行实际研究了学习贯彻的具体措施；11月还将举办各分行和部门主要负责人专题培训班，系统地学习研讨四中全会精神。全行广大干部员工要结合自身实际，深入学习、深刻领会、自觉贯彻会议精神，将思想和行动统一到中央要求上来，将会议精神落实到各项工作中去，不断提高运用法治思维、法治方式推动改革和转型发展的能力，在今年最后两个月的时间里，精神不懈、力度不减，努力完成全年各项任务。

二、前三个季度的经营情况和问题分析

面对2014年以来的经营形势，大家普遍感觉比原先预想的要复杂得多。得益于全行上下齐心协力、攻坚克难，各项业务发展实现了稳中有进，计划执行总体实现序时进度。虽然有些指标增长逊色于往年同期水平，但客观地看，在当前经济大势下取得这样的经营成果和市场表现已实属不易。前三季度成绩的取得，既为完成全年任务打下了厚实的基础，也坚定了全行发展的信心。

——迎难而进，维护了市场地位。截至第三季度末，集团总资产达16.7万亿元，增长8.9%；存款余额为12.98万亿元，增长6.2%；贷款余额为9.35万亿元，增长8.8%；净利润1 907亿元，同比增长7.8%，增量和增速保持在合理水平。开展了“抓基本户、争主办行”等营销活动，深化网点“三综合”和对公业务“三综合”，探索大资产大负债管理，强化了发展基础。企业和个人网银、手机银行、微信银行以及善融商务的活跃用户和交易量快速增长，发挥了网络金融领域的先发优势。

——推动转型，激发了新生动力。对公板块8个部门联动开展了业务转型检查指导，通过工作交流、视频培训、案例分享等方式，加大转型发展的推动力度。着力推广小企业批量化、小额化经营新模式，建立了630多个“助保贷”平台。推进个人客户综合金融服务，加快由经营产品向经营客户转变，在零资产客户激活、县域业务拓展、交叉销售等方面取得了新成效。综合化、国际化实现重要突破，建信期货开业，巴西子行完成收购交割。海外机构资产达到1 684亿美元，较年初增长32%；非银行子公司实现净利润18.2亿元，同比增长26.7%。

——综合施策，坚守了风险底线。信贷风险防控年活动成效突出，开展了风险排查，提前化解隐患，果断处置应对。前三个季度累计处置不良贷款469亿元，其中现金回收196亿元。强化了风控薄弱环节，加快放款中心建设，落实审批“三结合”，提高了实质性风险把控能力。严格风险管理责任制，加大了对管理失控、违规放贷等责任人员的问责力度。审计、纪检监察、巡视和内控合规部门进一步转变工作方式，强化责任认定和责任追究工作，加大了发现问题和整改督查的力度。深化案件治理，及时防范堵截案件30起，避免了直接经济损失6 000多万元。在港机构妥善应对香港“占中”等突发事件，保障了安全运营。

——凝心聚力，提振了全员士气。教育实践活动深化整改工作进展有序，党员干部宗旨意识、服务意识进一步增强。活动成果得到了中央有关部门的充分肯定。进一步整顿“四风”，加强成本费用控制，前三个季度招待费同比下降了34.8%，会议费下降46.2%，公务用车费下降10.4%。全行以隆重热烈而又简朴务实的形式，精心组织开展了建设银行成立60周年系列活动，召开了视频大会和座谈会，在中央和国家级重点媒体刊发专稿9 200多篇次，讲好“建行故事”，传递了“建行好声音”，营造了良好的舆论环境和社会氛围。习近平总书记、李克强总理和马凯副总理对我行60年来的发展改革工作作出了重要

批示，极大地振奋了全行干部员工的士气，激发了加快改革发展的热情。全行开展了向李红英同志学习的活动，弘扬了先进人物的正能量。

在盘点前三个季度工作、坚定发展信心的同时，也要客观冷静地分析当前面临的复杂经营形势，既要有敏锐的抓机遇意识，又要有强烈的防风险意识。

从外部环境来看，世界经济缓慢复苏，但呈现出分化走势和很大不确定性，近期国际货币基金组织下调了今明两年全球经济增长预测（2014年增速预测从3.7%再次下调至3.3%）。我国发展长期向好的基本面没有改变，但周期性因素和结构性矛盾相互交织，经济下行压力进一步显现。这些都给银行经营带来新的考验。

从我行自身情况来看，面临不少新的情况和问题。

一是市场地位受到严峻的挑战。截至第三季度末，我行集团资产规模与后面竞争者相比领先优势缩小了约1 000亿元，一般性存款余额还少于后者。全行对公存款新增除了个别时点外，长期处在水面之下，落后于其他国有大型银行；中间业务净收入增长极不理想，理财业务市场份额由年初的12.2%急剧下滑至8%。一些战略新兴业务、表外业务、投资托管业务、同业业务等市场表现不佳。在部分金融资源丰富的大城市、中心城市，我行竞争力不突出，而且有下降趋势；在经济高速增长的县域，我行业务短板明显，与竞争对手的差距越来越大。

二是风险集中暴露势头尚未得到有效遏制。2014年以来全行新暴露的不良贷款已超过600亿元，不良贷款余额突破千亿元，为股改上市以来的峰值，而且风险暴露还没有见底；集团不良贷款率为1.13%，比年初上升0.14个百分点。从区域来看，原有不良贷款集中暴露的省份，还在出现新的风险；一些原来质量较好的分行，2014年也冒出了大额不良贷款。分行上报的重大信用风险事项剧增，涉及信贷余额（含理财产品）613亿元，户数和金额都比2013年全年翻了一番多。9月末未分类为不良的逾期贷款还有353亿元，尤其是制造业、批发零售业逾期贷款增势较猛，其中有一部分后续可能下迁为不良贷款。

三是固有管理方式难以适应市场新变化。一方面，缺乏横向协同的有效机制，部门之间、条线之间整体协同不够，前几年批评的“部门银行”问题仍有显现，没有从全行整体利益的高度、客户综合服务的角度来考虑问题，形不成合力，有的甚至还出现相互掣肘现象。另一方面，缺乏对经济金融形势的深入评估和对发展大势的前瞻判断，发展思想、经营策略、政策调整还跟不上内外部经营环境的变化。上下级行之间还缺乏纵向信息快速传递和分析回馈的有效机制，层级间信息衰减乃至屏蔽现象不乏存在，来自一线的信息难以迅速完整地传递到上级行。对基层的创新实践、典型案例的发现和挖掘不够，及时梳理总结推广好的做法、经验不够，出台的政策措施有的“接地气”不够，工作指导的针对性和有效性不够；争取主动不足，被动应付较多。此外，内部管理、安全运营还有不少漏洞。如最近发生的总行武汉生产基地火灾事故、云南文山金库被盗案件，均暴露了我们在管理责任落实、安全营运检查监督机制等方面还存在很多问题。

三、主动有为，抓好下一阶段重点工作

习近平总书记、李克强总理、马凯副总理在建设银行成立60周年之际对我们工作作出的重要批示，既是对全行员工的巨大鼓舞，更赋予了我们一份沉甸甸的责任。近日，马凯副总理在我行呈报的落实中央领导批示精神情况报告上又作出了重要批示：“发挥好四个作用，很好。望能抓好落实，再创佳绩。”全行上下要按照中央领导同志的批示精神，以高标准、严要求推动“三个能力”建设（服务国家建设能力、防范金融风险能力、参与国际竞争能力），发挥好“四个作用”（发挥好金融的主动脉作用，更加高效地为实体经济“输氧供血”；发挥好金融的杠杆作用，更加有力地撬动经济结构调整和转型升级；发挥好金融的“助推器”作用，更加主动地参与国际竞争；发挥好金融的“稳定器”作用，更加稳固地守牢风险底线），加快改革和转型发展的步伐，近虑远谋，努力实现速度、质量和效益相统一的科学发展。

（一）坚持发展意识，抓住和用好各种机遇

目前，我国经济仍处于可以大有作为的战略机遇期，发展是第一要务，也是解决一切问题的

关键。

一是服务国家建设大局，着力做好支持实体经济工作。我国经济仍将保持7.4%左右的中高速增长，市场机会还很多。中央和地方都将陆续启动一系列重点建设和重大项目，如纳入国家发展改革委规划的7大类19项国家重大工程项目，各地的信息基础设施、电网、油气重大网络工程项目，国土生态整治、环境治理和清洁能源项目，重大交通基础设施项目，新型城镇化项目等，都需要银行配套金融服务。2014年以来，贷款储备项目新增呈下降趋势。实际上，实体经济对贷款的需求还是很旺盛的，关键是要增强市场敏感性，主动去发现优质客户和项目，提前跟踪、及早营销、迅速对接。在营销方式上，要把“游击战”和“运动战”结合起来，既做好重点接洽、点对点的对接，达到业务拓展的目的，又要重视开展批量营销和宣传推介活动，通过点面结合，特别是在“面”上多做一些覆盖广、影响大的营销活动，形成一种有声有色宣传的气势，提升建行服务大局的社会认知度和知名度。

同时，要以发展的眼光，密切关注新兴产业和新型业态，优选客户，加强对第三产业特别是现代服务业的金融服务。最近国务院出台了重点推进6大消费领域的政策措施（包括扩大移动互联网、物联网等信息消费，促进绿色消费，稳定住房消费，升级旅游休闲消费，提升教育文体消费，鼓励养老健康家政消费），要加紧研究和跟进，抓住相关领域快速发展的机遇。

二是围绕客户综合需求，深耕细作挖掘潜力，打牢客户基础。以客户为中心要落到实处：一要了解客户。知己知彼，才能打好客户基础。二要服务到位。很多客户特别是“三大一高”客户的金融服务需求正在发生变化，资金运用多样化，融资形式也在多元化，而且在成本、收益、风险等方面对银行提出了更高的要求。要因时因势而变，善于运用综合金融服务手段，参与到企业的价值链中，从存、贷、汇等传统服务向提供综合金融解决方案转变，通过建立新型银企合作关系，在为客户创造价值的过程中，实现银行的价值创造和良性发展。三要注意培养。不能一存了之、一贷了之，要加强客户关系维护，熟知企业情况，掌握其产供销、资金和营运动态等；在客户关系维护培养中，把握经营的主动权。

三是积极参与国际竞争，拓展新的发展空间。我国扩大开放、经略周边和企业“走出去”战略，为银行业务发展开辟了新的“蓝海”。中国经济已经与世界经济深度融合，要建设国际一流银行，必须要有全球化的战略思维。全行的国际化道路不是走不走的问题，而是如何走好、怎样走快的问题。目前，我们已经在海外机构布局上取得了重要突破，但是在国际视野、国际经验、发展能力、经营质量、管理水平方面，还与建设银行所处地位、与战略规划要求相差甚远。相关问题都要加快研究解决，例如，如何加强客户和项目的营销、如何统筹境外机构资金配置与调度、如何指导和强化境外与总分行业务联动、如何使国际业务管理和营运机制更加顺畅、如何使海外业务人才的选拔和培养更加科学有效等。

做好上述发展工作，还需要特别注意以下几点。

首先，要转变作风。落实习近平总书记在群众路线教育实践活动总结大会上提出的要求，将转变作风体现到转型发展工作中。要上承大势、下接地气。全行上下尤其是总行部门要善于吃透国家政策，敏于研判发展大势，主动顺应经济“新常态”。同时要“走出去”、“沉下去”，深入到基层一线，真正了解市场、熟悉客户，问需问计于民，不能坐在办公室里闭门造车，这样才能做好对全行的政策引导。近年来，总行党委关于经营工作的理念、机制、模式、方法和要求，都是来源于基层的创新和实践。总分行都要善于发现来自实践的鲜活经验和典型案例，总结梳理出内在的业务逻辑，提炼出可资借鉴的参考范本、可供推广的一般性经验，将顶层设计和基层创造实践有机结合起来，广泛地调动总分行和基层机构多个积极性。这方面也有不少好的经验做法，如江西省分行为某饲料经营领头羊企业提供覆盖上下游的综合金融服务，湖北省分行与供销社合作拓展县域金融业务等，都可以加以总结和推广。

其次，要发挥合力，进一步增强协同意识、完善协同机制、搭建协同平台。在已经建立并取得较好成效的总分行、母子公司、境内外协同联动的基础上，要建立机制、构筑平台，逐步深化，使全行的信息、资源及各类生产力实现效用的最大发挥。如中央强调的"一带一路"及京津冀一体化、长三角经济带建设等重点领域金融服务，涉及总分行、各条线，对上下联动、区域联动、母子公司联动乃至跨境联动提出了更高的要求，我们已经建立了区域协调委员会等很好的平台，要进一步发挥作用，在市场上打响建设银行集团综合金融服务的品牌。同时，每个分行、每个单位内部的部门之间、上下级机构之间也要加强协同联动。有的分行通过建立微信群，从分行主要领导到一线员工都可以在线随时随地沟通信息，快速地响应市场需求，跨部门、跨层级地实时联动解决问题，效果非常好。类似的做法都值得借鉴。

最后扎扎实实地做好年末收官，为明年发展打好基础。各分行、各部门、各单位要对照全年计划逐项盘点，对标市场表现查阙补漏。总行根据客观情况对不良贷款指标做了调整，但总量指标、市场表现指标不能掉下来，哪个行掉下来哪个行长要负责，哪个条线掉下来哪个条线负责人要负责。要全力以赴，确保全面完成任务。各分行、各部门、各单位要着眼大局，充分挖掘潜力，特别是大的省分行、大的城市行要更好地发挥作用，为全行发展多作贡献。同时，2015 年的旺季营销也要开始着手谋划，并适当提前安排，及早把任务布置下去，争取实现开门红。

（二）把握风险形态和规律，分类施策做好处置应对

现阶段，中国银行业正迎来严峻的风险"大考"。如果经受不住考验，多年来的努力可能功亏一篑。关于风险应对问题，习近平总书记指出，要坚持在发展中平稳化解风险，在化解风险中优化发展。马凯副总理在最近国务院常务会议上强调，防范和化解风险最首要的是做好支持实体经济工作。作为国有控股大型银行，坚持稳健发展、守牢风险底线，既是自身经营的内在需要，更是党和国家赋予的使命和责任。

防范和化解金融风险，既是一门科学，又是一门技术，要立足于实践探索出更多好的方式、方法。全行要在信贷风险防控年活动取得成效的基础上，再加把力，抓紧从现在到年末这两个月时间，进一步巩固和扩大战果；同时要认真总结经验，健全制度，加强风险防控长效机制建设。

一要强化风险排查，把应对预案做实、做细。前三个季度，总行和分行组织开展了风险排查，效果很好，发现了存在不同程度风险因素的贷款为数不少；通过采取针对性措施，提前化解了大量风险隐患，也摸索出了不少很管用的做法。例如，有的分行建立了预警客户、观察客户名单制度，实行动态管理、滚动排查，开展新发放贷款"回头看"等。总行和部分分行依托授信业务风险监测系统（CRMS）、对公预警客户跟踪管理系统（CEWM）、客户关系管理系统（OCRM）、信贷流程系统（CLPM）等，筛查具有疑似风险特征的客户，健全"黑名单"制度，将系统摸排和现场核查科学结合起来，提高了风险排查的效率和效果。还有的分行运用数据分析，跟踪监测客户资金流向、账户行为和交易行为，捕捉风险苗头。智慧源于实践，要善于总结实践中好的经验做法，加以制度化、常态化；要善于借助大数据、系统机控、风险计量等手段，不断创新和丰富风险管理"工具箱"，为基层提供更多实用、有效的风险管控武器。

对于排查发现的问题，要认真分析、区别对待。中央在处理过剩产能行业、房地产、地方性债务、影子银行等风险问题的过程中，采取的是"把外科手术快速切割处理和保守疗法延期稳健处理结合起来"的策略，体现了辩证思维和实事求是的原则，这也是我们当前应对处置风险需要遵循的原则。要善于运用法律、行政、经济等多种手段处置和化解风险。对于重整盘活无望的不良贷款项目，要果断处置，该起诉的要起诉，该强制执行的强制执行。对于只是遇到短期困难、产品仍有市场的企业，可以通过贷款重组、期限调整以及增强风险缓释、贷款封闭管理等措施，继续予以支持，要避免简单抽贷导致企业资金链彻底断裂。有些客户在我行贷款份额比较大，要争取主动，第一时间掌握情况、采取措施，积极寻求当地政府和有关部门的支持，牵头组织处置方案，确保我行利益不受损失。

二要善于总结经验教训。对于经济"新常态"下贷款的风险形态和迁徙演化，不能停留在过去的认知层次，不能凭老经验办事。要切实重视并强化典型案例分析，在处置不良贷款的同时"回收"经验和教训。这些经验教训都是花真金白银买来的，非常宝贵。要做好风险处置案例集的编撰，吸取教训、总结规律、提炼做法。还有内部审计发现的问题，其中不少具有普遍性甚至是屡查屡犯，要举一反三，着眼于制度和流程进行治本。2014年以来，内部审计发现了涉及信贷方面问题4 000多个，在加紧落实整改的同时，还要将其作为样本加以认真分析。此外，要充分利用经济下行期的风险损失数据，重检相关风险模型和参数，开展多维度压力测试，促进风险计量水平的进一步提升。

三要落实风险责任，保持风险和案件防控的高压态势。各级领导班子特别是"一把手"要切实承担起风险管理的第一责任，善于解决问题，有效处置化解风险。对于因主观原因、不作为导致不良贷款大幅暴露，未完成风险管控计划任务的，要在KPI、等级行、班子竞争力考核以及绩效分配等方面予以相应体现，严格兑现奖惩。要加强安全运营管理，针对金库、营运场所、基建工程等建立定期检查制度，安全保卫、内审、合规等部门要担负起检查监督的重要责任。

马上就要到年底了，岁末年初是案件和风险高发的敏感时间窗，要特别注意防范外部欺诈以及网点、金库、自助服务区、建筑施工场所等重点部位的案件和风险隐患。要加强对关键岗位、员工异常行为的日常跟踪和排查，发现问题苗头要及时采取措施。全行上下要严防安全责任事故和重大风险，确保营运安全。

（三）实施转型发展规划，探索深化改革的科学路径

我国经济的转型升级，客观上要求商业银行尤其是大型银行加快改革转型。谁能够在新一轮改革和转型发展中率先破局，谁就能赢得竞争的主动。从我行自身情况来看，如果不果断转型，就可能在未来发展中落后，也无法应对经济"新常态"的挑战。总行党委和总行深化改革领导小组已作出了研究部署，近期要重点抓好以下工作。

一是组织实施好转型发展规划。上周董事会正式审议通过了《中国建设银行转型发展规划》，很快将印发全行。转型发展规划紧紧围绕建设"国内最佳、国际一流"和"最具价值创造力银行"这一主线，明确了"五个转型"的方向，明晰了转型发展的路线图。规划还就资产负债、批发、零售、子公司、海外等业务转型重点，以及风险内控、信息技术、人才队伍、企业文化等保障措施提出了具体要求。这个规划集中了全行智慧，是实现转型发展的重要纲领性文件。

下一步，要抓紧做好3件事。一要在全行范围开展规划的学习宣讲。全行要统一认识、吃透精神、掌握方法，结合经营管理实际抓好贯彻落实。古人讲，"知之非艰，行之惟艰。"对于已经明确、看准了的转型发展举措，就要唯精惟一、笃践力行，大胆往前推进。对于有些还需要继续研究的问题，要抓紧探索和试点，争取尽快取得突破。二要对规划中提出的要求和任务进行分解落实。规划的有些内容是原则性、方向性的，各条线、板块和主管部门要抓紧制订自身的转型发展子方案和行动计划，要有牵头部门，主要参与部门密切配合。各分行应因地制宜，要有自己的规划落实想法和计划部署，深谋远虑，真抓实干，充分发挥基层创新精神，发动广大员工共同为转型发展想招出力。三要抓紧制订好2015年的综合经营计划。要把转型发展规划的要求和任务体现进去，与2015年计划紧密结合起来。规划不是空的，从2015年就要一步一个脚印、扎扎实实干起来；董事会要一年一评估。近期，国家启动了"十三五"规划编制工作，还要将这个转型规划作为重要的"桥梁"，为制订我行下一个五年规划发挥先导作用。

二是推进组织机构优化调整。深化改革和转型发展对组织架构提出了新的要求。架构不合适，转型就会受到掣肘；架构不调整，改革和转型落地只能是纸上谈兵。总行党委在深化改革的顶层设计中，将架构调整作为其中一项重要内容。需要说明的是，目前全行组织架构整体上是适应转型要求的，其中分支机构部门设置原则中，已经给分行留有了充分的调整空间。总行的部门按照转型要求和中国银监会有关监管精神，需要做一些调整。遵循"总体稳定、综合调整、加强前台、整合后台"的原则，主要解决部门经营与管理职责不明晰、专业职能不够集中、部门间职责边界不清的问题，调整和科学界定一些部门的职责，优化整合部门内设机构。这个调整不搞大拆大建，主要是在充实的基础上微调，已经成熟的方案先行实施，尽量避免大的震动。各部门要顾全大局、积极配合，做到业务发展和职能调整两不误。

三是探索完善公司治理制度。紧密跟踪国企改革和银行同业动向，立足于建设银行实际，加紧就优化股权结构、完善公司治理架构、建立职业经理人制度、强化激励约束机制等问题，开展深入调查研究。要先行开展子公司深化改革试点，推进子公司市场化改革，解决制约业务发展中的突出问题，激发经营活力。这项工作要先订方案，再选定试点单位。要周密筹划好试点方案，积极探索，稳妥组织实施试点工作。

四、严字当头全面加强党的建设

要坚持思想建党和制度治党紧密结合，法治和德治两手并重。认真贯彻落实党的十八届四中全会、中纪委四次全会精神，全面运用好法治的武器，严格执行好党内各项法规，完善我行内部配套制度，进一步强化党规党纪的刚性约束。要严明纪律特别是政治纪律，以严的标准要求党员、严的措施管住干部。要不断巩固和发挥党的群众路线教育实践活动成果，持之以恒地抓好作风建设，引导党员干部坚定理想信念，自觉践行社会主义核心价值观和建行核心价值理念。要从建行60年的优秀文化积淀中汲取历史智慧，树正气敦教化，营造风清气正、心齐气顺的良好局面。

要坚持强化党风廉政建设和反腐败工作，全面落实党委主体责任。前几天，总行正式印发了《中国建设银行落实党风廉政建设党委主体责任的意见（试行）》。各级党委要有担当、敢作为，切实发挥好党风廉政建设领导核心作用，各级党委主要负责人是第一责任人；要牢固树立不抓党风廉政建设就是严重失职的意识，做好党风廉政建设的领导者、执行者、推动者。纪检监察部门要切实履行监督责任。

要坚持八项规定常抓不懈，弘扬勤俭办行精神。严控费用支出，强化成本管理。严格执行中央关于公务用车、办公用房、因公出国（境）、公务接待等一系列规定，逐项对照排查，认真落实整改。要在前期已取得成效的基础上，进一步做好超标公务用车和办公用房清理腾退工作，加大对履职待遇、业务支出、因公出国（境）、差旅、会议、培训等制度执行情况的监督检查力度。

要坚持抓好干部员工队伍建设，更好地适应转型发展需要。认真落实中央和全行组织工作会议精神，按照新时期好干部标准选人、用人，进一步加强组织人事工作的战略规划和制度建设。深入推进干部交流、公开竞聘工作，开阔选人用人视野，注重从基层选拔干部，将优秀年轻干部放到基层重要岗位锻炼培养。要加强品牌建设，特别是强化海外宣传广告工作，做好正面宣传引导，完善市值管理，提升竞争软实力。要深入实施依法治行，充分发挥法律工作在全行制度建设以及维护我行权益中的作用。要善于做好新时期的思想政治工作，发挥好各级工会、职工代表大会、共青团的桥梁纽带作用，持续推进员工关爱、“温暖工程走基层、到部门”等系列活动，凝聚全行力量。

同志们，全行深化改革和转型发展的任务还很艰巨。“功崇惟志，业广惟勤。”希望广大干部员工再接再厉，将习近平总书记等中央领导同志对我行发展的殷切期望，转化为砥砺奋进的强大动力，在“新常态”下有新的作为，提升市场表现，全面完成2014年各项任务，为2015年取得转型发展新进步打好基础。

强化经营　稳中求进　不断提升发展能力

——在中国建设银行2014年工作会上的讲话

张建国

（2014年1月22日）

同志们：

刚才，洪章同志做了重要讲话，希望大家深入学习领会，认真贯彻执行。下面，我向大家报告上年全行的经营情况，并根据对当前形势的分析预判，提出2014年总体经营安排和措施要求。

一、整体实力提升，经营有喜有忧

2013年末，（本行口径）资产规模达15.08万亿元，比年初增加12 935亿元，增幅9.4%。负债总额14.02万亿元，比年初增加11 723亿元，增长9.1%。一般性存款新增10 560亿元，其中储蓄存款新增5 875亿元。一般性存款新增、个人存款新增同业第一；经主动控制，高成本同业存款较年初减少2 870亿元。各项贷款余额8.24万亿元，比年初增加8 992亿元，其中人民币贷款新增8 469亿元，符合央行要求。人民币贷款增速四行第一，个人类贷款和信用卡贷款增量同业第一。实现中间业务净收入1 025亿元，增长11.6%，总量居四大行第二。成本控制良好，招待费、会议费和差旅费分别比上年下降21.2%、45%和13.4%。

综观回顾近些年我行发展历程，综合分析2013年全年经营情况，可概括为“有喜有忧”。喜的是各项指标该增则增、该减则减，经受住了困难考验，经营管理能力继续提高。

（一）业务发展和盈利能力仍在提升

股改上市以来，全行资产规模依次跨越了5万亿元、10万亿元、15万亿元的整数关口，年均增长15.7%，四大行排位从2008年第四上升并保持在第二位；客户和账户基础不断增强，单位人民币结算账户在过去5年从204.6万个增加到2013年的389.6万个，增长90%，四大行占比扩大了2.4个百分点。金融市场业务经营收入达到1200亿元。投资银行、养老金、电子银行、私人银行、金融社保卡、跨境人民币结算、现金管理等各项战略性业务发展迅速，而且增长较同业更具稳定性。

2013年实现净利润2 151.3亿元，增长11.1%。平均资本回报率（ROA）、平均股东权益回报率（ROE）、成本收入比等核心财务指标分别为1.47%、21.23%和29.28%，净利息收益率（NIM）为2.75%。在经济下行、充满困难挑战的2013年，我行仍取得优良的经营业绩，确实来之不易。

（二）支持实体经济发展和综合金融服务能力稳步增强

全行坚持“控制总量、把握节奏、调整结构、确保质量、改善利差”的既定原则，特别注重支持实体经济和国民经济重点领域的发展。基本建设贷款余额突破2万亿元，增加1 150亿元；房改金融业务在四大行中占比57%。综合化经营格局进一步完善，非银行金融牌照种类保持领先。境内外、总分行、母子公司之间联动不断加强，2013年子公司实现净利润26.85亿元，增加5.47亿元，增长25.6%。新开业6家海外机构，国际业务扭转亏损局面。营业网点、自助设备、电子渠道为客户提供更便捷、更优质的服务。

（三）基础管理和风险内控能力不断巩固

一是按照总行党委决定，完成了风险体制授信机制调整和流程优化，兼顾防控风险和作业效率，新的体制、机制实现了平稳落地。二是保持资产质量管控高压态势，加大资产处置力度，风险整体可控。2013 年末，不良贷款余额为 853 亿元，不良率为 0.99%，逾期贷款余额为 856.8 亿元，垫款余额为 87.9 亿元。全年不良资产处置高达 485 亿元，其中打包处置的 60 亿元回收比率达 32.8%，实现了回收率较高、不发生道德风险的要求。总行管理层成员牵头处置 20 个重大风险项目，共压缩信贷余额 194.7 亿元，成效显著。三是不断改进内部薄弱环节管理，在连续开展押品、贷后、表外、海外、金融市场等业务管理年活动的基础上，又率先于同业对理财、委贷等业务开展清理整顿，业务经营和风险管理基础得到巩固。四是大力推进新一代核心系统建设，全年 IT 运行整体稳定，为基础建设、内控管理提供了强有力保障。

（四）贯彻国家政策和落实总行部署的执行能力持续增强

全行坚定不移地执行中央宏观调控政策和监管要求，小微企业贷款新增 1 357 亿元，增长 16%；“三农”贷款新增 3 492 亿元，增长 27%，均满足“两个不低于”要求。五大产能严重过剩行业贷款余额较年初减少 135 亿元，监管类和全口径平台贷款继续下降。

喜中有忧，忧的是经营环境已发生了历史性转变，我行整体发展进一步放缓，一些新的现象折射出了经营中的缺点不足。

1. 业务增速放缓，保流动性困难。近年来，我行各项核心指标虽保持了稳定增长，但增速逐步放缓。总资产、净利润和中间业务收入增幅分别从 2006—2010 年的年均 18.7%、23.5% 和 50.9%，下降到 2013 年的 9.4%、11.1% 和 11.6%。2013 年，人民币一般性存款新增超过贷款新增的时间仅有 37 天；2014 年从新年开始，存款骤降、贷款续增。这既反映了银行快速扩张的市场环境终结，也说明新形势对银行发展能力提出了更高要求。

2. 综合竞争力提升放缓，领先同业优势弱化。一是我行在基础建设、公积金等传统业务领域的优势面临来自同业的更强烈竞争，市场份额开始下降。二是资产质量领先优势不再，竞争力关键指标如筹资成本最低、利差最大、中间业务收入增速最高、利润增长最快、ROA 和 ROE 最好等优势丧失，与可比大银行趋同。三是全行发展很不均衡，38 家分行发展水平和管理能力大相径庭，领先同业的分行数量逐渐减少。少数大行对全行的贡献下降，甚至拖了全行后腿。

3. 市场响应速度放缓，新的品牌尚未形成。市场对金融业服务的需求日益多元化，时效性要求越来越高。但我行流程优化、审批简化、产品创新仍然不够迅速，像“要买房找建行”、工程造价咨询、公积金业务、“民本通达”、“八一工程”、“成长之路”等亮点产品涌现较少，业务特色特点不够鲜明。产品创新、品牌建设和流程优化的步伐是否能够跟上形势发展的需要值得全行深思。

总结成绩和不足，有如下几点体会和认识：

1. 稳健务实是建设好银行须秉持的优良风格。无论市场环境如何变化，全行都要稳住心神，心无旁骛地遵循商业银行的客观规律。要坚持稳健经营，守牢底线，保持发展方向和经营策略的连续性、稳定性，凡属于稳健经营的指标都要格外重视，凡属于健康发展的潜力都要充分挖掘。我们要坚持的是稳中求进，不发展再稳也没有意义，而发展绝不是粗放经营、蛮干折腾；要坚守的是稳定安全，要确保运营安全、系统安全、员工和行产安全。

2. 创新管理是打造好银行的不竭动力。一是观念创新。总行高度重视并持续跟踪商业银行资本管理办法、国际大额风险监管新标准等国际监管前沿动态，及时研究执行新的政策、监管要求，牢牢把握大方向、紧紧抓住大问题。二是技术创新。研发新一代核心系统，运用风险计量、数据挖掘等新型工具加强全行业务管理。三是管理创新。在考核上从单纯抓客户数量转变为抓有效客户，根据经营环境变化，及时调整内部定价，充分发挥创新对业务发展的引领作用。

3. 未雨绸缪、统筹调度是驾驭复杂局面能力的重要体现。经济下行时期，对银行把控经营能力的要求越来越高。几年来我行的实践经验表明，坚持超前预判、提前动手和靠前指挥，是不断提高经营管理能力的重要手段。超前预判是指加强研究，敏锐把握形势变化，及时准确预判政策、市场动向，指导经营。提前动手是要及时采取措施，筑牢防控风险基础。为此，我行主动进行整顿，化解理财产品、信托行业的苗头性趋势性潜存风险，2013 年以来，许多同志都庆幸及时采取的这些行动使全行规避了许多风险隐患。靠前指挥是始终把握住重点，对资产质量、流动性等关键指标要做到实时严密管控；对重点营销客户、重大风险项目，总行管理层与分行同志要紧密联动；在季月末、年中年底等关键时点加强经营调度。

二、正视挑战和困难，把握方向和机遇

2013 年是我行自股改以来最为艰难的一年，2014 年会难上加难，因此，大家更要增强全局意识、整体意识和忧患意识。

（一）把复杂形势分析透

当前，难点问题很多，挑战巨大，需要高度重视。

1. 做好形势预判越来越难。环境复杂多变将贯穿今后较长时期。一是国际环境仍存在不少变数和风险，对我国经济金融的影响具有复杂性和多元性。如全球贸易总体上依然低迷，银行外向型客户经营局面难在短期扭转；美欧经济弱复苏，美联储 QE 的逐步回撤，会引发投资我国的资本外流，外币业务将更加困难。二是国内经济面临增速换挡、结构调整多重考验，一些长期积累的矛盾可能进一步显现。加快淘汰落后产能、大气污染治理将加大银行资产质量的压力。三是整个社会的融资结构、资金运用、利率汇率等都在发生更深刻、更迅速的变化，维持经营成果将面临前所未有的考验。

2. 固守原有的经营模式越来越难。前几年银行赖以高速增长的动力不复存在。经济环境、宏观政策、金融市场以及我行自身经营都发生了巨大变化，因此相应的要求、措施、手段都得随之变化。一是金融“脱媒”影响之大远超预期，银行业在社会融资中的占比不断降低，四大行在银行业中的地位逐渐减弱；二是业务经营手法单一、管理粗放的时代已经渐行渐远，那种靠关系争业务、靠喝酒拉存款的日子更是一去不返；三是资本约束、存贷比率限制都无法再支撑信贷资产的快速扩张，过度依赖贷款投放带动中间业务收入、维持利差的盈利模式不可持续。

3. 银行经营转型契合经济转型越来越难。2014 年，经济金融将迎来新一轮变革。一是国务院将推动落实“用好增量盘活存量”政策要求。财政、社保资金是我行资金的重要源泉之一，4 万亿元国库现金的盘活，必将严重冲击银行存款，我行与个别大行将首当其冲，随之一些部委、地方政府、央企、国企、军队武警的存款也将面临稳存增存难题。二是结构调整的重点是产业升级和解决过剩产能，信贷结构调整任务艰巨。三是银行业对民营资本开放、利率市场化和人民币国际化深入推进，以及新金融平台迅速崛起和日益活跃等，都给银行带来了新的影响。我行曾是股改上市的“排头兵”，因此也是改革红利释放最早、传统优势被市场化最早、被挖走最多的银行，继续居于银行业新一轮改革转型的前列谈何容易。2013 年底，洪章董事长、福荣监事长和党委同志先后主持召开了 4 个转型发展的务虚会，就是要让大家统一认识、集思广益，做好应对准备。

4. 政策转型期防控风险越来越难。一是政府债务巨大、风险积聚。根据审计署公布的信息，18 万亿元地方政府债务中银行贷款占了 56.6%，另外，城投债、BT 等其他方式的企业融资中也有不少银行资产。中央已明确 2014 年要把控制和化解地方政府债务风险作为经济工作的重要任务之一，银行缓释平台债务风险面临挑战。二是投资体制改革，鼓励民营资本进入更多的投资领域，政府将不再审批企业一般投资项目，对银行项目选择、授信评估、收益风险平衡能力提出了更高要求。

（二）把中央要求和监管政策执行好

中央和国家有关部门对商业银行提出了更加严格的政策要求，需要认真贯彻执行。

1. 厉行节约管控成本。2013 年 11 月，中央出台《党政机关厉行节约反对浪费条例》，并正在陆续印发 20 个左右配套文件，不仅对经费管理、国内差旅、因公临时出国（境）、公务接待、办公用房等方面作出全面规范，还对宣传教育、监督检查、责任追究等提出了明确要求，特别强调国有商业银行要参照执行。厉行节约既是中央要求，也是我们内部开源节流、加强管理的必然选择。

2. 支持化解产能过剩。国务院确定了化解产能过剩矛盾指导意见以及大气污染防治行动计划，制定了金融支持经济结构调整和转型升级的指导

意见，银行业要按照“消化一批、转移一批、整合一批、淘汰一批”的要求，对产能过剩行业实行差别化信贷政策。

3. 规范管理影子银行业务。国务院印发关于加强影子银行监管的通知，明确规定各类金融机构禁止从事的影子银行业务，要求规范发展理财业务、金融交叉产品和业务合作行为、网络金融活动，切实做好相关风险防控。

4. 规范中间业务收费。从 2013 年 10 月起，国家发展改革委涉企收费专项检查工作在全国范围内展开，继续加强重点行业和领域价格检查，严肃查处价格违法、违规行为，检查重点是银行。同时，发展改革委正抓紧修改商业银行服务政府指导价和政府定价目录，将严格规范银行业收费行为。

5. 深化金融改革。2014 年人民银行工作会议强调，继续实施稳健的货币政策，努力在金融重点领域和关键环节改革方面实现新的突破。存款保险制度即将实施、扩大人民币跨境使用等，都会对银行的 NIM 管理、保持利润适度增长、风险防范等提出更高的要求。

6. 警惕重大风险。2014 年银监会年度监管会议提示银行业不能再走规模扩张的老路；警示政府财政风险、产能过剩化解极易转化为银行信贷风险；警示部分三四线城市房地产空置率高、部分一二线城市房价持续上涨，个别房企有资金链断裂隐患；警示影子银行业务不规范、管理不到位，理财业务在快速发展中风险聚集；警示银行资金来源稳定性下降，资产负债期限错配程度加剧，流动性风险管理难度加大；警示当前银行业案件频发、信息科技存在风险隐患。

（三）把有利机遇把握牢

从十八届三中全会开始，中央召开了一系列重要会议，对改革开放、经济发展、城镇化建设等作出了新的部署，也对财政、金融、产业等政策作出了新的决定，为银行业 2014 年和今后一个时期的发展创造了新的机遇。

1. 在经济平稳增长中抓住新的发展机遇。一是我国经济 7.5% 左右的增长在全球经济中仍是很高的增速，发展中孕育着大量商机。二是 2013 年出台的政策措施效应将持续显现，消费、投资和出口的稳定性形成一定支撑。三是 2014 年稳增长的有利条件很多，全面深化改革将进一步激发经济发展的动力和活力。尽管我们判断银行业务和效益高速增长时代已经过去，但仍然有望保持稳定增长。

2. 在产业转型升级中抓住新的创新机遇。一是大力发展战略性新兴产业，我行在集成电路、物联网、先进制造、新能源、新一代移动通信、大数据等新领域的金融服务上积累了一定经验和基础，可以有更大作为。二是落实产业结构调整，“进”，我们可以为先进产能提供全面金融服务；“退”，则可以为企业技术改造、兼并重组提供贷款和投行服务。三是加快生态文明建设，完善自然资源统一确权登记制度以及碳排放权交易制度的建立等，呼唤着信贷类业务的创新。

3. 在民生领域改革中抓住新的历史机遇。一是在城镇化建设中，农民住房和土地流转、农业规模化经营、基础设施建设为金融业提供了新的机会，农业保险制度的完善也将缓解银行资金支持“三农”担保不足的矛盾。二是文化、卫生等领域的体制改革、机制创新，迫切需要银行提供并购贷款和投行服务。三是中央明确盘活的存量财政资金将重点用于改善民生，向急需和必保的教育、社保、卫生、环保等领域倾斜，同时加大对军队武警的建设投入。我行“民本通达”品牌和“八一工程”业务潜力很大。

4. 在区域协调发展中抓住新的变化机遇。一是我国区域经济由东向西的梯度推进，会形成几个新的增长带，如中西部沿长江地区、西南中南地区、东北地区加上内蒙古东部，以及西北地区的三江源等重点生态功能区，包括最新获批的西咸和贵安新区，基础设施建设、现代农业、装备制造业等领域金融服务需求强劲。二是跨省区协作发展，将推动交通运输骨干网和跨区域公共服务平台建设，有利于发挥我行在这些领域的业务优势。

5. 在扩大对外开放中抓住新的政策机遇。一是加快自由贸易区建设将为拓展自贸区业务，以及基础设施贷款、保理、融资租赁、离岸银行等业务发展带来机遇。二是扩大内陆沿边开放，“一带一路”相关铁路、公路、输油管道等基础设施建设、中心城市商贸物流中心及边境口岸建设、国际能源资源产业合作基地的建设将产生大量的信贷需求。三是大力实施“走出去”战略，鼓励铁路、核电、光伏、装备制造等先进产能“走出去”，支持物流等企业建立全球服务网络，为银行海外业务发展提供了难得的契机。

三、坚持稳中求进，开创经营发展新局面

2014 年全行经营思路：贯彻落实党的十八届三中全会和中央经济工作会等会议精神，大力支持和服务实体经济，坚持稳健发展，推进经营转型，守牢风险底线，持续提升价值创造能力。

2014 年主要经营目标：净利润增长 8%，不良贷款率控制在 1% 左右；人民币一般性存款日均新增 1 万亿元，增长 9.2%，力争达到 1.1 万亿元，同业存款保持稳定；人民币贷款新增预安排 7 300 亿元，增长 9.6%；中间业务净收入增长 11%。

（一）统一思想认识，明确经营目标

上述经营计划，是对全行各经营单位分解后的汇总，比董事会确定的目标稍高，目的是确保董事会决策的实现。这也是总行在认真分析研判宏观经济形势、同业发展态势以及我行经营能力基础上，综合考虑市场地位、股东回报要求和员工切身利益等多方面因素，反复研究讨论后确定的。2014 年的计划虽然比较积极，但有了 2013 年应对困难的经验，增强了信心，相信通过全行努力是能够实现的。但有几个看法问题，对执行计划具有深层次影响，有些情况不说不明，借此机会与大家交流探讨。

1. 关于利润。每年都有同志抱怨，为什么要追求利润年年增长。大家知道，商业银行经营最根本的目的是价值创造，是利润最大化。盈利状况关乎我行市场地位、品牌形象、股票价格，也关乎员工切身利益。现行规则是净利润每增长 1 个百分点，按 0.6 系数计提费用，其中 45% 可用于员工。考虑 CPI 情况，如净利润不增，员工实际收入将下降。

2. 关于企业存款。经常听到呼吁，鉴于许多大企业成立财务公司，公司存款呈现同业化趋势，应将部分同业存款计入企业存款考核。这一要求具有合理性，但与监管规则相悖。监管规定只有一般性存款可计入存贷比率。剔除年末时点因素，2013 年我行人民币真实增存 6 000 亿元左右，贷款增加 8 400 多亿元，增量存贷比严重倒挂，余额存贷比逐步推高，已接近预警水平。如将同业存款作一般性存款计量，势必加剧这一矛盾。

3. 关于流动性。自股改以来，我行一直保持科学合理的流动性，甚至在 2013 年 6 月“钱荒”时，依然有能力拆出资金，很好地发挥了国有控股大行市场“稳定器”作用。但第四季度，总行几乎只能靠东拆西借保证资金周转，并被迫三次调减信贷计划。除存贷款因素外，保本理财资金外存也是重要原因。2013 年 9 月，总行针对 2 900 亿元理财资金存放给几个中小银行状况，决定理财资金归行，但这一要求没有得到执行，12 月初外存资金高达 4 900 亿元，使总行疲于应对。今后，市场流动性紧张局面将成为常态，作为国有控股大行，流动性必须立足于自求平衡，不能长期依赖从中央银行和市场短期融入资金度日。2014 年 1 月 2 日总行资债委会议决定，相关分行外存资金只收不出，尽快实现全行资金自求平衡，确保流动性无虞。

4. 关于平台贷款。我行连续几年实现了监管类和监测类平台数量、贷款余额的双下降。但除全行共同执行要求外，也靠部分平台蜕变成为一般性公司。此外，在归类中并未把 BT、委贷、担保等纳入其中。长期以来，海外投资人对此格外关注、常表忧虑。尽管我行在沪港两地上市，但流通股主体在 H 股市场，投资人遍及全球。估计 H 股上市内地银行在披露年度业绩时，将遭致海外投资人新一轮质疑，甚至影响股价。

5. 关于理财产品。两年前，我行开始整顿理财业务，重新确定经营策略、调整品种结构、清理资产池，对信托公司评级分类，对新业务纳入授信流程，对风险隐患提前梳理化解。近期排查结果表明，按新流程审批的理财业务目前情况良好，但原来审批的仍有数百亿元，其中已有多笔形成垫款。有些同志一直坚称代销理财没有风险，只有收益，呼吁放权，事实证明，代销理财风险巨大。理财产品投资人远不如股票、外汇、基金投资人成熟，投资时只顾追求收益、不理风险自担。由于理财产品具有鲜明的时点性，一旦发行人不能按时兑付，投资人即拥堵代销银行网点；而信托公司则称“无钱”，甚至声称是银行推荐

的项目，这种案例已屡见不鲜。

（二）优化经营策略，明确管理要求

1. 确保存款业务平稳发展，巩固持续经营基础。存款业务反映客户基础，决定全行整体经营。要进一步提高对存款的重视，下更大力气稳存、增存，进而改善流动性，优化存贷比。要巩固并提升全行存款市场份额，排名第一、第二的分行要确保市场份额不降，排名第三、第四的分行要奋起直追；2014 年一般性存款日均新增计划为指令性计划，保本理财和结构性存款均不计入存款考核。

2. 坚持信贷结构优化调整。信贷业务的重点仍是调整结构，要坚持区别对待政策。尽量满足小微企业、涉农贷款和高于基准利率的按揭贷款需求。提升中型企业贷款新增占比。加大对基础设施、医疗卫生、节能环保、文化、物流等改革受益领域或重要项目的支持力度。稳健开展城镇化、保障房、信用卡分期等相关信贷业务。坚决严控五大产能严重过剩行业、政府融资平台以及不良比率过高行业的信贷投放。

3. 以提升中间业务发展能力为转型着力点，确保合规经营和市场地位稳中有升。全行要通过产品创新、优质服务和精准营销不断提升中间业务经营能力；通过规范收费标准、试行阶梯减免政策、标杆管理和“增收挖潜”活动，保证收费业务持续发展。尽量减少对信贷业务的依赖，根据分行的贷款定价水平调整中收市场占比考核结果。认真配合好发展改革委检查，第一批进点涉及我行 12 个分行。2014 年上半年将再分批进点其余 20 多个分行。从第一批检查情况看，部分分行不合规金额巨大。鉴于我行中收增速低于其他三家，总行的目标是不合规问题在四大行最少。

4. 挖掘战略新兴业务增长点。总行进一步梳理了电子银行、供应链融资等 16 类战略新兴业务，并与经营收入挂钩配置费用，同时作为整体纳入 KPI 考核体系，允许分行结合实际有选择地推进优势战略业务发展。全行总的要求是战略性业务主要指标保持同业前两位，收入占比提升 5 个百分点以上。

（三）巩固经营基础，提升服务能力

1. 重新制定考核体系，努力引导全行经营。按照在群众路线教育实践活动中大家提出的要求，总行重新制定了 KPI 考核办法。新办法内容简洁、导向明确、绩效可算，既满足监管要求，又激励战略性业务发展，促进经营能力、风险内控能力和盈利能力的提高。新办法在制定过程中广泛征求了各分行、各部门意见，提交这次会议讨论，再经修改完善后，争取从 2014 年 2 月末开始实施。

2. 及时调整定价标准。2013 年总行将内部定价一调再调，本月又对客户存款定价做了新一轮调整。经四次重定价后，我行在四大行中无论是内转价格还是存款价格都是最有竞争力的。全行要以此为契机，加强市场拓展，搞好创新和服务，争取更多客户和稳定的资金来源。总行还将进一步完善贷款基础利率报价管理，扩大大客户综合定价试点范围。

3. 建立新的信贷资源配置机制。截至 2014 年 1 月 21 日，全行存款比年初减少 4 000 亿元。自 2013 年下半年以来全行余额存贷比不断攀升，增量存贷比严重倒挂，为避免发生流动性问题，总行决定 2014 年实行“以存定贷、兼顾整体经营”的信贷计划分配机制，以各行一般性存款新增的 75% 作为贷款分配基数。鼓励全行通过综合融资满足客户需求，超过基准利率 5% 的入池信贷资产，按照 50% 的比例挂钩返还贷款计划。相关分行核销、打包处置和资产证券化腾出的信贷资源，全额上收后在全行统一调配。

4. 以非柜面渠道为重点，继续推动渠道转型。全行要落实电子银行交易主渠道战略要求，扩大与网络运营商开展更广泛合作，优化现有各类电子渠道和产品安排。搞好自助渠道统筹布局，优先支持自助银行建设。加快网点“三综合”建设，新设机构 200 个左右，并且都应是综合性网点，力争分理处、储蓄所升格支行 1 000 个。

5. 强化科技支撑，加快推进新一代核心系统建设。尽管我行日业务量峰值已超过 3 亿笔，但 IT 系统运行稳定安全，有力地支撑了全行经营。当前，老系统、新一代核心一期系统并行，要努力巩固稳定运行成果。在此前提下，全力支持服务和管理创新。加快新一代二期系统建设，二期系统 34 个项目涉及对公、对私、风险管控、营运管理等领域，总行制定了详细严密的项目实施计划，要保质保量按时完成。

（四）守牢风险底线，提升内控水平

1. 保持信贷资产质量稳定。2014年要坚决防控不良、逾期和垫款的反弹，确保达到控制目标。要前移风险化解关口，严控不良新增；加强逾期贷款潜在风险管控，建立押品估值的全程跟踪评估机制和日常监测；抓住放款、真实性审核和资金流向监控这3个关键环节，做实贷后管理工作。严格信托公司评级，用好预警提示机制；近日，总行对存量代销、自营理财产品做了新一轮清理，重点是摸清家底、仔细甄别，建立预催款机制，协调兑付资金来源，提前化解风险。

从2013年第四季度开始，几乎每周都会暴露出重大风险事项，前天一天更是接到了7份重大风险事项报告，信用风险已进入高发期，要引起警觉。尤其要以近期接连曝出的煤炭企业和信托公司无力偿债事件为戒，谨防发生连锁反应，进一步梳理存量贷款，预防问题的恶性蔓延。我行2013年吸取钢贸教训，对铜贸、煤贸、商贸、餐饮行业做了全面排查。近期，将对整个煤炭行业、高档商业物业做进一步的风险检测；对批发零售、软件信息等实施行业细分、限额管理、名单制等措施，遏制不良率居高不下、新贷款仍不断进入的不良循环。

2. 完善授信业务流程调整优化。2013年，全行按照先总后分、先易后难、先试点后推广的方法，推进风险体制调整、授信机制优化落地工作，并于12月初实现了新旧流程顺利切换，保证了客户维护和授信业务的稳定。近期，总行专门向中国银监会作了书面报告和现场汇报，得到了监管部门的充分肯定。对后续完善工作不能掉以轻心，要密切跟踪新流程运行情况，并做好持续完善优化工作，不断提升全行信贷经营能力。

3. 多策并举处置不良资产。加快退出高风险领域和高风险客户，以重点行业、重点项目、重点分行为抓手，全力做好不良贷款处置工作。2014年总行将把管理层成员直接牵头处置的重大风险项目由20个扩大到30个，各分行要继续参照建立相应机制。总行也将对香港、约堡、东京等分行进行现场督导和重点项目诊断，加强对海外机构不良处置的指导。

4. 防范违规事件和案件风险。有效落实银监会有关要求，研究建立监管规则库和合规性审查机制，推进内控标准化建设和反洗钱集中作业，加强内控合规检查与评价，着力解决制度设计缺陷、违规执行问题，守牢合规底线。加强案件防控工作组织、考核与问责，开展信贷业务真实性和员工违规代客交易等突出问题专项治理，及时处置化解各类案件风险，严防案件抬头。

5. 严格执行中央八项规定，进一步加强成本管理。2013年，全行认真贯彻落实中央八项规定，坚持勤俭办行，取得了明显成效。总行正在研究《党政机关厉行节约反对浪费条例》的具体实施意见，全行要继续严控招待费、会议费、差旅费以及广告费、宣传费支出，加强年度预算总量控制。2014年招待费要再压缩12%，会议费同比再下降10%，差旅费、培训费保持零增长。要强化费用支出流程、财务标准和预算审核管理。

（五）抓好旺季营销，为全年奠定坚实基础

做好2014年第一季度工作，对于赢得全年经营主动权至关重要，2013年第一季度储蓄存款的成绩和经验值得借鉴。全行要抓住春节前后有利时机，努力做好旺季营销活动，为全年整体发展奠定基础。要认真做好春节和“两会”期间金融服务，确保优质服务、安全运营。

2014年是贯彻落实党的十八届三中全会精神、全面深化改革第一年，也是我行成立六十周年。历史赋予重任，发展凝聚力量。我们要积极进取，再创佳绩，努力在新起点上实现新发展。

增强危机意识 强化风险管控 全力保障资产质量稳定和运营安全

——在2014年风险管理工作会议上的讲话

张建国

（2014年3月11日）

同志们：

年初刚刚开完全行工作会议，目前正值“两会”期间，总行决定召开全行风险管理工作会，要求一级分行分管行领导及子公司分管副总裁，风险、信管、审批、保全4个条线负责人，以及子公司风险管理部门负责人、总行相关部门人员都来参会，说明总行党委对当前风险形势的变化高度关注，对全行风险管理工作的高度重视。我个人感觉面临当前的形势，召开这个会议非常必要，也很及时。会议的主要任务是回顾总结2013年风险管理工作的一些做法，分析研判当前我们面临的严峻形势，研究部署2014年的工作任务。前面文升、俭华同志已经对相关工作作出了具体部署，代表了总行党委和高管层的意见，请大家集思广益，做好贯彻落实，共同把工作落到实处。今天，借这个机会，我再强调几点内容。

一、全行风险管理工作成效显著，为保持经营健康稳定发展作出了突出贡献

2013年，面对困难局面，全行业务发展和风险管理经受住了严峻考验，取得有目共睹的良好成绩。资产、负债规模和净利润平稳较快增长，ROA、ROE、NIM等主要财务指标继续领先同业，稳住了市场第二的位置；在银行业不良贷款双升的情况下集团不良贷款率保持稳定，与年初持平，各类风险总体保持平稳；资本充足率保持稳定，拨备覆盖充足；各项指标满足监管要求。2013年全年不良贷款处置创股改上市以来新高，其中打包处置工作实现预期目标。债券投资没有发生信用违约和交易违规事件。妥善应对“6·20钱荒”，很好地发挥了国有控股大型银行市场“稳定器”的作用。对国家各项宏观经济政策、监管规定执行有力，得到监管机构的充分肯定。

令人欣慰的数据背后，凝聚着全行员工的辛勤汗水，其中风险、信管、审批、资产保全条线为全行经营发展作出了突出贡献。实践证明，有些做法还是值得充分肯定和坚持的。

一是坚决执行中央政策和监管要求，确保全行稳健发展。2013年经济下行、风险加快暴露，中央和监管要求更加严格，全行进一步增强大局意识、机遇意识、风险意识，整体经营迈上新的台阶。在信贷领域，对需要大力支持的业务，全行不遗余力，实现了“三农”、小微企业“两个不低于”的监管要求。财政部对国有控股金融机构的评价，2012年我行首次由AAA降成AA，原因之一是在服务支持中小企业方面落后于可比银行，我行得分仅为很多银行的一半，总分以0.5分之差未能保住AAA。2013年全行共同努力，在中小企业服务方面有所进步，当然与其他行相比，仍有不小的差距。同时，我行继续发挥传统优势，加强创新，支持重大基础设施建设和民生领域的发展，个人按揭、信用卡透支市场增量保持第一。对需要减退的业务，全行稳妥有序，实现了产能过剩行业、地方政府融资平台贷款的持续下降，坚决执行调控政策，不撞政策红线。对于敏感领域，坚持行业细分、名单制管理、类授信业务严格审批等做法，强化风险排查，提前化解并及时处置风险资产和风险隐患。对于需要控制的业务，全行全力以赴，守牢了风险底线，保证了全行经营目标的实现。2013年我行各项业绩指标依然位

居大型银行前列，信贷计划执行符合央行要求，各项腕骨监管指标均好于监管标准。流动性充裕、IT运营安全，不良、逾期、垫款现象得到有效控制。

二是增强整体意识，稳步推进风险管理体制改革、信贷机制调整和授信流程优化工作。2013年初，根据总行党委决定，实施了这项系统改革工程，整个信贷板块、各分支行顾全大局，尽职尽责，稳步推进落地工作。总行工作小组和有关部门认真听取基层意见，不断完善方案，按照先易后难、先总后分、先试点后推广的原则，于去年底完成改革调整落地工作。在此过程中，总行新设部门及重组部门，重新确定部门职责，划定边界，对人员重新定岗定编；加强了制度流程手册、IT系统的建设，加强了对各级领导、相应人员的培训工作，新旧流程顺利切换，保证了员工队伍、客户和授信业务的稳定，得到监管部门的充分肯定。

三是抓住时机，加大处置风险资产力度，最大限度地维护了全行利益。2013年初，启动不良资产打包处置工作，选取5家分行，创新方法，顺利完成60亿元不良资产打包转让，回收比率超出预期。总行管理层成员牵头处置20个重大风险项目，共压缩信贷余额195亿元，有效化解了大额授信客户风险，成效显著。曾首席转任首席风险官以后，立即决定增加风险资产处置总量。2013年不良资产处置大幅提升，核销量是平常年份的数倍，打包处置过程没有发生道德风险，守牢了底线也卖出了高价，效果良好。

四是坚持前瞻性主动风险管理，提高预判预控能力。2013年初，总行预判到个别区域、个别行业、个别产品的风险有扩散蔓延的趋势，因此强化了风险排查和管控。对融资平台、房地产、产能过剩行业、出口相关行业、铜贸煤贸类客户、商贸、餐饮、公路、民间借贷、金融市场投资组合、欧债主权债务危机等突出风险领域，开展风险排查，及早化解风险。先于同业对理财、信托等类授信业务进行清理排查，纳入统一授信，强化客户风险敞口的统一管控。2013年下半年又通过推行风险管理体制改革、信贷机制调整和授信流程优化，健全覆盖信贷非信贷、表内表外、境内境外、本行及附属机构的集团风险管控机制，与2014年中国银监会提出完善集团风险治理体系的精神相吻合。

五是抓住关键薄弱环节，打牢管理基础。近几年来，总行针对风险管理领域重点薄弱环节先后开展了一系列管理年活动，包括押品、贷后、表外、海外及金融市场业务管理年等，扎实推进长效机制建设，取得了良好效果。得益于此，我行资产质量多年保持稳定，风险管理能力整体提升。这五大方面也是中资商业银行薄弱的关键所在，2014年我们还要开展“信贷风险防控年”活动，力争使信用风险管理再上一个新台阶。

六是坚持管理创新和优化，支持全行转型发展。坚持主动授信，不断优化授信流程，强化实质性风险判断，充分发挥授信审批对全行经营转型的引导和带动作用，审批质量和效率不断提升。坚持不良资产集中经营，不断创新处置手段，提升处置能力。依托风险计量工具，有力支持全行转型创新和经营管理各项工作，资本高级计量方法实施进展顺利。

2013年确实取得了很好的风险内控成绩，要感谢大家。但是也要看到，全行动用了大量的资源，不良、逾期、垫款虽达到预期控制目标，但确有时点、人为的因素。另外，整体风险内控基础仍比较薄弱，2014年初风险严重反弹。当前面临的形势远比去年同期严峻得多，压力更大，大家更要坚定信心。

二、2014年内外部形势将更加复杂严峻，防控风险任务极其艰巨

中国目前正处于“三期”叠加的特殊阶段，产能过剩矛盾凸显，地方政府性债务风险积聚，经济结构失衡加剧，外部市场环境发生很大变化。银行业净息差（NIM）持续收窄，利润增速大幅下滑，流动性风险剧增，监管要求趋严，固有的经营模式难以为继。与此同时，银行业不良贷款连续9个季度反弹；重大风险暴露时有发生，因经营恶化、资金链断裂等引发的老板跑路、外部骗贷、挪用资金、非法集资等案件频发。多种迹象都表明，2014年将难上加难，银行经营和风险管控面临严峻考验。关于这些形势变化和风险分析在年初全行工作会议、近期召开的纪检监察会议及计财工作会上都有明确部署，大家要贯彻落

实好，这里我再强调几点。

（一）经济延续下行态势，经济结构失衡问题将“水落石出”

2008年金融危机已过去7个年头，当时有少数人预测7年都未必能走出危机影响，那时还没有深刻体会，现在看来并不是危言耸听。2014年经济延续了2013年下行态势，2月欧美等发达经济体及中国经济数据表现令人担忧，投资者和市场信心不足，两地股市也应声下跌。与此同时，中国部分区域、行业的经济结构失衡问题加剧，风险加快暴露。突出表现在：一是有些地方经济结构不合理，过去存在过度投资，如公路等很多项目资本金不足；有些地方经济结构简单，过度依赖煤炭和矿藏等产业，受经济周期波动影响很大，区域经济发展乏力。二是有些行业产能过剩严重，政府加大淘汰落后产能力度，相当部分企业被迫减产、限产甚至关厂停产。三是有些企业在经济快速发展时期，盲目投资，多元快速扩张，战线拉得太长，资金链断裂，企业实际控制人纷纷出逃。更值得关注的是，以往出逃的多是民营企业主，而从近期情况看，逃废银行债务的现象开始由民企向国企、央企蔓延。最近，多位行领导都提出警示，要谨防个别地方在企业重组改制时银行债务悬空风险。例如，长航油运，2004年我行为其债券发行出具担保，目前10多亿债务悬空；还有西安西飞国际由中航工业、西飞集团参资入股甚至控股，目前也发生风险，资不抵债甚至濒临破产。

（二）风险进入高发期，重大信用风险事项频发，不良贷款反弹压力巨大

2013年全行逾期曾两度达到×亿元以上，年末最后几天才将逾期贷款压缩至×亿元，但仍较年初增加×亿元，2014年1月单月就增加×亿元，超过去年全年×倍之多。表外垫款虽通过多策并举压缩至×亿元，但今年1月单月增加达×亿元。2011年以来，公司类客户的实际违约率逐年上升，从2011年的×%上升至2013年的×%，增幅达×%。以往浙江、江苏等长三角区域风险突出，目前还在释放和化解过程中，其中浙江分行近三年累计暴露不良贷款（不含处置）×亿元，江苏分行累计暴露×亿元，近期广东、山西、福建、宁波、山东等珠三角及东中部区域风险暴露的压力也非常大，暴露速度和波及范围都远超我们预期。

此外，2013年全年重大信用风险事项涉及×个客户，信贷余额×亿元，单户金额过亿的有×个，信贷余额占比达×%，其中前3大客户信贷余额占比达×%。2014年开年仅一个月，涉及×个客户，信贷余额×亿元，单户金额过亿的客户×个，信贷余额占比×%，大额授信客户风险暴露增加。特别是一些大额民营企业客户，多元化扩张，核心主业不突出，多头授信或过度授信，集团关联交易复杂，治理结构不规范，风险事项更是频发。据统计，2013年上报的重大信用风险事项中，民营企业信贷余额占七成以上，2014年1月上升至九成，单户金额过亿的全部为民营企业。可以说，从各种风险预警性信息来看，不良贷款反弹势头凶猛。对此，我们要有强烈的危机意识和忧患意识，对风险压力要有足够充分的估计，做好打持久战的准备。

（三）地方政府融资平台、房地产和产能严重过剩行业风险依然是管控重点

地方政府融资平台、房地产和产能过剩是近几年中国银监会始终提示和严加管控的领域，在2014年中国银监会工作会议上尚主席提示的七大类风险中依然排在前三位。这三个领域支撑了过去中国经济的高速增长，也是经济结构性矛盾积累发酵甚至暴发的领域，高额的政府债务、房地产价格持续上涨带来的资产泡沫以及化解产能过剩都将对资产质量形成较大压力，是引发系统性风险的重要风险源。例如政府融资平台，虽然多年以来我行实现了监管类平台贷款余额逐年下降，不良较低，但是没有把委托贷款、担保、BT、债券投资等包含进去，而且有一部分减少是靠平台转为一般公司类客户实现的。在2013年底审计署披露了地方政府债务以后，2014年投资人将会对这个问题更加质疑。

对房地产业务，我行一直坚持总量控制、名单制管理和结构优化，贷款客户从2006年的×个减少至目前的×个，贷款余额从约×亿，上升至×亿元，不良贷款率由×%降至×%，低于全行平均不良率，创历史最优。但目前一线城市房地产价格居高不下，三四线城市房地产价格下降，甚至于有行无市。房地产的政策变化也比较大，本来中央决定在2013年五一期间率先在全国4个城市试点房地产税，后因情况太过复杂，后续结果很难把握，所以暂缓推出。城镇化建设并没有像大家预期的那样，要掀起一个高潮，中央决定要稳妥推进。保障房建设方面，作为国有控股商业银行，我们要履行社会责任，但不宜太过热衷。2012年我行保障房贷款四大行占比76%，2013年第三季度末升至90%。保障房投资大、期限长、收益低，部分偿债存在较大不确定性。对于支持保障房、城镇化建设，我们必须按照中央的要求，在坚持商业可持续性的基本原则上进行信贷投放。外部的投资者一直忧虑中国的房地产业，更担心包括我行在内的商业银行对房地产行业资金投入的风险。

（四）制造业、批发零售业、煤炭等行业风险加快暴露，存量风险很大、新增投放较多的情况令人担忧

制造业和批发零售业一直是我行不良率较高、风险事项多的两大行业。特别是批发零售业，一方面不良率居高不下，2013年末不良率高于公司类非贴贷款平均不良率3.51个百分点，一方面新增贷款还在继续投入，余额新增占比（非贴公司类）超过8%，新发放贷款则主要集中于金属及金属矿批发、建材批发、煤炭及制品批发等不良率相对较高的子行业。批发企业存在贸易背景真实性、大宗商品价格波动、多头授信和过度融资等风险，真正出现风险后由于缺乏对物权、货权、抵质押物的有效管控，风险缓释难以发挥作用。全行要高度重视批发行业中的客户违约风险，充分吸取历史教训，尤其是钢贸、煤贸、铜贸等受大宗商品价格波动影响较大的客户。对钢贸业务的风险防控，我行动手早、行动快，压缩退出已坚持3年多，但难度之大远超预期，风险已逐步蔓延扩散，由上海传导到苏州、无锡，再到湖北、福建，现在广东顺德又出现新的风险模式，所以要继续保持风险管控高压态势。

近期相继暴露出几个煤炭老板到期不能偿付，相应商业银行包括我行的理财产品不能及时兑付的问题。表面看是单个企业问题，实际上，煤炭整个行业经历了10年的快速发展现在进入到市场“瓶颈”期。2008年冰冻雪灾时，电煤价格1 250元，现在500元左右，个别坑口300元左右，整个市场的供求关系发生很大变化。“克强指数”中一个重要指标“用电量”同比增速下降，也意味着煤炭整个行业的风险已经开始显现，其上游为煤炭生产企业提供机械设备服务的企业，以及煤炭企业主动延伸投资的下游煤化工项目，风险也开始积聚。我行部分分行仍向此领域投入大量贷款，这种情况令人担忧。

此外，对于铁路、公路、高端餐饮及商场酒店等行业的风险也要高度关注，对于这些领域风险的认识，我们不能仅停留在贷款的数据上，还要看看表外、债券、理财、代理信托、委托贷款等各种融资渠道我们到底有多大风险敞口，一旦客户出现问题，所有产品都会被殃及。

（五）流动性风险加剧，流动性风险管理将贯穿全年始终

2013年两次市场资金紧张，6月大家都亲身经历，全球密切关注，引起了中央领导的高度重视。我行表现良好，加强了管理、保持了流动性宽裕，向市场拆出资金3 000多亿元，得到了中央银行、中国银监会以及国务院领导的好评。但从11月中旬至12月中旬这段时间，我行资金营运捉襟见肘，被迫天天拆借。进入新的一年，形势发生了很大变化。元旦一过，我就主持召开资债委会议，加强资产负债管理、贷款比例管理、流动性管理，确保在当前资金形势紧张、利率居高不下的情况下，我行未拆入一笔资金，富余资金还有所拆出。为此，我行也作出了巨大牺牲，有利可图的资金拆放业务暂停，债券投资保持零增长。可以预见，流动性管理、流动性压力将贯彻全年始终。

（六）利率、汇率波动剧烈，市场化进程加速，监管趋严，市场风险上升

2014年，国际经济金融形势更加复杂多变，包括利率、汇率、大宗商品在内的主要风险因子波动更为剧烈。未来美联储量化宽松（QE）政策的调整将对市场形成较大影响，美元利率有继续上涨的趋势，商品市场将在震荡中面临较大的下行压力。国内利率及汇率市场化加速，资金流动性紧张趋于常态化。2013年7月以来，人民银行放开贷款利率限制，由9家银行共同报价形成基础利率，且存款利率开放已提上日程，对银行的定价能力、运营成本等形成严峻考验。人民币汇率形成机制改革正稳步推进，加大了双向浮动的波幅。2008 年次贷危机爆发以后，我行内部排查重新检视代客投资业务，直到 2013 年才把历史遗留问题解决。人民币在短短半年内贬值超过 2%，代客衍生交易产品、自营交易业务、债券投资、资产池以及相应产品的定价，各位一定要引起重视，市场风险在不知不觉中正逐步加大。

（七）理财、代销等业务风险上升，多重风险交织

我行早在两年前就开始规范、强化理财业务风险管理，将其纳入统一授信审批管理，在业内对理财业务风险的认识是比较早的。目前，规范后纳入统一授信审批的理财业务情况良好，但在规范前未纳入审批流程的仍有数百亿元，其中多笔已成为垫款。目前受宏观经济变化及行业政策调控等因素影响，部分客户生产经营陷入困境，导致一些理财产品出现风险，涉及金额近 × 亿元，有 × 亿元集中在 2014 年到期，排查结果显示部分风险资产中抵质押物价值不能覆盖理财产品本息，可能会发生损失。除了引发信用风险之外，理财产品也给全行流动性管理、统筹资金来源与资金运用带来了新问题新挑战。

此外，代销业务的风险要高度重视起来。有些同志认为代销理财只有收益没有风险，但近期中诚信托事件和吉林信托事件充分证明，代销理财业务风险很大。我们不仅要花很大精力去化解声誉风险，而且一旦信托公司无力兑付或推卸责任，我们还有可能面临财务损失风险。2013 年末，我行代销信托计划业务余额 × 亿元，这部分到期资金信托公司是否能落实好兑付资金来源，大家要格外关注并提前应对，关键是从思想认识上必须重视起来，才能真正避免风险。

（八）信贷领域违规放贷时有发生，演变为案件的可能性很大，显示出内部管理中还存在诸多漏洞，关键环节把控不到位

从银行经营角度看，受经济波动影响，部分客户由好转坏难以避免。但我们实际暴露风险的成因中却包含了很多人为因素、内部管理问题，如尽职调查不到位、贸易背景不真实、申报材料有虚假、抵质押物不实、担保悬空、资产已经被转移、法律手续不完备，个别还暴露出违背信贷政策、违反操作流程等行为。最突出的有 3 个案例，令人痛心。一是假个贷。2006 年以来连续搞了两年清理假个贷问题，后面情况较好、几乎绝迹，2013 年以来死灰复燃，当年搞假个贷而且当年就成坏账。二是钢贸贷款。钢贸贷款已经压缩三年多，2013 年核销金额占比高达 37%，是贷款损失的重灾区。总行不断提示风险，有的经办行仍一意孤行，继续加大信贷投放，最终深陷泥潭。2013 年某分行异地发放一笔钢贸贷款，三个月就成不良。三是还有一个分行当年就发放贷款、当年成为不良，而且是其他两家国有大型银行退出，我们接盘。对于这些案例，我们不能总是归结于形势变化，以环境为借口。经济高速发展或者低迷下行时都有发展机会，任何时期也都会有风险，关键还是在我们自身。2013 年全行审批了 40 万笔的贷款和产品，金额达 20 多万亿元。其中报总行审批的数量 1.5 万笔，金额超过 50%。全行增加了 8 400 多亿元贷款，理财余额 × 万亿元，其中项目类理财约占一半左右。在 2013 年底，有许多分行提出信贷计划规模太少，更多分行认为对于某些产品、审批得太严。应该说在这样的情况下，全社会对银行的资金需求还是非常旺盛的，信贷资金还是稀缺资源，还有大量优质客户、储备的优质项目未得到支持。而我们有些分行、有些人员违法违规放贷、违背信贷政策、违反操作流程，甚至于个别人为了蝇头小利不惜铤而走险，帮助企业老板们出谋划策，亲力亲为搞虚假的申报材料。贷款拿不到就用理财产品，最后问题暴露，造成我行资金、声誉甚至员工的惨重损失。痛定思痛，对于这些决不能轻饶，即使客户经理已经离职，也要坚持追究，监管部门也是支持的。

此外，欺诈风险明显增加，以银行为对象的案件开始反弹，有些手法比过去更加胆大妄为。一些违规放贷、违规审批的相关业务，随着老板跑路、企业破产、经济纠纷，最终演变成银行案件，这些需引起全行高度重视。

三、强化风险管控，确保完成年度全行资产质量控制计划和经营管理目标

（一）以稳健经营的思想，统筹全行业务经营和风险管控，确保完成全年工作目标

1. 完善体制、机制。2013 年实施的风险管理

体制和授信审批机制仍需要不断完善，要与年初实施的新绩效考核办法、新资源配置政策密切结合起来，持续推动全行业务经营的健康发展。要大力支持存款、中间业务收入、各项战略业务的发展；支持“三农”、中小微企业、实体经济的发展；支持关乎国计民生的重大项目建设；支持民生领域、军队、武警、个人按揭等重点业务的发展。同时，对于违规放贷、不良严重、不执行总行要求、业务片面发展的分行，也要在资源配置、绩效考核上体现出来。

2. 加强经营引导和政策指导，确保完成全年工作目标。2014 年形势异常复杂而且变化很快，总行要加强对形势的分析、对市场的研判、对行业和产业的细分、对政策的研究，并及时将研究成果传递给分行，让全行共享。要全力以赴完成全行逾期贷款、垫款控制目标，以及境内不良贷款处置计划，确保集团不良贷款率继续保持稳定，市场、操作、流动性、合规、案件、声誉等各类风险总体保持稳定，实现经营稳健和运营安全。

3. 落实全面风险管理责任。严格执行外部监管和全行改革调整的精神和要求，各层级的经营主体责任与风险管控责任合二为一，充分发挥管理层在领导和推动本辖业务发展、风险管理方面的核心作用。推动风险管控责任覆盖至信用、市场、操作、流动性、合规、声誉等各类风险、所有机构、业务流程中各个环节和岗位，确保运营安全不出现重大问题。

（二）加强信用风险薄弱领域综合治理，守牢风险底线

针对年初以来全行重大信用风险事项高发、不良贷款反弹压力增大的情况，总行研究决定将 2014 年确定为“信贷风险防控年”，以健全信用风险管理长效机制，从根本上防范信用风险。俭华同志已经做了具体部署，大家要高度重视，认真组织贯彻执行，落实好规定动作，注重实效，确保取得实质性进展。全行要坚持和传承多年来行之有效的经验、手段、工具，如各项管理年活动、专项治理活动，以及 2008 年以来开展的行业限额管理、名单制管理等实践做法。要进一步做好实时监控、内控预警、风险提示、业务排查等工作，并充分利用内审检查职责，积极开展风险排查。

一是严把客户准入关口，强化授信业务真实性管理。严格执行客户准入标准和名单制管理要求，根据形势变化适时完善准入与退出标准，动态调整名单，做好客户选择。要落实好尽职调查，加强授信业务真实性管理，切实防范虚假信息、虚假交易。信贷经营部门要充分发挥第一道防线的作用，前、中、后台要共同把好客户准入关，防止不符合条件的客户进来。

二是强化授信审批，促进提升信贷经营能力。在审批决策时，要严格执行宏观政策、监管底线和总行信贷政策，切实落实全行统一风险偏好，提高政策执行力，做到“令行禁止”；要强化实质性风险判断，强调审批前瞻性，充分发挥审批对于全行信贷经营的引导和带动作用；提升专业授信评估能力，巩固我行项目评估传统优势；严肃授信审批工作纪律，确保正常审批工作秩序不受干扰。2013 年 12 月初，我行完成了新旧授信流程的切换，要密切跟踪新流程的运行情况，持续完善优化流程，严把新增授信关口，不断提高授信审批质量和效率。

三是加强贷款条件落实的审核，从流程上强化放款审核环节的合规管理，防范信贷资金挪用。规范贷后管理操作流程，进一步明确贷后管理流程中相关部门和岗位的职责，落实规定动作；强化押品准入管理、押品价值全程跟踪评估、押品权证管理以及押品贷后监控检查；进一步提高风险分类的准确性。

四是加强重点领域风险排查，防范局部风险蔓延，贻误最佳处置时机。对潜在风险较大的大额民营企业客户、小企业、受大宗商品价格波动影响较大的贸易类客户、地方政府融资平台、房地产、产能过剩等，积极开展风险排查，提前落实好资金来源。对以前年度审批通过的存量自营类、代销类理财产品建立预催款机制，防范理财业务兑付风险。同时，要加强子公司的风险管理，强化“防火墙”建设，防止风险在集团内部各机构间蔓延和传染。

五是发挥总行带头作用，提升大额风险与集群风险的化解处置效果。2013 年，我行创新了大额授信客户风险处置机制，由 10 名管理层成员亲自牵头全行 20 个重大信用风险项目的风险处置工作，建立总分行联动的处置机制，取得了显著的效果。2014年总行管理层把直接牵头处置的重大风险项目由20个扩大到30个，明天将召开化解方案论证会逐一进行诊断和论证，作出具体工作部署。各分行要比照总行，加快推进大额风险处置工作，进一步提高处置成效。

同时，对于重大风险和突发事件，各级机构要严格按照总行规定，在发生后第一时间上报，有可能转化为案件的要及时与纪检部门协商，确保总行及时了解掌握事件信息，避免因迟报、漏报、瞒报造成被动，给我行的声誉带来负面影响。

六是树立全局观念，将不良贷款处置任务与资产质量控制目标紧密衔接。2014年不良处置压力更大、任务更重。各行对此要有清醒的认识，要紧紧盯住重点分行、重点项目、重点行业，优化处置结构，进一步提升现金回收和盘活上迁的处置比重，不能过分依赖核销；要继续创新处置手段、开辟处置渠道，加大市场化处置手段的应用，全年滚动做包批量处置；要继续坚持资产保全的集中经营，完善不良贷款处置的专家诊断、营销推介和联动机制，从根本上提高不良处置的内控管理和精细化水平。贯彻落实财政部呆账核销新办法，按项目名单推进工作进度，实现季度均衡核销、合理把握工作节奏，同时要防止处置过程中的道德风险。

七是抓典型案例，严肃科学问责，强化执行力。各级机构和人员要严格落实监管政策、全行信贷政策和各项规章制度，提高执行力。要切实落实责任收贷制度，对于违规失职，甚至是违法放贷、受贿、挪用资金、违规出具金融票证等以权谋私、滥用职权的腐败问题；对于无视总行风险提示或审计检查，执行不到位甚至不执行的；对于存在个人利益输送、违反禁止性规定的行为和人员，按规定坚决给予责任追究，进行严肃查处。对于尽职尽责非主观原因造成的不良或损失，将给予尽职免责。

（三）强化集团风险管控，健全全面风险管理体系

自2007年总行就提出要建立覆盖信贷非信贷、表内表外，境内境外，本币外币的全面风险管理体系。2013年下半年，全行推进风险管理体制改革、信贷机制调整和授信流程优化，一方面强化了各类风险的专业化管理，另一方面对集团层面的风险管控提出了更高要求。2014年初尚福林主席在中国银监会工作会上提出要在巩固信贷风险管控机制的基础上，推进表内外、境内外、本外币和母子公司的集团全面风险管理，完善风险治理体系改革。

我行是一家拥有38家境内一级分行、11家海外分行、11家子公司和27家村镇银行的金融集团，金融服务涵盖银行、租赁、信托、基金、人寿、期货等多个领域。因此，总行各类业务、各类风险的主管部门一定要有集团的概念，管理职责必须要覆盖至整个集团，在政策制度制定、日常监测管理、风险分析及报告、监督检查等工作中统筹考虑，作出安排。另外，我们强调为客户提供综合金融服务，相应地各条线、各机构包括子公司在内一定要把所管客户在整个集团范围内得到的各种融资产品纳入统一授信和监测范围，掌握客户在集团的所有风险敞口和风险变化，这样的综合金融服务才会有基础、才会有后劲。近期，要加快组织研究实施集团授信和全球授信，对各类子公司授信与类授信业务实行统一授信管控，既落实集团对于并表子公司大额风险暴露管理的监管要求，又实现母、子公司，总分公司的联动营销，形成经营合力，共同服务好客户，争取使集团统一授信取得实质性进步，全面风险管理体系进一步健全完善。

（四）优化创新管理工具并深化运用，提升风险管理水平，支持业务转型创新

通过几年不懈的努力，我们2013年向中国银监会正式提交实施申请，成为首批提交资本管理高级方法实施申请银行之一。接下来，我们要以推进实施资本计量高级方法为契机，持续提升管理工具的前瞻性和准确性，充分发挥信贷制度、行业政策、名单制、客户评级模型、评分卡、经济资本、风险调整后收益（RAROC）、行业风险限额等在结构调整、业务转型等方面的引导和支持作用。全行员工要适应未来市场变化，主动学习，深入应用，不断提升客户选择能力、风险定价能力。依托系统、模型等技术手段，引入“机控”模式，建立覆盖集团成员、主要风险类别和不同维度的全面风险监测预警体系，搭建统一的客户风险监控平台，实现全行在集团层面对客户信用风险的总量管控，有力支持全行转型创新和风险管控。

（五）积极应对利率汇率市场化改革，提升风险定价能力，强化市场风险管理

随着利率市场化改革进程加快，同业竞争加剧，对我行客户选择、NIM管理、风险定价管理带来严峻挑战。经初步测算，若存款上浮进一步扩大至20%，预计我行NIM将下降×个BPS；2013年我行新发放非贴贷款利率、新发放公司类贷款加权平均利率均为四大行第三。在当前收益降低、风险上升的严峻形势下，要多策并举，充分应用RAROC等管理工具，通过提升客户选择和风险定价能力，从根本上缓释利率风险对银行的冲击。近期，人民币汇率波动加剧、对美元最高跌幅超2%，汇率风险管理难度加大。要加强新形势下风险对冲策略和工具的研究，通过加强境内外分行整体资产负债币种的匹配来控制汇率风险整体承担水平，同时要发挥多地域、多市场经营的优势，灵活运用多个市场、多种工具来管理汇率风险。

此外，要特别关注在价格下跌背景下因信用风险上升带来的市场风险隐患，强化交易对手信用风险的防控，定期对交易损益和流程进行重检，防范交易员行为风险，确保经营目标顺利实现。

（六）做好流动性、案件风险等其他风险防控，坚守合规经营，确保业务稳健发展和运营安全

认真执行新的流动性管理办法，严格进行流动性指标监测分析，做好流动性管理工作。当务之急是提高存款资金的稳定性，努力拓展客户基础，加强资金统筹归集运用，保证流动性安全。加强操作风险管控，开展员工行为风险的综合治理，加大对特殊业务、异常业务和风险多发业务的稽核监测，改革优化反洗钱、关联交易作业模式，规范、引导全行员工合规守法经营。近期关于发展改革委收费专项检查，各级分支机构必须要全力配合，抓紧时间自查自纠，整改到位，确保少出问题、不出问题，总分行要协同做好专项检查后续工作，确保实现全行工作会提出的“不合规问题四大行最少”的目标。保持案防高压态势，开展信贷业务真实性和员工违规代客交易等突出问题专项治理，严格落实案防责任，加强对案件和违规、违纪问题的问责力度，坚决遏制案件反弹。此外，银行运营中面临的IT风险、声誉风险、外包风险等也要安排好盯防，确保运营安全。

（七）加强队伍建设，提高执行能力

一是绝不能容忍有令不行、有禁不止、上有政策下有对策，甚至公然违背政策要求的做法，要坚定信心、守牢底线，增强使命感，努力实现全行的目标。二是要以大局为重，支持发展。2014年不仅风险管控工作面临严峻考验，业务发展也尤为艰难。发展是解决问题的关键，存量问题也要在发展过程中不断化解。风险管理、授信审批条线要与前台部门加强沟通，不能简单地说不，要将审批导向及时传导至前台部门。对符合投向要求的项目，要提高效率。在审批授信时，要有意识地推动授信业务，利用好相关产品、信贷资金来推动各项业务的全面发展，确保实现全行整体经营发展目标。

同志们，当前我行正处于转型发展的关键时期，尽管艰难，全行资产质量基础还是非常坚实的，整体实力也越来越强。希望大家坚定信心、凝聚共识、恪尽职守，为实现2014年风险可控、全行整体经营跃上新的台阶作出更大的贡献！

谢谢各位！

坚定发展信心　强化执行能力
全力做好下半年经营管理工作

——在战略与创新专题研讨暨夏季工作座谈会上的讲话

张建国

（2014年8月7日）

同志们：

刚才，王洪章董事长做了重要讲话，郭友监事长明天还要做总结讲话，请大家深入学习领会，认真贯彻执行。按照会议安排，我向大家报告2014年以来全行的经营管理情况，并对下一阶段工作安排谈些意见。

一、稳中有进，全行取得了来之不易的经营业绩

2014年上半年，经济金融环境复杂多变，银行经营面对前所未有的困难考验，全行坚持稳健经营，加强了对整体的把握，主动应对挑战，取得了符合预期但来之不易的经营成果。

1. 敏锐预判形势，前瞻性指导经营。总行不断加强对宏观形势、政策要求、市场和同业竞争变化的分析预判，年初全行工作会议上就指出2014年银行经营环境越来越难，固守原有经营模式越来越难，经济和政策转型期把控风险越来越难，保持良好的经营业绩越来越难。为此，相应审慎地确定了经营目标，优化经营策略和考核体系，调整资源配置方法和定价授权，加强了应对处置风险的各项目标和措施机制。所召开的一系列专业会议，采取的各项经营管理对策，进一步统一了全行的认识和行动。全行同志共同努力更成为在困难挑战面前实现稳健经营的根本保证。

2. 稳健发展，经营成果良好。根据中央保持宏观经济政策的稳定性、连续性但适时进行预调、微调的决定，以及人民银行、银监会要求，我行在2014年第二季度适时调整人民币贷款投放策略，增加信贷投放。核心经营指标实现“时间过半、任务过半”，经营成果仍居大银行前列。截至6月末，全行资产达16.2万亿元。其中，人民币贷款余额为8.13万亿元，新增4 918亿元，增速为6.4%，既充分运用又很好地执行了人民银行核准的信贷计划。实现净利润1 295.55亿元，增长9.24%。平均资产回报率为1.65%，平均股东权益回报率为22.92%。成本收入比23.71%，招待费同比下降40.2%，会议费同比下降45.3%。

3. 把握得当，负债业务和中间业务稳定增长。全行形成共识，考核体系中剔除存款时点因素，从抓客户账户、抓改善服务入手来抓资金来源，保证了存款的持续增加和相对稳定。上半年，人民币一般性存款日均新增5 418亿元，增长5%，境内外币一般性存款新增四大行第一；住房资金存款远超上年同期，新增近600亿元；民生领域存款同比增长16%，财政资金下游承接率提升0.6个百分点达26.41%。关键时点存款波动性好于同业，受到人民银行表扬。

中间业务在规范自律的基础上平稳增长。实现手续费及佣金净收入588亿元，同比增长8%，总量、增速均保持四大行第二，稳定性优于同业。全行严格控制贷款利息转费用，逐步减少与贷款相关的收费，大力发展结算类、代客类等体现银行专业特色的金融服务和产品，如账户贵金属、贷记卡、债券承销超过20%，体现我行独具特色的房改金融、工程造价咨询等产品稳步增长。

4. 服务实体经济，持续推动结构调整。为加大对实体经济支持力度，我们把上半年人民币贷款计划由4 470亿元调增到4 920亿元。发挥集团综合化经营优势，积极盘活存量资金，努力用好信贷增量，支持重点领域和薄弱环节，基本建设贷款新增685亿元，占公司类贷款新增的21.16%；小微企业贷款满足监管要求，余额、新增在银行业领先；涉农贷款新增807亿元，城镇化建设贷款增长69.2%。个贷新增四大行第一，其中住房贷款新增2 123亿元，很好地满足了个人客户自住房贷款需求。公积金个贷和公积金项目贷款的承办项目数量、贷款发放额继续保持行业第一。在我行筹资成本和信贷成本随全社会融资成本上升的情况下，没向客户转移价格负担，贷款利率保持基本稳定。

深入贯彻调控政策。6月末，五大产能严重过剩行业贷款余额实现第15个季度下降。钢贸行业贷款余额比年初减少133亿元；全口径、监管类平台贷款余额“双降”，余额结构进一步优化；31个重点退出行业产业压缩贷款211.5亿元。

5. 简化审批事项深化经营转型，激发新的发展活力。自2014年初起，总行就设计推出了对公业务转型方案、小企业业务深化转型方案、项目评估业务转型方案。持续推进前后台分离和网点三综合建设，综合化网点占比由71%升至88%。响应基层在群众路线教育实践活动中的意见建议，审批事项精简46%。

战略性业务快速发展，海外发展战略取得重大突破。电子银行、投资托管、信用卡、养老金、八一工程、债券承销、本币债券组合投资、跨境人民币等业务市场份额扩大，收益提升。“善融商务”商业模式逐渐清晰，各项指标均保持同业首位。

6. 高度重视全行联动，全力以赴防控风险。总行坚持前瞻性主动风险管理，提高预判预控能力。在连续开展了押品、贷后、表外、海外及金融市场业务等几个管理年活动后，2014年又启动了“信贷风险防控年”活动；完善集团风险管控机制，及时化解理财、信托、同业业务的苗头性风险。借助资本管理高级法实施和新一代核心系统建设，调整优化授信流程，努力加强管理基础。

对高风险行业、区域、产品实施差别化信贷政策和管控手段。细分余额大、增量多、不良比率高的制造业、批发零售业等行业，实施区别对待的信贷政策，陆续印发20个行业小类信贷政策和12个营销指引；提高国内保理、承兑、保函、国内信用证、贸易融资等重点产品标准。内部银团风险完全没有分散，异地贷款不可能做好“三查”，因此严控内部银团、异地贷款。动态调整信贷审批授权，在权限设定中增加抵质押维度。

重大风险项目处置取得新的成效。总行牵头“三十大”项目处置（到7月末项目数已增至39个），通过与分行共商处置方案、敦促地方政府或客户上级主管单位、分别采取行动等方法，使这些重大风险处置又取得一定进展。截至6月末，“三十大”项目信贷余额396.11亿元，比年初减少27.62亿元。一级分行领导班子确立牵头处置403个风险项目，信贷余额比年初压缩104.59亿元。

面对重大风险事项不断暴露，不良余额、不良比率严重反弹，逾期、垫款急剧增加的严峻形势，总行把不良贷款处置任务、财务资源配置、资产质量控制目标更紧密地捆绑在一起。上半年共处置不良贷款277.55亿元，比上年同期多处置80.97亿元。其中，现金回收99.24亿元，盘活上迁45.6亿元，核销坏账89.62亿元。在上年成功转让60亿元小企业资产包的基础上，提前准备，在市场上最早对资产包进行招投标，一次性处置不良贷款51.77亿元，实现了39.13%的回收率。

资产质量保持较好水平。6月末，集团不良贷款余额956.64亿元，较年初增加104亿元；不良贷款率为1.04%，在银行业不良严重反弹情况下，在大银行中保持适当水平。

二、稳中有忧，做好应对更复杂形势的充分准备

（一）经营环境异常复杂，银行面临严峻考验

当前，国际形势复杂多变。美国经济在复苏中有起伏，欧洲经济复苏进程缓慢，日本经济前景正面临考验。新兴经济体增长放缓、结构性矛盾突出、分化加剧。阿根廷部分债务出现违约，全球金融市场受到波及。欧美对俄罗斯实施自冷战结束以来最为严厉的制裁可能冲击国际政经秩序。我国经济已经全面融入全球市

场，这些因素都可能对我行客户和全行经营产生新的影响。

我国正处于三期叠加特殊阶段。虽然近几个月国内经济缓中趋稳，但仍面临很大困难，出现了一些可能引发经济下行和风险增大的边际变化，未来保持经济平稳运行难度更大。尽管上半年GDP增长好于预期，但是一些重要指标走低，固定资产投资增幅滑落至17.3%，房地产投资仅增长14.1%，社会消费品零售总额、出口总额增长放缓，都将直接影响下半年甚至今后一个时期经济增长。从微观层面来看，企业普遍困难，应收账款、产品库存迅速增加。这些现象折射的是实体经济的困难和潜在风险，问题也会传导到银行的经营和资产质量上。银行业不良贷款"双升"，拨备压力陡增就是证明。伴随经济增长放缓"新常态"，银行业也标志性地进入了利润增长放缓、风险资产增加的"新常态"。

（二）全社会期盼缓解融资难融资贵问题，要求银行加大服务实体经济力度

在经济下行时期，银行往往会处在矛盾的风口浪尖，近期批评贷款难、贷款贵、乱收费的声音不绝于耳。在国务院常务会议出台10项组合措施，多措并举缓解企业融资成本高问题后，有关部委对银行提出新要求。（1）促进重点领域与行业转型和调整，整合金融资源支持小微企业、"三农"领域，破解小微企业融资难题。财政部、中国人民银行、中国银监会将上述要求的执行情况作为对银行考核评价、确定不同政策的重要依据。（2）真实反映M_2水平，保证金融稳定运行。财政部拟将存款偏离度纳入银行绩效考核并将制定严厉的扣分规则，银监会也提出了限制准入等处罚措施。（3）规范商业银行收费业务，清理整顿不合理收费。发展改革委和中国银监会联合颁布新版《商业银行服务价格管理办法》和《政府指导价政府定价目录》，已从8月1日起正式实施。对基础金融服务实行政府指导价和政府定价管理。（4）强化反洗钱工作。某银行"优汇通"业务被新闻媒体曝光后，人民银行专门召开反洗钱监管风险提示会议，要求商业银行加强反洗钱合规工作。

中国银监会上半年工作会议针对银行业问题特别提出了多项监管政策：

——要求银行准确把握改革发展稳定的平衡点，促进经济社会发展、改善人民生活与银行业持续稳健运行。改进完善绩效考核办法，切实遏制存款"冲时点"行为。

——要求银行认真落实信贷政策，提升服务实体经济效能。落实中央稳增长系列政策措施，坚持差别化信贷政策，促进产业结构加快转型升级。进一步加大存量信贷资产盘活力度，清理各类融资"通道"，减少搭桥融资行为，降低社会融资成本。

——要求银行全面加强风险防范，坚决守住风险底线。重点监控房地产、平台、产能严重过剩等行业风险，严格管控高杠杆、多头授信、涉及非法集资和民间高利贷企业的债务风险，及时处置互保联保、担保圈、担保链、企业群和各类仓单融资风险。严防表外风险输入，将融资型理财、资管计划等具有信贷替换性质的表外业务纳入统一授信，计提资本和拨备。切实阻隔影子银行风险传染。

（三）我行经营管理中需要特别关注的问题

1. 从我行自身经营上看，下半年的经营压力明显增加。上半年的业绩数字不错，但在一定程度上是把控的结果，有些问题在第三季度就会释放出来。不良反弹势头尚未从根本上得到遏制，发展乏力还没有从根本上得到扭转。

（1）稳存增存任务艰巨。2014年以来，我行遭遇了前所未见的存款增长乏力局面，即使冲了时点，上半年新增存贷比也高达87.8%，平时一般性存款则与年初持平，新增存贷比更严重倒挂，余额存贷比直逼监管上限。利率市场化趋势不可阻挡，筹资成本全面上升已是大势所趋。未来既要平衡好一般性存款与理财产品、大额存单、结构性存款之间的关系，还要应对不断衍变的互联网产品的激烈竞争。

（2）中收稳定增长难度加大。发展改革委、中国银监会对银行业收费检查正在深入开展，已进驻27家分行，另有4家分行等待进驻。2014年8月1日，我行公示的新版服务价目表项目较2012年版归并减少了1/3。部分产品和收入受市场变化和监管政策调整影响，收入增速将会明显放慢甚至可能会负增长。

（3）资产质量下滑压力加剧。自2014年初以来，风险暴露进入高发期，局部风险继续释放并向更多地区蔓延，逾期、垫款有增无减，小客户不良居高不下，重大风险事件时常爆发，制造业、批发零售业、煤炭等行业不良上升压力持续增加，盘活清收工作异常艰难。

（4）利润增长逐步放缓。上述几点，再加上资产减值支出、成本支出下半年相对集中等多重因素，内部可挖潜力来源已经用尽，盈利增长形势不容乐观，预计全年增幅将进一步降低。

2. 从内部管理上看，一些深层次问题亟待解决。一是思想认识上，一些同志试图用经济下行掩盖管理上存在的问题。经济下行解释不了相同区域内我行业务发展、风险防控、经济效益都好于其他银行，而在有的地方，我行不良、逾期、垫款明显高于同业的现象。上半年全行累计暴露重大信贷风险事项191起，其中最多的一天爆发9起。这些重大风险几乎都涉嫌违规操作和管理漏洞，经不起认真拷问：在对重大风险事项进行分析时往往发现，普遍存在不严格执行法规和信贷政策，不认真按制度和流程操作，抵质押担保存在瑕疵，甚至有个别员工帮着企业弄虚作假骗取资金等问题。

二是责任心不强，敷衍塞责，回避矛盾，致使检查排查流于形式，错失发现解决问题的时机。总行曾组织了多次对民营企业、制造业、钢贸等重点领域的专项风险排查，但有些分行显然是应付差事，走了过场，或是根本没有找出问题隐患，或是发现了问题但没及时采取应对措施，贻误战机。造成的后果是损失惨重、影响恶劣、教训深刻。这类问题在全行都有不同程度不同形式的存在。例如，总行有几个工作组，在对分行调查重大风险项目案情时避重就轻、避实就虚，不敢或不能反映真实问题。再如，过去每逢重大风险发生，相关分行长立即报告，同时及时采取控制影响、加固债权、减少损失等一连串措施。现在有的分行连续发生重大风险也不报告。有个别行对他行主动退出的企业贷款，贷后即成不良；个别行对已经列为总行“三十大”风险项目规避授权管理，突击审批贷款；还有个别行发生重大风险事项后，只称是经总行审批的项目，不讲所提供的材料根本不真实。

三是体制、机制上，风险管理体制调整授信机制优化方案落地后，还需要不断地补充完善。这项工作从2013年7月开始试点，11月末在全面上线运行。历经一年运行，确有需要优化的内容。总行正在调研论证，争取第三季度末前实施。

三、坚持以稳健发展统领全行，努力提升经营能力

（一）进一步增强发展意识，牢牢把握机遇

我国经济增长保持合理区间，政策效果逐步显现。虽然上半年GDP增长7.4%，但在全球所有经济体中仍然是一枝独秀。为保持经济稳定增长，近几个月中央密集出台“稳增长、促改革、调结构、惠民生”的一连串微刺激政策，涉及定向降准、扩大营改增试点、棚户区改造、中西部铁路建设、央企四项改革试点等诸多内容，效果正在逐步显现。例如，商事制度改革激发市场活力，上半年新登记注册企业126.9万户，呈井喷式增长，带动就业新增737万，创历史新高。再如，混合所有制改革试点过程中蕴含大量金融服务需求，这是加快发展融智型中间业务以及为优质民营企业主提供全方位私人银行服务的良机。

经济结构调整持续推进，新兴产业存在大量商机。

一是在扩大对外开放中，中央确定了实施“走出去”战略的重点行业；明确了“一带一路”的重点投资领域。自贸区建设各项准备和基础工作基本完成，具备了复制发展的条件。这些都需要金融支持。

二是在经济结构调整中，国家的行业产业、区域政策越来越清晰，无论保、控、进、退，银行都有商机。

三是在国家发展规划中，集成电路、高端装备制造、物联网、新能源、新一代移动通讯、大数据等行业已被确定为战略性新兴产业，未来发展充满生机。同时，生态文明建设、民生领域发展潜力无限，为银行提供了新机遇。

一个时期以来，我行一直重视对这些战略和政策的研究分析，信贷政策越来越细致；也一直重视对这些重点领域的支持服务，积累了丰富经验，具备了良好条件，要进一步重视并把握机会。

我行经营成果得到各界肯定，持续发展有坚实的基础。在财政部对银行的绩效考评中，我行

得分最高。在中国银监会对五大行监管评价5项指标中，3项第一，2项第二。在监管机构报国务院的关于钢贸信贷业务问题的报告中，我行是唯一未被点名批评的银行。此外，许多国际和国内的评级、评优机构不断给予我行“最佳”、“最优”的评价。这些成绩与荣誉来之不易，反映出全行经营能力都在银行业中居于前列，更坚定了大家提升经营能力的信心。

（二）进一步增强大局意识，执行好政策要求

坚决贯彻有保有控的信贷政策。全行既要将贷款新增控制在中央银行核定计划内、把握好投放节奏，又要尽可能让贷款资源发挥好带动各项业务全面发展的作用；既要把增量资金用于支持实体经济和国民经济薄弱环节，又要盘活存量贷款，努力推进信贷结构调整。在具体投向上要继续重点满足重大在建续建项目的资金需要，努力解决小微企业和涉农贷款需求，积极支持和改善民生和产业升级；严控限制性领域贷款新增。贷款定价要与风险控制要求相结合，在全社会呼唤降低贷款价格情况下，总行不再单纯强调对企业提高贷款利率上浮比例，全行要统筹平衡贷款收益与风险，对于同样类别客户，定价应在同业中保持合理位次。

严格遵守管理要求。各分行要认真执行2014年以来细化制定的行业信贷政策、产品政策、区域政策和异地、内部银团等新规定，把握好信贷产品关键风险点和底线要求；优化理财产品业务结构，规范国内保理、承兑、国内信用证、贸易融资等业务管理；严格仓单质押、搭桥贷款等产品管理，严格大宗商品交易平台合作准入，确保贸易背景真实和我行押品安全。许多产品都是欧美银行经营已久的，这些年国内银行业移植并本土化。这些产品本身设计没有问题，但有的企业利用这些产品欺骗银行、重复质押、资金挪用；银行管理有缺失，自身不专业。对有的产品，总行已制定了新的政策，其余的已明确任务，会后将逐个落实。

（三）进一步增强责任意识，要认真履职

越是在经济下行、压力加大时期，越是在困难考验面前，各级领导和全行骨干越要增强责任意识，勤奋敬业，带动全行，努力提升自身的经营管理能力。

1. 保持存款稳定增长。（1）认真抓基础、抓平时。总行已梳理提炼出存款业务发展中亟待解决的资金承接、县域拓展等8个系统性、基础性问题和相应对策，主要措施包括拓展产业链、资金链等存款源头；明确财政资金承接率、销售资金归行率的目标和跟踪落实机制，提高资金承接率；配套产品和服务、优化数据统计，抓实代发工资；以名单制营销、增值服务等方式盘活个人零资产客户，以财政社保资金为抓手拓宽县域资金源头；发挥大型银行网络优势，在现有“银医通”、“E－商贸通”等基础上，加大向客户端延伸和渗透等。对这些措施，重在形成长效机制，总行会后将印发实施方案，已明确牵头领导和部门具体落实。（2）降低存款波动性。要认清存款大幅波动对我行成本、流动性、整体声誉等造成的危害，坚决遏制“冲时点”行为。逐步降低存款季末波动，在大银行中继续保持最平稳的水平。（3）做好理财与存款有序衔接，9月末理财与存款衔接计划安排3 000亿元，12月末降至2 000亿元。我行把非保本理财产品纳入授信管理，两年多来效果很好，增强了我们的自信，因此理财产品总量可增加2 000亿～3 000亿元，其中适度增加高收益非标产品；保本理财和非保本理财按3:7把握，合理确定非保本和保本理财的价格和价差，加大符合信贷政策的高收益资产入池力度。（4）统筹平衡协议存款、结构性存款、大额存单等高成本存款安排，总量要在可比同业中处于合理水平，通过综合效益算账确定具体产品的额度和价格，目的是维护战略性客户，增强存款稳定性，改善存贷比，带动其他业务发展。大额存单是中央银行推进利率市场化的重要举措，预计将在年内推出，我行发行的量价策略要与同业保持基本同步，不主动掀起价格战。

2. 中间业务“提质降转”。执行好新版服务价格管理办法和政府指导价政府定价目录，按照监管部门要求做好服务价格公示、系统改造等工作，衔接好新旧服务价目表，密切监测舆情，避免负面影响。配合好发展改革委、中国银监会的联合收费检查，确保我行做到在同业中查出问题最少、处罚量最少。把握好中间业务的未来发展，中间业务已经进入收入结构调整、服务转型期，不能再简单蛮干，今后重点是抓好与贷款相关程度低的产品服务拓展，真正为客户提供有价值的金融服务。

3. 加快电子银行业务发展。提高电子银行渠道的交易能力，继续加强柜面可分流交易的迁移，加大电子渠道代发代扣、电子支付等业务拓展力度，提升客户体验。保持“善融商务”在同业的先发优势，围绕“衣食住行”，通过为公司客户和中高端个人客户提供商品购销对接平台，推动个人商城发展；利用支付结算、在线融资优势，积极推动供应链金融与电子商务紧密结合的企业商城模式发展。

4. 整体推进海外业务发展。坚持自设与并购并重，继续推进海外布局，确保既定目标实现。分批选择大集团、大客户主动推进全球统一授信，并以此为切入点，提升内外联动水平。抓住成功申办伦敦人民币业务清算行的机遇，大力推进人民币清算结算业务。在人民银行有境外人民币清算行设立规划的经济区域，所在地分子机构应积极准备，争取人民币清算行地位；在没有设立规划的国家和地区的各海外机构，要积极协助伦敦子行和申办人民币清算行的分子机构开展工作，包括协助营销同业客户、配合开展人民币结算清算业务，同时还可以通过代理行方式积极开展人民币清算业务，形成我行完整的境外人民币清算业务网络。

5. 适时完善考核办法和资源配置方法，强化内部管理。根据上半年实际，总行将及时调整一些措施，加强对全行管理。在绩效考核中，增加存款偏离度扣分项；将不良贷款、逾期贷款和垫款的季度计划执行情况纳入风险管理水平指标中考核。进一步加大信贷计划分配中资产质量的权重，对重大风险事项较多、资产质量持续恶化的分行，在核定新增贷款计划时做专项调减。加强成本管理，管理好控制类费用，确保完成招待费和会议费等重点费用年度压缩目标；规范成本支出核算，杜绝不合规及超标准费用列支；明确公务车压缩目标，严格执行采购流程；结合网点柜面交易量明显减少的情况，适时调整物理网点的面积、自有率、装修标准等资源配置政策。

（四）进一步增强忧患意识，应对更加严峻的风险考验

1. 保持资产质量和案件防控的高压态势。信贷资产质量管控已成为当前全行管理工作的重中之重，要严格落实信贷资产质量“一把手”责任制要求，坚决遏制风险加大、质量下滑、声誉和资金受损的态势。

对已经暴露出来的不良、逾期和垫款，要下更大力度处置，尽量减损。坚持总行和分行牵头重大风险项目处置的做法不动摇。学习掌握新核销办法，加快核销申报审批进度。抓住市场机遇，扎实推进不良贷款批量转让工作。

对潜在的风险：一是要及时根据形势变化，重检、修订信贷政策制度和业务操作规程。对新发放的贷款，重点检查贷前真实性、贷中放款条件落实、抵质押登记、贷后资金用途关键环节风险点。要合理控制表外业务增长，在表外业务已纳入统一授信管理的基础上，坚持提高保证金比率等有效措施。二是针对担保圈、担保链、互保联保，总行将进行梳理分析、找出问题、深入研究、提出措施、形成政策，从源头上防控担保风险。三是要总结经验教训，做好重点行业重点客户群体的专项风险排查工作，如裸商抽逃资金、向外转移资产、保证悬空、重复质押等，及时发现问题，立即亡羊补牢；做好重大事项报告和应对处置工作，不搞形式主义，务求实效。四是要密切关注国内外金融市场利率、汇率、大宗商品价格大幅波动情况，特别是人民币汇率双向波动扩大中潜在的风险，加快风险预案制订，做好客户宣讲，同时完善制度流程，确保合规操作。

2. 完善体制机制。不断完善风险管理体制和授信审批机制，落实全面风险管理责任。强化授信评审、放款审核、贷后管理、抵质押物管理、客户统一监控等关键薄弱环节管理，补齐职责，不留流程的空白地带和“短板”。同时，要与绩效考核办法、资源配置政策结合起来，更好地发挥作用。做实“三道防线”和贷款“三查”制度，这不是简单的回归，而是必须秉承的原则和好的传统。

3. 做好配合好各类外部检查和应对突发事件工作。我行正同时配合多项外部检查，包括国家审计署 2014 年新增贷款及经营管理情况专项审计、地方发展改革委与中国银监会的收费检查、国家税务总局的纳税义务履行情况检查等。总行有关部门要督导帮助分行加强信息沟通和协调，做好检查配合和问题的及时整改，避免媒体不当炒作。2014 年自然灾害和突发事件较多，要保障全行运营稳定，保证员工、客户和行产安全。严防突发事件可能引发的连锁反应。

同志们，时间已进入 8 月，下一阶段工作对全年整体经营成果至关重要。全行要坚定信心，抓住机遇，努力工作，在促进经济发展当中改善自身经营，努力完成全年经营目标和任务。

在总行机关保密专题党课上的讲话

张建国

（2014 年 9 月 10 日）

同志们：

为了深入学习贯彻习近平总书记关于加强党员领导干部保密教育的重要指示精神，落实中央保密委员会的有关要求，进一步强化我行保密工作，提高全员保密意识、筑牢全行保密防线，总行决定举办这次保密专题党课。这里，我首先代表保密委员会讲几点意见。

一、全行保密工作的总体情况

长期以来，总行党委、高管层对保密工作一直高度重视，坚持将保密工作放在全行发展的大局上来进行强调和部署；各级行、各部门按照总行保密委员会的要求，在保密督查、人员管理、教育培训、技术防范等方面做了大量认真细致、卓有成效的工作，守牢了全行的保密防线。

在过去这一两年中，总行进一步加强了保密管理的建章立制、责任落实、技防机控等措施，取得了很多新进展、新成效。结合银行的经营管理实际，我们制定了《中国建设银行保密管理办法》、《中国建设银行密码工作管理规定》以及《中国建设银行秘密事项范围与定密管理规定》等规章制度。按照密码安全保密责任制的相关要求，总行组织了全行所有一级、二级分行及 2 个培训中心一共 385 名专职密码管理人员签订了《中国建设银行普通密码安全保密责任书》，组织全行 776 名普通密码工作人员签署了《中国建设银行普通密码工作人员保密协议》。为适应网络信息化条件下保密管理的要求，总行还组织实施了企业网与互联网分离，平稳有序地实现了内外部信息的物理隔离。同时，借助系统技术手段对行内邮件系统向互联网发送敏感信息进行监控，显著地提升了对失泄密风险的侦测和堵截能力。

2014 年 5 月，中央保密办、国家保密局会同中办秘书局组成联合检查组，对我行（主要是总行）涉密中央文件保密管理情况进行了检查。检查组对我行严格落实中央保密委员会、国家保密局的相关要求，做好涉密中央文件印发发布、阅读传达、签收保管、清退销毁等各个环节的保密管理给予了充分肯定，对我行相关保密工作给予了很高的评价。

总的来看，全行保密工作抓得比较严、比较实，取得了良好成效，为保障全行各项工作和整体安全运行发挥了积极的作用。这其中，有很多好的做法值得认真总结。一是各级领导重视。总行党委、高管层高度重视保密工作，年年如此、反复强调。在 2014 年全行工作会议上，专门传达了中央保密工作会议精神，对强化全行保密工作提出了明确的要求。各级领导班子成员经常过问、关心支持保密工作，注重发挥带头示范作用。二是组织保障有力。各分行都成立了保密委员会，认真落实当地保密管理部门的要求，统筹组织推动保密工作的开展，做到了常抓不懈。三是规章制度先行。根据中央要求，针对保密工作的新变化、新动向，我行及时完善、细化保密管理制度措施，确保了保密工作的规范性以及应对变化的有效性。四是责任分解落地。明晰各级机构保密委员会、保密管理相关部门和岗位的职责。近年来，全行已组织30多万名员工签署了保密协议，强化了保密责任意识；将保密教育作为新员工入行的必修课，并在新员工入行时签署的劳动合同中，增加了保密协议的内容。五是强化综合治理。针对保密工作点多、面宽、线长的特点，全行综合运用法律法规、技术工具、宣传教育、培训普及、监督检查等多种手段，采取专兼结合、协同防范的方式，把现有1 200多个专兼职保密人员以及相关员工的积极性都调动起来，做到群防群治。六是重视机控技防。针对信息化、网络化时代保密工作的新特点，重视研发保密“机控”的新技术，着力提升技防专业能力。近年来全行加大了技术方面的投入，取得了多方面的进展，效果很好。

在肯定成绩、总结经验的同时，我们也要清醒地认识到，全行保密工作当中还存在一些薄弱环节和管理漏洞，尤其在思想认识、应对措施等方面还存在比较明显的差距。具体表现在以下几个方面：一是部分员工包括个别领导干部对保密工作还存在错误认识。有的认为保密工作“说起来重要、干起来次要、忙起来不要”；有的认为西方国家在技术领域占有绝对的优势，我们“无密可保、有密难保”，做不做都一样；还有的认为保密跟自己工作关系不大，思想上麻痹大意，造成了一些过失泄密的情况。二是存在制度执行不严、落实不到位的现象。例如，虽然涉密计算机已采取了安全保密防护措施，但仍有部分涉密计算机杀毒软件还不符合保密管理要求。仅2013年全行就查出了涉密事故隐患6例，事故苗头有8起。所幸发现得及时，相关部门迅速做了整改，所以没有引发重大失泄密事故。再如，在检查总行本部保密管理情况的过程中，还发现有的部门没有严格执行保密制度，节假日时间涉密文件还在工位桌子上随便摆放等。三是责任制没有完全落实到流程的各个环节。虽然目前已经确立了分级负责的管理体系，但是有的机构在领导责任、部门和岗位责任落实方面还存在差距，有的认为保密工作是保密部门、涉密人员的事，与自己没有关系，保密工作主要是靠保密委员会成员部门来推动。四是保密人员队伍建设有待加强。有的部门和分行没有按照规定配备固定的保密人员或未明确承担保密职责的岗位；有的保密人员没有经过必要的上岗培训，履职能力不足。这些问题都是保密管理中的漏洞和隐患，必须引起全行的高度重视。

二、保密工作面临的新形势新挑战

与以往相比，当前保密工作的内外部环境都已经发生了巨大的变化，特别是信息化、网络化的飞速发展，给保密工作带来很多新的课题、新的挑战。全行同志特别是各级领导同志，要深刻认识新形势下加强保密工作的重要性和现实紧迫性。

第一，从外部环境来看，随着扩大开放和经济全球化的深入，保密安全问题的复杂性、多样性也日益突出。这是大趋势，也是我们无法回避的问题。全国保密工作会议指出，随着我国综合国力的快速提升、国际地位的显著提高，“树大招风”效应也开始突出显现。敌对势力纷纷将我国作为窃密的重要目标甚至是主要目标，千方百计地收集、窃取我们国家的秘密和重要信息，情报窃密活动呈现出全方位、多领域、多层次发展的态势。这其中有很多鲜活的案例，都反映出这方面事态的严重。而且，随着我们国家经济的崛起和金融的快速发展，经济金融领域已经成为外部窃密的重要目标，很多有识之士越来越清醒地认识到，对于一个主权国家来说，有几个重要领域的安全需要高度重视，其中包括国防安全、粮食安全、能源安全和经济金融安全。近年来，经济金融领域已经成为情报工作的重点，境外情报机构针对我国的经济金融窃密活动愈演愈烈。认清严峻的外部形势，切实增强保密意识和保密能力，是维护我国经济安全和金融稳定的客观要求。

第二，从我行情况来看，经过多年来的快速发展，我们行已经跻身国际大银行的前列，这对保密管理提出了更高的要求。

首先，随着国际化进程加快，我行的全球网络布局也日趋完善，目前已经在16个国家和地区设有19个一级机构，到2015年底全球网络布局将初步完成。由于我行在中国乃至全球银行业中的地位，预计2015年最迟2016年就可能成为面向全球的系统性商业银行。鉴于此，我们也面临“树大招风”效应，容易成为别人盯住的新目标，成为外部窃密的重要对象。

其次，我行长期以来对国计民生关键领域、国家重点建设项目、军队武警等重点客户的支持和服务下了很大的工夫，赢得了很多重要的客户和项目。中国企业前500强基本都是我们的合作伙伴，各行各业、各个地方乃至国防建设领域的很多重大项目，我行都是金融服务提供者，在业务拓展和经营管理过程中，免不了要接触到很多重要敏感信息。这些敏感信息都可能成为窃密者觊觎的目标。

最后，近年来商业窃密、失、泄密现象有愈演愈烈的趋势。随着我行经营管理水平的不断提高，我们有很多制度、技术、产品、服务方案等，在业内处于领先。但是，由于没有做好保密工作，我们花费了大量精力和投入取得的成果，被别人轻易地复制移植，有的甚至是原原本本地拷贝，这对我们行的市场竞争力带来很大的负面影响。还有个别员工把我们内部的重要决策、审批结果等信息向外部泄露，造成经营管理上的被动。这些现象必须引起全行特别是各级领导同志的高度警惕。要从保护银行核心利益、维护银行核心竞争力的高度出发，切实重视和加强商业秘密的保密工作。

第三，从技术手段来看，虽然我行在保密技术上做了很大的投入，也取得了长足的进步，但是随着信息科技日新月异，相应地对银行保密工作出提出了更高的要求。一方面，信息传输更快、更广，带来保密难度和成本的增大；另一方面，窃密者借助大数据、云计算等技术手段，大大提高了信息收集和分析处理的能力，有些领域可以说是“道高一尺，魔高一丈”。大家都知道的“斯诺登事件”就充分折射出这个方面的问题。面对无孔不入的窃密攻击，如果我们技不如人，势必处处被动，防不胜防。身处网络化的环境中，我们经营管理流程中每个环节都可能面临窃密者的攻击，容不得半点麻痹和懈怠。

第四，从保密对象来看，随着我行经营领域的不断拓展、业务类型不断发展和创新，涉密事项的范围、内容、载体和形态也都发生了很大变化。尤其值得关注的是，由于微博、微信、易信等社交媒体的广泛使用，电子信息类型越来越多、交互功能越来越强、传输速度越来越快，相应的保密管理的难度也越来越大。现在很多人特别是年轻一代的员工，都把微信作为日常沟通的重要渠道，习惯成自然了，有些时候在业务沟通联系中也使用微信、易信等，这其中潜在的失泄密隐患很大。现在参加中央有关部门的一些重要会议上，会场上手机信号都须屏蔽。对于手机的要求尚且如此，对微信、易信等网络通信工具传输发送涉密的信息，更是不能容许的。面对这些新变化带来的新问题，不但不能回避，而且必须下大工夫对新的保密对象及其特征进行深入研究，把握内在规律，掌握保密管理的新技能，做到因势利导、规范管理。

三、关于下一步的工作要求

保密工作无小事，全行同志一定要时刻绷紧保密这根弦。要在巩固已取得成绩的基础上，坚持问题导向持续强化管理，不断创新技术方法，推动全行保密工作与时俱进，更好地适应形势变化和转型发展的新要求。

（一）增强大局意识，统筹推动全行保密工作

要按照全国保密工作会议要求和全行工作会议的要求，从捍卫国家安全和利益的高度及维护建行权益的角度出发，把保密工作与我们全行的各项工作更加紧密地联系起来，做到切实重视、认真落实，同时要做好督促和检查。当前，全行经营压力非常大，工作任务非常繁重，但越是在这样的时候越要避免出现失泄密方面的纰漏。必须懂得算政治账、经济账，要认识到如果失泄国家秘密、客户秘密、我行自身的商业秘密，最终会给国家、给客户、给我行整体甚至于给我们员工带来很大的伤害。这个大道理要跟大家讲清楚，把大局意识牢固地树立起来，努力做到业务发展和保密管理两手抓、两不误。

（二）做实责任机制，打造全员全流程的保密防护网

要按照全国保密工作会议的要求，抓好保密责任制的落实。各部门、各分行的领导班子要承担起保密工作的主体责任。各级领导在保密工作中肩负的责任不同于一般同志，其职责范围内接触的秘密事项更多。因此，领导干部尤其是主要领导干部不仅要以高标准要求自己，以身作则，带头做好保密工作，管好身边亲属和工作人员，同时还要做到守土有责，切实承担起所辖范围内的保密领导责任。要确保保密责任层层落地、到岗到人，各司其职，形成全行齐抓共管的局面。要把保密责任融入经营管理职责中，把保密制度和相关规定融入经营管理行为中，转化成每位员工的行为准则和工作习惯。

各级保密委员会要进一步增强责任意识，提高履职能力。要及时将上级保密管理部门的文件要求传达、部署到位，及时向本机构党组织汇报保密工作的新情况、新动向。要扎实做好对所辖机构和人员的保密培训工作，着力强化保密岗位人员上岗培训，做好新入行员工的保密教育。

要加大对失泄密行为的问责力度。一方面要加强教育，本着对广大员工职业生涯高度负责的态度，不能搞“不教而诛”；另一方面，对于因主观故意或者明显过失造成的失泄密的，要按照《中国建设银行工作人员违规失职行为处理办法》、《轻微违规行为积分标准》等制度规定，严肃追究其责任。按照现行制度，对违反保密纪律的责任人最高可给予开除处分或者解除劳动合同处理；触犯国家法律的，还要追究法律责任。此外，对于发生的保密事故或重大风险事项，各级领导要及时报告。知情不报属于失职，也要严肃追究责任。

（三）着眼源头治理，增强对重点领域重点部位的保密防护能力

要盯紧失泄密的高发领域、易发环节，加强分析，找出原因、掌握规律，有针对性地堵塞漏洞。当前要重视抓好以下方面：一是重点研究高科技窃密问题，针对各种窃密手段制定相应对策，系统该打“补丁”的要及时打“补丁”，及时消除安全隐患，进一步提高计算机网络保密防范水平。要按照总行印发的《关于加强总行互联网敏感信息防护工作的通知》要求，强化对总行各部门和总行直属中心通过互联网发送行内敏感信息的跟踪监控。同业中有家大型银行，也是我们的主要竞争对手，已经从技术上做到了这一点。目前全行的企业网与互联网分离工作已经完成，下一步要从严控制互联网上网人员比例，重点加强对互联网终端的安全管理，从源头上杜绝通过互联网平台和行内邮箱发送涉及国家秘密和我行商业秘密信息的行为。

二是切实加强信息门户网站信息发布的保密审查工作，防范涉密信息上网的风险。近年来，有的党政机关在政务信息公开的过程中，出现过因审查不严引起泄密的事件。我行作为上市公司，一方面要按照规定做好信息披露工作，提高透明度，另一方面必须守住保密的底线。

三是加强商业秘密保护。要规范定密管理，准确把握商业秘密的范围和标准。除了敏感的“红头文件”以外，对于一些重要的产品创新、重大客户营销、核心数据报表、研究未定的重大规划方案等，也要根据具体情况确定相应的商业密级，跟进保密措施，加强监督检查。对于故意泄露我行商业秘密的人员，必须发现一起查处一起，以儆效尤；对于“跳槽”带走我行商业秘密的员工，也要研究采取相应措施追究其责任。

四是加强保密基础设施建设。要认真执行中央关于加强保密工作的要求，一些必须的配套基础设施要落实到位。例如，涉密中央文件保密管理方面有明确的要求，必须设置符合一定标准的机要阅文室，在这方面我们还有做得不够规范的地方，需要对照有关规定予以加强，该投入的还是要适当投入。

（四）强化技术创新，提升保密的机控技防能力

全国保密工作会议强调指出，在当前信息化条件下，要打赢窃密和反窃密斗争这场没有硝烟的战争，最根本的是要靠技术创新。只有不断创新保密技术，才能避免出现“道高一尺，魔高一丈”的被动局面。

近年来，我行在保密管理相关系统建设、技术开发、硬件配置等方面投入了大量的财力、物力、人力。例如，全行系统配置各类保密工具、密码设备共投入 1 280 多万元，企业网与互联网分离投入 1 070 万元，这些投入都是必需的，有效地降低了失泄密风险的损失。但是，跟国际先进银行、国内领先同业相比，我们的保密工作在一些领域也还存在不足或者差距。下一步，全行在保密技术研发和推广方面，还要继续加大必要的资源投入，努力在保密技防机控方面有新突破、新提升。

（五）加强警示教育，长期持续抓好保密培训教育

近年来，总行有关领导参加了多次全国保密工作会议，我本人参加过两次。在保密工作会议上，中央保密委员会通报了多起失泄密事件的典型案例，对相关人员都给予了非常严厉的处罚，这让我们增加了警觉，接受了教训。根据今天的议程，总行保密委员会办公室还要对近年来发生的典型案例进行讲评，这些案例就发生在大家身边，一定要引以为戒、警钟长鸣。要认真组织推动各个层级的保密培训教育，长期坚持，形成一个常态化的制度。

当前，全行深化改革和转型发展的任务异常艰巨，保密工作也面临新的挑战。全行上下要按照习近平总书记强调的“五个坚持”的精神，认真贯彻落实中央有关要求和总行的各项工作部署，坚定信心、迎难而上，不断提升保密工作水平，为保障全行稳健经营和持续发展作出新的贡献。

谢谢各位！

认清形势 扎实工作 努力完成全年经营目标

——在2014年秋季工作（视频）会议上的讲话

张建国

（2014年10月31日）

同志们：

刚才，王洪章董事长传达了党的十八届四中全会和国务院常务会议精神，并结合中央要求和我行实际，围绕坚持稳健发展、全面风险管理、改革转型和党的建设等方面作了重要讲话，请大家认真学习并贯彻执行。按照会议安排，我向大家报告2014年以来全行经营情况，并对下一阶段经营工作谈些意见。

一、前三季度整体经营成果符合预期

2014年以来，面对复杂多变的国际国内宏观经济环境和激烈的同业竞争态势，全行齐心协力，主动应对挑战，坚持稳健经营，取得了来之不易的经营成果。

1. 很好地执行了中央精神和监管要求。尽管2014年银行经营面临新的困难挑战，但全行贯彻好中央政策、监管要求的决心非常坚定。国务院常务会议出台了进一步化解“贷款难、贷款贵”政策，有关部委、中国人民银行、中国银监会也相继推出一连串新的政策要求。全行进一步增强大局意识，认真贯彻落实国务院和有关部门的政策要求，适时调整经营策略，在执行中央政策、监管要求时，我们既信心坚定，又严肃认真地落实。

2. 核心经营指标保持平稳，关键时点负债业务符合要求。截至9月末，全行资产规模达16.4万亿元，比年初增加1.34万亿元。负债总额达15.2万亿元，比年初增加1.2万亿元。实现净利润1 875.6亿元，同比增长7.3%。核心比率指标波动较小，ROA、ROE分别为1.59%、22.01%；NIM 2.81%，成本收入比24.83%，流动性保持充裕。

多措并举稳存增存。几个月前，总行提出解决存款发展问题的8项措施，推出结构性存款、聚财存款、结算通借记卡、特色储蓄等新产品，合理安排高成本负债产品结构，稳步推进政府大系统“以贷定存”试点工作，稳定客户资金。9月末，人民币一般性存款日均、时点新增均为四

大行第二；外币一般性存款新增四大行第一。存款偏离度降至2.3%，很好地满足了监管要求。

3. 信贷投放调控得当，资产结构持续优化。大力支持实体经济。巩固传统优势领域地位，加大对薄弱环节的支持力度。前三个季度人民币各项贷款新增6 973亿元，增速为9.1%，增量、增速均位列四大行第二。基础设施贷款新增2 041亿元，在公司类贷款中新增占比超过50%。小企业贷款新增1 035亿元，新增四大行第一，高于各项贷款平均增速3.1个百分点；涉农贷款新增995亿元，增幅为6.22%。个人贷款新增、按揭贷款新增及余额均居同业第一，房改金融业务优势巩固。

对敏感领域信贷资产压控有序。9月末，全行压缩退出行业贷款余额比年初减少399亿元，其中五大产能严重过剩行业贷款余额下降89亿元，钢贸与煤贸行业贷款余额分别减少157亿元、107亿元。全口径平台贷款余额减少124亿元，监管类平台贷款连续11个季度平稳下降。

4. 战略性业务发展较快，中间业务经营得到规范。战略性业务保持较快发展势头。本币债券组合收益率增加26BPs，达到4.11%。信用卡客户新增、发卡新增等多项指标持续保持同业第一。投资托管业务规模和收入双增。养老金运营受托资产规模488亿元，比年初增加123亿元。电子银行客户规模和活跃客户快速增长，账务性交易量占比持续提升至44.46%。善融商务保持银行系电商第一地位。金融社保卡新增1 944万张，预算单位公务卡累计发卡市场占比第一，武警军保卡前三个季度发卡量同业第一。

中间业务规范发展。前三个季度净手续费及佣金收入为820.1亿元，总量四大行第二，同比增长4.2%，增速、增量四大行第三。严格遵守新的收费政策，进一步调整中间业务收入结构，贷款相关类产品收费收入增速下降，银行卡、房改金融等产品收入快速增长。积极配合发展改革委、中国银监会的收费检查，对查出问题认真整改，规范收费管理。

5. 基础建设稳步推进，全力以赴防控处置风险。新一代核心系统二期项目推进顺利。加快满足全行业务发展需要，8个项目中24项功能提前投产；三期立项与实施工作有序开展。

客户账户稳步增加。全行人民币公司账户突破400万户，达到419.3万户，增长11.2%；账户结构持续优化，基本账户占到62%，较年初提高2.1个百分点。公司机构客户达334万户，增长15.2%；个人客户达3.07亿人，增长5.7%。AUM1 000万以上私人银行客户新增4 377人，增速达12.4%。

全力防控化解风险。全行深入推进“信贷风险防控年”活动，坚持对敏感行业企业的审慎进入，避免了中钢集团等许多重大风险事项。对潜存风险动态排查、及时化解，通过加强调度、全行联动，努力化解重大风险事项。总行也下定决心拿出了巨大资源，打包处置、核销不良。通过上述手段，9月末集团不良率为1.13%，境内分行逾期贷款控制在1 300亿元以内，表外垫款余额控制在100亿元以内。

全力以赴处置不良贷款。“三十大”项目处置化解取得新成效，化解风险资产83.3亿元，信贷余额比年初减少53亿元。前三个季度，全行共处置不良贷款469.26亿元，比上年同期多处置191.03亿元。其中，核销205.64亿元。打包处置不良贷款104.38亿元，平均回收率达38.4%。前三个季度核销和打包处置力度空前。

二、加强对当前整体形势的分析判断

2014年以来，在宏观经济增长放缓和困难复杂的市场环境下，我行依然取得了不俗的阶段性经营结果。当前宏观经济金融形势更加复杂，机遇与挑战并存，全行要保持清醒认识，在充分肯定成绩的同时，更要审视自身存在的不足和问题。

（一）经营环境复杂多变，银行面临更严峻的考验

全球经济持续分化，形势更加复杂。美英经济向好，欧日陷入停滞，新兴经济体除印度外，几乎都很疲弱。美联储宣布退出量化宽松政策，美元延续走强态势，人民币汇率双向波动会进一步加剧。

我国经济在新常态下运行总体缓中趋稳，仍面临下行压力。一方面，中央强调要保持各项宏观政策稳定、坚持预调微调；国务院“新十条”政策开始显效；全国对实现7.5%左右的经济增长目标充满信心；从10月开始我国进出口已显季节性回升，银行相关客户经营状况好转。但另一方面，经济增长放缓压力不减。国家统计局公布第三季度经济信息，前三个季度 GDP 同比增长 7.4%，第三季度仅增长 7.3%。深度反映经济状况的工业用电量、公路交通收费等指标明显下降；多年积累的传统产业产能过剩仍比较突出；房地产开发投资、住宅开工和销售面积及销售额下降，房地产新政效果有待观察。银行稳健发展和防控风险的任务将更加艰巨。

（二）各项改革加快推进，监管要求更趋严格

中央陆续启动了国企混合所有制改革试点；发布了加快发展现代保险业、促进旅游业改革发展、支持东北振兴、推动长江经济带发展等行业产业和区域发展指导意见；出台了扶持小微企业的 6 项措施；对地方政府负债提出的新要求在一定程度上控制了地方财政问题可能引发的债务违约风险；新的《预算法》将于 2015 年起正式施行，规范财政转移支付、财政专户和公务经费管理；军队公积金贷款将由原来的只对单位扩大到面对个人。这些变化既给银行创造了新的发展机会，也带来了更激烈的竞争。

针对银行业存在的问题，监管政策叠加，新要求对银行业务管理要求更高。

——存款偏离度新规。财政部、中国人民银行和中国银监会共同出台《关于加强商业银行存款偏离度管理有关事项的通知》，设立存款偏离度指标，抑制商业银行季末存款冲时点行为，限制存贷比高的银行信贷投放。这对保证经济健康发展、金融市场稳定意义重大，也对银行存款和整体经营提高了要求。

——同业业务新规。2014 年上半年，五部委联合发布《关于规范金融机构同业业务的通知》后，中国人民银行和中国银监会又做了补充规定，在交易结构、交易标的、会计核算、资本占用等方面对银行实施更严格的监管标准。

（三）自身经营存在不足，稳健发展难度加大

1. 盈利增长动力逐渐减弱。一是盈利增长急剧放缓。2014 年以来，我行利润增长逐季下降，第四季度形势不容乐观。核心财务指标如 ROA、ROE 已进入拐点，虽然仍能达到董事会确定的目标值，但与 2013 年同期比较却掉头向下。二是成本支出依然增长较快。尽管严控类费用大幅下降，但总量依然不小，需进一步压缩。因不良资产严重反弹，被迫增提减值支出，信贷成本偏高已引起市场深切关注。

2. 存款增长乏力问题严重影响全行发展。2014 年以来，全行一般性存款增长总体不够理想，对公存款一直在水平线以下徘徊。虽然总行适时针对性地推出了 8 项措施，但显然抓落实不够，至今效果不明显。存款增长乏力局面造成了两方面负面影响；一是影响整体发展。为保流动性，全行经营结构被迫作出重新安排，牺牲了一些投资机会。为避免存贷比过高撞上监管红线，谨慎安排信贷投放。2014 年监管部门对存贷比的计量基础作出重大调整，将外币从计量里剔除，只计算人民币。全行前三个季度人民币贷款增加 6 700 多亿元，信贷谨慎投放成为必然。存贷比新规不仅对银行经营当期产生影响，对未来执行好偏离度还有影响。2014 年第四季度存款均值就是 2015 年第一季度的天花板。进入 10 月后存款减少，月末时点现象稍有抬头，存款比 9 月末减少将近 4 000 亿元。第四季度如果长此以往，会影响到 2015 年。二是存款不仅关乎经营基础和未来发展，也关乎全行品牌形象和市场地位。如在披露 2014 年中期业绩时，我行被媒体和分析师质疑存款增长乏力问题，质疑我们的增长能力，这在以前绝无仅有。因此，存款不仅仅关乎我行经营基础和未来发展，更关乎我行在经济金融领域的地位作用和在市场上的品牌形象，存款问题需特别重视。

3. 中间业务发展面临“瓶颈”。银行业中收增速整体下滑，第三季度有三家大银行出现当季负增长。我行中收增速在三个季度之间反差巨大，第一季度快速增长，第二季度大幅下降，第三季度出现负数。在 37 个分行中，有 12 家分行负增长；在各大类产品中，与贷款相关的收费及理财业务收入急剧下降。之所以出现这种局面，虽与发展改革委收费检查及收费新规、我行主动调整收费结构等因素有关，但主要还是自身能力不够造成的。

4. 风险防控面临更严峻考验。部分行业、地区信用违约对银行整体经营构成了很大压力。

2014 年前三个季度，整个银行业虽然已核销不良 2 500 亿元，但不良贷款依然双升。自 2011 年第四季度以来，银行业不良贷款余额已连续 12 个季度反弹，而且呈现出逐渐严重的态势。

我行信贷风险防控形势与整个行业相同，不良双升，优势地位不再，形势异常严峻。一是截至 9 月末，集团口径不良率较年初上升 0.14 个百分点，不良额增加 201 亿元；逾期贷款逐月攀升，增加 442 亿元；刚核销掉了老垫款，又发生新垫款，垫款一直在高位徘徊。二是资产质量人为控制色彩浓厚，每当季末关键时点后，不良、逾期、垫款都出现反弹，下一个关键时点又被迫通过调控压降，已形成恶性循环，这也预示着第四季度及未来全行风险防控任务更艰巨、更困难。三是区域、行业、产品风险有扩散迹象。长三角、珠三角地区风险继续暴露，并开始向其他地区蔓延，有些分行、产品风险加速显现。四是重大信用风险事项加剧暴露。前 9 个月，全行暴露重大风险事项 332 个，信贷余额（含理财产品）613 亿元，户数和余额分别是 2013 年全年的 2.3 倍和 2.6 倍。其中，第三季度暴露风险项目和金额分别占前 9 个月的 42% 和 55%。五是不良处置更加困难。各银行都采取了打包方式处置不良资产，争取较高回收比率越来越难。我行在第二批打包处置时已发生 3 个包流标，核销和拨备造成的财务压力也不断增大。

5. 案件防控安全运营遇到新课题。市场规律表明，每到经济困难时候，以银行为欺诈对象、内外勾结的案件就会增加，银行内部的违规案件也呈抬头之势。2014 年全行违规操作、发案数量明显增加。截至 9 月底，共查处各类案件 14 起，其中员工受贿案件 5 起、违规用印案件 3 起。

三、做好重点工作，确保完成全年经营目标

适当调整年度经营目标。经营环境发生了很大变化，如果不对综合经营计划及时适度调整，不仅会影响分行的考核结果，更会影响计划的严肃性和全行信心。总行审时度势决定在保持全行竞争力不减、市场份额不降的基础上，调整存款、中收、资产质量等几项经营计划：一般性存款增加 8 000 亿元，其中人民币存款新增 7 000 亿元，日均新增 7 600 亿元，外币、海外及子公司存款新增 1 000 亿元。中间业务收入增长 4%。不良贷款率控制在 1.2% 以内。

会后，要做好两项具体工作：一是总行相关部门要对各项具体目标进行细化，并尽快下达给各分行和有关部门。二是抓好落实。总行在党委会、董事会、经营调度会、形势分析会上都特别强调了抓落实问题，而且明确了分管领导和部门责任。全行各级领导干部都要身体力行，当好表率，推动落实好当前经营管理中的几项重点工作。

（一）做好各项业务发展的落实工作

1. 夯实存款发展基础，提高存款经营能力。要分类施策。表面上存款整体增长乏力，实则各类存款结构失衡、反差明显。人民币个人存款一直发展平稳，即使在消化掉去年 1 500 亿元时点因素外，2014 年增量也一直在各大行位居前列。个人存款后两个月工作重点：保持稳定增长，同时早布局、抓旺季，确保今年领先地位和明年年初高起步。同业存款今年增势良好，对保证流动性作出了贡献，重点是保持稳定，降低成本。外币存款一枝独秀，美国退出 QE 后，要保证存款稳定，避免资金外流。存款工作的难点是人民币公司存款，要保证日常存款的平稳增加，不能仅仅追求季末月末年末几天时点数据好看。公司存款抓落实重点应放在三个方面：一是强化基础。全行，尤其是公司存款一直负增长的分行，要细分市场，找准目标客户群体，加强产品、业务营销，发挥全行整体综合性、系统性服务优势，努力提升客户账户总量和质量。二是落实好解决存款发展问题的 8 项措施，争取实效。三是抓住商事制度改革、混合所有制改革对民企外资开放、扩大营改增试点等重大政策和改革推进过程中资金变化的机会增存稳存。

2. 合理安排贷款投放，持续推进结构调整。全行已确定全年人民币贷款计划新增 8 500 亿元左右，据此第四季度每个月仅增加 500 多亿元。但加上收回再贷和处置不良腾出的资源，能够满足广大客户和业务的需求。关键在于选好投向，要支持重点项目尤其是我行作为牵头行的项目建设，支持对我行整体经营带来更大助益的客户；支持“三农”、小微企业发展，确保达到“两个不低于”的要求。要继续严控产能严重过剩行业

贷款，严控风险暴露多且不良比率居高不下的行业企业贷款，如批发零售、煤炭等行业。

3. 抓两头促中间，实现中收稳定增长。我行中间业务收入增速持续下滑，第三季度陷入负增长局面，原因复杂：一是响应为企业减负要求，规范执行收费新规；二是调整收入结构，主动降低对贷款关联收费的依赖，贷款相关类产品收入同比下降25.5%；三是外部检查退缴罚没影响。全行中间业务呈现了两个需要关注的新变化：一个变化是分行间两极分化显现。部分分行经营能力持续增强，市场占比仍在提高，而且管理不断规范。例如，有8家分行贷款相关类收入占比同比下降的同时，中间业务净收入依然实现了快速增长；而约1/3的分行经营能力减弱，市场份额下降。另一个变化是产品间两极分化显现。部分产品如信用卡、人民币结算、国际结算、代销基金、债券承销等保持快速增长，品牌效应越来越好；但也有部分产品出现了多年来首次负增长，在大行中占比下降。总行要求：优势行要巩固地位、力戒骄傲、不断挖潜；劣势行和相关部门要细致分析，逐个产品、逐项收入、逐类客户群确定服务、营销方案和增收对策，争取打好翻身仗，不拖全行后腿。

4. 强化统筹管理，推动理财业务稳健发展。我行理财业务经营策略明确，年末总量、产品结构已经确定。我行审批管理比同业早实施了两年多，2014年又针对授权、资产池释放、内转资金定价、产品研发等一系列关键事项给分行松了绑，理应取得更好的经营结果。会后抓落实的重点：加强部门间、总分行间的沟通配合，合理安排发行档期，形成销售合力，扭转理财业务收入严重下滑势头。

（二）做好风险防控、确保资产质量的落实工作

1. 继续保持资产质量管控高压态势。每年都有一些分支行行长更替轮换，因此长期以来，总行一直强调新官要理旧账，新官必须理好旧账。但一些行长换位后，即发生不同程度不良资产集中暴露的现象。总行鼓励新任领导深入排查，目的在于了解潜存问题，及时化解风险，更好地把握准入。由于受全行财务资源限制，总行强调要在发展中解决问题，分阶段反映不良，更要做好风险防控的基础工作。

实践证明，全行整体经营水平、竞争能力要在改革发展中不断提高；遗留问题、潜在风险也要在发展中逐步解决。在经济下行时期，最大限度地维护改革成果和形象地位，在强化风险防控的同时，更要保持全行整体经营的稳定性、连续性。因此总行的策略是逐步释放风险，全力处置不良资产。

2. 持续推进“信贷风险防控年”活动。一是加强动态检查与日常监控。建立信贷资产质量重点观察客户名单，及时排查高风险客户、产品和担保抵质押物，及时预警提示风险隐患，做到风险早发现、早化解、早处置。二是做好异地发放贷款存量的排查、新发放贷款“回头看”等工作。三是制定完善防控风险预案，谨防导火索、燃爆点引爆问题。四是完善信贷制度体系、相关信贷政策和风险预警机制，提升信贷资产质量管控效率。五是警惕新风险源的影响。例如，政商事件、交叉违约的连锁反应；新的产能过剩行业以及环保部发布的环保违规、被迫停产的淘汰项目和企业对全行资产质量的影响。对央企也要区别对待。央企经营急剧分化，要搞好保压控政策细分，做好央企重组预判，谨防债务悬空。

3. 再拿出一定资源处置不良贷款。各级领导干部要带头继续全力推进重点区域、重大风险项目的处置化解工作。后两个月还要推进第3单资产包处置，同时要下更大力气做好清收、盘活上迁、核销等工作，确保实现资产质量管控目标。

（三）做好旺季营销和收官开门的落实工作

1. 统筹抓好各项营销工作。总行有关部门、各分行要抓住岁末年初有利时机，集中资源、加强联动，开展丰富多彩的营销活动，为当前也为明年业务发展奠定良好基础。一是借鉴以往成功经验，搞好存款旺季营销活动。二是继续开展“抓基本户、争主办行”营销竞赛活动，强化大客户、大系统综合营销，广泛开展财政上下游客户链式营销，带动优质、有效客户和账户的持续增加。三是开展2014年跨境人民币业务专项营销活动，持续提升跨境人民币业务市场份额。四是不断整合优化系统，满足客户个性化需求，开展“深挖潜、促激活、增存款、提资产”公积金龙卡客户综合金融服务活动。五是做好贷款的储备营销，对目标客户进行全面筛选细分，挖掘客户贷款有效需求。

2. 进一步强化费用管控。2013 年招待费、差旅费、会议费取得了大幅压降的成果，2014 年继续严控并保持了大幅降低的势头，在此基础上又重点控制了车辆购置、网点装修等费用。对宣传费、外包费及其他各项费用也要确定更细致的政策，有压有控，腾出财务资源支持业务发展。严禁年末突击花钱。

3. 积极配合好外部检查。目前，有多项检查在进行之中，包括自 2013 年以来国家发展改革委和中国银监会相继组织开展的涉企收费专项检查和银行业收费专项检查、监管部门对银行同业业务的检查、几个部委联合组织的对年度工资总额的检查、对理财业务的检查、税务总局的税收检查等，这些检查大部分已接近尾声。为配合好这些检查，总行都明确了主管领导和牵头部门的职责。对查出来的问题，要及时坚决整改；对需要商榷的问题，要积极沟通、主动说明情况，不要等到检查结束时再书面交涉意见。也要密切关注同业动态，根据检查情况认真做好意见反馈。

4. 认真做好年终决算和明年综合经营计划编制工作。进入 11 月，银行按惯例将开始试算、决算工作。要做好试、决算各项具体工作，12 月初总行将召开电视会议具体部署。目前，总行已启动 2015 年综合经营计划编制工作，11 月末前争取将编制方案交给分行，12 月末前分行完成计划编制。

5. 严防案件和安全事故。岁末年初，既是银行业务旺季，也是案件高发时期。2014 年，发生了几起重大案件和安全事件，性质恶劣、发人深省，全行要引以为戒。防控案件和安全事件要责任到人，加强排查、防患于未然，确保安全。发生案件和重大事项后，不报告则贻误战机，不如实报告则后患无穷，各分支机构一定要遵循总行规定的报告路径，及时报告、如实报告。

同志们，2014 年尽管全行面临巨大的困难与压力，但前三个季度的整体成绩不错，进一步增强了我们做好各项工作的信心。全行同志要努力拼搏，扎实工作，圆满完成全年任务，为未来改革发展奠定更好的基础！

（根据录音整理）

在 2014 年全行审计工作会议上的讲话

郭　友

（2014 年 4 月 2 日）

我到建行工作时间还不长，通过这段时间的接触与了解，对我行审计工作有两点初步认识：一是经过多年的努力和打造，建立了一支具有较强专业能力的审计队伍，审计水平、审计能力、审计范围逐年提高和扩大，相关工作得到了中国银监会的肯定和较高评价；二是审计队伍担负着总行、分行、子公司、境内外机构全方位的审计工作，并且随着业务的发展、形势的变化，审计需求在不断增加，总行党委和高管层对审计工作越来越重视，期望值越来越高，审计条线承载着十分繁重的任务，大家工作的很辛苦。

一、面临的形势和主要挑战

当前，宏观形势错综复杂，一些风险和问题不断显现，给全行经营管理带来了新的挑战，内部审计工作也面临着更大的压力。

一是随着经济增长放缓和结构调整，信用风险已进入高发期。当前经济下行，一些行业出现了产能过剩，企业面临比较严重的困难。由于经济下行和产业结构调整，一些企业现金流减少甚至断裂，出现了民营企业主“跑路”和部分大型国企违约的现象。长期项目资金错配现象比较突出，如大部分信托业务的背后是长期项目的融资，信托到期兑付依赖再融资，如果没有新的接续资金，违约风险相当大。从银行经营来看，由于企业经营效益下降、现金流减少，导致银行对公负债增长乏力，不良贷款反弹压力持续增加。当前，信用风险的变化有从长三角地区向其他东部省市和中西部地区扩散的势头；有从光伏、船舶等困难行业向其上下游行业和关联产业链蔓延的势头；钢贸领域的违规业务模式有被复制到铜、煤炭、木材和其他大宗商品贸易领域的迹象；不仅中小企业风险上升，大型企业集团的风险暴露也在增多；市场上，信托、担保、同业业务先后发生严重违约事件，传统的贸易融资、货押、保理等产品由于市场变化和管理不善导致操作风险明显上升，低风险产品变成了高风险产品，在一些区域成为集中性问题。问题的出现，有经济下行带来的客观因素，也有一些主观管理中的因素。据中国银监会统计，2013 年，全国商业银行不良贷款余额增加 993 亿元，不良贷款率上升 0.05 个百分点。如果剔除核销处置因素，不良“双升”更高，随着经济持续低位徘徊，这一趋势还将延续。

二是案件防控工作形势依旧严峻。经济下行必然伴随着不良贷款和案件的增加，即我们常讲的“水落石出”。从这几年暴露的风险事件和案件来看，不仅数量多，而且金额大、涉及面广，几乎涉及银行主要业务和产品。表现形式也多样，外部侵害、内外勾结、客户骗贷、恶意违约等情况明显增多，既导致了经营损失，也严重损害了银行声誉。

三是风险类型和表现形式趋于多样。除了传统的信用风险、市场风险、操作风险、声誉风险以外，随着利率市场化的推进，市场流动性紧张的局面会成为今后一段时期的常态，流动性风险已经是我们面临的一个比较大的问题，成为商业银行面临的最主要的风险之一。同时，科技的发展带来了金融创新方面的一些风险，互联网金融和第三方支付的快速发展，已经逐步渗透到商业银行各项业务，随着科技创新与应用的加强，给银行业务带来的风险已经在显现。所以，风险的多样化和复杂化使我们工作的挑战性比原来更强了一些。

四是监管部门要求越发严格。金融危机以后，监管当局加大了监管的力度，在资本约束、流动性管理、杠杆率控制、动态拨备等方面出台了更严格的监管新规、更细致的监管指标。同时，明显加大了内部审计在落实监管政策中的监督责任，对内部审计提出了更加明确的工作要求，不仅涉及信用风险、市场风险和操作风险等主要风险领域，而且在公司治理、资本管理、银行业消费者权益保护等制度办法中，都规定了内部审计的监督职责。

五是各方面对内部审计的期望越来越高。总行党委和管理层高度重视内部审计工作，充实了内部审计力量，营造了很好的内部审计环境。随着我行业务快速发展，海内外机构快速扩张，新产品不断推出，各项审计需求也在大幅度增加。同时，随着我行流程银行建设的推进，集约化管理水平的提升，审计自身管理和工作精细化水平也需要进一步加强，审计工作质量还要进一步提高。这些对内部审计来说都是挑战。

二、内部审计要在全行转型发展中发挥更大作用

当前，全行以“综合性、多功能、集约化”为战略定位，加快转型发展。转型是立足银行的长远发展，应对市场变化和挑战作出的重大决策。在此过程中，既要平衡好发展和风险的问题，在压力和困难中大力发展业务，保持银行健康稳定发展；又要加快推进战略转型，提升长远发展能力。为此，内部审计要紧紧围绕全行中心工作，服务转型发展大局，主动研究，积极应对，为全行各项业务健康、稳定、可持续发展贡献力量。

一是内部审计作为重要的监督力量，要在从严治行中发挥更大作用。要在总行党委和经营班子一直强调的“从严治行、依法合规经营”方面下工夫。内部审计作为全行一支非常重要的监督力量，一定要充分发挥自身优势，切实提高思想认识，立足于监督职能，明确定位，通过严格严肃地履行审计职责，积极扎实开展工作，促进全行把“从严治行”落到实处。要进一步支持做好案件防控工作。各项审计工作中要全面融入案件防控理念，善于关注重大问题和案件线索，不断提高支持案件防控工作的能力。在审计工作中，要坚持独立性、原则性。要善于发现问题，敢于

揭示问题，起到案件防控的威慑作用。要与相关部门协调配合，加强对审计发现问题的整改落实和责任认定，督促问题得到有效整改，使审计监督作用落到实处。

二是内部审计作为一支专业力量，要在揭示重要风险和重要问题中发挥更大作用。在当前复杂的形势下，审计人员要增强主动性和前瞻性，提前预判风险，关注发展中的倾向性、苗头性问题。当前尤其要重点关注系统性和区域性风险，受政策调整影响大的行业和产能过剩行业风险，房地产、政府融资平台和小企业客户风险，关注理财、代理信托等表外业务风险，关注担保公司担保、大宗商品贸易、产业集群和专业市场等业务模式风险。要增强对市场变化的敏感性。针对信贷风险区域性、系统性、行业性特征，对一些景气度下降的行业、区域提出风险警示。要关注利率市场化、金融脱媒、互联网金融发展给我行带来的影响，前瞻性地防范新风险。

三是内部审计作为管理体系的一部分，要在促进业务健康、稳定、持续发展中发挥更大作用。审计过程中既要关注问题和风险，也要关注业务发展。要关注业务发展中的不足，关注推动和影响发展的因素，结合审计发现的问题，探索行之有效的经营管理建议，使审计成果更好地支持战略转型、政策制定、管理决策、市场拓展和业务创新。要注重总结转型发展中的经验教训，善于总结归纳。例如，发展小企业业务，既是转型的内容也是经营管理的突出问题，要研究这类业务的特点，提高对整体风险的把控水平。要进一步拓展和延伸审计领域和内容，既要关注主要业务领域，也要关注经营管理中盲点和容易忽视的领域；既要关注公司治理、管理机制方面的问题，也要关注转型发展中的基础工作，并且不断积累经验，为银行稳定持续发展保驾护航。

四是内部审计作为相对独立的体系，要在促进全行管理水平提高上发挥更大作用。审计条线要更多地、更深入地研究经营管理，从全局的角度审视并促进银行机制流程完善。要对已经发现和揭示的具体问题进行更深入的挖掘，追溯到控制和流程的缺陷，在扎实开展审计查证工作的基础上，认真研究并提出审计建议。审计条线要坚持独立但不封闭，加大与纪检监察和内控合规等相关部门的联动，信息共享，在加大审计力度的基础上研究落实好董事长关于“业务检查、责任认定和督促整改三位一体”的工作要求，加大对整改落实的督导力度，做到发现问题、核实问题，防止发生重复的问题。

三、适应形势要求，全面提升内部审计履职能力

一是提升工作谋划能力。审计工作要立足全局和长远，突出重点，做好工作谋划。在审计资源有限的情况下，要抓住重点、提高效率，统筹安排人力资源，提高整体审计能力。

二是提升专业能力。内部审计是非常专业的工作，审计人员要加强学习、积累和研究，成为业务专家和审计专家。要继续以专业化建设为抓手，持续开展业务学习和研究。在不断优化审计方法和审计流程的同时，及时跟进建设银行的业务创新发展和经营转型，完善与业务部门的动态沟通机制，提高对业务的整体把控水平。

三是提升审计查证能力。当前，宏观环境变化很快，各种创新层出不穷，政策制度不断完善，各类风险的表现特征也在不断变化，有些风险更加隐蔽，这在客观上要求审计的查证思路、方法、查证手段都要符合新形势的要求。要善于利用各个渠道的信息，拓宽和提升审计视角，关注原因和动机，以及问题背后的控制缺陷、管理体制、机制和文化。

四是充分利用科技手段和内部数据，提升技术应用能力。要进一步加强非现场审计技术的应用，提升“大数据”思维，充分利用行内数据，进行深度发掘，积极探索新的工作方法，提高审计工作质量。

五是加强内部管理和审计队伍建设。今后一段时期，要加大审计人才的培养，进一步发挥好审计队伍的作用。要继续完善审计机构与驻地分行人员交流的长效机制，建立科学的岗位流动机制，完善考核激励约束机制。内部审计是全行一支重要的监督力量，内部审计人员要谨言慎行，做好内部约束，严守各项纪律，严格落实中央八项规定和总行党委十项要求，严禁各种违规、违纪行为。

最后，希望这次会议开出实效，努力把全年审计工作做好。

在战略与创新专题研讨暨夏季工作座谈会上的总结讲话

郭 友

（2014 年 8 月 8 日）

同志们：

根据议程安排，我对会议做个简要总结。

这次会议紧紧围绕学习贯彻习近平总书记重要讲话精神和近期中央有关会议要求，研究、部署了新形势下全行深化改革和转型发展工作。会议非常及时，内容丰富。会上，王洪章董事长、张建国行长分别做了重要讲话，肯定了上半年全行工作取得的成绩，重点围绕发展、转型和风险管控，提出了明确的要求。会议还安排了战略与创新专题汇报、4 个单位交流发言，用了近一天的时间分组讨论上半年工作、“两长”讲话和转型发展规划。大家发言踊跃，集思广益，提出了很多很好的建议。

这次会议主题鲜明、重点明确。大家要紧紧围绕发展、转型和风险管控这个主题，从以下几个方面把握好会议精神。

一是坚定信心，充分肯定成绩，认清面临的形势。2014 年上半年，在经济增速放缓、区域性和行业性信用风险频发、同业竞争加剧的经营环境下，全行上下经过努力，在服务实体经济、推动转型发展、提升经营业绩、防控风险案件、强化基础建设、深化教育实践活动等方面都取得了稳中有进的良好成绩，这些成绩的取得实属不易，充分体现了建行的整体经营能力，也充分体现了我们稳健的经营水平。为此，全行应该坚定发展的信心，尤其是要鼓舞全员的发展士气。但与此同时，我们也应清醒地看到，当前内外部形势更趋复杂，银行业已经进入一个“新常态”，利润回归低速增长，信用风险暴露加剧，不良贷款持续反弹，我行也面临着风险集中暴露的严峻态势，全行上下对此要有充分的思想认识，要做好长期的思想准备。

二是坚持“底线思维”，以强烈的忧患意识和责任感做好工作。全行上下要理性看待风险，坚持“底线思维”，坚决遏制不良贷款集中暴露，确保不发生系统性和区域性较大风险。尤其是重点区域、重点分行，一定要全力以赴，守牢底线，防止滑出合理区间。全行要进一步增强忧患意识和责任意识，研究把握风险的特征和规律，从暴露的风险事项和案件中认真查找自身经营管理中存在的问题，有针对性地加以整改。要严格落实风险管理责任制，加大对风险的化解处置力度，加强案件防控，严肃处理违、规违纪问题，保持业务稳定发展。

三是加快转型，以转型破解发展难题，形成新的竞争优势。要发挥建设银行锐意改革的优良传统，在转型发展中早谋划、早行动。转型发展是总行的一项重大战略决策，要集中全行力量，推动全行改革和转型发展。对于总行已经明确了的转型发展方向和要求，看准一项就要抓紧推进一项。在分组讨论中，大家就转型发展问题发言踊跃，提出了相关问题和很多很好的建议，希望各分行会后继续认真研究，提出意见和建议，尽快上报总行。各分行按照总行要求，结合区域特色和区位优势，研究制定具体的转型措施。

下面，我就具体抓好会议精神的贯彻落实提几点要求。

第一，服务大局，推动转型发展。要认真贯彻党中央、国务院就全面深化改革、加快经济转型和产业升级有关精神，坚决执行各项金融政策和监管要求，加强创新，提升服务实体经济的能力，将履行社会责任与商业可持续有机结合。

面对当前经济转型、科技进步、客户需求综合化、利率市场化改革加速以及同业竞争加剧的新趋势，全行上下一定要着眼全局、提高认识，深刻领会战略转型对我行长期、稳定发展的重要意义，在服务经济社会发展大局中，尽快转变经营模式，紧紧围绕“综合性、多功能、集约化”及智能化、创新性等方面要求，加快战略转型步伐，创造新的改革红利，进一步增强竞争优势。

第二，坚持“底线思维”，增强责任意识，切实提升风险管控能力。在当前形势下，风险管控要坚持“底线思维”，各行要抓住关键客户和大额敞口，深入排查，摸清底数，确保资产质量稳定。全行各级领导班子要增强责任意识，做实“三道防线”制度，不断完善风险管理体制和授信审批机制，落实好全面风险管理责任。全面风险管理的责任要层层落实。要进一步强化贷款“三查”制度，着力研究解决部分区域贷前贷后“两头薄弱”问题。加强案件防控工作，注重对已发生案件的归纳分析和警示，完善内控合规体系，落实好案件问责各项要求，加大处理力度。

要加强对新的风险形态的研究，把握内在规律，提高对区域性、行业性风险的预判能力，提升风险管控的有效性。要强化风险管理技术创新，特别是要善于借助大数据等新的技术手段，提升对风险的识别、评估、监测及预警预控能力。要确保完成董事会下达的全年工作任务。

第三，加强领导班子建设，打造高素质的干部队伍。在加大各项业务工作推进力度的同时，要加强领导班子建设，各级党委要有意识地主动抓班子、带队伍，增强班子凝聚力，提升干部队伍的能力和素质，加强领导干部理想、品德方面的教育工作，引导树立正确的人生观、价值观，同时加大对优秀年轻干部选拔和培养力度，切实做到业务发展和干部队伍建设“两手抓、两不误、两促进”。

要持续深化群众路线教育实践活动，扎实抓好落实整改，推动深化教育实践活动与转型发展相结合。全行要严格落实中央“八项规定”精神和党风廉政教育要求，各级党委要切实担负党风廉政建设的主体责任，落实好中央关于办公用房、公务用车、职务消费、企业兼职等规定。全行要进一步强化培训中心管理，近期总行下发了文件，把情况进行了摸底，下一步还要进一步规范，总行有关部门已提出了具体的要求。希望大家一定要重视起来，完善相关制度，结合近期排查通知要求，认真做好自查和检查工作。

这次会议结束以后，各单位要认真做好会议精神的传达和贯彻落实工作，贯彻落实情况于8月底前报告总行。行长办公室对大家在分组讨论时反映的问题，进行汇总梳理后发总行各相关部门，要尽快研究解决。总行转型发展规划起草小组要结合下午讨论的情况，认真研究，迅速修改完善。需要提醒的是，转型规划是内部的商业秘密，请大家在使用的时候注意保密；另外，这次会议还涉及一些数据，现在处于业绩发布前的静默期，大家不要对外透露。

希望大家把这次会议的精神带回去，贯彻好、落实好，融入具体工作当中。

（根据录音整理）

在党校2014年秋季学期（第31期）干部进修班开学典礼上的讲话

郭　友

（2014年9月10日）

同志们好！

中共中国建设银行党校2014年秋季学期（第31期）干部进修班今天开学了，在此，我代表总行党委、党校校委，对来党校参加学习的全体学员表示热烈欢迎。今天是新中国的第30个教师节，借这个机会，向总行党校，哈尔滨、常州分校以及培训中心从事教育培训工作的同志们，致以诚挚的问候！

节前我行公布了上半年经营业绩。集团资产规模突破16万亿元，净利润达1 309亿元，较上年同期增长9.17%，集团不良贷款率为1.04%，一级资本充足率为13.89%，每股收益0.52元。成绩的取得来之不易，凝聚了全行上下的辛勤劳动。与此同时，我们也清醒地认识到，当前内外部形势更趋复杂，银行业已经进入一个“新常态”，利润回归低速增长，信用风险暴露加剧，不良贷款持续反弹，我行也面临着风险集中暴露的严峻态势。对此，全行上下要有充分的思想认识，做好长期应对的心理准备。我们要进一步深入学习和深刻领会十八大、十八届三中、四中全会精神和习近平总书记系列重要讲话精神，认真落实好全行“战略与创新专题研讨暨夏季工作座谈会”的各项部署，紧紧围绕发展、转型和风险管控这个主题和重点，以改革转型的思路破解难题，努力把建设银行打造成为最具价值创造力的银行。下面，我谈几点意见。

一、认真贯彻落实中央和总行有关会议精神，凝心聚力谋发展、促转型、控风险

发展是解决建设银行面临的困难和问题的关键。面对经济下行的压力，2014年以来，党中央、国务院多次召开会议研究进行部署，我行也及时召开了夏季工作座谈会，进一步端正经营思想，转变工作作风，把思想统一到中央部署上来，结合本行实际，紧紧围绕发展、转型和风险管控，部署深化改革与转型发展的各项工作任务和要求，研究制定出各项贯彻落实的具体措施，在发展中促转型，努力形成建设银行新的发展优势。通过不断提升支持实体经济的能力，主动调整信贷结构，创新产品和服务，扩大优质客户规模，调整不切实际的高速发展、粗放经营、与管理不相匹配的经营方式。

当前，要坚持“底线思维”，增强责任意识，理性对待风险。要积极主动地应对，坚决遏制风险高发势头，确保不发生系统性和区域性金融风险。要通过梳理已暴露的典型案例，研究风险管控的一般规律，归纳和发现其具有共性的风险特征，积极探寻相应的化解措施。切实提升风险管控能力，打牢业务发展的根基。

转型发展是总行党委和经营班子为适应经营环境变化作出的一项立足长远、着眼未来的重大战略决策。大家作为建设银行改革发展的中坚力量，一定要着眼全局、提高认识，深刻领会和深化战略转型对于全行健康、稳定、持续发展的重要意义，坚定信心和决心，积极发挥自己的聪明才智，凝聚共识，面对困难，迎难而上。要发挥建设银行锐意改革的优良传统，集中全行力量，把握金融运行规律，注重理论联系实际，强化问题导向，紧密结合当地经济特点，做出特色，加快推进转型发展。

二、坚持改革创新，破解发展难题

2014年是建设银行成立六十周年，回顾建设银行的发展历史不难发现，我们始终走在改革的前列，依靠改革创新，我们摆脱了一个个困境。建设银行过去的发展靠的是改革，今后的转型发展也要靠改革。要努力通过改革求发展，在发展中促转型，不断提升建设银行的核心竞争力。

面对当前各种复杂严峻的新情况，总行党委决定继续发扬建设银行锐意改革的优良传统，及时提出全行要紧紧围绕“综合性、多功能、集约化”以及智能化、创新型的转型目标，以提升价值创造能力、打造“最具价值创造力银行”为主线，全面协调推进“五个转变”，加快全行战略转型，在改革发展上努力做到谋划更先一筹，行动更快一步。通过全面深化改革来破解发展中遇到的难题，实现可持续发展，努力建设最具价值创造力的银行。

大家要以高度的责任感和紧迫感，按照总行要求，推动转型措施的落地实施。要在总行战略的指导下，一方面，通过完善激励机制和考核措施，将改革转型的决策意图正确传导到每个基层机构和每位基层员工，广泛调动各级机构与员工的积极性，把各方面的正能量都汇集到改革、转型发展中来；另一方面，要立足自身实际，坚持问题导向，紧密围绕当地特点，在巩固和提升传统优势、特色优势的基础上，通过转型培育竞争新优势和价值创造新优势，切实抓好转型落地的

"最后一公里"。

三、打造高素质的干部队伍，为转型发展提供强有力的组织保证

从 2013 年开始，全党自上而下开展了党的群众路线教育实践活动；2014 年，中组部印发了《关于在干部教育培训中加强理想信念和道德品行教育的通知》；2014 年 9 月 1 号，在中央党校秋季学期开学典礼上，刘云山同志强调党员干部要认真学习贯彻习近平总书记重要指示精神，深入领会"三严三实"的深刻内涵和具体要求，切实做到严以修身、严以用权、严以律己，谋事要实、创业要实、做人要实，更好地履行共产党人的崇高职责。深入学习贯彻中央的这一系列重要思想和要求，对于我们加强领导班子建设、干部队伍建设，对于加强学风、校风建设，提高党校教育培训工作的质量与效果，都具有非常重要的指导作用。总行党委非常重视，也陆续对相关工作作出了部署，党校要结合教学工作，采取行之有效的措施，抓好贯彻落实，切实发挥好"主渠道"、"熔炉"的作用。

打造一支符合"五条标准"，能够担当转型发展重任的高素质干部队伍任重道远。作风问题具有顽固性和反复性，要真正抓好作风建设，不仅要建立机制制度，而且要打牢思想根基。党校要把"三严三实"要求与加强理想信念、道德品行教育有机结合起来，贯彻到理论学习、党性锻炼、教学管理、学员管理等各环节之中，着力抓紧、抓好思想理论建设这个根本、党性教育这个核心、道德建设这个基础，务求取得实实在在的成效。全体学员要自觉加强党性锻炼和自身修养，做落实"三严三实"要求的表率，坚持抓班子、带队伍、转作风、育文化，努力打造一支有凝聚力、战斗力的人才队伍，为建设银行的转型发展提供强有力的组织保障。

同志们！把大家从繁忙的工作岗位上抽出来脱产学习 3 个月，机会难得，要倍加珍惜。希望大家深刻认识到进入党校学习的重要性，明确党校学习的主要任务，珍惜党校教育资源，尽快实现"三个转变"，以优良的学风投入到学习中去，静下心来，力争多读一些经典，多做一些思考，多组织一些交流，多研究一些实际问题，努力使自己在理论素养、党性锻炼、改进作风和能力提升方面都有大的收获与进步。

最后，祝大家在党校期间取得丰硕的学习成果。

谢谢大家！

在总行巡视工作培训班上的讲话

朱洪波

（2014 年 2 月 25 日）

刚才，王洪章董事长在百忙之中，用了近一个半小时，做了非常重要的讲话。王洪章董事长传达了中央巡视工作的新精神，分析了当前巡视工作的新形势，指出了新形势下巡视工作的作用、意义、方法、目的和任务，对巡视工作提出了新的更高的要求，同时王洪章董事长代表总行党委对巡视工作也寄予了厚望。会后，巡视办、巡视组要认真学习，深刻领会，把党委对巡视工作的新要求落实到巡视工作中，切实改进巡视方法，提升巡视工作水平，用实际行动向党委交出满意的答卷。下面，根据王洪章董事长的讲话精神，结合自己的理解，我讲四点意见。

一、适应新形势、新要求，推动巡视工作转变

当前，巡视工作面临的形势发生了变化，巡

视工作也必须随之转变，董事长刚才的讲话里已经提出了转型和转变的要求。巡视工作的转变，就是要转变巡视的内容、巡视的重点、巡视的要求和巡视的方法。2013 年，中央提出了“一个中心、四个着力”，总行党委在贯彻中央精神的基础上，结合建行的实际，提出了围绕“一个中心、五个着力”开展巡视工作。这“一个中心、五个着力”囊括了我们作为国有商业银行的经营、管理、改革、发展、队伍、班子、勤政、廉洁等各个方面。实际上就是通过我们巡视工作，对一个分行全部情况和可能存在的问题，以及产生问题的原因做一个深入的了解和分析，提出意见和建议。这个转变，对于商业银行更有意义，也符合我们现代商业银行的实际，可以使巡视作用得到更好地发挥。如果我们巡视工作不能从问题导向开始，不能实现这种转变，巡视工作生命力就会出现问题，我们要从这个角度去理解中央对巡视工作的新精神、总行党委的新要求。巡视组要好好研究，尽快实现转变，要让大家明显感到，从这次巡视开始，巡视工作大不一样了。

二、坚持问题导向，把发现问题、反映问题、解决问题作为突出工作

巡视工作要围绕改革发展、经营管理这个中心和“五个着力”，如实反映分行的情况和问题。实事求是地讲，各分行问题是客观存在的，只是问题的大小、多少、程度、轻重不同。有的分行可能反映的问题广泛一些，在“五个着力”方面都有反映；有的分行可能在某一方面的问题反映相对突出一些，如队伍问题、改革发展问题等，各分行问题的严重程度不同，表现也不同。巡视组要的，就是去找准这些问题，搞清楚问题在哪里？是什么样的问题？问题的性质是什么？形成问题的原因是什么？要分析是班子问题还是个人问题，或者是“一把手”的问题。问题不能简单地提出来，要做深入了解和具体分析，针对问题提出切实可行、有针对性的建议。这个建议既可能是经营管理方面的，还可能是改革发展方面的，再可能是班子队伍方面的，甚至可能是“一把手”方面的。在坚持问题导向上，作为商业银行、一级法人体制，与中央巡视还是有所区别的。我们工作的着力点，就是要紧紧围绕这“一个中心、五个着力”。当前分行存在的问题，更多的是改革发展、经营转型、内部管理的问题，领导人员更多的是工作方法和能力素质方面的问题。当然也不排除在巡视中发现个别领导，甚至是“一把手”发生违规、违纪甚至贪腐问题，这是我们工作内容的一部分，不能放过。要坚决避免巡视组刚回来，班子成员出问题的现象，这是绝不允许的。如果巡视中发现什么线索，纪检监察部及相关部门都要配合，巡视组负责搜集线索、获取线索，不对线索进行认定，但可以对线索提出处理意见，建议相关部门去核查。大家在巡视中，要把问题导向这个思想理念贯彻好。过去的巡视报告，大量篇幅强调分行近些年的改革发展成果，以后这些方面要作为次要内容，重点还是发现和分析问题。既然巡视内容、重点、方法变化了，巡视报告也要有所变化，按照董事长的要求，领导人员的评价报告要单列，重要内容可以增加附件。总之，一个基本原则就是实事求是地反映问题，抓住基本问题和重要问题。

三、转变思想意识，改进巡视工作方式方法

根据中央和党委的新精神、新要求，我们不仅要转变意识和思想，巡视工作的方式、方法也要改进，这个要求对巡视组来说压力还是很大的。在一级法人体制下，怎么把问题反映出来，怎么把一个分行的问题了解掌握得很准确，画像画得很到位，既让总行党委认可，也让被巡视对象充分认可，确实很有难度，要靠我们组长、副组长，要靠巡视组的同志认真把握。以问题为导向去工作的时候，如果问题不确切，画像不准确，可能被巡视对象会产生强烈的反应。3 位组长要考虑得充分一些，进一步改进工作方法。在巡视之前，要做好准备工作，带着问题下去；现场巡视，要提高个别谈话和基层调研质量。巡视工作中，既要找准问题、印证问题，又要去伪存真找到问题的根源，这是我们要面对的难点。从 2014 年第一批巡视的 3 个分行开始，按照新的要求，按照问题导向开展工作，难度和要求很高，巡视组责任和压力都很大。组长、副组长都很有经验，我也相信巡视组能把第一枪打好。前段时间，根据董事长的要求，调整了巡视报告的汇报路径，改为

由巡视领导小组听取汇报，一方面是为了提高汇报效率，另一方面是先向领导小组汇报，可以创造一个宽松的环境，巡视组能够放得开，可以就相关问题进行深入讨论。

四、巡视组要严格要求自己，遵守巡视纪律

刚才董事长说得很有道理，大家出去巡视是在“玻璃箱”里工作，分行的同志都在看着你，必须做到严于律己。突出问题导向，很可能与被巡视对象在一些方面会产生一些分歧、一些矛盾，大家在工作生活上就需要更严谨、更严格，要始终认真遵守巡视工作纪律、生活纪律和组织纪律。特别要遵守保密纪律，巡视组成员在向领导小组汇报前，对掌握的问题和巡视报告的内容要严格保密。在巡视报告向领导小组汇报之前，对巡视报告的内容巡视办、巡视组要充分讨论研究。

巡视工作要紧紧围绕改革发展和经营管理这个中心，发现问题，找准问题，根本目的是促进发展，帮助分行发展得更快、更健康一些，切实提高分行党委管理水平和领导能力。

同志们，2014 年度的巡视工作即将开始，巡视组的全体成员要按照总行党委的要求，以高度负责的态度和严谨细致的作风，扎实工作，不辜负党委的信任和期望。

谢谢大家！

在综合金融服务和供应链金融服务动员部署（视频）会上的讲话

朱洪波

（2014 年 7 月 2 日）

同志们：

刚才 6 家分行做了综合金融服务和供应链金融服务情况的典型发言，可以说各具特点，成效显著，许总监的点评也非常到位。总行党委高度重视综合金融服务、供应链金融服务的研究和推进工作，董事长亲自部署，并提出明确要求。会前，王董事长、张行长、郭监事长及高管层各位领导都亲自审阅了讲话材料。王董事长在审阅讲话材料后做了重要批示：“这两项服务创新，对公司业务转型，提升‘以客户为中心’服务能力和科学选择优质客户有重要作用，也是提升竞争能力的重要基础，应常抓不懈。”我和章更生副行长、会斌总监也多次组织集团部和公司部等多个部门研究推进两个服务方案。

当前，我国经济正处于深度转型调整期和“三期叠加”的关键时期，市场环境发生了很大变化，改革红利递减，利率市场化提速，金融“脱媒”加剧，客户需求日益多元化、综合化，对金融服务提出了更新、更高的要求，开展综合性金融服务已成为同业竞争的焦点。我行的综合金融服务，由总行集团部牵头，自 2013 年起对部分客户实行首批试点。总的来看，试点效果不错，刚才 3 家分行也做了发言。从试点行的初步统计来看，有 5 家试点客户 2013 年存款市场份额较 2012 年提升 4% ~37%，7 家客户的贷款市场份额提升 2% ~17%，2 家客户债券承销市场份额提升 15% 以上，7 家客户中间业务收入增长 3 942 万元，EVA 增长 3 826 万元，试点效果显著。2014 年启动了制度化、模板化和 IT 系统化的升级，已下发了工作指引等相关文件。供应链金融服务方案由总行公司部牵头，自 2013 年 11 月启动，历时半年多，经过 16 个部门的共同努力，相关制度办法已经印发全行。可以说，全行两项金融服务的营销战役已经打响，并已取得了一些成果。我们这次会议的主要任务，就是在前期工作的基础上，在全行部署开展两项金融服务的全面推进落实工作。下面，我就两项金融服务的推进工作讲三个方面的意见，供大家参考。

一、开展两项金融服务意义重大，推进工作时不我待

（一）推进两项金融服务是促进全行战略转型的重要内容

目前，全行正处在推进战略转型的关键时期，着力推动向综合服务型银行、向多产品及多功能服务、向电子化、向金融集团管理模式、向创新型银行的转型。两项金融服务围绕产权链、管理链、产业链、供应链，联动总分行、母子公司、境内外及各条线、各部门，为大集团、大企业、大平台及其上下游客户提供一揽子综合服务。通过统一平台，客户享受“一点接入”的“一站式”服务；通过综合服务，建行“一点输出”整体集团优势。这实现了客户体验最佳、服务效益最高、组织成本最低的集约化经营效果，契合了全行“综合性、多功能、集约化”发展战略的总体要求，将成为全行战略转型的重要推动力。

（二）推进两项金融服务是提升市场竞争力的迫切需求

随着企业及供应链全球视野的提升，其发展也呈现全球化、多样化、网络化趋势，越来越多的总战、分战和总重客户转向多种经营，如成立财务公司、信托公司、租赁公司，开辟集团金融板块，对银行的需求已从单一的金融服务升级为配合支持集团战略发展的综合服务；随着供应链管理理念的深入、互联网思维的渗透，核心企业越来越注重整个链条成本管理，加速企业电子化、信息化建设，急需银行提供涵盖本外币、上下游、线上线下的综合金融服务；同业竞争也日趋白热化，各商业银行纷纷进行综合金融服务、供应链金融服务及线上金融服务布局。两项金融服务，通过综合营销、综合定价、综合授信、综合服务，能更好地体现“以客户为中心”的服务理念，满足客户个性化需求，应对同业竞争，全面提升我行的市场竞争力。

（三）推进两项金融服务是规避风险的主要通道

我国经济“换挡期”使各种潜在的矛盾集中暴露，经济增长放缓导致金融风险“水落石出”，流动性风险剧增，不良贷款反弹压力巨大，重大风险暴露时有发生，因经营恶化、资金链断裂等引发的老板跑路、外部骗贷、挪用资金、非法集资等案件频发，银行经营和风险管控面临严峻考验。通过开展综合金融服务及供应链金融服务，从三维立体的角度审视客户、评价客户；通过了解集团整体、上下游客户情况，进而全面掌握客户风险状况，有效应对客户整体风险；依托核心企业按照客户所处交易环节进行产品配置，针对企业资金流、物流、信息流等各环节关键风险点进行风险控制，可以有效降低业务风险，提高资产质量。特别是供应链金融业务流动性好、变现能力强，推进供应链金融服务将进一步优化资产结构，增强信贷资产的流动性。可见，推进两项金融服务不仅是转变业务经营模式的需要，也可以有效规避经营风险。

（四）推进两项金融服务是实现客户价值最大化的有效举措

两项金融服务的推进，将实现客户的批量拓展，增加新客户、新账户，进一步夯实客户基础；通过差别化信贷政策，量身定制的服务方案，不断提升客户黏性，增强客户忠诚度；通过交叉销售，有效提高客户产品覆盖率；通过综合定价，寻求量价平衡，实现客户综合价值最大化；通过建立链式营销服务平台，实现资金在建行体内循环，带动对公存款、中间业务、个人业务及中小微企业的联动发展。

近年来，两项金融服务作为商业银行转变金融服务模式的重要抓手，各家商业银行都不同程度地开展了研究、推广和应用工作，客户反映良好，经营效果显著，实现了“银企双赢”。这两项服务在西方商业银行，在前几年推行得很快，他们有一个统计报道，自金融危机后，供应链金融一枝独秀，在电子平台的建设方面，也走在我们一些银行的前面，应该说未来这两种经营模式将必然通行同业。建行作为居于市场引领地位和最具创新精神的银行，我们必须充分认识现阶段推进两项金融服务的重要性、必要性和战略意义，以时不我待的思想和创新领先的理念，积极行动起来，找准市场、选好客户、争取先机，切实把两项金融服务的推进工作落实好。

二、认真学习两项金融服务方案的内容，抓住重点，破解难点，找准落脚点

总行出台的综合金融服务方案和供应链金融服务方案，都充分体现了综合化、全流程、全覆盖的鲜明特色，借鉴了国内、国际商业银行的成果经验和做法，进行了全方位、立体化的顶层设计。总体来看，两个方案都包括服务模式、操作流程、专项政策、营销模版、组建团队等，但又各有侧重。综合金融服务的对象主要是以总战、总重客户为代表的优质集团客户及对各行有重要价值的客户，更侧重于通过个性化、整体性解决大客户综合性金融服务需求，巩固银企合作关系，提高大客户对我行的综合贡献度。供应链金融服务的对象主要是核心企业及其上下游客户，更侧重于通过为链条企业提供金融服务、加强核心企业供应链管理来满足核心企业需求，通过批量拓展客户，实现资金流在体内循环，提高我行收益。两个方案内容都比较丰富，大家在学习贯彻上一定要抓住重点，破解难点，找准落脚点。

（一）提纲挈领，抓住重点

1. 综合金融服务的重点。一是建通道。大客户集团的多元化投资、融资、流动性管理等需求，与我行价值创造、风险管理等要求往往存在错位，很难完全匹配，而这恰恰是客户最关注、我行最可能盈利的重点。方案就是为解决一些制约我行与客户业务合作的政策“瓶颈”，对规章制度再梳理、再精细化、再落地，在我行和总战客户之间建立专项通道，在充分满足客户需求的过程中，实现我行的价值创造和风险管理要求。二是搭平台。提供综合性服务离不开一个综合化的营销和产品平台，方案的重点就是整合我行各项管理政策和各类产品，打造经营集团客户的工作平台，创建“工作手册”，实现集约化经营。三是创模式。创新“价值优先、内外兼顾”的经营模式，一方面整合客户全量需求，解决产品、服务等外部问题；另一方面对接内部政策，优化定价、流程、授权等内部制度，以期实现跨条线、跨机构、跨国界的经营流程和服务模式。四是建机制。建立总行牵头、一点接入、条线联动、联席审批的机制，实现“客户维度”政策的统一细化、统一解释和统一实施，有效指导分支机构的经营，实现总行服务分行、全行服务客户的良好氛围。五是推转型。着眼于客户全量资金，从单一客户、单一产品营销向“产业—金融—链条”全客户群、“投资—融资—结算—管理”综合产品服务转型，进一步增强我行对客户和市场的感召力、适应力、满足力和引导力，形成领先优势。

2. 供应链金融服务的重点。一是建平台。围绕产业链、供应链、资金链、产品链，搭建覆盖境内境外、大中小微客户、线上线下的统一服务平台、管理平台和信息平台。平台能运用“大数据”对客户交易行为、经营状况、资金流、物流、信息流进行监控分析，提供批量化、自动化的金融服务。对外，客户通过平台一点接入即可获得全方位的服务；对内，通过平台可进行内部管理、数据分析、业务处理，实现集约化经营。二是推线上。在互联网金融的浪潮中，电子化、网络化已成为现阶段供应链金融服务的核心竞争力。在统一的服务平台上，力推线下产品向线上迁移，加快推广“一点对全国”的服务模式，扩大全流程不落地处理的业务品种，完善线上供应链金融服务布局，培育新的竞争优势。三是配产品。总行已将分布在全行多个部门的136个供应链金融服务产品整合为62个，并按照融资类、投资类、结算类、担保见证类、咨询及其他服务类五个方面进行分类，可根据客户在链条中的位置、经营特点及提供的资金流、物流、信息流信息，精准地进行产品及服务配置，为客户提供境内外、本外币、线上下相结合的一揽子综合金融服务。四是给政策。将供应链作为整体服务对象，依据链条企业与核心企业之间的紧密度、业务量等要素，制定了供应链金融服务综合定价机制、收益分配机制，创新了对整个链条进行整体授信的机制，设计了单独的供应链企业评级评价体系，建立供应链融资预警平台，给予了单独的信贷政策。五是避风险。在供应链金融服务方案的设计中，依托核心企业（平台），服务其上下游中小企业，产品、服务、管理、风控等都与资金流、信息流、物流、商流这“四流”紧紧结合在一起，通过制度、产品、方案的设计，有效地规避业务风险。

（二）创新求变，破解难点

两个方案在设计过程中都遇到了需求整合、内部管理、难以落地等难点问题，集团部、公司

部与资债部、财会部、风险部、信贷管理部、审批部等部门细致梳理、深入研究，在各部门的共同努力下，通过理念的转变、机制的设计，破解了诸多政策制度方面的难点，使方案更加完善，能够更好地落到实处。

一是通过营销服务理念的转变，破解客户需求整合的难点。长期以来，我行在集团客户经营上存在重产品、轻客户，重局部、轻整体的问题，缺乏按集团整体经营的理念，对客户价值最大化导向的认识也不够深刻。对供应链的服务，也没有基于核心及链条企业的企业规模、所在地域、经营理念、所处链条位置等因素，有效整合整个链条的金融服务需求。两个方案在设计中都提出了转变营销理念，从营销单一企业向营销整个集团成员、整个链条转变，“一户一策”地优化流程、提高效率、定制产品，“一链一策”开展链式营销；转变服务理念，由简单的银企关系向协作发展转变，为集团客户量身定制综合金融服务、真正参与到核心企业的供应链管理中，实现银企平台融合、协作发展。

二是通过流程银行的建设，破解落地难、资源分散的难点。综合金融服务最大的难点是执行落地难。总行政策的整体性、合理性、精细化程度，直接影响后续政策的适用性、可操作性，直接影响我行的市场竞争力；供应链金融服务也存在内部管理、资源分散等问题。归口管理部门多、产品名称多，存在业务实质相同名称不同的情况；客户营销中存在条线主导、多头营销，未能实现产品、服务资源的有效整合，难以一揽子解决客户金融服务需求。两个方案都旨在打破原有的条条框框，不以部门为核心，按照客户导向、全局导向、效率导向和协同导向，遵循客户、市场需求来设计服务流程，建立部门间的沟通协调机制及总分、上下、境内外、母子全面联动机制，组建专业团队，实现专业专注管理与服务。

三是通过综合定价、收益分配机制的设计，破解分行积极性、主动性不高的难点。一直以来，客户的综合定价是制约综合金融服务的关键因素。客户区域分布不同、业务价值不同、在集团中地位不同，使得我们的服务面临局部和整体、短期和长远、内部和外部的三大矛盾，单一产品定价与客户整体收益最大化的目标不吻合，而收益分成机制不完善也使得全行协同受阻，分支行积极性受到影响。在供应链服务中，一直缺乏对整个链条总体贡献度的评价机制。“一点对全国”模式下，涉及了跨区域、跨分行经营的问题。如核心企业所在分行承担核心企业的信用风险，带动了链条企业所在分行的存款、结算、理财等业务的增长。在这种情况下，需要建立分行间补偿机制，解决分行的积极性、主动性、公平性的问题。在资债部、财会部等部门的大力支持下，方案实现了从简单盈利到综合化盈利模式的转变。摒弃传统的以单一客户、单一产品为对象的盈利思路，充分挖掘整个集团、整个链条的需求，多点、多环节设计布局产品和服务，考量集团整体、供应链全链条对我行的综合贡献度，实现了按集团、按链条、按派生、按机会成本、按市场化要求进行综合定价；健全了收益分成机制，对主营业务收入等按照分行协商或统一分成的方法进行调整，调整的收益也列入考核利润的计算、资源挂钩配置中。

（三）务求实效，找准落脚点

1. 综合金融服务的落脚点。一是运用综合定价策略，提升定价效率和价格，扩大试点范围。从2013年试点情况来看，综合定价机制能有效提升服务效率和业务价格。2013年试点客户贷款价格浮动比例提高1.21个百分点（同期，全行对公浮动是0.14个百分点）。2014年，要在719家总分战试点客户的基础上，进一步扩大综合定价试点范围，申报和管理统一纳入综合金融服务方案中实施。

二是不断完善收益分成机制，提高积极性，强化协同效应。2013年，收益分成机制的使用已呈现出较好的成效。全年对资金归集产生的收益实施了2.5亿元网络费用补偿、6.82亿元存款收益调整和512.31亿元存款日均调整，涉及分支机构近4 000家，对调动分行的积极性发挥了很大的作用。2014年，要逐步扩大收益分成覆盖的客户、渠道和产品范围，更好地解决长期困扰分支行的收益分成和联动激励问题。

三是进一步强化联动机制，打破边界，实现一点接入。在对一点接入、多维联动服务机制摸索的基础上，2014年，要以跨条线联动服务机制为落脚点，依托跨部门专家团队、综合评审委员会，进行方案的编制、审批和管理，打破部门银行界限，不断实践基于客户的工作流程。

四是继续坚持“一户一策”政策创新，满足核心需求，解决合作“瓶颈”。一户一议、前置审批、一次性准入的政策创新，实现了“一户一策”的优化流程、提高效率、定制产品。2013年，总行对试点客户共批复精细化政策55项，涉及定价、核准、授信、产品、考核等七大类。2014年，要以“一户一策”的创新为落脚点，对制约业务拓展的制度、流程一次性梳理、解决，显著提升营销效率。

五是注重产品创新，量身定制，满足客户个性化需求。综合金融服务最终是要见效益的，落脚点就是在产品配置和创新上。2013年，试点客户的产品配置独具匠心，业务撬动卓有成效，值得肯定。2014年，要全面考虑客户融资、投资、流动性管理、信息报告的综合需求，从传统产品撬动战略产品、资本集约化、“大资产、大负债”的角度出发，搞好产品创新和替代。例如，从经济资本的占用出发，有的时候换一两个产品，EVA、RAROC都会有大幅度提升。

2. 供应链金融服务的落脚点。一是推进新型金融服务模式的推广。供应链金融服务顺应了供应链及网络时代的发展，将互联网技术、数据分析技术与银行核心业务进行深度整合，在银行服务日趋同质化的市场竞争环境中，开启了新型金融服务模式。下一步，要加快推进供应链金融服务、特别是线上供应链金融服务，实现服务平台一体化、操作流程电子化、信息处理便捷化、运营管理专业化、风险控制个性化的“五化”目标，全力打造国内领先、国际一流的供应链金融服务银行。这个“五化”，要作为我们工作的一个基本目标。

二是建立品牌竞争优势。推进供应链金融服务要充分发挥我行已有的特色优势，如结合我行在基础设施建设、房地产、工程造价咨询、涉农服务等方面的已有优势，选取建筑建材链、农业链等优势链条，进行优先推广。总行已拟定建筑建材链、农业链、服装纺织链、汽车链、现代服务链、电力链、电子产品链、电信链、石油石化链、医疗医药链十大链条，下一步将逐条进行梳理、分析，寻找共性需求，设计基础产品配置包，力求快速复制推广，争取在这些链条上占据领先优势，树立我行独具特色的供应链金融服务——“善融链通”品牌，最终在市场上形成品牌效应。

三是解决业务发展中的实际困难。推进供应链金融服务方案最重要的落脚点是要解决业务发展中遇到的实际困难和问题。当前，在服务对公客户时，如何夯实客户基础、实现资金体内循环、提升资金承接率、有效规避业务风险等都是摆在我们面前的具体问题。实践证明，供应链金融服务的推进能有针对性地解决好这些问题。刚才吉林分行介绍了一汽集团服务的例子。通过一汽集团供应链金融服务试点，实现了一汽集团60%的资金在我行体内循环，并以81.4亿元的资产业务取得了300亿元的日均存款，成效十分显著。在这儿我还顺便说一下，前段时间我看审计部做了一个公司类贷款资金循环情况的分析报告，建行在单一客户的资金供应方面，服务是最到位的，但是通过对公司类贷款资金流向分析，贷款发放后流向行外的资金比例很高，数额巨大，亟须加强贷款资金体内循环管理，想办法控制资金外流，提高归行率。供应链金融服务，除了能够提升我们的企业价值以外，对封闭资金的循环、稳定我们的资金、实现“大资金、大负债”的管理，都是一个很重要的业务模式。

三、精细部署，确保两项金融服务稳步高效推进

综合金融服务和供应链金融服务的推进工作，是当前乃至未来一段时期内全行业务经营的一项重点工作，两项服务的推进效率和推进效果直接影响对公战略转型的成效。下面，我就做好两项服务的推进工作提6点要求。

（一）高度重视，组建团队

各分行“一把手”作为本行的首席客户经理要亲力亲为，主管行长要具体组织，推动两项金融服务的营销和开展。各分行要统一思想，从战略高度和全局视角，将综合金融服务、供应链金融服务作为一项重要工作来抓，选准客户，精心组织，务求实效。与此同时，各分支行应按照总行要求组建综合金融服务客户经理团组，主动提出经营诉求、积极参与方案编写；组建供应链金融服务专业团队，负责辖内核心企业供应链金融服务的营销、方案制订、产业链分析研究等工作，尽快提升供应链服务的专业化水平。

（二）认真研究，统一部署

综合金融服务方案的实施对人员队伍业务素质的要求还是比较高的，对我行的产品不了解不行，对我行运作机制不了解不行，对分、子公司产品不了解也不行，好多业务就会根本解读不出来，好多的产品就会配置不上去。所以对于分行来讲必须认真研究、吃透方案、统一部署，主管行领导必须亲自操刀。在推进总战客户综合金融服务的同时，各分行也要在权限范围内，对照方案的要求，2014 年要重点做好 5 家重要客户的综合金融服务，两个层次的推进工作都要做好。要按照“先试点、后优化；先名单制、后推广；先线下、后线上”的原则，做好供应链金融服务方案的落地工作。各分行要认真学习、解读供应链金融服务指导意见及融资业务管理办法等总行制度，明确发展思路和推进方法，结合区域特点、产业特点，细化区域供应链金融服务推进方案，加快推进供应链金融服务工作。总行的文件很厚，比较细，大家都应该把这个研究透、吃透，刚才许总监讲的“三透”，只有吃透了、研究透了才能落实透。

（三）注意激励，资源倾斜

各行必须树立大局观念和长远意识，在推进两项金融服务时，要注意资源倾斜。要认识到两项金融服务对巩固优质客户、提升客户贡献度、实现利益最大化具有的重要作用。因此，各行要结合总行政策要求，落实好资源倾斜政策。在这里，我还要对有关部门表示感谢。这两个方案的进一步提升、细化和推进工作，总行各个部门给予了全力支持。因为现在我们没有实行事业部制，部门之间资源的整合和政策的统一非常难。为了出台这两个方案，许总监费了不少心思，同时有关的十几个部门从大局出发来协调、整合政策，保证了两个方案的顺利出台。总行部门“海、陆、空”协同作战的能力，通过这两个方案的推进，得到了很好的显现。因此，各分行要结合总行的要求，落实好资源的倾斜政策。对综合金融服务，最重要的是贯彻落实好精细化政策，包括在综合授信、综合定价、经济资本占用等方面统筹考虑。方案设计的好坏与激励、与实际执行效果挂钩，激励约束的对象与团队挂钩。对供应链金融服务，总行 2014 年在计划内单列供应链融资业务贷款规模，并明确专项信贷政策；各分行也要对供应链融资业务进行资源倾斜，并结合分行实际制定针对性的激励考核机制。

（四）积极实践，不断完善

推进和实施综合金融服务方案和供应链金融服务方案，是一项政策性、技术性都比较复杂的系统工程，涉及产品链、客户链、产业链和服务链。特别是在现阶段，各项改革逐步进入深水区，社会经济生活更加复杂多变，整个企业的经营状况也不是十分良好，推进两项金融服务所面临的困难也会更多。各分行要知难而进，在实施的过程中，要不断总结经验、发现问题、解决问题；要及时了解、收集客户的需求和反馈，认真分析研究，提出建议，逐步完善两项金融服务相关制度、办法，促进两项金融服务的健康发展。总行产品创新与管理部在全国建了 7 个产品创新实验室，要发挥好这 7 个产品创新实验室的作用，加强对客户需求的集中分析，跟踪收集客户的体验，优化创新业务流程，更好地研发满足客户和市场需求的产品和服务。特别是在北京和大连的两个实验室，一个定位于综合金融服务，一个定位于供应链金融服务，要切实发挥好作用，为我们进一步修改、完善、提升这两个服务方案提供一些建议，并研发出一些好的产品。总行计划，全行上下集中力量，再用一年左右的时间推进好这两项服务，明年适当的时候，进行总结评价、修订完善，并对开展好的单位进行表彰。

（五）规避风险，稳步推进

两种金融服务都在产品配置、制度设计等方面制定了有针对性的风控措施，但在推进过程中，仍要注意规避业务风险。我认为客户的选择至关重要，一定要“控好面、选好点”。在“控好面”方面，综合金融服务一是在总行集团部牵头经营的 132 个总战客户中全面推广，实现对总战客户的“全覆盖”；二是在总重、分战客户中推广。在供应链金融服务上，要选择好的行业、优质的链条有计划地推进，初期要在已确定的十大产业链中进行挑选。在“选好点”方面，综合金融服务要选择大企业、大客户。集团客户机构众多，资产庞大，三级、四级的子公司如果发生风险，可能就被集团放弃了，这样的风险也不可小觑。供应链金融服务要围绕十大产业链，认真分析辖内客户及市场需求，筛选优质核心企业（平台）进入试点名单，优先开展供应链金融服务工作。

（六）密切联动，初战必胜

全行上下要集中力量扎实推进两个金融服务，部门间、行际间、上下间、境内外间、母子公司间，要切实履行好自己的职责，更要主动配合完成好推进任务，这点非常重要。推进过程中，要加强沟通，相互协作，以全行利益为重，为跨区域、跨分行、跨境集团客户及供应链链条提供统一、完善的综合性金融服务。在这里要特别强调一下，推进综合金融服务时，总行各部门也要充分重视，给予资源、人员、专业知识等方面的支持保障，做好政策研究创新；各分行在上报精细化政策时，要有理有据、行之有效，要抓住制约我行与客户合作的主要矛盾，通过最小的政策突破，实现最大的价值创造。总之，要通过两项金融服务，不断提升客户满意度和对我行的依赖度，打造市场亮点，以赢得市场竞争的主动。

同志们，随着改革的深入，市场变化会越来越大，集团客户、供应链链条的综合化金融服务需求将日益迫切，对我行综合金融服务和供应链金融服务的拓展是一个千载难逢的机会。大家要抓住战略机遇期，不断推进我行重点客户、供应链客户结构的改善、优化，攻坚克难、相互配合，努力打造建设银行综合金融服务及供应链金融服务的优质品牌，为实现全行的战略转型、打造“国内领先、国际一流”的现代化商业银行作出贡献！

（根据录音整理）

在部分分行信访维稳工作座谈会上的讲话

朱洪波

（2014 年 10 月 16 日）

同志们：

在十八届四中全会前夕召开这次座谈会的主要任务，一是按照中央关于信访制度改革的决策部署和总行党委的要求，认真学习研究讨论贯彻落实的办法措施，进一步推进依法逐级走访工作深入开展；二是面对信访维稳工作新常态，如何在不断总结经验的同时，进一步摸索规律、把握特点、夯实基础、创新方法、解决问题，为维护我行良好的经营发展环境和社会稳定作出新贡献。这次会议时间虽短，但内容丰富、准备充分，既有参阅文件，又有待议材料。刚才，传达了全国依法逐级走访工作电视电话会议精神，通报了当前信访维稳工作有关情况，各行分别从源头化解、救助关爱、应急处理和信息沟通等多个方面做了典型发言，交流了做法和体会，会议开得很成功，达到了预期目的，希望各行认真学习借鉴，相互取长补短，不断提升信访维稳工作整体水平。下面，我讲几点意见。

一、适应当前面临的新形势、新常态、新要求，不断增强政治意识、责任意识、大局意识

近年来，面对复杂严峻的信访维稳形势，在各级行党委和领导的重视支持下，信访条线全体工作人员不断增强政治意识、责任意识和大局意识，积极履行国有大型金融企业的社会责任，持续推进解决协解人员社保问题，加大帮扶救助力度，着力化解信访积案，重视从源头上解决问题，妥善处理各类信访事项，维护重大节点和重点时期的安全稳定，确保不发生重大过激行为和恶性事件，信访维稳工作取得了显著成绩，为我行的经营发展作出了积极贡献。

（一）信访维稳形势依然复杂，处置难度加大

一是重复访占比仍较高。从 2014 年上半年的情况来看，各类重复上访的问题较为突出，特别

是协解人员的重复上访量占比较高。其中，全行重复访批次人次分别占61%和65%；到总行重复访批次人次分别为82%和85%；到一级分行重复访批次人次分别占31%和45%。二是集体访持续不断。每逢“春节”、“两会”和我行股东大会前，以及重点时段和节点上，少数上访重点人员均利用互联网等渠道，组织煽动集体进京到省上访活动。2014年是从1月开始的，早于往年上访时间，“两会”期间到总行集体上访人数同比上升48.8%。三是缠闹访时有发生。少数上访人在无理诉求不能得到满意答复后，时常出现缠访、闹访，谩骂和围堵工作人员的现象，甚至在QQ群上扬言和煽动上访人员要对接访人员进行殴打。四是上访人到境外上访的行为值得高度关注。2014年“6·26”我行在香港召开的股东大会期间，共涉及5省12名协解人员赴港，以参加会议名义进行所谓的维权活动。在总行和相关分行的协同配合下，有效控制了事态。

（二）上访新常态和处置工作新常态的特征明显

一是上访规模新常态。从2014年几起群体访情况来看，每次群体访都是由一家银行协解人员挑头，各家行协解人员均有参加，规模在100～400人，多时600人左右，我行协解人员每次参加群体访都涉及20个分行左右，但相对集中在六七个省份。二是网上串联并散布谣言已是新常态。近年来，个别不法人员为制造混乱、蛊惑人心，在网络上散布许多谣言。有的伪造总行领导讲话；有的散布总行拿出1亿元救助资金，在春节前发放；有的在网上散布只要到总行上访的，总行就给恢复工作、补发十年工资、补交社保等；还有的煽动其他协解人员到省分行和当地行上访。2014年8月，我行2名协解人员在网络上散布蛊惑谣言受到公安机关刑事拘留。三是扩大串联上访的趋势表现出新常态。以前集体访仅在本行范围内进行串联，现在不仅同业间串联上访，相互声援支持，值得注意的是，“8·11”集体访就与涉军群体上访相互交织，诉求形式多样化，组织严密程度高，处理难度加大，使得更加棘手。四是设立新常态的联合指挥部。为及时应对上访新常态，2014年北京市公安内保局及海淀分局先后三次分别在中国银监会和四大银行设立集体访处置联合指挥部和临时指挥部，对处置有过激行为的上访人起到震慑作用，这已成为应对集体访的常态机构。

（三）中央和国家信访局对信访维稳工作提出了新要求

一是党的十八届三中全会提出，全面深化改革的总目标是完善和发展中国特色社会主义制度，推进国家治理体系和治理能力现代化。当前，我国经济社会进入新的发展时期，社会矛盾凸显，群众工作面临新的压力和挑战。加强和创新社会治理，适应了现阶段我国经济发展的客观要求，有利于聚集正能量，化解社会矛盾，建设和谐社会，已经成为我国社会建设的一项重大任务。二是国家信访局按照中央的决策部署，进行信访制度改革，从2014年5月1日起，下发实施了《关于进一步规范信访事项受理办理程序引导来访人依法逐级走访的办法》，这个办法实际上是进一步强化落实属地管理原则，将信访群众吸附在当地、将信访问题化解在基层，进而有效减少越级走访和非正常上访的一项重要制度设计，概括起来理解有3条：第一，严格按《信访条例》规定的程序办事，“阳光信访”、公开透明；第二，引导信访人逐级走访，更好地实现其信访权利；第三，压实属地责任，解决好进京上访问题。中央领导同志对推进依法逐级走访工作非常重视，在国家信访局有关工作情况报告上作出重要批示，要求加强督导检查，着力推动依法逐级走访落实到位和信访问题及时就地解决，确保进京访问题解决好、不反弹，努力实现信访秩序的根本性变化。为适应“阳光信访”要求，促进信访工作公开、透明、高效，这就要求我行必须加快推进信访信息系统建设，能够对信访数据分类识别统计，多维度查询，自动汇总分析，并与国家信访局系统进行连接。这一系统不仅是总行，也是分行、二级行今后信访工作的重要工具。三是建立健全信访维稳工作考核制度。2014年4月22日，国家信访局印发了《信访工作考核办法》，对解决信访问题、维护信访秩序、完成年度重点工作和信访工作创新4个方面进行考核，并要求各地、各部门、各单位参照制定信访工作考核办法。

二、在巩固已取得成绩的基础上，扎实推进信访维稳工作深入开展

通过各级行的不懈努力，信访维稳工作取得

了新的成绩。2014年上半年全行接访498批次，1 461人次，同比批次下降4.2%、人次下降21.5%。妥善处置了“3·15”、“4·15”、“5·12”、“8·11”银行系统协解人员串联聚集进京群体访事件和“3·24”、“4·28”、“8·15”等多起到省进京集体访。各分行妥善处置了集体访47起、658人次，维护了我行的经营环境和社会稳定，确保了“6·26”股东大会在香港顺利召开，完成了国务院开展《信访条例》执法检查的各项工作。

这些成绩的取得，是总行党委正确领导和大力支持的结果，是信访工作人员勤奋工作、不断进取的结果，是全行上下通力协作和地方党委政府帮助配合的结果。在此，我谨代表总行党委向信访条线的同志们表示衷心感谢！

下一步要着重抓好以下几方面工作。

（一）多措并举，进一步做好协解人员的安抚稳控工作

2013年，总行组织各行摸清近年来进京上访协解人员的情况，各行要继续采取多种有效措施，分门别类“一对一”地做好化解处置工作。一要从基础抓起。针对当前新常态，各行要用法治思维和法治方式破解信访难题，坚持属地管理，认真梳理协解人员档案及信息情况，摸清底数、掌握情况，确保依法合规，为纳入法制化轨道解决信访问题奠定扎实的基础。要补充完善档案内容，建立信息数据库和动态台账，实现信息资源共享。二要有针对性地做好稳控工作。要把日常的排忧解难和重点时段的强化稳控相结合，从每个特困协解人员的真实困难入手，切实解决实际问题，让协解人员真正感受到建行的关怀。对诉求合理的，要尽最大努力解决问题，对挑头闹事、串联煽动的，要积极取得当地政府及公安等方面的支持，做好分化瓦解工作，依法妥善处置。工夫要下在平时，在重点时段前夕，要加大信访工作力度，排查稳控要有针对性，如有的分行请公安协助，及时锁定目标，稳控效果明显。三要进一步完善责任制，不作为或作为不当的要承担责任。要配备好人力等资源，做好支持保障工作。要抓好信访队伍建设，实行专业、专注，坚持底线思维，把问题解决在基层，化解在当地，以最大限度地减少进京上访。各行要做好信访考核工作，把信访考核与领导班子考核挂起钩来，实行“点对点”通报，树立问题导向，推动责任落实，有效传导压力，调动各级人员积极性，形成一级抓一级、层层抓落实的格局。

（二）高度重视，进一步做好进京访的应对处置工作

针对协解人员进京集体访的新常态，各级行要认真分析新的特点，高度重视做好进京访的应对处置工作，下好先手棋，打好主动仗。一要抓信息畅通，发展人力情报，准确掌握信息，及早采取措施，做到以变应变，争取工作主动权。二要重视处置客户因储蓄、理财和信托产品等引发的信访事项，做到就地及时化解，防止形成进京上访。在处置进京上访的问题上，各行要听从总行统一指挥调度，快速反应，确保在第一时间派出得力工作组进京，要掌握接访劝返的技巧和方法，尽可能在最短时间内将上访人劝返接回。三要争取当地公安和政府有关部门的最大支持，使问题得到妥善处置，减少负面影响。

（三）夯实基础，积极做好信访信息系统的开发建设工作

信访信息系统建设是一个复杂的系统工程，是做好信访工作的基础平台，信访办公室要发挥主导作用，认真搞好论证，精心组织实施。希望各行和总行有关部门，给予大力支持帮助，积极献计献策，主动参与到系统开发建设工作中，集众人之力，建设一个便捷、高效、灵活、管用的系统，不断提升信访工作效能。

（四）坚持推进，切实做好依法逐级走访办法的贯彻落实工作

落实依法逐级走访工作是当前和今后信访工作的重中之重，各级行要从讲政治、顾大局的高度，从推进信访工作制度改革的高度，切实把思想和行动统一到中央的决策部署上来，坚定不移地全力推进依法逐级走访工作，确保取得实效。一要加强学习培训，各级信访工作人员要熟练掌握政策规定，努力提高业务能力，依法处理信访问题。二要加大宣传引导，各行要按照国家信访局的要求，在信访接待场所张贴有关宣传资料，让依法逐级走访规定人人知晓，引导信访人自觉遵守。三要认真贯彻落实，切实履行属地责任，及时就地解决问题，分管领导要落实“一岗双责”，在这里需要特别强调的是，贯彻落实依法逐级走访工作，是各级党委的一项重要责任，需要全行上下、各个部门的共同努力，希望各级各部门加强协同配合，信访部门要履行督导检查职责，加大工作力度，确保有序推进。同时，要运用社会多种力量和资源，积极做好我行的信访维稳工作。

同志们，我们要认真贯彻落实中央、国务院的决策部署，按照总行党委的要求，扎实有效做好信访维稳各项工作，为建设银行的改革发展营造良好的内外部环境，以优异的成绩迎接党的十八届四中全会胜利召开！

谢谢大家！

在2014年夏季海外工作座谈会上的讲话

胡哲一

（2014年8月11日）

召开此次夏季海外工作座谈会，主要想就下一阶段如何贯彻全行工作会议精神和转型要求，切实抓好海外业务发展和风险防范，确保量质齐升，与大家做一下沟通与交流。全行转型战略之下才是海外发展战略，海外发展战略之下才是各机构的发展策略。海外负责人要有全局观念和大局意识，要根据全行工作会议要求，思考和谋划下半年及长远的发展。今天的会议开得很好，大家都提了很多建议。具体的工作刚才国际部都讲了，下面我主要谈几点我的想法和感受。

一、高兴和欣慰

在国有大银行中，我行海外布局和发展起步较晚，可以说是白手起家；境内国际业务本来就是短板，难以为海外发展提供强大后盾和人才支持。面对这样的客观条件，总行党委、董事会对海外发展高度重视，多次给予指导和关怀，为海外发展把握正确方向和制定战略；管理层做了周密科学的工作部署和安排，积极为海外机构解决实际困难。在总分行、境内外机构的共同努力下，近几年海外发展取得了很大成绩，我们应该感到高兴和欣慰。

（一）海外布局目标基本能够实现

截至目前，可以说既定的海外布局目标基本能够实现。2014年6月，澳门分行顺利开业；多伦多分行、巴西子银行、新西兰子银行2014年有望挂牌；欧洲4家机构在积极筹备；伦敦分行牌照申请顺利推进；多家二级分行也在设立进程中。到2014年底，海外机构总数将超过20家，我行在全球重点地区的布局将基本完成。机构申设历经千辛万苦，要倍加珍惜、做好经营。伦敦清算行资格争取到了，戴上了帽子再干不好，是在全世界面前丢丑。在布局策略上，我行没有盲目地与他行比速度和数量，而是更加注重布局的质量和科学性，一步一个脚印，新开业的几家机构起步都不错，令人欣慰。

（二）海外业务高速发展

近几年，海外资产规模实现了快速增长，虽然期间因监管要求和国内经济下行等因素影响而做过一定调整，但资产、利润都保持了较快增速，预计到2015年均可实现规划目标。从那么小的规模成长到今天，着实不易。没有一定规模就没有大的回旋空间。海外业务发展到这么大的规模，为下一步提质量和抓转型打下了良好基础。董事长说建行集团有两张并表，一张是本外币并表，另一张是子公司并表。目前来看，境内外、本外币并表为集团增添了光彩，子公司并表还有潜力和空间。希望海外未来越做越好，继续为集团增光添彩。

（三）战略性大事取得成功

第一，制订了《关于落实“2011—2015年海外发展规划”的工作方案》。海外发展规划的制订，是经过深思熟虑和全行上下统一思想的。虽然中间有过调整，但大的思路和方向是确定的，要坚定不移地继续向前推进。一家银行与一个国家一样，没有大方向和统一思想的指导是走不稳的。实践证明，海外发展工作方案确定的基本方针是正确的，要继续坚持下去。

第二，顺利整合在港机构。刚才毛总说，整合的压力和工作量巨大，调整还在继续，磨合还在进行。从大的方向上看，整合已经迈进了一大步。香港机构抓住了机遇，通过内部努力，完成了几千亿资产的合并，顺利推进了整合后的基础设施建设和人才队伍整合。香港机构是海外发展的主力军，整合的顺利推进对于整个海外的稳定和发展至关重要。

第三，获得伦敦人民币清算行资格。伦敦在全球金融体系中占据核心地位，伦敦人民币清算行是我行最希望争取的清算行资格，其竞争也是最为激烈的。我行通过艰苦的努力争取到这个资格，来之不易。以后我们还要在别的地方开拓区域性清算中心，但伦敦清算行对于海外战略推进、全行综合竞争力的提升和人民币国际化都具有重要战略意义。多年以后回头看，伦敦人民币清算行以及欧洲综合布局等战略安排都具有重要的长远价值。

（四）总行对海外条线化管理水平上升到新的高度

原来一些部门不愿接触海外，只有人力、财会、风险、IT四个团队。从今天各部门负责人的发言看，各部门已经加深了对海外的了解，建立了对话平台，取得了很大进步，经历了从不熟悉到逐步熟悉，再到相互互动、合理联动的过程。在这个过程中积累了很多经验教训，各项规章制度、考核办法也在不断完善中。总分行、境内外联动不是简单的业务联动，而是运行机制的有机统一。未来还有很大空间，要举全行之力，重点突破。

（五）海外人才队伍不断成长和壮大

每年都有新人派到海外，他们是海外的新生力量。境内分行反映，从海外回来的都是人才，被安排到开放度最高的岗位，承担重要职责。总行规范了海外人才选拔培养机制，2014年更是加大了外派力度，打破陈规，处长或副处长也可以去海外担任副总，形成“老中青”相结合、不同条线相结合的人才队伍，培养了一批海外管理人才和专才。下一步还要调结构，加快海外人才，特别是当地人才的培养。海外整体具备了良好的基础和开端，我们对未来充满信心。

二、忧虑和期待

在为海外成绩感到高兴的同时，我也有一些忧虑和期待。

（一）发展档次低、业务模式单一，基本处于低水平扩张阶段

海外资产规模不断扩大，但海外对集团整体利润贡献度仍相对较低，海外资产规模与效益在集团中的占比不相匹配。截至2013年末，海外资产在集团资产中占比5.11%，而利润占比仅1.55%。与主要同业相比，我行多数海外机构盈利能力偏低。现有发展模式不可持续，很难抵御外部环境的不利变化，要抓住宝贵的战略机遇期，尽快做大做强、加快转型步伐。建行起步比同业晚，基础薄弱；与境内相比，海外监管更加严格，回旋余地很小，一旦造成损失，其影响将无法挽回。此外，资产负债存在期限错配，简单化、低水平的贸易融资在海外资产中占比过大，来得快去得也快，容易造成资产规模和盈利的波动。未来海外会不会面临大的冲击，我们暂时不能确定，但是要做好思想准备，要有紧迫感。

（二）“深化跟随、加快落地”的总体经营策略没有取得战略性突破

这几年，总行在落实整体经营策略方面有导向、有探索，也采取了一些措施。但由于多方面原因，除了个别分行做得好之外，海外整体上没有实现战略性突破。海外基础还很不扎实，面临多重两难抉择，包括当前盈利与加快落地、防范风险与深化联动、短期投入与提高回报等。总行也没有现成答案，还要进一步探索和突破。

（三）海外管理与标杆银行还存在很大差距

这次会议重点讨论的金融市场业务，是我行与先进同业相比差距最大的领域之一。与境内相比，海外管理架构很扁平，竟然还暴露出一些超授权、超授信问题，令人匪夷所思。海外机构处

在初级阶段，更要严格要求，走上规范自律的轨道之后，才能实现良性循环。此外，海外经营管理很不平衡。有的机构发展很好，也有一些机构长期改变不了落后面貌，行领导看了以后很受刺激，忧心忡忡。海外是能做好的，关键是事在人为。阶段性的不平衡可以允许，但是长期的不平衡是不能容忍的。国别、市场的不同不是发展缓慢、长期落后的借口。

（四）总行对海外的管理服务效率低、反应慢

总行对海外的管理没有真正形成“一盘棋”，特别是全球授信、全球营销跟不上，对海外的管理、检查、督促和帮助水平有待提高，很多条线化管理的问题有待解决。我在伦敦拜访当地大客户时，客户反映海外机构在当地达不成授信结论，最终结论还要等待总行批复，影响了服务效率。未来真正的全球授信要以研究掌握客户全球布局、全球策略为基础，制订全球服务方案。总行要与客户总部先谈好，再让海外机构与客户当地机构谈。董事长在夏季行长会上提出部门管理要集约化，要把海外的整体营销与授信纳入集约化要求，整体规划、通盘设计，重要的客户要研究由总行直接经营。

（五）海外人才数量少、结构差，培养交流机制有待提高

海外人才短缺、特别是高管人才短缺，远远不能满足海外宏伟蓝图的需要，离国际先进银行差距大。英语国家且不说，我们到这么多非英语国家设机构，海外有几个真正能用小语种流畅交流的管理人才和专业人才？这样的人才太少了，屈指可数。人才培养有自身的客观规律和阶段性，要从现在抓起。

（六）海外经营面临严峻的外部形势

境内方面，国内经济下行已经持续反映到海外业务上。中资同业对海外布局和拓展高度重视，“前有堵截，后有追兵”，同业竞争越发激烈。境外方面，当地监管趋严、趋细。按照适用范围，当地监管规定可分为适用于所有金融机构、适用于外资金融机构及适用于中资金融机构三个层次，一些监管机构就中资银行提出了更为严格的要求。

面对这样的外部环境，我们又处在海外发展的初级阶段，起步晚、规模小、底子薄、人才少、经验不足、竞争压力大，挑战是巨大的。对继续推进海外业务健康发展，我有忧虑，当然更多的是期待。

三、发展和安全

（一）统一思想，深刻认识发展海外业务的根本目的

提到海外业务，中央领导、银监会、汇金公司及我行董事会都会问，建行到海外到底干什么？我们发展海外业务，根本目的有两个：一是贯彻国家战略，服务于全行综合化、国际化发展需要。国家的战略就是建行的战略，客户的需求就是建行的发展需要。发展海外业务，就是要为全行整体战略作出贡献，为客户提供全球服务。综合化中最重要的一点就是国际化，可以形象地把建行集团比喻成一架飞机，主体是境内银行业务，一翼是国际化，一翼是子公司。如果国际化不能突破，不但不能为全行作出贡献，还会带来风险和损失，全行的转型规划将难以实现。二是立足当地市场，打造“百年老店”。我们去海外不是打游击，在当地设立机构是非常郑重、严肃的，一些机构牌照由所在国总统亲自签发，办得不好能撤回来吗？申设过程中，一些当地友人给予我们巨大支持，感人肺腑。加拿大前财长顶住本国多方压力，忍着病痛批了多伦多分行的牌照，不久就因病去世了。机构开业后经营不好，举步维艰、默默无闻，怎么对得起他们？每一个海外机构的设立都是一部艰辛的历程，只有把机构办好，才能对机构设立的历史负责。我们去海外，就是要植根本土，打造“百年老店”，树立建行品牌，不断提升在当地市场的认知度和影响力，成为当地“受尊重、被认可”的银行。

近年，总行已经明确了海外发展的总体战略和方向。只要总行定下的大方向是正确的、稳健的，就要长期坚持，就要坚定不移地按照既定战略向前推进。我们在海外发展中的某些特定阶段采取过一些短期策略、权宜之计，但不能因此而改变甚至动摇发展海外业务的根本目的和方向。

（二）保持中资同业领先地位，力争达到当地同业平均水平

我们在境内的经营目标很明确，那就是缩短与领先者差距，扩大与追赶者差距。在境外，为了防止目标不明确，我提出了追赶标杆银行的目标。总的来说，我认为要树立两个标杆：第一，与中资同业比，要保持当地中资同业的领先地位，至少要保持境内同等地位。长远来看，中国银行也不是不能超越的。现在个别海外机构已经超越了中国银行当地机构，要有这个气魄和远见。第二，与当地同业比，要力争达到并超过当地同业的平均水平。标杆要在规模类似的银行中找，是一家现实存在的银行，而不是虚拟的指标组合。标杆银行要求的统一性和各区域我行机构的差异性之间没有矛盾，不能否认目标的导向性。对“三性”——统一性、差别性和导向性的把握，总、分行要进一步研究探索，但总体目标是明确的。

（三）落地业务与联动业务两手抓，提升可持续发展能力

落地是建设国际化银行的根本方向和战略要求，与联动是辩证统一的。第一，联动与落地不是根本矛盾的双方，不是“两张皮”。两者有矛盾，也有统一。联动业务是落地业务发展的前提和基础，但没有必要的落地能力与基础，联动不可能实现高水平、纵深化和可持续发展。第二，要正确认识和处理发展的阶段性，更要利用和超越阶段性。近几年，在境内外利差、中资企业“走出去”等因素的推动下，贸易融资业务得到快速发展，体现了明显的阶段性特征。下一步要从战略、业务、人才等方面夯实基础，保障海外可持续发展。发展落地业务的战略性、阶段性与长期性有矛盾，但不构成博弈。

在思想上，要坚定不移地坚持落地发展方向。对落地有怀疑、畏难、犹豫或不执行，可能会犯方向性、根本性的错误。落地的方向是明确的，但不是简单、空洞的，要把战略与战术在总、分行各层面结合起来。要干一行、爱一行，干一地、爱一地。在组织上，人要落地，形成有战斗力的当地经营团队。只有融入当地才能实现信息灵、反应快。中国银监会从境外考察回来，最大的感受是中资银行在境外没有融入当地，基本还是“农民进城”，可能是因为语言能力差、业务规模小等原因，很少主动与监管部门、同业、客户沟通。要主动融入当地，带领员工由外人变成“本地人”。做不到这一点，对外，还是局外人；对内，内派、当地员工“两张皮”，文化和思路不融合。在工作思路上，要拓宽落地发展的道路，落地就要落活。海外市场千差万别，总行不可能像境内一样提出非常周密的安排部署，对于海外机构提出的合理化政策建议，既要充分信任，又要认真督导。要积极拓展当地有特色、有盈利潜力的多种业务，不能走贸易融资“独木桥”。一些境内限制的行业，如房地产、铁路、公路等在海外某些地区可能就是机遇。因此，要紧密结合各地实际，因地制宜，实行差别化的信贷政策和行业政策，择优支持、积极介入特色业务。考核方面也要跟上转型步伐，将转型要求与考核体系无缝对接，纵向比与横向比相结合，要体现导向性和科学性。适度降低落地业务的短期价值创造要求，为拓展落地业务创造良好条件。

在具体措施上，一要加大对落地业务的资源投入，充实本地客户经理团队，总行也要差别化地配备业务营销费用；二要适度提高对海外机构的风险容忍度，在“收益覆盖风险”的原则下，引导海外机构适当提高对中小企业客户的风险容忍度，积极拓宽客户范围，进一步提升盈利能力。从熟悉的客户做起，以在境内有机构的当地优质客户为切入点，逐步向与中国有经贸投资往来的客户扩展；三是借鉴大型银行国际化发展经验，寻找合适的并购机会，在进行充分可行性研究的基础上，适当加大并购力度，争取实现落地业务的跨越式发展。

加快落地的同时，也要深化跟随。一要坚持服务实体经济发展。以中资企业“走出去”的大项目、大客户为联动重点，以全球授信为切入点，发扬传统优势，丰富联动内容，全面提升联动水平，并通过参与关乎当地国计民生的战略性大项目，提高我行影响力，塑造建行形象。二要以产品创新作为联动业务驱动力。紧扣国家经济金融改革机遇，特别是在自贸区、前海、横琴等特殊区域，通过积极创新抢占市场先机，获得先发优势。三要巩固和扩大跨境人民币领先优势。这两年建行狠抓跨境人民币业务，抢占了市场先机。未来一方面建行伦敦要进一步扩展参加行清算网络，确保人民币清算行的稳定运营，保证清算效率和质量，避免出现大的失误；另一方面各机构也要充分认识到申设人民币清算行及拓展离岸人民币业务的战略意义，在大力支持建行伦敦清算工作、协助开展同业账户营销的同时，高度重视并加大力度拓展本机构人民币业务。

（四）加强风险合规工作，严格执行各项内外部管理要求

海外机构是集团业务在海外的延伸，是全行整体架构和业务发展的有机组成部分，必须服从总行统一管理和要求，严格执行总行的各项规章制度，做到令行禁止，坚决杜绝违规情况发生。各机构要清醒地认识到，总行的政策制度是建行多年经营管理的经验总结，可以保证海外业务快速发展过程中不出现大的问题。当然，因为境内外情况差异，总行的个别政策制度可能不完全符合海外的实际情况，海外机构可以利用协调机制向总行提意见、反映情况，但在政策修改之前必须不折不扣地严格执行。

第一，严格遵守规章要求。各机构要认真学习总行的各项规章制度和授权要求，把这些要求逐项落实到内部规章和操作手册中去。内部岗位职责和转授权要通过制度加以明确。各机构负责人及前、中、后台要各司其职，把好关、守好门，严防超授权、超授信事件。要明确业务操作中的“高压线”和“禁区”，对超越总行授权授信、违反重要制度规定并造成恶劣影响的，要抓反面典型，严厉惩戒，决不姑息。对轻微违规的，也要参照境内员工轻微违规积分管理办法，结合当地实际制定细化扣分制度，要有规定、有落实、有认责、有考核，杜绝轻微违规的重复发生。

第二，提高执行力。总行对全行整体经营管理负总责，绝大部分政策制度符合我行经营大局，是建立在深入研究和科学论证基础上的。海外机构负责人在当地树立威信，一方面靠科学合理的经营管理决策，另一方面也要依托于总行的管理权威。各位负责人必须切实维护总行权威，严格执行总行规章制度和各项管理要求，为当地员工树立榜样。对总行一些行之有效的规定和要求，如经营区域划分，要坚决落实。2014 年以来，海外机构跨区域发行债务工具的情况越来越多，未来要进一步规范管理，维护全行统一的市场形象，防止因内部竞争抬高我行整体融资成本。

第三，积极培养合规运行机制和文化。合规怎么强调都不为过。西方文化重视尊重、信任和严格遵守规章制度。要充分利用海外良好的合规环境，通过合规培训、案例分析等多种形式，在机构内培育“合规光荣、违规可耻”的价值观，树立“勿以恶小而为之”的合规理念，将合规意识内化、固化和具体化。除了关注当地法律法规和监管要求外，还要特别关注总行各项政策制度的执行情况。

第四，重大事项及时报告。我多次强调过，海外机构地处遥远，市场环境复杂，回旋余地很小。与境内相比，在海外我行的危机处置能力、与监管沟通能力、抵御市场影响能力要低，对错误的容忍度比境内小得多，在当地又代表着全行的整体形象，负面影响大得多，必须高度重视各类风险可能给我行带来的不良影响。各位负责人更要有全局意识和纪律观念，重大事项要及时向总行报告，以便总行与分行共同应对、处置，最大限度地降低风险。对于重大事项没有及时报告的海外机构，要严肃追究责任。

第五，高度关注海外监管发展趋势及动向。董事长对海外的底线要求，是风险合规管理要优于中资同业，坚决不能成为被处罚的反面典型。近期，美国司法部对法国巴黎银行、德国商业银行分别开出 89 亿美元和 5 亿美元的天价罚单，下一步还可能对德意志银行采取措施。美国当局频出重拳惩处欧洲银行，其背后的意图在于维护其自身的全球金融霸权、提升对外制裁效力、削弱竞争对手实力。董事长、张行长和其他行领导历来高度重视海外合规工作，并多次作出指示和要求。近日，董事长再次作出重要批示，要求总行有针对性地提出要求，各海外机构要未雨绸缪。一方面，总行有关部门要会同纽约分行，加强对《爱国者法》和《多德弗兰克法》的研究，避免被抓住“小辫子”。其他海外机构也要举一反三，加强与当地监管沟通，研究当地监管新动向、新趋势，提前做好应对工作。要制订与当地监管的年度沟通计划，充分利用好行领导出访的机会，与当地监管沟通重点事项。另一方面，要辩证地看问题。美国对欧洲银行采取强制措施，激化了美欧矛盾分歧、助推了“去美元化”进程，为跨境人民币的进一步发展创造了条件。我们要抓住时机，大力推进跨境人民币业务，化被动为主动。此外，各机构还要与我驻外使领馆保持密切联系，报告我行经营管理情况，了解国家重要的政策与要求；高度关注中国人民银行、中国银监会等政府部门出访团组，抓住机会积极汇报沟通，最大限度地争取监管支持。

（五）高度重视，狠抓金融市场业务风险管控

这次会议的准备工作做得很细，总行相关部门对海外金融市场业务问题进行了系统梳理。庞行长提出了更高的要求，接下来还要进一步梳理业务流程和管理机制，大家回去要认真学习领会。这次会议给我们敲响了警钟，打了一针强效预防针，是为海外新形势下更好地发展保驾护航。

第一，充分认识加强金融市场业务风险管控的重要性。海外金融市场业务暴露出这么多简单、低级的错误，就连在座的海外“一把手”看了都感到触目惊心、深受震动。庞行长昨天讲的一个观点我很认同，管理严密的机构不可能出重大问题。凡是出问题的机构，其管理文化肯定是混乱、粗放的，偶然背后一定有必然。现在海外仍处于初级发展阶段，我们在海外开展金融市场业务时间短，而境外金融市场高度发达，我行与领先交易对手处在不同重量级，更不能因内部管理漏洞而让对方有机可乘。大家要充分认识阶段性、重视阶段性才能快速成长和成熟。如果以规模小、起步晚为借口，对小错误、小问题等闲视之，那出现大的风险和损失是迟早的。同时，金融市场业务与银行声誉密切相连，与反洗钱工作紧密交织。一旦沾上恐怖融资和洗钱，损失是无法估量的，不仅是资金和价值的损失，更是全行声誉和形象的损失，其负面影响比信贷风险要恶劣得多，所以董事长非常重视。对此我们绝不能掉以轻心，发现苗头就要坚决压制，防止“大堤溃于蚁穴”。

第二，注重整改实效，杜绝此查彼犯。我们经过充分讨论达成共识，海外无论怎么发展都要强调“速度服从质量、发展必须安全”，这是毫不动摇的。这次会上提的要求，大家都表了决心。过段时间我们要回头看整改落实情况，杜绝此查彼犯。这次会议重点讨论了海外金融市场业务的风险防控问题，除此之外，各机构还要研究其他领域是否也存在人员缺位和规章制度执行偏差的情况，要举一反三地思考和实践。

第三，形成执行制度与优化制度的良性循环。海外机构对总行现行规章制度要坚决执行，也要及时向总行反馈对制度的意见建议；总行收到意见后，要积极对制度进行完善，在此基础上落实“一行一策”和精细化管理，形成新的、优化后的制度，这时又回到循环的起点，由海外机构认真执行。如果我们循规蹈矩地走完这个循环、不断上升到新的循环，任何复杂的问题都能迎刃而解，安全和发展一点都不矛盾；反之，如果令不行、禁不止，问题不反映、合理建议不采纳，良性循环就难以形成。只要海外发展思路和工作逻辑得以贯彻落实，不仅是金融市场业务，海外整体工作都将受益。

四、人才和队伍

（一）海外机构负责人要树立历史责任感，肩负起开拓进取的重要使命

人才和队伍是立行之本。在座的各位被总行挑选出来委以重任，是总行非常宝贵的财富。目前，我行海外发展仍处于初级阶段，在座的各位就是建行海外事业的拓荒者，肩负着承上启下的重要使命。要有所为、更要有所作为，争取在当地机构的开拓史上书写光辉的一笔，要有开拓进取的精神和斗志。任期是有限的，但事业是无限的，各位负责人的功过得失是要载入海外机构发展史册的。大家将来回顾起这段经历，扪心自问，有没有履行好经营管理职责？是得胜班师回朝，还是损兵折将落败？有没有树立良好的榜样，是否带出了一支过硬的队伍？是非功过，每个人心里都有一杆秤，总行也会有客观公正的评价。

在初级阶段，海外发展不可避免地会遇到一系列严峻的问题和挑战。如何应对？我认为要做好以下几点：一要继承与创新相结合。要把境内业务、境内分行的优秀经验合理移植到海外。但同时，我们海外发展中也会面临不少新问题，这就要求大家必须发挥主动性和创造性，研究借鉴国际化大银行和当地先进银行的经营管理经验，遵循海外业务发展的客观规律，探索开创具有自身特色的海外业务发展道路。二要坚持发展速度与发展质量的有效统一。发展中遇到的问题，要在发展中解决。在海外发展的初级阶段，规模是基础、质量是关键。海外机构遇到的经验不足、人才缺乏等问题，很多可以通过自身的不断发展得以解决。外部环境好的时候，要保持适当的发展速度，奠定海外规模的基础；发展到一定阶段后，又要注重提升发展质量，向质量要效益。发展质量提升后，又为新的增长奠定了坚实基础。三要做到修炼内功与把握机遇两手抓。各位负责人要“低头拉车”，更要“抬头看路”。海外一方面要做好常规业务管理，打好制度、客户和人才基础，确保合规稳健经营；另一方面要紧跟发展趋势，时刻关注发展机遇。发展机遇是改变现状的关键点，是从量变到质变的转折点。中资企业“走出去”、人民币国际化、特殊经济区都为银行海外发展带来了难得的历史机遇，抓住这些机遇，能让海外业务上一个新台阶、迈进一大步。

（二）要加大人员配置和培养力度，特别是要大力选拔中高级人才

第一，扩充海外人员配置。董事长说过，对人才与发展的关系要逆向思维、辩证思维，要增加海外人手，主动积极开拓业务，用队伍去开疆拓土、增加收入，在开拓事业的过程中培养人才，形成良性循环。海外机构不能等人不够用了才申请增加几个人。对人才的需求要提得准，提需求的层次也要拔高。对于迫切的人员需求，要及时向人力资源部和国际部反映，必要时也可反映给行领导。境内要多派，选人、派人要有明确的时间表，当地也要多培养。工行新加坡分行作为一个规模不大的人民币清算行，也有100人的规模。建行伦敦现在才60人，完全可以翻番，用队伍去开拓业务。

第二，要选好培养对象。以“两个轮子、一个车身”作为选人用人标准。“两个轮子”分别是道德品质和事业心，既要对建行事业负责、有职业操守、政治素质高，又要想干事，有干事创业的活力和动力。“一个车身”是工作能力，工作能力要以政治素质和事业心为前提和基础。没有“两个轮子”，能力再高也没有用。

第三，要加大交流培养力度。首先，总行要建立正向导向机制。我跟人力部多次交流，要求人力部建立正向激励，对干得好的人要积极给予绩效激励和提拔。要把作出业绩的人从艰苦的地方调到好地方，从不重要岗位调到重要岗位。艰苦地区分行干得好的员工，任期届满一定要派到发达地区。随着境内经济发展和生活水平提高，赴海外工作的吸引力有所下降，员工还要承担开疆拓土的重任。除了靠“一把手”的言传身教、感情留人之外，总行还要有良好的措施和机制去引导有作为的年轻人。其次，海外机构负责人要以身作则，充当表率。海外机构负责人要严格自律，加强自身修养，不断提高业务水平和经营管理能力，发挥好模范带头作用。最后，要注重内派员工和本地员工的平衡发展。内派人员是联动业务的骨干支撑，当地员工是落地发展的重要力量。实践证明，内派员工在现阶段海外发展中发挥了重要的骨干作用。而且很多内派员工回到境内后，继续在重要岗位发挥作用，推动境内外联动发展。同时，我们也要认识到本地员工对于海外落地业务发展的重要作用，注重本地员工队伍建设，要优中选优、竞争提拔。要加强内派员工与本地员工的交流融合，树立“心往一块想、劲往一块使”的良好企业文化，带出一支过硬的队伍，共同为建行的海外业务发展出谋划策。

最后，再次对海外同志的辛勤劳动和无私奉献表示感谢。特别是一些国家距离远、环境差、治安乱，这些地区的海外机构面临困难更大，总行会继续在生活待遇、提拔任用和人员交流等方面制定激励措施，对艰苦地区的人员尽可能地给予关怀和鼓励。同时，在这里也对总行各部门一直以来给予海外业务的指导、支持和帮助表示感谢。现阶段海外既有问题和挑战，又有条件和机遇。开拓海外市场的任务光荣而艰巨，没有一大批人的献身精神是难以实现既定目标的。海外是全行发展战略的重要组成部分，是一支突破进取的生力军。要不辜负总行的期望，贯彻总行要求。总行会一如既往地支持海外，从安全、持续、稳健和发展的角度帮助大家解决困难。我坚信，建行海外发展的宏伟目标一定要达到，也一定能够达到，后人将比我们做得更好。

谢谢大家！

在全行理财业务推动（视频）会上的讲话

胡哲一

（2014 年 8 月 21 日）

同志们：

今天我们召开全行理财业务推动视频会，主要是考虑到当前我们行前 7 个月理财业务面临的形势比较严峻。2014 年以来，客户需求不断变化，监管也更为规范和细致，同业在这项业务上的竞争也更加激烈，我行在这项业务的发展上既有新的机遇，也面临更大的挑战，需要我们全行认清形势、坚定信心，认真贯彻落实全行夏季工作会会议要求，统筹协调，更加努力，继续推动理财业务稳健发展，为全行圆满完成 2014 年的发展计划作出我们的贡献。

应该说，在总行和分行各条线的共同努力下，投资银行业务经过几年的发展，2013 年已经成为我行第三个收入超过 200 亿元的业务。其中，债券承销业务连续多年以绝对优势占据市场第一的位置；理财业务收入也突破了 100 亿元，理财业务对全行稳定存款、增加收入、维护客户关系起到至关重要的作用。这些成绩都是我们总、分行理财业务条线全体员工上下团结一心，努力拼搏的结果，也是各相关部门，包括销售、审批、风险、营运等各业务条线共同支持努力的结果。

总结全行投行业务的成绩，有几项都到了全行业第一，总的发展势头非常好，我们取得成绩的同时，也应该看到当前理财业务面临的复杂局势和特殊时期的困境，特别是全行业务板块的发展趋势和态势上呈现的不一致，从而对我们业务带来挑战，对全行经营带来影响。

一、当前理财业务面临的形势

1. 市场占比下降，收入同比下降，风险暴露加快，业务发展面临很大的压力。从今年 1 至 7 月的经营情况来看，我行理财业务市场占比下降较快。从前 7 个月的数据来看，整个银行理财市场较年初扩容近 40%，但我行产品总量较年初仅微涨了 4.56%，相对差距较大，6 月末甚至一度比年初下降了 14.34%；市场占比由年初的 12.15%降至不足 8%，下降了 1/3。从收入情况来看，今年前 7 个月全行理财业务收入为 43.22 亿元，仅完成了年初计划的 35.43%。应该是“时间过半，任务过半”，但是 7 个月过去仅完成了 1/3。同时，理财资产风险暴露加快，1—7 月，已到期未能按期还款资产余额 39.72 亿元，比年初增加 24.08 亿；垫款余额 10.13 亿元，比年初增加 3.02 亿元，理财业务稳健发展、防范风险、抓住新的机遇这几个方面面临的压力都加大。

2. 同业竞争激烈，我行理财业务优势面临很大挑战。与我行业务总量下降不同，四大行中其他三大行理财业务规模、高收益资产总量均较年初有不同程度增长，此外，我行还面临产品结构、定价等方面问题，主要体现在这几个方面：一是产品结构不合理，非保本产品规模在四大行排第三，仅为工行的 59%。非保本产品少是理财产品收入下降的因素之一，非保本产品银行端收益率是保本产品的 6 倍，我行理财产品中非保本产品月均余额占全部理财产品的 56%，低于其他三行 70% 的平均水平。二是高收益资产规模小、投向单一。我行高收益资产占理财产品总规模的比例四大行最低，仅为 47.3%，低于四大行平均 60% 的水平，但是信贷类资产占高收益资产比例四大行最高，为 70.9%，远高于四大行平均 44.8% 的水平。这反映了我行高收益资产不足及资产来源较为单一。因为主要是靠信贷类资产来支撑，其他资产很少，使我行高收益资产的收益率大大降低。三是1～3个月的短期产品中，我行保本、非保本产品之间的平均价差明显小于同业。从上半年的对比数据来看，我行保本、非保本产品之间的价差仅为45个BP，而工行为102个BP，是我行的两倍多，这反映了我行保本产品定价过高，没有充分体现风险溢价，由此更加形成了依赖保本来增存资金，从而非保本产品比重、价格上不去的不良循环。我们都买过理财产品，大家都知道1～3个月的产品较多，如果价格相差这么小的话，非保本更难卖，形成恶性循环，非保本销量上不去，我们增存资金的压力都压在保本产品上，所以保本产品的量就更加大，这样就会进一步挤压非保本产品，造成不良循环。

3. 监管新规要求业务转型，并且更加注重风险隔离及风险管理。2014年7月，银监会下发了35号文，主题和核心内容一是引导商业银行理财业务向资产管理业务转型和规范，二是更加注重理财业务的风险管理及自身风险抵御能力的增强。

总的来看，我行理财业务在规范化管理方面走在了同业的前列，理财业务发展整体上保持了良好健康的运行态势，符合银监会最新监管规定中提出的十六字方针，也就是“单独核算、风险隔离、行为规范、归口管理”的要求，我们在这些方面得到了监管部门的认可。下一步关键是要在注重风险管理、增强风险抵御能力的同时，加快业务转型，回归资产管理本质，真正实现代客资产管理，“买者自负，卖者有责”。银监会理财产品销售及代销业务现场检查组2014年5月进驻我行以来，工作十分认真和细致，查阅了很多的原始材料、走访了许多部门和岗位，不但检查了理财的业务情况，同时也了解了相关业务的情况。从检查情况来看，对我们的风险管理制度建设比较认可，认为我行理财业务风险管理的制度构架、组织形式以及运作还是比较健全的，但是检查中也发现部分地区的分行存在制度执行不力、落实不到位的情况。总的报告要过一段时间才出来，我们还要和银监会进行沟通，反映情况和提出我们的要求，正式报告出来后我们要认真整改，形成整改报告。所以今后对理财业务投后管理及各项风险制度的落实情况，总行将加大检查问责，要对相关主要责任人员加大责任追究的力度。关于风险损失责任的追究，大家都知道，全行工作会议上也提出了要求，我们所说的加大责任追究力度不是盲目扩大责任面，人人自危，而是要对主要责任人追究到位、追究有力，使他们真正承担起损失的责任来，真正起到警示教育作用。

二、下一步工作要求

下一步工作总的来说要贯彻全行夏季工作座谈会的转型发展和风险控制的要求，落实到我们理财业务发展中来，既要抓住新的发展机遇，又要严格防范风险，并且要规范我们发展的体制、机制和流程，提高我们发展的活力和效益。

我们前面讲的形势和困难，既有经济增速放缓、市场环境不确定、同业竞争激烈等因素的影响，也有我们在业务管理及发展中长期存在的一些问题没有得到解决，在新的形势下集中反映出来。这既有总行在对整体的形势和外部环境预谋、分析、决策、调控和产品设计、部署上的问题，也有部分分行对总行的政策要求执行不力，各自为战的问题。

针对这种情况，2014年8月初，张建国行长专门主持召开了理财业务专题会，分析了2014年以来理财业务经营的情况、存在的问题、问题产生的原因，以及对第二季度改进的情况进行了全面的分析，围绕理财业务总量、结构、投向、收益等进行了讨论研究，就如何促进理财业务发展、提高我行收益、稳定我行市场占比、进一步加强理财业务的资产风险防控等事宜进行了部署。按照专题会议的要求，我借此机会对下一阶段工作提出一些要求。针对这次专题会议的要求，总行相关部门会后就已经在抓紧着手制定具体措施，要在第三、第四季度贯彻落实，来扭转我们上半年出现的一些趋势，解决出现的一些问题。对全行来说，要做到以下方面。

1. 坚持稳健经营，努力实现理财业务的健康发展。理财业务的稳健运作直接关系到业务可持续发展和市场竞争力的提高，业务发展要避免大起大落，相关配套政策要统一协调，要形成合力。2014年第一、第二季度末理财产品余额波动较大，特别是第一季度末波动远高于同业，不仅全行要交纳高额存款准备金，也造成我行“非标”债权资产总量几乎超过监管标准，擦着边线，同时给产品的流动性管理带来很大的困难。应该说，第二季度我们全行各部门加强了协调，取得了比较明显的效果，各部门也进行了积极的配合，但是总体没有根本的改观，所以2014年第三季度和第四季度要加大力度扭转局面。为此，理财业务专题会议作出了专门部署：一是关键时点存款对理财的依赖应逐步减少，同时也要保证存款的稳定，这两者的平衡要进一步掌握好和保持好；二是非保本理财资金原则上不再作为全行流动性支持手段，非保本理财资金在高于总行指导价20个BP的基础上可允许存放行外，并尽可能保证非保本资金外存政策的连续性和稳定性。这一点，庞秀生副行长、首席财务官、首席风险官都形成了一致的政策意见。

2. 进一步加大产品销售力度，调整产品结构，确保我行市场地位。按照2014年银行理财产品14万亿~15万亿元的市场总量计算，我行理财产品占比在10%左右比较合理，即达到1.4万亿~1.5万亿元的总量，这跟我行的整体业务占比、存款占比是大致相称的，没有这个占比就支撑不了其他各项业务的占比。当前1万亿元的总量离目标占比还有较大差距，还有四五千亿的差距。大家知道，理财业务涉及面较广，尤其需要总行和分行、前台和后台的紧密配合，理财产品对带动存款很重要，做大理财产品总量有利于实现理财和存款双赢。今后，理财业务要在产品管理与产品销售、保本产品与非保本产品、总行产品与分行产品这三个方面加强统一协调，统筹管理，共同实施和执行。产品管理与产品销售之间，要做到统筹规划，通过细化产品设计、加大产品销售，实现理财和存款的正向相关。根据夏季工作座谈会的统一部署和专题会议的要求，9月末理财转存款部分较6月末有所下降，12月末还应进一步下降，要保证9月末理财余额达到1.2万亿元，12月末达到1.3万亿元。保本产品与非保本产品之间，结构要进一步调整，总体保持保本产品与非保本产品3:7的比例，并且定价策略要充分体现风险溢价的差异，保持我行保本产品的合理收入水平。有些同志反映，现在许多非保本产品卖不出去，保本和非保本产品价格差距拉不开也是造成非保本产品销售困难的原因之一，价格相差不大的情况下，投资额10万元以下的普通老百姓还是愿意买保本产品，所以说这是我们自己形成的不良循环，需要自己逐步调整，把价格差拉大。总行产品与分行产品之间，要做到统筹平衡，总行层面对分行产品的发行档期、兑付日要统一安排，合理把握全行产品发行节奏，避免产品到期日集中指向关键时点。对于冲时点，在银监会关于上半年工作总结和下半年工作部署的会议中，尚福林主席的讲话中专门提到过，国务院关于降低银行融资成本支持实体经济的常务会议中也专门提到过。以后要严格监管考核，冲时点冲多了要处罚，并且有明确的处罚要求。我们建行第二季度的存款波动幅度在四大行中相对较小，下一步我们要保持第三季度做得更好。要把理财和存款之间的关系处理好，既要总行部门之间，也要分行和总行之间积极协调配合，总行负责全行宏观调控，总行作为法人，要负责服从监管要求，而分行没有全行总量调控上的监管压力，省分行和银监局，二级分行和银监局的关系主要是在控风险、防违规方面的压力，这是管理上的差别。所以我们分行做工作要站在局部看全局，如果38家一级分行都不考虑总量的问题，全行肯定把控不住，我们的业务就违规了。

3. 继续增加资产运用种类，加大高收益资产总量，提高资产收益率。下一步工作的重点是提高我行理财资产收益率，增加资产种类，适当扩大高收益资产规模。理财资产总量在“非标”资产不超过35%的基础上可考虑继续增加，争取9月末高收益资产增加至4 200亿元，12月末增加至4 500亿元。可考虑增加债券、股权、资本市场类等标准化资产，同时在贷款储备中筛选优质客户，挖掘市场机会，进一步扩展非标资产，加大1年以上资产配置力度，适度增加3年以上资产等。这些不但我们自己要抓紧研究，同时也要抓紧了解和参考同业，成熟的经验我们可以借鉴。今后，总行将考虑给予适当的配套政策，鼓励分行增加高收益资产总量。

4. 风险管理由被动向主动管理风险转变。无论是理财业务，还是整个银行业务，说到底是靠经营和有效地管理风险来盈利的，利润主要来自风险溢价。因此，对待风险我们要有积极的、科学的理念和心态，既不能谈虎色变，也不能像以往那样忽视风险，或者说被动接受风险，而是要主动管理风险。对待风险，我们要坚持王洪章董事长在夏季工作座谈会上所强调的“底线思维”，确保不发生系统性和区域性金融风险。当前，信用风险仍然是主要风险，资源依赖型地区风险暴露比较集中，民营企业潜在风险不容忽视，要重点关注、逐个排查，保持对风险事项的敏感性，防微杜渐，要做到早发现、早介入、早处理。对于风险，我们要抓住重点，理财业务的风险正在逐步显现，对总行来说，我们的资产池还要进一步清理和规范；对分行来说，要改变依赖总行的情况，不能认为资产只要进了总行池子就万事大吉，这种状况必须改变，要加强投后管理，及时与总行沟通，并逐步建立起总、分行对理财业务风险共同承担责任、明确责任、落实责任的机制，理财产品从研发到推广销售再到投后管理，都要明确各阶段总行与分行应承担的责任。与此同时，我们还要坚持预催款机制，在资产到期前及时提醒融资客户提前做好资金安排，确保按时还本付息。

5. 通过切实提高自身能力，实现业务的转型发展。总行党委已经决定成立资产管理部，与投资银行部合署办公，并将主要职责向资产管理业务转型，这将有利于继续发挥我行独特的投行业务与理财业务一体化发展的优势，构建代客资产管理、非信贷类业务融资及投行业务的一体化运作平台。我们既要保持我们投行与理财一体化发展的优势，也要符合银监会的监管要求。目前，总行正在抓紧制订《中国建设银行转型发展规划》（以下简称《规划》），根据《规划》要求，今后资产管理业务要通过产品端不断创新，形成保本与非保本产品相结合，预期收益率产品、净值型产品及结构化产品相结合等丰富完整的产品链条；通过资产端结构的转型调整，打通股票、债券、商品、货币等多市场投资领域，实现高、中、低风险收益相匹配的投资组合，解决各类客户在多个市场的多元化产品投融资需求；打造我行资产管理业务品牌，重点加强投研专业能力、产品创新能力、资产交易处置能力及风险管理能力，逐渐实现理财利差收入型向资产管理收入型转变，持续提高我行资产管理收入。逐步将资产管理业务发展成为与公司业务、零售业务并重的业务板块。

投资银行部改为资产管理部不仅仅是改名称、换处室这么简单，最主要的是根本职能的转变，包括职能、理念、性质、工作重点都要转型，是一个重大的转变和挑战。在我们的《规划》中，转型的重点从总量上来说，是向大资产、大负债转变，这是总量的管理和调控；从经营的层面来说，一是实现以客户为中心的三综合，即“综合营销、综合定价、综合核算”，二是进一步做好批发业务，三是发挥零售业务的优势，四是资产管理业务，五是子公司，六是国际化。今后的资产管理部不仅仅是投行业务和理财业务，而应该涵盖更为丰富的业务内容，有些国际大型商业银行资产管理业务甚至超过批发和零售业务，我们离这个目标还相差很远，所以说我们今后要真正为主要客户、重点客户提供全产品、全方位的资产管理业务，资产管理业务做到位了，我们稳定客户就多了一个坚强的支柱。

以上讲的只是业务发展中的几个方面，理财业务做大做强需要我们大家的共同努力，以理财为代表的资产管理业务无疑是金融业务中最具成长力的板块，是我行战略转型的重要领域，也是未来占领金融市场高地不可或缺的竞争手段。资产管理业务是一项综合性的系统性的工作，需要我们相关部门坚持大局意识，发扬好的协同做法；需要总行和分行、前线和后台进一步的协调配合、共同努力。我们建行的理财业务虽然2014年的各项指标有所下降，但是我们有良好的基础，我们只要进一步清晰理念、调整政策，在产品价格和结构上做一些调整，进一步加强各部门的协调和配合，完全能巩固和夺回我们的优势。因此，我们要统一思想，坚决执行总行的各项决策，形成一致的思想和行动，只要细致周密地研究，正确地决策、果敢地执行，就能应对当前发展的困难和问题，切实解决存在的矛盾和难点。

2014年各个银行面临的形势都很严峻，就看谁在困难的时候能打硬仗、打巧仗、打智慧仗。我们理财业务应该有这个信心和智慧，大家要立足当前、谋划长远，攻坚克难，共同推动建行理财业务的持续健康发展，完成2014年的经营目标，同时为全行业务的发展作出更加积极的贡献。

在一级分行党委书记及总行部门总经理专题培训班上的讲话

胡哲一

（2014 年 11 月 20 日）

很高兴有这个机会和大家交流。上来之前，我在休息的时候说，我跟大家讲实话，参加工作几十年，工作从来没讲过价钱，但是这次来讲这个课确实讲了个“价钱”。本来不想讲这个课，我跟董事长正式推辞了三次，我说我不讲，一是这个课很重要，我是副行长只是分管一个方面，有局限性，要讲应该由三长来讲，最好是董事长您来讲；二是这个课不好讲，想省点儿力，在座的都是建行的精英，讲虚了大家不愿意听，意义也不大，讲实了讲不过你们，你们比我还清楚。所以该怎么办呢？最后董事长说这个规划是你主持起草的，工作安排听我的。董事长就把签报签了，签了就得来。

昨天刚出国回来，现在还有点迷糊，好在我出国之前，在 APEC 期间我把战略规划部的同事叫来，我说我先给你们讲，你们完完全全按照我的录音整理出来，我出国回来用就行了。战略规划部整理了一个录音稿，昨天晚上看了一下，还行，所以今天我基本上就照这个讲。我主要结合起草过程中间的一些体会和讨论，分九个问题来谈，不代表行领导，只代表个人与大家做个学习交流。

一、转型发展规划制订的背景和主要过程

讲这一点的主要目的是希望大家对规划有个全面的认识，能够非常重视和珍惜规划。因为规划确实凝聚了全行上下的智慧和努力。

转型发展规划制订的背景，一是我国经济进入新常态，这个阶段可能是一个较长且复杂艰难的阶段，在这个阶段，建行作为大行如何应对，如何服务全局；二是客户的要求、科技与金融互联网发展相当快，市场环境面临相当大的变化；三是监管的不断完善和严格；四是我们天天体会到的日益激烈和复杂的同业市场竞争。在这样的情况下，建行党委决定根据外部环境变化和建行发展历史现状，制定一个到 2020 年发展的战略纲要，这是一个战略性文件，这个文件决定了未来几年建行发展基本方向、道路、途径、重点和策略，并且提到了到达这些目标所要创造的基本条件。

在历史发展关头，作为大型银行企业，首先要保持非常清醒的头脑，眼界要非常开阔，思路要非常缜密，意志要非常坚定，这是确保我们在重大历史发展关头取胜的根本保证。我们落实中央的要求也好，执行国家的政策也好，更好地服务客户也好，满足监管的要求也好，应对同业的竞争也好，所有这些最根本的是要保住我们建行自身的基本生存和不断提升发展。如果在重要的发展关头，自己的重大问题处理不好，重大战略不明确，什么都谈不上。

在六十年的发展历史上，建行经历过几个重要历史阶段、时期和发展关口，特别是专业银行向商业银行转轨和股份制改革上市及零售转型。在这几个关口上，建行都做出了重要决策，而且得到了全行上下坚决有力的贯彻执行。这些重要关口的成功，对建行六十年的发展，对建行有今天，起到了关键性决定性的作用。没有这几次重要决策和全行上下坚决有力的贯彻执行，建行就没有今天。同样，建行今天也到了一个新的历史关头，在这个关头，建行决定并制定这样一个战略性文件，我认为本身就是一个头脑非常清醒的决策和良好的开局。规划体现了中央的要求，集

中了全行的智慧，反映了客户的愿望，吻合了市场发展变化，我相信，它的制定和实施一定能确保建行在这一轮历史发展关头，能继续立于不败之地，继续走在银行业经营改革发展的前面，保持建行作为中国银行业排头兵的光荣称号。

规划的制订及开始实施是建行2014年以来承上启下继往开来的一件大事。那天我和董事长聊天，他说除了日常工作，心里就三件大事。一是规划一定要制订好、落实好；二是总行新大楼能否建成；三是我们的队伍能否建设好。这三件大事是贯穿我们未来几年的全过程。规划要到2020年，新大楼到2020年不一定能建成，十年能不能建成未知，但是很有希望。规划的制订实施是未来建行持续健康发展、确保领先的市场地位和优势的重要保障，学习领会贯彻落实规划也是未来建行经营发展主线。方向、路子定了，就要坚定不移地执行下去。规划管到2020年，是经过反复思考确定的时间段，这中间跨越了国家"十二五"和"十三五"时期，我们也基本上想好了，中央的"十三五"规划出来，肯定有新的精神，到那时，对我们银行业和建行有新的要求，我们把新的要求吸收到规划之中，再把规划进行一次修改和完善，建行不打算再搞新的五年规划，因为这个规划本身已有一定的前瞻性，把十八大以来中央对金融业银行业的要求、建行六十年行庆时中央领导对建行的希望、四中全会精神贯彻进去了。如果中央有新要求，我们就在此规划基础上完善，不再制订另外的"十三五"建行发展规划。所以，这样可以保证规划贯彻的连续性稳定性和有效性。中央有些大的战略，如区域发展战略中的京津冀一体化、"一带一路"等，我们在规划中也进行了体现。

这次主要议题就是贯彻四中全会精神并学习规划，这本身就是落实规划的一部分，这次是学习讨论，因为规划已基本最终定稿。学习规划要注意以下几点：一是大家要重视规划本身的正确性权威性和必要性，它是一个很好的东西，有用而且非常重要，所以大家要集中学习；二是规划集中了全行上下的智慧，历经一年时间，其起草工作的复杂性、吸收意见的广泛性确实罕见，成果来之不易。2013年8月，董事长在全行工作会议提出要推动建行转型发展，11月董事长接受《中国金融家》采访的时候提出了建行转型发展观。之后规划的起草进入实质性阶段，大家知道，2013年最早实质性的工作就是开了四个片会，11月、12月行领导分别主持召开了四个转型发展调研片会，董事长在厦门、福荣监事长在天津、朱洪波副行长和我在深圳，最后董事长又到贵州，覆盖了全行东西南北所有分行，第一次就转型发展进行了全面调研，很有成效，大家提出了很多的转型发展很好的想法，也是第一次广泛、系统地向全行发出要转型发展、制订转型发展规划的信号。几个片会的材料上报后，董事长都看了，他跟我开玩笑说："就你和朱洪波的座谈会会议纪要还有点干货，有人放炮，挺好的，我参加的两个片会也有一些转型建议，跟我汇报工作多，提得意见不多"，可能是看到"一把手"都想着汇报工作，说话很把握分寸，我和洪波那个会就比较活跃，大家都提了很多很好的意见。

从2014年初开始，规划制订工作加快，1月总行成立了转型发展规划起草小组，董事长说哲一你也是组长，我说没有双组长体制，他说这就是双组长，后来志凌首席、彩虹董秘也都参加了。之后又确定了12个专题小组，每个小组由相关部门的"一把手"手和部分分行的行长来担任组长，这12个小组做了大量的专题研究，报告也很厚，行领导都看了，里面有很多很翔实具体的研究成果，这些研究成果为规划的制订提供了第一手比较完整且很有价值的研究材料。这些成果是用了三个月提出的，所以规划虽然只有短短的几十页，但它的沉淀是很深的，基础非常扎实，不是信口开河弄出来的东西。

规划基本成型以后，讨论更是经过了上下好多次的反复，重大的讨论有六次：一是三次董事会，3月、6月、10月三次董事会讨论，其中10月董事会是讨论加通过，前面两次是纯讨论，在北京和香港各一次，外籍董事、独立董事可以提意见，很尖锐的意见都提了，跟规划有关的提了，跟规划没有直接关系的也提了；二是两次党委会，第一次是讨论不做结论，大家充分发表意见，第二次是审议通过；三是2014年8月的全行工作会议，原来计划发给大家看一看，后来说不行，就专门拿出半天正式讨论，广泛征求意见。这六次重大的讨论给了全行上下各方面充分发表意见的机会。在此期间，党委中心组学习、创新专题会议多次讨论过规划和相关内容。

规划的起草有几个特点。一是经过比较长时间的谋划、酝酿、起草和修改，将近一年，一个企业起草一个文件用了将近一年的时间，这在我参加文件起草历史中不多，中央的重大文件一般是半年，“十二五”规划用的多一些，可能是一年左右，如果一个企业的规划用了一年时间，说明我们对这个规划是非常慎重的，下的工夫也是很大的；二是吸收意见采取了多种方式，除了六次重大讨论外，我们还通过部门征求意见，每次上党委会之前，特别是最后一次上党委会之前，我还是不放心，我把相关的板块召集到一起，如对公板块，我把许会斌总监和对公的几个部门都召集到一起，讨论到底批发这一块总的这么写行不行，零售板块也是如此。大资产大负债部分，我跟许一鸣说的也是这样，你是首席财务官，要一字一字把关，你交给我的你签字。风险那块我交给俭华，我说整个风险你把关，如果到了党委会讨论风险有意见，那就是你没有把好关。我们专门听取这几个板块意见，不只是简单的条线的意见，因为条线部门比较细，有不同的部门利益和角度，但是分成板块来讨论，意见就会不一样。所以几个板块合到规划中，保持它的完整性。最后规划没有按照部门写，部门有它的细条，但是主要的就是按照七大板块写的转型发展重点，分别是大资产大负债、批发、零售、电子银行、资产管理、子公司、国际化。按板块写的用意就是更加体现规划的战略性和综合性。

跟大家简要介绍这些，就是让大家知道规划是来之不易的。在规划起草过程中，第一，大家在讨论起草反复征求意见中，大家逐步知道熟悉这个东西，形成一些共识，这本身就是统一思想和认识的过程，因为规划是靠全行实施，统一思想和认识特别重要，因为大家站的角度位置不一样，但是规划是站在全行的角度，所以今天在座的都是“一把手”，以后看到这个规划，希望你们先站在全行的角度来看，然后再去看自己那一部分，如果倒过来看，你对规划就不会有深刻的理解；第二，规划在整个制订过程中，没有说写是写干是干，用董事长的话，实际上是边写边干边转型，有些条线，如对公条线，原来就做了一个转型发展方案，下一步他们将根据规划进一步修改完善，我们有些转型发展的工作已经在进行，所以我们不是停下来再写，而是边起草边思考边探索边转型，已经在干了；第三，经过这么长时间，我们终于把这个宝贝弄出来了，我认为是宝贝，这是个好东西，好东西要把它贯彻落实，好东西就要用，不用就是最大的浪费。董事会审议通过规划后，我们根据董事会的意见做了最后的定稿，把董事们的意见一条一条落实，这些董事都很精明，看规划定了稿，他们会对照看，自己意见有没有反映，所以把董事会意见吸收以后，最后交给董事长审阅拍板定稿。董事会通过以后，我们做了三件事情：一是制订规划的分解任务书，规划是总规划，各个条线子公司如何去落实规划，分解到条线去制订具体方案，整个规划中凡是实质性内容的都要有牵头部门、参与部门，要把任务分解，下一步由各个部门去制订具体实施方案。今天我跟大家讲的是大的事情，等具体的子方案出来后，会更加明确。二是我们制订了学习宣讲的工作规划，全行上下要学习落实规划，今天就是开始。三是从 2015 年开始，年度工作计划要和规划衔接，不能规划是规划，年度计划是计划，那规划就会落空，这是非常关键的。

关于规划如何贯彻落实，在 2014 年 10 月董事会审议通过的时候，董事们提了一个要求，要求规划实施过程中要评估，董事长说可否六年评估三次，两年一次行不行？外籍董事不同意，要求半年到一年评估一次，最后结果是一年评估一次。所以以后每一年董事会都要听取规划的落实执行情况，估计这个会不好过。不是说搞虚的糊弄一下董事会说 2014 年实施情况怎么样就能通过，肯定要非常严谨客观的，哪些做得怎么样，做到哪一步，哪些做到了，哪些没做到，规划哪些方面因为形势变化需要调整，哪些是有宽容度的，哪些没有，都要一一报告。而且我们已经定了，规划第 27 条就是规划的落实，战略规划部还有一个规划落实督促的处室，对照检查规划落实情况。所有这些都是为了保证最后能把规划这张蓝图通过全行上下的艰苦努力变为现实。

二、转型发展的必要性和战略重要性

这也是一个虚的题目，但是我们既然要形成

共识，这就是最大的共识。为什么要搞规划？这就回到了建行为什么要转型、要不要转型、不转行不行？其实在这一年中，大家都在讨论这个问题。费这么大劲起草规划指导转型，不转到底行不行？就像现在这样一年制订一个年度经营计划，一年一年滚，滚到2020年行不行？也可以，但是作为大的战略是不行的，必须要有个规划。就是建行到了这个历史关头必须要有个战略性文件指导，要有个大的很明确、清晰的想法把几十万人的力量汇集到一起。

规划最终是五章27条，前面有个开场白，后面有个小尾巴。开场白从五个方面说了建行为什么要转型，前言文字要求很高，写了好多遍很难写，里面就提到五个方面，你要是不小心随便看一眼就过去了。建行转型迫切性这五个方面大家对照看一下，四个方面工农中建是一样的，没有建行的特殊情况。我们跟国际先进银行比有差距，机制难以适应新形势，利率市场化加快监管趋严难度加大，不良资产暴露多化解难度大，这四条工农中建都一样，也就是说你要转型，他们也要转型。第三条是建行的特点，建行改革红利和传统业务优势减弱，新的优势尚未全面形成，在市场准入放宽、新业态出现、同业和跨界竞争加剧的情况下，建行提升生存和发展的能力更加艰难，这一条是建行的特殊之处。我认为这五条基本上概括出来建行为什么要转型和转型迫切的理由。但是我认为还不够，还有一条没讲到，规划里不好写，没写进去。

六年前我来建行的时候感到很幸运，因为建行是四大行里最好的一家。大家都知道，股份制银行改革试点是国务院批的，为什么批给建行，没批给别的行，所以我来的是我国银行业经营改革发展的排头兵。第一家上市是国家最信任、社会最认可、基础队伍条件最好、最有把握靠得住的银行。六年过去了，到今天建行排头兵的帽子戴得住，建行还可以说是银行业经营发展的排头兵，因为从主要经营指标来看，每年财政部给我们打分我们不是第一就是第二，个别时间第二还是由于特殊情况，我们很少第二，大部分时间是第一。这是综合打分，是用数据来说话，不是虚假的，所以今天我们还是排头兵。

但是我觉得排头兵这个帽子越来越难来，越戴越戴不住了，再不努力就没得戴了，这不是危言耸听。规划里提到的——最早改革的红利最先消失，这句不必多说，农行现在还有改革红利，我们建行已经没有了，改革的红利最早消失。我们四大行都有各自特点，建行的特点、传统优势领域是最早市场化的，就是大项目、基础设施建设最早开放，现在各个银行都能搞，搞银团贷款都能牵头。相对来说，其他三家银行的传统优势也在减弱，但是减弱得少一些，工行的城市、工商客户的结算优势，中行的海外国际业务优势，农行一是改革红利最后释放，二是原来的两个负担——农民和县域，现在变成潜力所在，农行领导说我们农行是一架起飞的飞机，两个翅膀，一个翅膀是农民，离开农村农业但不离开农行，我们的卡跟着他们走，第二个翅膀是县域，机身是城市化、国际化，农行在城市里和国际上也不闲着。这三大行优势相对减弱得少一些，建行减弱得比较大，完全市场化。我们现在除了工程造价咨询有些优势以外，在大项目上，从业务本身方面我们没有什么优势。除此以外，大家还要看到，我记得有一次行领导聊天提到，我们前两年提了一句话——缩小与领先者的差距，拉大与追赶者的差距，这是在全行工作会议上正式提出来的，当时这句话很聪明、很科学，不刺激同业。这句话提了两年多，我们今天看一看，不但没有实现，反而走反了。截至目前，总的来说，我们和工行的差距是在拉大的，和农行的差距是在缩小的。这种反向的走向还能维持支撑多久？支撑不了了，就永远赶不上领先者，而且马上就要被追随者超越。发展慢，不被赶超，那可不一定了。不管别人如何，我们这句话实施的结果就是这个结果，不是这两年我们不努力，而是我们非常努力，但是既然提出这个目标，为什么没有实现？为什么和提出的意向是相反的？以前暂且放下，现在到了新的历史关头，还能这么不明不白走下去，挪一年算一年？肯定不行！前不久董事长要求有关部门对照我们和农行业务的差距也是缘于此，董事长看到农行有些业务超过我们，很着急，有些原来也不是农行的优势，这怎么办？

大家又问了，为什么建行一定要保第二？原来建行也不是第二，原来好像是第四，我们能不能搞个第三、第四？只要效益是第一就行了，我们不计规模不要GDP行不行？搞一个有特色的银行，小一点儿、好一点儿，行不行？这也是一种市场经济的思路，国外也没有那么拼规模的。但是我要说，大家要看到另外一个事实，这是一个一厢情愿的美好愿望，在目前情况下不太可能。原因很简单，因为在较短的时间内，中国银行业特别是大银行，同质化的现象还不可能根本改变，在这个前提下，大银行失去了规模，客户基础、业务基本面、市场品牌、份额等很多东西都会失去，在同质化和价格还没有完全放开的情况下，怎么过活？我们把中国银行超过以后，中国银行在同质化的情况下想翻身超过我们，相当困难。美好愿望的前提是同质化很快打破，特色银行很快出现，那我们可以办一个小的、好的、有特色的。我后面还会讲到，建行在经营的行业区域上没有选择，什么都得干，国家都要求你干，这样怎么能实现美好愿望？市场地位下去了，但是一流要保住，怎么保？从这个角度来看，在一段时间内，我们的地位优势就是不能动摇、不能失去。

在同质化的基本现状下，市场地位就是继续发展的基本条件，不能轻易丢掉。我记得半个月前，张行长组织讨论2014年末工作和2015年的盘子怎么定，大家充分发表意见。现在越来越难确定2014年底和2015年的盘子，规模、存款、不良、拨备、利润相互有关系相互平衡，就像跷跷板。在好的情况下，平衡难度不大，在困难的情况下，平衡的难度就大。这些指标平衡的过程中，我们的市场份额市场地位是不是放在优先的位置？按照我刚才说的逻辑，就应该放在优先地位，如果矛盾不大，都可以保住，矛盾大了，就要保市场地位第二，当我们的市场地位真正受到威胁，马上就要掉到第三的时候，那该付的成本就要付，该高进高出的时候就得走，不良要提高一点就要提高，利润要下降一点就要下降，核销要少一点就要少，因为如果这些都满足了，市场地位就要下来了。我问张行长如果平衡难度大，是不是要强调保住地位？张行长说应该是这样，我说你同意我就讲了。我在会上就讲这个意思，我说有这么多因素需要平衡，如果到最后平衡不下来，就要保市场地位，别的指标难看一点就难看一点，那没办法，只要在监管允许的范围内，市场预期允许的范围内，就要先保市场第二的地位。我们现在越来越难平衡，市场第二的地位都讨论到这个程度了，大家想想这个压力，如果我们不进行战略转型，不进行重大的决策和改变，这样还能平衡多久？还能持续多久？

所以从这两条和建行的特点来看，一是改革红利和传统优势正在逐步削弱，而且削弱没有多少了，新的优势还未形成，二是前两年确保第二不断增强的战略没有实现，而且是反的。我认为建行在未来几年转型发展的迫切性、必要性比其他三大行还要更加突出。这个很简单，是因为你原来的领先优势决定了你不能掉下来，原来是班上最好的学生，怎么敢掉下来。

我还跟大家讲一个思想方法问题，一般我们在形势好的时候，应该多想共性的问题，什么叫共性的问题？就是形势什么时候变坏？你要在这个问题比别人别说早一步，就是早半步就不得了，你所有的工作都走在别人前面。形势不好的时候，思维就应该反过来，共性的问题就要少想一些，多想个性问题，为什么？从不好的形势变好的形势，大家怎么做，不用考虑，一好大家都知道。你要考虑不好的时候，除了你和大家都一样的难处之外，自己还有哪些别的特殊的毛病和难处？现在经济下降，建行的特殊的困难、毛病在哪里？我们主要想这个。就像感冒一样，冬天寒流来了，大家都感冒，没什么大事儿，但你得想想你是否还有别的隐患，有没有高血压、糖尿病、支气管炎，别人只是感冒，你除了感冒，还可能引发别的病，结果春天一来，别人都恢复了，你还差得远。要用这个思维方法想，结合我刚才讲的，建行转型发展的迫切性和重要性显得更加重要。

后一条特殊性我们不好写到规划里，说我们这两年没有实现，大家信心也不足，但在这个范围完全可以和大家敞开讲，作为行领导，包括我自己，感到很忧虑。这么滑下去，你可能感觉不到，指标看着还行，但是地位不一样了，建行是排头兵，不能和别人一样的下滑，更不能滑得更快。所以我们必须要制定全行战略性转型发展，制定这个文件确实是非常重要的，更多地要考虑到建行的特殊性和历史发展脉络。

我们这一届党委、董事长、行长在任期间，大家都有一个愿望就是不能把排头兵帽子丢了，不能把市场第二的地位丢了，在我们手里不能丢，我想在座的也不愿意在退休之前看着它丢了。按照建行几次重大关头的选择和结果来看，建行只要是有正确的战略，只要全行统一意志和行动，一定能做到。历史证明能做到，未来也将证明能做到。这支队伍就这么行、这么厉害，能做到！

三、转型发展的指导思想、原则和目标

这是转型发展规划第一章的主要内容。

一是转型发展是战略性转变，不是一两项工作的改进，从银行的角度来看涉及经营业务、产品管理、考核方式、资源配置、机构布局等一系列内容，是一个系统工程。二是转型发展是一个过程，从思想、理论、战略、方向、路径、重点，再到系统部署、分步实施、具体落实，是一个完整的、连续的时间过程。我记得在讨论初稿有些同志说，转型规划不过瘾，不像个转型规划，没换个人，我也有这感觉，好像什么都提到了，什么都还是在现在的基础上改进，不像大改革、大转型，这个也有道理。但是，我们的战略转型规划的制定要把握两条：一是它要有战略、要有气势，要刮骨疗伤、推陈出新，要有面目一新的战略指导，要有先进性、前瞻性、创新性，二是要想到在执行过程中，要有连续性、可行性、现实性，不可能来个180°转弯，不可能在短时间内把建行变成零售银行或者投资银行。

原因很简单，一是在未来六年，中国经济的结构、增长方式和速度的改变是一个渐进的过程，在这个过程中，银行经营外部环境没有根本的变化，建行怎么可能出现根本变化。二是金融业的基本格局在未来会有变化，但不可能有根本变化，直接融资和间接融资的比例和方式、大银行的同质化也不会有根本变化。监管会有调整，但是巴塞尔Ⅲ执行的时间表是确定的，这也不会有大变化。三是建行转型也不是说停下来转型，每年还有经营计划，经营计划压头，所以日常的经营和转型要很好地结合起来，而不是分裂对立和割裂开来。要在完成年度计划和正常运转的情况下逐步转型。所以只能是两副担子一起挑，不能丢掉一副挑一副。在这三个条件下，建行只能在现有基础下逐步加快转型，所以最后将时间定在2020年。这有点儿像海军一样，海军转型不是说海军转成陆军、空军了，不可能的，但是海军加一些直升机，就是海军航空兵，海军加点陆军就是海军陆战队，这也是转型，空中也能干，陆地也能干，但基本任务还是在海里，发展登陆艇、航母，这就是转型。建设一支现代化的海军，本质还是海军，但是含义、功能、实力和先进性完全不一样。

大家觉得转型不过瘾，还因为有个时间的限定，我们定到2020年，六年时间能完成多大的任务，我认为把转型发展定下的任务基本完成就不得了。如果建行还有能力，大家还有气魄，六年以后再干，再弄一个十年发展规划，那就更宏伟、更壮观，但是必须要在这六年打下基础。

转型发展的指导思想体现了十八大以来中央对国有大银行的要求，也体现了中央领导在建行60年行庆给予建行的批示，习总书记、李克强总理、马凯副总理做了批示，习总书记的批示里提出了三个能力，即增强服务国家建设能力、防范金融风险能力、参与国际竞争能力。我们通过学习，体会到这比我们站得高看得远，所以我们把这些吸收到规划中充分体现。

在转型目标中，就是建设银行的品牌定位，讨论来讨论去，最后定在“最具价值创造力银行”和“为您创造价值的银行”。在讨论中，董事长提出，通过讨论大家一致认可，立意比较高，是向国际一流银行立意靠近，大家都知道建行原来排头兵的优势说到最后就是效益优势、集约化优势，我们多年来用第二甚至第三的资源创造了一流的业绩，本身就说明建行在大银行里是最具有价值效益和价值创造能力的银行，没有高效益和高效率就不可能最具价值创造力。价值创造力的概念更广泛，规划里的解释不仅仅指效益指标，还涵盖了国家、客户、社会和建行员工，最后体现为这四方面价值创造的高度协调和最大化。“最具价值创造力银行”换句话说，建行是国内最科学、最先进、最聪明、最会干、最能干的银行，只有这样才能最大限度地实现价值创造。这里面有几个层次，价值创造核心是客户，因为价值是客户带来的，是实体经济带来的，大头是国家，基础是员工，形象在社会。把这个作为建行的品牌定位，既符合建行历史发展脉络和传统优势，也符合先进银行基本特征。这个比保市场第二和份额的目标更高、更长远。在更成熟的发展

阶段，最具价值创造力银行也是确保第二地位的根本保证。

转型发展原则体现了一是要探索创新，转型只是一个方向和战略，它的具体实施和落实要有创造性，所以我们首先要把转型发展规划进行分解；二是规划不是推倒重来，是新旧结合、扬长补短；三是规划实施要统筹兼顾、把握全面、突出重点，底线是转型发展不能打乱经营，而是有力推动经营的更好发展，不是另搞一套、顾此失彼；四是转型发展规划要把全行统一性权威性与分行、条线的差异化具体化相结合，全行统一行动与分行的创造性很好地结合起来。

四、转型发展方向和对综合化的理解

转型发展方向这一章提出了五个方向，前三个方面大家很熟悉，就是九个字“综合化、多功能、集约化”，再加一个创新银行、一个智慧银行，代表了银行未来发展方向。前面九个字讲了很多年了，大家已经很熟悉了，但是否在转型发展中理解得很深刻？我觉得我自己的理解都还不够深入，下面我们来探讨一下。

第一个问题是，思维要综合化才能理解建行综合化。综合化在规划里写了三个层次：综合经营管理、综合营销服务、综合运营核算。如果换成我们比较熟悉的语言和层次，第一个层次的综合化是指业务领域和范围的拓宽，包括银行业务为主、其他经营功能为辅、主辅功能相互协调发展。还有业务范围，包括母公司、子公司，银行业、非银行业，本外币、境内外等，这都是指一个业务范围的综合化。第二个层次的综合化，是从客户需求的角度来说的，怎么去满足客户综合需求，这就是综合服务、综合营销、综合定价，综合化的出发点和落脚点都要满足客户需求和市场竞争的综合化。第三个层次的综合化，是我们内部的营运、运行、管理、核算、考核这一套的综合化，这个综合化涉及我们内部条线之间、板块之间、业务之间、产品之间、部门之间、总分行之间、母子公司之间、境内外之间，它是一个运行的“紧密的”衔接、流畅和协调。

这三个综合化是不同层次的，但它们关系比较紧密。第一个层次，它是手段，就是为了满足经营和客户的手段，你要什么我有什么，你要银行有银行，你要基金有基金，你要证券有证券，你要外汇有外汇。第二个层次，它是核心，就是以客户为中心，是综合化的根本出发点和落脚点。第三个层次，是关键，是实现前两个综合化的基本条件。整个综合化能否落实、能否真正见效甚至成败，关键在于内部的综合化。在写规划过程中，截至今天，也是探索过程中间遇到的最难的难点。第三个层次里面，有运营、协调、核算的综合化，但是最后的核心，大家都是“一把手”应该知道，特别是条线的“一把手”在这里，大家都知道，就是综合考核是难中之难，是所有综合化的难点，说一千道一万，就是利益分享、综合考核。

我们老讲部门要协调，这个没错，在这几年，部门的协调、条线的协调、母子公司的联动有很大的进步，因为我们要实现这个综合化，单是靠友谊、靠协调、靠老总之间相互配合，几件事可以，但不是常态，没有机制性。这个机制，最后破解的核心就是综合考核。如果没有真正建立起全方位、多层次的利益分享机制，就不可能从根本上协调不同的条线、板块、层级利益，只有通过利益分享、收益分成，才能从机制上、常态上激发综合服务的动力和协调性。

党委中心组学习的时候，监事长讲了1个例子，我原来在和国外银行会谈中，也有过这样的体会。外国银行的综合化，特别是内部综合化，已经到了非常精细的程度，一个普通的对公客户经理出去营销，回来就在黑莓手机上写报告，写完对这个客户的评价，有什么样的价值，发给他的上司，他的上司根据这个报告制定营销策略，然后接着这个条线就去继续营销这个客户，营销来这个客户取得的收益，那当然要算他的业绩，要给他激励。这个好理解。他还要做第二件事情，他要把他的这份报告继续完善后，发给他认为有用的部门。例如，他认为这个客户在养老金业务方面有潜力，可能就发给养老金部门。如果认为信用卡、代发工资有潜力，写明原因理由，就发给卡部。其他的业务条线根据这个线索继续营销，取得了业绩，要给他一部分，这个分成不用通过谈判见面协调，是系统自动生成的。他为什么要做第二件事？因为跟他的业绩收入有关，跟他的综合业绩能力评价有关。人家系统已经做到了基层客户经理这一级，我们连总行条线部门、重大项目都还没做到，差距太大。

我们讲综合化，我们都讲“三综合”，董事长说了“三综合加一”，综合服务、综合营销、综合定价，加上一个最重要的综合考核。没有综合考核就是一事一办，没有保证。如果没有融入综合考核，综合定价就没有基础。哪条线是盈的、哪条线是亏的、亏多少、风险容忍度是多少、本币盈亏多少、外币盈亏多少、盈亏了怎么办，没有这个综合考核，综合定价就是孤立分散站不住的，后面没有实现的基础。盈的大家都好办，亏的那部分怎么办？所以在综合定价中要引入盈的因素，还要引入亏的因素，才能谈到综合平衡，内部有了综合平衡，才能对外给出正确的客户接受的双赢的综合定价的价格。

我们有时候也有烦恼，就像部门协调方面，我分管的部门，除了跟他们讲些大道理外，还定了一个“322”的协调机制：处长正式协调三次以上不行，赶紧报告副总，副总正式协调两次，正式协调是指正式的电话、文字、见面，不能说是吃饭打个招呼，副总协调两次不行，报告正总，正总再和其他部门的“一把手”，正式协调两次，如果还协调不下来，在三个工作日之内报告给我，我去协调。这个协调机制用得很好，部门“一把手”不太好把问题交到我这来，交到我这来说明他没本事，协调两次还没协调好，能力这么差，还要我出面。即使是这样还不够。我到建行六年，副行长之间协调不了的，意见非常不同，非要三长来定。在我的工作经历中，记得有一次，其他无数次都在我们这一级解决了，这是唯一的一次，就是关于生产基地建设。我跟章更生副行长意见不一致，最后到张行长那里，由张行长定一下，最后就是这么做的。这是唯一的一次。那么是不是到我们这一级协调完了，综合化协调就完全解决了呢？没有。我们开会定了，大家也都同意了，但是下去以后执行过程中，又有很多大大小小的问题协调不了，又按照“322”机制到我这里来了，还是不行，有的事情可能要回到原来的样子。不是说部门“一把手”不顾大局不搞协调，而是机制和考核方式还不够完善，导致在没有矛盾时大家协调，部门利益有矛盾时肯定是各顾各。有些定下来的事情执行很难，有些时候就是要为别的部门做牺牲，怎么可能让他自觉执行？

现在我们总行部门分两类：一类是管理部门，一类是经营管理部门或者叫经营部门。两类部门的考核是不一样的。管理部门基本上是要通过打分的考核，不同的打分群体和权重。经营部门除了打分以外，还有经营的指标，这些指标是单项的或者是单项为主的。比方说，个人存款部考核储蓄存款，投行部考核理财业务的利润，国际部考核外汇利润等。这种指标大部分是单项的。这种指标的单项性和两个东西有矛盾，一是和客户需求的三综合，特别是和综合定价有矛盾，二是和分行的要求有矛盾，分行对总行的要求是综合性的，因为你给分行的授权是综合性的，分行去营销一个客户是综合考虑的，但是分行的综合性到了总行就要分成条线指标的单项性。如果这两者一致的话还好办，如果矛盾的话，那么我要是部门的“一把手”，必须要为我的部门主要指标负责。因为这个考核指标就是涉及我部门年终的业绩评价，就是涉及我几十号人甚至上百号人的业绩甚至对“一把手”的评价。我忙了半天，我还是C档，那怎么行？所以，当矛盾的时候，他就想首先要完成自己的指标，这是机制决定的。

这也让我们想到一个更深刻的问题，总行是干什么的？总行是由部门组成的，如果部门都是按照单项指标考核的，那就是说总行是个经营部门，也是按照单项指标汇总起来的。在这个规划里面，对总行是干什么的提到十六个字，非常好，叫做“调控水平、经营功能、管理效率、服务质量”，就是调控经营管理服务，它有一些经营职能，如金融市场部它有直接经营的职能，但是这样的部门很少。总的来说，总行就是两大功能：第一个是统筹调控，解决全行宏观的大事，如作为银行法人满足监管机构要求，流动性满足人民银行要求，这是总行要管的，要解决关系全行的大事。第二个就是服务和保障，推动解决全行性问题的能力。总行基本职能除了真正的事业部，总行没有真正的经营部门，没有真正经营客户的部门，那么指标的单项性，那肯定就不对等的，就会产生矛盾。总行哪有真正的客户部门？信用卡中心也不是纯事业部制，它也不是客户部门，而是产品部门。集团部除非真正做直接经营、直接开户、直接核算利润，否则也不是客户部门，高层营销不算直接经营部门，行领导帮你营销一下怎么算经营部门，只能算直接营销。现在我们总行定了七八个客户部门。职责利益分享机制不很清楚。对总行部门的考核就直接涉及综合化的关键，就是综合考核。国外银行客户经理都做到了，我们连总行部门一级还没有做到。

对于总行部门的考核，这么多年不断改进，取得了很大成果，而且考核每年都在不断完善，动了很大脑筋，而且现在越来越协调，我个人觉得，还可以进一步研究、改进和完善部门的考核。那怎么改进和完善呢？我建议，第一，管理部门的打分要进一步改善，通过打分权重、方法、样本来改善。经营部门呢，总行没有客户部门，所有的客户账户都开在分行，综合服务方案也是分行拿，总行没有客户部门。总行有业务管理部门，有支持协调，产品研发推广的职能，所以对业务经营管理部门应该是打分和业务部分考核。那么业务部分怎么考核，现在单项指标多一些，我刚才说了存款、利润、收入。这些单项的指标如果孤立地来看，割裂了各个业务之间的联系，割裂了客户的需求，割裂了分行对总行的综合性需求。那能不能改一改呢？对业务综合管理部门的考核，把打分和业务考核结合起来，这是一个原则，既考核他们的管理和服务，也考核他们条线的业务经营情况。这是一个，没有问题，现在是这样的。

第二个问题是，对业务部分的考核，怎么才能更加完善呢？怎么使这个矛盾更小一点呢？我认为有两点可以考虑。第一，在业务考核方面，是不是更多考虑一些全面性指标。弱化一些单项性指标。比方说存款，存款是要考核的，能不能存款和全量资金一起考核？逐步走向全量资金考核。在全量资金考核时，对全量资金有关的部门，给予不同的权重。例如，个人部占40%，公司部占30%，投行部也占10%，国际部也占个7%、8%，它有外汇存款嘛。这样大家就对全量资金都得负责任，全量增量好了，大家都有份。你一定要孤立分成个人存款、对公存款、同业存款、外汇存款，你把它割裂了，而且这些存款之间有些是互相转换的，那转换起来怎么办？转换起来算谁的？转换起来就涉及利益，搞都搞不清楚。能不能多考核一些全面性的，为体现部门不同职责，给予一定的权重，让大家既关心局部也关心整体。

第二，能不能多考核一些业务数量性指标，少或者优化一点收益性效益性指标。比方说国际部，你可以考核国际结算量、跨境人民币结算量，信用证、保理业务规模数量程度，产品推广运用的情况，这些业务很多，发展也很快，既可以纵向对比，也可以横向对比。建行自身纵向对比国际结算量、增长怎么样，横向跟农行、中行、工行对比怎么样，市场份额占比多少，这也好考核，可以多考核这样的。相对弱化外汇利润这种收益性指标，你们“一把手”都在这里，外汇利润太复杂，变化太大，汇率上下波动、美元升值，大客户要把3亿美元存到你这里，你肯定不干啊，存了就亏。反过来美元贬值，外汇贷款客户天天让你贷，怎么办？但是经过综合算账，他是我的好客户，综合算账是赚的，那业务就可以做。所以有些分行“一把手”就亲自跟我说，拿个企业的例子，上面清清楚楚，外汇赔多少，综合盈多少，扣除外汇部分，总的赚多少，请求国际部给这个额度。国际部说行长批了可以给。下一个省分行又来了，再批。批多了，国际部不干了，他利润没了，到哪里找去？现在还有个机制，我让他们每个省就保一两个大客户可以，“一把手”打电话来，因为“一把手”全面，责任感也强，他认为这个企业要综合营销，那就差不多了，那就真是到了关键点上了。总行对分行“一把手”提出的问题置若罔闻，总行部门就是失职了。但是这样做多了不行啊，多了就得把这些记录下来。现在还有一个弥补方式，到年底一汇总，跟管考核部门的计财部门说说。计财部门很支持，说这个就算免了，再跟庞行长说一下，把外汇业务利润再调一下。但是这也不是常态，再多一点怎么办呢？它不是个常态。因为这个利润单项性跟业务、客户、分行要求的综合性是矛盾的，不是它一个部门能够决定的，像这样的指标能不能稍微弱化一点。

以上这两个方面，能不能做一点点改进和完善，这样业务部门的考核就好。大家就更关心全量指标了，更多关心业务发展，关心产品开发应用和推广。其实这两个上去了，全行那些单项指标自然也会上去。国际业务量做大了，对公、对个人都把外汇业务都搞上去了，客户数、开户数、结算数这些都上去了，利润能不上去吗？分行不会老做亏本的买卖，本外币一结合就赚了。我们的考核还可以不断地完善。

对综合考核总行一直在探索和试验，也进行了一些调整。比方说在集团部做了一个试点，一些重要客户能够做到综合考核了，但是那个层面仍是人为记账，还没到系统自动生成，还没有很细化，更没有到客户经理这一级。所以综合考核还需要我们进一步转型，实现真正突破。从系统到流程、到管理会计、到最后考核落实，这是一个比较复杂的系统工程，但是这一步一定要突破，这一步不突破，没有内部的综合化支撑，第一和第二个层次的综合化效果就达不到。

关于多功能，我这里不多说。多功能我们理解就是也含有综合化的部分。工行提出的定位，也是九个字，叫做“国际化、特色化、信息化”。工行是这么提的，也是这么干的。我们原来也想提特色化，当初最早提九个字的时候，战略规划部也跟我做过一些研究，说综合化和多功能有一些重合的部分，但是细的可以分开，多功能主要讲的是产品和渠道，综合化是我上面讲的那些方面。能不能提综合性、特色化、集约型？当初为什么突出特色呢，我记得有位国务院领导以前说过两句话，现在还记忆犹新。第一句话，国有商业银行还没有经历过完整的经济周期考验，前几年搞得很火，艰难日子没来。现在刚开始，大家各显英雄本色的时候到了。第二句话，这几家大银行没什么大区别，同质化，都一样。国外先进银行不是这样的，都是各有自己的特点。所以有特色的科学的银行才是现代银行的标志。那我们为什么最终没把这个写进去，还是考虑到时间的概念。这几年也不可能完全特色化，同质化还是要持续一段时间，所以最后还是坚持原来的提法。但我在这里提这个意思，就是未来建行的方向还是要有建行特色的先进银行，没有特色还是没有未来。

集约化我刚才都提过了，建行这几年人均、网均同业都是最好的，所以集约化本身是建行的一个传统优势，只是没有明确提出来。实际上我们为什么用较小的资源取得了这么好的效益，除了建行队伍的素质以外，最根本的就是管理经营的集约化，总体来说在银行业是名列前茅。这个优势在这个规划里面希望能进一步保留和发挥。现在的集约化在规划里突出就是两个方面的着力重点：第一个是分离、配合和协调，分离是前后台分离，专业性的分离，包括以后总行一些部门功能的分离，分离以后再协调配合，这是一个集约化实现的关键；第二个是集中和下沉，该集中的必须集中，现在我们很多东西必须要集中，像国际单证中心用几年时间集中起来，大大解放了一批人力，提高了工作效率。还有很多集中的，系统开发、呼叫中心这些都要逐步集中，要提高集约化程度。还有就是下沉，该下沉的要下沉，我后面要讲，必须放权，但放权是有条件的。所以把集中和下沉结合起来提高整个资源的使用效率。

九个字以外还加了两个，创新银行和智慧银行，我就不多讲了，但是这代表未来发展的方向。这里面一些有含金量的话不注意看一晃就过去了，但做起来相当难。例如，创新银行里提到总行要探索建立负面清单的管理模式，按照我们的外贸、外资企业的负面清单，那就是说清单里有的不能做，没有的都能做了？那跟我们现在的管理模式，总行不说就不能做那可是差远了，那怎么探索这个东西？全面铺开肯定不行，哪里开始突破探索，哪个条线开始探索，从哪个业务开始探索负面清单？总行就列几条明确不能的，其他的分行全能干，总行别管。就这一句话，我看他们有关部门分解任务时怎么落实，肯定很难，但规划已提出了这个方向。

五、转型发展要求和建行发展战略重点问题

第三章转型发展要求，也是五条。前三条三个能力是习总书记的要求，再加两个我们银行特点。一是提高服务客户的水平，二是打造业务发展的优势。这个也是反复琢磨的，既有国家的要求，也有我们建行的银行特点。从更宏观的角度来看，观察一个企业或银行，大的就三个方面，一是经营定位，它是干什么的，它与谁发生关系，市场在哪里；二是组织架构，是采取什么样的组织架构，是母公司还是单一公司，还是紧密层，还有分支机构、系统授权等；三是资源配置，因为任何企业的资源都是一定的，资源配置、投入产出就是整个企业运作过程。建行的前两个基本

定了。它的经营定位，规划里说得很准确了，要建成以银行业为主，其他金融业务为辅，主辅业务协调发展的现代银行集团，这很清楚了。组织架构，我们现在也基本上比较成熟，但总行的组织架构和职能，今年末明年初会进行一些必要的调整，也在不断地完善，但是基本上也定了。那就第三个，资源配置，资源配置是我们建行未来转型中间一项非常复杂和艰巨的工程，条线的配置、分行的配置、区域的配置、产品的配置等。从资源配置来看，第一个是资源的总量，第二个是资源的投入产出结构和效益，所以最大的重点是资源结构的最优化的选择。建行实际上在资源的配置中，可选择的空间并不大，因为它是国有银行。郭监事长从光大银行到建行有一个体会，就是建行没什么选择。三十六行，行行都干，每一个地市、中东西部每一个地方都有书记、省长跑到建总行来会见，哪个地区都很重要都得干。他说光大不这样，光大有些市它就不干，有些省的地市它也不去，不去就不去，省长也不找它，有些行业它也不参与，整个就不参与，国家部门也不找它，所以它在资源配置上有选择。国外的大银行当然更有选择了。但我们因为受行政因素决定了，我们这样的大银行在支持国家、行业发展方面的选择权也很小，在行政区域上的选择权很小。所以在这种格局下，即使我们对行业做了一些调整，区分了积极支持的、慎重支持的、限制的、退出的，但是还得有名单制，大的还得保证。所以建行从资源配置上来说，不可能按照最优资源选择理论来决定每份资源投入和产出，要受到经济、行政多因素的限制，要受到现有存量格局连续性的限制，要受到建行部分新兴业务在初期投入特点的限制，像国际化、电子银行、子公司等，这些在发展初期，收益可能不如传统业务，但还要发展。这些就是建行在资源配置上受到的限制。在这种条件下，我们要把资源配置得最好，要突出发展重点，这就是个难题。

建行资源配置在转型发展中还是要有重点，资源不管是配置到条线还是产品，最终是落实到三十多个分行，所以从总分行的角度来看，对分行的资源是资源配置的重点。总行也有一部分资源配置，像金融市场部有一部分资产直接经营，但是绝大部分的资源配置是落实到三十多个分行。那么三十多个分行，照说规划里应该讲清楚未来总分行关系的转型变化，应该讲清楚区域、分行发展重点和资源配置的变化。但是规划里现在没讲，有难处不好讲。

站在全行的角度来说，资源配置就是总行和分行的关系，这里我有一些个人看法和大家交流一下。关于资源配置，第一，要统筹，面对三十几个分行必须要统筹，资债部就是干这个事的；第二，总行对分行有检查和督促职能，因为建行是统一法人制度，总行对分行资源配置优化的前提，就是要看得清楚，要调控得住。我记得在几次讨论经济下行的时候，对分行要不要放权有不同的争论和看法。我们看电影的时候，前线战事越紧张、打得越激烈的时候，对前线的放权越要增大，为什么？变化太大，来不及，打完仗再算账。但我们在正常情况下，对分行的授权，像我刚才说的，要看得清楚，要调控得住。根据我了解的情况，工行对分行的总的授权比建行要大，有多种原因。其中一个重要原因，工行的同志跟我说了，前几年他们也不大，为什么逐步增大，他说由于系统的改进，他们对分行越看越清楚、越看越及时，所以权就越放越大，这是有道理的。如果能做到全部自动化实时监控，那还可以放，不行就收，看得见摸得着收得住，为什么不多放点儿？不行的话可以预警收回调节。第三，资源配置要差别化。地区之间还是有差别的，要不怎么有梯度转移理论。第四，就是考核，还是落到总行对分行的考核。现在总行对分行的考核是两个大的，一个是等级行，一个是KPI；一个存量为主，一个增量为主；一个体现块头，一个体现变化量。这项工作，非常敏感，对科学性、连续性、权威性的要求非常高。这么多年对分行的考核，大家基本上反应是好的，但是也有一些不同的意见。我记得为了更好、更科学地做这件事情，前两年计财部还专门做了一个很专、很深的课题，把工行、农行、中行、建行所有对分行的考核方案全部拿来对比分析，还跟行领导专门报告过。最后的结论就是各个行的考核大同小异，各有特色，建行对分行的考核水平不低于四大行平均水平，并且还在四大行的平均水平之上。考核没有完全十全十美的，也不可能完全去横向对比。这几年还在不断改进，这件事情做得很深、很细。

所以大家对我们的整个考核还是应该充分相信的，有很强的权威性。

随着形势的发展，总行对分行的考核有待进一步完善。例如，总行能不能保住市场第二的地位？第二的地位从哪里来？除了总行那一点的经营以外，就是从分行来，如果每个分行都能保证市场地位第二，那总行第二就没问题了；如果每个分行都能实现我刚才说的那句话，“缩小与领先者的差距，拉大与追随者的差距”，那也没问题了，那全行这两年就不会出现反过来的情况了。所以分行在总行眼里不仅仅是贡献多少，更重要的是你在当地的同业表现。当地的同业表现体现在你对总行的综合贡献度，不管是经济上行还是下行，当地的表现就反映了你的综合竞争力。这还是跟因天气变化感冒一样，感冒了你比别人轻那你就强，天晴了你就比别人做得更多。有些指标我认为有意义，但意义不是太大。系统内要不要排名？我认为还是要，体现建行的一个序列。但是简单的东边跟西边比，南边跟北边比，不同阶段比，意义不太大。

我觉得，如果说要完善的话，相对，注意是相对，相对弱化系统内的纵向比较和考核对比。更重要的要改进和突出横向的比较，也就是当地的同业表现。就是要加大放权，加大差别化，总行更好地统筹、细化、量化当地的同业表现。即使是当地的同业表现，也有一个系统科学的问题，不是简单的当地一二三四就完了。就是同一个当地的档次，比如说都是第三、都是第二，也有前后差距的变化，也有总量结构的变化，也有主辅业务的变化。同样，在不同的市场地位下，处在第一的、处在第二的、处在第三的，那提高一个百分点的难度那可太不一样了。就是这两年你都是处在第三，那用那句话来衡量，是不是缩小了与领先者的差距，是不是拉大了与追随者的差距，也还可以考核，也还可以量化。所以，就是当地同业表现的考核量化还可以进一步完善。我们现在也体现了，很细了，但是权重还可以再重一点。

说到全行的发展战略，在总行的资源配置上，主要就是两个配置，第一个是条线的配置，主要是零售和批发，现在有七个板块，七个板块都要有资源配置，存量结构、增量结构，到2020年的结构。什么是建行到2020年条线板块的最佳资源配置结构？照说这个规划应该解决这个问题，但是规划做不到，太难了。在董事会讨论时，外部董事提出规划的文字部分和数据部分没挂上，挂得不紧。但是他提这个意见我也解决不了，因为未来的经济预测也有难度。但即使预测了经济，我们还拿不出到2020年的，比方说公司和零售到底各占百分之多少？如果2020年定了，那这几年，从现在到那个时候每年递增多少？这些现在都不好定，在短期内要定有难度。但这个事情，作为一个战略，肯定是要考虑的。你不能说干到哪里算哪里，配到哪里算哪里。第二个就是区域结构，总行在各区域的资源配置结构。因为区域就是分行，也就是体现了总行对分行战略的考虑。我认为总行在区域、在分行的发展重点方面也做了不少工作，但总的来说还是不够突出，有些还不敢做。我敞开说，建行到今天，保市场地位也好，继续做排头兵也好，建行在区域上没有几个真正的大支柱，这也是建行的忧虑和危机，没有几个真正像样的大分行。我们在系统内比，有一类行、二类行和等级行，但是跟同业比，我们在北上广，在几个经济强省，第一的基本没有，第二的有也不多。这像海上搭平台，没有几大支柱，到2020年的这几年心里总是不踏实。但这里有多方面的原因，大家也知道。比方说北京分行，静波行长也在这里，跟工行相比我们北京分行啥都不差，就差了一万多亿，这一万多亿解放军系统就占了九千亿，社保又占了两千多亿，这一下一万多亿就没了，你要赶上这一万多亿谈何容易。解放军系统是个历史性的格局，除非军委做决定，一般人改不了。我们搞“八一工程”费了很大的劲，从三百亿到七百亿，那相当不得了了，但七百亿跟九千亿比就零头一个。社保那一块主要是价格，你价格允许多少？你太抠门了捞不来啊。扣了这两块我们不差。像这种那就得总行有思考，光靠北京分行肯定不行，是什么战略、什么策略，这就要考虑。所以我们这几个大的地方，建行争不了第一就得争第二，第三、第四也得往前靠，没有这个目标不行的，当家没有拿手菜那肯定不行。不是说我们中西部不重要，我们中西部很多分行干得很好，还要不断继续努力。但在重点地方，没有些战略的思想恐怕不行。

在这个规划里面，你仔细看，没写全行的分

行重点，但在区划那一个小条里面说了这个。写这段话的时候我们可是费了心了，不能讲大行重要小行不重要，但确实是个战略，这就是一个资源的配置问题。在规划第九大条的第二条的第三小条，提出坚持全行重点区域发展战略，后面就提了一段话，明确提出来“明显提高规模较大的一级分行城市行发展实力、市场地位和全行贡献度，大力提升北京、上海等特大城市和经济大省分行综合竞争力，打造全行经营发展重要支柱”，“着重推动城市行发展，加大计划单列市城市行调整转型发展力度，优化省会城市行经营管理模式”，这里说优化，没说推翻，“加快重点二级行的转型发展”，讲了这么多以后，最后加了一句总的话，“加大必要的倾斜力度，适当扩大经营自主权，实行差别化定价和考核”，其实还没写过瘾。我说怎么写过瘾呢？我个人本来还想写这句话但不好写上去了：对于这些支柱性的重点行，必须应该探索实行“一行一策”，而且这个“一行一策”不是分行自己来定，应该是总行和分行一起定，是总行和分行一起去打造这些支柱，没有这个前提条件恐怕根本改观有些困难，要放到总行管理层、党委会的层面来讨论。

到 2020 年，如果我们一些重点支柱的分行还是没有得到转型发展根本成效的改变，我觉得前面说的好多东西的大目标实现有困难。那么大家说，中西部不重要吗？非常重要，没有全行的共同努力和支撑，总行就拿不出资源来支持重点支柱的发展，就可能顾此失彼，从这个意义上来说，中西部都非常重要。但是我们的战略必须明确。我觉得要是过了十年还看不到这种情况，我对建行的信心要打折扣。因为中国的区域发展梯度格局在未来十年还不可能发生重大转变，从东到西这个格局不发生重大变化，而你的资源配置如果跟这个不吻合，想做市场第二可能有困难。

六、增强防范金融风险能力

这个在近两年都是一个中心话题，就不多讲，简要交流一下。这几年经济下行，风险困难在快速增加，有些甚至远超过我们原来的预期，所以今年中期我们董事会把不良资产指标改了一下，有些外部董事有意见，说这不能成为惯例，不能成为常态，这次就算了，这是因为我们年初定得低了一点，加上收购巴西的银行又并进来一部分不良资产，所以我们改了这个指标。如果不改的话我们年底太受影响了，而且这么做是实事求是的。但是大家要看到，对于新时期的防范风险能力，一是经济决定金融，中国经济转型期一定是一个比较长的痛苦艰难时期，不要有任何盲目幻想，哪天就银根放松了，机会主义地等待放松，不可能退回老路。二是这种情况必然集中反映到大银行来，这是一个必然的反映。三是风险防范再难，我们也要守住底线，底线就是不发生系统性和区域性风险，上线是什么？那就是在困难时候还能不断增强我们防范抵御风险的能力，这就要求高一点儿了。

关于这个问题，第一，要正确处理风险管理和经营发展的关系，这个我不想多说了，建行像开飞机、轮船一样，不进则退，飞机的驾驶员说速度和高度是飞行的生命线，没有高度没有速度飞机就完蛋，有高度有速度回旋就有余地，你从一万米往下掉跟从一千米往下掉可不一样，一万米往下掉有两分钟能处理很多事，一千米往下掉就十几二十秒就没了。所以我们还是要把自己做大做强，遇到困难有回旋余地。还是要发展，不发展没有回旋余地、没有实力、没有体量。所以我们制订落实转型发展规划，我认为从战略上说，转型发展就是新时期建行防范风险最重要、最根本、最有效的举措，就是要发展，就是要转型发展，所以再困难我们也要坚定不移地转型，抓住新机遇、探索新方式、找到新办法、实现新发展。第二，风险创造价值，这个要认真去理解，应该大家都理解。风险控制不仅是一个负面的、被动的、无可奈何的东西，而是一个积极创造价值的东西。一是风险控制直接减少了风险和不良资产；二是风险定价，风险定价的本质是用最少的资本和资源创造最大的综合效益，风险定价的水平高，同等资源下综合收益就高。这一点国外银行比我们明显，它的风险管理的精细化、定制化、个性化比我们高多了，什么人的个贷买房都是单独谈判，没有说到网点统一办手续的，都是客户经理到人那里去谈，一户一策，一户一价格，那才是风险定价。三是风险管理水平高能最大限度地有效识别、筛选和优化客户，在这个环节能创造最大的价值。

风险管理好的银行都是效益高、站得住的银行，是银行的基本性质决定了它的基本风险偏好。我们现在不是搞全球重要性银行吗？现在是工行和中行。农行不知道怎么回事也挺积极，想加入全球重要性银行。那天和洪波副行长聊天，建行是什么策略，我们到底是积极还是等待，大家讨论最后也没有结论。银行一旦搞了，风险偏好、风险管理指标大大不一样了。不是想做什么，是被动地要达到什么，那就不一样了。

关于整个风险管理的重点，规划里面第一句话，就几个字，但是含义非常之深。第一，就是坚持和优化风险偏好。听着就这么几个字，故事多了。这个风险偏好董事会上对我们老提问题，说这几年形势变了，建行风险偏好没什么变化，拿出来还是以前那个风险偏好，还是那一页纸。说你风险偏好跟日常经营好像没看见挂什么钩。另外，对这几年有些重大风险事件暴露他们也不知道，他们从媒体、从外面知道的，他说你报告不及时。还对我们创新产品的风险、对整个风险预警都提了很多建议。所以在董事会那个风险委员会开会，好多时候不好过。

第二，风险控制类型的重点。现在风险类别很多了，我认为在国内建行的风险，除了总行的重大决策在资源配置、项目审批、金融市场交易方面，可能信用风险多一些。但是对于全系统来讲，现在主要矛盾应该还是操作风险。从中国银监会这几年对案件监控的总的趋势来看，也是突出了对操作风险，特别是内部作案、内外部勾结作案的监管力度，它的权重在不断加大。现在有些地方，我们有些基层行，强调风险大，用经济下行来掩盖了操作风险，这是不能允许的。因为同样一个地方同业比我们好，有多方面的原因，客户结构的原因、历史的原因等，但是总的还是我们内部管理的原因。

第三，规划里面风险控制提到了人和机器的关系、人和系统的关系。一方面我们要坚持原来传统风险控制的有效原则和办法，所以在规划里面，曾俭华坚持我也赞同，这些老套了的还写，是个干银行的都能背得出来。他说那要写，现在就这个不行，这个行了，我就省力多了。我说你是首席风险官那就听你的。所以你们现在看风险那一段，那是“四个三”都写进去了，“三铁、三性、三查、三道防线”，全写进去了，这都是老的，这都是传统的，要把它进一步严格做好坚持了。同时也提出了，要用新的风险管理的理念、流程、工具和方法去防范风险。特别要加大风险控制中机控的力度。这个机控很重要，董事长多次强调。机器不会偷懒，不会骗人，没有人情网，没有关系网，我们在整个业务流程中间、在系统中间都要看到风险控制的元素和环节，要有强大的实时自动检测风险、控制风险能力。有些案子中，一个客户分散的一天转账几十笔，每笔都同等的金额，如果机器有这个程序的话，一下就能发现问题报警了。但是机器不管再好，人永远是第一位的，所以我们在这里强调。我们有些内外作案、内外勾结，人早就被人家买通了，有些分行的大案就是人家买通了我们的操作人员，违规给人家上系统，资金在里面随便走，系统内没有监控，结果最后把责任都推到建行，因为我们现在司法解释还没改，打官司很困难。五大元素，只要银行沾上一大元素，那就是银行要赔多少。票据、印章、场所、人、时间就这几个元素，只要你银行沾上一条，就算你有份，买通你一个人就完了。另外，我们有些风险管理必须靠人，贷款、贸易融资、信用证这些为什么容易出风险，很简单，就是真实性审查没人把关或把关不严。这真实性审查机器解决不了，贸易融资、信用证和保理这些东西，到底有没有真实贸易和交易背景，贷款抵押品是不是有、是不是到位、是不是到现场看过，这机器代替不了，第一位的必须是人。就是系统也是人管的，机器反映预警的问题，最终还要靠人去识别、分析和解决处理。所以，再先进的机控也是靠人。

七、增强参与国际竞争能力和建行国际化战略

这一部分比我们原来想象的规划里突出得多。因为中央领导对我们的批示上讲了，领导说参与国际竞争力，我们对自己国际化的认识基本上是建行经营多元化、提高客户服务全球能力、收益来源多元化、拓展服务领域，就是经营业务和服务国际化。但是领导要求是参与国际竞争的能力，比前面这个就更高了。建行国际化是参与国际竞争能力的基本条件。到了国际上跟谁竞争，不是

跟我们中资银行竞争，而是跟国际先进银行去竞争。竞争当地的客户、当地的市场、全球的客户、全球的市场，这个就更高了。

远的不说、高的不说，要达到提高参与国际竞争能力，首先自己就要国际化。那么话就倒过来说了。建行要不要国际化？怎么国际化？这回顾起来，可以讲半天。建行的国际化应该是很早的，但是也算起了个早头赶了个晚集。我们和工行差不多是同时起步的，这中间当然有很多原因，记得我刚分管国际业务的时候，郭董事长就说不要跟工行盲目比，我们要走自己的道路，这也对。因为那时候金融危机看不清，国内的任务也很重，我们各方面条件还不具备。但是确实前几年也是国际化的一个难得时机。工行就是在那几年、那前三四年明显加快。因为那时候国外监管部门希望你去，一路绿灯巴不得你去，另外国际收购价格也低。但是我们按照我们的路子走。

近几年，我们建行做了很多大事，其中一件大事就是加快了国际化。王洪章董事长来了以后第一次听国际部的汇报，不太满意，把我叫去，说这怎么办？建行原来有一个“十二五”规划了，规划内容都定了，国际化大概是到什么程度，这不好改了。商量一下就是再搞一个文件，就是落实“十二五”规划海外发展的工作方案。实际上这个方案很不好搞，因为它实际上就是把那个规划给提高了，要有新的要求。制订了这个工作方案，现在看起来还是对的，还是站得住脚的，不只是国际条线还是国际部，而是经过全行上下的共同努力，到今天取得了很好的成效，主要的指标都实现了。它就管到2015年底，估计主要的目标到2015年底，设立的机构数可以达到二十多个国家和地区，资产和一些业务指标都能达到。在这几年中，我们缺乏经验和人才，当然也出现了一些问题，但总的来说这个工作方案及实施取得了很大的成就，为我们下一步的国际化、参与国际竞争，为转型发展规划的国际部分实施打下了一个很好的基础。

现在我们的规划一共二十七条，国际化就占了两条，所以我跟国际部说你们任重道远。当然不只是国际部的事，但是国际部自己要承担很大的责任。我看了一下，关于条线占两条的不多，除了国际就是风险。成本控制、信息系统那么重要，那就是一大条。人才也是一大条。关于这个国际化，我想跟大家简单提五点。

第一，建行国际化，不仅是海外设机构，不只是全球授信、全球服务，首先是国内国际业务的现代化。一开始写国际化那一条的时候，都没谈国内的国际业务。国内的国际业务都做不好，都不做，企业都不找你，还会跟你跟到国外去？建行在国内国际业务做什么，水平怎么样，他们都不知道，他还会到国外找你？所以国内的国际客户、国际业务、国际产品是我们整个国际化的战略性业务，是国际化的基础，这块总的来说恰恰是建行的短板。那国际部有些领导说不愿意听短板这个词，那短板就是后天不足，也说明潜力空间大，这也是好事，经过这几年我们在不断地提升加快。

关于国内的国际业务，沿海分行体会很深刻。凡是好的企业，都是两头在外，本外币兼做。有些沿海分行对公客户经理100%懂国际业务，我们中西部有的分行，我了解了一下，有10%就不错了。最近到一个分行调研，“一把手”告诉我，两三千对公客户经理，只有四五十人懂国际业务，这样一算，2%都不到。这个境内国际业务是这样的，你不说、不推销，客户不会找你，他就找中国银行。如果你懂你就会跟客户谈本币的时候问他的国际业务、问他的外币，你懂你才敢问，你不懂你巴不得他都不问，更不敢回答别人的事。

所以我说大大加强国际化那一条，先写国内国际业务，国外那面我们写了三步，叫“走出去、走进去、走上去”，这是许会斌提的，我觉得挺好。走出去，跟着出去，还要走进去，走进当地去，还要走上去，那就是干得好了。我说的国内国际业务，也是要三步，在规划里面没写，但是我在这里说，国内就是三步跟，叫“跟上去、跟进去、跟出去”。第一要跟上去，谁有国际业务你就要搭上茬。第二个跟进去，把本外币结合起来，一起跟他搞综合服务方案。第三跟出去，他跑哪你跟哪。要把两个“三”结合起来，国际业务才有基础，才有前途。

原来写第二十条的时候，要给国际业务条线定目标。开始没有国内国际业务目标。我说那不行，光写海外设机构的目标，国内国际业务也没目标。后来国际部给我提了一个，外汇一般性存款到2020年多少多少。我把杨爱民叫来，先批了他一顿，我说我再不懂国际业务，也不能蒙我啊，外汇一般性存款和本币一般性存款可不一样，本币一般性存款在价格没有完全放开的情况下，竞争相当激烈。外币一般性存款，特别是企业存款，它对汇率的敏感度比你高多了，说来就来，说跑就跑。美元强势的时候，别的银行都不要外汇存款，只要建行愿意吃亏你就要，一下就四大行第一，那能算数吗？我说不行，这个没有实际价值。要提就提个难的。最后规划里写的，外汇储蓄存款2020年达到多少。外汇储蓄存款汇率对它的影响相对小，两三千美元闲钱不在乎，炒外汇的人还是少。外汇储蓄存款是我们外汇资金来源一个最稳定的部分，也是最能体现我们个人外汇客户基础的一个指标。如果储蓄在这里，他出国留学旅游刷卡、置业划转资金都从这里走钱。我们现在外汇储蓄存款在同业中的占比前几年只有5%，现在提高一点，达到了6%、7%左右吧，而我们人民币储蓄存款四大行占比约22%，1/5以上，外汇储蓄离人民币差得太远了。我们零售转型就成功在本币上，外币基本上就没沾上边，也没搭上车。这外币储蓄存款和本币储蓄存款的流程原理机制都差不多，现在的验钞机好多主要外币都能验出来，但是到了网点，不太愿意干。除了激励机制不够以外，还有就是不熟悉。对人民币看一眼、摸一下绝对没问题，摸个美元心里发抖，心里没把握，那还是摸得少了，多了就好了。

主要原因还不在这里，还有更深刻的原因，还是综合考核和激励机制，外汇业务考核可能不在杨绍萍那里，好像是在国际部，并表是并到全行，并表之后的本外币总量，跟个金部、国际部都有关系。我刚分管国际业务看到这个问题的时候，就跟分管零售业务的副行长探讨、沟通，探讨得很好。赵欢那个时候就非常支持，现在杨文升副行长也非常支持，就是把本币储蓄的优势用到外币储蓄上。这个并不难，从政策、机具、费用等给予激励，但是认识到这个问题大家还有个过程。个人外汇业务的前景非常广阔，不是一般的广阔。规划里国内国际业务提了，就是外汇储蓄存款四大行占比接近人民币四大行占比。国际部说太难了，我说那就加个基本吧，什么叫基本呢，基本就是人民币22%，你外币达到16%～17%，这也算基本吧。现在是6%～7%，六年增加十个百分点行不行？那就不管你了，反正我给写上去了。国际部领导同意没同意，我没问他们。反正我就加了个基本，就算妥协了。这就要求我们零售部门条线、个金部、信用卡中心、国际部等，大家共同努力，才能把这个做好，这个优势不发挥太可惜了。我们零售业务网点多做些工作、多做些投入就行。

第二，建行国际化是一个艰难曲折的过程。这中间有些因素的艰难不是建行本身的，也不是冲着我们来的，是国家之间的关系，只不过让建行碰到了。我随便点两个例子。比方说加拿大，首先，工行在加拿大是子行，我们非得要设分行。不是我们建行扭着干，而是因为子行没有搞头，工行设了加拿大子行，资本金根本就增加不了，不批，干不了什么事。工行原副行长罗喜，就是加拿大子行的董事长，跟我在党校是同学，他说他都不想管这个子行，没搞头。我们要设分行，难度就大了，加拿大监管机构它要审建行总行，审了三年。其次，加拿大好多跟中国一些关系的变化，都在这件事上体现了，什么他们收购我们一家商业银行，发生波折和纠纷，还有什么加拿大间谍案，好多事情都可能把建行设分行这事作为一个筹码。最后，他那个财长他个人同意，但他坦白跟我说压力太大，得缓一缓，结果他得了癌症，在他去世的前两三个月，就是2014年初，给建行批了。孙念北他们在加拿大干了三年多，我说你再弄不下来呀，你是无业游民，回来还能当副总，但你手下那么多年轻人，跟你在外面三年多，无所成就回来了，你怎么交差啊，给她说的都快哭了。批了之后加拿大副财长到加拿大的北京大使馆，我去了，我见到副财长就说我们加拿大分行开业，12月初开业已经定了，耗时三年半，我们一定把前财长的家人请来，表达我们对财长尽职尽责工作的感谢和尊重。

再举个例子，在巴西我们收购了一家银行很成功，但现在不良暴露的多一点儿，有多种原因。总的来说，巴西潜力空间很大，要去难上加难，申设三五年没戏。那就并购，工行就是并购，我们也是并购。我们前几年并购谈了一家德国的银行，挺好，跟德方也谈好了，德方愿意卖给我们，建行品牌大。谈的期间，巴西监管机构一点儿反对声音都没有，看不出一点儿痕迹，说这是市场行为，你们搞吧。都搞成了，最后去巴西签约的那一次是端午节前夕，王洪章董事长跟我开玩笑，说前段时间工作很辛苦，你们这次谈回来我请你们吃饭，我们一听太高兴了。结果去了就被打一个闷棍，巴西监管机构明确跟德方说你不准卖给建行。你只能卖给那家日本银行，如果你不卖给那家日本银行，你以后卖给谁我都不同意。那里面的因素就多了，日本的历史、侨民、公关和巴西监管机构的想法等。我巴西去了两回，病了两回，第一次气得胃疼，第二次更气了，回来时一身过敏，在飞机上就涂牙膏，没有带药。但在巴西临走的时候，我还是礼节性地去见了一下捣我们鬼的巴西中央银行副行长，我就说了一个意思，路遥知马力，日久见人心，买卖不成仁义在，建行是大行。我知道我们还要来的，没办法，还要来求他。果不其然，我们又找了一家当地的银行，这回当地的银行也帮我们做了一些工作，这个副行长见我们的时候，是监事长去的，后来其他行领导又去了。副行长说建行是大行，尊重监管机构，有风范。没办法，你就得求人家。这样的事很多，有些是国家之间利益关系变化在我们国际化过程中的体现，这个我们没有办法，但是我们不能泄气。所以国际部的同志有时候讲起来想哭，我说你哭什么，成功了就好了。

第三，国际化要有辩证的战略眼光。因为我们国际化初级阶段要投入，也要珍惜这个投入，这种战略性投入要用好，这是没有问题的。有些行成立了好多年做不好，我们很生气。跟工行一起成立的，做得没有人家好。如果再不行我们就要换人，后来就换了“一把手”。但是，还要看到是初级阶段，投入要相对多一些，不能简单地把投入资源的效益跟国内比。这个有关部门非常支持，但是也有的同事一看到国外出一点点事情就很担心，我们海外发展不像国内有这么大的实力和回旋余地，哪有那么大人才后备军，也出了一些问题，有多方面的原因，也有我们阶段性的原因。

第四，我们国际化发展的基本策略和要求。这里也只能点到了。生了这么多孩子，要养好、培养好，后者比前者更艰难。设机构难并购难，但是要把这个机构真正做成好的银行、好的海外机构更难。规划提了两点，第一，跟随和落地并重，加快发展本土业务、建设本土银行。光干那点联动业务，作为初期权宜之计可以，不能长久，更不要说参与国际竞争能力了。但当地业务落地，一是不愿意干，二是懒得干，三是没把握，现在通过考核激励机制推分行去干，不融入当地，不可能成为国际化银行。第二，海外机构得有目标，国内机构有目标，等级行 KPI、市场地位和份额，国际上跟谁比？不能简单地让美国的分行跟在南非的分行比，没法比，越南和莫斯科也没法比。怎么比？给他们提了两个标杆。第一个是在当地中资同业，要做得是好的。只要有工行、中行在，你不能落后。第二个是在当地银行的平均水平。你先做第一个标杆，再做第二个标杆。没有标杆没有考核没有目标，干到哪里算哪里，那哪儿行？

第五，海外业务和海外机构的管理问题，就是条线化管理。海外机构怎么管？从一般规律是经历三个阶段。第一个阶段，数量少、机构少、业务小，一个部门管就行了。第二个阶段，机构多了，业务多了，条线化管理，总行条线分头管理。第三个阶段，到汇丰这样的全球银行，那就又回到了全行都是管国际业务了。我们现在处于第二个阶段，从第一个阶段走向第二个阶段的时候，就是我分管的这几年。这个阶段对总行也是个探索和考验，原来我们总行除了计财部、人力部、科技部、风险部这四个部门以外，别的部门基本上没接触海外，也不了解海外。我记得我分管的时候，第一次海外有不良资产处置，我问了资产保全部，我们连一个海外资产保全的暂行办法都没有。海外不良资产处理卖到哪里算哪里，卖到多少算多少，这还了得？我说于妍玲你赶快搞个暂行办法，赶快制定规矩。合规问题也是一样，海外合规归谁管？国际部管得了吗？所以董事长最近反复强调这个问题，你们大概也听了。其实前几年我就说了，我跟好多部门开玩笑，见到一个部门我就说，你这个部门打括号没有，比如公司部后面加个括号，本币、境内，打没打？括号没打，没打那你就是本外币、境内外都管的公司部，实际上是没有打括号。我们现在规划里面体现就是向条线全覆盖过渡。所以，以后海外业务、海外机构，要条线化全球管理。国际部就是协调部门，所有部门不管的事情或者为难的事情，国际部要承担。推行海外管理条线全覆盖，这是转型规划里一个特别重要的部分。我们要发展海外私人银行高端客户，谁管？不是国际部管，是私人银行财富部去管。你去调研，你去制订方案。

八、信息技术和大数据运用

这是个大家很关心的问题。这个规划里面起码有二十多处提到了这个新一代、IT 和大数据，这个也是少有的。前面有、中间有、后面也有，虚的部分有、实的部分也有。大家对新一代期望很高、很迫切。我开玩笑地说，新一代就是建行的共产主义，等着新一代全落实了，好多问题都能解决。但是话说回来，是不是真能全能解决，也不一定，搞这个的都知道。另外，新一代建成以后也还要不断改进和完善。到了 2020 年新一代也要改进、完善，所以怎么样在规划里面把这一部分写好，也是一个关键。看规划里面的信息技术部分，你要注意看什么，要多看看里面的“统一”、“集中”、“企业级”，“全”用的很多，还有“一”字用的很多，比如全业务、全流程、全渠道、一体化、一套模型、一套构架、一套工艺，还有长效机制。为什么这些词用的这么多呢，切中了建行 IT 弊病的深处。

记得我到建行第一次参加中国银监会的会议，刘明康在台上，我坐第一排，他就点着我的名字说，建行的 IT 真不怎么样，胡哲一你刚来我就批评建行，不好意思啊，他说建行 IT 全靠打补包，好多子系统，一个补包贴一个补包，分散得乱七八糟。回来以后我跟郭树清董事长报告，他笑了一下，说人家批评的是事实。那就是说我们的系统这几年确实比较分散，直到今天我们信息技术部还因为这些问题承担着三副重担，相当不容易，我特别理解他们。第一，确保日常运行安全。现在金磐石跟我们说，都快不行了，北京稻香湖、武汉生产基地还没投产，就靠洋桥、外高桥支撑，都撑不住了，因为我们业务量都成倍的翻番了，像电子银行交易等，又要保证安全，这太不容易了。第二，建设新一代，大家都知道这是个大系统。第三，就是打补包，还在打。新一代一天没上线，一天就得打。定了原则，有些补丁说尽量不打，但是有些必须打，监管部门新的要求的、客户特别需要的、同业竞争被迫的，还得打。

建行原来的问题在哪里，就是规划里面提到的两个要点。第一个是企业级的平台，我们原来没有平台。第二个就是标准的接口和构件。这就跟搭积木一样，东西是标准的，搭法不同。来一个新的东西，标准接口就能接上。我们原来为什么补包多啊，就是接不上，公是公、私是私、养老是养老、个人是个人。那么要做企业级和标准件，这是努力的核心和方向，这是要害，我们新一代就是按照这个做的。

但是新一代以后也会变化，还要不断地完善。那更深层次的问题是，什么人能制定这个平台和标准件，这就是关键。什么人能够识别、制定、维护、改进这个平台和标准件。IT 人员？也对也不对。业务人员？也对也不对。现在我们的新一代建设是两批人天天在一起，两个脑袋一起干，这就不错了。但是，更高一级的要求是什么要求啊？应该是一个人一个脑袋干。那就是说需要大批的既懂 IT 又懂业务的 IT 需求管理人员，这种人才非常难得。工行 IT 比我们做得好，有很多原因，其中最重要的一个原因，就是用了十年左右时间，培养自己一个脑袋里面又有 IT 又有业务的人员。所以现在工行的 IT 部门，它能够对不同业务部门的需求进行对话、拆分和组合管理。他能把各个部门共同的东西给拿出来，放在一个平台上，把不同业务部门的需求共性最大化、个性最小化，然后再弄成标准件。你不要提你的特殊性，你提的我很多反映在这个平台里面了。这一部分人怎么培养。人家花了将近十年时间，咬着牙。我们也要培养，也在加快培养。也认识到这个问题。第一，新一代这一批人，行领导做了决策，尽可能地多留下来，因为他们参与了一体化的过程。要办这个北京户口也讨厌，但是尽可能留。他们是我们第一批需求管理人员的种子，非常宝贵的人才。第二，我们还要引进一些人才。如一些外包公司，小的，我们连公司一起收购得了。那天磐石跟我说到，挖人挖不来，连这个公司一起收了得了。另外，IT 人员也要进一步到业务部门交流跟岗实习。我大学时学习自动化，后来学习经济，学工的再去学业务可能好办一点儿，学业务让他去懂得 IT 就难一点儿，所以我们要从多方面培养这种人才。要有是大量的这种人才，我们就能不断地根据形势去提升企业级和标准件，然后再不断地对不同业务需求以最低的成本、最快的速度来充分有效地满足。就是这个过程，但这个过程是非常艰难的，特别是他们现在是三副担子一起挑，不容易。

大数据是我们规划里面的一个重点。我们想走在同业的前面，他们也根据规划的要求在拿方案，总行也会有一些大手笔，已经有一些了。比方说我们2015年的进人，总行就准备基本不进人了，省出几十个指标，专门进大数据建设人才。大数据建设人才基本上不是学金融的，不是学财务的，不是学信贷的，不是学经济的，也不是专门学IT的，而是金融工程、经济计量模型、数量经济等，要进这些人，进一大批年轻人，作为我们大数据未来建设的人才储备。还有我们现在也在讨论，把一个开发中心转型，转成专门研究建设大数据，不干别的就干这个。这些都是希望我们在未来的新一轮竞争中走在同业的前面，打造建行的优势。关于建行优势我们琢磨了一个词，也费了好大的劲。传统优势我们用了两个字，叫做“重塑”，从优秀到卓越。新兴业务优势，我们要打造特色新兴业务优势，新兴业务太多了，建行不能全部都干，全部都领先。我们就是要干特色的新兴业务优势，要么就不干，干就要干到同业前面，干到同业优秀水平。大数据就是这样，要干就干到同业前面。

九、人才队伍建设

最后一个问题，也是最重要的问题了，就是建行的人才队伍建设问题。人当然是最宝贵的，这里都是“一把手”，更加知道这个了。人才这一条，写了很多稿，说老实话，我个人都不是很满意，因为这一条很难写，写空了很容易，没用，写实了，没有那么多实的，也做不到。所以到现在成稿了，人才这一条，用我个人心里话来说，我还是不很满意。在这一条上，人力资源部会同有关部门下了很大的工夫，也有很多新思想、新方法，还有很大的含金量，你们仔细去读就看到了。比方说新员工的学历层次、业务能力与岗位需求的匹配度要提高，再比方说，要以薪酬为导向，从管理和二线岗位向一线岗位充实人员。还有，比方说要加强岗位的评价，区分同级别的不同岗位的价值差异，级别一样，岗位不同，价值不同。还有部分关键岗位执行准市场化薪酬制度，建立综合薪酬回报体系，探索股权激励计划。这些都是新东西，需要探索。还有将上下级双线交流作为培养人才的重要方式。最后定了目标，人才定了大目标，就是“123”，到2020年，我们要有1 000名胜任二级分行领导职位的领军人物，要有200名胜任一级分行领导职位的领军人物，要有3 000名胜任支行领导职位的领军人物。这样的话，有了这个“123”，我们选干部、用干部的空间就大了，质量标准就高了。

但是总的来看，规划中这一条还不是特别满意，最后也加不上去了。这党管干部，人是关键，不能说我一个副行长随便在人事那一条加话，那可不是开玩笑的，需要党委会都通过了才行。所以在人才那一条我没敢再加实话，想来想去不满意，最后就加了点虚话，比方说“要营造愿干事、能干事、干成事的良好机制和氛围”。愿干事、能干事还不够，还要能干成事。人才在你那里能干成事，说明你那里的机制好。

关于人才，我原来在国务院也参加不少企业改革的文件起草，那时候我总觉得这个企业改革是不是差不多了，加上听说建行又是改革的排头兵，我说到建行这人能上能下、能进能出应该是没问题，到建行来一看，根本就不是那么回事，差得远。上可以，下不行，进可以，出不行，要么犯错误受处分，犯错误了也不一定下，现在好多案子，都是罚款警告等处理差不多就了事了，真正处理个人还是很难。另外，进可以，出去难。人才出去了，没用的赶不走，哪个单位都一样。建设银行的人大家都喜欢，靠得住。那么能上、能下、能进、能出，特别是能出，怎么解决？在国外经济下行那么多，企业是很有弹性的，早就裁员了。裁员是保证企业活力和再生的最基本的条件。没有这个条件，企业的弹性是很小的。那么，我们建行别说是裁员几万人，就是裁掉几百人都不得了。你能裁吗？工作干得不好，无为而治，大锅饭，要想挪位置，要想给他换掉，还得给他找位置，待遇差别还不能太大。人很敏感，你想搞精兵简政，想搞提高效益，有些分行搞点人力资源改革，又闹事又告状，非得把你“一把手”赶走不可。刚才休息我看见张勤了，要不是总行明确支持，还闹呢，闹什么闹。总行明确支持，加上调整节奏力度，后来搞好了，促进了发展，但是特别难。

我认为，对于用人最重要的还是要有机制和规矩。要加大科学性，减少随意性，公平公正，这比业务的规矩还重要。人是活的，没有框框框住他就不平衡。比方说原来总行有干部交流制度，说只有交流才能提拔，后来执行不下去了。我问卫平怎么回事，他说人家反映了有没交流就提拔的，那我就不去，说是工作离不开。这个世界上没有谁不行？工行有干部交流加分制度，到基层交流加多少分，到海外交流加多少分，到海外加分比到西部还高，所以工行国际化吸引人才推得快。但是工行也有些制度不能完全照搬照抄，也需要改进。比如有些考试和交流，原来有一套方案要求，但在执行中，工作不行的，又有时间学习，考得还不错，然后本单位还不愿意要他，那赶快走吧。工作好的，没有时间学习，又舍不得他走。后来工行也进行了一些完善。所以也不能照搬工行，但是理念我们可以借鉴。

再比如我们原来也有后备人才库，人才选拔有一个过程。我们行领导聊天也比较坦率，我就说人才的选拔科学化、专业化、规范化是主流，也符合我们党德才兼备选人的机制和基本要求，但是也要有灵活性，也不能排除伯乐识马。在座的各位都是“一把手”，我说80%走的科学化、专业化、规范化道路，20%给主要领导伯乐识马，我们副手完全赞成。但是80%是主流，是按照规矩办的，不能随便。另外，关于人的选择大家要知道，人才的培养不但要横比，还要纵比，我们用人、选人的机制还要保持一定的连续性。他说原来的人是怎么提拔的，为什么我不能怎样怎样。所以人才的政策，既要改进创新，还要保持一定的连续性。这样大家才能有活力，才能公平公正。

另外，我们一些选人的机制，要有前瞻性，要尽早定下来。有些培养机制要很早就定下来，然后逐步执行，不能模糊。很坦率地说，我刚来时候就说过，分行的党委副书记这个职务是干什么用的，问了好多人，回答不清楚。是培养书记用的？后备？给多点担子？给点锻炼？然后再当书记？还是说老同志这个工作很好，临退休了，给他一个尊重和认可？有说是这个的，有说是那个的，后来还有人说都有。都有的结果是什么结果，这个定位不是很明确。结果我们真正选配副书记的时候，不好配，配不好。当然不是说所有的，只是一部分。等到选“一把手”的时候，样本又太少。我不排斥伯乐识马，真正的人才还要看重。但是大部分人才还是要从样本中来选，样本小了怎么办。这个例子不一定对。但我觉得有些机制应该先明确，明确以后我们就按照这个机制去推进。我还跟他们开玩笑，辛行长离任了，我们没有女的行领导，要培养一个女的行领导，这个机制要提前几年准备，三年、五年甚至十年。高管、一级分行的优秀行长、副行长、二级分行的女行长，样本的女性人才一路上来，才能内部产生一个银行的女行领导。前面都没有，到后面三五年肯定找不到。所以有一个系统的战略工程，才能实现一些好的目标和愿望。

我还想说的就是关于人才队伍建设得再好，让它发挥作用最根本的就是班子要团结。团结才是力量，人才建设队伍里面，没有提到这个，但这是我们党的基本要求。说到这个团结，其实很简单，就是深刻理解和坚决认真地执行民主集中制。副手又好当又不好当，活干好、话说到，这就是副手的责任。“一把手”任务重责任也大。我们中国有一个特点，副手不是正手配的，而是上级指定的，正手可以培养副手，但任命是上面任命的。所以“一把手”要把各路英才都用好，这才是“一把手”的真本事，是超过别人的本事。有些分行的副手不服，说我能力比“一把手”要强，你有本事你把“一把手”赶走，你赶不走你就得服从指挥。“一把手”既是大家工作的领导，又是大家的目标和榜样，你怎么干、怎么自律、怎么用人，大家天天都在看，这一点我们在座的行长、书记、老总们，比业务发展的担子更重。大家也是建行未来六年能不能成功转型发展的中坚力量，是最重要的力量，是建行的中流砥柱。

最后我想说，第一，这个规划我个人还是有遗憾的。就算是国家的规划也不可能是十全十美的。我们能把重要的想法写成蓝图，把蓝图变成现实，就很不错。规划也还可以调整，规划中对的大家不一定都记住，但有百分之一的错误就不得了。第二，今天代表个人交流发表了一点体会和想法，仅供大家参考。第三，我要感谢战略规划部，董事长说转型发展规划的制订是很成功的，这也说明战略规划部开始成功转型，在一年的规划制订过程中，战略规划部员工付出了辛勤的劳动，经受住转型的考验，很多同志节假日和晚上都加班加点，做了很多工作。这里，我还要感谢党委、董事长给我今天这个机会。

快退休了，很高兴能够跟大家在一起做一个系统的交流。长江后浪推前浪，把规划蓝图变成现实，要拜托大家了，也衷心地希望，在退休以后能跟大家做朋友，特别是在你们退休以后还是朋友。

谢谢大家！

（根据录音整理）

坚持价值导向　推进转型创新
全面提升计财管理能力

——在2014年计财工作会议上的讲话

庞秀生

（2014年2月27日）

同志们：

一年之计在于春，在早春时节召开全行2014年度计财会议，恰逢其时。这次会议的主要任务是，学习贯彻全行工作会议精神，尽快衔接与落实好全年综合经营计划，这对全行的经营管理非常重要。张行长今天亲临会议并将作重要讲话，希望大家深入学习领会，认真贯彻执行。下面，我先就一些具体问题讲几点意见。

一、2013年工作回顾

总的来看，在2013年的困难环境和条件下，全行综合经营计划整体执行情况很好，业务健康发展。业务指标的执行情况，张行长在行长工作会报告中已经讲过，我今天不再重复。计财部门或者说整个全行的计财工作人员，包括各部门负责计划资金管理的人员，在全行经营管理和运营调度中发挥了重要作用，做了很多卓有成效的工作。我觉得值得肯定的有几个方面。

（一）统筹调度，保持政策稳定性，积极支持业务健康发展

在2013年的困难情况下，全行市场拓展、业务营销的难度非常大，全行计财条线从年初开始，一直以积极的态度来把握政策、配置资源，支持业务发展。坚持EVA激励导向，执行“上不封顶、下不保底”的考核政策，保持政策的稳定性。坚持有效客户理念，组合运用政策工具，夯实客户基础，提升客户质量。战略性费用安排，由年初的36亿元增加到43亿元，同时调整资本性支出结构，重点支持业务拓展。2013年购建计划执行中将总行后台中心建设预算压缩了十几亿元，全部调度给分行，支持业务营销及购买营业网点。

资源分配整体向基层倾斜、向前台倾斜。在2013年全行工资增长有限的情况下，我们专项安排了9亿元用于增加一线经营网点“八岗位”员工工资。全行整体工资分配也体现出这样的特点，2013年全行工资性支出增长了6.17%，而境内分行的增幅为10.43%。有的同志还存在疑问，觉得总行好像增加不少，子公司也增加不少。子公司还处于创业时期，人员和业务量都在迅速增长，工资增长速度自然相对较快一些。总行本级工资增长主要是由于总行集中事项增多而导致人员相对快速增加造成的。除此之外，从工资水平来看，最近几年一直按照张行长定的基调安排增长，即总行员工工资增长要低于全行员工增长，总行部门总经理工资增长要低于总行员工增长，总行领导工资增长要低于总行部门总经理增长。

此外，价格调整上，无论内部转移价格还是

外部价格，应该说在同业中保持了比较积极的姿态，我们不仅积极支持业务发展，更要推动业务的健康发展。在业务结构上，2013 年也有两个变化：一是保本理财资金，从核算到管理上进行了新的调整，合理缴存人行存款保证金，并且在积极满足客户需求情况下，全行理财业务的整体管理更加规范；二是前些年吸收的付息率 6% 左右的协议存款，2013 年压缩了大约 1 000 亿元。总的来说，计财部门整体的计划调度、业务政策的把握，对全行业务的积极健康发展发挥了很好的作用。

（二）厉行节约，加强成本控制，提高资源使用效率

按照中央八项规定和总行十项要求，采取了一系列的管理措施。2013 年全行招待费、会议费、差旅费分别同比下降 21%、45% 和 13%，其中行政招待费同比下降 40%。在各部门支持配合下，总行本级发挥带头作用，招待费同比下降 45%。我们还按照中央的相关规定，严控办公用房建设，全行削减一级分行以上办公楼 2 个，停建、缓建 5 个。在贯彻中央规定，节约成本开支方面，2013 年的成效非常显著。

（三）夯实基础，创新管理手段，提升基础管理能力

推进资本精细化管理，资本充足率水平继续保持同业领先，表外业务以 13% 的加权风险资产增速支持了 23% 的业务增速，有些分行工作很有成效，当然分行间也不平衡，总行去年下半年有计划地提出了一些措施，直接落实压缩加权风险资产 1 000 亿元。制发新的统一的会计核算规定，完成共享中心省级集中和制度重建，实现存贷款利息按日权责发生制计提。原来我们主要利息收支项目按月计提，2013 年末系统上线后实现按日计提，提高了财务报表反映的真实性和准确性，效果很好，进步很大。同时，提升财会精细化管理，改进费用科目核算内容，理顺理财产品核算，研究银行系子公司会计科目体系，加强新一代核心系统相关建设，正在努力实现交易与核算分离，优化管理会计系统功能，推进估值系统建立，提出集团总账统一视图方案，实现新一代定价管理组件一期上线。加强财务报告核心团队建设，决算工作在财政部考核中位列第二位，在同业率先完成财政部推广的可扩展商业报告语言财务报告的自主编报，提升了报告的标准化和报送效率。

总结回顾成绩的同时，我们也要看到全行计财工作中还存在的不足，突出的一个表现是计财对业务支持力度仍有待加强，转型的意识和能力有欠缺，对前台声音倾听不够。通过分行和部门的信息反馈，包括我召开的一些座谈会，我们感觉部分分行计财部门与业务部门的沟通、协商不充分，对业务的理解不深入，对业务部门的资源安排支持不到位。前两年我主管电子银行部，对此深有感受，在全行电子银行工作会议上，大家都觉得总行方向正确，推进策略合理，但回到分行，财务资源却落实不下来。为什么？可能在一些计财处长的脑子里，电子银行就没那么重要！要多倾听业务部门的声音，充分发挥全行各部门的作用，计财部门是中台，任务是支持前台，而不是中心，不是凡事自己拿主意。这一点非常重要，也是计财条线要特别注意的问题。

另外，部分分行计财部门对总行的战略意图和管理要求重视不够，执行不准确、不坚定，实际工作中出现政策传导不顺畅，执行偏离或分散化的情况。好像整个计财条线布置的事情，在一些分行可以有选择地去理解、去执行、去落实，更多的是分行自己拿主意。如贷款计划管理，2013 年我行贷款新增整体控制良好，但有个别分行 2014 年 1 月明确表示要突破贷款规模计划，甚至有一家分行还实际就这么做了。这是多年没有出现过的事情！这种事情绝对不能允许，相关分行已经受到严肃处罚。不仅总行的纪律和政策必须执行，总行的管理意图也要认真去消化、去执行。我也当过分行计财处长，知道总行的文件特别是像年度经营计划这样的政策文件，必须要认真理解执行，大多数计划指标要符合总行意图，分行可能在某几项指标上达不到，可以理解，但要想办法向总行解释清楚。2014 年有五六个分行上报的综合经营计划根本没将总行下达的政策要点、目标要求当回事，几乎所有上报指标均比总行要求低一半，这些分行是怎么传导总行意图的？总行下达的编制方案，包括目标要求、政策要点等是代表了总行管理层的意图，分行理所当然要认真研究贯彻，可以有特殊情况，但不能都是特殊情况，而且特殊情况要讲出特殊性，不能泛泛地说经济下行、企业困难，这是全国普遍情况，要说明分行到底有什么不一样的情况。在这一点上，计财部门上上下下必须是一条线，像一支整体的作战队伍去贯彻总行管理层的意图，而不是各自为战，像一群散兵游勇，那样不可能有整体战斗力。所以，纵向和横向的错位、对接不到位是全行计财条线要特别重视的问题，横向要跟前台、跟业务部门对接好，纵向就是到分行、支行，计财条线要上下一条线。

二、2014年主要计划目标和政策安排

关于形势，董事长和张行长在行长工作会上已经讲了很多，等会儿张行长还要再强调，我就不再多说了。面对具有挑战性的形势，2014年全行综合经营计划安排着力于12个字——“挺增长、调结构、推转型，促创新”，坚持底线思维，稳中求进，确保完成董事会确定的经营计划。

计划安排全行人民币存款日均新增×万亿元，增长×%，这个数其实比行长工作会要求要低，张行长当时在会上说的是×万亿元，力争×万亿元，我们根据目前实际情况，最后按×万亿元进行衔接。预安排贷款规模×亿元，增长×%。安排全行净手续费及佣金收入增长×%，这个数张行长在全行年度工作会上说的是×%左右，我们现在按×%衔接，其中境内分行安排增长×%。集团不良贷款率按2013年的×%控制。计划安排全行利润增长×%，我们曾经想努力看能不能安排比×%高一些，因为董事会经营计划确定的是增长×%，后来看衔接情况利润增长还是压力不小，所以只安排了×%的增长。这里需要说明的是，境内38家分行平均安排利润增长×%，为什么比×%高出4个百分点，其实是因为去年总行几次内部转移价格调整的影响，总行向分行让利100多亿元，这100多亿元对应的就是4个百分点的增长，扣除这部分影响后，分行的利润增长还是×%。为什么在这里我要特意强调一下这件事？总行领导下去分行调研的时候，经常发生这样的事情，就是分行反映说，你看全行利润增长×%，我们利润增长都×%了，但我们工资增幅比较低。你们不要忘了，那是因为有总行让利的部分，而全行加在一起利润增幅还是×%，全行的工资增长是按这个×%挂钩的，所以有的时候我们说话和反映情况一定要客观。总行让利100多亿元，意味着分行增加利润100多亿元，总行本级减少盈利100多亿元，2014年总行本级利润是负增长，我给大家一个判断，就是总行本级的让利已经到顶了，再让就不像话了。

按集团总量挂钩控制规则，全行工资性支出增幅为×%，而我们这两年员工人数的增长都在2%以上，所以工资性支出增幅×%安排起来很困难。初步安排境内分行员工费用计划×亿元，增长×%，工资性支出增长×%。这里要注意一下，集团工资性支出增幅×%，给分行安排增长×%，而子公司因还处在创业高成长期，工资增幅较高，怎么解决？解决办法就是总行从以前年度攒下来的应付工资中拿出×亿元来分配给分行，总行应付工资净减少×亿元，目的就是让资源分配向分行倾斜。当然我们也要说明白，总行的应付工资一开始就不是为总行员工准备的，而是给全行员工留下的家底，所以用于全行员工是合理的。在2014年的困难情况下，总行拿出×亿元应付工资支持业务发展，但这个压力很大，搞计财、会算账的都知道，总行2014年拿出来的×亿元将成为分配给分行的基数，成为基数就意味着今年拿×亿元，以后每年都要拿×亿元，而不是今年拿×亿元，明年以后就不拿了。业务管理费计划安排增长×%，目前已分配到分行的增幅是×%，考虑一些后续分配事项后全年预计增长应该达到或者超过×%。

总的来看，总体计划按略超过董事会经营计划安排，以确保完成董事会预算目标。实事求是地讲，这样的计划目标是比较积极，富有挑战性的。困难主要体现在3个方面：一是存款，存款日均增长×万亿元很困难，一方面表现在全行截至目前新增存款为负的3 700亿元左右，2013年同期是负700亿元，2014年比上年同期多负3 000亿元；另一方面是互联网的冲击，所谓余额宝一族的挑战，每年2月是储蓄增长的好时候，正月是传统储蓄旺季，但2014年四大行储蓄都在下降，到26日工、农、建三大行的储蓄存款下降均超过1 000亿元。二是中间业务收入，一方面发展改革委、物价局在开展收费大检查，另一方面最近发展改革委和银监会发文调整了收费政策和收费标准，这对我们形成的压力确实较大。分行

上报的中间业务收入增长计划为8%多一点，最后我们衔接下来确定全行按×%安排，境内分行按×%安排，这还是一个相当有压力的指标。三是资产质量。中国银监会在上个月大银行监管会议上判断2014年银行业不良额和不良率都将上升，目前我们按不良率不上升安排计划，压力很大。在市场竞争激烈的形势下，完成计划任务绝非易事，需要全行作出努力。

对于今年的计划和政策安排，有几个问题需要重点说明。

（一）关于信贷计划

今年我们计划安排贷款新增×亿元，大家都说规模偏紧。2013年贷款实际增加8 400多亿元，今年安排比去年实际增长少了×亿，所以大家普遍觉得规模偏紧可以理解。为什么这样安排？主要有两点。第一点是资金约束。去年我们时点存款在四大行中增长最多，但剔除年末年初的突增、突降因素外，2013年存款实际增长在7 000亿～8 000亿元，再缴纳20%的准备金，剩下可用的只有6 000多亿元资金，但我们发放了8 400多亿元贷款。假设今年我们能完成存款新增×万亿元的目标，但其实剔除一些因素后可用资金只有×多亿元，我们现在安排了贷款新增×亿元的规模，从资金角度来讲压力很大。第二点是资产质量堪忧。大家都说规模少，但我们在贷款掌握、贷款营销上是否足够谨慎，这非常值得讨论，2013年全行当年发放当年形成不良的贷款有50亿元。1月赵行长调走后，我作为B角代管信贷管理部，平均每个工作日报上来两个风险报告，我看着觉得心里难过。因为并非是重大政策变化、环境变化造成的不良，而是一开始项目和客户本身就有问题，看着就不是好项目、好客户，并且其中有很多客户是最近两三年才挖来的。最让我生气的一笔贷款，2013年6月挖来客户，投放贷款6 000万元，与此同时，客户原来的两家贷款银行（中行和地方银行）撤出贷款4 000多万元，3个月之后，企业担保单位先关门，接着贷款单位本身也关门了，我行6 000多万元的贷款彻底变成不良，我们以自己出现不良掩护了客户原有两家贷款银行的撤出。贷款发放是否足够审慎值得深思，就这种情况，大家还老说规模偏紧。我去调研时，分行经常说资产业务做得很好，如何会做，贷款做上去了，但贷款质量到底怎样，其实很令人担忧。所以从严格把握贷款质量关、提高贷款审慎性来说，贷款增长也要适度控制。我们现在安排贷款新增×亿元，到年末实际数可能会多一点，但全年总的安排还是要审慎，没有打算比去年增加得多。

贷款规模分配方式2014年进行了调整。在2013年分配中，存款是重要的权重性指标，2014年主要调整是，存款不仅是一个权重性指标更是一个基础指标，贷款规模首先按存款新增的75%分配，然后再以资本占用、结构性指标、资产质量等作为调节因素，确定系数进行调整。所以分行2014年能拿多少贷款规模关键看存款，存款增长多贷款规模就比2013年多，如果存款增长不上去，贷款就会比2013年明显减少。大家不要拿2014年新增贷款规模跟2013年的比，而要与存款增长比。我们在贷款规模分配中要更加淡化同比情况，主要强调存贷比，有些分行因为存款增长好，贷款规模将比去年增长50%以上，而有些分行由于存款形势很弱，贷款规模将有明显下降。当然，在坚持存贷比分配这个核心的同时，贷款计划也会有一定的灵活性。例如，对总行重要战略性客户比较集中的分行，总行将统筹考虑，额外适当安排规模；再例如，对新疆、青海、西藏等最西部的省份，也将适当给予一些倾斜。

（二）财务资源配置

2014年财务资源配置进行了一些调整，考虑了四点：一是加强统筹调度，统筹统一配置，提高资源使用效率。我观察财政部2013年的工作，觉得很有特点，就是强调搞活存量、优化增量，加大统筹力度，在资源配置上有一些变化。比如，原来四大行对汇金的分红，汇金在还掉财政部代发国债利息之后剩下的自己支配，但2013年全部都收归到财政部，还包括国有资本经营预算中原来分散归各部委支配的，也都收归到财政统一管理。不仅分散在外部的资源收归统一管理，内部分散在各司局的也都统一归口管理，比如，建行信达债券的偿还基金，原来在财政部内部由金融司管理，2013年也收归到国库司统一管理，资源配置上强调的是统一管理、统一配置。但统一管理后是不是就不解决问题了？不是。资源集中统一调度后，解决问题更灵活了，比如，2013年建行信达债券还了380亿元，以前还债资金就是来源于建行上缴的所得税，而2014年还债资金一部分来源于建行所得税，另一部分从国有资本经营预算中拿出资金偿还。再比如，我们多年申请解决不了的两笔接近3亿元的退税问题，往年一直层层向上反映还是解决不了，但在2013年末这两笔退税问题解决了。这说明，财政部一方面在统一调度安排，统一配置资金，统一管理资源，另外一方面又在有效灵活地解决问题。建行也一样，过去我们的资源配置比较分散，一个部门一块，每个部门都在想办法、想参数、想指标来配置资源，钱不多事不少，处长来行长找。所以2014年特别强调统一配置，总行机关那么多人不要都去分资源，而要作为一个整体来配置，这是2014年的一个重要变化。

二是实行机制性配置。资源统一管理后怎么配置？不能大家都各去找一个指标来配置，就强调3个核心指标经济增加值、有效客户、主营业务收入增长。按照这3个核心指标来配置资源，同时在战略性业务增长方面给予照顾，如网银盾、社保账户、企业年金等，要作出专项资源安排，但全行总体资源配置按照核心指标进行机制性配置，包括购建指标的分配也贯彻和强调这种机制性安排，而不是所谓按需分配。以往我们对基础运营费用中的7项费用专项配置，2014年也改了，建行资源量已经很大，不是过去保开门的日子了，不要再一项一项去核定，其实总行也难以搞清楚、算明白，而分行资源总量足够安排开门必需的费用，所以2014年7项费用继续专项管理，但资源配置主要按照分行的价值创造和收入增长分配，不再算小账。当然，分行拿了资源后，保开门的开支必须妥善安排，但总行和一级分行未来要更加强调机制性的配置，即谁业务发展好，谁赚的多，谁多得资源，这是资源配置的一个核心观念，要通过这样的配置促进整个全行效率的提升。

三是特别强调费用向分行倾斜。这个我不再赘述，再简单讲一点，2014年在资源紧张情况下还做了一个调整，就是将员工工作餐食补贴标准提高5元，由每个工作日15元提高到20元，希望全行员工工作餐吃得稍好一点。这笔钱一级分行、二级分行都不许根据效益或存款挂钩再分配、再调整，一定要落实到底，落到基层。

四是调整资源配置结构，有增有减。对渠道、有效客户、金融IC卡等战略性业务和资产保全等专项业务予以积极支持，这些费用增幅超过15%；对要求控制的费用如招待费、会议费、公务用车费等要严格管理，制定明确的控制目标。

（三）关于加强成本控制

全行招待费2013年下降了21%，但总量依然可观，而且分行之间不平衡，分行招待费占主营业务收入的比例，高的是1.88%，低的是0.42%，全行0.92%，总的水平相对较高，所以2014年要继续进一步压缩，占比高的分行要多压缩。再说公务用车费，2013年全行车均运行费用9万元，车均最高的分行17万多，最低的4万多，而2013年国家各部委车均运行费用为4万元。当然，银行和部委情况不一样，我们车辆不全在北京，分散在各地，车辆跑得多，路况也不如北京这么好，但总体看来全行很不平衡，有很大的压缩余地。总行2014年将继续严控招待费、会议费、差旅费、广告费、宣传费、外事费和公务用车费等相关费用，其中招待费支出要求同比下降15%，并对分行制定差异化控制目标，会议费、外事费和公务用车费要求同比下降10%以上，差旅费和培训费不超过上年，广告费和宣传费的增幅不超过6%。

一般性购建也要从严控制，除续建项目外，原则上不安排二级分行以上的营业办公用房的购建和装修，网点购置安排要重点提升营业网点自有率，网点装修财务标准控制要求也要更加严格。有的同志说，2013年群众路线教育实践活动中有意见反映我们有些网点装修落后，2014年我们应该整体加大网点装修规模。我们觉得这个判断有问题，针对群众意见进行整改是必要的，但不能以整改的名义大规模搞装修。2014年网点装修要贯彻勤俭节约原则，该装修的要装修，有些不该装修的还要控制。在装修方面，我们过去有一个标准，就是整体上的装修间隔期为5年，5年以上才能重新装修，有些零星的装修不在其内，但有些部门有些分行的理解是到了5年就要重新装修，这是错的，今年将这个表述改一下，改成5至8年，就是说，不是满5年就必须装修，而是满5年才可以考虑，在5至8年这个期间内根据实际情况来安排装修。

（四）关于风险成本问题

考虑到国内经济“三期叠加”的判断，企业经营风险加大，资产质量面临很大的压力。在这样的时期，我们对风险成本要有清醒的判断，我感觉我们在这方面有“两低”。一个是预期损失，虽然按财务会计准则提足了，但大家都知道我们不良资产的实际压力比我们在账上看到的要大。至少我个人判断，如果我们有财力的话，应该更加谨慎地多安排一些拨备。我们2013年在经济增加值考核时，对分行原则上按0.45到0.9的信贷成本率区间计算拨备成本，有些分行总有意见，反映说实际信贷成本率未到0.45，是不是可以按实际来考核，但建行人都应该知道，截至目前，我们的资产质量压力有多大，所以信贷成本率区间下限为0.45并不高，不仅对全行，对每个分行来说都不高，2014年最低限就是0.45，0.45以下的一概不考虑。

在审慎判断预期损失的同时，对非预期损失也要进行审慎判断，所以2014年总行进一步完善了经济资本计量，真实反映资本和风险压力，对经济资本计量更为严格化，以全面传导资本压力的方式进行计量，取消了目前看来不合理的政策优惠，适当调增贷款经济资本，并按监管要求将固定资产纳入经济资本计量范围。调整后目前全行经济资本总量占监管资本的比例仍不到60%，大家不要总说经济资本分配又调高了，其实还是不高。

我想强调的是，预期损失的判断和非预期损失的判断都要审慎，风险成本要提高，但提高之后并不高。全行要切实加强风险管控，加快退出高风险的领域和客户，做好不良资产处置，确保信贷资产质量稳定，减少贷款减值成本，缓解对盈利增长的影响。

同时，要进一步加强资本节约，将监管资本压力传导到分行及具体业务中。一是优化押品结构、强化押品管理，争取节约风险加权资产960亿元。总行押品管理部门要加强与监管沟通，同时加强押品政策研究、细化押品分类，有效兼顾押品在风险缓释和资本节约方面的作用；业务部门要配合产品部门加强金融质押融资业务推广。分行也要充分考虑不同押品的资本节约效果，优先选择资本节约效果明显的金融押品。全行金融押品占对公贷款的比重如能提高1个百分点，可节约风险加权资产近500亿元。二是优化表外业务的管理流程，争取节约风险资产75亿元。总行部门要统一研究并拿出优化管理流程的具体政策，如更易操作的敞口保函注销条件；各分行要建立已到期表外业务清理的常态化工作机制。三是提高信用卡透支额度有效使用率，争取节约风险资产85亿元。继续压缩不活动和高风险客户的信用卡额度，同时对部分客户尝试日常额度加影子额度的授信方式，力争额度使用率能够提高3个百分点，达到同业先进水平。四是选择合适时机，加快债转股等高资本占用资产处置，争取节约风险资产100亿元。五是各分支机构要进一步提高资本分析与管理水平。为更直接有效地传导监管资本压力，2014年总行将尝试定期计量监管资本回报水平，作为RAROC指标的补充。监管资本回报率将更加客观评价业务的监管资本占用及回报水平，希望分行在分析EVA时，也看看监管资本回报水平是不是在上升。

（五）关于定价管理

现在我和大家有个共识，就是在利率市场化和互联网金融迅速发展的叠加作用下，我们负债的付息率要提高，如果我们坚持保持过去的付息率，可能会影响业务的发展。我们在定价管理上对此有判断、有准备，在财务上对此也有判断和准备，但我们准备提高的部分是什么？这要有所为，有所不为。初步确定有三点不为：

一是活期存款利率不上浮。活期存款利率只有0.35%，上调10%也没什么实质意义。客户对活期存款价格并不敏感，存款就是用于日常周转，不追求利息收入，所以我们没必要提高活期存款利率，如果提高则对全行当年财务影响很大，2014年不准备动。

二是高息协议存款原则上不做。现在协议存款利率都在6%以上，去掉20%准备金后，剩下80%可用资金的成本是7%～8%，这么高成本的资金我们到哪去运用？我们所有的资金配置都赚不到这么高的收益，所以协议存款原则上不做。有人说虽然协议存款成本高，但有利于维护客户关系。但协议存款客户不是我们的基本客户，说白了主要就是保险客户，保险客户是我们的客户，但不是我们最基本的客户，我们花这么高代价，拿这么高成本的资金是不合理的，原则上不做，当然如果我们能把保险客户其他的资金拿过来也可以做。

三是季末时点花高息买存款坚决不支持。不要说这是利率市场化，可以高来高走，哪有高走的地方你们告诉总行，总行去做。季末时点的高来没有意义，对我们这么大的一个银行来说更加没有意义，却给我们带来很多压力，包括流动性压力，这件事总行坚决不支持。

有所为的，是综合定价和差异化定价。除了刚才说的有所不为之外，总行已将定价权全部放开了，包括人民银行允许的、同业在做的，统统放开，我们是在同业中定价权放得最多的。但总行不支持“一刀切”，希望分行做好综合定价和差异化定价，定价授权放下去后分行怎么办，拿着不放，一笔一笔地批没有意义，但一放到底大家都一样提高到顶也没意义。怎样适应利率市场化？关键是提升综合定价和差异化定价能力，能根据客户情况、客户综合贡献、客户不同特征进行差异化定价，为此付出一些财务上的代价，多一些利息支出是值得的，由此我们才能真正提升适应市场化的定价能力。简单的收放定价权没有意义，那跟人民银行调整利率差不多，人民银行允许上多少就上多少，人民银行允许下多少就下多少，这样的银行谈不上定价能力。希望一级分行计财部门和总行各部门都要把握住，不要一哄而起地放开，也不要“一刀切”地都不放开，而是差异化放开，考虑客户情况进行定价。这一点我们做得如何，将决定我们在同行中的竞争能力，在价格管理上的真正的竞争能力。

（六）关于绩效考核

关于绩效考核问题，已经在不同场合开了很多座谈会，该讲的道理都讲过了，所以具体内容不再重复。我们近期内就将发文，把新的等级行考核办法和新的 KPI 办法下发全行。在办法执行中，给了各分行一些选择余地，各分行要将执行方案上报总行，不排除总行各部门协调之后对分行上报的执行方案进行一些调整。如有些战略性业务允许分行选择，但如果分行选择的结果在总行看来不太合适，总行还要进行调整。

三、几项重点工作

（一）统筹调度资源支持业务发展

统一管理、统筹调度资源，能不能做好，我特别关注的是我们计财部门，计财部门负责人，是不是能多听前台部门意见，正确理解总行发展战略，合理配置资源，积极成事不碍事。有些战略性业务目前对分行意义不大，短期内还赔钱，比如企业年金，收入和利润都很少，但这是总行确立的战略性任务，必须要做。在很多事情上计财部门要多听意见，正确理解总行的发展战略。加强资源统筹配置绝不意味着集权，绝不意味把权力集中到计财部门，不能按照个人喜好或简单的经验判断来进行资源配置安排。分行计财处长中有很多很聪明的人，但有的太自我，老琢磨我今年要做哪几件事，钱准备花到什么地方，这是不对的，要多听前台部门意见，听听他们需要干什么，想干成什么事，要支持他们干成事。2014 年这一点一定要做好，如果在这点做错了，前面讲的统一调配资源也就错了，统一调配资源是要能够更好地解决问题，支持战略落地，支持市场营销，而不是把权力交给计财处长们。2014 年我们会一直盯着这件事，要真的做到成事有余，而不是成事不足。

（二）保持中间业务稳健发展

中间业务发展 2014 年确实很难，在认识上看法也很多。最近董事长有一个批示，“中间业务收费有必要从盈利模式转型考虑，通过业务创新和服务增值提高中收水平，息转费项目尽量少搞。”张行长也有一个批示，强调“中间业务是战略转型和结构调整的着力点，这个判断和方向不能变，要下力气，在合规的基础上不断提升中间业务发展能力。”这一点一定要把握准，中间业务是经营转型的一个重要方向，面临挑战，但也有很多机会和发展动力。

我们强调兼顾规范与发展，不是说发展就不规范，规范有利于中间业务的正常健康发展。2014 年在规范这一点上要继续坚持，同时还要积极发展。一说中间业务发展就搞息转费，一说规范就强调不能增长了，这不是一个成熟的银行，也不是成熟的管理理念。我们分析 2014 年中间业务发展还有很多机会，1 月全行中间业务收入增长14%，并且其中很多与贷款相关的项目负增长，而很多与贷款非相关的项目增长很快，我看了之后很高兴，这个头开的不错。全年在这方面机会不少，包括个人结算及借记卡、信用卡、理财产品、投资类产品、单位结算、造价咨询、房改金融、债券承销8类产品，这些产品已经有很好的成熟的服务，成长性好、关联性强、受外部环境变化影响小，从分行的情况分析来看，潜力还很大。比如借记卡，全行卡均中间业务收入19元，深圳分行是27元，同样一个直辖市行仅为10元，与全行平均的19元比，或者与做得好的27元比，很多分行还有潜力可挖。再比如单位结算卡，这两年推出后效果很好，目前全行平均产品渗透率为31.6%，最高的厦门分行为61.5%，但同样一个单列市分行只有11%，发展不平衡，推广潜力还很大。在这8个产品上，如果弱的分行真正能向着平均水平，向着好的分行靠拢，全行的增长将会很好，希望每个分行认真对标，找到发展潜力，找到发展机会。我们还要改进中间业务收入考核办法，落实好新版的《商业银行服务价格管理办法》。

（三）切实落实流动性管理要求

2013年全行流动性很紧张，主要有3个因素：第一个因素是实际有效存款提供的资金大约只有六七千亿元，而我们放贷8 400多亿元。第二个因素是人民银行指定我们购买大量三年期央票。第三个因素是保本理财资金外存，并且资金越紧张的时候，保本理财越好卖，外存的资金就越多。我们2013年流动性最困难的是12月19日，当天全行保本理财产品余额5 100亿元，资金外存4 900亿元，支持了全国各银行的流动性，但建行的流动性却极为紧张。当天市场利率暴增，我们还要在市场拆入资金。实际上，在2013年整个市场资金非常紧张的情况下，理财产品对全行流动性不仅没有给予支持，甚至可以说还制造了困难。

从2013年12月19日开始，我们严格控制理财产品资金，必须回存建行，截至目前包括保本和非保本理财产品大约回存了6 000亿元。这6 000亿元用来做什么？首先用3 000亿元弥补了资金缺口，全行目前存款下降3 700多亿元，贷款增加1 300多亿元，另外还掉人民银行和向市场借入的750亿元，这些缺口就是靠理财产品资金回存解决，所以现在我们不依赖市场，不依赖中央银行，保障了自己的流动性。其次用剩下的一半，大约3 000亿元建立了流动性储备，1天、3天、5天、7天、1月、3个月、6个月期限的都有。在2013年12月19日那天，我们15万亿资产这么大的一个银行几乎没有流动性储备，当时我们就提出要用两三个月时间，一方面把缺口堵上，另一方面建立一个流动性储备，我们今天真的建立了3 000亿元的流动性储备。

最近有些分行反映，认为总行把分行理财产品的资金拿去赚钱了，总行赚了分行的钱，甚至说总行把分行的中间业务收入也赚走了。我今天把账给大家算算，总行集中的资金一半堵了缺口，一半建立了流动性储备。储备是干什么的？首要是解决流动性，赚钱是次要的，因为1天、3天、5天、7天期限的都赔钱，但为了保证流动性必须要有这部分配置，流动性储备中只有3个月左右是赚钱的，从整个流动性组合来看，总行根本不是为了赚钱。流动性储备顾名思义重点在解决流动性需要，整个组合不可能不考虑赚钱，但目的不是为了赚钱，更没有总行要赚分行钱之说。如果觉得总行管理层坐在那里关注总行本级赚了多少钱，赚了分行多少钱，就把总行领导的水平看得太低了。我们重视全行的流动性和盈利性，不存在总行赚分行钱的事情，也不存在总行赚分行中间业务收入的事情，如果靠总行多付利息去赚取中间业务收入来实现增长，这样做建行不会有出息，哪个分行这么说也没有出息。虽然已有3 000亿元的流动性储备，但我们控制的理财资金每天都有到期的，所以还要继续做下去，总体还要继续控制。

同时，我们关注理财产品的市场表现，如理财产品卖得如何，能不能满足客户需求。我可以比较放心地说，截至目前，我们2014年理财产品投放量和价格在四大行中，甚至与一些中小银行相比，都具有优势。正月初八上班以来，我找了3家银行，工行、农行、招行和建行进行对比，我们发行的保本理财产品收益率比其他三家银行平均高20个点，是四家银行中最高的。我们的发行量在四大行中也占绝对优势。从2014年初以来，工、农、中三大行保本理财产品加一起负增长53亿元，而建行增加了2 100亿元。但我们的非保本理财产品增长不多，而工行主要靠非保本理财产品增长，年初以来工行非保本理财产品新增3 700多亿元，我们只有1 000亿元。为此，我们还在不断调整政策。比如说我们在2月以后，对保本理财上存资金利率做了控制，主要考虑是兼顾非保本理财产品的发行。但从年初到现在的近60天中，我们的转移价格与市场相比只有几天偏低，总的来看理财产品上存总行的利息，在同业中相对较高。

所以，我们重视的是流动性，重视的是理财产品要满足客户需求，在量和价上都要有竞争力，而绝不存在总行赚钱的问题。这个政策要继续执行下去，同时还要做微调。前两天我们做了一个微调，即公司客户购买分行发行的10亿元以上的保本理财产品资金分行可以自主运用，也许过些天我们还将进行一些微调，比如考虑非保本理财的资金上存是不是可以更灵活一些，既可以上存总行，也可以鼓励以更高利息存出去。但总的来说，我们要将保本理财资金的投向和全行的流动性统一起来进行管理。有些分行、有些部门跟我说银监会不希望分行将理财资金存在自己银行，我不这样看，这一点我已向银监会进行过认真汇报，银监会也对此表示理解和支持。在这件事情上，全行一定要统一思想，不要老争来辩去。

（四）盘活资源，提高使用效率

这方面主要有3点。一是加强外包管理。董事长和张行长在最近几个月多次提到，外包是必要的，但现在外包管理有点混乱，30多万员工自己可以做的事情有不少也外包了。有些事项可能需要一些专业特长，外包不是不可以，但还有很多事项不是这样，外包太杂。前两个月听说有会议也进行外包，找外部公司来策划，建设银行这些年不知道开了多少会议，这些事情自己可以做好，还需要找外部公司来策划？还包括开业仪式、典礼和庆典等。2014年全行财务管理要把这件事作为一个重点，进行清理规范，制定规则制度，该外包的要外包，我们30万队伍能做的事情不能外包。二是盘活闲置资产。不少分行在盖大楼的时候承诺总行等新楼盖好了就将老楼处置了，但普遍情况是，盖一个楼就多出一个楼，新楼盖完了老楼还在那，老楼也不是一点没用，一层还有营业厅，但上面空闲着。有的经营发展相对困难的分行，在闲置资产的处置上，也没有下工夫。三是合理节税。主要是一些递延所得税资产确认的审慎性和合理性要进一步研究。我们在盘活资源、提高使用效率方面还有很多工作可以做。

（五）要正确理解精简审批扩大授权

2013年开始到现在，按照行内统一部署，财会部和资债部认真清理了授权事项，精简并扩大了对分行授权。国家在转型，在精简审批扩大授权，尊重市场，增强各方面的活力，调动各方面积极性。我们也在这么做，但对这件事要正确认识、正确看待。我们所谓的精简审批、扩大授权，不是要放松管理，而是在完善制度、明晰规则、健全机制的前提下来精简审批和扩大授权，该管的还要管，只是管的方法不一样，不是就事论事，是要用机制来管，规则制度边界要更加明确。这方面总行做了很多努力，总行在放权的同时，每一个方面都在注意加强制度规则的建设和机制的建立。一级分行也要注意，不要理解为简单化的放权，总行放权了分行就跟着放，不是这样的。要正确使用授权，在增强全系统活力的同时，要提高管理有效性，提高资源使用效率，这才是真正的科学管理。

我就讲这些，谢谢大家！

在2014年夏季海外工作座谈会上的讲话

庞秀生

（2014年8月12日）

近一段时期我确实对海外金融市场业务很着急，我们搞过一个具体案例的分析会，有关部门详细分析了几个案例，说实话比大家今天听到的感觉要严重得多。今天审计部虽然点了具体事情、具体分行，但还是留有一定余地。有的时候开会总发火，但今天这个会我很高兴。本来我还想细讲一下对问题的分析和对有关事情的认识，不过今天听了海外机构的发言之后，我觉得其实没有太大必要，大家是了解情况的，既了解自身的情况，也了解国际金融市场上发生过的比较惨痛的教训和丑闻，而且大家有共识、有共鸣。特别是最近一段时间就金融市场问题的整改和香港分行有过很多交流，正好在案例分析会之后香港分行发生了超授权事件，香港分行发生问题并不是很多、很严重，也没有造成损失，但是发生这样的事，一定要严肃查处、严肃整改。给我的感觉建行亚洲对这件事高度重视，几乎没有过多解释，认真整改、严肃处理了这件事，而且不是就事论事，是采取了一系列措施。金融市场业务的风险问题值得“矫枉过正”，同时要防微杜渐，把隐患消灭在萌芽之中。还有今天好多海外机构，我想我们是有共鸣的，对这件事情要采取的措施、要做的事情都是发自内心的理解和支持，这让我感觉到是一种理解，是我们共同做好工作的基础。当我意识到一项业务有问题、有风险的时候，有时候会出手比较重，用力比较猛，但我看今天大家给予了高度的理解和支持。我相信我们这次会议之后会把今天的会议精神、把“八不准”要求落实好，让我们在最基本的问题上，涉及底限、红线、边界的问题上，能够明显地降低发生问题的概率，绝对避免也许不一定，但是能明显降低问题发生的频率，我们一定能把这件事共同做好。

今天不再说分析也不再说认识，根据大家的讨论再强调几点。

第一，不讲价钱，坚决执行好“八不准”规定。按现有规定，包括授权、授信、内部控制、风险防范的规定来执行，“八不准”就是要做到位，没有余地。我很欣赏好多海外机构讲的，不讲价钱、不找借口、坚决执行、令行禁止。我们的前台、中台、后台都要把确定的措施落实到位，我们的考核奖惩也一定兑现。会不会说考核扣分扣得这么重，不少海外机构都拿不到绩效工资或者比上年收入下降呢？我觉得肯定不会，因为我们不会发生那么多问题，总行说了这个文件开始执行了，就一定不会再发生那么多问题。而且我们不等年末把这些问题都梳理出来，发生一件就告诉大家一件，谁发生了扣多少分。当然我们事后发现的，包括审计检查、业务检查，什么时候发现就什么时候执行考核奖惩的规定，我们要共同负起责任把这个文件执行好，这是第一点。

第二，要平滑执行好“八不准”规定要求。我相信我们总行各部门也会共同努力，尽可能使这个文件的执行不至于给分行的业务和工作量带来太大负担和麻烦。前台、中台、后台各部门都要谨慎地对待这件事情。严格执行规定不意味着工作中就可以简单对待，总行要对这件事负责，要多跟海外机构沟通，海外机构也要积极汇报、反映问题，执行中有困难都可以反映，可以报告有关部门，各位总经理也可以直接给我发邮件，告诉我事情运转得怎么样，有什么问题和矛盾，有什么地方会有负面或不利的影响，都可以讨论。不准做的事情不做，还有很多事情可以有灵活性，比如，新加坡分行提到的人员资历不到3年怎么办，有些事情可以有过渡期，“八不准”没有过渡时间，但过程中有很多事情是可以讨论的。

第三，要对金融市场业务目前一整套的规划、流程、管理控制要求进行一次回顾和讨论。也希望海外机构能够集中精力，给总行提出一些意见。先保证“八不准”平滑运行，然后过一段时间集中精力，海外机构集中给总行反映一次意见。总行还是由市场风险管理部牵头的项目组汇总大家的意见，对我们的工作和管理进行一次重新回顾。我觉得张行长、胡行长和大家的意见都是一样的，规定要执行，但规定都可以重新讨论，看看有没有需要调整的地方。调整不意味着过去有什么错误，我相信现在形成的东西都是有很多继承的，吸取了内外部的经验，也吸取了一些发生过的教训。但随着情况的变化，随着海外机构业务的变化，有些事情可以重新讨论，这就是一个银行的学习能力。我们在不断学习，重新思考一些问题，然后来理顺和调整管理，包括大家提的意见，比如到底 ISDA 协议怎样做更合理、到底单笔授权是否合理，类似的问题都可以讨论。严格执行规定不意味着不可以讨论一些规定，提出意见和建议是一种积极的态度，是对建行负责的态度，我们认真研究大家的意见，也是应尽的责任，也是对建行负责的态度。希望通过这次回顾和讨论能使我们金融市场业务在规则、流程、内部控制要求等方面有更好的进步，有一次提升。

第四，要尽快将要求落实到信息系统中。我们目前的情况很复杂，好多系统是海外机构自己买的，自己有供应商，有些修改要通过特定供应商来做，但是同时总行也在做。总行金融市场业务相关系统每次投产上线后都要尽可能运用到海外，特别是 2.2 期投产之后，要首先考虑在建行亚洲推广，然后尽早研究其他海外机构和总行系统的差异，争取大家都能尽快推广。方向是没有疑问的，也就是说通过全行统一的系统、全流程的控制，确保整个事情从事前、事中、事后能够系统地联系起来，能够提高智能化和自动化水平，这个时间不会太晚。执行“八不准”是在这个系统没有到位之前我们必须做的，但是我们的系统也要加快，尽快地建设推广。不少海外机构的系统已经在总行系统推广之前做了，但还要做必要的修改和优化，以解决机控问题。

第五，总行金融市场部和相关部门，包括人力资源部，要根据工作中大家反映的问题做一些专题研究，拿出一些解决方案。我不太了解海外机构过去成立和运行过程中对于金融市场的招聘人员和内派人员有什么规定，但是我听下来至少是过程中有问题。有些问题到底怎么解决，研究之后要给一个专题回答，如招聘多少人、内派多少人、怎样保证及时到位、与金融市场业务管理规定怎么协调起来等，这些事都要研究解决好。

第六，总行对全行金融市场业务的风险管理和内部控制是认真负责的。我多次跟金融市场部讲，海外机构发生的金融市场业务方面的问题，可以告诉我是哪个分行有什么问题，但是所有的问题都是金融市场部的，都是我的。昨天讲到伦敦子行金融市场业务时我讲过一句话，叫做“扶上马、送一程”，这是属于特定业务的开发和推广。在风险管理和内部控制上，不存在“扶上马、送一程”的问题，总行全过程负责任。金融市场部、市场风险管理部和营运管理部要想一些办法，总行怎么更有力地支持、指导、检查、协助海外机构金融市场业务的发展。我甚至想总行金融市场部可以有一支队伍，比如再出现像越南那样两个人都要休假的情况，当然最好别两个人一起休假，可以事先排出规划，总行可以去人临时顶岗工作。临时顶岗工作本身也是一种类似强制性休假的安排，我去人代替你工作，就可以了解你的工作状况，了解你的运行质量到底怎么样。除了审计部门要继续加大海外机构金融市场业务的审计力度外，金融市场业务的前台、中台、后台部门也要想办法加大检查指导的力度，主动负起责任，给海外机构工作积极的支持。

再讲一点就是我们现在是在关注风险管理和内部控制，其实海外机构还有其他一些问题需要研究，我本来排的重点是海外机构的流动性，金融市场部和国际部配合把海外机构流动性管理重新梳理一遍。后来这些事情发生之后我觉得顺序变了，先把风险管理和内部控制做好。另外，我们最近外币头寸情况相对好一些，所以我们把有些事情放一放，过一段时间我还会具体研究配合国际部做好海外机构流动性管理、整个资金的计划管理，发挥海外机构的网络作用，能够作为一个网来处理海外资金的融通等问题。

另外再通报一个事情，就是我们新一代系统

的海外应用问题。除了金融市场业务外，给大家一个大致的时间表。新一代的批发业务基本上在明年5~7月上线，现在排的时间表是5月，有可能推迟一两个月，我估计不会晚于7月。在境内上线的同时就做好准备在建行亚洲的推广。争取在2015年末能把批发业务在海外开始更广泛的推广，早点让大家用上。我们的零售业务大体上是在后年5月在国内上线，然后在海外机构推广，争取在2016年末海外的零售业务也使用建行统一的新一代系统，比较好地解决海外发展的信息化支持问题。但这件事情总行要投入很多精力，各海外机构也要准备好，要投入相当的精力进行差异化分析。另外，大家可能还是要有一个准备，有些差异要克服一下，我们要更多地强调统一，有一些事情要去差异，同时我们会充分考虑各行适应当地客户习惯、市场习惯的问题。最近我们和建行亚洲沟通后，建行亚洲已经有很强的意愿对有些事更多地使用全行统一的东西。在确保符合当地市场、客户习惯的同时，有些事情要强调去掉一些差异来保证全行系统能够更简洁地运行。这件事情会给海外机构的运行和发展带来很多好的感受，但也一定会带来很多工作量，需要大家克服。我们要尽可能按照这个时间表来努力，但是过程中也可能有一点延迟，大家也会理解。

最后再次感谢海外机构的同志在建行发展中所付出的辛苦和作出的努力，以及对全行利益、对全行管理要求的高度重视和支持理解，谢谢各位！

在大数据应用高级研修班上的讲话

庞秀生

（2014年9月24日）

2014年5月王洪章董事长到信息中心调研，提出将大数据作为建设银行战略转型的一个重要基础，建设“大数据行”，并将大数据能力建设列入全行战略转型规划。这是一个很重要的战略判断，具有相当的高度和前瞻性。第一，这个判断是基于对信息技术和互联网的现状、发展前景及其可能带来的变化有相当的理解和见识基础上作出的；第二，这是站在全行、长远的角度提出来的问题，不是总行信息中心一个部门的问题，和我们总分行方方面面的工作都有机结合在一起，对我们每个条线、每个分行都有重要意义；第三，这个问题具备前瞻性，大数据工作我们今天还没有实质性布置，也还没有制定出成熟思路、工作框架和方法论，现在还没有到这一步，路在前方，我们出发吧！

大数据战略提出来以后，总行成立了工作推进小组，我和黄志凌首席经济学家任组长，黄首席牵头组织研究和制订工作规划，协调工作开展，咨询相关专家和机构，开展了很多讨论，在这次研修班上跟大家做了很好的沟通和交流，对大数据工作的重要性、理念讲得很透彻。新一代建设过程中，信息中心刘静芳总经理也一直在研究，很多工作准备得很充分，今天的讲课信息量很大。

大数据的理论目前还没有完全成熟，业界在什么是大数据、大数据实施方案、大数据建设详细设计等问题上，都还存在一些争议。我2014年参加过几次相关会议，包括华为组织的战略咨询会，会上谈论大数据问题多是务虚的，几乎没有共同的理解、思路和方法。但这样对我们反而是一个机遇，建设先发优势的机会。所以有些事情我们要按照行里确定的战略，脚踏实地地往前走。这次高级研修班就是传达这样一个信息，我们开始正式启动全行大数据工作，可以说既务虚又务实。所谓务虚，就是让大家开拓思路、了解知识，从理念上能有一些收获；所谓务实，就是让大家知道，全行上下的数据应用团队在往前走，在数据应用和挖掘方面做了很多尝试，有很多新方法、新思路。

我们在数据挖掘分析方面其实已经做了不少工作，刚才几家分行和部门的交流材料做得都不错，说明在很多方面数据已经发挥了重要的价值。现在支持管理决策和业务开展的数据太缺乏了，我们正处于一个急需数据的时期。我再举几个印象比较深的例子。第一个是电子银行业务推广中的，这个条线有很多事情在业务上给了我信心，最早是福建分行推广短信汇款，由省分行来分析数据，识别出多次向同一个人汇款的客户，并将名单推送至各个二级行和支行，客户经理拿着这个名单去推广短信汇款就会很容易，因为产品本身很简单，客户需求特征明显，所以福建分行就做得很好，占了全行的半壁江山；还有就是通过我们的电子银行去 12306 网站买火车票，有二级分行的员工通过对数据的简单挖掘，找到身份证号码不属本地的客户名单，春节前适时地短信推送电子银行买火车票的业务功能，营销成功率很高。第二个是信息中心对我们客户使用余额宝情况的分析，材料中指出了建行有哪些客户在使用余额宝，这部分客户有哪些特征。我们通过看报表调数据，只能知道建行有哪些客户在使用支付宝、使用快捷支付等，但是这些使用支付宝的客户，有哪些使用了余额宝，一直没有数据。我们一直在谈，从 2014 年开始，特别是春节期间，余额宝的发展给我们带来了很大的冲击，吸引了一批客户，带走了一批资金，但是情况到底怎么样，影响有多大？信息中心想了很多办法，做了一些近似的挖掘，发现使用余额宝的客户基本都是年轻人，月收入基本不超过 1 万元，在建行金融资产基本达不到购买建行理财产品的门槛。春节期间是资金流出高峰，现在开始净回流。这个就类似于大数据分析，对经营管理者有价值。第三是个人部对网点柜台配置的分析。建行的柜台业务已经开始发生重大的变化，许多柜台的交易量都在减少。我们需要研究调整网点的配置、柜台的配置、高低柜的配置，包括买多大的网点，还买不买网点。这方面的数据和信息，许多在报表里是没有的。前不久，我凭个人到网点的观察讲过这件事，很快个人部拿来一份分析材料，提供了不少数据，作出了一些判断，感觉研究的问题和我们的感性认知有相当的正相关性。数据在系统里面，没在日常使用的报表里面，没在会计账上，但是其实也不复杂，比如一个柜员一天办理了多少笔业务，每一笔业务花费多少时间，除去排队时间，办理 40 笔业务的总时间，是能够算出来的，这就算是大数据的应用。第四是信息中心对财政部考核指标的分析。2012 年，财政部对几大银行进行评比，主要指标得分我们比工行高，但是最后得分我们比工行低，从报表分析出来的原因是他们中小企业贷款比重比我们高，加分比我们多。当时高管层就提出疑问，为什么工行有这么多中小企业贷款，我们怎么这么少？信息中心对统计使用的数据重新梳理、比对分析，发现了问题，基层工作人员认定的企业规模和根据客户数据按四部委企业规模标准划分的结果不一致，有大量按照客户基础数据应归为中小企业的客户被基层数据输入认定为大中型企业。发现问题之后，就开始对数据进行清理。2013 年末我们不仅表内的指标超过了工行，表内外加一起也超过了工行。你说这是不是大数据？这是做了数据关联、钩稽分析得出来的，算是大数据的思维方式。如果用传统办法，报表就是这样，想证明错误就全行搞一次检查，看谁填错了。那就不知道多少工作量，多少成本还不一定能查出来。

在过去的几年里面，我们建行在数据挖掘分析方面积累了很多经验，有很多创造性的试点成果，今天的经验交流讲得很具体、很全面，每个分行所做的大数据应用都给市场竞争带来了很有意义的支持。同时，新一代核心系统建设给我们提供了很重要的条件和机会，困扰我们多年的问题，不说完全解决，但是在相当程度上得到了解决，再有一年多的时间、我们的整个数据管理体系、我们的数据处理能力，在中国的银行业，甚至在中国所有的大企业中，都将是站在前列的、一流的。

全世界都在谈论大数据多好，但是其实并没有哪家企业做得非常成熟，基本还处在造势阶段的中晚期，以及实施和推动的初期。建设银行也处在这个阶段，并且已经具备了很重要的条件。大数据应用在行里的决策层面已经列为战略举措，作为战略转型的一个重要方面；各部门和分支行已经创造了很多经验，有很多探索；在技术和数据管理基础方面也有了较好的准备，即将到位。国内同时在这几个方面都做到的大企业并不多，无论是在银行业还是非银行业，可以说，现在开始更好、更快地推动大数据应用是正当其时。我有几点期待：第一，通过这次高级研修班，我们达到了了解知识、开阔视野、启发观念和理念、交流经验的目的，请大家回去后尽可能传导给全行，起到一定程度的动员作用。第二，虽然大数据工作思路、工作框架和方法论尚未成熟，但是大家提出的问题和建议，涉及下一步工作准备，总行信息中心要牵头研究提出解决办法。第三，这次研修班既务虚又务实，是我们实施大数据战略的重要起承点，各行在未来几年大数据工作的推动过程中，要将学习效果和深刻思考正确地传导放大。第四，现在大家就要开始在全行造势，启动大数据应用工作，有些事情需要一个过程，但一开始的造势也是必要的，虚实相济，通俗生动地讲一些宏观的、理念的东西，对几十万人队伍有意义。什么事情都等到想清楚了再去干，不一定是正确的工作流程。

我今天就讲这些，谢谢大家！

在全行对公业务转型视频会上的讲话

章更生

（2014 年 1 月 3 日）

同志们：

2013 年 11 月 14 日差不多在同样的范围内，我们召开了一个对公存款的视频会。从开会到年底一共 46 天，在这 46 天里，相当于我们一起做了一道证明题，证明了我们这支队伍的执行力是强的，战斗力是强的，竞争力是强的。

到 2013 年底的数字，全行一般性存款新增 10 566亿元（工行新增 8 815 亿元，农行新增 8 511亿元，中行新增 7 489 亿元），位居四大行第一位。其中，对公存款新增 4 673 亿元（工行新增 5 665亿元，中行新增 4 339 亿元，农行新增 3 480亿元），由三季度末的四大行第四位跃升到第二位。但就内部讲，分行间不够平衡，有的分行完成得好些，有的分行受各种因素影响完成得差些；有的分行计划虽未完成，但在当地四大行排名第一，而且第一的含金量还很高，只要是四大行新增第一，总行也视同完成计划。成绩的取得真是来之不易，在此，向大家表示衷心感谢！对大家的辛苦表示亲切慰问！

新的征程又开始了。我们在庆贺 2013 年好数字的同时，一定要清楚数字背后的情况。我们全年的数字大头是靠第四季度冲上去的，说确切一点儿相当部分是最后 10 天冲上去的，这意味着过了年会大幅回落，昨天就减少 1 085 亿元（这里面有一部分转为理财，一部分转为财务公司存款），加上有大笔的资金还要支付，因此 2014 年 1 月甚至整个第一季度可能会出现流动性紧张的局面。也正因为如此，希望大家不要松劲，要乘势而上，一鼓作气，将旺季营销的战役打好。尤其是企业存款增长乏力的行，希望对照我在 2013 年 11 月 14 日视频会上列出的企业存款“体检”指标项，进行逐项检查，找出原因，制定出切实可行的增存措施，尽快扭转被动的局面。

今天，我们召开一个全行对公业务转型的视频会议，这是一次工作布置会，也是一个工作动员会。之所以新年伊始就开这个会，而且直接开到县支行，总行这么多部门参加会议，就是因为这项工作太重要，很急迫。在座谈会上，以及出差到分支行的时候，有不少同志问我：对公业务转型到底怎样转？方向和思路是什么？对转型表现得较为茫然，希望总行能出台个指导性意见。就此，总行公司部组织人力，根据我行对公业务发展的情况，结合年前总行领导主持召开的几个转型座谈会上大家反映的问题，起草了《对公业务转型方案》（以下简称《方案》）。我又主持召开了一个小范围的对公业务转型座谈会，听取了大家的意见。根据大家的意见对《方案》进行修改后，征求了总行相关部门的意见。2013 年 12 月 23 日，我召集由总行 18 个部门负责人参加的专题协调会，就落实对公业务转型有关的配套政策进行了协调，会上对相关问题基本达成一致意见。在此基础上，将《方案》提交董事长、行长、监事长、其他副行长及高管审阅，王洪章董事长亲自在《方案》上做了批改，各位行领导都给予了大力支持。可以说虽然时间不长，但准备还是比较充分的。下面我讲几点意见。

一、对公业务为什么要转型

（一）对公业务的市场压力，逼着我们必须转型

总的来看，过去 5 年我们的对公业务竞争力相对于工行不但未增强，反而略有减弱。与农行、中行相比，有些领域领先优势被逼近；从内部来看，对公的利润贡献度在大幅下降。与 2008 年相比，有以下几方面问题。

1. 企业存款市场份额下滑明显。企业存款四大行占比从 28.5% 下降到 27.09%，下降了 1.5 个百分点。从绝对数来看，我们失去了 3 000 亿元的市场份额；与工行的差距从 2008 年的 6 000 亿元，扩大到去年 11 月底的 9 000 亿元，核心存款口径的差距达到 1.1 万亿元。

2. 公司类贷款的传统优势在丧失，结构也有待优化。截至 2013 年末，我行基建贷款新增 1 150亿元，占公司类贷款新增的 28.8%，占各项贷款新增的 13.6%，分别较 2008 年下降 19 个和 25 个百分点。虽然基建贷款较以前是要适当地降低，但降速过快了点，降幅过大了点。基建贷款有其稳定性、拉动性优势，是我们的特长，不能轻易放弃。截至 2013 年 10 月末，中型客户在公司类贷款余额中占比 30.4%，为四大行最低，与工行、农行、中行的差距都在 9 个百分点以上，客户结构有些不合理。这也使得我行在财政部中小企业考核分值居四大行末位，也影响财政部对我行整体考核；否则，2012 年考核分值我行应为第一。

3. 综合收益存在隐忧。2013 年我行新发放对公贷款定价水平虽提升 1 位到四大行第三，2011 年对公中收首次超过工行跃居四大行第一，但要看到数字背后的真实情况：一方面，我们的造价咨询业务贡献了 94 亿元，这是其他行所没有，我们独有的；另一方面，四大行对公中收比较中没有考虑财务顾问业务，2012 年 11 月底，这一块我们跟工行就差了 90 亿元，这一进一出就有近 200 亿元。如果考虑这些因素，再把定价和中收综合起来看，我们的综合收益在四大行中的位次就很难说了。

4. 客户基础仍较为薄弱。截至 2013 年 11 月底，全行公司机构客户 285.9 万户，新增 37.6 万户，其中有效客户新增 12.5 万户，占比 33%。单位人民币结算账户 386 万户，虽近几年追了一些，但比工行还是少 169 万户，比农行少 94 万户，相当于工行的 70%，农行的 80%。5 年间与工行的差距扩大了 17 万户。

5. 公司板块利润贡献大幅下降。2005 年公司条线利润占全行利润的比重是 64.14%，之后占比大致呈下降趋势。2006 年是 55.75%，2007 年是 60.89%，2008 年是 56.26%，2009 年是 60.66%，2010 年是 52.05%，2011 年是 50.68%，2012 年是 47.13%，截至 2013 年 6 月末占比是 48.2%。2005 年至 2013 年 6 月末下降了 16 个百分点。

（二）金融"脱媒"的加快，逼着我们必须转型

2012 年，全社会融资总量达 16 万亿元，其中本外币贷款新增 9 万亿元，只占 57.9%，比 2006 年下降了 19.4 个百分点；2013 年前 11 个月，本外币贷款只新增 8.9 万亿元，占比又下降了 2.2 个百分点，降至 55.7%。存款、支付结算这些本来是银行所特有的本领，现在也正在被"脱媒"。从我行的情况来看，仅 2012 年，客户运用债券、信托等直接融资的产品替代我行储备贷款、存量贷款达 2117 亿元；未来大型客户追求低成本，其直接融资的渠道将越来越宽，能力会越来越强，对传统信贷业务将带来巨大冲击。从国际先进的大银行来看，截至 2012 年底，各项贷款占资产比重基本都在 40% 以下，其中巴克莱银行

是31.2%，花旗银行是35.7%，美国银行是40%；而国内工行占50.2%，我行占52.3%。

（三）互联网金融的快速崛起，逼着我们必须转型

2013年被称为“互联网金融”元年，第三方支付、移动支付、P2P、在线理财等互联网金融创新业务突然一起杀了出来，可谓波涛汹涌，预计将势不可当。虽然难以完全替代传统的银行业务，但直接威胁到商业银行的存款、贷款、结算等核心业务。目前，第三方支付持牌机构达250家，支付规模超过6万亿元，已成为第三大电子支付方式。大型互联网企业逐渐侵入金融领域，阿里巴巴2013年6月推出余额宝，到年底便实现规模1 853亿元，用户达4 303万，对接的货币基金稳居国内最大基金的宝座；腾讯自2013年8月推出微信支付功能以来，仅用百天用户就超过2 000万。在此局势下，同业也在积极应对，纷纷进军电商和移动支付领域。这也逼着我们在支付结算业务领域转型求变，积极开展网上银行和第三方支付业务。接下来，需要我们加强线上、线下渠道整合，实现多渠道有机地服务客户。

（四）利率市场化的到来，逼着我们必须转型

2013年7月9日，中央银行宣布取消贷款利率下限，接着中央银行建立了市场利率定价自律机制，推进贷款基础利率，就是LPR的集中报价和发布，目的是为了取消中央银行基准利率。近期同业存单业务也已开始试点，利率市场化的步伐明显加快。从资金市场来看，同业存款的价格明显高于同期限一般性存款。利率完全市场化后，贷款利率有可能进一步降低，存款利率有可能进一步拉升，NIM将大幅下降。利率市场化后，我们如不转型，将给我们的盈利能力带来巨大挑战。

（五）人民币国际化的加快，逼着我们必须转型

截至2013年9月末，跨境人民币结算量已超过3.1万亿元，跨境人民币融资合同金额超过1 000亿元，此势头将会有增无减。据SWIFT统计，人民币在2013年11月首次超越欧元，成为全球第二大贸易结算货币。未来，银行本外币业务间的相互依存度将进一步增强，这逼着我们必须加速转型整合，从客户维度实施本外币一体化定价，增强境外融资安排、跨境清算代理和托管能力。

（六）客户需求日趋多元，逼着我们必须转型

客户的经营越来越精细。迫于发展、创利与竞争的压力，客户也是越来越精打细算，充分利用其自身的优势，要求银行提供综合化、低成本的金融服务，这使得我们传统的以信贷、存款、结算为主的服务模式受到冲击，迫切需要我们通过转型来整合我行各条线、各分支机构、境内外机构、子公司的资源，满足客户多元化的需求。要改变过去以“产品定价”为主的单一定价方式为以“客户定价”为主的综合定价方式，从争取产品盈利转变为争取客户“钱包份额”。这就需要我们改变传统的业务流程及经营管理方式，以便通过综合化的服务参与市场竞争，通过综合化的服务获得更多的回报，否则就会丢失客户，丧失市场。

（七）同业竞争的加剧，逼着我们必须转型

四大行在财政部及监管部门的指标考核下，彼此之间谁也不愿垫后，谁也不愿让出整体或某个方面领先的位置，竞争日趋激烈，甚至白热化。中小银行为了发展生存，为了股东回报，相互攀比、暗中较劲，更是逆经济大势，利润增幅达到20%～30%，甚至更多。应该说这是反常现象，经济下行，银行利润和资产质量都应该下降。因此，中小银行抢了四大行不少的市场份额。以存款为例，截至2013年11月底，四大行存款份额已从2008年的54%降到了44%。

我国经济长期保持了高速增长，金融业特别是银行业利润表现良好，一些地方政府、企业及国外机构纷纷抢滩中国银行业，使得我国金融机构快速增长。截至2012年末，银行法人金融机构已达3 747家，其中有5家大型商业银行，12家股份制商业银行，144家城市商业银行，377家农村商业银行，外资法人金融机构已达42家。十八届三中全会明确了要进一步促进银行对民营资本的开放，这意味着银行业市场竞争将更加激烈。面对竞争的压力及变化万千的市场，我们想生存，我们想发展，我们想发展得更好，就必须改变传统的打法，另辟蹊径，转型发展。

（八）外部监管趋严，逼着我们必须转型

银信合作、理财产品、通道业务、同业业务

等监管日趋严格，这些有的本是我们创新的产物，但过去有的做法现在不让做了，怎么办？我们只好再求变创新。政府融资平台、房地产、产能严重过剩行业等过去也都是我们建行非常熟悉的业务，现在要实行压控；“铁公基”这些我们的优势行业中的一些客户受集中度监管的控制我们也不能多投，逼着我们必须在信贷结构及投向上进行转型。

有关部门对银行收费的管理要求越来越严，目前正对我行12个分行进行检查，并检查出了一些问题，可能要被处以没收和罚款，据说2014年还要对未检查的行进行检查，使得我们过去那种较粗放的收费做法难以维持下去，这也逼着我们要加紧寻找新的业务领域，拓展新的客户群体，研究新的金融产品，提升金融服务，以此来取得增收。

（九）内部约束力的增强，逼着我们必须转型

经济危机发生后，为防止金融风险，大多数国家都加强了对商业银行的资本约束，我国更是走在了世界的前面。2013年新出台的资本管理办法，有些指标比巴塞尔Ⅲ还要严格。按该办法计算，商业银行核心一级资本充足率，总资本充足率均下降近一个百分点。在严格的资本监管下，资本占用高的信贷业务，不可能无限扩张，只能是发展占用资本低的业务，这就必须得转型。

从成本上看，我们也不可能再去无限制地扩网点、增人员，不能走20世纪末那种规模扩张、粗放经营的老路子，网点和人员只能从结构调整的角度做点儿适当补充，更多的还是只能通过网点转型、扩充功能，充分发挥网点的触角作用。对于人员只能是通过优化岗位设置与业务流程，使员工们在经营中最大限度地发挥出自己的能量，而这些也需要通过转型，从集约化经营等方面寻找出路。

（十）国家经济的转型，逼着我们必须转型

中央已绘制出了中国经济转型的蓝图，就是要实现中国特色的新兴工业化、信息化、城镇化和农业现代化。银行要想获得良好发展，必须紧跟经济发展的大势，紧盯经济发展带来的新商机。这“四化”无不充满着巨大的商业机会，据有关方面预计，仅城镇化未来3年的投融资需求就达25万亿元。因此，我们必须认真研读《国家新型城镇化规划》，搞清城镇化的路径，从中选择我们要做的业务。

综上可以看出，我们必须得转型，否则未来发展的路将越来越窄，处境将越来越艰难。

二、我行对公转型已做的工作

重组上市以来，我行在对公业务转型上也做了一些积极有效的探索，为今后的转型奠定了基础，主要有以下几方面。

一是研究了客户细分，实施客户分类分层管理。根据对公客户特点、规模和在我行的业务开办情况，对全量对公客户进行了分类分层，针对不同类型客户需求，提供差别化的产品组合和服务方案。

二是开展专业化机构建设，实行专业、专注。本着大客户经营重心上移，小企业经营重心下沉的集约化指导思想，开展客户专业化服务，建立了小企业经营中心、大中型企业经营中心等客户专营机构；本着专业、专注的服务理念，开展产品专业化服务，建立了票据中心、造价咨询中心、企业年金中心等产品专营机构。

三是尝试综合金融服务，促进多元化经营。根据客户需要，开展了商人银行产品（含企业短期融资券主承销、银团贷款、飞机融资、财务顾问等）营销服务，研发了并购贷款产品、供应链融资产品，牵头筹建了GTS现金管理中心、建信租赁公司，有力地促进了我行多元化经营。

四是首创网络银行信贷业务，实现业务模式创新。2007年，在同业中率先推出网络银行信贷经营模式，实现了理念创新、产品创新、科技创新、组织创新和风险保障机制创新等，开创了银行与电商平台对接的专属融资服务、专属业务系统、专属业务团队、全流程线上操作的全新金融服务模式。

五是推进渠道资源整合。不断提升对公客户企业网银覆盖度，将电子银行打造为产品销售、交易结算和客户互动的重要客户平台；加大了对公产品柜面渠道部署力度，梳理了33个适合柜面销售的对公产品，提升和调动了网点柜面对公服务效能。

六是夯实基础管理。开发了对公信贷流程管理系统（CLPM系统），在同业中率先实现了信贷业务全流程电子化、无纸化，在大幅提升信贷业务效率的同时，以信息化手段，杜绝了线下的逆流程操作等风险问题，提升了对公信贷业务贷前、贷中和贷后管理能力。

七是探索区域联动机制。2006 年，建立了环渤海、珠三角、长三角区域联动机制，目前珠三角地区联动仍在继续，并定期进行项目对接，满足了客户跨区域、跨境金融服务需求，推动了分行间、境内外机构合作与联动。

除上述外，也还有一些其他尝试。虽然做了上述工作，但相对于形势变化，我行的对公业务转型工作在深度、广度、力度上仍显不够，需要全行立即行动起来，进行更实质性的转型。

三、对公业务如何转型

（一）总体思路

全面、深入落实“综合性、多功能、集约化”及“网点三综合”的总要求，切实践行“以客户为中心、以市场为导向”的经营理念，按照“三大一高”客户战略，执行好监管要求，以扩大客户及账户基础、优化客户结构为根本出发点，以巩固传统优势为前提，以综合化服务为主线，以产品创新和渠道整合为支撑，以强化市场营销为手段，以优化体制、机制为保障，全面持续推进对公业务转型，达到提升市场竞争力、巩固市场地位、扩大市场份额、增强价值贡献的目的。

（二）具体思路

1. 在部门定位上，总行对公各经营部门由经营的管理向客户部门、市场部门、产品部门、全行对公经营的牵头指导与支持部门转变。对公经营部门重在制定全行经营政策、业务指引，加强对各项政策执行的指导、监测和监控。努力搭建业务平台，创造条件让尽可能多的相关条线、分支机构、子公司、海外分（子）行在客户平台上做业务。对公经营部门要跑客户、走基层、接地气。各一级分行的对公部门也要参照总行的部门定位，调整自己的部门定位。

2. 在客户战略上，由服务核心企业为主向核心企业及其外围整体经营转变；由中小型客户相对不足向大中小型客户合理组合转变。执行好“三大一高”战略，改变过去只注重营销核心企业的做法，要以供应链金融服务商的视角展开营销，以核心企业为基点，从供应链、产业链及产业集群的维度，通过资金流、物流“顺藤摸瓜”，开展链式营销，将我行的金融服务向核心企业的上下游延伸，以点带线，以点带面。通过链式营销，不但能巩固与核心大客户的关系，还能扩大上下游中小型客户群体，解决我行中小客户占比低的问题，提高客户与我行的黏合度。

3. 在行业策略上，由传统行业向传统与新兴行业相结合转变。传统的钢铁、煤炭、水泥、玻璃、铝、铜等行业受产能、耗能和技术的限制，及全球经济不景气带来的全球需求减少的影响，目前经营比较困难，预计今后一两年总体上仍难根本好转。因此，要在巩固传统行业里优质客户的基础上，在深入分析风险后尽力向“十二五”国家战略性、农业现代化、电子商务和互联网、节能减排、物联网、高端装备制造等行业拓展。

4. 在区域策略上，由主要在地市级以上区域经营向县镇合理延伸转变。目前，我行在中西部的一些县和东中部的一些强镇尚无机构，随着县镇经济的发展，这块市场我们也要有自己应有的市场份额。同时，西部的贫困县，每年获得中央财政转移支付的数字也很可观，一般在 20 亿元以上。如果一个机构都没有，这块资金就得不到承接。当然，在这些地方设置机构要因地而为，不可复制 20 世纪八九十年代不计效益的粗放发展模式，设置机构的前提是能够盈利。对县镇设置机构可能要受到审批限制，可以采取将市郊机构业务迁移的方式，因为市内申设机构相对宽松。要充分利用网络渠道、电子渠道进行业务的扩张与延伸，以减少人员投入。在县、经济发达的镇，可加强同邮储、农信社等金融机构合作，通过订立战略合作协议，优势互补，达到我们能够做业务的目的。

5. 在盈利模式上，由主要依靠存贷息差向息差与扩大中收相结合转变。2012 年底，我行的非利息收入占经营收入的比重为 23.6%（工行是 21.2%，农行是 19%，中行是 29.8%），与国外先进的商业银行相比，它们的占比要高出很多（花旗银行是 32.2%，美国银行是 50.7%，巴克莱银行是 71%）。虽然国情不一样，银行业发达的程度与所处的发展阶段也不尽相同，但我相信中国银行业的非利息收入占比也会逐步提高，同

10年前相比，我们已经大幅度提高了，那时我记得只有3%～5%。今后，我们要通过转型，为客户提供综合化的金融服务来改善这一盈利结构。

6. 在定价策略上，由单一产品定价向综合定价转变；由以我为主向紧盯市场、紧盯对手，进行适时应对转变。改变目前基本按资产、负债产品分别定价的现状，综合考虑资金成本和收益，加强资金运用。可根据需要，进行产品组合配置，实行产品套餐定价、客户综合定价。提高资金运用能力，对部分市场化程度较高的产品，探索资金"高进高出"，确保有得赚，以短、平、快的方式赚取差价，其实这也是经营能力的体现。资金进出的价格确定，不仅要看资金的流动性与资金运用情况，还要看市场价格走势，更要看竞争对手特别是主要竞争对手的出价情况。

7. 在解决客户融资需求上，由间接融资为主向间接融资和直接融资相结合转变。要加快信贷产品的创新求变，增强竞争力，产品数量要多、功能要全、质量要好，并且具有可持续性，做到"人无我有，人有我变"，巩固和保持间接融资的市场地位。要利用好投行业务、理财业务、子公司平台，为客户提供适应自身财务管理、资金用途的直接融资服务，根据客户的规模和特点，配置对路的金融产品。通过由单一信贷服务向综合融资服务转变，实现由"资金供应者"向"资金组织者"的角色转变。

8. 在经营策略上，由信贷大包大揽向发挥信贷带动作用转变；由本外币经营相对分离向本外币一体化转变。信贷资源是有限的，也是宝贵的，对于一个项目，哪怕非常好的项目，都不可以大包大揽。要将信贷资源当做"药引子"，带动开立结算户、存款、代理等各项金融业务的开展。要加强对基本结算户的营销，解决以往只重视贷款不重视结算户的问题。打破本币、外币业务界限，围绕外向型客户、"走出去"客户、"走进来"客户，以及自贸区、保税区客户等金融服务需求，设计本外币一体化服务方案，推进本外币产品的有机融合和优势互补，加强本外币联动性产品的研发，增强相互带动能力。适应客户跨境经营，跨境投资需要，通过加强境内外机构联动，实现本外币服务一体化的全球客户关系管理。

9. 在客户关系维护上，由靠提供融资维护客户关系向为客户提供融资与融智相结合的服务来维护客户关系进行转变；由个人间的感情维护向个人间感情维护与单位间的感情维护相结合转变。要研究用少量的信贷支持，甚至不用信贷支持也能留住客户，与客户做业务。充分发挥我们的聪明才智，为客户提供个性化的、适合客户的产品与咨询服务，要善于整合客户间的资源，充当中间人的角色，通过我们的增值、超值服务，让客户离不开我们，甚至愿意充当我们的"业务人"，帮助我行附带营销，也就是让客户来营销客户，在这方面有的分行已经尝试了，效果很好。银行与客户个人间的感情建立与维护固然重要，但它往往因双方人员的变动而中断。因此，要确保个人间的感情得以衔接与延续，同时要通过相互支持，推动银企之间的感情融合，成为长久的铁杆战略合作伙伴。

10. 在客户考量上，由考量存贷款、结算量向客户综合贡献度转变。我们细分市场、细分客户的目的是要实行差别化的服务，细分不能只看我们在客户那里放了多少贷款、抓了多少存款、办了多少结算、发了多少债等，如果存贷款的定价很不合适，该收的中间业务收入都减免了，我们不仅浪费了资源，而且没有收益。因此，我们既要看业务量，也要看贡献度，以贡献度来确定合作的层级、范围等。今后要随之改变对客户经理的考核，将客户贡献度作为考察客户经理业绩的重要指标。对于客户贡献要引入管理会计方法，设计出科学的计算模型，以便客户经理在日常工作中使用。这是对公业务精细经营的重要方面，如能普遍推开，对公业务的利润贡献度定会提高一个等级。

11. 在营销方式上，由营销对公业务为主向综合营销转变，由单兵作战向集团军作战转变。对公条线在日常的市场营销过程中，要树立"一揽子营销"的理念，要"有枣无枣打三杆"，不管是对公业务还是对私业务、投行业务、子公司的业务，境外分（子）行的业务都要一并营销，对公的客户经理要充当营销"大拿"的角色。客户经理营销有初步意向后，各条线、子公司的市场人员与产品经理立即跟进，做具体的商务谈判；对有明确营销目标的，客户经理要与相关条线、子公司的产品经理一道进行团队营销，并要将此形成机制。机制离不开责任与利益，所谓责任就是明确客户经理必须这样去做；所谓利益，除了对客户经理要进行精细化的考核与奖惩外，条线间，条线与子公司、与境外分（子）行间都要建立利益分享机制，只有成为利益的共同体，此事才能长久做下去。

12. 在资源使用上，由依靠增量资源为主向存量与增量并重转变。改变过去过度依赖增量资源的思维模式，一方面要运用好增量资源，另一方面要将存量盘活、用好。目前，全行本外币公司类贷款余额已突破5.5万亿元，每年累计回收达到4万亿元以上，体量巨大，这是进行信贷结构调整、信贷资源优化使用的重要资源。需要指出的是，我们一定要经过分析研究，进行多因素配对，确定出资源的投向与重点，然后将存量与增量一并合理使用。

13. 在负债业务上，由抓存款为主向抓存款和有效客户金融总量转变。对银行而言，只要是合适的、正当渠道来的资金我们都要抓，因为都是我们可以运用并盈利的资金。存款理财化的趋势将会继续延续，而且是进一步扩大的趋势，这也是目前银行存款增长艰难的原因之一。今后存款量将会进一步趋紧，如果还是依靠存款作为资金来源的重要渠道，我们的经营规模将很难以较快速度增长。因此，需要将理财产品、结构性存款、基金、贵金属、保险等各类业务获取的资金纳入客户金融总量管理。下一步要研究如何对分支机构既考核存款，又考核获取客户金融总量的问题。

14. 在渠道运用上，由线下服务为主向线下与线上相结合转变。要依托信息化手段，与电子商务平台、核心企业进行数据对接，运用大数据对客户的交易行为、经营状况、资金流向、信用水平等进行分析，建立与完善批量化、自动化线上营销模式，完善客户信用评价体系。要同步加快线下客户向线上迁移的进度，以降低运营成本，提升集约化营销服务能力。这是发展趋势，我们一定抢先占领客户的线上业务阵地，对此各行务必高度重视，各相关部门、上下级行一定要通力合作，共同大力推进。

15. 在网点功能上，由网点功能相对单一向多功能转变。要认真落实“网点三综合”的要求，发挥网点数量多、覆盖面广的优势，强化网点综合营销的功能。要建立起网点与各条线、子公司信息传导与业务衔接机制，形成无缝隙对接。诚然，网点的综合营销功能确立后，相应的考核奖励办法也要抓紧制定，否则，效果会如不人愿。

16. 在信贷文化上，由制度“硬约束”为主向制度“硬约束”与文化“软约束”并重转变；由条线利益最大化向全行价值最大化转变；由偏重经营向经营与风险并重转变；由以我为主向真正实现“以客户为中心，以市场为导向”转变。为此，要引导对全条线的员工牢固树立大局意识、整体意识、市场意识、客户意识、风险意识、服务意识、创新意识、效益意识和责任意识，不断提升自身的综合素质，培养勇于竞争，勇于胜利的精神，使我们每一个层面、每一个环节的工作动机和努力方向必须符合全行的发展目标。

以上我只是从大的方面谈了转型的一些思路，还不够全面，各相关部门和分行要继续研究探索。对于具体的转型措施，《对公业务转型方案》中已经列了不少，在此我就不说了。《对公业务转型方案》中的措施也只是站在全行的角度总体来提的，各条线、各分行要结合自身的情况，制定出切合自己实际的、具体的落地措施。

四、对公转型要达到的目标

总的来讲，转型中期内（2~3年）要达到对公条线的员工及相关条线转变传统的观念、理念，提升全行整体作战能力，提升市场竞争力，提升对公条线利润贡献度，实现长期良好的可持续发展，为我行整体竞争力的提升和利润增长作出突出贡献。具体目标有以下几方面。

（一）客户基础

至2015年末，公司机构客户总量要达到375万户，同业排名第二位，新增排名第一位。其中，中型信贷客户总量达到3.5万户，占公司类信贷客户总量的24%；有效客户达162万户；网银客户数年均增幅达20%。

（二）账户基础

至2015年末，单位人民币结算账户总量达到490万户，四大行占比提升到23%。

（三）存款份额

至2015年末，人民币企业存款余额保持第二位，新增保二争一。

（四）中间业务

至2015年末，对公中间业务收入保持四大行第一，对公中间业务收入占对公主营业务收入达25%。

（五）盈利能力

至2015年末，对公客户RAROC平均达20%以上，客户综合收益水平保二争一；对公业务利润综合贡献度（直接与间接）力争达50%以上。

（六）信贷结构

至2015年末，中型客户贷款余额达到2.5万亿元，占各项贷款余额的26%；小微客户贷款新增达到“两个不低于”的监管要求；力争财政部中小企业指标考核得分2.5分；基建贷款同期新增在各项贷款中的占比不低于20%。

（七）资产质量

至2015年末，对公贷款不良率保持稳定，新发放贷款质量保持四大行领先水平。

五、如何推进转型

随着《对公业务转型方案》的出台，可以说总行对公业务转型的顶层设计工作已经完成，相当于药方开了，药也抓了，接下来怎么吃，也就是我们如何将方案真正落地的问题，如果不能落地，今天的会议就没有意义了。对此，我有以下几点想法。

（一）全行要统一认识，统一思想

前面已经讲了转型的必要性，我想大家对对公业务转型的紧迫性应该有了一定的认识。转型是全行的事，而非某个条线与板块的事。因为事在公司条线，作用可发挥到各业务条线，涉及全行今后的发展，所以是全行的事。而要想对公业务转型成功，又需要各相关条线，特别是中后台的大力支持。在秋季工作会上，王洪章董事长就业务转型问题提出了明确的要求，总行领导也集中时间分片组织召开了几个转型座谈会，总行的导向性已十分明确。现在不是要不要转、什么时候转的问题，而是转型无商量、转型不能等，全行各级各相关条线都要立即行动起来。转型要实行“一把手”负责制，否则很难彻底推进，各级分支机构的“一把手”要亲自抓，负责对公业务的副行长要具体抓，具体协调推进。

（二）各级行要成立转型推进领导小组

这是组织保障问题。领导小组组长由“一把手”担任，分管公司业务的行领导担任副组长，负责具体工作，前、中、后台相关部门的“一把手”作为领导小组成员。领导小组具体研究制订推进方案，研究、协调解决推进中及市场上出现的新情况、新问题，及时制定相应措施。领导小组对横向各相关条线、下级机构对公转型的工作进行指导及考核评价。各分行领导小组成立情况，请于1月10日前报总行公司部，公司部汇总后转我。

（三）要将措施落地，对目标任务分解

按照总行对公业务转型的顶层设计，各级各部门要根据各自的实际情况，做好“施工图”设计，措施一定要具体，切合实际，“施工图”设计出来后，要立即组织施工。方案中的中期转型目标要进行层层分解，每半年进行考评。

（四）要建立联动推进机制

转型工作涉及方方面面，全行上下、横向各部门间需要密切配合。条线间、总分支行间、境内外要通过机制的建立，实现有机的协同作战，提升整体的合力。为此，要建立绩效反映与利益分享制度。对方案的实施需要各相关部门，如业务资源配置、人员数量、相关业务权限等政策调整、信息化支持等，希望各部门从转型大局出发，按照2013年12月23日专题会议纪要认真落实好。

（五）要加强转型的培训工作

各层级、各相关条线要对总行的《对公业务转型方案》组织所属认真学习，认真地抠一抠；对自己制订出的实施方案也要组织所属认真培训、宣解；对新做法、新方案、新产品在投入运用前，要对员工进行培训，达到员工们不仅知道，还要会在市场上、客户服务中熟练使用的目的。

最后，借用习近平总书记2014年的新年祝词，来结束我今天的讲话。“生活总是充满希望的，成功总是属于积极进取、不懈追求的人们……我们在前进的道路上，还会遇到各种风险和挑战。”我想，面对任何情形，只要我们充满自信，我们建设银行也有足够的理由自信；只要我们认真分析形势，积极应对，打法上正确；只要我们发扬艰苦奋斗，敢打敢拼的精神，工作力度到位，就完全能够谱写出全行对公转型的华丽新篇章！

谢谢大家！

（根据录音整理）

加快转型 夯实基础 推动对公业务健康快速发展

——在全行2014年对公业务工作会议上的讲话

章更生

（2014年4月9日）

同志们：

这次会议的主题是“转型、风控、发展”，主要内容是贯彻落实全行工作会议精神，总结2013年和2014年第一季度对公业务运营情况，分析形势、研究问题、部署工作。总行党委对这次会议高度重视，张建国行长在百忙之中抽出时间亲自到会，一会儿还要做重要指示。朱行长、曾首席、许总监也出席会议。下面，我先讲四个方面的意见，供大家讨论。

一、2013年对公业务工作回顾

2013年，全行对公条线认真贯彻执行国家宏观调控政策和监管要求，按照总行党委、高管层的决策部署，积极应对复杂的形势和激烈的竞争，克难奋进、锐意进取，各项业务成绩优异，多项指标同业领先，市场地位持续巩固，对全行的贡献有所提升。2014年第一季度，各项业务保持了平稳发展。

（一）对公贷款投放有序，信贷结构持续优化

2013年，人民币公司类贷款余额突破5万亿元，新增3 998亿元，投放重点突出、结构改善。

1. 有力地支持了实体经济发展。基本建设贷款余额突破2万亿元，达到20 327亿元，新增1 150亿元，占公司类贷款新增的28.76%。2014年第一季度，新增占比提升到34.74%，优势得以巩固。涉农贷款新增3 492亿元，同比多增1 328亿元，增速高于各项贷款平均增速15.38个百分点，圆满完成监管要求。中小微企业非贴贷款余额占比突破30%，财政部指标考核由1.5分提高至2分。其中，小微企业贷款新增1 357亿元，同比多增221亿元，增速高于各项贷款平均增速3.4个百分点，远超“两个不低于”的监管要求。

2. 坚决执行了监管要求。“6+1”行业信贷、贷款余额分别比2014年初减少147亿元、156亿元，连续四年“双降”。全口径平台贷款余额7 166亿元，监管类平台贷款余额3 725亿元，分别比2013年初减少122亿元、389亿元，圆满完成监管部门总量控制要求。房地产开发贷款新增289亿元，新增四大行第三，在公司类贷款中的占比为8.59%，较2009年下降了2.49个百分点。全行合计压缩退出贷款434亿元，计划完成率达144.6%，近三年累计退出近2 000亿元。

（二）对公存款逆境突围，市场位次领先同业

1. 人民币企业存款总量上台阶，市场位居四大行第二。2013年末，人民币企业存款时点余额突破6万亿元大关，达到60 985亿元，比2013年初新增4 673亿元，同比多增74亿元；日均余额为55 873亿元，比2013年初新增5 023亿元，同比多增3 132亿元。圆满地完成全年计划。日均、时点新增均居四大行第二，领先农行、中行的优势逐渐扩大，市场地位得到巩固。核心存款付息率为1.70%，较2013年初下降7BPs。

2. 外汇存款新增四大行第一。外汇存款（含保本理财业务）余额380亿美元，新增38亿美元，四大行第一。2014 年第一季度新增 136 亿美元，保持四大行第一。

3. 同业存款量价平衡。人民币同业存款余额 5 777 亿元，圆满实现了计划控制目标。积极试行国内银行及信用社定期存款竞价机制，付息率较年初下降 0. 32 个百分点。

（三）中间业务保持首位，贷款定价位次提升

1. 对公中间业务收入连续三年四大行第一。2013 年实现公司中间业务收入 424 亿元，圆满完成全年计划。对公中间业务收入蝉联四大行第一，超工行 80 亿元，四大行占比达 34. 8%。

2. 对公贷款定价水平提升。2013 年新发放贷款加权执行利率为 6. 34%，较年初提升 0. 12 个百分点；浮动幅度为 5. 31%，比 2014 年初扩大 1. 94 个百分点。

3. 效益贡献突出。对公存贷款利差为 4. 36%，高于全行平均水平 0. 39 个百分点，较上年提高 0. 2 个百分点。实现对公中间业务收入及贷款利息收入 3 602 亿元，占全行的 64. 1%。

（四）客户总量取得突破，账户增长排名四大行首位

1. 客户总量达到 300 万户，结构优化。公司机构客户总量达到 307 万户，有效客户新增 21. 3 万户，有效结算客户新增 35. 6 万户，均超额完成全年计划。其中，小企业授信客户实现超越，四部委口径小微企业授信户 8. 4 万户，新增 1. 6 万户，总量首超工行，跃居市场第一位；小额无贷户贡献提升，小额无贷活跃客户占比 81. 5%，同比提升 5. 3 个百分点，日均存款全年新增 712 亿元；现金管理活跃客户新增 57. 39 万户，覆盖全行 53. 9% 的对公客户、73. 5% 的总战客户；对公网络客户达 139. 5 万户，新增 47. 3 万户；第三方支付客户市场份额第一，第三方支付备付金存管客户 220 家，新签约 52 家。

2. 单位结算账户新增、增速跃居四大行首位。单位人民币结算账户总量 390 万户，四大行占比 22. 36%，较 2014 年初提高 0. 94 个百分点。新增 50 万户，增速为 13. 7%，均位列四大行第一。基本结算账户总量占比 61. 1%，较 2014 年初提升 1. 8 个百分点，连续五年持续提升，账户结构不断优化。

（五）市场营销成效显著，战略协同不断增强

1. 高层营销硕果累累。银政、银企合作全面开花，先后与河南、内蒙古等 6 个省市政府签署战略合作协议，积极开展项目对接，与中移动、中船重工、新华网等客户签署了战略合作协议，密切了银企关系。重点领域营销屡创佳绩，集团客户拓展捷报频传，新营销投资额超百亿基建项目 18 个，在三星电子陕西芯片项目、中国移动 TD 项目结算网络等大型项目上取得重要突破。机构业务稳步发展，成功营销总后结算中心、二炮后勤部和装备部，实现了与部队四总部、各军兵种的合作全覆盖。养老金业务全面开花，成为金融、烟草行业年金最大服务商，实现 100 个中心城市及军警、高校、医院客户年金业务零的突破。资金结算业务再创佳绩，重点结算产品稳存、增存效果显著，对公一户通、实时现金池产品沉淀存款近 1. 5 万亿元。

2. 联动营销不断深入。条线间联动有序推进。通过上下游联动，中央财政授权支付资金下游承接率较上年增长了 4. 18 个百分点，全年承接中央财政资金超过 600 亿元，发放财政公务卡 400 余万张。承销总战客户债券总量达 2 154 亿元，连续三年同业第一。境内外联动亮点纷呈。推进珠三角联动项目 249 个。成功担任中石化 35 亿美元全球银团贷款核心角色，规模历史最大。连续获得“三大油”、中船工业和中铝等客户外币债券账簿管理人等多种角色，开创多个市场第一。集团母子战略协同不断增强。与建信信托完成联动项目 50 个，涉及金额 286 亿元。与建信人寿联合开展电子渠道销售、团险业务销售、信贷业务联动营销。全年为建信租赁直接发放同业借款 50 亿元，交叉融资 225 亿元，并在南航等总战客户服务中实现飞机租赁业务额度占用模式突破。

（六）业务转型稳步推进，服务创新成果丰硕

1. 加快推进对公业务转型。完成对公业务转型顶层设计，制订下发《对公业务转型方案》，明确转型总体思路、方向、目标和路径。积极推进综合营销服务，制订城镇化、上海自贸区、养老金业务等多项金融服务方案，完成《大中型客户产品综合营销服务指引》，专业服务能力稳步提升。本外币一体化综合服务能力不断增强，新设海外机构 6 家，与 1 432 家境外银行建立了总行级代理行关系，伦敦清算行申办工作取得重大进展，清算网络成功运行。离岸业务取得突破，率先中资同业首发 20 亿元宝岛债；设立霍尔果斯边境合作中心支行，开业首月即吸收存款 71 亿元，实现中间业务收入 2 600 万元。

2. 战略性业务迈上新台阶。保持民生领域市场领先优势，深入推进“民本通达”综合金融服务，2013 年“民本通达”重点账户新增 5 440 户，民生领域存款突破 1 万亿元，全行累计发行金融社保卡 3 409 万张，年内新增社保账户达到 2010 户。投资托管业务规模收入双增长，规模突破 3 万亿元，增幅 15%。托管费收入 23 亿元，增幅为 13%。保险托管规模 5 864 亿元，新增 1 670 亿元，占比增速四大行第一，QFII 托管规模、新增托管客户、新批美元额度均列四大行第一。养老金新增规模全面赶超工行，中央级客户中标数连续三年保持同业第一。受托资产 365 亿元，较年初新增 119 亿元，新增连续两年保持同业第一，同业市场占比达到 61%。个人账户 322 万户，较年初新增 66 万户，账管新增规模首次跃居同业第一，新增占比反超工行 10 个百分点。国际业务多项指标创历史新高，实现外币利润 6.7 亿美元，同比增长 15.2 亿美元，创金融危机以来最好水平。完成国际结算量 1.1 万亿美元，连续两年突破万亿美元；跨境人民币结算业务量 1.85 万亿元，同比增长超过 60%。

3. 产品服务创新成果丰硕。创新服务取得新突破，对公条线全年完成创新项目 460 项，城镇化建设配套综合金融服务、股贷通、“股 + 债”资产组合型融资、养老金卡、票据池、委托付款等产品创新得到各方广泛认可，市场影响力不断提升。与政府合作推进小企业“助保贷”，已覆盖 32 家分行，获得“小微企业金融服务表现突出的银行”、“2013 年度最具国际竞争力中国企业”等多个奖项。

（七）资产质量保持稳定，基础管理扎实精细

1. 有效遏制不良反弹势头。大中型客户不良贷款、逾期贷款、承兑/保证垫款余额均有效控制在计划之内。小企业客户不良率较年初下降 0.34 个百分点，扭转了自 2011 年末以来连续 23 个月的反弹态势。

2. 不断丰富完善管理手段。制定下发对公信贷业务内控名单管理办法，在大银行中率先推广应用小微企业评分卡，实现标准化操作、集约化管理。推出《同业往来业务优化方案》，统筹管理全行同业资金。

3. 加强队伍建设，提高人员素质。开发《小企业客户经理岗位培训教材》，编写资金结算师能力提升教材，建设专业技术岗位考试题库。

4. 优化业务流程，改善客户体验。推出账户免填单、账户 E 服务，实现结算账户电子影像系统的全行上线，简化了开户手续。精简 CCBS 系统授权 84 项，集中上收授权 59 项，减轻营业网点授权工作量。

5. 完善科技系统，保障业务发展。新一代一期对公客户信息管理、现金管理、代收代付和托管项目成功上线，实现客户统一视图、整合全行现金管理系统和产品、推进全行公用事业收费集约服务、提升托管业务效率和风险控制水平，IT 系统对营销和管理支持能力不断提升。

同志们，2013 年对公条线业务成效显著，为全行市场地位、效益提升作出了贡献，为 2014 年业务发展打下了坚实的基础。这些成绩的取得，得益于总行党委和管理层的正确领导，得益于总行领导的正确指导，得益于其他条线的大力支持和配合，得益于对公板块全体员工的共同努力。在此，我代表总行党委和管理层，向你们并通过你们向全行各相关条线、对公业务条线的广大员工表示衷心的感谢！

肯定成绩的同时，我们也应该清醒地看到，业务发展当中还存在个别领域增长乏力、信贷风险明显增加、业务转型亟待加快、基础管理存在薄弱环节等问题。有的行面对激烈的竞争勇气不足、气魄不够；有的行面对困难显得办法不多、措施不力；有的行不善于抓队伍建设，队伍的工作激情不高，战斗力较弱；有的行工作作风不扎实，工作浮于表面，不能落地；有的行创新意识不强，工作墨守成规；有的行执行总行工作部署不够坚决、认真。这些问题都需要我们下决心加以克服解决。面对日益复杂的形势，我们不能有丝毫骄傲自满、麻痹懈怠，必须时刻保持冷静的头脑和昂扬的斗志，研判形势、查找问题、剖析原因、沉着应对，以全新面貌投入到新的工作中去。

二、当前对公业务面临的机遇与挑战

2014年的形势将更加严峻复杂，要求我们要更加积极、主动、有效地把握和应对。

（一）找准机遇，谋篇布局

2014年是全面深化改革的开局之年，打造中国经济“升级版”配套金融服务需求旺盛，全行务必要找准、抓牢、做实。

1. 基建投资点多面广，融资需求旺盛。一是“城镇化”前景广阔，《国家新型城镇化规划（2014—2020年）》已经颁布，为我行基建贷款、造价咨询等传统优势产品及民生领域金融服务提供了更为广阔的项目选择空间。二是“一带一路”、各大功能区建设机会多，相关基建等金融服务需求有较大挖掘空间。

2. 产业结构调整持续推进，将拉动专业化金融服务需求。一是过剩产能整合力度大，并购贷款机遇增多；同时，产业集中度的进一步提升，有利于我行通过供应链融资，实施“链式营销”、产业链服务。二是混合所有制经济发展加快，为我行开展并购融资、咨询及参与并购基金设立等服务提供了更为广阔的空间。

3. 政策鼓励领域机会增多。一是社会保障制度进一步完善，将衍生新的业务机会。二是农村土改涉及面广，担保方式逐渐丰富，有利于拓宽我行新农村贷款、城镇化贷款的押品来源。三是污染防治出重拳，绿色信贷成共识，碳排放权交易、合同能源管理等新兴业务将快速发展。四是战略新兴产业应用范围扩大，电子不停车收费（ETC）主线公路收费站将实现全覆盖，前景广阔。五是“银发经济”前景良好，企业年金业务迎来历史性机遇。

4. 金融改革创新深化，“大资产、大负债”经营发展和创新空间较大。一是政府“举债”明渠开放，有利于在维护客户关系的同时，逐步置换存量平台贷款，缓释贷款集中度风险。二是大额可转让存单试点加速，有利于丰富我行负债产品，提升对利率市场化的主动应对能力。三是多层次资本市场建设加快推进，有利于我行依托全牌照经营和客户渠道优势，加速从商业银行向金融集团管理服务模式转变。

5. 人民币国际化步伐加快，本外币一体化经营大有可为。一是对外投资便利化带动投资需求增加，我行相关自贸区内外一体化服务、境外融资业务联动前景广阔。二是制造业出口转型升级加快，出口买方信贷业务需求旺盛。三是服务贸易前景好，对外承包工程业务增长迅猛，相关对外保函业务有望实现加速发展。

以上均是我们的机遇，需要我们善于捕捉，但一定要做好遴选、甄别，挑该做的做。

（二）正视挑战，弥补短板

1. 稳存增存压力空前。2014年以来存款增长出现的几个新特点，使我们感受到了前所未有的压力。一是从1月2日开始，企业存款就急剧下跌，2日当天下降了1 085亿元，是近几年下跌最早、金额最大的一次。二是春节前负增长达到最低点（－6 204亿元），比2013年的最低点多负了1 183亿元，比2012年的最低点多负1 152亿元。三是波动加剧，3月最后一天全行企业存款新增2 059亿元，为近五年来单日最大新增，比2012年的单日最大新增多461亿元，比2011年单日最大新增多528亿元。对于存款，以牺牲利益过分冲时点是要不得的，我们要凭真本领增存。“冰冻三尺，非一日之寒。”客户基础不牢、结构不优，防止大户资金外流的产品准备不足、手段单一、客户资金体内循环不畅、抓存款的办法不多、激励约束措施不到位等问题，在有的分行长期没有得到根本解决。2014年流动性紧张局面预计会延续全年，资金分流压力有增无减，只有加快弥补短板、改进劣势，才能增强资金稳定性，保住企业存款既有市场地位。

2. 业务转型压力大。关于转型的必要性，我在2014年初视频会上已讲过，对公业务转型方案也已下发。总体来说，是形势发展逼迫我们必须加快推进转型，推进理念观念转变，如果我们再固守传统的经营模式，未来的路只会越走越窄。从第一季度转型推进情况来看，压力还是很大。一是业务发展中的问题需要转型来解决。现在存款、中收、资产质量都面临强大的经营压力、可持续发展压力，需要我们拿出更大决心，付出更多努力去推进转型，通过推动转型破解经营难题。二是上转下不转的问题，业务转型是一种自上而下的理念变革，也是一项系统工程，需要转换思想观念，健全组织保障，理顺职责分工，全条线统一认识、统一行动。总行转型方案下发后，有的分行行动很快，但有的分行无动于衷、固守成规，甚至连思想理念都还没转换过来，那后续措施、目标怎么落得了地？下一步总行要加大检查督导力度。三是统筹平衡问题，推动转型需要处理好当期经营和长远发展问题，处理好保持传统优势和拓展新兴领域的关系，考验我们的有效应对和驾驭摆布能力。

3. 资产质量巩固难度大。2014 年初以来，经济继续延续了上年下行的态势，稳定资产质量的压力依然巨大。截至 2014 年 2 月末，全行对公不良贷款新增了 31.4 亿元，不良率上升了 0.03 个百分点，对公逾期新增了 202 亿元。这其中尤其需要关注的是，在不良和逾期的新增里面，大中型客户占比分别为 68.9% 和 64.95%。从近期风险暴露的特点来看，在区域分布上，出现了从长三角单一区域向长三角、珠三角蔓延；在客户类型上，从小企业向大中型客户蔓延；在产品结构上，从表内向表外蔓延，一些代销信托产品兑付问题，又引发声誉风险。另外，在对公信贷余额中，采用抵质押担保占比仅为 41%，保证占比高达 25.4%，担保链风险很大，在客户发生风险时，不能通过足额、有效的风险缓释措施来降低信贷损失，这一点是需要我们高度重视和警惕的。要密切关注客户资产质量变动情况，增加抵质押风险缓释，把押品做细做实，及时化解和处置潜在风险，坚守底线。

三、2014 年对公业务发展思路与目标

（一）2014 年对公业务发展思路

根据全行工作会议精神和总行领导要求，2014 年对公业务发展总体思路是全面深入落实“综合性、多功能、集约化”及网点“三综合”的总要求，以扩大客户群体和优化客户结构为抓手，以对公业务转型为核心，深化综合金融服务，推进本外币、境内外一体化，加大市场营销，加快服务创新，强化基础建设，将建设银行打造成差异化的客户综合金融服务提供商，全面提升市场竞争力，提升对全行的价值贡献。要把握好发展、风险、转型三个重点，以健康发展化解风险、推动转型，以风控能力保障发展、支持转型，以有效转型促进发展、提升质量，推动对公业务实现新的跨越。

（二）2014 年对公业务主要发展目标

总体目标是对公业务市场表现要保持同业领先的地位，各项业务具体目标：

——公司机构有效客户新增 67.78 万户（折算后），单位人民币结算账户新增 50 万户；人民币企业存款日均新增 4 665 亿元，同业位次保二争一。

——实现公司中间业务收入 441 亿元，增速为 4%，保持四大行首位。

——同业日均存款（剔除理财资金回流）规模保持在 5 000 亿元左右；力争全行金融社保卡发卡新增突破 2 000 万张；全行中央财政授权支付资金下游承接率提升 1 ~2 个百分点。

——外汇对公存款新增 17 亿美元；跨境人民币业务同比增速取争取超过 50%；境外融资性保函余额增长 5%。

——养老金业务受托资产规模新增 130 亿元，增幅 36%；托管资产规模新增 170 亿元，增幅达 20%；个人账户数新增 55 万个，增幅达 17%。

——投资托管业务新增保险资产托管规模 1 800亿元；新增信托财产保管规模 1 500 亿元；新增股权投资基金托管规模 500 亿元；新增基金子公司托管规模 600 亿元。

——小微企业贷款新增确保完成“两个不低于”监管要求；中小微企业贷款余额占比力争达到 35% 以上；内部管理口径小企业贷款新增 900 亿元。

——资金结算业务现金管理活跃客户净增 18 万户；渗透率提升 2.68 个百分点；对公网络客户净增 30 万户；小企业无贷有效客户增长不低于 10%（折算后），日均存款增长 20%；新型结算产品收入增长 20%，收入占比提升 2.4 个百分点。

——推进综合融资，对公本外币贷款与直接融资新增额配比达到 1∶1.11。

——资产质量保持稳定，承兑垫款实现零增长。

四、提升能力，细化经营，开拓对公业务发展新局面

2014 年，全行对公业务条线要重点做好以下五个方面工作。

（一）切实加快转型，提升综合服务能力

2014年的核心任务是设计总体"施工图"、推动各项转型措施落地，努力完成各项阶段目标，重点要抓好以下几个关键点。

1. 发挥好转型推进小组统筹推动作用。各行对公转型领导小组要根据自身发展实际，加快研究方案细化工作，要制订明确的转型方案落地举措和推进时间表，增强指向性，自上而下，逐级推动落实。要处理好转型发展与当期经营的关系，做好各项转型目标与年度综合经营计划的有效衔接，以发展保转型，以转型促发展，确保业务转型、年度经营计划目标如期完成。

2. 打造好综合营销服务平台。要整合客户、产品部门营销资源，支持配合授信流程优化调整，统筹网点、客户经理、电子银行三大渠道，开展集约化、立体化营销，形成一个拳头，变零敲碎打的分散营销为集中统一的综合营销，做好综合授信，赢得全面战略合作关系。

一是要明确定位，集中营销，条线联动。要明确划分客户部门与产品部门经营职责，公司、集团等客户部门要定位于平台搭建和客户关系维护，产品部门要定位于产品研发和方案支持，加快构建客户部门搭台、产品部门唱戏的协同销售模式，增强整体方案性解决能力，实现"一个客户，多个产品，一站式服务"，更加全面、综合化地满足客户金融服务需求，提升竞争合力。

二是要团队营销，精准服务，前中后台联动。要用好全行授信流程调整优化已有成果，着力增进与授信审批条线联动，注重客户选择，通过主动授信、综合授信方式扩大客户基础，优化客户结构。要以"百行千户主动授信"专题活动为契机，组建包括客户经理、产品经理和授信人员在内的营销团队，共同走访客户、分析需求、配置产品、讨论授信方案，实现客户需求准确诊断、快速及时响应。这里还要强调的是，要根据客户重要性、业务复杂性，推进建立跨层级的任务性团队开展营销服务。对总战、总重客户要找准需求关切点，注重营销职级对等。

三是要抓好网点，转变角色，组建网点综合营销团队。要切实推进网点"三综合"建设，加快网点从交易核算型向交易核算与营销服务并重转变，要将综合柜员纳入网点综合营销服务团队，着力增强其对公产品营销服务意识和结算产品营销技能，积极主动地营销，在提供结算服务过程中，做好客户维护和商机挖掘。要加大适合综合网点对公柜面销售的产品部署力度和培训力度，发挥好网点小企业客户销售渠道优势，不断充实网点可营销产品范围，扩大网点绩效收入来源。要优化小企业无贷客户考核机制和营销管理模式，建立客户移交过渡期安排，增强综合柜员营销维护积极性，不断提升客户质量和贡献度。

四是要全面推进线上线下渠道融合互补。要加快各类产品在电子渠道的同步部署，具备条件的产品尽快安排线上布放，加快"e点通"、"e单通"产品在"善融商务"平台部署。要发挥线下客户资源优势，积极将产品覆盖度较高、忠诚度较高的存量客户平移到电子渠道，进一步推广新一代对公网络，不断扩大对公网络覆盖面，加快线下客户向线上平移速度，充实线上客户数量，分流线下业务压力。要加大网点电子渠道演示宣传营销力度，着力跟进线上线下交互式服务，及时为客户提供线上业务操作支持，提升线上业务体验。要继续推进网络银行"五化"建设，继续加大对新平台营销力度和已上线平台业务拓展力度，重点推进"e点通"、"e销通"产品，力争合作平台数达到50家，进一步增强线上批量化、自动化拓展和服务客户能力。线上业务、移动业务关键是营销，如何来营销，请各行认真分析研究。

五是要内外联动，本外币一体，全球服务。要进一步加快海外业务布局，继续推进多伦多、中国澳门、智利、新西兰子行申设和筹备，尽快启动欧洲、中东等地区机构申设，力争2014年海外一级机构达到25家，覆盖全球22个国家和地区。总行各相关部门要对海外机构的发展切实担负起业务指导和条线管理的职责，做好资源的集中调配和经营经验的推广应用，为全球客户提供一体化综合金融服务。要依托境外分行、境内自贸区分行海外投资平台和区域政策优势，推进境内外项目联动，为客户提供境内外一体化的投资并购项目咨询及后续融资安排服务；构建全球化的现金管理产品体系，搭建全球交易金融综合服务平台，建成全球现金管理服务网络，全面提升跨币种、跨机构、离在岸现金管理能力；要多渠道拓宽外币资金来源，把握好国家外汇储备资金转贷业务机遇，扩大“三大一高”客户海外资产配置和融资来源。

3. 搭建产品创新支持平台。银行间的竞争核心是产品服务的经营，产品越丰富、组合营销越好，我们与客户的关系就越紧密。对公条线要发挥好全行创新支持平台作用，提升创新能力，要善于分析已有产品要素特征，通过组件化、参数化方式，加快产品集合、创新，持续丰富资产、负债和中间业务各类产品，努力做到门类齐全、人无我有、人有我优。要坚持“以客户为中心”，在客户细分的基础上，实施分层分类经营，提供差异化的产品配置安排，从简单提供产品向提供综合金融解决方案转变，从感知营销向精准营销转变，做差异化的客户综合需求解决者。

一是差异化满足客户融资需求。要充分正视大客户金融“脱媒”、信贷增长资本约束的客观现实，根据各类资金用途、融资成本、风险等级等因素，选择合理的融资方式，设计综合授信方案。强化母子公司协同，依托运用我行投行业务、子公司平台优势，提供短融、中票、理财、租赁、信托等差别化融资服务；要加强与证券公司合作，积极寻求以发行公司债、地方政府企业债等方式满足客户中长期融资需求；稳步推进银证信、银信保及险资投资顾问等服务模式，不断拓宽直接融资渠道，逐步降低信贷依赖，跳出贷款抓业务、谋发展。

二是差异化满足客户资产配置需求。要根据客户资金性质、收益性、流动性和风险偏好等因素，细分需求，配置负债产品，提升利率市场化应对能力。要有序营销理财产品，积极配合投行部做好理财发行档期衔接，在留住客户资金的同时，增加理财到期兑付资金固化能力；加快结构性存款产品系统改造，满足客户结构性存款对账查询需求；跟进中央银行人民币大额可转让定期存单试点进展，提早采集客户需求，加紧开发应用。要抢抓结算资金，平衡付息成本，集合现金管理、贸易融资等产品，为“三大一高”提供全面的结算和现金管理服务，帮助客户早收延支，最大限度地增加结算资金沉淀；以小企业“助保贷”等产品带动小微客户存款增长。

（二）抓好重点业务发展，提升市场竞争能力

1. 力促稳存增存，巩固经营基础。一是落实好企业存款视频会议要求。2013 年企业存款视频会议提出的 9 个方面 21 项具体措施落地，实际上是开了一张诊断书，各行要逐项对照“体检”，对症下药，全员营销，下更大力气确保企业存款较快增长。

二是巩固优势，提高存款贡献。要做好已申请上市企业前期金融服务，营销 IPO 发行募集账户，增加直接融资沉淀。要通过联名卡、信用卡收单、商业预付卡资金托管、现金管理、供应链融资等综合服务，增加零售商贸客户存款沉淀。要继续加大第三方支付机构营销力度，力争将合作意向性客户转为合作银行客户、存管银行客户，提高市场份额。要发挥项目管理、评估评价优势，以信贷为引导，抓好各类项目前期资本金。要抓好各级财政专户、收入户、支出户等社保资金源头客户的账户，提升社保存款全量资金沉淀能力。进一步做好高校、医院等优质事业单位客户的综合金融服务。

三是抓薄弱环节，提升资金承接能力。要加强与客户各级财务人员关系维护，加大营销拜访频率，努力实现事前掌握客户大额资金划拨动向；做细、做密现金管理网络，推动对公一户通、现金池、票据池等产品的应用，实现集团客户资金虚拟归集下的统一计价，提升我行在集团企业整体存款的市场份额；提早联动做好资金承接，扫除资金流转断点，最大限度地避免外流，全面提升企业存款体内循环能力。县级设置机构的要实现财政存款业务县域财政客户全覆盖，积极营销各级财政预算单位，提升财政资金下游承接能力。要依托即将搭建的全军装备账户资金监控系统，上下呼应，争取军队装备条线存款。

四是改进优化负债产品。要优化一般性存款计结息方式，推进定活通系统开发上线，实现客户存款按实际存期灵活定价；按照价量相符原则，对存量贷款客户一定比例活期存款提供贷款利息返还，促进存贷联动。

2. 延伸服务，巩固中间业务领先优势。一是要提升重点产品收入贡献，力保同业第一。要广拓单位结算收入来源，加快单位结算卡、对公一户通、国内信用证、电子商业汇票、票据池、定时现金池等新型结算产品和现金管理综合服务方案推广。要做大做强做好造价咨询业务，指导所属加强项目特色研究，提升造价咨询业务差异化、个性化服务能力。要大力发展国际贸易融资业务，继续提高其在外汇贷款中的占比，推动国际结算收入增长。要继续保持国内保理收入同业第一，继续压缩隐蔽保理业务量，重点营销定向保理、工程保理等产品。要推动保证业务快速发展，重点发展投标、履约、预付款退款、质量/维修及单用途预付卡等非融资性保证业务；积极与优质担保公司开展分离式保证业务合作；优化境内保证系统责任余额重估功能，及时释放业务担保余额，稳固四大行第一地位。要提升银团牵头和分销能力，组建“两洲一海”区域银团支持团队，提升银团牵头地位，增加收入来源。

二是要加快融智型产品创新。要维护好现有的工程造价甲级资质，创造条件争取工程招投标代理和工程咨询资质，扩展和丰富造价业务范围。要积极开展高额保证业务、保函电子化开立等业务创新；结合外管局对外担保规模控制及合规要求，开展对外担保产品创新。要持续挖掘上市公司控股股东资产整合、科研院所股份制改造、混合所有制经济改革中孕育的相关并购交易机会，提升并购专业化服务能力，做大做深并购业务，带动新型财务顾问等收入增长。构建智能跨行清算引擎，着力提升境内跨行收款服务能力；推出智能理财现金池，打通现金池产品与理财产品界限，实现票据池与现金池联动，使客户资金在我行体内循环。要深入研究客户国际结算、衍生品交易等各类本外币业务需求，打通内在联系，设计包括清算、融资、套期保值及风险对冲管理等一揽子金融服务，带动各类中间业务收入增长。

三是要坚守合规经营。认真落实“四有原则”，继续做好发展改革委价格检查工作，要主动沟通、充分解释、减少争议，确保四大行问题最少、金额最小。

3. 密切联动，挖掘战略业务增长点。一是要加大跨境人民币业务发展力度。要统筹境内境外两类资源，联动推进跨境人民币业务。境内分行要发挥客户资源优势，找准结算大户，主动推介；境外分行要全力推进境外人民币清算行工作，争取更多当地银行在我行开立人民币同业账户，扩大境外客户基础，为后续跨境人民币业务发展奠定坚实基础，通过发行境外人民币债券，提供融资服务。

二是要全力扩大养老金业务市场份额。要总分联动，建立重点营销客户名单，积极营销中央级客户企业年金业务，开展机构客户职业年金业务拉网式营销，努力实现在外资企业、合资企业、民营企业年金业务领域的全面突破，持续扩大养老金业务客户覆盖范围。

三是要积极抢抓托管业务发展机遇。要推动银行保险、托管业务的交叉经营，大力推广“托保通”，在增加保险相关资金沉淀的同时，实现保险实业等投资托管业务的快速发展；要以更加广阔的视角推进托管业务，积极开展信托财产保管、股权投资基金托管、基金子公司资产托管及受托资产外包服务业务。

（三）调整信贷结构，强化执行力

1. 积极支持鼓励领域增长。一是要继续加大国家重点项目金融支持力度。要加强与发展改革委等项目主管部门沟通，提早获悉相关区域规划细则、大项目落地情况，找准营销突破口。要以基建贷款为先导，开展综合金融服务，根据客户需求，将工程造价、工程保函等产品嵌入基建领域各个环节。要发挥我行集团优势，投贷联动，通过并购贷款、股权投资类理财、股权收益权信托计划、私募股权基金等产品，支持行业龙头企业兼并重组。

二是要不断扩展和延伸“三农”金融服务。要继续稳步推进新农村建设贷款业务；加大对农业现代化、大型集团化农垦区项目的金融支持力度；探索农村集体建设用地抵押融资、农机具买方信贷等新型融资模式，确保完成涉农贷款增长监管目标要求。要积极与邮储、农信社等有县域渠道优势的金融机构开展合作，实现客户资源和产品服务有效互补，全面提升县域业务渗透率。

三是持续推进小企业业务小额化、标准化、集约化经营。以综合化金融服务、扩大客户基础为核心，以体制机制优化、管理能力升级为保障，以产品创新和渠道协同为引擎，以系统开发和流程优化为支撑，坚持小企业业务零售化、批量化作业。当前，要继续创新批量化经营模式，积极拓展产业链融资、商业圈融资、企业群融资。要加强客户筛选，重点发展抵押物充足，政府支持和培育的客户，把好准入关。要丰富第二还款来源，注重加强与地方政府合作，设立风险补偿资金池，持续提升小企业业务经营管理能力。

2. 不折不扣控制限制性领域增长。一是要严控敏感行业信贷新增。要继续强化名单制管理，严把客户准入关，严控钢铁、水泥、电解铝、平板玻璃、船舶等产能严重过剩行业信贷和贷款总量，2014 年各季度末均不得超过年初水平。要将严重产能过剩、钢贸、煤贸、炼焦、餐饮等行业高风险客户作为重点，加快信贷退出。

二是要严控平台贷款总量。要继续坚持“总量控制、分类管理、区别对待、逐步化解”的监管原则，2014 年各季度末全口径平台贷款余额均不得超过年初水平。要做好政府融资平台三分类和平台退出审核工作，严把标准、坚守合规、优化结构。要加强平台贷款及非信贷融资到期监测，提前 3 ~ 6 个月逐户落实还款来源，提早缓释化解风险。

三是要择优审慎发展房地产业务。要严格控制房地产开发类贷款总量新增，有序均衡投放，确保全年不超计划、不超行业限额。要继续加大区域、客户结构调整力度，严格控制三四线城市信贷投放，重点支持21 家主业含房地产央企、长期战略合作伙伴客户、国土部名录内土地储备中心等优质客户。要坚持风险可控、商业可持续原则，有限支持已签约和银团贷款相关保障性住房项目，力争 2014 年新增保障房贷款四大行占比显著下降。

（四）坚守底线，提升风险防控能力

1. 加强重点领域风险防控。一是要加强小企业贷款风险防控。要充分吸取经验教训，高度关注存量钢贸、煤贸行业客户、过度授信客户风险，制订压控方案，及时退出。要加大表外、担保链风险排查力度，避免风险蔓延扩散。

二是要加强信贷业务真实性排查。要加强国内保理、承兑汇票、信用证等业务贸易真实性审查，全面评价买卖双方履约能力，认真落实第一还款来源。要加大押品真实性、有效性核查力度，把第二还款来源牢牢锁住，减少损失。

三是要加强声誉风险管控。银行业是高度依赖声誉的行业。要切实增强声誉风险意识，加强各类代销业务客户和项目选择，强化代销信托公司项目风险监控，防范兑付风险向我行声誉风险转化。

四是要加强同业业务统一管理。要统一同业额度的管理、使用、调剂和审批，逐步完善同业业务制度建设和风控体系，彻底解决存放同业类业务分散经营局面；要通过同业存放业务的有效集中，预防和控制中小银行风险集中和价格套利等问题。

2. 提升风险预警能力，提升内控管理水平。一是要增强自我选择的能力。客户选择是做业务的第一道程序，客户选择的好坏直接关系到今后的风险与收益。要科学地进行客户甄别，将那些不讲诚信的劣质客户拒之于建行的大门之外。

二是要加强事前预警预控。要“吃一堑，长一智”，加强对已暴露风险客户事发前异常行为分析，总结应对经验，提升对潜在风险的识别和控制能力。要严格落实贷后管理规定动作，加大实地走访频度，不放过企业经营、资金调拨中的任何疑点。强化政府融资平台、房地产、严重产能过剩行业及钢贸、民营企业、民间借贷等关键风险领域监控，做到提早发现、提早控防、提早退出，坚守不发生系统性、区域性风险的底线，切实筑牢前台风险第一道防线。

三是要保障风险事中汇报路线畅通。经济下行期，风险事件突发性强，但只要及时妥善处置，就能够最大限度地减少损失。在风险突发后，各行要第一时间上报，决不允许缓报、瞒报，避免贻误风险应急处置的最佳时机。

四是要增强风险事后处置能力。对已经暴露的重大风险事项，要进行客户整体性分析，以便区分不同类型区别对待。要加强与地方政府、其他债权人协商，迅速采取保全措施，通过现金回收、核销、批量转让、担保代偿、债务重组等方式，高效化解处置，确保资产质量稳定。

3. 推进信贷文化建设，增强遵规守纪意识。要加强对公从业人员思想政治教育，培养员工良好的职业道德和操守，牢固树立爱岗敬业、尽职履责意识，要敢于担当，对工作中的问题，只要尽职了，可视情免责。要对违规失职行为零容忍，严肃处理责任人，责成“下岗收贷、待岗收贷”，充分发挥授信违规问责警示震慑作用。

（五）加强基础建设，提升可持续发展能力

1. 增量提质，夯实客户账户基础。一是进一步加大力度加快推进有效客户、账户总量增长。客户和账户（尤其是基本结算户）是做业务的平台，我们现在与工行、农行在这方面的差距较大，虽然近年来已有了较快发展，但仍有不小差距，我们要下大力气，锲而不舍地狠抓下去。今后拟对客户信贷投入时，只要是信贷份额第一，就必须以开立基本结算账户为前提条件。要抢抓商事登记制度改革、人民银行账户制度改革带来的商机，加强与工商、税务等部门及行业协会合作，前移客户营销环节，推动客户账户数量快速增长。要注重销售策略，关注新客户体验，先把客户引进来，再逐步根据客户的需求配置相关产品，提升产品覆盖度、金融资产总量，进而带动有效客户增长。要做好存量客户维护，建立账户流失预警机制，定期梳理日均存款额、产品覆盖度及活跃度下降的账户，分析原因，制订维护挽留方案，主动上门，二次营销。

二是做好重点客户拓展和维护。要营销及维护好总行级战略客户和总行，以及重点客户。在客户选择上，要立足于抓龙头、抓总部、抓有客户渠道贡献的网络银行合作平台、抓产业带动性强的核心企业，引导线上加线下、核心加外围经营模式。在客户服务上，对总行级战略性客户、总行级重点客户，要强化资源保障，建立客户差别化服务的绿色通道，让客户感觉到作为建设银行总行级别的客户礼遇和服务效率。

三是加快发展优质中型客户。要强化中型客户选择，重点支持核心企业上下游优质客户，优势产业集群、细分市场及地方优势行业排头兵客户，国家产业政策鼓励、符合产业升级方向的优质客户，我行长期培育的小企业客户、已上市、拟上市企业等。要加强适合中型客户经营特征、风险特征的产品研发，丰富产品配置组合，提升服务能力。要加强中型客户风险特征研究，建立适合客户业务需求，兼顾效率和风险环节控制的集约流程模式，带动经营能力提升。

2. 加强队伍建设，提升战斗力。目前，客户经理不仅数量不足，而且新人多，有的行具有三年客户经理经历的就算是老客户经理了。抓客户经理的素质提升已刻不容缓，否则让这些新人怎样来承担第一道防线的重任。要组织开展 CFC、CTP 等国际认证培训，提升队伍专业化水平；要加强系统内行业专家、产品专家库建设，提升条线专业能力。

3. 建立研究市场和金融同业的工作机制。市场变化瞬息万变，只有反应及时、出手快、出招准，才能在激烈的市场竞争中赢得有利地位。要加强宏观、行业和市场分析。要有反周期经营理念，善于在行业上升拐点期介入；虽然这一时期客户识别难度很大，但如果能够选准，将成为“患难之交”，很多忠诚度高的客户，都是受过建行帮扶之恩的。要关注同业对手，多琢磨一下竞争对手的打法。同业间，特别是四大行间虽然互为竞争对手，但在体制模式、监管约束等方面相似性强，要及时将同业好的经营做法、好的产品快速复制、移植、改进，快速加以利用。

4. 加强定价管理，持续提升收益水平。继续严控下浮超过 5% 的新发放贷款总量，严守基准下浮 10% 的定价底线，要在风险可控的前提下，发挥对中型客户的议价优势，积极配置各项结算产品，带动综合收益水平提高；切实体现小企业业务定价优势，增强定价能力，各行小企业贷款要实现总行定价目标，做到市场同业“保二争一”，排名后两位的分行必须提升一个位次，要通过提升定价覆盖业务风险和成本；要加快推进客户综合定价模式，对议价能力强，综合贡献度大的总行级战略客户、总行级重点客户，要加大综合定价推广力度，变“以产品定价为主”为“以客户定价为主”，推动多产品交叉营销，提升综合收益。

5. 提升系统营销和管理支持能力。为提高客户经理市场营销能力，总行已经组织开发客户经理移动智能助手，预计 2014 年 6 月就可以上线部署。各行要组织客户经理做好客户信息录入，实现相关客户信息数据互联互通；要想方设法扩展应用范围，通过植入相关考核评价规则，及时量化和展示客户经理、团队成果，增强营销指导性。要建立客户营销过程管理监测平台，动态掌握客户经理、前台团队营销推进情况，为政策和资源等管理支持提供数据保障。

6. 完善对公从业人员的业绩评价和薪酬分配机制，强化激励约束。要加强过程评价，不再仅以成败论绩效。各项奖励除了落到分行落到部门，更要进一步落到营销团队和个人，这样才能让干活的人、作出贡献的人有积极性，才能吸引更多优秀人才充实到对公队伍中，才能使他们在工作中有动力。在确保每位参与营销服务的员工够能获得相应奖励的同时，在客户关系维护、内外部资源协调中发挥关键作用的个人，要创造条件予以重点奖励。

以上只是出了一些题目，希望各行、各条线要逐条落地，逐条作出答案，对此，将要进行检查。

同志们，一个企业需要有精神，不畏艰难、敢于竞争、乐于竞争，是我们建设银行的主要精神之一。一个人也需要有精神，作为建行人要有勇于争先、夺取魁首的精神。对公业务是我行的传统优势业务，希望各项业务指标在四大行中要尽快消灭第三、第四的名次情况，要勇争第一，之所以这样要求，因为我们是建设银行！

2014 年是我们建设银行 60 周年华诞。回顾 60 年的风雨历程，我们经历了无数的困难和挑战，收获了诸多的胜利与喜悦，今日的建行已跻身于世界前列，这凝聚着一代又一代建行人的艰辛和努力！面对异常复杂的经营形势，我们要继续发扬对公板块敢打硬仗、敢打苦仗、敢打胜仗的优良传统，坚定信心，解放思想，用我们的辛勤劳动、集体智慧，沉着应变、扎实经营、加快转型，不断提升对公业务的价值创造力和市场竞争力，为建行 60 岁生日敬献厚礼，为建行更好更快的发展书写出新的华丽篇章！

谢谢大家！

（根据录音整理）

在对公业务风险管控专题视频会上的讲话

章更生

（2014 年 12 月 2 日）

同志们：

对公业务风险管控工作涉及前、中、后台等多个部门，今天我就对公条线的风险管控问题讲几点意见。

一、我行资产质量面临的严峻形势

（一）经营的内外部环境依然不很乐观

从国际上来看，发达经济体复苏态势与货币政策分化加剧，新兴经济体增长放缓、结构性矛盾突出，欧美对俄罗斯实施自冷战结束以来最严厉制裁，在我国经济已全面融入全球市场的今天，均可能对我行客户和全行经营产生新的影响。

从国内来看，当前正处于三期叠加特殊阶段，投资、消费、出口“三驾马车”整体乏力，GDP 第三季度当季增长率下滑至 7.3%，创下了 22 个季度新低，从一般概念来讲，经济下行，一些企业经营就会出现困难，倒闭的企业会增多。目前，实体经济面临的风险已传导至银行，整个银行业不良贷款已连续 12 个季度攀升，监管部门对银行业监管更趋严厉，预计 2015 年 GDP 增速会进一步滑落至 7% 的边缘，经营的压力会进一步加大。

（二）全行资产质量反弹压力持续加大

截至 2014 年 9 月末，对公不良、逾期还在不断暴露和上升，而且趋向区域、行业、产品集中。9 月末，对公不良贷款 × 亿元，不良率为 ×%，“额率”持续上升；逾期贷款 × 亿元，已突破总行控制目标；前 9 个月新暴露不良贷款 × 亿元，已远超 2013 年全年新暴露不良额水平。具体上来看：

区域上，长三角地区不良贷款尚未见底，珠

三角以及环渤海、中部等地区风险还在加速显露，守住区域性风险底线压力巨大。9月末，长三角地区不良额仍未见底（比年初增加×亿元），珠三角、环渤海、中部等地区不良额比年初增幅分别达×%。

行业上，制造业、批发和零售业新暴露不良仍居高不下。前9个月，制造业新暴露不良额×亿元，占全行新暴露不良额的×%，主要在浙江、江苏、湖北、深圳、广东、宁波等分行；批发和零售业新暴露不良额×亿元，不良率高达×%。

产品上，流贷、保理、固贷不良增加依然较多，分别比年初增加×亿元、×亿元、×亿元。银行承兑垫款仍处高位。

（三）重大信用风险事项频发

2014年上半年，分行上报的重大信用风险事项涉及×个授信客户、信贷余额×亿元，户数和金额分别上升×%和×%，已远超去年数量。第三季度，又新增×个授信客户，新增信贷余额×亿元，可谓触目惊心。信用风险正在加速暴露，已进入高发期，必须引起全行高度警惕。

二、前台经营中存在的问题

目前信贷业务的风险暴露与经济下行密不可分，内外双需收缩，企业长期积累的风险集中爆发，而有一些问题跟经济下行没关系。在当前暴露的重大风险事件中，很大一部分是由我们部分分行、部分信贷经营管理人员主观合规意识欠缺、管理失职、经营不够慎重、工作不深不细、不认真按制度和流程操作、违法违纪等人为原因造成的，贷前调查不尽职、贷款发放不合规、贷后管理不到位等“三查”问题仍然较为严重，不少涉嫌违规操作。具体问题有以下几方面。

（一）客户选择能力不强

客户选择出了问题是目前全行信用风险成因中一个最重要的原因。多年来，我们一直在说“以客户为中心”，也开展了客户准入退出、评级评价等工作，但不得不承认的是，无论是“三大一高”，还是中型客户、小微企业，我们的客户选择依然能力不足、水平不够，缺乏细分的客户选择标准。原因何在？王洪章董事长在7月召开的部分分行信用风险管控专题座谈会上对道德风险、工作责任心缺失、经营思想不端正经营机制不够健全三大根本原因已有深入分析，大家要认真学习。

通过梳理近年暴露的重大风险事项，一些带有共性的客户风险特征较为明显，但是我行各级机构对这些风险特征研究得不够、不透，对其风险迁徙规律总结掌握得不好，风险预警、预控敏感性不强，举一反三能力不足，致使客户“带病准入”，风险信号“视而不见、听而不闻”，需要退出时“退无可退”，经常是客户风险已然暴露，甚至是被外部媒体披露的时候，我们才刚刚“惊悉”。

如某钢铁集团，其产品有市场，成本有优势，技术装备省内最好，为什么会出现重大风险事项？企业扩张过快是首要因素。该钢铁集团产能从2009年的100万吨迅速扩张至2013年的700万吨，所需资金几乎全部依赖短期借贷，没有长期稳定资金，负债结构严重不合理，资金链绷得太紧。而从经办行到省行，对其产能扩张过快所隐藏的风险没有应有的警觉，反而对其众多关联贸易公司扩大授信额度，忽视风险的管理与控制，最终形成风险。

又如，某房地产集团在金融危机后，忽视经济下行的背景，加快储备土地，出资8亿元先后购买两宗土地，占用大量资金，同时另一项目因未完成拆迁而进度缓慢，前期投入的9亿元资金无法及时回笼，加之企业财务成本过高，再融资困难，最终导致资不抵债，资金链断裂。

（二）真实性问题凸显

信贷业务真实性问题已成为当前银行信贷风险的高发问题。从外因来看，受经济增长放缓、社会资金面趋紧的压力，近年来针对银行的诈骗案件呈持续上升态势，信贷欺诈、造假手段层出不穷，且越来越具有隐蔽性，甄别和防控的难度不断加大，银行内部管理上的疏漏往往容易被外部不法分子所利用，形成欺诈案件。从我行自身经营管理情况来看：

一是涵盖范围广，呈多发态势。总体来看，真实性问题涉及贷前、贷中等主要流程操作环节，包括客户申请材料不真实、项目或项目要件不真实、资本金未真实足额到位、客户财务报表信息失真、贸易背景真实性不足、支付依据虚假、担保信息及权证不真实等。

二是个别产品问题较为突出。近年来，保理业务、贸易融资（如信用证业务）、票据承兑等表内外信贷产品出现了较多风险。其中，贸易背景和申请材料虚假是风险形成的主要原因之一。这些产品原本定位为替代一般流贷的自偿性产品，或是主要具有支付结算功能的业务，理应风险较低，但由于真实性审查不严，成为借款人利用虚假交易套取银行贷款的重要途径。

三是核查受外部条件制约。有效的真实性核查需要尽可能获取与客户相关的内外部信息，但目前全国各区域的金融生态环境、征信体系建设以及政府职能部门在工作方式等方面存在很大差异，不同地区银行开展核查所能采取的措施手段难以完全统一，有些区域可能会受到较大的制约。

最近在某分行发生的一起外部诈骗案件，某矿产公司虚构交易对手、货物经销合同和应收账款，诈骗该分行保理预付款。该行在办理涉案保理业务时，在买卖双方及买卖合同尽职调查、合同单证审核、应收账款转让通知书送达及买方回执取得、应收账款还款资金来源审查等关键环节上，均未做到有效把控，对假印章和假的资金流动及假公司等，在尽职调查中和几年的业务往来中都未能识别。贷前调查不充分、业务准入及支用审批不谨慎、审批条件未落实、贷后卖方直接还款等问题贯穿业务始终，就连业务真实性的形式审查都未做到，导致被企业轻易诈骗。

（三）风险评价不审慎

一是未了解和掌握借款人的全面信息，没有很好地收集、分析企业对外担保、民间融资、历史信用、产权关系等潜在风险的相关信息，尤其是关联关系识别不充分。

二是未能审慎地评价企业还款能力，没有对借款人资金需求、贷款用途、偿还期限等合理性进行科学分析，没有对第一还款来源的充足可靠性及第二还款来源的代偿能力进行客观评价。

三是调整信用等级不合规，部分经办行为达到信贷准入要求，人为上调高风险客户信用评级。这些问题最终导致客户评价材料不准确、评价结论不正确，未能充分揭示风险，使得客户信用评级虚高，降低了信贷准入门槛。

（四）贷款发放不合规

一是放款条件不具备即发放贷款，如“四证”等项目审批要件不完整、项目资本金未足额到位或者项目资本金来源不合规、工程进度未到、抵押未办妥、授信方案中的相关条件未落实就放款等。

二是合同签订有瑕疵，如未明确约定贷款用途、未约定借款人义务及违约责任、抵质押合同不规范、保证金质押合同与实际债项不对应等。

三是对借款人支付材料审核不到位，支付依据和凭证存在瑕疵。

四是在贸易融资业务中，单据审查不严格，例如，信用证开立后，未对货物进口报关情况进行跟踪，不掌握后续货物流和资金流情况；连续办理开证业务时，未按规定对客户存量业务的报关单进行核查；对明显存在不符点的单据进行议付或付款确认，极少数在没有拿到单据或未进行单证审核的情况下，办理议付。

（五）贷后管理不到位

总行2010年开始施行贷后管理岗位分离，即要求由专职信贷经理负责贷后管理工作。但从实际执行情况来看，客观上由于信贷经理人员数量及质量的限制，主观上重视不够、执行力不强，使其作用尚未更好地发挥。

一是贷后检查流于形式，存在走过场现象。例如，信贷资产检查报告内容不全面、不深入，对企业货款回笼、纳税情况、货物周转等重要内容未予以认真分析；对借款人及保证人的生产经营变化、抵质押物状态及价值变化等没有及时掌握；对客户账户结算情况持续关注不够，对销售归行率偏低、结算账户少有甚至没有经营资金往来等现象反应欠敏感；对一些风险信号未能引起重视并及时采取有效应对措施。

二是信贷资金流向监管不到位，贷款资金被挪用。例如，房开贷封闭管理不到位，未有效监测落实项目销售进度及销售资金回笼；受监控手段和人员力量的限制，对首次支付以后的多次支用或在他行的资金支用，难以进行有效监控。

三是押品管理不到位。例如，未定期对押品进行实地检查导致未及时发现押品被擅自拍卖、被恶意出租等风险状况；未定期进行押品价值重估，未对贷款状态恶化的押品进行重新评估；押品价值高估的问题时有发生；对企业主个人有效资产尽职调查不充分、贷后管控不力，导致企业主连带责任保证普遍难以追索；货物质押和监管存在瑕疵等。

三、应对措施

虽然经济下行、以前遗留的问题等给我们的经营带来较大困难，但只要工作认真负责、增强主动性、开动脑筋、积极应对，在很大程度上是可以控住和化解已有风险，防止新风险发生的发生。

（一）加强客户选择标准的研究

客户选择必须综合考量国家产业政策、监管要求、企业所处生命发展周期、行业地位、核心竞争力、经营状况、盈利能力、企业行为等因素，结合我行风险偏好、授信产品政策、区域政策等差异化要求，细化客户选择，守住客户准入风险底线。当前可以逐步探索客户选择“负面清单”管理工作模式，如具有以下一些共性风险特征的客户可以列入“禁区”。

一是盲目跨业扩张或过于激进的企业。盲目跨界经营，投资自身不熟悉、与传统主业不相关的领域，导致投资失败拖累主业；过于激进，超出自身资本实力、盲目扩大生产经营规模，资金周转陷入困境。

二是过度负债或多头融资的企业。与十几家银行（含信用社）发生信贷关系，资产负债率畸高；银行贷款、理财产品、企业债券、信托贷款、委托贷款等负债总量超过自身资本实力；依赖民间高息借贷资金，财务负担沉重。

三是关联关系复杂、股权变更频繁的企业。利用众多隐蔽关联公司拉长贸易链条、做大贸易量套取银行信用；利用关联公司逃避银行统一授信，资金流向复杂。

四是过度担保的企业。因互相担保、循环担保陷入复杂担保圈、担保链，受被担保人风险传染，一损俱损。

五是经营困难、财务和信用状况恶化的企业。持续亏损或现金流为负，偿债能力下降；贷款在他行已发生逾期，或已无法正常支付每月到期利息；拖欠税款、员工工资等其他非银行债务，不能正常履行与上下游合作伙伴的合同义务。

六是实际控制人涉案的企业。实际控制人涉黑涉赌、涉及官员贪腐案件；陷入大、小股东纷争；老板跑路等。

七是项目违法或违规的企业。存在违反国家立项审批/核准/备案、用地审批、环境评价、节能评估、劳动安全、城市规划等方面规定或其他法律法规的行为。

八是涉及产能过剩相关行业的企业。采用落后设备、使用落后工艺、生产落后产品，且未按期完成淘汰任务。

诚然，也要具体问题具体分析，例如，钢铁、水泥等虽然总体上是产能过剩行业，但其有运输半径问题，因此要考虑到地区性。

（二）认真做好客户尽职调查

一要调查了解企业及其实际控制人的信誉状况。如通过人行征信系统、法院、工商等政府网站或者走访税务、供水、供电等部门，调查企业及其实际控制人的信用记录、融资状况以及企业是否有涉诉、涉案、逃债、偷漏税、拖欠水电费等情况；向企业主的亲戚朋友了解是否参与民间融资、民间借贷、非法集资以及是否有不良嗜好；向企业员工及财务人员了解企业生产，工资及福利待遇以及是否有拖欠工资等情况；从企业上下游合作方调查企业的商业信誉，是否有拖欠货款情况等。

二要调查核实企业的基本生产经营状况。如通过与企业管理者直接交流，了解企业的发展历程、经营思路、生产技术、产品用途、研发成果、生产销售现状等，判断企业的发展前景；通过对企业主要产品的产量变化、产成品库存变化、原材料库存变化等情况的分析，判断企业生产经营趋势；通过应收账款周转、存货周转等方面的情况，判断企业的营运能力。

三要分析判断企业的财务状况和偿债能力。如核实企业的收入、成本、利润等情况，判断企业盈利能力；估算企业流动比率、速动比率、资产负债率等指标，了解企业偿债能力；检查企业应收应付账款的变化及资金流向的变化，预测判断企业现金流量的变化趋势；对企业各期财务报表进行连续对比，分析财务指标异常情况，重点关注报表项目余额和金额大幅变动，收入和费用比例严重失调等情况；了解企业在各家银行的融资额度以及与金融机构的合作情况，判断企业银行负债的合理性，避免接手最后一棒。

四要全面了解企业的组织架构和集团关系。与一般公司类客户相比，集团类客户关联关系具有隐蔽性、系统性、多变性的风险特征，充分识别集团关联关系并准确构建关系树是我们信贷经营过程中最为基础最为重要的一环。在关系树识别过程中，除对股权关系、公司章程、组织架构等显性因素进行识别判定外，还要善于从客户上下游业务合作、大额资金往来、账户不规律交易或有负债、关联公司控制人关系等隐性因素入手挖掘关联关系。此外，充分借助工商、税务、海关、同业、媒体等渠道印证关系树的准确性，力求从源头上防范多头授信、过度授信和不合理授信情况的发生。

（三）切实加强真实性管理

一要认真落实真实性核查规定动作。总行已印发《中国建设银行对公信贷业务真实性核查指引》，对客户信息、交易背景、财务报告、固贷项目、风险缓释措施、贷款支付6大类18项真实性重点核查事项明确了核查基本方法和要求。办理信贷业务，应严格落实核查相关管理要求和规定动作，严禁减程序、逆程序操作，杜绝核查工作流于形式。对于存量信贷业务，应通过主动有效的贷后管理工作，采取风险排查、监测预警以及不定期贷后真实性检查等方式，及时核查、识别风险。

二要强化重点产品的真实性管理。对近年真实性风险高发的国内保理、贸易融资、票据承兑等重点产品，各产品主管部门要进一步提炼总结个性化的风险点及风险高发事项，持续开展有针对性的风险排查，切实采取有效措施提前化解潜在风险。

三要切实提升真实性风险甄别、规避能力。各行要积极探索、创新、交流行之有效的真实性核查方法及技术手段，实实在在提升基层岗位人员真实性核查能力，充分调动相关岗位人员在真实性核查工作中的积极性、主动性和创造性。

（四）强化预警预控

一要深入做好实质性的贷后检查。要落实月度走访、日常跟踪监控、定期检查等制度规定；要对客户资金流向及账户变动情况进行持续监控，通过账户分析、凭证查验、实地调查等多种渠道核实信贷资金的真实用途；要加强贷款持续条件落实情况的跟踪；要加强客户经营管理状况及财务情况的综合分析，通过实地查验存货、实地查看在建工程状况、到部分应收账款对应单位核实账款、到主要下游企业核实销售收入及其回款情况等各种方式，做到风险信号早发现、早处置。

二要将风险苗头捕捉的关口前移。风险问题解决的关键在一个“早”字，早发现、早预警，能为我们弥补缺漏或全身而退提供足够的时间和空间。从客户营销、市场调查开始，就要绷紧“风险”这根弦，发现异常，及时报告，强化预判、预警，工作打提前量。

三要加强重点领域、重点客户的风险排查和跟踪监测。如经营亏损、资产负债率偏高、经营净现金流为负的正常关注类客户；跨业经营、扩张过快、过度融资、关联关系复杂、担保关系复杂的民营客户；涉及淘汰落后和产能过剩、重点环境案件的客户。

四要充分应用相关工具，强化风险预警信号监测。如信贷管理信息系统（CMIS）、对公预警客户跟踪管理系统（CEWM）、授信业务监测系统等。另外，总行对公信贷内控名单管控功能已在CLPM系统上实现，各级行要充分利用名单信息，营销受理前查询名单库，对核销类企业不予营销及受理，对不良类和重点控制类企业要审慎进入。

（五）加强逾期贷款管理

一要强化对还款账户资金落实情况的监控。按规定，首先要做好贷款到期提示，普通对公贷款应在贷款到期前30天发送《贷款到期通知书》，进出口贸易融资业务（出口发货后的贸易融资除外）应在融资期限到期前7天发送《贷款到期通知书》。其次要在还款到期日前5个工作日，逐户查询客户还款账户资金到位情况，对于还款账户资金不足的，要责任到人，至少在贷款到期日前1个工作日通知客户，跟踪资金到位情况并做好记录。最后要做好部分特殊产品到期还款工作。对于贸易融资正常还款，货物销售回款应立即用于偿还贸易融资或转入相应保证金账户。对月末到期贴现票据回款，应与承兑银行逐笔进行核实、确认，督促其及时付款。此外，对付息资金的监控要抓住月末、季末关键时间节点。贷款结息日前至少5个工作日，要逐日查询并落实客户还款账户资金。

二要建立逾期客户重点监控管理机制。总行已经建立了大中型逾期贷款客户名单库及重点监控名单。各分行也要比照建立辖内逾期贷款客户名单库，并且每月根据新增、退出逾期客户情况动态调整。对于月末时点没有逾期，但当月有过逾期记录、出现重大风险事项、生产或财务状况恶化等情况的客户，也要建立重点监控名单，提前预警，严防发生新的逾期贷款。

（六）及时处置风险苗头

一要注意做好风险研判，采取针对性处置措施。发现风险苗头，先要对风险趋势进行研判，再提出针对性对策。如客户遇到的问题很严重，对我行信贷资产安全的影响是实质性的，要采取措施果断退出。退出时要注意策略，对于能够做到全身而退的，要及时退，不能犹豫；对于无法做到全身而退的，不能“硬退”，防止“退死”的情况发生，可以通过采取产品置换、期限调整、贷款重整、追加缓释等措施控制风险，逐步退出。如果客户遇到的问题只是暂时性的，风险是可控的，则要积极想办法帮助企业渡过难关。

二要提高对负面舆情信息的敏感性。各级行都要注意收集、分析媒体披露信息，从中发现与我行信贷客户相关的一些风险苗头。对重大风险和突发事件，各级机构要及时上报，避免因迟报、漏报、瞒报而造成被动，给我行的声誉带来负面影响。

三要高度重视审计发现问题，充分利用审计成果。对审计揭示的问题，一定要充分重视，不要放过，抓好整改，举一反三。一些出现风险的问题贷款，在梳理回顾业务流程的时候，往往发现以往的审计中已经揭示过相关问题，但没有引起经营部门的重视，错失良机。当然也有重视审计发现、及时退出的正面案例，如“德正系”企业新疆分行就成功退出了。

（七）严格抵押担保管理

一要大幅提高抵押贷款占比，降低保证贷款的比例。强化押品准入管理，细化和完善抵质押合同、保证合同以及业务流程设计。

二要认真评估抵押物，按照要求要及时重估，规范押品外部评估机构管理，防止押品价值高估，确保抵押价值充足。

三要加强押品合规性审查，确保不出现法律上的瑕疵、不存在纠纷，确保我行享有排他性优先处置权，要按照法律、法规要求办理抵押登记，确保手续合规、有效。

四要加强押品动态管理和日常监控，定期实地查看押品，定期查询押品登记信息，加强押品权证管理以及押品贷后监控检查。

五要加强保证人管理，对保证人经营财务状况、担保能力定期进行动态分析。

六要加强第三方仓储公司资格审查，加强对质押物及监管人员履职情况的检查。

（八）做好产品选择及重点产品管理

我们在产品配置策略上要为高风险客户配置低风险产品，但这些所谓的低风险产品往往是具有高操作风险特性的，如果在业务流程环节上未严格按规章制度操作，反而会引发更大的风险。因此，我们要根据客户的实际需要选择相应产品，要审慎评估客户对某一项产品的适用性，而不能急功近利，图快、图省事、图眼前利益。不能因为某些产品能虚增存款、增加中收，而忽视风险的管理与控制，最终形成风险。下面就几个重点产品讲一下具体的应对措施。

1. 保理。一是在具体产品选择上，要大力发展定向保理和网络保理业务（e点通、e保通），力争2015年底定向保理和网络保理余额占比达到20%以上。同时，鼓励分行有选择地推进融资租赁保理、工程保理等业务。二是加强重点区域风险防控，对于除定向保理和网络保理业务及总行批准的之外，对部分风险、案件暴露较多的一级分行和二级分行暂停办理国内保理业务，待整改好后，经验收合格再予开放。三是加大敏感性行业和客户群体的风险控制力度。对所有涉及煤贸、钢贸、铜贸及“贸易对贸易”“小对小”、买卖方异地的存量客户进行逐户梳理，除定向保理和网络保理业务外，存量业务要逐步压缩退出，此类客户准入，由一级分行信贷经营部门逐户逐笔核准。四是要加强贸易真实性审核，强化操作风险管理。要重点加强对应收账款真实性审核、应收账款转让、回款管理等环节的管理。通过验章验印、发票查询、账户流水、历史交易等相互印证，确保贸易真实性。以现场调查为主，并以非现场调查进行佐证。五是要加强定向保理业务核心企业的筛选和准入。要优先选择总战、总重客户以及产业链链条中的优质核心企业。在当前阶段，钢铁、煤炭、房地产开发等敏感行业应谨慎开展国内保理业务。六是要加强供应链上游企业和核心企业的整体风险把控。从核心企业出发，对整个链条进行整体授信，实行总量控制，有效把握链条整体风险。不能采取“一对一”模式，仅从链条企业出发开展业务。七是要严控关联交易风险，严格关联企业准入标准。如核心企业与链条企业存在关联关系的，原则上链条企业对核心企业的业务量应小于其总业务量的50%，链条企业交易对手除核心企业外还应不少于2个。对于存在交易对手单一、债权债务互相抵销等情况一律不得准入。

2. 银行承兑汇票。一是把握好对承兑业务本质的认识。银行承兑汇票是一项传统的表外信贷业务，主要用于满足企业日常支付结算需求，在营销巩固优质客户中提供配套金融服务。不能为了吸收保证金存款、收取票据承诺费，就将承兑业务作为一种主要融资工具而偏离其业务本质，在办理业务中降低客户准入标准和门槛。二是做好客户尽职调查，确保交易背景真实。要深入了解企业经营情况，掌握企业与上下游客户正常资金运转及票据流转情况，合理把握业务申请金额与其主营业务收入的匹配性，从交易合同、增值税发票等方面审查交易背景真实性。三是总行加强对重点机构的管理，暂停单户新增垫款3 000万元经办机构的业务办理权限，直至一级分行现场检查整改完毕；新增垫款5 000万元以上的二级分行办理承兑业务须经一级分行核准。

3. 国内信用证。一要厘清国内信用证业务产品管理和经营管理职责，明确责任，确保国内信用证业务各项经营管理要求落到实处。二要严格客户准入，识别关联企业交易实质，审慎办理具有复杂关联关系企业的开证业务。三要认真核查贸易背景真实性。对于开证业务，应着重审核并确保客户提供资料的真实完整，申请书与合同条款之间表述一致，货物描述清晰，合同标的与企业生产经营范围应匹配，信用证期限与商品生产周期、交易金额与企业经营规模应匹配。对于议付业务，应着重在审单时审核单据正本，审验发票真伪，并确认发票没有办理其他融资，只有单证审核相符后方可办理议付。四要监控资金流向。对开证和议付客户采取指定回款账户等有效手段，重点盯紧即开即议资金流向，对议付资金，行内转账至少追溯两手，行外转账追溯一手，严防议付资金回流到直接前手或关联企业账户。

4. 国际贸易融资。一要加强贷前调查，确保贸易背景真实性。经办行应通过海关进出口数据、国际收支数据综合判断企业贸易融资授信需求，并通过人行征信系统核实同业授信支用额度，确保我行授信占比与业务量占比相匹配。同时，根据企业交易周期，合理确定贸易融资期限，高度关注关联企业贸易背景。二要完善贷中操作流程，严格落实相关政策要求。包括落实总行关于信用证保证金比例要求，提高抵质押率；执行以信用方式办理一类贸易融资准入标准，严格客户准入；严格执行总行关于转口贸易融资、保税区等海关特殊监管区域内贸易融资政策规定；加强单据审查，严格按照相关产品管理办法优化操作流程；强化融货通业务管理，严格落实产品规定。三要加强贷后监管，密切监控资金流向。对于进口类贸易融资，应持续跟踪客户通关、销售情况，确保融资款项支付给境外出口商；对于出口类贸易融资，应持续跟踪客户备货、生产、装运、收款情况，如收到境外款项，应及时归还我行融资，如出现出口商以自有资金或非交易对手还款等情况，应及时了解情况并关注客户风险。

（九）加强对公柜面风险防范

一是要做好关键网点的风险管理。要将对公柜面操作风险防控的重点放在那些基础管理薄弱机构、位置偏远的县支行，以及近期新开办对公业务的网点上，各二级分行要加大对这些机构的技能培训、业务检查指导的频率，提高其风险防范能力。

二是抓好柜面重点环节操作管理。要注意提醒柜员做好账户开户资料真实性、完整性和合规性审查；严禁随意简化操作流程、逆程序操作；授权操作不能流于形式，做到“人到心也到”；要重视印章、印鉴卡、重要空白凭证等重要物品的保管使用，严密交接手续；要严格监控账户支付情况，发现可疑交易应及时上报。

三是要加强重点结算产品签约管理。要在二级分支行层面切实落实重点结算产品风险管理职责，要做到个个有人管。要强化对网银盾、结算卡等重要结算介质的寻查和签收管理，严防违规代客保管和代客操作，确保产品签约意向真实。此外，有条件的分行要研究建立重点结算产品的客户使用回访机制。

四是要严格落实各项风险制衡要求。要严格按照业务规定进行柜员操作权限设置，加强内部控制、防范操作风险和道德风险。对账工作中要关注关键风险点，对于未回收的重点账户账单，各一级分行要继续做好催收、监控、检查等后续跟踪处理工作，确保客户资金安全。

五是要格外关注票据诈骗风险。当前社会上资金流动性偏紧，因此，各行要认真做好票据业务防伪要点的培训，加强对柜面验印、票据审核、大额支付的合规操作管理，票据鉴别仪要配置到位，严防不法分子利用伪造变造票据、伪造客户印鉴等方式诈骗银行和客户资金。

（十）加强对公队伍建设

一要充实队伍，加强对公从业人员数量储备。2015 年及今后一个时期全行的经营较以前困难将要加大，因此，需要尽快调整人力资源配置，使抓创收的人员能有一定量的增加。客户经理队伍建设工作是我行夯实客户基础、拓展业务渠道的必要保障。各行应结合本行的实际情况，加快充实客户经理队伍，使客户经理队伍规模、能力与对公业务发展相适应。2014 年 6 月末，人力资源系统中对公客户经理人数为 14 767 人。根据建设银行“十二五”规划，2015 年底客户经理专业技术岗位职数要达到 25 000 人，到 2016 年底，客户经理专业技术岗位职数达到 30 000 人。

各分行要因地制宜，主动想办法解决前台人员不足的问题。山西分行在这方面做了很好的尝试，通过优化组织机构，盘活人力资源，打造了 3 000 人（其中对公、对私和柜面各 1 000 人）的客户经理队伍。他们一是精简内设部门，省分行本部部门压缩 30%，二级分支行压缩 39%；二是优化人员结构，二级分支行管理岗位职数压缩 23%，专职对公对私客户经理增加约 400 人，使全行前台人员占比提高，客户经理在全行人数占比达到了 1/3。各行人力部门与对公部门一道要研究出人员补充的计划，补充渠道，然后坚决按计划落实。各行在本月底前将补充计划及补充措施报总行人力部。

二要加强培训，切实提高对公从业人员业务素质。各分行要加强培训，提升对公从业人员的综合素质和业务能力。总行公司业务部上半年结合内外部审计检查发现问题及暴露的重大信用风险事项，组织编写了有关问题案例，并举行全行视频培训，警示全行，反响很好。全行要群策群力，要多想些办法，通过完善制度、案例警示、经验交流等多种方式，有效提高相关岗位人员对风险的敏感性，通过加强辖内人员转培训和跟岗培训覆盖面，传导总行管理要求，强化合规操作意识，提升从业人员综合素质和业务技能。

三要加强员工职业素养教育，防范道德风险。一些案件和重大风险事件的发生与个别员工职业操守的缺失有很大关系。各级行要切实加强对员工的职业道德及反商业贿赂教育，提高员工道德风险防范和廉洁自律意识。一是领导人员要率先垂范，培养对规章制度的敬畏意识，要求员工做到的，领导人员要首先做到。二是加强员工执业道德和政治素质培训，通过案例教育、主题教育、榜样教育等形式，利用网点晨会、工作例会等平台，切实提升教育效果。三是加强对员工日常行为的关注，掌握员工思想动态，了解员工的家庭情况和实际困难。对员工参与总行明令禁止的民间借贷、高息融资以及高风险投资活动的，坚决予以清理制止。

四、几点要求

（一）统一思想，高度重视

2014 年以来，风险问题异常突出，不良贷款和逾期贷款成为媒体、投资者、监管当局、董事会和总行党委等内外部持续关注的焦点。风险管控关系到全行转型发展的大局，风险管控不住，将使全行的转型失去良好的环境。因此第三季度末，张建国行长前所未有地亲自给 12 家分行“一把手”打电话，嘱咐风险管控问题。前、中、后台各条线、各层级、全体员工都要进一步提高对“管控风险、稳定资产质量”重要性和紧迫性的认识。对于不良贷款管控不得力、拖全行后腿的个别分行，要提振士气，想方设法，对症下药，多策并举，要有破釜沉舟的决心和扭转乾坤的手段；对于资产质量良好的分行，要有全局意识和大局意识，继续为稳定全行资产质量作贡献。

（二）正确处理业务发展与风险管控的关系

管控风险的目的是为了更好地发展业务，发展业务能有效化解风险。一方面，不能因为惧怕风险就停止发展、因噎废食，业务发展若停滞，整体风险暴露只会越来越大。对于夸大风险而怠慢客户、贻误商机的不作为行为，一样要追究责任。另一方面，业务发展要严守标准、严格准入，对问题客户要坚决拒之门外。总之，要在发展中经营风险，在合理把控风险的同时加大对实体经济的扶持力度，帮助企业改善经营、提高效益，银行、企业才能获得双赢。

2014 年上半年，总行对公司业务核准权限及流程进行了调整和优化，部分权限下放到了分行。各分行要注意用好核准权，把好客户关，务必在风险可控、合规经营的基础上，履行好权限内核准职责，把好准入关，不得降低标准，放松审核。

（三）加强部门联动，共同防范风险

风险防控工作不是仅靠哪一个部门、哪一个岗位就能独立做好的，而是需要各层级、各条线、前中后台各部门密切配合，相互支持，形成全员参与风险管理的良好氛围。后台部门要注意总结经验教训，采取有效措施，帮助前台部门更好地识别和把控，同时，不能单纯地为了风险而不顾业务发展，制定的政策要切合业务发展实际，有利于促进业务发展，并且要根据形势变化和竞争对手出招情况及时调整政策。

总行最近制定下发了《对公信贷放款中心实施方案》和《对公信贷放款中心操作规程》，旨在依托放款中心实现中后台操作的流程集约，强化信贷发放环节合规操作及风险管控，同时有效提高信贷流程办理效率。按方案要求，放款中心是设在风险条线的。经营条线要配合放款中心做好各项工作，并充分利用好放款中心这一工作平台，切实解决好贷款发放环节屡查屡犯的各种违规问题。

（四）各级领导要带头防化风险

各级领导，特别是“一把手”，不但要对资产质量整体情况做到手中有数，更要亲自参与具体重大风险项目的筹谋决断。从 2013 年开始，总行领导直接挂帅“三十大重点风险项目”的处置化解，从制订化解方案、拜访政府以及监管部门负责人、实地走访企业及项目，全程参与，效果良好。各级行也要比照总行，继续积极推进这种做法。这种身体力行的示范作用，能给全行一个导向，就是重视风险防控和化解问题，全行就会跟着做。

（五）要善于总结经验教训

对于风险防范和化解，不能“就事论事”，不能“就个案谈个案”，我们遭受了重大损失、付出了高昂学费，不能“好了伤疤忘了疼”，反复在同一个地方跌倒，一定要“痛定思痛”，深入挖掘个案带普遍性的规律，认真归纳总结经验教训，避免再犯。不少分行在风险防范和处置化解中都有成功的做法和典型的案例，要积极主动提供给总行相关部门，总行各有关部门要对分行提供的经验、做法进行提炼，及时在全行层面组织交流和推广。

同志们，当前我行正处于转型发展的关键时期，希望大家正视形势，把握机遇，坚定信心，克服困难，按照总行党委的要求，打一场主动管控风险的硬仗，为实现全行经营管理跃上新台阶作出新的更大的贡献！

谢谢大家！

主动授信　严格审批
全面提升授信审批工作的价值贡献

——在 2014 年风险管理工作会议上的讲话

杨文升

（2014 年 3 月 11 日）

刚才，曾首席回顾了 2013 年风险管理工作，分析了 2014 年风险管理工作面临的形势和挑战，安排部署了2014年的工作任务，一会儿张行长还要做重要讲话，请大家一并贯彻落实。下面我主要就授信审批工作讲3个方面的内容，供大家讨论。

一、2013年全行授信审批工作的回顾

2013年，各级授信审批部门紧紧围绕全行业务发展的总体目标和工作要求，积极应对复杂的市场环境，坚守风险底线，严把审批关口，对国家各项宏观经济政策、监管规定执行有力，信贷风险得到有效控制；同时顺利完成风险管理体制改革、信贷机制调整和授信流程优化工作，在体制、机制调整中实现了员工队伍、客户、业务经营稳定的目标，新流程平稳落地，较好地完成了全年工作，为全行业务健康持续发展作出了积极贡献。

（一）全行审批总量平稳增长，审批储备充足，有力支持业务健康发展

2013年，全行审批公司类客户授信业务37.2万笔，金额22.06万亿元；总行共审批投资理财类业务2 712笔，同比增加1 397笔，审批金额16 595亿元。审批总量的平稳快速增长有力地保障了全行信贷业务的稳步发展。截至2013年末，全行公司类客户有效授信额度合计×万亿元，其中，可用额度×万亿元，比年初新增×万亿元，增幅达到71.54%。

（二）对公授信业务流程调整优化工作取得阶段性成果，新流程业务平稳落地

对公授信业务流程调整优化是我行主动适应内外部环境变化、完善授信管理体制机制、提高风险管控能力的一项重要工作，也是一项极为复杂的系统工程，牵一发而动全身。各级授信审批部门作为此次对公授信业务流程调整优化工作的牵头部门，承担了主要的组织推进工作，通过悉心钻研、精心组织、扎实推进，较为圆满地完成了总行党委部署的各项工作任务，为全行对公业务战略转型奠定了良好基础。

2013年底，全行授信审批条线已按照对公授信业务流程调整优化工作的总体部署，完成了部门机构设置和岗位人员调整工作，全部38家分行均已设置授信部，人员基本到位，完成了全辖信贷管理和操作人员的培训工作，完成了新流程相关的操作细则制定工作，并采用活页方式进行发布，方便今后及时更新完善，完成了新流程配套IT系统的开发上线。全行新旧流程2013年12月初顺利完成切换。12月底，总行就风险管理体制改革、信贷机制调整和对公授信流程优化调整工作向监管部门提交专题报告，并进行当面汇报，得到了监管部门的充分肯定。

到2014年1月底，总行和27家一级分行均已组织召开了综合授信评审会，涉及集团客户159户，评审金额共计2 784亿元。新的客户评级流程上线后，评级流程由原来最长19个环节优化为最长9个环节，评级推翻率偏高的情况也得到了改善，2013年1—8月我行评级推翻率×%，远远超过了监管底线，之后逐步下降到12月的×%，收到了很好的效果。

（三）差别化授权体系初步建立，市场竞争力和风险防控能力不断提升

配合对公授信业务流程调整优化，总行研究制订了《2013年授权方案》。新的信贷授权方案更加充分地体现了客户差别化的理念，对于分行有能力识别、把控风险的客户和项目，更多地授权给分行去审批，同时综合考虑了所在区域的风险状况、分行的管理水平，对于有些项目和客户，包括我们经验少的项目、新兴产业的项目、分行风险识别能力比较弱的项目、需要高度关注行业系统性风险的新增授信业务，更多地上收到总行审批。

类似的，有些项目将来我们有经验了，把握规律了，还要逐渐授权给分行，再把新的难以把握的业务收上来，这是一个动态调整的过程。

（四）授信申报审批流程全面优化，审批质量效率进一步提高

依托对公授信业务流程优化，总行2013年针对集团授信组织申报、客户评级、项目评估、审批等业务环节中存在的制约流程效率的问题出台了一系列优化措施，极大地促进了授信申报审批的质量效率提升。

例如，在合理下放一级分行辖内单一客户认定权之后，原来各分行需要正式文件上报总行认定辖内单一客户的将近2 000笔业务，在总行明确制度安排和规定动作要求后，可由分行直接按规定认定，合理精简了申报审定流程，提高了处

理效率。

（五）系统管理措施手段不断丰富，有力促进全行统一风险偏好形成

——持续加强审批作业实时监控。2013年，总行继续对各级行审批情况进行实时监测，及时叫停违反信贷政策和管理制度要求的业务，要求分行落实优化完善授信方案、中止业务发放流程或限期收回等相关整改措施共计88笔，涉及审批金额合计220亿元。

——对部分风险较高的行业客户授信业务审批实行总行备案，加强统一风险偏好传导。特别是2013年5月至年底，总行实行了新增商用物业抵押贷款，三年期以上房地产开发贷款，公路、光伏、液晶面板行业新增贷款等业务的备案审核制度，共处理备案审核项目155笔，最终14笔、涉及金额59.9亿元不同意发放。

——推进审批指引研究，强化条线业务指导，已累计发布76个信贷审批指引，覆盖全行信贷余额90%以上。

——加强信贷审批监控督查，不定期开展专项风险排查。2013年，总行先后对出口信用保险项下信贷业务风险状况、固定资产项目贷款合规风险、煤炭贸易和铜贸易企业风险状况、商用物业类房地产开发项目发放基本建设贷款风险状况开展了专项排查，及时向分行提示风险。

二、审批工作需要关注的一些风险和问题

2014年国内外经济形势错综复杂，刚才曾首席也讲了2014年国内经济处于“三期叠加”阶段，情况很复杂，而且互联网金融的快速发展，加速推进了利率市场化的进程，银行原来的盈利模式受到了严峻挑战，应该说2014年我们的发展和风险防控都面临着前所未有的困难，授信审批工作同样如此。下面的几类风险尤其希望得到大家的关注。

（一）需要着重防范的几类信贷业务风险

1. 产能过剩行业的风险。经济结构调整加速，国家大力推进淘汰落后产能、治理大气污染，产能过剩行业首当其冲，以钢铁行业为例，按照中央安排，要求未来5年全国范围内压缩产能8 000万吨，其中河北一个省就要压缩6 000万吨，行业风险和区域风险都是很大的。总行多年来一直强调结构调整，对产能过剩行业审批和投放采取严控措施，但我们少数分行仍未引起充分重视，还在继续对这类行业客户大量新增授信，甚至盲目介入一些逆势扩大产能的项目，近期某分行上报了钢铁客户总投资数百亿元的新增产能项目，已被总行否决。

还有一些归属分行权限的，总行监测中也发现，某分行对辖内钢铁客户审批额度，在原有5.5亿元基础上又增加2亿元，这个客户无论是销售收入还是应收账款，抑或是主营业务的利润情况指标都是持续下降的，这种情况下，我们继续扩大敞口，应该说这方面的情况是不乐观的。

2. 房地产贷款的风险。2013年国内房地产市场出现明显的地区分化，一二线城市房价持续上涨，部分三四线城市供应过剩、价格下跌，个别房地产开发企业资金链已经非常紧张，同时受影响的还包括土地储备贷款和下游建筑行业客户贷款。实际上现在已经不光是三四线了，二线已经有部分城市也开始下降了，一线的也不是很乐观。

2013年全行审批的房地产开发贷款为×亿元，增幅为×%，在全部38家分行中，房地产开发贷款占全部公司类贷款余额的比例在10%以上的分行一共×家，还有×家2013年审批增幅在50%以上。而且从项目位置来看，部分房开贷投向了地理位置较为偏远的城市新城、开发区或工业园区附近。这类项目偏离城市中心，周边学校、医院距离都远，配套设施不完全，商业氛围不成熟，项目未来销售前景不确定性很大，一旦成为“空城”，风险巨大。

3. 政府融资平台的贷款风险。地方政府债务巨大，部分地方财政负担沉重，特别是随着国内经济增速减慢，税收增速相应回落，直接以财政收入作为还款来源的政府融资平台贷款风险加大；另外，大量的政府背景公司贷款，以土地出让收入作为还款来源，以土地抵押作为主要的风险缓释措施，随着经济结构调整的深入推进和房地产市场变化，土地市场的供需矛盾也可能逆转，这部分贷款的还款来源充足性和风险缓释有效性不容乐观。

从总行掌握的情况来看，我们名单内的政府融资平台余额降下来了，名单外的政府背景公司我们做的还不少，而且在投向上财政层级偏低，

中西部地区偏多。2013年总行核查的政府背景公司新增授信审批客户中，×%的借款主体所属财政层级为区县级及以下，×%的贷款投向中西部地区，部分中西部分行层级较低的园区建设项目偿债能力堪忧。如某西部分行审批某镇属工业园区项目贷款，用于园区土地整理，以项目形成的1 963亩土地出让收入还款，实际上，该镇2012年土地总成交960亩，所在县商业、住宅、工业用地出让总计也不过2 967亩，项目风险很大。

4. 高端商场、酒店、饭店等行业的风险。中央出台“八项”规定以后，特别是空前的反腐力度，许多高端行业的盈利模式已经难以为继，包括高端酒店、饭店、商场和地产，经营风险大增。但是我们部分分行对于这样的行业趋势变化敏感性比较差，继续对新建高端酒店项目给予新增授信支持，审批把关不审慎。如某西部分行对下辖某地级市的五星级酒店建设项目审批新增贷款4.5亿元，该市地处贫困地区，酒店业市场容量有限，原来酒店设计的盈利模式依赖于地方政府公务接待，项目潜在风险巨大。

5. 中小银行的流动性风险。受金融“脱媒”、流动性偏紧、利率市场化等因素影响，银行资金来源稳定性下降，流动性风险管理难度加大，2013年以来已经几次出现市场流动性紧张的现象，监管部门也多次警示银行流动性风险，要高度关注中小银行的流动性管理能力和风险抵御能力。事实上，现在有的小银行来自银行间拆借和同业存款这两项的市场化资金已经达到了资金总量来源的40%～50%，再加上资产负债期限错配严重，所以流动性风险是非常大的，在审批这类中小银行授信额度的时候一定要审慎。

6. 缺乏核心竞争优势、盲目扩张的民营中型企业的风险。刚才曾首席也讲到了，这一类客户是近年来我行重大风险事项暴露比较集中的部分，有很惨痛的教训，对这类中等民营企业有几种情况要特别关注：

第一要关注这类企业跨业经营、主营不突出、开始多元化的风险，原来主营业务做得不错，到一定程度发现房地产不错、某些贸易不错，甚至发现互联网也不错，开始多元化了，实际上风险开始降临了，大家在审批的时候对于多元化的风险一定要关注。

第二要关注这类企业发展突然提速的风险，实际上有相当的企业，包括有分行报到总行的项目，一些民营企业原来是做几个亿元的项目，突然提速做十几亿元甚至几十亿元的项目，自我感觉非常好，但是管理能力跟不上，我们还是欣赏渐进发展的民营企业，突然提速会让我们很担心，我们银行发展也一样，突然提速我们管理水平的压力也会很大。

第三要关注上市之后实际控制人和大股东集中套现的这些企业，不是上市之后就好了，特别是新的上市制度，上市之后当时就套现了，套现之后他对企业的关注程度急剧下降，把企业抛给市场了，风险可想而知。

第四要关注他行贷款退出原因不明客户的风险。我们也有这样的例子，我们刚进入，其他银行贷款就还了，人家为什么要退呢？这类原因不清楚的不要贸然进入，千万不要以为那是我们营销来的，把别人赶走了，没那么简单，这类情况要搞清原因。另外，对于民营企业的审批原则上要追加实际控制人连带责任保证。

7. 核心企业出问题引发的上下游供应链企业的风险。例如，煤炭行业企业供需形势发生逆转，库存高企、价格持续低迷、产销量下滑，这种经营困难局面难以在短期内扭转，受此影响，上游为煤炭生产企业提供机械设备服务的企业，以及煤炭企业主动延伸投资的下游传统煤化工企业都将面临风险。我讲的是传统煤化工，不是新型煤化工，新型煤化工是另一个模式，还是我们鼓励的。此外，前两年已经出现风险的有色金属行业、航运业等情况也是如此。

8. 理财业务投向偏离总行统一风险偏好。部分分行在非标准债权类理财业务的经营思路上有偏差，未能体现全行统一的风险偏好，拟将理财资金投向我行信贷类业务禁止或限制的行业和客户，或者利用理财业务规避我行授信审批条件，对未落实授信持续条件或贷款发放前提条件的客户和项目申报理财业务。如有些分行预审批理财业务60%以上的资金拟投向煤炭行业客户，还有些分行10%以上的资金投向钢铁相关产业，与总行统一的风险偏好有较大偏差。

9. 对代理信托业务管控不力的风险。近年来，影子银行业务快速发展，监管机构已经多次提示风险，总行也有明确要求，但部分分行仍对代理信托业务风险认识不足，具体反映在业务办理过程中，存在过度依赖第三方合作信托机构、对代理信托计划的融资人和融资项目缺乏深入了解、风险缓释措施偏弱、产品设计期限与项目还款来源不匹配等问题，信托计划到期后多采取再融资的方式兑付，未来的兑付风险非常突出。

2013 年以来，全国已经接连曝出信托公司无力偿债的风险事项，包括刚才曾首席讲到的山西联盛项目也是一样，信托公司什么都没有。

（二）除上述风险以外，还需关注审批合规性和审批工作纪律问题

1. 部分分行存在干预独立审批决策问题。长期以来，我们强调独立审批是确保我行风险管理体系健康运行的重要关键环节，任何机构和个人不得以任何形式干扰独立审批。但是仍有个别行以各种方式影响独立审批。近期，总行发现了一笔分行审批的以公司类贷款置换“假个贷”的业务，这个分行违反了独立审批的原则，以分行风控委会会议纪要为审批同意依据，实际上分行没有“假个贷”还原公司类贷款审批权限，事实上就是违规越权审批贷款。

2. 超授权审批问题。2012 年，总行发文明确要求，将各类理财产品投资决策纳入统一授信审批管理，个别分行由于各类型业务分别由不同部门管理，部门间缺乏有效沟通，客户额度未能涵盖客户全部风险敞口，同样出现了超授权审批的问题。

3. “绕政策”违规审批的问题。个别分行对于国家政策、监管规定、我行政策制度采取“上有政策、下有对策”的方式，绕开政策制度规定，违规审批办理相关信贷业务，看似聪明，实则埋下了很大的风险隐患。例如，某分行以客户未纳入地方政府融资平台管理名单为由，对财政局下属的非税收入征收管理局审批新增授信，实际上这个客户按规定应作为“监管类平台”客户，要上报总行审批。分行擅自审批，一旦外部检查提出异议，合规风险很大。

类似问题在非信贷业务中也有发现，如现在有一些理财产品，表面上是由第三方机构进行基础资产和投资人这两端的选择和决策，投资人也是直接和第三方机构签订投资协议，但实际上银行还是在其中扮演了重要角色，为第三方机构介绍基础资产或者投资人。因为这种隐形的作用，第三方机构往往与银行签订“抽屉协议”以回馈一定收益。一旦发生风险，银行想要完全从中抽身的难度很大，要承担很大的声誉风险和实际损失。

4. 违反集团客户统一授信规定。个别分行无视总行关于集团客户统一授信的明确规定，对于明知是同一集团的多个客户，在未做集团统一授信的前提下，分别单独审批办理业务，酿成重大信贷风险。例如，某分行不真实反映客户的集团隶属关系，规避集团客户统一授信要求，对属于同一实际控制人的多个小企业分别单独授信，目前形成了很大的风险敞口，现在已经作为重大风险事项报到总行了。

5. 违规审批总行否决的项目。个别分行违反总行相关规定，擅自审批总行前次已出具否决意见的业务。例如，2011 年 8 月，总行否决某分行上报的煤炭客户 4 亿元额度，2013 年 7 月，分行以客户情况已出现好转、业务经营压力较大为由，未按规定上报总行，自行审批同意客户授信 4 000 万元，违反相关规定，这件事被总行及时叫停了。

三、适应新形势、新变化，进一步加强完善授信审批工作，全面提升授信审批工作的价值贡献

总行党委一直非常重视授信审批工作，在 2014 年的全行工作会议上王洪章董事长和张建国行长对授信审批工作提出了新的要求，要求进一步完善授信业务流程调整优化，不断提升授信审批工作的质量和效率。应该说要求是很高的，各级授信审批部门要积极主动地适应新形势、新变化，授信审批队伍要认真学习领会国家的政策、监管的要求和全行的经营战略，加强对宏观形势、产业政策、市场变化的跟踪研究和分析判断，不断提升对市场和客户的把握能力，进一步积极发挥授信审批对全行信贷经营的引导作用，提升专业授信评估能力，持续完善授信业务流程调整优化，不断提升全行授信审批工作的质量和效率，促进全行业务健康发展。为此，要做好下面几项工作。

1. 要进一步把好实质性风险关口。要进一步

加强实质性风险判断的能力，全面、细致、准确地分析行业、客户、项目风险，做好相应的风险安排。对于有实质性风险的客户，无论形式上报表数字怎么好看，只要发现有风险隐患，一定坚决拒绝，不能心存侥幸。对这类项目更不能揣着明白装糊涂，从总行处理的一些重大风险事项来看，绝大部分不良贷款在前期的审批过程中出现过续议甚至复议的现象，说明在当时审批的时候对于业务的风险安排还是不托底的，后来勉强同意了，结果出了问题。

同时，对于没有实质性风险的优质的客户和好的项目，我们要创造条件提升授信服务效率和客户满意度，同时也要注意对这类客户在审批过程中不要轻易地减低额度或者另行增加不必要的信贷条件。

2. 信贷审批工作要有前瞻性，要做好重点领域风险防范。面对复杂的外部环境，要不断提升审批前瞻性，授信审批部门要和信贷管理，和前台部门协同配合，认真分析重点行业的走势变化，提前发现预警信号，严防批量性风险事件发生，同时也要严防风险转移和蔓延，防止小企业客户风险向大中型客户的转移，防止一类产品风险向其他产品的转移，防止一个行业的授信风险向上下游客户和行业的蔓延。

3. 要深刻认识投资理财业务风险特征，严控各类投资理财业务风险，促进理财业务平稳健康发展。一是要继续加强理财资金投向管理，严控对产能过剩行业、地方政府融资平台、商业房地产、煤炭、公路等行业新增投资理财业务；二是代理信托业务要执行与表内贷款统一的信贷政策及项目选择标准，确保与我行信贷业务的风险偏好保持一致，原则上选择我行合作客户；三是审慎选择理财产品合作机构，优先选择建行集团子公司开展业务，在业务经营管理上要形成合力，无论是主动业务还是渠道业务，我们都要优先选择子公司的业务；四是加强对非标准债券类理财业务指导，妥善安排入池资产和存量退出，提高全行理财资产审批和配置申报效率，确保理财业务平稳健康发展。

4. 切实加强小企业信贷业务审批管理。由于小企业自身规模小、财务制度不健全、实际控制人经营能力和管理水平有限、抗风险能力弱，近年来我行小企业信贷风险明显上升，资产质量压力持续加大，近期钢贸行业、温州地区均出现了小企业不良贷款急剧上升的情况。为防范小企业信贷资产质量进一步恶化，促进小企业信贷业务健康发展，这里对小企业信贷审批工作提几点要求。

一是要坚决坚持审批的独立性原则。小企业专职贷款审批人既要贴近市场、贴近客户、充分沟通信息，又要找准定位、摆正位置、坚守底线，严格按章规范操作，自觉维护审批的严肃性和权威性，坚决坚持审批的独立性和科学性，绝对不能出现任何人为干扰独立审批的情况。各行授信审批部门要建立健全小企业贷款审批人考核机制，对小企业审批人加强独立管理和考核。

二是要强调小企业抵质押管理。小企业普遍存在财务制度不规范不健全、财务信息不透明的情况，财务数据可信度较低，俗话说“大企业看资信、小企业看抵押”，要着重加强小企业抵质押管理，结合抵质押情况合理确定授信额度，同时要落实好抵质押登记、权证管理、重估等管理措施。

三是要严格执行小企业集团统一授信规定。前期“中江系”、近期宁波行发生的十多亿元大额不良，均存在对属于同一实际控制人或家族的多个小企业分别贷款、不做统一授信，最终酿成重大风险，教训十分深刻。各行要高度关注小企业客户股权关系、关联交易、资金往来复杂的情况，对于属于同一实际控制人或家族成员的多个小企业客户，要严格执行我行集团客户管理要求，开展统一授信，落实总量管控。

四是要进一步加强对小企业公司类贷款和其实际控制人的个人住房贷款、助业贷款、消费贷款、信用卡透支等个人贷款的联动管理，强化对小企业及其实际控制人个人贷款的授信总量控制，防止过度授信风险。

五是要审慎确定二级分行小企业信贷授权并动态监控调整。各行要根据各二级行管理水平、区域风险情况、资产质量状况等，区分存量、新增授信业务，差别化设置小企业信贷审批转授权权限。同时，要建立对小企业贷款不良率触发机制，对于不良率超过警戒值的分支行，要及时调整上收小企业贷款审批权限。

5. 巩固和发展项目评估传统优势，着力提升授信审批工作的专业化水平。随着利率市场化的不断深入，授信审批已经成为价值创造的关键环节，我们控制风险否决项目是创造价值。我们能够比同业更好地识别风险，并拿出有效的风险缓释措施，审批同意项目，同样也是创造价值，而且这个可能更重要，要做到这一点必须专业、专注。事实上，别人看不懂、看不清的风险，我们通过专业、专注可以看得清，别人没有有效的风险缓释措施，我们可以拿出有效的风险缓释措施，别人不能通过我们能确认通过的项目，这样的项目我们可以获得好的价格，这是利率市场化对我们的要求。同样，大家都看得懂的项目的风险，或者都能确认没有问题都能通过的项目，如果我们专业、专注了，速度能快一点，效率能高一点，同样也是我们的优势，同样也能获得较好的收益。所以，要真正了解我们所关注的不同行业的变化趋势，了解这个行业的运营模式和盈利模式，以及这个行业平均的运营状况，这样我们才有可能实现更好的风险识别和控制。

现在我们的授信审批工作专业化的程度还远远不够，这方面要提速，否则无法适应下一步的资产业务调整转型需要。要提升专业能力，一方面还要继续加强授信审批工作的人力资源配置，另一方面也不能等不能靠，要统筹运用全行资源，如我们可以选择一些重点行业，让条件好的一些分行，或者对这些行业了解比较多、比较擅长的分行，推动它们专业专注的工作，并将成果在全行范围内共享。

实际上，搞专业化的授信审批工作，我们跟同业相比有很好的基础条件，就是项目评估的优势。项目评估在过去是我们的一块金字招牌，但是随着传统产业的转型升级以及新兴产业的兴起，开始遇到一些新的问题，如对新兴产业的了解。刚才我讲了，传统煤化工和新型煤化工的差别是非常大的，我们的审批人到发展改革委去跟他们谈，最后了解到新型煤化工不是产能过剩，是产能严重不足的，而且门槛很高，标准不同。还有我们面对的一些新兴产业，如以互联网理念做传统产业的，轻资产的这些企业、这些项目怎么去评估。如小米手机，没有实体的工厂，没有销售渠道，甚至销售队伍都没有，我们怎么去评估。我们面对很多新的问题，如果不创新我们的评估方法和技术，恐怕就会失去我们的传统优势。

为了进一步做好项目评估工作，保持我们的传统优势，总行授信审批部正在抓紧研究，主要有以下几项内容。

（1）整合资源，统筹调度，强化专业队伍建设。目前，全行已统一建立授信审批部作为项目评估组织管理机构，落实了项目评估工作和评估专业人员的管理职责，实现了全行统一归口管理。在评估队伍建设方面，各分行要尽量保证评估队伍人员数量与评估业务量的匹配，要为一线评估人员创造良好的工作环境，同时吸收各条线有专业能力和工作业绩的人员，通过交流充实到项目评估队伍中。总行将深化项目评估委员制度，创新专业人员使用模式，对评定为总行项目评估委员的人员，实施按行业分工、全行统筹调度。同时大力强化项目评估队伍建设的各项基础工作，为推进项目评估专业队伍建设做好各项准备工作。

（2）专业专注，加快转型，提升评估水平。项目评估的核心能力就是专业能力。没有专业化，就没有科学性；没有科学性，就没有实效性。必须加快推动项目评估的专业化转型，以适应转型发展的要求。

（3）积累信息，深化创新，建立标准体系。建立信息积累机制，加强行业分析研究，推进评估方法创新，促进成果转化与沟通交流，是持续提升评估专业能力、打造领先专业水准不可或缺的重要方面。2014 年，总行将以组建行业评估团队方式统筹调度评估委员，组织跨行际、跨条线的联合攻关，针对新型煤化工、高速公路等新兴行业或重要领域，编制评估指引，更新行业参数，创新评估方法。

6. 推进“集团授信、全球授信”两个重点授信。要在现有的流程优化基础上，进一步推进综合授信的深度和广度，在综合授信服务对象上由国内客户扩展至全球授信客户，由建行客户扩展至建行集团客户。

两年前，我行开始清理整顿理财业务，将理财业务纳入客户统一的额度授信管理，事实证明时机及时、效果很好。现在的问题是，对于同一客户，除了建行母公司对其授信以外，可能还有各个子公司对其开展授信业务，多头授信、重复融资的风险依然存在。对此，王洪章董事长和张建国行长先后作出重要批示，要落实全球统一授信，要将子公司、海外机构的授信和类授信各种产品一并纳入集团统一授信。下一步，要坚决落实党委部署，加快组织研究对各类子公司授信与类授信业务的统一管控模式。

同时，要积极适应中资企业“走出去”和外资企业“引进来”的趋势，加快推进全球授信。全球授信下一步要重点解决 3 个方面的问题：一是全球授信模式调整优化问题，即全球授信模式如何根据全行对公授信业务流程调整优化工作进行相应的优化调整；二是全球授信业务操作流程问题，要进一步明确全球授信业务授信申报流程及总行、境内分行和海外分行在其中的各自职责分工等，切实提高全球授信业务的效率和可操作性；三是全球授信业务便利性问题，要加快全球业务的产品设计，明确交易结构及格式文本，在合法、合规和有效控制风险的前提下实现“总行决策、全球提款”，切实发挥建行集团全球网络优势，以提高对优质跨国集团客户的全球授信服务效率。

7. 加强条线系统监督管理，进一步提高系统管理水平和政策执行力。近年来，总行一直强调加强授信审批条线系统管理，目的是要确保分行执行全行统一的风险偏好，严格执行总行的各项政策制度，确保信贷业务健康发展。2014 年，总行要进一步加大条线管理力度，要坚持以授信业务风险监测系统为管理抓手，全面掌握全行各级机构信贷政策执行情况，及时纠正各级机构存在的审批把关不严、违反政策偏好等问题，切实提高政策执行力。要建立健全对全行审批条线审批质量和执行力的监控体系，不定期在全行范围内开展专项检查，加强对审批工作的检查督导，加大对重点业务的审批结论审查力度，把控审批投向以及方案合理性，对存在问题及时予以纠偏。要进一步强化信贷审批授权管理，建立健全授权执行实时监控体系和动态调整机制，重点对调增分行权限的审批业务加强监控检查，对于审批把控能力弱、风险频发的分行实时动态调整授权权限，确保新授权执行平稳有效。

8. 加强对全行授信审批工作指导与资源共享。一是要紧密结合业务实际与行业发展趋势做好审批指引研究计划，既要研究未来信贷业务发展的重点领域，又要选择全行信贷投放多、潜在风险大的行业领域进行重点研究。二是要进一步完善审批指引联动研究机制，要加强部门联动，通过资源共享、优势互补等方式，进一步提高审批指引研究质量和效率。三是要进一步加强审批指引研究成果转换与信息共享，探索多种成果共享形式，为授信审批业务提供参考。

9. 要持续扎实推进授信流程调整优化工作。（1）做好“百行千户主动授信”专题活动。为使新流程优势尽快转化为生产力，总行于 2 月中旬组织开展了“百行千户主动授信”春季专项活动，目的有 3 个：一是要在开年通过这项专题活动，挖掘一批行业龙头优势客户，进行重点客户综合授信方案和项目评估的深入研讨，做好服务方案，做到早规划、早行动、早收获，为全年的信贷经营打好基础；二是在外部形势异常严峻的情况下，严格按照张行长关于对风险“超前预判、提前动手和靠前指挥”的要求，通过“百行千户”这项活动进行集中的客户走访，发现一批存在潜在风险的客户，提前做好风险预案，从而抓住化解风险的有利时机，把可能的风险损失降到最小；三是在全行集中一段时间、集中部分力量全面推进综合授信和项目评估工作，实际上是“以练代训”。活动方案已经下发。各一级分行要认真做好方案的组织推进工作，实际上各个分行已经开始推进了，我也听到了一些情况，效果还是不错的，特别要注意严格落实方案要求的“走访客户、挖掘需求”、“讨论方案、形成意见”和“抓住重点、突出特色”3 个主要环节的规定动作，及时总结，加强交流，务求取得显著成效。

（2）继续加强评级推翻率管控。要依托对公授信业务流程优化，继续采取针对不同类型客户细化管控方式、重点分行进行窗口指导等措施，切实加强评级推翻管理，确保全行客户评级推翻率总体不超过 10% 的监管要求。

（3）继续完善授信业务流程调整优化，不断提升授信审批工作质量和效率。对于已调整优化的授信业务新流程，总行和各一级分行要密切跟踪流程运行情况，全面收集运行中的问题和建议，及时进行动态调整，持续完善优化流程，不断提升全行信贷经营能力。要建立起有效的沟通平台，不定期发布问题答疑和授信、评估典型经验案例，一方面进一步解读新流程、新制度和相关政策，另一方面总结提炼分行推进工作中的好案例、好办法，引导全行不断提高授信工作质量。

10. 严肃授信审批工作纪律，提高审批水平和控制风险能力。授信审批是贯彻落实全行发展战略的重要关口，是授信风险把控的关键环节，责任重大。各级机构要为全行授信审批工作的开展创造良好的外部环境，任何机构和个人不得以任何形式干扰授信审批的正常工作秩序，影响授信审批人独立决策。

各级审批机构要认真执行信贷业务受理、审批工作程序，绝不允许在信贷业务受理和审批程序上搞特殊政策，简化环节、变更流程、另辟通道、违规审批。要严格按照规定的授权权限和范围进行授信业务审批，加强流程控制，多岗位、多环节进行授权合规审查，严禁对超过授权金额、授权书中没有规定的授权事项进行任何形式的越权审批。

要加强对现有风险项目和企业审批责任的检查和分析，对于已暴露的重大信用风险项目要逐一分析其在审批环节的问题所在，归纳分析找出各级行审批工作中存在的主要问题，从中吸取教训和总结经验，努力杜绝审批把关不严、判断不准或审批经验不足甚至违规审批的情况发生，不断提升全行各级审批水平。

2014 年，总行将进一步加强监控预警、风险提示等工作，对个案将通过通报等方式，加强对队伍的管理。同时，对于有章不循，有令不行，有禁不止的情况，总行也将加大力度进行查处，严格进行责任认定和追究。

同志们，当前外部形势异常复杂，授信审批和风险管理工作任务艰巨、压力巨大，一定要按照总行党委的部署，迎难而上，勇于承担，进一步加强风险管理的主动性、前瞻性和针对性，全面提升风险管理和授信审批工作成效，促进提高信贷业务发展的质量和可持续性，为实现全行经营目标作出更大贡献！

谢谢大家！

紧跟市场　加快转型　提升能力
推动零售和电子银行业务再上新台阶

——在 2014 年全行零售及电子银行业务工作会议上的讲话

杨文升

（2014 年 4 月 10 日）

同志们：

本次会议，是当前我行处于关键发展时期的一次重要会议。总行党委和高管层高度重视，张建国行长百忙之中亲自到会，稍后还将做重要讲话。曾首席也将就风险管理工作提出要求。我在这里主要讲三个方面的内容，供大家讨论。

一、2013 年经营管理回顾

2013 年，面对复杂困难的市场环境和日趋激烈的同业竞争，全行零售和电子银行业务条线在总行党委、高管层的正确领导下，深入贯彻落实“综合性、多功能、集约化”战略，不断强化经营，坚持稳中求进，提升发展能力，全面完成了年度经营目标，取得了良好的成绩。

（一）主要成绩

1. 核心指标位居同业前列，全行贡献稳步提升。2013 年，个人人民币存款余额为 54 797 亿元，新增 5 883 亿元。余额四大行占比 24.2%，创多年来新高；新增四大行占比达 34.2%，十多年来首次在年末时点位居四大行第一。个人人民币存款在全行一般性存款新增中占比55%。年化付息率同比下降26BPs，比全行整体水平多下降5BPs，比四大行的平均水平低6BPs。零售类贷款余额为24 644亿元，个人住房贷款余额突破两万亿元，房改金融业务四大行占比超过57%，两项业务继续保持同业领先。新发放一手、二手房贷利率下半年以来保持同业第一。信用卡业务新增客户、新增发卡和新增贷款三项核心指标均位居四大行第一。手机银行客户数量和交易规模同业领先且优势扩大，支付宝、银联网上支付的市场份额跃位居同业第一。

在银行收费监管趋严、低费率渠道持续分流的不利条件下，零售和电子银行条线实现中间业务收入463亿元，全行占比提升3.5个百分点。有7个产品中间业务收入超过20亿元，其中，个人结算借记卡、信用卡分别位列全行第一、第二。同业可比中间业务收入合计四大行占比28%，提升1个百分点。

2. 联动协同营销凸显成效，重点产品销售大幅提高。2013年，全行上下公私、前后台部门加强联动，母子公司密切协同，通过综合营销和交叉营销，实施差别化产品设计推送。在市场竞争十分激烈的情况下，销售业绩大幅提升。借记卡发卡总量突破五亿张，新增9 196万张；信用卡发卡总量5 201万张，新增1 170万张；金融IC卡总量超过1亿张。个人银行理财销售金额达4.7万亿元，占全行总量的69%；私人银行业务发行定制化理财产品70期，募集金额751亿元；基金销售金额超过3 600亿元；实物贵金属的产品线不断丰富，全年共上线125款黄金产品和75款白银产品。子公司战略协同快速推进，代销建信人寿产品102亿元，同比增长101%。建信基金在建行渠道的保有规模为489亿元，占建信基金产品总量的67%；产品首发销售占比27%，超额完成全年计划。

3. 业务创新成果频出，服务能力不断提升。认真彻落实总行战略与创新专题研讨会精神，集思广益、群策群力，先后创新推出了一系列产品和服务。如特色储蓄存款、货币基金自动申赎和账户贵金属定投等理财类产品；“金管家”现金管理服务、澳大利亚投资移民服务和养老财务规划等综合性理财服务；善融商务个人助业贷款、全球支付信用卡、数字显示信用卡、手机信用卡、益贷卡等满足不同群体客户需求的产品；企业网银、微信银行和个人网银跨行资金归集等快捷服务。这些创新成果的推出，使我行客户服务能力不断提升。

4. 基础建设成效显著，持续发展能力增强。客户规模扩大，质量结构优化。个人客户有资产客户已达2.7亿人，新增2 097万人，提前完成五年规划目标。私人银行客户3.5万人、金融资产3 968亿元，分别增长31%和36%，客户人均持有6.5个我行产品。网银客户1.57亿户、手机银行客户1.24亿户、短信客户2.0亿户，分别增长了26%、39%和26%。住房公积金缴交存量个人客户超过5 000万元。

各类渠道建设成效显著。电子银行已成为全行第一大账务性交易渠道，交易规模占全行各类渠道总量的44%。善融商务加快推进，交易额突破300亿元，悦生活交易增长380%。房e通注册客户和二手房信息均超100万元。现金自助设备运营数量6.9万台，新增1.2万台，新增规模创历史新高。电话银行客户1.5亿户，新增2 537万户，增速为20%。当年新设423个网点全部获得银监筹建批复，新设开业和低效整改工作均超额完成全年计划目标。2013年，全行超过85%的账务性交易通过电子银行和自助银行完成，是网点账务性交易规模的5倍多。

风险防控成效良好，客户投诉和负面舆情均显著减少。个贷不良率为0.28%，信用卡不良率为0.65%，继续保持同业最优；个人逾期贷款余额和逾期率实现“双降”。客户投诉和负面舆情逐月减少，月均环比降幅均达到或接近30%。

（二）经验总结

以上成绩的取得，有一系列经验值得认真总结并继续用好。

一是坚持稳中求进主基调。全行聚焦市场竞争力目标，积极进取拼市场，一心一意谋发展。个人业务狠抓旺季营销，在资金丰沛的第一季度实现了新增市场份额领先；积极应对年末资金紧张和理财收益飙升形势，积极研判市场，密切资金衔接，在未跟随个别同业大规模冲时点或依赖高付息产品情况下，成功巩固存款的新增领先地位。房金业务针对同业追赶态势，严格落实差别化信贷政策，抓住楼盘销售环节，持续加强项目储备，以主动营销意识和较强的服务能力，持续提升了“要买房、到建行”的影响力。信用卡业务开展“送培训，下基层”和“我学、我用、我营销”竞赛活动，抢抓客户和商户拓展，提升效益贡献。个人消费信贷和信用卡业务重点发展高收益、低风险和低资本占用业务，较好地满足了客户日常消费需求，质量和贡献度不断提升。

二是紧扣综合经营主战略。全行全面贯彻落实全行综合经营战略，有效应对储蓄理财化、竞争跨界化等新的市场变化。个人业务着力做大个人客户的资金总量，大力发展银行理财、基金、贵金属和人身保险业务，抓住各种形态客户资金“流量”，引入频繁流动客户资金“增量”，有效沉淀客户资金“存量”。私人银行业务主动搭建平台、积极开展协同，为客户提供综合和定制服务，下发业务产品平台和机制建设实施等方案。电子银行业务坚持“智慧、泛在、跨界”方向，同业中率先向非金融跨界竞争领域拓展。善融商务坚持“商务跟随，金融创新”的发展策略，创新推出多项综合性产品和服务。

三是抓住客户服务主方向。全行坚持以客户为中心的理念，积极应对互联网、移动支付等新挑战。开展个人客户服务年活动，以提升客户满意度、降低投诉数量和降低媒体曝光的负面舆情为目标，取得了良好实效。加强客户经理队伍建设，开发渠道服务功能，实施客户驱动型销售管理。加大对百姓自住购房贷需求的满足。持续优化信用卡业务流程，缩短办卡时间，推出微信客服和电话银行智能机器人服务。不断优化电子银行功能，增强界面便捷性和友好度，提升客户体验。个人客户的满意度较 2012 年提升 4 个百分点，个人客户经理满意度连续五年四大行第一。

同志们，2013 年取得的成绩令人鼓舞，收获的经验难能可贵。这得益于总行党委和高管层的正确领导，得益于监管部门、董事会和监事会的指导和支持，得益于前后台部门的有效联动，更得益于全行零售和电子银行条线奋战在一线员工们的拼搏付出。对大家卓有成效的工作，总行党委和高管层是十分满意的，在此，我向大家表示衷心的感谢！

（三）值得关注的几个问题

肯定成绩的同时，业务发展中存在的一些问题也不容忽视。一是保持各项业务市场竞争力稳中有升、难度加大。个人负债业务在利率市场化进程加快、竞争参与主体多元和互联网金融冲击等环境下，增长压力加大。同业对房金业务的重视和投入程度提高，我行保持领先优势越来越困难。私人银行、信用卡和电子银行等新兴业务市场的形势变化很快，业务发展如逆水行舟，不进则退。二是发展基础仍显薄弱。我行的个人客户规模、产品创新、客户综合服务和精细管理等在四大行中并不占优势。区域发展不平衡，在一些经济发达、金融资源丰富地区市场竞争力不强、占比不高。三是风险防控工作仍需加强。如因向客户销售不适合产品引起的投诉时有发生。一些高速增长的新业务、新产品缺乏历史经验积累，容易隐藏风险，还有待经历经济周期的观察和考验。违规代客办理业务的行为屡查屡犯；更有甚者，个别客户经理“自办银行”、扮演资金掮客的现象也一定程度存在。

二、当前我们面临的形势

当前，内外部形势对零售和电子银行业务发展既有挑战，也有机遇。从 2014 年来看，压力可能更大。各方压力主要来自三个方面，一是经济形势下行，二是利率市场化，三是互联网金融。各方面都很关注银行如何应对。经济形势下行环境下，过往银行经营中隐藏的问题都将集中暴露，直接影响我们的发展，这方面的形势稍后张建国行长将做全面分析。我主要谈三个方面问题。

（一）利率市场化冲击银行传统盈利模式

利率市场化对下阶段银行经营的影响持续放大，将直接冲击我们的盈利模式，这不是危言耸听。过往的利率市场化改革主要在信贷业务上，对银行的影响尚不明显，甚至在流动性紧张阶段，我们还从规模紧张中受益。但随着下阶段利率市场化向存款业务推进，情况就不同了。如我行个人活期存款目前的规模约 3 万亿元，付息率每上升 1 个百分点，我行就将减收约 300 亿元。2014 年两会期间，周小川行长表示要在两年左右时间完成利率市场化，形势很紧迫。利率市场化的影响还体现在银行理财业务上。银行理财实际上已成为“利率市场化存款”，互联网金融更对其产生了巨大催化作用。2013 年末，国内银行理财与一般性存款余额之比已经超过10%，而2011 年只有6%。就我行而言，2014 年 2 月末个人存款和个人银行理财余额之比约为6:1，而2013 年同期只有约10:1。目前银行理财产品付息率在5%左右，而个人存款只有1.98%，如果客户的资金都配置在银行理财上，我们的负债成本将大幅提升，现有的盈利模式将不可持续。

此外，对银行服务收费的监管也在趋严，有关部门已经开展了非常严格的检查，预计未来将会成为常态。根据初步的测算，《商业银行服务价格管理办法》和相关政策正式实施后，仅2014 年对我行个人结算中间业务收入的影响就约16亿元。

（二）互联网金融加剧银行之间竞争态势

从目前的金融体量来看，互联网金融对大型银行还没有构成实质性的威胁。货币市场基金经过近期的高速增长，截至 2 月末规模约 1.5 万亿元，而国内个人存款总额近50 万亿元。互联网金融更重要的影响，在于它可能影响银行竞争打法。如果有同业率先推出类似产品大规模分流存款，其他银行随后跟进，那么市场竞争将急速加剧。2014 年初大量资金流入互联网金融产品，形势很紧张。当时分行同志提出要跟进上线类似产品。总行经过分析认为，如果跟进，很可能“杀敌一千，自损八百”；如果不跟进而同业跟进了，可能影响我行的市场份额。这个时候，张建国行长指示我们一方面要稳住，不要先动，要相信同业大行的判断；另一方面也要积极准备好我们的产品，以备同业推出。这一决策当时给我们吃了“定心丸”，后来事实证明也是完全正确的，同业间都有着一致的判断，把持着竞争的底线，也都做好了相应的准备。所以说互联网金融也给我们下阶段如何应对复杂竞争局面上了一课。

（三）客户需求变化挑战银行金融服务模式

2014 年以来不断创新的互联网技术和不断涌现的互联网思维，正在颠覆着零售银行业务传统经营理念。第一，它颠覆了“二八定律”。过往我们常讲80%的效益来自20%的客户，银行受制于成本压力，通过各种方式建立一定的客户门槛。但互联网金融、储蓄理财化改变了这一情况，2014 年我行约 50%的个人存款来源于普通客户。“长尾效应”开始显现，我们的客户战略亟须调整。第二，它颠覆了零售客户议价能力弱的理念。过往我们常讲利率市场化后零售客户对银行的议价能力弱，但现在借助互联网金融产品，100 元的理财资金就可以获得 6%的收益率。在信贷业务端，借助 P2P 网络融资、众筹等产品，那些抵押物质量高、风险识别难度小的贷款业务，银行也很难从中获得较高的利息收入。第三，它颠覆了银行对普通客户只能提供标准化服务的理念。过往我们常讲网点成本高，普通客户服务要标准化，如果提供个性化服务成本压力大。现在如果运用互联网技术，搭建便捷、开放和互动的平台，也可以为小额客户提供个性化服务；如果我们无法提供，客户就将选择互联网金融或其他银行个性化服务。第四，它颠覆了客户与银行之间信息不对称的理念。过往我们常讲“买的没有卖的精”，现在客户借助互联网平台可以充分了解金融产品信息，借助微博、微信等自媒体可以大范围传播服务感受。因此，我们必须加强合规销售，杜绝夸大收益、误导客户等现象发生；必须提升服务水平，及时地响应并应对好客户问题和舆情事件，做好建行口碑，维护好建行声誉。

三、2014 年的主要目标和重点工作

（一）发展思路

以提升新形势下市场竞争力为目标，以业务转型为主线，运用互联网思维和大数据经营的理念，经营全量客户，做好综合服务，做大金融总量，密切联动协同，加快创新步伐，强化渠道协同，加强风险防控，全面推动全行零售和电子银行业务发展再上新台阶。

围绕上述思路，我们要积极贯彻落实全行的转型发展要求，在客户、产品、渠道和营销等几个方面推进转型。一是客户转型突出全量化，由各部门分别维护客户转变为统筹经营全量客户。二是产品转型突出综合化，由向客户分别提供各类金融产品转变为给客户建立良好金融生态环境，充分满足客户各类需求、建立客户家庭资产负债表。三是渠道转型突出协同化，整合网点、自助和电子银行渠道资源，实现产品服务的线上线下统一部署。四是营销转型突出精准化，运用大数

据的理念，由供给型营销向需求引导和潜力挖掘型营销转变。

（二）发展目标

1. 负债。个人人民币存款时点新增 5 729 亿元；日均新增 5 335 亿元，日均余额四大行占比稳中有升；房改金融业务继续保持领先，四大行占比不能降低。

2. 资产。个人房贷新增四大行第一，信用卡贷款新增 900 亿元。

3. 中间业务。全条线实现收入 540 亿元。

4. 客户。个人有效客户新增 1 068 万；私人银行客户新增 6 000 户；个贷客户新增 155 万；信用卡客户新增 800 万户，活动收单商户新增 5. 5 万户；个人网银活跃客户净新增 1 000 万户，手机银行活跃客户净新增 1 000 万户，善融商务活跃商户达到 1 万户。

5. 渠道。新设营业网点 200 家，新增现金类自助设备 2 万台，离柜账务性交易量占比超过 87. 5% 。

6. 风险防控。保持个人类贷款资产质量四大行最优。

（三）重点工作

2014 年要重点做好以下八个方面的工作。

1. 做好全量客户经营，提升综合服务水平。要借鉴互联网金融快速发展经验，树立经营全量客户理念。既要服务好中高端客户，更要运用大数据的理念、依托强大科技能力服务好大众客户；既要抓客户拓展，又要通过提供综合金融服务抓客户维护。

抓客户拓展维护。要对不同群体制定差别化经营理念、策略和工作重点。对于大众客户，要基于互联网金融理念提供普惠式服务，重点激活 1. 7 亿户零资产客户，依托代发工资等业务批发式营销，在没有机构的县域地区依托电子渠道等创新手段加快拓展客户。对于大众富裕客户，要基于提升保有率理念，使用跟进式的专业专注服务策略，实施名单制管理，加强支付结算、个人类贷款和电子银行等产品交叉销售，开展客户晋级活动，吸收行外资金。对于富裕客户，要基于综合金融服务理念，着重构建金融服务环境，使用专业化、个性化服务策略，挽留处于观察关注期 VIP 客户，落实银行理财、个人贷款和专属优质服务优先策略，加快理财中心和客户经理队伍建设。对于私人银行客户，要基于打造成熟盈利模式的理念，建立直营团队和联动营销服务团队，全行上下都要支持私人银行业务发展。着力提升私人银行客户的产品覆盖度，继续加快推广金管家等拳头产品，提升综合化服务水平。使私人银行客户不仅只在我行购买高收益产品，还要努力把其他业务也留在建行，以赢得综合利润。

抓综合金融服务。要将以客户为中心的理念拓展到经营中，个人部要承担个人客户牵头管理职责，统筹研究各类客户需求，从客户视角而不是产品视角来提供服务，提升我行核心竞争力。要加快推动企业级客户信息管理系统建设、客户关系管理和综合营销平台搭建工作，争取在客户综合积分管理工作上取得突破。要加快推出借贷合一卡、个人客户综合授信等服务，为客户建立以个人或家庭为视角的全量资产负债视图。需要强调的是，全量客户经营必须积极依托母子公司协同。如货币基金产品在利率市场化形势下，对活期存款有明显替代效应，还有很大发展空间，要重点支持子公司产品。信托、保险等也是如此。

2. 确保存款稳定增长，稳步提升市场份额。要明确核心目标。在当前利率市场化推进、高付息银行理财快速发展形势下，总行对分行个人存款工作的要求主要有三项：一是抓核心存款，做大资金总量是手段，而不是目的。核心存款才是近期银行盈利模式所在，同时也只有提升了吸收核心存款的能力，才能应对未来利率市场化的挑战。二是抓市场份额，总行对当前存款增长不利因素是有充分认识的。2014 年个人存款新增计划完成难度很大，面对同样的市场环境，分行首先要力争在当地同业市场份额领先，支持全行建立领先同业的存款吸收能力。市场份额是关键。三是要抓日均增长，日均存款资金是支持我行信贷投放、保持流动性稳定的基础。

要形成资金闭环。围绕个人客户资金的流动链条，从代发、支付、消费和理财等各环节入手，通过提供综合金融服务，实现客户资金在建行内的闭环运行。要抓代发，公私联动是“一把手工程”，要进一步梳理代发对公客户名单，建立公私条线协同、考核激励到位和重点客户营销全覆盖的管理机制。加强私人银行和小企业业务联动，运用贷款稀缺资源，将小企业主拓展为我行私人银行客户，这样一方面增加存款，另一方面更加全面地识别和防控信贷风险。抓支付结算，加大金融 IC 卡在社会保障、医疗卫生、公共交通、社区金融和文化教育 5 个重点行业领域的拓展。以结算通卡、电话 POS 和自助设备等为触角，链式营销批发市场、工商户和小企业客户。加强大型集团、高档酒店和餐饮商户收单业务营销。抓理财，继续做细、做精理财产品需求，精准安排档期和价格，最大限度地发挥资金沉淀效应。资金衔接工作要由当前在重要时点阶段性管理向连续性管理转变，将资金流动监测机制由关键时点推广至日常时点，支持存款日均增长。

3. 加快零售信贷发展，巩固同业领先优势。个人房贷方面，各分行要全力确保我行余额、新增同业第一，排名靠后的分行尤其是重点大行必须尽快扭转位次下滑势头。在房改金融方面，要持续巩固“半壁江山”市场领先地位，开展“抓户、扩面、增存”工作，加大住房资金归集力度，做好受托发放贷款服务。当前重点抓好三件事：一是房贷客户基本都是我行的优质客户，一定不要轻易释放客户在我行抵押物，这都是“真金白银”。要借助自助贷款、消费贷款等产品，尽可能将其“留在”建行。二是 2014 年流动性总体预计仍将偏紧，信贷资源相对稀缺。总行对房贷业务充分支持，我们应该努力提升收益水平。有些分行可以达到基准的 1.1 倍多，但也有个别分行低于基准。从现在开始，低于基准的情况不能再出现。确因综合营销等特殊原因产生的，应由总行审批。三是加快推出自助贷款业务，包括以理财产品、定期存款为抵押物的短期贷款服务。

信用卡方面，要继续加快发展这一厚利产品，努力完成全年贷款新增计划。要重点推广账单分期、益贷卡产品；提升高收益、低资本占用的循环消费信贷业务占比；加强信用卡全量客户约定账户、代扣代缴和电子银行签约等服务捆绑营销。

4. 树立大零售视角，密切各方战略协同。一是加强产品之间协同。一方面要密切零售和电子银行条线内战略协同，把分工精细、产品线完整的部门优势扩展至全条线；另一方面要依托我行公司、机构和投行等业务优势，充分发挥好稀缺信贷资源、优质理财产品和对公客户基础等方面作用。重点抓好以下几项工作：全行协同抓存款，零售条线各部门都应承担增存任务。以资产带动负债，发挥住房按揭贷款业务优势，做好二手房交易客户营销，挖掘新的增长点。开展借记卡和信用卡的互换营销活动，实现信用卡直销团队为客户开办借记卡。把代发工资业务作为各级机构的“一把手工程”，负责同志亲自营销，加大对客户经理考核激励力度。将拓展银行卡“衣食住行”行业应用和资金沉淀规模作为机构条线客户经理激励考核指标。当前存款增长形势严峻，理财产品在各类渠道、各类客户群体的发行策略都应围绕沉淀存款、确保关键时点回流存款这一核心目的。将中小企业、家族企业高管是否在我行办理私人银行业务作为发放公司贷款的考虑条件。

二是加强线上线下协同。线上不是线下的简单替代，而是要实现定位明确、无缝衔接和高效协同的竞争合力。下阶段，零售条线新产品原则上应在线上和线下同步布放；现有产品可以线上布放但未布放的，要明确时间点，原则上年内完成。产品的线上布放要基于互联网视角而不是银行的视角来推进，要比照互联网金融来优化客户体验，扁平设计界面、简化业务流程、增加客户互动，当前要重点抓好账户展示、理财销售、第三方公司接口及限额管理等环节。

三是加强本币外币协同。充分用好人民币业务成熟的渠道、客户和服务队伍基础，全力推动外汇存款增长。要充分认清当前人民币单边升值趋势已发生变化的新情况，顺势而为，抓住有利时机拓展外汇资金。要积极依托我行日益成熟的海外机构，支持个人客户的全球服务，重点发展外汇汇款、投资移民、私人银行全球金融服务、见证开户和信用卡境外消费等业务。

四是加强母子公司协同。充分发挥集团优势，根据客户资产配置的需要，与信托、基金、人寿等子公司密切协同，增加优质产品供应和销售。各子公司要加快提升产品的市场竞争力，逐步承担起所辖产品对我行客户的“主供应商”职责。

五是加强科技协同。围绕“应用服务整合、产品敏捷开发和嵌入客户体验”目标，2014 年要研究建立零售条线科技开发“速赢”清单。科技部门对 2014 年市场需求最急迫、行内基础最薄弱的科技开发优化需求给予优先支持。

5. 加快渠道转型，强化渠道协同。总分行都要高度关注渠道转型和渠道协同工作。要注重发挥不同渠道的不同优势，如小额支付、O2O是手机银行的优势，大额资金转账是网上银行的优势，现金业务是自助银行的优势，贷款等复杂业务是网点的优势。产品设计要考虑不同渠道特点，下阶段零售条线产品首先要考虑尽可能适合电子渠道布放，确实不适合的再考虑自助或网点渠道。即使确实需要当面办理的业务，也要重新梳理各个环节，可以线上办理的先迁移到线上，剩余一个或少数几个环节在网点办理。举个形象的例子，客户开车来网点可以不用熄火，用很短时间完成剩余环节后满意离开。

要建设电子银行智慧平台，推进泛在服务，融入跨界竞争。坚持“智慧、泛在、跨界”方向，成为产品全面部署、服务全面覆盖和建行内外全面跨界的企业级平台。推出手机银行新版UI，推进网银网站协同改版，优化现有企业网银，逐步建立手机、PC和平板电脑终端全覆盖的多功能、全方位的电子银行服务体系。以开放姿态将移动金融服务拓展到第三方平台，依托信用卡等优势产品，将我行金融服务拓展至支付宝、微信等平台，在悦生活、学生惠平台中加快引进行外服务项目。

巩固善融商务优势，充分挖掘建行资源。王洪章董事长、张建国行长等总行主要领导都对善融商务发展高度重视，张建国行长近期作出了重要批示。我们必须高度重视、牢牢把握并持续扩大我行先发优势。一是要挖掘我行资源。按照“先交易，后融资”原则，一方面挖掘商户资源，重点筛选我行对公客户中与百姓衣食住行相关的优质企业；另一方面挖掘个人客户资源，我行有5 200万信用卡客户，要体现出“精专特优”服务特色，服务好优质客户。二是要发挥我行优势。如我们与商城厂家的合作关系，由于有贷款等业务往来，比电商和厂家的关系更稳固。善融商城要重点在产品和服务质量上做文章，打“价格战”我们没有优势可言。又如各分行要挖掘、梳理当地特色产品，满足分行客户差别化需求。三是要加快科技开发。推进商城二期建设，优化导航分类和搜索功能，推进数据分析、客户营销支持功能开发；完成龙卡商城全融合工作，实现前台展示、运营维护和营销管理的“三统一”；加快金融超市研发推广，将我行更多优质金融产品布放在商城。四是推广线上线下结合融资服务。加强e贷通、小企业在线融资、个人助业贷营销，扩大信用卡消费信贷规模，创新推出订单融资、信用融资和大额在线分期等服务。

提升自助渠道效能，加快业态功能创新。要加大设备布放，延伸服务触角，发挥自助渠道的现金交易主渠道作用。一是加大附行自助银行增建、扩容力度，加强低效设备的数据通报和迁址督导，全面提升效能。二是加强业态创新，推出建设指引，按照传统型、多功能离行型和智能离行型开展分类建设管理。在符合监管前提下，以自助银行为载体，在金融资源丰富的城镇社区、专业市场和发达县域开展不同业态的服务，提升客户覆盖能力。三是加快功能创新，研究不同形态远程视频柜员设备的应用场景和服务模式，加快功能开发和上线推广。

打造电话银行重要服务渠道和服务窗口“双重”功能，实现“三高两低”。积极尝试嵌入式营销，试点推出外呼式精准营销，稳步拓展交易功能。加快推进集约管理进程、业务评价体系建设，组织服务技能和服务质量竞赛活动，加强直属中心坐席员工配备与培养，加快语音菜单优化、短信和微信等新型服务工具应用，研发远程互动服务项目，以不断提高经营管理集约度、新兴渠道使用率和接通率，降低客户的等待时间和投诉率。

优化网点布局，提升网点效能。打造客户交流、产品展示和客户体验“三个平台”。新设网点重点支持特大城市、网均产能较强分行，重点支持我行没有网点但工行、农行有布放县域地区。要探索与第三方合作，以建立“虚拟账户”等形式，在我行没有布放机构的县域提供金融服务。出台旗舰网点的建设指引，打造一批品牌效果好、销售能力强和服务质量佳的旗舰型网点。开展网点增效晋级活动。探索增加特色网点和微型网点等新的形态，在网点配备体验式互动终端设备，使网点更加智慧和关怀。配合“三综合”改革，推动网点空间和人员资源向展示、咨询、销售和服务等工作倾斜。

6. 紧跟市场走势变化，加快产品综合创新。

要基于“人无我有，人有我优”目标，力争实现零售和电子银行产品创新的先发优势。围绕利率市场化、支付结算、互联网金融和资产证券化等市场热点加快综合创新。利率市场化方面，以差别化定价、成本可控和紧盯目标群体为原则，加快个人协议存款、聚财存款创新，优化自动理财功能。特别要注意提高定价能力、优化定价策略，避免出现定价过高“秒杀”和定价过低“滞销”等极端情况。在支付结算方面，加快推出借贷合一卡、IC 卡支付套件、异形卡等产品，推出代发工资客户综合金融解决方案，推出集合汽车增值服务、ETC、电子行驶证和驾照等应用于一体的银行卡产品，丰富完善“金管家”业务功能，确保资金跨行、跨省归集功能尽快上线，优化结算通和电话 POS 等功能。互联网金融方面，搭建平台、优化流程，逐步建立起终端和产品全覆盖、多功能和全方位的电子银行服务体系，推出一批打得响、体验一流的拳头产品。在资产证券化方面，发挥我行个贷存量资源的优势，积极开展资产证券化和信托合作等创新，在全行调整资产结构、优化资本管理和盘活存量资源中发挥积极作用。

重视科技开发对产品创新工作的重要支撑作用。在基础性、事关业务长远发展的重点创新领域上，充分发挥“新一代”核心系统作用。一方面，产品部门要积极依托“新一代”建设，提高对“新一代”的重视程度、投入力度和响应速度，只有充分参与，开发成果才能支撑管理和创新，在这点上要有长远战略眼光；另一方面，要积极争取科技部门支持，加快系统上线和功能推广。

7. 提升大数据应用能力，打造“数据零售”。大数据简而言之是从海量数据中快速获得有价值信息的能力。当前其趋势呈现出四个特点：一是数据已经成为宝贵和具有商业价值的资产，而银行业还未认识到、保护好和运用足。二是数据“从看到用”要经历一个较长的阶段，银行业还处于初级阶段。三是大数据要求企业必须“以客户为中心”，提供高效、灵活和个性化服务，而银行业目前完全落后于零售业。四是大数据成为企业判断未来战略方向的“望远镜”，这对银行业抓住互联网金融趋势十分关键。

当前我行数据现状可以说潜力巨大，问题不少。一方面，我们拥有的数据特别是客户金融行为数据，无论是量还是质，都让很多企业特别是互联网金融企业羡慕；另一方面，数据应用水平还亟待提高，数据价值没有得到发挥。一是静态数据运用不够，经营管理和营销活动缺乏数据支持，无法开展精准和协同营销。二是动态行为数据如客户在我行网站、手机银行的浏览、点击和交易数据，我们基本没有。三是外部数据如客户在社交网络、搜索引擎和电商平台的数据还没有引入应用。

下阶段，一是要建立企业级数据共享系统和机制。打破行内“信息孤岛”，尽快实现条线内的客户数据共享。个人部要牵头推进，其他部门要积极配合、共同担责。建立个人客户信息采集、管理和应用制度，使信息共享落到实处。要加强与外部第三方的数据合作，获取客户更多消费、社交和生活信息，更有针对性地提供支付结算和消费金融等服务，电子银行业务可以先行先试。二是要提高数据质量，支持管理营销。建立涵盖数据采集、分析、客户细分、精准营销和效果评估的整套工作机制和方法。从客户、产品和渠道多个维度建立客户行为特征、客户群体细分等模型，打造覆盖各类渠道，精准、协同和个性化的营销服务体系。三是确保数据安全，防止信息泄露。要严格落实监管部门和行内有关规定，做好数据安全使用。特别是客户信息等敏感类数据要加强管理，严防信息泄露事件发生。

8. 狠抓重点风险领域，提升综合防控能力。要抓好合规操作、信贷业务和产品销售三类风险。

在合规操作方面，过往风险在当前外部形势下更有可能显现。要继续以“零容忍”标准做好案件防控，提前预判可能风险点，有针对性地加强治理。当前，要重点做好员工参与高息借贷或社会集资排查，防止外部资金风险转移到行内。要结合互联网金融、“三综合”等形势变化，对相关制度和流程进行梳理，避免出现管理“真空”。要严格落实监管部门有关账户实名制、账户开户签约、信息保护和产品合规销售等有关规定，切实加强操作风险管理。要继续强化案件防控责任制，发生重大风险事件或案件后要及时和准确上报。要加强电子银行风险监控，研究高风险交易事中控制措施，实施电子银行差异化风控策略。

在信贷业务方面，要把各类个人贷款业务的风险管控、产品和制度流程统管起来。高度重视和防范“假个贷”风险和套现风险，抓好贷款资金流向监控，加强真实性管理。加快提升风险“机控”能力，支持风险的监测、预警和管控。严格信用卡客户准入，对出现风险苗头行业人员的信用卡风险早排查、早预防、早处置。实施大额客户的名单制管理和风险预警，提高套现行为的技防、机防水平，精准打击风险事件。

在产品销售方面，要认真落实监管部门和行内有关规定，加强检查通报，对信托代销等热点领域全面排查隐患，提前制订预案。王洪章董事长近期作出重要批示，要求“在网点和客户经理推荐和介绍各类产品时，必须有理有据、实事求是地向客户科学、合理推介，而不是推销。”相关部门要尽快研究和落实。要强化网点员工风险防范意识，规范金融产品销售行为，未经风险评估不得违规为客户办理高风险理财业务。

同志们，当前外部市场环境正在发生深刻变化，全行零售和电子银行战略转型刻不容缓。我们要增强危机感和紧迫感，紧跟市场、加快转型、提升能力，全面推动业务再上新台阶，为建设银行健康发展作出更大的贡献！

在2015年个人业务旺季营销启动会上的讲话

杨文升

（2014年12月5日）

同志们：

大家上午好！这次会议的主要任务是部署2015年个人业务旺季营销活动，同时简要介绍2015年个人业务发展思路。总行党委非常重视旺季营销工作。在全行秋季工作会议上，王洪章董事长、张建国行长和郭友监事长都对个人业务旺季营销工作提出了明确要求，要求全行高度重视、提早谋划，抓住岁末年初的有利时机，集中资源、加强联动，争取实现开门红。在本周三部署岁末年初工作的视频会上，张建国行长又专门提到要抓好旺季营销，努力在高起点上起好步。为了贯彻落实总行党委的要求，下面我讲几点意见，供大家参考。

一、2015年旺季营销的重要性和新特点

（一）重要性

旺季营销是建设银行的优良传统，从2004年起，我们每年都开展这项活动。多年的实践表明，旺季营销的效果很显著，是全年个人业务的重头戏。旺季营销的重要性主要体现在三个方面。一是旺季的新增资金最多。近年来国内居民个人存款全年新增的70%～80%是在旺季实现的，特别是低成本活期存款的旺季集中度更高；就我行而言，2014年个人存款新增的70%、客户金融资产新增的60%、富裕客户数量新增的70%也是在旺季实现的。二是旺季的客流最大。春运、长假旅游和院校开学带来大规模的人口流动，伴随着客流变化，客户资金也将大规模流动。客户流、资金流的动态变化，给我们抓客户、抓资金带来广阔机遇。三是旺季的消费最旺。银行卡消费、善融商务等业务在旺季期间都有很好的发展机会。总而言之，旺季营销对个人业务全年工作具有决定性作用。抓好旺季，不仅可以提振全行士气，而且将为全年个人业务奠定坚实的基础。旺季营销的重要性对各分行也是一样。在2014年旺季营销活动中，湖南、湖北、福建、厦门、深圳、内

蒙古、吉林和贵州分行在第一季度就开始领跑同业，竞争优势贯穿全年；与此同时，也有个别分行开年不理想，全年都很被动，还拖了全行后腿，今天在这里我们就不点名了。但是在2015年全行零售工作会议上，对于那些2015年旺季营销工作不理想的分行，我们恐怕要点名。2015年也是我行发展转型的关键时期，旺季营销能否开好局、起好步，还关系个人业务能否为全行发展转型创造有利的条件。综合以上这些因素，2015年旺季营销的重要性怎么强调都不过分。

（二）新特点

外部环境的变化，使得每年的旺季活动都有新的特点。只有认真分析，才能有效应对。明年的变化主要体现在以下几方面。

一是降息和利率市场化进一步推进。这是一个重大的变化。2014年11月21日降息对我们的影响和震动都很大。我想最根本的影响不是存款和贷款利率的不对称调整，而是存款利率浮动区间的上限升至基准利率的1.2倍，这告诉我们利率市场化真的到了。目前各方对利率市场化的深化还有更大预期，会不会提高1.3倍、会不会一步到位？相信中央银行也在考虑。这些形势开始真正考验我们应对利率市场化的能力，这个压力是最大的。利率市场化后，银行要深入思考三项核心工作。第一，如何在存款利率自由浮动的条件下拿到低成本资金；第二，如何在有效控制风险的前提下提升资产收益水平；第三，如何获得更多真正的中间业务收入。这三项工作，体现了银行应对利率市场化的核心竞争力。过去我们总是在讲这些问题，但由于压力不大，实际上没有真正地转型，现在压力明显增大了，我们如何应对？如低风险的、有良好抵押的资产还能不能获得高收益率？如现在简单地把存款利率一浮到顶，而未来浮动上限完全打开后怎么办？大型银行的优势体现在哪里？这些问题都要认真研究。

二是同业竞争更趋激烈。这个特点近期大家感受更加明显。周五降息后第二天，四大行还保持着同样的节奏、没有一浮到顶，当时我就判断这个局面很难守住。果然周末过后到了周一、周二，分行同志纷纷反映其他三大行有动作。大银行不一浮到顶的局面只维持了两天，大部分中小银行更是降息后立刻一浮到顶。为了应对这一形势，总行在周四下达了调整存贷款定价权限的文件，力度前所未有，基本上所有期限存款都授权分行可以一浮到顶。这里需要强调的是，我们要本着“防守”而不是“主动进攻”的策略来使用授权。近期总行对各地区四大行存款利率的上浮情况做了初步了解，我们发现大多数的分行都能够跟随同业、不主动“发起进攻”；其他三大行有一家甚至两家一浮到顶之后，我们马上跟随行动，这样的做法值得肯定。与此同时，也发现个别分行在其他三大行尚没有一浮到顶的情况下率先行动，这样的做法和总行政策导向是相悖的，不应出现这种情况。

三是资本市场成为资金追逐的热点。昨天上证大涨120点，“两桶油”同时涨停；更为关键的是资金面，前天两市成交超过9 000亿元，昨天也接近9 000亿元。大量资金进入资本市场的趋势不是短期的。目前各方面都寄望资本市场能够保持长期、健康的发展势头，这样一方面有利于提升居民财富水平，另一方面也有利于解决中小企业融资难、融资贵和高负债问题。总体来看，资本市场下阶段很可能将步入持续向好的过程。

四是资金的动态流动加剧。该特征在2014年的旺季营销中已经显现出来，预计2015年还要加剧。2014年一季度全行个人人民币存款新增4 702亿元，这个数字的背后是资金的大进大出和频繁流动，是大规模动态变化后的静态结果。进的方面，有代收代付、理财回流、他行流入等；出的方面，有消费、互联网金融、购买理财和流向他行等。据统计，2014年上述资金进出规模比上年同期增长25%以上，2015年较2014年的增幅还要更高。下阶段我们要抓好存款，不能再简单抓静态资金，而要把握资金的动态流动。

五是手机银行将成为电子银行交易主渠道。前10个月我行手机银行交易笔数同比增长147%，手机银行与个人网银交易笔数之比已达54%，而2010年时比值只有4%。手机银行、移动金融成为电子银行交易主渠道是下阶段发展的必然趋势。

除了上述五个方面外，各个分行所在地区不同，经营形势也各有特点。在2015年旺季营销活动中，我们只有认真分析形势变化，才能采取有针对性、有效果的措施，旺季营销才能取得成效。

二、2015 年旺季营销的主要目标

2015 年旺季营销活动主要有三大目标。一是存款。和 2013 年一样，抓存款仍是我们的核心目标。存款是立行之本，不仅是我行主要资金来源，还关乎市场地位和队伍士气。2015 年旺季营销活动中，要重点抓低成本的存款资金。有的分行提出，总行能否同时下达理财目标、考核全量资金？这里需要明确的是，总行对银行理财是鼓励发展的。本次活动虽然没有下达目标，但也没有设置上限。银行理财等各类投资理财产品，都是我们维系挽留客户、吸引沉淀低成本资金的重要手段。只要能实现这个目的，理财越多越好、没有上限。存款在 2015 年旺季营销综合评比中的权重提升至 50%，考核重点是日均新增规模和新增四大行占比，目标计划是日均新增 2 700 亿元、时点新增 4 000亿元。二是客户。客户是个人业务价值贡献的源泉，存款、理财和中间业务收入都是经营客户的结果。旺季期间的竞争，根本上是客户归属的竞争。2015 年旺季营销综合评比中客户权重为 25%，有资产客户新增目标为 516 万户，首次设置独立的客户拓展方案，重点要求是深入挖掘存量客户潜力，持续拓展新客户，做大客户金融资产总量。三是中间业务收入。随着利率市场化的推进，银行要保持利润稳定增长，必须加快由依赖利差收益向利息、非利息收入均衡增长转型，个人业务同样如此。要在抓好存款的基础上同时抓好中间业务，2015 年旺季营销个人中间业务收入的目标是 72 亿元。

三、2015 年旺季营销的主要措施

明年旺季营销活动中，要着力拼抢七大市场，强化三类营销，确保三个到位。

（一）拼抢七大市场

2015 年旺季营销一方面要坚守一直具备旺季特征的传统市场，另一方面要拼抢随着形势变化产生的新兴市场。

拼抢代发工资市场。代发工资业务是撬动各项零售业务发展的核心支撑点，是客户资金入行的“第一大进项”，对旺季营销和全年发展的作用举足轻重。要继续强化代发工资“一把手工程”定位。要大力拓展新增代发工资客户，加强公私联动，提升对公基本结算户、有贷户的代发工资业务覆盖度。目前全行对公基本结算户的代发覆盖率只有约 9%，有贷户代发覆盖率只有约 21%、个别分行只有约 10%，还有很大潜力。要精耕细作存量代发工资账户，通过为客户提供综合性金融服务，提升户均资金留存率，将代发账户逐步打造成为客户的银行主账户。要建立代发与代理业务联动机制，做好基金、证券、保险、信托和收单商户等合作伙伴的代发工资营销。要加强与地方政府的联系，争取各类补贴、转移支付资金代发。对于暂时无法拿到工资代发的客户，要积极营销奖金、补贴和一次性收入代发业务。

拼抢县域市场。县域地区已经成为个人业务的新增长点，2014 年上半年县域客户对我行客户新增、存款新增和金融资产新增贡献均超过三成。特别在旺季期间，随着大量农民工返乡，县域市场潜力更加明显。按照目前约 2 亿人进城务工、人均年收入 2 万元测算，这块市场的资金规模达到 4 万亿元，并且这类资金在旺季特别是春节前的流动最为频繁。要推出面向进城务工人员、品牌响亮、优惠专属的产品，将其打造成为与我行房金、龙卡等业务一样有强大市场地位的品牌。各分行要在全行统一体系下，根据当地实际营销推广。要细分客户群体，加强与村委会、供销社和商会等机构合作，开展有针对性的产品组合营销。

拼抢居民消费市场。银行卡消费旺季期间有很大的市场空间，2014 年第一季度国内银行卡消费交易额达 30 万亿元，同比增长 44%。要强化银行卡消费功能，继续开展营销活动，提升消费交易收入在银行卡收入中的占比；要把金融 IC 卡消费、异形卡营销和移动支付推广摆在更加突出的位置，突出行业应用、加快功能创新、抢占市场先机。下阶段我们将迎来磁条卡置换 IC 卡的高峰时期，要高度重视其中的客户体验。如一定要实现同卡号换卡，这是最基本的体验要求；目前申请换卡、领取新卡两个环节都需客户前往网点办理，要尽快通过技术开发、流程创新改进这方面体验；要避免出现多次联系换卡而打扰客户的情况发生。要顺应贵金属业务由主要满足客户单一需求向满足投资、收藏和消费等综合性需求转型的趋势，创新推出羊年新品，丰富产品线。

拼抢商户结算市场。在储蓄理财化、互联网金融等新形势下，支付结算的重要性进一步凸显。特别是专业商品交易市场的日常交易频繁、资金沉淀规模大、上下游联系密切，是个人存款业务新的蓝海。目前全国年交易额超过亿元的专业商品交易市场共有约 5 200 个、其中商户约 350 万户，年交易额超过 9 万亿元。总行 2015 年计划将专业市场营销作为战略性业务，近期将下发专项指导意见。各分行要全面梳理所辖地区专业市场名单，根据市场规模、客户数量、交易金额等维度选取重点目标，做到每家市场有责任网点，每家市场有包干责任表，每家市场有营销团队进驻。要主打结算通、电话 POS、电子银行和存款创新产品组合，针对优质客户制订个性化营销方案，提供差别化服务。要用好 E 动终端开展产品服务签约，下大力气加大设备布放。

拼抢资本市场。下阶段拼抢资本市场要“抓户增存”。抓户方面，重点抓三类客户：一是巩固已在我行办理证券业务的客户；二是拓展在他行办理证券业务的客户；三是争取新的证券客户。根据中登公司数据，近期连续 6 周两市股票新开户超过 20 万户。在增存方面，要重点抓三类业务。一是抓 CTS 业务。资本市场资金规模庞大、忙闲交替、操作频繁，同时 CTS 个人客户是各方激烈拼抢的优质客户群体。要尽快优化 CTS 一户通功能，加快推进 CTS 一户通个人开户，取消起点金额、开户数的限制，实现客户 CTS 账户和个人银行账户自动关联。CTS 一户通的起点金额设置一定要尊重客户选择、满足客户需求。人为设定资金门槛、客户体验弱于同业，将会导致客户和资金外流。要多策并举，加大 CTS 业务营销推广力度，依托聚财存款、特色储蓄、银行理财吸收和稳定 CTS 账户回流资金。通过上述措施，将我行个人账户打造成为客户资本市场投资资金的主账户、“大本营”和“资金池”。二是抓基金业务。积极加快基金和其他投资证券市场产品销售，着力吸引行外资金、做大资金总量、增加中间业务收入。要重点营销优质基金公司、指数基金等产品，继续加大与建信基金的合作力度，发挥集团优势。三是抓创新业务。当前资本市场与过往市场形势的一个显著不同是参与主体更加多元，信托、资产管理公司甚至商业银行本身都可以借助创新参与资本市场。我们要积极引入各类机构的优质产品，同时更要加快行内产品创新。这样一方面可以为客户分享资本市场的成果提供服务，另一方面可以借此着力提升我行的资产管理水平，加快表外业务发展，逐步让客户承担与产品收益相匹配的风险，做真正的理财业务。

拼抢电商消费市场。2015 年旺季营销活动，要在抢占电商消费市场上下大力气。一方面要抓善融商务。借助客户消费旺盛、置办年货有利时机，大力推动善融商务发展。开展“年货抢鲜”新年专场促销活动，开展个人客户新年抢购、优惠秒杀、电子券返赠、交易返礼等特色活动。加强善融商务的宣传、推广和引流，充分依托网点、自助和电子银行等渠道，将建行集团庞大的客流引向善融平台，同时发挥善融平台优势，增强客户黏性。目前善融商务的定位非常清晰，就是将我行个人客户“衣食住行”需求与我行对公客户的产品紧密对接，提供高品质的服务。我每个礼拜都在关注各分行善融商务的主要指标，发现分行之间发展很不均衡，一些分行特别是个别大行交易量的系统排名靠后，这说不过去，要引起重视。落后的分行要借助本次旺季营销活动尽快赶上来。要积极借鉴先进分行经验，如近期总行下发的福建古田县支行依托善融平台销售蘑菇产品的案例就非常好，不仅善融商务业务做大了，而且相关公司业务也做上去了。这家支行原来的系统排名很靠后，现在已经跃居前列。另一方面要抓其他电商平台支付结算业务拓展。要开展专项营销活动，吸引客户使用我行网银、手机银行和快捷支付等进行支付，做大支付流量，沉淀存款资金。手机客户端在电商消费中的作用越来越突出，要加快我行移动金融产品的创新和营销。

拼抢个贷市场。旺季营销期间，信用卡消费、个人消费贷款、个人住房贷款等也有很大的客户需求和市场空间。要加大信用卡发卡、分期业务的营销推广。特别是要加强借记卡与信用卡组合营销，开卡时要确保“两卡”同时营销，尽量同时开户，必须将我行借记卡作为我行信用卡约定还款账户。目前我行存量信用卡中将我行借记卡作为约定还款账户的比例还不到 30%，这个水平不甚理想，下阶段要从增量做起，必须保证我行借记卡作为约定还款账户。我们之所以提出这样的硬性要求，是为了能形成资金闭环、增加资金沉淀。客户在信用卡还款前将资金汇入借记卡，多放一天就能多增加一天的日均存款，况且很多情况下资金留存时间不仅仅是一天、两天。不要小看这个还款账户要求的重要性。据说有些分行现在“搞创新”，支持甚至主动推动其他银行账户、第三方支付账户为我行信用卡还款，这种做法不行，这样一方面为其他银行和第三方支付吸引资金提供了便利，另一方面则削弱了我行资金闭环管理的能力。

（二）强化三类营销

旺季营销活动的关键在于营销。要围绕精准营销、客户营销和产品营销三个维度推动营销工作。

要用大数据开展精准营销。这是应对大数据、互联网金融等新形势的要求，同时随着“新一代”项目的逐步上线和我行数据分析工作基础的不断夯实，我们也有条件做好。要重点关注客户的行为痕迹数据，这是挖掘客户特征的有效手段。大数据工作没有那么遥远，也没有那么神奇。举个简单例子，我们可以分析各类客户群体2014年在我行AUM曾经达到的峰值和目前的现值，两者之间的差值就是客户金融资产增长的潜力体现。在此基础上我们再问一个问题，这个差值去哪里了？回答了这个问题，不就找到了抓资金的着力点吗？所以说大数据工作就要从这些看似简单的事情做起。

要深入挖潜开展客户营销。旺季营销期间要把我行存量客户潜力充分挖掘出来。挖掘存量客户的成本要远低于拓展新客户。如我行目前个人零资产客户已近2亿户，如果能将这些客户都逐步激活，潜力十分巨大。要着力提升零资产客户激活率，重点激活持有贷款、信用卡、公积金卡、社保卡和电子银行的零资产客户。要着力提升开户有效率，对新客户同步签约电子银行产品，集中宣传投资理财类产品，从源头上实现“开户+资金入行”。要着力做好存量有资产客户保有，运用大额资金监控系统工具，及时掌握资金流动情况，及时开展挽留营销工作。

要抓好组合开展产品营销。一是抓借记卡。要组织开展办卡有礼、刷卡抽奖和商户优惠活动，下大力气重点营销推广异形卡、移动支付等新的拳头产品。二是抓保险。要明确主推产品，加大营销激励，开展竞赛活动。三是抓贵金属。充分用好节日喜庆的有利时机，开展宣传推广活动。四是抓银行理财。积极设计推出元旦春节等主题产品，重点吸引行外资金，拓展优质客户。五是抓个人外汇。2015年美元走强的可能性很大、同时国内降息，个人外汇业务有很大增长潜力，要提前准备、积极增存。六是抓CTS。一定要把CTS业务当做2015年旺季营销的重头戏切实抓好。

（三）确保三个到位

总结历年经验可以看出，旺季营销能否取得良好成绩，思想认识、资源配置和部门联动是否到位起着十分重要的作用。

思想认识要到位，加强组织推动。个人业务和其他业务相比，旺季特征更加明显，各分行要将个人业务旺季营销活动作为岁末年初的核心工作之一。12月要充分预热，全面启动。元旦到春节是核心时段，往年春节前10天存款新增在旺季新增中占比曾达到80%以上。2014年春节较晚，元旦到春节有近50天时间，要抓好关键时点，全面推进工作。2015年旺季营销活动期间，总行个人部将定期通报分行进展情况，各分行也要充分营造比学赶超、争创开门红的浓厚氛围。

资源配置要到位，加大投入力度。2015年同业竞争更加激烈，经营形势更加严峻，资源投入的重要性更加凸显。总行2014年共为活动配置6 500万元费用，比2013年多出500万元。大家不要小看这500万元，这是总行在全年费用计划负增长情况下作出的安排，这是总行发出的非常明确的信号。各分行要做到“三个确保”，即确保总行下达的费用专款专用、确保分行配套的费用规模高于过往年度、确保网点一线有充足人员开展营销和服务。近期很多分行反映网点内第三方人员外包政策调整将造成旺季人手短缺。对于这个问题，周三视频会上庞行长做了明确指示。如果大家感到外包政策调整确实对旺季工作带来困难，需要延后至旺季结束或上半年末再调整的，要报送总行个人部，总行将根据实际予以答复。我这里想要强调的是，虽然总行做了上述安排，但外包政策调整是我们必须坚决做好的工作。一方面，这是2015年压缩经营费用的需要；另一方面，目前相当一部分外包事项恰恰是下阶段我们经营转型后的核心业务。核心业务都外包了，我们银行还怎么经营、还有什么竞争力？

部门联动要到位，举起全行之力。加强公私联动，零售业务批发做，狠抓代发工资、IC卡行业应用拓展等重点环节；加强零售条线内部联动，实现各类业务的有效协同。总而言之，个人业务旺季营销活动不仅是个人业务部门或者零售业务条线的事，而且是全行共同的责任。全行协同配合好，旺季营销才能出成绩，旺季营销得来的成绩，更是全行共同的成果。我希望今天参会的各个部门能做好联动、做好配合、做好协同，这不仅是旺季营销的要求，更是下阶段全行经营转型的方向。

四、2015年个人业务的工作思路

在部署2015年旺季营销工作的同时，我这里再简单谈一下2015年的工作思路。2015年，全行个人业务条线要贯彻落实《中国建设银行转型发展规划》要求，围绕“真正地做到以客户为中心”和“加快创新”两条主线，重点抓好八个方面的工作。

紧扣“真正地做到以客户为中心”主线。“以客户为中心”我们讲了20多年，但实事求是地讲，在方方面面还没有完全做到，各项工作还停留在以产品为中心或者以渠道为中心。下一阶段，要真正以客户为中心，需要从三个维度满足客户需求：一是满足客户金融服务功能的需求，二是满足客户资产保值增值的需求，三是满足客户体验的需求。紧扣“加快创新”主线，2015年的产品、渠道、综合定价和考核机制等各项工作都要加快创新。

（一）抓全量客户，做实客户基础

2014年以来，抓全量客户理念逐步深化，抓全量客户工作全面推进。大家都意识到，在互联网金融、储蓄理财化等新的形势下，我们必须扭转只关注“二八定律”、只抓“前20%”客户的理念，而是要依靠互联网、移动金融等先进工具抓“100%”的全量客户。下阶段抓全量客户要关注三个重点。一是着力激活近2亿户个人零资产客户，这些客户在我行都不同程度的留有行为痕迹数据，有很大发展潜力。二是拓展县域客户，要在县域地区特别是我行没有机构覆盖的县域地区，重点依托手机、互联网和第三方合作加快拓展。三是夯实中青年客户基础，近年来我行这类客户群体的基础有所削弱，而其正是未来社会财富保有的主力群体，事关个人业务未来。要整合集团资源，加强公私联动，充分挖掘我行约300万对公客户对零售业务发展、个人客户拓展的拉动潜力。要坚持零售业务批发做，围绕专业市场、批发商户、行业客户和其他有相同偏好客户群体，依托联名卡、金融IC卡行业应用等工具批量化营销。要运用大数据工具，在互联网金融环境下识别客户关注点，划分特定客户群，提供相应产品包。

（二）抓全方位服务，打造综合平台

要抓好全量客户，必须依托强大的综合服务平台。目前总行正加快搭建个人客户综合服务平台。先要搭建金融服务平台，整合各个条线、母子公司和优质第三方机构资源，满足客户所有的金融服务需求。在金融平台基础上继续搭建非金融服务平台，发挥我行善融商务、二手房交易等方面的优势，满足客户“衣食住行”需求。搭建综合服务平台，当前可以支持我们抓全量客户，更深层次、更重要的意义在于打造我行零售业务新的商业模式。这个模式主要包括三个方面。一是借助综合服务抓到不同形态的客户资金，通过不同形态资金的转换，沉淀出低成本的存款资金。未来大型银行抓低成本资金主要有综合服务和信用溢价两方面优势。存款保险制度推出后，我们的信用溢价优势也将凸显出来。二是借助综合服务增加手续费、合作收益分成等真正的中间业务收入。三是借助综合服务留存客户数据信息，以支持精准营销，创造新的商业机会。

（三）抓全流量资金，支持存款增长

全方位服务带来了全量客户，全量客户将产生全流量资金。抓全量资金，首先要清楚资金从哪里来、到哪里去。从流入来看，代收代付、理财回流和他行流入等是主要来源，抓住了这些因素我们才能知道“上哪找钱、上哪找客户”；从流出来看，消费、购买理财和流出他行等是主要流向。抓全流量资金的核心目标是不管资金怎么流动、驻留和转换，都能在我们建行体系内循环，都能在我们建行账户内沉淀。

2015年抓全流量资金是一项很重要的工作，就是抓好支付结算。既要抓居民支付结算业务，更要把商户支付结算业务当做重点。很多分行同志都讲，近年来每到周六、周日个人存款都有所减少，背后的原因是客户消费资金通过商户流到行外、“流出圈了”。2015年要加大工作力度，通过抓对公和个体商户，让客户消费资金沉淀入行、“留在圈内”。具体而言，对于居民支付结算业务，要继续保持IC借记卡快速增长，确保规模同业居前、力争领先；扩大有效发卡规模、提高年费收取比率，“以量补价”稳定收入；狠抓行业应用，全面推广已下达案例，拓展新的应用领域；顺应介质移动化、IC化趋势，加快异形卡、芯支付发展，完善功能、丰富种类、加强营销。对于商户支付结算业务，加大投入抢市场，组合营销引客户，适当让利吸存款。加大自助设备、电话POS和E动终端等投入，力争2015年与农行差距明显缩小；制订批发市场、商品市场和物流集散市场客户的综合服务方案，将结算通、电话POS、E动终端和小额零售贷款等产品“打包”推出组合套餐；加强与管委会、商会和行业协会等组织沟通协作，推出有针对性的非金融服务和便利措施。

抓全流量资金要一头抓支付结算，另一头抓投资理财。银行理财要支持做大客户资金总量，稳定存款日均增长；要研究建立理财产品吸纳行外资金效用监测机制，重点吸引行外资金；统筹全行银行理财负债端管理，合理安排档期，支持日均、衔接时点，针对特定群体定制化销售。基金要制订客户投资综合服务方案，抓住证券市场向好、沪港通推出的商机，加快首发和重点产品销售，积极创新产品。贵金属要由满足客户单一需求向满足客户投资、收藏和消费等综合性需求转型，制定推出产品组合套餐，自营、代销均衡发展。人身保险要积极关注万能险、分红险的费率改革政策动向，加快高现价产品销售，提升优质保障产品占比；提升网点收单率和电子渠道销售占比。个人外汇业务要强化“出国惠”方案落实推广，加快产品和功能创新。

（四）抓定价能力提升，应对利率市场化

提升市场化定价能力是2015年一项非常重要的任务。这项工作不能等，必须加快推进，不能等到利率完全放开了才去行动。提升市场化定价能力的核心有两点。第一，要清楚市场的情况。刚才我讲过了，一方面，当地其他三大行都没有一浮到顶、你先行动了，损害的是大型银行整体的利益，最后也将损害我们自己的利益；另一方面，其他大行中有一两家都一浮到顶了、你还不动，那就是把客户和资金“拱手让人”！第二，要清楚客户的情况。要加快研究个人客户综合定价问题，对什么样的客户给什么样的价格，要有十分清晰和科学的策略。未来个人业务的定价，一定是客户维度的，而不是产品维度的。如说目前有一些私人银行客户，我们经过分析行为痕迹数据发现，这些客户基本上就是简单购买理财产品，没有其他业务贡献，哪家银行价格更高，他就去哪家银行。那么，这类客户对我们的贡献度是什么？他们恐怕就不是我们的目标客户吧？这些问题要通过“算账”来分析判断。私人银行业务在旺季营销活动中也要紧盯存款增长的核心目标。

（五）抓全渠道协同，优化渠道布局

一是要在继续充分发挥物理渠道作用的同时，加快电子渠道功能开发，特别是要加大移动金融工作力度。二是要加快电子渠道分流，能在线上布放的业务要尽快上线，不能完全上线的要将能上线的环节尽快上线，将取现、面签等不能上线环节放在线下。三是在没有物理渠道覆盖地区要加强第三方合作。要注意客户选择和合作方式，重点拓展能够使用手机银行的县域客户，主要与第三方进行环节合作，而不是业务合作，主要解决我行没有物理网点办理签约等环节的问题。四是研究推进网点三代转型。目前看我行网点总量基本足够，但结构布局确需调整，功能设计可能要有较大变化。下一阶段，网点的主要定位是做产品销售、咨询服务、客户体验和其他必须面见客户的环节。在这一定位下，网点人员等各方面资源也要相应地优化配置、加大投入。

（六）抓IT建设，打造“科技个金”

IT系统的上线速度和功能支撑对个人业务的重要性越来越凸显。我们讲要以客户为中心、抓创新的主线，离开IT支持什么都办不成。要强化“科技个金”的理念，狠抓热点和难点，加大资源投入。要依托“新一代”三期项目平台，重点加快客户综合积分、客户信息管理、客户关系管理、借记卡、存款、银行理财、贵金属、客户财务规划和资产管理、一体化签约等多个项目开发，力争早日投产上线。研究建立各分行支持总行 IT 开发、各分行系统功能全行推广等工作的评价激励机制，鼓励分行提高对 IT 开发工作的重视程度、投入力度和响应速度。

（七）抓大数据，聚焦落地推广

大数据思维其实非常朴素，大数据工作没有那么高深，关键是落地和推广。如 POS 贷基于客户交易数据来提供贷款服务，这就是大数据；如根据客户过往理财损益情况来差别化推介新产品，这就是大数据。推进大数据工作，个人业务条线要从现在做起、从简单做起、从各个分行做起。一手抓数据基础。牵头零售条线推进个人全量客户数据采集、共享和整合的工作，实现零售条线内客户数据共享。要加强与第三方数据合作，获取客户更多消费、社交和生活信息，有针对性地提供服务。要高度重视客户行为痕迹数据的重要作用，通过捕捉痕迹、分析痕迹来挖掘客户特征，预测客户行为。另一手抓数据应用。要建立个人客户 360 度视图，持续增加精准营销模型、精准营销清单的数量，推进客户细分和名单制销售等工作。

（八）抓队伍建设，夯实长远基础

要坚持“以人为本”，关心一线员工的工作条件和生活待遇。继续加强个人客户经理、电话银行坐席、理财师等专业队伍建设，持续扩大规模，提升素质技能，重点培育服务队伍的精准营销、综合服务能力。要加快建设个人客户经理职业晋升通道，使优秀人才能够立足一线、贴近客户、创造价值、提升自我。加快个人产品经理队伍建设，为一线营销提供有力支持。

最后，我还要向大家强调一下 2014 年收官工作。一是确保完成 2014 年个人存款新增目标计划，二是确保客户服务和风险防控工作不出纰漏。

同志们！2015 年旺季营销的外部环境更复杂、经营形势更严峻，各分行要完成活动的目标计划，压力也是比较大的。但是，同业都面临相同的形势、处在相同的环境，只要每个分行都能在当地跑赢同业、提升份额，全行就能赢得这个旺季。我希望，同时也相信 2015 年个人业务的旺季营销活动能够取得“开门红”，为我行下阶段发展转型作出新的贡献！

谢谢大家！

（根据录音整理）

在第二届“青年创新建行强”创新创效金点子大赛颁奖展示暨青年创先争优表彰活动上的讲话

黄 毅

（2014 年 5 月 15 日）

各位领导，青年朋友们：

大家好！

观看了第二届“青年创新建行强”创新创效金点子大赛展示汇报的各个环节，很受启发。今天获奖的优秀青年员工的奋斗历程令人感动。你们代表的是建行年轻一代的时代风貌，你们展示的是建行人的创新精神。作为建行人，我为你们深感骄傲自豪。

金点子大赛这项创新活动一直在总行工会团委、青联、产品创新与管理部以及其他相关业务部门的通力合作下，持续开展并不断将成果转化推广。在 2013 年的第一届大赛上，王洪章董事长发表了重要讲话，要求把这项活动推向更高层级，并提升这项活动的内涵和价值，使之真正成为

"创新驱动发展"的有力支撑。在第二届活动的组织过程中，王洪章董事长也多次指导我们，把工作做得更有效、更有影响力、更能够让全行青年看到这项活动的意义。张建国行长也多次对我们的活动给予悉心指导，并提出了明确的要求。今天我们看到的金点子，包括很多今天没有登台汇报的金点子，都充分展示了青年员工的创新活力，是我行业务创新、服务创新、管理创新的力量源泉。

金融服务的最高目标是什么，国际上有一个公认的理念，就是不论你住在乡村还是城市，无论是低收入人群还是高端客户，我们都能针对不同人群的需求和特点，量身定做金融产品，而且这个产品十分方便、成本较低，有较强的可获得性。银行如何实现这个目标呢，一个主要的手段就是科技创新。也只有通过创新，才能不断提升我们的产品和服务品质，才能实现这个目标。今天，我们通过创新大赛，为青年人尤其是敢于创新的青年人，为有志于不断改善我行服务质量的青年人，为努力实现"国内最佳、国际一流"建行梦的青年人提供了平台。为此，我也有几点感受与青年朋友们分享。

第一，当代中国青年，尤其在经过30年改革开放、处于深度转型社会的青年，需要处理好多元社会中的各种复杂问题。当前，我们国家面临经济调整和转型升级，以及社会各种矛盾和问题交织的局面。我们也必须面对现实生活中的各种问题，不仅是住房、职业规划，还包括积极向上的通道。要实现我们的理想和目标，我认为，首先要有一种精神。刚才陕西的网点经理吴笑梅说得好："把方便留给客户，把平静留给内心"。如何以平常心看待我们经济发展和社会生活中存在的问题，是我们当代青年需要面对的一个艰巨挑战。今天受到表彰的优秀代表和提供了创新成果的"小专家"们就做到了这一点。你们通过自身的成长历程和人生感悟，向全行青年员工展示出了敢于创新、敢于挑战自我的精神。我希望通过这项活动，能够让全行的有志青年努力实现自己的人生价值，并把个人价值和建行事业、国家事业联系在一起，奋发进取。这是我想告诉青年的第一句话。

第二，青年要想做到最好，就得勇于担当。20世纪80年代初，美国普通老百姓有个"美国梦"，就是有汽车开，有房子住，有个电脑。当时美国有两亿多人口，不是所有人都能实现这个梦想。我曾对一位美国的青年朋友说，我们国家80年代从学校走上工作岗位的人认为，要经过20年，政府才能分一套可以勉强住得下来的房子，你们美国要通过多少年才能获得一套理想的，或者说过得去的房子？他说，15年。15年就会有房子，有房子就会有车、有电脑。一个年轻人从22岁大学毕业到37岁，这个梦就会实现。中国的改革开放给我们这些人带来了很大的好处。我算了算，我们跟美国人的情况差不多，从80年代到2000年，不到20年时间，我们买得起一套过得去的房子，买得起汽车，有了自己的笔记本电脑，这就是中国老百姓的梦。如果说要把这个梦做得更大、把品质提得更高、要把梦境描绘得更美好，大家就要付出更多努力，要有更多的担当。关于这一点，我想对大家说，青年同志们，你要想过得更好，你就得努力，就得有担当，就得作出比别人更多的牺牲、付出更大的代价。

第三，青年要有梦、要追梦。习近平同志提出了"中国梦"，一个关乎中华民族复兴的大梦。关于这个梦，不同的人有不同的设计，教师、医生以及我们银行员工都有各自的梦，这些梦加起来就是中华复兴之梦。我们建设银行的梦是什么呢？我们的梦就是成为"国内最佳、国际一流"的现代化银行。最佳和一流是没有标准的，最佳和一流是永远开放的。要实现这个目标，我们靠什么？靠创新、靠人才，更要靠青年。青年朋友们，为了中华民族伟大复兴的"中国梦"，为了建行的现代化目标，我们一起努力吧，拼搏吧！

（根据录音整理）

深入学习贯彻习近平总书记系列重要讲话精神 着力推动机关党建各项工作迈上新台阶

——在党支部（总支）书记交流座谈会上的讲话

黄 毅

（2014 年 8 月 1 日）

同志们：

这次会议是经总行党委批准召开的一次重要会议，主要任务是就学习贯彻习近平总书记系列重要讲话精神进行座谈，总结前期学习情况、交流共享经验做法，对下一步深入学习贯彻重要讲话精神进行再动员、再部署、再落实。刚才，总行机关3 位部门主要负责人、2 位处长和2 位基层行交流到总行工作的处长做了交流发言，总的感觉是在建设银行经营发展任务艰巨繁重的情况下，大家再忙再累也下了很大工夫来学习思考，谈的是真知灼见，发自内心，我听了深受启发，深受教益。

中央要求组织深入学习贯彻习近平总书记系列重要讲话精神，这是当前和今后一个时期全党、全国的一项重要政治任务。总行党委对此高度重视，始终坚持把抓好这次学习作为非常重要的任务来研究部署，已经组织 2 次中心组理论学习，王洪章同志和张建国同志结合学习重要讲话带头讲党课，要求其他党委成员随后跟进。机关党委认真贯彻落实中央和总行党委决策要求，对机关全体党员干部深入学习重要讲话精神进行动员部署，给各支部、总支专门发放《习近平总书记系列重要讲话读本》，要求认真学习、深入贯彻重要讲话精神，切实发挥党支部的战斗堡垒作用和党员干部的先锋模范作用，着力推动机关党建工作和各项业务工作取得新成绩。

习近平总书记系列重要讲话是新形势下治国理政方略和内政外交政策的全面阐释。一是围绕坚持和发展中国特色社会主义，实现中华民族伟大复兴中国梦，这是政治策略层面。二是围绕推进经济建设、社会建设、文化建设、生态文明建设，这是社会发展层面。三是围绕国防和军队建设，祖国统一和外交。四是围绕从严管党治党，全面提高党的建设科学化水平。讲话主题突出、内涵丰富，思想深邃、博大精深，体现出坚定信仰追求和历史担当意识，贯穿了务实作风和科学方法，闪耀着马克思主义真理的熠熠光辉。

作为党委领导下担负机关党务工作的职能部门，总行机关党委责任重大。要认真贯彻落实党的路线、方针、政策和总行党委的决策部署，着力加强总行机关党的思想建设、组织建设和作风建设，切实抓好总行机关党员干部政治理论学习，特别是当前要把组织学习贯彻习近平总书记系列重要讲话精神这项重要工作抓紧抓好、抓出成效。总行机关有 67 个支部、6 个总支、3 788 名党员，今天参会的都是各支部、总支书记和党务工作骨干，在深入学习重要讲话、推动机关党务工作过程中有着更高标准、更严要求，也发挥着更重要的示范引领作用。下面，我就深入学习贯彻习近平总书记重要讲话精神、着力推进机关党建各项工作讲几点意见，供大家参考。

一、要深刻认识总书记关于机关党建重要论述的重要意义，切实增强学习的自觉性和紧迫性

第一，重要讲话为切实做好机关党建工作提供基本遵循。总书记强调指出：“机关党建工作是党的建设新的伟大工程的重要组成部分，机关党建要走在党的基层组织建设的前头，作出表率，机关党建的核心是服务中心、建设队伍，弘扬主

旋律、传播正能量。”这是对基层党组织建设、基层党组织作用以及如何有效开展党建活动等作出的重要论断。作为基层党组织负责人，要通过深入贯彻学习总书记重要讲话，深刻理解党建工作的极端重要性，理解正确处理党建工作与“围绕中心、服务大局”关系的极端重要性，理解抓好党建工作对促进各项业务工作的极端重要性，切实把这些重要论述作为做好机关、基层党建工作的指导思想，认真落实“一岗双责”要求，深入思考机关党建在加强党的建设新的伟大工程中如何定位、机关党建在全部党建工作中做什么、做好机关党建工作有何具体要求等重要问题，在抓好业务发展的同时，高度重视机关党建和自身学习提升，切实打牢深入学习贯彻重要讲话精神的思想基础。

第二，重要讲话为切实做好机关党建工作确定目标方向。在各种矛盾问题比较集中的改革攻坚期，机关党建工作如何摆布？这是党建工作的方向性问题。总书记在讲话中深刻指出，“要加强党对全面深化改革的领导”，“改革任务越繁重，越要加强和改善党的领导”，“党的建设各项工作，都要紧紧围绕全面深化改革来定任务、添措施、建机制，都要用保证和促进全面深化改革的实际成效来检验。”只有深入学习贯彻这些重要讲话精神，才能深刻认识、正确处理总行机关党建和全行改革发展的关系，把保证全行改革发展作为做党建工作的方向，把助推实现“综合性、多功能、集约化”发展战略、建设“国内最佳、世界一流”现代化银行作为做党建工作的目标；才能按照总书记“党建工作说到底是做人的工作”论述要求，着力深化对机关党建规律性认识，改进党建工作中存在的“重宏观轻微观、重组织发动轻党员自觉、重组织主体轻党员个体、见物不见人”等倾向性问题，为推进总行机关党建工作创造良好条件。

第三，重要讲话为切实做好机关党建工作指出方法途径。总书记集中阐释了共产党执政理念和辩证唯物主义、历史唯物主义方法论，以及利用现代科学工具认识、分析问题的方法。强调要“针对基层党组织建设，要抓好支部工作法的提炼、交流、推广和运用。”指出“机关党委的工作要以加强机关党员、干部党性锻炼、改进机关作风为重点。抓作风、抓风气对基层党组织的工作非常重要。”这就是说，抓机关党建、抓机关党委工作要有一套方法、一套逻辑。建设银行发展至今已经取得了很大成就，获得很多荣誉，但是要继续往前走，实现更高的目标，面临的困难和挑战不见得比所取得的成就少。一个大企业的风气就像它的标志，能够反映出一个机构、一个部门、乃至整个企业的各种问题，直接影响到企业的信用和发展。只有深入学习贯彻重要讲话精神，才能不断改进机关党建工作的方法和路径，推动全行形成良好的风貌和气象，实现机关党建助推企业经营发展。

二、全面把握总书记关于机关党建重要论述的精神实质，切实做到真学真懂真会

学习总书记重要讲话关键在于领会精神实质。结合建设银行机关党建工作实际，要注意把握好以下几点。

一要立足时代背景，做到胸有全局。总书记关于机关党建的重要论述是其系列讲话的重要组成部分，必须放到世情、国情、党情变化的大背景下去理解，放到党和国家事业发展的高度上去把握，放到建设银行改革发展稳定实践上去贯彻。王洪章同志在党委中心组学习习总书记讲话精神时指出，作为国有商业银行，要坚持中国特色社会主义道路，坚持把建设银行办成风险最小、效益最佳、服务最好、管理最优的现代商业银行。把握总书记重要讲话精神实质，就是要围绕着全面深化改革，围绕建设银行转型发展，立足建设银行工作实际，系统把握、领会、贯彻中央和总行党委的部署要求，科学理解总行改革发展的新战略、新思路、新举措，更好地定位和谋划机关党建工作。

二要领会精神要义，强化担当意识。总书记在重要讲话中强调，“党的干部必须坚持原则、认真负责，面对大是大非敢于亮剑，面对矛盾敢于迎难而上，面对危机敢于挺身而出，面对失误敢于承担责任，面对歪风邪气敢于坚决斗争。”学习贯彻这些重要论述，要深入体会字里行间所蕴含的马克思主义的敢于担当的原则要求，体会共产党人的政治立场、价值追求和思想风范，把握其中的精神要义、内涵实质和科学方法。王洪

章同志在党委中心组学习时指出，作为国有大型商业银行，建设银行要认真执行党和国家的方针政策，紧紧围绕经济建设这个中心，坚持社会主义市场经济的改革方向，坚持依法、合规、稳健、自主经营，扎实推进各项转型发展工作。总行机关各党支部负责人，要在党建工作中善于学习、勇于谋事、敢于担当，切实把本单位党建工作抓出成效。

三要坚持问题导向，突出学以致用。学习总书记重要讲话，整篇看到的是执政党的使命、党在新时期的责任，透出来的是强烈的问题意识、忧患意识，这里面有深刻的内在逻辑。学习重要讲话精神，根本的目的在于武装头脑、指导实践、推动工作。基层党组织学习时，就要确立问题导向、突出抓好学以致用。要弘扬理论联系实际的学风，坚持学用结合，强化问题意识，提高分析、解决问题的能力。要注重梳理党建工作的热点焦点难点问题，提高攻坚克难、化解突出矛盾的能力。特别要着力研究解决总行机关党建工作与业务工作、与员工成长、与干部选拔任用等“两张皮”的现象，以及一定程度上存在的党建工作“一般化、格式化、庸俗化”的问题，以务实管用措施抓好机关党建。

三、准确理解总书记重要论述的实践要求，着力抓好总行机关党建各项重点工作

按照中央关于深入学习贯彻习近平总书记重要讲话精神的部署，结合中央和国家机关工委对机关党委工作的要求，总行机关党委要重点抓好以下几项工作。

第一，要以深入学习宣传贯彻习总书记系列讲话精神为重点，加强宣传工作和思想政治建设。一是推动学习宣传贯彻讲话精神向纵深发展。这既是总行机关党委的一项重大政治任务，也是抓好理论武装工作的一条主线。前期学习活动中，各支部通过多种形式，兴起学习高潮，取得积极成效。机关党委先后举办3场“机关大讲堂”专家辅导报告；通过工委的信息交流、紫光阁网站、理论武装在线等多种载体，推荐行长办公室、人力资源部、电子银行部、机构业务部等27个部门在中央国家机关中交流学习经验；推荐住房金融与个人信贷部、养老金业务部2个支部书记以学习体会形式参加中央国家机关学习活动成果展示。总行机关上半年已向工委报送信息73篇、紫光阁网站刊登64篇，编发总行《机关党建信息交流》9期，发布机关党建微信88期，并指导行长办公室、公司业务部、纪检监察部在工委组织的“全国纪念邓小平同志诞辰110周年学术研讨会”论文赛中分别获奖。下一步，要继续发挥好支部中心组学习的示范带动作用，通过多种形式把学习引向深入。机关党委要继续组织“机关大讲堂”等活动，推动学习成果转化。二是加强和改进思想政治工作。思政工作在任何时候都至关重要，怎么强调也不过分。当前，各支部要重点围绕全面深化改革和加快战略转型，通过思想分析、谈心谈话、心理辅导等方式，及时掌握员工的思想动态，把解决员工利益诉求与解决思想问题有机结合起来，继续推进和完善EAP项目，加强“一对一”心理面询服务，积极为员工提供高品质、专业化、常态化的心理咨询和减压服务。同时，要对总行员工思想状况进行全面调查分析，增强思想政治工作的针对性和有效性。三是培育和弘扬社会主义核心价值观。2014年中央把培育和弘扬社会主义核心价值观放到了突出的重要位置。我行推荐集团客户部参加中央国家机关践行社会主义核心价值观先进典型评选，并入围紫光阁网站“为民务实清廉”群英榜；推荐北京电话银行中心参加了中央国家机关第二届“创建文明机关争做人民满意公务员”先进集体评选活动，并入围公示名单。各支部要找准核心价值观与部门工作实际、与员工思想情感的契合点，让社会主义核心价值观落地生根，让广大员工可学可记可行。要大力宣传广大员工在社会公德、职业道德、家庭美德和个人品德等方面的典型事例，努力形成“国是家”、“勤为本”、“俭养德”、“诚立身”、“孝当先”的价值导向。

第二，要以贯彻落实《中国共产党党和国家机关基层组织工作条例》（以下简称《条例》）为重点，推进基层组织建设。一是认真贯彻落实《条例》。下半年，中组部和工委将联合对《条例》贯彻落实情况进行专项检查，机关党委也将制定和实施基层党支部工作量化检查考评办法。各支部要以此为契机，全面审视自查贯彻落实《条例》情况，着力解决基层党内生活不经常、

不认真、不严肃的问题，落实好“三会一课”、民主生活会、民主评议党员等制度。二是加强服务型党组织建设。这是今年机关党建的重点工作。中央已经出台《关于加强基层服务型党组织建设的意见》，总行党委也将出台相应的实施细则。各支部要紧紧围绕服务改革发展、服务党员群众，健全服务机制，提升服务水平。这方面做了许多实际工作，如帮助职工子女入托入学、帮助困难党员群众、帮助员工成长成才、履行企业公民责任、服务社会大众、服务实体经济等具体做法，都值得认真梳理、总结提炼，形成具有宣传推广价值的“支部工作法”。近几年，工委宣传推广了许多中央国家机关部门的支部工作法，如价值塑造法、实情调查法、实践基地法、现场办公法等，都有很强的学习借鉴价值。2012 年，我行集团客户部报送的“三进三领”工作法被工委评为优秀支部工作法。下一步，机关党委将积极推荐总行基层党组织较为成熟完善、具有示范意义的支部工作法，参加工委组织的服务型党组织建设交流活动。

第三，要以党的群众路线教育实践活动整改工作为重点，强化机关纪律作风建设。教育实践活动出成果、出成效，关键在于抓好整改落实，做到善始善终、善作善成。上半年，机关党委组织对总行机关“两方案一计划”落实情况进行了抽查，形成了专题工作报告。总体来看，各部门认识重高度、工作重进度、实践重深度。截至 6 月底，总行各部门制定的 950 条整改措施已完成 798 条，完成率达 84%，取得了阶段性成果。建设银行报、机关党建信息交流等对公司业务部、住房金融与个人信贷部、养老金业务部、北京电话银行中心等部门的具体做法进行了宣传报道，紫光阁网站等媒体也多次报道了总行机关教育实践活动的做法和成效。各部门要进一步强化责任、细化措施、加大力度，真正把整改承诺落实到行动上、把整改措施体现在成效上。落实“八项规定”，纠正“四风”问题，不可能一蹴而就、一劳永逸，要按照“三严三实”要求，坚持法治思维和法治方法，推进机关作风建设常态化和长效化。

第四，要以落实党风廉政建设“两个责任”为重点，深化反腐倡廉建设。4 月 14 日，王岐山同志到工委调研时强调，落实党风廉政建设责任制，党委要负主体责任，纪委要负监督责任。工委随后组织召开中央国家机关党组（党委）落实主体责任交流会，国务院秘书长、工委书记杨晶同志到会讲话，7 个部门“一把手”做交流发言。《人民日报》等媒体就此发表了系列评论员文章，刊登多位省部级领导的署名文章。总行机关党委和各党支部，同样要深刻认识落实“两个责任”的重要意义，牢固树立党风廉政“抓好是本职，抓不好是不称职，不抓就是失职”的思想意识。要贯彻落实中央《建立健全惩治和预防腐败体系 2013—2017 年工作规划》，建立健全建设银行党风廉政责任体系，努力形成“压力层层传递、责任层层落实、工作层层到位”的工作格局。要强化党风廉政建设各项具体措施，在上半年组织新任处级干部参观反腐倡廉警示教育基地、向各支部下发警示教育光盘、定期通报典型案例、重要时点提示做好廉洁自律等工作基础上，着力加强反腐倡廉制度机制和廉政文化建设，切实发挥制度机制管人善事的现实功效、长久效用。要严格落实“一岗双责”，防止发生违法、违纪案件。总行机关总体上是比较好的，但上半年也出现个别部门级领导干部在与客户交往中违反廉洁从业有关规定，长期无偿使用客户车辆、私自出境，还存在生活作风问题。总行党委、纪委对此进行了认真调查、严肃处理。各基层党组织负责人要着力深化思想认识，坚持抓业务、带队伍两手抓、两手硬，在各项工作中做好表率、发挥好示范作用。

同志们，学习习总书记重要讲话前一阶段基本达到预期的效果，但学习贯彻重要讲话是需要长期坚持的政治任务，希望大家严格按照中央和总行党委的部署要求，深入推进学习贯彻重要讲话精神，善于学习、勤于思考，锐意进取、扎实工作，不断推动机关党委各项工作和全行业务经营发展迈上新台阶！

（根据录音整理）

尽职尽责　发挥作用
为全行业务健康发展作出更大贡献

——在2014年全行审计工作会议上的讲话

余静波

（2014年4月2日）

同志们：

刚才郭副书记做了重要讲话，既充分肯定了审计工作取得的成绩和发挥的作用，也深刻分析了审计面临的形势，并且还对审计工作提出了新的要求。郭副书记的重要讲话，为我们今后做好审计工作指明了方向，大家一定要认真学习、深刻领会、抓好落实。今天，我们还有幸邀请到部分董事、监事和总行相关部门代表到会指导。长期以来，他们对审计工作给予了大力支持和帮助，在此表示欢迎和感谢！

在这里，我主要讲两个方面的内容供大家讨论。一是回顾2013年主要审计工作，二是落实郭副书记提出的工作要求，做好2014年工作。

一、2013年审计工作回顾

2013年，审计条线在董事会、监事会、高管层的正确领导下，坚持“围绕中心、服务大局、创造价值、促进发展”的工作目标，以风险为导向，根据监管要求和我行实际，明确审计重点，完善审计手段，提高审计能力，促进审计成果运用。认真履行审计职责，圆满完成了各项审计工作任务。2013年审计工作体现了以下特点：一是履职尽责意识不断增强，审计成果更丰富。二是围绕中心工作并跟进形势变化，资源统筹更灵活。三是重视机制建设与创新，专业化建设成效更明显。四是质量意识和管控能力有较大提升，审计工作水平更高了。具体而言，全年工作主要包括以下5个方面。

（一）围绕中心，注重效果，扎实开展审计项目

全年有针对性地实施了系统审计项目28个（类）、自选审计项目1 830个。审计机构上报各种报告653份，审计要情、简报982份，发现重要问题及隐患199个，提出审计建议6 600余条。经汇总、加工、提炼后，审计部及时报告高层并提示相关部门和分行。审计成果得到总行领导、业务部门和分支机构的高度重视，在“揭示风险、服务发展”方面发挥了积极作用。

1. 突出重要风险和管理重点。针对信贷业务，深入关注了中型信贷客户、钢贸客户、保障房贷款、保理业务、已核销信贷资产管理、小微企业信贷业务等方面的风险或缺陷。针对表外及影子银行业务，实施了理财业务跟踪、委托贷款审计、建信信托审计，牵头组织38家分行表外业务自查。在新兴业务方面，首次组织了对总行本级及部分分行的贵金属业务审计。在服务全行综合化经营目标方面，完成了对9家海外机构、2家在港机构和建信人寿等机构主要业务经营管理情况审计。结合区域风险特点，各审计机构实施了涵盖个人业务柜面关键控制、代销第三方产品、自助银行、营运管理、财务收入支出、代客外汇买卖与结售汇、个人涉农贷款等众多领域的自选审计项目，强化了对驻地分行的支持与服务。

2. 突出动态关注。紧密结合业务形势及变化，开展信贷业务动态调查审计，强调敏感性、自主性、机动性和灵活性，对全行信贷领域的热点、难点和焦点问题，快速跟进，动态关注。持续关注操作风险，在各类审计项目中，进一步加大对利用职务便利获取私利、参与非法集资、违规办理信贷业务、违规代客等行为的审计力度。

3. 突出基础领域。密切关注基础管理事项，开展集中采购管理审计、批量代收付业务跟踪审计、业务持续性管理审计等。针对IT运行的安全性、效率性，组织实施了部分分行IT管理审计、电子渠道审计、海外分行IT支持等多个审计项目。

4. 突出监管要求。组织实施反洗钱审计、关联交易审计以及新资本协议项下的4个审计项目，落实监管要求，配合推进《商业银行资本管理办法》在我行的实施。全年完成经济责任审计1 600多项，为全行干部管理提供了支持。

5. 突出持续跟踪。除年度常规跟踪外，专门组织实施了内控改进跟踪与分析和重要问题跟踪工作。在总行和审计机构层面，分别安排了立项跟踪审计项目，并在各类项目中加大对重要问题和缺陷的跟踪力度。审计跟踪工作逐步实现了规范化和流程化，有效地促进了全行加强整改和完善内控。

（二）坚持原则，注重管控，着力提高审计质量

通过强化意识、加强管控，审计工作质量有较大提升。中国银监会在检查中，对我行审计工作的质量和水平，也给予了充分肯定。

1. 强化职责意识和质量意识。将作风建设及群众路线教育活动与审计工作紧密结合，加强对机构负责人和各级审计人员的教育和管理。落实岗位责任制，加强调研、检查和指导，严格规范审计信息报告制度，完善考核激励约束，运用机制传导审计理念和工作要求。审计人员坚持原则和尽职尽责的意识得到了进一步强化。

2. 增强项目组织的适应性和机动性。按照“充分、合理、有效”运用资源的目标，加强集约管理，确保了重要项目和紧急任务的需求。尝试动态调查形式，适时调动机动资源，增强了对突发性经营风险的快速反应。不断增强现场与非现场、审计与审计调查、专业研究与审计项目结合的力度。上下联动、协同沟通，加强对中小机构的帮扶，共享信息、经验、方法和技术。

3. 提高质量管控的规范性和有效性。发挥纠错纠偏机制的作用，严格执行审计程序，落实审计规范。加强项目过程控制，及时掌握项目动态，集中研究共性问题，并推广成功经验。编发6期《审计文书修改案例及点评》，向部分审计机构定向征集并编发《审计深度查证案例》，得到基层审计人员的广泛好评。从审计工作过程和结果来看，程序更加规范，分析更加深入，报告瑕疵大幅减少，揭示了很多全局性、系统性和机制性问题，工作的整体水平不断提升。

（三）立足长远，夯实基础，不断强化审计能力建设

在2012年“审计能力提升年”的基础上，着力巩固完善能力提升的各项长效机制。

1. 加强专业化建设。调整专业化建设管理架构，优化专业体系，调整牵头机构及专业机构群，明确各专业团队的职责。实行专业研究分类管理，明确实用型和课题型两类专业研究的划分标准和具体要求。持续维护审计知识库，全年新开发基础审计方案43个，基础审计方案总数达到141个。推动专业研究成果的应用，逐步形成了“研究成果—实践应用—反馈建议—维护提高”的良性循环。优化专业化建设年度考核，试行了各专业牵头机构年终述职机制。

2. 加强制度建设。组织了对内部审计章程和准则的修订工作，规范了审计部直接组织实施的项目管理。优化统计报表，促进相关工作的规范化、标准化、流程化。梳理内外部制度、办法，持续强化信息安全管理。进一步加强财务管理，细化财务管理制度，强化财务支出的监控、提示和检查。

3. 加强技术建设。全面推进非现场审计集中系统项目建设，优化功能，拓展数据，成功实现集中版OAS系统上线，搭建了新一代非现场审计基础平台。统筹应用非现场审计资源，制定模型体系规范和操作规程，建立了模型集中管理机制。以考促学、以用促练、互帮互助，提高非现场应用能力。

4. 加强队伍建设。推动人员交流，审计条线年末员工总计3 018人（含审计部），比年初增加297人，审计力量得到了加强。配合人力资源部，完成部分机构副主任、处长的选拔聘任工作。推进新员工融入计划，明确新员工培养目标、职责分工、工作机制等，力促新员工成长。精心组织培训，全年审计条线共举办短期培训班726期，视频培训8期，审前培训591期，参加总行其他部门及驻地分行的培训468人次，人均参训

11.5 次。

5. 加强战略性基础工作。启动了关乎审计长远发展的战略性基础工作。探索内控基础审计方法，加强理念传导，在审计的各个阶段和环节，融入对内部控制的关注，在全条线试行内部控制缺陷分析报告工作，提升审计成果层次和价值。着手新一代审计管理系统研究工作，对审计项目、资源、知识和成果的管理及操作流程，进行全方位调研，提出了解决当前信息系统支持问题的目标流程和 IT 实现方向。

（四）积极配合，注重沟通，保障外部审计检查顺利进行

2013 年，外部监管部门加强了对我行的检查监督。审计条线组织专门力量较好地完成了各项配合工作。

1. 认真负责地做好配合审计署审计工作。根据审计署“经常性审计监督”的新特点和新要求，牵头建立健全全行相对稳定的配合工作机制，积极协调、配合检查、安排协查。协助信息技术部搭建审计署金融审计数据分析平台，有关工作取得了较好效果。

2. 配合并虚心接受银监会内审履职情况检查。中国银监会专门开展五家大型银行内部审计履职情况检查，这是对我行近年来内审工作的一次全面检验。从检查结果来看，我行内部审计工作取得了监管部门的肯定，所提示的问题和事项，有利于我们日后工作的改进和提高。

（五）高度重视，结合实际，认真组织开展党的群众路线教育实践活动

根据中央和总行党委的要求，紧密结合审计职责和工作实际，群众路线教育实践活动突出了三个“深入”。一是征求意见深入。通过多种渠道，面向多个层面，广泛而深入地征求意见，并从讨论和体验中听取群众意见、从实践中了解群众呼声。二是查摆问题深入。全体党员聚焦“四风”，深入对照检查，坦诚开展批评与自我批评，既查摆了问题、改进了不足，又增进了团结、凝聚了力量。三是整改落实深入。将整改与日常工作紧密结合，边查边改，细处着手，深挖问题的思想根源和制度基础，制订详细的整改计划和制度建设计划，分工明确、责任清晰，保障了整改效果。

总体来说，2013 年审计工作进步很大。这得益于总行党委、董事会、监事会和高级管理层的高度重视和正确领导，得益于张福荣监事长的直接领导，也得益于有关部门和分行的大力支持，同时也是各审计机构和全体审计人员辛勤工作、共同努力的结果。在此，向张福荣监事长，向各位董事、监事，向总行各部门和各分行，表示衷心的感谢！向各级审计人员表示亲切的问候！

在总结成绩的同时，我们也应清醒地认识到工作中还存在不少不足和问题。2013 年，中国银监会检查组提出了一些需要我们关注的问题，我们通过自查也发现了一些不足。例如，面对新形势、新情况，对风险的前瞻性预判、分析、研究还需要进一步加强；审计的履职能力、机制、技术、方法还需要进一步提升；审计条线的内部管理还要更加严格。特别是个别机构还存在工作纪律执行不严、个别员工自律意识较差等比较严重的问题。我们必须在今后的工作中加以解决。

二、2014 年审计工作任务

当前的经营形势异常复杂严峻，业务发展面临困难较多，全行各个条线压力都很大。内部审计作为全行一支重要的监督力量，作为公司治理和风险管理体系的重要组成部分，我们的责任和任务十分艰巨，各方面对我们的要求和期待也很高。面对新形势，我们必须增强责任意识，主动适应变化和要求，正视矛盾和困难，做好谋划，认真组织实施项目，强化监督力度；必须坚定信心，通过前瞻、深入、有效的审计工作，服务好建行转型发展的大局；必须齐心协力，再接再厉，不断提高审计能力，改进工作方式、方法，推动审计质量再上新台阶。

2014 年审计工作的总体要求是坚持“揭示风险、服务发展”的审计理念，紧密结合当前复杂严峻的内外部形势，贯彻从严治行要求，强化监督作用，不断提升能力，揭示重要风险和重要问题，为全行健康可持续发展作出应有的贡献。具体应着力抓好以下几个方面的重点工作。

（一）紧跟形势，紧盯风险，认真组织实施全年审计项目

根据“三导向”的立项原则，总行制订了 2014 年度审计项目计划，已经董事会审批通过。

在组织实施方面，我再强调几点。

1. 按计划完成审计任务。今年的系统审计项目，与以往年度相比，项目“量大”，“覆盖机构多”，“突出了银行主要业务和风险敏感领域”。各机构应按照审计部的统一安排，提前做好准备，按照计划进度实施，保证全面、高质量地完成。关于自选审计项目，一定要在充分把握本区域风险特点和变化的基础上确定。在资源有限的条件下，应优先安排重要风险和合规审计项目，切实支持驻地分行，将风险和案件防控到位。对各机构上报的自选项目计划，审计部要一一审核，重点不突出、没有紧扣当前业务发展形势的，要及时调整。

2. 体现新形势下的工作要求。一是要服务好全行重点工作。2014 年是全行信贷风险防控年。信贷风险涉及领域广、类型多、突发性强，要结合区域风险特征，在既定的项目、常规领域之外，及时关注风险，不留盲点。还要特别关注转型发展中的基础工作，促进全行加强内部控制建设，这方面也要适当多投入资源。二是要进一步支持案件防控工作。2014 年全行将开展案件防控专项治理工作，总行党委明确要求“从严治行”、对案件“零容忍”。审计部专门研究起草了工作方案，作为这次会议的待议文件，供大家讨论、研究。审计条线要提高思想认识，强化责任意识，将案件防控的理念融入到各项审计工作之中，进一步加大对各类违规、违纪问题的揭示力度。三是要做好审计发现问题的责任认定工作。根据董事长提出“谁检查、谁认订、谁负责督促整改”的要求，总行已多次组织讨论，纪检监察部正在牵头拟订《中国建设银行检查发现问题责任处理暂行办法》；审计部也在认真研究具体工作方法，以及与审计制度、流程衔接等问题。待有关办法正式出台后，各机构要按照确定的工作流程，认真抓好落实。这方面既是总行党委的要求，也是监管部门对内部审计的要求，我们责无旁贷，一定要做好。

3. 保证审计项目质量。审计质量，是审计工作的生命线。这两年我们从上到下采取了很多机制和措施，以保证过程质量、成果质量，效果也比较明显。现阶段最重要的是继续抓好落实。这里再次强调几点：一是要突出实质性风险，有两层含义：一方面，审计资源要向重大或实质性风险倾斜，不能面面俱到；另一方面，分析问题要把握风险实质，定性准确。二是要查深、查透，审计过程中要坚持三个“不放过”，特别是重要风险和问题的线索，一定要充分取证，查清事情的来龙去脉。三是要深度分析，说深、说透。结合经营管理中“活”的情况，分析问题的原因、背景以及产生的风险隐患和影响，更全面地提供决策参考，促进整改到位。四是要遵循方案，但不拘泥于方案。严格遵守方案中规定的工作流程是保证审计质量的基础。但审计过程中不能完全照搬方案，还要根据实际情况，调整查证思路、重点、样本，确保不遗漏重要问题。五是保证报告质量。要继续落实好纠错纠偏机制，保证审计报告客观描述、准确无误。要运用好诸如“文书案例点评”等工具，提高报告撰写水平。

4. 创新项目组织方式。项目组织方式是科学审计的重要方面。面对形势复杂、工作任务量大、资源紧张的情况，要进一步推动审计资源的充分、合理、有效运用。组织方式要灵活机动。审计资源既要保证重要项目的实施，又要能承担一些紧急任务；要进一步发挥审计队伍的整体实力，紧跟形势变化，及时调整工作重点，快速组建团队，开展相应工作。要充分发挥专业机构在项目组织中的作用。专业机构要能进一步担当重任，在方案制订、审计信息处理、报告汇总等方面深度参与。要规范并推行跨区域委托协查的方式、方法。对于需要在异地分支机构或总行部门查证的，特别是重大和关键的内容，要明确委托协查流程，发挥条线整体优势，相互支持，共同提高重要问题的发现和揭示能力。

5. 持续强化审计跟踪。完全实现审计的价值，仅靠发现和反映问题是不够的，还要做好跟踪和督促。要在以往基础上，不断探索审计跟踪的方式、方法，促进整改机制的完善和整改效果的提高。要科学确定审计跟踪策略，进一步提高针对性。对于各类重要问题和风险隐患，要加大跟踪力度；对近两年分支机构案件的整改情况，相关审计机构要重点跟踪，评价整改的效果。要明确审计跟踪相关责任主体及其职责，进一步强调持续性。细化源问题发现和跟踪实施审计组的职责分工，并持续关注涉及内部控制、基础管理、自我完善机制等问题，将内部控制分析与审计跟踪有机结合。要加强审计跟踪工作的常态化管理，进一步突出精细化。全年的审计跟踪工作作为总行项目管理，组织各机构分别实施。各审计机构要结合工作实际，合理安排具体问题的跟踪形式、跟踪时间和组织方式，协调好项目进度，进一步提高审计跟踪工作的效率和效果。

（二）前瞻思考，深入分析，努力提高审计工作层次

做好新形势下的内部审计工作，不应只满足于对风险和问题事后监督，还要努力提升工作层次。我认为，可以从4个方面入手。

1. 全局视野。审计的最终目标是服务于全行工作大局，促进战略目标的实现。为此，审计工作必须放宽视野、胸怀全局，围绕中心，从风险和发展两个视角，加强对行业、区域、产品、客户的动态关注。审计关注要全面，既包括传统业务，也包括新兴业务；既包括苗头性风险，也包括系统性风险；既包括全行范畴，也包括集团范畴；既包括操作执行层面，也包括制度流程层面。还要突出重点，要关注体制改革、机制调整、转型升级、经营管理中的关键问题、难点问题和重要方面，为破解难题、化解风险、支持和促进全行战略转型，发挥积极有效的作用。

2. 前瞻预判。内部审计要进一步提高敏感性，深入研究外部宏观政策和市场环境，敏锐感知监管动向、突发性经营风险、外部敏感信息，及时把握外部环境变化对业务发展的影响，跟踪可能出现的新情况、新问题。要进一步提高预见性，不仅要关注事后，也要关注事前和事中，加强对风险的早期识别、预警，主动地分析预判，及时掌握风险的演变和传导路线，超前揭示大的风险事项，有效防范区域、系统和行业性风险。经营环境和风险形态是复杂多变的，前瞻预判工作颇具难度，但是非常有意义。如果能够做到位，在帮助全行驾驭复杂经营局面方面，内部审计会作出更大的贡献，获得更大的发展空间。

3. 深入揭示。审计揭示问题必须透彻，要努力做到三个“善于”，三个“防止”：一是善于分析违规行为的深层动机，防止具体问题的揭示不到位。要见微知著，深挖症结，不被表面问题所迷惑，不因初步发现而满足，善于查找问题背后的原因和动机，查清问题的本质，找到问题核心和实质所在。二是善于分析控制缺陷的影响程度，防止风险根源的揭示不到位。要追根溯源、切中要害，运用内控基础审计的理念和内控缺陷分析的方法，强化对内控缺陷的查证、分析工作，深度挖掘管理中的缺陷，尤其是在体制、机制、流程等方面的问题。三是善于分析风险事项的涉及领域，防止系统性风险的揭示不到位。要以小见大，运用发散性思维，对已有成果进行再联想、再延伸，将有关风险点放在整个区域和全行的背景下，全面综合、对比分析，以发现普遍性问题和集群性风险。

4. 有效建议。审计要真正能够促进经营管理、防范风险，就必须在发现和揭示问题的基础上，认真研究经营管理的规律，提出有分量的审计建议，帮助解决问题。要提高审计建议的可操作性。加强与业务部门的沟通，开诚布公，换位思考，增强对业务的整体把控能力，共同研究问题原因和解决办法，保证审计建议切实可行。要提高审计建议的针对性。对审计发现的不同层面的问题进一步细分，充分考虑整改工作的时效性和预期效果，督促业务部门采取果断措施，防止风险扩散、堵塞管理漏洞、妥善处置和避免损失。要逐步提高审计建议的层次。不能只满足于解决具体问题、表面问题，要从制度安排入手，从体制机制障碍、制度管理缺陷着眼。

（三）发挥优势，深挖潜力，持续提升审计履职能力

在审计资源相对有限的情况下，我们必须深入挖掘自身潜力，进一步发挥机制、技术、人才的作用及优势，全面、综合地提升审计履职能力。

1. 从机制优化挖潜。审计条线历来重视机制的作用，也做了很多探索，需要继续坚持，并结合实际不断优化创新。

一是创新审计机构间的支持协作机制。通过机构间互帮互助，协助中小机构解决困难，促进其修补能力短板。审计部要加强对审计机构的指导和帮助，特别要注重理念和方法的传播；中小审计机构要确立适合自身的工作目标，研究学习、积累、提高的方法；大型审计机构和专业牵头机构要树立全局意识，在做好自身工作同时，舍得投入优质资源支持其他机构。总行起草了《审计机构间支持协作工作方案》，作为本次会议的待议文件之一，正式下发后要认真组织执行。这项工作的效果，可以通过第二轮内评估工作来检验。

二是完善专业化建设管理运作机制。要进一步增强专业化建设对审计项目的支持作用，继续做好方案维护、知识库更新等基础性工作。要充分发挥牵头机构的引领作用，通过明确任务、交流指导、强化考核、述职展示等方式，强化牵头责任的落实。要进一步结合全行中心工作，选好主题，有针对性地研究，多出成果。

三是完善激励约束机制。要继续综合运用系统项目后续评审、特别贡献评选等机制，进一步加大对审计工作质量和重要成果的激励力度，落实重大审计风险事项和严重违规违纪问题的一票否决。要结合审计条线绩效管理工作全面推广，在总结试点经验的基础上，结合实际，逐步完善评价指标，进一步发挥好考核导向作用。各机构在制定考核细则时，一定要认真思考如何能契合本机构实际，细化考核办法，切实提高考核工作的科学性、有效性。

四是强化信息和成果共享机制。要在2013年基础上，坚持做好“两类”案例。注重总结和积累业务知识、查证思路、审计方法，加强学习和利用，形成信息和成果的规模效应。

2. 从技术进步挖潜。必须持续加强信息技术在审计工作中的运用，优化方式、方法，进一步提升审计工作的信息化水平。一是加大数据分析力度。充分发挥非现场系统集中、数据集中的优势，针对全行性的突发风险、监管重点及热点问题，建立集中分析、快速反应、及时反馈的风险监测和检查机制，有针对性地开展查证工作。二是加强系统和数据的集中管理。重点是构建统一、高效的审计模型集中管理平台，完成审计模型梳理、转换、入库工作，实现审计模型的集中管理、动态维护、及时共享和信息保密。三是推进新一代审计管理信息系统建设。以审计信息标准化为基础，审计作业流程化为目标，不断改进审计数据运用模式，促进审计工作的组织管理、项目管理、基础保障、作业流程与信息支持的全面融合。

3. 从人才培养挖潜。人力资源是内部审计最为重要的资源。要积极创造好的环境、机制和条件，持续加强人才培养，不断提升审计人员的职业素质，满足审计履职和未来长远发展的需要。一是加大新员工培养力度。要制订新员工培养实施方案并认真落实。应充分考虑新员工知识结构新、学习能力强、思维活跃等特点，有效促进新员工的转型和融入，逐步形成审计人才培养的完整链条，夯实人才储备基础。二是加大培训工作力度。要落实内部审计发展规划、实施计划以及总行培训工作要点，按照分类别、分专业、分层级的要求，探索构建包括学习、研究、评估、认证的培训体系。继续丰富培训形式，加大资源共享，强化资源利用，注重审训结合，增强培训效果。三是在实践中培养锻炼。要边学边审，边学边提高能力，通过师傅带徒弟、深度参与项目、承担重要工作等方式，促进审计人员自我提升，较快成长为业务骨干或专家。

（四）严格要求，规范有序，继续加强审计内部管理

审计内部管理涉及的内容很多。内部管理直接影响到我们这支“特种兵”的声誉和形象，以及我们的工作成效。管理的重中之重是以人为本，带好队伍。管好自己的人，看好自己的门，然后做好自己的事。党的群众路线教育实践活动刚刚结束，结合当前形势，我们每一个机构、每一个团队、每一名领导干部都有必要继续深入思考和重检：在内部管理上，我们有规范，重视得够不够？有要求，传导得够不够？有制度，执行得够不够？各方面工作的开展，力度够不够？

2014年我们抓内部管理，必须更加突出“严”字。务必要在以往基础上，进一步提高管理的力度，严肃规范、严明纪律，严格要求、令行禁止，确保不出差错，维护好建行的形象、审计队伍的形象。在此，强调几项重点。

1. 巩固教育实践活动成果。2013年，审计全条线按照中央和总行党委的要求，深入开展了党的群众路线教育实践活动。2014年，要紧密结合审计职责和工作实际，进一步巩固和深化活动所取得的成果。要重新回顾查摆出的问题，按照整改方案，继续做好后期整改工作。要保证整改的持续效果，通过制度、机制，解决一些关键问题。各级党员干部要严守各项规定，坚持廉洁自律，深入群众，持续改进工作作风。审计条线提出的“勤勉履职、务实清廉、提升能力、树立表率、服务基层、关爱员工”，要继续坚持，将教育实践活动的精神内涵，切实融入日常审计工作中。

2. 强化审计工作纪律。严明的纪律，是审计队伍发挥作用的一项基本条件，也是审计职业形象的重要体现。关于审计的各项工作纪律，在审计准则、审计人员履职尽责指引，有关建行员工行为的制度规范、通知通报中，都有体现。我们每一名审计人员都必须从思想上高度重视，在行动上自觉遵守，即便是小事、小节，也不能大意和疏忽，坚决不能做有悖于审计职业精神和职业形象的事。每一位领导干部，特别是审计机构负责人，必须切实负起责任，采取可行的措施，常提醒、常叮嘱，加强思想教育和引导，不断增强队伍的纪律意识；常关注、常督促，加强行为约束，开展行为排查，落实制度要求。要自律和他律并重，确保不越雷池、不踩红线、不出问题。

3. 加强信息安全和保密工作。从近期国家有关部门通报和媒体披露的失泄密案例来看，目前信息安全的形势是比较严峻的。审计工作性质特殊，接触的敏感信息较多，一旦有负面情况发生，结果很难预料。全条线必须高度重视，不论在审计项目中，还是在日常行为中，都应当强化信息安全和保密意识，常抓不懈。总行已组织力量，专门研究起草了《审计条线信息安全和保密管理方案》以及《应急响应预案》，正式下发之后，各审计机构要认真组织学习，严格贯彻落实。要做到全面管理、预防为主、合规审慎，按信息安全等级分级保护，提高全条线的信息安全管理能力和应急处置能力。审计部及各审计机构都要成立信息安全与保密工作领导小组，加强组织领导，明确管理责任，分工落实到人。信息安全无小事，切勿因小事疏忽而酿大祸。如发生泄密事件，必须严肃问责，一票否决。

4. 强化财务管理。2013 年以来，中央和总行陆续下发了一系列关于厉行节约、规范财务管理的文件，审计机构要组织员工认真学习，严格执行。2014 年的审计项目较多，出差任务重，我们的财务资源配置和运用需要精打细算，合理安排。一方面，要保证工作任务的完成，按进度有序支出；另一方面，要加强成本预算管理，厉行节约，模范遵守各项财经纪律和制度规定。财务支出必须符合中央八项规定和总行相关要求。审计机构负责人作为财务管理第一责任人，要强化责任意识，严肃纪律，切实把好财务审批管理关。

5. 加强员工关爱。随着审计工作任务的加重、压力的加大，审计条线的各级领导干部，还要进一步加强员工关爱，这方面，既要有正确的态度，又要有合适的方法。要真正做到关爱员工：关注员工的思想动态，关怀员工的职业发展，关心员工的身体健康，关照员工的生活困难。要帮助审计人员正确对待工作压力，激发内在动力，营造“和谐向上、高效快乐”的工作氛围。

同志们，2014 年内部审计工作任务艰巨，我们要在总行党委、董事会、监事会、高管层的领导下，统一思想，齐心协力，攻坚克难，认真履行审计职责，充分发挥审计作用，为全行业务健康发展作出应有的更大贡献！

第三部分　改革发展与内部管理

一、改革创新与业务发展

资产负债管理

2014年，建设银行人民币贷款新增8 479亿元，增速为11.1%，位居四大行第二。实现中间业务净收入1 058亿元，收入总量保持同业第二，贷款相关类收入占比持续下降。净息差（NIM）为2.81%；日均备付率为1.34%，同比下降12个百分点，资金运用效率进一步提高，资本充足率保持同行业领先。

一、加强计划管理，有效推动业务发展和结构优化

（一）落实转型发展规划，建立“大资产大负债”计划管理体系

初步构建涵盖表内外、本外币、境内外和母子公司的计划管理体系，分别从银行和客户的角度，编制综合资产、综合负债、综合金融服务计划，从集团层面强化资产负债业务的管理和协同，实现资产结构由贷款为主向信贷、投资、资产管理并重转变，负债结构由存款为主向存款、主动负债、新型负债、全量资金并重转变，提升银行综合化经营水平，为客户提供全面的金融服务。

（二）改进贷款计划分配机制，合理配置信贷资源，确保符合监管要求

贷款新增总量和进度符合监管要求；零售类贷款新增5 625亿元，增速为17.1%，高于各项贷款平均增速6个百分点，符合规划要求；结合国家区域发展策略，加大对西部地区分行的信贷支持力度；小微企业贷款和涉农贷款新增满足监管要求。

（三）加强业务分析，着力解决制约发展的基础性问题

出台《关于存款业务发展的几个问题》，旨在解决网络拓展、资金承接、利益补偿等8个系统性、基础性问题，改善和强化大银行的网络优势，将分散在公司、个人客户手中的结算资金沉淀在我行。组织召开综合经营形势分析会，及时抓住业务发展中的难点和重点，如资金形态变化、资产质量压力、经济“新常态”下的业务发展策略等，切实解决业务发展中存在的问题，提出相应的管理建议。

（四）积极推动服务与产品创新，优化产品和收入结构，确保中间业务稳健发展

全行克服了经济增速放缓、监管部门服务收费新政实施等因素影响，实现中间业务收入1 058亿元，顺利完成全年计划，收入保持同业第二；剔除贷款相关类产品后，增速、增量均位居第二，市场地位得到巩固。同时，中间业务结构调整效果显著，贷款相关类收入占比较上年下降超过3个百分点，体现服务能力的重点产品大都保持了较好的发展态势，符合年初预期。综合管理推动有效，采取标杆管理、挖潜增收、分行巡讲、业

务培训等措施，进行案例交流和推广，寻求新的业务增长点。采取多项有效措施，提升全行中间业务收入预测的准确性，全行年末当日预测与实际仅差0.2亿元。

（五）加强计划和基础管理，表外业务结构调整成效显著

针对表外基础数据薄弱的现状，2014年下大力度对表外数据进行了全面清理，重新核实数据口径，明确取数规则和路径，牵头开发完成新权重法下表外RWA系统，大大提高了数据的准确性和时效性。完善“按月监测、按季分析”的常态化监测分析机制，设计分行、产品、收益等多维度管理报表，更准确、全面地反映分行的经营状况。表外业务计划实现双向约束，通过建立退回机制，引导分行优化业务结构，既支持了表外核心业务发展，又节约了加权风险资产，年末分行累计退回风险加权资产（RWA）779亿元，承接351亿元。

二、加强利率市场化形势研判，提升息差主动管理水平，推动全行提升市场化定价能力，全年NIM为2.81%，保持四大行第二

（一）加强利率定价监测与分析，实施与引导资产负债合理匹配

一是对资产负债配置的总体结构和阶段性错配提出建议和价格配合，有效提升同业业务和债券投资的收益率。二是对高成本存款进行量价策略研究，及时提出政策措施与建议。三是动态监测业务发展量价走势并提出定价建议，全年新发生人民币非贴贷款利率为6.48%，同比提高9个百分比。

（二）推进客户综合定价，实现对业务定价的电子化支持

贷款综合定价模型实现了从单一产品定价向客户维度定价的转变，试点客户定价优于同类客户全行平均水平，市场竞争力和客户综合贡献度得到提升。2014年，先后进行两次业务培训，为下一步全行综合定价大规模应用奠定了基础。

（三）积极推进LPR应用，建立了建设银行LPR定价曲线

组织全行应用推广LPR贷款定价，应用范围从对公贷款扩大至个人贷款和同业借款。2014年基于LPR定价的贷款发生额累计达5 581亿元，发生额占比为13.81%，同业领先。同时，完善LPR应用基础建设，完成系统改造和合同修改，持续开展LPR业务培训与通报并研究建立了建设银行LPR定价曲线。

（四）持续下放定价授权，让最贴近市场的经营主体掌握更大的定价话语权

在定价授权管理中不断增加市场因素的比重，随利率市场化进展程度在2014年先后两次大幅简政放权，给予分行明确的政策导向和充分的定价权限，引导全行价格管理和市场竞争有效、有序地向前推进，价格授权力度保持同业领先。同时，加强事后分析与管理的配套工作，建立了动态监测体系，定期对利率走势和授权执行情况进行分析和总结。

（五）提升市场化价格机制的灵活性，促进同业业务快速发展

一是动态公布市场化产品指导价格，对同业业务资金来源和运用进行有效指导，2014年共根据市场变化调整价格62次，通过价格手段支持同业撮合性交易业务发展。二是通过适当的价格优惠，促进理财回存和海外人民币回存业务。截至2014年末，人民币同业存款余额10 022亿元，位居四大行第一，其中理财回存和海外回存4 461亿元，占比达44.5%。三是牵头完成同业存单筹备工作，成为首批成功发行同业存单的试点银行。

（六）建立对新型特色业务的定价支持快速反应机制，以点带面促进新型业务增长

积极响应特别地区、特殊业务对定价方面的相关需求，与总行部门和分行共同完善定价机制，针对特殊业务给予快速灵活的支持响应。一是针对特殊经济区域，如上海自贸区、中新（中国、新加坡）跨境金融中心等给予优惠价格政策，支持区内业务创新。二是针对沪港通业务境外换汇交割时间不确定的问题，在确保流动性安全的条件下通过加大价格弹性予以解决。三是为支持伦敦清算行筹建初期的业务拓展，大幅降低账户融资价格并调高活期存款利率。四是积极响应海外分行价格联动需求，如通过利率和计结息规则的优惠政策，为台北分行争取到与当地“中央银行”多次业务合作。

（七）新版服务价目表公示及运行平稳有序

重新梳理修订《中国建设银行服务价目表》，并于2014年8月1日在我行的所有营业网点、官网进行公示，11月1日正式实施。新版服务价目表在2012版已经大幅缩减的基础上再次进行较大幅度归并，市场调节价项目从2012版的332项降至现在的214项。积极组织行内系统、合同文本及凭证的改造工作，在监管要求时间内，实现平稳落地。

三、推进资本精细化管理和集约化经营，资本充足率水平继续保持同业领先

（一）持续做好新资本办法实施，完成中长期资本规划编制

及时向董事会和管理层汇报资本充足率执行情况，会同信息中心确保资本充足率计量、报送和披露的准确及时；牵头组织2015—2017年集团资本规划编制，协调整合中长期业务预测、风险预测和财务预测，全面引入风险敏感的资本计量高级方法与权重法并行测算，做好年度资本计划监控；加强对子公司和海外分行资本管理指导，如建亚资本金汇率风险管理方案、巴西BIC并购等；牵头配合对资本充足率和内部资本充足评估程序的内审检查并及时做好整改。

（二）推进风险加权资产节约措施，加强产品精细化管理

2014年牵头组织多部门推动一系列风险加权资产节约计划的落实，有效保障了建设银行资本充足率同业优势。如积极组织部门研究建设银行保本理财风险缓释政策统一，通过将保本理财列为合格金融押品，实现风险加权资产节约320亿元；会同集团部研究加强人民币额度贷款形成的贷款承诺管理，节约风险加权资产约35亿元；推动投行部、风险部（保全）加快高资本占用的债转股和抵债资产处置，节约风险加权资产约210亿元；此外，还积极协助部门细化押品分类、推进信用卡额度精细化管理、开展保函清理和余额重估、优化小微企业系统判定口径等。会同风险部、金融市场部对各类债券投资经济资本计量规则进行全面梳理，推动债券投资的精细化管理及资本回报提升。启动创新产品资本评估工作机制，已完成多单创新产品资本评估，强化资本管理能力建设。

（三）积极应对新资本工具创新，同步推进多起工具发行

分别会同金融市场部、投行部圆满完成境内200亿元二级资本工具（“10+5”年期，利率为5.98%）和香港20亿元二级资本工具（“5+5”年期，利率为4.9%）发行，通过精心组织发行方案设计、路演询价和销售沟通等，在较好的控制发行成本同时获得了投资人充分认可，其中，香港发行开创了境内银行在离岸人民币市场的首单资本工具创新。稳步推进优先股各项准备工作，牵头拟定报董事会五项议案并获审议通过，做好与境内外监管机构的沟通。同步推进美元资本债和伦敦债发行准备，已向发展改革委、人民银行、银监会等报送全套申请，监管批复后即可组织发行。

四、流动性管理实现预定目标，全年人民币日均备付率为1.34%，比上年下降12个百分比；四大行最低，比工商银行低5个百分比，比农业银行、中国银行分别低37个、101个百分比

（一）进一步加强流动性统一管理，提升抵御流动性风险能力

年初将理财资金纳入全口径流动性管理范畴，要求新发生的理财资金必须全部存放于系统内，现有理财存放同业资金到期后全部收回用于补充流动性；实施同业业务统一管理，分行是否开展存放同业、非银行金融机构借款、买入返售票据等业务，由总行适时根据全行流动性状况统一安排；加强集团流动性协同管理，按计划向子公司提供资金支持。

（二）强化日常资金头寸匡算与预测，抓住利率高点合理摆布现金流

建设银行保持了适度的流动性储备规模，通过合理安排存放同业、买入返售续作节奏，除个别时点融入资金外，绝大多数时间对外融出资金。在市场资金紧张阶段，始终保持流动性状况良好，12月以来通过存放同业、买入返售票据、货币市场、保本理财存放同业等渠道融出长期资金2 182亿元，抓住了利率高点。

（三）率先完成人民银行二代支付系统上线

在人民银行总体安排下，建设银行二代支付系统先后分三批完成全部分行的推广上线工作，成为首家完成切换的全国性商业银行。系统上线后，分行日均头寸减少236亿元，经测算每年可增加投资收益6.7亿元。

五、协助中国银监会完成多项监管政策和方案的制订，获得高度评价

作为唯一一家大型商业银行代表，向中国银监会介绍建设银行流动性压力测试的流程、方法，并据此制订了监管主导的流动性压力测试方案。受银监会委托，多次组织深入调研、广泛征求意见、开展封闭讨论，起草完成《商业银行表外业务管理办法》，银监会领导明确表示“该办法是银监会当年起草制度中，质量最高，逻辑最严谨的管理办法”。参与银监会银行账户利率风险经济资本计提方法研究课题，根据我行现状对巴塞尔委员会拟实施的方法提出建议。

六、推进新一代定价管理组件开发上线

2014年是新一代定价项目二期实施关键的一年，项目组严格遵循新一代企业级、结构化的总体要求，充分借鉴国际国内先进经验及未来利率市场化需求，对能力需求进行了优化、拓展，并开展CCCBS现状梳理、海外分行需求分析等多项专题研究分析工作，已顺利完成了应用分析、系统设计、代码开发、单元测试、测试准备等步骤工作，目前已进入测试阶段。定价管理项目推进实施较为顺利，项目40主题综合定价模型已于2015年1月上线。系统构建了包含单笔定价、客户关系定价、客户综合产品定价在内的多层级的综合定价模型体系，对建设银行由产品定价向客户综合定价转变，有效应对利率市场化竞争，提升建设银行贷款定价管理水平起到积极作用。

七、高质量完成定期报告编制，评级工作顺利开展

严格遵循监管要求，按时完成定期报告编制；对定期报告架构进行系统优化，增强了信息披露的针对性，投资者反响良好。为满足子公司评级需求，将子公司评级有关条款（费用）纳入与标普的续签合同。

八、严格公文督办，全年受理分行请示事项平均办理天数1.80天，运转效率保持稳定

执笔：肖尧

财务会计管理

一、优化资源配置，引领业务稳健发展和盈利持续增长

发挥综合经营计划管理平台的主线作用，以价值创造为导向、紧密契合战略转型方向，持续优化资源配置，动态监控计划执行进度，根据经营形势的变化适时调整，取得显著成效。2014年，全行利润实现平稳增长，ROA和ROE等核心财务指标在大型商业银行中继续名列前茅，顺利完成董事会年度经营目标。

一是组织综合经营计划的实施，加强对计划执行的动态把控。2014年，综合经营计划着力于“挺增长、调结构、推转型、促创新”，坚持底线思维，制定积极的业务发展目标，通过机制安排、目标管理、合理配置和评价考核等工具的综合运用，通过向管理层及时提供核心信息和分析，通过对主要财务事项的预测和管控，适时适度调整相关政策，有效支持了全行的经营决策、业务发

展和盈利增长。

二是以激励价值创造为导向优化资源配置，提升资源使用效率。严格执行“上不封顶、下不保底”的强激励政策，激励业绩进步，调动分行价值创造积极性；改进固定资产投资配置模式，由以往的需求配置为主转变为需求和机制安排相结合，引入价值创造指标。根据分行经济增加值等指标挂钩资本性投入安排，体现资源配置导向，激励价值创造。

三是紧密契合战略转型方向加大重点领域资源投入。重点支持具有战略意义的“新一代核心系统”建设，各区域性生产园区建设，善融商务平台建设，IT“两地三中心”建设等，提升信息技术对全行业务发展的支撑能力；压缩办公楼、乘用车辆和办公设备等非生产性投入，重点支持电子银行渠道建设，促进业务转型发展。资源配置更加注重机制化，扩大分行计划管理的自主性。

二、精简优化绩效考核体系，更好地引导全行落实发展战略

以“深化考核”和“服务转型”为主线，把握“精简”原则，对等级行、KPI以及EVA为核心，“三位一体”的绩效考核体系进行了优化，重点优化绩效考核管理工具，加强考核机制的传导，做好绩效考核外部衔接，不断提升绩效考核的引导作用和对业务发展的服务支持能力。

一是优化分行绩效考核，引导发展战略的落实。贯彻“精简”原则，突出引导核心经营成果和关键业务的指标。选取客户金融资产、客户数量等最为核心的经营指标，综合评价考核主体经营状态；设置客户、产品和渠道作为关键业务指标，夯实可持续发展能力；强调风险内控管理，提高风险内控指标权重；通过复合性、可选项指标设计，体现分行考核的差异化。

二是完善总行经营部门业绩评价方案，促进业务部门管理责任的有效落实。按照“全面考核、压力均等”的管理要求，量化总行经营部门业绩指标评价工作，形成效益、风险、业务发展、联动、创新和加分项六个维度的考核指标体系。细化对各个客户责任部门效益、风险、客户和产品等指标的考核要求，进一步提高评价指标的科学性和合理性。

三是加强考核管理和指导，确保考核政策传导的有效性和一致性。通过发布绩效考核指导意见，严格落实监管方面的限制性要求，赋予分行在统一框架下结合实际情况作出灵活调整的自主权，有效传导和贯彻总行的管理意图。加强一级分行对下考核的指导力度，纠正考核传导中与总行考核要求不符的部分，确保考核政策传导的一致性。

三、狠抓成本精细化管理，着力提升费用管理的规范性和效率

贯彻中央和总行党委相关要求，优化完善费用管理制度建设。在收入和盈利压力增大的情况下，坚持厉行节约，勤俭办银行，进一步加大成本管控的力度。优化成本管控模式，全面梳理费用科目和事项，逐项分析重要费用事项的支出动因，大力压缩费用支出，合理控制费用总量。2014年，全行经营费用增幅持续趋缓，成本管理成效显著。

一是严格落实国家厉行节约反对浪费条例精神，研究制定相关费用管理制度。深入研究国家厉行节约条例及相关办法，拟定建设银行差旅费、会议费等财务支出事项管理办法；与同业保持密切沟通，就管理办法进行多次充分交流，确保既完全符合国家规范要求，又能够适应商业银行的特点，既能够合理管控费用、节约支出，又能够满足业务发展的合理需求。

二是加大成本管理精细化力度，切实推进费用开支结构调整。全面梳理费用科目和事项，逐项分析重要费用事项的支出动因，相应制定管理策略、管控目标和结构调整方案，对招待费、会议费、差旅费等重点费用实行专项管控，在年度中不断扩大管控范围，加大压缩目标。2014年，全行招待费、会议费、宣传费和车辆费同比大幅下降，节约不必要的支出，腾挪资源用于支持业务拓展和战略性业务发展。加大闲置资产处置力度，制订专项压缩计划，动态监控整改和新增情况，督促整改落实并监控后续风险。

三是全面推进全行外包事项清理，合理控制外包费用增长。本着审慎原则，在全面调研、梳理、研究分析的基础上，提出加强外包管理、提升成本效率的策略建议及后续工作安排，初步制定外包管理目录，拟订外包管理办法，规范外包会计核算，全面清理全行驻点外包，针对不同外

包事项，明确后续管理政策。

四是总行本级带头强化增收节支，压缩无效低效成本支出。全面梳理各项费用标准，扩大费用定额标准覆盖率，严格控制总行本级成本支出；调整和规范部门营销公关经费支出，明确列支范围，制定支出标准；继续执行集中采购制度，符合条件事项严格按要求进行集中采购。同时，优化流程，提高效率，提高年度预算执行的均衡性。

四、完善集团财会管理模式，支持向综合性银行集团的战略转型

支持集团化发展战略转型，在综合计划编制、损益管控、绩效考核、系统建设等多方面优化完善财会管理手段，对海外分支机构、集团内子公司实施统一的财会管理，有效提升集团财会管理的能力。

一是探索建立集团统一的计划、损益管控机制，夯实财会管理基础。将子公司纳入预算管理范畴，年度计划编制首次覆盖全集团。建立子公司损益预测和报送机制，尤其是对子公司工资增长，建立与利润增长的控制规则，在激励子公司业务发展和集团工资统筹管理之间进行协调平衡。以提升未来盈利能力和长期竞争能力为目标，优化海外机构计划管理，主动引导海外机构调整资产结构，提高客户存款占比，流动性管理。重构海外机构绩效考核评价体系，更好地引导海外机构落实全行海外发展战略。

二是以集团统一会计政策为基础，提升海外机构会计核算的规范化水平。规范海外机构会计核算，明确对账要求，强化会计信息质量的过程管控；建立定期财会专项现场检查机制与总账远程监控机制，通过报表审计分析追根溯源，提高财会管理的规范化程度。对部分海外分行在金融工具种类、数量、估值管理政策、估值方法等进行调查分析，研究改进海外分行估值管理具体措施，积极探索集团统一估值管理和指导的策略和方法。

三是牵头完成海外新设机构的核心业务系统上线，支持国际化拓展战略的实施。先后完成OCBS系统在新设立的多伦多分行及俄罗斯、新西兰子行的推广上线事宜；牵头完成OCBS及周边系统日常功能优化工作；制订OCBS系统应急方案，根据不同的紧急事件制定相应的应急响应策略，从系统运行角度确保海外机构的拓展。

五、丰富完善财会管理手段，为经营转型提供有力支持与服务

密切关注宏观形势及经营管理要求，切实履行专业职责，以“服务转型”为主线，通过加强数据分析、创新管理手段，完善财会制度等多种方式，支持服务工作深入业务发展的过程和前端，深化支持内容和力度，不断提升服务和专业支持能力。

一是不断深入业务发展过程和前端，为业务经营决策提供财务专业支持。研究制定业务延伸类项目投入产出分析流程与政策，提供全行性、统一适用的延伸类项目财务分析决策工具，评判财务投入合理性；响应业务需求，研究设计行际业绩和收益分成方案，在全行层面明确收益分成机制及制度安排，促进了联动效益的形成；开展社保项目阶段性后评估，推进业务有序开展、确保财务资源有效使用、顺利实现项目投入产出既定目标。

二是针对经营创新进行研究，为业务发展提供专业的核算支持。配合人民银行利率市场化进程中存款类产品创新，制定同业CD、大额存单等业务会计核算规则；制定自营理财、贵金属租赁、经销贵金属业务的会计核算规定，全面反映各类业务的经营风险；配合自贸区分行业务开展，制定相关会计管理制度；支持业务部门产品创新需求，研究制定结构性存款、贵金属延期交易等会计核算办法。开展估值研究，优化估值方法，提升量化分析能力。

三是开展税务政策专题研究，支持业务发展。开展黄金租赁业务的涉税问题专项研究，积极参与国家税务局关于开展金融业销售金银制品消费税的调查工作，促进相关税收政策的完善与明确，提高自身税务管理规范化水平，降低税收政策风险，更好地支持业务发展。密切跟进国家税收制度改革动向，对有重大影响的税收政策深入研究分析，重点关注金融业“营改增”进展，做好随时响应的准备。

六、全面推进“新一代”核心系统财会相关模块建设，铸造财会专业化管理的新抓手

一是全面推进“新一代”财务会计组件建

设。积极推进会计引擎建设，支撑所有业务通过会计引擎产生稳定、准确的会计账务信息；将交易封装以减少手工账务，提高核算自动化水平；建立统一的中间业务收入及费用计量模块，实现利息收支每日逐户计提；研究税金计缴自动化处理；设计多维度会计科目体系，提供灵活多样化的会计信息；以集团总账为核心拓展总账数据范围，自动生成准实时总账，提升总账数据应用的深度和广度；开展海外机构核算规则梳理、会计引擎设计、总行功能研究等工作，推进境内外财会管理、会计科目、财会处理流程一体化。

二是构建盈利分析与绩效考核模型，完善管理会计系统功能。管理会计系统完成包含存贷款、中间业务收入、资金等100多个基础产品的盈利计量、成分分摊和业绩分成计量方案设计，多维度盈利分析功能更加完善，更好地支持经营业绩分析计量；搭建全行统一的绩效考核指标评价模型，实现对机构、部门、条线维度的效率、效益、风险等绩效考核指标的统一计量与展现，提升考核数据的客观性、公正性和权威性。

三是开展“新一代”综合经营计划组件、金融工具估值系统建设。在对综合经营计划管理流程和具体工作内容进行分析和总结的基础上，研究设计新一代综合经营计划系统，以实现集团经营计划的自动化编制、财务收支的高频测算、关键计划指标执行情况的实时监测和预警。着手推进估值系统自主研发建设，打造建设银行金融工具估值的核心竞争力。

七、持续推进财会基础能力建设，为全行长期可持续发展奠定坚实基础

主动应对外部监管要求变化和全行业务转型的需要，完善会计核算和财务管理制度，积极开展财务数据的日常审核监控，积极配合内外部检查，创新管理手段，提升财会基础管理能力，促进全行长期可持续发展。

一是优化财务授权体系。持续推进管理职能的转型，将原来对具体事项的事前授权审批模式，转变为明确管理规则与机制、强化事后监督与控制、强化责任落实的模式。从减少授权审批和改善制度管理流程两方面入手，缩减授权审批事项，扩大授权审批金额，有效提升分行对业务创新和市场竞争的响应速度，提高全行整体经营效率。

二是完善财务会计非现场检查、监控机制。依托总账监控系统，加强总账数据的动态监控，每日对重点关注项目和科目波动的合理性等进行检查，对发现的问题建立定期通报评价机制，促进各级行提升会计信息质量的主动意识；建立财务会计内控检查模块，初步建立了非现场检查机制，提高检查的效率。

三是开展经费全流程管理研究，增强经费管理规范化水平。从共享中心管理运行和经费业务的实际需求出发，制定并下发经费业务操作手册和备用金管理办法，完成共享中心制度体系再构。组织共享中心账务清理和暂收暂付款挂账清理，规范全行共享中心日常运作。开展经费全流程管理研究，依托柜面业务集中处理平台，实现部分分行经费凭证影像传递，提升经费业务效率。

四是认真完成税收迎检，有效排除税务管理风险。积极配合税务机关对建设银行的税收风险管理检查，经过周密部署自查、研究税收相关制度、分析解答税务机关提出的问题，加强内外部联动，较好地完成了迎检工作，合理控制了税收风险。并以此为契机，加强税务风险防控意识，建立健全税收风险内控体系，提高了税法遵从度。

五是以检查促管理规范化的提升，构建财会管理长效监督机制。结合内外部形势，明确检查重点，有针对性地对招待费、经费挂账等重点领域安排专项审计。对检查发现的问题，督促分行开展责任追究，狠抓整改落实，对于发现的制度层面问题，积极研究改进措施，推动检查成果的转化，促进财务内控水平的全面提升。

八、优化财务报告编制机制，确保财务报告高质量

高度重视财务会计决算组织与报告编制工作，通过加强定期财务分析、深入研究监管政策等措施，将年终决算和报告编报要求落实到日常工作中，不断提高信息披露质量，编报的各期财务报告得到外部监管部门、投资者等的一致好评。

一是按时保质完成各期定期财务报告编制。组织财务报告集中会审，对分行财务报告编制进行实时指导，促进行际间、与外部审计间交流与沟通，圆满完成各期对外财务报告编报工作。对

建设银行集团经营成果、现金流量及财务状况进行分析并分别形成专题备忘录，内容涵盖信贷、非信贷、资金等各项业务，扩大知识传承与共享。

二是精心组织年度财务会计决算工作。通过召开全行决算会议进行统一部署，做好各项年度决算工作，年终结转平稳、有序，决算信息真实、准确、完整。决算报表编制过程中，严把基础数据质量关，提高决算报表的准确性，将财务决算报表与财务报告编制进行有机结合，确保了财务决算报表与经审计财务报告的一致性。在2013年度全国金融企业财务决算报表工作评比中，建设银行在39家中央金融企业中位列第二，连续三年获得财政部的通报表彰。

执笔：张歌

股权与投资管理

一、加快子公司转型发展，持续提升并表管理能力

2014年，建设银行深化协同，促进集团综合金融服务能力提升；抓紧机遇，加快推进子公司转型发展；完善子公司治理结构，提升集团并表管理能力。

（一）深化协同，促进集团综合金融服务能力提升

一是母子公司双向协同效应显著。2014年统筹组织战略协同工作，分行全面完成年度联动计划，与子公司业务联动量达2 492亿元，同比增长87%，计划完成率为133%。子公司充分发挥牌照和制度优势，为集团客户提供综合投融资服务，全年累计新增综合投融资规模1 785亿元，年末子公司自有资金在母行存款63亿元，对集团中间业务收入贡献达28.7亿元，配合母行理财资金回流年末规模2 194亿元。

二是强化业务联动计划考核。首次将母子公司业务联动纳入全行综合经营计划，战略协同考核纳入一级分行KPI考核战略业务包，按季通报计划执行情况，督促落实；持续优化母子公司业务联动计划管理和考核机制，按照集团统筹发展与市场化并重原则，提出优化完善分行KPI考核意见，协助编制2015年业务协同计划。

三是下沉工作重心，优化战略协同工作机制。牵头组织子公司与一级分行直接开展业务联动系列活动。推动北京分行与全部子公司签订战略合作协议，形成子公司产品手册、协同联络图、项目备忘录等一系列成果，并组织子公司与河南省分行业务对接。加强协同信息交流和培训，首次面向分支机构举办战略协同基层培训，建立分行与子公司直接沟通渠道和信息互动平台，并及时总结、宣传和推广。

（二）紧抓机遇，加快推进子公司转型发展

一是深化子公司市场化改革。及时跟进国企改革大势，支持子公司把握改革机遇，增强市场化发展能力。按照总行党委部署，以建信信托作为试点，牵头制订完成改革方案，提出子公司改革思路、举措和实施策略，明确引进战略投资者、完善现代企业制度建设、建立职业经理人制度、强化任期目标和绩效考核等改革重点。

二是推动中德银行战略转型。抢抓国家住房保障体系建设契机，会同中德银行研究战略转型总体构想和方案，并联合天津市政府上报国务院。积极开展宣传工作，主动沟通汇报，转型构想获得银监会等相关部委总体认可，银监会已牵头将转型意见上报国务院。住房储蓄业务有望纳入国家住房政策体系，修订监管条例、全国展业等转型核心目标基本可实现。

三是支持建信租赁增强资本实力和提升专业化经营水平。把握国家产业升级和经济结构转型

的战略机遇期，会同建信租赁完成增资35亿元的可行性研究和内外部报批，支持公司业务大力发展，尽快提升行业竞争力和抗风险能力。协助公司与建银国际合作设立境外SPV，搭建飞机租赁业务海外发展平台，进一步打造专业化优势。

（三）完善子公司治理结构，提升集团并表管理能力

一是加强派出董监事履职支持与管理。制定《专职派出董事监事履职办法（暂行）》，首次为派出董事监事依法合规、专业高效履行职责建立制度依据及管理体系。专题研究国外先进公司治理及同业做法，梳理分析子公司治理机制存在的问题，提出改进建议。通过组织派出董事监事履职培训，赴境内6家子公司开展专题调研等举措，进一步提升派出董事监事履职能力，推动子公司业务发展及管理规范。

二是精简和规范子公司经营管理权限。梳理子公司治理结构和授权体系，制定并下发《股东意见书》，对子公司人事、预算、投资等共性事项进行统一规范，进一步做实和支持子公司独立法人地位，确保子公司“三会一层”权限与总行授权体系相衔接，与公司业务规模、管理水平相适应。优化子公司议案审核流程，提升效率。

三是积极履行并表管理牵头职责。组织完成2013年并表管理自评估，牵头编制2014年并表管理工作计划，梳理形成31项具体工作任务，分解到14个部门，按季度跟踪、督促落实。会同总行风险管理部门及时传导总行风险与内控政策，组织子公司全面落实外部检查要求。通过一系列措施，显著提升集团并表管理能力和水平。

二、持续深化战略协助合作，促进协助成果的转化与运用

（一）全面完成与美国银行和淡马锡战略合作年度计划

2014年，建设银行与美国银行和淡马锡不断挖掘潜力、努力提升合作水平，战略合作持续顺利进行。全年与美国银行共完成战略合作项目46个，涉及总行部门20余个、试点分行20余家，建设银行600余名员工和美国银行近200名专家参与，61名业务骨干赴美参加跟岗培训。此外，建设银行与淡马锡开展了2期培训，23名财富管理与私人银行条线的业务骨干参训，并顺利完成了市场风险管理领域的模型验证咨询项目。

（二）服务发展战略，解决关键问题，合作项目取得预期成果

根据“服务发展战略，解决关键问题”的项目选择与实施原则，本年度建设银行与美国银行在公司业务、小企业、私人银行、网络金融、信用卡和信息系统等领域继续开展深入合作，项目成果丰富。创建了公司银行业务特定产品的存量客户筛选模型，成功营销产品率达22.83%；首次规范了网点营销小企业业务的推荐及销售流程，第一个月内通过试点网点营销新增小企业贷款10笔，累计金额230万元；首次尝试为私人银行客户出具家族信托方案，全年开展家族信托业务21单，合计金额14.5649亿元；首次实现了在建设银行互联网网站上动态采集分析客户的访问、浏览、点击等行为，完成了8大类56个动态行为指标数据的业务测试；构建了信用卡现金分期产品的差异化定价模型，开发了信用卡新开账户价值矩阵模型，实现了根据行为、产品与申请评分三维细分情况预测新账户未来三年的业务收益；通过调整参数配置改善建设银行信息系统设备负载偏低的状况，将原有虚拟设备部署密度提高了50%，减少软硬件采购投入约1亿元。

（三）拓展战略合作关系，丰富战略合作内涵

与美国信安金融集团就未来合作领域进行了有益的探讨，将养老金业务以及资产管理方面的咨询与合作纳入战略合作范围。

三、稳步推进海外并购，巴西项目取得突破性进展

2014年8月29日，建设银行完成了收购巴西Banco Industrial e Comercial S. A.（巴西BIC银行）总股本72%的股份买卖交易的交割手续。此次收购是截至2014年中资商业银行在海外规模最大的控股权并购。收购基本实现了建设银行进入巴西市场的战略目的，一举成为巴西市场规模最大、业务最全的中资银行，获得国内外市场的普遍认可。

执笔：李雯霁　唐奇　吴倩颖

公司业务

一、重点业务指标表现良好

（一）账户新增蝉联第一，客户基础日益夯实

一是公司机构客户总量达348万户，新增41万户，增速为13.53%；有效客户154.16万户，新增10.74万户，增速为7.49%。在重点领域客户拓展方面，第一批总行级主办银行客户774家；与交通部门开展ETC合作的分行已达21家，发卡199.56万张；与205家企业签订备付金存管相关业务协议，当年新签约持牌客户36家，签约客户中持牌客户覆盖度达66%；电子商务签约平台达84家，新增46家。

二是单位人民币结算账户总量486万户，账户总量四大行占比为23.9%，比年初提升1.18个百分点；账户总量新增68.06万户，增速为16.28%，增量、增速四大行排名第一；基本结算账户占全部账户的62.8%，比年初提高2.83个百分点，连续五年持续提升。

（二）实体经济支持有力，重点领域业务优势持续巩固

一是基础设施行业贷款高速增长，新增2 747亿元，在公司类贷款新增占比为65.09%，余额占比较年初提升1.68个百分点。涉农贷款余额17 966亿元，比年初新增1 975亿元，增速为12.35%，完成监管部门“保持涉农信贷投放总量增长”政策要求。网络银行累计放款1 371.25亿元，累放客户16 893户；其中，2014年以来，累计放款208.65亿元，纯新发放客户490户。中小微企业贷款余额29 003亿元，占各项贷款余额的32.89%，较上年提升2.1个百分点。

二是有效储备充足。全行贷款储备总额65 766亿元，较年初新增6 954亿元。其中，签约待投放储备总额5 690亿元，较年初增加737亿元；审批通过未签约储备总额20 671亿元，较年初增加1 238亿元。在客户结构方面，信用评级较好（1～8级）以上客户占比为70.2%，优秀和卓越客户占比为9.67%

（三）结构调整成效显著

一是产能严重过剩，5个行业均实现信贷、贷款“双降”。产能严重过剩行业（剔除全额保证金）信贷余额1 867亿元，贷款余额1 407亿元，分别比年初减少82亿元、50亿元。

2014年12月1日，建设银行与辽宁省人民政府在京举行高层会谈并签署《支持辽宁老工业基地振兴战略合作协议》。

二是全口径、监管类平台贷款保持“双降”。全口径平台贷款余额6 930亿元，监管类平台贷款余额3 452亿元，分别比年初减少236亿元、286亿元，圆满完成监管部门总量控制要求。监管类平台贷款现金流结构持续优化，全覆盖类贷款3 300亿元，占比为95.60%，基本覆盖、半覆盖、无覆盖三类贷款合计比年初减少7.95亿元。

三是房地产开发类贷款增长平稳、结构优化。房地产开发类贷款比年初增长267亿元，增幅为6.00%，控制在300亿元的计划之内。一线、二线城市房地产开发类贷款余额全行占比为77.73%，比年初提高0.49个百分点。

四是超额完成对公信贷退出计划。1 908 户对公信贷退出客户合计压缩退出金额 404 亿元，计划完成率为 161.4%。

（四）中间业务收入同业首位

一是中间业务收入连续四年位居四大行首位，7 项产品同业领先。截至 2014 年末，公司中间业务收入（四大行可比口径 415.7 亿元）超工商银行 77.31 亿元，四大行占比为 34.7%，连续四年保持四大行第一，领先地位进一步巩固。其中，境内保证、转贷款、承诺、CTS 业务四项产品收入位居四大行首位，CTS 收入首次跃居四大行第一；单位人民币结算、年金、国内保理三项产品收入排名第二。

2014 年 12 月 10 日，建设银行与双胞胎（集团）股份有限公司举行战略合作协议签约仪式暨龙卡益农信用卡首发仪式。

二是重点产品贡献突出。公司部牵头中间业务收入 279 亿元，审价咨询（93 亿元）、单位人民币结算（73 亿元）、承诺（23 亿元）、国内保理（23 亿元）、单位电子银行业务（21 亿元）等重点产品贡献突出。

三是坚持合规经营。积极配合做好中间业务收费专项检查，严格按照“四有原则”合规收费，在监管部门收费检查中做到问题最少，金额最小，同业最好，不当典型。

（五）日均存款新增位四大行第二

一是日均新增位四大行第二。新增 3 894 亿元，计划完成率为 101.1%；四大行新增占比为 27.37%，余额占比为 26.84%，较年初提升 0.04 个百分点。

二是结构性存款从无到有。沉淀资金 218 亿元，为 23 家分行办理相关业务。

（六）承兑垫款大幅下降

表外垫款余额 43.35 亿元，比年初下降 13.85 亿元，其中承兑垫款余额 43.35 亿元，比年初下降 13.41 亿元；保证垫款余额归零。

二、各项重点工作取得新突破

（一）制订转型方案，搭建服务平台

一是完成顶层设计，推动转型落地。印发《中国建设银行对公业务转型方案》，提出对公业务转型总体思路、十大方向、七大类十九项目标，绘制转型路线图。

二是强化督导落实，推动转型落地。建立对公转型工作简报，分享转型经验；组织开展对部分分行转型调研，督导转型落地。

三是构架综合服务方案。制订并下发城镇化建设、交通运输部 ETC 业务、黄金产业客户、支持京津冀协同发展、供应链金融服务、丝绸之路经济带及 21 世纪海上丝绸之路建设、长江经济带发展等领域，以及双胞胎集团等重点客户综合金融服务方案，满足差异化的客户金融服务需求。

四是发挥金融集团优势，加大业务联动。强化部门间联动，协同推进理财与存款发展、上海自贸区、代发工资、财富客户交叉推荐、信用卡发卡等业务；强化母子公司联动，协助建信人寿开展团险竞赛活动，参与建信期货发展合作团队，制订支持建信期货综合金融服务子方案；强化区域联动，召开珠三角联动例会、重要客户产品推介会和重点项目对接会，推动珠三角联动事项 244 项。

五是积极推动“大资产大负债”经营转型。形成《关于对公“大资产大负债”经营转型座谈会有关情况的报告》，总结了对公“大资产大负债”经营转型面临的难点问题，提出有关推进措施建议。

六是加强研究跟进，服务全行转型规划。完成全行战略转型规划子课题——围绕“以客户为中心”服务转型，提出转型思路、目标、举措。

七是调整部门内部组织架构，适应转型发展需要。根据对公业务转型总体思路和方向，坚持“以客户为中心、以市场为导向”，成立客户发展处、对公存款处，调整区域管理处职责、更名为市场营销处，进一步强化客户和市场拓展。

（二）加强市场研究，加大营销力度

一是及时跟踪市场变化，积极拓展新的业务增长点。先后制定了近30个营销指引，指导分行抢抓市场机遇、抢占市场份额。

二是密切关注行业政策变化，提出信贷政策调整建议。完成铜压延加工、化纤、钢铁、批发业、零售业、航运、现代煤化工、高速公路、制造业、票据贴现业务、光伏发电业、水泥、大宗商品交易、化工、雾霾经济等研究报告，提出政策建议，指导分行优选客户、抢抓机遇、防范风险。

三是突出客户部门定位，加大市场营销力度。组织推进与辽宁等5个省（市），与中国印钞造币总公司、全国工商联城市基础设施商会等客户签署战略合作协议；新拓展一汽丰田等40家网络银行合作平台；组织举办网络银行、ETC、造价咨询、票据贴现、第三方支付等多项营销推介活动；总行本部直接营销客户达209户。

（三）细化客户管理，夯实业务基础

一是推进主办银行制度，加大客户/账户拓展。研究制定主办银行客户服务与管理暂行办法，明确主办银行客户定义、标准、认定、营销、管理以及差别化服务规范，筛选出总行级主办银行客户774家（第一批）；开展“抓基本户、争主办行”营销活动，在力促进客户/账户增长。

二是研究推进新型业态客户群体营销。分析资产管理类与交易平台类客户发展现状、特点，形成《关于加强对新型业态客户商机研究和营销推动的报告》，提出下一步工作措施建议。

三是强化重点客户管理。组织开展4 570户总行级重点客户年审，及时退出不符合标准或已出现风险事项客户264户。

四是抓好商事登记制度改革机遇，加大客户拓展力度。推广深圳市分行“企业注册E站通”一站式注册登记服务、“全流程网上商事登记”等先进做法。

（四）狠抓稳存增存，巩固市场地位

一是建立资金承接工作机制。下发《关于加强对公客户资金体内循环管理的通知》《关于进一步提高公司类贷款资金承接率的通知》等文件要求，明确资金体内循环工作职责分工、贷款资金支付管理、激励考核等工作要求；开发上线对公客户资金体内循环监控系统，实现资金承接系统统计功能，支持分支机构精准营销。

二是丰富负债产品种类，发挥重点产品引存、增存作用。创新推出结构性存款、单位特色存款，满足重点优质客户资金保值增值需求，填补产品空白；研究起草《单位大额存单业务操作规程（试行）》，为应对利率市场化做好产品储备。

三是开展行业资金流分析，加强存款营销指导。按照行领导关于存款业务“一打一个系统，一打一个条线”的重要指示，开展对手机、医药、商贸零售、互联网类交易平台等领域业务运营模式和资金流特点的分析，提出核心客户和上下游客户营销策略和产品配置建议，指导分行营销拓展。

（五）支持实体经济，优化信贷结构

一是助力实体经济发展。先后下发加强基础设施和重大项目营销储备，做好粮食、水利、交通重大工程建设项目，以及信息、电网、油气等重大网络工程建设项目营销等文件要求，确保建设银行基础设施领域领先优势；探索农村承包土地经营权抵押贷款和农村集体经营性建设用地抵押贷款产品，对黑龙江省等分行开展针对性业务指导，加大“三农”领域支持力度，确保满足监管要求。配合相关部门，进行贴现业务总行专项规模管理、调度，实现贴现业务量、价“齐升”。

二是严格执行监管要求，深化结构调整。综合运用名单制管理、信贷计划、行业限额、压缩退出、监测督导等管理手段，加强敏感领域的信贷结构调整，产能严重过剩行业（剔除100%保证金业务）信贷、贷款余额，全口径及监管类平台贷款余额均实现较年初下降；房地产开发类贷款增长平稳、结构优化、质量提升；提前、超额完成全年退出计划目标。

（六）力促中收增长，坚守合规经营

一是巩固中间业务领先优势。通过开展营销活动、加大产品创新、推动造价咨询等重点产品发展、加大对分行督导力度等措施，实现公司中间业务收入稳居四大行首位；单位人民币结算、造价咨询等产品优势不断巩固。

二是坚守合规经营。配合做好中间业务收费

专项检查，严格按照“四有原则”合规收费，配合做好《2014年服务价目表》调整发布工作，就公司收费项目调整计费口径，梳理计费标准，明确服务内容，细化计费规则。

（七）加大产品创新，丰富服务手段

一是研发推出多项新产品，不断丰富金融服务体系。目前已研发推出17项新产品；在“2014年产品创新与流程优化评奖活动”中，获得“最具创新力奖”。

二是持续加强现有产品管理。按照全行统一要求，对涉及公司业务部维护的29个产品进行更新完善，提高了产品手册的准确性、实用性、指导性；加大品牌建设和业务宣传，打造“善融链通”供应链金融服务品牌，制作造价咨询业务宣传片、刊发《工程经济》期刊，配合相关部门在行庆60周年宣传建设银行涉农、造价咨询、网络银行、城镇化建设贷款等业务。

（八）强化信贷管控，稳定资产质量

一是下发系列管理要求，防新增、压存量。下发全年内控管理工作指导意见，提出风险内控管理总体要求及具体任务；针对承兑汇票、国内保理等重点产品，先后下发9个管理文件，在客户准入、保证金比例、交易真实性、抵押担保、贷后管理等方面，要求分行做好关键环节风险控制；逐日编制《对公业务相关媒体舆情监测》，重点盯防负面信息，及时提示分行。

二是积极推进对公信贷客户内控名单系统管控工作。制定并下发《对公信贷内控名单管理办法（试行）》，梳理建立对公信贷内控名单基础信息库（客户63 735户，高管70 139人）；实现系统管控后，有效阻止了2笔放款，处理了高管误控事项644笔。研究建立大中型逾期客户名单库，坚决杜绝技术性逾期。

三是加强检查培训，风险防控水平。开展以“贸易真实性”为重点的国内保理专项检查，以及票据业务滚动风险排查、买入返售业务自查，确保业务健康发展；总结风险案例，下发对公信贷业务、承兑业务风险案例集，提升防控风险水平。

四是全力推动重大信用风险项目化解处置工作，9个项目总体化解处置率高于全行平均水平。将公司部负责的9个总行“三十大”风险项目逐一分解到部门负责人及责任处室，通过听取汇报、实地调研、加强督导指导等方式，持续加大风险化解力度。

五是做好配合审计署审计工作。下发工作方案，细化配合要求，要求分行成立配合审计工作领导小组和工作小组，明确工作职责和工作机制；密切加强与调查组、分行、总行部门间沟通，保证信息沟通渠道畅通，边审边改。

六是在制度、流程、系统及管理等方面，对内外部审计检查发现的问题及时整改，推动各项业务合规发展。

（九）加强基础建设，夯实发展基础

一是牵头组织召开2014年对公业务工作会议。贯彻落实全行工作会议精神，总结2013年以来对公业务运营情况，分析形势，研究问题，部署全年工作思路、重点和措施。

二是加强队伍建设，提高队伍素质。研究制定《加强公司及机构客户经理队伍建设指导意见》，进一步规范客户经理队伍体系建设；强化业务培训，全年共完成25期境内外培训班，累计培训1 548人次，其中，培训兼职师资180人、评聘149人；优化客户经理能力提升岗位教材、提升教材的准确性；完成造价咨询师岗位考试题库建设，为全行造价咨询专业技术职务评聘工作奠定基础；起草行业专家库管理办法，努力提升对公业务条线行业分析能力。

三是优化完善科技系统，助力业务发展。推出“对公客户经理移动智能助手”，支持客户经理营销服务；完善系统功能，实现大额存单、入库黄金质押、担保机构管理、保理业务风险控制优化、资金体内循环监控、法人账户透支核销、内控名单管理、银团贷款流程优化、境内保证功能优化、客户核准优化等功能；深化与美国银行合作，利用大数据，挖掘存量客户的潜在价值，形成报告支持；根据全行统一安排，完成了新一代“对公客户关系管理”需求分析。

四是强化制度规范，促进业务发展。根据业务开展实际，共修订完成人民币额度借款、分组银团、银团贷款、内部银团、“e销通”等30余项管理办法、操作规程，及时指导分行更好推进业务发展。组织完成全行造价咨询甲级资质延续工作，积极协调住建部，36家分行工程造价咨询甲级资质延续全部审核通过。

五是梳理优化核准事项，提升管理效率和水平。梳理公司业务核准事项，下发《关于明确公司业务核准有关事项的通知》，将除产能过剩之外的其他名单制管理行业客户准入、部分优质房地产开发贷款客户准入、产品创新直通车试点行资格认定事项等核准权限全部下放至一级分行；完善名单制管理，增加对建筑业实施名单制管理，重检已有的23个名单制管理行业客户名单。

六是降低资本占用，加强定价管理。组织全行开展境内保证业务系统数据清理工作，降低无效资本占用；做好权限内公司客户贷款利率下浮审核工作，按季通报利率执行情况；配合有关部门做好贷款基础利率（LPR）定价应用及推广；加强票据贴现价格管理，每日盯市制定价格底限，探索转贴现业务竞价管理模式，保持票据贴现业务量价平衡。

七是加强综合事务管理，提高公文流转效率。全年共办理公文9 461份；其中，处理分行请示2 130份，收到其他部门便函2 512份，向其他部门发送便函、反馈单1 236份，向行领导和其他部门签报312份，下发文件567份。

执笔人：殷聪　郭芳辰

战略客户业务

一、主要经营成果

（一）传统业务发挥基石作用，稳定资产质量

一是存款。总行级战略性客户（以下简称总战客户）全口径存款余额7 106.35亿元，日均存款7 400.97亿元，较年初增长6.68%。

二是贷款。总战客户贷款余额12 979.39亿元，较年初增长7.44%，与对公整体基本持平。

2014年6月23日，建设银行与中粮集团有限公司举行战略合作协议签约仪式。

三是资产质量。总战客户本外币不良贷款余额17.43亿元，较年初增加2.15亿元；不良贷款率为0.13%，与年初持平，大幅低于全行平均水平。

四是项目储备。抢抓国家加大基础设施、重点区域、城镇化等投资的机会，积极加强营销，做大做实储备。全年新营销建筑施工企业重大项目34个，争取到17个基本户；成功营销京张、京沈、郑徐等一批大型新开工铁路项目的基本户及施工单位账户；先后中标中天合创鄂尔多斯项目440亿元银团、国开投265亿元银团、神华万州港电项目61亿元银团贷款牵头行；牵头推进首都新机场项目营销。

（二）战略性业务发挥平台作用，带动综合发展

一是债券承销。承销总战客户债券2 330.79亿元，较上年增长8.2%，占全行非金融企业债券承销总量的58.4%。其中，主承销山东黄金30亿元永续私募债，开创了建设银行该业务首单纪录。

二是企业年金。先后中标神华集团、中国能建、中国烟草等22家客户30多项年金业务资格，

特别是神华年金托管资产规模超130亿元，刷新了建设银行单一项目记录。截至2014年末，总战客户年金托管、受托、账管业务规模分别较年初增长50.47%、74.72%和25.28%。

三是现金管理。新组建铁建城建集团、中铁十九局、中化工程、中国能建、天津泰达等跨区域集团客户资金结算网络16个，签约账户近200个。

四是金融市场业务。投资总战客户各类债券余额达4 007.28亿元，较年初新增531.88亿元。发展黄金租借与黄金远期交易业务，中国黄金、山东黄金等客户全年累计租金23.78吨，较上年增长156%。

五是电子银行业务。抢抓互联网和移动技术的进步带来的商机，充分运用在线融资工具拓展上下游客户群体。深化与宝钢集团合作，依托"上海银行业动产质押信息平台"推出钢材质押融资创新模式。为神华集团量身打造煤炭交易电子商务平台，通过"E业商贸通"、"e销通"系统实现下游客户在线交易结算和融资，交易结算量超过60亿元。

2014年7月8日，建设银行与大唐电信集团公司举行战略合作协议签约仪式。

（三）海外业务多点开花，奠定基础

一是抢占国际银团市场制高点。2014年继续牵头相关海外机构，加大对国际银团业务的渗透力度，取得一系列成果，实现了两个重要转变：一是逐步从国际银团的参与者向牵头人转变。先后担任中信、保利、中兴、海尔等境外银团贷款的独家协调行、牵头行等核心角色并成功组建银团，获得俄罗斯天然气公司10亿~15亿美元亚洲银团总协调人资格，入围中国石化加拿大10亿美元银团牵头行，提升了建设银行市场地位。二是从海外机构独立运作向总行统筹调度转变。自2013年中国石化35亿美元全球银团以来，遇有重大银团项目，总行主动牵头向各海外机构询价和调配资金，并统一与客户谈判，逐渐扭转以往单一机构各自为战的不利局面。

二是拼抢直接融资市场。与建银国际等机构明确了新的对接制度，共同在IPO与再融资、债券等方面加大拓展力度。特别是首次作为全球协调人为中国石化发行50亿美元全球债券，打破了高评级债券发行中该角色长期被外资投行垄断的局面；与电建集团等客户开展了境外美元永续债等新业务合作。

三是主动跟踪营销客户"走出去"项目。特别是中国海油柯蒂斯二期融资项目、俄罗斯亚马尔液化天然气项目、联通港元融资项目、中国南车和中国北车南非项目、中国华能跨境人民币融资项目等。

（四）渠道业务加强联动协同，搭建资金通道

一是拓宽直接融资渠道。在债券融资方面，在传统承销之外，借助人民银行相关政策出台之机，有效满足铁路建设债券等通过银行柜台面向个人和企业发行的需求，会同相关部门配合开展系统、渠道研发，于2014年内成功上线并投产柜台债券业务系统。在股权融资方面，为企业非公开发行、定向增发、上市分红募集资金提供管理和增值服务，仅葛洲坝、上海建工、中国移动、兵工华锦、中电远达5家总战客户募集资金在建设银行沉淀就达215亿元。

二是创新外汇资金渠道。探索利用国家外汇储备资金、国际商业贷款等方式搭建外币资金来源通道，实现存款沉淀和中间业务收入。分别为南方航空、天津物产发放外储转贷款3亿美元和2亿美元，协助中国国航取得9.59亿美元外储融资份额；采用借入国际商业贷款方式为东航办理3.8亿美元飞机融资。

三是推广非银行金融渠道。从集团层面科学统筹营销资源，满足客户融资、流动性、改善财务结构等多元化需求。争办铁路发展基金，实现投资20亿元；为中国中铁、中国铁建、中国交建、葛洲坝等客户提供产业基金或股权投资基金模式运作及融资安排。此外，协同建信租赁、建行亚洲，成功中标东方航空、厦门航空、深圳航空、四川航空等十余架飞机融资租赁项目。

二、主要工作措施

行领导、高管层高度重视战略客户营销工作，出席重要客户境内外各类营销活动132人次，与光大、中信、招商局、中粮、首都机场、中兴通讯等10余家客户签署总对总战略合作协议，行领导还亲自牵头推动综合金融服务、央企混改、央企分类管理等重大专项工作，为全行上下理清了思路，指明了方向。

（一）抢抓央企改革机遇

一是开展央企混合所有制改革金融服务顶层设计。为把握混改在资本市场及战略新兴业务带来的商机，总行层面召开总战客户混合所有制改革金融服务专题会议，成立工作领导小组和跨部门工作团队；完成专题报告，对改革相关政策、总战客户改革试点企业情况及特点、市场需求及社会反响、商机及挑战、建设银行产品服务等进行了分析研究。

二是有针对性地开展服务。第一，力争新设企业主办行资格。在行领导亲力亲为的引领下，成功夺取中国铁塔公司主要合作银行资格，总部及下属公司全部367个基本账户、1 100个结算账户、100亿元注册资金、100%结算量、70%存款等业务。此外，成功营销能建股改上市而设立的资产管理公司、股份公司2大基本户及中国中铁重组设立的3家子公司基本户，获得注册资金20亿元；为核建集团并购新华水力发电提供财务顾问。第二，推广改革配套金融服务。积极参与中国石化销售板块、中国医药等企业混合所有制改革；完成宝钢股份高管股权激励计划专项理财产品的入池和放款，开创了银行同业发行股票收益权类理财产品参与股权激励计划的先河。配合企业财务体制改革，成功营销中国石化“共享中心费用报销平台”项目，预计将实现年150亿元报销资金的统一管理和超100亿元工资代发业务；赢得中国有色财务公司顾问行资格；参与中国黄金财务公司申设工作。

（二）抢抓“走出去”和全球化机遇

一是抢占海外业务发展制高点。第一，紧跟国家对外战略和国家领导人出访步伐，密切跟踪海外项目。借助俄罗斯受美欧大范围制裁、当地企业转向中国等亚洲金融市场的机遇，加强与俄罗斯天然气公司等能源企业的合作；专项营销铁路“走出去”项目，涉及总投资超过700亿美元。第二，全面落实建设银行高层营销成果。行领导身体力行，主动利用各种机会开展海外项目营销工作，推动百余个海外项目的实施落地，与海外机构一道，跟踪营销英国基础设施、欧洲跨国企业、澳大利亚能源矿产、加拿大能源等一批重大项目实施。第三，主动借助各类渠道开展国际市场宣传。借助中国对外投资合作洽谈会、博鳌亚洲论坛等渠道，主动宣传建设银行海外业务，接洽的项目已成功与海外机构实现对接。同时，还组织召开了上海自贸区业务推介会、跨国公司业务交流会、南非银企合作交流会等不同形式的专题活动。

二是建立完善海外项目信息和商机管理机制。第一，建立健全全行海外信息管理模式。通过全球客户经理团组，归口管理全行“走出去”企业和海外项目信息，为全行海外业务发展提供信息支持。第二，打通信息渠道，取得先发优势。着手建立和巩固国家部委、央企总部、海外机构、主管部门和金融同业、第三方机构5个信息对接长效渠道。第三，加强信息处理和商机转化。对于落地信息和未落地信息进行收集、整理和评估，对未能落地的信息进行剖析，帮助海外机构找到业务发展的方向和思路。2014年共梳理所辖客户海外项目507个，总投资近1.8万亿美元，涵盖120个国家和地区。

三是积极响应海外机构营销需求。为海外机构自主拓展的项目提供涵盖境内外的营销支持，应卢森堡分行请求，牵头营销法国赛诺非集团在华业务情况；应约堡分行请求，牵头推进南非爱迪生电力集团电力和地产项目合作。

（三）加快新机制推广

一是综合金融服务方案。先后召开全行动员部署（视频）会、推广研讨会，分批陆续开展综合金融服务方案编写和实施工作。落实行领导“三化”要求：在制度化方面，制定并下发了《工作指引》、《操作规程》等制度；在模板化方面，细化集团分类管理方案，形成了灵活的综合金融服务方案模板，并增加了风险控制专项模板、重检报告模板；在系统化方面，加速推进新一代开发建设，预计于2015年分两期上线。

二是综合定价。第一，扩大试点成效明显。在首期试点的基础上，将综合定价应用范围扩展至118家总战客户的480家成员单位及8家分行的239家分战客户成员单位。推广工作取得了明显成效，总战客户2014年全年新发放贷款加权执行利率为5.89%，较2013年提升0.12个百分点，定价水平进一步提升。第二，推进系统化建设，经过全年集中开发，项目一期预计于2015年1月投入使用，支持全行对公客户贷款业务定价；二期预计于5月投入使用，在一期基础上支持存款业务定价。

三是综合利益调整。第一，加大调整力度，对通过CCBS核心系统"实时现金池产品"搭建的跨区域资金结算网络，推广现金管理业务利益调整，涉及调整的收益总计4.45亿元。第二，进一步完善机制，推动利益调整需求纳入企业级信息应用项目三期立项，同时推动现金管理业务利益及存款调整的多渠道覆盖，积极探索基于VSS、CMS系统组建的现金管理网络的利益及存款调整工作。

（四）强化风险管理

一是实施央企分类管理。贯彻落实行领导"对央企要区别对待，做好央企重组预判，谨防债务悬空"的指示，开展央企风险排查及分类管理工作，对在建设银行有信贷业务的102家央企经营状况、财务状况、重组事项和信贷风险状态开展专项摸排，据此形成报告并确定分类管理名单。通过开展这项工作，第一，提升客户选择能力，并通过定期对央企兼并重组信息进行摸排，采取不同应对策略；第二，提升风险防控水平，通过合理把握央企在各金融机构的授信总量及建设银行授信量占比，加强整体偿债能力分析，防范过度融资风险。

二是积极化解信贷风险。做好以"三十大"项目为代表的风险化解工作，牵头开展总对总沟通协调，指导和协助分行多渠道开展工作，完成昆钢股份5 000万元信贷压缩计划；中发控股不良贷款较年初减少21 643万元；牵头处置二重集团、中钢集团、江苏盐业债务重组事项，成功化解中信亚华乳业、中铝华中铜业、能建甘肃火电、四川硅峰等一批不良、关注和逾期项目。

执笔：马龙

机构业务

一、主要业务指标超额完成年度任务

（一）一般性存款稳健、全面助力对公存款增长，存款偏离度得到有效控制

通过创新综合服务抓源头，通过厘清资金脉络扩下游，通过深化品牌营销搭平台，通过调整账户结构保存量，顶住财政盘活存量资金、财政账户清理整顿、社保合并上划、军队单一账户管理等市场环境压力，在对公存款遇到困难的情况下及时顶上，年末时点余额27 085亿元，占对公新增的114%。全年保持理性增长，日均余额25 973亿元，占对公新增的75.6%，增幅为12.78%，高出对公存款5.81个百分点。市场表现不断提升，时点余额位居四大行第二，占比较年初提升0.12个百分点；时点新增位居四大行第二，占比较年初提升4.9个百分点，与工商银行差距不断缩小，机构业务存款新增在对公新增中的支撑作用远超工商银行。

（二）同业存款继续为全行流动性提供有力支持，中间业务发挥平台优势超额完成任务

截至2014年末，全行人民币同业存款时点余额10 022亿元，日均余额10 734亿元，付息率（除邮储协议存款）为3.49%，同业存款余额及新增位居四大行第一，成为全行存款增长、资产运用的稳定器和推进器；机构业务产品口径中间业务收入57.49亿元，计划完成率为102.5%。

（三）信贷业务成本收益持续稳健，不良贷款余额和不良贷款率再次实现“双降”，且均创历史新低

机构类贷款余额2 610亿元，不良贷款率仅为0.04%；贷款收益率为6.26%，较全行对公贷款收益率高出0.23个百分点；对民生领域的信贷支持占比达95%；建设银行对122家国内银行同业客户授信余额6.09万亿元。授信客户涵盖全部政策性银行、国有大型商业银行和全国股份制银行，并基本涵盖其他类型的重点合作国内银行客户。额度使用余额超过2万亿元。无风险事项。

（四）超额完成部门主要经营指标，机构业务价值创造力和核心竞争力再创年度新高

机构业务责任产品和责任客户经济增加值、代理人身保险收入四大行占比、社保及特种存款收入增长、财政资金承接率、金融社保卡和军保卡新增、准入保险公司客户托管覆盖度、机构信用卡客户净新增等部门重要经营指标均已超额完成计划；各类代理业务均无垫款；当年机构责任产品口径经济增加值286亿元，较上年增加22%，净利润增速为21%，超过全行平均增速15个百分点。

二、主要业务板块立足转型，成效显著

（一）政府机构业务板块：加强顶层设计，持续发掘客户潜力

明确针对国土、海关、彩票系统的分类分层营销推进策略，较年初合计新增账户2 586户；完成对105家中央国家机关的分类梳理；牵头设计公共资源交易中心类客户综合金融服务方案，推进分行做好综合营销，累计拓展招投标类客户675家，较2013年新增103家，实现存款沉淀

2014年5月27日，建设银行与浙江大学在浙江举行全面战略合作协议签约仪式。

186.2亿元，较2013年新增35.7亿元；通过招投标平台带来新增企业客户21 830家，实现企业日均存款新增330亿元；协助海关电子化建设，与海关总署签署合作备忘录，多维度支撑分行与海关合作；成功争办国家体彩总中心互联网销售资金结算独家承办行；着力打通与亚投行筹备组沟通机制；与国家林业局搭建合作平台，拟订全面合作协议。

（二）事业单位业务板块：“民本通达”品牌持续显效，业务指标连年跃升

依托“民本通达”品牌，巩固教育、卫生、文化等多个领域的同业优势，民生领域账户跃升至近9万户；克服近年来国家政策的不利因素影响，教育、卫生等重点领域贷款余额持续多年稳居市场第一；事业单位信贷投放新增214亿元，其中，民生领域新增208亿元，增幅达9.24%；客户结构不断优化，信用等级8级及以上贷款余额占比达95%；贷款质量优良，不良贷款额、不良贷款率连年“双降”，不良贷款额降幅超60%，不良贷款率仅为0.04%，创历史新低；贷款收益率较全行对公贷款收益率高出0.23个百分点；客户营销取得新进展，与浙江大学、中国广播电视网络有限公司、北京外国语大学、厦门大学签署战略合作协议；打破他行长期垄断，中标华中科技大学“校园信息化”建设项目并开立基本结算户；精细化管理取得新突破，行业中率先启动并完成地方政府信用评级和风险限额测算工作；充分运用银校、银医产品实现对客户的综合金融服务，已与312所学校开展了银校通合作；与207

家医院开展了银医通合作。

（三）财政业务板块：积极探索财政业务发展新思路

以持续发展财政存款为重点，全行财政存款日均增速16.51%；成功中标中共中央非税收入收缴等业务资格，中共中央财政业务代理客户数稳居同业第一；地方财政国库集中支付电子化自助柜面系统首批通过财政部和人民银行联合验收，并取得独家承办中共中央非税管理电子化试点资格；大力拓展县域财政业务，在财政账户清理整顿的严峻形势下有机构无财政存款的空白点减少30余个；中共中央授权支付资金量比上年增长14.10%，下游承接资金量比上年增长4.98%，对全行对公客户、账户、存款的联动增长发挥了示范性的平台联动作用；根据市场环境和客户需求，有针对性地选择安徽等9个一级分行核拨70亿元专项信贷规模开展“以贷定存”试点工作，信贷投放额度与财政等政府性存款日均新增比达到了1:0.66，超出既定目标16个百分点；同时带动企业存款增加66.86亿元；新开立社保专户、非税收入专户、新农合专户、授权支付零余额账户、土地招牌挂账户及网上招投标专户等财政政府机构客户各类账户达115个，新开立企业账户70余个；新增财政等政府性代理业务资格12个，综合效益显著。

2014年9月2日，建设银行与深圳证券交易所在深圳签署了全面战略合作协议。

（四）社保业务板块：保规模，拓覆盖，全面提升社保客户的综合贡献度

直面全社会社保基金增速放缓、地方社保基金管理模式转变、利率市场化不断深入的严峻市场形势，通过金融社保卡发卡、社保新增账户拓展、社保金融服务创新等有力抓手，进一步提升社保业务的营销拓展辐射效应，提升不同层级社保客户和产品覆盖度，提升社保资金体内循环和上下游承接能力。全行社保存款时点余额7 659.83亿元，增速为12.46%，全行社保存款日均余额7 315.35亿元，增幅为16.33%；实现社保主营业务收入86.7亿元，较2013年增加16.85亿元，超额完成3.64亿元年度新增计划；全行新发卡2 464.11万张，计划完成率达120%；新增社保有效账户达1 934个，带来新增存款122亿元；全行市级社保业务区域覆盖度提高了16%，达95%；县域社保业务覆盖度提高近15个百分点，达83%，圆满地完成了年初设定的业务覆盖度发展目标。

（五）军警业务板块：“八一工程”开展以来超常规发展，有效巩固我行同业第二的市场地位

紧紧把握部队账户和资金管控改革及武警部队军人保障卡推广等契机，积极吸存，军警存款时点余额新增首次突破400亿元；武警军保卡发卡量同业第一，以42%的账户占比，获得了超过46%的武警军保卡份额，稳固了建设银行武警业务市场地位；成功开立总装综合计划部结算账户并为其搭建系统，打通装备条线资金拨付通道，首次实现了在军队装备、后勤和武警的结算业务全覆盖；开发总后军队账户审批系统，与总后签署了《军队应急资金结算服务保障协议》，拓展了双方业务合作领域。

（六）银行机构业务板块：克服内外部经营形势压力和困难，合规开拓，取得丰硕成果

累计运用资金7 587亿元，较上年增长89%。平均收益率达5.24%，议价能力进一步提高；实现中间业务收入6.82亿元，在机构部中间业务收入占比达11.87%，为全部门完成中收任务发挥重要作用；对122家国内银行同业客户授信总额达6.097万亿元，用信余额超过2万亿元，有效支撑了全行资产业务的发展；主动调控交易规模，优化同业业务结构，严控业务风险，至今未出现任何不良；根据同业新规要求，制订并上报《中国建设银行关于贯彻落实同业业务监管新规的实施方案》，顺利完成全行同业新规执行情况自查、银监会现场检查的牵头工作。

（七）保险机构业务板块：KPI 指标双封顶，平台搭建成效持续显现，母子公司联动效应进一步增强

条线 KPI 指标代理寿险收入四大行占比为29. 08%和托管覆盖度为 52. 7%，均得到封顶分值；全行保险公司存款余额665. 33 亿元，实现代理保险业务收入 27. 45 亿元；进一步完善保险公司分类管理工作，提升了分行与保险公司总部的合作紧密度和话语权；平台搭建工作持续显现，配合保险资产托管营销，托管规模达9 480. 28亿元，比年初增长 61. 68%；积极推动母子公司联动，有力地支持了建信人寿的业务发展，成为建设银行代理保费第一位的保险公司；结合险资新政，积极探索加快银保合作创新；积极做好新一代代理保险系统建设和推广工作，提高运营保障能力。

（八）非银行金融机构业务板块：业务高速增长，客户有效突破，各类资产业务、代理业务零不良

2014 年末非银处同业存款时点余额 6 533 亿元，较年初新增 3 457 亿元，占全口径存款新增的 36%，占同业存款新增的 81%；日均存款6 816亿元，较年初新增 3 945 亿元，占全口径存款新增的 31%，占同业存款新增的 77%；中间业务收入 12 亿元，计划完成率为 117%。资产业务余额 785. 5 亿元，保持零不良。证券保证金第三方存管及银期直通车客户新增 179 万户，计划完成率为 214%，总量达 2 520 万户，保持四大行第一；成功入围港股通合作银行，带来附加结算存款 19 亿元，结算量为 42 亿元，促进跨境外汇业务纵深推进；产品研发和市场需求有效对接，完成创新任务 22 项，新产品直接收益 1 753 万元，优化产品增收 1. 8 亿元；与深圳证券交易所等 4 家行业龙头客户签署战略合作协议，高层对接加强银证、期系统性合作；风控能力进一步增强，当年信托无新增“不良”，195 亿元信托计划顺利兑付。

执笔：郭雯雯

小企业业务

一、主要工作成果

（一）认真落实监管要求，市场位次保持领先

截至 2014 年末，四部委口径法人小微企业贷款余额 10 203. 1 亿元，较年初新增 1 545. 8 亿元，新增位居四大行第一，同比多增 343. 1 亿元，增幅为 17. 86%，高于各项贷款平均增幅 7. 29 个百分点，全行完成“两个不低于”。四部委口径法人小微企业贷款客户 81 652 户，较年初新增 5 091户，新增位居四大行第一。

在人民银行开展的上年度小微企业信贷政策导向效果评估中，建设银行 37 家一级分行全部参评，优良率为 74. 19%，在 15 家全国性银行业金融机构中排名第二，较上年度大幅提升。

（二）基本户占比大幅提升，小额贷款客户稳步增长①

一是基本户占比大幅提升。截至 2014 年末，小企业授信基本户 49 649 户，占全部小企业授信客户的比重达 54. 2%，较年初提高 6. 1 个百分点；基本户较年初新增 4 542 户，完成全年计划的126. 87%。二是小额贷款客户占比稳步提升。年末小企业户均贷款 727. 1 万元，较年初减少 34. 5 万元。单户贷款 500 万元（含）以下客户 55 511 户，较年初新增 1 795 户，占比为 60. 64%，较年

① 以下均为内部管理口径。

初提升2.66个百分点。

（三）抵（质）押贷款占比提升，贷款结构有所优化

一是抵（质）押贷款占比提升。截至2014年末，小企业抵（质）押贷款占比为55.4%，较年初提高3.5个百分点，其中，抵押贷款占比为52.7%。二是主动退出限制性行业和高风险区域。小企业条线全年压缩退出贷款240.5亿元，降幅为43%。截至年末，长三角地区贷款余额2 109.2亿元，较年初减少301.6亿元，占比34.7%，较年初下降4.5个百分点，中西部地区贷款占比持续提高。

（四）贷款定价能力增强，综合贡献度不断提升

一是新发放非贴现贷款定价保持较高水平。新发放小企业非贴现贷款利率较基准上浮22.5%，同比提高2.38个百分点，比对公贷款利率上浮水平高16个百分点。二是综合贡献度不断提高。全年小企业条线带动信用卡客户新增24.16万户。代理建信人寿团险实现保费收入1.3亿元，同比翻番，占全行代理保费收入的60%，同比提高10.7个百分点。

（五）重点产品推广颇有成效，“助保贷”模式得到国务院领导肯定

截至2014年末，全行37家一级分行中已有36家一级分行开办“助保贷”业务，与政府相关部门签订合作协议857个，其中，风险补偿金已到位的合作平台731个，比年初增加290个；吸纳风险补偿金78.6亿元，比年初新增31.7亿元；客户数5 019户，比年初新增1 724户；贷款余额255亿元，比年初新增78.6亿元，增幅为44.6%，高于全行各项贷款平均增幅34个百分点。

2014年8月，马凯副总理对“助保贷”业务批示：“建行主动创新服务小微企业的金融产品和服务模式，并取得初步成效，应予肯定。”建设银行通过“国内动态清样”（第5392期）已将“助保贷”业务的主要做法和成效报送国务院。

（六）小企业不良贷款占对公比重下降，但风控压力仍未缓解

截至2014年末，小企业不良贷款占对公不良贷款的比重为27.5%，较年初下降8.5个百分点。小企业不良客户数较年初减少105户，不良贷款额为272.9亿元，较年初增加14.2亿元；不良贷款率为4.75%，较年初上升0.75个百分点。逾期贷款327亿元，较年初增加85.4亿元；逾期贷款率为5.38%，较年初上升1.64个百分点。

（七）继续获得社会各界好评，品牌影响力进一步提升

中小商业企业协会连续第五年授予建设银行“全国支持中小企业发展十佳商业银行”；荣获《环球金融》境内唯一“最佳小企业信贷银行”；荣获《每日经济新闻》“小微金融卓越贡献奖”；荣获《首席财务官》“最佳中小企业服务品牌奖”和“最佳小微企业金融奖”；“善融贷”荣获《亚洲银行家》“2014年度中国最佳小额信贷产品”。同时，全年各类媒体报道建行小微企业金融服务约1 948篇次，其中，中央级媒体180篇次，全国级媒体383篇次，同比大幅增加。

二、主要工作措施

（一）深化业务转型，调整业务结构

一是制订并下发《中国建设银行小企业业务深化转型方案》，积极推进小企业业务小额化、标准化、集约化转型。二是坚持以小为主、以微为重的客户定位，提升单户贷款500万元（含）以下小额贷款客户占比。三是狠抓基本结算户，提高小企业授信基本户占比。四是积极推进抵（质）押风险缓释方式，稳步提高抵（质）押贷款比重。

（二）加强市场营销，大力推进“助保贷”业务模式

一是下发《关于加强小企业市场营销的通知》，指导各分行加强小企业市场营销和客户拓展。二是针对全国29个省市的重点商圈、专业市场和产业集群开展市场调研，引导分行做实“一圈一链一平台”批量营销。三是加强高层营销推动，搭建与工信部、中小企业协会营销合作平台。四是全年共组织开展全行小微企业“助保贷”业务推介会等17次营销宣传活动。

（三）完善创新机制，着力推动产品创新

一是完善产品创新机制，建立总分行层次分明、区域重点突出的产品研发体系。二是依托客户间资源、社会资源以及部门联动合作开展产品创新，创新产品140项，较上年增加37项。三是加强重点产品推广，推动“五贷一透”大数据产品等业务发展，“五贷一透”贷款客户10 287户，比年初新增1 282户。

（四）优化业务流程，加强系统开发建设

一是全面推广小微企业评分卡业务流程，同业率先实现小微企业零售化信贷业务模式。二是优化小微企业一般授信业务与“速贷通”业务流程，提高业务办理效率。三是建立基于行为评分卡的小企业业务续贷流程，满足优质存量信贷客户业务需求。四是完成早期预警系统优化、行为评分卡模型及系统上线，建立完善小企业风险监测预警体系。五是优化小企业客户评级模型，完成10个小企业客户评级模型开发，风险区分能力明显提升。

（五）强化风险管控，排查潜在风险隐患

一是组织召开3次重点分行风险管理座谈会，并赴广东省、福建省、浙江省、宁波市等分行进行现场风险防控督导。二是逐户梳理小企业不良客户风险成因，从六个方面提出针对性风险防控措施。三是下发《关于进一步加强小企业信贷风险管理的通知》，从九个方面部署小企业信贷业务风险管控工作。四是开展全行小企业信贷业务“拉网式”风险排查，排查覆盖率为93%。五是建立新暴露不良贷款报告制度，对新暴露不良贷款加强监测、动态跟踪管理。六是制订小微企业信贷业务专项审计整改方案，积极进行整改落实，提高小企业业务合规性。

（六）做好风险化解，大力处置不良贷款

一是积极做好逾期贷款及表外垫款风险化解，小企业逾期贷款从年中最高645亿元压降至年末的327亿元，小企业表外垫款从年初最高25.2亿元压降至年末的11.2亿元。二是督导重点分行加快推进不良贷款核销，全年核销小企业不良贷款106.9亿元。三是充分利用不良批量转让处置手段，全年批量转让处置小企业不良贷款101.8亿元。

（七）落实网点“三综合”，拓展营销服务渠道

一是推进营业网点营销服务小微企业客户，网点成功推荐客户18 196户，同比增幅为81%。二是积极利用电子渠道发展小企业业务，“网银循环贷”贷款客户新增2 758户，贷款新增44亿元，同比翻番；“善融商务”认证小企业客户新增1 724户，贷款新增97.15亿元。三是推进小企业经营中心建设，中心数量288家，较上年增加30家。

（八）加强业务联动，努力提高综合收益

一是加强定价监测管理，新发放小企业贷款利率上浮22.5%，较对公贷款利率上浮高16.34个百分点。二是努力增存吸存，依托大数据小额贷款激活存量零资产客户10 287户。三是加强与建信人寿联动合作，全年代理建信人寿团险实现保费收入1.3亿元，同比翻番。四是加强与信用卡、私人银行、房金、个人条线等业务联动，小企业条线信用卡净新增客户24.16万户，计划完成率为121%；全年向财私条线推荐客户3 002户。

（九）加强业务培训，提升条线队伍能力

一是制定并下发《小企业客户经理岗位培训教材》，同步完成现场培训课程、网络培训课程以及岗位考试题库的集中开发及应用。二是开展全行第一次小企业业务岗位考试，报考人数10 771人，位居各条线第三。三是组织做好包括总行党校高级研修班在内的6期本部培训，累计培训人员超过350人。

执笔：张召明

养老金业务

一、跨越发展市场领先，创新联动亮点频出

（一）业务发展不断跨越，主要指标屡创新高

养老金业务各项指标全面超额完成年度计划。养老金管理资产规模累计超过 1 900 亿元，平均计划完成率达 185%，2014 年继续保持 40% 以上的增速，达 43.6%。

运营受托资产规模达 553 亿元，较年初新增 188 亿元，增幅为 52%，计划完成率为 145%；运营托管资产规模 1 348 亿元，较年初新增 505 亿元，增幅为 60%，计划完成率为 297%。运营个人账户数 384 万个，较年初新增 62 万个，增幅为 19%，计划完成率为 113%。养老金条线中间业务收入首次突破亿元大关。

（二）市场份额持续攀升，同业比较优势显现

建设银行养老金业务市场份额不断扩大，建设银行受托资产新增规模同业占比已达 45%，超过工商银行 2 个百分点，受托业务新增市场占比连续三年位居同业第一；个人账户数新增规模市场占比达 36%，领先工商银行 9 个百分点，账管新增规模连续两年保持同业第一。

（三）获批设立养老金公司，创造更大发展机遇

建设银行与财政部、人社部、人民银行等 9 个部委就申设养老金管理公司相关事宜进行了多轮次的汇报沟通，最终，国务院原则同意建设银行申设申请。养老金公司的建立，建设银行为全行养老金业务发展创造重大机遇。

（四）高层营销效果显著，央企中标市场领先

在总行高管的倾力支持下，建设银行成功中

2014 年 3 月 20 日，建设银行举办“养颐无忧”产品发布仪式。

标神华集团、中国能建、中国有色等 8 家中央级企业的 9 项年金管理资格。其中，神华集团企业年金托管金额超过百亿元，是建设银行中标的最大一单企业年金托管项目。

（五）营销能力提升，条线推动亮点纷呈

一是总行支持条线发展，分行业务捷报频传。养老金业务部部门领导深入各分行 130 余次，协助分行进行客户营销、产品推介、现场述标和业务培训，为分行业务发展提供了强有力的技术支持。在总分行共同努力下，成功中标山东高速股份有限公司、北京电力设备总厂、富滇银行股份有限公司等大批具有龙头示范效应的地方重点客户。

二是各级分行多措并举，业务拓展扎实有效。总行组织的“拓市场增客户唱响建设银行养老好声音”专项营销活动，各级分行找准重点、多措并举、全力营销，新增签约个人账户数 48.32 万个，签约资产规模 38 亿元，合计折算客户规模达 86.32 亿元，超额完成活动总体任务目标。

三是抢抓职业年金先机，全行动员提前布局。率先在职业年金市场形成先发优势，成功在上海举办事业单位养老金业务推介会，30 余家医院、

高校客户参加了推介会，有效拓展了学校、医院等事业单位客户群体，并进一步推动了全行事业单位职业年金营销活动的开展。江西省分行成功实现了高校客户养老金业务的首单突破，带动了多家分行事业单位养老金业务的快速发展，如广东省、山东省、湖南省分行等，均在高校、医院客户的养老金业务拓展上赢得了市场先机。

（六）持续加快产品创新，驱动业务良性发展

总行准确及时研判新型城镇化、混合所有制改革等重大改革举措推进过程中形成的商机，依托上海、深圳产品创新实验室，集中创新推出“养颐无忧”补充医疗计划产品、“养颐安康”城镇化农民养老保障计划、“养颐乐家”住房补贴计划和“养颐普惠”员工持股计划产品四项养老金新产品，实现了对各类养老保障与福利计划市场领域的有效覆盖，有力推动了建设银行养老金业务转型发展。

（七）投资收益市场领先，专业能力不断提升

全行受托资产投资收益率已达10.51%，居于市场领先水平。其中，员工年金计划投资收益率为10.95%，超过业绩基准6.7个百分点，有效维护了员工权益，实现了年金资产的保值增值。总行在受托资产组合管理中引入“风险—收益”预算的先进管理理念，对全行受托180余个组合实现全覆盖，使得资产配置结构更为合理，并在业内首创“三位一体”沟通协调机制，初步搭建起具有建设银行特色的受托投资管理监督体系。

（八）大力推进品牌建设，市场影响日益凸显

一是赢得众多荣誉奖项，品牌价值显著提升。凭借突出的发展业绩和对养老金行业作出的贡献，建设银行荣获中国银行业协会颁发的“2014年度养老金业务最佳业绩奖”和“2014年度养老金业务最佳发展奖”，全行系统内共有10人荣获“2014年度养老金行业优秀个人”。此外还先后荣获了中央国家机关五四红旗团委、总行本部五四红旗团组织，中国养老金融最具竞争力品牌和2014年产品创新三等奖（养老金卡）等奖项。

二是主动引领行业发展，积极发挥市场影响力。第一，加强机构合作，与《中国投资与养老金》（IPC）杂志、易方达基金管理公司共同举办“中国投资与养老金论坛”，深化了建设银行与监管部门的关系，加强了与投资机构的联系，提升了建设银行在客户、同业和市场上的影响力；第二，作为国内唯一一家受邀机构，参加了第四届世界养老金论坛并发表主旨演讲，提升了建设银行养老金业务的国际影响力。第三，作为银行业协会养老金委员会主任单位，成功主办2014中国养老金国际研讨会并做主旨发言，成功搭建起具有国际水准的养老金政策与业务交流平台。

三是创新机构合作模式，树立同业合作标杆。第一，与中国人寿分别在北京和成都联合召开养老金业务管理及服务研讨会，邀请中国邮政、中电投等近50家央企及大型集团客户参会，双方战略合作进一步向更深层次迈进。第二，与国泰基金成功签署了养老金业务领域战略合作协议，为双方未来的深度合作奠定了坚实基础，人社部陈良司长也出席了签署仪式。

（九）加强课题研究工作，全面提升学习能力

一是集中力量加强部门课题研究工作，结合国家最新政策要求，对事关养老金全局发展的战略问题加强了前瞻性研究，完成了《养老金业务转型发展研究》等9项重大课题研究，为建设银行养老金业务战略决策提供了思想基础。二是协助行内撰写《中国养老模式的变革与金融结构前瞻》，经凤凰财经等多家网站转载，在行内外引起强烈反响。

二、持续巩固内部管理，夯实业务发展基础

（一）持续完善制度体系，全面优化业务流程

养老金业务部加大力度完善养老金业务规章制度体系，制度建设成果显著。全年共印发了《中国建设银行企业年金基金受托管理业务客户服务管理暂行办法》、《养老金业务应急响应及恢复预案（2014年修订版）》等多项重要规章制度，从制度层面加强基础管理。协调各方完善年金支付方式、制定优化待遇支付流程，正式启动新政策下的年金待遇支付业务，提升客户体验。

（二）运营体系不断完善，全面提升客户体验

一是组织分行完成中铁九局、深圳航空等18个计划新建、合并上线工作；积极推进并完成中国保利、中国化工等重点项目的上线实施。二是组织全行开展客户服务自查和重点客户满意度调查，提高分行客户服务意识。三是做好已运营客户服务，通过客户座谈会、上门回访等多种方式融洽银企关系，提高客户满意度。四是强化对分行日常业务处理的监督管理，建立分行业务差错通报机制，提升运营服务质量。

（三）多措并举加强宣传，全面提升市场影响

一是多种渠道密集宣传，配合业务蓬勃态势。全年共在《建行报》、部门主页、总行信息门户主页和《养老金业务动态》（共60期）等渠道刊登各类宣传稿件616篇，其中，养老金业务部稿件223篇，分行稿件393篇；与《建行报》合作开辟《忠于所托 为民养老》专栏，刊登稿件36篇。养老金业务部《建设银行：创新养老金融应对人口老龄化》一文经凤凰网转载，并被评为行庆60周年优质新闻宣传稿件。

二是广泛借力外部媒体，高唱建设银行养老好声音。第一，《建设银行率先开启税收新政策下的企业年金支付业务》、《专注受托，用心服务》两篇文章被人民网、《金融时报》、中国证券网、搜狐网等多家媒体广泛转载，传播了建设银行养老金业务的良好形象。第二，紫光阁网站相继刊载了多篇关于养老金部党建相关成果的文章，包括《同心共筑中国养老梦》等。养老金部党建工作取得的新成效，谋求战略发展和探索创新转型的好做法，引起广泛关注。

（四）加大培训深度广度，提升条线业务素质

一是开发了业内第一本系统性介绍养老金业务的教材。教材对建设银行自开办养老金业务以来积累的各方面知识、资料和好的做法、经验等进行了详细梳理和全面总结，对养老金业务的规范化发展起到了推动作用。二是依托行内培训资源组织完成了全年培训计划，全年共举办5期培训班，培训人员270多人次。三是组织举办了养老金业务党校高级管理人员研修班，强化了37家一级分行主管行领导对养老金业务的认知，对于提高各分行对全行发展的贡献度具有重要意义。

（五）推进新一代系统建设，提升业务核心竞争力

新一代养老金业务系统雏形已基本形成，确定了养老金核心业务系统11大核心应用功能，顺利完成项目应用分析和设计编码工作。根据年金计税政策调整，及时进行账管系统升级，成为业内第一家完成系统升级的账管机构，为后续客户启动企业年金待遇支付计税工作奠定了坚实基础。

（六）文化建设稳步推进，激发员工实干热情

养老金业务部以“珍惜差异，鼓励创新，允许犯错，接受失败”为主题，一手抓业务发展，一手抓素质提高，制定部门文化建设“七个一”要求，即按照年、季、月、周定期开展7种特色团队活动，引导员工把个人成长与部门发展、建设银行发展紧密相连，形成了“鼓励做事，敢于创新”的良好风气，推动业务创新转型。

执笔：陶星

投资托管业务

一、2014年主要经营业绩

一是托管规模和收入双增长，超额完成全年收入计划。投资托管业务规模达4.28万亿元，较年初新增1.18万亿元，增幅为38.14%；实现托管费收入24.56亿元，较上年增长1.51亿元，增幅为 6.56%，计划完成率 101.76%。

二是证券投资基金托管规模创历史新高，增幅达 54.64%。基金托管规模 9 490.99 亿元，新增 3 353.71 亿元，增幅为 54.64%；基金托管资产净值四大行占比大幅提升至 32.31%，比 2013 年末增长 4.31 个百分点；新增证券投资基金 63 只，首发份额 768 亿份，均位居市场第一。

三是保险托管规模跨越性增长，规模新增达 61.61%。保险资产托管规模 9 476.26 亿元，新增 3 612.75 亿元，增幅为 61.61%。

四是 RQFII 托管规模快速增长，境外托管布局启动。RQFII 托管规模 355.49 亿元，新增 295.26 亿元，增幅为 490.22%；建设银行第一家海外托管机构——建行（亚洲）信托有限公司成立。

五是企业年金养老金托管产品创设数量、运营规模市场占比双第一。创设企业年金养老金托管产品 47 只，占比为 35.61%，运营规模 148.05 亿元，占比为 39.19%，均列市场第一。

六是受托外包业务在探索中积累能力，不断开拓新兴业务领域。受托外包业务从无到有，10 单受托外包产品投入运营；新兴保险委外投资托管领域市场领先；私募证券投资基金托管业务、期货公司资管产品托管业务成功试点。

七是新一代上线平稳运行，运营效率大幅提升。新一代核心系统托管应用（清算功能）上线平稳运行。持续优化升级，实现应用系统与总行核心系统、中债系统直联。优化业务运营流程，大力推进指令电子化、自动化和直通化，运营效率大幅提升。

八是全年运营管理安全无事故。全面梳理托管业务制度体系，针对托管业务风险开展操作风险自评估，按照国际通用的内部控制服务标准进行 ISAE 3402 审计，连续七年获得国际审计机构出具的“无保留意见”的内部控制审计报告。

九是再获国内外托管行业重要奖项，市场品牌形象进一步提升。连续五年荣获《全球托管人》杂志“中国最佳托管银行”奖，获得香港《财资》杂志“最佳托管专家——QFII”奖和中国国债登记结算有限责任公司中国债券市场优秀托管机构奖。

二、主要工作

（一）加大总行直接经营力度，增强集约化市场竞争能力

一是多策并举，促进基金托管规模快速增长。第一，坚持精品策略。与销售部门共同规范基金公司和基金产品的准入流程，根据业绩表现、投研力量、产品水平、分行评价明确目标客户，通过集中推介、上门拜访、重点营销等多种方式营销客户。第二，准确把握市场时机。上半年紧跟市场热点，重点布局细分行业基金和货币市场基金；下半年及时把握 A 股市场大幅上涨的契机，加快推出偏股型基金和指数分级基金，市场契合度不断提高。第三，优化分行代销基金激励政策。根据基金销售难易程度和市场变化，动态调整托管费收入分成政策，坚持基金首发和持续营销并重。

截至 2014 年末，基金托管规模 9 490.99 亿元，新增 3 353.71 亿元，增幅为 54.64%；基金托管资产净值四大行占比大幅提升至 32.31%，比 2013 年末增长 4.31 个百分点；新增证券投资基金 63 只，首发份额 768 亿份，均位居市场第一。

二是抓住政策利好商机，全方位、多维度营销保险托管业务。第一，总行高层亲自营销大型保险公司。分管行领导带队，抓住保险资产全托管政策机遇，全力营销大型保险集团。第二，总分行联动营销保险公司未托管资产。连续在北京、上海举办客户推介会，集中力量做好重点保险客户营销；连续下发通知指导分行积极开展属地保险公司营销，大力开拓保险实业托管业务市场，签署 6 个大型项目保险实业托管合同，托管规模 1 000 亿元。第三，不同业务条线联动营销保险客户。与寿险公司开展总对总合作；联动做好中小保险公司准入和评价工作；开拓保险资产托管和年金资产托管业务。

截至 2014 年末，保险资产托管规模 9 476.26 亿元，新增 3 612.75 亿元，增幅为 61.61%。

（二）指导、示范、管理多管齐下，分行托管业务竞争能力得到提升

一是指导分行业务发展。制定并下发了《采取切实措施 扎实发展投资托管业务的指导意见》，召开重点分行经营投资托管业务座谈会，明确分行发展重点和营销措施。走基层、见客户、抓市场，现场指导12家分行营销重点客户51家，取得良好效果。二是总分行联动营销。成功获得北京市集成电路产业投资基金托管资格，成功入围国家开发银行股份有限公司总行证券化服务机构备选库，成功中标中国农业发展银行首批企业理财业务托管银行。三是助力分行全力开拓信托纯保管业务。推动分行深耕信托公司保管业务领域，实现信托财产保管规模较年初增长28%。四是规范分行业务经营。连续下发《关于对分行自主经营投资托管业务开展风险和问题排查的通知》、《关于进一步规范分行自主经营投资托管业务运营管理的通知》、《关于提示分行经营投资托管业务风险的通知》，加强对分行的业务管理。

截至2014年末，分行经营的信托、股权、理财等托管业务规模17 105.77亿元，增长1 457.19亿元，增幅为9.31%；实现托管费收入9亿元，增长0.5亿元，增幅为5.88%。

（三）积极开展海外专营机构建设和托管业务营销，促进跨境托管业务发展

一是打造海外托管服务能力。建设银行首家海外托管机构——建行（亚洲）信托有限公司通过中国银监会及香港金管局的批准，于9月正式成立，打通了建设银行跨境托管服务通道，完善了建设银行在香港市场的托管服务功能。二是强化海外目标市场营销。深挖中国香港、新加坡、中国台湾、韩国和英国市场，拜访客户60余家，成功赢得QFII/RQFII新客户11家，成为新加坡RQFII首批中资托管行。三是扩大建设银行托管业务的国际影响力。与中国基金业协会在英国伦敦联合举办“中国资产管理行业推介会”，充分借助官方平台宣传推介建设银行托管品牌。截至2014年末，QFII/RQFII托管规模987.47亿元，增长532.13亿元，增幅为116.86%。

（四）以创新促发展，培养未来竞争优势

一是产品创新。及时跟进政策和市场新变化，提前布局，积极营销基金公司分级基金，成效明显。创设企业年金养老金托管产品47只，占比为35.61%，运营规模148.05亿元，占比为39.19%，均位居市场第一；投资品种覆盖了股票型、混合型、固定收益型、货币型、信托产品型、基础设施债权投资计划型等所有大类产品；是业内企业年金养老金产品数量最多、规模最大的托管银行。

二是业务创新。受托外包业务实现零的突破，10单业务投入运营；保险公司委托基金公司、证券公司的委外投资托管领域保持领先地位；私募证券投资基金托管业务、期货公司资产管理计划产品托管业务成功试点。

三是服务创新。成功实现新一代托管应用系统与总行核心系统的“直联支付”与中央国债登记结算公司的“中债直联”两项技术突破，划款指令实现“直联支付”，交割业务实现直联办理，托管服务效率大幅提升；首次实现QDII产品跨境人民币汇出汇入双向流动，进一步丰富了建设银行跨境托管服务内容；满足保险委外投资重要客户风险绩效报告个性化服务需求。

四是流程创新。以流程控制为抓手，优化业务运营流程，再造资金结算处理环节，设计资金对账及封账环节，大力推进指令电子化、自动化和实时直通化，陆续实现电子印章使用，信息披露和核算档案电子化，节省了人员投入，提高了运营效率，加强了风险监控。

（五）积极推进新一代托管系统建设，打造托管业务核心竞争力

在新一代托管应用前期已实现功能的基础上，持续进行新增及优化需求的分析与评估，保障了托管业务顺畅运转。在提高业务处理效率的同时，降低了运营操作风险。组织进行了2.1期用户测试、上线培训、制度建设、数据迁移等工作。完成了2.2期需求分析及评审工作，托管三期项目成功立项并开始需求准备工作。

（六）推进基础管理能力建设，为把握未来市场机遇做好准备

一是推进制度体系建设，确保业务发展有章可循。全面整理托管业务制度，形成《托管部下发制度、通知和重要批复汇编》、《托管部内部制度汇编》，积极推进托管业务制度体系建设；分别制定《指令分拣、录入、审核、参数维护业务操作手册》、《中国建设银行关于（人民币）合格境外机构投资者银行间债券投资代理交易、结算及托管业务操作规程》等制度文件，规范核算、涉外、外包业务运营操作。

二是加强业务风险防控，确保营运操作质量。圆满完成2014年ISAE 3402审计，连续七年获得国际审计机构出具“无保留意见”的内部控制审计报告。全面分析并形成《托管业务风险分析报告》，推进不相容岗位调整、操作风险自评估、分行内部控制评价指标设置等重要内控工作，加强托管业务风险管理，确保运营操作质量。

三是培训点面结合，提高业务人员专业能力。举办登记结算、银行间业务、沪港通、参与国企混改基金、新一代核心系统托管项目2.1期上线等一系列专业技术培训；举办分行托管业务和海外托管业务全行培训班；组织完成全行托管业务人员证券从业资格考试、后续培训和年检工作；多次组织人员参加中证登、中债登、交易所、证券投资基金业协会等专业机构和行业主管部门组织的业务培训，提高全行托管业务条线人员的专业能力。

四是加强业务宣传，提高建设银行托管业务认知度。编写《投资托管业务发展掠影》、《稳健托管运营 维护投资者利益》、《建行保险资金托管业务发展综述》等文章，先后在《建行报》以及新浪网、新华网、搜狐网等重要媒体上刊登，扩大建设银行托管业务在社会上的知名度；借助中国银行业协会主办的《中国资产托管行业发展报告》和沪深交易所主办的《中国证券业年鉴》的平台，大力宣传建设银行托管业务的成就，在业内塑造建设银行托管业务品牌形象；多次参与总行资债部、审计部组织的培训班，向分行宣讲托管业务，提高托管业务在全行的认知度。

执笔：杨增亮　王云鹏

结算与现金管理业务

一、主要经营成果

（一）超额完成全年收入增长目标，收入结构进一步优化

全行实现资金结算业务收入103.18亿元，同比增长11.36亿元，增幅为12.37%，占全行中间业务收入的9.75%，高出全行中间业务收入增幅为8.57个百分点；收入总量位居四大行第二，同比增量、增速均位居四大行第一；收入四大行占比达29.81%，较年初提升3.34个百分点。

（二）单位人民币结算账户快速增长，增速和增量保持四大行第一

截至2014年12月末，全行结算账户达581.68万户，新增72.68万户，增幅为14.28%。其中，基本户占比为62.76%，较年初提升2.83个百分点，账户结构不断改善。人民银行口径下全行单位人民币结算账户达486.00万户，比年初新增68.06万户，增速为16.29%，账户增量和增速连续三年保持四大行第一，分别比工商银行、农业银行、中国银行分别多增13.44万户、29.65万户和34.82万户，进一步巩固账户增长优势；账户四大行占比为23.90%，比年初上升1.18个百分点；基本户占比为64.90%，较年初提升2.36个百分点，账户结构不断改善。

（三）客户拓展取得新突破，实现量质双升

现金管理活跃客户净增35.17万户，达95.39万户，增幅为58.41%，计划完成率为199.8%；对公网络活跃客户净增78.32万户，达238.79万户，增幅为48.8%，计划完成率为255%；小企业无贷户达245.74万户，加权有效客户172.2万户，净增21.13万户，增速为13.99%，计划完成率为252.92%。

（四）重点产品营销成效明显，综合贡献不断提升

单位现金管理、账单自助服务等16项产品收入过亿元，10项新型结算产品收入达15.81亿

元，增幅为 38.88%，计划完成率为 115.69%；企业现金管理服务收入 33.75 亿元，增幅 12.04%，计划完成率为 107%。其中，对公一户通、实时现金池、票据池、备付金存管产品共吸收存款沉淀 1.35 万亿元，固化客户存款 1.77 万亿元，分别较年初增加 3 012 亿元、3 377 亿元。虚拟平等现金池、智能理财现金池、票据池等创新型产品市场反响热烈，鞍钢集团、中国轻工、大同煤业、安利等一大批知名企业纷纷申请试点使用。

（五）产品创新步伐加快，市场影响力不断提升

率先在同业推出银联单位结算卡；推出跨行账户信息查询、跨行收款等产品；对公一户通产品规则由人民银行、财政部认定成为行业标准；自主研发、业内首推的备付金云存管成为首家达到人民银行监管标准的系统，并成功申报成为人民银行首批备付金存管银行。其中，企业自助银行、单用途预付费卡存管分别获得 2014 年总行产品创新二等、三等奖。

二、采取的主要措施及成效

（一）强化主动营销和多渠道联动营销，拓展客户群体

制定应对商事制度改革的账户拓展指导意见，指导全行利用“企业注册 E 站通”等验资渠道，加强与工商、税务等单位及第三方机构合作，从源头抓好账户增长；发挥专业优势，协助客户部门、分行开展重大客户营销，直接参与了中央财政、总后勤部、中国石油、中国石化、航天科工、铁塔集团、三一重工、通用电气、博世等公司机构类大客户的营销工作，进一步巩固了建设银行与大客户的业务合作关系；组织条线持续举办“财资论道”重要客户推介会，强化总分行、部门之间的联动营销；与公司部联合开展以“抓基本户、争主办行”为主题的营销活动，推动账户、客户、产品等全面增长；落实小企业无贷户营销维护职责，加强小企业无贷户经营管理；加大“禹道”品牌宣传力度，荣获《贸易金融》、《首席财务官》等专业机构评选的“2014 年度最佳现金管理银行”、“2014 年度最佳现金管理品牌奖”。

2014 年 5 月 16 日，建设银行在北京举办资金结算业务高级研修班。

（二）大力推进产品创新，持续提升市场竞争力

一是产品创新取得新进展。总行牵头开展了 2 项战略产品创新、18 项重点产品创新，创新产品数量较 2013 年新增 9 项，涵盖全球化整合、收付款、供应链金融、现金管理、对公自助银行、资金存管等领域。二是持续优化产品功能。全年共完成业务功能优化 469 项，提交中石化等大客户个性化迁移需求 130 项，整合网银查询、转账操作界面 1 500 余个；完成商务卡报销优化、银关通担保协议、中央财政公务卡预算单位实有资金还款等重大优化功能 9 项。三是创新产品试点良好。拜耳、汉高、星巴克等跨国企业成功上线全球现金管理服务，虚拟平等现金池、智能理财现金池、跨行对私收款服务投产试点，客户体验较好。

（三）加大产品的推广应用，不断提升客户体验

组织开展了对公结算业务营销竞赛活动，大力推广单位结算卡、票据池等新型结算产品。全年共发行单位结算卡 60 万张；完成对公自助服务全行推广，部署设备 1.3 万台，为每个机构平均节省约 0.5 个人力；为 82 家试点企业托管票据资产 130 亿元；办理大型企业资金存管业务 600 余家；营销单用途预付卡资金存管业务集团发卡企业 20 家，规模发卡企业 454 家；上线线上开户预约、在线填单功能，有效提升了客户开户体验。

（四）积极推进新一代建设，服务能力不断提升

一是全力保障新一代核心系统建设。牵头实

施对公现金管理、对公存贷款、支付结算、产品支持基础、员工渠道5个新一代重大项目。顺利推动新一代对公现金管理2.1期项目上线，支持智能现金池、跨行收款等创新产品10余项，分批实施对公网络五大系统存量客户迁移，累计迁移客户15批，共计34.8万户，现金管理系统和重客系统客户迁移率达99.95%。二是不断提升综合化服务能力。着力打造对公网络综合服务平台，完成对公客户综合化签约系统研发和上线准备；继续做好大客户营销和服务支持，积极响应中国铁路总公司、中国石油、中国石化、中央财政、海关、总装备部等大客户的系统应用优化需求，支持中央财政非税收入收缴业务再次中标，巩固了银企关系；上线中国石化费用报销系统，巩固和拓展了建设银行在中国石化的市场份额。

（五）加强业务管理，推动结算服务转型

一是加强培训。牵头开发完成《资金结算师能力提升培训》教材和课程，建立了专业技术岗位考试题库；完成全年23期培训，全行已有507人获得国际财资管理师认证。组织与美国银行、中国香港金融同业开展经验分享活动，推动了条线人员的理念转变和能力提升。二是加大数据挖掘应用。组织上线对公现金管理自助查询模型，完成对公交易数据挖掘模型建模，并积极推进结算资金数据挖掘工作。三是加强业务管理。下发了新版价格目录执行和收费减免指导意见，加强了授权管理，并组织条线严格执行现金管理业务收费“四有”要求，规范服务收费；在新一代对公现金管理中部署综合定价功能，为对公客户提供套餐化、阶梯式的灵活价格服务。

（六）严防风险，确保业务系统安全运行

组织开展了三次结算业务现场检查，常态化排查产品签约和柜面操作关键风险点，不断提升结算业务风险管理手段和能力，全力保障了结算与现金管理业务以及CCBS核心系统、对公网络等系统的全年安全稳定运行。

执笔：全丽萍　张航

个人存款与投资业务

一、经营情况

（一）储蓄存款市场份额再创新高

个人人民币存款年末日均余额达56 289亿元，四大行占比较上年末提升0.3个百分点，达24.3%；日均新增3 750亿元，由四大行排名第三升至第二，四大行占比较上年末提升5.1个百分点，达30.3%。北京、内蒙古、吉林、福建、厦门、湖南、深圳、贵州、陕西9家省、市分行日均新增四大行第一。安徽、湖南、湖北、山东、陕西、河南等6家省分行日均新增及增速均位居系统前十。

个人人民币存款年末时点余额达58 456亿元，四大行占比较上年末提升0.3个百分点，达24.5%；时点新增3 658亿元，居四大行第二，占比为29.7%。安徽、西藏、湖南、湖北、吉林、山东、河南7家省、自治区分行时点增速超过10%。

个人外币存款年末余额46亿美元，新增8.5亿美元，余额四大行占比近10%，提升1个百分点，在四大行中提升最多。

（二）个人资产客户新增再创新高

截至年末，个人有资产客户2.9亿人，较年初增加2 193万人，创历年新高；个人客户金融资产时点余额7.9万亿元，比年初新增7 120亿元，增幅为10%。零资产客户激活1 734万户，户均存款6 584元；年内新开户有资产客户户均存款达7 874元；县域有资产客户新增716万人，个人存款新增1 508亿元。

（三）重点产品竞争能力再创新高

个人条线实现中间业务收入242亿元，同比增长6%。位列同业个人中间业务收入四大行第二，占比同比提升0.3个百分点，达27.2%。辽宁、吉林、福建、厦门、河南、湖南、深圳7家分行位居四大行第一。

一是借记卡发卡突破6亿元，消费突破5万亿元，收入超百亿元。借记卡新增9 996万张，总量达6.3亿张；其中金融IC卡新增8 991万张。借记卡消费交易额5.1万亿元，同比增长40%。个人结算及借记卡业务收入126亿元，位居四大行第二，占比同比提升0.02个百分点，达25.8%；北京、吉林、福建、厦门、湖南、深圳6家分行位居四大行第一。

二是银行理财年末余额突破1.1万亿元。个人银行理财产品销售金额达49 467亿元，同比增长6%，在全行理财产品销售金额中占比为71%，较上年末提升2.5个百分点。个人银行理财产品年末余额8 081亿元，在全行银行理财产品余额中占比为71%，较上年末提升6.5个百分点。

三是主动优化产品结构，代销基金交易、收入、市场占比“三提升”。销售基金5 799亿元，同比增长54%，销售金额创2008年以来新高；建信基金存量743亿元，超额完成全年目标。实现收入29亿元，位居四大行第二，占比同比提升1.1个百分点，达32.1%；21家分行位居四大行第一，其中河北、河南、湖北、四川、贵州、云南、西藏、甘肃8家分行在四大行中占比超过50%。

四是加大主题产品创新与销售，实物贵金属业务收入跃居四大行第一。创新推出实物新品超过160款，开展专项营销竞赛，推动重点产品销售。实现收入8.4亿元，跃居四大行第一，占比同比提升4.8个百分点，达32%；12家分行位居四大行第一，其中河北、吉林、黑龙江、广西、重庆、贵州、云南、甘肃8家分行在四大行中占比超过40%。

五是代理人身保险业务规模、收入和客户快速增长，母子公司联动成效显著。全渠道销售保险达23亿元；推出“理财保”，深化母子公司战略协同。实现收入24亿元，同比增长3.1%，增速创四年来新高；收入在四大行中占比为29.1%，同比提升0.1个百分点，位居四大行第二；13家分行位居四大行第一，其中内蒙古、厦门、重庆、贵州、云南、陕西、青海7家分行在四大行中占比超过40%。代理建信人寿保费164亿元，同比增长60%，支持建信人寿在银行系公司中排名首位。

（四）加大渠道统筹，加强精细管理，营销服务支持能力持续提升

一是智慧银行建设顺利推进，网点建设进展良好。11家试点智慧银行全面建成，打造“自助、智能、智慧”的全新客户体验。全年139个网点新设项目当年开业率为75%，创三年来新高；全年累计装修网点2 224个，存量网点优化提升成效显著。

二是现金自助设备运行数量突破8万台，离柜交易水平持续提升。现金自助设备运营数达81 067台。自助银行达21 274家。继续加快交易分流，全年离柜账务性交易量占比为88%，提升3个百分点。加快业务创新，开展VTM、大额存款机、便利金融服务站试点投放工作。

2014年4月10日，建设银行全行零售及电子银行业务工作会议在福州市召开。

三是电话银行指标稳步增长，“三高两低”工作成效显著。电话银行客户1.74亿户，较年初增长16.2%。人工服务156通/人/天，比同业平均水平多36通。实现全行客服号码统一，托管建行亚洲企业网银热线，经营管理集约度进一步提高；短信、在线客服业务量占人工来电量比重由2013年末的19%提升至33%，新兴渠道使用率进一步提高；2014年末人工接通率较年初大幅提高

16个百分点，达81%；95533电话投诉率降低，全年仅收到电话银行服务质量投诉14笔；客户等待时间由年初33秒降至26秒。

二、工作措施

（一）紧盯市场变化，抓全流量资金

积极开展旺季营销、“启程春天创佳绩、收获金秋结硕果”等综合营销活动，重点围绕薪金、结算、理财、县域抓源头，推出特色储蓄、聚财存款、结算通借记卡等新产品，下发“薪享通”、“结算通”、“出国惠”、“福农通”等综合金融服务方案，依托综合服务、潜力产品抓沉淀，实现个人存款市场份额稳步提升。

（二）坚持三个并举，聚焦全量客户

注重全量客户经营，坚持新客户拓展与存量客户保有、做大规模与做优结构、城区与县域“三个并重”策略，紧盯新开户客户质量、客户保有、零资产客户激活等客户新增“三要素”，积极开展金融社保卡、公积金龙卡客户综合金融服务，加强电子渠道类零资产客户激活、长期不动活期存折激活，推动借记卡作为信用卡约定还款账户工作，加大客户关系、客户管理系统开发优化与营销支持力度，拓增量、挖存量，多策并举提升客户综合贡献。

（三）主动应对挑战，深入挖潜增收

一是加大金融IC卡与移动金融营销宣传，下发金融IC卡行业应用实施方案及典型案例，推出社保、医疗、交通、社区和文化等行业应用近300项，实现SD卡自主发卡，推出惠福龙卡、芯支付、异形卡、移动支付独立客户端、“贴芯充”等，以金融IC卡为抓手推动借记卡业务增长。

二是加强银行理财销售统筹，满足客户资产配置需求。加大条线间联动协调，加强销售统筹，优化产品布放策略，支持日均存款增长。

三是抢抓资本市场机遇，优化产品结构，上线“速盈”产品，开展绩优稳定类产品“二次首发”及销售竞赛，加强与建信基金战略协同，促进交易及收入增长。

（四）加强全方位能力建设，市场拓展支持与客户体验持续提升

一是加快提升大数据挖掘应用能力。基于客户视角开展分析，聚焦资金流向、零资产客户等热点问题，新开发八个事件式营销模型，常态化提取名单制数据，精准营销体系建设实现突破；加快搭建个人业务金融实验室，数据管理与应用实现突破。

二是打造网点服务“升级版”。推动流程再造，实现根据客户AUM值判定客户等级，确保VIP客户优先服务；优化大堂经理平板电脑功能，支持客户营销商机挖掘；配备柜外交互终端，实现客户驱动型交易流程；试点取消5万元以下取款凭条，改善客户体验；将部分业务流程从线下迁移到线上，从柜内迁移到柜外，依托微信银行、自助填单机、平板电脑等多种渠道预约预处理，减少柜面业务办理和客户等待时间，实现客户全渠道接入银行服务。

（五）加强队伍建设

注重全行网点负责人、客户经理及网点员工的业务培训和素质提升，其中网点负责人培训超过9 200人；以赛代训，组织“客户服务 我最用心”个人客户服务岗位劳动竞赛、电话银行“寻找建行好声音”现场技能竞赛，在全国金融理财师大赛中取得同业最好成绩。

执笔：陈国金　赵鸿

财富管理与私人银行业务

一、经营绩效

（一）私人银行业务快速发展，全面完成业务指标

截至2014年末，AUM1 000万元以上私人银行客户数量增长14.18%；客户AUM增速18.21%；私人银行卡和财富卡发卡量增长30.4%。私人银行客户存款余额增幅为30.11%；私人银行客户存款占全行个人存款日均余额的3.09%，比年初提高0.67个百分点，新增占比为13.49%。“金管家”客户签约量新增86万户，完成计划数近3倍。按照管会系统，全年私人银行客户实现经济增加值32.55亿元，完成任务的231%。

私人银行业务推动行内客户存款放量增长，AUM1 000万元以上私人银行客户存款余额2 097亿元，比年初增加485亿元，增幅为30%；以万分之一左右的私人银行客户数量，贡献了全行个人存款日均余额的3%，新增的13%。

（二）着力增加业务收入，提升综合价值创造能力

截至2014年末，总行牵头销售理财产品5 899亿元，增长46%；定制化理财产品发行94期，募集资金1 275亿元，增长68%；与子公司密切协同提供多元投资产品，代理建信信托集合信托计划新增7只，募集298.99亿元，增幅近9倍。首次代理建信基金一对多专户理财计划产品；代理建信人寿保险产品3款；推进中国香港、澳大利亚投资移民服务，累计签约1 458户，分别锁定7年稳定投资期AUM 57.5亿元和3年稳定投资期AUM累计7.74亿元，中间业务收入6 946万元，提高留学服务竞争力，全年办理“留学鑫”业务客户1 833名，交叉销售效果显著。

二、保障措施

（一）大力创新产品服务，有效拓展私人银行业务经营宽度和广度

一是跨境金融产品服务创新，“私享联联”A私人银行客户（定期存款）资金监管业务，全行累计提交申请226笔，申请金额28.11亿港币；累计通过贷款153笔，贷款发放金额20亿港币，境内定期存款增加16亿元；“私享联联”B私人银行客户保单融资业务，推出2个月成功营销6笔1 000万元以上建信人寿大额保单。

二是资产管理类产品创新，推出私人银行客户资产配置策略参考服务，完成基金筛选与评价方案，建立精选基金池，分成稳健型、进取型、积极进取型三档，实现风险与收益相匹配，提供基金的个性化评价报告，为客户配置基金和销售提供支撑；印发《家族信托财务顾问服务指引》，推出家族信托财务顾问业务，有机融合专业的事务信托架构安排与稳健的资产组合配置，高效满足超高净值客户在子女培养、财产传承及资产增值保值等家族多元需求。

三是私人银行客户综合金融产品服务创新，“金管家”个人客户现金管理通过账户整合、自动归集、自动划转、自动增值、自动补款、资金预留等综合服务功能，为建设银行稳存增存提供了抓手，显著增加了客户黏性，成为吸引客户行外资金和增收挖潜的有力武器。当年签约主账户数量894 926个，累计管理账户120万个，交易量269万笔，交易额3 731亿元，实现服务费收入966万元。“财富保”优选、“随享金”代销贵金属，联合网络金融部推出的“私享善融”等都取得明显成效。

四是财富管理顾问咨询创新，推出资产负债综合报告服务，年内共向客户提交报告28 272

份，江苏省、苏州市等分行平均为客户提供4份报告；创新“个人资产管理订单服务”，快速交付产品；领先同业推出婚姻财产规划及家族财产传承顾问咨询服务；向客户提交9 672份《养老规划顾问咨询建议参考》，产生良好的客户影响力。

（二）全面启动私人银行业务转型，协同联动机制进一步深化

根据“中国建设银行业务转型发展规划”的总体部署，正式印发《关于印发〈私人银行业务转型方案〉的通知》，并全面推进实施。持续深化集团层面私人银行业务协同联动机制建设，制订并印发《私人银行业务产品平台和机制建设实施方案》，要求全行扎实推进客户互相推荐、交叉销售、组合产品，建立跨条线工作流程，抓好细分客户、需求整合、产品组织供应和集成交付等关键环节，探索协同联动考核激励机制，建立利益共同体，促进全集团共同挖掘私人银行客户价值贡献。

（三）提升专业化和精细化经营管理能力

全面提升私人银行客户营销与客户关系管理能力，推动公私联动，跨子公司和跨境内外营销，促进客户交叉推荐，依托事件销售驱动系统实施精细化营销；实施“一户一策”，签约与非签约私人银行客户相比，人均AUM为22.48%。加强客户体验管理，实施私人银行网上银行优化项目。开发《私人银行业务岗位培训教材》，组织首次持证上岗考试，上线“学、用、销”产品培训电子课件58个。

加强私人银行业务“大数据”应用与挖掘，设计小企业客户与私人银行客户信息共享与营销推荐的业务流程，促成对小微企业主或股东的客户服务和交叉营销；启动私人银行客户KYC合规管理项目，开展“私享.惠”投资者教育现场活动，创新“财智人生”风险管理服务。

执笔人：王娟

住房金融与个人信贷业务

2014年，住房金融与个人信贷业务荣获《亚洲银行家》、《金融时报》等主办的多个权威奖项。

一、业务发展成果

（一）个人贷款新增四大行占比远超同业，比年初新增跃居四大行第一，余额在全行各项贷款占比突破30%

个人贷款比年初新增3 590亿元，同比多增29亿元，新增四大行占比为33.98%，比上年提高5.31个百分点；2014年末余额25 550亿元，在全行各项贷款中占比为30.10%，比年初提升1.36个百分点。

（二）个人住房贷款余额、新增均居四大行首位，四大行中占比均比年初提升，领先优势进一步扩大

2014年末全行个人住房贷款余额24 143亿元，比年初新增3 894亿元，同比多增146亿元，新增创历史新高；余额、新增四大行占比分别为30.89%和32.42%，比年初分别提升0.28个和1.2个百分点。新增四大行排名前两位的分行有31个，其中排名第一的分行数量创近三年新高，达23个。

贷款主要满足百姓自住购房需求，主要指标表现抗风险能力较强。一手房、二手房贷款新增合计3 736亿元，占全部房贷新增的95.95%。全行存量个人住房贷款抵押率为48.2%，当年新发放贷款平均首付比例为43.1%，一人一贷占比为99.6%。

（三）个人不良贷款、逾期贷款全部控制在目标要求内，质量总体稳定且保持同业最优

2014年末全行个人贷款不良余额82.79亿元，不良率为0.32%，资产质量在四大行中最优；有14个分行个人贷款不良率比年初下降，6个分行不良“双降”；年末全行个人逾期贷款余额181.61亿元，逾期率为0.71%。

（四）房改金融业务市场占比在超过50%的基础上进一步提升，住房资金存款新增超过1 200亿元，余额突破7 000亿元

2014年末全行住房资金归集余额19 317亿元，比年初新增2 935亿元，同比多增439亿元，创历史最好水平，完成全年计划的133%。住房资金存款新增创历史新高，比年初新增1 231亿元，余额7 171亿元，在全行人民币对公存款余额的占比提升1.7个百分点，达11.45%，为全行稳存增存作出贡献。

公积金项目贷款保持领先，累计在70个试点城市受托对207个试点项目发放公积金项目贷款470.01亿元，发放资金同业占比为60.55%，其中当年发放85.53亿元；公积金个人贷款余额11 833亿元，比年初新增1 717亿元。

（五）消费信贷创新取得突破，首创“快贷”互联网金融产品，业界反响巨大

依托建设银行全量客户信息，利用大数据原理设计授信模型，在全国金融系统推出首个全流程网上自助个人贷款——“快贷”。2014年12月全面上线后①，至2015年1月22日累计授信超过5亿元，授信客户超过1.4万户，贷款余额近3亿元。

2014年末，全行个人消费经营贷款当年发放21万笔，金额1 059亿元，贷款余额1 407亿元；个人支农贷款试点分行增加了江西省、内蒙古自治区、贵州省和山西省分行，试点分行数量达21个，当年投放近100亿元，余额73亿元。

（六）新发放房贷利率位居四大行第二，个贷利息收入增长超20%

2014年新发放个贷加权利率为6.95%，加权浮动幅度为8.48%，利率较年初提升28BPS，超过非贴公司类贷款58BPS；全行实现个贷利息收入1 487亿元，增幅为20.63%，同比增长254亿元。

各月新发放房贷利率水平均超过基准，当年新发放房贷利率加权浮动幅度为5.40%，利率值达6.84%，位居四大行第二；新发放消费经营类贷款利率为7.60%，加权浮动幅度为27%，保持较高水平。

（七）新增客户人均产品覆盖超过6个，客户新增、中间业务收入超额完成计划

全行当年新增个贷客户超200万户，人均覆盖产品超过6个，新发放公积金龙卡540万张，累计发卡3 250万张，卡内资金沉淀354亿元。当年实现牵头中间业务收入35.62亿元，同比增幅为9.59%，完成全年计划的109%，其中房改金融业务收入27.92亿元，同比增长16.33%。

二、主要工作措施

（一）转变观念，调整策略，不断加大转型战略执行力度

积极贯彻全行转型发展要求，按照“大资产、大负债”的经营理念，围绕“客户全量化、产品综合化、渠道协同化、营销精准化”的发展方向，主动实施由“坚守优势”向“攻守兼备”转变的经营策略，重点提升市场把控能力、创新能力、服务能力和管理能力，持续增强竞争优势，努力做到“守得住、攻得出”。2014年，建设银行住房金融业务传统优势进一步扩大，消费信贷转型布局基本到位，新兴特色优势逐步显现。

（二）细化管理，主动引领，大力发展个人住房贷款

抓住政策调整、市场变化的关键时点，合理把握投放节奏，积极引导分行将定价策略由被动跟随转向主动引领，促进了房贷量价齐升，第一季度就重新夺回了房贷新增同业第一，而且下半年新发放房贷利率上升为四大行第一，市场把控能力明显提升。

强化区域分类管理，针对房地产市场结构性特点，坚持有保有压，明确了一线、二线、三线、四线城市范围，细化区域差别化发展要求，严格合作开发企业差别化准入标准。加强创新，试点推出境外机构个人住房内保外贷业务，在个人跨境融资领域取得突破；在重点区域加快发展二手房贷款，不断优化房e通功能，构建完善线上线下服务模式，并在北京试点二手房赎楼贷款。

① 个人网银快贷功能于2014年9月13日上线，且上线后对全行客户开放，房金部于12月开始进行该功能的全面营销。

（三）转变思路，以创新推动个人消费信贷转型布局

加快向互联网思维的转变，以网上融资服务为切入点，围绕重点消费领域和新兴消费需求，推动业务创新。研发、完善互联网金融产品，“快贷”率先面市。抓源头、抓产业链，创新汽车消费信贷业务新模式，从汽车厂家源头控制信贷风险，加强公、私业务联动和资源整合，形成了针对一汽奥迪品牌的个人购车融资方案，先期在7个分行设立试点。积极营销联通“沃易购”电商平台融资合作，并成功入围。

（四）创新营销理念和合作模式，打开房改金融业务新局面

创新推出房改金融业务“系统推广即是客户营销”的理念，以系统建设推广和综合金融解决方案为抓手，抓住具有示范效应的客户，总分行联动营销推广以国管系统为重点的房改金融系统，基本上形成了“上线一批”、“签约一批”、“储备一批”的良好局面。

加快从存贷款服务向综合金融服务转变。从抓核心竞争力入手，充分发挥自身科技、产品、渠道优势，着手建立针对600多家公积金中心的差别化营销体系和《综合化金融解决方案》，推行房改金融业务客户和客户经理名单制管理，积极构建与客户的新型合作关系。深入开展“抓户扩面增存”活动，在巩固公积金业务传统优势的同时，抢抓住房维修资金等新兴市场。

（五）强化机防机控，主动排查风险，提升业务管理能力

开发个贷风险监测预警模型，运用大数据分析，生成疑点数据，首次实现了对资金流向等个人贷款关键领域风险识别和预警的从“被动”到“主动”、“人控”到“机控”的转变，增强了风险识别的准确性，提高了风险防控的有效性。积极落实信贷风险防控年要求，重点排查楼盘项目、抵押登记落实情况和保证方式及个人消费经营贷款等风险，坚持边查边改，逐一排除风险隐患。高度重视审计发现的问题，细化整改措施，举一反三，限期整改到位。

进一步增强风险意识，加强对温州、鄂尔多斯、榆林等市场波动较大区域的研究，以点带面，总结经验，调整策略。根据市场变化，及时暂停个人消费经营贷款合作融资性担保机构准入，严控贷款资金流向，强化保证金管理。

（六）坚持精细化管理，强力推进呆账核销和不良催收

按季度下达分行个贷质量管控目标，动态监测，加强督导帮扶，提高计划的执行力。继续加强分类管理，对浙江、福建、黑龙江、陕西等省分行进行重点帮扶，组织重点分行专题研究呆账核销工作，推动集中拖欠项目和大额不良贷款处置。研究分析逾期贷款运行情况，强化逾期贷款常态化管理，丰富催收手段，上线自助语音催收系统，来弥补短信催收和人工坐席催收的不足。

（七）加强内控管理与队伍建设，进一步夯实业务基础

完善制度，规范操作。制定住房资金归集会计操作规程、住房委托个人贷款业务管理办法等，加强公积金业务会计核算管理，规范了委托合作和业务操作。明确档案影像化的相关要求，进一步规范档案管理及影像扫描业务操作，扩大个贷档案影像资料应用范围。持续加强队伍建设，紧密结合业务需要，细化培训课程，重点加强新业务培训和风险管理知识培训，全年共完成培训4 879人天，有效提升了条线员工的业务技能和合规经营意识。

（八）巩固拓展教育实践活动成果，继续改进工作作风

精简审批事项，将更适合分行审批准入的事项授予分行；增强服务意识，完善总分行沟通协调机制，对分行请示的答复时间平均控制在3天以内；组织部门处级员工分批到北京分行个贷中心跟岗，深入一线，了解客户和市场需求。

执笔：王毅　童学锋　蔡军花　林岚　郑露

信用卡业务

一、工作成果

（一）业务发展再创新高

截至2014年末，全行信用卡累计发卡6 593万张，当年新增1 392万张，创下8个月发卡增长1 000万张的新纪录；累计客户5 479万户，当年新增1 035万户；消费交易额1.66万亿元，同比增长30%，单月消费突破1 700亿元，创历史新高；贷款余额3 287亿元，当年新增603亿元；当年新增全量商户19万户，同比翻番增长，增速创历年之最；实现业务收入259亿元，同比增长29%，业务规模和效益再创新高。

（二）市场竞争力进一步增强

2014年，建设银行新增客户、新增发卡、新增商户、消费交易笔数、业务收入、资产质量等多项指标均居同业第一。其中，新增客户、新增发卡、资产质量实现同业第一次"三连冠"；业务收入首次超过工商银行，新增商户首次超过农业银行，取得了同业第一的历史性突破；新增客户、新增发卡、消费交易额、业务收入在四大行中占比分别达46.1%、35.6%、28.7%和31%，较年初分别提升3.4个、2.5个、1.2个和0.5个百分点。

（三）盈利能力快速提升

2014年，信用卡业务经济增加值实现了首次转正的历史性突破。条线总收入259亿元，其中利息收入72亿元，保持四大行第一；中间业务收入187亿元，同比增长30%，全行占比达16.6%，较年初提升3.4个百分点；信用卡中收增量达全行增量的128%，成为全行中间业务收入增长最多、增速最快的产品。

（四）资产质量同业最优

2014年，全行信用卡逾期90天以上不良率为0.84%，低于行业平均水平0.6个百分点，资产质量始终保持同业最优。

（五）品牌影响力进一步提升

先后荣获专业卡组织及主流媒体颁发的2014年度"中国最佳信用卡产品奖"、"最佳精准营销奖"、"最佳支付创新产品奖"等44个奖项。其中，VISA国际组织授予了建设银行三个风险管控卓越服务奖项，建设银行成为全球唯一一家同时荣获三项国际最高殊荣的银行。

2014年2月28日，建设银行在上海举行龙卡足球世界杯信用卡上市发布会。

二、主要工作措施

（一）客户拓展持续提速

一是抓好网点营销发卡。采取"大网点、大联动"营销发展策略和"送培训"系列活动双轮驱动，网点产能达1日1点2.6户、3.3卡，同比提高0.3户、0.4卡；行内客户渗透率达30%，较年初提升3个百分点；预审批进件成功率为41%，较年初提升9个百分点。

二是深化条线联动。联合推动信用卡营销工作，加强"三大一高"客户名单制营销推进，重点加快IC卡行业应用项目的联动争办，ETC龙卡和交通龙卡在多家分行取得了突破性进展。积极推进约定账户签约、电子银行等个人产品交叉销售，新增客户约定账户绑定率为31.8%，较年初提升11.8个百分点。

三是加快电子发卡渠道建设。新增E动终端办卡渠道，形成9大电子发卡渠道，成为国内最丰富的电子办卡平台。推出预审批客户即时发卡、信用卡申请预填单等创新功能，率先将信用卡办卡推入“秒”级时代。积极开展行外电商平台发卡合作，与80家合作方网站及手机客户端建立办卡通道。电子渠道当年新增客户219万户，新增发卡272万张，同比分别增长33%和28%。

（二）商户发展势头强劲

一是持续推进商户拓展。明确2014年为全行“商户发展年”，采取分层营销、层层推进的商户发展策略，取得了明显成效。全量商户超过60万户，当年新增19万户，超越前两年商户增长总和；新增达标商户7.45万户，首次跃升四大行第一；累计跨行活动商户34.9万户，超越中国银行实现市场进位。

二是加大收单创新力度。搭建POS机云平台，推出平板点餐、电子签名、POS机流量贷等新业务和新功能，成功上线出租车金融IC卡收单应用项目，推出集团商户连锁门店联机退货功能，提供针对民生重点行业的收银解决方案，累计发展各类集团商户和重点商户370户，完成全年计划的148%。

三是进一步加强商户关系维护。创新举办首届高端商户金融峰会，邀请29家国内行业领袖企业参会，共同分享建设银行“云POS”支付产品体系，提出“开拓创新 合作共赢”的支付业务发展战略，进一步提升了与重要企业的合作伙伴关系。

（三）消费信贷结构优化

一是持续提升循环消费信贷比重。全年实现循环分期交易额697亿元，同比增长51%，占比达43%，信贷收益率、循环率、分期年化利率四大行第一。其中，账单分期同比增长74%，通过自助渠道交易占比高达80%；现金分期业内首家开通网点柜面及ATM交易功能，率先实现网点营销、交易、考核系统一体化运作，日均交易额显著提升；益贷卡受到客户广泛欢迎。

二是积极稳妥地推进专项消费信贷发展。推出“车改汇”购车分期品牌，累计为2.5万余名客户提供车改金融服务。着力构建购车分期“三级对接”服务体系，全面提升合作品牌综合金融服务水平，合作厂商基本覆盖国内主流汽车品牌，汽车金融渗透率同业第一，荣获中国汽车金融年会“2014最佳汽车信用卡品牌”。

2014年9月4日，建设银行在上海举行龙卡全球至尊信用卡上市发布会。

（四）业务创新亮点纷呈

一是推出多款创新产品。龙卡全球至尊信用卡以八项权益之最成为同业最顶端的IC信用卡；龙卡热购卡搭建客户、商户和银行三方共赢合作平台，成为同业首款跨商圈、综合化、平台性信用卡产品；龙卡益农卡将农户贷款与银行卡功能有机结合，成为建设银行服务“三农”，解决农户小额融资需求的全新尝试。

二是运用互联网思维加快创新应用。在业内首创推出龙卡电子支付钱包，实现跨境互联网消费“一键式支付”，荣获万事达卡“2014年最佳支付创新产品奖”；研发推出持卡人专属移动客户端“掌上龙卡”APP，首批上线特惠商户近万家，覆盖上百个城市。

三是抓住热点推动品牌宣传。打造“龙卡美食惠”和“玩转世界”两大促销品牌。抓住年内热点事件，开展《变形金刚4》植入式品牌宣传促销，利用微信社交平台开展“我是卡神”信用卡知识竞赛、“为梦想转身”中国好声音微信竞猜等微信互动营销活动，吸引参与人数超过1亿人次。

（五）“智慧客服”建设卓有成效

一是大幅降低人工电话量。启动“智慧客服”平台建设，加快客户服务“三个转变”，依托网点、微信银行、自助服务等多渠道加快电话分流，每百万张卡人工电话量同比下降32.7%。

二是着力提升客户体验。建立客户生命周期全视角管理视图，推进信用卡服务全方位升级，信用卡客户满意度位居四大行第一，每百万张卡投诉量持续保持同业最低，媒体曝光负面舆情和业务差错率同比分别下降58%和90%。

（六）风险防控严守底线

一是进一步强化风险管控意识。全面落实全行“信贷风险防控年”活动要求，以“控逾期、压不良、防风险”为目标，组织召开信用卡资产质量管控工作部署会议，将全年信用卡不良管控目标以责任书的形式分解下达到各分行，强化考核管理和激励约束。

二是持续深化用卡环节风险排查。针对高风险行业、私营业主较为集中的信用卡产品和大额授信客户开展全面风险排查，控制风险敞口。

三是不断加大不良资产处置力度。通过开展“控逾期、压不良”、委外催收等竞赛活动，提高不良贷款回收效果。

四是持续完善欺诈风险防控策略。优化互联网支付安全交易验证服务，为用户提供安全、便捷的网络用卡支付体验。

五是快速推进额度动态管理。自助渠道申请调额的客户占比达98%，信用卡授权通过率跃升四大行第一。

六是强化合规经营意识。严格执行监管政策，对19家分行组织专项检查，全力配合监管部门检查和行内专项审计，加强对分支行整改工作的指导督促，确保业务持续健康发展。

（七）基础管理扎实推进

一是进一步提升审批效率。持续推进前台、后台分离系统、第二代申请评分系统的全行应用，办卡周期同比缩短0.79个工作日，审批效率同业领先。成功上线消费信贷管理系统，实现分期业务全流程跨机构影像处理，无卡客户进件处理时间平均减少4～6个工作日。

二是加大数据挖掘和模型开发力度。先后完成客户分析、境外消费行为分析、账单分期营销响应模型等8个数据分析项目，其中境外消费客户分析项目将促销活动短信精准推送到潜在出境客户，成功覆盖70%的出境客户；账单分期营销响应模型在23家分行上线推广，营销效率较以往提高1～4倍。

三是加快系统功能开发。完成新一代系统建设信用卡、收单、商户管理、反欺诈等项目立项。基础管理系统建设进一步加强，实现7大类50多项系统功能成功集中上线，大幅提升了信用卡电子化、自动化服务水平和作业效率。

四是提升基础运营工作效率。电子账单替代率达50.8%，较年初提升近30个百分点；制卡邮寄全流程时效3.54天，同比提速0.69天；核算清算17.5亿笔，系统自动化率与核算综合评价达99.85%；参数、权限设置准确率均达100%。

执笔：蔡莉华

网络金融业务

一、总体发展情况

（一）网上银行

2014年是建设银行推出个人网上银行服务的第十五年，在组织开展“十五载 有我在”个人网银主题营销宣传的同时，致力将网上银行建设成为更加完善的个人金融产品的综合服务平台。重点开展了提示信息、场景化推荐、页面标准等基础流程优化。完成200多项产品的1 058个页面优化，制定了各类提示信息的页面标准和规范。实现与个人客户商机精准化推送的对接。支持善融商务引流，增加善融商务作为个人网银一级菜单。

与产品部门密切合作，创新推出建行金定投、速盈、快速贷款、信用卡分期、铁路债券、大额存单、建信人寿保险等新产品。实现免盾快捷转账、7×24 小时跨行转账、手机银行客户端管理等功能。截至 2014 年末，个人网银客户数 17 869 万户，较上年增长 19.12%；交易量 62.49 亿笔，较上年增长 19.80%；交易额 39.60 万亿元，较上年增长 21.76%。

在企业网上银行方面，实现原企业网银和现金管理系统的统一，并完成 252 万客户迁移到新一代企业网银。推进线上线下多渠道协同，实现企业网银预约处理功能。对渠道签约进行整合，打造企业网银通用流程，提升员工和客户的签约体验。优化转账、代发代扣功能，优化网银循环贷服务。推出地方财政自助柜面系统、代理政府资金监管服务，推出自贸区企业网银服务。支持建信人寿，在企业网银上推出保险产品。海外网银方面，2014 年，迪拜子行、悉尼（含墨尔本）、东京（含大阪）、约翰内斯堡分行已正式对外服务。截至 2014 年末，全行企业网银客户数 330 万户，较上年增长 18.15%；交易量 23 亿笔，较上年增长 18.34%；交易额 128.80 万亿元，较上年增长 23.53%。

（二）手机银行

推出新版手机银行客户端，在交互设计上符合扁平化的时代潮流，菜单布局更加合理，在外部机构进行的手机银行客户体验调查中，名列四大行第一。整合各类生活缴费业务，推出了全新移动版“悦生活”，新增“速盈”、代理保险等投资理财产品，推出二维码“对公电子回单查询”等特色功能。截至 2014 年末，手机银行客户数 14 679万户，较上年增长 25.98%；交易量 30.42 亿笔，较上年增长 155.10%；交易额 7.38 万亿元，较上年增长 101.35%。手机银行客户数及交易规模继续保持同业第一。

（三）短信金融服务

推出短信银行客户端，实现将短信常用指令集成至客户端，客户可通过短信客户端直接完成账户查询、转账汇款、缴费充值、信用卡等短信金融服务，提升客户体验，同时提供菜单定制功能，满足客户个性化需求。截至 2014 年末，短信金融客户 24 320 万户，较上年增长 21.93%；全年短信金融业务收入较上年增长 19%。

（四）微信银行服务

持续优化微信银行服务，推出基金资讯、账户贵金属行情查询功能并实现微信留言服务，为客户提供更灵活的服务。截至 2014 年末，微信公众号共发展粉丝 1 400 万户，其中，绑定客户 873 万户。同时，拓展智能客服渠道，深入优化智能客服机器人知识库。继短信渠道之后，微信渠道已成为智能客服业务的重要载体。自 12 月开始，智能客服业务量已超过 95533、400 人工客服业务量。

（五）国际互联网网站

国际互联网网站 2014 年日均页面浏览量 6 438万次，单日最高页面浏览量达 1.24 亿次，ALEXA 全球排名第 750 位，稳居国内同业第一。全年网站信息维护量为 9.76 万条。截至 2014 年末，共有注册会员 1 755 万户，比年初增长 721 万户。

以“悦生活”为代表的泛在业务取得显著成效，服务场景增至 51 大类，同业领先。通过“悦生活”平台，销售建信人寿保险产品建信人寿网销渠道总销量的 90% 以上，保险产品线上销售实现较大突破。“悦生活”平台开放合作取得显著成果，通过外嵌到辽宁移动、智慧江苏等多家知名网站及高等院校网站，有效延伸了建设银行服务半径。“悦生活”还首次开展交互性营销，紧抓巴西世界杯热门话题，基于建行微信公众号开展了“建行悦生活 邀你猜猜球”活动；在圣诞、元旦等期间，成功开展了“旗开得礼 红包由你”悦生活跨年营销活动。截至 2014 年末，“悦生活”频道日均页面浏览量比上年同期增长 65%，达 613.5 万次（单日最高页面浏览量达 892 万次）；交易量达 2 949.2 万笔，同比增长 26.0%；电子渠道代缴费实现交易量 2.3 亿笔，同比增长 5.5%。

国际互联网网站持续开展产品和服务优化，全面提升国内外客户的服务体验。房 e 通频道新增了“快速贷款申请”功能入口及相应服务介绍模块，改进了“房改金融”栏目广告展示方式；优化了俄罗斯子行网站利率发布方式，优化迪拜子行页脚网站申明内容，新建了多伦多子行网站；优化投资者关系频道，满足“资本充足率”等相关信息披露要求。

（六）电子支付

完成了总对总快捷支付系统的开发与优化工作，并成功上收了支付宝、美团等商户的快捷支付业务至总行系统。截至2014年末，网上支付商户数达4 451户，电子支付业务共计41.9亿笔，金额20 271.2亿元（含快捷）。企业级电子商务支付服务“E商贸通”共接入商户356户，其中，当年新增62户，较年初增长21%。

（七）善融商务

以发展活跃商户和提升有效交易为目标，重点围绕个人商城“精专特优”和企业商城“涉农行业”打造平台特色。

个人商城对商城首页进行全新改版设计，突出“精专特优”品类；融合龙卡商城推出分期优选专区，精选并推荐优质分期商户与商品，将原龙卡商城商户、商品、订单、报表等核心数据迁移至个人商城，统一后台运营管理；试点对接宁波跨境贸易平台，创新推出跨境贸易服务——跨境购，支持线上备案、下单、审核、申报等全流程跨境商品购买。

企业商城依靠买家驱动，服务涉农行业深耕，推出涉农产业频道，涵盖特色食品、茶叶、粮食、食用油、化肥等农产品领域，提供一站式全流程农产品在线销售服务，让采购商乐享海量优质货源；基于农业企业的实际交易需求，推出在线赊销功能，帮助企业通过善融商务推广农业生产资料；全新推出精美新版首页，构建行业楼层，侧重深耕行业（涉农）信息的展示，支持个性化设置与信息自动推送；为发挥买方驱动推出的询价采购业务，帮助采购商提高了采购效率，进一步丰富了商城交易撮合方式。2014年，善融商城累计成交金额462.79亿元，年末活跃商户达1.45万户。

二、电子银行管理与创新

（一）风险控制能力不断增强

一是创新电子银行安全产品。部署上线通用盾功能，在二代网银盾“所见即所签”功能基础上，通过在手机银行、Pad银行引入证书认证机制，实现网上银行、手机银行及Pad银行的跨渠道证书安全认证，保障客户大额资金交易安全。

二是强化电子银行业务风控能力。持续动态优化电子银行风险监控规则，加强商户联防联控及反钓鱼力度。2014年电子银行渠道拦截风险事件21 369起，通过商户联动累计挽回客户资金损失694笔，反钓鱼搜索累计处理钓鱼网页7 649个。

（二）加强业务协同联动，营销宣传统筹推进

一是业务联动方面。根据总行党委要求，在全行组织开展了电子银行“协作共赢抢占高点”评先创优活动。在企业信息门户网站开设活动专栏，发布活动简报、分行举措、联动创新案例等内容，增进了总行、分行和分行间的工作信息交流。

二是营销活动方面。“马年新春购票 建行支付有礼”春运客票主题营销活动有效填补了在开年初期建设银行电子银行营销活动的空白。活动期间，通过铁道部12306网站、携程网、艺龙网以及中国航空、南方航空、东方航空官方网站，共实现支付交易2 541.38万笔，交易金额49.96亿元，同比分别提升16.4%、13.5%。

三是媒体宣传方面。在《经济日报》、《投资时报》等纸媒和新华网、人民网等网络媒体上投稿55篇。在行庆60周年期间，善融商务平台作为服务中小企业的有效平台在中央级媒体进行专题宣传。6月27日，央视财经频道晚间节目《经济信息联播》播出了建设银行善融商务扶持小微企业发展的相关新闻。

三、客户体验与大数据应用

（一）扎实推进客户体验工作，科学开展客户研究

一是2014年共收集来自网站留言、网银邮件、95533客户服务等渠道的客户之声问题32万余条，提炼出焦点问题108条，解决新增和历史问题59条。

二是组织实施个人网上银行和手机银行客户满意度专项研究，监测数据显示，2014年建设银行个人网银和手机银行满意度均位居四大行第一。

三是针对网银15周年推广营销活动、新一代企业网银“账户查询与信息报告整合”、新一代企业手机银行系列专题页面等内容开展了共113组客户可用性研究与测试项目。

（二）进一步做好电子银行服务区工作

截至2014年末，全行共为电子银行服务区配置了PC一体机和笔记本电脑18 150台，平板电脑12 959台，基本实现一个网点一台PC或笔记本电脑加平板电脑的配置。同时，进一步提高网点WiFi覆盖度，全行基本完成互联网WiFi的部署工作。

（三）加强数据挖掘与应用工作

推进电子银行数据实验室的建设，通过数据分析和挖掘支持总分行业务管理和业务决策；通过“营销自动化平台”成功开展25轮营销活动，累计发送856万条精准营销短信，在提高效率的同时，提高了信息安全水平，为总分行营销工作提供了有力支持。

执笔：里薇拉

金融市场业务

一、金融市场业务经营情况

2014年末，金融市场条线资产规模近3.6万亿元，占全行总资产的22%；条线收入1 367亿元，同比增长19%。非重组类债券投资实际收益率为4.51%，位居四大行第一；销售债券440支，市场排名第一；销售债券金额4 199亿元，排名市场第二，其中非金融企业债务融资工具销售金额排名第一。

（一）债券投资收益率同业领先

总行本级非重组类债券收益率为4.10%，较上年末提升26.62BPS，提升全行NIM约5.2BPS，为全行稳定盈利水平作出突出贡献。考虑国债免税后，建设银行非重组类债券的实际收益率为4.51%，位居四大行第一。建设银行投资组合信用债券占比低、资本占用少，考虑资本占用后的收益率对同业领先优势更加明显。

（二）人民币资金备付率四大行最低

综合运用多种货币市场工具，积极配合资产负债管理部做好人民币流动性管理，同时提高资金运用效率。全年累计融出量7.8万亿元，融入量1.6万亿元。人民币日均备付率为1.34%，年末时点备付率为1%，均为四大行最低。货币市场净收益率为4.14%，较2013年提升93BPS。

（三）债券销售量名列前茅

销售债券4 199亿元，同比增长21.30%，市场第二；销售债券440只，同比增长54.93%，市场第一。其中，销售非金融企业债务融资工具421只，募集金额3 980亿元，蝉联销售只数和规模双第一。完成境内第一期200亿元二级资本债券发行，提升了建设银行资本实力。

（四）市场影响力不断提升

不断提高做市交易活跃度，扩大市场影响力。银行间外汇交易综合排名第二，远掉综合排名第一；人民币债券做市在五大行中名列第二。新拓展外汇交易对手58家，与15家交易对手签署NAFMII协议。新增卢布和坚戈2个币种，开展英镑、欧元等5个币种对人民币的直接做市交易。

（五）基础管理水平显著提高

全行代客衍生品业务未发生任何客户端违约事件，并压缩存量衍生垫款近4 000万元；成功收取衍生交易业务项下对雷曼债权121万英镑，顺利解决了该遗留事项。海外机构金融市场业务经营规范性明显改观，大大降低了操作风险；协助伦敦子行推进人民币产品及提升做市报价能力，与伦敦金属交易所、伦敦证券交易所签署了战略合作谅解备忘录。推出15项新产品和新业务模式，进一步拓宽了收入来源、提升了业务运营效率。

（六）部门荣获多项荣誉

获银行间外汇市场最高荣誉"综合最佳做市机构"，以及"最佳做市奖"、"最佳交易奖"等10个做市机构奖项；获银行间本币市场"最具市场影响力奖"、"最佳做市机构奖"和"最佳境外机构代理人奖"。

二、主要工作措施

（一）主动进行本外币流动性管理，拓宽资金融入与运用渠道，在保障全行流动性安全的同时增加货币市场收益

2014年全行人民币同业存款新增情况较好，2月中旬后存贷差较年初基本保持新增。一是主动加强市场流动性研判，建立流动性储备，适时调整货币市场规模及现金流结构，有效平滑头寸波动；二是抓住利率高点拉长融出期限，优化资金回流结构并提高货币市场收益，全年累计融出1个月及更长期限资金1 560亿元（不含账户融资）；三是在流动性紧张时点积极争取中央银行资金支持，通过公开市场逆回购、常备借贷便利（SLF）和短期流动性调节工具（SLO）等自中央银行融入资金，并发行14期总计140亿元同业存单，有效拓宽融资渠道。

年初外币存贷差维持在低位，第二、第三季度大幅回升，至第四季度又有所下降。通过境内同业拆入、国债回购等多种措施保障总行外币流动性安全，满足人民银行境外头寸运用下限指标，积极为海外机构提供资金支持，同时拓宽资金运用渠道，提高资金运用效率。

（二）认真执行年度投资策略和风险政策，通过合理安排投资进度、优化组合结构提高投资收益率、降低风险

人民币债券投资。一是在投资进度方面。上半年基于全年利率前高后低的判断及全年零增长的资金安排，将投资进度提前，在利率相对高位时将有限资金向5年及以上中长期债券倾斜，拉长组合久期；第三季度抓住利率反弹的阶段性高位，适度加快投资进度；第四季度利率整体下行，增加1年期以内品种认购，补充明年到期回流，优化组合现金流结构。二是在品种结构方面。适当增加考虑免税、减值准备和资本占用后回报较高的国债和政策性金融债组合占比。三是在二级市场策略方面。抓住利率下行有利时机和交易所市场成交活跃的时间窗口，出售央票等低息债券和潜在风险较大的信用债券。充分考虑资本约束并以RAROC为投资依据，组合加权风险资产和以内部评级法计量的信用风险经济资本占用均有所下降。成功竞标9家自发自还地方政府债券主承销商，是获得主承销商资格数量最多的银行。

外币债券投资。主动减持抵押债券40只、超长期限信用债5只，组合结构进一步优化。年末本级外币债券投资余额93%为高资质外资金融机构债、国内金融机构和大型国企的外币债券。

（三）加强营销拓展，不断夯实客户基础

配合分行开展贵金属业务客户营销，与重点客户进行面对面交流。在30家分行举办"百里挑一"贵金属培训师选拔活动，选拔1 917名基层员工入围分行培训师。账户贵金属客户新增339万户，达1 610万户；新兴业务代理金交所交易个人客户由年初的1万余户增至216万户，位居同业第一；贵金属租借客户新增72户至438户；分别于9月、12月举办全行代理金交所"T + D"员工和客户交易大赛，客户交易活跃度显著提升。债券结算代理业务境外客户数从2013年的10家增至30家，交易额379亿元，为2013年的6倍多。

（四）加强风险管理和条线管理，提高风险应对能力

一是排查和处置人民币债券投资信用风险。实地调研重点关注发行体，加大存量调整力度。全年出售产能过剩行业和重点关注企业的存量信用债券73亿元。

二是防范和化解代客衍生交易信用风险。印发《关于进一步加强代客资金业务风险管理有关问题的通知》等文件，确保刚性落实，从源头杜绝新增垫款。

三是规范海外机构金融市场业务经营，加大海外条线支持力度。印发《海外机构金融市场业务八不准规定》及其释义、《海外机构金融市场业务验收核检机制》等制度文件，督导海外机构按规定整改；对首尔等6家海外机构开展现场调研，对其制度流程是否完善、人员及岗位配备是否到位、前中后台系统是否齐备等进行检查。

四是加强总行内控管理。制定《金融市场部

交易对手管理实施细则》，对交易对手实行名单制与集中度管理。年内实施岗位轮换 40 人次，组织 7 个交易处室共 11 名关键岗位人员离岗休假，检查评估未发现重大风险隐患或可疑情况。

（五）改进市场研究工作，增强决策参考作用，提升条线服务水平，扩大市场影响力

完成各类研究报告 438 篇，其中《金融市场评论》60 期，多期获得行领导批示；向《政府债务与金融》、《债券》、《中国货币市场》、《中国外汇》等期刊投稿 16 篇。与分行联动营销、对分行培训 50 场次。完成全行转型发展规划子课题《资产管理及交易能力提升》，推动“加速发展代客交易业务”、“提升投资组合科学化精细化管理水平”、“推进全球化布局和集约化经营管理”以及“增强科技支持”四大金融市场业务转型方向纳入全行转型发展规划。

（六）成功上线新一代金融市场一期二批次，有序推进风险管控项目

一期二批次首次实现了主要利率衍生品前后台直通式处理，达到了本币债券、货币市场、汇率、利率和贵金属全产品覆盖、全数据直通和全流程机控的目标；完成二期项目上线准备工作，启动三期项目，积极推进新一代海外推广。从风险事件分析和机控措施两条主线入手，逐项梳理 249 个风险事件，对 114 个问题提出机控措施并向技术部门提交初步需求，80% 以上已进入开发阶段。

执笔：姜胜木　王金石

投资银行业务

2014 年，资产管理和投行业务条线按照总行党委的部署，加快自身转型，推动资管（投行）业务持续健康发展。全年实现中间业务收入达 218. 27 亿元，连续两年突破 200 亿元大关；债务融资工具承销量连续四年市场第一；通过资管和投行业务提供直接融资 8 600 余亿元，首次超过当年人民币贷款新增额；加快风险处置进度，风险资产余额较年初下降 10 亿元，降幅达 16%。

一、超额完成全年收入目标，连续两年突破 200 亿元

2014 年，资管和投行条线实现中间业务收入 218. 27 亿元（含债转股收入 25. 09 亿元）。其中，理财业务实现收入 100. 74 亿元，计划完成率为 108. 03%，连续两年收入过百亿元；债券承销业务实现收入 17. 59 亿元，计划完成率为 102. 01%；财务顾问业务实现收入 74. 85 亿元，计划完成率为 100. 73%。

二、积极落实“大资产、大负债”理念，做大全量资金规模

一是理财产品发行规模创历年新高。2014 年，全行发行自营性理财产品 7 783 期，发行规模 70 107 亿元，同比增加 1 396 亿元。全年为建设银行近 1 260 万个客户实现投资收益 642. 24 亿元，增幅达 62. 37%，以实际行动践行“普惠金融”理念，帮助客户实现资产保值增值。

二是产品余额稳居四大行第二。截至 2014 年末，全行理财产品余额 11 467 亿元，位居四大行第二。其中，非保本理财余额 9 091 亿元，保本理财余额 2 376 亿元，非保本、保本产品结构由年初的 7:3 优化至 8:2。

三、服务全行发展大局，充分满足客户部门需求

一是多措并举积极支持建设银行存款增长。在产品发行期限上，适度向中短期产品倾斜；在

产品募集期上，将产品募集期由此前的 2～3 个工作日延长至 4 个工作日；在产品兑付时点上，积极配合销售部门将关键时点产品兑付时间适当延长至下午 6 点。此外，通过资产配置、安排特殊时点产品发行和兑付等方式，支持关键时点存款增长（第一季度末 5 248 亿元，第二季度末 3 605 亿元，第三季度末 2 279 亿元，第四季度末 2 232 亿元）。

二是全力拓展资产配置渠道，满足客户融资需求。理财产品全年新增配置债权类资产、股权类高收益资产共计 4 632 亿元，较上年增长 35%，余额 5 251 亿元，较上年增长 35%，资产类型和资产结构进一步优化。截至 2014 年末，非标债权资产余额 3 913 亿元，在理财资产中占比为 34. 12%，符合监管要求。

四、债券承销实现四连冠，业务创新成果丰硕

债券承销金额、承销收入、承销期次均位列同业第一。通过开展旺季营销，加强和客户部门联动，建设银行债务融资工具累计承销金额 3 989. 83亿元，比上年同期增长 16. 50%，承销金额市场排名第一；共承销 416 期债券，比上年同期增长 17. 68%，承销期数市场排名第一。此外，建设银行债券承销业务在永续债、地方政府债、金融债等业务领域取得突破，承销以上类型债券 464 亿元。

五、加大支持实体经济力度，直接融资首超人民币贷款新增

2014 年，建设银行通过理财业务、债券承销等业务为客户提供直接融资 8 621. 92 亿元，同比增长 26%，超过建设银行当年人民币贷款新增额 125 亿元，有力支持实体经济发展。

在“融智”服务方面，进一步加强对市场和产品的研究力度，在满足“四有”原则前提下规范发展，全年实现新型财务顾问收入 59. 91 亿元，完成收入计划的 103. 24%，在财务顾问收入中占比为 80%，比年初提高 5 个百分点。

六、产品创新全面提速，开拓新的业务增长点

一是资管（投行）条线完成近 180 项创新。总行牵头完成“乾元－鑫满溢足”净值型产品等创新项目 16 个，分行完成“中交粤财横琴综合开发投资基金”等创新项目 165 个，创新产品涵盖债券承销、理财、财务顾问、证券化等各类投行业务，充分展现了资管业务创新驱动型特点和成果。

二是持续优化开放式产品功能。“乾元”系列开放式理财产品研发并上线非交易时间挂单功能，产品申赎实现 7×24 小时全天覆盖；在产品定价和期限档次划分上，体现各开放式产品不同的客户定位；在产品功能方面，完成“乾元”开放式理财产品自动理财功能上线测试工作。

三是开拓新型产业基金业务模式。产业基金业务开创银行理财资金与保险资金对接、有限合伙委托央企财务公司贷款、省带动市的母子基金、以股权“投资＋减资”的方式实现基金投入与退出等多种业务模式，业务渠道和产品模式不断丰富。

四是创新信贷类资产融资结构。响应国家金融支持民生政策，联合房金部推出“善融财富—住房金融”系列资管计划投资理财业务；推出应收账款买断型业务，解决融资企业“出表”需求，降低企业资产负债率。

七、加强业务合规性管理，积极防范和化解业务风险

一是开展三次专项风险排查，加大问题资产清收力度。开展三次专项风险排查，对产品存续期的资金监控、风险保障措施落实、押品管理等重要环节进行动态监测，有效防范业务风险；由专人专岗专项做好存量风险监控工作，一户一策完成存量风险化解工作。截至 2014 年末，自营类理财业务风险资产余额 51. 17 亿元，较年初减少 10. 06 亿元，降幅达 16%。

二是建立理财业务风险补偿机制。在同业中首创理财业务风险补偿机制，制定《中国建设银行自营类表外理财业务减值与风险补偿管理办法》（建总发〔2014〕164 号），对自营类理财业务减值与风险补偿制定了具体的管理原则和管理措施，符合理财业务回归资产管理本质的监管要求，做到了表外风险的有效隔离。

八、推进现有系统优化整合，加快业务线上一体化进程

一是系统整合优化初见成效。积极推进理财资产管理系统、销售系统与理财登记系统报送直连工作，切实减轻全行理财数据报送工作量、提高系统整理力度、降低操作风险；全年理财资产管理系统共收集各类需求52个，完成版本升级15次，新上线功能45个，较好地满足了业务发展需求；积极提升理财登记系统报送质量，安排专人分析建设银行差错数据，按周跟踪数据报送情况。

二是系统建设取得阶段性成果。积极参与新一代系统中理财资产管理组件立项准备工作，目前已确立在新一代第三期立项，预计于2016年末投产使用。在立项工作准备期间，完成包括29个四级任务、7个三级活动的五级建模工作。

九、夯实业务发展基础，提升精细化管理水平

一是开展多种形式的培训工作，提升员工业务水平。2014年培训项工作以“精简、精细”为核心，一方面，精简培训期数，突出重点，召开2014年第1期投资银行业务培训班、投行业务专题研修班等多个专题座谈会和培训讲座，成功组织面向条线分管行领导的第一次高校培训班；另一方面，积极贯彻“勤俭办行”精神，将视频培训作为重要培训方式之一，大大提高了培训的及时性、实效性和可操作性。

二是完善制度建设，规范业务标准。制定《中国建设银行公司类信贷资产证券化业务管理暂行办法》等多项业务管理办法，指导分行合规开展新型业务；下发《关于一级分行资产组合型理财业务管理相关事宜的通知》等15项业务通知，严格分行各项业务操作；通过开展分行资产组合型理财产品专题调研、全面核查监管数据报送质量、梳理和完善产品档案等措施，督导分行夯实业务基础。

三是加强数据分析，提高业务研究水平。定期分析理财业务基础数据，对关键时点余额进行动态预测，为产品发行、资产配置以及理财业务的综合管理提供数据支持和前瞻性指引；加强同业沟通，及时、准确地了解自身在理财市场的位次以及同业的理财发展态势，研判市场发展趋势；发布《资管（投行）业务研究》11期，进一步提升业务研究水平。

执笔：张洁　李宇庆

国际业务

一、市场竞争力显著增强

一是经营效益不断提高。实现拨备前外币利润7.49亿美元，超额完成全年计划。境内分行外汇利润、外汇中间业务收入和国际业务产品联动创造的人民币存款内部转移收入及海外机构利润合计超过200亿元。

二是主要指标位次前移。一般性存款增量及增速、对公存款增量、个人存款增速、转贷款余额及增量、外汇现汇贷款增量和增速、国际结算增量及增速等十项指标列四大行第一。对公存款余额和增速、个人存款增量、转贷款增速、现汇贷款余额、跨境人民币结算量及增速七项指标列四大行第二。

三是品牌价值持续提升。荣获“中国最佳贸易融资银行”、“最佳供应链融资银行”等奖项；“汇贷盈”、“出口应收账款风险参与”获全行产品创新三等奖，“贸易金融”子品牌价值不断提升。

二、战略业务取得突破

一是全力支持重点客户“走出去”。全年完成国际融资业务签约额65.87亿美元，牵头完成国家电网下属中电装备在埃塞俄比亚建设电站项目12.8亿美元出口信贷银团贷款，建设银行份额8亿美元，创造了建设银行单笔美元融资出口信贷项目最大签约额纪录。

二是跨境人民币客户数量破万家。实现跨境人民币实收实付项下结算量1.46万亿元，同比增长61.94%；四大行占比为22.20%，市场份额保持第二位。为境外金融机构开立在岸人民币清算账户228个，网络覆盖范围扩大到42个国家和地区。

三是特殊经济区域业务夺取先发优势。上海分行为28家客户提供了跨境人民币双向资金池服务；广西分行引领沿边金改试验区跨境业务创新，开创多项第一；新疆霍尔果斯边境合作中心支行作为首家入驻中心的金融机构，各项业务均处于同业领先地位；深圳前海合作区近1 700家入区企业在建设银行开户。

四是人民币离岸中心建设明显提速。李克强总理于6月18日宣布建行伦敦获任伦敦人民币清算行，并于7月29日正式对外营业。这是中央银行首次在亚洲以外的国家（地区）选定人民币清算行，也是建设银行首次获任海外人民币指定清算行。建行亚洲、法兰克福、悉尼分行等多家海外机构成功发行离岸人民币债券，成为当地市场人民币债券发行的标杆。

三、传统产品稳步增长

一是国际结算量和贸易融资投放连续三年破万亿元。2014年全行实现国际结算量1.18万亿美元，同比增长7.64%；实现国际结算中间业务收入50.89亿元，同比增长7.38%，增速位居四大行第一；全行贸易融资累计投放量1.4万亿元，同比增长2.43%。实现贸易融资利息收入54.27亿元，同比增长18.93%。

二是转贷款和国外保函业务快速增长。积极拓展境内外汇筹资转贷款、海外分行贷款、境内分行转贷款等创新型转贷款业务，转贷款余额29.40亿美元，历史上首次超越中国银行成为四大行第一，实现转贷费收入3.43亿元，是上年的4.37倍。国外保函余额272.46亿美元，其中融资性保函161.68亿美元，较年初增长了37.30%，连续两年创历史新高。实现国外保函中间业务收入6.08亿元，同比增长11.4%。

三是代理外币清算/结算业务发展迅速。已有136家金融机构在建设银行境内外机构开立各币种清算/结算账户226户，全年代理外币结算/清算26.66万笔，同比增加159%；业务量1.11万亿美元，同比增加8%；实现收入1 251万元，同比增幅为132%；日均沉淀资金75亿美元。

四是单证集约化处理成效显著。2014年北京、上海单证中心共完成6家国内分行和1家海外机构单证业务集中，累计完成31家国内分行、总行集团部以及7家海外机构单证业务集中处理，境内分行集中覆盖率近九成，2014年处理境内分行进出口跟单业务69万余笔，同比增长74%。

四、外币资产负债管理不断优化

一是对公存款快速增长。外币全口径存款年末余额582亿美元，其中，对公存款407亿美元，较年初增长55亿美元，余额、新增均位居四大行第二，余额四大行占比较年初提升0.6个百分点。

二是外币资金运用效率占四大行最高。在人民币贬值预期增强和外币贷款投放乏力的市场环境下，坚持主动负债并加大资金运用，年末外币全口径贷存比为90%，列四大行首位。全部归还人民币外汇掉期融入资金，释放人民币资金344亿元。年中分别以1个月和3个月两种期限提供35亿美元掉期为人民币，支持了本币短期流动性需求，与人民币流动性形成良性互补。

三是外币存贷款定价水平持续提升。随行就市调整外币存贷款价格，2014年先后11次调整外币内部资金转移价格及存贷款优惠利率底线，支持不同市场环境下分行对外部价格的灵活需求，对贷存比和利润指标完成情况较好的分行给予更大的自主定价空间。

四是境内外资金统一调拨有序进行。截至2014年末，外币资金备付率为8.06%，7天回流比率为12.84%，分别达到了5%～10%和8%～15%的管理目标；外币可运用资金头寸217.43亿美元，远高于人民银行核定的头寸下限（176.5

亿美元），确保了流动性安全；全年完成81个外币清算账户2 000多笔境内外资金头寸调拨，涉及20个币种。

五、风险管理与合规经营扎实推进

一是"三十大"项目风险化解取得重大突破。成功化解浙江金海重工J0028船舶项下船舶预付款退款保函垫款风险；推进大连GEDEN融资租赁项目和西飞进出口保函风险化解；约堡分行兰德亚洲存量资产化解处置工作取得进展，风险敞口大幅压缩。

二是严守信用风险底线。下发了一系列风险管理文件，组织全行做好六次风险排查、三次风险提示、三次制度调整和两次制度重检，通过设置关键指标，量化监测客户风险，发现并压缩退出潜在风险超过15亿元。

三是防范市场风险。针对人民币汇率波动、卢布大幅贬值、大宗商品价格动荡等市场变化，及时调整管理政策；针对越南暴动、中国香港占中、利比亚和乌克兰局势、俄罗斯遭受制裁等风险事件，下发预警提示，做好应急预案和额度安排，较好地规避了风险。

四是加强合规管理。牵头做好国际收支直接申报和资本项目数据报送，完成相关系统改造和试报送；建立全行外汇数据质量专管员制度，组建外汇监管数据质量管理专家组；部署对公分支机构外汇业务市场准入管理专项检查，执行外汇局外汇业务合规性检查要求，督促各级机构做好自查工作。

六、海外布局及业务发展捷报频传

一是海外一级机构覆盖20个国家和地区。澳门分行、建行新西兰、多伦多分行和布里斯班分行（二级）4家机构正式开业；伦敦分行，建行欧洲下属巴黎、阿姆斯特丹和巴塞罗那分行，约堡分行下属开普敦分行（二级）等5家机构完成境外审批；收购巴西BIC银行72%股权完成交割。

二是海外机构资产和利润增长"双超"。海外机构资产总额1 710亿美元（含建银国际资产36.48亿美元），接近完成战略目标；其中，商业银行类海外机构管理口径资产（剔除总行存放清算资金等）1 622亿美元，较上年增长39.82%，超额完成35%的战略目标。税前利润10.39亿美元，同比增长48.27%；其中商业银行类海外机构税前利润9.21亿美元，同比增长46.16%，提前一年完成战略目标（8亿美元）。

三是主动负债能力和资产质量稳步提升。海外机构积极拓展中长期负债来源，通过吸收存款、发行CD、CP等方式自筹资金1 058亿美元，在债务工具发行方面多点开花。不良资产1.22亿美元，不良率为0.07%，较上年末下降0.02个百分点。

四是联动与落地业务并重。搭建全方位境内外联动平台。举办了三场境内外联动客户营销会，对接62个客户联动项目，意向金额约127亿美元，涉及中电投、宝钢集团、中国飞机租赁等重点优质客户。进一步夯实海外客户基础，成功开拓了日产汽车、日立制作所、现代重工、友达光电、阿联酋航空等一批优质本地客户，积极推进零售业务发展。

五是完善海外业务管理政策。印发《关于进一步规范海外机构负债业务管理的通知》，规范负债工具发行，确保流动性安全；印发《关于调整海外机构部分授信业务核准的规定》，对跨区域经营、银团贷款核准政策进行优化；印发《海外资产簿记方案》，规范操作流程，鼓励有条件的海外机构开展资产簿记业务。

六是基础工作进一步夯实。积极推进条线化管理，协助海外机构初步建立了与总行对口部门的直接联系及汇报路线，推动总行部门对海外业务全覆盖。加快海外系统建设，完成第一和第二批次海外业务建模、差异分析和解决方案，正在进行三期项目立项；海外企业网银系统在10家海外机构上线，完成OTFS系统在新加坡、悉尼（含墨尔本）及中国台北分行上线。完成第一批标杆银行（包括新加坡、法兰克福、首尔、纽约分行）的差异分析，初步确定了各机构的标杆银行和"一行一策"发展策略。

七、外事管理迈上新台阶

一是完善外事规章制度建设。落实中央外事工作精神，正式成立全行外事工作领导小组，设立外事工作领导小组办公室，下发了《关于进一步加强因公临时出国（境）管理的通知》。

二是严格因公外事出访管理。坚持“实事求是、有保有压，总量控制、结构优化”的原则，严把出访审批关，2014 年全行因公出国（境）团组及境外培训团组较去年同期分别减少 12% 和 20%。

三是服务对外交流合作。2014 年共安排境内外外事会谈 332 场，同比增长 27%；其中，行领导外事会谈 124 场，总行各部门外事会谈 208 场。为全行各类外事活动提供 4 089 小时口译支持，笔译及审核 16 万余字。

执笔：展佳

渠道与运营管理

一、有序推进网点综合化转型，提升网点综合服务能力

一是加快推进单一对私网点综合化转型，提升客户综合服务能力。截至 2014 年 12 月末，全行单一对私网点累计完成综合化转型 3 084 个，全行综合性网点数量达 1.37 万个，开办对公业务的网点比例由 71% 提升至 93%。

二是加快推进综合柜员制，提高网点人员利用效率。截至 12 月末，全行新增综合柜员 7 万人，综合柜员总数达 9.7 万人，占比由 27% 提高至 80%，创历史新高。

三是加快推进综合营销团队建设，全面开展交叉联动营销。截至 12 月末，全行共组建综合营销团队 17 544 个开展联动营销，覆盖约 94% 的综合性网点。网点岗位间、团队间、网点与上级机构、专营中心间联动营销机制基本建成。

四是优化柜面业务授权流程，扩大集中试点范围。按照“精简、优化、集中、统一”的实施策略，推进以一级分行为主实施远程集中授权，目前全行集中授权上线网点为 531 个，共实现精简优化授权 152 项，远程集中授权 82 项，柜面授权交易量减少达 75%。

二、深化柜面业务前后台分离，提升集约化水平

一是大力推进前后台分离和集约化业务处理。37 家分行 14 523 个营业网点和 425 个信用卡、房贷等专柜实现支票、汇兑等 30 类柜面实时性业务产品由总行集中处理，日集中业务量达历史峰值 91.7 万笔，处理效率较原模式提高 60%，获人民银行 2013 年科技发展一等奖；统一全行网点对公与个人汇划落地业务集中模式，单笔业务处理由 5 分钟缩短为 30 秒；支持新一代企业现金、企业网银等多渠道跨行落地业务集中，试点上收 20 家分行环节至总行，自动化处理率提高 20%。推进信用卡进件业务总行集中，日业务量达 13 万笔，办卡效率由原来的 2～3 周缩短为 1 周以内，要素录入成本降低 1 元/件；创新财政业务集中模式，试点实施代理财政电子支付业务总行集中。

二是加强生产组织和质量管理。制订高峰产能规划，统筹部署业务高峰期间监控调度工作，组织分行 COS_T 业务跨系统分流处理，有效应对节假日、年末业务量突增情况；组织开展全行集中生产劳动竞赛，提高业务处理质量；立等业务处理时长由年初的 50 秒降至 40 秒，异常作业量由年初的 9.9% 降至 8.06%，记账成功率由年初的 94.99% 提升至 96.37%；进一步简化统一业务处理规则，组织总行业务处理安全运营专项检查，每日通报外包公司要素录入环节作业质量效率；打造成都中心与武汉中心互为备份的生产机制，逐步实现单一任务池集中作业，提高生产集中度。

三、推进现钞业务改革，提升精细化管理水平

一是组织“现钞实物流转”战略成本项目深化试点和推广。深化实物黄金库存管理项目试点，库容节约60%，出入库和盘库效率分别提升30%和50%；完成脱机应用柜员现金循环机试点工作，现金收付作业效率提升10%，误收付假币风险显著降低，得到人民银行的高度认可；深化现金备付管理项目试点，完善了库存限额模型；继续试点应用电子动态密码锁，累计应用于11 686台，风险防控和工作效率均明显提升。

二是加强全行现金备付工作管理。制定全行本外币现金备付计划；首次实施现金备付执行情况按旬监测，按季通报机制；针对春节备付过高现象进行专题研究，提出节假日备付管理要求；截至12月末，全行现金备付率为0.514%，比上年降低0.01个百分点，在四大行中最低。

三是加强金库及集中维护自助设备管理。实施分级分类金库建设管理，精细化审批金库新建、改造立项；组织金库特别检查和营运条线集中维护自助设备专项检查，开展全行自助业务专题稽核，防范安全风险。

四是加强反假货币管理。推进全额清分和冠字号码查询工作和柜面清分模式试点工作，实现全行100%的自动取款机和存取款一体机以及90%的网点付出现金冠字号码可查询，上缴人民银行、网点和ATM付出现金的全额清分率分别为100%、98%和68%，全行收缴假币5 500万元；部署冠字号码查询系统优化和清分机的升级改造工作，承办国务院反假办第一次银行业金融机构境外人民币反假工作会议。

四、加强稽核监测管理，提升集中监督能力

一是开展专题稽核经验共享相互点评活动。开展民间融资行为风险排查和自助设备现金管理专题稽核点评活动，提升全行专题稽核业务能力和整体水平。全年稽核监测共发现并纠正各类不规范和违规操作问题25.4万笔，堵截潜在资金损失事件4 220起，涉及金额38.2亿元。

二是持续模型优化，不断提高稽核监测工作效率。组织3期稽核监测模型优化调整工作，总行、分行模型规则新增79个，优化125个，停用7个，加强对存量模型运行情况监测分析，加强数据分析模型应用经验共享和指导，全行当前稽核监测模型预警平均准确率达1.25%，与2013年同期的0.85%相比，上升0.4个百分点，准确率提升了47%。

五、提高总行本级交易核算水平，支持海外机构及金融市场业务发展

一是完成二代支付系统上线。完成全行二代支付系统上线切换，实现全行“一点接入、一点清算”，取消分行前置，日常运行监控管理统一由总行完成，为分行节省大量人力；同时清算资金集中上收总行，日均节省400亿元沉淀资金；从总行层级接入深圳金融结算系统，在同业率先打通汇路，实现个人网银跨行大额汇款24小时实时到账（单笔500万元以下）。

二是持续支持海外机构业务拓展。完成海外清算系统在新西兰和俄罗斯子行的推广；配合完成海外网银系统在迪拜、伦敦、悉尼、东京和中国台北分行的推广实施；完成伦敦清算行系统推广及相关功能改造；支持伦敦子行取得人民币清算行资格及业务运作，完成清算行系统推广及相关功能改造，系统直通处理比例约95%，全面支持离岸人民币清算功能；优化跨境人民币支付业务流程，通过支付平台代理接口接入深圳金融结算系统，实现跨境人民币支付的7×24小时运作。

三是全力支持金融市场业务发展与创新。新一代金融市场组件1.2批次上线，实现基础外币衍生品的后台直通式处理；加强对国内和海外机构金融市场后台业务管理，严控业务超授权风险，提高违规交易系统拦截能力，加强金融市场业务数据质量控制及对账工作；承接黄金寄售交易购付汇等职能；完成结构性存款等10种新业务的后台支持；新签ISDA协议24份，衍生品交易确认书近700份；完成5家海外机构OPICS系统推广实施工作。

四是圆满完成本级账务核算及业务运行工作。准确完成日常营运业务结算、核算和系统运行操作，加强日常监控与检查，全年无重大差错；参与金融市场新产品开发及相关会计制度的制定，积极

推进并落实“人民币黄金远期”、“AU T+D”等新产品上线工作；梳理货币市场交易对手类型与相关会计科目，保证了会计处理及监管报表填报的准确性、一致性；解决柜台国债交易进入系统延迟的问题，缓释了下行流程中处理压力；调整分行平盘金库存的账务处理，填补了分行平盘金库存缺少表外账登记空白；准确完成了理财卡境外争议处理、账务核对及银联差错平台业务处理，配合纪检、安保、内控等部门完成数据协查工作。

六、夯实营运管理基础，提升规范化管理水平

一是加强营运制度建设和规范化管理。制定《新一代核心系统机构管理应用检查办法》、《新一代核心系统员工用户管理应用检查办法》、《资金业务后台处理系统参数管理办法》、《银行卡跨行差错处理管理办法》，修订《金库特别检查办法（试行）》、《柜面业务集中处理系统管理办法》等规章制度，规范业务流程。

二是开展营运及柜面业务检查。组织10家分行柜面与营运集中处理业务检查。针对现金、重空、印章等重要业务领域，检查了20个网点、13个营运机构，督促被查行落实整改；组织分行开展全面自查，全行自查共发现问题368个；安排部署分行核算中心业务专项自查工作，对集中核算业务进行全面、深入排查，堵塞风险漏洞。

三是加强业务连续性管理。完善营运业务应急制度流程。修订发布柜面业务集中处理系统、外汇资金后台系统及外汇清算系统总体预案与部门预案，编写大额支付系统应急演练方案、大额支付系统应急转汇操作指南，进一步完善了营运条线应急预案体系。同时，积极开展应急演练，提高突发事件应对能力。

四是建立国内首家员工问题总行一点接入、多部门协同响应机制。2014年5月正式受理一线员工在为客户服务过程中遇到的各类问题，组织受理解答各类一线员工问题和咨询1.57万个，当日解决率为98%，牵头组织梳理完善知识点5.7万条，完成企业级员工响应与知识管理项目建设。

七、积极参加新一代核心系统建设，支持全行业务发展

牵头新一代机构员工、集中运营、员工响应、运营配送等项目实施，参与新一代10个项目建设；推动完成前台、后台分离项目在新一代立项，完善细化20项业务需求推进项目立项，推进跨系统业务联动整合；积极推进落实新一代提出的与营运相关的14项柜面流程优化工作，包括改进现金业务流程、简化流水勾对、日始日终整合以及优化凭证、印章、登记簿、稽核监测模型等，进一步为网点减负；承接新一代全行机构管理应用、员工用户管理应用等日常运维工作，全年累计更新权限控制规则105次，组织维护机构8 067个，员工29.5万人次，为各类业务发展提供了有力保障。

执笔：王立辉　范知文

数据管理

一、主要工作成果

一是大数据应用与研究工作。根据建设“大数据银行”的要求，积极推动建立大数据理念，培养大数据意识，提升大数据应用能力。举办了“大数据应用高级研修班”；组织开展大数据能力建设策略研究、大数据研究报告和大数据工作规划编写工作；筹备成立上海数据分析中心，支持大数据战略实施；建立大数据应用工作交流机制，

引导和支持分行开展大数据应用工作；重点分析对公客户担保行为和担保圈的形成、个人客户使用余额宝的情况，完成网络拓展、资金承接、利益补偿、代发工资、个人零资产客户激活、县域业务拓展六个存款专题的数据探索。

二是构建企业级数据管理和数据应用能力体系。依托新一代核心系统建设，从根本上提升数据管理和数据应用能力。发布数据 C 模型 1.50 版，作为完整的企业级业务模型重要组成部分；制定了 34 241 余项业务术语，业务术语库中共编录业务术语 42 199 项；对 39 个项目组提出的 6 652条衍生数据进行了审核工作。建立数据需求统筹管理流程，规范数据需求从提出、接收、分析、分配、处理、跟踪、交付的管理过程，全年共处理各类数据需求 642 份。完成全行企业级指标体系的框架建设，包括核心价值指标、关键指标、常用指标和基础指标共 1 万多项。完成首批 4 700 多项监管指标的统一规范以及业务部门认责工作，并在全行正式发布。

组织开展“数据管理能力”和“数据挖掘能力体系建设”的主题研究，建设银行“企业级数据建模及大数据应用研究”课题荣获银监会银行业信息科技风险管理课题一类成果第一名。

三是二期数据线项目建设工作。企业级数据仓库项目、元数据管理平台建设、企业级数据应用平台和监管统计平台等二期数据线项目建设顺利，逐步释放数据价值。完成数据仓库基础数据区模型的设计，支持新一代 16 个项目组 600 个数据接口需求的实施；完成元数据管理平台建设 2.1 期开发、测试和封版；完成了企业级数据应用平台界面功能、数据服务流程功能、客户责任部门和金融市场 17 张固定报表、善融商务企业商城等 47 个自助查询模型的开发和测试工作；初步完成监管统计业务连续性需求分析；完成监管报表数据来源和业务分布分析，编制了完整的监管报表业务口径文档，支持监管统计日常报送工作。同时，启动企业级数据质量监测与管理系统和员工业绩指标项目立项工作；确定了分行应用整合迁移工作的具体工作计划，7 家试点分行已开始梳理本行信息应用需求。

四是监管数据报送与披露工作。全年累计向银监会报送包含境内、法人、合并三种口径的监管报表 1 037 张，累计编制和报送资本充足率报表近 300 张，持续监管报表近 70 张；全年向人民银行报送金融统计日报、周报、旬报、月报、季报、年报以及临时性调查等各类统计报表总计 568 张（批次），报送人民银行营管部准备金缴存表 36 期；报送人民银行理财产品明细信息累计报送 52 000 多笔；第三次经济普查工作得到人民银行点名表扬；建立客户风险数据质量逐月通报制度，强化经办机构对数据质量的责任意识，按时按量完成客户风险统计报送和数据核查工作；完成了国际 BⅡ、BⅢ定量测算及银监会新标准法定量测算工作；顺利完成建设银行资本充足率报告的对外披露工作。

五是人民银行征信管理工作。高质量按时完成了人民银行有关征信数据报送、数据管控、数据质量考核及征信产品推广等工作任务，并按照人民银行的要求，对其反馈的疑似问题数据进行分析、整改；组织召开了部分分行征信工作专题座谈会，交流和共享征信管理工作经验，进一步深化落实《征信业管理条例》。根据人民银行最新数据质量考评通报，2014 年第三季度建设银行企业征信和个人征信考评位居四大行前列。

六是落实外部监管现场检查和整改工作。2014 年，中国人民银行分别对建设银行金融统计工作和征信业务进行了现场执法检查。认真分析并核实检查中发现的数据质量问题，逐项明确落实问题的责任部门，将问题整改责任分解落实到人，确保整改措施到位。总行还派出 6 个检查小组分别对黑龙江、吉林、山西、青岛、重庆、四川、宁波、广东、青海省市分行和建信租赁、建信信托 11 家分行及子公司的统计制度执行情况、银监会良好标准落实情况、征信业务及数据的准确性等进行了现场检查。截至 2014 年末，人民银行金融统计检查出的 23 处具体错误问题，除了部分涉及系统改造外，其余已完成整改；征信业务执法检查指出的具体问题已全部整改完成。

七是涉农及企业贷款数据质量清理工作。根据外部监管和内部管理要求，重点针对企业客户规模划型、涉农贷款等数据质量进行清理，提高了客户识别准确度，进一步夯实了数据质量。全年根据四部委企业划型新标准组织全行开展了 14 次数据清理，共清理修正 1.4 万户企业客户划型标识，涉及贷款余额 6 774 亿元；组织涉农贷款数据清理 3 次，共清理修正对公涉农贷款客户标识 5 222 户，个人涉农贷款客户标识 31.27 万户，共计涉及涉农贷款余额 1 079 亿元。

八是支持分行业务发展，减轻基层员工报表工作压力。将全行 377 个分支机构向当地银监局报送的 52 026 张报表改由总行统一在系统中生成，减轻分支机构编制报表的压力；全年总行各业务部门新提出的 121 张报表，全部通过数据挖掘在总行层面直接编制生成；各一级分行全年也进一步清理停报了 407 张固定性报表，基层行手工报表工作量已大幅减少。同时，针对上海自贸区分行成立、新疆霍尔果斯跨境业务等事项，积极协调满足分行的监管报表需求。

九是数据信息服务工作。对战略新兴业务核心指标进行了梳理，并结合同业指标的研究、分析和对比，形成了新兴业务同业比较的简要分析报告并定期发送行领导。牵头承担全行客户责任部门划分工作，完成了在相关系统的全量数据初始化，实现了将全行对公客户划分到 8 个对应的责任部门工作。在建设银行申请伦敦人民币交易清算中心资格的过程中，根据伦敦监管机构要求，完成编制 16 张涉及建设银行每日流动性情况的报表，满足国外监管机构要求。编制《辉煌的 60 年——中国建设银行六十年主要业务发展情况》彩色宣传图册，其中数据内容全面、翔实，以各类图表的形式，生动、完整地展示了建设银行 60 年走过的历程。

十是开展全球系统性重要银行研究工作。启动全球系统性重要银行研究工作，积极参与人民银行牵头的全球系统重要性银行同业研究小组，完成了巴塞尔委员会全球系统性重要银行定量测算工作。

十一是编写数据管理工作岗位教材。启动《数据管理工作岗位教材》编写工作，在常州培训中心进行了两次集中编写，并根据分行数据管理条线和专家评审会的修改意见进行了完善。

十二是外部资讯及用户统一管理工作。编发 25 期《经济信息文摘》，供各部门共享；通过资讯服务系统（ICSP）向全行提供外部共享信息的查询与数据接口服务，并对总行采购的 13 种外部信息实现全行信息共享。

二、主要工作举措

一是夯实大数据战略实施基础。搭建企业级数据架构和数据整合基础平台，集成、整合实现企业级统一客户视图、产品视图；建立支持结构化和非结构化数据分析的技术平台，建立企业级信息应用服务流程，提供挖掘模型、数据实验室、决策仪表盘等各种信息应用模式。

二是加大数据挖掘力度。总行、分行协同开展工作，充分挖掘系统数据资源，积极探索大数据分析应用，全行共确定了 71 个数据挖掘分析课题，以满足管理决策、客户营销、风险管理、产品创新等数据分析要求，支持全行业务战略转型。

三是进一步完善制度体系。按照中国银监会监管统计数据质量管理良好标准的要求，进一步完善数据管理制度。制定并发布了《新一代数据规范执行指引》、《中国建设银行客户风险统计系统运行管理办法》和《中国建设银行非现场监管关键指标数据质量承诺规定（试行）》等制度；完成《中国建设银行报表集中管理办法》和《数据质量管理办法》的初稿编写和征求意见工作。

四是进一步加强数据质量管理。建立数据质量通报制度，强化各级机构对数据质量的责任意识。主动监测，推动持续优化源系统数据，对系统数据质量进行专项清理，并对所有监管报表审核关系进行重新梳理，逐步在系统内进行完善，实现审核和预警的功能。同时，依托数据质量监测与管理项目的开发，逐步建立数据质量监测、分析、整改流程，提升新一代系统数据质量。

执笔：谢坤　任岳辉

信息技术管理

一、确保信息系统安全稳定运行

2014 年，信息科技条线始终把安全生产作为科技工作的主线，从多个层面提高运行维护能力，保障系统安全稳定运行。

一是建立安全管控策略“一本账”。印发《中国建设银行信息安全办法实施细则》，细化明确了全行在信息安全体系建设、数据安全、开发安全、运维安全、终端安全、网络安全等各方面的具体要求。

二是严格执行保障系统安全运行的制度和措施，通过合理整合需求减少生产变更、加强系统监控、加强测试管理、完善应急流程和应急处理手册等多种措施，进一步消除安全隐患。

三是加大对机房、终端、应急管理等重点部位多发问题的整改力度，研究制定长效管控机制。

四是推广及优化自动化工具建设，持续推进告警自动化处置，通过自动化工具实现控制人为操作的风险、推动运维标准落地。

五是制订总对总上收应用总体方案，分析资源使用情况精准配置系统硬件资源，改进技术方法将快捷支付数据库处理能力提升一倍以上。

2014 年，各系统的业务交易量稳步增长，日最高交易量为 41 233 万笔，同比增长 24.88%。全年 CCBS 等重要系统的可用率均达 99.99%；网上银行、国际卡、龙卡网络、证券、EAIH 等系统的可用率均为 100%。

二、新一代核心系统按时投产上线

2014 年，在完成新一代一期项目的同时，全面启动新一代二期项目的立项和实施以及三期的立项。

一是完成新一代一期项目验收。为充分、客观地评价一期首批 12 个应用及 5 个基础设施项目完成情况，按照新一代项目实施特点，从项目目标完成情况和项目成果创造性、先进性及项目文档的合规性等多个维度制订了详细、全面的验收方案。按照方案，组织业务、技术以及财务等方面专家 159 人次参加验收评审工作，累计对 527 份验收文档全覆盖地完成合规性审查。

二是完成二期项目立项及实施。采用“交易点法”估算配套改造需求的工作量，精确完成了 7 个配套项目的资源测算与分配；完成流程模型验证工作，对 2.1 期 20 个项目的设计结果进行验证；完成产品模型验证工作，对 2 期 15 个项目的产品设计结果进行了验证；完成产品研发项目 2.1 期、2.2 期应用分析、设计，完成了第三轮用户测试。

三是完成新一代三期立项工作。从 2 月开始组织新一代业务、IT 各组共同开展三期项目范围分析工作，并根据需求成熟度和依赖管理分三批立项，于 11 月 28 日完成了代理国债与基金、对私客户关系管理（二期）、个人客户综合积分等全部 52 个项目的信息委审批。

三、“两地三中心”建设有序推进

2014 年，“两地三中心”建设取得阶段性成果。

一是完成南湖数据机房年度建设及投产任务。组织南湖机房建设，完成 5 号、7 号机房楼网络布线、强弱电环境施工、模块建设、设备上架、加电等机房建设工作；聚焦检查发现问题，不断推进整改工作，完成整改 965 项；完成年度系统搬迁任务，年初提案信息系统等 2 套系统的试运行切换于 1 月 22 日完成，17 套管理类系统首轮搬迁于 11 月 15 日完成，系统均运行稳定。

二是提升南湖中心运行能力。在部署中心员工跟岗培训基础上，持续完成运维能力培训及履岗能力评估，进一步强化运维意识、遵循规范意识，通过重点抓生产管理，抓 ECC、机房、动力间现场，使现场流程优化，实现标准规范的执行落地工作。

三是积极推进稻香湖生产园区机房环境及智能化系统、园区入驻及管理、IT 基础设施、系统建设及搬迁等方面的建设工作。机房环境方面，安防、视频、动环监控、信息发布等园区及机房智能化系统、机房内强电及综合布线等设计完成采购并进入进场设计阶段。园区供配电、空调暖通设计方案进入评审阶段，UPS 测试选型已完成。

四、增强科技创新活力，满足业务发展需求

2014 年，信息技术条线对符合“市场急需、安全生产、外部监管”三原则的业务需求积极推进。全年完成日常 8 个项目、5 个项目变更、117 个非项目开发任务和 52 个分行项目的审批，完成 128 项非项目开发任务书下达；完成了新一代项目第一批申报工作，共申报 173 项专利，软件版权登记项目 9 件。

一是推进利率市场化系统改造工作。协调更换牌告利率需求的落实，推进对存款利率市场化影响范围的分析和应对，协调利率市场化创新产品需求的细化和实施。

二是快速推进上海自贸区个人功能投产。1 月完成自贸区基本业务功能投产上线，6 月完成增加定期一本通和通知存款功能账户种类功能投产，7 月完成自贸区本外币代发工资功能投产。

三是提升善融商务平台成熟度。推出一键购、他人代购、跨境购、扫码购等多项新产品、新服务。

四是网络银行产品标准化的推广实施。网络银行标准化产品实现了福田雷沃 E 销通、怡亚通等 49 家客户的切换上线，并推进 E 销通产品优化，网络银行产品功能的上线。

五是推出电子渠道智能客户服务。网银、网站 WEB 机器人应答准确率达 85% 以上，WEB 在线客服机器人问题解决率达 41.5%，人工咨询的接通率由原来的 72.3% 提升至 92.1%。

六是安全创新产品顺利上线。安全创新产品音频盾于 12 月 13 日完成上线；完成了 E 路护航保护伞、短信保管箱、IC 卡复合盾、支付套件复合盾、网银盾复合令牌 5 项新产品与技术的研究。在海外业务方面，将 OCBS 及周边系统推广至中国澳门、俄罗斯、新西兰、多伦多等；完成 3 个海外分行的总行端系统上线；完成总行端 14 套海外系统年度灾备演练以及 4 家海外机构本地灾备演练的支持。

五、推动一体化制度的执行和落实

结合运维制度一体化工作，确定制度体系框架和整体管理思路，建立企业级的一体化运维管理体系，资源统一调度，完成 24 项制度正式发布，完成运维流程与工具平台的优化改造。各数据中心之间遵循同一套规章制度与标准、同一套统一的工作流程，同一个运维团队实现资源共享、统一分配。

在人员组织方面，实行跨地域、集中管理的虚拟团队建设，按领域设立 15 个虚拟团队，北京、武汉两地人员全覆盖、集约化管理，实现虚拟团队集中管理及初步监控能力的互备，保证了南湖中心第一批次搬迁工作的有序进行，并保障了南湖投产后运维工作的平稳过渡与统一调度。

六、持续提升 IT 专业能力

一是进一步提升信息技术自主可控能力。持续深化与国内代表 IT 厂商的战略合作推进工作，与华为、浪潮、奇虎 360 正式签署战略合作框架协议开展相关专题合作事宜；与中科曙光、阿里巴巴、中兴通讯商讨签约事宜，在渠道架构、云数据中心、存储及大数据、网络、基础设施、安全、测试、商务 8 个领域全面深化战略合作事宜。

二是优化自主研发能力评价方法。随着“新一代”核心系统建设进程，调整自主研发能力评价方法。改进研发能力评价指标中的需求、设计、编码阶段的评价方法。按月演算研发资源使用情况指标，结合“新一代”项目建设资源使用特点，分析指标设计合理性，调整考核指标计算来源或计算方法。

三是持续跟进中心能力提升进展。按月跟进中心能力提升进展，对 FLPM 自主研发月报表、ESCM 配置管理报表的要素格式等提出多个优化建议并实施，监控分析中心代码产出结果数据，

为现有系统和“新一代”信息系统的企业级软件配置管理提出改进建议，促进中心正确反映项目产出，从而科学客观地评价自主研发能力。

四是推进制度化建设。第一，加强信息科技监管合规管理。印发《信息科技监管报告指南》，全面梳理银监会、人民银行等信息科技监管制度，按照风险管控领域归纳总结监管报告事项、内容和要求，指导全行及时准确做好监管合规报告工作。第二，规范信息科技外包管理。印发《信息科技非驻场外包安全检查指南》，明确信息科技非驻场外包安全检查内容、方法和步骤，通过检查，主动防范信息科技外包风险。第三，规范离线生产数据“机控”管理。编写《中国建设银行数据安全组件操作规程》，明确了新一代数据安全组件角色及权限设置、使用流程等管理要求，指导技术人员、业务人员利用数据安全组件安全分发、使用生产数据。第四，推进海外机构信息科技内控合规管理。组织翻译并印发7个英文版信息安全制度标准，要求海外机构做好贯彻落实。

五是优化应急制度与流程。在应急制度与流程优化方面，制定了《中国建设银行信息技术应急处置管理规定》、《中国建设银行信息技术应急处置实施细则》；在组织架构层面建立起决策、指挥、协调、处置四层结构，明确分工职责，实行值班主任7×12小时、值班处长7×24小时值班制度；形成完整的应急发现、报告、组织、处置、验证、回顾等高效流程，应急组织工作逐步向专业化方向发展。

六是强化风险管控能力。修订《中国建设银行信息安全管理办法实施细则》等IT风险管理制度，对照监管要求明确需新增、修订的制度，确保行内制度满足监管要求。构建电子银行安全保障技术架构，加强安全防控、监控和应急措施，有效防范大额案件发生以及案件大规模爆发。

执笔：施光宇

战略规划及研究工作

一、高质量完成转型发展规划制订工作

2014年，战略规划部紧紧围绕转型发展规划，从研究、起草、修订、征询到审议通过与全行发文，协调部门分行和子公司，通过全面梳理总结行领导转型发展思路、广泛调查研究、对标国际国内先进同业、建立数据模型分析测算等，高质量地构建起体现时代要求并具建设银行特色的转型发展规划。其间，反复征询总行党委、董事会、监事会、领导小组、各业务条线、分行、子公司等多方意见和建议，不断修改完善规划近百稿，最终成功完成了这一光荣而艰巨的任务。

在规划制订过程中，战略规划部注重务实性和前瞻性。围绕转型发展需关注的重大问题，确定了经济金融发展趋势与建设银行竞争优劣势分析、探索建立建设银行持续盈利能力研究等12个转型发展重点专题。分别由相关部门和分行负责人担任组长，战略规划部积极沟通协调并组织力量开展专题研究，为转型发展规划的完成提供了背景和基础支持。

为保证转型发展规划有效落地实施，战略规划部积极开展转型规划对标、测算和转型发展目标数据编制工作。先后设计、编制了多种维度的转型发展规划目标，涉及财务业务指标达60多项。测算分析过程中，编制了上千张中间研究测算表，完成了全行“十二五”规划的阶段性对标，测算编制了建设银行集团2020年转型发展的阶段性目标、各业务条线的转型数据目标等，并对9项指标进行了在多种宏观形势和经营条件下的敏感性测算。同时，战略规划部在大数据分析和对标国内外先进同业基础上，从数据角度对银行集团的资产、负债、业务结构等进行测算，并

形成转型量化建议等数篇重要报告，为转型发展规划目标的制定打下了重要基础。

转型发展规划是指导未来建设银行改革发展的纲领性文件，对全行未来发展具有重大意义，必须采取有力措施推进战略规划的落地。转型发展规划经董事会审议通过后，战略规划部按照总行党委和分管行领导要求，有序做好规划实施中的任务分配、宣传解读、执行督导等推进工作。制订规划落实方案，对规划事项落实到部门；制订综合宣传方案，对规划进行宣讲解读，部署撰写宣传系列稿件，以促进全行上下对规划的正确理解和贯彻实施。

二、积极探索战略管理工作新思路新机制

中心城市行工作和战略风险管理工作是战略规划部 2014 年新接手的两项重要工作任务。

在推进中心城市行加快发展上，一是根据总行领导对中心城市行优先发展的指示要求，提出了赋予中心城市行改革先行先试权利等加快发展思路；二是做好考核管理工作，及时定期进行 80 家中心城市行经营情况的汇总、分析和通报，撰写了中心城市行季度经营情况总结，完成了 2014 年中心城市行的考核排名，使全行上下及时掌握中心城市行发展情况；三是进一步完善中心城市行的支持政策安排。梳理中心城市行优先发展战略历程和前期相关政策，牵头组织有关部门制订资源配置和考核上的改进方案，探索新的资源配置和考核管理模式和管理方法，全面提升中心城市行的市场竞争力。

在战略风险管理上，牵头组织全行进行战略风险评估和撰写年度评估报告、积极与风险部探索战略风险管理的数量化科学管理工具。

三、做好国际国内经济形势分析和热点跟踪工作

战略规划部坚持战略规划与研究工作并重，积极做好国际、国内经济金融形势分析与展望、国际国内同业发展趋势以及建设银行国际影响力等方面研究。主要研究成果包括《全球经济形势与展望》、《量化宽松退出影响与亚洲经济展望》、《当前国际国内经济金融形势与展望》、《当前宏观经济、金融改革形势分析判断及对建设银行影响》、《正视国际排名，加快转型发展》等，部分成果成为董事会、全行工作会议、全行经营形势分析会上的议题和材料。

紧密结合国际国内经济金融热点，进行联动分析，撰写多篇专题报告。包括《关于美国三季度 GDP 增长创新高的看法》、《俄罗斯卢布贬值影响分析》、《沪港通政策要点及对四大行市场表现影响分析》、《经济金融形势变化及跨国公司对策建议》、《商业银行发展资管业务的思考》、《银行大数据应用研究》、《关于〈加强影子银行业务若干问题的通知〉的影响分析》、《央行关于利率市场化政策解读》、《新型城镇化蕴含的机遇与战略选择》、《当前中国货币政策分析与展望》相关材料等。

四、密切关注同业发展动态，及时研究竞争策略

针对同业竞争日趋激烈的新形势，战略规划部紧密结合建设银行市场定位，组织力量撰写了《五大国有商业银行 2013 年主要业绩指标分析》、《五家大型银行公司治理比较研究》、《2014 年 2 月末四大行业务比较分析》；为加强资产管理业务研究，完成了《大资管时代建设银行资产管理业务对策建议》；为财政部金融司提供了《国有商业银行的竞争力》、《国有商业银行改革动力要素》主题研究报告，加强对相关专题和经济热点的跟踪研究，适时分析影响并提出政策建议。在存款保险制度呼之欲出的时点，撰写了《建立存款保险制度后商业保险如何发挥作用》材料。

五、精心为行领导撰写有关综合性材料、演讲稿和报告

2014 年，战略规划部先后为行领导参加有关论坛、座谈会、学术研讨会、接受媒体采访等准备综合性材料、演讲稿、背景资料及报告 20 余份。主要撰写了《加快新转型实现新飞跃》、《加强三个能力建设，勇担大型银行责任》、《加强金融基础设施建设，助推银行业持续健康发展》、《加快适应经济新常态，全面提升风险管控力》、《大数据时代商业银行的应对策略》、《借力大数据提升建设银行价值创造力》、《以战略转型引领

创新发展》、《未来银行是什么——对银行业发展趋势的思考》、《关于建设银行转型发展战略的初步思考》、《中国养老模式的变革与金融结构前瞻》和《中国经济增长的趋势性变化》等材料。部分报告登载在《人民日报》、《求是》、《中国金融》等重要媒体上，赢得了业界广泛好评，有力地扩大了建设银行影响力。

六、全力为董事会、部门和分行提供智力支持与服务，做好建设银行六十周年宣传与战略发展回顾工作

完成向董事会战略发展委员会提供相关会议材料任务。全年先后起草完成了《当前宏观经济、金融改革形势分析判断及对建设银行影响》、《经济趋势、政策取向与银行战略》、《当前经济形势分析》等董事会战略委员会中英文上会材料。为相关部门提供国际国内经济形势分析与展望材料。

在建设银行六十周年行庆期间，结合转型发展战略制定，战略规划部撰写了《把握大局，与时俱进——以科学战略引领持续发展》、《实施“三大一高”战略——持续提升服务实体经济能力》、《推进中心城市行优先发展——寻求业务发展新突破》、《六十年风雨砥砺，一甲子春华秋实——转型发展正当时》、《转型发展规划制订大事记》等系列宣传稿件，为转型发展规划的实施做好前期宣传准备工作。

七、加强对外交流合作，扩大建设银行的对外影响力

2014 年，战略规划部致力于提升建设银行品牌形象和营造良好的外部经营环境，继续加强对外交流工作，参加银行家高峰论坛、中国金融学会学术报告会、中国可持续发展与金融改革论坛、中国发展与金融新秩序论坛、诺贝尔经济学大师论坛等会议，参加首都规划委员会调研。为台湾大学师生作题为《大陆金融业情况介绍》的讲课；参加银行业服务绿色化研讨会，并就建设银行服务绿色化实践作交流发言；参加人民银行《金融手段控制煤炭消费总量》、《可持续发展视角下中国煤炭行业绿色信贷研究及展望》课题讨论会并作发言。

八、创新博士后工作方式，完善博士后培养机制

一是将博士后项目研究与建设银行业务更加紧密结合。博士后选题立足于研究建设银行改革发展中所面临的重点和难点问题，博士后研究紧贴建设银行实务，使博士后研究成果对建设银行业务经营、管理和变革具有一定的参考意义，促进博士后在业务知识及研究能力，特别是实际工作能力等方面的拓宽和提高。

二是鼓励博士后多出成果，出好成果。博士后站在两年的课题研究工作中，以“问题研究”为导向，完成《现代商业银行债券组合研究》、《经济资本回报率在建设银行经营管理中的应用研究》、《利率市场化后欧美先进银行债券投资策略及其启示》、《建设银行贷款定价模型检验与优化建议》等报告。

三是积极引导博士后参与战略规划管理和研究工作。如参与《县域经济发展与建设银行经营对策》、《2014 年建设银行战略风险状况》、《建设银行 60 周年战略发展述评》、《当前宏观经济金融形势分析》、《主要经济体经济修复能力分析》、《关于战略规划中模型应用的思考》等专题研究。

九、努力做好刊物的组稿编审工作，确保办刊质量

一是积极配合建设银行战略转型编审刊发稿件。《现代商业银行导刊》全年共收到 330 篇稿件，全年刊发 90 多篇稿件。其中，为配合建设银行转型发展，先后了刊登《把握大局，与时俱进，以科学战略引领持续发展》、《打造转型发展升级版》及《对建设银行转型发展问题的认识与建议》等 11 篇相关文章。

二是为建设银行改革发展献言献策。一年来，《现代商业银行导刊》在把关注焦点集中在战略转型的同时，也不断寻找好的题材，为建设银行改革发展献言献策。

三是严格把关。编辑处人员认真审读稿件，发现纠正文稿差错，不断提高办刊质量。

执笔：孙永红

子公司改革发展与内部管理

一、建信基金管理有限责任公司

（一）主要经营成果

一是公募基金规模大幅提升，非公募基金和子公司业务均实现跨越式发展。截至2014年末，公司旗下共管理公募基金46只，资产管理规模1 216亿元，为公司成立以来的最高水平，比2013年增加486亿元，增幅为67%。公募规模排名为行业第九名，较2013年上升5位。公司全年新发8只公募基金，发行只数排名行业第12位，发行规模146亿元，排名行业第5位，单只产品的平均规模为18.25亿元，排名第7位。2014年公司非公募业务实现跨越式发展，规模达1 125亿元，比2013年增加869亿元，增幅为339%。2014年建信资本资产管理规模呈现跨越式增长，达1 272亿元，增加1 248亿元，为2013年末规模的53倍。

二是投资业绩表现优良，整体排名分位大幅提高，并出现行业名列前茅的明星基金。公司旗下基金产品整体投资业绩优良，并出现了业绩突出的明星基金，建信转债增强指数基金2014年实现97.24%的收益率，在可比基金中排名第一，在所有基金中排名第二。在第十二届中国基金业金牛奖评选中，建信稳定增利债券基金荣获“五年期开放式债券型持续优胜金牛基金”奖，建信转债增强债券基金荣获“2014年度开放式债券型金牛基金”奖，建信深证100指数增强基金荣获“2014年度开放式指数型金牛基金”奖。

三是营业收入和净利润持续增长。截至2014年末，公司总资产10.16亿元，同比增长21.70%，股东权益8.82亿元，同比增长21%。公司积极进取，抓住资本市场的机遇，通过加大新基金发行规模、全面控制各项费用支出等措施，全年实现营业收入6.85亿元，净利润1.65亿元，同比分别实现增长10%、25%；ROE为20.48%，ROA为18.07%。

（二）主要经营管理措施

一是公募基金以现金管理类产品为重要抓手，不断加大持续营销力度。现金管理类规模达873亿元，比2013年增长511亿元，增幅为141%。特别是与总行合作研发推出的“T+1”速盈产品，成立后规模稳步上升，达329亿元。

二是非建设银行渠道尤其是直销渠道取得较大突破。公司通过不断加强其他银行、券商、保险、财务公司等渠道的营销，提供资产配置建议和专业资讯服务，进一步密切了合作关系，提高了投资者的投资意愿。

三是基层营销工作继续下沉，进一步提高了客户和客户经理对公司的认同度和满意度。全年共组织培训和投资者教育活动850场，参训人数共2.45万人，较2013年增加20%，到基层渠道营销和服务总计9 600多次。

四是公司始终坚持价值投资理念，进一步加强了投研平台建设和基础性量化研究，提升投研团队把握市场能力，并通过梳理完善内部管理流程，加强投资、研究和交易的沟通，不断提高外部资源利用的有效性，较好地抓住了全年的市场机遇。

五是产品创新取得长足进步，满足客户多样化需求的能力不断提高。公募业务积极布局，新发基金的风格化特征明显，较好地顺应了2014年牛市行情，产品线得到进一步完善丰富。非公募业务在量化、海外业务上均有新的突破，量化业务已经形成相对完整的产品线。

六是坚持依法合规经营，内控和风险管理水平继续提高。公司坚持依法合规经营，严格风险控制。加强了投资风险指标、交易对手、交易行为和信用债风险的管理，调整并系统梳理投资风险指标，及时提示风险并检查债券池评级分布情况，避免了公司在交易所和中债登新规以及市场违约事件冲击中遭受损失。加强了合规文化建设，先后16次通报资产管理行业发生的重大事件，为公司新老员工开展有针对性的合规培训，有效警示了风险，提高了公司员工合规风险意识。

执笔：建信基金　罗志恒

二、建信金融租赁有限公司

（一）主要经营成果

一是经营成效显著。截至2014年末，公司资产总额771亿元，增幅达50.59%，计划完成率为154%。租赁资产余额749亿元，租赁资产规模在银行系租赁公司中排名第6位，较上年提升1位；其中，融资租赁余额703亿元，同比增长56.51%，经营租赁资产余额46亿元，同比增长9.71%；当年租赁资产新增额居行业26家金融租赁公司首位；租赁资产增幅、营业收入增幅、净利润增幅均在同期成立的5家银行系租赁公司中排名第一，其中，租赁资产增幅首次进入银行系租赁公司前三名。公司净利润5.05亿元，ROA为0.79%，ROE为8.46%。

二是飞机租赁业务影响力不断扩大。机队规模从2013年末的16架增加到36架，客户覆盖国航、东航、南航等国内多家大型航空公司及其控股的公司，资产余额118亿元，飞机资产占租赁资产比率达16%，飞机租赁业务专业化、市场化和国际化能力不断增强，影响力持续扩大。

（二）主要经营管理措施

一是稳步推进业务结构调整和发展转型，打造公司品牌形象。公司努力抓住国家经济发展转型、产业结构调整机遇，深入贯彻落实总行转型发展战略，在实现业务规模快速增长的同时，始终坚持不断优化业务结构、持续推进业务发展转型，继续加大对国家政策支持绿色、节能环保项目的倾斜力度，在轨道交通、新能源汽车、清洁能源等领域着力打造“绿色交通”和“绿色能源”品牌。同时，公司在不断深化与母行战略协同基础上，还注重加强自主营销能力和渠道的建设，采取更加积极、有效的营销策略，在提升自主营销能力以及探索建立与分行联动和自主营销相结合的业务拓展模式方面作出了成功尝试。

二是大力发展飞机租赁业务。公司认真贯彻落实总行党委关于加快飞机租赁业务发展指示精神，加快发展飞机租赁业务，积极开展业务模式创新。继续扩大与境内大中型优质航空公司的业务合作，年内投放了中标的20架飞机租赁项目，金额达58亿元；通过创新产品结构及融资安排提高业务收益，成功开展国内首笔法式税务租赁业务。随着境内飞机租赁业务经验日益成熟，公司积极探索境外业务和飞机批量直接采购业务。

三是拓宽融资来源，降低融资成本。公司通过多种形式营销各类金融客户，与各国有商业银行、股份制商业银行、外资银行及部分城市商业银行建立了良好的合作关系，拓宽公司资金来源。在现有多种融资产品基础上，公司不断拓展新的融资渠道和融资产品，满足资金需求；通过外债方式引入境外美元资金，并积极探索开发新产品降低筹资成本。同时，公司着手开展国际信用主体评级，为启动境内外发债工作做好准备，并积极筹备固定收益类证券投资等新业务。

四是强化风险管理。公司通过完善全面风险管理的框架体系，逐步建立健全风险管理体系，不断提高全面风险管理能力。从实际情况出发，根据租赁客户的风险状况、业务类型及行业细分，在规范业务操作流程基础上，探索差异化的审批模式。进一步加强租赁资产质量现场检查工作，开展租赁资产专项排查和重点动态监控，实时掌握租赁资产信息，及时把控风险。加强流动性管理，有效监测和控制流动性风险。

五是加强业务创新。公司在实践中不断深入研究和分析，努力探索在产品、业务、租赁物等方面走出适合自身租赁业务差异化发展道路，在创新中寻求和把握商机。积极拓展公立医疗、公立教育及新能源汽车行业租赁业务；不断探索适合自身发展的资产管理模式，并努力研究自贸区、保税区政策，推进专业子公司设立工作。同时，在总行及建银国际的大力支持下，公司在爱尔兰的SPV业务平台已成功设立，为公司拓展海外业务打下基础。

六是提升定价管理水平。为适应业务发展需要，公司不断优化定价模式和流程，提升定价实效，为开展飞机租赁业务探索建立了多维的定价与收益测算模式；对存量人民币资产从多维度、多产品进行收益分析，指导人民币项目报价；积极探索差别化定价，尝试通过定价模式与再定价条款的合理安排尽可能减少收益波动，平衡风险和收益。

七是加强基础性管理工作。为适应外部竞争和内部发展要求，公司不断建立健全规章制度、优化部门设置、明晰岗位职责；强化全员的合规意识，加强内部控制，在监管部门的案件风险状况和案防工作情况监管评价中获评最高等级“绿牌”。同时，公司加快业务信息系统建设，持续推进业务信息化建设工作，实现了自主研发的办公自动化（OA）系统的正式上线和功能优化工作。并启动公司新一代租赁核心业务系统建设，已完成项目启动、组织、需求、计划、设计及主体程序开发阶段。

执笔：建信租赁　王欣

三、建信信托有限责任公司

（一）主要经营成果

2014 年，建信信托按照“守牢风险防范一个底线，在经营上推进业务转型，在管理上实施市场化改革两大战略”的总体思路，努力开创工作新局面，取得了较好的经营业绩。

一是全年实现净利润 8.73 亿元，同比增长 34%，行业排名上升 3 个位次。资本回报率达 12.68%，较上年提升 1.62 个百分点，行业排名上升 7 个位次。

二是信托资产规模达 6 658 亿元，行业排名跃居第三，上升 3 位次；其中集合信托规模 1 784 亿元，同比增长 150%。

三是固有资产不良率保持为零，信托项目按时分配、正常清算，均达到或超过预期收益水平，存续项目运行正常，总体风险可控。

（二）主要经营管理措施

一是积极推进业务转型。第一，实业投行型业务破题。多种模式参与国企改革，开拓了新的业务增长点。与广东省国资委合作，首批 50 家试点企业已经完成尽职调查，进入实质操作阶段；在深圳、厦门以投资基金方式参与国资国企改革，已实现项目落地；在中西部省份，主动选择优势龙头企业重点突破，与贵州茅台集团深入合作，共同设立的并购基金已进入投资期；与上海宝钢集团，以单项业务破冰，奠定后续合作基础。积极营销大型央企，产业基金业务收获颇丰，8 家建筑施工类央企中有 7 家与公司设立了产业基金。投资车联网高科技企业实现成功上市，石家庄水务投资项目运作顺利，深圳、沈阳等地公用事业类国企营销取得积极进展。第二，财富管理型业务加速发展。当年新设立项目 19 个，年末规模达 22 亿元，较上年增长 53.4%；在不断覆盖建设银行私人银行客户基础上，加大其他渠道及公司直营客户的开拓力度，组建专业团队，通过业务创新、渠道拓展与客户储备，财富管理型业务放量增长条件基本成熟。第三，资产管理型业务规模增长较快。抓住债券市场机遇，大力拓展债券类信托产品，当年新设项目 11 个，年末规模达 522 亿元，增幅达 221%；设立“梧桐树”集合资金信托计划，创新性实现信托受益权流转。

二是稳步推进市场化改革。第一，改进人事管理，加强激励约束，促进人岗相宜。完善职务序列体系，设立总监岗位，设立专职审批人专业技术职务，聘任不同层级审批人员 5 人。加强对部门负责人的考核管理、动态调整，实现了能上能下，能进能出。组织开展员工岗位双向选择，10 名员工实现岗位调整，全部充实到了业务一线。第二，优化考核机制，逐步与市场接轨，更好地发挥绩效考核的引导作用。首次实行费用包干制，加大财务资源与收入创造的挂钩力度。进一步强化净资本管理，引导业务部门有效益、有质量地发展。建立 KPI 指标体系，优化对业务部门的考评。

三是扎实开展各项营销活动。第一，明确重点客户和产品，开展专项活动。开展“开门红”营销竞赛、“百行千户”营销活动、“三个一工程”产品创新专项活动，取得较好效果。与一大批优质客户建立了业务联系，与 128 家新客户开展了项目合作，客户结构、行业结构、产品结构得到优化。第二，加强与集团协同联动，推动业务发展。先后与建设银行北京、重庆、河南等分行签订战略合作协议，与云南等分行建立程序化项目推介流程。全年，建设银行各分行推荐并成功设立项目 116 个，规模 497 亿元，较上年增长 82%；与集团合作的银信理财类信托规模达 4 681 亿元，较上年增长 97%。第三，完善产品销售体系，提升发行能力。加强销售队伍建设，加强市场拓展，新增渠道客户 8 家、机构客户 19 家、高净值客户 1 205 个。开通微信平台，丰富了推介渠道。全年主动管理类信托产品的销售规模 1 076 亿元，较上年增长 127%，人均销售规模居行业前列。

执笔：建信信托　赵曼

四、建信人寿保险有限公司

（一）主要经营成果

2014 年，公司认真贯彻总行的综合化经营方针，牢牢把握“建设具有银行系特色和综合竞争力的保险公司”的工作主线，全面推进改革转型，全年实现总保费收入 186.4 亿元，同比增长 64.5%，保费规模和保费增速均位居四大行寿险公司第一；原保费市场排名达第 12 位；公司总资产规模达 405.87 亿元，比上年增长 54.34%；年化投资收益率达 5.83%；税后利润达 1.72 亿元，同比增长 69.31%。

2014 年，建信人寿广受外界好评，先后荣获“最具创新力保险公司”、“最佳银行系保险公司”等称号，赵富高总裁当选“中国保险年度人物”，“e 行无忧”产品和“悦生活”买保险服务分别获得网销“意外险产品年度大奖”和“网销保险服务年度大奖”。

（二）经营管理措施

一是深入推进战略协同。加强顶层设计，加快渠道对接，银保、团险均与总行建立联动机制，电销、网销接入建行平台，与其他子公司也启动了合作项目；开展联合营销，各渠道均与总分行开展了针对性的营销活动；积极配合总行“新一代”系统项目，将公司业务整合到总行业务流程中。

二是推动机构发展。加快布局省级分公司，新设河南、河北、福建、重庆、陕西分公司获得批筹；规范三级、四级机构的建设，新增中心支公司 13 家、支公司 3 家、营销服务部 3 家。截至年末，公司共有中心支公司 41 家，支公司 7 家，营销服务部 26 家。

三是着力市场开拓。保持各业务渠道健康发展，开展套路总结和经验推广，提升销售专业化水平；全面开展综合营销，实现系统内银保、团险双工号出单，试点营销服务部综合化经营和分公司分行交叉销售；大力行销效益产品；加强营销队伍建设，推动营销队伍增人增效。

四是培育网络业务快速发展。培养网销成为新的增长点，全年完成新业务规模保费收入 23.21 亿元，同业排名首次进入行业前十，位居第七，新业务保费占比提升至 14.7%，成为银保渠道之外支撑公司业务增长的又一重要渠道。

五是积极推进改革创新。推出以柜员营销、会议营销、顾问营销为核心的 3C 营销模式，扩大个险创新营销体制覆盖范围，建立网电融合远程销售服务团队；推出内涵价值高的保险产品和便利企业节支的产品；增强银行网点的保险服务功能，丰富电子商务平台自助服务功能。

六是推进产品创新。启动分行定制化产品试点，与深圳分行合作开发“福顺龙卡”专属保险产品；密切跟踪市场需求，开发“龙行乐享”和“龙行康佑 2 号”保险产品，有效提升银保渠道的价值贡献；与总行养老金部合作，开发了“养颐无忧”系列产品；面向建设银行员工推出具有高保障功能的黄金保套餐；对委托管理型的健康保险进行改造，开发团体长期补充医疗保险（万能型），较好地满足了投保企业保费税前列支节约成本的需要。

七是不断完善人事激励约束机制。完善分支机构人力管理体系；加强人才提拔，有效提高员工士气和队伍凝聚力；建立以折算保费为基础的奖金政策和绩效薪酬延期支付制度；立足业务发展，健全培训管理体系，累计培训项目 298 项，培训人次 8 690 人次。

八是扎实提升财务管理能力。统筹规划分配财务资源，加强渠道费用预算的刚性管理，节省费用支出；强化财务研报，完善计划编制流程；推进财会作业流程的标准化；申请获批的营业税免税产品有 56 个，涉及退税额 11 亿元，各分公司完成所得税退税 1 068 万元。

九是不断提高资金运用水平。全年累计投资收益率提高 0.44 个百分点；积极对接建设银行、建信信托、建信基金等母子公司优质资源；积极开展不动产投资、股权投资和境外投资资格的申请工作，分散投资风险，提高投资收益率，申请设立资产管理公司。

十是持续优化运营服务。优化理赔流程，全年赔付金额累计达1.86亿元；健全客户投诉处理机制，继续保持在监管机关低投诉的良好纪录；加强客户真实性管理和失效保单清理；推出95331客户热线。

十一是加强风险内控监察管理。落实全面风险管理内控建设三年规划，初步建立了退保风险早发现、早处理、早解决的风险防范机制；强化声誉风险管理，全年未发生重大负面新闻突发事件；不断强化审计的第三道防线作用；完善了"信、访、网、电"四位一体的信访举报渠道和工作流程。

十二是积极开展企业文化与品牌建设。加强对总行大政方针和企业文化宣导，荣获"全行企业文化建设先进单位"荣誉称号；健全品牌管理制度体系，有效规范了品牌管理流程；开展对外宣传，保持了新闻报道量居同类保险公司首位。

执笔：建信人寿　吴丹捷

五、中德住房储蓄银行有限责任公司

（一）主要经营成果

一是住房储蓄业务稳中有进。2014年住储合同额当年新增在历史上首次突破了100亿元，增幅达45.9%；住房储蓄存款和客户数均创历史新高，住房储蓄考核存款增幅近40%。

二是业绩指标符合预期。2014年建设银行实现净利润1.77亿元，较上年增长25.1%；费用成本进一步压缩，成本收入比控制在40%以内。

三是风险态势总体可控。2014年全行信贷资产保持优良，不良贷款率控制在1%以内。

（二）主要经营管理措施

一是战略转型在关键领域取得新突破。一方面，围绕异地拓展，努力探索异地无机构业务发展新模式，在大连、济南、青岛、长沙积极开展调研工作，谋划战略布局；另一方面，紧紧围绕党中央、国务院关于住房保障体系建设的总体部署，履行社会责任，研究完善商业性与政策性相结合的住房融资模式，努力解决中低收入群体的住房融资需求，为向"专业于住房金融、专注于住房储蓄"的全国性专业银行进行战略转型奠定了坚实基础。

二是住网、住卡破解转型发展难题。先后上线住卡基础平台和直销银行，建立了住房储蓄业务电子交易及在线销售的渠道，实现了住房储蓄等产品的货架展示、理财方案精算、在线发卡、合同线上购买等功能。标志着中德银行电子、直销、自营、机构代理等多渠道营销模式正式建立，为未来在没有分支机构的区域展业奠定了坚实基础。

三是积极将全行组织管理调整工作向深层次推进。进一步将总行的部分相关职责下沉分支行，充分赋予分支机构经营及管理权利，同时根据监管变化的情况，对总行本部部门设置进行调整，成立了住房储蓄与战略规划部、电子银行部、同业金融部3个新部门。通过组织机构的完善以及权力的进一步下放，让总行部门从繁杂的审批事务中解脱出来，进一步集中精力做好政策制定、工作指导、事中事后检查督查等工作，有效提升了精细化管理水平。

四是风险内控体系建设进一步完善。一方面，在风险管理体制建设上，加强了总分层级风险管理架构建设，细化了分支机构风险总监及风险合规部门职责。同时，建立了风险防控责任制，将风险管理嵌入业务流程，初步建立起全行范围的内控评价机制；另一方面，首次将经济资本计量引入绩效考核体系，建立了经济资本计量模型，将信用风险和操作风险的经济资本占用纳入计量范围，引导经营机构自觉平衡风险和收益。

五是积极加强与建设银行的战略协同，逐步形成优势互补的良好局面。一方面，坚持"专业与住房金融，专注于住房储蓄"的经营理念，以住房储蓄业务为核心，其他业务围绕和带动住房储蓄业务发展为目标开展各项工作，实现"错位经营"，先后与建设银行天津市分行研发了"省息贷"产品，与建设银行重庆市分行联合开展了个人"住储融"业务；另一方面，进一步加强了与建设银行公司业务的联动。先后与建设银行云南省分行、河北省分行、湖北省分行、天津市分行以及建信资本开展联动，成功发放委托贷款36笔，金额285.3亿元。

执笔：中德银行　周暄

六、建信期货有限责任公司

（一）主要经营成果

2014年是建信期货脱胎换骨、破茧重生之年，自4月顺利完成重组后在稳定传统经纪业务、加快业务转型、试点协同、提升保障、加强合规等方面取得了一定成效。

一是传统经纪业务止跌企稳。公司2014年经纪业务代理成交额8 648.07亿元，代理成交量997.26万手，全年实现手续费收入3 000万元，较2013年分别下降28.7%、10.8%、39%。虽然全年总量有所降低，但月度数据显示，代理成交额和手续费收入的下降趋势逐渐减缓，且最后两个月出现环比上升，整体呈现出触底反弹的趋势。

二是业务转型初现成效。转型既包括传统经纪业务结构改变也包括多业务模式的转型准备。截至2014年末，公司客户权益规模达4.51亿元，同比增长39.63%，高于行业平均增幅。其中，法人客户权益占比达49.5%，同比提升27.34%。初步呈现出由个人客户为主向产业客户、机构客户为主的转变。公司顺应行业发展趋势加快推进创新业务以实现经纪业务与创新业务共同发展，2014年末资产管理业务筹建顺利，已向协会提交业务报备材料。

（二）主要经营管理措施

一是分析行业与公司发展现状，初步制定转型发展战略。期货行业面临全新发展机遇，而公司基础相对薄弱，要实现未来一流期货公司的目标，必须坚持业务规模的快速提升、坚持客户结构的调整改善、坚持创新业务的持续推进。

二是提升IT支持和研发服务能力。公司加大IT建设投入完成系统建设和改进，提升速度、丰富系统多样性，可以基本满足不同类型客户，尤其是高频交易专业机构客户的系统需求。公司还推动研发服务转型，突出为产业客户服务的重点，逐渐建立产业服务模式；调整对个人客户服务方式，在基础信息、资讯类服务标准化基础上，对个人客户进行分类并针对性提供差异化服务内容。

三是大力试点推进业务协同。首先，加强总对总的业务联系，公司先后多次与总行机构部、公司部、资管部、财富管理部等部门商谈联动方案，探讨期货与银行业务对接。其次，是利用与上海分行的有利条件进行深度合作，签订居间协议、开展联合营销、互相开放宣传平台等，让银行了解期货业务，相关合作经验向广东、深圳、北京等其他分行复制。最后，充分利用总行平台推广公司活动扩大影响力。2014年在建设银行官网、官微发布“建指权王”股指期权仿真交易大赛活动信息效果很好，累计参赛人数超过5 400人。

四是完善组织架构，强化制度建设。2014年，根据业务发展需要，公司从市场引进专业团队，增设大宗商品业务部、PTG（专业机构投资者）业务部以及广州、山东、郑州业务团队，增强产业客户、机构客户开发能力；公司还整合了中台、后台部门职能，提升对前台业务的支持和服务力度。为改善基础管理，加强合规经营，公司对照总行管理要求及监管规定进行全面的制度重检梳理与修订。2014年梳理，修订、制定规章制度近百项，制度的出台和实施使公司的运营管理进一步规范，运行效率有一定提高。

五是改进人力资源配置。2014年，为配合业务转型需要，公司引进人才充实创新业务、营销、信息技术以及研发等核心团队；建立起长效薪酬激励制度体系和业务部门绩效考核办法，在保障基本的基础上，主要体现业绩与绩效挂钩，突出责、权、利对等。还组织开展了9次创新业务专题培训，共300多人次参加，以普遍提升员工的职业素养和专业知识。

执笔人：建信期货　丁莉

七、建银国际（控股）有限公司

（一）主要经营成果

2014年，公司认真贯彻落实总行“综合性、多功能、集约化”的战略要求，持续深入推进战略转型。总资产达282.91亿港元，实现利润5.8亿港元，业绩表现优于市场指数。

一是业务市场竞争力持续增强。以账簿管理

人角色完成的IPO项目数位列中外资所有投行排名第一，并购业务金额及项目数均排名中资银行系投行第一；债券承销项目数同比增长100%，项目角色逐渐向主要角色转变；投行平台建设继续完善，推进与伦敦证券交易所合作RQFII ETF产品。

二是公司品牌形象进一步提升。2014年荣获奖项达20项，其中连续6年荣获The Asset的"香港本地最佳投行"、连续3年荣获和讯网的"最佳中资投行"等重要奖项。

三是战略协同取得新成效。集团协同持续深化，协助总行发行二级资本债券；成功完成总行20亿元次级债发行，协助建行亚洲、建行法兰克福等海外机构共计发行了263亿港元的债券；与总行部门、境内分行联动完成中国黄金、中原证券、万达商业地产等项目联动。

（二）主要经营管理措施

一是各项业务延续健康发展。在保荐承销业务方面，全年以账簿管理人角色完成20个IPO项目（其中主板19个IPO项目），包括米格国际、光谷联合、中州证券、中广核、万达商业地产、盛京银行等，在中资银行系投行排名第一。在并购业务方面，全年完成并购项目18个，继续列中资银行系投行第一。在债券发行承销业务方面，完成32个债券发行项目，其中，作为唯一的中资投行，以联席全球协调人身份协助中国石油化工集团完成50亿美元债券发行，成为近十年以来亚洲最大规模、最多品种的美元债券。资产管理规模161.5亿港元，比年初增加24亿港元。

二是落实总行战略，拓展完善投行平台。配合总行在欧洲的战略业务布局，落实总行与伦敦交易所合作协议，推进与伦敦证券交易所合作共同开发一系列RQFII ETF产品；作为第一批试点机构，获批设立自贸区跨境资金管理总部，为实现境内外资金、项目对接创设了通道；旗下财富公司等内地子公司获准颁发了私募投资基金管理人登记证书。

三是不断强化战略协同联动。积极参与深圳分行科技银行联盟，与广东分行合作开展建粤产业基金资产管理，与厦门分行合作设立海西基金等。

执笔：建银国际　王剑

海外机构

一、香港机构（建行亚洲、香港分行）

（一）业务开展情况

截至2014年末，建行亚洲总资产余额为7 488亿港元，较年初增长26%，完成年度预算计划的103%。

2014年，建行亚洲实现税前利润39.7亿港元，同比增幅达32%，较上年增长21%，完成年度预算计划的101%。

截至2014年末，建行亚洲不良资产和不良贷款分别为0.05%和0.07%，较上年末上升0.03个百分点。

（二）主要工作措施

一是业务基础进一步夯实。客户存款新增完成预算的135%，跨境人民币结算量市场占比达21%，比年初提高2.2个百分点。

二是优化结构取得初步成效。信贷资产占比较年初大幅下降23.3个百分点，债券和同业（含系统内）拆出占比提升，资产结构得到优化。

三是成本收入比达到同业平均水平。通过不断加强成本管理、优化资源配置，成本收入比指标（2014年末为38.3%）已达同业中等水平。

四是成为香港离岸人民币市场一级流动性提供行。2014年10月，建行亚洲获香港金管局委任成为香港离岸人民币市场一级流动性提供行（Primary Liquidity Provider，PLP，即做市商）。

五是债券发行获得市场高度认可。2014 年，建行亚洲在国际金融市场成功发行了 8 只债券，均获得市场高度认可。

六是成为港股通结算及换汇业务指定银行。配合总行成功获得港股通结算及外汇兑换银行资格，并通过完善的业务方案及流程安排切实保障了港股通的平稳运作，换汇报价也获得中国结算的充分肯定，保障了广大港股通投资者的切身利益，为两地资本市场的融合及人民币国际化作出了重要的贡献。

七是跨境金融业务亮点纷呈。积极配合总行设立集团客户全球经营中心，大力拓展人民币银团贷款和结构性融资，开发了“私享建亚”系列和个人版内保外贷市场领先的跨境金融创新产品。

八是充分发挥多功能、综合化、境内外联动的对公金融服务优势。持续加强对总战客户的服务和支持力度；大力推进银团业务发展。

九是零售业务稳步提升。扩充产品类别，推出 6 种人寿保险产品，扩大保险融资产品数目；把握人民币投资机遇及市场需求，新增多项人民币基金产品，全年新增人民币基金投资额达 3.8 亿元。产品和服务能力得到市场认可。

十是拓展东南亚地区存款市场成效显著。加大力度开拓东南亚地区存款市场，泰国地区机构客户等值存款达 462 亿港币，当地的市场份额已超过在泰国设有分支机构的中国银行、工商银行。

二、新加坡分行

（一）业务开展情况

截至 2014 年末，新加坡分行总资产余额约 56 亿美元，较年初增长 38%，完成年度预算计划的 147%。

2014 年，新加坡分行实现税前利润 0.38 亿美元，较上年增长 156%。完成年度预算计划的 218%。

截至 2014 年末，新加坡分行不良资产和不良贷款均为零。

（二）主要工作措施

一是RQFII 托管服务首开当地中资银行先河。2014 年共成功营销两家客户获批。其中，毕盛资产管理公司的获批是当地首批获批的 3 家机构之一，开启了中资银行服务当地 RQFII 业务先河。

二是全力支持苏州工业园区、天津生态城人民币跨境试点工作。与苏州分行联动首批向园区企业跨境人民币直贷 5 000 万元，2014 年完成 9 笔直贷共 6.57 亿元；天津生态城试点办法出台后，新加坡分行与天津分行联动，在试点办法出台当日签约发放跨境人民币贷款，成为首批践行园区跨境人民币创新业务新政策的金融机构，至年末放贷 2 笔共 1.9 亿元。

三是加快业务发展速度，努力提高收益率水平。主动调整资产结构，努力压缩费用开支，收益率明显提高。

四是严控各项业务风险，确保资产质量优良。对客户进行了 100% 的评级覆盖。对现有贸易融资客户进行等级划分核定合作产品和内容；对贸易融资产品分等级加强防范措施，保持了分行不良率继续为零的良好资产质量。

三、法兰克福分行

（一）业务开展情况

截至 2014 年末，法兰克福分行总资产余额约 73.88 亿美元，剔除总行清算资金后为 73.10 亿美元，较年初增长约 139%，完成年度预算计划的 696%。

2014 年，法兰克福分行实现税前利润 1 792 万美元，较上年增长 36.5%，完成年度预算计划的 117%。

截至 2014 年末，法兰克福分行无不良资产和不良贷款。

（二）主要工作措施

一是贯彻落实总行“深化跟随，加快落地”的经营战略，资产规模实现了较快增长，盈利水平显著提升。

二是充分利用建设银行现有欧元清算、国际结算业务资源，不断拓宽服务渠道与领域。2014 年法兰克福分行完成欧元代理清算业务近 23 万笔，累计清算量 876 亿欧元。

三是积极推进跨境人民币业务，成功发行离岸人民币债券。2014 年 5 月，分行在德国成功发行两年期 15 亿元歌德债，是第一只由当地中资银行发行并在德交所上市交易的人民币债券。

四是积极推进业务创新，建设综合性金融服务能力。

四、约翰内斯堡分行

（一）业务开展情况

截至2014年末，约翰内斯堡分行总资产28.16亿美元，较年初增长39%，完成年度预算计划的116%。

客户存款13.52亿美元，较年初增长24%，完成年度预算计划的111%。

2014年实现税前利润0.2亿美元，较上年增长30%。

在最新当地储备银行公开披露的14家外资银行资产排名中，约翰内斯堡分行排名第五，在中资银行仍位列第一。

（二）主要工作措施

一是巩固业务本地化优势。

二是积极落实总行“跟随”战略，加大对进入非洲市场的中资客户的支持力度，成功营销南非南车公司、北车公司、海信南非公司及华润电力等中资企业，密切了银企合作。

三是利用中非贸易投资关系良好发展及人民币国际化的有效契机，充分发挥约翰内斯堡分行作为全行在非洲市场唯一窗口的重要作用，总资产和信贷资产均取得了长足的发展。

四是将兰德亚洲有关资产整体列入总行重大信用风险项目上报总行，根据总行领导关于妥善处理兰德亚洲相关业务及股权关系的重要指示，制订兰德亚洲贸易融资客户退出计划，进一步加大退出力度

五是积极筹备开普敦分支机构的开立。

五、东京分行

（一）业务开展情况

截至2014年末，东京分行总资产余额约76亿美元，较年初增长57%，完成年度预算计划的211%。

2014年，东京分行实现税前利润6 700万美元，较上年增长148%。完成年度预算计划的161%。

截至2014年末，东京分行不良贷款和不良资产均为零。

（二）主要工作措施

一是坚持市场导向和创新引领，以增进价值创造为核心，努力推进业务转型升级。

二是推进全面风险管理，夯实业务发展基础。

三是完善内控管理，持续强化合规经营。

六、首尔分行

（一）业务开展情况

截至2014年末，总资产余额85.15亿美元，较年初增长45%，完成年度预算计划的124%，不良资产率和不良贷款率保持为零。

2014年实现税前利润0.60亿美元，较上年增长99%。完成年度预算计划的147%。

（二）主要工作措施

一是评级提升。2014年3月获得韩国权威评级机构（Korea Rating）的AAA评级，目前在韩39家外资银行中获得AAA评级的仅有4家，其中中资银行2家（另一家为工商银行）。

二是指标优异。2014年末，排名中资同业第一的指标是跨境结售汇交易笔数、贸易融资结算笔数；海外机构系统内排名第三的指标是总资产、主营业务收入、跨境人民币结算量当地占比、外汇兑换及货币市场拆借笔数以及跨境结售汇业务收益。

三是海外置业。2014年12月26日，分行正式签约购买位于韩国明洞的东洋生命大楼，同时购入土地永久使用权，成为韩国外资银行中第一家在韩国置业拓土的外资银行；第一家进驻首尔明洞黄金地段的中资企业；第一家在韩国购买独栋写字楼的中资企业。

四是业务创新。公司业务创新。发放创立十年来第一笔韩元贷款、第一笔境外筹资转贷、第一笔融资租赁内保内贷等7类系统内或分行首笔业务。贸易融资创新两种发货前融资产品，累计全年办理10.83亿美元。资金业务创新。在香港发行6亿元CD，成为韩国首家在香港市场发行人民币CD的金融机构。

五是落地战略有效实施。与17家韩国“世界500强”企业全部建立战略合作关系，合作的公司类落地客户逾40家。与5大韩国本土商业银行全部建立战略合作关系。

六是社会责任。2014 年 2 月，分行在成立十周年之际，向韩国红十字会捐赠 1 000 万韩元，在韩国当地广受好评，显示了企业极强的社会责任感。

七、伦敦机构：（建行伦敦、伦敦分行）

（一）业务开展情况

截至 2014 年末，建行伦敦总资产约 67 亿美元，较年初增长 9.63%，完成年度预算计划的 97%。

2014 年，实现税前利润 0.21 亿美元，较上年增长 1 629 万美元，完成年度预算计划的 238%。

截至 2014 年末，不良资产率和不良贷款率分别为 0.25% 和 0.47%，分别较上年末下降 0.07 个和 0.25 个百分点。

（二）主要工作措施

一是获任人民币清算行。2014 年 6 月 18 日，建行伦敦获人民银行授权担任英国人民币清算行，这是人民银行首次在亚洲地区以外指定人民币清算行，目前也是建行集团内唯一一家人民币清算行。2014 年 7 月 29 日，建行伦敦正式对外提供人民币清算服务。

二是获批分行牌照。2014 年 12 月 22 日，英国审慎监管局和金融行为监管局正式批准中国建设银行设立伦敦分行，这是自 2013 年英国政府首次宣布允许中资银行在英设立分行后，在英国获准成立分行的第二家中资银行。建设银行伦敦分行流动性豁免的申请也同时获批。

三是办公楼购置与装修搬迁。经总行审批，建行伦敦购置位于伦敦金融城 111 OLD BOARD STREET 的营业新址，2014 年下半年建行伦敦启动装修工作，经过各项前期准备工作，于 12 月 22 日全部搬入新大楼。

四是进一步完善信息技术系统。在总行的支持下，2014 年先后建立了反洗钱系统和风险报告系统，优化了清算行人民银行自动报送功能，增加了网银系统。2014 年 8 月末，伦敦分行系统上线。

八、纽约分行

（一）业务开展情况

截至 2014 年末，纽约分行总资产（不含总行沉淀资金等）余额约 68.62 亿美元，较年初增长 3.76%，完成年度预算计划的 108%。

2014 年，纽约分行实现税前利润 5 544 万美元（考核口径），较上年增长 45%，完成年度预算计划的 111.61%。

截至 2014 年末，纽约分行不良资产和不良贷款均为零。

（二）主要工作措施

一是拓宽筹资渠道，加强流动性管理。

二是准确定位市场，夯实客户基础。

三是探索产品与业务创新，提高综合服务能力。以现有联动业务为平台进行产品交叉销售，丰富子类产品，逐步开展了结构性融资、各类新型贸易融资，以及资金归集、账户管理等业务；拓展新的盈利增长点，开展外汇期权业务、离岸人民币（外汇）资产业务，提升了分行的市场竞争力。

四是发挥区位优势，做大做强美元清算中心。加强了清算团队建设，推进美元清算产品创新，扩大代理行网络，争取到了更多的美元清算市场份额。

九、胡志明市分行

（一）业务开展情况

截至 2014 年末，胡志明市分行总资产余额 2.87 亿美元，较年初负增长 77%，完成年度预算计划的 96.89 %。

2014 年，胡志明市分行实现税前利润 0.04 亿美元，同比增幅达 127.62%，较上年增长 127.62%，完成年度预算计划的 96.89 %。

截至 2014 年末，胡志明市分行无不良资产和不良贷款。

（二）主要工作措施

一是合理应对突发事件，及时调整业务发展思路。2014 年 5 月中旬，越南中部和南部发生了一系列暴力游行事件（越南 5·13 暴力事件），分行迅速启动应急预案，适度调整业务发展思路，保障业务有序开展。

二是加强营销工作，全年分行新增企业客户 10 户，进一步扩大了客户基础。

三是建立有利于分行快速发展的经营管理机制。

十、悉尼分行

（一）业务开展情况

截至2014年末，悉尼分行总资产余额约111.77亿美元，较年初增长108%，完成年度预算计划的161%。

2014年，悉尼分行实现税前利润0.82亿美元，较上年增长225%，完成年度预算计划的231%。

截至2014年末，悉尼分行无不良资产和不良贷款。

（二）主要工作措施

一是业务类。运用多元化筹资渠道，增强主动负债能力，成功发行欧洲商业票据和中长期存款证。落地与跟随并重，针对集团战略性客户的海外融资需求提供信贷支持超过6亿美元，与30多家境内分行进行广泛业务合作。加强系统建设和产品创新。开通了企业网银系统和海外贸易融资系统；创新三方协议内保内贷产品，2014年累计发放贷款16.8亿澳元。大力发展跨境人民币业务，切入零售和私人银行领域。

二是管理类。利用离岸银行业务中心资格，提高财务效益，2014年末离岸银行业务资产达21亿澳元，当年累计节省利息预提税139万澳元，企业所得税217万澳元。创新海外二级分行管理模式，墨尔本分行开业首年即实现盈利，截至2014年末，资产规模达19亿澳元，税前利润达453万澳元。创建MyBank微信平台，为分行下一步的产品营销和客户挖掘奠定了坚实基础。与昆士兰州贸易投资局、中华人民共和国驻布里斯班总领事馆及悉尼中国文化中心联合举办“中国梦，澳洲情”中澳艺术作品展。完成了布里斯班分行的选址、装修、IT系统搭建和人员配置等工作，于2014年9月26日顺利搬迁，确保分行在G20峰会前夕如期开业。加强业务研究及文化建设，累计完成《澳大利亚经济金融动态》76期，《澳大利亚经济研究年度合刊》7本及多次专题研究。

十一、建行俄罗斯

（一）业务开展情况

截至2014年末，建行俄罗斯总资产约3.5亿美元，较年初增长77.3%，完成年度预算计划的212.55%。

2014年，俄罗斯子行实现税前利润558万美元，同比增幅达189.68%，完成年度预算计划的231%。资产质量良好，无不良资产余额。

（二）主要工作措施

一是丰富产品范围，提升服务能力。子行初步构建起以高质稳定的对公信贷资产组合为基础，以零售业务和中间业务为有益辅助的产品框架。2014年与银联、VISA及俄罗斯本地发卡组织合作，推出了单币种借记卡，成为行内首家自主发行本地银行卡的海外经营机构。

二是抢抓战略机遇，突破重点客户。在总行的统一指导下，子行与建行亚洲、北京分行协同操作俄罗斯天然气集团10亿美元中资银行俱乐部融资，目前已至关键阶段。子行发挥应有作用，配合总行与俄罗斯原子能、VTB银行等重要客户建立了良好的协作关系。建设银行在俄罗斯同业市场上的影响力得到提升。

三是履行银行责任，提出监管建议。子行立足本地，履行银行责任，认真研究相关政策，向监管机构提出建议，包括中俄政府之间避免双重征税协议的适用，战略性融资利息预提税的免除，OECD国家评级的差别化消减，单一敞口指标的计算等，已引起监管部门的重视，税负问题正在研究解决中。

十二、建行迪拜

（一）业务开展情况

截至2014年末，总资产余额7.51亿美元，较年初增长122%；实现利润192万美元，较上年增长201%。人民币业务在当地市场占有较大份额，完成147亿元的结算量。资产质量优良，无任何不良资产。

（二）主要工作措施

一是积极开展联动业务。与境内多家分行开展业务合作，通过全球授信的方式为跨国企业提供表内外业务产品，特别为石油、电信、建筑等行业的中资企业提供了各类金融服务。

二是稳步推进落地资产业务。积极拓展本地市场，在银团贷款、风险参与和保函转开业务上寻找合作机会。有代表性的案例包括成功为阿联酋航空提供飞机融资业务，市场反响良好；成功开立以当地政府企业为受益人的保函，突破了当地政府企业不接受外资银行保函的市场惯例，为今后大规模拓展该领域业务奠定了基础。

三是高度关注和管控各类风险。

四是提升流动性管理水平。

十三、台北分行

（一）业务开展情况

截至2014年末，台北分行总资产（不含总行沉淀资金等）余额约63.44亿美元，较年初增长297%，完成年度预算计划的247%。

2014年，台北分行实现税前利润1 682万美元，较上年增长1 834万美元，完成年度预算计划的241%。

截至2014年末，台北分行无不良资产和不良贷款。

（二）主要工作措施

一是积极主动参与对监管机构的政策建言，争取良好的政策环境。

二是积极参与宝岛债市场，台北分行成为首家在台湾地区发行宝岛债陆资银行，协助建亚在台发行宝岛债，使得建设银行集团在台湾宝岛债市场的发行创下了多个第一，巩固了建设银行在海外资本市场的良好品牌形象。

三是以企业关怀与社会责任为宗旨，开展品牌宣传活动，扩大营销渠道。

四是持续产品创新，保障分行长期业务可持续发展。推出跨境结售汇、人民币企业汇款实时通、美元大额活期优利存款等新产品，取得了良好效果，发挥对分行业务发展的推动作用。并透过与金管会的积极沟通于2014年12月29日取得办理衍生性金融商品业务牌照。

五是不断扩大客户基础，稳健发展落地业务。

六是广泛开展联动贸易融资及跨境人民币结算业务。

十四、欧洲机构：（建行欧洲、卢森堡分行）

（一）业务开展情况

截至2014年末，卢森堡机构总资产余额约18.57亿美元，较年初增长492%，完成年度预算计划的192%。

2014年，卢森堡机构实现税前利润906万美元，2013年为亏损，完成年度预算计划的11 574%。

截至2014年末，卢森堡机构无不良资产和不良贷款。

（二）主要工作措施

一是制定内部政策及流程。2014年是卢森堡机构正式营运的第一个完整年度。本机构致力于公司治理结构的建设和各项内部政策及业务流程的设计，建立了信贷委员会、资产负债管理委员会等委员会直接向董事会报告。本机构分别于2014年3月和11月召开两次公司董事会，决议公司重大事项，落实公司治理。

二是完成首年营运目标。利用“分行＋子行”的运作模式，积极开拓业务资源。

三是初步开拓欧洲客户网络。2014年本机构立足目标客户群体，不仅服务了30余个离岸人民币业务客户，还将服务网络拓展至在西班牙、意大利、德国、卢森堡的“走出去”中资企业，建立了信贷或结算业务关系。

四是加强总部功能建设，助力欧洲4家分行开立。为加快欧洲4家分行开办速度，本机构2014年初对4家机构所在城市进行了前期考察，就办公选址、商业环境等向筹备组提供了考察报告。中期建设银行牵头律所、咨询机构准备4家分行的申设材料，加速卢森堡金管会审批进度。后期则着手培训4家分行员工熟悉本机构风险、财务、营运等内部制度和流程。

十五、澳门分行

（一）业务开展情况

2014年6月7日，建行澳门由建行亚洲子公司转换为澳门分行，升格为总行海外一级经营机构，实现了平稳过渡和业务快速发展。截至2014年末，澳门分行下设7个职能部门，8个零售网点，员工142人；总资产余额约228亿澳门元（下同），同比增长215%；贷款余额162亿元，同比增长210%，其中，联动业务余额116亿元，不良率为零；客户存款余额84亿元，比上年末增加了50亿元，增幅为147%；实现净利息收入1.47亿元，比上年增长一倍；基本上完成了“扩规模、调结构、增效益”三步走发展战略的首项任务。

（二）主要工作措施

一是全面完成总行下达的主要业务指标，经营业绩亮点纷呈。资产总量大幅增长，贷款实现重大突破；负债业务进展顺利，资金来源渠道多元化；客户关系管理不断加强，有效客户实现较快增长。公司客户、零售客户分别比上年新增112户和1 891户。积极推进人民币业务，全年共办理跨境人民币结算100亿元，存款余额20亿元；加强联动贸易融资产品的创新开发；推出一系列零售业务新产品及服务。

二是加强管理、提升效率，为业务发展提供强有力支持保障。完成了新机构经营管理组织架构和各业务系统的搭建，完成了岗位工作清单和风险政策底线梳理和175项营运手册的修订。

十六、建行新西兰

（一）业务开展情况

截至2014年末，建行新西兰有限公司总资产余额约0.72亿美元，完成年度预算计划的103%。

2014年，建行新西兰实现税前利润 -0.005亿美元，完成年度预算计划的 -74%。

截至2014年末，建行新西兰不良资产和不良贷款均为零。

（二）主要工作措施

一是高效完成子行的申设和开业工作。2014年11月21日，在对新西兰进行国事访问期间，习近平主席与新西兰总理约翰·基共同为中国建设银行（新西兰）有限公司揭牌。

二是制定了子行发展战略。重点发展落地业务，兼顾联动业务作为自身发展。通过服务本地主流客户打入新西兰主流市场，增强当地竞争力；同时紧紧跟随国内“走出去”的企业客户和高端个人客户，为其提供全面金融解决方案和境内外一体化的延伸服务。

三是打造本地化团队。

十七、多伦多分行

（一）业务开展情况

2014年12月5日，中国建设银行多伦多分行正式对外开业。多伦多分行是建设银行在北美地区设立的第二家分行，也是中资银行在加拿大开设的第一家分行，标志着建设银行在北美地区的机构布局又取得了新突破。

截至2014年12月末，多伦多分行总资产余额约8 400万美元。

（二）主要工作措施

一是坚持不懈，成功取得分行牌照。2014年2月，经过三年地不懈努力，建设银行终于接到加拿大金融监管署（OSFI）正式通知，加拿大财政部长于1月31日签发了同意中国建设银行在加拿大设立分行的部长令，使建设银行成为首家在加拿大获得分行牌照的中资银行。

二是全力准备，顺利通过现场检查。2014年第三季度，OSFI派出工作组到分行进行开业前现场检查，经过反馈沟通和整改完善，分行顺利通过检查验收，并于10月29日获颁OSFI的开业许可。

三是周密策划，实现分行隆重开业。经过紧张而周密地策划，多伦多分行于2014年12月5日隆重对外开业。

四是积极营销，储备客户业务基础。

执笔：郭梅军

二、内部管理与风险控制

办公自动化与基础工作管理

2014年，办公室（党委办公室）深入学习贯彻党的十八届三中、四中全会精神，紧密结合党的群众路线教育实践活动成果，围绕总行党委的决策部署和全行中心工作，努力改进工作作风，全力做好对行领导、总行部门和各级机构的支持服务，不断提高办公管理和后勤服务保障工作的精细化、专业化、标准化和规范化水平，保障了党务、行务和总务系统有效平稳运转。

行务部分

一、服务大局，统筹协调，为推动全行改革发展提供保障

（一）认真筹备，周密高效组织行务会议及重大活动

一是周密组织各类行务会议。完成2014年全行工作会议及春季（视频）、夏季、秋季（视频）会议组织和会务工作。协调安排总行党委会议24次、党委碰头会议3次，协调组织行长办公会议8次、岁末年初工作部署暨年终决算工作会议等重要专题会议20余次。

二是统筹安排多项重要活动。协调行领导到分行、子公司调研70余次，赴境内外出访、出差及出席各类外部会议150余次；协调安排行领导与北京市领导及其他各省市副部级以上领导同志会见约20次；参与组织行领导赴建信期货公司揭牌仪式行程安排、仪式策划、会场布置等工作；协助安排行领导出席APEC有关会议事宜。

三是组织协调建设银行60周年庆祝活动。筹备组织建设银行成立60周年大会及庆祝建设银行成立60周年座谈会。克服时间紧、任务重、技术保障要求高、可借鉴先例少等困难，在较短时间内完成了前期各项工作和现场有序组织。

（二）积极调研，完成重要文字材料任务

一是坚持问题导向，加强调查研究。为增强年度工作会议的务实性，及时了解新情况新问题和新思路新经验，发现和改进工作中的不足，牵头组织开展了安徽、湖北、江西、上海、浙江、福建等十多家分行调研，通过与分行同志座谈交流，走访基层机构和客户，掌握了大量第一手材料，执笔完成专题调研报告，行领导对调研报告给予了高度评价。

二是参与起草和修改多份重要文稿。主要包括2014年全行工作会议、季度工作会议、60周年座谈会和视频会等全行性重要会议领导讲话素材；建设银行60周年汇报、贯彻执行中央八项规定情况、教育实践活动整改落实情况等向上级领导部门报送的综合性汇报材料及其他主题调研材料；起草多份行领导重要演讲、发言材料等，为管理层履职报告提供素材、整理行领导调研情况通报；牵头组织总行审批事项的全面梳理，精减了46%的审批事项，制定了总行审批事项目录；完成《中国金融年鉴》、《中国经济年鉴》和建设银行年报、中报等有关材料的起草和报送工作。

（三）提升质量，增强信息服务决策的效能

一是发挥《每日动态》的要情快报作用。加强刊物选题策划，及时反映全行经营管理工作进展、分行提升市场竞争力的经验做法等。全年共印发《每日动态》242期，编发各类信息1 980余条。积极鼓励全行建言献策，共刊发各类建议455条，得到行领导和有关部门的高度重视。

二是加强对上级机关的信息专报。积极宣传建设银行改革发展成果，向国办报送建设银行支持实体经济、服务民生的最新进展，并按照中办、国办要求完成专题报告。全年组织相关部门完成银监会政务信息稿约30次。

三是优化网站信息的日常管理。加强企业门户主页信息审核，确保涉密信息脱敏，做好信息发布和维护。全年共审核总行动向资讯300余条、本部资讯780余条。

（四）高度重视，持续加强值班管理

严格执行值班制度，坚持室领导带班制度，值班人员24小时在位，及时处理各类重要事项，未出现任何纰漏。全年接收并处理中共中央办公厅、国务院办公厅、人民银行、银监会等上级单位和监管部门传真来文283件，银行业协会、中国银联等单位实物及来文131件；向中共中央办公厅、国务院办公厅报备主要领导出差出访事项20余次，向银监会报送行领导活动信息50期；编发《值班动态》230余期，对信息交流沟通发挥了重要作用，获行领导肯定。

（五）联系实际，加强学习，不断提升理论水平

办公室理论学习小组在深入研讨邓小平金融理论核心论述的基础上，结合商业银行改革与转型发展，形成了《重温邓小平金融理论深化商业银行改革实践》专题研究成果，并在中央国家机关工委组织的“全国纪念邓小平同志诞辰110周年学术研讨会”征文活动中获得二等奖。

二、加大督查督办力度，推动全行持续提升执行力

（一）加强对重要会议部署事项、领导批示和重点事项的督办落实

加强督办协调，健全完善跟踪检查机制，确保各重要事项紧抓快办、充分落实。对综合性任务落实主办、协办部门，在各部门内部建立“主要负责人、分管领导、经办岗位”三位一体的责任体系，具体工作细化到处室，责任到岗到人。加强落实成效跟踪并定期通报，通过企业门户网站、《每日动态》等平台推动内部交流，提升督导实效。全年对全行重要会议部署的重点工作确定127个督办事项，立项督办党委会议议定事项375项，编发《督查情况通报》11期。

（二）完善下级行请示事项的督查办理工作

改进统计监测方法，区分主办、协办部门实行双边考核。按照精简后的总行审批事项目录，跟踪督办报批事项。完善限时办理制度，确保请示事项第一时间得到妥善处理。加大催办力度，进行即时提示，定期抽查已办结事项，督促落实整改。全年共立项督办下级行请示事项10 542件，办理效率总体保持稳定。

三、扎实推进各项基础工作，办公管理精细化、规范化水平不断提高

（一）做好公文、信件及各类资料的日常管理工作，切实提高公文质量和处理效率

一是高效、准确处理各类文件。全年共处理各类公文、信件、报刊近77万件，日均处理3 290件，无错办、漏办、失泄密等事故发生。

收文岗位共收转文件23 356件，收文工作总量比上年同期减少28.54%。发文岗位共处理文件9 930件，发文工作总量比上年同期减少41.1%。

综合岗位交换、发送信件53 896件，用印59 667枚，印模套印203 750个；外收发岗位共收发各类信件、报纸期刊等683 250件；OA系统维护人员修复电子公文共计5 502件；全年组织了9次文件销毁工作，共销毁文件23.05吨。

二是科学、规范管理机要文件。处理各类机要文件近万件，均实现及时处理、及时清退、及

时存档。为上级单位和总行各部门、各分行督办或查询文件300余次。

三是加强审核把关，确保公文高效运转。全年共审核行发文1 463件、行签报2 321件；通过发文岗位复核问题并退回部门的文件共751件；加强对下级机构报送文件的审核，监测重发文件、退回文件，全行重发文共计67份，退回文共计181份。

四是完善公文传输渠道和场所建设。完成与国务院电子公文传输渠道的系统建设以及银监会电子政务系统文件的收发转工作。按要求完成机要办公场所的改造。

（二）做好档案日常管理工作，推进档案集约化管理和资源体系建设

一是完成档案接收、借阅、鉴定、归档等工作。接收各部门实体文书档案5 811件，电子文书档案36 014件。接收会计实体档案1 614箱，共18 240件；提供纸质文书档案复印件合计103人次、企业证件执照借阅294人次，共1 725件；本年共有33万人次登录档案管理信息系统进行档案查询；全行系统分行2014年鉴定到期档案数量1 241 686件，实际销毁档案数量1 084 223件，销毁率达87.32%；完成2014年度文书档案归档，共归档电子文件447 180件。

二是完善库房管理。整理移库档案，将10 243卷实体档案移至租赁库房。改善总行大楼库房环境，配备劳保用品并商谈配置恒湿消毒净化一体机。

三是推进档案集约化管理。制定《档案库房装具及配套设备配置策略标准》；完成2014—2015年全行档案密集架采购管理事宜。

四是规范档案管理工作。编制《中国建设银行股份有限公司总行管理类文件材料归档范围和档案保管期限表》，理顺建设银行管理类档案规范管理关键基础性工作；协助指导部门规范业务类档案管理。

（三）加强印章管理，防范操作风险

一是加强印章制度建设。梳理印章制度，制定并印发《中国建设银行印章管理办法》和《中国建设银行行务公章管理办法》，吸收印章管理实践和技术创新的成果，对印章管理全流程做了进一步规范，健全风险防控“三道防线”。

二是推动落实科学管章用章。组织召开全行印章管理工作座谈会，全面部署印章管理和风险防控工作，推动新印章管理办法的实施及科技管章试点工作。

三是全力保障业务用章需求。配合各部门办理业务的用章需求，全年共审核行章使用审批4 000余件。通过规范表单、核查签字、全程登记，进一步提高行领导名章和总行党委印章的规范管理水平。为名称发生变更的总行各直属中心刻制更换新行务公章，有力保障了相关部门业务的正常运行。

（四）扎实做好保密工作，确保信息安全

一是加强保密工作的宣传和执行力度。认真落实中央保密委员会全体会议和中央领导讲话精神，研究制定具体落实措施。组织开展保密委员会主任讲保密专题党课活动，并向国家保密局报送讲党课信息，选登于《保密工作杂志》。

二是规范涉密中央文件管理。重检梳理涉密文件流转、保管及人员配备情况，配合完成中央多部门联合抽查，获得中央检查组高度评价。

三是加强定密管理。严格按照要求向银监会申请定密授权，对全行范围内定密责任人确定和报送情况进行部署。

四是统计2013年全行保密工作数据，完成全行424个保密机构保密普查数据的分析统计；会同信息技术管理部全面检查总行机关非涉密网络，加强和规范全行互联网计算机安全保密工作；完成海外机构商密公文传输系统初步建设方案的可行性分析。

四、落实创新驱动，办公管理流程化、信息化建设取得新进展

（一）流程化管理进一步规范

编制传达中央文件，公务接待、视频会议组织、长假值班安排、极端天气应对四大类20项工作的“流程包”。每个“流程包”均含工作项目的详细分解、各环节注意事项、相关人员联系方式、以往活动照片等内容。对照工作项目分解表逐项画勾，能基本实现不漏项、不误事。

（二）文件流转方式创新，效率进一步提高

针对总行分散多处办公、重要工作时效性要求高等情况，使用高拍仪等设备将纸质文件电子

化，并迅速发送至相关部门，高效流转各类文件。共登记、流转行领导批示的纸质文件5 500余份，流转行长室OA文件5 400余份。

（三）OA系统完成优化升级

会同信息技术管理部组织实施OA系统优化升级工作，形成了功能较为齐全、性能更加稳定的OA系统V3.6，并在总行本部、部分分行、境内子公司、审计机构和海外机构上线运行，为全行经营管理工作提供办公管理服务保障平台。

（四）档案信息化建设取得新成果

综合档案管理系统作为新一代集中营运项目子项目通过立项审批，启动流程建模等确定业务需求工作。顺利完成建设银行1986—2002年珍贵声像档案的转储项目，共转储整理珍贵档案1 713盘。目前转换的电子档案资料已能便捷地提供查考服务。

五、开展和参与多项业务培训，提升条线人员履岗适岗能力

（一）全面推进OA系统培训

根据2014年的培训计划，为确保全行OA系统优化升级推广工作顺利进行，先后在常州培训中心、哈尔滨培训中心举办了两期OA系统业务管理培训班。派员为新疆区分行在哈尔滨培训中心举办的《现代办公提升班》授课。

（二）持续加强保密工作培训

派员参加国务院办公厅电子政务办公室举办的“全国政府专网普通密码使用管理培训班”、中办举办的“机要信件收发管理系统使用培训班”、总行信息技术管理部举办的“信息系统试营业验证管理系统培训班”。在哈尔滨培训中心举办密码安全保密管理培训班，邀请国家保密局就信息化条件下保密工作的形势和任务进行深入的分析和讲解。

（三）切实深化档案管理培训

在哈尔滨培训中心举办全行性档案工作业务培训班，邀请国家档案局领导宣讲国家档案局十号令。派员参加云南省、内蒙古自治区、福建省等分行的档案管理培训并授课。

六、配合全行改革发展和转型，努力办好一报（《建设银行报》）一刊（《投资研究》）

（一）加强新闻策划，积极宣传引导

2014年，《建设银行报》围绕全行中心工作，就全行转型和发展开展多角度宣传。与业务部门合作专栏专版，加大对业务条线工作动态的报道；组织全行性大型采访活动，推出多个重点专栏、专版，重点宣传建设银行成立60周年活动；关注海外机构和子公司的发展，积极传导总行综合化经营和转型发展的战略思想；加大客户版新闻实践，在重大选题策划、核心业务宣传等方面积极探索，办报水平进一步提升。

（二）做好行史、年鉴编撰和《投资研究》杂志发刊工作

完成《中国建设银行年鉴2014》的编撰工作，形成总字数为115万字的年鉴确定稿；为建设银行成立60周年活动提供支持，向各部门提供历史数据、重要文献、历史照片、行史资料的查询或借阅，共提供历史照片原件71幅（组）；完成《投资研究》杂志的发刊和业务转移准备工作。

总务部分

一、强化服务意识，积极做好后勤服务保障工作

（一）有效管理，为员工提供更好的办公环境

一是为总行大楼、兴融中心、晓月楼、C3车库等办公楼设备正常运行，提供有效的办公服务保障。配合总行各部门完成22次签约仪式、2次业绩发布会和25次大型会议综合服务。按照计划完成了“四卡合一”项目系统全面上线，全年办理员工卡、临时卡等卡片6 290张。

二是有重点地组织实施总行数据中心办公区和硬件基础设施改造，共完成办公楼修理项目21个，其中，在保证面积不变的前提下增加了洋桥A座办公区30%的工位，新增了会议区，保证了办公需求；参与总行稻香湖生产基地园区建设，为办公设备采购提供技术支持；组织实施兴融中心南楼办公用房及附属用房租赁与接收工作，总建筑面积16 538.07平方米，地下车位146个。

三是承担上海建行中心（“双辉”）项目工作，完成了大厦地上房屋及地下328个产权车位共计220余份合同印花税统计、核定、缴纳；完成了大厦语音数据传输和监控中心机房、餐厅、

会议楼层，以及28个标准办公楼层等主体装修改造，并通过竣工验收、消防及建设主管部门的质监验收备案。完成资产类采购代理服务框架合同签署，为大厦的办公设施、设备后续采购奠定基础。编制并起草了上海建设银行中心的分配方案及管理体制方案，顺利完成了项目与卡中心的交接工作。

（二）用心服务，为领导和员工提供办公后勤保障

一是提供餐饮保障。全年总行大楼、兴融中心、洋桥食堂共计保障147余万人次员工餐，及大量加班餐饮服务。根据员工反映和问卷调查，有效实施加减法，及时调整供应品种，通过优化菜品结构，强化食材管理，开展与分行的厨师交流，科学安排饭菜供应，简化公务用餐等方式，不断提高餐饮的服务质量和管理水平。为提高厨房生产力，仅用29天完成总行大楼食堂操作间涉及墙砖、地砖、门更换、新做隔断、上水布管、下水系统排畅、电线、电闸盒整理、扩展冷荤间面积等十几个项目改造。同时，为总行大楼、兴融中心咖啡厅安装了无线上网设施，方便了员工的商务体验。通过提高服务质量，优化餐饮环境，为员工提供了更加卫生和更优质的餐饮和附加服务。总行机关食堂保持和全面获得北京市餐饮服务安全“A”级认证，在总行机关问卷调查中满意率达97%。

二是落实住房保障。完成总行机关市场化（98房改）和成本价（北京市）住房改革的住房津贴及住房补贴的发放，全年累计办理21 900余人次，发放金额3 590余万元。努力做好调入总行工作的干部租房、住房的安排和新入行员工的住房安排工作。审核报销新入行员工外租房补贴；协助员工办理采暖费报销、住房公积金相关事务；完成住宅楼电梯、监控系统以及用水、用电等维修和改造。

三是做好出行保障。完成上级各类工作组、董监事、高管层和各部门领导公务用车及文件交换等公务用车保障。2014年共计出车18 000余次，安全行驶174万公里，总行大楼与兴融中心通勤班车全年4 370次，保证了安全运行；全年承担销售国际、国内机票约35 100套/张，直接节约差旅费用1 030万元。

四是完善医疗保障。提供日常全科门诊，日均门诊量为72人次，全年员工就诊人数共计约16 374人次，聘请中医院不同科室共5位专家，轮流每周来行出专家门诊；“健康加油站”（自助医疗服务设施）使用达4 550人次；4家三甲医院为员工健康体检总人数4 541人，体检率为96%；完成医保医院变更、特殊病报批、异地安置和个人社保卡、医保存折等各类员工信息的变更办理，共计2 103人次；完成员工医疗费用（含离退休人员、含直系亲属）审核、结算约6 142人次。

（三）开展风险评估和应急演练，做好基础保障工作

根据人民银行、银监会以及审计部、内控合规部、信息技术管理部等内外部监管要求，组织对洋桥数据中心的机房动力环境等基础设施进行信息科技风险评估和应急演练，全年共组织应急演练48次，其中，实战演练33次，桌面演练14次，模拟演练1次，对发现的问题及时整改，完成了A座数据机房空调改造、大门安防通道改造等重大风险整改工作，未发生一起安全生产事故，为洋桥数据中心承担的全行业务信息系统安全运行提供了有力保障。

二、协调管理各项社会性事务，切实履行社会责任

（一）做好节能减排，通过能耗排放考核

根据国家环保立法精神和北京市发展改革委的要求，按时提交总行2013年《能源利用状况报告表》和《2013年度二氧化碳排放核查报告》，出具《2013年温室气体排放报告》，按期开通碳排放权注册登记簿账户、北京市碳排放权交易电子平台交易账户和银行托管账户，完成新增配额申请，增加总行碳排放权配额9 016吨；购买碳排放权近20 000吨，费用为107万元，并按期完成节能环保责任履约。建设银行被市发展改革委资产管理处定为额定金融集团企业排放标准的主要咨询企业。

（二）完成专项清理，改造超标办公用房

根据中共中央办公厅、财政部和国家发展改革委等文件要求及行领导的指示，认真地开展全行部门领导以上人员办公用房专项清理工作，对部分高管层领导办公用房进行了改造。

（三）宣传国家新政，做好计划生育工作

根据中央国家机关计生办《关于做好北京市“单独两孩”政策落实工作的通知》，开展《北京市人口与计划生育条例》的宣传，解读“单独两孩”新政的特殊内容规定，明确其所涉及的生育服务证办理流程，年度内办理“单独两孩”手续52人。全年审核发放生育服务证241人次，办理独生子女证114人次，核对退休员工独生子女奖励信息2人次。

（四）落实年度计划，加强人民防空工作

按照中央国家机关人民防空办年度工作计划，结合总行人民防空工程（地下空间）现状，将重大节日地下空间安全管理检查作为人民防空工作重点，在地下空间改造工程中加强协调涉及人民防空标准的事项，按时上报人民防空工程管理信息。人民防空工作达到中央国家机关的要求。

（五）采取有效方式，落实国家绿化规定

通过“以资代劳”的方式落实国家绿化规定，与中央国家机关绿化办同意的大兴区绿化办签订绿化协议，建设银行出资9万元，由对方代为完成绿化任务。通过有效监控，绿化经费得到了合理使用，绿化工作进展情况良好。

执笔：张宏霞

风险管理

2014年，建设银行风险管理工作得到监管机构和外界的良好评价，荣获《第一财经日报》“最佳风控银行”和《21世纪经济报道》“亚洲最佳风险管理银行”等奖项。

一、多策并举，全力以赴完成不良资产处置任务，为全行资产质量持续稳定提供有效支撑

一是不良贷款处置再创新高。2014年，全行共处置不良贷款786.08亿元，较上年多处置300.86亿元；不良贷款处置率（处置额占年初余额的比率）为92.19%，比上年高26.15%。不良贷款处置额和处置率均达到十年来最高水平，为全行资产质量的持续稳定提供了坚定支撑。

二是充分利用市场化手段处置不良贷款。全年同步滚动做包，完成4单批量转让项目，累计处置不良贷款239.98亿元，其中现金回收84.1亿元，成交率同业最高，总体回收率较2013年提高2个百分点，居金融同业前列。重点把控入池和资产估值两个关键环节，确保合规操作。完善竞价规则，采取“一口价”① 的报价方式，实现资产包转让价格最大化。

三是用好、用足核销手段，加大表内不良处置化解力度。修订下发新的核销办法和相关配套制度，明确新的核销条件和申报要求。强化项目名单制管理，加快成熟项目的申报审批工作。全年累计核销不良贷款365.17亿元（含批量转让核销157.35亿元）。

四是加强处置手段创新，拓宽不良贷款处置思路。根据财政部贷款减免政策规定，制定并下发《贷款减免管理办法》，进一步丰富不良贷款处置手段。开展个人类不良贷款处置手段创新研究，着手优化不良个贷重组政策，推动个人助业贷款等重点产品的处置专题研究。

五是强化问题项目风险化解，做好已核销资产管理。全年共处置关注三级公司类贷款332.51亿元，其中现金回收295.86亿元，减轻了不良贷款反弹压力。深入挖掘已核销资产回收潜力，全

① “一口价”报价方式为投资者最高报价达到或超过底价的资产包立即宣布成交，最高报价未达底价的资产包流标，不再进行第二轮报价。

年实现已核销资产现金回收 15.52 亿元。

六是加强经验总结和教训回收。建立健全不良资产处置经验总结和教训回收常态化工作机制，加强前台、中台、后台相关部门的沟通交流，促进信贷业务流程与管理制度的持续优化。收集整理典型案例发送全行。

二、强化集团层面全面风险管控，促进统一风险偏好和政策要求在各级行、子公司的贯彻落实

一是牵头做好风险偏好重检、维护及执行情况监测，确保各项经营管理活动符合风险偏好要求。按季组织相关责任部门监测风险偏好传导及执行情况，向高管层及董事会报告。全面总结风险偏好陈述书执行情况，提出重检建议，初步完成《2012—2014 年风险偏好执行情况报告》。

二是建立综合风险报表体系，发挥决策支持作用。包括月报 20 张、季报 31 张，涵盖主要类别风险，覆盖至信贷非信贷、表内表外、境内境外、母行及子公司，全面展现集团风险状况，定期呈报高管层并抄送总行相关部门。

三是做实全面风险管理责任制。组织各级机构和各条线，从总行向下层层签订《风险防控工作责任书》，进一步强化各级领导班子特别是“一把手”的风险防控责任，推动全面风险管理责任制得到有效落实，对完成各项风险管控目标任务发挥了重要作用。

四是加强并表风险管理，将海外机构、子公司纳入全行统一风险管理体系。拟订《中国建设银行风险隔离暂行办法》，防范风险在集团内部传递。制订《改进完善子公司风险管理方案》，查找子公司风险管理薄弱环节，科学划分母子公司风险管理职责。组织完成 4 家海外机构开业风险验收；针对跨业子公司风险特征，开展差别化风险评估。

五是加强集团风险分析报告，完善风险信息共享机制。定期向董事会、董事会风险委、监事会、风控委会议提供全面风险管理报告等议题材料和参阅材料，按季下发集团风险情况通报，分析集团整体风险全面风险状况，针对风险问题和风险趋势，提出管理要求和建议。定期编制《全球市值前十大银行综合风险情况对比分析》，持续跟踪分析同业风险状况及管理实践，呈报高管层参阅。重检境内分行风险报告机制，完善海外及子公司风险报告制度，明确报告内容和要求，促进风险信息共享。

三、建立以融入流程为特征的主动风险管理模式，促进市场风险管控再上新台阶

一是在同业中率先采用问题库管理风险事件。制定问题库管理规定，明确风险事件管理机制与流程，收集建设银行和同业历年发生的 254 个风险事件，完成了 53 个典型事件分析，提出了 375 项措施，印发了第一期案例集。

二是实现外汇与贵金属敞口的自动化监控。基于“Kondor +”实现外汇与贵金属共计 23 个品种的实时监控、超限预警、数据记录，并以专用屏幕实时展现，创造性地解决了手工取数频度低、数据处理量大、不能实时监控等问题。

三是前移风险关口，推动风险管理融入业务流程。制定《境内分支行风险管理融入交易业务流程》、《海外机构风险管理融入金融市场业务流程》，形成了以融入流程为特征的主动风险管理模式，实现了境内外分支机构对业务关键风险点的有效把控。全年开展 28 次专题检查，发现 136 个风险隐患，提出 135 项防控建议。

四是加强集团层面市场风险管控，扩大管理半径。监控海外机构金融市场业务“八不准”规定执行情况。加大现场检查和考核力度，开展海外机构交易员风险排查，在海外机构 KPI 考核中首次增加市场风险考核指标。建立集团层面理财产品的风险报告机制，开展集团层面信用债专项风险排查。建立交易对手内控名单制度，填补了交易对手管理的空白。

五是优化市场风险监管资本计量方法，提高计量结果精确性。实现了用高级法计量信用债资本，重检了监管资本计量的压力时间区间，推进交易对手监管资本计量手段，研究交易对手潜在风险敞口（PE）计量、交易对手信用风险估值调整（CVA）、错向风险标准法等新的监管要求与领先实践。

六是加强分析研究，积极应对市场变化。开展汇率、利率市场化、经济资本方案、债券组合 VAR 值、债券组合久期等方面专题研究，全年形

成48份分析报告上报行领导，为管理决策提供支持。

七是完善交易制度体系，支持产品创新。出台了14项市场风险管理政策制度，初步形成了以“六交”为核心的制度体系。全年共完成15个金融市场业务新产品的风险审核及评估工作，6项新产品的后评价工作。制定《贵金属租借业务预计负债计提暂行规定》，按季完成三次计提工作，在国内同业中属首创，得到监管部门的支持与认可。

四、根据外部形势变化和内部管理要求，持续研发并优化风险计量模型，支持业务发展和转型

一是加强重点领域风险计量模型的开发和优化，为基层提供更多实用有效的风险管控武器。研发优化管理型控股公司评级方法和地方政府评级、限额模型，测算全国280家地市级和36家省级地方政府最新的信用评级和风险限额。研发小企业行为评分卡模型，支持小企业贷款的早期风险预警和自动续贷。更新小企业模型风险参数，2014年小企业客户评级偏离度下降14.48个百分点。完成小企业评级模型和限额方案的全面优化工作。加强评级重检管理，对风险较大客户评级的实行系统刚性控制。规范专业贷款评级，提高评级结果准确性。建立高信用等级客户违约的激励约束机制，2014年新增违约客户违约前180天的高信用等级客户占比下降15.5个百分点。

二是研发新型零售计量工具，发挥工具技术生产力，推动零售业务转型。研发小微企业贷款、善融商务个人贷款、个人助业贷款、个人商用房贷款等风险计量工具，为自动审批决策、统一风险预警提供技术支持。70%的小微贷款业务可在5个工作日内完成评分到审批环节的工作，比原来节省近70%的时间；信用卡审批自动处理率达50%，相当于替代了160名审批人的工作量，办卡周期在同业中居于领先地位。

三是依托组合风险管理工具，支持客户选择和业务发展，确保风险管理政策发挥实效。开发优化非零售敞口违约损失率（LGD）和违约风险暴露（EAD）模型，研究建立债项评级体系。制订经济资本计量方案，加大应用力度，引导分支机构提升价值创造能力。完善行业限额管控机制，强化刚性约束，提高执行力。

四是开展多维度压力测试，提高极端风险应对能力。针对“新常态”下的经济运行模式，完成了宏观经济压力测试、全国及71个大中城市房地产贷款压力测试、人民银行金融稳定压力测试、银监会信用风险压力测试、银监会房地产相关贷款专项压力测试等工作，并将压力测试结果传导到风险偏好、信贷政策、风险限额等工作中，提高风险管理精细化水平。

五是充分利用风险计量工具成果，加强监测预警。定期监测全行信用风险趋势变化，提出组合优化建议。探索利用大数据技术开展客户财务、关联担保和钢贸风险的组合风险预警。发布房地产、批发等行业预警客户名单，增强对系统性风险的预判能力；对个人类贷款及信用卡进行贷后风险监测及预警，全年共发布预警名单72份。

五、严格落实监管要求，夯实基础管理，首批获准实施资本管理高级方法

一是首批获准实施资本管理高级方法。经过8年的不懈努力，经历了预评估、评估和验收三个阶段的不断改进磨炼，2014年4月建设银行首批获准实施资本管理高级方法，这是建设银行风险与资本管理的一个重大里程碑。采用高级方法计算监管资本后，大约提升资本充足率0.6个百分点，相当于节约550亿元资本。制订了《中国建设银行2014—2016年风险计量与管理工作方案》，统筹安排4大类60项工作，提出了17项具体的深化应用措施，确保持续达标，促进提升自身经营管理水平。

二是牵头组织银监会监管会谈，严守合规底线。逐条分解落实监管要求，建立跟踪反馈机制，得到监管部门肯定，银行会认为建行落实监管要求措施得力，始终坚持合规经营底线，在支持实体经济、确保金融体系稳定方面发挥了重要作用。按季监测全行腕骨监管指标执行情况，按季梳理形成主要监管政策概览，呈报高管层和董事参阅。

三是启动恢复与处置计划编制工作，及早应对全球系统重要性银行监管，支持国际化战略发展。制订《恢复与处置计划编制工作方案》，并经行长办公会审议通过，逐项推进落实相关工作。

四是推进信用风险内评体系全面验证，健全完善验证机制。完成了100多个信用风险内部评级模型投产后验证工作，组织零售小微企业分池、行业评分卡等20个模型的投产前验证工作。细化信用风险、市场风险和操作风险验证流程及要点，制定了实施模板。优化模型实验室功能，提升模型开发、监测和验证的工作效率。

五是加强信息系统建设，提升机控能力。牵头推进集团统一风险视图建设，构建全视角、多维度的风险信息管理体系。完成覆盖全行零售贷款及小微贷款10大类产品业务的零售中央风险计量引擎IT系统上线，提供组件化、结构化的计量服务。加强市场风险IT管理，完成单机版市场风险计量程序开发，走出市场风险计量自主研发第一步；开展衍生产品信用风险管控系统的需求开发与测试，从根本上改变分支机构手工操作模式。优化不良资产管理项目（SARM系统）系统功能，依托系统对不良资产项目管理处置实施全程监控。

执笔：王巍

信贷管理

一、持续保持资产质量管控高压态势

（一）实现全年资产质量管控目标

为积极应对不断加大的资产质量压力，通过及时调整优化信贷政策、组织开展新发放贷款“回头看”和高风险领域排查、推进放款中心建设、填补信贷管理薄弱环节制度空白、加大重大信用风险事项和不良贷款的处置化解力度等多策并举，降旧控新，标本兼治，实现了全行资产质量的稳定。2014年末全行集团口径不良贷款率为1.19%，控制在董事会确定的1.2%的计划目标以内。剔除巴西子行并表因素后不良率为1.13%，较上年上升0.14个百分点，四大行增幅最小。逾期贷款1 283.99亿元，垫款73.74亿元，均在计划目标以内。同时，各季度均实现资产质量管控目标。

（二）牵头推进落实“信贷风险防控年”活动

牵头制订《2014年“信贷风险防控年”活动方案》，部署10项总体目标和14大项45小项具体任务目标，包括新发放贷款“回头看”、开展高风险领域专项排查、稳步推进放款中心建设、做实贷前真实性尽职调查、健全贷后管理机制、完善押品管理制度体系、提升海外机构和类信贷业务信用风险管理水平、强化信贷管理配套体系建设等工作。按计划组织推进各项工作，牵头组织5次推进会议，建立月报制度，刊发推进动态34期共663条信息。“防控年”各项工作目标全部实现。

（三）加大信贷资产质量管控力度

一是强化资产质量计划目标和绩效考核的引导，逐季向各分行分解下达不良贷款、逾期贷款和垫款三项指标的控制计划。同时，进一步将信贷资产质量季度控制目标、年度控制计划完成情况与奖惩性拨备计提挂钩，按季考核兑现，加大资产质量管控力度。

二是建立资产质量定期报告机制，提高资产质量监测报表的推送频度，及时撰写资产质量分析预测报告，为行领导提供决策依据。

三是加强风险预警提示，全年累计对10 561户客户提示潜在风险，全年共下达38份通知，提示分行加强到期贷款管理，避免出现技术性、操作性逾期。

四是合理计提贷款损失准备金，提高全行风险抵补能力，2014年拨备计提较上年增加165亿元。

（四）积极推进“三十大”项目处置化解

为保持全行资产质量稳定，加大重大信用风

险事项处置化解力度，组织建立了总行高管牵头、总行相关部门配合、总分行联动的重大信用风险事项化解处置工作方式，确定了2014年总行“三十大”项目名单（根据风险事项高发的实际情况增补至39个项目）。牵头组织了“三十大”项目化解处置方案论证会，启动“三十大”项目化解处置。年内不断完善工作机制，明确各项目年内化解处置工作目标和工作计划，加强对化解处置工作的督导。2014年“三十大”项目共处置化解143亿元，处置化解率为32.95%。

二、不断夯实信贷基础管理

（一）加强高风险领域的专项排查

制订《2014年新发放贷款“回头看”工作方案》，组织各分支机构对上一年度新发放贷款客户经营变化情况进行检查，做到潜在风险的“早发现、早化解、早处置”，全年共检查6.6万户，金额2.68万亿元的信贷业务。自2014年开始，使其成为贷后管理工作的常态化措施。针对房地产、煤炭、钢铁、铝冶炼、水泥、船舶、平板玻璃、钢贸和贸易流通等高风险的重点行业，集团客户、民营企业、政府融资平台等高风险客户群和异地授信等高风险业务，加大风险排查力度，累计排查金额达15.85万亿元。同时，要求各分行边排查、边整改，提早发现风险，及时化解风险。此外，特别针对担保圈风险，逐圈进行风险评估分类，加强对高风险担保圈的管理和化解。

（二）及时调整优化信贷政策

年初制定并印发了2014年信贷政策，针对不同客户群金融服务需求采取差异化信贷政策安排，统一小企业与大中型客户所适用的信贷政策，并提高政策文件的可读性。印发63个行业信贷政策，政策覆盖面达81%。在扩大支持行业范围的同时，将五大产能严重过剩行业以及钢贸、煤贸等行业作为“逐步压缩行业”严格管控。截至2014年末贷款余额分别较年初下降4.86%、42.2%和31.1%；优先支持行业、选择支持行业贷款余额分别比年初增长12.77%和7.42%，逐步压缩行业大幅下降13.84%。对制造业和批发业的15个高风险子行业，在部分分行按照“逐步压缩行业”管理实施精确管控，全年实现贷款压缩14%。同时，制定了建行亚洲、首尔分行、悉尼分行“一行一策”的海外机构信贷政策。

（三）稳步推进放款中心建设

按照全行放款审核基本模式、主要职责、基本流程以及作业标准“四个统一”的要求，制订《对公信贷放款中心实施方案》和《对公信贷放款中心操作规程》，组织全行推进放款中心建设。同时，及时提出CLPM系统优化改造需求，确保放款审核全部实现线上操作。截至2014年末，37家分行全部上报放款中心建设方案，有28家分行开始运行，其中9家直辖市分行、总行直属（管）分行实现了全辖统一集中放款审核，19家省和自治区分行实现了省会（首府）城市的放款审核。

（四）加强信贷基础制度建设

为强化贷前尽职调查薄弱环节的管理，制定《对公信贷业务贷前尽职调查指引》和《对公信贷业务真实性核查指引》。针对贷后管理环节集中反映的突出问题，修订了《对公信贷业务贷后管理办法》，制定《对公信贷业务贷后检查操作规程（试行）》。为进一步规范建设银行押品管理，满足外部监管要求和业务发展需要，制定了《授信业务押品管理办法》。为规范海外贷前、贷中和贷后全流程的操作标准，确立海外信贷业务系统建设的制度依据，制定了《海外机构公司类信贷业务基本操作规程》。

（五）强化信贷管理配套体系建设

一是信贷业务全生命周期管理系统建设完成60余万字的主题研究报告，并通过“新一代”的评审，已进入流程建模审批程序。开展“新一代”二期SARM、CLPM、OCRM、风险统一视图、押品管理等项目的需求编写、需求分析、系统开发和系统测试工作，以及CLPM系统海外推广项目需求差异分析，CLPM、SARM及押品管理三大系统成功立项。二是制订印发《2014年度信用风险管理评价方案》，设置资产质量、信贷政策落实、成本收益3大类16项结果指标，以及贷前、贷中、贷后、押品管理和综合管理5大类17项过程指标，全面评价分行信用风险管理水平，提升信用风险管控能力。

（六）开展信贷管理机制流程的调研

对17个一级分行、10个总行部门、8个同业银行牵头开展广泛的调查研究，通过反复讨论和深入研究，形成了《关于进一步完善信贷管理机制流程的若干建议》。从信贷风险管理的组织架构、报告路线、岗位设置、职责分工、配套制度机制建设和队伍建设，贷前环节的尽职调查、客户选择例会、客户评级，贷中环节的信贷发放，贷后环节的差别化贷后管理方案、贷后检查、风险集中诊断、监测预警、风险分类，以及押品全流程管理等方面提出了进一步完善信贷管理机制流程的工作建议。

（七）推动全行加强信贷文化建设

印发《关于加强信贷文化建设的通知》，倡导各分行充分认识信贷文化建设的重要意义，落实战略转型要求和“以市场为导向，以客户为中心”的经营理念，建设以“诚实、责任、审慎、稳健”为核心内涵的信贷文化，明确下一步信贷文化建设的主要举措。以“守底线、打基础、树信心、上水平——全面加强信贷管理工作”为主题，在全行范围内组织开展“信贷管理大家谈”活动。引发全行在经济下行期对信贷管理工作深入思考和研究讨论，增强了全行信贷人员的责任感和紧迫感，分享交流了信贷管理的成果和经验，探讨了改进信贷管理工作的新思路和新方法，为全行信贷管理再上新台阶奠定基础。累计收到稿件302篇，并在《建行报》开设专版，摘编好的经验、做法和观点集中刊登。

执笔：党亮　韩喜汶

授信审批管理

一、认真做好“三授信”工作，有效夯实客户基础

一是积极开展“服务基层走百行、主动授信到千户”活动。全行授信条线牵头组织客户访谈和综合授信，覆盖37个一级分行、554个支行，共走访84个行业、1 917个客户；完成综合授信评审418个、评审通过金额5 447亿元；完成项目评估报告349份，涉及金额3 779亿元，为全年的信贷经营奠定良好基础。

二是健全完善全球授信业务操作模式。制定出台《中国建设银行全球授信操作规程》（建总发〔2014〕125号），明确全球授信具体流程，提升全行全球授信审批的业务效率和对大型跨国客户的服务能力。全年完成全球授信客户24户，涉及纽约、悉尼等11个地区的海外分支机构，海外覆盖率达61%。

三是研究完善集团授信体制机制。完成《中国建设银行集团并表授信管理办法（暂行）》及相关推进实施方案的草拟工作，为下一步有效推动集团并表授信相关工作打下了较好基础。

四是不断调整完善授信工作方法。提升对大型优质集团客户授信服务质量，调整优化A类集团客户债券投资额度管理模式，由原“逐笔申报”模式优化为“总量管理+绿色通道”模式，极大地简化债券投资业务申报审批流程，有效提升客户体验，为经营部门抢占业务先机提供了制度保障。

五是强化综合授信集中度管理。针对银监会对单一集团客户集中度的管控要求，总行对电力、铁路等集团客户综合授信额度使用动态监测，从源头对集中度的风险实现管控，同时引导分行对信贷资源进行合理的优化配置。2014年末，共完成A类电力集团额度调整50笔。

二、扎实推进项目评估专业化转型，重塑建行传统“金字招牌”

一是制订项目评估转型方案。根据“综合性、多功能、集约化”战略转型要求和“三大一高”市场定位，制订出台《项目评估转型方案》，确立转型目标：一年打基础，两年见成效，三年全面领先同

业，重铸建设银行项目评估“金字招牌”。截至2014年末，已完成12家分行的试点工作。

二是建立项目评估人才库。根据项目评估专家组织管理要求，选拔评定33名总行项目评估委员，建立项目评估人才库，储备73名总行项目评估人才库成员，为三年内建成一支专业化评估队伍奠定基础。

三是开展项目评估方法体系研究。根据评估工作行业重点和难点，总行在现代煤化工、高速公路等领域组建专业化评估团队，统筹总行级项目评估委员、全行相关行业评估人才开展行业团队课题研究，先后完成《煤化工项目评估指引》、《高速公路项目评估指引》，指导全行开展项目评估工作，不断提升评估专业化水平。

三、及时调整审批政策，强化重点风险领域审批管控

一是调整小企业、保理业务等风险多发领域审批政策。先后下发《关于进一步加强小企业信贷业务授信审批管理的通知》（建总函〔2014〕407号）、《关于进一步加强国内保理业务授信审批管理的通知》（建总函〔2014〕401号），及时调整保理、小企业等风险多发领域审批政策，强化授信风险管理，努力遏制部分客户及产品的风险暴露高发态势。

二是完善信贷担保授信审批管理。制定并下发《关于加强抵质押担保授信审批管理的通知》（建总函〔2014〕436号），完善抵押担保授信管理规定、引导全行进一步提高全行抵押担保比例，增强风险缓释效果。

三是明确支用审批环节各项要求。制定并下发《关于进一步加强公司类客户单笔信用业务审批管理工作的通知》（建总函〔2014〕471号），全面推行支用审批精细化管理，通过明确支用审批环节的审批要求、细化重点产品支用审批要点、完善支用审批业务申报材料等措施，有效提高支用审批环节实质性风险把关能力。

四是加强政府类项目审批风险管控。针对国家有权部门对地方政府负债管理的重大政策调整，2014年11月，下发《关于做好现阶段政府性债务相关授信业务审批工作的通知》（建总函〔2014〕788号），根据新政策要求，对全行审批业务条线明确相关审批底线和管理要求，加强对分行该类授信业务审批把关的指导。

四、不断丰富授信审批系统管理手段，促进统一全行风险偏好

一是持续完善各项授信审批制度与操作流程。先后三次动态更新对公授信制度，补充完善额度调剂、集团客户认定、合并申报等54项政策流程细节，有效保障流程操作始终处于规范管理状态。同时，调整投资理财业务受理审批标准，理顺投资理财业务申报、受理和审批流程。完善项目评估制度体系，修订项目评估操作规程，制定行业评估团队组织管理制度。

二是强化审批授权差别化管理与动态调整。根据外部经济形势变化、监管政策要求和业务发展需求，先后于4月、10月两次调整37家一级分行、19家海外分支机构信贷审批授权方案，上收个别风险较高区域分行，以及产能过剩、煤炭煤贸、部分房地产等风险较高领域客户的审批授权，增加是否落实有效资产足额抵押的授权维度，建立小企业贷款不良率触发动态调整审批授权机制，并对A类、B类集团、差别化授权客户进行重检。

三是加强重点风险领域审批情况现场检查。先后组织全行对煤炭贸易和铜贸易企业授信业务进行风险调查，对商用物业类房地产开发项目发放基本建设贷款风险状况进行快速调查，对非现场监控发现的近60户问题客户开展授信审批重点环节情况核查，督促分行提前采取行动，落实风险防控措施。对于非现场监测发现的金额较大、情况复杂、影响严重的客户，以及媒体负面信息监测、内部风险提示、信访件涉及客户，赴事发机构实地调查，督促落实后续整改，监控风险化解处置进展。

四是推动海外区域审批中心设立试点工作。在有效控制风险的基础上，为促进资源集约化利用，更有效地支持海外业务发展，积极推动海外区域性审批中心试点，完成《海外区域性审批中心试点方案》的草拟工作。

五是开展并表机构风险暴露监测。持续进行集团并表机构大额风险暴露情况的定期监控与报告，强化集团层面前20大集团和单一客户授信风险集中度情况的定期监测，包括铁路、公路、政

府融资平台等重点行业和客户的集中度监测，确保完成银监会腕骨监管指标要求。

五、加大对分行审批把关的指导，强调实质性风险判断

一是持续开展审批指引研究。总行已累计发布76个信贷审批指引，覆盖全行信贷余额90%以上，有力支持全行授信审批工作。2014年研究甄选新兴煤化工、农业种植业、养老行业等24个审批指引研究专题，已有涤纶制造等14个专题完成初稿。

二是建立风险快速化解处置机制。下发《关于应对当前复杂形势　切实做好授信审批工作的通知》（建总函〔2014〕665号），明确要求全行审批条线要增强大局意识和责任意识，对存量授信业务风险事项的化解工作，实事求是，敢于担当，勇于负责。同时，建立风险快速化解处置机制，强调实质性风险判断，全力支持存量业务风险事项处置化解工作。

三是建立重大项目实地调研机制。2014年，总行启动重大项目实地调研活动，共安排43个调研小组，对35家一级分行168个拟承贷4 352亿元的项目进行实地调研。总行审批人、授信评估人员和一线分支行联动，到项目现场共同诊断问题，共同研究授信策略，共同完善客户授信方案，显著提升建设银行对优质客户的市场反应速度。同时，下发《关于建立重大项目实地调研机制的通知》（建总函〔2014〕789号），建立重大项目实地调研活动机制，使该项工作制度化、常态化。

六、加强授信审批队伍建设，提升人员素质和能力

一是严格资格审查，确保授信审批队伍人员质量。2014年，为持续打造一支作风过硬、业务精通、工作尽职的授信审批队伍，总行共审查一级分行审批条线人员任职资格103人，其中管理岗29人，专业技术岗位74人。

二是加大培训力度，提升授信审批队伍的履岗能力。授信审批部共举办各类培训班17期，总共培训涉及1 000余人次，促进条线人员业务能力提升。其中，项目评估培训4期，涉及240人次；评级授信培训6期，涉及420人次；合规性审查培训3期，涉及180人次；审批人培训4期，涉及224人次。

七、积极推进授信审批相关信息系统建设，完善“三授信”系统配套工具

2013年末，授信业务新流程落地，要求信息系统尽快到位。总行按照“先构建整体、打通主线，后细化局部、完善功能”的原则，积极推进系统开发。2014年3月，实现综合授信额度占用、集团客户综合授信组织管理、综合授信追加、综合授信与信用审批关联提示功能、投资理财业务受理审批功能上线。2014年9月，根据新版授权调整方案，提出授权引擎改造业务需求，实现流程系统对授权执行的部分“机控”功能。

执笔：戴颖琨

内部审计

一、突出重点，注重实效，认真履行审计职责

全年有针对性地组织实施了系统审计项目33个（类）、自选审计项目1 850多个。审计发现重要问题及隐患325个，提出审计建议6 700余条。对其中的重要情况，审计部及时做了报告和通报，向总行领导呈报重要报告48份，向全行发送审计要情4份，审计简报47份，向总行部门发送重要审计信息504件。审计成果得到总行领导、业务部门和各级机构的高度重视，相关部门和分行积极组织落实整改工作。

（一）加强审计覆盖，审计重点更加突出

突出抓好信贷领域审计，组织开展了针对重大信贷风险及问题、银行承兑汇票、国内信用证、国际结算与贸易融资、信贷客户关联关系及风险事项等领域的审计项目。密切关注新兴业务领域，深入分析了理财业务、私人银行业务、信用卡业务等方面的风险或缺陷。持续加强基础领域审计，组织实施了非主渠道审计、武汉业务处理中心审计、客户信息安全管理审计。顺应集团化管理要求，加大对海外机构、子公司审计力度，完成了对14家海外机构[①]和27家村镇银行的审计。落实监管要求，认真做好资本充足率管理审计、市场风险内部模型法管理审计、消费者权益保护审计等规定动作。配合干部管理的新要求，不断提高经济责任审计的质效。通过改进工作方式，优化项目组织流程，灵活配置审计资源，缩短了审计周期，全年共实施1 749项经济责任审计。

（二）加强审计监督，风险揭示更加深入

在各类项目实施过程中，着力揭示重大风险和隐患，注重分析违规行为背后的动机和根源。如对影响服务质量或客户体验的内控缺陷、影响信贷业务发展的几个关键因素，开展专题分析；对经营机构在贷款申报、发放和贷后管理中不审慎、不尽职的情况，深度揭示；通报了海外机构金融市场业务中的突出违规事项。

2014年4月2日，建设银行2014年全行审计工作会议在北京召开。

（三）加强融入前瞻，审计作用更加有效

融入全行发展大局，动态跟进，超前预判风险，有效规避风险，促进精准营销，审计的建设性作用发挥更加有效。如主动跟踪研究商业地产、高速公路、新型城镇化授信，外来投资企业风险，营业网点综合化建设，存款业务发展等全行工作重点、难点问题；通过对风险暴露早期阶段的持续关注和揭示，新疆总审计室使16.79亿元的信贷资产成功脱险；成都审计分部提前一天提示四川省分行终止授信，有效规避了3.7亿元的大额授信风险。

（四）加强信息运用，审计成果更加丰富

重视审计信息的深加工、精加工，审计信息的含金量不断提高。据统计，全年审计发现重要问题及隐患325个，提出审计建议6 700余条，向总行领导呈报重要报告48份，向全行发送审计要情4份，审计简报47份，向总行部门发送重要审计信息504件。这些审计成果得到王董事长以及其他总行领导的高度重视，相关部门和分行也积极组织落实整改工作。

（五）加强审计服务，审计价值更加显现

推动跟踪常态化管理，全面揭示基层机构整改不力的多类典型问题，在行长办公会上专门汇报并通报全行，对全行整改工作起到强有力的提示和督促作用。大力支持全行问责工作，规范审计发现问题的责任认定要求，对部分重点户由总行直接开展责任认定，强化了问责力度。不断改进经济责任审计工作方法，提高审计效率，为全行干部管理工作提供支持。在各类审计项目中，及时关注重大问题和案件线索，关注监管部门提出的重要风险事项，有力地支持了全行案件防控工作。

二、建章立制，笃践力行，不断加强审计质量管控

（一）强化制度引领，审计规范更加完善

顺应全行战略转型升级，制定建设银行《关于加强内部审计工作的意见》，推进《内部审计章程》修订，强化审计工作的顶层设计。积极开展《内部审计准则（修订稿）》试行工作，进一

① 2013年为12家，2012年为8家，2011年为11家。

步修订审计准则。完善《经济责任审计管理办法》，推出审计项目管理、委托协查、审计异议处理等一系列审计作业规章，促进了审计质量提升。

（二）立足解决问题，管理机制更加健全

坚持从机制优化挖潜，建立差异化的项目管控机制。推行审计机构之间支持协作机制，搭建机构互助、专业互补、信息共享平台。创立海外审计后台支持机制，按照专业划分，建立支持联系制度，全面提升海外审计的工作质量。完善激励约束机制，强化检查监督机制，促进了管理效能提升。

三、立足长远，专业专注，持续提升审计履职能力

（一）推进专业化建设，专业能力更加夯实

编制专业化建设年度工作要点及管理手册，统筹引导专业研究方向和重点，强化常态指导。推出网络化信息管理平台，提升专业化管理工作的信息化、精细化水平。继续加大专业研究成果的运用，加强知识库维护情况的提示、通报，显著提升了审计机构的参与度和维护工作质量。

（二）注重技术运用，审计工具更加优化

加强非现场审计集中系统应用管理和功能优化，积极扩展系统数据范围，夯实了技术应用基础。坚持"以考促学"，经过连续三年的非现场等级考试，中小机构及部分非现场应用薄弱机构的进步显著①。对总行审计部人员首次组织了考试，力促非现场技术在总行层面的应用。

（三）加强队伍建设，组织活力更加焕发

采取公开招聘、与分行互荐、招聘应届毕业生、短期互派跟岗培训等方式，持续推动人员交流工作。有序加强干部队伍建设，2014 年完成 478 人七职等以下岗位常态化聘任工作。通过人才培养考评、开展"与新员工分享履职经验"活动、学习型团队建设等措施，加快新员工培养。完善培训管理工作流程，有步骤、有重点地开展各类培训项目，扎实做好培训工作。

四、夯实基础，做实细处，从严加强内部管理

（一）强化对审计机构的现场检查

以查促改，以查促管，全年共对 13 家审计机构进行了全面现场检查。进一步细化完善检查方案及要点，增强对工作作风、团队文化等软实力的关注和考察。注重检查督促与信息沟通相结合，通过面对面沟通，积极传播先进工作理念和经验，收集反馈机构情况和基层民声。

（二）重视信息安全管理

制订并下发《审计条线信息安全保密管理方案》和《审计条线信息安全保密突发事件应急响应预案》，发布《审计部加强信息安全保密管理的十项要求》，组织了审计条线全员信息安全保密（视频）培训，进一步强化审计人员信息安全保密意识。进一步加大自查与检查的力度，强化检查的灵活性和针对性，突击对 10 家审计机构非现场系统信息安全工作进行检查。

（三）严格审计工作纪律

严肃审计信息上报纪律，严格规范了审计信息要素描述的完整性。强化财务管理，认真贯彻中央八项规定和总行十项要求，加强费用支出的日常监控和提示，进一步强调合理、均衡使用财务资源。强化本部管理，规范工作行为，开展了"创一流团队，树审计新风"活动，有力地促进了总行审计部本部的思想政治建设、作风建设、效能建设、团队建设。

五、配合监管，关注同业，努力适应新形势要求

（一）认真配合外部监管部门工作

牵头组织全行"一加强，两遏制"专项自查工作，在自查方案制订、动员部署、工作联系和信息报告等方面做了大量细致的工作。落实银监会对内部审计的相关要求，及时上报审计计划、审计项目报告等资料，并认真开展银监会 2013 年内审履职情况检查的整改工作。

全年积极做好配合审计署相关工作。做好

---

① 截至 2014 年末，37 家审计机构（不含香港分部）通过 A 级、B 级、C 级、D 级考试的比例分别为 6%、37%、65%、94%，除西藏总室外的各审计机构都具有 A 级人员。

2013 年经常性审计监督收尾工作，并协同公司部配合审计署 2014 年新增贷款专项审计调查，加强与监管机构常态化的汇报沟通。积极研判新形势，研究了金审平台及对建设银行的影响，并就全行在大数据时代配合审计署工作提出了建议。

（二）积极参与行业交流活动

在中国内部审计协会举办的交流会上，建设银行作为唯一的银行业代表做了题为《专业专注探新路，润物无声促发展》的主题报告。与美国银行集团审计部开展计算机辅助审计经验分享活动；并陆续接待了福建银监局、中石油、中国电信、农业银行等单位的人员，交流审计工作经验。

执笔：陆君　周丽娟　杨甜

内控合规管理

一、推进内控合规体系建设

（一）内控合规组织体系和队伍建设不断加强，为内控合规管理提供了基础保障

持续督促指导各分行进一步整合内控、合规、操作风险管理职能，全行内控合规组织机构建设进展明显。截至 2014 年末，37 家一级分行全部设置了内控合规部门，已完成内控、合规和操作风险管理职能的整合；在 21 家海外机构中，除新设机构外，已有 11 家设置了内控合规部门，8 家机构由风险管理部承担内控合规管理职能；在 6 家子公司中，建信人寿设置了内控合规部，其他 5 家子公司由风险管理部等部门承担内控合规管理职能。内控合规专职人员达 1 278 人，比 2013 年增加 400 人。

（二）推进内控标准化建设成果显著

完成《商业银行内部控制规范》编写任务。借鉴内外部内控管理经验和研究成果，形成了《建设银行通用级内部控制标准》，涵盖 164 项主要风险，提出了 137 项控制目标及 484 项控制规则。

（三）组织编制了内控合规信息系统建设需求

研究设计了内控合规管理系统框架，编制完成内控合规业务需求。与信息技术部门进行了良好沟通，为将系统嵌入新一代和业务管理奠定了基础。

（四）加强内控合规文化建设，增强了全行合规意识

2014 年进一步丰富了合规文化内涵，强调自律与他律，有监督与被监督的意识，充分发挥业务管理部门的管控作用和风险内控部门的监控作用，形成合力。

（五）组织实施内控三年规划，完善内控体系配套机制建设

2014 年是内控三年规划实施的第二年，也是关键之年。通过全行上下共同努力，2014 年内控提升举措中全部完成 263 项，基本完成 44 项，合计占比达 92%。

二、抓重点工作，分类突破，提升内控合规管理的针对性和有效性

（一）积极配合各项监管检查

一是发展改革委和银监会收费检查。完成国家发展改革委收费检查总结报告、银监会服务收费自查报告及整改报告等。

二是银监会业务连续性检查。银监会对建设银行业务连续性管理工作进行了现场检查，内控合规部积极沟通，协调，并组织相关部门落实整改。

三是银监会资本管理高级方法检查。银监会对陕西省分行和建行亚洲的资本管理高级方法实施情况进行了现场检查，各级内控合规部门全程跟进，积极沟通，编写了《资本管理高级方法实

施分支机构自查及检查要点（操作风险部分）》，发送分支机构对照自查，以保证全行实施标准法监管达标。

四是人民银行反洗钱检查。人民银行对河北省、辽宁省等17家分行进行了反洗钱工作现场检查，内控合规部积极配合，并就检查发现问题与监管部门沟通，督促被查机构现场落实整改。

（二）有序开展内控评价工作

完成2013年全行内部控制评价工作，对一级分行内部控制管理水平和现状进行等级认定。并将等级认定结果与分行KPI考核、领导班子综合经营竞争力监测指标挂钩。

修订内部控制评价办法，增加对海外机构和子公司内部控制评价内容；完善内部控制评价指标；在评价办法中推动总行部门对本业务条线内部控制评价工作，增强了评价办法的适用性。制定了内部控制缺陷认定标准，从表现形式、成因、严重程度三个维度，从定量和定性两个方面明确了内部控制缺陷认定标准。

（三）组织实施内控合规检查，加强典型案例分析

一是组织内控合规专项检查。一方面，针对当前不良资产暴露，重大风险事件多发的经营形势，内控条线就各行信贷业务风险暴露的内控合规问题进行了深入分析，查找控制缺陷，并提出了相关建议；另一方面，总行组成专项检查组，选取重大风险事件多发或资产质量形势严峻的浙江、内蒙古、黑龙江、青岛、福建、广西、宁夏、苏州8家分行进行了实地检查。重点就信贷业务内控有效性状况，以内控合规视角实施了“五查”，即查体制、机制与制度建设，查内部管控流程，查规范合规操作，查业务检查与问题整改，查责任追究。

二是强化了案例分析。针对检查发现问题，结合近期风险案件，选取10个信贷业务案例进行深入分析，提出了完善内控管理的建议。针对一些重大风险事件进行内控分析，从制度设计、流程控制和操作管理等方面查找内控缺陷，撰写了信用卡、理财相关案例的分析报告，提出有效改进措施及建议，完善规章制度，得到行领导的充分肯定。

三是参与金融市场业务风险事件分析及流程管控项目，派员参与结售汇交易报价点穿行测试与银行间人民币债券市场做市报价控制点穿行测试。

（四）加强对海外机构和子公司的内控合规管理指导

首次实现将海外机构内控合规工作纳入了全行统一管理。建立了业务指导团队和联系制度，将监管检查结果纳入对海外机构的内控评价内容，印发了《海外机构内控合规指引》，制订了《海外机构合规管理工作规程》。总结了海外机构年度内控合规管理情况，形成专题报告。对悉尼分行等6家海外机构进行内控合规检查，提出了合规管理的薄弱环节及相关建议，拜访了当地监管机构。在悉尼等5家分行报送监管检查报告后，及时督导分行整改。对建行欧洲等5家新设海外机构进行了内控合规管理验收评价，并审核了多伦多分行等3家机构合规官候选人资质，初步实现将子公司内控合规工作纳入总行统一管理。

（五）优化整改管理工作模式，提高了问题整改质量与效果

一是创新了整改工作管理工具。建立了整改主办部门机制，对每一类审计项目指定一个牵头主办部门，由该部门组织协办部门统一反馈项目整改情况。

二是从2014年3月就开始研究“新一代”审计资源与流程管理模块，积极构思整改模块建设方案，为整改模块提前立项并进入“新一代”开发序列赢得了宝贵的时间。

三是通过将整改工作纳入内控评价、对部分重点问题持续督促落实整改、开展对部分多发问题的整改、实施整改核查等措施，努力提高整改的实际效果。

（六）组织推进反洗钱作业集中，提升了反洗钱和反恐怖融资管理水平

9家分行实现作业集中，其余分行也在逐步上收，初步显现出资源配置优化、报告质量改善、风控能力和前台、后台合力增强等成效。

强化了交易监测，向人民银行提交551份书面重点可疑交易报告，直接向公安机关报案11份，涉嫌洗钱类型主要为非法集资、赌博、地下钱庄、传销等。印发《创新型金融产品及服务洗钱风险评估工作指引》，将产品洗钱风险评估嵌入业务研发环节，并组织全行完成对已面市产品的洗钱风险评估工作，完善了洗钱风险评估机制。积极部署和审慎处理反恐怖融资和国际金融制裁工作，制订了工作方案，开展了涉嫌恐怖融资账户排查和监测工作。

持续优化反洗钱监测分析系统，先后8次上线了优化版本。新一代反洗钱系统项目已完成需求编写、概要设计、详细设计、编码等工作。研究了企业级黑名单风险联防联控业务需求，启动企业级黑名单管理项目。

FATCA应对项目实现集团合规目标，各家机构均获得FATCA合规身份。从对公、对私、子公司、海外机构四个维度提出了合规流程改造方案及具体流程建议，督促相关部门实施。目前，海外机构流程及系统改造已完成。

（七）夯实关联交易管理基础，努力提升关联交易管理水平

一是积极推进新一代关联交易系统建设。成立关联交易优化项目组，负责关联交易主题研究、需求细化、项目开发及系统测试等相关工作。

二是跟进监管规则和管理需要完善制度。及时跟进联交所上市规则对关联交易部分的修订，提出了《关联交易管理实施办法》的修订意见。修订和拟定了《关联交易管理规程（修订版）》、《关联方识别工作指引》、《新一代关联交易系统操作手册》等14个系统上线配套制度和文件。

三是做好董监高关联交易管理支持工作。针对董事、监事、高级管理人员变动情况，对总行层面关联自然人及其联系人进行梳理，编制了关联交易、内幕交易及相关知识问答，供上述人士查阅。

（八）强化了操作风险基础管理，努力推进高级计量法实施，加强了风险识别和监控

一是完成操作风险管理信息系统二期项目，实现了高级计量法模型的系统落地。优化了操作风险损失数据和关键风险指标的流程和数据采集方式，提升管理效率和质量。

二是持续推进操作风险管理工具应用。开展自评估项目总行27个、分行277个，累计识别评估风险点2 198个，提出控制优化措施404条；组织关键风险点监控检查，更新了检查操作手册，按季通报检查情况。持续做好关键风险指标的数据采集、监测和分析，目前共监测企业级关键风险指标31个。做好操作风险损失数据的审核、筛查和录入工作，加强了损失数据质量管控。

三是下发《操作风险损失数据管理操作手册》、《操作风险管理信息系统运行管理规定》，重检下发《2014年中国建设银行不相容岗位（职责）对照手册》等，完善了操作风险制度建设。

（九）组织开展业务连续性管理自评估、应急预案建设工作，完善了管理体系

一是完成2013年全行业务连续性管理自评估工作，形成《2013年度业务连续性管理自评估工作报告》。制订并下发了《全行2014年业务连续性管理自评估方案》，优化了自评估点及评估标准，组织开展2014年自评估工作。

二是初步开发了业务连续性应急预案及应急演练文档管理库，根据银监会最新要求，编制了系统优化需求，促进了应急预案建设的规范化管理。

三是印发《业务连续性应急预案及应急演练管理办法（暂行）》，并开展了应急预案初审工作。

四是总结了相对频发的“六类”突发事件应急处置要点，为业务条线提供专业支持。

五是启动全行性业务影响分析工作，编制了工作方案，推动《商业银行业务连续性监管指引实施方案》的落实。

执笔：秉力

产品创新与管理

一、全面落实《产品创新规划》，加快创新型银行建设

（一）大力推进三大条线产品创新

一是实施产品创新分层管理。按照总行战略性创新、总行重点创新、分行自主创新、分行移植推广创新四个层次，以产品创新计划管理为核心，以战略性项目为龙头，带动全行产品创新。深化条线支持机制，建立了总行15个产品部门和37个一级分行的对口联系网络，传递产品创新最新动态，督促创新项目实施进展，掌握创新推广成效。

二是对战略性项目实行日常监控和成效监测双重管理。实行月报机制，及时跟进项目成效，定期对战略性项目阶段性成果、上市后推广成效等进行总结和跟踪。截至2014年末，在13个战略性项目中，6个项目（供应链金融服务方案、战略性集团客户综合金融服务方案、“鑫融通”直接融资咨询项目、小微企业“群易融”综合金融服务方案、个人综合融资服务方案项目、个人金融IC卡“芯支付”）已进入产品推广阶段，其他7个项目也取得了较大进展。

三是对非战略性项目，实行档案收集和重点关注双重管理。通过《创新动态专刊》、“每周一讲”等形成宣传推介三大条线具有代表性的新产品，交流项目组织推进经验体会。基于创新计划管理，把好项目质量关，每季度对三大条线完成项目进行审核，传导产品创新数量和质量双提升要求。

（二）初步建成战略性产品研发线

组织10个总行业务部门、7家实验室所在分行，就15个战略性创新项目召开了项目对接会，确立了研发线的目标任务和研发机制。同时，制定并下达了产品创新实验室《总行战略性项目任务书》和《总行战略性产品创新项目特约合作伙伴协议》模板，推动各产品创新实验室与重点领域内合作客户签订合作意向书，搭建客户参与创新的平台。

二、进一步凝聚创新共识，完善创新机制

（一）健全产品创新管理机制

一是对重大创新实行项目管理。通过落实《产品创新项目管理暂行办法》，按照分层管理要求，对重大产品创新实行项目管理制，实施主动任务管理，提高决策层级，加强协调，提高效率。

二是产品创新实验室战略转型初步完成。广泛听取并收集整理各方面对实验室的需求和建议，形成《关于加强产品创新实验室建设的实施方案》、《产品创新实验室考核办法》和《产品创新实验室暂行管理办法》，厘清了产品创新实验室的战略定位，明确了7家实验室对应的13个重点研发领域和相应的总行牵头业务部门。

（二）组织年度产品创新评奖

2014年全行共申报99项产品创新项目和90项流程优化项目参加项目奖评选，23.8万名建设银行员工参与网络投票，参与度近70%。经初审、复审、专家和分行评分，最终评出“最具创新力奖”8个，“产品创新奖”46项和“流程优化奖”45项，获奖涉及27个总行部门、30个一级分行的867名员工。

（三）深入开展创新宣传

与团委共同组织实施创意大赛活动；依托PIPM系统开展日常创新收集与管理，2014年PIPM系统收集创意共40 497条；持续维护“创e之道”微信订阅号，全年共发布文章300余篇。

三、推进重点领域产品创新，提升创新能力

（一）推动智慧银行建设工作

契合移动互联网发展趋势，积极开展互动式渠道创新，对未来银行模式开展深入研究，并支持深圳实验室在此基础上推出首家全功能智慧银行。参与“智慧银行”全行推广相关标准的制定，调研收集业内外智慧银行建设案例，以《产品创新专刊》的形式发送全行参考。

（二）开展无机构县域金融服务模式的研究和探索

一是推动“三农”服务，发展普惠金融。印发《中国建设银行无机构县域金融服务模式指导意见》，为全行开展无机构县域金融业务提供了方法指引和工作推进模式。探索开展县域营业机构业务数据统计分析，专门设计相关统计指标体系，涉及存款、贷款、借记卡、信用卡、客户和渠道等指标共计13类、200余项，甄别县域营业机构4 000多个，并对提取数据进行研究，撰写分析报告。

二是积极协调、推进湖北省分行和湖北省供销社跨界合作开展的“裕农通”项目。项目一期2014年10月25日成功上线，并已启动了二期开发。目前在三峡、孝感和恩施3个地区的5个县域的16个供销社服务点试运行，并将逐步在湖北全省推广。

（三）强化产品创新研究

一是组织开展城镇化综合服务项目后续完善优化，形成《城镇化建设金融产品组合方案》；牵头开展中国—马来西亚钦州产业园综合金融服务项目，完成中国—马来西亚钦州产业园商业计划咨询、财务预测模型以及综合融资方案，为提供跨领域、全视角和专业化的客户服务积累了经验。全年发布《创新动态专刊》专题报告28期，及时向总行高管、相关部门和各分行报送了最新研究成果和新产品信息。

二是持续开展四大行产品比对工作。组织11家分行，剔除价格、营销等因素，从产品主要功能角度，以建设银行616个、工商银行834个、中国银行588个、农业银行501个产品为比对对象，重点对四大行2013年创新产品进行比对，形成《2013年度四大行产品竞争力分析报告》。

三是紧紧围绕全行产品创新工作重点及前沿趋势，确立了“热点追踪、精选主题、定点采集、联合编辑”的思路，开展同业产品信息收集与整理。截至2014年末，共收集856条同业信息，采纳202条。

四、加强工作方式创新，做实基础管理

（一）实施客户服务质量调查和客户体验研究

持续开展客户满意度调查，实施2014年客户满意度调查，实施私人银行客户体验调研项目，为改进私人银行客户体验提供线索。持续开展神秘人调查，并将信用卡400客服热线纳入调查范围，优化营业网点等渠道的神秘人调查评价标准。

（二）强化创新需求管理

建立起较为完善的需求快递和每日动态产品创新需求管理通道。加强从需求收集、初审、处理、落实、跟踪、反馈的全流程管理，构建了及时收集、月中提出、月末反馈、定期跟踪的良性循环，日常处理流程运转有序。截至2014年末，共收集需求快递169条，121条通过初审，68条需求予以采纳或列入总行统一研发计划；共收集处理每日动态产品创新建议87条，44条予以采纳或列入总行统一研发计划。

（三）健全完善产品目录管理

一是完善产品目录覆盖度。提升产品目录及产品模型覆盖度，扩展子公司和海外分行产品，整理分析各分行上报的特色产品，提升产品目录与当前系统中产品的一致性，更新发布产品目录1.41版并完成产品手册维护清单梳理。

二是发布2014版产品手册，共包括398个产品文档，约130万字，基本涵盖了所有全行性产品，并提供了与每个产品相关的内、外部制度文件内容，共588份。为保证产品手册的实用性，建立了手册年度更新机制。同时，探索拓展产品手册访问渠道，实现其在对公客户经理版PAD、大堂经理版PAD以及智慧银行互动桌面上的布放。

（四）建立产品监测评价指标体系

支持对创新产品的评价考核，满足业务条线不同角色用户的产品监测分析需求。推进产品监

测评价指标系统实施。与数据仓库沟通数据集成需求，落实监测指标数据来源。

（五）加强企业级业务模型管控

一是持续承接战略能力和操作改进需求，健全业务需求的全生命周期管理。组织完成建模需求，完成分行特色业务、子公司、存放同业等专项建模。推动模型质量提升，包括“网点三综合”专项质量提升，重点解决模型对接问题。动态维护模型，定期开展模型变更审批会，组织开展模型验证，推动业务架构与IT架构衔接。

二是完成海外建模。整合境内外业务差异，落实全球化业务战略及属地化监管要求和客户体验，实现同一套企业级业务模型同时支持境内外业务需求。第一批次以公司业务为主、涉及业务领域26个，第二批次以零售业务为主、涉及业务领域43个。两批次共涉及基础产品56个，可售产品1 339个（新增1 269个）。

（六）推动产品经理队伍建设

举办5期产品经理培训班。培训内容包括产品创新体系建设、产品目录和产品手册、产品经理素质模型、产品创新情况和典型案例等。累计培训产品经理达400人次，覆盖对公、零售、投资与金融市场三个条线。

（七）深化消费者权益保护工作

进一步健全产品统筹与创新委员会负责统筹、产品创新与管理部负责综合管理、相关部门及分支机构各司其职的消保工作管理体系。印发《全行消费者权益保护工作指引（试行）》，并根据监管要求研究制定消保工作考评办法等制度。将消费者权益保护相关内容纳入年报和社会责任报告披露范畴。结合行庆六十周年，通过人民网、新浪网等主流媒体，刊发《保护权益 提升体验——中国建设银行与消费者和谐共赢》等专题文章，集中宣传建设银行消保工作取得的成效。

执笔：何静

法律事务

一、以专业的法律服务，促进战略转型与创新发展

全力支持战略转型与金融创新，深入参与创新产品研发及重大项目推进，积极开展法律性文件审查，全面防范业务发展中的法律风险，持续推动战略转型与金融创新在法治轨道上不断深化。截至2014年12月31日，全行法律部门共审查各类法律性文件19.3万份，所提法律意见绝大部分被采纳，较好地发挥了对法律风险的事前防范。

（一）为服务国家经济建设提供有效的法律支持

全程参与了“三农领域”、“养颐普惠”员工持股计划、小微企业融资等相关金融产品的研发，就产品的优化与风险防范提出了具有操作性的建议，为产品的顺利推出与实施提供了有力的保障。

（二）支持“综合性、多功能、集约化”战略发展

全程参与“快贷”系列产品研发，推进互联网金融创新；全面参与并购印度尼西亚某银行项目、伦敦人民币清算行项目，持续为并购巴西BIC银行项目后续事宜提供法律服务，工作业绩获各方高度评价，有力地促进了建设银行国际化发展。

（三）推动金融创新在依法合规轨道上健康发展

参与理财产品质押授信业务、“私享联联”等业务研发，充分发挥法律顾问作用，协助业务部门不断优化产品交易结构和操作流程，以法治思维和法治方式引领创新发展。

二、以有效的法律维权，维护资产安全与经营成果

2014 年，全条线共办结民事诉讼案件 14 340 件，结案金额 563.79 亿元，其中胜诉金额 560.05 亿元，胜诉率为 96.82%；诉讼手段回收现金 142.75 亿元，法律诉讼减免赔偿支出 19.67 亿元，两项合计实现效益 162.42 亿元，对建设银行资产质量提升发挥了推动作用，法律工作“创造价值、保障发展、维护权益”作用进一步凸显。

（一）积极参与重大信用风险项目处置

积极介入重大风险事项的早期调查、方案论证和化解处置，全力推进总行三十大信用风险项目涉及的民事诉讼进程，运用法律手段保全资产、控制损失、减轻责任、化解舆情，均实现既定目标。

（二）妥善处理各类民事诉讼案件

继续加强民事诉讼管理，总行涉及的各类法律纠纷全部实现预定目标，总行直接经办的最高院管辖案件全部胜诉，指导分行处理的重大被诉案件结果理想，有力保障了资产质量等核心指标的稳定，为全行集中精力促转型、谋发展作出了应有贡献。加大对海外机构法律纠纷管理的指导力度，维护建行集团在海外的合法权益和声誉形象。妥善处理长臂管辖案件 10 余起，迄今为止尚未出现遭受美国法院处罚或产生其他不良后果的情况。

（三）运用和解手段消除矛盾

运用法律纠纷和解手段处理代客衍生交易垫款纠纷，不仅处理了账面积压的垫款，还维护了与优质客户的关系。各分行也妥善运用纠纷和解方式处理有关民事纠纷，消除了潜在的信访事件及案件风险。

（四）司法网络查询系统一期成功上线

进一步完善与法院系统的网络执行查控及信息共享合作，司法网络查询系统一期顺利通过最高法院的验收测试并上线，提高了协助执行的集约化程度，减轻了网点劳动强度和复杂程度。截至 2014 年 12 月 31 日，总行司法网络查询系统共计处理 23 万多笔司法查询。

三、以授权检查为基础，强化各级机构授权执行力

2014 年为全行“授权执行检查年”，通过加强授权执行情况检查，进一步摸清全行授权管理底数，为堵塞漏洞、优化机制奠定基础。

（一）开展授权执行情况检查

向分行下发了授权冗余和缺失情况调查问卷，进一步摸清了全行授权管理现状及存在的问题。组织开展授权执行情况检查，在分行自查基础上，总行成立 6 个检查组对 12 家一级分行进行了现场检查，维护了法人权威、强化了各级机构的授权执行意识。

（二）做好授权变更

根据总行审批事项梳理结果，会同相关部门调整了相应的授权事项，确保了授权事项与审批事项精简结果的统一。在此次授权变更中，总行下放了法律事务部分律师代理费审批权，进一步扩大了分行的自主权。

（三）加强集团授权管理

会同股权部完成了总行对建信基金、建信租赁、建信信托、中德住房储蓄银行、建信人寿及建银国际等下发“股东意见书”的工作，进一步推进了集团授权管理全覆盖。

（四）编撰下发授权管理操作手册

梳理了管理要点及需关注的主要风险点，介绍了授权检查的内容、方法、流程，为分支机构规范授权管理奠定良好基础。

四、以提升权利质量为重点，继续保持知识产权数量同业领先优势

截至 2014 年末，建设银行拥有已注册商标 695 件、获权专利 120 件、计算机软件版权登记 453 件，同比分别增长 6.9%、25%、30.5%，知识产权获权数量继续保持同业名列前茅。产品创新和新一代核心业务系统开发中产生了一大批具有高技术含量的发明专利，表明建设银行已具有一批具有较强核心竞争力的技术。

（一）加强知识产权海外布局

全面梳理现有、筹建中及未来拟设机构的国家和地区，在此基础上提出了一批新的海外商标注册申请，促进建设银行品牌价值和国际影响力

提升。着手筹划首次海外专利申请，拟定了海外专利申请的工作方案和时间表。

（二）深化创新成果知识产权保护

紧跟产品和技术创新步伐，做好相关知识产权保护，成功申请了“用于集团客户关系管理的图形化展示系统和方法”发明专利，成功注册了“善融e贷”、“善融信用贷”等“善融商务”电商平台品牌商标，以及“易贷卡”、“CCB FAMILY CARD”等金融产品品牌商标。

（三）完善知识产权管理机制

修订了《知识产权管理办法》，下发了《关于加强商标许可管理工作的通知》、《委托服务合同履行过程中的知识产权申报风险提示》、《关于提前进行创新产品商标布局的提示》等文件。主动开展为“新一代”送专利培训上门活动，充分挖掘专利项目。继续开展知识产权年度奖励，激发创新热情。

（四）成功处置知识产权纠纷事件

“建元”商标被他人申请撤销一案取得阶段性胜利，国家商标局认定建设银行提供的商标使用证据有效，驳回他人的撤销申请。妥善处理建设银行行徽商标、“建信”商标被侵权事件。

五、以文本建设为抓手，构建稳固的法律风险事前防范体系

（一）全面修订对私业务格式合同文本

落实《消费者权益保护法》和监管部门要求，完成了个人存款与投资类、住房金融与个人信贷类、电子银行类、财富类、信用卡类等对私业务条线共101份格式合同文本的修订。

（二）组织协调应对日趋严苛的格式合同文本监管形势

主动发函与国家工商行政管理总局沟通，认真指导分行妥善应对监管检查，先后下发《关于配合工商行政管理部门开展“合同格式条款规范监管工作”有关问题的通知》和《关于配合监管机构格式合同条款检查若干注意事项的提示》多份指导性文件。

（三）加强合同文本建设与修订

根据业务发展需要，制订了4种采购合同、自然人为国内保理业务提供担保类合同文本、流动性贷款支持协议等文本；修订了RQFII托管协议中英文文本及对公人民币贷款格式合同文本利率条款。规范合同文本使用，制订下发了第二批业务合同文本填写范例，收集整理近900份合同并设立“业务合同文本库”网页查询专栏，努力防范降低操作风险。

六、以加强条线管理为目标，探索法律工作科学发展之路

（一）加强课题研究与业务指导

制订场景式柜面业务法律问题处理意见，直接指导基层网点一线员工。下发《国外保函业务常见法律问题解答》、《刑民交叉银行法律纠纷处理指导意见》、《关于正确运用破产法律手段维护银行权益的指导意见》等，进一步强化法律条线工作指导。向全行发布了第二批法律纠纷典型案例，以指导纠纷处理、普及法律知识、树立守法理念。

（二）加强条线考核评价

将授权、知识产权、纠纷管理三项内容纳入全行2014年内部控制评价指标，并研究细化了相应的考核评价标准，积极探索加强条线管理新思路。

（三）积极参与国家立法

参与了银监会组织的《商业银行法》修改调研以及人民银行关于电子商务立法有关课题研究，并就最高法院迟延履行利息、失信被执行人惩戒等多部司法解释提出意见建议，努力营造有利于发展的外部环境。

（四）加强法律工作基础管理

改进民事案件统计数据的内容和方式，加强对纠纷和解方案评审和执行的报告管理和数据统计，初步完成建立民事诉讼案件管理台账的基础工作，提高了民事案件管理的精细化程度。持续开展条线培训，编辑《法律工作参考》，提高员工整体专业技能。大力开展法制宣传教育，促进依法治行方略不断深入。

2014年，建设银行被中国银行业协会评选为“法律风险管理先进单位”。

执笔：宁欣

安全保卫

一、主要工作举措

（一）积极稳妥处置重大案件，有效化解案件风险

一是有效做好重大案件处置工作。2014 年，面对多起重大案件带来的重重压力，从严从快查处重点案件，分析案件发生的原因，总结案件暴露出的问题。指导分行做好案件查处工作，对现场处置、案件侦破、内部排查、违规责任认定等提出工作要求。协调沟通当地政府、银监、公安等部门，积极化解案件风险，将建设银行财产损失和声誉损失降到最低限度。

二是综合施策有效化解案件风险。在做好外部案件管控处置工作的同时，指导分行扎实做好重大风险化解工作。总行安保部会同有关分行积极协调地方政府、监管部门、公安司法机关以及新闻媒体，多方施策，使众多案件风险和风险事件得到有效化解。2014 年，全行成功堵截案件 147 件，同比增长 77%，避免直接经济损失 1.9 亿元。

（二）大力开展全行安全检查，不断拓展检查覆盖面

一是大幅拓展安全检查范围。2014 年，根据总行领导关于切实加大安全检查工作力度的指示精神，在前两年对一级分行开展第一轮安全检查的基础上，大幅拓展安全检查覆盖面，将检查范围由一级分行扩展至总行各直属中心和生产基地，努力做到安全检查无死角。全年共组成 16 个检查组，依据《JAB800—2012》对天津等 13 个一级分行及 19 家总行直属中心、4 个生产基地所辖的 60 个网点、25 座金库、57 幢办公楼、13 个计算机房、51 个离行自助区、14 个监控中心等重点部位的安全管理进行了抽查。发现隐患问题 1 160 个，其中二级风险 252 个、三级风险 441 个、四级风险 467 个。下发隐患问题预警 15 期，指导督促相关分行中心做好整改工作。

二是全面开展金库专项安全检查。针对金库安全运营面临的严峻形势和突出问题，2014 年 10 月，在全行范围内部署开展金库安全运营专项检查，检查采取分行自查和总行抽查相结合的方式严格按照“五查五看”要求进行。总行安保部、营运部、内控部组成 10 个联合检查组，对全行 37 家分行的 46 座金库进行了联合检查，发现隐患问题 163 条，并督促做好整改工作。各分行对全行 600 座金库进行了全面自查，自查率为 100%，发现隐患问题 800 余条，并认真做好整改工作。

（三）以创建“基础建设年”为主线，有条不紊推进系统安全管理

一是部署做好重要敏感时期安全稳定工作。通过 2014 年安保工作要点，对重大会议活动、敏感时期及节假日期间的全行安全稳定工作进行总体部署。针对“两会”和岁末年初，分别印发《关于做好“两会”期间全行安全运营和维护稳定工作的通知》和《关于做好元旦春节期间安全稳定工作的通知》，督促指导条线具体做好安全稳定相关工作。

二是坚持业务调研和工作部署并重，切实做好反恐怖相关工作。2014 年 7 月 16 日至 19 日，派员赴新疆维吾尔自治区分行开展专项调研，实地察看南疆阿克苏、乌鲁木齐等地基层一线单位开展反恐防暴工作情况。调研形成的《关于对新疆区分行反恐维稳调研情况的报告》受到行领导高度重视，总行在经费保障等方面对新疆区分行维稳工作给予了大力支持。

三是以减少枪弹为重点，稳妥推进守押体制改革。在枪弹方面，经与分行沟通协调，江西省、广东省、西藏自治区、甘肃省、青海省等分行积极推进减枪工作，及时上缴多余守押枪支，进一步降低了枪弹风险。在守库方面，内蒙古自治区

分行等25个分行的330座金库实现了社会化守库，社会化守库率达51.89%。16个分行的283座金库实行了远程异地守库，异地守库率达44.5%，社会化守库率和远程异地守库率合计达96.39%。在押运方面，13 966个营业网点实现社会化押运，社会化率达97.48%。

四是积极指导分行应对自然灾害。按照建立健全自下而上的灾情报告机制要求，针对云南省等14家分行的41个二级分行所在地发生112次4.0级以上地震（其中7.0级以上1次、6.0级以上3次、5.0级以上16次），尤其是在新疆于田县发生7.3级地震、云南鲁甸县发生6.5级地震时及时了解掌握情况、上报灾情信息、传达领导指示、指导救灾工作。全年14个一级分行遭受了“威马逊”、“麦德姆”、“海鸥”等5次超强台风及洪涝灾害，针对广东省、浙江省、宁波市及云南省等分行225个网点、26个自助区因洪涝灾害导致中断运营，第一时间掌握受灾情况，及时上报4期信息快报，并指导各分支机构启动应急预案，做好抗灾救灾工作。

（四）做好维护安全稳定工作，夯实总行本部安全管理基础

一是明确管理责任。与中央综治委、北京市内保局、金融街综治办及总行各部门签订安全管理责任书，健全责任体系、明确责任分工。

二是加强预案演练。修订总行本部防暴反恐预案，组织开展暴力袭扰、防火防汛、闹访应对等各种演练，提高应对能力。

三是开展消防培训。2014年4月，组织总行本部及各直属中心70余名员工以提升“四个能力”为主题进行专题培训，进一步提升了参训人员的消防安全意识和应对火灾等突发事件的方法技能。

四是做好洋桥安全管理工作。扎实做好北京数据中心（洋桥）周界防护、出入管理、连续性自评估及整改等工作，防护等级进一步提升。为表彰洋桥安保团队积极参加协警辅警工作所作成绩，北京市公安局丰台分局马家堡派出所向建设银行赠送了“辖区建设同努力　警民携手保平安”锦旗。

（五）以远程监控系统“五统一”项目为重点，全面推进技防建设

一是“五统一”项目取得重要进展。为贯彻落实行长办公会关于加快推进远程监控系统“五统一”项目建设的要求，成立项目组积极稳妥开展相关工作。在调研的基础上，依据相关行业标准，结合建设银行需求编制了业务需求说明书。需求说明书包括报警管理、视频管理、应急指挥等14个单元模块。为检测拟购平台软件功能、性能、兼容性等指标，对拟选购软件产品进行选型测试，测试涉及案例114个、指标300余项。

二是安保管理系统优化开发取得重要成果，为推动安全保卫工作管理系统优化开发，会同技术部组成工作组做了大量具体工作。广泛征求业务需求意见。为确定安保管理系统功能范围，使系统功能更加贴近安保工作实际，项目组在征求总行安保部、技术部以及开发公司意见建议的基础上，初步确定了需求模块。确定系统功能模块，组织召开安保管理系统功能需求研讨会，对安保管理系统优化更新后的系统定位、主要用途、使用管理等进行研讨，最终确定了24个功能模块。一期系统开发顺利推进，开发公司根据需求文档和各模块的功能、框架模型等启动程序编写，并在年内完成了一期开发和测试工作。

二、主要工作成果

（一）在监管机关安全评估中名列第一

近两年，公安部、银监会面向全国银行业金融机构开展了第三轮安全评估，建设银行取得了在四大行中排名第一的优异成绩。从一级分行层面来看，建设银行16家分行在当地四大金融机构中排名第一，12家分行排名第二。2014年4月23日，总行领导就此在公安部《关于开展第三轮银行业金融机构安全评估工作情况的通报》（公传发〔2014〕216号）上作出重要批示：“本次评估建设银行得分较高，说明围绕打造‘平安建行’，各级行重视安保工作，取得了不小的成效。总行安保部要继续加大工作指导力度，确保全行安全运营”。此外，应公安部治安局邀请，选派贵州省分行在公安部“治安大讲堂”上面向全国公安机关介绍安全评估经验做法，充分体现了公安部对建设银行安保工作的高度肯定。

（二）多管齐下实现第三类案件零立案

针对监管政策变化可能带来的外部案件数量

增加，高度重视并采取多项措施，有效实现2014年第三类案件零立案。主要是做到严把“三关”。

一是严把制度规范关。及时研究制定《中国建设银行第三类案件及风险管理暂行办法》，为全行开展第三类案件处置应对工作提供制度政策依据。

二是严把宣传教育关。通过召开研讨会、举办微信沙龙、微信平台网页发布预警提示等多种形式教育引导员工准确掌握政策、有效管控案件。

三是严把审核立案关。指导分行加强与政府公安机关、监管部门的沟通协调，取得理解和支持，有效降低建设银行案件风险。

（三）协助公安机关打击违法犯罪活动成绩斐然

2014 年，建设银行在协助公安机关打击违法犯罪方面得到公安部和中国银联的高度认可。12月，公安部经济犯罪侦察局专门给建设银行发来感谢信，就建设银行积极协助开展反恐怖融资专项工作表示感谢。中国银联银行卡安全合作委员会为表彰建设银行作出的突出贡献，授予建设银行“警银共建贡献奖”。建设银行也是四大行中唯一一家获得此项殊荣的单位。在具体工作方面，全年共协助办理查询涉案账户类案件 173 件，涉及账户 10 290 个；办理冻结涉案账户类案件 28 件，涉及账户 668 个；办理解冻账户 15 件，涉及账户 59 个。其中，协助公安部查办 7 批重大案件涉案账户，冻结涉案账户 4 428 个。

（四）高质量完成银行业金融机构反欺诈业务调研

受银监会委托，认真开展银行业反欺诈课题调研和《银行业金融机构反欺诈工作指引》编写工作。总行成立了由分管行领导任组长，安保、信管等 11 个部门为成员的反欺诈课题组，撰写完成《中国建设银行反欺诈专题研究报告》和《中国银行业反欺诈外部环境专题分析报告》，得到银监会的充分肯定。此外，建设银行承担了《银行业金融机构反欺诈工作指引》编写任务，先后对英国金融行为监管局、英国银行家协会、德国联邦银行、德意志银行、法兴银行，以及交通银行、汇丰中国、渣打中国等境内外金融机构进行了调研，在此基础上起草完成《银行业金融机构反欺诈工作指引》。银监会就建设银行高质量完成反欺诈课题调研和报告撰写工作专门发来感谢信予以充分肯定。

执笔：戴天娇

采购工作

一、2014 年基本工作情况

（一）采购业务圆满完成

2014 年采购额再创历史新高，全行共完成采购预算 391 亿元，较上年增长 47 亿元，增幅为 13.7%，完成采购项目 23 386 个。其中，总行本级完成采购预算 160.8 亿元，同比增长 32.8 亿元，增幅为 25.6%；分行完成采购预算 230.2 亿元，同比增长 14.6 亿元，增幅为 6.8%。按同口径计算，总行本级采购预算完成率和项目完成率双双完成 100%，顺利实现全年采购的“双百”目标。

（二）采购成本控制有效

2014 年全行集中采购节约金额 40 亿元，平均节约率达 10.2%。其中，总行本级节约 23.1 亿元，节约率为 14.4%；全行 40 家机构（包括 37 个一级分行、信用卡中心以及两个培训中心）节约 16.9 亿元，节约率为 7.4%，继续保持良好的经济效益。采购价格继续保持不高于预算、不高于历史、不高于同业市场。

（三）采购结构持续优化

坚持“以竞争促质量提高、以竞争防错和

防腐”的策略，继续鼓励竞争，扩大招标范围，严格控制单一来源项目占比。总行组织实施的以招标采购方式的项目，占比达63.2%。同口径纯业务类单一来源采购占比仅为2.1%，远低于10%的控制要求，采购结构得到持续优化。采购的竞争充分性在以招标为主的结构中进一步巩固和扩大，竞争充分也成为建设银行集中采购的特色。

（四）采购重心不断上移

进一步加强全行采购集中力度，及时将需求具有普遍性、标准统一、采购条件成熟的商品增补到《全行性集中采购商品目录》中。经过认真梳理和研究论证，2014年《全行性集中采购商品目录》在2013年的基础上增加了40种商品，调整后的《全行性集中采购商品目录》共177种商品。采购重心不断上移，对重要采购事项的管理控制持续加强，服务全行中心工作的支持保障能力不断提高。

（五）采购操作更加规范

2014年，制订和实施了《中国建设银行集中采购项目操作手册（试行）》，采购操作进入了手册规范阶段，为各级采购机构开展采购工作提供了行为规范，为提高采购工作效率提供了可行方法，有效减少和防控了操作风险，为继续保持“零违纪”和“零案件”奠定了坚实基础。

（六）采购工作同业大银行领先

建设银行坚持了“质量优先，价格领先”的采购工作策略，总行本部在同业大银行中采购范围最广、采购业务量最多、采购集中度最大、成本节约率最好、采购结构最优、采购效率最高、采购制度最完善，重要业务指标在同业大银行中保持领先，多次为同业大银行传授招标采购的方法经验并交流相关资料。

（七）廉洁采购继续保持

2014年，全行采购条线持续抓好廉政建设。坚持内控制约，强化内外部监督；定期开展廉洁从业教育和检查；监督、引导员工自觉防腐和拒腐。经自查和审计、财务检查梳理，采购专职员工无违纪，为打造“廉洁采购”和“阳光采购”共同努力，全行采购条线继续保持“零违纪”和“零案件”记录。

二、工作方法不断创新

（一）加大“采前”审查，保证源头优质

在供应商管理方面，继续加强供应市场和供应商调研，保障供应商遴选质量；不断完善总分行供应商动态信息报告、处理机制，全年共通报禁用供应商9家，退出供应商10家；积极探索供应商资质等级评估工作，与“金采网”合作完成“供应商评级软件”开发；加大对技术选型测试方案、测试评审标准、技术测试报告的审核力度，配合做好产品选型测试工作。严格的前端管理，为集中采购的全流程执行和管控打下了良好的基础。

（二）加强“采后”管理，保持服务良好

继续深入推进供应商履约考核工作，组织完成了全行性采购项目的履约考核，涉及商品共83类，供应商209家；组织开展了总行本级采购项目的履约考核工作，涉及供应商186家。约谈了多家存在履约问题的供应商，并要求这些供应商按照合同约定进行整改。严格管理，对一线员工不满意的供应商立即撤换，对违约的供应商处以了每日高达1万多元的罚款，对诬告和企图干扰采购评审与决策的供应商给予禁用的处罚，端正供应商队伍风气，引导供应商提高服务水平和履约质量。不断加强的采后管理，促进了供应商持续地为建设银行主业提供良好的服务。

（三）完善内控体系，打造“阳光采购”

在突出采购效率和效益的同时，按照内控合规的管理要求，持续抓好基础管理。在全行范围部署开展集中采购合同执行管理的专项检查和整改活动，重点针对合同执行管理的薄弱环节进行了专项整改治理；组织实施2014年内部控制自我评价工作，在制度建设、授权管理、系统管控、资源配置、风险防范等方面进一步加大内控管理力度；继续认真落实采购信息公开的相关管理办法，及时公开采购信息和供应商履约考核信息，进一步增强采购操作公开透明度，自觉接受全行员工的监督，打造“阳光采购”。以招标为主的采购方式较之同业大银行还在普遍沿用的谈判采购方式更先进、更公开、更公平和更透明。

（四）督促自查整改，强化条线管理

针对全行采购条线管理工作存在的问题和薄

弱环节，组织分行开展了为期3个月的自查自纠和对照核查活动。总行组成6个检查小组到分行进行现场检查验收，现场查阅1 280余份采购档案，逐一检查了66 200余项内容。重点对二级分行进行检查指导，促进全行各级采购机构从制度、流程上进一步提高采购管理水平，巩固和完善集中采购安全、优质、高效、规范的长效机制。全行集中采购项目2万多个，分布在众多的基层机构层面，是建设银行集中采购管理的难点和重点。随着总行的传、帮、带活动连续几年的开展，有效地推动了采购条线，尤其是基层一线采购业务水平的不断提高。

（五）健全采购制度，加强队伍建设

2014年，制定并实施了《集中采购项目操作手册》、《总行直属机构采购事项操作规程》等一系列管理制度，进一步完善了集中采购制度体系。

以群众路线教育实践活动整改和“回头看”为推力，加强采购队伍建设，重视以制度流程来屏蔽和阻挡各种侵蚀，打造一支政治业务素质过硬的队伍。

2014年在基层采购业务中，除了个别非专职采购人员在临时参与采购业务时，动作与行为不够规范外，全行专职采购员工无一人违纪，体现了专职采购队伍的良好素质和传统。

三、主要工作体会

（一）采购理念领先，质量效率显著

2014年，建设银行继续秉承供应链管理理念，实行“供应商管理—采购谈判—合同执行”全流程管理。能够从源头上对供应商资质实力进行把关，能够合理运用采购策略，保证供应、降低成本，能够提高合同执行效果。全流程管理的逐步推行，改变了传统采购面貌，完善了现代集中采购机制，使建设银行采购工作在国内同业处于领先地位，对提高采购质量和效率，防范道德风险发挥了重要保障作用。

（二）审批制度领先，成本控制有力

建设银行采购项目审批环节实行有权审批人审批制，与同业其他行的委员会审批制相比，建设银行审批制度更先进，效率较同业高34%，效果更好，能够及时服务中心业务。

在成本控制方面，坚持“三不高于”原则，即采购价格不高于预算、不高于历史、不高于同业市场。通过采购策略的精心设计和灵活运用，涌现出纸币清分机等一批高性价比采购项目，采购节约率超过35%，IC卡采购节约率达41%，IBM捆绑采购等重大项目实现了质量优先和价格同业最优。

（三）采购管理领先，引领同业管理创新

在采购项目管理方面，配合业务发展需要，主动调整管理方式。在总行本级和全行综合经营计划下达后，及时与需求部门沟通协调项目启动时间，加强了采购计划执行进度监控。重大项目指定专人负责，协助需求部门整合采购需求、拟定整体方案，提前启动与供应商的预谈判，既保证流程合规又加快了项目进程。在采购后评价方面，继续健全履约考核，约谈问题供应商，采取有效措施督促供应商按约履行合同，提高了分行和使用部门的满意度。采购部也被中国金融采购委员会称为同业大银行领先者。

（四）采购集中度同业最高，目录产品领先

建设银行采购起点为10万元，同业大银行为20万元、50万元不等，建设银行在同业大银行中采购起点额最小，采购集中度最高，本级操作676个项目，同业大银行最多，在同业大银行中保持第一的领先地位。

在目录管理方面，除了增加集采商品、扩大集采范围外，还进一步提高目录内商品描述的“准确性”，细化商品类别，梳理整合功能交叉重复的设备，提高执行精准度；引入新型设备替代技术落后的产品，保证目录内商品的“先进性”。

（五）“绿色通道”领先，做到好事办好

根据业务发展需要，针对全行影响大、时效性要求高的项目，开通“绿色通道”，即在合规基础上，研究采取有效措施保证优质高效服务。规定办结时限，采取多头交叉并行作业、会签文件部内直发等方式实行特事特办；根据时限要求，倒排时间，制定进度计划表，明确责任处室和责任人；通过例会、专题研究、过程审查审核等形式，监督检查推进进度，发现低效环节或潜在问题及时协调解决。

执笔：何宁

新一代核心系统建设推进工作

一、一期项目正式收官，相关分行推广及客户迁移顺利完成

一期项目分行推广及客户迁移工作按计划如期完成。其中，企业现金管理（一期）实施了包含试点在内的16批次迁移推广工作，共完成34.8万户重客及现金管理客户迁移。企业级代收代付（一期）完成了原批量代收付系统全行共188 141个委托单位的业务迁移和上收工作，完成分行特色系统917个委托项目的上收，计划完成率为100%；客户渠道整合（一期）按计划完成全部252万户企业网银客户向新一代企业网银的迁移。另外，自助回单柜业务按计划完成全部分行推广。全行账单自助服务上线机构11 721个，安装使用自助设备1.2万台，对公网点覆盖率达100%。

二、二期项目稳步推进，提前释放功能，有效支撑业务发展急切需求

二期项目整体上分两个批次集中释放功能，第一批次（2.1期）各项投产前准备工作基本就绪，第二批次（2.2期）全面进入测试阶段。与此同时，为满足全行业务发展需要，二期项目安排并提前释放了34项新功能，涉及客户渠道、员工渠道、企业现金管理、托管、房改金融、个人贷款、安全保障、数据仓库、数据应用以及监管统计10个项目，及时响应了客户需求，显著改善了员工和客户体验，有力地支持了全行经营管理和安全生产。主要投产功能如下。

客户渠道整合项目（二期）持续加强自助渠道创新，推出企业网银在线自助功能演示、个性化菜单配置等新功能，部署了代理保险、电票票据池等多项新产品；手机应用推出了移动“悦生活”缴费功能，优化交互界面；创新推出不依赖于第三方的在线金融信息服务平台—银信平台，加强与外部机构及商户的互联互通；推出24小时智能虚拟柜员机（VTM），客户可以在远程柜员协助下自助办理开户、电子银行签约、充值缴费等业务，实现了“无人银行、有人服务”的全新体验，同时有效分流柜面压力，大幅节省网点人力运营成本。

员工渠道项目（二期）通过预填单设备从客户身份证件中自动读取相关信息，实现个人开户签约预填单和免填单；取消了5万元以下存取款凭条，由于此类凭条占柜面交易凭条总量的55%，大幅减轻柜员日终凭证勾兑工作量，降低凭证保管成本。将原有分散在高柜和低柜中的44个理财产品销售功能集中到员工渠道，统一了界面和销售流程，有效整合了客户、产品、定价与营销信息，加上身份核查和风险评测等专业化工具，提高了业务办理和营销效率；推出对公客户经理移动智能助手，随时随地提供营销资讯、客户及商机信息，提供价格测算、产品演示、客户预约等工具，支持现场业务办理；支持利用碎片时间在线学习，有助于提升对公客户经理营销服务能力和改善客户体验。

托管项目（二期）紧紧盯住我国资本市场创新步伐，快速满足了“新三板”、沪港通以及中登深圳结算数据接口变更等多项托管产品创新需求。其中，“新三板”依托一期托管功能，仅用两个月便完成优化上线，成为国内首个支持“新三板”的托管系统。

企业现金管理项目（二期）优先满足中国石化费用集中报销、总后勤部军队账户审批等总分行重大营销需求，先后推出多款创新产品。“虚拟平等现金池”在账户资金不实际转移的前提下，实现集团内部资金虚拟集中和实时共享。与同业相比，具有功能全面、统筹兼顾多方利益等优势。“智能理财现金池”面向高资产对公客户，

提供多种投资产品智能交易和管理，以实现流动性与收益性动态平衡。该产品能有效满足现金池客户资金归集后的理财需求，实现客户资金最大限度在建设银行内部循环。美国通用电气等公司已希望尽快试用。针对第三方支付备付金存管需求，推出了业界首创的"建行云存管"，具有业务解决方案综合化、存管模式多样化、附加服务增值化、海量数据存储云端化4大突出的领先优势。释放"综合签约"功能，实现多产品与多渠道统一签约，并能统一设置相关产品收费标准，通过"菜单式、一站式"签约方式，大幅减少了签约要素、手工输入以及界面切换，显著提高签约效率。

企业级信息应用项目（二期）针对不同的服务对象和应用领域，提供挖掘模型应用、数据实验室、决策仪表盘等6种信息应用模式，支持全行跨业务领域整合、共享、灵活查询的数据分析与挖掘需求，满足精准营销和精细化管理需要。6种模式将在二期结束时逐步覆盖到全行各业务领域，2014年上半年有两种模式上线使用：自助查询模型支持多维度多、指标的任意组合，用来分析私人银行客户盈利情况，分析人员无须编写代码，通过拖拽方式就可以灵活、快速、自主地获取所需数据。数据实验室包含了营销目标相关的信息要素，研发出数据挖掘模型，产生并推送精准营销目标客户清单至客户经理、投资顾问、大堂经理等使用。2014年交付了电子银行业务、小企业业务、个人业务信息、财私业务、信用卡业务5个数据实验室。

安全保障项目在新一代统一集中的安全服务框架下，从2014年6月开始在全行推广全行终端设备的集中管控，自9月开始整合上收总分行现有、分散的安全系统。

三、三期项目完成立项，正按计划、陆续启动实施

三期项目是新一代项目整体工程的收官之作，涉及业务需求数量众多、项目实施范围广泛，从2014年2月开始新一代业务、IT各组即共同开展三期项目范围分析工作，并根据需求成熟度和依赖管理分三批立项，最终于11月28日完成了代理国债与基金、对私客户关系管理（二期）、个人客户综合积分等全部39个项目的立项审批。

四、完善业务架构管控，稳步推进企业级流程能力建设

一是坚持一套模型，完整覆盖总分行、境内外及代理子公司业务。海外业务建模吸收了1 700多项业务规则差异，境内69个战略能力主题成果延伸支持海外，实现了境内外业务领先实践的互补和整合，支持境内外业务联动和全球综合营销，支持基于"一个模型"标准化和参数化的灵活裁剪组装，快速支持新设海外分行IT系统需求选配。分行特色业务建模，整合2 717条业务需求，其中76%的流程需求通过现有业务模型复用即可得到支持。子公司业务建模构建了统一的集团产品目录，包括了各子公司10个产品线、19个产品组、41个基础产品、681个可售产品；建立"代理银行"相关业务模型，满足中德银行和村镇银行业务需求，支持母子公司的业务衔接和业务能力共享。

二是承载业务需求，确保模型与业务的一致性，提供可靠的IT开发输入。邀请总行业务部门92名专家对22个领域921个活动的流程和任务进行验证确认，完善95处业务规则，业务模型得到专家认可。串联澄清产品研发、定价、合约、客户结算、核算等基础组件的衔接关系，确保模型与产品—合约—核算等核心业务能力的一致性。完成二期IT实施项目验证，共验证2期项目4 050个用例，就任务与用例映射关系、业务规则设计存疑与实施团队及时做了校准衔接。澄清三期项目业务目标、实施范围及其与业务模型的承接关系，补充和完善业务需求，推动项目需求完整支持目标模型。

三是建立集约化业务架构，敏捷地支持了业务整合与创新，提升用户体验。在全行一致的用户界面体验方面，设计方法与设计成果已达到国内同业领先，内部用户界面体验模型及设计标准已在一期、二期实施中100%应用，并将拓展至企业网银三期改版应用。在快速实现对"三综合八岗位"业务运营能力的落地方面，业务模型将全行264个相关岗位规范整合成7个标准化角色，并且对2.1期22个项目1 951个岗位的设计成果进行了验证。在提供综合金融服务方面，支持产

品快速创新和一体化签约服务，如在“智能现金池”、“大额存单”等新产品创新中复用已有的产品组件和产品条件快速配置可售产品，助力产品创新提速。在发挥企业级模型作用提高风险机控能力方面，整合8个业务部门需求的企业级黑名单已嵌入各业务环节，促成审计和内控在部分流程能力上实现共享衔接。在推动流程银行机制建设方面，依托业务模型的价值链、流程任务和客户、产品、渠道价值定位，构建了流程和制度的部门牵头和协作责任矩阵。

四是完善业务架构和模型长效管控机制，提升业务模型全生命周期管理能力。初步建立70人的流程模型长效团队和59人的业务架构管控团队（部分复用），培养了一批同业较为稀缺、初步具备了业务全局洞察力和企业级业务架构分析能力的骨干，初步形成基于模型“大部分复用、少部分补充”——将业务需求敏捷转化成IT开发输入的能力。发挥了业务架构对完善实施方案、快速决策支持作用。例如，将印鉴与账号，印鉴与验印规则解耦，方便同一机构相同户名的账户共用一个印鉴卡，解决了客户共享印鉴需多次采集的问题等。初步完成业务模型门户建设需求，为搭建体验良好的业务模型展示、分析和沟通交流平台做好准备。

五、推动数据管理和数据应用两项基础建设，形成企业级完整的数据能力体系

一是深入开展数据管理规范建设。第一，完善数据规范体系，于2014年10月发布数据C模型1.50版，目前包括3 174个实体，29 885个属性；完成201项次数据标准的新增、修订；完成公共代码与C模型的对接，共计646项；制定了34 241项业务术语（目前存量42 199项）；完成首批4 784项监管指标的统一规范以及正式发文；完成建设银行企业级指标体系的框架建设，包括核心价值指标、关键指标、常用指标、基础指标共1万多项。第二，严格数据规范执行。在整合、承接新一代已有的各类数据规范执行要求的基础上，进一步梳理、完善，形成并发布了《新一代数据规范执行指引》，以制度形式对各类数据规范的执行要求进行了细化和明确，增强了规范的执行力；梳理公共代码与C模型及参数管理的关系，明确了公共代码管控模式，确保上线版本数据一致性。第三，建立数据需求统筹管理流程。对数据需求进行集中登记，统一分派，集中交付，并跟踪处理状态，定期发布数据需求处理情况报告。

二是大力推动大数据能力建设研究。第一，确定未来几年大数据分析重点领域和方向，完成大数据能力建设策略研究、大数据研究报告，开展大数据工作规划编写工作。第二，继续组织开展“数据管理能力主题研究”、“数据挖掘能力体系建设”主题研究。

三是推进数据管理重点专项工作。第一，组织数据管控能力主题研究，形成企业级完整的数据管控能力体系建设要求，组织相应能力建模工作。第二，启动分行管理分析类应用整合。确定分行应用整合迁移工作的具体工作安排，明确2.2期结束时实现北京市、福建省、河南省分行管理信息类应用向新一代的整合迁移；利用全行信息工作座谈会，推进后续分行整合工作。第三，牵头完成海外监管报表和管理信息应用专项工作。收集分析海外报表需求，确定海外管理信息和监管报表实施策略；牵头海外监管报表业务连续性问题的分析。第四，完成业务连续性规则梳理。完成了CCBS 1 444个业务别分析，并与新一代企业级数据C模型中业务数据属性进行了映射；梳理对OCBS系统16家海外子/分行的产品类型与产品模型和数据模型之间的映射关系。第五，落实分行调研问题的解决。针对分行调研问题227个，其中通过新一代解决120个，落实在二期或三期解决的问题30个，待落实问题87个。

六、开展企业级核心设计及架构管控，保证“新一代”系统整体性和先进性

一是遵循企业级建模成果及全生命周期实施工艺，开展并完成32项企业级整体解决方案设计（核心组件及应用设计）；持续完善架构目标、原则及规范，形成架构决策及意见180多个，并通过整体架构师及派驻架构师双重组织保障各项架构原则、规范和决策在项目的落实。2014年实施工艺共修订并发布五个版本，并形成《架构管控规范》、《数据字典使用指南》等下发全行，指导二期项目分析及设计等实施工作。

二是直接参与项目的各项分析、设计和开发工作，保障二期项目顺利交付。特别是以境内外一体化为原则，组织完成二期海外业务应用分析，制定海外二期项目实施策略，并完成与海外相关专题方案设计，向实现集团一体化经营管理迈出坚实的一步。同时，组织2.1期项目组完成了五轮数据迁移检核工作，持续推动平台框架、VMD、ADM、FLPM等工具推广及优化工作。

三是立足打造建设银行信息技术自主可控能力，持续深化与国内代表性IT厂商的战略合作推进工作，在渠道架构、云数据中心、存储及大数据、网络、基础设施、安全、测试、商务8个领域全面深化战略合作事宜。

四是培养建设银行专业化的架构师团队。“新一代”架构师团队分为整体架构师及派驻架构师，成员涵盖IT各专业领域，通过新一代项目具体实践以及例会制度、定期报告、年度考核、交流学习、知识讲座等组织管理及培养方式，已逐步成长为一支IT“尖兵队伍”。

执笔：田昌越

三、党建工作与队伍建设

人力资源工作

一、党建与组织工作

1. 召开全行组织人事工作会议。认真回顾总结近年工作，客观分析当前面临的内外部环境和机遇挑战，坚持围绕中心、服务大局，部署安排今后一个时期全行组织人事工作，明确工作思路，突出工作重点。

2. 举办一级分行党委书记及总行部门总经理专题培训班。对各机构“一把手”领会中央精神、认清经济形势、理清转型思路、探寻发展对策进行集中辅导，王洪章董事长结合自身学习体会，为大家讲授《当好“一把手”履行好从严治党职责》，郭友监事长主持座谈讨论并作培训总结。中央组织部《党建研究》、《组工信息》、中央党校《学习时报》分别刊登了王洪章董事长的讲课稿。《中国组织人事报》、《金融时报》、共产党员网、新华网、人民网、海外网等中央级媒体对培训班进行了报道。

3. 深入推进教育实践活动整改落实工作。截至 2014 年 12 月末，总行党委班子“两方案一计划”全面落实，252 条整改措施已完成 95.2%，其余 12 条将于 2015 年完成；53 条“四风”专项整治措施和 14 项制度建设计划已全部完成。各一级分行 3.6 万多条整改措施已全部完成。

4. 组织开好 2014 年民主生活会。加强指导，认真组织，严格规范会议程序，切实提高民主生活会质量。选派部领导和处级干部，列席一级分行党委民主生活会，实现总行人员参与一级分行民主生活会全覆盖。行领导主持召开的总行部门、分行座谈会反映的问题已梳理分解到有关部门落实。

5. 抓好基层党组织建设和党员发展工作。制定加强基层服务型党组织建设的实施意见，督促分行加强基层党组织建设。举办全行组织部门党员发展专题培训班，指导分行认真执行发展党员计划。截至 2014 年末，全行共有党组织 13 094 个，比 2013 年增加 233 个，共有 197 880 名党员，比 2013 年增加 7 461 名，增幅达 3.9%。

6. 切实做好宣传工作。2014 年，总行领导先后 2 次在中管企业教育实践活动负责人座谈会上交流发言，全国基层组织建设办公室、中央组织部组织一局、组织二局印发《中国建设银行党委层层落实党建责任狠抓基层》的情况通报，对我行加强基层党建工作给予肯定。中央组织部和中央教育实践活动办公室对我行教育实践活动情况给予充分肯定。中央教育实践活动办公室《简报》先后 5 次对我行教育实践活动情况进行专门报道。总行活动办编发《简报》109 期，《建设银行报》刊稿 200 余篇，总行群众路线网刊登稿件 480 余篇。

二、规划与制度建设

1. 成立规划与制度处。负责全行干部人事制度改革顶层设计，牵头编制全行各级领导班子建设和人力资源配置规划，牵头制定全行组织人事规章制度。

2. 全面梳理现有制度。对2002年以来总行印发的组织人事工作文件进行全面清理，按照“继续有效”、“需要修订”、“废止或失效”三类逐一进行梳理。共收集现有文件431个，其中继续有效的253个，需要修订的25个，已经废止或失效的153个。

3. 研究制定《组织人事制度建设三年规划纲要》。落实全行组织人事工作会议部署的各项任务，研究起草《关于组织人事制度建设的初步意见》。明确当前需要重点研究制定的18项制度和需要重点修订的6项制度。研究全行组织人事制度建设框架体系和推进思路，明确今后一个时期制度建设的指导思想、工作目标和基本要求。目前，形成初稿的文件有《领导干部选拔任用工作规定》、《关于进一步优化岗位职务序列管理的意见》、《关于进一步加强国际化人才队伍建设的意见》、《子公司人力资源管理办法》、《派出子公司领导人员管理办法》、《培训中心管理办法》、《组织人事工作信息化建设规划纲要》等。

三、领导班子和干部队伍建设

1. 配合中央组织部做好相关工作。配合中央组织部完成行级副职后备干部和中长期培养对象推荐考察相关工作。参与配合中央组织部2014年中管金融企业领导人员公开遴选、人选考察及后续有关工作。配合完成1位中管干部推荐考察。

2. 认真贯彻落实修订后的《干部任用条例》。精心组织学习宣传，邀请中央组织部领导进行专题辅导。全面把握《条例》内容和要求，完善干部选拔任用方式方法，切实发挥党组织领导和把关作用。在动议环节，认真听取一把手、分管领导意见，统筹兼顾各方面情况，进行充分酝酿。在任职程序办理环节，合理安排办理进度，加快办理周期，确保及时到位开展工作。

3. 认真做好总行管理领导班子调整工作。注重选好配强一把手。2014年，共调整任免分行（培训中心）一把手29人次，其中任职15人次，免职14人次，一级分行行长平均年龄由2013年末的52.6岁下降到2014年末的51.5岁。调整任免总行部门一把手36人次，其中任职18人次，免职18人次。配齐配强一级分行党委副书记。2014年，增配16名一级分行党委副书记（平均年龄48.4岁），现职党委副书记平均年龄由2013年末的53.3岁下降到2014年末的50.1岁。优化班子成员年龄结构。分批次安排年龄较大、任现职时间较长的领导干部转任非领导职务。加大干部任职调整力度。对通过考核、巡视等渠道发现的个别领导班子不团结、不和谐、战斗力不强等问题，及时督促改正，对不适宜担任现职的干部，及时进行调整。

2014年，共调整任免总行部门级领导人员、一级分行行级领导人员、审计机构、直属中心、境外机构及子公司负责人243人，新提拔任用领导人员103人。

4. 加强干部交流。2014年全行副处级以上干部交流221人。按使用方式划分，提拔交流29人，平级交流192人；按所在机构划分，总行本部有76名干部交流，一级分行有111名干部跨机构、跨条线交流，审计条线6人交流，直属中心4人，子公司3人，海外机构21人。

5. 总行部门处级干部常态化晋升。2014年下半年，按照总行本部职数管理和干部任免有关规定，稳步推进总行部门、境外机构处级干部和专业技术岗位职务组织考察与提拔聘任工作。

四、干部管理工作

1. 成立监督处。负责全行干部选拔任用工作监督检查工作、领导班子和领导干部日常监督工作。梳理中央严格干部管理各项制度规定，明确贯彻意见，认真执行落实。

2. 做好领导干部个人有关事项报告工作。认真组织领导干部个人有关事项报告信息上报、系统录入和抽查核实工作，全行七职等以上11 053人按照要求上报信息，抽查核实456人，其中重点抽查70人，随机抽查386人。

3. 加强对“裸官”的管理监督。扎实开展“裸官”清理工作，摸清底数，做好相关人员调整任职工作。

4. 认真做好从严管理的其他工作。对分支机构开展专项检查，结合任免职备案、双线汇报等工作开展，严把审查关口，严禁超职数、超机构规格配备干部。认真执行领导人员兼职审批、出国（境）管理等各项监督制度。参加中央组织部档案专项审核工作培训班，制订实施方案，组织专题培训，组织开展相关工作。

五、机构人员配置工作

1. 扎实推进总行本部组织机构集约化调整。按照总行党委要求，周密部署安排，精心组织实施。协助行领导组织召开十余次专题讨论和部门沟通会议，听取有关部门汇报，全面了解相关情况，制订总体调整方案，两次就调整方案进行专题汇报，多次与党委成员进行深入沟通、听取意见。经过7个月的反复沟通、认真斟酌，调整方案经两次党委会审议通过，召开专项会议进行了宣布，就有关落实工作进行了部署和协调，调整工作基本落实。

2. 加强机构人员总量管理和结构调整。按照总行党委关于机构总量原则上不增加、人员总量控制在38万人以内的决策，通过完善内设机构规范设置制度体系，精简机关人员，合理编制年度总量计划等，将总行党委决策落到实处。截至2014年末，全行营业机构总量1.48万个，员工总量37.86万人，机构人员总量得到有效控制，各行年度机构新设升格计划完成情况良好，组织机构布局和人员结构得到进一步改善。

3. 认真组织2014年全行校园招聘工作。改进优化招聘统一平台，推进信息化和公开化。创新总行本部校园招聘形式，根据转型发展需要，确定重点院校和相关专业，采取学校推荐方式确定入围人选，面试阶段采取考生、评委身份双向屏蔽。

4. 规范总行直属中心管理。出台中心管理办法，进一步规范中心管理，防范运营风险。推进中心岗位体系、薪酬管控体系建设，夯实人力资源管理基础。

5. 加强境外机构人员管理。加强境外机构领导干部配备情况动态梳理，提前进行规划布局、调配培养，积极推进境外机构内派员工选派工作，确保境外机构人员持续、稳定增长，全年选派65人赴境外机构工作。完善海外人才库培养机制，加大小语种人员培养培训力度，推进落实境内高校英语脱产培训、总行跟岗培训、海外跟岗培训项目，全年海外人才库人员及国际化人才培训178人。

6. 扎实推进专业技术人才队伍建设。2014年，全行共聘任各级专业技术人员9 254人，较年初净增长3 788人，截至2014年末，全行共聘任专业技术岗位职务人员69 295人。推进专业能力素质标准及对应选拔评价题库建设，规范开展专业技术资格管理工作，指导分行专业技术资格评审、确认工作，全行共588人取得高级专业技术资格，22 099人取得初中级专业技术资格。

7. 加强人力资源管理信息化建设。落实“新一代”要求，完成人力资源信息系统招聘、薪酬、绩效、境外人员管理等4个模块开发上线工作。加强人力资源信息系统数据质量，集中力量审核维护，组织开展检查，提高《干部任免表》、《员工基本情况表》等信息质量。

六、教育培训工作

1. 组织开展全行重点培训项目。组织一把手培训班、部门研究班（举办12期业务发展高级专题研修班，培训965人次）、二级分行行长班（举办15期二级分行行级管理人员领导力轮训项目和模拟银行决策专题培训项目，培训900人次）、基层机构负责人培训班（举办10期基层机构负责人示范性培训班，培训600人次）、井冈山党性教育培训班（举办69期，培训学员2 872人次）、牛津、乔治城高级研修班（各举办2期，培训对象包括一级分行行级和总行部门级领导人员共计100人）、香港专题培训班（举办90期香港专题培训班，培训3 960人）、战略合作培训项目（根据与美国银行和淡马锡公司战略协助计划，举办9期战略合作培训项目，培训88人次）、海外机构顶岗培训（从海外人才库中分批选派合计60人赴18家海外机构和合作方参加岗位学习和锻炼）。

2014年，全行共举办各类现场培训班36 574期，培训190万人次，完成培训工作量320万人天，网络培训514万人次（课次），折合培训工作量86万人天。

2. 加强精品课程和培训教材开发。组织培训中心、分行、总行各部门申报并评选出123门培训精品课程。完成《小企业客户经理》等4套岗位培训教材的评审，开发完成了《养老金业务》、《信用卡业务》、《柜面业务集中处理》和《信息统计》等4套岗位培训教材。开发45门课程。

3. 组织实施岗位资格考试。现场笔试全行考点共计292个、考场1 933个、开考20个科目，参考8.6万人次。同时组织全行28个科目的上机考试、6个科目的网络学习和测试，近7万人次报名参加。

4. 大力推广网络学习。组织各部门、培训中心开发电子课件332个、制作岗位培训教材电子书9门、转化现场培训班资料212个。梳理了606门网络课程，形成了44个业务条线，总行、一级分行、二级分行、支行4个层级，分类分级的培训学习课程体系。2014年，全行网络培训共计514万人次。

七、绩效与薪酬管理

1. 接受四部委工资内外收入检查。配合人社部、财政部、国资委、审计署四部委联合对我行开展工资内外收入审计检查，积极筹备，认真布置，加强沟通协调。三阶段检查工作全部完成，未发现我行明显违规或存在政策风险的事项。

2. 研究落实央企负责人薪酬改革方案。跟踪改革动态，将相关精神及时报告党委，积极与同业沟通，确保政策执行一致性。

3. 落实资源配置向基层一线倾斜要求。与财会部门积极会商，研究加强人力费用有效配置与归口管理，指导分行按“三高于、一保护”原则落实薪酬向基层一线倾斜政策，做好年度工资清算等收官工作。

4. 以制度为本规范薪酬支付流程。对工资支付流程相关制度进行梳理，针对检查发现问题，在广泛征求各单位意见基础上，对工资支付管理办法进行修订和完善，以制度促进薪酬支付流程规范与风险防控。

5. 强化绩效薪酬激励约束导向。加大一级分行行长业绩考核结果与绩效年薪挂钩力度，拉大绩效年薪浮动空间。与相关部门厘清资产质量事项责任认定流程与职责，采用绩效年薪扣减方式落实责任处罚。研究子公司和境外机构负责人考核薪酬管理意见，降低固定工资比例，提高绩效薪酬占比，建立薪酬延期支付机制。

6. 抓好员工绩效管理推广与岗位管理试点工作。组织分行推广全流程的员工绩效管理，与总行业务部门共同细化开展分层分类员工绩效管理工作。完成新一代“员工业绩指标”主题研究及移交工作。开展绩效管理理念宣传和经验分享。完善岗位管理方案，积极组织试点工作。

八、部门自身建设

1. 加强与上级主管部门联系。走访中央组织部、人社部、人民银行、银监会、外国专家局等主管部门和监管机构。与中央组织部、人社部、教育部、北京人事局多次联系沟通、走访交流，努力解决总行员工及家属进京户口问题。2014年，通过中央组织部解决了16名领导干部的进京户口，从人社部、北京市人事局等部门争取到50个左右的进京户口指标，正在分批解决，同时还新增了工作居住签证的解决渠道，并在积极协调国家重点项目的进京户口指标。

2. 优化部门内设机构设置。根据总行组织机构集约化原则和要求，按照总体稳定、配置优化、职能集约、职责清晰的思路，对部门内设机构进行调整。调整后，内设11个处以及1个二级部（1个处），共12个处，减少1个处。实行多岗位锻炼培养干部。有22名同志开始在新的岗位上工作，队伍活力进一步得到加强，状态进一步得到提升。

3. 加强调研工作。对离退休人员管理部、党校等20多个部门进行专题调研，现场办公，加强沟通。派出10多个调研组，赴一级分行与班子成员进行谈话，了解分行班子建设情况，与分行中层干部进行座谈交流，听取意见建议。利用去海外机构调研的机会，与内派员工和当地高管谈话，熟悉情况，了解问题。

4. 推进干部工作信息公开。扩大信息公开范围，创新信息公开载体，落实群众的知情权、参与权和监督权。为了更好地发挥网页平台作用，搭建组织人事工作的网上信息平台、服务平台和交流平台，对部门网页进行了改版优化。改版以后，所有总行管理的领导干部职务任免、总行机构调整等人事任免文件，OA发文后将及时在部门网页发布；全行组织人事制度规章实现统一上网、分类公告；总行本部干部员工因私出国（境）、年休假、专业技术资格评定、收入证明等服务事项要在网上明确办理流程和申请要求。

5. 加强部门日常管理。完善部内会议制度，规范部内公文流转、签报管理、工作月报等内部流程工作，加强对重点工作督办，确保办理质量，提高运转效率。

执笔：方源

反腐倡廉与纪检监察工作

一、认真贯彻落实中央八项规定，切实改进作风

一是推进作风建设常态化。继续巩固群众路线教育实践活动成果，做好“四风”突出问题的专项整治，完善制度建设，在密切联系群众、厉行勤俭节约、转变文风会风等方面取得明显成效。在全行经营业绩全面提升的同时，招待费、会议费、宣传费和车辆费同比分别下降 33.4%、43.2%、21.7%、14.4 %。在春节、中秋、国庆等重要时间节点，发送提示短信，绷紧廉洁自律这根弦。对违反中央八项规定的典型事例，严肃查处并通报全行。

二是开展作风建设专项检查。通过自查与抽查相结合、现场检查与非现场检查相结合等方式，巩固改进工作作风的成果。以反对“四风”为切入点，查找在制度建设、文风会风、用车用房、差旅接待、服务基层等方面的问题。全行专项检查共发现问题 1 014 个，提出建议 1 441 条，及时督促整改问题 715 个。有的问题需要改进制度、流程、科技等，不能在短期内完成整改，相关机构和部门列入了整改计划，将其作为改进工作作风长效机制建设的重要内容。

三是开展“正风肃纪 勤业守廉”主题教育活动。组织全行各级领导干部学习廉洁自律等文件规定，开展党风党纪教育。在增强领导干部的组织纪律性、提高服务意识、改进工作作风、提升员工和客户满意度等方面，收到良好效果。围绕活动要求的教育内容，各级机构组织专题讲座 1 710场次，现场教育 70 034 场次，解决相关问题 4 318个。

二、强化对领导干部的监督，规范权力运行

一是加强和改进巡视监督。基本建成覆盖全部一级、二级分支机构和境内子公司的巡视监督体系，全行配备专职巡视人员 103 名，巡视组织力量得到加强，专业化水平得到提升。积极创新巡视工作方式方法，提升发现问题的能力。总行对 9 个一级分行进行巡视，发现突出问题 210 个，提出整改建议 18 条。各一级分行对所辖 163 个二级分支机构进行巡视、回访 62 个，发现问题1 191个并督促整改，向分行党委提出意见建议 162 条，为加强基层机构班子建设等方面提供了决策参考。

二是加大对信访反映突出问题的核查。全行纪检监察条线受理信访举报 799 件，核查了解信访举报 581 件。对群众反映违反中央八项规定，以及信贷管理、费用开支等方面存在的突出问题进行严肃查处，对线索清楚、性质严重的问题开展现场核查，对 147 人进行处理，对 108 个违规违纪问题和风险隐患问题进行整改。对信访反映领导干部的苗头性问题，加大函询力度，提醒谈话 176 人次。

三是强化对“权、钱、人”重点领域的监督。各级机构严格落实“三重一大”决策制度，强化民主决策，提高决策质量。认真落实领导干部任职前听取纪委意见等规定，各级纪委提供任职审核意见 3 228 人次，加强对选人用人的监督。

纪检监察特派员加强对重点部位、重点环节的检查，强化对基层机构及其负责人的监督，在促进作风建设、防范案件风险等方面发挥了重要作用。各级监察部门加强对集中采购的监督，共对18 786个集中采购和基建项目程序合规性进行监督审查。各级党委、纪委和组织部门认真执行中共中央及总行党委有关廉洁从业的规定和要求，对领导干部开展任前廉政谈话、提醒谈话、诫勉谈话共19 491人次；领导干部述职述廉28 471人次，报告个人有关事项21 917人次。全行有1 572人次主动上交未能拒收的礼金礼品、有价证券和支付凭证共计598万元。

四是全面推行基层党务公开，加强基层民主监督。全行基层党组织全面实行党务公开。上级行对基层行建立党务公开联系点制度，其中总行和一级分行共建立98个基层党务公开联系点。各基层机构将党务公开与行务公开紧密结合，完善公开平台，加强检查和测评，畅通民主监督渠道，促进了基层党风廉政建设和内控管理加强。

三、扎实推进案件防查，提升案件风险防范能力

一是严肃查处案件及严重违规违纪事件。全行严肃查处各类案件及严重违规违纪事件，其中监管立案案件2起，金额600万元，案件风险率符合监管指标要求。有效开展赃款追讨和外部资金风险化解工作，避免资金损失5.82亿元。全行追究案件责任人115人，其中，开除和解除劳动合同27人。加大案件通报力度，总行及时通报8起典型案例，增强案件查处的警示教育作用。

二是开展案件风险专项治理。针对信贷、票据、跨业合作等业务以及业务用公章管理、员工行为管控环节的突出案件风险，总行制定22项综合治理措施，在全行开展“管控关键环节 防范突出风险”专项治理活动。各分行结合“信贷风险防控年”活动，丰富专项治理内容，取得明显成效。坚持案件风险定期排查和不定期排查，发布风险提示5 397条，排查员工110.4万人次，对发现的问题加强督促整改。全行共堵截案件和风险事件1 152起，避免资金损失20.04亿元。

三是加强案件防控长效机制建设。层层签订案件防控工作责任状，增强案防责任意识。制定案件防控工作办法、案件防控考评办法，明确职责分工，严格案件考评，提高案件防控在KPI考核中的比重，总行对案件高发的一级分行实行一票否决。坚持案件防控重点联系行制度，实施差别化帮扶措施，督促案件风险整改。组织开展“学案例、知法纪、明禁令”主题教育活动，增强依法合规意识。推广基层机构负责人廉洁合规从业问查系统，各分行运用该系统组织问查722次，问查基层机构负责人3.9万人次，参与问查员工55.7万人次，发现和处置问题14 720个，主要问题包括营销费用配置和绩效分配不公开透明、经商办企业、参与民间借贷、违规报账虚增营销费用、收受外部公司好处等，使问题早发现、早解决。

四、严肃执规执纪，促进合规尽职

一是强化对违规违纪问题的责任追究。对案件、重大风险事件加大查处力度，突出对直接责任人和相关领导、管理人员的责任追究，对性质严重、影响恶劣的，将查处情况通报全行。全行对严重违规违纪人员给予党政纪处分2 680人次，其中，处分各级领导人员934人次，比上年增长71%。

二是加大对信贷违规失职的问责力度。完善授信业务责任认定及追究管理办法，从制度上规范和强化信贷问责工作。组织开展授信业务责任认定及追究工作效能监察，发现466个问题，督促及时整改。对纳入批量转让、呆账核销计划的不良资产项目，问责工作严格把关，总行多次组织现场检查督导。全行与信贷相关的人员，因违规失职造成资产不良受到纪律处分1 580人次。

2014年2月24日，建设银行全行纪检监察工作会议在北京召开。

三是加强对检查发现问题的问责管理。制定检查发现违规问题责任处理办法，规范责任认定和责任追究的问责流程。各分行监察部门与风险、审计、内控等部门积极协调，梳理流程，完善审核制度、加强检查督导，规范和强化检查发现问题问责工作，全行检查发现问题给予有关人员纪律处分672人次。

四是持续推进轻微违规积分管理工作。全行对10.3万名员工轻微违规行为积分，积分人数占员工总数的比例达29%，比上年增长4个百分点。全行运用积分工具加强管理的自觉性进一步提升，积分管理促进了员工合规意识增强。

五、加强纪检监察队伍建设，提升履职能力

一是加强纪检监察组织建设。全行纪检监察组织机构和人员队伍基本保持稳定。总行党委印发《贯彻落实〈党的纪律检查体制改革实施方案〉的实施意见》，明确改革的目标和主要措施。坚持纪委书记和监察部主要负责人述职述廉制度。加强纪检监察特派员管理和考核，充分调动工作积极性和创造力，大力提升履职能力，使其在基层机构反腐倡廉和案件防控中的作用得到有效发挥。

二是加大纪检监察干部培训力度。围绕提高纪检监察干部政治素质和业务能力，持续加大培训力度。总行举办各类培训班15期，选派纪检监察业务骨干参加中央纪委“一院两中心”的培训3期。各分行通过自办纪检监察培训班、组织纪检监察干部参加片区培训和相关业务培训，扩大培训覆盖面。全行培训纪检监察干部1 600余人次。

三是以监察学会建行分会为平台加强纪检监察理论研究。围绕当前工作中的热点、难点问题开展课题研究，加强研究成果的运用。分会的课题报告《商业银行纪检监察特派员效能研究》，获得中国监察学会2014年优秀理论研究成果二等奖。分会组织编写的专著《国有控股商业银行操作风险防范与管理》正在付印，将为基层员工防范操作风险提供重要读本。分会的工作得到了中央纪委监察部、中国监察学会的高度评价。

执笔：王君

公共关系与企业文化建设

一、执行中央八项规定和总行党委十项要求

一是改文风、转会风。与上年同期相比，2014年公共关系与企业文化部收发各类文件3 671件，其中，发文55件、签报112件、办件1 093份，比上年分别下降6.8%、34.9%、23.7%。在精减的同时，提高办文、会议质量和效率。文件内容要求言简意赅，处理时间原则上不得超过两天；从改革部务会入手，把会议的主题集中到议大事、议难事、议而有决上面来，使会议真正开出效果。

二是积极主动压缩经费预算。2014年初对以往费用安排进行认真梳理，取消了一批沿袭多年的费用项目；在具体执行中，根据实际情况主动取消已安排的项目。积极落实行领导部署，服务大局，加强成本管控。2014年广告宣传费预算与2013年相比减少2 633万元，下降8.4%；共安排捐赠预算5 016万元，与2013年相比减少2 124万元。

二、新闻宣传和声誉风险管理积极有效

一是60周年行庆宣传活动有声有色，“多、快、好、省”，极大提升了建设银行形象。60周

年行庆活动，公共关系与企业文化部作为牵头部门，认真贯彻总行党委关于“简朴务实，多快好省”的指示精神，认真谋划，精心组织。全年新闻宣传无论数量和质量均实现了历史性飞跃，刊稿数量是2013年的4倍多。王洪章董事长先后五次对新闻宣传工作提出表扬并作出批示，“向全社会讲好建行故事，传递建行好声音，宣传工作有声有色。”

二是优化内外部参评，持续提升国际影响力。2014年，坚持紧贴业务发展，突出重点，统筹兼顾，积极开展境内外奖项荣誉参评工作。截至2014年12月，建设银行已获得国内外奖项荣誉总计104多项，比2013年同期增长7%。

三是从源头管控声誉风险，上下协调联动，全年负面舆情数量四大行最少。全年共处置各类媒体负面及潜在舆情共1 212起，组织重大信贷风险、案件处理、信息系统升级等风险事项应对80余次，开展声誉风险专项排查12次，协调分行及业务部门处理潜在舆情近900起，加强舆论引导，建立了4 339人的网评员队伍，成为同业中建立最早、规模最大的网评员队伍。全年负面舆情曝光量较2013年减少28.6%。据第三方外部专业机构监测，建设银行负面舆情数量居四大行第四位。

三、坚持品牌建设，营销宣传贴近实际业务

一是优化投放渠道，积极服务战略转型和业务发展。全年为14个业务部门投放了包括品牌形象、战略业务、重点产品等55只广告；结合营销时点，通过央视、机场、网络、报刊、框架、电台六大渠道规模投放，总曝光高达310亿人次，达到了历史最好水平。

二是创新公益活动，积极扩大社会影响力，社会责任宣传成效明显。运用新媒体，传播公益活动，带动全行员工参与公益活动。成功策划并实施2014“母亲健康快车”活动，引起良好反响。实施“成长计划”五周年之际，启动微电影宣传片制作，传递建设银行扶贫济困、回馈社会的大爱情怀。2014年建设银行共开展公益活动数十次，捐赠金额3 500万元。先后荣获“年度社会责任最佳公益慈善贡献奖”、“年度公益慈善优秀项目奖”、“年度最佳上市公司”等荣誉。

四、文明创建工作富有成效

一是挖掘推出重大典型李红英，在行内外引起强烈反响，为转型发展提供了强大精神动力。全行大力开展“讲员工故事”活动，在此基础上，总结和宣传李红英“五个没有”的先进事迹。王洪章董事长先后两次对学习宣传李红英作出重要指示，郭友监事长先后三次对学习宣传李红英作出重要批示，总行党委作出《关于开展向李红英同志学习的决定》，号召全行员工向李红英学习，学习先进、争当先进的活动，激发了全行员工的积极性和创造性。

二是大力推进文明创建，坚持属地与系统并举，全国文明单位数量位居同业第一。落实中央文明办“五个一”创建标准和总行“六个一”创建要求，坚持属地与系统“两腿走路”，创建第四届全国文明单位成绩突出。2014年，全行全国文明单位总量达54个，其中，通过系统推荐表彰的23个，通过属地推荐表彰的31个，是前三届数量的总和，比上一届翻一番，与同业相比，建设银行第四届全国文明单位总量和新增均位居同业第一。2015年，通过属地成功推荐第四届全国文明单位17个。

2014年10月4日，中央电视台《新闻联播》以《建设银行：共和国建设的金融主力军》为题，报道了建设银行60年来坚持国家利益至上，服务国家经济建设和实体经济的情况。

三是深入开展思想政治工作，努力为全行发展转型提供思想基础。总结宣传“员工故事宣传

教育活动”经验做法。对近几年全行开展“员工故事宣传教育活动”进行回顾总结，整理形成“核心价值观教育的一次成功实践”教育经验做法，以总行通报形式转发各单位。积极开展思想政治工作课题调研工作。全行有26个单位共申报研究课题51个，其中思想政治工作方面课题25个，企业文化方面课题26个。

五、企业文化促进业务发展成效显著

一是联合业务部门，培育优秀企业文化。2014年，公共关系和企业文化部与相关业务部门积极联系沟通，探索文化建设的落脚点和切入点，为启动《建设银行企业文化建设实施纲要》奠定基础。与信贷管理部联合起草并下发了《关于加强信贷文化建设的通知》，同时与内控合规部沟通，策划开展合规理念学习教育活动，建立健全合规文化管理机制，着力培育员工的风险理念与合规理念，持续强化全员风险合规意识。

二是重视树立企业文化建设标杆。总行对各分支机构的服务品牌进行了梳理分析，确定重点，总分行携手共创。全年共打造54个服务品牌，重点培育打造了山西省分行的“红英绽放”道德品牌、北京市分行的“刘艳快线”、北京中关村分行的“科技金融”等服务品牌。

三是梳理文化，编写建行文化系列丛书。在建设银行成立60周年之际，集中精力，主动梳理建设银行文化发展历程，认真总结股改上市以来建设银行文化建设的经验和成果，编写了《建行文化丛书》，总计12个分册，共计150余万字，系统梳理了建设银行文化传承、创新、发展的光辉历程。

六、加强制度建设和学习培训，进一步提升规范化和专业化工作水平

一是加强制度建设，提升工作规范化水平。适应转型发展的新形势，制定营业网点视觉形象建设指引（修订版）；建立完善条线各项工作和部门综合管理工作流程，调整和完善条线工作考评方案及其细则，进一步提高公关企化工作规范化水平。

二是加强综合信息管理，扩大企业网部门主页可读性。对《公关工作动态》进行升级改版，根据新的任务和要求充实调整栏目，新设经验分享、工作思考、同业信息、Ⅳ案例点评等栏目。全年共编辑动态20期，编发专刊7期。积极优化部门主页，刊稿2 156篇，其中“企业文化园地”刊稿771篇，在总行部门栏目访问量中排名第一。

三是加强学习培训，提高专业化水平。按照培训计划，精心组织业务培训，举办了分行党委宣传部长培训班、公共关系与声誉管理培训班、品牌与社会责任培训班、企业文化管理骨干培训班，拓展视野，交流经验、提升履职能力。总行、分行部门负责人赴基层讲授企业文化与领导力、声誉风险管理、品牌营销与管理、思想教育与文明创建等课程，直接受训人员1万多人。开发了“企业文化远程自学课件”，组织员工学习网络课程近100门。

执笔：娄芸

离退休人员管理工作

2014年4—8月，在全行组织开展“风雨同舟六十载”离退休人员征文活动。全行39家机构共计1 346名离退休老同志参与了征文活动，撰写征文1 367篇，为建设银行六十周年庆祝活动献上一份厚礼。

8月，组织开展全行离退休人员先进集体和先进个人评选表彰活动。在各行、各单位评选推荐的基础上，总行对作出突出贡献的37个离退休人员先进集体和33名离退休人员先进个人进行了表彰。浙江分行老同志黄明军被推荐到中组部作

为全国离退休人员先进个人进行表彰。

2014 年 9 月 21 日，建设银行在山东举办第二届“和谐杯”离退休（内部退养）人员双升比赛。

6—9 月，组织举办了中国建设银行第二届“和谐杯”离退休人员双升比赛，37 家一级分行和两个培训中心派队参加了比赛，展现了建设银行离退休人员良好的精神风貌。

2014 年 9 月 22 日上午，组织召开了全行离退休老干部代表 60 周年行庆座谈会，章更生副行长主持召开了行庆 60 周年老干部座谈会，庞秀生副行长做业绩通报，总行离退休老行长周道炯出席了会议。总行企业文化部、行长办公室、人力资源部、财务会计部等负责人，部分一级分行老行长及总行本部老主任等 20 多人参加了座谈会。

2014 年 9 月 24 日，为全行 555 名厅级、局级和享受厅局级以上待遇的离退休人员分别寄送了王洪章董事长亲署签名的慰问信，充分体现了董事长和总行党委给予老同志的关怀。

执笔：刘筱莛

总行机关党建工作

一、坚持深化主题、丰富载体，大力提升宣传思想工作

（一）深入开展党的理论和时事政治教育

围绕学习宣传贯彻党的十八大及党的十八届三中全会、四中全会精神、习近平总书记系列讲话重要精神，以及开展中国特色社会主义理论体系和中国梦教育，总行机关充分发挥支部中心组理论学习示范作用，坚持以个人自学、集体研学、专家导学、实地教学等为教育形式，以网站、微信、电子大屏、工作简报等为宣传平台，形成了多层次、多载体的宣传教育模式。为推动教育深入开展，机关党委为各支部购置学习辅导书籍和视频资料 8 000 余册（个）；围绕广大党员关注的学习重点难点和社会热点焦点，组织了 8 期“机关大讲堂”专家辅导讲座，有近 1.5 万人次聆听了讲座；组织了学习贯彻习总书记讲话精神经验交流会，有 7 个单位和个人交流发言，黄毅副行长出席会议并发表重要讲话。各党支部共组织集体学习 260 余次，撰写学习体会文章 70 余篇，其中行长办公室、公司业务部、纪检监察部、养老金业务部的 4 篇理论文章在中央国家机关“纪念邓小平诞辰 110 周年”和“学习习近平总书记重要讲话精神”理论成果评选中，分别荣获二等、三等奖。为营造良好学习氛围，机关党委共编发党建微信、《工作简报》150 余期；通过《建行报》、企业网、工委《紫光阁》杂志及网站等媒体，刊发了总行 28 个单位的 120 余篇稿件。据紫光阁网站统计显示，建设银行稿件数量名列国有金融机构首位，点击率在中央国家机关部门名列第 12 位。

（二）加强思想政治工作和弘扬社会主义核心价值观

各党支部认真落实思想分析、谈心谈话、交流座谈、心理辅导等工作机制，积极推动思政工作常态化长效化；深入开展思想关爱、工作关爱、

生活关爱、成长关爱等为主要内容的关爱员工活动，不断增强思政工作的吸引力感染力。围绕深化改革、战略转型、机构调整等现实问题，机关党委精心组织了员工思想网上调查，对 2 381 份有效问卷深入分析，不断增强思政工作的针对性有效性。围绕培育和践行社会主义核心价值观、纪念建设银行成立60周年主题教育，总行机关大力宣传员工们在社会公德、家庭美德、职业道德和个人品德等方面的典型事例，积极推动社会主义核心价值观和建设银行核心价值理念内化于心、外化于行。北京电话银行被工委评为中央国家机关“创建文明机关，争做人民满意公务员”先进集体，被总行评为第四届中国建设银行文明单位。此外，机关党委配合党委宣传部举办了“李红英先进事迹报告会”，在全行引起强烈反响。

二、坚持党要管党、从严治党，全面加强基层组织建设

（一）加强基层党组织和党员骨干队伍建设

按照工委和总行党委要求，2014 年总行召开了机关党的第七次代表大会，选举产生了第七届机关党委和机关纪委，这是总行机关政治生活的一件大事。为开好这次会议，机关党委严格按照党的组织原则和工作程序，严密组织，精心筹备，认真起草了大会选举办法、大会筹备工作报告、党费收支情况报告，以及第六届机关党委和机关纪委工作报告，酝酿并提出了第七届机关党委、纪委成员候选人名单，确保了大会胜利召开。纪工委俞贵麟书记、王洪章董事长等领导同志出席了这次大会并发表重要讲话。同时，根据战略转型、机构调整和人员变化，机关党委及时指导 13 个部门建立健全了基层党的组织机构；坚持党员发展的记实制、票决制和公示制，全年共计发展新党员 62 名，审议批准了 77 名预备党员转正，并有 86 名到期转正党员正在履行审批程序。此外，机关党委按照“三集中”、“三结合”要求，组织了不少于 56 小时的总行机关处级及以上干部深入学习贯彻习近平总书记系列重要讲话精神活动；通过现场和音像教学、体验式和互动式教学等方式，组织了总行 37 名入党积极分子的井冈山培训班，不断加强党员骨干党性修养锻炼。

（二）严格党内政治生活和推进基层服务型党组织建设

2014 年，机关党委以工委开展落实《中国共产党和国家机关基层组织工作条例》专项检查为契机，深入开展组织工作自查自纠，严格落实“三会一课”、批评与自我批评、民主生活会、民主评议党员等组织制度，努力克服党的组织生活不经常、不严肃、不规范的问题，切实增强党内政治生活的政治性、原则性、战斗性。同时，各党支部坚持以服务型基层党组织建设引领机关党的建设，健全了党员领导干部带头改进作风、深入基层调研的机制，完善了直接联系和服务群众的制度，畅通了群众诉求反映的渠道；总结提炼了党支部在服务经济社会发展、服务建设银行转型发展、服务基层一线和广大员工等方面的经验做法，形成了“三进三领”和“四个一线五个关爱”等支部工做法。机关党委积极推荐房金部等部门参加了工委组织的基层服务型党组织先进典型宣传评选活动。

三、坚持抓细抓实、抓常抓长，持续改进机关工作作风

（一）不断深化党的群众路线教育实践活动整改工作

第一批党的群众路线教育实践活动之后，总行机关按照“三严三实”要求，以“两方案一计划”为指引，狠抓整改落实，巩固和扩大了教育实践活动成果。截至目前，总行各部门的 950 条整改措施已完成 90% 以上，并制定了涵盖会议发文、办公效率、出差调研、用车管理、经费管理、思政工作等一系列制度规定，以法治思维和法治方式推进作风建设常态化长效化。整改中，各单位坚持将任务层层分解、层层落实，坚持一项问题一项问题整改、一个时间点一个时间点检查。对于涉及多个单位和体制、机制调整等方面的难点问题，部门“一把手”亲自负责，统筹协调，合力克难，并充分发扬改革创新精神，紧密结合不断发展的业务工作、不断变化的客户和基层需求，及时充实和完善“两方案一计划”，努力将整改贯穿于各项工作，努力以机关作风建设的新成效凝聚起全行改革发展的正能量。机关党委 5 月组成 3 个小组对总行机关的整改工作进行了检

查督促，并向总行教育实践领导小组提交了专题报告；通过《建行报》、机关党建信息交流、工委紫光阁网站等媒体，宣传报道了公司部、房金部、养老金业务部、集团客户部、电子银行部等单位的经验做法。

（二）坚决贯彻中央八项规定和总行党委十项规定精神

2014 年，总行机关坚持以中央八项规定和总行党委十项规定精神为准则，持续纠正“四风”问题，深入践行党的群众路线，形成了作风建设没有休止符、永远在路上的生动局面。

一是会风文风显著改进。2014 年总行机关各类会议数量比上年减少了约 34%，发文较上年减少了约 40%，会议费用也比上年大幅减少。

二是工作效率不断提升。通过实行首问负责制等办法，2014 年总行各部门受理分行请示事项平均用时 5.5 个工作日，较上年减少 0.1 个工作日；印发了《总行审批事项目录》，精简审批事项 46%，推行了审批承诺期限制度；将营业网点手工登记簿由原来的 164 种减少到 5 种；2014 年总行组织的评比表彰项目也比上年减少了约 56%。

三是勤俭意识有效增强。积极推进精细化管理，着力压缩行政支出、非生产性费用；简化了公务活动、签约仪式、新闻发布及各类外事活动。年初的总行慰问老干部迎新春茶话会，杜绝了聘请专业演员和租用豪华设施等铺张浪费现象；在纪念建设银行成立 60 周年工作中，总行机关除必要的学习教育和座谈交流外，没有组织任何形式的庆典活动，坚持以务实简朴作风传承建设银行优秀文化。机关纪委坚持每季度向工委统计上报建设银行执行八项规定方面的具体情况。在中纪委、纪工委开展的贯彻中央八项规定情况专题调研中，总行机关受到有关领导的充分肯定。《建行报》全面报道了总行机关加强作风建设的经验做法和显著成效。

四、坚持惩防并举、标本兼治，深入推进反腐倡廉建设

（一）全面推进党风廉政和反腐败斗争

机关纪委认真组织学习贯彻党的十八届中纪委三次会议、国务院第二次廉政工作会议精神以及纪工委、总行纪委有关会议精神，深入推动党风廉政建设主体责任和监督责任的有效落实，深入贯彻中央《建立健全惩治和预防腐败体系 2013—2017 年工作规划》及总行有关实施意见，坚定不移地推进反腐倡廉建设。一方面，不断强化预防腐败的制度机制和信访举报的监督约束作用。机关纪委严格落实领导人员任职廉政谈话、重大信息报告、述职述廉、个人事项报告等工作制度，严格监督集中采购等“三重一大”事项；受理信访举报 20 余件，对群众反映突出的领导作风、干部选拔、经费管理以及违反八项规定等问题线索，通过函询、提醒约谈、诫勉谈话等认真核查，努力做到惩治于已然、防患于未然。另一方面，不断强化党风廉政建设的责任落实和责任追究力度。各级党组织坚持党风廉政建设“抓好是本职，抓不好是失职，不抓就是渎职”，不断强化党的政治纪律、组织纪律、财经纪律、工作纪律和生活纪律建设，努力把责任层层落实，把压力层层传导。机关纪委坚持“一岗双责”、“一案双查”、“一事双查”，有 1 名发生违纪问题的部门级领导人员受到党纪政纪处理。

（二）大力加强党风廉政教育和廉洁文化建设

按照总行纪委部署，总行机关深入开展“正风肃纪、勤业守廉”主题教育实践活动，深入开展理想信念教育、党风党纪教育、法制教育和廉洁从业教育，大力推进廉洁文化建设。在教育活动中，有的部门认真排查了员工行为和业务流程风险点；有的部门组织了参观红色文化基地和法律知识讲座；有的部门开展了“节能增效、俭以养德”和“寻找身边的廉洁榜样”实践活动等。这些活动贴近工作实际、突出机关特点，将廉洁意识有效地寓于业务制度规范之中，内化为员工的精神追求、思维方式和行为习惯。一年来，机关纪委先后组织党支部书记、纪检委员等骨干 30 余人次参加了各级纪检监察机关组织的专题培训；组织 60 余人次新提任处级的党员干部进行了任职廉政谈话、参观了廉政教育基地；组织近 1 万多人次观看了 4 部警示教育片；坚持通报各级纪检监察机关查办的违反八项规定精神的典型案例；坚持在节假日等时间节点，提示广大党员遵章守纪、拒腐防变。

五、坚持联系群众、服务群众，不断丰富群团组织工作

（一）加强机关工会和妇女组织工作

一是着力加强职工之家建设。机关工会修订完善了工会经费使用管理办法，顺利通过了全行工会财务管理检查验收；建立了洋桥办公楼图书室；更新了体育健身活动设施；组织员工观看了4部中央推介的主题教育宣传影片。

二是热心服务广大员工。机关工会积极开展春节、妇女节、儿童节、建军节等重要节日慰问联欢活动；向各部门拨发了活动经费；为员工办理公园年票4 600张；先后2次组织了郊外采摘活动；帮助16名员工解决了子女入学难题；向9名困难员工发放救助款18万元。

三是积极开展文体活动。机关工会精心组织了“中国梦·建行情”纪念建设银行成立60周年书画摄影展览等活动；大力发展文体协会，组织约有3 000人次参加的健球、网球、环湖健步走等一系列文体活动；积极组队参加了中央国家机关第11届“公仆杯”乒乓球比赛、中华全国总工会首届职工围棋比赛以及中国金融工会、总行工会等单位组织的10项体育比赛，共获得3项团体冠军、3项团体亚军和1个组织奖。尤其是郭友、胡哲一、章更生、黄毅等行领导积极参加“公仆杯”乒乓球比赛并获得优良成绩，不仅活跃了赛场气氛，也激发了建设银行队员勇于拼搏、为行争光的参赛热情。此外，机关工会还协助董事会办公室，成功策划了APEC工商咨询理事会在钓鱼台国宾馆开展的演出活动，充分展示了建设银行员工良好的精神风貌，大大提升了建设银行品牌的社会影响力。

（二）加强机关共青团和青年组织工作

一是深入开展青年教育实践活动。机关团委坚持党建带团建，组织了总行团干部学习习近平总书记系列重要讲话精神专家辅导讲座；组织了中央国家机关团工委“根在基层”调研活动和新员工拓展培训；组织了“中国梦 建行情”纪念建设银行成立60周年歌咏朗诵大赛；组织参加了全行“青年创新建行强”金点子大赛，并获得多个奖项，其中6项金点子获一等奖；参加了团工委“国青社区”手机软件设计开发和试点推广；完成了全国级、总行级和总行机关级各类青年先进集体、个人的推荐和评选表彰工作。

二是精心打造服务青年品牌。机关团委依托“易购”“牵手”等8个品牌活动，积极为员工团购电脑、轿车、保险和旅游咨询提供服务；先后6次举办单身青年婚恋交友联谊活动；深入推进员工心理咨询和减压服务项目；积极组织了保育知识、职场形象、金融英语培训以及第五届总行龙舟赛、第二届“建行杯”中央国家机关青年龙舟赛等一系列活动。

三是大力推进青年志愿者工作。机关团委积极在中央国家机关、中央企业中推广“圆梦积分”行动，为河北省阜平县捐赠了“建行快乐音乐教室”；开展了“为孩子留下童年微笑摄影活动”、“员工自画油画义卖”等公益活动；积极参加中央国家机关青年志愿者协会的筹备工作。此外，机关团委还充分利用微信、团工委资讯、总行青年杂志等平台，广泛宣传共青团和青年工作，大力弘扬社会主义核心价值观。

执笔：王斌

党校（高级研修院）培训工作

一、培训工作概述

2014年总行党校（高级研修院）承办了2期干部进修班，12期业务专题研修班，全年培训量达17 196人天，较上年增幅为26%，是本校成立以来培训量最大的一年，其培训质量与效果赢得相关方充分认可，经总行党校第30期、第31期干部进修班学员进行13个方面90项测评，满意率达99.9%，充分发挥了全行领导（管理）人员培训“主渠道”和“熔炉”的作用，被称赞为理论学习、党性锻炼、作风建设的教育基地、体验基地、示范基地。总行党校、哈尔滨分校和常州分校“一校三地”共举办各类培训班82期，培训108 875人天。

二、培训工作成效显著

（一）高质量地实现了两期干部进修班的培训目标

2014年，总行党校对两期干部进修班培训切实做到了“四个结合”：把遵循党校办学规律与符合建行后备干部成长规律有机结合；把理论学习、党性教育和能力训练、行动学习等有机结合；把教育培训与考察考核有机结合；把落实党校姓党、从严治校的要求与探索建立科学有效的培训管理机制有机结合，使学员以优良的学风，圆满地完成了党委赋予的学习任务。

一是使学员在夯实理论基础、拓展世界眼光、培养战略思维和加强党性修养等方面都有了长足进步，综合素质与履职能力有了明显提升。

二是精心指导学员运用所学的科学理论与方法，联系全行改革发展管理中的重点难点问题，开展课题研究，两期干部进修班共形成了12篇具有较高的研究水平、具有现实的参考和指导作用的对策与建议，以及17期具有较高质量的学员学习简报，均已印发总行党委成员、高管层和各部门、各一级分行领导参阅。“一校三地”6期干部进修班共撰写论文（课题报告）404篇，其中64篇次被评为“优秀论文”。

（二）高标准地做好项目研发和管理工作

一是坚持围绕中心、服务大局、勇于担当，竭尽全力多办、办好培训项目，使培训项目主管部门和参训学员体验到党校的优良作风和服务文化。

二是适应培训需求，自我加压，充分挖掘，加强与总行有关部门及分支机构的配合与协调，探索与有关部委、高校、科研机构加强合作的新思路，自主开发了部分培训项目及课程。首次成功主办了中心城市行长专题研修班和后备干部跟踪培训专题研修班（文化专题培训班），《建设银行报》（专版）刊发了培训成果。

三是“一校三地”统一教学计划、统一管理标准、统一组织实施、统一考察考核、统一教学评估，通过高效利用网络电教视频系统，并及时指导两所分校对主办（试办）培训项目进行总结，使分校教学管理水平和培训质量有了质的飞跃。

（三）上级党校和总行党委给予了较高荣誉

中国建设银行党校被中共中央党校表彰为2012—2014学年教学管理先进单位，总行党校和哈尔滨、常州两个分校的王博之、严莹、展丽新、庄晓方、董彤、王莺共6名同志被表彰为教学管理先进个人。

总行党校负责人在中央党校国家机关分校组织的教学成果汇报会上做典型发言，介绍了我校的办学理念、做法、效果，受到了上级党校和其他分校的广泛好评。

（四）培训质量与效果、教学管理与服务赢得了学员认可

总行党校对各类培训项目，均通过采取无记

名方式，由参训学员对其教学管理及其教务、文秘、会务、餐饮、公寓、用车、网络服务等各岗位员工的服务态度与业务技能等进行全方位评估。2014年2期干部进修班全体学员对干部进修班培训质量与效果、教学管理与服务工作评估等进行的评估，经统计，表示“非常满意”保持在95.5%～99.5%，个别表示“满意”，无“基本满意”、“不满意”和“很不满意”。

三、党校培训的突出特点

（一）总行党委高度重视干部队伍建设

2014年，总行党校共举办两期干部进修班，培训对象为“司局级干部进修班”（包括总行部门级负责人、各一级分行级负责人以及审计条线相应职级人员）；“处级干部进修班”（包括总行部门级、一级分行行级后备干部以及总行本部处长）。办班期间，总行党委成员以及高管人员先后24人次与学员座谈交流、亲自授课。总行党委书记、董事长王洪章以《怎样履行好从严治党职责》为主题，为党校第31期干部进修班学员讲党课，传授经验体会；党委副书记、行长张建国以推进战略转型、坚持稳健发展为主题，与第30期干部进修班学员进行了面对面座谈交流，并发表了重要意见。

（二）正确把握办班的指导思想，积极探索创新培训方式方法

坚持“实事求是”的校训和“党校姓党，从严治校”的办学方针，以学习贯彻党的十八大和党的十八届三中、四中全会精神，学习贯彻习近平总书记系列重要讲话精神为首要任务，以增强教育培训质量与效果为根本，以加强学风校风建设为关键，以强化党性锻炼、保持党的纯洁性先进性为重点，坚持把遵循党校办学规律与符合建设银行党员干部成长规律有机地结合起来，既严格执行中央党校的教学计划，做到“规定动作”不走样、扎实有效，又认真贯彻总行党委对干部培训培养与考察考核的具体要求，做到“自选动作”少而精、适合需求、富有特色。

一是以对党的事业和建设银行事业高度负责的精神，千方百计地建立与维护好一支相对稳定、高层次、高水平的外聘师资（专家）队伍，确保高质量的面授率达80%，其中基本理论和金融特色课面授率为95%，形成了党校的特殊优势。

二是注重对标，善于学习借鉴国内外先进经验与做法，不断创新教学方式，推进研究式教学，综合运用讲授式、案例式、模拟式、体验式等教学方法，充分调动教师与学员两个积极性，做到教学相长、学学相长。

三是坚持把理论学习、党性锻炼与行动学习、能力训练以及推进企业文化建设、实施精细化管理有机结合起来。

四是教学效果考核和检验始终以能力建设为标准，即把能力培养贯穿于党校培训教育的全过程。二期干部进修班毕业前夕，党校“一校三地”通过自主开发的测评系统，由全体学员和教学管理人员共同参与，对每个学员在校学习期间综合素质与能力形成了考察考核意见，并评选表彰了优秀学员。

（三）坚持从严治校，将党校严格管理与学员自主管理有机结合，为培训质量的提高提供保证

一是完善管理制度、严格培训管理。根据中央八项规定和上级党委、党校有关精神，进一步修改完善了《中国建设银行党校干部进修班学员管理规定》，建立健全了《学员党支部工作流程暨重要事项提示制度》、《学员测评制度》等，坚持从严治校，严格依据《党校工作条例》及其相关规章制度，开展教学工作，加强学员管理，确保了教学管理工作的有序平稳运行。

二是以组织建设为抓手，注重增强学员党支部的战斗力。干部进修班通过学员们自荐与他荐相结合的方式，以直接选举的方法，组建学员党支部。学员党支部围绕教学中心任务建立起高效的工作机制，制订了包括组织领导、理论学习、能力训练、对策与建议、党性锻炼、文体活动、交流宣传、日常管理涵盖八个方面的详细工作计划，明确了工作目标和具体要求，支委之间分工协作、相互配合，围绕“组织、引领、服务、保障”各个环节，把学员党支部打造成核心、堡垒。

三是拓展交流载体，充分发挥团队学习优势。通过建立“微信群”、出版《学习简报》，打造学习、沟通、交流分享的平台，传播智慧、触发思考。

执笔：潘伟

工会（团委）工作

2014年，系统工会、团委以员工关爱为主线，大力弘扬劳模精神，积极推进“温暖工程”，启动全员健身计划，加强职代会、劳动竞赛、困难职工帮扶、职工之家和文体活动等品牌工作，为全行改革发展转型营造和谐稳定、积极向上的内部环境，发挥桥梁纽带作用。

一、落实职代会制度，深化职工民主管理

组织召开全行系统三届三次职代会。2014年1月在北京召开，会议听取了王洪章董事长重要讲话、张建国行长工作报告、章更生副行长关于工会和职代会工作报告；人力资源部关于企业年金管理情况报告和员工股权激励相关情况报告，工会关于提案征集及办理情况报告、互助基金收支情况报告以及会议筹备工作、职工代表资格审查等情况报告。会议选举了职工代表监事，认真讨论了《中国建设银行温暖工程实施方案》、《评先表彰管理办法》等。会议共征集到职工代表提案69件，涉及建设银行经营管理、员工福利、产品创新、人力资源、科技开发等多个方面。

二、积极推进关心关爱员工，构建和谐劳动关系

（一）全面实施“温暖工程”，关注员工身心健康

一是正式启动全行综合性关爱员工行动“温暖工程”。在“员工成长帮助计划”（EAP）成功试点基础上，4月印发了《中国建设银行“温暖工程”实施方案》。建设银行因实施“一线员工成长帮助计划”（EAP项目），荣获“21世纪·2013年度最佳雇主”，成为唯一一家入选该榜单的金融机构；获得2014年《商业评论》第八届管理行动奖优秀奖，该奖项被誉为中国“商界奥斯卡”。

2014年1月23日，建设银行第三届职工代表大会第三次会议在北京召开。

二是深化“温暖工程走基层、到部门”行动。在完成14个分行试点网点的提升与优化基础上，黄毅副行长率队深入天津市、北京市、福建省、广东省、甘肃省5个分行困难地区和基层网点，实地调研指导温暖工程推进落地，看望一线员工，慰问困难员工和老干部，及时了解员工在工作、生活、思想等方面关切；察看基层职工之家建设情况，召开团员青年座谈会，对持续深入推进员工综合关爱作出指示。总行工会于12月中下旬组织召开总行所有部门综合处负责人参加的两个座谈会，分别征求员工对劳动保护及女员工、交流干部等特殊群体关爱八个方面的意见和建议62条。

三是启动全员健身计划。9月，黄毅副行长先后主持召开《中国建设银行全员健身计划指导意见》专题座谈会，征集了各方面代表的意见和建议，并对修改完善《意见》提出具体要求。11月正式印发《中国建设银行全员健身计划指导意见》，在各分行和广大员工中产生了积极反响。《中国体育报》对此进行了采访报道；并在全国金融系统工会工作经验交流会上就全员健身计划

和职工之家建设做了重点发言，得到了金融工会和同业的充分肯定。

四是研制“网点员工健身操”。针对网点员工环境封闭、工时长、任务重、场地限制的特性，以及久坐、伏案、悬腕、眼干、颈椎、腰椎疾病困扰等突出问题，总行工会、团委会同国家体育总局联合研制开发“网点员工健身操”。11 月与国家体育总局聘请的权威专家和全国第九套广播体操主创人员，先后到北京市分行所属网点和支行展开调研，召开了“网点员工健身操”启动座谈会，了解网点的工作环境、岗位特点和健身需求，力求健身操设计简短快巧。

五是启用员工关爱综合服务平台。10 月下发《关于全员发放温心卡并启用员工综合关爱平台的通知》，启用了以“温心卡 + 手机 APP + 热线电话 + 温心卡 E 站（内外网） + 微信公众号 + 员工成长电子刊物”为支撑的富有建设银行特色的员工关爱综合服务平台；已经面向全行发放温心卡 43 万余张，配套推出了《“温暖工程”推进手册》、《员工心理资本提升手册》、《新时期思想政治工作新方法》等员工自助学习手册，帮助全行员工更深入、更全面地了解和掌握提升综合素质的方法。与建信人寿研究员工福利保障补偿机制，加强员工出现重大疾病、身故、工伤、生育等情况的保障内容和范围，形成了“关于建立‘员工综合关爱计划’的初步方案”。

（二）持续深入开展送温暖和帮扶救助工作

元旦春节期间，各级工会走访慰问一线员工和困难员工，加大送温暖力度，共筹集送温暖资金 2 563 万元，慰问困难员工、劳动模范等 17 461 人；各级互助基金发放救助款 2 987 万元，救助特困员工 9 461 人；总行还对海南、云南遭遇台风和地震受灾员工及时进行救助，切实帮助特困员工排忧解难。在物质帮扶的同时，加强精神关怀，在三八妇女节、五四青年节、八一建军节和九九重阳节等重要传统节日前夕，在《建行报》和企业网主页刊登慰问信、倡议书送去总行党委和工会组织的温暖。

（三）开展“积分圆梦 · 微公益”志愿公益活动

年内，总行团委联合建信基金、中国青少年发展基金会、中国文学艺术基金会和中国文艺志愿者协会先后赴贵州、广东、河北、湖南，将前期捐赠积分用于贫困地区快乐音乐教育建设，并组织建设银行青联委员和青年志愿者赴积分捐助对接学校，开展“面对面”交流、“手拉手”家访、“心连心”结对子等志愿公益活动。中央金融团工委 7 月 3 日在湖南韶山召开团工委扩大会议现场观摩并在金融系统推广建设银行做法。9 月圆满完成金融团工委交办的“援疆青少年夏令营”活动。12 月，黄毅副行长赴甘肃出席“积分圆梦 · 微公益”捐建仪式。

2014 年 1 月 23 日，建设银行第三届职工代表大会第三次会议在北京召开。

8 月团委下发《关于持续推进“积分圆梦 · 微公益”志愿公益行动的通知》，深入开展企业冠名捐建“音乐教室”揭牌和志愿公益活动，促进业务营销。目前，获捐积分数量近 10 亿元，可兑换公益资金近 200 万元，累计捐建快乐音乐教室 24 所，举办捐建仪式 16 场次，极大地提升了建设银行积极履行社会责任的良好形象。

三、组织引导广大员工创先争优，建功立业，助推业务发展

（一）组织开展以“学技能，练本领，提素质”为主题的劳动竞赛活动

5 月开始，总行工会分别与营运管理部、个人存款与投资部在全行组织开展“立足岗位拼质量，专业服务为客户”柜面业务集中生产劳动竞赛、“客户服务 我最用心”个人客户服务岗位劳动竞赛。各后台业务处理中心及各一级分行参与“云生产”行内环节作业人员和网点大堂经理、

客户经理、客服坐席等3.5万名客户服务岗位员工积极参赛，在全行掀起了勤学业务知识、苦练操作技能的热潮。10月举办了“客户服务 我最用心”个人客户服务岗位劳动竞赛现场决赛。

（二）举办第二届“青年创新建行强”创新创效金点子大赛展示暨青年创先争优表彰（视频）活动

从年初至五四期间，总行工会团委、青联、产品创新与管理部共同组织发起了创新创效金点子大赛，通过网上投稿收集作品1 050条，各分行择优上报优秀作品367条，内容覆盖产品创新、服务创新、管理创新和互联网金融等诸多方面。

（三）开展“转型打造新优势”青年论坛活动

3月，总行团委、青联联合产品创新与管理部、战略规划部共同启动“转型打造新优势”青年论坛活动，围绕全行转型发展座谈会关于转型发展的总要求，组织引领广大青年员工和青联委员积极探讨建设银行转型发展的方向、目标、措施等。论坛共收到各一级分行择优推报论文150多篇，共向2014年金融论坛征文推报优秀论文5篇，获一等奖一项，二等奖一项，三等奖一项，优秀奖两项。

（四）评选表彰先进典型

各级行选树在劳动竞赛、创先争优等活动中涌现出来的先进典型。五一前夕，总行向全国总工会推荐表彰各类先进集体和个人6个，向金融工会推荐表彰各类先进集体和个人53个；五四前夕，评选了第十届“中国建设银行十大杰出青年”，向金融团工委推荐表彰全国金融各类青年先进集体和个人18个。总行工会于7月和10月分别在山东省和海南省组织了两期先进模范疗休养活动，切实体现总行党委对优秀员工的关爱

四、广泛开展文化体育活动，丰富员工的文化生活

（一）承办2014年“建行杯”全国金融系统在京机构第八届网球赛

6月下旬，建设银行以“建行杯”冠名，在国家网球中心承办了全国金融系统在京金融机构第八届网球赛，来自全国金融系统21个单位156名网球运动员参加了比赛。胡哲一副行长参加领导甲组网球双打比赛获得了亚军。建设银行优秀的组织能力和服务质量受到了参赛人员和主办单位的一致好评。

（二）举办纪念建行成立60周年书画展和主题征文活动

5月，制订下发《“中国梦·建行情”——建行员工书法绘画展》和《“60年辉煌梦与情”主题征文》活动方案；各分行上报优秀书画作品307幅，征文342篇（首）。9月中旬至10月中旬，在总行一楼大厅举办了《“中国梦·建行情”——庆祝建行成立60周年员工书法绘画展》，员工们精美的创作、艺术的布展和明确的主题受到了行领导和员工的高度评价。

（三）举办全行第四届职工羽毛球赛

9月中下旬，在国家体育总局举办了第四届职工羽毛球比赛。各级工会精心组织，全行系统315名运动员参加了比赛。张建国行长、胡哲一副行长双打组合分获冠军、亚军。为全行羽毛球运动水平的进一步提高和全员健身活动的开展起到了示范带头作用。

执笔：鞠红洁

CHINA 中国建设银行年鉴 2015
CONSTRUCTION BANK ALMANAC

第四部分　境内分行改革与发展

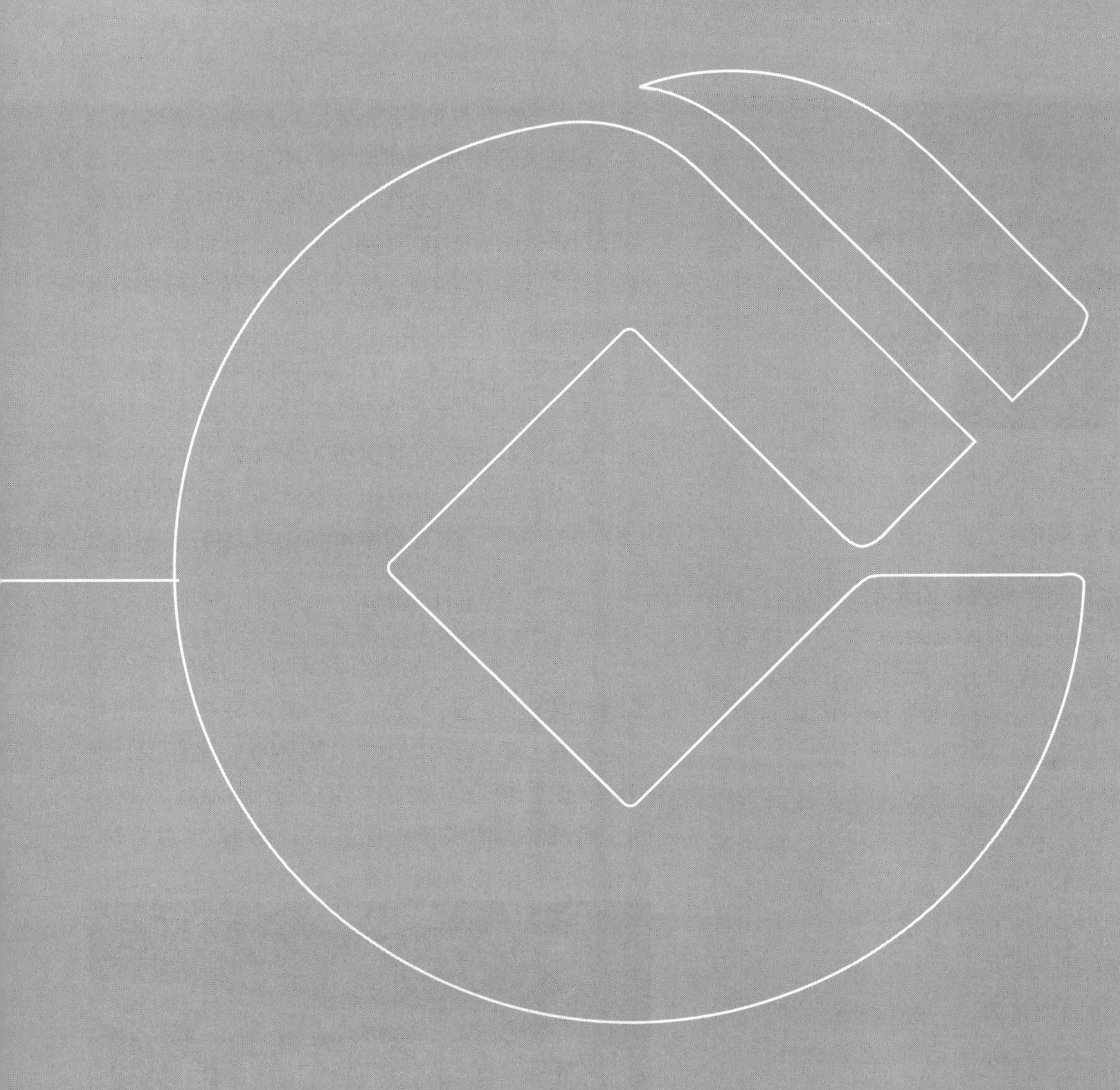

北京市分行

北京市分行行长（兼）　余静波

一、业务发展概况

【经营效益】全年实现税前利润190.29亿元，同比增长34.71亿元，增幅为22.31%。实现账面利润166.4亿元，地区四大行占比为20.43%，较2013年末提升了0.93个百分点，同比增速四大行第一。

【负债业务】年末本外币全口径存款时点余额13 272亿元，较年初增长1 941亿元，四大行占比为22.90%，较上年末提升1个百分点。本外币全口径存款日均余额14 171亿元，四大行占比为24.79%，较年初提升2.87%，新增3 473亿元，新增额位居四大行第一。全口径存款时点余额及新增、日均余额及新增全部排名系统首位。

【中间业务】全年实现中间业务净收入69.72亿元，同比增长5.08亿元，市场份额稳定在30%以上，首次进入系统前三强，排名创历年最高。

【资产业务】年末各项贷款余额5 026亿元，较年初增长571亿元，新增额四大行最高。

【战略性业务】全量客户共计1 049.45万户，累计新增74.31万户，其中，对公和对私有效客户新增均超额完成总行计划。年末有效客户占全量客户的比重为35.92%，较上年末提升0.95个百分点。

【资产质量与风险控制】在整体经济增速放缓，系统风险增加的环境下，不良额和不良率已经连续三年实现“双降”。五级分类不良贷款余额15.12亿元，不良率为0.30%，分别较年初下降2.32亿元、0.09个百分点，在系统大行和地区四大行中保持最优。

【经营效率】资本回报率为43.44%，创近三年最高。成本收入占比为24.14%，为近三年最低。人民币存贷款利差率为4.04%，分别比工商银行、农业银行、中国银行高0.46个、0.37个、0.62个百分点，应对利率市场化能力持续提升。

二、主要工作举措

【“三大一高”战略有效实施，市场竞争实力不断增强】分行成立“三大一高”战略推进领导小组和五大委员会，倡导“抓客户、促存款、促中收、促各项业务发展”的经营理念和“找得到、抓得来、留得住、挖得深”的12字总打法，各经营单位细化落地方案，“一户一策”有组织

2014年11月6日，中国建设银行北京市分行爱乐合唱团在钓鱼台国宾馆为2014年APEC会议代表演唱歌曲。

2014年12月17日，中国建设银行北京市分行与中央国家机关住房资金管理中心举行全面加强住房资金业务合作协议暨住房公积金贷款、归集业务合同签署仪式。

2014年12月29日，中国建设银行北京市分行与中国电力技术装备有限公司就该公司承建的埃塞俄比亚复兴大坝500千伏输变电工程出口信贷再融资项目签署12.8亿美元银团融资协议。

推进客户营销，并按月维护、动态管理，“三大一高”战略得以落地生根。2014年末，“三大一高”客户共2 991户，人民币企业存款时点余额5 199亿元，占分行人民币企业存款时点余额的92%。全年新开“三大一高”客户308户，新增人民币企业存款369亿元，同时也带动了相关业务较大发展。在支持地区实体经济发展中壮大综合竞争实力，新兴产业和重点领域信贷新增及实现收入位居系统第一。抓住混合所有制改革机遇，成功营销铁塔公司、铁路发展基金；支持企业“走出去”，为中电技术装备埃塞俄比亚复兴大坝项目提供银团融资；成功搭建中信财务等六大财务公司外汇现金管理系统；中标昌平区支库代理资格。

【战略转型率先破局，业务创新成效显著】率先落实总行《转型发展规划》，从接触客户最前端的客户服务渠道和客户综合营销两项重点工作切入，带动各项工作全面转型。智慧银行成功开业，近百家个人外汇中心和贵金属中心开业运营，筹备开建4家社区型自助银行。自助设备总量达2 967台，新增503台。电子银行账务性交易量达2.72亿笔，是柜台交易量的8倍。为分行全部71家总战级客户，“一户一策”制订了综合金融服务方案。科技系统建设和产品创新步伐加快。完成总行产品创新项目104项，数量排名系统第二，同比提升10个位次，首次荣获总行“最具创新力分行”称号。率先推出“议单通”、国家外汇储备转贷款业务，填补了同类型产品在北京市场和建设银行系统的空白。与大唐电信集团财务有限公司签署跨境双向人民币资金池业务合作协议，取得地区先发优势。

【依法合规意识深入人心，经营管理更加稳健】以法治思维强化风险管控与合规经营，坚持防化并重，牢固树立“预防胜于救灾”、“时间就是生命”的风险防控理念，建立起全员、全程、全方位的风险防控体系。深入“扫雷”，全面摸排风险，开展“遵章守纪，诚信合规，深入推进案件风险大排查行动”，切实整治违规违纪行为。重点开展员工违规违纪行为“回头看”活动，加大查处整治力度。处置与化解不良贷款8.36亿元，全分行未发生案件和重大责任事故。深入开展教育实践活动，查摆和解决影响分行科学发展和员工切身利益的突出问题。将大客户下放支行经营，理顺管理模式，提高支行活力；推行首问负责制，改变机关作风；较好完成了车辆精简工作，精简业务用车910台，压缩车辆费用1 529万元，清退司机254名。分行权限内整改事项完成率已达100%。

【“能力提升年”活动扎实开展，“虽忙尤乐”氛围更加浓厚】“能力提升年”活动与中心工作相结合、与解决当前问题相结合、与员工素质的提升相结合，虚功实做，对分行整体发展起到了积极的推动作用。研究分析能力的提升，带动了相关经营与管理水平的提高，出台了《“三大一高”营销指引》、《个人业务营销指引》等指导性文件9份，编发了33个行业客户产品营销手册；

在流程优化、机制创新和新方法运用等方面取得了365项成果，223项当年见效。加强“严爱”管理，一支“思想上讲素质、业务上讲能力、职业道德上讲水准”的员工队伍正在成长。通过“四关”，即政治上关怀、能力上关爱、工作上关心、生活上关照；“四有”，即干事有舞台、学习有平台、收入有增长、职业有发展，营造了具有北京分行员工价值取向的人文环境。让每个人都看到成长方向和成长空间，激发了员工的工作积极性和创造性。支行对分行部门的满意度也进一步提升。“和谐向上、虽忙尤乐”的氛围逐渐浓厚。一是“一流分行”中国梦是振奋全分行员工士气的关键所在。北京分行中国梦的提出，建设“一流分行”定位的确立，让分行发展方向更加明确，发展脉络更为清晰，将全分行广大干部员工的思想认识和奋斗目标统一到一起，形成了强大的凝聚力。二是“三大一高”战略是发展各项业务的强力抓手。“三大一高”战略的落地实施，在市场竞争中形成了体系化的打法，各单位围绕“三大一高”抓客户、拼市场、抢份额，带动和促进了资产、负债、中间业务收入等各项业务快速发展。三是“能力提升年”活动是强化经营管理的重要保障。“磨刀不误砍柴工”，各岗位员工积极投入到“能力提升年”活动中，能力素质得到较大提升，市场活跃度显著提高，各支行也进一步“做好做大”。能力提升使各项经营管理工作效率较快增长，取得了事半功倍的效果。四是“和谐向上、虽忙尤乐”的环境氛围是成就员工梦想的精神家园。严爱管理、四关四有、共赢共目标等理念深入人心，员工自身成长与分行发展目标融合在一起，良好的环境为员工实现自我价值、参与管理和分享发展成果创造了条件，为建设“一流分行”打下了坚实的基础。

执笔：何冰

天津市分行

天津市分行行长　高德高

一、业务发展概况

【负债业务】全口径存款年末余额达2 286.22亿元，一般性存款实现日均新增94.5亿元，当年新增67.82亿元，当年增幅为3.08%，超额完成计划指标；对公存款继续保持新增、余额双双位居当地四大行第一。

【资产业务】全年压缩30亿元贴现腾出规模满足贷款新增需求，为重点优质客户投放贷款844.23亿元，新增额位居四大行第一，余额稳居第二，同时有近2 500亿元的有效项目储备。

【战略业务】业务创新取得新突破，涌现出项目临时周转贷款、飞机融资租赁、人民币海外金融、分离式财产保全保函等一系列创新成果，ETC（电子不停车收费业务）等新兴业务呈现出迅猛发展态势。

【中间业务收入】全年实现中间业务净收入22.23亿元，同比增速13.06%，系统位居第五。四大行占比超过30%，总量、增量、增速均位居同业第一。

【经营效益】全年共实现拨备前考核利润63.7亿元，较上年增长16.24%；实现经济增加值24.49亿元，同比增长15.74%，再创历史最好水平。

2014年5月7日，中国建设银行天津市分行举办五四表彰暨“活力青春 津彩建行”才艺展示活动。

二、主要工作举措

【深入推进结构调整，零售板块扎实前行】个人金融业务聚焦企事业单位代发、财政统发、社保代发等八大源头类资金，注重将前端的市场拓展与后端对客户的精耕细作进行有机结合，将做大资金流入总量与提升储蓄存款留存率进行有效连接，个人存款市场份额继续呈现稳步上升发展态势。继续强化融智类产品销售力度，加强银行卡（特别是金融IC卡）和系列代收付项目实施工作，不断夯实支付结算业务基础。住房金融业务继续保持快速发展态势，自营性住房贷款净新增四大行占比达48%，余额稳居四大行之首，个贷逾期率、不良率水平在系统内位列第一。公积金归集业务继续保持100%的市场份额，公积金个贷保持市场绝对领先地位。主动协助市公积金管理中心做好公积金新系统上线和新业务模式运行工作，在本市公积金市场的业务主导地位得到进一步巩固。信用卡业务贷款余额、贷款新增、资产不良率保持同业领先，累计发卡量、当年净增发卡、消费交易额三项核心指标稳居第二，且进一步缩小了与同业领先者的差距。年度新增全量商户944户，创历史最好水平，对品牌价值和客户认同度的提升发挥了重要促进作用。信用卡条线全年实现中间业务收入1.9亿元，同比增长24.18%。小企业业务方面积极加强与市工商联、中小企业局、科委等政府部门合作，针对市场需求自主研发推出税易贷、互信贷、POS机贷、担保易贷等创新产品，逐步树立了品牌并赢得客户好评。全年新增小企业授信客户97户，新增小企业贷款46.1亿元。

【积极推进战略业务快速发展，业务创新成效显著】在机构业务方面，重点加大社保金融服务力度，全年实现金融社保IC卡新增30万张，完成年度计划的328.73%，累计发卡量突破50万张。在拓展与民生领域重点客户合作方面不断取得新的进展。积极营销财政系统客户，在滨海新区财政授权支付业务领域形成较大领先优势。在投资银行业务方面，债券承销、理财产品销售市场业务优势得以保持和发展，两项收入较上年实现大幅增长。理财业务全年新增债权、股权类资产198亿元，以较少的负债获得了总行较多的资金支持，资产销售比位居全行第一。工程造价咨询业务市场份额不断扩大，服务范围实现新突破，传统造价咨询业务收入在天津地方排名首位，在全国“百名造价咨询单位收入”排序中位列第六。电子银行业务在保持客户规模快速增长的同时不断提升客户质量，个人网银新增活跃客户数、手机银行覆盖度、理财产品交易占比等项指标在系统内排名大幅攀升。企业网银覆盖度达100%，系统排名第一。电子商务平台工作顺利推进，“e商贸通”会员数和存款沉淀均稳居系统第一，善融商务平台超额完成各项年度计划指标。在国际业务方面，客户基础进一步得到夯实，存款稳定性得到有效提升，跨境人民币结算量再创新高。国际结算、结售汇、贸易融资等主要外汇业务收入均较上年实现大幅增长，带动条线年度中间业务收入达2.09亿元，创历史最好水平。积极加强与总行子公司联动，不断开拓新的业务发展领域。

2014年6月24日，中国建设银行天津市分行与天冠生物能源（天津）有限公司签署战略合作协议

与建信租赁合作首笔金融租赁售后回租代理服务，为金融同业代理服务类中间业务收入拓宽了渠道。为建信资本提供基金子公司专项资管计划托管服务，托管总规模达162.39亿元。进一步深化与中德住房储蓄银行的战略协同工作，努力通过深化渠道、产品、营销等领域的合作关系。

【不断推进改革探索取得新突破，基础管理得到进一步加强】继续扎实推进网点综合化建设工作，单功能对私网点转型比例达72%，单一对公柜台转型比例达82%，单功能对公网点转型工作取得突破，两家已转型完毕。综合营销团队总数达250个，覆盖综合性网点比例达100%。体制机制改革探索取得阶段性成果。构建起基层网点分级分类考核体系和对公客户经理团队分级分类考核体系，逐步形成以业务综合贡献度为衡量标准、公开透明的内部计价和利益分配机制，通过管理创新为转型发展提供强大助力。全行认真执行总行信贷政策、落实内外部监管要求，严格把握信贷审批尺度，坚持有保有压，科学进行客户、项目选择，并主动加大对资产质量的考核和督查力度。按总行要求成立放款中心，加强贷中环节风险管控，同时不断强化重点领域风险隐患的前瞻性管理，积极做好不良和逾期贷款的实时监测、快速处置，及时有效地遏制了资产质量下滑势头，完成了总行下达的资产质量控制计划。全年共处置各类不良资产3.96亿元，超额完成计划。高度重视内控体系建设在经营管理中的基础作用，依托制度执行力水平的不断提升切实打牢案防根基。持续开展全员警示教育、员工行为排查工作，重点推进案件风险专项治理，将内外部审计及监管发现问题问责率、轻微违规积分管理纳入案防考评、内控评价等考核工作，促进员工合规操作和风险防范意识得到进一步强化。大力加强内外部服务质量建设，建立完善全行统一的柜面服务标准和“网点、支行、分行”三级分级投诉处理工作机制。圆满完成总行“新一代核心系统”各阶段推广工作，成功实施ETC项目二期、健康龙卡等69项特色应用开发项目上线工作。不断完善IT安全运行机制，持续优化基础环境运行支撑能力，实现各信息系统可用率达99.99%的运行质量目标。进一步加强集中采购统一、规范化管理，不断拓展采购项目延伸服务功能，全年共组织实施集中采购项目199个，合同总金额3.06亿元，实际节约资金3 079万元。

2014年8月29日，中国建设银行天津市分行开展“金融知识进万家”活动，图为三义庄社区咨询活动现场。

【持续加强队伍建设，干事创业合力不断凝聚】注重发挥党员干部的带动作用，着力加强全行干部队伍的组织建设和作风建设。高度重视、积极配合总行第二巡视组对天津分行开展的巡视工作，同时从“服务大局、强化监督、反映实情、促进发展”的角度有序开展对辖属各支（分）行的巡视工作。进一步加强专业技术人才队伍建设、完善员工队伍管理机制，加强经办岗位职务聘任工作常态化管理并打破定向员工不能晋升基层管理岗位的限制，进一步拓宽了员工职业成长空间。全行各级领导班子注重“以人为本”，让全体员工共同分享全行改革发展的成果，在薪酬分配上坚持“向一线倾斜”、“向价值创造倾斜”。出台并实施《天津分行80岁以上离退休人员发放高龄生活津贴》等制度化规定，切实做到政治上尊重、思想上关心、生活上照顾离退休老同志。进一步完善培训体系、拓宽培训渠道、优化培训项目、强化培训效果，全年组织进行各类现场培训25 291人次，员工人均学习网络课程17门，全面完成总行网络培训任务。积极推进“温暖工程”建设，健全完善“职工之家”活动场所和设施，分行系统建家率达100%。各级党政工团组织以建设银行成立六十周年主题宣传活动为契机，使广大员工深入了解建设银行砥砺奋进、成长壮大、锐意改革、开拓进取的历史进程，进一步增强主人翁责任感和使命感，凝聚起在新的历史起点上为实现转型发展贡献才能和智慧的坚强力量。

执笔：吕树楠

河北省分行

河北省分行行长　李秀昆
（2014 年 7 月免）

河北省分行行长　程远国
（2014 年 8 月任行长）

一、业务发展概况

【负债业务】年末全口径存款日均余额 5 181.96亿元，比年初新增 411.03 亿元，其中一般性存款日均余额 5 109.13 亿元，比年初新增 450.70 亿元，新增位居系统第五、当地同业第一。

【资产业务】年末本外币各项贷款余额 3 480.15亿元，比年初新增 410.42 亿元，新增位居系统第四、当地同业第一。

【中间业务收入】全年实现中间业务净收入 40.88 亿元，市场份额为 29.1%，位居系统第十、当地同业第一，有 10 项产品收入和人均中间业务净收入位居当地同业第一。

【经营效益】全年实现拨备前利润 121.8 亿元，账面拨备前利润位居系统第九、当地同业第二，再创历史新高。

【公司业务】年末人民币对公存款日均余额 2 111.94亿元，比年初新增 261.23 亿元，新增位居系统第六、当地同业第一。对公人民币贷款比年初新增 146.46 亿元，当地同业第一，其中非贴贷款新增位居系统第十五。实现公司牵头口径中间业务收入 7.91 亿元，位居系统第七。

【机构业务】年末机构客户人民币一般性存款日均新增 180.00 亿元，位居系统第五、当地同业第一。总行考核口径中间业务收入实现 2.19 亿元。累计发放机构客户贷款 39.3 亿元。财政资金承接率为 46.5%，高于系统平均水平 14.71 个百分点。

2014 年 4 月 29 日，中国建设银行河北省分行与河北信息产业投资集团有限公司签署战略合作协议。

【小企业业务】年末小企业非贴贷款累计发放 279.1 亿元，小企业非贴贷款余额比年初减少

10.7 亿元。“助保贷”政府风险补偿资金到位 3.31 亿元，位居系统第七。

【个人金融业务】年末个人存款日均余额 2 953.24亿元，比年初新增 174.3 亿元，新增位居系统第七、当地同业第二。个人有效客户总量达 491.92 万户，比年初新增 57.54 万户，新增位居系统第六。个人有资产客户达 1 320.89 万户，比年初新增 103.78 万户，余额和新增均位居系统第七。

【住房金融业务】年末个人贷款余额 1 060.1 亿元，比年初新增 221.2 亿元，新增位居系统第三、当地同业第一。房地产开发贷款余额 143.0 亿元，当年累计投放 65.6 亿元。

【国际业务】年末对公外汇存款日均余额 7.08 亿美元，比年初新增 2.39 亿美元。实现外汇中间业务收入 2.92 亿元，位居当地同业第二。完成跨境人民币结算量 227 亿元，位居当地同业第二；代客资金交易量 102 亿美元，同比增长 18%，创同期历史新高。办理海外代付业务 1.39 亿美元，较上年增长 6 倍。

【信用卡业务】全年净新增客户 46.29 万户，存量客户达 224.15 万户；当年存量发卡、存量客户、新增发卡、新增客户、新增活动客户、账户活动率、消费交易额、中间业务等关键业务指标均位居四大行第一。实现信用卡中间业务收入 7.06 亿元，同比增长 40%。消费交易额 875 亿元，同比增长 41%。

【电子银行业务】个人网上银行、手机银行、企业网上银行、活跃客户净新增分别位居系统第一、第二、第三，微信银行客户新增位居系统第十。电子银行直接业务收入 2.23 亿元，同比增长 10.9%。离柜账务性交易量占比为 86.41%，比上年末提高 3.33 个百分点。典型案例推广取得明显进展，善融商务活跃商户数达 712 户，位居系统第五；悦生活交易量 316.05 万笔，跨行资金归集交易额 10.86 亿元，均位居系统第一。

【资产质量与风险控制】不良资产处置 11.08 亿元，完成总行计划的 222%；现金回收 3.45 亿元，其中，超值现金回收 1.99 亿元，完成总行计划的 1986%。五级分类口径不良贷款额 18.4 亿元，不良贷款率为 0.55%，均控制在总行计划内，分别低于系统和全省同业平均水平 0.65 个和 1.18 个百分点。全年未发生案件和重大风险事件。

2014 年 11 月 10 日，中国建设银行河北省分行举办龙卡石家庄热购信用卡上市发布会。

【内控合规建设】推进内控监测服务平台构建，实现网点综合服务、内控风险监测操作、规章分等分类管理“三位一体”的综合化功能。加强反洗钱和关联交易管理，提升数据报送质量。做好内外部检查发现问题整改，提升整改成效。

【其他业务】在投行业务方面，年末实现投资银行业务收入 7.49 亿元，位居系统第九。其中，财务顾问收入 3.58 亿元，位居系统第七；投资理财收入 3.91 亿元，位居系统第十；当年投行融资总量 235 亿元，同比增长 63%；成立“京津冀产业发展协同基金”，金额 200 亿元；资产入池业务实现对所辖二级分行全覆盖。在私人银行业务方面，AUM500 万元以上私人银行客户比年初新增 679 户，位居系统第四；“金管家”新增有效签约 11.5 万户，位居系统第二；财富卡与私人银行卡累计发行 2 793 张，位居系统第七。在大资金结算业务方面，单位人民币结算账户的新增、增幅，以及基本结算账户新增均位居当地同业第一，单位人民币结算账户总量位居当地同业第三。在养老金业务方面，养老金累计受托业务规模 37 亿元，位居系统第二、当地同业第一。

二、主要工作举措

【顺势而为，一心一意谋发展】一是负债规模持续扩大。积极拓展京津冀协同发展、通信、供销、上市公司等系统性领域和国土、住建、海关、体彩和公共资源交易中心等机构客户，加强贷款资金支付管理，推动资本项目落地。公私联动提高代工客户黏性和代发资金沉淀率，针对性营销个人零资产客户，运用互联网金融、自助银行、助农取款点、电话支付终端等渠道抢抓县域资金存款，从全量资金角度提高理财客户产品覆盖和综合贡献。加大存款激励考核力度，鼓励存款稳定、有质量的增长。二是资产业务稳健发展。以列入国家和河北省规划的铁路、高速公路、港口等基础设施建设领域核心企业为基础拓展上下游客户，围绕“三个一百”、城镇化建设、海洋经济、商用物业抵押以及仓储物流、节能环保等领域加大信贷投放力度，成立“京津冀产业发展协同基金”，办理河北省首单 PPP 项目，教育、卫生行业贷款居当地同业首位。以“助保贷”为突破拓展优质小企业客户，加快推进农业现代化步伐，小微企业贷款和涉农贷款分别新增 73.9 亿元和 127.14 亿元。加强个贷楼盘储备和营销，发展个人助业贷款和善融商务个贷，2014 年末个贷余额突破千亿元。三是中间业务优势巩固。严格遵守关于金融服务收费各项规定，加大投行类业务、贷记卡、个人投资理财类产品营销力度，保持银行卡、代理基金、贵金属等个人类产品稳步增长势头，着力提高人民币结算、国际结算、托管业务等对公产品市场竞争力。截至 2014 年末，非信贷类产品收入占比较上年末提升 7 个百分点。

【创新驱动，多措并举促转型】完善产品创新机制，积极探索联动研发、重点产品团队式研发等多种创新模式，加快产品创意向产品创新的转化，构建多层次产品体系。积极倡导综合服务，提高专享增值服务能力。加快网点综合化建设步伐，深化前后台业务分离。扎实推进客户服务年，优化业务办理流程，提高服务效率。优化网点布局，推进城区低效网点向富裕县域、空白县域搬迁。加快电子渠道拓展应用，做好善融商务、悦生活平台应用，以及跨行资金归集、网上理财销售等产品推广，率先在省内商业银行实现网点 WiFi 全覆盖。加大县域地区自助渠道布设力度，加快复合型客户经理培养使用。

【调整结构，深入挖潜强基础】严控“6+1”行业信贷总量，新增贷款重点投向行业优质客户，国家重点扶持的战略新兴产业，小微企业、涉农等领域，以及综合收益高、资本占用低的贷款产品，优先保障重点县域机构需求。组织开展“全员抓户，提质增效”客户账户营销拓展专项活动，加强专职客户经理对个人高资产 VIP 客户的维护，推进临界客户等级晋升。深入研究探索大数据在市场拓展、客户维护、产品服务创新、风险防控等多个领域的应用，数据平台建设取得阶段性成果。

【防范风险，合规经营保平安】组织开展“信贷风险防控年”活动，加强项目评估管理，强调实质性风险判断。加强贷中发放环节风险审查管理和重点领域的风险监测与排查，加大不良资产处置力度。牢固树立“内控促发展，合规创价值”合规文化理念，坚持风险分析例会制，强化对重点部位、重点环节、重点机构、重点时段的风险管控，加大对高风险事项的稽核监测力度。始终保持案件治理高压态势，积极探索基层机构案件防控新方法。扎实开展“管控关键环节，防范突出风险”案件专项治理活动，建立员工行为动态全面排查长效机制。深入开展安全生产大检查，加强 IT 风险管控和声誉风险防控体系建设，提高信访沟通、就地化解矛盾、接访劝返及群体性事件现场处置能力，认真做好“两节”、“两会”期间安全稳定工作，“平安建行”创建向纵深推进。

【以人为本，队伍建设聚合力】制定加强和改进机关作风建设的意见，扎实推动教育实践活动整改落实，组织开展了“正风肃纪，勤业守廉”主题教育活动，党风廉政建设进一步强化。坚持理论学习制度，认真落实民主集中制，着力建设一支敢于担当、有能力解决疑难杂症、有能力破解发展难题、有能力带领大家过上幸福生活的高素质领导班子队伍。做好二级分行领导班子及省分行本部部门领导人员的调整充实和职务续聘，加强领导人员职数管理和干部选拔任用工作监督检查。畅通员工职业发展渠道，完善绩效管理体系，合理配置培训资源，员工队伍整体素质进一步提升。认真落实总行“三高于一保护”要求，强化“多劳多得”绩效考核导向。以建设银行成立 60 周年为契机加强品牌建设，组织开展“60 年 60 佳”优秀员工表彰，挖掘先进典型、弘扬正能量。深入落实关爱员工 20 条，广泛开展走访慰问特困劳模、特困员工活动，落实“两个待遇”发挥离退休人员余热，营造了积极向上的和谐氛围。

执笔：赵亚旗

山西省分行

山西省分行行长　高强

一、主要业务发展概况

【经营效益】全年实现账面利润36亿元，主营业务收入84.7亿元。主营业务收入结构呈现可喜变化，其中票据业务实现收入12亿元，占主营业务收入的14.4%。

【资产质量】年末不良贷款额13亿元，不良贷款率为0.98%，低于系统平均水平0.21个百分点，继续保持当地四大行最优。

【负债业务】年末一般性存款日均余额2 579亿元，当地四大行占比为23%，提升0.47个百分点；日均新增70亿元，位居当地四大行第一。其中，企业存款余额1 134亿元，占比为25%，位居当地四大行第二；新增11亿元，是当地四大行唯一正增长的行。个人存款余额1 445亿元，新增59亿元，占比为26%，位居当地四大行第三。

【资产业务】年末各项贷款余额1 437亿元，新增146亿元，位居当地四大行第二。其中，机构类贷款新增13亿元；个人贷款新增53亿元；信用卡贷款新增22亿元。“三类贷款”新增69亿元，占比为56%，高于系统平均水平15个百分点。

【中间业务】全年实现收入14亿元，保持当地四大行第二。其中，信用卡收入2.64亿元，增幅为42%；资金结算业务收入1.5亿元，增幅为13%；造价咨询业务收入1.25亿元，增幅为15%。

【房金业务】年末个人贷款余额突破200亿元，新增、余额、收益水平均位居当地同业第一；个贷资产质量各项管控指标均位居系统前七位，当地四大行最优。

【国际业务】年末外汇对公存款日均余额1.6亿美元；跨境人民币结算量32亿元，计划完成率为229%，实现历史性突破。

【资产质量与风险控制】全年累计处置不良贷款14亿元，计划完成率为376%；实现减值回拨3.13亿元，不良贷款处置率达176%。

【机构业务】全年社保卡累计发卡1 024万张，新增发卡290万张，累计发卡量位居当地同业第一、系统第二；社保资金存款日均余额282亿元，新增62亿元，位居系统第七；社保存款利息收入3.68亿元，位居系统第六。

2014年9月16日，中国建设银行山西省分行开展“反假币宣传”活动。

【内控合规建设】提出继续开展以“夯实内控基础，促进合规经营”为内容的“内控合规深化年”活动，号召员工将合规成为一种工作习惯。

【其他业务】投行业务发行理财类、债券类

产品63笔157亿元；养老金运营托管资产规模47.8亿元，新增9.6亿元，均位居系统第八，运营个人账户数19.4万个，位居系统第五。电子银行业务善融商务活跃商户新增709户，成交金额12亿元，计划完成率位居系统第一；新开户和学生惠签约44万户，位居系统第四，新增14万户，位居系统第三。电子渠道理财产品销售占比为86%，位居系统第三。信用卡业务净增发卡71万张，位居系统第六、当地四大行第一；净增客户58万户，位居系统第三；实现消费交易额424亿元；净增达标商户1 960户，完成率位居系统第四。小企业业务“助保贷”贷款余额24亿元，搭建“助保贷”合作平台70个，基本实现覆盖全省地市，吸纳政府及企业保证金存款共计6.89亿元。私人银行业务金管家有效签约客户数15.2万户，位居系统第一；新增15.2万户，位居系统第一；交易额195亿元，位居系统第六。

二、主要工作举措

【准确研判形势，明确工作思路】把握经济形势，积极传导“不要低估经济下行对山西经济造成的影响，不要低估煤炭价格下行对山西经济造成的影响”的危机感、紧迫感。以守住“二类行”为底线目标，以“客户、存款、贷后管理”为三项重点工作，提出“不能再以常态化的思维、惯性的做法去谋划、应对2014年的工作。要以前所未有的工作节奏和强度紧张起来，打苦仗、打硬仗，确保打胜仗”，“要有过紧日子、过苦日子”准备，全力以赴，备战全年。

【明确转型方向，加大创新力度】强调转型方向，即在做好传统优势领域的前提下，逐步改变“一煤独大”传统经营思路，全力推进资产负债业务向非煤产业转移；把握转型举措，重点关注与民生息息相关的水、电、气、食品医药、养老产业等行业中出现的机会，贷款投放重点向医院、学校、文化、旅游等行业倾斜，存款以财政、社保等机构类业务为着力点和突破口；明确转型目标，重点抓非煤产业，全力推进资产负债业务向非煤产业转移，力争做到在山西当地同业中，建设银行受煤的影响程度最小，不良资产最低。在创新方面，实现产品创新22项，带动新增客户1万余户，沉淀存款5.5亿元，实现中间业务收

2014年12月16日，中国建设银行山西省分行与太原唐久超市有限公司举办善融商务唐久超市开业仪式。

入2 000万元。

【重视发展之本，狠抓负债业务】个人存款提出“跳出存款抓存款、跳出网点抓存款、跳出零售抓存款”；企业存款重点抓财政、社保的上游源头和下游承接资金，较好地发挥了存款“稳定器”的作用。机构类存款日均余额493亿元，占全部对公存款日均余额的43%。特别是在存款业务发展异常艰难的情况下，机构类存款日均新增44亿元，占全部对公存款日均新增的400%，成为企业存款增长的有力支撑点。当地同业存款余额36亿元，新增9.75亿元，位居当地四大行第二。

【改变“一煤独大”，优化资产结构】增强工作的前瞻性、主动性，适度调整对煤炭行业的贷款投放，加大对教育、医疗、文化、环保等行业的拓展力度，在合规经营、风险可控的前提下，着力调整信贷资产结构，合理把控小企业资产业务，适度加快个人贷款业务，大力发展信用卡分期业务，做实做强票据业务。煤炭行业贷款总量基本保持零增长，占全部贷款比重下降2.1个百分点；交通、电力和机构类贷款新增50亿元，占对公贷款新增的91%。机构类贷款授信额度97亿元，信贷余额54亿元，位居系统第十八，提升5个位次，新增13亿元，位居系统第五。

【做强传统业务，培育新增长点】一是票据业务，累计办理贴现首次突破千亿元，位居系统第一，利息收入12亿元，为上年3.6倍；承兑实现中间业务收入1.1亿元，首次突破亿元，位居系统第五。二是造价咨询业务，积极参与省、市

重点工程公开招投标工作，实现收入同比增长1 590万元。三是住房资金业务，通过推广公积金国管系统，发挥系统优势、科技优势，增加客户黏性，住房资金存款日均新增22亿元，日均余额222亿元。

【狠抓客户数量，调整客户结构】将2014年确定为“客户发展年”，将“调整客户结构”作为改善资产结构、优化收入结构的基础工作。对公客户账户总量、增量、基本账户数均超越中国银行，拉近了与工商银行的距离。单位人民币结算账户7.9万户，净增1.3万户，当地四大行占比为43%，排名第一。其中，基本结算账户4.7万户，当地四大行占比为21%，提升2个百分点；所有二级行账户新增均位居当地四大行第一。个人客户1 739万人，新增194万人。其中，信用卡全量商户突破1万户，达10 610户，计划完成率为210%，位居系统第四。

【强化管理考核，提升客户经理素质】针对客户经理能力不足、管理和考核落地不到位的问题，重点加强客户经理技能培训，加大客户经理考核力度。要求客户经理和业务骨干至少有一半的工作精力和时间下基层、跑客户，把主要精力和时间用在客户拓展和维护上，并出台了相应的督导办法，着力推行对客户经理的业绩量化考核。在业务技能提升方面，对全省958名对公客户经理，组织开展不同层次、类别培训，使客户经理懂政策、知产品、有技能，有效提升了客户拓展维护能力，对稳定存款业务，保持应有的市场份额显现出了积极的作用。

【敢于担当责任，守牢风险底线】针对经济下行、煤炭价格下跌的双重压力，确立“发展控风险、盘活降不良、处置消不良”工作思路。加强贷后管理工作，有效防控、化解信贷风险，重点针对煤炭行业、民营、小企业客户，加大贷后管理的督导力度。积极传导总行信贷政策，跟进重点项目。坚持前瞻性主动风险管理，提高预判预控能力，组织对1 123户、355亿元信贷风险排查。抓住关键点，提升风险管理水平，实施重点监测、信贷观察名单等制度，对重点区域重点产品进行重点检查督导。

【强化案件防控，创建平安建行】深化教育活动，对领导干部组织开展了“正风肃纪 勤业守廉”主题教育活动；狠抓制度落实，定期召开案防部门联席会议，及时安排布置案防工作，及时发布风险提示，落实有关预防措施，持续开展“平安建行”创建活动；有针对性地开展专项排查及业务检查，对42个基层机构开展接管式检查，震慑了违规违纪行为；努力化解风险事项，对出现的案件风险事项积极化解，控制势态扩大，并从中吸取教训，举一反三，改进工作。

【加强队伍建设，改进工作作风】抓班子，带队伍，坚持“三严三实”，增强党委凝聚力，发挥班子整体合力；有计划、有重点培养锻炼年轻干部，拓展专业技术职务岗位的广度和深度，增强干部队伍的工作活力和激情；坚决落实党风廉政建设党委主体责任和纪委监督责任，明晰对各级干部管理的制度化、规范化，加强纪律约束、群众监督和行为排查，对违规、违纪行为坚持“零容忍”；巩固扩大群众路线教育实践活动成果，对照“四风”揭摆、查找、发现的问题，持续抓整改、抓防范、抓自律、抓约束，着力做到弊绝风清；切实转变作风，严格执行中央八项规定和总行党委十项要求。

【夯实基础管理，弘扬先进典型】加大问责力度，约见业务发展落后的二级分行班子；针对违规问题重拳出击，对相关责任人员进行严肃处理；加强舆情监测，及时有效处置多起大规模上访事件，为业务发展保驾护航。成功塑造先进人物李红英，先后荣获全国巾帼建功标兵、全国“三八红旗手”、山西省“三八红旗手”荣誉称号，被评选为2014年度“山西省十大感动人物”和“临汾十大道德模范”称号，在系统内和社会上引起了强烈反响，鼓舞了员工士气，传递了正能量，提升了干部员工的事业心、责任感。

执笔：赵建伟

内蒙古自治区分行

内蒙古自治区分行行长　邱书民

一、业务发展概况

【负债业务】年末全口径存款时点余额2 052亿元，当地四大行占比为27.25%，排名第二。一般性存款日均余额、新增额均保持当地四大行第一。个人存款发展良好，余额首次超过工商银行，当地四大行排名第一。

【资产业务】年末各项贷款余额1 818亿元，新增111亿元，贷款余额当地四大行占比为28.7%，继续保持第一。对公贷款余额连续七年排名第一。个人类贷款（不含信用卡）新增继续保持当地四大行第一，贷款余额赶超工商银行，排名第二。

【中间业务】全年实现中间业务净收入17.73亿元，中间业务净收入当地四大行占比为34.7%，排名第一。

【经营效益】全年实现拨备前利润57.98亿元，同比增加3.63亿元，当地四大行排名第一。

【资产质量与风险控制】不良贷款持续反弹，资产质量管控形势严峻。截至2014年末，账面不良贷款余额40.4亿元，比年初增加33.03亿元，不良贷款率为2.35%，比年初上升1.9个百分点。全年处置不良贷款13.42亿元，完成总行计划的371%，不良资产处置比率系统排名第三。

【战略性业务】新型资金结算产品发展迅速，全部完成计划目标。信用卡主要业务指标快速增长，业务规模不断扩大。新增发卡同比增长25.4%，卡均消费交易额系统排名第一，贷记卡账户活动率系统排名第二。新增发卡量、贷记卡贷款余额等指标保持同业领先。电子银行业务加快发展，电子银行客户规模突破千万大关；“悦生活”总行计划完成率系统排名第三；电子银行渠道理财产品销售占比提升值系统排名第二。委托性住房金融业务当地四大行占比近70%，各项指标均位居同业第一。“民本通达”市场份额进一步提升。全日制本科院校基本账户市场占比为80%，贷款余额当地四大行占比为64%，均排名第一。医疗卫生行业贷款余额、校园一卡通项目等指标当地四大行排名第一。企业年金业务发展势头良好。托管资产新增2.53亿元，计划完成率为112%。小企业业务零售化转型取得一定成效。单户贷款500万元及以下客户占比同比提高10个百分点，户均贷款余额同比下降27%。私人银行重点产品销售系统排名靠前。“金管家”累计签约率和新增额均系统排名第六。

【个人金融业务】年末个人存款余额1 136亿元，余额首次超过工商银行，当地四大行排名第一，日均新增当地四大行排名第一，时点新增当地四大行排名第二。个人类贷款余额451.28亿元，当地四大行占比为29.45%，排名第一，新增45.2亿元。个人金融主要产品销售继续保持同业领先。个人有效客户增长16%，高于个人存款增速7个百分点。个人客户金融资产增速高于系统平均水平。个人有资产客户保有率为92%，系统排名第十三。个人产品覆盖度3.82，比上年末提高0.24个百分点。

【公司业务】年末对公存款余额889亿元，当地四大行占比为27.33%，排名第二。对公贷款余额1 367亿元，当地四大行占比为28.45%，排名第一。对公全量客户增长23%，计划完成率为125%。对公产品覆盖度3.93，比上年末提高

0.64 个百分点。

【房地产业务】房地产客户 23 户，全口径房地产存量贷款 66.24 亿元，较年初下降 4.41 亿元。其中，经济适用房、廉租房及棚户区改造项目贷款余额 18.65 亿元，占全部房地产贷款余额的 28.16%，较年初下降 5.26 个百分点，且无不良贷款。

【国际业务】国际结算量同比增长 49%，跨境人民币结算量同比增长 772%。国际结算量、跨境人民币结算量、贸易融资发生额、转贷费收入等均超额完成年度计划。

【内控合规建设】持续加强内控合规建设，进一步梳理内控合规组织框架，区分行本部成立了内控合规部；加大内控评价与信用风险指标考核力度；积极推进合规文化建设；深入开展案件专项治理和“信贷风险防控年”活动；组织开展操作风险自评估；重检不相容岗位；进一步加强声誉风险和保密印章管理；创新管理机制，强化审批管理；进一步优化信贷流程管理，区分行本部成立了放款中心。

二、主要工作举措

【强化党的群众路线教育实践活动整改落实工作】深化整改落实，区分行领导班子整改措施完成率为 95%，二级分行领导班子整改措施完成率为 97%，“四风”突出问题专项整治整改完成率均达 100%。严格费用支出，招待费、会议费、差旅费、广告费、宣传费和业务用车费同比分别下降 46%、52%、7%、12.4%、23% 和 14%。

【坚持改革创新，发展潜力进一步增强】规范内设机构管理，顺利完成了区分行本部部门的精简调整。二级分支行内设机构调整设置工作稳步有序推进。深入推进营业网点综合化建设。综合性网点占全部营业网点的比例达 98%，综合性柜台占全行柜台总量的比例达 92%，综合性网点全部组建了综合营销团队。加强产品创新。2014 年，列入总行产品创新计划 14 项，计划外新增创新项目 22 项。持续加强科技创新。核心网改造顺利完成，网点互联网 WiFi 普遍运用，金融 IC 卡行业应用长足发展。自治区财政非税收缴系统等 5 个项目在总行知识产权评审中获奖。

【持续强化风险内控管理，确保安全稳健发展】持续加强全面风险管理。全年未发生案件和重大操作风险事项；开展了贯穿全年的“信贷风险防控年”活动；声誉风险管理成效显著，全年在各类主流传统媒体、互联网上未发生负面舆情；建立集中放款中心；全面推进内控合规体系建设；不断优化授信业务流程；法律工作对经营风险的防范和化解作用持续增强。切实加强案件防控工作。认真开展“管控关键环节、防范突出风险”案件专项治理活动，强化员工职业操守教育，加大对违规行为的问责力度，全年未发生案件和重大责任事故。着力加强安全管理。以防控三类案件及安全责任事故为重点，持续推进“平安创建”工作深入开展，有效预防了外部侵害案件发生。

【大力发展客户账户，战略基础进一步夯实】在拓展个人客户方面，区分行将 2014 年确定为“客户经营转型年”，立足客户价值挖掘，将个人客户经营方式由“营销拓展型”向“价值挖掘型”全面转型，并针对零资产客户激活、产品覆盖度提升等开展专项攻坚活动，并取得了良好成效。在拓展账户方面，适应商事改革，及时调整客户营销策略，实现了客户稳定增长。持续加强小额无贷户管理，制定了“一圈一链一平台”的营销模式。实施差异化的产品定价政策，促进非有效客户向临界客户转变；对临界客户实行名单制管理，尽快将临界客户转变为有效客户。按月通报零余额账户激活和提升、小额无贷户及有效客户管理等情况。

2014 年 8 月 21 日，中国建设银行内蒙古乌兰察布分行与乌兰察布市工商联联合举办非公企业融资对接会。

【大力加强基础建设，客户服务水平进一步提升】进一步推进渠道建设，全年新增营业机构 14 个；升格营业机构 7 个；批复设立离行式自助银行 61 个；网点自有率为 68%，高于系统平均水平；自助银行总量保持当地四大行第一；自助业务交易量增长 46%。持续深化前台、后台业务分离，已实现 13 项产品的前台、后台分离业务集

2014年11月3日，中国建设银行内蒙古区分行举办“柜面保险精英讲师”保险业务培训师选拔大赛。

中，营运主要生产指标均达到总行平均水平。客户服务水平持续提高。在总行个人客户满意度调查中，建设银行系统内排名第八位，当地四大行排名第一。客户平均等候时间和柜员每笔业务平均处理时间系统内排名前三位。

【持续加强队伍建设，核心竞争力进一步提升】在干部队伍建设方面，优化干部队伍结构，对二级分行风险主管进行职务调整，对部分二级分行和区分行本部领导班子进行了调整和充实；严格领导干部监督管理，全面梳理了近年来全区分行干部职数情况；推进干部年轻化，充实后备干部队伍，选拔后备管理人才90名。在员工队伍建设方面，优化人力资源配置，校园招聘录用员工338人，全部分配到基层网点；积极开展人才交流和岗位交流。推进落实基层机构负责人岗位轮换制，定期进行重要岗位和特殊岗位轮换监控；加强专业技术人才队伍建设，加大对基层一线的政策倾斜；进一步加强客户经理队伍建设。全区配备专职客户经理312名，名单个人客户经理416人；不断提升培训质量和实效。完成各类培训项目407期，累计培训3.3万人次。

【持续加强企业文化建设，社会影响力进一步提高】持续加强员工核心价值观教育；主动与新闻媒体沟通，加强内外部宣传。在各类新闻媒体共刊发新闻宣传稿件3 051篇；积极开展“走一线、送关爱、鼓干劲”主题教育活动，深入基层开展调研，认真落实关爱员工措施；大力推进“五个一”、“六个一”创建活动。4个基层机构获总行级“文明单位”称号，29个分支机构获区分行级“文明单位”称号；积极履行社会责任。完成了对234名贫困大学生的资助工作；认真完成地方党政分配的扶贫攻坚任务；积极参与“积分圆梦，微公益”，捐建音乐教室等社会公益活动。2014年，建设银行荣获“2014内蒙古五星级企业公民”、“诚信企业”等多项荣誉。

执笔：梁桢　其木格

辽宁省分行

辽宁省分行行长　袁桂军

一、业务发展概况

【负债业务】年末一般性存款日均余额、时点余额和时点新增额当地四大行排名均为第一位。一般性存款日均余额3 393亿元，当地四大行占比为31.62%，日均新增243亿元，当地四大行占比为39.78%。

【资产业务】年末各项贷款余额、新增额当地四大行排名均为第一位。各项贷款余额2 303

亿元，当地四大行占比 31.39%；新增 282 亿元，当地四大行占比 40.77%。

【经营效益】全年实现税前利润 67 亿元，增幅为 18.4%，当地四大行占比为 39.81%，领先排名第二的行 23.2 亿元；创造经济增加值 32.5 亿元，增幅为 14%。

【资产质量】资产质量创历史最好水平。不良额 10.33 亿元，比年初减少 6.71 亿元；不良率为 0.46%，比年初下降 0.4 个百分点，下降值系统内排名第一。累计处置各类不良资产 14.63 亿元，其中 2 个资产包回收率均为系统排名第一。

【公司业务】年末对公存款日均余额 1 423 亿元，当地当地四大行排名第一，当地四大行占比为 37.02%。对公贷款余额 1 569.6 亿元，新增 178.3 亿元，当地四大行排名第一。其中，对公非贴贷款余额 1 452 亿元，比年初新增 143 亿元，当地四大行排名第一。全年累计投放贷款 1 022 亿元，通过投行产品累计为企业提供直接融资 225 亿元。全行对公全量客户 66 666 户，新增 6 113户，增速为 10.1%；其中折算前有效客户 38 899户，新增 1 257 户，增速为 3.3%。实现对公条线中间业务收入 14.14 亿元，完成省行全年计划的 102%。

2014 年 2 月 11 日，中国建设银行辽宁省分行召开 2014 年工作会议。

【个人金融业务】年末个人存款日均余额 1 970亿元，当地四大行排名第一，市场占比为 28.61%，新增 136.34 亿元，当地四大行排名第二，市场占比为 33.65%。个人贷款 742 亿元，当地四大行排名第一，新增 9 亿元，当地四大行排名第一。全量个人客户 1 400.82 万人，其中有资产客户 872.95 万人，比年初新增 45.04 万人。全行私人银行客户 3 385 人，比年初新增 258 人；客户金融资产 343.51 亿元，比年初增长 59.27 亿元。电子银行账务性交易量占比为 35.15%。信用卡全年净增发卡 39.24 万张，计划完成率为 122.63%，当地四大行排名第一。信用卡消费交易额 273.84 亿元，贷款余额 60.58 亿元。实现信用卡中间业务收入 3.86 亿元，同比提升 28.35%，总行计划完成率为 101.7%。

【房地产业务】房地产开发贷款全年累计投放 52.92 亿元，房地产开发贷款年末余额为 73.2 亿元，较年初新增 27.6 亿元，综合收益率达到基准利率上浮 38%。个人住房贷款余额 644.8 亿元，新增 104.2 亿元，增速达 19.3%。住房资金存款余额 283.9 亿元，比年初新增 30.9 亿元，完成省行全年计划的 140%。

2014 年 10 月 30 日，中国建设银行辽宁省分行举办沈阳市工会会员服务卡首发暨工会会员服务网开通仪式。

【中间业务】全年实现中间业务净收入 25.27 亿元，当地四大行第一，当地四大行占比为 34.68%，比上年提升 1.69 个百分点，增幅为 12.21%，系统内排名第六。实现工程造价咨询收入 2.57 亿元；房改金融业务继续保持同业第一，实现中间业务收入 1.4 亿元，系统排名第七，遥遥领先于同业。实现个人金融业务收入 6.72 亿元，同业可比重点个人金融产品收入 4.02 亿元，当地四大行占比为 32.83%，居同业首位，系统内排名第六。实现信用卡中间业务收入 3.86 亿元。向私人银行客户销售理财产品 149.1 亿元，实现中间业务收入 830 万元。

【国际业务】国际业务取得对公外汇时点存

款余额及新增额、日均存款新增额、外汇中收增速、外汇资金交易收入、国际结算量新增额六个当地四大行排名第一。对公外汇时点存款8亿美元，新增3.9亿美元，当地四大行占比为46%，提升20个百分点；对公外汇日均存款7.4亿美元，新增3.1亿美元，当地四大行占比为33.1%，提升5.3%；外汇中间业务收入2.25亿元，增速为39%，当地四大行占比为26.4%，提升3.7%；国际结算量183亿美元，新增50亿美元。跨境人民币结算量219亿元，同比翻一番，市场占比系统内排名第二；外汇利润2 185万美元，增速为90%，系统内排名第八。

【资产质量与风险控制】资产质量创历史最好水平。不良额10.33亿元，比年初减少6.71亿元；不良率为0.46%，比年初下降0.4个百分点，下降值系统内排名第一。进一步加大不良处置力度，累计处置不良资产14.77亿元，总行计划完成率为164%，其中现金回收已核销呆账资产1.89亿元，实现不良资产超值现金回收1.93亿元，完成总行计划的320.97%。化解了辽宁铜业4.6亿元的信贷风险，其中现金收回1.2亿元，盘活3.4亿元。

【内控合规建设】印发了《辽宁省分行内部控制管理实施细则》，确定了166项过程指标、6项结果指标实施对二级分（支）行内控评价，自我评价机构覆盖面达100%。重新组织修订了《重点业务严重违规行为处罚手册》（即《红线手册》）。开展内控合规知识网上答题活动，全行11 389名员工参与，参与率为86.6%。

二、主要工作举措

【主动推进转型发展】从客户、产品、渠道、服务、风控、队伍、保障七个方面进行转型。一是加大信贷结构调整力度。重点加大新农村、城镇化、海洋经济、房地产等高收益贷款的投放力度，当年新增84亿元，增长103%。做大做强贴现业务，抢占总行票据贴现专项规模88.73亿元，累计投放387亿元，系统内排名第三，同业第一。上收贷款审批权至省分行主管行长，下浮贷款比例同比减少30%，基准贷款比例同比上升30.28%，个人住房贷款市场定价能力同业第一。二是实施大负债管理。扭转了存款时点大、日均小的不利局面，与总行考核导向保持了一致，增加了分行收益；通过存款、类存款产品多渠道吸引和挽留客户资金。灵活运用新型负债产品，吸引行外资金，累计办理单位特色存款23亿元，结构性存款2.91亿元，通过对公一户通沉淀存款294亿元。利用“聚财存款”、“特色储蓄”等产品，吸收存款180亿元。通过营业网点理财POS机累计吸收行外资金73亿元。开发了“营业网点大额资金流向动态监测系统”，累计挽留客户资金80亿元。

【加强渠道建设】加快“三综合”建设。完成综合性网点建设481个，网点综合化率为87%，上升了29%；组建综合营销团队453个，单一对公柜台综合化转型353个，超额完成年度“三综合”计划任务。积极推进电子渠道产品创新应用，离柜账务性交易量占比提升2.4个百分点，“悦生活”交易量系统排名第二。大幅增加在线运行自助设备总量，自助设备账务性交易量1.2亿笔，同比提升1 455万笔，全年实现新建离行式自助银行150家的建设目标。弥补县域短板，以网点迁建方式，强力推进县域机构设立，完成了6家县域网点租赁购置，9家自助银行运营。为改善农村地区“服务难”问题，全年推广取款网点200余家。

【加强客户营销】实施认领制和认养制。各级行领导认领客户带动时点存款新增191亿元、日均新增185亿元。成功营销沈阳军区联勤部等一系列重点客户，成功取得省财政厅代管预算单位资金总账户资格。一是推行三层营销机制。积极营销省社保下借款承接账户，账户承接率达25%，累计承接额近70亿元，初步扭转了长期以来的被动局面；累计承接中央财政资金35亿元，承接率高于总行平均水平10个百分点。二是绘制营销地图。先后下发大中型客户营销地图名单21 393户、未在建设银行开户POS机商户名单1 034户、本外币联动授信客户名单1 720户、新注册企业名单2.7万户及企业待上市客户名单等，引导全行按图索骥，大中型公司客户新增开户275户。三是从源头抓客户。抓住中央和地方政府简政放权、商事登记制度改革的机遇，利用“工商信息通”系统，推行“企业注册一站式”服务，进驻各地政府办事大厅12家，全年累计拓展客户 1 384 户。四是批量拓展个人客户。与沈阳市总工会合作发行 50 万张工会会员服务卡，与中国移动合作发行移动支付借记卡产品，实现公交、地铁、物业一卡通用。辽通龙卡市场占比为 65%，系统内 11 家发卡行排名第一。五是实行销户集中管理。坚持“销一补二”标准，通过“节流”保住存量客户资源。对公结算账户新开户同比多增1 771户，销户同比少销 2 041 户。

【抢抓振兴机遇】一是敏感捕捉信息。在国务院 28 号文出台前，主动申请参加省里各项政策的调研，参与各项体制变革、机制优化的研究与制定工作；28 号文出台后，迅速找准分行面临的机遇，梳理了 136 项业务机会，制定了 71 条具体措施，抢先同业一周取得了辽宁地区振兴项目清单，效果很好。其中，央企 63 家 422 个项目，民企 252 家 558 个项目，银企亿元以上对接项目 523 项，上海 50 家企业 12 个签约项目。全省（不含大连）东北振兴项目共计 1 341 个，已经对接 1 180个，占比为 88%，已开户 253 个，占对接客户的 21.4%，已准备授信材料 39 个，已通过信贷审批 20 个，已放款 18 个，放款金额 35.89 亿元。二是创新支持辽宁振兴。积极对接东北振兴产业基金设立，向政府提交了筹建方案，基金设立规模设定为 300 亿～500 亿元，并初步确立了建行的牵头银行地位。在总行的全力支持下，成功投放 PPP 模式贷款 1.9 亿元，储备 PPP 模式项目 33 个。率先签订协议，总行领导与辽宁省政府在北京成功签署《支持辽宁老工业基地振兴战略合作协议》，从更高层次全面加强了银政合作。

【严防风险案件】一是严控不良贷款。开展了为期 1 个月的贷后管理大检查，堵塞漏洞、防患未然。二是建立案防体系。制定了《案件风险防控体系实施意见》、《案件防控考评办法》、《案件问责工作管理暂行办法》等制度，构建了适应分行特点的案件防控长效机制。辖属行一旦出现案件，从纵向、横向两个维度按照尽职情况追究责任，形成了防范案件、努力处理化解的合力。制定了《关爱员工切实加强和改进信访工作的指引》，信访量同比下降 46%，接访批次、人次同比下降 32.5% 和 32.9%。三是深入开展风险排查，严厉惩处违规行为。集中组织了“管控关键环节、防范突出风险”案件专项治理等活动，排查员工行为，发现隐患、整改问题，防患于未然。修订了《重点业务严重违规行为处罚手册》（红线手册），将“员工参与博彩、参与非法集资、经商办企业、擅自对外出具法律性文件、克扣工资侵害员工利益”等行为纳入手册，保持对严重违规行为的高压态势。累计处理责任人 188 人，积分管理覆盖面由系统第 20 位上升至第 12 位。四是加强审计整改。问题个数整改率达 98.63%，问题金额整改率达 99.57%。

【关心关爱员工】一是改善工作环境。累计投入资金 3 000 余万元，改善了营业网点内部通风、取暖设施，为员工提供了舒适的工作环境。二是关爱员工健康，为员工投保 30 项重大疾病保险。三是关心员工思想情况。开展了“走一线、送关爱、鼓干劲”主题活动，通过思想引导走基层、核心理念进网点、典型形象聚人心、解决问题在一线等方法和措施。

执笔：杨阳

吉林省分行

吉林省分行行长　杨铁军

一、主要业务指标

【负债业务】年末全口径存款余额 2 221.7 亿元，位列当地四大行第一，新增 294.3 亿元，位列当地四大行第一。其中，对公存款余额 933.4 亿元，位列当地四大行第一，新增 79.6 亿元，位列当地四大行第二；个人存款余额 1 090.5 亿元，位列当地四大行第二，新增 105.1 亿元，位列当地四大行第一。同业存款余额 197.8 亿元，位列当地四大行第一，新增 109.6 亿元，位列当地四大行第一。

【资产业务】年末各项贷款（含信用卡透支）余额 1 406.3 亿元，位列当地四大行第二，新增 177.8 亿元，位列当地四大行第二。其中，对公贷款余额 954.3 亿元，位列当地四大行第一，新增 108.2 亿元，位列当地四大行第二；个人贷款余额 452 亿元，位列当地四大行第二，新增 69.6 亿元，位列当地四大行第二。

【中间业务】全年实现中间业务净收入 19.54 亿元，同比下降 1.13 亿元。

【资产质量】不良贷款余额比年初增加 13.46 亿元，不良贷款率比年初高 0.93 个百分点。

二、主要工作举措

【以创新客户服务为主线，实现转型和发展同步推进】一是公司业务。由公司部牵头，以对公转型为先导，积极开展综合营销服务，为 122 户重点客户制订了 145 个综合服务方案，实现了“一个客户，多个产品，一站式服务”。围绕重点战略性客户产业链条，提升链式金融服务能力。为一汽集团经销商网络创新了“一点对全国”金融服务。合作经销商增加到 254 户，累计融资 177 亿元，保证金存款日均新增 12.9 亿元。实现了与一汽大众、一汽丰田公司的网络银行业务全面对接，为其上游供应链条和下游销售链条企业，投放网银“e 销通”融资 1.26 亿元。紧盯地方重大项目融资需求信息，重点围绕经济支柱行业、骨干企业及其上下游链条客户和城镇化建设优质项目增加信贷投放。公司类贷款新增 105.3 亿元、城镇化建设项目贷款新增 14.7 亿元；公司机构加权有效客户净新增 7 581 户，增长 6%；基本结算户新增 5 141 户，增长 9%。二是机构业务。多级行联动，与 19 个市区财政局、31 个县政府建立了新的联系机制，推动机构客户账户、公务卡、社保卡和电子银行等产品联动销售。全年机构账户新增 734 户、机构存款新增 22 亿元、机构贷款新增 19 亿元，带动投行项目 14 个、资产项目 85 个，发行社保卡 14 万张、军保卡 1 953 张。三是小企业业务。积极开展小企业产品创新，研发推出了“商融贷”、“POS 机贷”产品；全力推动“助保贷”和“类助保贷”业务发展，组建了 8 个助保金池，风险铺底资金到位 8 300 万元。沿着核心企业资金流、物流“顺藤摸瓜”，开展上下游中小客户小额化、标准化、批量化营销。全年新营销小企业客户 395 户，小企业非贴贷款余额 149 亿元，累计投放 131 亿元。四是投资银行。强化投行与公司业务联动，重点营销优质公司客户和优质城镇化建设、基础设施建设、土地整理等融资项目。丰富投行业务种类，债券承销业务实现了新突破。全年完成投行业务102笔，融资总额162亿元。其中，通过债券承销为3户企业募集资金23亿元，为优质城镇化项目融资31.5亿元。五是资金结算：积极开展资金结算产品配置创新，开发了资金结算产品统计分析应用系统和银行卡机控系统，加大综合现金管理服务方案营销力度。全年新增单位人民币结算卡2 472张、新一代账单自助服务客户3 715户、密码器通兑账户3 128户，实现新型结算产品收入2 430万元。六是国际业务。深化本外币、境内外和资金结算、网上银行与国际业务联动，争取最有市场竞争力的服务报价；大力发展委托付款、出口应收账款风险参与和信用证买方付息贴现等表外业务。全年完成国际结算76.5亿美元、结售汇68.4亿美元、跨境人民币结算178亿元、表外贸易融资16.4亿美元。七是个人金融。落实全量客户经营理念，细分客户群体，精准开展综合金融服务和组合产品营销，做大客户资金总量。个人有资产客户新增44万户，资产日均新增138亿元；代缴费项目增加到28个，代销基金、保险、实物贵金属、国债业务量位居同业第一；产品覆盖度为3.79，提高0.21个点。八是私人银行。强化专营机构管理，以“金管家”现金管理为依托，大力推进“抓大、抓堆、入圈”营销。AUM1 000万元以上私人银行客户新增122人，客户金融资产增长13.7亿元，增幅为16.6%。九是电子银行。搭建“e路惠”电子生活服务平台，完善“善融商务”电子商务代运营平台，基本形成了与物理渠道互补的电子普惠金融服务网络。网银活跃客户净新增6.9万户、手机银行客户净新增17.2万户，入驻“e路惠”平台商户1 730户，电子银行账务性交易量比为71.4%，提高1.2个百分点。十是银行卡。集聚优势服务资源，全力打造吉和网龙卡、福农龙卡、交通龙卡、热购龙卡等系列多功能、集成式龙卡产品，实现了一卡多用，新增IC卡145万张、信用卡30万张。大力开展专项激活和促销活动，做大分期、收单业务，分期交易额29亿元、消费交易额245亿元。十一是住房金融。加强优质区域优质楼盘营销，优化个贷业务流程，个贷申请当日办结率达90%，树立了个贷中心服务品牌。住房资金存款历史性新增23亿元，住房类贷款新增54亿元。

2014年11月6日，中国建设银行吉林省分行与吉林省及部分地市工信厅局举行小微企业助保贷款业务合作签约仪式。

【深化结构调整，强化风险管控，实现了稳健合规经营】一是实施了差异化结构调整策略。坚持“有保有压、不死退、不退死”原则，对产能过剩行业、信誉差的存货监管客户、长期拖欠客户、域外项目，以及房开、保理、煤贸、联贷联保类小企业贷款进行重点压缩，实行一户一策，有序推进，全年退出大中型公司贷款5.6亿元、小企业贷款16.3亿元。二是实行了差别化信贷授权管理。结合区域风险状况、各行风险管控能力和授信审批情况，动态调整授信权限，切实扭转了“重授轻管”现象。三是完善贷后管理机制，提高了贷后管理能力。制定“对公贷后管理办法”和“对公授信放款管理办法”，厘清了贷后管理岗位职责和管理边界；建立贷后评价机制，实现了贷前、贷中和贷后的有效联动；开展“信贷风险防控年”活动，对新发放贷款进行“回头看”，对21个重大信用风险项目进行专项处置。四是完善信贷管理系统和流程，夯实信贷管理基础。开发对公信贷业务流程监控系统（PCPM），实现了对公信贷产品、各信贷业务阶段的全流程电子化、标准化操作；强化授信业务风险监测系统（CRMS）应用，提升了对公客户报警、预警、风险提示和对私客户授信监测能力。五是强化逾期贷款和不良贷款压缩处置，提高了资产质量管控力度。定期召开“问题贷款分析会”和“信贷资产质量风险管控会”，逐户分析逾期情况，研究处置策略。开展压不良、控拖欠专项行动，采取多种措施，加快化解逾期风险。灵活运用多种手段提高不良贷款处置效率。全年处置不良贷款7.26亿元，实现各类现金回收3.55亿元。六是开展了“合规管理落实年”活动，确保依法合规经营。建设非信贷资产风险管理信息系统，实现了在线审批和监测；狠抓内外部审计监管检查发现问题整改，落实问题1 332个，内审整改率为98.1%、外审整改率为100%；对员工违规失职行为进行专项排查和整治。

2014年11月10日，中国建设银行吉林省分行举行龙卡吉林热购信用卡上市发布会。

【优化内部管理机制，强化后台支撑保障，夯实了发展基础】一是优化内部管理机制，综合管理能力显著提升。积极落实资本管理高级计量方法，加强了经济资本日常监测、配置优化人力资源管理，改进职等晋升制度，取消了简单以年龄画线的岗位退出政策。二是强化中后台集约化管理，支撑保障能力得到提升。实行单位结算账户集中管理和现金缴款业务上收，全行网点柜面业务全部实现了集中处理。建设“行务直通车”质量效率系统，搭建了分支行、部门间请办事项快捷电子平台。三是强化IT建设和安全管理，确保稳定安全运营。稳步推进新一代二期建设，分行特色业务嵌入工作进展顺利。扎实开展“平安建行”创建工作，确保了全年无灾害、案件和事故发生。

【持续加强党风廉政和队伍建设，员工正能量得到弘扬释放】一是全面加强党的建设和队伍建设。开展教育实践“回头看”活动，按时自查、报告整改情况，开展改进工作作风专项检查，巩固了活动成果。健全基层党组织，全面推行了基层党务公开。注重人才梯队建设，制订了青年人才选拔培养实施方案和后备人才选拔培养实施方案。二是持续加强党风廉政建设。制订了党风廉政建设责任制考核细则和方案，使党委主体责任、一岗双责和纪委监督职责真正落到实处。深入开展“正风肃纪、勤业守廉”主题教育活动，组织廉政专题党课和廉政知识在线考试，发送廉洁提醒短信，建设党廉之风微信圈，有效增强了全员廉洁自律意识和法纪观念。召开全行“控风险、防案件”视频大会，强化控险防案措施，加大违规问责力度。三是强化“以人为本”观念，关心关爱职工。建设“员工心理援助服务平台”，全面实施“温暖工程”，开通“心泉家园”微信公众号，多渠道开展职工心理援助服务。分行被吉林省总工会授予“创建和谐劳动关系模范单位”荣誉称号，为全省金融系统唯一获此殊荣的单位。

执笔：任天威

黑龙江省分行

黑龙江省分行行长　张勤

一、业务发展概况

【经营效益】全年实现主营业务收入75.47亿元，同比增幅为6.37%；拨备前利润39.23亿元，同比增幅为11.2%；税前利润17.01亿元；经济增加值3.39亿元。

【资产负债业务】年末一般性存款时点余额2 332.1亿元，新增157.4亿元，完成总行计划的104.5%。一般性存款日均余额2 275.9亿元，新增35.6亿元，完成总行计划的88.6%。本外币贷款余额1 069.3亿元，新增45.5亿元。各项非贴贷款余额1 040.7亿元，新增146.6亿元。

【中间业务】全年中间业务净收入12.85亿元。

【客户发展】对公结算账户总量8.5万户，新增7 612户。其中，基本结算账户总量5.79万户，新增7 199户；公司机构加权有效客户13.49万户，比年初增长7 627户，个人加权有效客户826.73万户，比年初增长85.57万户。

【资产质量】年末不良贷款余额23.7亿元，比上年末增加9.35亿元；不良贷款率为2.31%，比上年末上升0.86个百分点。

二、主要工作举措

【强化存款基础地位，不断扩大存款规模】充分发挥机构类客户的龙头和平台作用，深挖存款潜力，通过非税代收、政府基金代收、代理集中支付清算促增存款，拉动对公存款逐步走出低谷，呈现企稳回升的态势。个人条线依托产品抓客户、抓存款，大力发展代发工资、以哈医大一院健康龙卡为主的联名卡、金融IC卡、电话POS机业务，促进个人存款和理财产品协调发展和有序转化，个人存款增长保持同业领先。截至2014年末，全口径对公存款时点余额964.34亿元，保持当地同业四大行第一；新增额62.25亿元，位列当地同业四大行第一。全口径个人存款时点余额1 367.75亿元，系统排名第17位；时点新增95.12亿元，系统排名第16位，同比提升16个位次；人民币个人存款余额市场占比为25.53%，较上年末提高0.81个百分点，新增额市场占比为45.96%，四大行排名第一。

【持续优化信贷结构，贷款新增和定价实现历年最好水平】积极落实“服务实体经济、调整信贷结构、提升定价能力”的总体要求，依托“两大平原”现代农业综合配套改革带来的重大历史机遇，对公贷款一改几年来有效投放不利局面，呈现量增价升、结构优化的良好态势。各项非贴现贷款新增146.6亿元，当地同业四大行排名首位；贷款投放凸显涉农特色，对公涉农贷款余额为170.86亿元，比年初新增79.82亿元，占全部对公贷款新增的80%；贷款结构不断优化，对公非贴贷款大中型贷款占比为61%，同比下降3个百分点，中型贷款占比为20%，同比持平，小型贷款占比为19%，同比提高1个百分点。小微企业贷款余额91.4亿元，较上年末新增23.6亿元，系统内排名第一，新增额当地同业四大行占比为79%；贷款定价水平同比大幅提升，新发放人民币各项贷款（含贴现）加权平均利率为6.75%，系统内排名第二。其中，新发放人民币对公非贴贷款加权平均利率为6.74%，系统内排名第二，当地同业四大行排名第一；个人住房贷款加权平均利率为6.92%，系统内排名第十，当地同业四大行排名第一；个人其他类贷款加权平均利率为7.93%，当地同业四大行排名第二，加权浮动幅度为30.25%，浮动水平系统内排名第四。

【不断夯实客户基础，促进客户规模再上台阶】以激活存量、营销增量为目标，开展了“一点一周一户”活动和“抓基本户、争主办行”主题营销活动，集中精力发展客户。2014年末，对公结算账户总量8.5万户，新增7 612户，其中基本结算账户总量5.79万户，新增7 199户，对公结算账户新增、基本结算账户新增均为当地同业四大行第一。机构业务灵活运用产品组合创新，共成功拓展1 000万元以上存款客户38户，新增社保基金账户147户，新开立零余额账户124户；抓政府、彩票、国土、海关等大系统客户资金源头，新增各类政府客户账户694户；新增证券保证金第三方存管及银期直通车客户2.28万户，金融社保卡实现发卡37.12万张，市场占比达50%。个人全量客户新增107.48万户，系统排名提升16个位次；个人有资产客户新增47.14万户，系统排名第22位；个人代发工资户新增15.3万户，计划完成率102%；新增IC借记卡（含健康龙卡）219.69万张；新增电话POS机客户1.96万户，系统内排名第一。信用卡累计发卡达到138万张，客户121万户，信用卡发卡实现3年翻一番。当年净增客户18万户，净增发卡24万张。信用卡中间业务收入、发卡规模、发卡新增、消费交易额、贷款余额、贷款新增6大核心指标均排名省内当地同业四大行第一，同时信用卡资产质量保持同业最优。

【加大产品创新力度，持续提升市场竞争力】全年完成或进行中的创新项目为54项，审议通过创新产品19个，计划完成率系统内排名第一。公司业务规划出“农链通”综合金融服务方案，已开发和正在开发农社融、农机贷、奶联融等涉农信贷类新产品，创新应用了“乌金仓”、“热万家”等产品，积极推动商业物业抵押贷款业务，审批金额12.6亿元。小企业业务继续巩固“成长之路”、“速贷通”的优势，研发了“农机贷”等多项小企业金融产品。个人业务针对客户特点，推出“地押融”、“奶联融”和“菌联融”等“三农”产品和“金易融”、“红博贷”、“房易融”、“林保融”和“商保融”产品。其中，“地押融”累计投放6 100万元，“奶联融”累计投放9 469万元，“菌联融”累计投放5 760万元。

【加快渠道建设，进一步优化网点布局】按照“十字街、高楼下、闹市区、大门面”的十二字选址方针，网点建设提前完成全年计划。营业网点购置及改造累计投入6.07亿元，实现购置项目29个，租赁项目16个，意向性建设改造项目60个。共批复营业网点房租费188笔，金额3 387万元，同比增加1 979万元。完成12个机构升格工作。全年投放自助设备614台，同比新增404台。“三综合”建设工作进一步推进，全省450个营业机构中有414个营业网点已开办了对公结算账户；充实基层机构客户经理1 490人，人员总量比上年增长近一倍；综合柜员占全部柜员人数的81.51%。

【继续推进机构改革，进一步完善配套措施及管理机制】将省行原有部门内部“小组”建制调整为“团队”建制，设置团队113个；把建三江、连珠山、红兴隆和宝泉岭支行及其下辖基层机构划归哈尔滨农垦支行管理。为巩固改革成果，制定了领导干部“能上能下”机制指导意见、职等浮动管理、员工流动管理办法等规章制度，有效保证了全行改革后各项业务平稳有序发展。为辅助哈尔滨城区支行（分理处）规范内部管理，印发了《哈尔滨城区支行工作手册》，覆盖了省行各部门为哈尔滨城区支行指导服务的全部职能。

【严控各类风险，加大不良资产处置力度】确定2014年为向不良资产的“宣战年”，对全部不良资产项目（含“假个贷”）逐户组建处置任务型团队，由行领导担任组长，加快不良资产的处置进度。全年共处置不良资产16.31亿元，其中，处置对公不良贷款14.42亿元，完成总行计划的412%，处置对私不良贷款1.71亿元，完成总行计划的427%，实现现金回收4.88亿元，完成总行计划的152%。加强事前预警预控和贷后管理，对涉煤行业、制造业、民营企业、房地产行业、大型集团客户及其成员单位、地方政府融资平台及准融资平台客户、贸易流通行业、新发放贷款

"回头看"，做到风险"早发现、早化解、早处置"。加强对大额逾期贷款以及集中逾期项目的监测。分别组织召开了东部、西部、东北部和哈尔滨地区信贷业务风险防控工作会议。举办贷后管理培训班，提高贷后管理人员综合能力。建立对公信贷客户电子影像系统，为贷后监督与决策提供参考。调整与民营担保公司合作政策，对担保公司进行风险排查，对出现风险信号的担保公司及时采取措施。牵头组建西钢集团各家债权银行联系会，并初步拟定风险化解措施。组织开展完善制度与流程、风险排查、员工教育、责任追究、问题追踪整改等系列活动，持续提升合规意识。开展保理及表外业务专项现场检查工作，对检查发现问题立即整改并总结经验。对案件和违规问题涉及的所有环节和领域进行全面问责，全年共处理违规违纪责任人 175 人，其中，开除 12 人，留用察看 8 人，撤职 4 人，降级 6 人。

【持续改进工作作风，密切联系群众】省行行级领导深入全省各级分支机构调研累计达 400 余次，全行网点覆盖率达 80% 以上，哈尔滨网点型支行、分理处覆盖率达 100%，切实为基层机构和员工解决实际问题。省行党委成员、行级领导、本部负责人与哈尔滨 81 家网点型支行建立联系制，帮助联系对象分析市场、研究客户，为经营发展出谋划策，实现省行与基层营业机构的良性互动。全年全行外事费同比压缩 93%，会议费同比压缩 53%，招待费同比压缩 33%，公务用车费压缩 17%，差旅费同比压缩 12%。省行本部行政费用同比压缩 21%。保障一线员工的薪酬福利，统一全省系统单位薪点值含量为 2 500 元/月。提高一线员工补助标准，对市场拓展营销的客户经理经办岗位按照 40 元/月的标准配置通信补贴，将营业网点的工作餐食补助标准由上年的 15 元/天提高到 23 元/天。

执笔：武连成　王玉明

上海市分行

上海市分行行长　王江

一、业务发展概况

【经营效益】全年实现拨备前利润 172.93 亿元，比上年增长 13.67%；实现税前利润 166.86 亿元，比上年增长 20.67%，税前利润增量和增幅当地四大行排名第一。实现经济增加值 87.11 亿元，比上年增长 21.38%，增速连续两年超过 20%。

【负债业务】年末本外币和人民币全口径表内存款余额均突破万亿元大关，时点和日均表内余额当年新增分别为 1 592 亿元和 1 327 亿元。全年人民币一般性存款时点新增 529 亿元，日均新增 506 亿元。

【资产业务】年末人民币各项贷款余额 4 108.95亿元，比年初新增 370.28 亿元，当年新增为历史最高，当地四大行排名第一。不良贷款实现"双降"，不良额和不良率均为当地四大行最低。

【公司业务】年末人民币企业核心存款时点余额 4 703 亿元，市场份额提升 1.4 个百分点，新增 410 亿元，新增当地四大行、系统均排名第一；日均余额 4169 亿元，市场份额提升 1.08 个百分点，新增425亿元，新增当地四大行、系统均排名第一。人民币对公贷款余额突破3 000亿元，达3 050.51亿元，新增242.61亿元；人民币对公非贴贷款新增当地四大行排名第一。四部委口径小企业贷款新增完成“两个不低于”目标，新增当地四大行排名第一，荣获“2014年度上海中小企业融资服务最佳合作伙伴”称号。

2014年8月31日，中国建设银行上海市分行举行“金融知识宣传服务月”活动。

【个人金融业务】年末人民币个人核心存款时点余额2 840亿元，市场份额提升0.25个百分点，新增100亿元，新增当地四大行排名第二；日均余额2 542亿元，市场份额提升0.24个百分点，新增74亿元，新增当地四大行排名第二。人民币个人类贷款余额突破千亿元，达1 019.13亿元；当年新增124.13亿元，新增当地四大行排名第一；个人住房贷款余额和新增均排名当地四大行第一。

【中间业务】全年实现中间业务净收入68.66亿元，较上年增加4.54亿元，增幅为7.08%，高于系统平均增幅。其中，对公条线中间业务收入40.56亿元，比上年增长4.25%；对私条线中间业务收入28.10亿元，比上年增长11.45%。

【国际业务】全年实现中间业务收入60 714万元，同比增长29.45%。跨境人民币结算量达3 002.73亿元，系统排名第一，当地四大行排名第二，同比增长105.05%。拓展跨境人民币双向资金池客户39户，实现人民币双向资金归集132亿元，处于市场前列。

【资产质量与风险控制】年末分行不良贷款余额（审计后口径）23.92亿元，比年初同口径减少1.04亿元，不良贷款率为0.55%，比年初同口径下降0.06个百分点；逾期贷款余额25.05亿元，比年初减少0.03亿元，逾期贷款率为0.57%，比年初减少0.04个百分点。年末不良额和逾期额均控制在总行下达的年度控制目标内。

【其他业务】配置总分行理财产品的基础资产（不含私募债）约148亿元，增长85%。承销债务融资工具185亿元，增长17%。跨境人民币结算量3 002.73亿元，增长105%，完成计划的125%，排名系统第一、当地四大行第二。养老金个人账户数新增、受托资产规模、托管资产规模等各项业务新增均创历史新高，系统内排名提升。贵金属租借业务同比增长387%，代客外汇交易业务收入和市场份额持续增长。票据买入返售业务实现翻番。备份中心业务承接量达到全行托管业务总量的79%，套账数量增加351个，实现中间业务收入2.5亿元。私人银行客户AUM总量和客户数系统排名第二，定制定向产品发行总规模达611亿元。电子银行账务性交易量占比提升3.74个百分点，移动支付活跃商户系统排名第一。信用卡客户、消费、分期、商户、中收、资产质量等多项核心指标保持同业第一的位置。

2014年11月10日，中国建设银行上海市分行举办龙卡上海热购信用卡产品发布会。

二、主要工作举措

【把握区域热点，开展精准营销】围绕上海自贸区、国资国企改革、新型城镇化建设、地方政府性债务管理等政策变化带来的业务机会，分类分层开展营销。与上海清算所、上海国际黄金交易中心、上海国际能源交易中心等签订了战略合作协议。与10家市属国资国企新签订银企合作协议，中标上海文广集团、东浩兰生集团现金管理业务；在市财政国库定期存款招标中共获得资金沉淀124亿元，份额排名同业排名第一。军警存款新增当地四大行第一，余额较年初翻番。机构存款新增创四年新高，时点新增占企业存款新增的48%，日均新增占企业存款新增的59%。公积金缴存人数净增55.8万人，累计突破600万人大关。全年新增自贸区基本户约3 000户，自贸区新注册企业开户数保持区内优势地位；在自贸区内的存贷款规模、中间业务收入份额均为当地四大行前列。分账核算单元FT客户数和账户数双双突破1 000户，实现五类FT账户全覆盖；发展本外币资金管理客户42家，办理跨境人民币借款业务逾74亿元，市场份额超过1/3，并办理了自贸区成立至今单笔金额最大的跨境人民币借款业务。

【推进产品创新，完善客户服务】完成首单高管股权激励理财产品。永续中期票据开创建设银行债务融资工具承销业务史上三个第一。积极探索各类新型投行产品在城镇化领域的应用，推出保障房理财融资、城镇化理财融资、城镇化基金融资等多项创新产品。加强结构性存款、“定活通”、“汇存盈”等产品创新。通过“一户通”、“结算卡”、网银账户等产品组合的微创新，为集团性连锁企业全国性账户提供资金归集服务的案例成功复制推广。小微企业“循环组合贷”产品获得上海市政府颁发的“2014年度上海金融创新奖”。分行在所有自贸区业务创新上都是首批试点行，多项创新业务是首家试点，率先推出了跨境人民币借款、跨境双向人民币资金池、外汇资本金意愿结售汇、第三方支付跨境人民币结算、自贸区分账核算单元等创新业务。信用卡业务“快审通”大幅提高汽车分期审批效率。成功营销并获批系统内首单财务顾问模式的家族信托业务。

加强星级网点建设，推出老年客户服务六大举措，分行窗口服务质量大幅提高，在总行2014年下半年神秘人检查中系统排名大幅上升；个人客户满意度继续保持当地四大行第一；消费者权益保护工作考核评价位列总行一级。4家网点获评2014年中国银行业文明规范服务千佳示范单位；6家网点获评中国银行业文明规范五星级营业网点，创历年最佳成绩。

【加强双基管理，确保安全运营】“双基管理年”暨“执行力提升年”活动有效开展。活动期间，分行部门共完成216项分部门重点任务；完善内控制度120项、优化流程33项，优化系统17项；开展业务培训82项，开展自查自纠和风险排查99项。主要业务的基础管理措施得到完善，中台、后台内控和保障能力明显改善，内部管理监督得到普遍加强，内控合规文化氛围得到持续巩固，基础管理和基层管理水平得到提升，实现了全年无案件、无重大违规事件、无重大安全事故的目标。

继续保持案防高压态势，开展“廉洁敬业、遵纪守规”暨“员工行为管理年”专项教育活动，全面深化廉洁从业教育。对关键环节、突出风险进行专项治理，优化员工行为排查方式，确保安全运行。深入推进“平安建行”创建，实现了全年无刑事案件、治安案件、责任事故、自然灾害损失和群体性上访事件的安全保卫工作责任目标，在总行和外部机构评选中荣获多项奖项。

【深化改革转型，推进渠道建设】深化大客户部改革，强化公私联动，提升建设银行经营机构在重点行业、区域的综合服务能力。推进私人银行经营模式和机构调整，筹建分行私人银行中心，集成零售、对公、投行等多个业务渠道，努力实现私行客户贡献度和分行整体收益的最大化。分设基金托管分部，重点拓展资产托管和证券客户，实现专业专注经营。规范本部部门、中心类机构设置，调整分行各委员会的设置与组成，加强经营单位内设机构管理，实现精简高效。

全年完成4家网点新设计划，实际对外营业网点总数达364家。新增自助设备85台，总量达2 262台；新增自助终端50台，总量超580台。全面推进网点“三综合”建设，综合网点占比达93.61%，综合柜员占比达82.46%，综合营销团队覆盖90%以上综合性网点。完成分行首家智慧银行建设并开业。推进电子银行服务区建设，355台一体机在网点开展应用。增开15家个人出入境服务中心，总数达到20家。

【加强党的建设，落实员工关爱】群众路线教育实践活动整改落实情况得到总行检查组的高度认可。改进工作作风获得实效，分行本部公文数量下降19.1%，会议数量下降20%，控制类费用同比下降26%，各项费用控制均达到了总行要求。围绕“六有”目标和“三个服务”主要内容，积极推进基层服务型党组织建设，服务业务发展和改革创新。

召开分行三届三次职代会，落实职工代表提案，满意度达100%。员工工资总量连续几年保持较快增长。落实关心关爱员工相关措施，启动“温暖工程”暨分行“心得乐”员工成长辅助计划EAP项目，实现“心得乐驿站”各基层单位全覆盖，得到总行工会和上海市金融工会的肯定。做好困难员工的帮扶慰问工作，慰问困难职工1 180人次；运用分行和基层行两级职工互助基金，救助困难职工1 329人次，救助金额达182万元。

执笔：顾静文

江苏省分行

江苏省分行行长　杨毓

一、业务发展概况

【负债业务】年末一般性存款日均余额6 875亿元；新增341亿元，当地同业排名第二。

【资产业务】年末各项贷款余额5 563亿元，当地同业排名第一；新增355亿元，当地同业排名第二。

【经营效益】全年实现拨备前利润182.67亿元，系统、当地同业排名第二。

【资产质量】不良贷款余额86.85亿元，比年初减少1.73亿元；不良贷款率为1.61%，比年初下降0.14个百分点。

【公司业务】本外币企业存款日均余额3 504亿元，新增173亿元。其中，人民币企业存款日均余额3 186亿元，新增80亿元；机构一般性存款日均余额1 375亿元，新增118.6亿元。本外币公司类贷款余额3 876亿元，新增207亿元；其中，人民币公司类贷款余额3 690亿元，新增262亿元，余额、新增当地同业均排名第二。对公基本户新增1.7万户，新增占比当地四大行排名第一。小微企业贷款（四部委口径）余额837.92亿元，新增17.76亿元，增量高于上年。

【个人金融业务】储蓄存款日均余额3 371亿元，新增168亿元，余额及新增稳居当地同业第二。私人银行客户2 046人，新增252人。代发工资个人客户450万户，同比净增39.3万户。个人类贷款余额（不含信用卡）1 389.1亿元，新增201.4亿元，余额四大行占比为25.70%，较年初提升0.99个百分点。信用卡收入突破10亿元；客户超过300万户，当地同业排名第一。

【房地产业务】房地产开发类贷款（不含保障房、房地产流动资金贷款）余额291亿元，新增4.36亿元，新增当地同业排名第四。个人住房贷款余额1 293.1亿元，系统、当地同业排名第二；新增248.1亿元，系统、当地同业排名第一。

【中间业务】全年实现中间业务收入73.80亿元，系统排名第二。审价咨询、房改金融、债券承销、代理寿险等八项产品当地同业排名第一；银团贷款、账户贵金属、理财三项产品系统排名第一。新型结算产品、境内保函、养老金等九项业务收入增速超过15%。

2014年4月14日，中国建设银行江苏省分行与北汽（镇江）汽车有限公司签署战略合作协

【国际业务】年末全口径外汇存款时点余额和日均余额分别为49.2亿美元和53.1亿美元，分别较年初新增9.44亿美元和15.13亿美元，时点及日均新增均居当地同业排名第一。国际结算客户数4 834户，完成国际结算量580亿美元，跨境人民币业务量首次突破500亿元，同比增长133亿元，增幅为35.8%。本外币表内贸易融资累计发放300亿元。

【内控合规建设】坚持“内控促发展、合规创价值”的基本理念，实施内部控制体系建设三年规划，基本完成年度规划任务；完善和优化多项业务管理制度、系统及流程，提升了管理水平和效率；提高风险内控KPI考核占比、完善内控评价，推动分行和条线管控责任的落实；开展系列合规文化建设活动，合规经营理念更加深入人心。

二、主要工作举措

【加快转型，业务发展稳中有进】一是加快资产业务转型。大力提升综合融资服务能力，全年综合融资总量1 363亿元，非贷综合融资替代率达74%。巩固传统业务优势，支持了连盐、沪通等新一轮铁路以及常州、无锡地铁等一批国家和省级重大基础设施项目。对公“三综合”不断深化，为苏宁集团、惠龙易通等115户重点客户制订综合金融服务方案。直接融资大幅增长，当年融资规模502亿元，较上年增长48%。交易类市场业务发展迅速，买入返售业务量264.56亿元；转贴现业务量118.16亿元，业务量及余额四大行排名第一；累计实现存放同业887亿元，系统、当地同业排名第一。二是加快负债业务转型。以产品创新和推广为抓手，加强客户、账户拓展营销，适时推出慧灵通、存汇盈、聚财宝等系列产品，满足不同层次客户需求。客户金融资产总量日均余额8 104亿元，新增621亿元；其中，非存款类客户金融资产新增280亿元，增速达29.5%。理财产品日均余额达704亿元，增长40.56%。实现账户贵金属交易4.17吨，系统排名第一；销售实物贵金属75.55吨，当地同业排名第一；保险销售86.7亿元，当地同业排名第一。三是推动中间业务“提质降转”。在坚持合规经营基础上，加快发展非贷融资类业务、客户资管类产品和服务，以市场化产品和创新型服务为突破口，促进结构优化和收入增长，真实体现中间业务服务质量和能力的产品收入52亿元，占比提升6.7个百分点；零售板块收入贡献度提升5.5个百分点；市场化产品、消费金融等重点领域实现较好发展。

【管控有度，资产质量总体稳定】一是健全完善工作机制。实施一把手负责制，进一步明确主体责任。建立前台、中台、后台联动风险防控机制，对信贷资产质量按月实行条线、二级分行“双线”控制，做到心中有数、管控有度。二是提升分析预判能力。坚持实施风险会诊制，由传统信贷业务扩大到信贷、投行、同业、代理、外包等全部风险资产；开展民营企业授信业务全面排查，一户一策，分类管理；开展银票、保函、保理、信用证、理财资产5项业务风险排查，风险预判、预控能力明显增强。三是加大重点项目处置。总行30个重大风险项目中涉及建设银行的4个项目和省分行20个重大风险项目均得到有效化解。长航油运债务风险实现当年有效化解，建设银行在重组过程中发挥了积极推进作用，在当地政府及当地同业中树立了良好形象，江苏省政府向总行发出了感谢信。“省盐业集团盐化板块”信用风险得到较好化解，胜华船厂不良处置工作圆满完成。

【深化创新，发展动力持续增强】一是积极推进渠道转型发展。创新协同物理网点、电子渠道、客户经理三大渠道转型发展，网点综合化建设完成率达90%以上，智慧理念及智能设备有效推广，首个智慧银行顺利竣工，远程视频银行正式启动；电子银行运用扩大，交易量占比达49.12%；善融商务入驻商户2 381户。进一步完善客户经理队伍管理机制，制定对公客户经理管理办法，新增客户经理238人。二是促进重点领域创新突破。从7个方向提出了12类创新产品，推出交通龙卡、鲁班龙卡等一批具有分行自主特色和市场影响力的创新产品，推广烟草跨行支付系统，多项业务实现系统内首创。三是稳步推进授信流程调整。不断完善优化流程，实现集团客户综合授信、业务集约管理、管理链条缩短和部门职责专业专注，促进了授信管理向两头延伸。高标准、高起点积极推进对公放款中心建设，确保业务平稳衔接。

【提升士气，员工队伍和谐向上】一是加强干部队伍建设。认真落实总行组织人事工作会议精神，提出了“四个相结合”的要求，促进干部配备与经营规模、管理半径、业务优势、发展重点相匹配，为转型发展提供坚强保障。加大干部交流力度，将一批年富力强的干部充实到领导岗位。继续实施“交叉培养”、“双向锻炼”、“拓宽青年人才成长渠道”项目，加强年轻干部选拔培养。二是薪酬资源向基层一线倾斜。省分行本部率先垂范，主动减薪；同时，采取新晋领导人员提职不提薪、停止实施弹性福利项目等措施，节约资源支持一线。实施二级分行差别化资源配置办法，严格执行工资分配“两个不低于”政策，切实提高基层员工的薪酬保障水平。三是做实做细员工关爱工作。以迎接行庆60周年为契机，开展多种形式的竞赛活动，搭建争先创优平台；加强培训管理，完成对959名基层机构负责人的全部轮训，帮助基层机构负责人提升履职能力。认真落实离退休人员两项待遇，对415名生活困难党员、老党员、老干部不漏一人，全部走访，体现总分行党委的关心和照顾。

【严格管理，实现安全稳定运营】一是加强党风廉政建设。认真落实中央八项规定和总行十项要求，省分行领导带头，严格执行差旅、会议、住宿等相关标准。坚持勤俭办行，出台加强成本管理和勤俭办银行指导意见，从严制定差旅、会议、培训等相关费用标准。全年招待费、会议费、差旅费分别下降47%、57%、26%，较全国建设银行平均水平多下降14个、14个和16个百分点。二是加强案件风险防范。坚持抓教育，连续四年召开“一竿子到底”的万人警示教育大会；开展“案防教育进基层”和“纪委书记讲案例”活动，邀请检察院专家讲课，以案明纪，持续警示。坚持抓排查，开展“管控关键环节，防范突出风险”专项治理，加强对重点部位、重点人员从业行为排查，推广基层机构负责人廉洁合规从业问查系统，有效消除案件风险隐患。坚持抓责任追究，以事实为基础，以办法为依据，加大对重大风险事项主要责任人、领导干部和关键人员的问责力度，严肃追究，触动触痛，真正起到警示教育作用。三是加强安全基础管理。以深化平安创建“基础建设年”为主线，及时有效应对和处置各类风险事项和突发事件，信息科技风险防控水平切实提升，各业务系统稳定运营。南京青奥会和首次“国家公祭日”重要时段安全运营得到有效保证，全年未发生重大恶性案件、重大安全责任事故、重大群体性事件。

执笔：徐松桃

浙江省分行

浙江省分行行长　黄先俊

一、业务发展概况

截至2014年末，全口径存款余额5 826亿元，较年初新增13亿元。其中，一般性存款余额5 738亿元，较年初下降29亿元；企业存款余额3 290亿元，较年初下降14亿元；个人存款余额2 448亿元，较年初下降16亿元；同业存款余额88亿元，较年初新增42亿元。日均存款新增122亿元，余额当地四大行占比为21.67%，提升0.1个百分点。其中，个人存款日均新增当地四大行占比为41%，余额占比同比提升0.57个百分点；对公外汇存款日均余额、日均新增均当地四大行排名第一。

【各项贷款】各项贷款余额5 497亿元，较年初新增89亿元，位列系统第三，同比增加279亿元，增速为5.3%，其中，对公贷款余额3 611亿元，较年初新增49亿元；个人贷款余额1 886亿元，较年初新增40亿元。

【中间业务】中间业务实现毛收入58亿元，增幅为6%，超同业平均增速0.7个百分点，超全国建行3个百分点。当地四大行占比为19.90%，比上年提升0.1个百分点。

【经营效益】经营效益较好，实现账面利润总额64亿元，同比多增21亿元。

【资产质量】不良贷款额、不良贷款率实现了“双降”，审计后口径不良贷款余额223.36亿元，比年初下降35.93亿元，不良贷款率为4.23%，下降0.74%；其中，个贷不良率为0.68%，由当地四大行排名第四上升至第二；信用卡资产质量当地四大行最优。

二、主要工作举措

（一）积极拓宽业务基础，进一步调整业务结构

【客户拓展坚持量质并举，优质客户、有效客户群体不断壮大】一是上游筑坝成效显著。与经济和信息化委员会、省工商联、民政厅、温州资产交易中心、三门核电、浙江大学、第一集团军、省农发集团、国家开发银行等重要客户举行战略合作签约。机构类存款日均余额1 372亿元，同比新增104亿元，增幅为8.2%。二是账户基础不断拓宽。单位人民币结算账户当地四大行占比为21.5%，同比提高0.44个百分点，新增当地四大行占比为26.4%，位居当地四大行第二；借记卡发卡365万张，连续三年位居当地四大行第一；信用卡净增72万张，当地四大行占比为25%，较上年提升8个百分点；私人银行客户存款新增系统排名第一；AUM 5 000万元、1亿元以上私人银行战略客户AUM新增均位列系统第一，客户新增均位列系统第二。

【产品营销、开阔思路、频现亮点】工商事务金融服务通获总行“产品创新三等奖”。“金管家”签约客户累计交易量系统排名第一。单位人民币结算业务收入在当地四大行排名第一；结售汇收入、人民币期权收入系统排名第一；个人外币和人民币结算分别位居系统第一、第二。ATM收单、准贷记卡、贵金属、私人银行“两卡”发卡量系统排名第三。地方政府债承销量市场占比

排名第一；新型财务顾问收入系统排名第二。办理系统内首笔结算通客户授信、白银租借、网银购汇、卖出人民币对外汇期权业务。托管产品破零支行达5家。造价咨询业务同比增长20.5%，计划完成率为112%；搭建“助保贷”平台30个，政府风险补偿资金到位1.1亿元；CTS新签约及银期直通车净增超10万户；金融社保卡超24万张，均超额完成任务。

【大力推进网点“三综合”建设，做大做强电子渠道】全省综合网点占比达99.8%；综合柜台占比达98.9%；综合营销团队已基本覆盖所有综合性网点。依托“提高控低 增效晋级”网点效能提升活动的开展，低效网点个人存款增速超全国平均5.8个百分点。渠道分流类指标多年来保持系统前列。电子银行账务性交易量占比达71%，位居系统第一；个人网银交易笔数和金额分别位居统第一、第二，企业网银交易笔数位居系统第一。

【不断提高帮助客户成长的能力，抓住市场机遇的能力，整合社会资源、满足客户需求的能力】在总行2014年上半年个人客户满意度调查中，分行获得76分，高于平均得分5.6分，当地四大行位次从2012年的第四上升到第二，系统排名从2012年的第32上升到第9。提升程度上，同比改善幅度位列系统第四，较历年平均改善幅度位列系统第三。信访投诉总量76起，为四大行最少。

【对公贷款，向“两头”延伸工作稳步推进】大型、特大型客户本外币贷款比年初新增259亿元，在对公贷款中占比提升6.25%。小企业贷款总量继续保持系统首位，完成了“三个不低于”的监管要求。“双1”客户下降1 557户，近三月无经营款项进账客户下降1 581户。退出方面，2014年退出软柿子风险客户100亿元，近三年来累计退出255亿元，不仅避免了资金风险，也退出了案件。个人贷款、住房贷款余额1 346.3亿元，排名同业第二、系统第三；消费经营类贷款余额323亿元，保持系统第一。

（二）有效强化案件防控，持续推进不良资产压降工作

【案件防控上手段更加丰富，措施更为有效】一是层层签订《廉洁从业安全运营责任书》；分层制订廉洁合规安全警示教育方案；对总行就温州分行经营管理问题的通报内容进行深刻的反省反思；编发《业务操作严禁事项汇编》；大力开展“案防大讲堂”、“合规每日一讲”等活动，使各分行对“避免处罚的根本出路是严格按照规章制度办事、尽职履责”的认识更为深刻。二是以“管控关键环节，防范突出风险”案件专项治理活动为依托，在信贷、柜面操作、电子银行、自助设备管理等业务领域以及业务用公章管理、员工行为管控等关键环节风险治理上取得实效。三是加强与总行、监管部门以及司法机关的沟通协调，积极化解潜在案件风险事件。四是就近年来发生的案件和案件风险一一制订整改方案，以点及面，不仅对发案行进行整顿，而且就案件暴露问题，在各分行范围进行排查、整改，在一定程度上解决了此查彼犯、屡查屡犯的问题。五是认真开展“正风肃纪 勤业守廉”主题教育活动，制订建立健全惩治和预防腐败体系2014—2017年工作实施方案，使得各分行作风建设取得积极进展。

持续推进资产质量帮扶联系制度、专业处置团队、离岗收贷、减薪收贷等措施，全力运用好“歼灭战”、“阻击战”、“反击战”三大战术，深入推进“信贷风险防控年”和“不良资产压降大会战”。总体而言，在不良压降上，依托于签订《不良资产压降责任状》，进一步明确不良授信业务责任认定范围等工作，责任落实更为到位；通过建立不良压降“四驱强效”机制，落实不良处置“争抢”机制，优化风险客户特殊化解机制和重点项目处置化解机制，工作机制更为健全；通过一户一策制定落实处置预案，实施对重点风险防控行业、客户群体分层级逐户逐笔开展存量信贷业务全面风险排查等措施，压降手段更为有效。2014年共处置化解不良贷款171.7亿元，不良贷款额、不良贷款率实现了“双降”，审计后口径不良贷款余额223.36亿元，比年初下降35.93亿元，不良贷款率为4.23%，下降0.74%；其中，个贷不良率为0.68%，由当地四大行第四上升至第二；信用卡资产质量当地四大行最优。

（三）不断夯实管理基础

【稳妥推进“强化基础管理年”活动，管理基础得以不断夯实】一是通过建立底线目标管理、“双低”客户管理等制度，进一步强化了对分支行的目标管理和责任落地。二是通过建立完善综合授信管理机制，搭建信贷经营协调沟通机制；规范对

公信贷业务真实性核查要求；设立省分行对公信贷放款中心，并对放款业务环节进一步细化规范，持续推进流程优化。三是主动应对不良贷款的意识、能力、方法、技巧、手段上均有所改进，对各类案件和风险事件的认识也更到位，反应速度更快，处置更及时，应对的方式和途径上也更为有效。四是通过开发智慧管家平台一期、"招投标银通保产品"（同业首创）、企业存款变动监测系统、投行业务管理平台、个人客户产品覆盖率、国际收付等系统，为分支行的业务发展提供了有力的信息科技支撑。五是通过解读价值创造过程，加大力度传导产品盈利分析、经济资本等相关理念，各行把控风险与收益的平衡能力有效提升。六是开展"强化基础管理和基层管理"活动，基层网点管理能力和服务能力都得到提升。

（四）加强队伍建设和企业文化建设

【班子建设】注重优化结构，增强整体合力。坚持把政治可靠、品行端正、业务过硬的优秀干部选拔到"一把手"岗位，将有能力、有业绩、有作为的优秀干部及时补充到二级分行和部门班子中去。同时，施行领导人员聘期管理，强化年度考评制度，淘汰不胜任的管理干部，实现"能者上、平者让、庸者下"，以此来不断增强各级班子的力量。全年共充实和调整省分行管理干部48人次。

【员工队伍建设】坚持正面激励和反向约束两手抓，传导正能量。正向激励上，落实专业序列和非管理岗位职务职数投放三年规划；在前期的"赛马"基础上，推进体系化"相马"，设计晋升综合积分体系，晋升重点向业绩好、公认度高的干部员工倾斜。全年共优选三级、四级30人，八职、九职等非管理岗267人。反向约束上，推行员工适岗培训机制。来源于正、反两方面的牵引和推动，员工工作积极性得到有效激发。

【深入落实关爱员工的相关工作举措】依托于"树信心　燃激情　促业绩　迎行庆"等主题宣传活动的开展，营造鼓舞士气、凝聚人心的舆论氛围。通过开展员工家访、"建行感谢您 满意在建行"个人客户服务年等活动，员工和客户满意度有效提升。投身于扶贫济困、教育、医疗、社保等公益事业，践行社会责任，企业形象明显提升。2014年分行入选了浙江省10家最具社会责任感企业；获评"浙商最信赖的金融机构"；辖内4家单位被推荐为全国文明单位，3家单位被评为"中国银行业文明规范服务千佳示范单位"，5家单位被评为"中国银行业文明规范服务五星级营业网点"。

执笔：陶懿

安徽省分行

安徽省分行行长　戴跃明

一、业务发展概况

截至2014年末，全口径存款余额为3 206.2亿元，日均新增335亿元，时点新增304亿元。其中，一般性存款余额3 165.8亿元，日均新增345亿元，时点新增363亿元。各项贷款余额2 324亿元，新增312亿元。中间业务净收入22.53亿元。实现税前利润约63.5亿元。不良贷款余额9.33亿元，不良贷款率为0.42%。

【对公业务】一是加强客户营销，对公客户

增长迅速。对公客户总量突破 10 万户，对公结算账户余额 13.81 万户，新增 24 915 户，新增占比高达 36.46%；基本结算户 8.8 万户，当年新增 1.8 万户，新增占比为 33.37%。账户新增连续三年保持当地四大行排名第一，账户余额超过中国银行。二是加强存款拓展，市场竞争力显著增强。全行对公存款余额达 1 625.35 亿元，余额当地四大行占比第一；对公存款日均新增 174 亿元，当地四大行占比第二，系统排名第九；时点新增 175 亿元，当地四大行占比第二，系统排名第二。三是对公贷款快速增长，贷款定价水平保持良好。全行对公贷款余额 1 322 亿元，较年初新增 145 亿元，对公贷款余额当地四大行占比第二，新增当地四大行占比第一，系统排名第九。全行新发放对公贷款加权利率为 6.69%，当地四大行占比第一，系统排名第四，上浮水平当地四大行占比第一，系统排名第七。四是对公贷款质量进一步提升。大中型客户不良贷款保持双降，不良贷款 2.48 亿元，较年初减少 0.02 亿元，不良率为 0.23%，较年初减少 0.05 个百分点，连续四年呈下降趋势。五是加强产品运用推广，养老金等基础性业务发展较快。在保持客户快速增长的同时，全行对公客户产品覆盖度也达到了 5.48%，建设银行系统排名第三。抢抓机遇大力拓展“银关通”、养老金等基础性业务，取得良好成效。截至年末，全省养老金目标客户数达 2 853 户，正式签约客户数完成计划率达 153.33%。

2014 年 10 月 30 日，中国建设银行安徽省分行与安徽能源集团有限公司签署战略合作协议。

【个人业务】一是个人存款业务实现历史最好水平。全行储蓄存款余额 1 540 亿元，储蓄存款时点新增 188 亿元，位居系统第七，当地四大行第二；储蓄存款日均新增 171 亿元，位居系统第八，当地四大行第二。个人存款新增首次实现了对当地工商银行的持续超越。个人存款系统内贡献能力不断提升。个人存款时点新增系统贡献度提升位居系统第三，日均新增第四。二是个人客户、中高端客户金融资产、借记卡等实现快速增长。全量客户新增 181 万户，系统排名第四；有资产客户新增 79 万户，系统排名第五；个人中高端客户新增 3.8 万户，系统排名第 11 位，增速连续 7 个季度位居系统第一。截至年末，全行中高端客户金融资产值余额为 1 049 亿元，较年初新增 177 亿元，增速为 20%，增速全国系统排名第四。借记卡累计发卡量 1 683 万张，当年新增 381 万张。其中，金融 IC 卡累计发卡 522 万张，新增 286 万张。发卡总量、新增发卡均保持市场第二。三是网点布局持续优化。全行共批复网点新设 3 个、升格 20 个、迁址 45 个（其中低效网点迁址 33 个）；网点装修 64 个（含局部装修）。全行现金类自助设备投产达 2 698 台，投产台数系统第 12。在运行设备较年初新增 385 台，位居系统内第 13。全行自助设备账务性交易量位居系统第 15 位，较上年同期增长 16.5%。交易总量为柜面交易的 2.64 倍。四是个人资产业务持续健康发展。全行自营性个人贷款余额达 948.67 亿元，当年新增 160.61 亿元，系统排名分别第十和第七，余额和新增分别占全行贷款的 40.82% 和 51.34%。信用卡消费信贷业务持续稳定发展。实现分期交易额 21.11 亿元，消费交易额 323.39 亿元。五是个人客户服务能力持续提升。获得总行个人客户服务年活动优胜奖，客户满意度同业第一 。

【中间业务】中间业务收入实现突破，首次当地四大行占比第一。截至 12 月 31 日，实现对公中间业务实现账面收入 12.3 亿元，对公中间业务收入同比增加了 1.6 亿元，增幅为 15%。其中，造价咨询业务收入在系统内保持前十位；单位人民币结算业务实现收入 2.04 亿元，当地四大行占比第一，市场份额为 35%，比年初提升 5.33 个百分点。截至 12 月 31 日，实现个人金融条线中间业务收入 4.63 亿元。其中，借记卡收入 2.7 亿元，总量占比达 58.5%；代理基金业务收入 3 169 万元，代理保险业务收入 3 176.8 万元，个人贵金属业务自营品牌收入800万元，经代销贵金属业务收入687万元，个人理财业务收入5 214万元。

2014年11月13日，中国建设银行安徽省分行召开个体工商户营销总结大会。

【“2+4”重点业务】2014年将网络、产品等两项业务推进，以及代发工资、对公有效客户、信用卡特约商户、电子银行活跃客户四项拓展作为重点业务推进。研发推广“银关通”系统；招投标系统上线取得新进展，全省6个市、5个区、30个县成功开办网上招投标；开发了全省财政专户管理系统；为淮北矿业集团财务有限公司研发银企直连系统，并已成功上线运行。在产品推进方面，持续推动重点客户产品应用并取得良好效果。如独家主承销淮南矿业集团40亿元、淮北矿业集团私募债10亿元成功发行；推动CBS银关通业务系统上线，实现全省13个直属、隶属海关全部与我行签订银关通业务系统使用合作协议。

全行全年累计代发工资拓展单位、个人户数以及代发金额，分别比上年同比增速为94%、86.6%、167%；对公有效客户达3.84万户，超额完成年初计划；信用卡突出特约商户拓展，全面开展网点“一月一户”活动，实现达标覆盖率已提升至85%。

【机构业务】机构一般性存款时点突破800亿元大关，新增系统排名第七，当地四大行排名第二，时点余额当地四大行排名第一。在机构贷款方面，全行机构贷款时点余额70亿元，系统排名第十位。“破零割尾”取得新的成效。全年共消除141个机构业务空白点，其中，新增了45个重要业务和系统，拓展了96个机构类有效账户。一些重点行业、重要区域的目标客户有了实质性的营销突破，如与省文化厅、地矿集团、中医药大学等签署战略合作协议6个、直接增加源头性账户18户。

【投行、国际和小企业】投行、国际和小企业新兴重点业务发展迅速。投资理财融资、债券承销、产品创新等均取得良好成绩。入总行资产池金额77.33亿元，占全年投放的81.36%，产生存款沉淀达60%。外币存款新增创历史新高，国际结算和跨境人民币业务双破“百亿元”大关。小企业业务超额完成“两个不低于”监管指标，小企业客户存款新增系统排名第一；超额完成全年退出目标计划，计划完成率为113%。

【资产质量与风险控制】2014年末，不良贷款（审计前）9.33亿元，不良贷款率为0.42%，已连续4年控制在0.5%以内。不良贷款率为当地四大行最低，不良贷款新增额当地四大行最少。不良贷款额（审计前）在系统内从低到高排名为第12，较年初进4位，不良贷款率从低到高排名为第9，较年初进2位。逾期贷款控制良好。逾期率为0.54%，比年初上升0.04个百分点。表外垫款大幅压缩。表外垫款额较年初减少2 078万元，控制在总行计划内。审计整改问题数与金额连续两年实现双100%。

二、主要工作举措

【抓发展，突出经营，增强实力】一是全面谋划转型。强化客户意识，“大资产、大负债、大收益、大渠道、大服务”策略全面实施，“2+4”工作重点推进，以产品整合和产品经理队伍建设为抓手，满足客户多元化综合金融服务需求。大力推进“三综合”和网络系统应用，以综合营销团队建设为核心，让大堂“人人开口”、让团队“走出去营销”。全行综合性网点在总网点中的比例由转型前的58%提升至90%，98%的综合性网点组建了综合营销团队，高于全国建设银行平均水平。二是抢抓市场机遇。2014年旺季营销储蓄存款新增323亿元，创历史新高，新增份额近40%，一举打破了农业银行持续多年的垄断地位，为全年发展奠定了坚实基础。第三季度，掀起了一轮轰轰烈烈的个体工商户营销拓展活动，通过对近千家大中型专业市场进驻批量营销，新增个体工商户30.8万户，贡献新增存款超过60亿元。

分行个体工商户从存量 10 万户，发展到 40 多万户，在当地四大行中位居第一，拓展了新的客户群体。三是筑牢发展基础。进一步深化客户分析成果运用，增强操作性，细化推进客户拓展“施工图”，通过对公有效客户拓展、存贷比考核、账户资金承接营销，让客户成为客户经理等，全行客户基础快速扩展，对公客户和账户的当地四大行份额从 17% 提高到 22%。继续深化“破零割尾”活动，狠抓“三大一高”和财政、社保、其他政府部门、民生领域、军队武警等源头性业务。聚焦零售业务批发做，拓展源头客户，促进个人客户规模快速增长，个人有效客户金融资产增速全国系统排名第一，中高端客户增速连续 8 个季度位居全国系统第一。加强渠道建设，网点布局持续优化，离行式自助银行与网点比例提前实现总行 1:1 的配比目标。狠抓“三个一”交易：一笔手机到手机转账，一笔手机缴费，一笔手机银行特约取款，离柜账务性交易量比例提升 2.64 个百分点，2014 年电子银行已经超越自助渠道，成为第一渠道。

【抓质量，突出发展能力提升】一是强化风险管控。建立不良贷款反弹约谈制度和月度风险诊断会制度。加强资产质量考核，各分支行及省分行相关部门绩效与不良反弹直接挂钩，当月兑现，不再递延。加强不良贷款批量转让、单户转让、重组核销等处置手段。针对小企业贷款风险暴露的区域梯次特征，在资产质量尚好的皖北地区，确定一定比例的退出额度和时间表，优中选优，争取风险暴露前的全身而退。二是提升管理水平。各级行、各条线、各部门都充分发挥作用，比如区域发展协调共进，营业部、县支行、城区行，在资源配置上“三三切块”，系统贡献上“三分天下”；将代发工资交由对公条线牵头主抓，全年累计代发同比增长 251 万人次，月均代发金额同比增长 5.8 亿元；改革国际业务管理体制，直接经营，国际结算和跨境人民币业务双破“百亿”大关；将分管个人业务的网点负责人作为第一大堂经理。三是强化合规案防。加大科技创新，研发推广“安徽分行廉洁合规从业问查系统”，进一步改进排查手段，提高排查发现问题的能力，内部控制自评价实现各级机构与条线全覆盖。

执笔：王文兵　凌云

福建省分行

福建省分行行长　彭洪明
（2014 年 7 月免）

福建省分行行长　刘丽华
（2014 年 10 月任行长）

一、业务发展概况

截至2014年末，一般性存款时点与日均余额、新增额均位居当地四大行首位。一般性存款日均余额3 388.2亿元、日均新增206.1亿元，当地四大行占比 分别达32.34%、33.83%。各项贷款余额3 437.3亿元，当年新增396.6亿元，均位居同业首位，且当地四大行占比分别提升0.8个、7.6个百分点；各项贷款增速为13%，高于系统平均增幅2.5个百分点。实现账面利润59.5亿元，当地四大行占比达55.7%，较上年提升21.8个百分点；实现经济增加值27.95亿元，实现税前利润70.19亿元；成本收入比为26.97%。不良贷款额35.96亿元，不良贷款率为1.15%，不良贷款率继续保持同业当地四大行最优；非信贷资产不良额1 581.7万元，不良率为0.03%，继续保持较好水平。

【公司及机构业务】对公结算账户、基本存款账户当年分别新增3.1万户、2.6万户，结算账户和基本结算账户总量均超工商银行，位居同业第一。全年营销省重点项目等102个，新增授信311.72亿元；累计向厦蓉高速漳龙段、LNG站线秀屿接收站等24个重点项目出具意向性贷款承诺699亿元。成功中标省级国库现金管理业务存款11.5亿元，县域财政客户存款达标率较上年提升10个百分点；网上招投标客户新增率位居系统第六，在同业中绝对领先；开办全国系统首笔同业资产转让业务。养老金受托资产新增完成总行计划的168%。在投资银行业务方面，通过各类理财产品为优质客户融资157.7亿元，同比增加77.92亿元，增幅为97.66%。债券承销业务实现重大突破，共承销发行7期35.2亿元，同比增长469.9%；承销手续费收入1 946万元，同比增长465%，完成总行计划的324%。成功营销漳州核电、武夷山添宏极地海洋公园等一批重点项目造价咨询业务，实现收入1.97亿元。

【个人金融业务】个人有效客户达451.92万人，有效客户在全量客户中占比达41.6%，继续保持系统首位。个人客户产品覆盖度为4.96，位居系统首位。借记卡消费交易额达4 062亿元，位居系统首位；存量借记卡达2 206.88万张，其中金融IC借记卡746.74万张，当年新增301.43万张，位居当地四大行首位。IC信用卡累计发卡149.1万张，消费交易额1 305.9亿元，分期交易额146.5亿元，贷款余额298.7亿元，均位居系统第一。信用卡发卡、消费交易额、贷款余额、中间业务收入等主要指标连续三年保持同业第一。全省AUM1 000万元以上的私人银行客户数累计达2 038人，当年新增177人，计划完成率达112%。海外金融服务实现资产负债并举，高端客户境外资产管理规模超20亿元，位居全国第一；通过“私享联联”和境外股权融资的业务创新，为客户境外融资超过2.5亿港元。

【住房金融业务】全年房地产开发贷款累计投放120亿元，贷款余额继续保持市场首位，房地产贷款储备262亿元，比年初增加14亿元。截至2014年末，个人贷款余额1 383.7亿元，当地四大行占比为34.5%，位居市场首位；当年新增235.8亿元，同比多增49.8亿元，当地四大行占比50.6%，位居系统首位，当地同业排名第一。住房资金归集余额623亿元，当年新增102亿元；实现房改金融业务收入1.02亿元；新增住房公积金缴存个人19.9万户，住房资金归集新增和房改中间业务收入再创新高，所有指标均位居同业第一。

【中间业务】全年实现中间业务净收入47.3亿元，继续位居同业首位；当地四大行占比为35.79%，较上年提升0.77个百分点；全省8个地市继续全部保持当地四大行排名第一，中间业务收入总量位居系统第八。

【国际业务】跨境人民币结算量达675亿元，同比增长94.33%，位居当地四大行第一，计划完成率为132.68%；对公外汇存款余额达107亿元，当地四大行占比为44.09%；对公外汇存款日均新增33.57亿元，完成总行计划的1 351.05%，新增当地四大行排名第一。

【其他业务】手机银行活跃客户净增数、善融商务新增商户均位居系统首位，其中，行外客户占比为52%。离柜账务性交易量占比达93.07%，位居系统省级分行第一。个人网银与手机银行交易额分别占系统的13%和26.3%，继续保持首位。善融商务平台实现B2B、B2C交易额分别为49.34亿元、1.3亿元，分别位列系统第二、第一。实现在线融资14亿元，辖内所有县级支行均实现在线融资“破冰”。实现单位人民币结算业务收入32 220.59万元，位居系统第八，当地四大行占比达39.31%，位居当地四大行第一；现金管理活跃核心客户新增为6 084户，增幅为54.79%，新增位居系统第四；对公网络活跃客户新增2.4万户，新增位居系统第三；支付密码通兑签约客户新增2.7万户，总量位居系统第四；单位结算卡新增2.6万张，总量位居系统第九；对公一户通签约账户新增5 552户，总量位居系统第六；账单自助服务（含电子回单柜）客户新增21 437户，总量位居系统第五。重点产品指标均完成总行计划的120%以上。

二、主要工作举措

【抓发展】一是存款。注重抓日均、抓基础、抓客户、抓日常、抓现金流量，增加存款“停留时间”、提高资金的可用价值。通过信贷客户、上市公司、国有大型企业、行业客户等抓好存款发展，通过推广结构性存款、大额存单、外汇掉期、户户通等开展产品引存；通过开展代发工资营销竞赛、EPOS商户拓展等专项活动，着力推动存款业务较快发展。二是贷款。全力拓展“三大一高”客户，密切跟踪央企、民企、外企“三维”签约项目，省重点项目和省经贸委“百项千亿”技改项目，积极储备不受或少受经济周期波动影响的行业和客户，尤其是涉及国计民生的行业客户。同时，坚持有保有压，严格控制政府融资平台贷款和“两高一剩”、“6+1”行业、低端加工制造业等，优化信贷结构。三是中间业务。着力从营销推广、产品组织、渠道建设、人员队伍和系统提升等多方面入手，优化业务流程，推进能为客户提供真实服务、创造价值的中间业务产品，逐步减少对信贷业务的依赖。巩固信用卡、借记卡及收单、电子银行等主要优势产品收入来源，提升理财产品、代理保险、国际结算市场份额，调整结构、深耕细作，大力发展贵金属、供应链融资等潜力产品。

【抓转型】发挥建设银行金融牌照齐全的优势，为客户提供投资银行、造价咨询、资金结算、私人银行等一系列综合服务。加强对地方国企和政府主导项目的营销力度，设计和运用理财、债券等投行产品解决客户的融资需求。围绕海外资产配置、高额保险、家族信托和基金组合四大领域开展服务研究，满足客户境外资产配置及投融需求。着力在电子渠道、智能银行和网点三综合方面创新，实现“释放人力，提升效率、增加收入”的目标。充分发挥“金融+电商”综合服务优势，打造善融商务“正牌”、“优价”品牌，不断吸收行外他行优质客户。通过整合现有自助银行资源，充分利用智能设备、数字媒体和人机交互技术，适时推出了智能银行，为客户提供一站式、全天候的金融服务。强化机制建设，组建工作专班、分片督导、脱产专职推进，网点综合化建设取得突破性进展。将县域、机构业务、国际业务作为重点业务领域积极开辟和深入拓展。重点布局经济发达、特点突出、后劲显著的县域，尤其加强探索富裕乡镇的社区金融服务，重点对11个特色县域的金融资源进行挖掘。采取“电子渠道+网点+代理”的服务模式，加大对县域的渗透。持续加强对财政、社保、国土、教育、卫生等大系统客户营销，进一步扩大军队武警业务市场占比，加强网上招投标、银医自助、校园一卡通等系统建设，做好代理保险、金融同业、投资托管等业务。

【抓管理】一是加强风险管控，严格落实信贷资产质量“一把手”负责制。从源头上减少不良贷款的新增，强化事后处置，防止贷款欠息和表外垫款的出现，防止贷款分类向下迁徙。同时积极做好打包核销，提升风险管控能力。二是加强精细化管理。通过挖掘系统数据，加强数据分析和业务指导，监控资金流向等，抓好存款、贷款、中间业务收入目标等业务发展。三是强化市场分析和数据运用。加强对市场走势对经营影响的分析，开展个人客户价值提升、对公客户资金流向监测、离柜账务性交易量比提升等数据挖掘选题，加强大数据应用。

【抓基础】一是按照“四好”标准要求各级领导班子，优化知识和年龄结构，持续提升各级领导干部的履岗能力；着力培养专业人才团队，重视员工的职业生涯规划，关心员工的工作生活，通过争先创优、关心员工成长、注重员工素质提升等方面，进一步加强员工队伍建设。二是严格执行中央“八项规定”，从严落实改进工作作风各项要求和廉洁合规从业规定；加强员工从业行为管理，按照“守住三个底线”和案件零容忍的要求，开展“查疏堵漏扫雷百日行动”，切实抓好案件防控和安全生产工作。三是深化“以客户为中心”的服务文化建设，严格落实服务质量规范和标准，形成全行上下共促服务的合力；提高服务管理队伍的专业素养与责任意识，完善服务监督管理，建立健全提升服务的长效机制，将建设银行服务打造成客户满意、社会认同的优质文明服务品牌。

执笔：周卉

江西省分行

江西省分行行长　万国平

一、业务发展概况

截至2014年末，一般性净存款日均余额2 022亿元，当地四大行占比为24.13%，比年初提升0.23个百分点；日均新增185亿元，当地四大行占比为26.7%，当地四大行排名第二。贷款余额1 582亿元，当地四大行占比为25.87%，新增229亿元，当地四大行占比为35.02%，当地四大行排名第一。中间业务净收入20.38亿元，当地四大行排名第二，当地四大行占比为27.88%。税前利润42.68亿元，增长13.34%；经济增加值20亿元，增长8.72%。不良贷款余额23.83亿元，不良贷款率为1.62%。

【公司业务】企业存款余额1 221亿元，新增90亿元，增幅为8%，余额新增当地四大行排名第一；对公贷款余额818亿元，新增59亿元，增幅为7.8%，新增当地四大行排名第二。

【个人金融业务】个人存款余额969亿元，新增82亿元，增幅为9.2%；个人贷款余额764亿元，新增169亿元，增幅为28.41%，其中，个人住房贷款余额630亿元，新增129.7亿元，增幅为25.9%，新增当地四大行排名第一。

【中间业务】实现中间业务净收入20.38亿元，当地四大行排名第二，当地四大行占比为27.88%，比年初提升0.35个百分点。中间业务净收入同比增加0.18亿元，增幅为0.91%。

【资产质量和风险控制】不良贷款余额23.83亿元，比年初增加1.62亿元，不良贷款率为1.62%，比年初下降0.1个百分点；逾期贷款余额16.09亿元，比年初增加1.4亿元，垫款为零。资产质量保持相对稳定，当地四大行排名第二。

二、主要工作举措

【全力推进客户战略，打牢业务发展基础】当地四大行在“四抓”方面，对公账户总量11.8万户，新增2.1万户，新增当地四大行排名第一。借记卡总量1 361万张，净增发卡261万张，新增当地四大行排名第一；贷记卡总量104万张，净增发卡33万张，新增当地四大行排名第一。在代发工资方面，代发对公有效客户9 607户；代发个人有效客户284万户；代发金额523亿元。全员营销参与率达97%。在“十大战役”方面，“社保”战役，新增账户47户，新增覆盖15个盲点区域，全省覆盖率为78%。社保资金存款日均余额94亿元，日均新增14亿元。“学校”战役，新增账户18户，高校基本户总量市场占比为

46%。“医院”战役，新增账户28户，与124家二甲以上医院建立合作关系，市场占比为42%。“商户”战役，净增商户2.88万户。“建筑业”战役，建筑业客户总数6 771户，新增956户。“养老金”战役，净增签约对公账户18户、个人账户2.5万户；托管资产规模45亿元，受托资产规模5.2亿元。“善融商务”战役，新增活跃商户587户，成交金额14亿元。“结算通卡”战役，结算通卡净增20万张，卡内存款新增29亿元。“私人银行”战役，私人银行客户金融资产51亿元，净增2.3亿元。“对公有效客户”战役，加权有效客户新增1.5万户。

2014年5月23日，中国建设银行江西省分行举办第四届职工羽毛球大赛。

【全力推进战略业务发展，加快转型发展和产品创新步伐】坚决落实总行转型发展要求，加快转型发展和产品创新步伐，多项战略业务保持当地四大行排名第一，中间业务收入连续多年当地四大行排名第二。一是举全行之力发展信用卡业务。狠抓发卡、商户、分期三大重点工作，努力做大客户规模，提升中间业务收入水平。信用卡发卡首次突破100万张，达104万张；实现中间业务收入5.79亿元，占全行中间业务收入的27.6%，当地四大行占比为28%，当地四大行排名第一。二是坚持电子银行业务发展一票否决。围绕手机银行、网上银行、短信理财、善融商务等重点工作，努力做大客户总量和交易金额，促进业务快速分流、收入稳步增长。截至年末，离柜账务性交易量占比为87%；实现中间业务收入1.62亿元，当地四大行排名第一，当地四大行占比为41%。三是巩固扩大个人住房金融业务优势。个人住房贷款余额630亿元，当地四大行占比为33%，新增126亿元，当地四大行占比为38%，余额及新增均排名当地四大行排名第一。住房资金归集余额393亿元，新增73亿元，余额及新增均排名当地四大行第一，其中，公积金资金余额125亿元，新增13亿元。四是狠抓资金结算业务发展。推进结算业务转型、创新和发展，促进产品覆盖和收入的快速提升。单位人民币结算业务收入2.14亿元，当地四大行占比为36.4%，当地四大行排名第一。五是大力发展国际业务。积极拓展客户群体，加大产品覆盖力度，市场竞争力持续提升。完成跨境人民币实收实付业务量127亿元，国际结算量104亿元，外汇中间业务收入1.55亿元，以上指标均排名名当地四大行前两位。六是加快养老金业务发展。把养老金业务作为“行长工程”，强化优质客户营销，一户一策逐个突破，实现了标准年金、类职业年金和员工福利计划的全覆盖。托管资产规模45亿元，受托资产规模5.2亿元，均排名当地四大行第一。七是稳妥发展小企业业务。按照“以小为主、以微为重”、“平台化、小额化”的发展要求，加快结构调整，实现了稳健经营。小企业客户1 964户，新增241户；小企业平台贷款余额43亿元，平台化率为44%。单户500万元以下贷款占比为44%，比年初提升16个百分点。八是积极发展投行业务。高度重视资产入池、理财产品销售与债券承销业务发展，主要业务指标均完成总行计划。实现条线收入1.4亿元，当地四大行排名第二；理财非标资产配置量71.4亿元，当地四大行排名第二；债券承销量34.1亿元，当地四大行排名第三。九是大力发展造价咨询业务。设立造价咨询中心专营机构，理顺管理机制，完善组织构架，实现收入1.14亿元。十是加大产品创新力度。先后推进了国旅龙卡、烟草网上支付结算等16个重点创新项目，研发了对公账户资金体内循环等一批大数据应用项目，为转型发展提供了有力支持。

【全力推进“三综合”建设，客户服务能力持续得到提升】深入推进网点“三综合”和对公业务“三综合”，全力抓好“三大一高”客户营销，加快转型发展步伐，不断提升客户服务能力。一是深入推进网点“三综合”建设。通过先行试点、全面推广，网点岗位配置、劳动组合、流程优化等制度办法已配套到位，所有网点已具备综合功能。370 个网点开办了综合性业务、组建了营销团队，占全部网点的 97%。二是全力抓好“三大一高”客户。以产品链、供应链、资金链为抓手，围绕“三大一高”核心客户及其上下游产业链，通过提供综合化、差别化服务，做到核心与外围客户并重。三是深入推进对公业务“三综合”。对辖内“三大一高”客户，逐户组建任务型团队，大力推进对公业务“三综合”，先后为双胞胎集团、大北农、玲珑梵宫等客户提供综合金融服务，实现了供应链融资业务新突破。

2014 年 6 月 27 日，中国建设银行江西省分行与华东交通大学签署银校暨职业年金合作协议。

【全力优化业务发展结构，可持续发展能力不断得到增强】一是日均存款稳步增长。通过抓全量资金考核、抓资金体内循环、抓增存压力传导等工作，较好地实现了资金的闭环运行，促进了存款的稳定增长。全行对公客户资金体内循环率达 58.52%。存款稳定性当地四大行最好，一般性存款日均新增当地四大行排名第二，对公存款日均余额和新增连续多年当地四大行排名第一。二是信贷结构持续优化。充分发挥授信审批的引导作用，将信贷资源向“资本占用少、风险权重低、经营业绩好”的业务倾斜。在巩固电力、交通、学校、医院等传统领域优势的基础上，优先满足个人住房、信用卡分期等的信贷需求，逐步压缩产能过剩行业贷款。个人类贷款新增占全部贷款的 74%，余额占全部贷款的 48%。退出对公信贷金额 14.86 亿元。三是提质降转取得实效。以信用卡、住房金融、电子银行、国际业务、资金结算等为重点，努力打造增收亮点。实现个人类中间业务收入 12.8 亿元，增长 45%；个人中间业务收入占全行的 61%，比年初提升 18 个百分点。贷款相关类中间业务收入 3.38 亿元，占全行总收入的 16%，比年初下降 19 个百分点。

【全力加强信贷管理，信贷资产质量保持总体稳定】把稳定资产质量作为全行的重点工作，一手抓业务发展，一手抓信贷管理和不良处置，资产质量保持了总体稳定，将不良贷款指标控制在总行计划之内。一是狠抓资产质量控制。将资产质量控制目标分解落实到部门和条线，层层签订“责任状”，落实“一把手”责任制，将目标完成情况与拨备考核挂钩。省分行领导牵头 20 个重大信用风险项目。二是强化信贷风险管控。加强“三真实”、贴标签“三分类”管理，加大对民营企业和多头授信管理。三是强化问题贷款的转化。全行坚持以大局为重，敢于面对和担当各类信贷风险，全力解决问题贷款的风险和问题。上年共主动转化问题贷款 19 户，涉及贷款金额 37 亿元。四是强化不良资产处置。充分运用批量转让、呆账核销、现金回收、债务重组、抵债资产等手段，多措并举加快处置。全行共处置不良资产 7.6 亿元，其中，打包处置 3.18 亿元，不良资产现金回收 3.45 亿元。

2014 年 12 月 10 日，中国建设银行江西省分行与双胞胎（集团）股份有限公司举行战略合作协议签约仪式暨龙卡益农信用卡首发仪式。

【全力防范风险和案件，确保全行安全稳定运行】坚持“三个底线”和案件“零容忍”态度，从严治行，全行实现了“三无”目标。一是严格落实案件防控责任。明确“一把手”为第一责任人，一级抓一级，逐级抓落实，着力构建

“三人拦网”的立体防线。二是深入开展四类问题专项整治。在全行深入开展“违规设立控制账户、违规代客服务、办理业务‘一手清’、办理‘飞单’业务”四类问题的专项整治活动，敢于揭露风险，铁腕整治问题。三是扎实开展案件专项治理。层层组织开展风险排查，做到基层机构自查面、二级分行检查面、省分行抽查面“三个百分之百”，累计排查发现问题693个，整改率达99%。四是切实抓好员工行为管理。深入开展“员工行为整治年”、“学案例、知法纪、明禁令”等活动。加强员工涉及民间借贷、非法集资、经商办企业等行为的整治。加强基层机构负责人、客户经理等重点岗位人员行为排查，排查疑点涉及员工98人，涉及金额3亿元。五是强化内控管理。认真配合做好各类外部检查和内部审计的问题整改工作，各类问题整改率达99.84%。强化问责约束力，重点加强对重大违规、授信业务违规和各类检查发现问题的问责。六是狠抓安全生产、舆情管理和维稳工作。强化IT和各类生产系统管理，加强“点库楼房区”管控，加强舆情监测，重视信访维稳工作，全行保持了安全稳定运行。

执笔：丁璐

山东省分行

山东省分行行长　薛峰

一、业务发展概况

截至2014年末，山东省分行实现拨备前利润154亿元，较上年增加22亿元；一般性存款、对公存款、个人存款余额分别为5 941亿元、3 050亿元、2 891亿元，日均新增分别为663亿元、401亿元、262亿元，均超额完成总行计划，分别位居当地四大行第一、一、二位，余额当地四大行占比分别提升0.89个、1.3个、0.46个百分点；一般性存款时点余额与工商银行差距由年初的832亿元缩小至411亿元，比中国银行优势由1 195亿元扩大至1 438亿元；年末存款偏离度为0.14%，符合监管要求；各项贷款新增494亿元；实现中间业务净收入61.6亿元，位居当地四大行第二；资产质量当地四大行最优，不良贷款余额29.5亿元，不良率为0.71%。

在总行考核中，2014年等级行继续位列一类行，KPI考核位居系统第六，创历史最好位次。

【效益】全年实现主营业务收入249亿元、拨备前利润154亿元、税前利润133亿元、经济增加值64亿元，均超额完成总行计划；主营业务收入系统占比提高0.24个百分点，收入增量位居系统首位；拨备前利润系统排名第六，占比提高0.1个百分点。存贷利差高于当地四大行平均8个百分点，贷款收益率高于系统平均水平。

【公司业务】对公存款余额3 050亿元，日均存款、时点存款新增分别为401亿元、129亿元，分别位居当地四大行第一、二位；对公贷款余额3 000亿元，新增314.9亿元；投行等新型融资增长25.22亿元，余额1 147.62亿元。

【个人业务】个人存款余额2 891亿元，日均存款、时点存款新增分别为262亿元、267亿元，均位居当地四大行第二；个人贷款余额1 165亿元，新增149亿元；个人有效客户新增76万户，有资产客户新增154万户，个人客户金融资产日均新增443亿元，均位居系统第二。

【中间业务】实现中间业务毛收入61.6亿元，同业、系统内占比分别达26.24%、5.69%，位居当地四大行第二、系统第五，分别比上年提高0.26个和0.28个百分点，达到近年来最高水平。在同业可比的13个重点产品中，有10个排名前二，其中3个排名第一。

【战略性业务】电子银行业务实现收入3.25亿元；个人网银、手机银行、企业网银客户新增当地四大行占比分别为33.6%、30.9%、28.1%；小企业业务实现“两个不低于”目标，贷款质量和综合定价稳居当地同业第一；国际业务实现收入13亿元，系统内占比为12.5%，位居第一；信用卡累计发卡、新增发卡、消费交易额、贷款余额、资产质量5项核心指标均位居当地同业第一；房改金融住房资金当地四大行占比为55.6%；社保卡、养老金等战略业务多项指标在系统、当地同业中位居首位或前列。

2014年5月28日，中国建设银行山东省分行东部团委与临沂分行团委联合举办“心愿直通车”捐资助学活动。

【资产质量】不良贷款额和不良贷款率均保持当地四大行最优，不良贷款额29.5亿元，低于总行计划0.5亿元，不良率为0.71%；逾期贷款41.3亿元；表外业务垫款清零。

二、主要工作举措

【实施科学发展战略】紧紧围绕总行工作会议精神，以“紧盯先进、比学赶超、提升位次、稳中求快”为工作标准，以“固基础、强管理、提士气、快发展”为工作要求，以“抓住新的历史机遇，夯实基础，深化转型，强化创新驱动，实现有质量、可持续的发展”为总体工作思路，提出了“争当发展领头雁”的工作目标。一是开展综合筹资。加大主动负债管理，将日均存款新增列为指令性计划，增强存款稳定性；通过资金链、产品链、价值链开展链式营销，拓展行外资金，同时紧盯财政资金承接率、信贷客户销售归行率、代工覆盖度等指标，促进资金体内循环。二是加快中间业务发展。按照“增份额、调结构、抓重点、提能力、重规范”的发展思路，重点打造国际业务、投资银行、信用卡等旗舰产品，组织对16项重点产品开展“增收挖潜”活动，将城区和重点县域作为同业竞争的主战场；针对重点客户深入开展产品渗透提升活动，提高客户黏性和中间业务收入。落实“四有”原则，坚持依法合规经营，中间业务收入当地四大行排名第二，领先农业银行优势由上年的4.97亿元扩大至10.8亿元。三是持续完善发展机制。强力传导信贷规模由业务发展挣取的政策导向，财务资源配置突出转型发展重点。完善考核机制，突出市场导向、转型发展、创新驱动、客户拓展、效率改善和效益增长。建立创新体制机制，将创新纳入对省行各部门以及二级分行的KPI考核和“一人一表”考核，形成“整体规划、统分有序、分工明确、协作高效”的创新工作体系。

【深化转型发展】一是全面推进综合化经营。构建大资产大负债经营体系，搭建综合营销平台，落实综合服务方案，实施综合定价策略，完善综合考评机制，由抓存款向抓客户资金总量转变，由单一信贷服务向综合融资服务转变。全年各项贷款新增494亿元，投行等新型融资增长25亿元，实现银团贷款业务收入1.14亿元，综合融资额达6 889亿元。二是强化资本约束与管理。建立以RAROC为核心的客户选择、产品安排标准体系，大力发展零售类贷款等“资本占用少、风险权重低、经营效益高”的产品，明确中型客户贷款规模配置比例底限，积极发展小微企业客户，实现大、中、小客户均衡发展。个人消费经营类贷款扭转多年负增长局面，支农贷被新华社、《金融时报》等中央媒体广泛宣传；中型、小微企业贷款在对公贷款中的占比分别提高2.8个、1.2个百分点。三是加快结构调整。优先满足城镇化、新农村、水利、教育、卫生、文化等民生领域，鼓励支持仓储物流、交通运输、批零等流通领域，强化对产能过剩及高风险等行业的管控。支持类行业信贷投放占全部对公投放的163%，逐步压缩行业信贷余额下降110亿元，平台贷款余额下降30.7亿元；信贷退出23亿元，完成总行计划的180%。四是深化营业网点综合化建设。全年共完成150个单功能网点的综合化转型，综合性网点占比达91%，组建综合营销团队910个，综合柜台率达92%。

【强化风险管理】一是加强信用风险防控。严格落实资产质量管控一把手负责制，完善信贷项目经营主责任人办法，并将信用卡不良纳入全行管控考核体系。加强对基层的督导帮扶，深化大额项目行领导牵头责任制和二级分行“一把手”负责制，推进重点资产质量联系行制度。强化风险排查与预警，对所有业务开展全面风险排查，筛选信贷余额千万元以上的重点监控客户建立观察名单，摸清风险底数。编制《贷前尽职调查手册》和《贷后管理手册》，解决信贷业务管理“中间重、两头轻”的问题。对千万元以上不良贷款处置“一户一策”，细化500万元以上不良贷款处置方案，全年不良贷款累计处置20.06亿元，总行计划完成率为149%。二是加强内控建设。层层签订《案件防控责任书》，以员工参与非法民间融资、违规办理信贷业务、商业贿赂等作为案件防范重点，抓好基层机构负责人、客户经理、柜员管理，开展案件风险排查。加大考核惩处力度，对案件和重大风险实行“零容忍”、“一票否决”，全年实现“五个确保”（即确保不发生案件；确保不发生重大风险事件和重大违规行为；确保屡查屡犯问题得到有效控制；确保不发生领导人员严重不廉洁事项；确保不发生重大群体性事件）的目标。

【加强基础管理】一是不断夯实客户基础。在对公客户方面，制订年度拓展实施方案，积极与工商系统对接，大力拓展基本结算户，重点抓好核心企业关系树网式营销、财政拨付和结算资金流上下游链式营销、重点项目园区客户批量营销、拟上市和已上市企业精准营销，落实小额无贷户名单制管理。全年对公基本户新增2万户，位居当地四大行第一；加权有效客户新增3.3万户，位居系统首位。在个人客户方面，制订年度战略推进方案，强化存量挖潜、公私联动；加大代工客户维护和拓展，推出“薪酬管家”代工综合服务方案；针对商圈主打“结算通”，针对社区客户主打“幸福家庭”品牌，加快金融IC卡在社区一卡通领域的行业应用。个人有效客户、有资产客户余额和新增均排名系统第二，创历史最好水平。二是构建物理网点、自助设备、电子银行、远程平台、直销团队“五位一体”的渠道网络体系。持续优化存量网点布局，全年新设机构9个，升格机构20个，新设自助银行193家。加快电子渠道建设，通过产品创新提升电子渠道服务的广度与深度，建设线上销售推广体系，将线下业务尽可能迁移到线上经营。试点建设VTM远程平台，完成全省首家智慧银行建设并开业运营。

【推进产品创新】一是完善组织架构和工作机制。在省分行成立创新委员会，设立产品创新与管理部，编制创新三年规划，完善考核机制。二是明确创新工作重点。紧扣市场需求，重点围绕新型商业模式开展创新，深入研究互联网、物联网等新兴业态发展和深化改革大背景下的新兴商业模式，积极探索物流金融、供应链金融、网络银行、B2B交易平台等领域的创新。三是规范创意管理。完善创新需求管理制度，畅通创意报送渠道，加快把基层创意转化为能够产生实际效果的创新项目，全年共完成产品创新90项，计划完成率为158%。

【加强队伍建设】一是扎实推进教育实践活动整改工作，完成整改措施132项，修订完善各类制度22项，干部群众对教育实践活动的认可度、满意率持续提升。二是严格落实中央八项规定和总行党委十项要求，转变作风，厉行节约，重控费用列支同比降幅为20.63%，招待费、会议费、差旅费、公车费、广告宣传费等全面完成总行压缩计划。三是加强各级领导班子建设，坚持科学用人导向，从省分行本部筛选10名年轻干部到县域支行任职。四是关心关爱员工，实施营业网点员工职业生涯规划，全面落实员工午餐、空气质量、取暖降温等七件实事，将全行所有在岗员工纳入内部等级管理，开展“十大魅力资深员工”评选活动，基层员工满意率为93.9%。

执笔：刘太丽

河南省分行

河南省分行行长　石亭峰

一、业务发展概况

【存款业务】一般性存款余额4 303.92亿元，时点新增349.6亿元，增长率为8.85%，当地同业排名第一。其中，对公存款新增132.8亿元，个人存款新增216.6亿元。

【贷款业务】各项贷款余额2 805.98亿元，新增455.52亿元，增长率为19%，当地同业排名第一。其中，对公贷款新增187.67亿元，个人贷款新增267.85亿元。

【经营效益和质量】实现账面利润88亿元，同比增加15.5亿元，当地同业排名第一。实现经济增加值46.2亿元，同比增加6.1亿元。不良贷款额5.16亿元，不良贷款率为0.19%，当地同业最优。

【公司业务】主要业务指标在系统和当地同业保持领先，对公存款时点余额1 936.03亿元。对公客户折算后新增25 643户，增长率达10.52%，高于全国平均水平6.35个百分点。对公贷款余额1 747.84亿元。对公非贴贷款余额1 659.99亿元，较年初新增187.33亿元。在四大行中，余额排名第二，新增排名第一。新投放人民币非贴贷款实际执行利率为6.67%，高于全国建设银行平均水平0.3个百分点。小企业贷款余额200.1亿元，较年初新增5.1亿元。

【个人金融业务】个人业务紧盯存款和中间业务收入，主要经营指标创历史最高水平。个人存款余额2 368亿元，较年初新增217亿元，系统内排名第五，位居当地四大行同业第一。

【机构业务】机构业务存款时点余额突破700亿元，达714亿元，较年初新增51亿元，圆满完成总行计划。

【房金业务】各项指标全面超额完成总行全年计划。住房资金归集新增108.62亿元，完成总行计划的121%；住房资金存款日均新增42.92亿元，时点新增37.64亿元；公积金贷款新增70.98亿元，个人贷款客户新增10.4万户，完成总行计划的157%。

【中间业务】中间业务收入40.78亿元，比上年增加5.3亿元，增长额系统排名第一。其中实现公司中间业务净收入15.37亿元，收入占比为37.69%；个人类中间业务收入超过10亿元，收入占比为24.5%；对公外汇中间业务收入16 809万元，同比增长30%。

2014年1月6日，中国建设银行河南省分行举办“建行好声音，传递正能量”活动。

【国际业务】全面超越计划进度，对公外汇存款日均余额10.02亿美元，较年初新增3.9亿美元，增幅为63%，计划完成率为589%；对公外汇存款时点余额8.5亿美元，较年初新增1.85亿美元，增幅为28%，计划完成率为280%。累计完成跨境人民币结算量131亿元，同比增长68%，计划完成率为109%。结售汇量71.2亿美元，同比增长29%，计划完成率为127%。国际结算量实现246亿美元，同比增长9%，计划完成率为102%。

【风险内控】全面超额完成总行下达的信贷资产质量控制计划。在省内各家金融机构合规建设考核评价中，被省银监局评为“优秀”。全年实现安全运营，未发生案件、重大风险和重大安全事故。

【其他业务】实现结算业务净收入53 706.91万元，系统排名第二，较上年增长14.10%。累计发卡量达263.63万张，当年净增发卡56.75万张，当年发卡净增继续保持当地同业第一。全行实现投资银行业务收入66 312万元，共发行理财产品249期，金额904.99亿元。电子银行离柜业务交易量占比为85.84%，较年初提升2.66个百分点。养老金业务运营个人账户数新增5.59万户，完成总行计划的215%。金融资产1 000万元以上私人银行客户数量1 265人，较年初新增152人，总行计划完成率为131.03%。

2014年4月16日，中国建设银行河南省分行员工足球队与河南省财税专科学校员工足球队举行联谊比赛。

二、主要工作举措

【谋全局，促发展】一是持续探索科学发展的路子。前瞻性地提出2014年将面临流动性趋紧、贷款规模趋紧、不良反弹压力巨大的复杂形势，强调要继续贯彻“抢抓机遇、加快发展、从严治行、防范风险”的总体指导思想和“531河南建行梦”总目标，全力实现“一个目标”，即围绕河南建行梦，确保一类行，实现三连冠；抓牢“五大重点”，即不遗余力抓存款、千方百计抓客户、尽心竭力上位次、未雨绸缪防反弹、严防死守防案件，对全年的工作提出明确清晰的思路和要求。二是完善管理考核机制。强化业务条线部门和二级分行双向考核评议机制，加强对二级分行指导，九个业务条线制定印发222份业务发展指导书，针对各二级行业务发展的优势和短板，提出改进措施和努力方向。围绕增存、增收等重点举办四场信息发布会，并及时交流政策市场信息和经验案例，支持一线经营拓展。

【抓重点，提优势】一是积极拓展“三大一高”客户。从源头抢抓客户，在保持原有“工商验资一线通”优势基础上，及时跟进工商登记制度改革变化动向，与省工商局达成“电子营业执照代理服务”合作意向，持续做大账户总量，巩固当地同业第二的优势地位。二是全力攻坚机构客户。与河南进口物资公共保税中心、郑州市社会保险局等政府机关签署战略合作协议，与省财政厅、14家市级财政机构、58家县（区）级财政机构对接。“民本通达”拓展客户981户，新增322户。全省39家本科高校、15所省级以上示范性高职院校、36家三甲医院、455家二级以上医院与省分行开展合作的覆盖度分别达79%、60%、75%和58%。有14家二级分支行与当地卫生局签订居民健康卡合作协议，实现信息采集207万张、发卡151万张，均位居系统、当地同业第一；健康龙卡成功在郑州市第七人民医院等7家医院推广上线。金融社保卡营销客户499万户，批量开户351万户。已成立公共资源交易中心的14个地市有10个在省分行开户，实现网上交易的有6家；县级公共资源交易中心在省分行开立账户20户。三是持续扩大“八一工程”优势。新增军警客户53个，占全国建设银行系统新增军警客户的60%。先后拓展了54集团军、20军等客户，新开立武警总队农副业基地、直属大队基本结算账户，开立解放军二炮某部装备专户。

发放武警河南省总队及下辖各地市支队武警军人保障卡7 486张，市场占比为100%；武警某部及下属4个团保障卡2 187张，市场占比为80%。四是“五大战役”亮点纷呈。“代发工资”新增个人账户44.54万户，单位账户2 504户，增幅为31%。“支付结算”新增结算通卡44万张，系统排名第七，时点存款新增59.5亿元，系统排名第四。“县域惠民”开通助农取款终端6 560台，系统排名第一，月交易量和交易额系统排名前两位。“社区营销”有22家分行完成社区多功能自助银行选址，开办金融课堂920期，社区通达卡客户新增7.1万户。

2014年11月25日，中国建设银行河南省分行举办行庆60周年客户接待日活动。

【推转型，重创新】一是加强战略协同与内外联动。与建设银行八家子公司举办了战略协同座谈会。与建信金融租赁公司联动共为中原高速等8家客户累计发放融资租赁款112.6亿元，系统排名第一。联手建信资本创设额度120亿元的“善融财富河南一号”产品。与建信人寿合作，向600多个小微企业客户营销“贷无忧”，系统排名第二，降低了业务风险。举办跨境人民币结算暨海外融资服务推介会，服务省内重点外向型企业和走出去企业等150多家重点外汇客户。全年战略协议当地同业业务累计办理286亿元，系统排名第四。二是抓好网点“三综合”建设和新一代系统推广应用。全行对外营业网点665个，其中，综合性网点占比达99.1%；综合功能窗口4 171个，占比为98.7%；综合柜面人员5 595人，占比为98.8%。落实总行试点推进计划，确保了“新一代核心系统建设”第一期13个子项目完成上线与推广。三是积极推动各项业务创新发展。制订创新能力KPI考核方案，加强产品创新管理，全年共立项55个创新项目，已完成研发并推向市场39项，其中自主研发的有13项，创新完成率系统排名第六。

【抓新点，促增效】一是加强网点和自助渠道建设。全年购置网点37个，新设机构8个；完成网点装修项目85个；储蓄所全都升格为网点型支行。新增离行式自助银行120余个；投放自助设备1 484台，创历年最高，目前运行设备达4 239台，现金设备位居当地同业第二。推进了系统首批、省内首家智慧银行建设。二是强化电子渠道拓展。“善融商务”电子商务平台已入驻知名企业1 371户；E动终端新增个人开户5.15万户，新增发卡1.87万张。网上招投标已有河南省机电设备国际招标有限公司、三门峡市公共资源交易中心等8户上线。与郑州棉花交易市场E商贸通合作取得较大进展，带动系统内个人开户一万多户。

【抓风控，促合规】一是深入开展“信贷风险防控年”活动。对煤炭及相关行业、制造业等开展专项风险排查8次，对新发放信贷业务开展“回头看”活动，直接组织对信贷业务量较大的60个县支行进行现场调研和排查，共调研1 347个客户，涉及信贷余额391亿元，占县域客户和信贷余额的82%，强化了信贷风险管理基础。二是持续保持案防高压态势。落实案件防控工作目标责任制，建立考评制度，明确量化考评标准以及与KPI挂钩的相关规定。召开四次从严治行万人视频会议，通报违规违纪和处理情况，警示全行员工。三是加强法律合规管理夯实内控基础。积极配合内外部审计监管检查17个项目，认真做好各项整改，内部审计整改率达98.6%，河南银监局整改率达100%。

【强队伍，促和谐】巩固深化群众路线教育实践活动，扎实组织整改落实和建章立制，确保整改方案所涉及的68个整改事项和22个制度建设计划按照时间结点要求按时完成。分两批对6个二级分行进行巡视，向被巡视行党委提出整改建议30条，向省分行党委提出意见建议7条。

执笔：孙俊岭

湖北省分行

湖北省分行行长　廖林
（2014 年 6 月任行长）

一、业务发展概况

截至 2014 年末，中国建设银行股份有限公司湖北省分行有营业机构 690 个，在册从业人员 15 326人。资产总额（本外币）4 718.48 亿元，当年新增 345.9 亿元。本外币全口径存款余额 4 608亿元，当年新增 377.13 亿元。各项贷款余额2 804亿元，当年新增 306 亿元。

【公司业务】全行企业存款余额（本外币）达 1 859.91 亿元（不含保本理财），位居当地同业第二；当年新增 119.55 亿元，增速为 6.87%。全行公司类贷款余额 1 880.95 亿元（含贴现），当年新增 138.98 亿元，增幅为 7.98%。

【个银业务】个人存款时点余额 2 709 亿元，系统排名第八；个人存款日均余额 2 667 亿元，系统排名第七；个人存款日均新增 257 亿元，系统排名第四。个人类贷款余额 923 亿元，当年新增 167 亿元。

【中间业务】2014 年，全行实现中间业务收入 36.7 亿元，增幅为 0.32%，当地同业排名第二。全行公司条线实现中间业务收入 21.4 亿元，当地同业排名第二；全行个金条线实现中间业务收入 15.3 亿元，当地同业排名第二。

【经营效益】2014 年，全行实现税前利润 72.73 亿元，比上年增加 1.8 亿元；实现经济增加值 31.38 亿元，比上年减少 1.96 亿元。

【资产质量】2014 年，全行不良贷款余额 54.72 亿元，比年初增加 8.55 亿元，低于总行年末控制计划的 0.28 亿元，不良贷款率为 2.01%，比年初上升 0.1 个百分点。

二、主要工作措施

【三大任务圆满完成】按照总行“三稳一控”和省行“四个确保”要求，精心组织实施，湖北省分行和三峡分行机构整合的 147 个系统 8 月 30 日顺利上线。全力支持武汉南湖基地建设，11 月 15 日基地顺利上线。推进与供销社跨界合作，积极抢占农村市场，“裕农通” 10 月 26 日成功上线，“裕龙卡”顺利推出。

【三场硬仗成果突出】市场地位得到提升，资产负债规模超 7 400 亿元，位居当地同业首位，一般性存款余额、系统份额分别提升 0.14 个、4.1 个百分点。资产质量保持稳定，处置不良资产 24.3 亿元，遏制不良暴露，不良贷款额、逾期额、垫款额均完成总行控制计划，不良贷款率系统排名提升 1 位。内控管理及案防工作持续加强，“三道防线”（经营—审批—放款）和“五位一体”（经营—审批—风险—审计—保全）信贷风险管控体系基本成型；柜面操作风险量化分级考评深入推进；审计信息共享和联动得到加强，审计跟踪整改率达 99.4%，同比提升 0.6 个百分点；全年没有发生重大案件、重大安全责任事故。

【发展潜力有效挖掘】渠道分流率提升 2.8 个百分点，新开业网点 14 个；新设离行式自助银行 143 个，总量达到 398 个；680 个网点“三综合”转型全面启动。客户增长率得到提升，其中对公基本户新增当地同业排名第一，占比为34%，公司机构有效客户折算后新增1.55万，增幅高出系统1.65个百分点；个人有效客户折算后新增258万，系统排名第七。产品覆盖度不断提高，其中公司机构产品覆盖度提升0.23个百分点，达2.96个百分点；个人产品覆盖度提升0.35个百分点，达3.9个百分点。客户满意度提升，其中个人客户满意度当地同业排名第一。

【转型创新多点突破】个人电子银行客户总量和新增保持当地同业排名第一，手机银行活跃客户系统排名第二，善融商务活跃商户系统排名第四；信用卡新增41.9万张，当地同业排名第一；造价咨询收入5.8亿元，当地同业排名第一、系统排名第三；金融社保IC卡发卡当地同业排名第一；财政资金承接率提升13.3个百分点，达52.8%；跨境人民币结算增幅为96.5%；AUM 1 000万元以上客户突破千户，客户新增系统内提升6位；个贷新增当地同业排名第一；养老金业务完成总行计划的3.5倍。实施“智慧营销”，对公客户资金体内循环比率提升1.3个百分点，达45.1%，信贷客户存款增长25%；“数字个金”推广提升AUM342亿元，资金承接率达89%。完成创新产品54项，其中“灵活存”、“助保贷”等产品效益明显；年末入池总行理财资金近200亿元，位居系统前列；全年新增表外综合融资463亿元。

【重点部署落实有力】“5511”考评机制作用明显，光谷、黄石、荆州、潜江、仙桃等11行两区间考核提升。“三大一高”领域华科、铁塔基本户、ETC经办权等重大营销获得成功；填补“五大维度”180个客户空白，新增“八大系统”账户828户。“三大板块”中武汉、县域存款当地同业份额分别提升1.21个、0.22个百分点；武汉各项存款余额1 945亿元，新增207亿元，均位列当地同业第一。圆满完成行庆60周年系列活动，内聚人心、外树形象。营运、安保、企业文化、离退工作、工会团委等保障作用得到较好发挥。

【党建、班子队伍建设深入推进】教育实践活动整改率达98%，满意度测评大幅提升；充实巡视力量，启动常态化巡视；基本实现网点党支部全覆盖。按“四重四事”原则，突出提升干部新常态下抗风险、谋发展能力，充实16个二级行领导班子。约谈部分二级行和部门，强化各级班子履责意识。启动后备干部、青年人才、项目评估、国际业务“四大人才库”建设，191名青年拔尖人才、77名项目评估专家人才入库。落实为基层员工十件实事、“八岗位”补贴等工作。完成潜江支行升格、江陵支行开业工作。恪守中央八项规定和总行要求，行领导带头践行“三挂钩、四承诺”和“三个马上”要求；全面清理公务用房用车，招待、会议、宣传、业务用车等费用同比分别下降37%、54%、22%、11%，受到总行改进作风专项检查组肯定。黄石分行、新洲支行、江岸百步亭支行获“全国文明单位称号”。

执笔：张旭

湖南省分行

湖南省分行行长 刘力耕

一、业务发展概况

【主要业务指标完成情况】一般性存款余额4 640亿元，比年初增加437亿元，增长率为10.4%，余额和新增均排名同业第一。各项贷款余额3 108亿元，新增372亿元，增长率为13.6%，余额和新增均排名同业第一。实现账面利润94亿元，位居同业第一，增长率为10.6%。不良贷款额27.6亿元，不良贷款率为0.93%。

【公司业务】企业存款余额2 010亿元，较年初新增134亿元，增幅为7.1%。公司贷款余额2 133亿元，较年初新增188亿元，增幅为9.7%。单位银行结算账户数量13.9万户，首次跃居同业第一，较年初新增0.98万户，位居同业第一。对公全量客户新增0.88万户，对公有效客户新增0.16万户，有效客户占比为18%。

【个人金融业务】个人存款余额2 630亿元，较年初新增303亿元，增幅为13%。个人贷款余额975亿元，较年初新增184亿元，增幅为23.3%。个人有效客户数量达1 678.9万户，比年初新增279.1万户，增幅为19.94%。

【房地产业务】房地产开发贷款余额196亿元，较年初减少5亿元。住房资金归集增长91亿元，余额524亿元，住房资金存款153亿元，增长33亿元。实现房改金融收入3 434万元。

【中间业务】实现中间业务收入37.5亿元，较上年增长3.2亿元，增幅为9.4 %，继续保持当地同业第一。

【国际业务】国际结算量71亿美元，较上年增长18%；跨境人民币结算量96亿元，增幅为242%；本外币表内外贸易融资21亿美元，增幅为25%。外汇有效机构客户559户，较年初新增58户。

【其他业务】一是电子银行客户数量2 853万户，新增465万户。个人网银客户突破千万户，企业网银覆盖率超90%；微信银行客户数达88万户，其中绑定账户的客户数62万户，新增60万户；善融商务交易额24.6亿元，实现中间业务收入2.7亿元。二是信用卡客户新增42.5万户，累计发卡272万张，实现消费交易额805亿元，分期交易76.6亿元，实现收入12亿元。三是投行业务入池资产60亿元，发行保本型理财产品315亿元，实现中间业务收入3.6亿元。四是养老金业务受托资产新增9.3亿元，增幅为104%，个人账户数新增5.4万户，增幅为69%。五是小企业业务授信客户3 019户，新增521户；小微企业贷款余额149亿元，新增2.6亿元。六是私人银行业务客户新增155人，金融资产新增18亿元。

二、主要工作举措

【推动经营转型与创新】一是计划考核与资源配置。在保障基本费用的前提下，突出效益导向，强化增量激励，倾斜战略转型，加大资产质量考核挂钩力度，推动全行规模、质量和效益协调发展；调整费用支出结构，压缩行政性费用重点支持业务发展；优化资本性支出结构，加大对生产性项目的倾斜力度，重点保证了渠道建设以及ETC、社保卡等战略性业务发展。二是人力资

2014 年 6 月 12 日，中国建设银行湖南省分行召开 2014 年会计营运工作会议。

2014 年 6 月 12 日，中国建设银行湖南省分行召开 2014 年会计营运工作会议。

源管理。按照业务需要、内部控制、收益覆盖成本等原则确定岗位、核定编制，不断地完善人员总量配置与业务规模、经营业绩等挂钩机制，将人力资源向基层一线倾斜；开展省行本部内设组长和部分岗位员工双向选择工作，促进人尽其才、才尽其用。三是流程优化。加快流程银行建设，全年共完成流程优化项目 38 个。前台以业务流程为重点，通过优化个人助业贷款、国际收支申报等流程，有效提升了客户体验；中台、后台以管理流程为重点，通过优化网点建设投入产出分析审批、行务运行系统等流程，稳步提高工作质效。四是产品创新。完成产品创新项目 71 个，同比增加 47 个。为湖南烟草系统推出对公定活通产品，为长沙医学院、中联重科等客户量身定制结构性存款，稳定了对公存款；推广特色储蓄、聚财存款等产品，创新推出柜面跨行资金归集新产品，夯实了个人存款基础；推进金融 IC 卡行业应用，长沙公交 IC 龙卡通成为同业中唯一全面覆盖公交、地铁、出租行业应用的金融 IC 卡。五是渠道创新。探索建设 6 个旗舰网点、2 个贵金属中心等特色网点，择优铺设多功能型自助银行，稳步推进“通用设备 + 互联网 WiFi”电子银行服务区建设，加快电子银行服务新渠道推广应用，微信银行客户、手机银行活跃客户数均排名系统第一，离柜账务性交易量占比为 91%，渠道分流作用持续加强。六是服务创新。针对客户多样化需求，不断强化综合金融服务，推出 ETC 综合金融服务方案，累计发卡 76 万张，市场占比第一，得到交通部和省委省政府的肯定。为省烟草系统量身定制供应链金融服务方案，实现“从烟农到烟民”全产业链式服务。

【狠抓市场营销拓展】一是重点市场和客户营销。深入开展“客户拓展年”活动，将重点园区、上市公司、拟上市公司、烟草系统、军警系统等作为拓展重点，不断夯实客户基础；以代理财政支付、财政统发工资、社保卡等产品为切入点，积极开展财政社保资金承接营销，新增存款 91 亿元。二是产品组合营销。以产品覆盖度提升为抓手，加强条线间、产品间的协同，强化信息技术支撑和大数据运用，开展精准营销，通过产品的优化组合满足客户需求，实现产品与流程的有效对接，对公、个人产品覆盖度分别提升了 0.84 和 0.3，达 4.29 和 4.44。三是公私联动营销。强化公私联动，通过建立条线联动机制和客户资源共享机制，实现公私业务协同共进，为 577 家优质对公客户 2.2 万名员（职）工集体授信 35 亿元，对公条线成功推荐 227 名私行客户，私行条线推荐客户办理“财富之星”、“财富贷”等信贷产品逾 6 亿元，电子银行条线成功拓展 214 户信贷类客户入驻善融商务；深化与总行、子公司、境（海）外分行的联动，通过投行工具为客户融资 103 亿元，引进信托资金 19.5 亿元，通过境（海）外分行融资 11 亿美元，满足了优质客户多元化融资需求。四是分层维护客户。实施客户分层维护，构建省行、二级行和基层行三级联动服务体系，重点系统性、集团性对公客户和重要私行级客户由省行领导牵头维护。对公条线由省行牵头管理 100 家重点客户和 30 个重点项目，指导和帮助二级行开展营销，成功营销了黔张常铁路、长沙地铁 4 号线、长沙机场迁建等多个重大项目；个人条线根据AUM值对个人客户进行分层，对中高端客户实行名单制管理，维护效果不断提升，个人加权有效客户新增277万户。

【夯实风险内控管理】一是信贷基础管理。坚持按照“政策可行、项目可靠、风险可控”的原则，选好客户和项目；强化授信审批“把关守口”作用，有效平衡发展与风险的关系；认真开展“信贷风险防控年”和“贷后管理深化年”活动，加强客户风险排查和贷后管理，强化放款审核的规范化、集约化管理；继续实行责任收贷制度，文化产业园等项目现金回收贷款本息5.8亿元；筛选16个大额不良和风险贷款项目进行重点攻坚，全年处置不良贷款21亿元，其中，现金回收6.7亿元，不良贷款率（含信用卡透支）为0.93%，较年初下降0.03个百分点。二是内控管理。加强对关键风险点及关键风险指标的监测，严控操作风险，内控评价保持了一类行；加大反洗钱工作力度，稳步推进反洗钱作业集中；处理各类诉讼849起，胜诉率为99.4%；与湖南总审计室建立定期审计沟通机制，加大审计整改力度，问题和金额整改率均为99.5%以上。三是案件防控。严格落实“一岗双责”，持续推进“双基”管理长效机制建设，扎实开展“管控关键环节、防范突出风险”案件专项治理等活动，强化员工从业行为动态管理，实现了无重大违规、无重大安全责任事故、无案件的“三无”管理目标。四是安全生产营运。积极开展“平安建行”创建，被总行评为先进集体；加强声誉风险管理，负面舆情同比下降40%；持续开展“标杆金库”创建，确保安全无事故；做好维护稳定工作，连续3年被湖南省委省政府评为维稳先进单位。

【加强班子队伍建设】一是群众路线教育实践活动。认真学习习近平总书记系列重要讲话精神，扎实开展教育实践活动“回头看”，持续抓好整改落实和长效机制建设；严格按照“三严三实”的要求，坚持不懈抓作风建设，全面落实勤俭办行各项要求，招待费、会议费分别较上年下降22.6%、51.3%；在省行本部开展履岗尽职大讨论，教育员工更加努力工作、履岗尽职。二是党风廉政建设。组织签订《党风廉政建设及“双基”管理案件防控责任书》，落实党风廉政建设党委主体责任和纪委监督责任。开展“正风肃纪、勤业守廉”主题教育活动，切实抓好对领导干部的教育和监督。配合总行巡视组对湖南行开展巡视工作，切实抓好巡视组反馈意见的整改落实，扎实开展对二级行的巡视工作。三是班子建设和队伍建设。抓好选人用人机制建设，坚持“注重综合素质、突出业绩实效”的人才理念，通过公开竞聘、考核聘任等方式提拔干部41名，公开选拔135名员工进入七职等后备人才库；加强干部交流，优化班子结构，平级交流干部62人次；继续实行干部和青年员工上挂下派锻炼，干部培养渠道和成长空间得到拓宽；构建多层次培训体系，举办各类培训班922期，针对性地开展跟班培训和送培训下基层，有效提升了干部员工的专业素质。四是关心关爱员工。贯彻落实《中国建设银行温暖工程实施方案》，构建关爱员工长效机制；薪酬分配进一步向基层网点和一线员工倾斜，调整942名定向招聘员工的工资级别；提高员工工作餐补贴标准，提高离退休和内退员工的生活补贴；充分发挥工会、团委、女工委等群众组织的作用，做实职工小家，做好员工心理减压、心理疏导等援助工作，对困难员工进行帮扶救助，增强了员工队伍的凝聚力。

执笔：杨红

广东省分行

广东省分行行长　靳彦民
(2014 年 11 月免)

广东省分行行长　刘军
(2014 年 12 月任行长)

一、业务发展状况

（一）主要业务指标完成情况

【存款】截至 2014 年 12 月末，全口径存款余额 10 087 亿元。分行一般性存款日均新增 572 亿元，达总行计划完成率的 101%，新增当地四大行占比第二，余额当地四大行占比为 24.55%，较年初提升 0.26 个百分点。

【贷款】截至 2014 年末，各项贷款余额 5 656 亿元，比年初新增 296 亿元。

【经营效益】全年实现中间业务收入 87.6 亿元，当地四大行占比为 21.96%。实现拨备前利润 220 亿元，达总行计划完成率的 101.3%，同比增幅为 11.62%。

【资产质量】截至 2014 年末，不良贷款 91.92 亿元，逾期贷款 105.44 亿元，表外业务垫款 8.48 亿元，三大资产质量指标均控制在总行核定计划内；共处置不良贷款 61.65 亿元。

（二）业务情况

【公司业务】截至 2014 年末，企业存款余额 4 680 亿元，日均新增 312 亿元，达总行计划完成率的 102.1%，新增当地四大行占比第一，余额当地四大行占比为 29.03%，较年初提升 0.78 个百分点。公司类贷款余额 3 706 亿元，比年初新增 77 亿元。客户规模持续增长，公司机构有效客户净增 9 534 户，系统排名第二；有效加权客户净增 2.26 万户，全量客户新增 2.474 万户。

【个人业务】截至 2014 年末，个人存款余额 5 170 亿元，日均新增 261 亿元，占总行计划完成率的 99.6%，新增当地四大行排名第三，余额当地四大行占比为 21.41%，较年初下降 0.06 个百分点。个人全量客户新增 194 万户，有效客户新增 91.3 万户，均排名系统第一，个人客户有效率比年初提升 1.43 个百分点。私人银行客户存量及新增、私人银行客户 AUM 总量及新增、投资性金融资产余额等主要指标持续保持系统第一。个人类贷款余额 1 950 亿元，比年初新增 219 亿元。

【投资银行业务】投行业务全年承销企业债券 217 亿元，发行首单“自发自还”地方政府债券 37 亿元和首单房企中期票据 150 亿元，创新推出四只基金份额合计 154 亿元。

【电子银行和信用卡业务】电子银行企业网银、个人网银、手机银行、短信金融客户数、中

2014 年 1 月 24 日，中国建设银行广东省分行在广州召开 2014 年工作会议。

间业务收入持续保持系统第一。信用卡累计发卡突破 500 万张，达 527 万张，客户突破 400 万户，达 437 万户，全年净增发卡 103 万张，分期付款交易额 139 亿元，均超额完成总行计划。

【国际业务】国际业务当年公司机构外汇有效客户合计新增 1 545 户，计划完成率为 193%；跨境人民币结算量 1 624 亿元，计划完成率为 118%，国际结算量 1 002 亿美元。

【金融市场业务】金融市场代客结售汇业务量、客户数持续保持系统第一；托管业务规模突破 1 300 亿元；养老金个人账户数持续保持当地同业第一；实现中间业务收入 9 亿元，同比增长 6%。

【资产质量与风险控制】全年共化解潜在风险客户 493 户，合计信贷余额 183 亿元。全年共处置不良贷款 72.3 亿元，实施两次市场化打包处置（本金合计 35 亿元），重大不良项目蓝海海运贷款余额减少 7.14 亿元。连续八年保持内部零案件良好态势，共成功堵截各类外部案件 496 件，涉案金额 7 875 万元。

【内控合规建设】持续开展“安全年”活动，坚持每年“一号文”部署安全年案件防控工作，层层建立“361 责任体系”，按照各级领导班子、业务条线、基层机构三个层面，明确“六个一”的责任，做到领导负责、条线履责、网点尽责、人人有责，全面推动一岗双责工作落实，强化预防导向、问题导向，加强重点领域的防控和整治。

二、采取的主要工作措施

（一）坚持紧抓机遇

【牵头设立粤东西北振兴发展股权基金】积极响应省委加快粤东西北振兴发展的部署，成为参与设立粤东西北地区振兴发展股权基金的唯一商业银行。基金首期募集资金 121 亿元，其中省行通过建信信托出资 20 亿元，预计可撬动 1 200 多亿元金融资本和社会资金投入。

【积极参与设立广东国资改革发展基金】分行持续跟踪广东省国资改革进程，作为唯一签约银行联合建信信托成功参与了省国资改革发展基金的创立。

【积极发展城镇化贷款】2014 年投放城镇化建设贷款 77.3 亿元，年末余额达 147 亿元，支持了佛山西站、花都中轴线、中信汕头滨海新城等 30 多个城镇化项目建设。

2014 年 1 月 24 日，中国建设银行广东省分行在广州召开 2014 年工作会议。

（二）坚持转型发展

【以综合融资业务推动综合金融服务】全年实现综合融资年化业务办理量 1 091 亿元，同比新增 11.8%，实现中间业务收入 10.4 亿元。办理了广州地铁 100 亿元中期票据、广州金融控股办理 10 亿元资产收益权、广汽集团发行 7 亿元私募债业务等一批重点业务。

【以提升新兴业务的收入占比推动“提质降转”】金融市场、投资银行、私人银行等新兴业务的收入增幅均大幅高于中间业务收入平均增幅。2014 年末中间业务收入占主营业务的 25.85%，比全行平均水平高 5.63 个百分点；非融资类中间业务收入同比增幅达 4.98%，占比同比提升 4.67

个百分点。

【以综合营销推动营销模式转变】狠抓电子渠道分流，离柜账务性交易量占比为 89.66%，提升完成率为 109.3%。网络银行电子商务贷款累计向 175 家客户投放 88 亿元，电子商务贷款和“善融商务”贷款余额及投放量保持系统领先。持续推进常态化营销和精准营销。

【以经营集约、管理集成、服务集合推动集约化经营】以结构调整促信贷集约经营，2014 年末公司类信贷业务经济资本占用率为 7.59%，基本保持稳定。深化推进前后台分离工作，70% 的柜面对公业务分离至后台集中处理。

（三）坚持创新驱动

【实施第二个“创新三年规划”】提出“引领转型”创新理念，确立了分年度量化创新目标，制订了六大领域 60 项创新重点以及五个方面 20 条工作措施。

【建立较为完善的创新体制机制】建立了覆盖创意收集、立项管理、研发实施、上市推广和反馈评价的创新全流程制度。建立了职责清晰的创新组织体系，实现了创新需求、研发、推广三个环节，前台、中台、后台和部门、条线、层级之间的联动与协同。建立多层面创新激励约束，持续实施创新创效奖评比，2014 年发放奖励 500 万元。

【全员参与、全员创新】建立 121 个创新体验基地，搭建了 403 人的产品经理队伍，按季实施产品经理“一人一表”绩效目标考核。推出产品销售查询和推介平台。续开展“点亮建行”创意竞赛，员工参与率达 67%。

（四）坚持风险防控

【多措并举缓解不良反弹压力】持续完善信贷风险监控三大平台（CRMS 授信监测系统预警、贷款风险诊断例会和贷后平行作业等三大信用风险基础监控平台），坚持开展“四重一大”风险监控（重点领域、重点问题、重点产品、重点机构以及大额风险项目），创新风险监控手段、建立潜在风险项目库、强化资产质量考核、落实责任收贷和资产质量联动管控等一系列风险监控与化解措施。不断加强大额风险项目的化解处置工作，全年共化解潜在风险客户 493 户，合计信贷余额 183 亿元。

【全面开展不良资产处置、呆账核销攻坚活动】采取依法处置、重组、债务平移等多种手段来加快处置进度。重检存量不良项目处置方案，分类推进新增不良项目处置，加快推进呆账核销，加大重大不良项目的处置力度。

【持续发力，深入开展安全年案件防控系列活动】持续开展安全年活动，坚持每年都以分行“一号文”部署安全年案件防控工作，层层建立“361 责任体系”，按照各级领导班子、业务条线、基层机构三个层面，明确“六个一”的责任（即一强调、一监督、一听取、一排查、一自检、一调研），做到领导负责、条线履责、网点尽责、人人有责，全面推动一岗双责工作落实，强化预防导向、问题导向，加强重点领域的防控和整治。认真落实“零容忍”、“三个不放过”，严肃责任追究。连续 8 年保持内部零案件良好态势，同时，2014 年还共成功堵截各类外部案件 496 件，涉案金额 7 875 万元。

执笔：周若龙

广西壮族自治区分行

广西壮族自治区分行行长　胡昌苗

一、业务发展概况

截至2014年末，广西区分行一般性存款余额2 209亿元，位居当地四大行第二，新增178亿元，增速为13.9%，新增、增速连续两年位居当地四大行第一。各项贷款余额1 767亿元，新增236亿元，增速为15.4%，新增、增速均位居当地四大行第一。不良贷款额8.3亿元，不良贷款率为0.49%，逾期贷款11.97亿元。实现净利润34.9亿元，增速为9.9%；实现经济增加值21.7亿元，增速为4.8%。

【公司业务】企业存款余额1 176亿元，新增96亿元，增速为8.9%，新增、增速均位居当地四大行第二。对公非贴贷款余额1 051亿元，新增93亿元，增速为9.7%，新增、增速均位居当地四大行第一。实现中间业务收入10.8亿元。新增对公结算账户12 344户，新增占比为38.56%，位居当地四大行第一。

【个人金融业务】储蓄存款余额1 033亿元，新增81亿元，增速为8.6%，新增、增速分别位居当地四大行第二、第一。个人贷款余额663亿元，新增116亿元，增速为21.3%，新增、增速均位居当地四大行第一。实现中间业务收入8.23亿元，同比多增7 125万元。个人有效客户新增27.8万户，增速为21.7%。

【房地产业务】个人贷款余额612亿元，新增100亿元。其中，个人住房贷款新增103亿元，同比多增30亿元，个人住房贷款余额、新增额稳居同业当地四大行第一。住房资金归集余额255亿元，新增39亿元。住房资金存款余额102亿元，新增12亿元。实现中间业务收入1.1亿元，同比多增2 589万元。

2014年5月7日，中国建设银行广西区分行与广西区地矿局在南宁签署战略合作协议。

【中间业务】实现中间业务收入19.1亿元，增速为7.7%；高出系统平均增速4.3个百分点；当地四大行占比为27.5%，高于系统平均水平0.18个百分点。与贷款相关类产品收入占比29.2%，较年初下降2个百分点。

【国际业务】全口径外汇存款余额32 346万美元，比年初新增3 674万美元，增长13%。全年累计办理国际结算78.92亿美元，新增16.21亿美元，增长26%。其中办理跨境人民币业务276亿元，同比新增87亿元，增长46%。

【资产质量】不良贷款额8.3亿元，不良贷款率为0.49%；实现表内不良资产本金压缩处置5.2亿元，回收已核销资产现金1 726万元，信贷资产质量保持区域最优。

【其他业务】一是养老金业务位居市场首位。新增养老金综合客户数1万户，计划完成率为129%；成功中标广西中烟企业年金账户管理人和托管人资格。二是投行业务贡献突出。新型投行收入2.39亿元，位居当地四大行第一，计划完成率为115%；通过新型投行产品为客户直接融资185亿元，同比多增75亿元。三是信用卡业务不断增强。实现中间业务收入2.3亿元，同比增长31.5%；新增发卡量和客户均位居当地四大行第一；新发展商户6 048户，计划完成率为168%；外卡新增商户125户，计划完成率为625%，系统排名第二，荣获“2014年VISA国际卡收单卓越成长奖”。四是电子银行业务快速发展。离柜账务性交易量占比为86.12%，比年初提升2.17个百分点，实现中间业务收入11 504万元。电子银行活跃客户（网银、手机）达111万户，同比净增24.4万户，增速为28%。其中，手机银行活跃客户39.1万户，个人网银活跃客户69.7万户，企业网银活跃客户2.16万户，善融商务活跃商户102户，交易额2.7亿元。短信银行363.45万户，微信银行客户总量13万户。

二、主要工作举措

【扎实开展“综合金融服务推进年”活动】将2014年定为“综合金融服务推进年”，筛选对公条线60大客户、对私条线100户大众富裕客户作为试点，一户一策制订差别化综合金融服务方案。对公条线重点推进的60大客户日均存款新增65亿元、实现中间业务收入近2亿元；办理各类产品409项，新增代发工资户46户，联动新增个人代发账户8 539户；公司机构客户产品覆盖度4.25个，比年初提高0.65个。全年与广西气象局、地矿局、民政厅，机场集团、建工集团，桂林市政府等近20家单位签订综合金融服务协议。个人条线重点推进的百名私人银行客户存款新增5.42亿元，增速为78.5%；实现中间业务收入1 042万元，联动新开对公结算账户32户；AUM 5 000万元以上战略级私人银行客户新增4户，增速为40%；个人客户产品覆盖度9.3个，比年初提高3.5个。

【加快创新转型】逐步探索以效果为导向的考核指标体系，全年产品创新实现的净利润增速必须超过总利润增速，真正发挥创新在促转型、促发展、培育新的业务增长点等方面的重要作用。紧扣“三大一高”、新型城镇化、小微企业、“三农”等领域的创新需求，努力抢占创新制高点，特别是在中国—东盟自由贸易区、沿边金融综合改革试验区等区域，要以引领型创新产品赢得竞争优势。深入落实总行“综合性、多功能、集约化”发展战略，资产负债业务由抓存贷款向抓源头和批量转变，中间业务由被动增长型向主动发展型转变，柜面业务由核算交易主导型向营销服务主导型转变，渠道建设由物理网点建设为主向物理网点优化和互联网金融并重转变，风险管理由被动接受向主动控制转变，干部选拔由群众公认向既重群众公认又重业绩表现转变。

2014年7月2日，中国建设银行广西区分行与广西壮族自治区粮食局在南宁签署战略合作协议。

【实施区域差别化发展战略】一是加快邕柳桂中心城市行业务发展。深入落实中心城市行优先发展战略，在政策支持、资源配置等方面继续加以倾斜，努力将中心城市行打造成为带动全行业务发展的龙头。以提升市场表现和竞争能力为核心，着力抓业务源头，增强对其他地市的业务牵动和辐射能力。二是加快沿边金融综合改革试验区六城市业务综合发展。结合区域特点，加快发展沿边金融、跨境金融等国际业务，大力发展边贸结算、小企业业务，努力形成业务特色。抢抓海洋经济发展机遇，积极探索航运金融、海关特殊监管区域的金融服务模式，大力拓展临港加工企业、进出口贸易企业、外商投资企业、产业园区等客户群体。紧盯试验区建设过程中市场的新变化、客户的新需求，积极探索金融服务新模式、新领域、新产品和新服务。三是加快县支行业务发展。加大对县支行的帮扶力度，在重要客户关系维护、政策、产品服务、资源配置等方面提供支持与帮助。配足配强县支行领导班子，选派思路活、干劲足、办法多的优秀员工到县支行担当重任，特别要注重选好选准县支行一把手。四是加快其他城市行业务发展。紧跟地方政府改革动向，把握区域经济特色，抢抓发展机遇，找准工作着力点，努力提升市场竞争力和系统内贡献度。

【加强基础建设】一是夯实客户基础。把扩大有效客户规模放在突出位置，坚定不移地推进“抓户工程”，着力提升客户账户经营能力，确保全年有效客户新增当地四大行排名第一。大力开展公司机构客户拓展、工商验资通、供应链、园区等专项营销活动，突出抓好重点县域财政账户、代发工资户的营销拓展，立足从源头上、链条上、平台上抓客户。充分发挥网点渠道的主力军作用，组建任务型营销团队，全面开展“扫街”行动，走进社区、走进商户、走进学校，着力抓好对公小额无贷户的营销拓展和社区个人客户的批量化营销。二是夯实渠道基础。加强沿边金融综合改革试验区和重点县域机构布设力度。继续优化存量网点布局，搬迁低效网点。加大自助设备、离行式自助点、POS 机、EPOS 机、网银、手机银行等电子渠道发展力度。加强标准化产品向电子渠道的移植，做好个人网上银行跨行资金归集、“悦生活”、网上招投标、善融商务等应用的推广。三是夯实管理基础。完善资源配置机制，突出资源“向一线倾斜，向基层倾斜，向业务倾斜”导向，将有限的资源更多地投向经营单位、战略性业务和重点产品。坚持勤俭办行，加强成本管理，压缩行政性资源耗用，精简会议和庆典类活动，严控招待费、公务用车、广告宣传费和差旅费支出。加强财务预算管理，严禁超标准、超预算安排费用开支。强化中后台集约化管理，持续推进深化前后台业务分离项目，优化离行式自助设备集中作业模式，加大现金备付管理力度，加快推进反洗钱集中作业。

【强化风险管控】一是加强信用风险管理。高度重视经济下行期的风险管控，对风险隐患和风险事项要保持高度警惕，及时揭示风险，提前应对处置。加强客户全过程、全流程管理，特别是对一些大企业、大项目可能存在的经营困难和风险隐患要保持高度敏感，预先判断，对民营企业的贷款要进行管控，对投资理财项目的投后管理要切实加强。高度关注个人贷款与小企业贷款的相互连通问题，加大关联贷款管控力度。二是加强操作风险管理。继续加强柜面操作风险管控，扎实开展柜面业务专项整治活动，确保全年柜面无案件、无重大违规事件、无重大监管处罚。持续完善内控体系，改进内控状况，培育内控合规文化。持续强化员工从业规范教育，加强员工动态管理和行为排查，坚决遏制员工参与信用卡套现、恶意透支信用卡、利用本人账户过渡客户资金、代客理财、为信贷客户归还贷款利息等违规事件的发生。严格执行财经纪律，切实防范财务风险。加强审计发现问题和监管部门提示问题整改，举一反三，堵塞漏洞。三是加强案件防控和安全维稳工作。坚决克服麻痹懈怠思想和侥幸心理，严防诈骗、盗窃、抢劫等案件风险发生。强化领导人员一岗双责，推进惩防体系建设，抓好案件防控责任状的层层签订，探索建立员工合规操作知识认证系统，深入推进与自治区检察院共同预防职务犯罪的合作机制。加强保密管理，着力提升信息安全保护水平，严防客户和内部信息泄露。继续加强交通安全和消防知识教育，确保安全管理制度落到实处。四是加强声誉风险管理。做好客户服务等源头性工作，同时在人员安排、应急预案、监测报告、投诉处理等各个环节做好责任落实，确保舆情平稳。

执笔：薛江伟

海南省分行

海南省分行行长 张中科

一、业务发展概况

2014年实现主营业务收入25.63亿元，比上年增加3.85亿元，完成总行计划的101.90%；实现税前利润12.47亿元、净利润9.27亿元、经济增加值6.08亿元，分别较上年增加2.11亿元、1.52亿元、0.75亿元，均保持较快增速；全口径存款时点余额730.12亿元，一般性存款时点余额727.32亿元；各项贷款余额407.24亿元，比年初新增78.79亿元，增幅为23.99%，系统排名第二。

【公司业务】企业存款时点余额420.21亿元；人民币非贴对公贷款余额257.57亿元，比年初新增46.91亿元。

【个人金融业务】个人存款余额307.12亿元，比年初新增24.2亿元，增速为8.55%，位居当地四大行第一、系统第14；个人类贷款（不含卡）余额124.21亿元，比年初新增20.5亿元。

【中间业务】全年实现中间业务净收入4.59亿元，同比增加0.79亿元，增速为20.84%，完成总行计划的109.07%；实现中间业务毛收入4.84亿元，增速为20.80%，系统排名第一。

【国际业务】截至2014年末，表外贸易融资余额8 284.82万美元、表内贸易融资余额5 487.65万美元，分别较上年增长49.92%、1 216.96%；办理国际结算量150 930.4万美元、即期结售汇业务量100 263万美元，实现单位结售汇业务收入677.04万元。

【资产质量与风险控制】截至2014年末，按五级分类口径，全行本外币不良贷款余额0.54亿元，比年初下降2.76亿元；不良贷款率为0.14%，比年初下降0.89个百分点。资产质量在系统和当地四大行中排名最优。

【其他业务】一是机构业务。成功取得省本级、海口、三亚等重点项目财政性资金账户、理财专户、代理资格和海南西部渔港17亿元项目建设资金代理权，截至2014年末，财政及政府机构存款余额位居当地四大行第一，中央财政资金下游承接率为48.12%，较上年提升1.63个百分点，完成总行计划的163%；三亚航母保障基地装备账户落户我行，军警存款余额达17.74亿元，比年初新增1.37亿元。二是资金结算业务。多项指标位居同业和系统前列，单位人民币结算业务收入同比增量、增速和企业现金管理业务收入总量、同比增量、增速五项指标均位居四大行第一；企业现金管理业务收入、新型结算产品收入、单位人民币结算业务收入三项指标同比增速分别位列系统第一、第四、第四。三是造价咨询业务。实现收入6 348.66万元，完成总行计划的235.31%，系统排名第一；增幅为125.25%，系统排名第二。四是信用卡业务。全年新增发卡创历史新高，累计发卡205 518张，当年净增43 673张，位居四大行第一，完成总行计划的124.80%；信用卡账户活动率为68.96%，系统排名第四；信用卡均消费3.35万元，系统排名第七；发展POS机重点商户11户，新增系统排名第一。五是电子银行业务。实现交易额3 771.65亿元、交易量3 116.29万笔，分别较上年增长

21.38%、26.93%；善融商务交易总额 12 336.95 万元，完成总行计划的 822.46%，排名系统第一；电子银行业务收入 3 125.35 万元，较上年增长 13.19%，位居当地四大行第二。六是养老金业务。受托资产规模指标新增 1.07 亿元，较年初增长 40%；成功营销海南福隆集团、海南亿海房地产的企业年金业务，托管业务实现"零突破"。七是投行业务。首次成功开展债券承销业务，为海南航空股份发行三期私募债共 17 亿元，承销费收入 334.9 万元。

2014 年 10 月 21 日，中国建设银行海南省分行在三亚百年农工子弟职业学校举办先进模范"成长·成才"报告会。

二、主要工作举措

【扁平化管理架构下的战略导向、发展格局进一步明确】一是实施"抓基础，促转型"发展战略，围绕"四突破，九特点"的工作目标，启动全行强基础促转型工程。二是大力推进"3050 工程"。全年小企业非贴贷款余额 20.36 亿元，比年初新增 7.58 亿元，位居当地四大行第二；增速为 59.31%，位居四大行第一。个人类贷款余额 124.21 亿元，比年初新增 20.5 亿元，新增四大行占比为 40.26%，排名四大行第一。三是持续实施"480 抓户工程"。年末单位人民币结算账户比年初新增 6 535 户，同比多增 1 993 户，位列四大行首位；当年新开账户中基本户占比达 69.45%，较上年提升 5.05 个百分点；单位人民币结算账户四大行占比为 20.67%，较上年提升 1.05 个百分点，总量排名从上年末的四大行第三上升至四大行第二。四是实施"三增三保"攻坚战，存贷款规模稳步发展，客户、账户"数" "质" 双升。五是推行全员客户经理制，切实解决基层行"最后一公里"责任制难落实、"3050 工程"人手不足等问题，同时助力员工在实践中快速成长。六是深化网点"三综合"建设，加快柜面业务流程优化，制定并下发营业网点岗位设置及劳动组合办法、综合柜员制建设指导意见、营业网点综合营销团队建设指导意见，持续完善基层网点综合营销长效机制，网点综合竞争力持续提升。

【资源配置、政策考核的精细化水平进一步提升】一是突出资源渗透对业务发展的支撑作用，将资源渗透"单产品、全联动、大覆盖"综合营销的全过程、渗透省分行直接经营和集约化支撑的全过程，各行将业务 60% ~80% 的拓展费用渗透到重点业务、重点产品的 PK 团队和个人。二是优化完善绩效管理考核机制，在继续实施竞争力考核、成绩单排名的基础上，修订分支机构等级行及 KPI 考核评定办法、经营部门 KPI 考核办法、分支行负责人竞争力考核办法、负责人绩效薪酬延期支付暂行方案等，实施领导班子综合经营竞争力考核，提高考核评价的合理性、有效性和可操作性，充分发挥绩效考评机制对业务发展的激励约束作用。三是实施"最后一公里"绩效考核，做到人人有任务，人人有目标，人人有客户，人人有考核。

2014 年 12 月 11 日，中国建设银行海南省分行与海口市财政局举行政府扶持小微企业助保金贷款合作签约仪式。

【组织架构、干部队伍的总体设置进一步优化】一是完成省行本级 27 个部门向 20 个部门的调整整合，并对进一步完善扁平化组织架构提出相关细化方案。二是规范市县支行领导班子配置。按照业务发展规模，明确市县支行领导班子配备原则。三是加快对优秀人才的使用，对不适合担任分支机构的负责人，进行降免职调整。四是建立和完善领导人员退出机制，出台领导人员职务调整管理办法，对通过年度或聘期业绩、履职能力等考核，连续担任领导岗位的人员（男年满58周岁、女年满53周岁）对应转为调研员或五级、六级专业技术岗位人员，推进干部队伍的年轻化。五是加快核心人才和后备人才队伍建设。目前已经建立完备的核心人才和后备人才动态库，力求重点培养、针对性使用。六是重视有基层工作经历的人才培养和使用，大力在基层行培养选拔干部。七是对长期在异地交流的基层机构负责人，调整回到经营环境熟悉的居家所在地。八是加大省分行员工到基层锻炼和干部交流力度。

【风险防控、安全运营的管理力度进一步强化】一是明确信贷风险一把手负责制，强化省分行集中贷后管理和明确基层行贷后协同管理要求，并建立重要客户信贷营销诊断机制，提高经营机构在营销前期的业务决策能力和风险把控能力。二是制定案件防控工作和考评管理实施细则，健全案防工作责任制度体系，建立案件风险排查机制，开展“防案件、促管理”特派员巡视活动，实现案件防控关口前移。三是开展“平安分支行”安全等级评价活动，深入推进“平安建行”。四是组织“管控关键环节、防范突出风险”案件专项治理活动、开展员工行为集中排查，及时关注和处置风险隐患。五是持续开展关键风险点检查，完善问责机制，强化责任追究，同时建立对防范风险表现突出的员工奖励机制。

【积极务实、和谐奋进的发展氛围进一步浓厚】深入抓好教育实践活动的整改落实，完成活动确定的42个具体整改事项、9个专项整治的重点任务和12个制度建设工作。从严务实抵制“四风”，上年共下发各类文件1 857份，同比减少18%；会议较上年减少33.33%，会议费用同比压缩46.72%；招待费比上年减少521万元，同比下降30.39%。持续深入开展关爱员工、劳动竞赛等活动。做好员工走访慰问工作，全年共发放特困补助、爱心基金补助等123万元。

执笔：海南省分行办公室

重庆市分行

重庆市分行行长　李果
（2014年3月免）

重庆市分行行长　余江
（2014年4月任行长）

一、业务发展概况

2014 年，重庆市分行本外币一般性存款日均新增 244 亿元，位居本市四大行第一；日均余额 2 288亿元，当地四大行占比为 26%，提升 0.5 个百分点；存款偏离度为 0.83%，当地四大行最低；中间业务净收入 27.1 亿元，位居当地四大行第二，增幅为 21.6%；实现税前利润 74.8 亿元，位居当地四大行第一，增幅为 28.5%；实现经济增加值 38.92 亿元，增幅为 31.8%；不良贷款 6.42 亿元，不良贷款率为 0.28%，资产质量四大行最优。

【公司业务】对公企业日均存款余额 1 153 亿元，新增 111 亿元，均排名四大行第二；对公本外币贷款余额 1 384 亿元，新增 92 亿元。公司机构类有效客户新增 1.4 万户，计划完成率达 126%，系统排名第一；账户新增 9 642 户，其中，基本户新增 8 492 户，位居四大行第一。投行产品融资额 299 亿元，年末余额 371.15 亿元，融资客户 129 户，同比增加 95 户，增幅为 279%。

2014 年 5 月 6 日，中国建设银行重庆市分行举行“五四”青年创新金点子大赛。

【个人业务】个人日均存款余额 1 064 亿元，位居四大行第三，新增 86 亿元，位居四大行第三。个人类贷款余额 958 亿元，位居四大行第二，新增 199 亿元，位居四大行第一。个人有效客户新增 26.85 万户，计划完成率为 147%。小企业贷款完成“两个不低于”目标。

【房地产业务】个人住房贷款余额 844.46 亿元，四大行占比为 32%，排名第一；新增 188.52 亿元，四大行占比为 33%，排名第一。公积金贷款余额 230.05 亿元，四大行占比为 54%，排名第一。

【中间业务】实现中间业务净收入 27.1 亿元，增幅为 21.6%，位居当地四大行第二，其中对公中间业务收入重回四大行首位。贷款相关类收入占比为 12.8%，同比下降 4.1%；信用卡、理财产品等重点产品收入占比为 44%，同比上升 1.6%。

【国际业务】外币企业日均存款余额 11.55 亿美元，新增 7 亿美元，位居当地四大行第一；外汇业务拨备前利润 1 863 万美元，系统排名第十；外汇中间业务收入 2.45 亿元，位居当地四大行第一；国际结算量 179.8 亿美元，增速位列系统第四；跨境人民币结算量 422 亿元，新增 307 亿元。

【资产质量】不良贷款 6.42 亿元，不良贷款率为 0.28%，资产质量四大行最优；关注类贷款余额 43.94 亿元，减少 31.17 亿元；逾期额 8.26 亿元，增加 3.81 亿元，逾期率为 0.36%，表外业务无垫款。

【其他业务】电子银行离柜账务性交易占比为 87.99%，系统排名第十；手机银行活跃客户 65.86 万户，净增 21.46 万户；善融商务活跃商户 658 户，交易额 21.8 亿元，分别位居系统第十、第五；信用卡净增发卡 29.43 万张，位居四大行第一；养老受托资产余额 4.94 亿元，新增 1.99 亿元，同业第一。

二、主要工作举措

【加快业务发展，提升市场表现】贯彻落实“三大一高”战略，加快业务拓展，持续提升客户、存款、中间业务收入的市场表现。一是注重综合化发展，通过团队营销、批量营销、品牌营销，夯实客户基础。建立重大项目的分层营销机制，开展“百行千户 主动授信”专题活动，成功营销中国石化涪陵页岩气公司、中国铁塔等 40 余户重点客户；制定中型客户发展指导意见，围绕商圈、产业链核心企业，借助“标准化”的产品批量发展中小企业客户；围绕惠民生领域，推出“易付”系列品牌，开展“一医院、一学校”专项营销活动，医院学校客户新增 130 户；推出“薪当家”龙卡、金枫卡、渝居卡等特色品牌。二是注重日均，通过源头营销、联动营销、创新带动，保持存款稳定增长。加强对招商引资客户、机构类客户以及企业债、中期票据等资金源头的营销，强化大额资金变动监测，资金体内循环率达50%；通过公私联动带动工资和拆迁代发、社保卡和公积金龙卡激活等业务快速发展，代发资金增幅为35%，信贷资源撬动拆迁代发17.3亿元，通过激活使零资产客户增加AUM值35亿元；积极推广财政集中支付电子化系统，创新运用表外业务保证金以及定活通、结构性存款等产品稳存增存，实现新增存款40亿元。三是突出持续性，巩固传统优势与抓战略新兴业务相结合，实现收入稳定增长。继续巩固造价咨询、资金结算等传统优势，建立与同业沟通机制，银团收入增幅为156%，位居系统第五。围绕抓战略新兴业务打造新的增长点。投行业务抓住重庆市推进混合所有制和国有大型企业化债降债机遇，推动设立两江新区建设发展基金，投行产品融资同比增长111%，承销债券当地四大行排名第一；信用卡业务加快拓展汽车分期、安居分期，实现分期投放40.1亿元，同比增长42%。

2014年12月12日，中国建设银行重庆市分行参加2014第六届重庆金融博览会。

【推进转型创新，增强持续发展能力】贯彻落实“综合性，多功能，集约化”战略，推动转型和创新。一是加强组织推动，开展“提能力、促转型、控风险、创价值、升品牌”主题活动，由行领导牵头推动公司业务、个人业务、改革创新、五大功能区和两江新区发展战略五项转型工作，制订对公、对私转型发展方案。二是持续调整信贷结构，67%的新增信贷资源向零售类贷款倾斜，个人类贷款、信用卡、小企业贷款占比提升至47%；公司类贷款坚持有保有压，基本建设贷款新增占比为28%，产能严重过剩行业贷款减少2.19亿元；小企业贷款推进小额化、批量化、集约化，签约“助保贷”平台29个，大数据产品增幅系统排名第一。三是推进综合化经营，全辖网点综合化占比为93%、柜台综合化占比为87%、单一对公柜台综合化占比为97.8%，超额完成总行目标；制订网点及自助渠道建设计划方案，签订低效网点整改及离行式自助银行建设目标责任书，推进渠道建设；在164个网点建设移动金融体验区，大力推进移动金融发展，离柜分流率87.99%。四是坚持协同、创新，完善母子公司、境内外之间协作机制，母子公司联动规模增幅为129%，与海外分行联动业务量增幅为59%；通过与农业发展银行、养老金、保险及非银金融机构合作逐步实现“资金提供者”向“资金组织者”转型。同时，推进业务创新，制订产品创新3年规划，开展“最美的和声”员工创新竞赛活动，征集创新创意449条，完成总行产品创新项目30个，获得总行产品创新营销分行、产品创新与流程优化奖及金点子奖项。五是积极推进县域经济发展，研究确定三类服务县域经济的发展模式，配置专项财务资源，23个支行与供销社、人社局、农业发展银行建立合作关系，设立80个助农取款点。

【完善机制体制，优化资源配置】顺应转型和创新，不断完善机制体制和资源配置。一是推进管理的集约化。新设金融市场中心、私人银行部、电话银行中心等6个中心类机构；整合风险管理部和信贷管理部职责，推进设立放款中心、反洗钱中心，加强关键环节风险管控。二是优化资源配置机制。财务资源有保有压，信用卡、电子银行、业务拓展及战略转型等方面费用同比增加90%；招待费、会议费、广告宣传费、车辆运行费等重点管控费用同比下降29%；统一新员工职等和员工薪点工资，坚持“四个倾斜、两个高于”的原则，分支行绩效工资增幅高于分行本部5.5个百分点，经营部门增幅高于中后台1.7个百分点。三是完善绩效考核机制。优化等级行、KPI考核办法，加大对转型发展和稳健经营的激励约束力度；制订经营部门考核方案，推广运用对公对私客户经理考核系统，提升考核精细化水平。

【强化风险内控，保障安全运营】将风险内控管理作为重中之重的工作来抓。一是强化重点领域信用风险管控。开展“信贷风险防控年”活动，强化风险排查，主动退出有瑕疵的保理，钢贸、煤贸客户贷款11.3亿元，全面清理担保机构，暂停合作5家，提高保证金比例8家；建立媒体信息监测机制，强化系统工具运用，开发到期贷款提示信息系统，提高风险预判预控能力；建立行领导牵头的十大关注类贷款风险化解机制，主动化解风险。二是持续夯实内控合规管理基础。将内控管理情况纳入对分支行的KPI、领导班子竞争力及经营部门业绩考核，开展“柜面业务操作风险”专项治理，内外检查发现问题整改率为98.78%，在全市金融机构人民币结算账户监管评价中位居第二、四大行第一。三是加强业务合规性管理。严格授权管理，积极配合监管部门收费检查，大型银行中检查发现不合规问题最少；持续完善声誉风险“三道防线”建设，实现全年无重大声誉风险发生。四是切实做好案件防控和安全生产工作。开展“员工行为管理年”和“平安建行”创建活动，组织全员签订《廉洁合规从业及案件防控责任书》，成功堵截诈骗事件104起，涉及金额204万元。实现全年无案件、无重大违规违纪事件、无重大安全责任事故的目标。

【加强队伍建设，持续改进作风】强化党的建设和队伍建设，凝聚全行力量齐心协力推进转型发展。一是推进领导干部联系群众的常态化。制定《领导干部基层调研工作制度》和《党委成员基层联系点制度》，每位班子成员确定2个联系点，全年班子成员下基层调研200余次。二是加强领导干部管理。逐级签订《党风廉政建设目标责任书》，制定分支行落实“三重一大”决策制度操作规则，在全辖推行基层党务公开工作，对10个分支行开展巡视，对4个分支行进行巡视回访。三是加强干部员工队伍培养。做实干部交流、年轻干部多岗位锻炼培养工作，选派28名青年骨干到区县支行担任副职；落实各级干部员工培训要求，结合转型发展需要，举办有针对性的培训，全年人均培训量同比增长30%。四是加强作风建设。持续抓好党的群众路线教育实践活动，严格执行中央八项规定和总行党委十项要求，开展工作作风“回头看”和自查工作；组织推进行庆60周年宣传活动，举办老干部和离退休人员座谈会，开展困难员工慰问142人次，举办各类文体活动485期，实施关爱员工措施23项。

执笔：余婧

四川省分行

四川省分行行长　曾益
（2014年4月免）

四川省分行行长　杨丰来
（2014年6月任行长）

一、业务发展概况

2014年，四川省分行分行坚持贯彻总行“三大一高”战略部署，主动顺应形势发展和市场变化，统筹发展存款、贷款和中间业务，提升风险防控能力，加强员工队伍建设，不断夯实可持续发展基础，保持了持续健康的发展态势，较好地完成了全年经营计划，一般性存款时点余额6 586亿元，时点新增347亿元，日均新增398亿元，完成计划的106%；各项贷款余额3 545亿元，新增375亿元，控制在总行信贷计划内；实现中间业务收入41.4亿元，增速为12.6%；实现账面拨备前利润127亿元，增速为12.6%。

【公司业务】对公存款时点余额3 620亿元，较年初新增123亿元；日均余额3 370亿元，较年初新增183亿元。时点存款余额系统排名第四，新增排名第11；日均存款余额系统排名第五，新增排名第九。时点存款余额排名第一，新增排名当地四大行第二；日均存款余额排名第一，新增排名四大行第二。公司类贷款余额2 254亿元，余额四大行排名第三，较年初新增136亿元，增幅为6.44%，新增四大行排名第三。实现对公中间业务收入18.35亿元。

2014年10月16日，中国建设银行四川省绵阳分行作为银行业代表获邀参加第二届中国（绵阳）科技城国际科技博览会，图为绵阳分行员工为客户演示手机银行最新功能。

【个人金融业务】一是储蓄存款稳步增长，省内同业和系统内份额提升。储蓄存款余额2 966亿元，较年初时点新增223.7亿元，日均新增215.1亿元。时点及日均存款余额系统内占比提升，且时点位次上升1位，位居系统第五。存款时点新增当地四大行占比为25.0%。二是个人客户规模保持增长，中高端客户质量提升。个人有效客户数（折算后）新增266.56万户，“金管家”个人客户（家庭）现金管理客户净增1.08万户，私人银行客户数量和AUM分别比年初新增252人、31.22亿元。三是中间业务收入系统内排名提升，全省个人条线实现中间业务净收入23.06亿元，同比多增收入2.94亿元，增幅为14.63%。四是渠道建设稳步推进，自助设备投产量达4 005台，较年初净新增881台，实现手续费收入2.12亿元。

【中间业务】实现中间业务净收入41.4亿元，增速为7.8%。基础结算类产品稳步提升，贷款转化类产品收入占比逐步下降，收入结构进一步优化。2014年实现基础结算类收入23.8亿元，占比为55.8%，较2013年提升4.9个百分点。

【国际业务】企业外汇存款余额12.9亿美元，较年初新增1.8亿美元，增幅为17%。表内外信贷余额41.4亿美元，较年初新增11.9亿美元。其中，表内贷款余额9.9亿美元，较上年增长2亿美元，增幅为26%。对公外汇中间业务收入人民币2.59亿元，同比增长7%。拨备前外币利润1091万美元，增幅达351%，利润当地四大行排名第一。全年实现跨境人民币结算量207亿元，同比增长71%。

【资产质量与风险控制】资产质量不良贷款余额25.82亿元，较年初增加13.43亿元，不良贷款率为0.76%，较年初上升0.35个百分点；逾期贷款余额23.58亿元，逾期率为0.69%。

【其他业务】一是小企业业务。四部委口径小微企业贷款余额367亿元，较年初新增106.6亿元，完成了监管部门“两个不低于”指标。实现四部委口径小微企业收入10.2亿元，其中，贷款利息收入3.4亿元，存款利息收入5亿元，中间业务收入1.8亿元。小企业授信客户数2 784户，其中，授信基本户1 248户，较年初新增138户。二是电子银行业务。电子银行收入稳步增长，实现电子银行科目总收入3.2亿元，增幅为14.3%，高于全国平均水平2个百分点。电子银行客户快速增长，手机银行、个人网银和企业网银活跃客户同比增长36.8万户、11.5万户和1.4万户，增速分别为45.7%、6.5%和25.1%；单位和个人短信银行客户新增分别超过 3 万户和 132 万户，分别位列系统第一和第七。各项应用推广工作有声有色，促进了存款和客户增长。网银代发客户新增 2 万户，代发金额近 1 000 亿元，比上年多增长 112 亿元，网银代发金额占全行代发额的 70%；善融商务全年新增活跃商户数 208 户，交易额 13 亿元；网银直联客户 82 户，日均存款总计 24 亿元，交易额合计 8 476 亿元；通过网络渠道销售理财产品的总量占比达 64%。

二、主要工作措施及成效

【全力以赴稳存增存】四川省分行坚持按照既定的目标计划，全力抓好稳存增存工作。分行领导班子实施了两次全面深入的调研，广泛收集基层行意见建议，找到制约发展的根本性问题，逐一制定工作措施，并督导解决落实。进一步强化激励约束，出台了上不封顶的考核政策，引导分支行自我加压，加快发展。提前启动旺季营销，抢抓市场先机。着力抓好“三大一高”客户的系统性营销。持续加大机构类存款拓展力度，积极应对成都市社保类账户撤并、网点归并等变化，细化账户、资金调整方案，进一步强化对客户的营销服务工作，上年新增成都市级社保存款 46 亿元，保持同业第一。加快推进业务创新，率先推出中央财政授权支付网银互联、网银跨行代扣学费、广电“缴费通”、税库银系统代征工会经费等业务，机构类存款余额、新增保持同业第一。抓好核心客户营销和维护，梳理全省工业龙头企业、“500 大续建”和新建项目、七大优势产业项目等目标客户清单，逐一落实责任行，开展名单制营销，与五粮液集团、四川省邮政公司等重点企业举行了银企合作交流会，进一步巩固了合作关系。借力综合金融服务优势，深挖中高端个人客户的综合贡献，重点拓展支付结算、投资理财等 8 类个人目标客户，CTS 客户总量、客户新增、资金总量均保持同业第一，发放理财金卡超 2 万张、理财白金卡近 9 000 张，网银签约达 1.7 万户，AUM 20 万元以上客户数量和 AUM 分别新增 4.7 万人 288 亿元，均位居系统第四，对全分行 AUM 增长贡献占比达 75%。加快做大客户基数。更加注重行业拓宽、客户扩面，积极介入物流、商贸、城镇化建设等潜力行业和领域，加强市场调研，掌握行业特征，出台综合化服务指引，积极跟进商事制度改革，密切与会计事务所、工商代理机构等中介机构合作，加强结算账户源头营销，结算账户、基本户分别新增 2.7 万户及 2.5 万户，均位居四大行第一，四大行占比分别提升 1.16 个百分点与 1.86 个百分点。精心组织开展旺季营销活动，狠抓客户群体和专项资金，重点围绕务工人员、结算类客户、代发工资和拆迁资金开展营销活动，储蓄存款新增 214 亿元，当地四大行排名第二，同比提升 1 位。深挖存量客户价值贡献。加大数据运用力度，开发“对公账户资金变动监测表”及“对公存款流入流出查询统计表”，强化对公结算资金监测管理能力，促进对公结算账户提档升级，逾 1 万户对公存量无效客户转化为有效客户。通过开展日常数据分析，建立个人客户资金预警机制，发掘营销商机，强化精准营销，激活零资产客户 26.6 万户，位居系统第七。

2014 年 12 月 11 日，中国建设银行四川省分行与四川省邮政公司签署战略合作协议。

【调整优化信贷结构】统筹考虑市场形势、综合收益、风险控制等因素，针对性调整优化信贷结构。在条线上，加快发展个人住房贷款、小企业贷款等零售类贷款，贷款余额占比为 39.6%，较上年提升 2.1 个百分点。个人住房贷款新增 217 亿元，位居系统第三、同业第二。新发放个人住房贷款浮动比例为 13%，同业和系统均位居第一。不良贷款率为 0.11%，逾期贷款率为 0.26%，分别位居系统第二、第三。推进小企业业务“小额化”转型，户均余额从年初的 584 万元降至年末的 523 万元，降低 10%；重点围绕汽车、商场、网上购物等消费需求，着力拓展信用卡分期业务，分期交易额近80亿元，增速为23%。在区域上，同等条件下优先满足市州规模需求，帮助市州行增强“以贷定存”话语权，市州行贷款新增占比为49%。在产品上，多渠道拓宽企业融资来源，通过债券承销、理财融资、居间业务等方式，提供资金454亿元，在全部对公客户新增融资中的比例达39%，提高16个百分点，其中债券承销总量逾150亿元，同业排名跃升首位，市场份额为17%，高于系统平均水平8个百分点。

【加快发展中间业务】推动中间业务传统类、创新类、资产类产品的均衡发展，做实中间业务收入基础。巩固传统产品优势，个金中间业务收入位居系统第二，提升2位，信用卡、投资银行、电子银行分别突破9亿元、4亿元、3亿元，增速分别为40%、50%、15%，信用卡中间业务收入对全分行中间业务收入的贡献为22%，投资银行占对公中间业务收入的22%，提高7个百分点；国际结算、造价咨询等7项重点产品收入过亿元，其中单位结算卡、账单自助业务收入分别位居系统第四、第三，系统贡献均达7%，同比增速均在50%以上；代销基金收入保持同业第一，当地四大行占比为61%，代理保险客户覆盖度位居系统第一，房改金融中间业务收入位居同业首位，增速为31%。加快发展新兴业务，成功营销系统内首笔保险资金项目资产支持计划“中国人寿——国投雅砻江项目资产支持计划”托管资格，联动建银亚洲成功办理系统内首笔私享联联B款业务，超长期含权债、超短期融资券、保障房私募债、国家外汇储备转贷款、境外工程应收账款全额买断等业务创省内同业首单，代客衍生金融工具收入增速为117%，债券承销收入增速为54%。

【强化风险内控管理】面对风险多发的外部形势，四川省分行认真排查潜在风险隐患，切实做好风险内控管理，保障安全平稳运营。加强信贷风险防控。认真组织开展信贷资产全量大检查，严防外部风险向省分行渗透，对有信贷余额的对公信贷客户、个贷业务、理财及债券业务，进行全面排查，重点关注国有大中型非垄断企业、产能过剩行业、房地产、民营公路项目等领域，以及亲周期行业集中度高、民间金融风险突出的区域，组织专题分析、现场检查，力求摸清风险底数。细化风险管控措施，提高风险化解的灵活性和针对性，密切关注钢铁、水泥、电解铝等五大产能过剩行业市场动向、客户经营趋势、负债情况等，跟踪了解各地政府对地方政府性债务清理甄别情况，明确管控重点，逐户研究大额风险客户退出策略和风险管控措施，先后压缩和退出大额风险客户20余户，贷款21.2亿元，探索建立小企业贷款预警模板，重点分析客户经营异常和参与民间融资的风险，压缩有潜在风险的小企业贷款7.9亿元。加大案防工作力度。坚持“零容忍”原则，按照机控优于人控、机制优于人治的思路，紧紧抓住当前案件风险重点领域、操作风险高发部位，强化对信贷、票据等重点业务，以及非法集资、“飞单”等行为的专项治理。坚持八小时内外结合，管好员工队伍，持续实现了“三无”案防目标，“平安建行”创建活动获总行先进集体称号，在全省政风行风测评中列窗口行业第二、四大行第一。

【努力夯实发展基础】着眼于降低成本、提高效益，大力提升渠道效能，提高精细化管理水平，不断增强集约化经营能力。统筹推进渠道建设。契合区域经济趋势、城市布局调整，加快推进渠道建设，在天府新区升级为国家级新区后，首家入驻开业成都天府新区支行。积极推进网点“三综合”建设，转型单功能网点79个，因地制宜调整低效网点28个。明确加快发展自助、电子渠道的导向，新投放自助设备881台，位居系统第二，成都地区设备总量增幅43%的情况下，全功能服务率提升1个百分点；加大电子银行活跃客户发展力度，着力挖掘网银代发代扣潜力，大力推广电子支付，“悦生活”服务项目增至78个，单位短信银行客户新增3万户，位居系统第一，同业首家开通线上跨行实时支付招投标保证金功能，以数据营销促进渠道协同初见成效。提升精细化管理水平。通过加强集中统一配置，围绕存款、中间业务等重点工作，向经营一线倾斜资源，分支行工资和业务管理费占比均提升1个百分点。制定重大项目、物理渠道专项投入管理办法，动态调整存量投入的后续补助比例，进一步传导成本压力。加快推进项目评估业务转型，向前嵌入综合授信环节，向后完善后评估机制。

加强授信审批时效管理，全流程审批时间压缩至21.3个工作日，较流程优化前减少了5.7个工作日，贷款审批效率提高21%。持续深化前后台分离，信用卡进件、现金缴款等16项柜面业务实现后台集中处理，对公自助服务终端覆盖96%对公网点，提升34个百分点，电子对账账户占比位居系统第一。

【加强员工队伍建设】围绕能力提升和作风转变，加快推进员工队伍建设，激发全行上下干事创业的活力。强化干部培养锻炼。贯彻落实总行组织人事工作会议精神，系统化推进处级干部、科级干部和青年员工三个层次的干部交流培养工作，调整、优化基层行领导班子20个，交流七职等干部34人。加强重点岗位人才培养。综合运用集中培训、跟岗学习、选派参训等方式，加强对客户经理、网点负责人等重点岗位人员的培训，重点加强对先进理念、前沿知识、优秀经验的学习，提高专业素养和业务能力。持续深化作风转变。针对教育实践活动查摆出的37个问题，制定了133条整改措施，对照“两方案、一计划”要求，从严、从实抓好教育实践活动整改落实。严格执行中央“八项规定”，落实总行加强成本控制要求，细化项目开支标准，加强费用开支全流程管控，会议费、招待费、差旅费分别下降32%、54%、18%。加强服务型机关建设，引导督促机关落实“首问联系制”“限时服务制”，努力构建服务基层、提升效率的长效机制。

执笔：谭永相

贵州省分行

贵州省分行行长　吴民豪
（2014年3月免）

贵州省分行行长　李果
（2014年6月任行长）

一、业务发展概况

【主要业务指标完成情况】全行实现税前利润42.25亿元，增幅为16.3%；实现经济增加值20.86亿元，增幅为15.93%。

一般性存款日均余额1 769亿元，全省当地四大行占比为31.02%；较年初新增114.21亿元，增幅为6.9%，当地四大行占比为26.07%。一般性存款日均余额及新增额均排名当地四大行第二，分别排名全国建设银行第27位和第23位。其中企业存款日均余额1 008亿元，当地四大行占比为33.8%，当地四大行排名第一；个人存款日均余额761亿元，较年初新增81.88亿元，新增当地四大行占比为31.38%，当地四大行排名第二。

各项贷款时点余额 1 414 亿元，当地四大行占比为 27.62%；较年初新增 194 亿元，增幅为 15.91%，高于全国和西部平均增幅，新增当地四大行占比为 28.74%。贷款时点余额及新增额均排名当地四大行第二，分别排名全国建设银行第 26 位和第 21 位。其中对公贷款新增 112 亿元，增幅为 11.82%；个人贷款新增 81.72 亿元，增幅为 30.29%，新增当地四大行占比为 35.49%，当地四大行排名第一。

【公司业务】一是狠抓基本户和全量资金。公司机构全量客户 50 815 户，增幅为 17.37%；单位结算账户 7.45 万户，较年初增长 1.37 万户，账户新增排名当地四大行第一。累计营销开立铁路、公路、水利等核心企业上下游账户 51 户。二是注重结构调整和业务创新，提升综合服务能力。累计向涉农行业发放贷款 74.26 亿元；向大中型水利基础设施以及燃气、污水处理、垃圾发电等城市基础设施项目和教育、卫生等民生领域发放贷款 49.44 亿元，同比增加 13.39 亿元。在省内首次采用 PE 方式将银行资金与地方国有资产有机结合发起设立贵州水利产业投资基金；承销全国首笔股权收购类债务融资工具 10 亿元。同时还通过债务性融资工具、理财产品、融资租赁等金融创新产品，为贵州省重点企业及重点建设项目融资 146 亿元。三是大力推广“助保贷”等新的经营模式，提升对小微企业的服务水平。小企业非贴贷款[①]余额 25.09 亿元，较年初新增 4.62 亿元，新增额系统内排名第一。小企业信贷客户较年初新增 102 户。搭建“助保贷”平台 23 个，风险补偿资金较年初新增 1.27 亿元，全国建设银行排名第一。荣获贵州银监局颁发的贵州银行业服务小微企业双“十佳”先进单位和金融产品称号，《贵州日报》以整版篇幅为其做了专题报道。

【个人金融业务】2014 年末个人存款时点余额 776.41 亿元，新增 66.83 亿元，增速为 9.42%，系统排名第一。个人有资产客户达 437.21 万户，较年初新增 46.1 万户，增速为 11.79%，系统排名第四；个人加权有效客户 556.7 万户，较年初新增 97.8 万户，增幅为 21.31%，系统排名第二。钻石级客户数量 2 365

2014 年 8 月 29 日，中国建设银行贵州省分行员工参加贵阳城市乐跑赛。

名，比年初增长 194 名，增幅为 8.94%。IC 卡在社保、ETC、城市公交、军人保障等领域的应用得到加强，累计发行高速公路 ETC“黔通龙卡”7.88 万张。个人金融资产总量达 983.35 亿元，新增 108.93 亿元。信用卡客户新增 13.4 万户，专项分期业务累计实现交易额 9.3 亿元，活动商户净增 1 186 户。新增自助设备 329 台。自助设备实现中间业务收入 1 亿元，系统排名第 15；自助设备台均收入 7.46 万元，系统排名第二。电子渠道与柜面离柜账务性交易量占比为 87.71%，比上年提升 1.75%，系统排名第 12。

【房地产业务】个人贷款余额 319.89 亿元，较年初新增 70.09 亿元，增幅为 28.06%，个人贷款新增额当地四大行排名第二。个人贷款 6 个以上产品月平均覆盖率为 92.13%。全省住房资金归集余额 344.56 亿元，较年初新增 64.74 亿元。公积金贷款（含项目贷款）余额 254.34 亿元，较年初新增 50.68 亿元。

【中间业务】实现中间业务净收入 14.69 亿元，增幅为 3.84%，高于全国平均 1.07 个百分点；实现中间业务收入系统排名第 25 位，较 2013 年提升两位，当地四大行排名第二。

【国际业务】外汇账户及跨境人民币结算账户 105 户，同比增长 13 户。国际结算量 150 235.00万美元；跨境人民币结算量 253 185.85 万元。完成结售汇业务量 76 868 万美元。办理表内外贸易融资业务 37 436 万美元。

【资产质量与风险控制】不良贷款余额 6.84

① 剔除保理。

2014年1月15日，建设银行吉林省分行与长春市宽城区政府签署政银对接战略合作协议。

2014年1月16日，建设银行贵州省分行举办江口至都格高速瓮安段项目银团贷款推介会。

2014年1月26日，建设银行河南省分行出资人民币50万元捐建平舆县郭楼镇陈集村希望小学项目座谈会及捐赠仪式在驻马店市举行。

2014年1月26日，建设银行辽宁省分行召开党的群众路线教育实践活动总结大会。

2014年2月12日，建设银行贵州省铜仁思南支行上门为武警官兵办理业务。

2014年3月2日，建设银行上海市分行95533青年员工向来沪务工人员宣传建设银行产品。

2014年3月5日，建设银行内蒙古自治区分行电子银行部开展“送培训到基层”工作。

2014年3月12日，由建设银行深圳市分行与深圳市科技创新委员会联合发起的Z2Z科技银行联盟正式成立，标志着深圳市分行正式进入“国家高新技术企业服务元年”。

2014年3月13日，建设银行河南省分行与中牟县人民政府签署全面战略合作协议。

2014年3月15日，建设银行辽宁省鞍山分行开展青年志愿者为客户送金融知识宣传活动。

2014年3月21日，建设银行厦门市分行与厦门两岸股权交易中心举行战略合作协议签约暨企业授牌颁证仪式。

2014年3月29日，盐阜大众报“星级银行”评选市民体验团走进建设银行江苏省盐城分行。

2014年4月23日，建设银行广东省分行党委在本部举办了学习习近平总书记系列重要讲话精神专题辅导讲座（视频）。

2014年4月30日，建设银行云南省分行对昆明地铁10万张票卡进行独家广告投放。

2014年5月9日，建设银行天津市和平罗马花园支行与友谊里街道开展“建行进社区感恩母亲节”活动。

2014年5月12日，建设银行湖南省分行举行银贸协作签约仪式。

2014年5月17日，建设银行江西省分行组织开展“红五月　红土地　红金融”金融青年红色行主题实践活动。

2014年5月17日，建设银行山东省分行积极宣传推广小企业服务和产品。

2014年5月22日，建设银行重庆市分行与重庆市外经委签署服务内陆开放高地建设战略合作协议。

2014年5月23日，建设银行深圳市分行举办深圳市前海鹏诚建鑫投资基金成立大会。

2014年5月27日，建设银行常州培训中心承办公司业务高级管理人员领导力提升研修班。

2014年5月27日，建设银行吉林省分行与吉林东亚经贸新闻有限公司签署战略合作协议，并为合作发行的“吉和网龙卡”揭卡。

2014年5月30日，建设银行江西省分行系统工会（团委）在吉安举办全省“庆五四迎行庆”知己知彼同业分析大赛。

2014年6月10日，建设银行大连市分行与泰康人寿联合举办“领演财富传奇　臻享幸福人生”精英财富论坛。

2014年6月11日，建设银行党校常州分校第30期干部进修班举办题为“转型：机遇与创新——建设银行对公业务转型”的学员论坛。

2014年6月15日，建设银行厦门市分行参加第六届海峡金融论坛。

2014年6月18日，建设银行上海市分行成为自贸区首批分账核算业务试点银行，图为自由贸易账户业务启动仪式现场。

2014年7月3日，建设银行新疆维吾尔自治区分行与新疆高级人民法院签署《实施网络执行集中查询机制合作协议》。

2014年7月15日，建设银行新疆维吾尔自治区分行为新疆和田地区墨玉县巴西普恰克其村的维吾尔族小朋友举办“放飞梦想——建行夏令营”活动。

2014年7月17日，建设银行天津市分行与天津市中小企业局举行合作签约仪式。

2014年7月19日,建设银行河北省保定分行在当地金融理财博览会上向群众宣传建设银行产品。

2014年7月25日，建设银行山西省分行与太原卫星发射中心技术部举行“双拥共建”签约仪式。

2014年8月1日，建设银行山东省分行邀请媒体和网友走进分行网点体验建行服务。

2014年8月11日，建设银行宁夏回族自治区分行组织柜面业务技能竞赛。

2014年8月19日，建设银行宁夏回族自治区分行组织百名党员领导干部参观自治区廉政警示教育基地。

2014年8月19日，建设银行福建省分行与建行（亚洲）举行闽港跨境联动业务合作签约仪式。

2014年8月30日，建设银行海南省分行在海口新世界广场举办“重走长征路　共筑中国梦”徒步活动启动仪式。

2014年9月9日，建设银行江西省分行在井冈山举办全行领导人员学习《习近平总书记系列重要讲话读本》专题培训班。

2014年9月16日，建设银行江苏省分行在南京桥林小学举办“积分圆梦·微公益”捐建的龙卡快乐音乐教室揭牌活动。

2014年9月19日，建设银行青海省分行与西宁市人民政府签署战略合作协议。

2014年9月20日，建设银行安徽省分行举办行庆60周年文艺汇演暨荣誉行员授勋仪式。

2014年9月24日，建设银行宁波市分行与解放军113医院联合举办军民携手铸辉煌2014年迎国庆晚会。

2014年9月26日，建设银行内蒙古区分行青年志愿者参加“积分圆梦微公益”活动。

2014年9月28日，建设银行广东省分行在本部大堂举办“说建·行远”——建设银行广东省分行成立60周年行庆展。

2014年9月28日，建设银行青岛市分行与青岛科技大学举行“校园一卡通”合作签约仪式。

2014年9月29日，建设银行河北省秦皇岛分行到河北建材学院开展金融知识宣传服务月活动。

2014年10月12日，建设银行大连市分行在收缴取暖费高峰期开展电子银行代缴取暖费宣传活动。

2014年10月13日，建设银行海南省分行举办“内控促发展　合规创价值”专项竞赛活动。

2014年10月13日，建设银行山西省分行举办李红英先进事迹报告会，山西省妇联领导现场为李红英颁发山西省“三八红旗手”奖章证书。

2014年10月20日，建设银行云南省分行召开二十年基层奉献员工奖奖励大会。

2014年11月5日，建设银行重庆市分行举办养老金市场前瞻及创新产品培训会。

2014年11月6日，建设银行安徽省分行领导深入企业走访客户。

2014年11月12日，建设银行广西壮族自治区分行2014年“优质服务我先行”网点服务系列提升竞赛总决赛在南宁举行。

2014年11月18日，建设银行广西壮族自治区分行首批个人出入境金融服务中心分别在南宁和桂林正式对外挂牌营业。

2014年11月19日，建设银行北京市分行举行首届自助设备技能大赛决赛。

2014年11月21日，建设银行河南省分行举办员工手册一点通知识竞赛。

2014年11月27日，建设银行青岛市分行举办“蓝色星空我更闪亮”建信人寿杯精英讲师风采大赛。

2014年11月28日，建设银行湖南省分行与湖南省机场管理集团有限公司举行全面战略合作协议签约暨机场龙卡首发仪式。

2014年11月30日，建设银行北京市分行手语服务团队在“北京市第三届手语风采大赛”团体决赛中获得一等奖。

2014年12月1日，建设银行云南省分行举办“提能力、查风险、排隐患”主题讲演大赛。

2014年12月3日，建设银行四川省分行打造四川天府新区升为国家级新区后首家入驻开业银行，图为与前来办理业务的客户一起为新支行剪彩。

2014年12月4日，建设银行四川省绵阳江油支行为病患老人提供上门服务。

2014年12月9日，建设银行宁波市分行联合宁波市总工会、宁波晚报社共同举办的“爱心报卡”赠送仪式。

2014年12月26日，建设银行河北省分行在邢台市邢台县中心医院广场举办“母亲健康快车”发车仪式。

亿元，不良贷款率为 0.5%，均控制在总行计划内，资产质量处于本地同业领先水平。累计完成不良贷款处置 4.16 亿元，并实现已核销资产现金回收 0.28 亿元。成功化解黔南民族师范学院 1.58 亿元的全行系统最大的教育行业不良贷款，在省政府常务会议上受到省领导的高度赞扬。

2014 年 9 月 12 日，中国建设银行贵州省分行参加贵州省金融系统国库业务知识竞赛荣获一等奖。

【内控合规建设】强化操作风险管控，明确防控重点，突出过程管理。累计检查关键风险点 20 173 点次、检查前台操作人员 14 339 人次、累计检查前台营业网点 870 个，覆盖率达 100%。先后于 6 月、11 月组织全辖开展营业网点内控自评工作，并于年末完成对全辖二级分支行全覆盖的现场内控测评工作。审查各类法律性文件 1 200 余件，代理 10 多起借款纠纷等案件的开庭审理，解答法律咨询 100 多起，做好法律风险事前防范。

二、主要工作措施

【注重客户拓展和渠道建设，夯实发展基础】一是多策并举抓账户，夯实客户基础。围绕“三大一高”客户，打通产业链和供应链上下游，延伸拓展有效客户和结算账户，狠抓基本户和全量资金，有效营销铁路、公路、水利等核心企业上下游账户。二是齐心协力抓重点，拓展业务发展空间。围绕交通、水利、教育等大行业、大项目抢抓资金。与政策性银行合作，以开放合作的理念开创客户拓展的新路径。将商户收单业务作为承接公私存款资金的重要渠道，开展商户收单业务联动营销活动。三是加强条线联动助营销，加大公司条线对代发工资、拆迁补偿、信用卡和电子银行业务的营销力度。初步建立个人条线“八个一体化”工作机制，实现个贷、信用卡、电子银行、小企业等客户资源共享，实施联动和交叉销售。从全量资金的角度，组合运用存款、理财产品、贵金属、基金、保险等产品，为客户提供综合化服务。四是以功能完善为重点，加强渠道建设，创新支付渠道，延伸服务触角，优化存量网点布局。网点“三综合”取得新进展。

【注重结构调整和业务创新，提升服务能力】一是加大对实体经济的支持力度，大力支持国计民生重点领域。以总分行信贷政策为指引，按照综合贡献优先、质量效益优先的原则，在继续巩固省分行在高速公路、铁路、电力等传统优势行业市场份额的同时，不断加大对贵州省大中型水利工程建设和城镇基础设施建设、教育、卫生等民生领域以及涉农领域的信贷支持。稳步提高短期贷款余额占比，加快票据贴现业务发展。同时进一步加大对产能过剩行业非支持类客户信贷退出力度。二是加强母子公司、境内外联动，创新融资方式和产品，并通过债务性融资工具、理财产品、融资租赁等金融产品，支持优质客户和优质项目，提升对社会经济的服务能力。三是提升对小微企业的服务水平，做实普惠金融。大力推广“助保贷”等新的经营模式；探索农村及县域金融服务新模式，率先推出涉农贷款“五位一体”的业务模式，成为省内唯一一家支持农业部创新项目的金融机构。

【注重机制建设和流程优化，保障业务发展】一是围绕总行业务发展重点和战略导向，精简优化考核指标，突出价值创造，调整存款考核方式，引导全行集中主要精力打牢客户基础、抓好综合服务。二是建立省分行本部首次接触责任制、行领导直接参与营销活动机制、部门限时工作机制和分支行申诉机制，改进部门工作作风。三是优化资源配置，财务资源配置向关键性、基础性项目倾斜，集中战略性费用用于区县级社保、校园一卡通、军保卡、监狱服刑人员个人资金管理系统等项目。四是完善领导干部基层调研机制，强调各级领导干部特别是省分行机关干部，提高调研的针对性和及时性，拓展调研的宽度，确保调研的深度。五是建立下辖主要负责人工作动态日报制度，加强对直管领导人员的过程管理和行为引导。

【注重风险管理和内控建设，保障运营安全】一是紧紧把握“筑基础、控风险、促发展”的核心目标，严守评估和审批关口，提升效率，支持各项业务的稳健发展。二是增强风险识别和预警能力，持续强化对产能过剩、房地产、政府融资平台等客户的监控，将关注三类贷款纳入风险监控范围，前移风险化解关口。建立投行业务投后管理机制，建立信用风险项目化解处置工作机制。三是建设集中放款中心，实现全辖放款审核集中。四是扎实推进集中采购全流程管理，健全岗位设置，完善制度流程。五是创新思路，按照“集中、集约”的原则推进反洗钱工作，实现贵阳地区及各二级分行反洗钱集中作业。六是确定351个环节和17个关键风险点作为内控重点，将评价结果纳入年度KPI考核。七是实施“两上两下”的整改措施，从省分行和问题行两个层面推动双线整改。深化“七个层次”的案件防控长效机制建设。

【注重党建工作和队伍建设，加快作风转变】一是认真学习贯彻习近平总书记系列重要讲话精神，不断巩固和深化教育实践活动成果。按照“三严三实”要求抓整改、转作风，严格落实中央“八项规定”和总行党委十项要求。二是全面落实党风廉政建设主体责任，建立健全惩治和预防腐败体系等配套制度，对3个二级分行开展巡视工作。三是强化各级领导班子和队伍建设，调整充实各级领导班子队伍，加大干部交流力度。四是人力资源配置向二级分支行、重点部门倾斜，探索建立干部员工多岗位、跨条线、跨层级历练机制，共安排基层行61名管理人员及客户经理到省分行对口经营部门跟岗。五是坚持用“关心耐心爱心”带队伍，关爱员工。

执笔：张瑛　吴炬

云南省分行

云南省分行行长　高升亮

一、业务发展概况

【负债业务】一般性存款余额2 724.02亿元，较年初新增99.82亿元，增长3.80%。其中对公存款余额1 617.26亿元，新增41.33亿元，增长2.62%；个人存款余额1 106.76亿元，新增58.49亿元，增长5.58%。一般性存款新增位居当地四大行第一，全国建设银行第22位。

【资产业务】各项贷款余额1 838.72亿元，较年初新增193.02亿元，增长11.73%。其中公司类贷款余额1 190.34亿元，新增90.41亿元，增长8.22%；个人贷款余额648.38亿元，新增102.62亿元，增长18.80%。各项贷款新增位居当地四大行第二，全国建设银行第18位。

【中间业务】实现中间业务收入19.35亿元，同比增长8.16%。中间业务收入位居当地四大行第一，全国建设银行第22位。

【资产质量】不良贷款额8.94亿元，控制在总行下达目标内；不良贷款率为0.48%，当地四大行最优。拨备覆盖率为504%，不良贷款处置完成计划的195%，抵御风险能力保持较高水平。

【经营效益】实现税前利润61.8亿元，增幅为17.3%，超额完成总行下达计划；净利息收益率为3.35%，同比提高0.22个百分点；经济资本回报率为35.30%，创近三年最高。

二、主要工作措施

【加快发展，市场竞争能力显著提升】一是全力以赴抓好稳存增存，时点和日均存款新增位居当地四大行第一。按照“大负债”理念加大存款拓展力度。公司条线盯重点、推综融、抓结算，实现车购税、大瑞铁路等多个项目上下游客户的突破和资金承接，联动建行子公司通过城镇化基金、债券承销发行等有效带动存款增长；机构条线强化“一厅一行一策”综合营销，深挖各类客户增存潜力，代理省财政国库现金管理规模时点最高达70亿元，首创土地复垦费用监管模式，机构存款继续保持同业绝对领先地位；房金条线抓户扩面增存，住房资金归集当地四大行占比为58.3%，稳居首位；个人条线全力扩展客户、营销产品、抢抓资金，代发工资、结算通、电话POS机、理财产品、金管家等优势有效发挥，储蓄存款余额超越工商银行53亿元，跃居当地四大行第二。二是千方百计拓宽收入来源，中间业务收入位居当地四大行第一。严格遵守服务收费有关规定，通过“挖潜增收”、“提质转降”、案例推广等活动不断培育市场需求。在抓好支付结算、借记卡等传统业务的同时，大力拓展投行、保险、租赁、基金、期货经纪等综合化业务，以及金融市场、投资理财、托管、资产管理、养老金等新兴业务，中间业务收入当地四大行占比为28.6%，位居首位，理财产品、房改金融、国内保理等7项产品收入位居当地四大行第一。战略性业务加快发展，信用卡累计发卡突破100万张，累计和净增发卡量、商户跨行收单交易额、资产质量四项同业第一；投资理财业务收入、债券承销收入和承销量、养老金受托规模和新增位居当地四大行第一；金融社保卡、居民健康卡、武警部队军保卡、昆明轨道交通卡、ETC龙卡同业领先。

【调整结构，信贷经营方式不断优化】通过结构调整持续改进信贷经营模式，引导全行由信贷业务为主向信贷业务和综合融资并重转变。一是做长服务链条，深化与大行业、大系统客户合作。一方面，抓联动、搭平台，进一步发挥基础设施、重大项目等传统领域优势，跟进经济社会发展、产业兼并整合等重大项目做实储备，加大民生领域客户及辖内优质客户营销力度，大力拓展高原特色农业、旅游、生物等特色产业，积极介入新领域主动调整结构；另一方面，充分发挥综合营销作用，加强投资银行与金融市场业务的客户拓展与产品创新，对云锡、云天化、华能澜沧江等客户量身设计并有序推进综合金融服务，通过供应链融资、短期融资、中期票据等多种渠道有效满足客户资金需求；烟草“新商盟”项目不断深化，逐步形成以系统、信用卡及特色存款产品向烟草产业链营销渗透局面；适时引入海外低成本资金服务省内企业，利用境外资金支持祥鹏航空融资、云铜等企业进出口业务，有效带动传统业务与投行、理财、国际等业务的同步拓展。全年实现对公资金投放497亿元，综合融资超过300亿元，资产新增入池规模创历史最好成绩。二是实施“大零售”战略，加大个人贷款和小企业业务拓展力度。深入推进零售资产业务进网点工作，以信用贷、抵押贷、善融贷、创业贷和结算透等产品搭建联动营销平台，打开网点开展零售资产业务新局面。信贷资源继续向个人客户和小企业倾斜，个人贷款充分发挥渠道、客户、系统等优势，抓好楼盘营销和客户储备，个人贷款、住房贷款余额和新增连续三年位居当地四大行第一；小企业信贷围绕“一圈一链一平台”开展批量化营销，针对政府部门、专业市场、产业园区、协会商会等制订营销方案，大力推广“助保贷”等新经营模式，“五贷一透”大数据信贷产品持续提升对小微企业的服务水平，依托电话POS机等专业市场营销效果良好，成功搭建助保贷平台53个，小企业贷款新增位居系统第三。

【打牢基础，经营发展后劲明显增强】加大客户、渠道工作力度。一是挖潜与拓展并举，咬定目标扩大客户基础。围绕客户综合需求进行深耕细作挖掘潜力，着力解决客户基础薄弱问题。对公条线重点向烟草客户、零售商户、资金流充裕客户以及“建”字号传统企业寻求突破，运用综合金融服务手段参与到企业价值链中，同时以“四分天下有其一”为目标加大账户拓展力度，对公账户新增速及增位居同业第一，新增占比为

2014年4月23日，中国建设银行云南省分行举行“青春E起来”电子银行创意成果展示会。

47.8%。个人条线强化代发、县域、商圈、社区“四类客户”拓展，针对不同群体制定差别化经营理念、策略和工作重点，做大做强私人银行等高净值客户群体，个人VIP客户数量突破14万人，发行轨道交通卡33万张、ETC云通卡4 000套、电话POS机商户新增4.32万户，金管家新增3.12万户，在实现客户增长的同时带来存款沉淀。二是物理与电子并重，统筹布局打牢渠道基础。从资源禀赋统筹考虑网点布局和分类管理问题，做好基层网点增量和存量调整工作，撤销驻电站网点到县城和搬迁改造低效网点取得成效，全年实施网点购置项目19个、装修项目48个。扎实推进网点综合化建设，全省综合型网点占比超过99%，综合柜员占比较上年提升5个百分点，综合营销队伍全覆盖。加快电子银行和自助渠道建设，推进电话POS机三年10万户工程，全行离柜账务性交易量占比为85.33%，主渠道地位凸显，个人网银、手机银行等新兴渠道发展迅速，客户量位居当地同业第一。三是营销与服务并拓，上下联动不断提升综合金融能力。提升跨区域、跨行业、跨部门、跨产品的上下协同、条线联动、交叉营销能力，引导全行运用综合金融服务手段参与到企业价值链中。推进资产业务多点营销，分层管理模式，推行对公资产业务专员制度，按照省分行、昆明地区营业部或州市二级分行、县级支行（网点）三个层面配备服务团队。

【守牢底线，风险内控水平继续提高】进一步做实“三道立体防线”，建立全员、全程、全方位风险防控体系。一是强化信贷风险管理。加强对关键领域、重点产品、核心流程、重要岗位的风险识别，健全重点关注跟进客户风险监控及评估分析工作机制，利用稽核、条线检查、内部审计等手段加强关键风险点监控力度。开展“信贷风险防控年”活动，通过严把客户选择关口、加强信贷业务风险防控，以及加大不良资产处置力度，确保资产质量保持稳定；不断提升“操作风险管控年”活动质效，将操作风险管理工作融入每个机构、每个岗位、每个员工的行为中。编写机器人手册，解决贷款的“四双”问题（即关注民企、中小企业两类客户，注重贷款真与实，紧盯两个风险点，双人管控）。制定网点八岗位禁止性规定，做实操作风险防控要求。落实审批“三结合”，提高了实质性风险把控能力。二是提升内控和案防执行力。建立健全“横到边、纵到底”内控管理架构，完善内控合规管理组织体系，加强合规文化教育，引导员工加强自我约束，营造依法合规良好氛围。开展“管控关键环节，防范突出风险”案件专项治理，强化日常监督检查，落实“三人拦网”要求，从涉案人、经办、管理、领导、监督五个层次问责。组织“提能力、查风险、排隐患”百日专项活动，集中力量对突出风险“挖雷排险”，切实提升风险管理和合规经营能力。全行内部控制评价结果位次上移，内外部审计检查发现问题明显下降。

【优化体制，内生发展动力有效激发】不断完善体制机制，进一步理顺相关职责和管理范围，经营顺畅效能提高。一是搭建三层体系做实经营管理责任。在完善KPI和等级行考核、突出“用业绩说话”的总框架下，搭建起“人人有指标、个个有激励、后进有压力”的管理机制。一方面，强化部门、二级行主要责任人责任，完善省分行部门、二级行领导班子和领导人员考核办法，加大对副职管理、考核和激励力度，体现领导人员业绩指标既与所在单位整体业绩挂钩，又突出其分管工作；另一方面，加强营业网点管理，实行“基层经营机构等级管理”和“业务竞赛考核奖励”两个办法，将省分行对基层经营机构的业务管理与考核指导一竿子插到底，强力推进全行分层分级的激励约束机制进一步形成。二是释放改革成效提升大营业部主战场作用。充分发挥昆明地区统筹管理作用，在完善内部运行机制、加大市场统筹和发展能力、整合内外部资源、带领员工队伍等方面持续加大工作力度，昆明地区一般性存款、对公存款、个人存款时点余额当地四大行占比较年初上升1.22个、1.63个、0.69个百分点，日均存款新增当地四大行占比为48.5%，位居首位，拨备前利润增长12%，主战场地位进一步得到巩固。三是优化内部流程提高运行效率。完成省分行本部投资银行业务部、信用卡业务部2个职能部门升格，风险条线、财会条线8个职能部门调整完善工作，更加适应当前业务的发展需要。成立产品创新管理和信息中心两个二级部，推动产品、流程、技术和商业模式创新工作，加大业务数据、管理数据整合力度，不断强化科技对经营部门的营销支持。全面梳理省分行各类审批事项，将175个事项纳入《审批事项目录》管理，推行承诺制度，提高审批效率。

【凝心聚力，员工队伍士气持续高涨】扎实推进作风建设，将加强企业文化建设、凝心聚力共谋发展作为重要保障，营造和谐稳定内部发展环境。一是坚持转变作风，匡正风气营造良好氛围。严格落实“八项规定”精神，不断巩固和深化教育实践活动成果，认真按照“三严三实”要求抓整改、转作风，207条整改措施全部落实，15个制度计划除个别需待总行明确相关规定后再行制订外其余均已下发，招待费支出下降33.9%，会议费支出下降30.5%。切实履行“一岗双责”，不断推进党风廉政建设，构建“领导负责、条线履责、网点尽责、人人有责”横到边、纵到底的党廉案防责任体系。全行各级领导干部政治意识、大局意识明显增强，想干事、求上进、谋发展的思想意识不断强化，作风建设取得明显成效。二是强化队伍建设，以人为本汇聚全行力量。建立健全领导人员梯队化培养体系，先后两次实施省分行本部部门和二级行行级领导公开竞聘，有计划有步骤地调整充实各级机构班子120人，充实后备干部队伍，启动“英才工程”加速人才培养，推广绩效管理。有效组织全员培训，通过领导力教练式辅导培训、公司学院、资产专员、柜员导师制等创新培训方式，帮助各级员工提升履岗能力。推动“五个关爱”落实工作，以业绩增长助推员工薪酬增长，持续开展丰富多彩的文体活动，为行龄10年以上员工增加年休假天数，让员工以饱满的热情和积极乐观的精神状态投入到工作和生活中。三是践行企业文化，薪火传承发扬建设银行传统。系统策划建设银行60周年行庆，开展“感恩忠诚、激励奉献”活动，隆重表彰忠诚奉献10年、20年、30年以及在基层默默奉献20年的员工，不断践行建设银行企业文化深厚内涵，员工向心力、凝聚力，荣誉感、归属感进一步激发。积极履行社会责任，继续推进“成才计划”、“英模母亲资助计划”、挂钩扶贫、“积分圆梦·微公益”等长期公益项目，全年涉及捐助资金超过800万元。荣获2014年度“云南省最佳商业银行”、“昆滇领军银行”等17项大奖。

执笔：杨之霞　杨勰

西藏自治区分行

西藏自治区分行行长　韩文贞

一、业务发展概况

【主要业务经营指标】一是存款。一般性存款余额705.78亿元，比上年新增111.81亿元，增幅为18.82%，完成总行计划的207.02%；一般性存款日均余额618.07亿元，增幅为18.42%。二是贷款。分行各项贷款达378.26亿元，当年实际新增133.70亿元，是年初计划新增的2.4倍，同比增速为55.42%。三是中间业务。全年实现中间业务净收入9 830万元，同比增长1 010万元，增速为11.45%，完成全年计划的98.61%。四是经营利润。实现税前利润19.92亿元，完成全年计划的137.09%；实现净利润14.91亿元，完成全年计划的138.01%；实现经济增加值11.70亿元，完成全年计划的138.73%。五是资产质量。不良贷款余额8 087万元，比年初减少4 215万元，不良贷款率为0.21%，比年初下降了0.3个百分点。

【资产业务方面】贷款余额突破300亿元。2014年末，自治区分行小企业客户贷款余额84.02亿元，较年初新增33.52亿元。个人贷款余额达249 703万元，比年初新增64 849万元，完成全年新增计划的324%。住房贷款不良余额1 099万元，比年初减少223万元，不良贷款率0.44%。

【负债业务方面】全行公司机构有效客户新增2 796户，计划完成率为138%；个人有效客户新增110 924户；私人银行AUM 300万元以上新增140户，其中AUM 1 000万元以上客户新增14户，完成计划的200%。阿里分行、拉萨东城区支行顺利开业，林芝米林分理处、那曲色尼路分理处以及拉萨江苏路支行完成装修及搬迁工作，新设3个自助银行。自治区分行机构类存款时点余额386.83亿元，对公存款中占比为67.78%，财政资金承接率为63%。

【中间业务方面】累计完成藏青工业园、拉萨市教育城、高原之宝、西藏银行等公司造价业务以及行内基本建设项目预算，涉及预算15.74亿元，实现收入464万元，比上年同期增长349万元，增幅达175%。2014年销售基金1.07亿元，比上年同期增长259%，实现中间业务收入134.17万元。

【战略业务方面】大力发展手机银行和短信银行业务，提升电子渠道主渠道作用，电子银行离柜账务性交易量占比为79.12%，比年初提升4.69个百分点。拉萨市师范学校校园卡顺利发卡，校园金融IC卡发卡3 000多张。运营养老金业务客户7户，受托资产规模2亿元，账户管理人数6 500人。

二、主要工作举措

【积极推动经营转型】有力推动对公业务转型，制订对公业务转型方案，统筹区域发展。建设专业队伍，加快重点客户营销团队建设，明确包括行领导在内的五个层级团队职能，加快目标推进。加快营销平台建设，提升转型成果，改变单兵作战营销模式。制定条线员工绩效考核方案、收益分成管理办法。圆满完成“三综合”建设目标，基本实现“网点综合化转型、网点综合柜员制、综合营销队伍建设”的目标。顺利完成新一代一期上线工作，扎实有序推进产品创新。搭建产品创新组织架构，成立了分行产品创新委员会，组建了分行批发、零售产品创新团队和产品创新保障团队。

【强化风险管理，提高内控水平】提高新放贷款和重点行业贷款的管控能力和管理水平，及时督促整改问题。2014 年处置不良资产 6 336.7 万元，完成全年计划的 166.76 %，已核销呆账资产回收 1 235.27 万元，完成全年计划的 1 403.72%，分行资产质量持续优化。

【深化组织机构改革，加强领导和员工队伍建设】加强纪检监察队伍建设，新增巡视办公室，选调 4 名优秀员工为纪检监察特派员。新设对公信贷放款中心，加强贷中发放环节风险审查和管理。办公室与总务部部门合并，后勤保障职能有效整合。优化领导班子结构，2014 年配置了一名党委副书记、两名党委委员。出台了《中国建设银行西藏区分行管理人员退出暂行办法》，制定了内设科室（团队）负责人和网点型支行负责人聘任管理办法，中层领导全年共平级调整 20 人次，提拔使用 22 人次（含网点型支行负责人）。细化后备人才队伍管理工作，增补各类后备人才 32 名。做好员工总量新增规划，2014 年共招录了大学毕业生 108 名（含总审室 4 人），其中硕士研究生 21 名。开展定向招聘员工转制工作，稳定定向招聘员工类群，经严格选拔，与 8 名定向招聘员工签订了无固定期限劳动合同。加强与天津市分行人员的合作与交流，先后选派 5 批共计 26 人赴天津分行跟岗学习。全行自主举办各类培训班 629 期，总计培训 9 173 人次。

【全面加强党的建设】认真组织党的群众路线教育实践活动的整改落实和“回头看”活动，以各级领导为重点，突出作风建设，着力整顿“四风”，对照方案逐条落实整改，建立了行长接待日、行领导下基层调研、部门工作联动、执行“八项”规定及关爱员工成长等一系列长效机制。党团工会组织慰问走访退休、内退、在职特困职工和生病住院员工 18 人次；积极组建职工书屋，丰富员工文化生活。持续推进温暖工程，为全行员工发放温心卡。完成员工周转房供暖工程建设，测试供暖，改善工作生活条件。

执笔：雷勇

陕西省分行

陕西省分行行长　牟乃密
（2014 年 7 月免）

陕西省分行行长　杨新丰
（2014 年 9 月任行长）

一、业务发展概况

2014年，陕西省分行认真贯彻落实总行各项决策部署，按照“综合化、全量化、功能性”经营思路，加快经营模式调整，各项工作取得新进展。一是经营规模持续扩大。一般性存款日均、时点余额分别达3 379.81亿元、3 478.26亿元，较年初分别新增156.7亿元、54.39亿元，时点余额和日均新增位居当地四大行第一。各项贷款余额2 101.19亿元，位居当地四大行第一；新增195.07亿元，增幅为10.23%。二是盈利能力领先同业。实现拨备前利润77.73亿元，同比增加6.97亿元；净利润65.87亿元，同比增加0.62亿元；中间业务净收入19.46亿元，位于同业银行前列。三是资产质量总体可控。不良贷款额11.88亿元，不良贷款率为0.58%，分别较上年初上升2.69亿元和0.1个百分点，均控制在目标之内。

【公司业务】

截至2014年末，分行企业存款时点余额1 702.32亿元，日均、时点分别新增8.08亿元、-101.3亿元。绘制全省机构业务版图和十二大系统资金脉络图，机构存款稳中有升，日均、时点年新增分别达44.78亿元、23.2亿元，发挥了稳定器作用。在对公信贷方面，围绕陕西省重点领域强化信贷支撑，向能源、基建、公路、铁路和高端装备制造等项目累计投放贷款46.51亿元、城镇化建设贷款36.58亿元、新农村建设贷款21.8亿元。截至2014年末，分行对公贷款余额1 316.70亿元，年新增98.81亿元，其中，非贴贷款新增43.22亿元、贴现初新增56.59亿元。

【个人金融业务】

深入开展个人旺季营销、夏秋专项存款营销等活动，坚持产品销售带动存款增长，推进个人业务发展再上新台阶。截至2014年末，陕西省分行个人存款时点余额1 775.94亿元，当地四大行位次由第三前移至第二，位居全国建设银行系统第14位；个人存款日均新增148.62亿元、时点新增155.70亿元，分别位居全国建设银行系统第十和第九，时点新增位居当地四大行第一。个人有资产客户734.39万人，增速为10.28%；个人有资产客户产品覆盖度4.06，位居系统第五；AUM 1 000万元以上私人银行客户金融资产新增位居全国建设银行系统第八。“金管家”业务累计交易额251亿元，位居全国建设银行系统第三；净归集存款169.9亿元，位居全国建设银行系统第二。持续优化渠道建设，全年分行购买营业网点用房12处，网点自有率达50.98%，较年初提升1.84个百分点；营业网点升格21个，搬迁14个，装修62个。自助银行建成交付使用64家，购置自动取款机和存取款一体机556台。

【住房金融业务】

截至2014年末，陕西省分行个人类贷款余额突破700亿元，达702.12亿元，年新增80.35亿元，个人类贷款在各项贷款新增占比达41.19%，个人类不良贷款3.84亿元，不良贷款率为0.55%，贷款余额、新增、质量均位居当地四大行第一。全年分行累计营销个贷楼盘511个，个人贷款客户总数304 771户，新增个贷客户50 952户，完成年度计划的132.34%。大力拓展委托性房改金融业务，2014年分行紧盯西安市存量房资金监管推动进程，系统解决了西安房管局在分户核算、利息计结、POS机及柜面收款特色交易、资金划转承接等一系列流程架构上的难题，成功争取到西安市存量房资金监管业务承办权，全年住房资金归集新增47.79亿元，完成年度计划的136.54%，公积金贷款余额150.59亿元，年新增24.87亿元，累计实现房改金融业务手续费收入3 903.78万元，同比多增519.47万元。

【中间业务】

2014年，陕西省分行实现中间业务净收入19.46亿元，计划完成率为100.36%，当地四大行占比为33.66%，比排名第二的工商银行高出2.42亿元。一是坚持发卡、商户、分期，线上与线下协调发展，信用卡业务获得超常规增长发展。截至2014年末，分行信用卡总量达148.05万张，净新增45.60万张，位居当地四大行第一；信用卡消费交易额264.5亿元，增速为41.4%；分期交易额25.9亿元，增速为60%。全年信用卡业务实现中间业务收入2.82亿元，增速为46%，高于全国建设银行系统平均增速14个百分点。二是广泛对接第三方资源，拓宽项目范围，重点开展“引资入陕”，推动投资银行业务由阶段性、大单性向常态性转变。全年投融资总额1 194亿元，增幅为108.38%，债券承销72.78亿元，位居当地四大行第一，投资银行业务实现中间业务收入2.1亿元。三是重视功能性服务，全年实现单位人民币结算业务收入1.18亿元，同比增长926万元；大力拓展电子银行业务，全年实现电子银行中间业务收入1.46亿元，个人网银活跃客户151.43万户，短信收费客户新增93.16万户，客户活跃率排名系统第一。四是代理业务保持良好增势，全年代销基金业务收入6 916万元，代销寿险收入7 183万元，收入总量均位居当地四大行第一。

【国际业务】2014年，陕西省分行统筹抓好"境内境外"两个市场，加强本外币联动，通过大力拓展跨境人民币结算、表外贸易融资、结构性套利、境外保函等业务，带动各项国际业务快速增长。全年分行累计实现国际结算量67.23亿美元，比上年多增13.70亿美元，增幅为51.74%。跨境人民币结算量25.98亿元，完成总行计划的144%，比上年增加12.7亿元，总量实现当年翻番。实现外汇中间业务收入9 018万元，完成总行计划的110%，比上年多增1 200万元，当年增幅为15%。

【资产质量与风险控制】深入开展信贷风险防控年活动，拉网式排查民营企业、煤炭行业、贸易流通行业、17个制造行业、集团客户以及榆林地区信贷风险；梳理表外业务客户结构、产品种类和业务流程，审慎控制表外业务风险敞口；按季重检十二级风险分类，真实准确掌握全行贷款质量；加快优质政府融资平台贷款向资产收益权理财产品转化，政府融资平台贷款余额256亿元，基本保持稳定。全面梳理存量不良贷款项目，探索通过市场化手段批量处置，强化激励约束，持续提升资产保全精细化管理水平。全年共处置不良贷款6.35亿元，处置率为70.47%，资产保全业务对全行费用分摊前利润贡献1.26亿元，使府谷热电、舜天能源、旬河电力等一批"老大难"项目得以处置清户。

【内控合规】强化内控和操作风险管理，建立了覆盖各项业务重要部门或环节的关键风险指标体系，全面开展操作风险及内控自评估，强化操作风险等级行考核。深入推动案件防控工作，网上排查与依托审计系统相结合，重点排查员工参与经商办企业、非法集资、民间借贷、员工控制账户介质代客交易等行为，深入推进"管控关键环节，防范突出风险"案件专项治理活动，全年无重大案件和风险事件发生。严格治理屡查屡犯等轻微违规行为，依据"288条"问责处理人次同比增加34%，内外部审计检查项目整改率分别为98%和100%。

二、主要工作举措

【坚持发展为第一要务，完善激励约束机制】加大负债业务激励约束力度，变负债业务重点考核时点为考核日均，给予日均存款更高买单价格，增配激励工资近4 000万元，专项用于对公亿元以上大客户和维护拓展重点潜力客户、挖掘他行企业存款大户。严格问责约束，对对公存款新增控制计划未完成目标的二级行，问责范围扩大到行长、主管行长和班子成员。将代发工资业务纳入对公条线考核，大中小兼顾，批量拓展资金源头。提高个人定期存款买单价格，依托"金管家"业务归集客户全量资金，开展产品组合营销、综合定价，全力打造优于同业的金融"超市"，提升产品覆盖度和客户黏性。

【加快结构调整优化，增强适应新变化的能力】优化信贷结构方面，围绕丝绸之路经济带新起点和西咸新区建设，优先支持基础设施、枢纽交通、教育卫生、水利、高端装备制造业、城镇化和新农村建设等领域，不断压缩煤贸、钢贸等批发零售行业信贷余额，严格控制两高一剩行业等。大力搭建"助保贷"等政府类平台，加快小企业业务网点渠道建设，实施商圈营销，研发推出咸保贷、医保贷、支科贷、信誉贷等贴近客户需求的新产品，小企业贷款新增全面完成"两个不低于"监管目标。

【加强基础与创新管理，积蓄业务发展动力】名单制推进网点三综合改革，加快"网点+团队"经营模式调整，持续优化网点劳动组合模式和岗位职责，全年分行综合性网点总量达352个，占全行营业网点总量的85.8%，较上年提升25.8个百分点；286个综合性网点实施了综合柜员制，95%的综合性网点组建了综合营销团队。客户满意度当地四大行排名第二，在总行个人客户服务年活动综合评价中位居第12位。加大创新力度，将创新能力纳入二级分支行KPI和省分行本部部门绩效考核范畴，静态任务考核与动态排序相结合，强化激励约束。举办“青年创新建行强”创新创效金点子大赛，开展创意网上海选投票活动，营造了人人参与创新的良好氛围。

【加强队伍建设，激发干部员工正能量】完善领导聘期管理制度，任职续聘与工作业绩、风险案件等综合指标挂钩。实施领导干部公推公选常态机制，分步骤、分阶段、分批次推行二级分支行八职、九职等管理人员退出机制，持续优化干部队伍年龄结构。关心员工职业生涯成长，重视企业文化建设，建立分行荣誉员工机制，深入推进“温暖工程”。全面总结党的群众路线教育实践活动中的成功经验和成果，开展整改落实和建章立制工作“回头看”，加强党风廉政建设，持续推进整改建制，弘扬正气、树立新风。

执笔：侯鉴

甘肃省分行

甘肃省分行行长　艾尔肯·艾则孜

一、业务发展概况

【主要业务指标完成情况】截至2014年末，全口径存款余额1 551.9亿元，实现税前利润28.49亿元，同比增幅为12.37%；实现经济增加值13.57亿元，同比增幅为8.64%。各项贷款余额967.69亿元，较年初新增120.19亿元，增幅为14.18%。其中，对公类贷款余额765.23亿元，新增63.82亿元，增幅为9.1%；个人类贷款余额202.46亿元，新增56.37亿元，增幅为38.58%。

【公司业务】公司条线存款（含小企业）日均较年初新增13.77亿元，大中型公司客户贷款余额547.52亿元，占全部贷款的56.62%，当年新增44.35亿元，增速为8.82%，其中贴现余额10.36亿元，比年初新增2.96亿元。大中型公司客户贷款不良率为0.25%。

【个人金融业务】全行个人存款时点余额达725.94亿元，系统排名第29位，当地同业排名第二。全行个人有资产客户达457万户，本年新增33.63万户，增速达7.94%；个人有效客户达152.21万户，本年新增17.98万户，增速达13.4%。读者龙卡、陇西堂龙卡、健康龙卡成为本年发卡的主流，三种特色联名卡本年新增82.14万张，占非社保金融IC卡新增总量的53%。借记卡消费交易额达526亿元，较上年同期增长40.4%，当地四大行占比为31%，当地同业排名第二。代销基金、实物贵金属、账户贵金属、代理国债、保管箱业务当地同业排名第一。

【房地产业务】住房资金存款余额186.71亿元，在全国建设银行系统排名第16位，在西北五省排名第一；住房资金存款日均新增16.6亿元，完成全年计划的102%；公积金委托贷款余额113.95亿元，新增19.52亿元，完成全年计划的103%；住房资金归集余额300.64亿元，新增36.1亿元，完成全年计划的100%；实现房金中间业务收入5 381万元，完成全年计划的115%，住房资金归集余额和住房资金存款新增均保持当地同业第一。个人住房贷款增速全行系统排名第一，个贷加权平均利率在全行系统排名第二。关注类贷款控制率在全国建设银行系统排名第二，逾期贷款控制率为0.29%，比全国建设银行平均水平低0.37%。

【国际业务】外汇对公存款时点余额较年初下降785.15万美元，余额当地四大行占比为24.56%，当地四大行排名第二；新增占比为-28.30%，当地四大行排名第三。外汇对公存款日均余额较年初新增1 305.73万美元。外汇贷款较年初减少3 245.83万美元，余额当地四大行占比为59.12%，排名第一；新增当地四大行占比为-9.86%，排名第三。外汇中间业务收入比上年同期增加2 834.62万元。国际结算量较上年同期增加56 787万美元，同比增长率为16.30%。跨境人民币国际结算量比上年同期增加142 004万元，同比增幅为67.96%，当地四大行占比为12.72%，位居当地四大行第三。

【中间业务】实现净收入12.87亿元，全国系统排名第29位，计划完成率为95.36%；同比增速为9.37%，高于全国平均水平6.6个百分点，全国系统内排名第十；同比新增1.1亿元，全国系统排名第16位，同比增速为9.37%，系统排名第十；占主营业务收入的22.28%，全国系统排名第17。

【资产质量与风险控制】不良贷款率为0.30%，连续5年持续下降，总行控制计划完成率为113.7%；不良贷款额2.8亿元，总行控制计划完成率为112.3%；逾期贷款额3.35亿元，总行控制计划完成率为101.1%；垫款零余额，总行控制计划完成率为100%。

【内控合规建设】构建"省分行部门—二级行—经营网点"逐级负责的内控合规管理架构与问题整改机制，制定下发《甘肃省分行落实一岗双责考核问责办法》、《甘肃省分行营业机构内控风险等级考评指引（试行）》等一系列规章制度。推动全行层层履行"一岗双责"。多层次、全方位推进《甘肃分行开展提升员工内控合规理念教育活动方案》，开展六项子活动，推进合规理念与文化宣传。深入开展内部控制评价工作，积极配合总行对省分行的内控评价，连续两年保持了内控评价二类行标准，同时高度重视对二级行内部控制评价工作。

【其他业务】结算账户总量79 517户，当地四大行占比为32.12%，较年初提升了1.82个百分点。其中，基本账户49 158户、当地四大行占比为31.94%，比年初提升了1.92个百分点。账户总量及基本户总量均当地四大行排名第一；管理"养老金受托资产"5.15亿元，新增1.29亿元，完成全年计划的117%；管理"养老金托管资产"24.12亿元，新增6.04亿元，完成全年计划的232%；管理"养老金个人账户数"9.01万个，新增8 212个。中心城市行竞争优势明显。兰州地区一般性存款余额690亿元，当地四大行占比为30.56%，排名第一。其中储蓄存款余额309.1亿元，当地四大行占比为33%，当地四大行排名第一。

二、主要工作举措

【坚定不移地落实总行"三大一高"战略，拓市场、争份额】一是结合大行业特点，以搭建对公网络金融服务平台、客户资金归集、走进专业市场为抓手，深入分析客户上游、内部、下游三大关联链条中的物流、资金流、信息流，实施"网存款、链资金"，将资金支付交易对手作为目标客户和关键账户，以一拓十、以一带多，并加强电子渠道转移与公私联动，提高客户、账户、存款、账务性交易、产品覆盖增长，提升客户的满意度和依存度，形成规模效应和辐射效应，实现"以网拓户、以网稳存、以网增存、提升份额"。二是以产品、渠道、网络服务创新为出发点，积极跟进无现金化管理营销，抓公积金、财政、国土、教育、卫生、交通运输等大系统的资金归集，延伸上下游客户拓展和多元化金融服务，进一步拓展客户资源，提升产品覆盖。三是制定了中心城市行专项政策和支持措施，促进兰州中心城市行不断提高经营效率和管理水平，充分发挥其在经营、管理、创新等各方面的引领作用。四是以个人高端客户以私人银行业务为重点，加强部门联动，共享客户资源，积极拓展中高端客户群体。

【坚定不移地夯基础，抓结算量、争主办行】一是严格按照王洪章董事长在甘肃分行调研时的讲话要求，落实主办行制度。结合"两个日进"活动（目标是对公存款日进1亿元、网均日进50万元）和有效客户拓展工作。二是以产品为抓手，为客户提供排他性服务。突出重点，根据客户类型匹配不同产品。财政、社保、公积金等机构类客户配置对公一户通，发挥账户分级分户管理优势，提供到账通知、支付额度、多账户余额查询等功能；战略型客户、上市公司等重点客户提供单位定活通、现金池产品，提供灵活计结息便利服务，帮助提升客户资金价值，灵活规划资金用途，吸引资金沉淀。三是高度关注企业资金的流动性和结算情况。开展“增结算、抓 POS 机、网存款、内循环”活动，彻底改变以往的传统思维方式，将抓流动性、抓结算量放在全部工作的首要位置。四是将有效客户拓展作为“聚焦企业存款”的基础工作，采取“网、链、破、转、提、增、拓”的工作方法，围绕结算抓交易，围绕产品抓覆盖。以抓链条、抓产品、抓服务为手段，充分利用供应链融资产品和现金管理产品，为上下游客户提供综合服务方案。五是强化信贷资金承接。要求有贷户信贷资金承接率要达到100%。把贷款客户在省分行有无账户、交易资金是否在省分行体内循环作为贷款审批条件。要在审批材料上列明交易对手账户情况，建立信贷客户上下游信息库，告知交易对手开户行承接资金或营销开户，通过流程控制抓住每个可营销、可挽留的关键点，时时抓、处处抓、点点滴滴、常抓不懈，克服以往的“跑、冒、滴、漏”现象，最大限度地留住存款，实现资金体内循环。

【坚定不移地推进总行网点“三综合”建设要求，培育新优势】一是强化网点功能拓展。严格按照总行《关于印发推进营业网点综合化建设若干意见的通知》中对网点“三综合”的释义，进行营业网点综合化、综合柜员制、综合营销队伍的“三综合”建设并且明确了工作目标。二是强化综合营销。建立网点综合营销团队，成员不分对公或对私条线，开展综合营销。开展小企业每周“3 个 1”（1 个账户、1 户套餐、1 笔贷款）、小企业“115”（推荐 10 个小企业客户、10 个对公结算账户、吸收对公存款 500 万元）、个贷“9999”（9 个个贷项目、9 个对公账户、增 90 个个贷客户、增存 900 万元）营销活动和对公“两个日进”活动，将贷款的受理权下放至网点，网点公私联动营销成果显著。三是强化人员培训。建立常态化综合业务培训机制，分类逐级推进柜员业务受理综合化。培训按照分级负责的原则，组织集中培训、网点轮岗培训、跨网点顶岗培训等多种形式相结合的综合业务培训，对营业网点所有柜面人员开展公私业务交叉轮训。四是强化柜面服务质量。将网点服务质量列入了 KPI 考核，采取后台集中监控，及服务质量晾晒榜实时通报等管理措施，及时发现和纠正不规范现象。

【坚定不移地深入推进创新工作，促转型，提升发展能力】一是从思想上倡导创新。按照王洪章董事长关于“培育先进的创新理念和文化”的指示精神，努力加强员工创新意识、创新能力和创新方法的培养，从组织领导、机构设置、活动方式、考核激励等方面加强对创新工作的引导，搭建创新舞台，激发创新智慧，营造尊重个性、充满活力的创新环境。二是从机制上鼓励创新。修改完善省分行经营部门创新能力 KPI 考核内容，将产品创新、管理创新、服务创新、流程优化以及创新需求提出（每个部门至少 2 项）纳入省分行创新能力 KPI 考核加分项中，初步建立了部门间利益共享和责任共担的产品创新考核机制，进一步发挥 KPI 考核对产品创新的激励约束作用。三是在管理中推崇创新。从强化管理基础、建立高效机制抓起，逐步确立“一张图”、“一张表”的工作方法，按图施工，按表作业。基本构建起“机制管人、系统管事、流程管控、创新创效”的“三管两创”模式。建立了以“建行甘肃省分行—产品导航”、“CCB 甘肃—文化建行”等微信群信息交流平台，通过图片、表格、文字等形式实时展示一线营销、服务案例，分享交流工作经验，推广营销工作中好的做法。

【坚定不移地提升内控管理精细化水平，牢守资产质量生命线】一是强化信贷风险管理。坚持落实“贷得出、管得住、收得回”的原则，按照新发放贷款的“双百原则”（百分之百收息，百分之百不逾期），强化资产质量管控的激励约束，狠抓对公逾期贷款管理，按日监测客户账户资金与逾期贷款，提倡到期贷款还款提前十天到账。二是加强内控环境建设和案件防控工作。认真落实总行要求，加强合规文化建设和案件防控，开展提升员工内控合规理念教育活动，强化案件专项治理、案例警示教育、员工行为排查、内外部审计发现问题整改落实等，加强“平安建行”创建工作，积极主动应对突发事件。三是推行

"一人一表"绩效管理方式。紧紧围绕 KPI 推动各项工作任务落实，省分行前台、中台、后台部门均承担相应的任务指标，实现了 KPI 指标的部门全覆盖，引导员工将"客户 + 服务 = KPI = 员工收入"层层分解到每个单位，落实到每位员工。

【坚定不移地抓党建和队伍建设，创造持续发展的内生动力】一是加强党风廉政建设。严格执行中央"八项规定"和总行党委"十项要求"，认真落实党风廉政建设责任制，严格执行"三重一大"决策制度，确保决策科学合理、务实高效。二是坚持"以人为本"，惠及员工。坚持把广大员工作为支撑业务发展的根本动力，将增加员工收入、提高员工待遇作为评价各级班子的重要指标，真正让员工享受到干事的快乐、发展的成果。三是建立健全员工发展的长效机制。坚持资源配置与经营业绩相匹配的原则，推动全行牢固树立依靠业绩挣资源、挣绩效的观念。

【坚定不移地抓好整改落实，巩固党的群众路线教育实践活动成果】高度重视、精心部署党的群众路线教育实践活动的整改工作。研究制订了省分行党委《群众路线教育实践活动整改方案》、《"四风"突出问题专项整治方案》、《制度建设计划方案》等，对"两方案一计划"存在的问题反复梳理，对整改内容一一落实。整改工作坚持客户导向、全局导向、效率导向和协同导向原则，对所有的整改内容全部责任到人，逐一确定责任部门、整改时限和目标要求，建立总台账销号通报制，一件一件落实、一项一项整改。

执笔：甘肃省分行办公室

青海省分行

青海省分行行长　郭继庄

（2014 年 1 月免）

青海省分行行长　李振宇

（2014 年 1 月任行长）

一、业务指标完成情况

截至 2014 年 12 月 31 日，一般性存款时点余额 902.08 亿元，比年初增加 13.88 亿元；日均余额 870.77 亿元，较年初新增 73.92 亿元。其中，对公存款时点余额 537.18 亿元，比年初下降 10.18 亿元；日均余额 521.85 亿元，较年初增加 45.73 亿元。个人存款时点余额 364.91 亿元，比年初增加 24.05 亿元；日均余额 348.92 亿元，较年初新增 28.19 亿元。同业存款余额为 3.66 亿元，比年初下降 2.16 亿元。一般性存款、对公存款、个人存款余额和新增额当地四大行占比分别为 34.84%、37.12%、31.96% 和 40.45%，继续保持当地四大行第一位。各项贷款余额 591.17 亿元，比年初新增 74.96 亿元，余额和新增额当地四大行占比分别为 33.34% 和 27.62%，分别位居当地四大行第一和第二。实现中间业务收入 3.07 亿元，当地四大行占比为 30.43%，位居同业第一。实现账面利润 16.95 亿元，当地四大行占比为 37.10%，位居同业第一。五级分类不良贷款余额 5.98 亿元，比总行年末控制数少 200 万元；不良贷款率为 1.02%，比年初增加 0.07 个百分点，低于全国平均水平。

二、业务发展概况

【公司业务】积极开展"提日均、增时点、拓客户"、"一行一周一户"等系列营销活动，制定二级分支行对公业务主管行长考核评定办法，将对公存款作为主要考核内容之一，严格考核问责，遏制了公司存款大幅下滑的势头。全年对公客户新增 2 393 户，对公存款日均余额较年初增加 45.73 亿元。大力支持实体经济发展，紧盯"新四化"项目，全年累计发放公司类贷款 636 亿元，主要投向交通、电力、化工、有色金属等行业，重点支持了南绕城、兰新铁路、敦格铁路、青海盐湖股份有限公司、华能西宁热电等项目。大力支持小企业业务发展，搭建"助保贷"平台 8 个，吸纳客户 19 家，吸收保证金 7 915 万元，贷款余额 1.94 亿元。加大对"三农"和县域的有效信贷投放，截至 2014 年末，涉农贷款余额 182.88 亿元，同比增长 13.61%。

【机构业务】率先独家完成省级国库集中支付电子化平台上线工作，首次成功营销区级财政国库集中支付中心账户，中央财政资金承接率近 60%，系统排名前三。在海东市成功首发青海省社会保障卡，已发卡 58 265 张。积极推进武警部队军人保障卡发卡工作，实现发卡 3 899 张。机构存款日均新增 51.5 亿元，系统排名第十五位。继续加大对学校、教育、卫生等民生领域和文化领域的信贷支持力度，文化领域贷款余额占比稳居同业第一。

【个金业务】积极开展旺季营销活动和零资产客户激活、客户晋级、县域客户拓展等综合营销活动，个人全量客户净增 60.96 万户，增速为 32%。积极推动综合营销常态化，大力拓展代工业务，努力推广特色储蓄、聚财存款等新产品，

2014 年 1 月 27 日，中国建设银行青海省分行召开 2014 年工作会议暨三届二次职工代表大会。

个人存款余额和新增继续保持同业领先。借记卡发卡快速增长，全年新增发卡 47.8 万张，累计 272 万张，实现消费交易额 202 亿元，同比多增 47 亿元，其中，金融 IC 卡新增 51 万张，总量达 84.3 万张。

【房金业务】坚持转型发展，自营性个人住房贷款新增 11.67 亿元，增速达 34 %，当地四大行占比为 39.68%，较第二位的中行高 17 个百分点。房易安业务实现零突破，累计办理业务 156 笔，监管资金 4 300 万元。大力拓展房 e 通，发放贷款 386 笔；成功在黄南地区试点推出"个人自助额度贷款"业务，累计投放贷款 191 万元。住房资金存款新增 8.94 亿元，增速为 20%，余额和新增额继续保持同业第一。

【中间业务】严格按照"四有"原则，规范业务经营，加大新产品、空白产品的拓展力度，中间业务收入继续保持同业第一。对公条线加大对单位人民币结算、工程造价咨询、代理信托资金收付、百易安、国内保理等重点产品的营销力度，大力拓展新型结算、现金管理、黄金租赁、理财融资等新产品和新业务，实现中间业务收入 1.43 亿元。对私条线则注重全量客户经营，积极储备有效客户资源，加大产品组合营销和新产品应用推广，在做好黄金、保险、基金、国债等基础类理财产品销售的同时，挖掘电子银行、个贷、信用卡等存量客户潜力，实现中间业务收入 1.64 亿元。

【国际业务】积极调整经营思路，多渠道拓宽外币资金来源，成功办理了全省首笔内保内贷

业务、首笔跨境人民币股权转让业务、首笔跨境人民币换币转通知信用证业务以及全省最大金额跨境人民币利润汇出业务。外汇对公存款余额为7 355.94万元，实现国际结算收入286.27万元，均排名同业第二；跨境人民币业务量同比增长97.27%，代客汇率增速系统排名第六。

【战略性业务】提升客户体验，电子银行客户规模继续保持同业第一，离柜账务性交易量占比为80.81%，省政府采购中心、海北州政府采购中心网上招投标系统成功上线运行，实现了“以网拓户、以网增存”的目的。信用卡客户净新增34 799户，新增发卡45 130张，同比分别增长12.95%和32.32%。顺利完成了青海国投第三期中期票据40亿元的发行工作，设计发行资产收益权类理财产品共计30.3亿元。成功营销互助青稞酒、中技公司、省勘测设计研究院等客户企业年金业务，全年受托资产新增1.13亿元，个人账户新增6 248户。私人银行业务以“金管家”个人客户（家庭）现金管理服务为抓手，私人银行客户新增25户，AUM值12.62亿元，比年初增长3.26亿元。

三、主要工作措施

【统筹规划，经营效益稳步提升】合理配置用于支持业务增长的激励费用，按季测算KPI指标完成情况，突出经济增加值在绩效分配中的作用，有效地调动了员工的积极性。认真落实中央八项规定和总行十项要求，坚持勤俭办行，进一步压缩专项费用，全年招待费、会议费、宣传费、差旅费、公务用车费分别较上年下降29.97%、49.21%、21.9%、3.42%和14.45%，全面实现了总行的控制目标，成本控制能力不断增强。

【严控风险，资产质量基本稳定】加强重点领域风险隐患的前瞻性管理，密切关注政府融资平台客户，如钢贸、光伏、房地产、产能过剩、煤炭等潜在风险的行业。立足客户实际信贷需求和经营、财务风险，突出RAROC导向，充分平衡风险与收益，确保新发放贷款质量。以重大疑难不良贷款处置为重点，发挥处置团队整体联动作用，不良资产处置工作取得实效。全年共处置不良资产5 441.37万元，实现不良资产现金回收4 632.97万元。

2014年4月26日，中国建设银行青海省分行举办迎行庆60周年职工羽毛球比赛。

【周密部署，各项改革和战略转型快速推进】梳理省分行本部职能部门职责和岗位，撤销和调整了一级部、二级部和职能中心部门共18个，合署办公5个。强化综合营销团队建设，加快推进单功能网点转型，2014年共有105个网点完成综合化转型，占比为93%。取消西宁城区行风险管理工作由省分行集中管理模式，撤销风险管理部下设的三个分部，并将操作风险管理职责划转省分行内控合规部。大中型客户授信流程优化二期和投资理财业务申报审批功能顺利上线，实现了集团客户成员企业综合授信额度申请占用等五项新增流程功能和四个优化流程。

【夯实基础，内控合规建设成果显著】扎实推进内控体系三年规划建设，对19个二级分支行、112个营业网点、22个省分行部门开展了内控自我评价，内控管理水平明显提升。加大发现问题整改力度，完成整改审计检查项目38个，督促整改问题825个，整改率达96.43%。完善授权监督管理，扎实推进反洗钱集中作业模式，防范关联交易合规风险。对全辖信贷、票据业务、跨业合作业务、业务用公章管理以及员工行为管控等进行了专项治理，员工遵章守纪的自觉性不断提高。

【优化渠道，不断提高服务水平】着力推进网点整体布局优化、服务功能提升、营业环境改善和综合化改造进程，全年装修改造网点13个，购置网点4个，建设自助银行2家，新设网点2个，服务半径进一步延伸。新设离行自助银行6家，新增自助设备68台，电话银行客户新增6.72万户，同比增长11.18%，自助渠道分流作用充分发挥，客户服务能力进一步增强，在2014年全省政风、行风社会评价中名列金融企业首位。

【转变作风，机关工作效能显著提升】牢固树立持续整改的思想，紧紧围绕“两方案一计划”，以“三严三实”为标尺，切实解决联系和服务客户的“最后一公里”问题，专项整治成效显著。全辖共压缩文件939份，减少19.51%；压缩会议126个，减少19.52%。确定了92条下放到基层的政策和提供的服务事项，已基本全部落实。制定出台了《加强机关内部管理的意见》，积极创建“六型”机关，机关劳动纪律、工作作风明显改善。在全辖范围内开展了省分行行领导、部门领导及六职等专业技术岗位职务人员与各行（部）、各城区网点联点活动，促进了各项业务的有序推进，受到基层网点的充分肯定。

【加强党建，队伍素质有效提升】全面落实党风廉政建设责任制，扎实开展“正风肃纪 勤业守廉”主题教育实践活动，完成了对黄南州、海西州分行的巡视监督工作和对虎台、西海、玉树、城中、西宁支行的巡视回访，内部管理和经营发展水平不断提升。将55名年轻干部入选后备人才库，聘任了135名专业技术、200多名经办岗位人员，员工晋升渠道不断拓宽。招聘录用236名高校毕业生，员工队伍结构不断优化。举办各类培训项目420期，员工能力素质有了明显提高。

【文化引导，树立良好企业形象】积极履行企业社会责任，加强对“英模母亲”、“成才计划”等长期公益项目执行情况的监督检查，推进“温暖工程”，开展中央1号文件宣讲工作，树立了良好的企业社会形象。做好消费者权益保护工作，荣获2013年青海省银行业从业人员消费者权益保护知识竞赛一等奖和最佳组织奖。辖属城西、大柴旦和马坊支行分别被省总工会授予2014年青海高原“工人先锋号”和“五一”巾帼标兵岗称号。5家单位被授予总行级文明单位称号。

执笔：衣宁

宁夏回族自治区分行

宁夏回族自治区分行行长　郑海峰

（2014年10月任行长）

一、业务发展情况

【主要业务指标完成情况】全口径存款时点余额555.93亿元，市场占比为30%，位居当地四大行第二；比年初新增－5.78亿元。各项贷款余额620.6亿元，比年初新增53.5亿元，四大行占比分别为31.9%和23.4%，贷款余额位居当地四大行第一，新增额位居当地四大行第三。实现拨备前利润18.63亿元，同比增长2.04亿元，实现经济增加值5.52亿元。

【公司业务】对公存款余额285.9亿元，市场占比为31.4%，位居当地四大行第一；比年初新增－5.66亿元。公司类贷款余额483.2亿元，较年初新增39亿元。

【个人金融业务】储蓄存款余额267.3亿元，市场占比28.9%，位居当地四大行第二；个人存款新增20.3亿元，市场占比为40%，位居当地四大行第二。个人贷款余额137.42亿元，位居当地四大行第一；比年初年新增14.47亿元，位居当地四大行第二。

【中间业务】实现中间业务收入4.14亿元，市场占比为31%，位居当地四大行第一。中间业务收入占主营业务收入占比为14.33%。

【国际业务】累计完成国际结算量6.75亿美元，同比多增1.2亿美元，增幅为21.72%，创历史最高水平。跨境人民币结算量9.05亿元，较上年同期增长6.9亿元，增幅为326%。

【资产质量】不良贷款额6.69亿元，比年初增加0.7亿元，低于总行控制目标；不良贷款率为1.08%，比年初上升0.02个百分点。

二、主要工作举措

【存款份额同业领先，市场表现稳中有进】对公存款围绕“三大一高”战略，以城镇化建设、新农村建设为切入点，强化上下协同配合，高度重视高层营销、人脉营销，大力拓展政府系统存款，170个“三大一高”目标客户，开立账户125户，占比为74%；盯住重点客户上下游客户，拉长产业链、产品链、资金链、价值链，有效运用电子化现金管理系统和供应链融资等工具和产品，促进资金体内循环。个人存款做实全量客户营销，存量挖潜，增量扩源，持续开展“扫街搜客”、“零资产客户激活”、“临界客户晋级”活动，深挖客户资源，激活零资产客户24 511户，激活率为13.78%，系统排名第三；做实全资产客户营销，围绕中高端客户群体，有的放矢地提供产品组合服务，提高客户资金收益率，与客户实现“双赢”；做实“常态化”营销，调整考核指标，推进存款业务“过程化”管理。

【支持实体经济发展，信贷结构不断优化】围绕西部大开发战略和宁夏优势项目，坚持支持实体经济，重点支持符合国家产业政策和经济结构调整要求的自治区重点建设项目、战略性新兴产业、现金制造业、宁夏特色产业、绿色经济等优选项目。个贷业务紧紧把握城镇化提速、个私经济蓬勃发展的机遇，加快个人住房、消费贷款、助业贷款和信用卡分期业务发展。同时，不断优化信贷结构，主动将贷款指标用于收益较高、风险可控、资本占用较低的行业和企业；主动控制授信风险，积极主动从“6+1”行业、“两高一剩”行业、淘汰落后产能行业退出，合计退出贷款1.59亿元。

【中间业务稳定增长，市场份额位居当地四大行第一】依托重点产品增加中收，抓好单位人民币结算、造价咨询、国内保理、百易安、黄金、保险、收单、信用卡分期和房改金融业务等重点产品的营销，充分挖掘各项产品的发展潜力，提升综合金融服务能力。2014年财务顾问、贷记卡、借记卡、收单业务、承诺业务、单位人民币结算、个人电子银行、工程造价咨询、房改金融、理财等产品收入超过千万元。依托提升短板产品增加中收，持续开展中间业务产品“破零增收”活动，重点做好新兴产品的推广工作。2014年跨行国内信用证开证、单位现金管理付款、定时现金池业务、投资移民以及“金管家”业务等收入实现“破零”。依托提升产品覆盖度增加中间业务收入，2014年个人客户产品覆盖度4.13%，公司机构客户产品覆盖度3.09%，分别比年初提升0.88%和0.22%。

【战略业务成果丰硕，业务转型步伐加快】电子银行业务发展规模持续扩大，全行电子银行渠道客户总量达413.85万户，新增99.1万户。大力推广典型应用，发展善融商务、E商贸通、电子支付商户、网上招投标等电子商务客户共55户，本年新增21户，实现交易量41.28万笔，交易额18.3亿元。信用卡业务发展再创新高，新增发卡8.43万张，累计32.83万张；新增客户6.42万户，累计达27.81万户；信用卡账户活动率为77.66%、卡均消费交易额4.86万元，均位居系统第一；消费交易额142.35亿元，计划完成率为103.45。达标私人银行客户160人，新增42人，AUM管理资产规模13.1亿元，新增4亿元，分别完成总行计划的323%、222.01%。投资银行业务实现中间业务收入9 772万元，自主发行保本理财产品15期，比上年多发9期；募集资金7.76亿元，同比增长5.24亿元，实现了发行期数、募集金额两项指标的翻番。养老金业务蓬勃发展，受托资产规模达1.31亿元，新增4 131.66万元，账户管理个人账户数26 756户，新增6 956户，计划完成率分别为110.47%和105.4%。小微企业贷款余额70.47亿元，新增14.89亿元，增速为26.80%。

【着力夯实发展基础，提升可持续发展能力】夯实客户基础，对公客户突出对“三大一高”客户的营销，按“一圈一链一平台”政策导向，大力发展商业圈客户、产业链客户和企业群客户，对公账户总量达 32 193 户，新增 4 821 户，当地四大行占比分别达 29.2% 和 34.8%，均位居当地四大行第一。个人有效客户重点拓展代发、县域、商圈、社区、高净值“五类客户”，提高客户产品覆盖度和账务性交易量，个人全量客户 272.05 万户，较年初新增 22.04 万。夯实渠道建设，按照综合化要求加快网点装修改造，保障新设机构和续建项目；做深做细自助渠道，设备总量与网点比达 5.4:1，全行设备开机率为 98.44%，账务性交易量占比为 72.26%；离柜账务性交易量占比为 80.31%，较上年末提升 2.46%，电子银行账务性交易量是柜面的 1.48 倍。夯实服务基础，加快推进网点转型，改进服务流程，定期抽查网点服务情况，引导网点员工转变服务观念，以优质服务增强客户黏度。集约后台服务功能，组建网点服务支持保障团队、自助设备集中管理团队、收单商户运营维护团队等，全力提升中后台为一线的服务能力。夯实产品基础，积极推出有市场潜力的金融产品，满足客户多元化需求；获得宁夏试点自发自还地方政府债券主承销商资格，累计发债 8.8 亿元，债务融资工具业务实现破零；探索推进股权投资基金业务，积极参与筹划宁夏葡萄产业投资基金；成功发行“乾元—养颐四方”、“养颐四方 2 号”理财产品，发放养老金卡 2 208张，实现了零突破。

【着力强化风险管理，提高风险防控能力】坚持审慎稳健的经营方针，严格客户准入标准，把好审批环节，确保新发放贷款质量；成立“放款中心”，对贷款发放实行集约化管理。强化贷后管理，充分利用授信业务系统风险监测功能等技术手段，持续加强贷款日常预警监测，强化对高风险行业、客户群和产品的摸底排查。加大清收盘活处置存量不良资产力度，实行大额不良贷款行领导牵头处置的化解制度，通过对口联系、重点督导、现场办公、项目诊断等方式，多渠道、多方法、多手段处置存量不良，共处置不良贷款 56 739万元，完成总行计划的 236.42%，实现不良资产现金回收 19 934 万元、不良资产超值现金回收 9 353 万元，分别完成总行计划的 284%、311%。严格操作规程，综合运用业务检查、岗位轮换、不相容岗位分离、远程监控等手段，强化对关键风险点的控制，防范操作风险。强化教育和监督，开展“正风肃纪、勤业守廉”主题教育活动，组织参观廉政教育基地、学习典型案例和网络培训课件、举办专题讲座等，开展“管控关键环节、防范突出风险”专项治理排查活动，强化问责，防范道德风险。强化财务规范化管理，开展固定资产、财务费用收支、招待费开支等财务检查，坚持集中采购工作“阳光作业”，防范财务风险。坚持安全发展，加强金库、营运场所、基建工程等重点部位和重要生产系统的管理，进行基础设施变更及各个系统应急演练和切换，确保各个系统安全正常运行，防范事故风险。认真对待客户投诉、业务纠纷、信访事项、突发事件等，做好网络舆情处置工作，防范声誉风险。2014 年全行继续保持了无重大风险事件、无重大责任事故和无群体上访事件发生。

【着力抓好队伍建设，汇聚推动转型发展的正能量】切实推进各级领导干部建设，进一步梳理和规范干部选拔任用工作操作流程，加强领导干部理想信念和道德品行教育培训，严格执行领导干部报告个人有关事项、述职述廉、诫勉谈话和出国（境）审批等制度。高度重视员工职业生涯发展，加强员工关爱，提高基层员工的福利待遇，持续做好关爱基层员工办实事的工作，积极营造和谐奋进的工作氛围。切实履行社会责任，圆满完成 2014 年“成长计划”、“成才计划”、“英模母亲资助计划”、“幸福在他乡—农民工创业援助计划”在宁二期、点扶贫工作等，不断提升企业社会形象。

执笔：乔惠婷

新疆维吾尔自治区分行

新疆维吾尔自治区分行行长　魏承国

一、业务发展概况

【经营效益】实现账面利润36亿元，增速为20.76%，当地同业排名第一；考核利润35.11亿元，增速为23.58%；经济增加值16.63亿元，增速为26.89%。

【资产负债】全口径存款时点余额1 913亿元，新增178亿元，增速为10.26%，其中，对公存款1 060亿元，新增125亿元，增速为13.31%；个人存款734亿元，新增19亿元，增速为2.62%；同业存款119亿元，新增35亿元，增速为41.29%。一般性存款日均余额1 726元，新增174元，增速为11.18%，新增当地同业排名第一。

各项贷款1259亿元，新增234亿元，同比多增59亿元，增速为22.84%，增速系统排名第三，增量当地同业排名第二。其中，对公类贷款972亿元，新增187亿元，增速为23.85%；个人类贷款287亿元（含信用卡透支），新增47亿元，增速为19.54%。

【中间业务】中间业务毛收入14亿元，增速为22.87%，中间业务净收入13.5亿元，增速为22.66%，中间业务净收入增速系统排名第一，毛收入、净收入的总量、增量、增速均排名在当地同业第一，当地同业占比为30.82%，较年初提升1.28个百分点。

【资产质量】不良贷款额9.89亿元，不良贷款率为0.81%，分别比年初下降1.45亿元和0.24个百分点；逾期贷款8.07亿元，比年初下降0.37亿元，不良贷款和逾期贷款均完成总行控制计划。

【战略业务】信用卡净增客户17.23万户，完成总行计划的107.6%，累计客户数64.83万户；净增发卡21.51万张，增速为40%，累计发卡量74.94万张；账户活动率为63.9%，系统排名第九；贷款不良率为0.41%，系统内最优；实现中间业务收入2.25亿元，增长46.2%，信用卡业务的良好发展获总行贺信表扬。电子银行个人网银客户、手机银行客户分别净增40.28万户和40.69万户，均位居当地同业第一，总量达220万户和170万户；离柜账务性交易占比为84.09%，较年初提升1.81个百分点。投资银行发行理财产品59期，中期票据及短期融资券2笔，解决客户融资规模144.28亿元。养老金个人账户新增9 155个，受托和托管资产规模分别增长2.85亿元和3.67亿元，均超额完成总行计划。“八一工程”有新进展，取得武警乌鲁木齐指挥学院、武警新疆兵团指挥部军人保障卡独家发卡资格，发卡5 662张。CTS客户净增2.79万户，存量34.85万户，新增和总量均位居当地同业第一。

【国际业务】外汇存款余额4.86亿美元，新增2.23亿美元，增长84%，当地同业排名第一，为全行存款增长作出极大贡献。以霍尔果斯中哈边境合作中心支行为平台，积极开展人民币创新业务，已开立各类账户158户，领先当地同业开展了低风险前置出口贸易融资、出口应收账款风险参与、内保内贷、外保外贷等业务，依托风参创中间业务收入3亿元，增长180%。

2014 年 1 月 7 日，中国建设银行新疆维吾尔自治区分行与新疆昌吉学院签署战略合作协议。

【经营基础】对公结算账户增长 8 789 户，当地同业排名第一，总量 6.44 万户，其中，基本结算户增长 6 590 户，当地同业排名第一，总量 3.78 万户。公司机构有效客户 2.23 万户，新增 1 679户，增速为 8.14%；个人有效客户 128.39 万户，新增 13.93 万户，增速为 12.17%，同时新增 2 户亿元级私人银行客户，实现同级别客户零突破。社保金融 IC 卡新增近 20 万张，红山一卡通发卡 17.8 万张，资金沉淀初具规模。新设网点 3 个，网点数量达 213 个，新建离行式自助银行 76 家，总量达 216 家，超过网点数量，新增自助设备 353 台，总量已达 1 521 台。

二、主要工作举措

【把握市场机遇，增强发展实力】深刻领会中央两次新疆工作会议精神以及习近平总书记“丝绸之路经济带”战略决策，主动顺应区域经济发展“新常态”，把握自治区基础设施和重大项目建设、特色产业发展、城镇化建设、对外开放、兵团发展壮大中的金融需求，获得总行从信贷规模、差别化信贷政策、兵团和霍尔果斯发展、产品创新、财务资源、南疆地区机构设置等方面给予进一步政策支持，全面做好了落实对接细化工作，不仅增强了当年发展动力也为未来可持续发展奠定了坚实基础。

【立足核心指标，着眼市场表现】经营竞争实力稳步提升。积极应对经济增速放缓和同业竞争加剧的严峻形势，与乌鲁木齐市政府、昌吉州政府、新疆体彩中心、兰州军区联勤部等多个目标单位签订战略合作协议，深入落实“银政合作友好年”、产品推介等主题活动。积极营销援疆、进疆、城镇化和三农建设等项目资金，坚持抓资金源，抓资金链，抓体内循环，把握核心企业、上下游产业链、行业辐射圈的资金脉络，增强存款稳定性。加强区外境外联动，迅速扩大境外机构的境内外汇账户（NRA）保证金账户质押、出口贷汇保业务等跨境人民币创新业务的市场占有率。实施“个人存款 + 个人理财 + 货币基金”联动资产考核，做大客户全量金融资产，提升客户存款规模。

【促进信贷结构持续优化】发挥国有大型银行优势，持续跟进重大项目，深入营销“1 + 10”煤制气和“1 + N”电厂等有大量资金和服务需求项目，信贷融资进退控制有度。敏锐抓住地方债务管理体制改革重大市场机遇，申报并获得 99.2 亿元信用额度、24 个投资理财项目批复。联动做好 LPR 实际操作和客户谈判，实现利率水平和产品覆盖度双提升。创新适合农业生产各阶段融资需求的农户贷款产品，尝试开展“涉农企业 + 企业主”的企业资产抵押方式，加快推进“贷款 + 支付结算 + 理财”、“财富贷”等组合营销。

【中间业务发展与合规并重】注重抓好传统优势、战略创新产品和综合营销服务的优势互补工作。借助霍尔果斯业务创新平台，路演展现、全面接触、合力推进客户、账户、产品、存款等业务交叉营销和复合增长。通过季度特性、客户交易类型、交易习惯等数据分析，组织开展善融商务、电子支付、信用卡、分期付款等精准化营销，适应大数据时代背景下的客户体验式服务。吸取发展改革委涉企收费检查教训，强化业务培训指导，下发业务指引及营销服务模板，提高一线营销操作合规水平和非信贷中间业务发展能力得到提高。

【探索战略转型，激发发展潜力】认真落实总行党委创新转型战略要求，完善创新激励机制，多数创新成果转化为生产力。在客户方面，持续向精细化名单制、客户需求驱动的综合化金融营销转型，建立大数据分析制度，以“批量化、零激活、抓县域”来扩大个人全量客户规模，强化有效客户的经营理念。在产品方面，加快收入及盈利结构转向速度，推广银医合作、外保外贷、小微企业林权抵押、团场土地承包账户质押、投

2014 年 2 月 21 日，中国建设银行新疆维吾尔自治区分行召开 2014 年工作会议。

2014 年 2 月 26 日，中国建设银行新疆维吾尔自治区分行与新疆昌吉回族自治州州政府签署战略合作协议。

标保证金现金管理、E 商贸通等产品，发挥增存稳存作用。在渠道方面，进一步向自助和电子银行转型，加大资源、人力投入，狠抓民生、交通罚款缴费和考试支付电子通道源头，拓展善融商务客户，尝试无机构县域及兵团团场的电信营业网点布放自助设备金融服务模式。在创新方面，完善创新激励机制，将创新目标细化到城镇化建设、跨境人民币等热点业务，丝绸之路经济带、兵团师团场等潜力市场，县域渠道建设和民生领域等重点方面，共完成 25 个产品创新项目完成备案，是上年的 3.1 倍。在管理转型方面，不断创新管理模式，积累转型经验，完成奎屯、乌苏、独山子 3 家支行“金三角”地区多项中后台业务跨行跨区域集中整合，启动优化调整营业部授权流程，积极推进放贷中心和反洗钱分中心建设，充分有效利用审计资源并将其作为发现和把握倾向性、苗头性风险趋势的重要渠道，自主研发上线对公柜面人员、客户经理及客户的营销、评价和服务系统，挖掘营销潜力，提高管理效率。

【强化风险防范意识，提升管控水平】通过多种手段处置不良资产 8.09 亿元、超值现金回收 2.22 亿元，尤其抓住总行批量转让政策机遇，打包转让不良资产 7.2 亿元，有效缓解不良控制及财务压力。各级党委一手抓发展，一手抓稳定，扎实落实自治区和总行党委维稳要求，全面强化党风廉政建设，认真开展各项治理活动，加强风险排查和巡视工作，不走过场，不搞形式，严肃追究违规责任，营造“功不抵过，过不掩功”以及“有责必问，问责必究，究责必严”的风险责任文化，巩固了连续 15 年未发生重大风险事件、12 年未发生一般性风险事件、连续多年安全运营的成果。

【持续加强队伍建设，完善关爱员工机制】加大年轻干部选拔和干部轮岗交流力度，对愿意到基层锻炼、到艰苦边远县乡住村的优秀骨干进行重点培养。绩效考核、专岗聘任资源坚持向基层一线及经营部门倾斜，大幅提高基层员工薪酬水平，特别是南疆、边远艰苦和维稳重点地区基层员工收入水平，将总行关怀落到实处。切实推进“温暖工程”，投入 160 多万资金加强偏远县支行“五小”建设，帮扶慰问困难员工 520 多人次，帮扶各类资金 200 多万元。积极响应自治区党委“访民情惠民生聚民心”活动，组建 14 个工作组，近 70 名干部赴农村开展住村维稳工作，区分行成为唯一荣获第四轮自治区党委扶贫工作先进单位的金融机构。

2014 年 9 月 29 日，中国建设银行新疆维吾尔自治区分行与乌鲁木齐城市建设投资集团有限公司共同举办“红山一卡通”发卡仪式。

【深化党的作风建设，提升队伍战斗力】各级领导班子始终将作风建设摆在突出位置，促使作风持续转变成为“新常态”，分行领导班子成员利用节假日定期到基层网点巡视维稳安全情况，启动领导干部“红黄牌”行政考核制度，组织开展各类走基层、送培训、送服务的“接地气”活动，集中治理办理业务时间超长服务网点，形成抓作风促工作、抓工作强作风的良性循环。严格执行财务制度，上收工程项目集中采购权限，从源头杜绝腐败现象的滋生，从制度上加强对要害岗位的管理。严明营销纪律，招待费、会议费和宣传费在2013年已经大幅降低的基础上再度分别下降37%、45%和32%，取得了明显的成本管控效果。

执笔：周伟

深圳市分行

深圳市分行行长　刘军
（2014年11月免）

深圳市分行行长　王业
（2014年12月任行长）

一、业务发展概况

2014年是深圳市分行积极探索发展转型，不断巩固当地同业领先地位的一年。当年，分行盈利能力持续增强，主要业务稳居市场领先地位。全年实现税前利润116.1亿元，比上年增加7亿元，增幅为6.4%；中间业务收入57.2亿元，同比增长1.7亿元，增幅为3%，收入结构持续优化，转型发展成效显著。

【主要业务】截至2014年末，深圳市分行全口径存款余额6 298亿元，其中，企业存款余额2 951亿元，新增175亿元，增长6.3%；储蓄存款余额1 239亿元，新增68亿元，增长5.8%；同业存款余额2 109亿元。各项贷款余额3 435亿元，新增9亿元。

2014年，分行拨备前利润、全口径存款余额、人民币对公非贴贷款余额、个人贷款余额、中间业务收入等多项主要业务指标位居同业第一，巩固了全面领先的市场地位。

【公司业务】截至2014年末，分行企业存款日均2 723.8亿元，比2013年新增248亿元，增幅为10%，本外币和人民币企业存款余额、日均继续保持当地同业第一。对公非贴贷款余额2 085.6亿元，对公中间业务收入实现35.60亿元，均继续保持当地同业第一。公司机构全量客户增长40 618户，系统排名第一；公司机构有效客户增长1.98万户，增幅系统排名第六。

【个人金融业务】截至2014年末，分行储蓄

2014年1月26日，中国建设银行深圳市分行召开2014年工作会议。

存款日均1 177亿元，比2013年新增115亿元；个人贷款余额1 305亿元，比年初新增147亿元，余额和新增额均位居同业第一；个人加权有效客户新增119.4万户；信用卡业务收入总计达15.7亿元，同比增长32%，因净增发卡、消费交易额、贷款净增、中间业务收入4项主要指标四大行排名第一，被总行授予“2014年信用卡业务市场先锋奖”和“2014年信用卡业务先进集体”称号。

【房地产业务】截至2014年末，分行对公房地产开发贷款余额359.11亿元，比年初新增41.9亿元，占比自2009年的23.35%下降到2014年末的16.87%，AA－级（含）以上客户贷款余额307.51亿元，占比为85.64%；住房开发项目贷款余额327.8亿元，占比为91.28%。

【中间业务】2014年中间业务实现了平稳发展，全年实现收入57.15亿元，同比增长1.62亿元，增幅为3%，主营业务收入占比为30.57%，同比下降3.14个百分点，完成总行56.5亿计划的101%，系统排名第七，当地四大行占比达31.64%，位居当地同业第一。

【国际业务】2014年分行国际业务继续保持良好的发展态势，完成国际业务收入7.22亿元；国际结算量完成1 695.8亿美元，同比增长3.2%，系统排名第一、当地同业排名第二；国际收支结算量820.4亿美元；跨境人民币结算量完成1 872.2亿元，同比增长45.1%，系统和同业均排名第二。国际业务领域投产创新产品12个，包括出口融资保、付证通、外存贷内、商福通和应收工程款融资等，共带来国际结算量105.8亿元，跨境人民币量11.2亿元，中间业务收入969.2万元，吸收存款66.5亿元。

【资产质量与风险控制】“安全年”建设有效推进，积极应对严峻形势。推出2014年“安全年”建设方案及新的案件防控十大举措，实现了全年无案件，无重大违纪违规事件的目标，保持了连续11年“零案件”的记录。面对持续下行的宏观经济形势带来的极大资产质量反弹压力，分行积极应对，2014年末不良贷款额32.96亿元，不良贷款率为0.96%，分别比年初增加6.61亿元和0.17个百分点。

【其他业务】2014年分行实现投行收入12.2亿元，债券承销164.3亿元，金融市场业务实现中间业务收入9.9亿元，托管业务量4 055亿元；小企业人民币非贴贷款（不含网络银行、保理）余额133亿元；养老金客户新增202户，计划完成率为106%，完成率居系统前列，占同业新增总量的65%。个人电子渠道理财产品交易占比为95.3%，系统排名第一，电子渠道基金交易占比为82%，系统排名第二。

二、主要工作措施

【促转型，推动结构优化升级】在总行《转型发展规划》的指导下，分行把创新作为实现转型发展的载体和核心，明确在发展中实现大资产、大负债管理的转型发展思路，强化综合金融服务能力建设。一是搭建国家高新技术企业服务平台，全力推进“科技金融”。与深圳市科技创新委员会联合组建Z2Z科技银行联盟，组建国家高新技术企业产业基金，提供从融资到融智的综合金融服务。截至2014年末，深圳市3 836家国家高新技术企业在分行开户达2 309家，占比为60.2%，存款余额达324.9亿元，新增67.2亿元；日均存款达283.9亿元，新增72.6亿元。二是力挺文化金融发展。与市文改办签订《文化金融战略合作协议》，约定三年内给予深圳文化创意企业人民币300亿元的授信额度，截至2014年末已投入资金合计约158亿元。三是搭建“建信”平台，加快消费金融业务发展。创新综合授信操作模式，为小企业贷款客户提供个人消费贷款、信用卡及专项分期等综合授信额度。同时，拟定对分期、收单商户等的综合服务方案，开展授信、结算、客户共享等综合营销。

2014年5月16日，中国建设银行深圳市分行与深圳市文化体制改革和发展办公室在深圳文博会上签署文化金融战略合作协议。

【重创新，持续推动创新发展】积极落实总行党委“建设创新型银行”的战略部署，把转型升级和创新驱动作为分行发展的两个“轮子”。2014年，具有示范效应的智慧银行荣获深圳市2014年金融创新奖一等奖，是非总部金融机构首次获得一等奖。同时，分行以第一名荣获系统内“最具创新力”分行奖，并被推选为人民银行金融创新委员会唯一的主任单位。一是突出经济热点和前海区域开展商业模式创新，实现价值创造力。全力打造“大资产”综合金融模式，把分行资产组合型理财产品打造为综合融资服务的利器，2014年实现信贷资产入池86.5亿元。全力推动金融市场业务发展。2014年共实现54.63亿元金融类资产装入投行理财池。成立养老金业务部，发挥托管品牌优势，截至2014年末，分行主动营销托管项目达154个，托管业务规模四大行排名第一。二是自下而上全员参与产品创新，提升业务驱动力。“好声音内部管理平台”，使“建行好声音”活动以更智能化的方式实现人人创新、全员创新。分行打造的系统内第一家智慧银行得到马凯副总理批示及银监会关注。

【谋发展，推动各项业务指标的可持续发展】一是存款分类管理，重点促进存款常态化增长。实行公司存款、机构存款、储蓄存款和同业存款分类管理考核，“横向到边、纵向到底”，推动存款的常态化增长。加大公司条线存贷比管理力度，大力拓展融资派生及结算业务，从无贷户、综合金融服务等多个维度，点点滴滴抓实公司存款。层层落实对应层级政府机构的营销工作，对财政、社保传统重点客户常抓不懈，机构存款余额1 037亿元，新增112亿元。建立网点储蓄存款牵头人制度，加强储蓄存款分层经营力度，结合“红五月”活动进一步提升销售能力。开阔营销视野。同业存款重点推进异地基金公司、理财资金和跨境人民币资金的营销，盈利性持续提升，同业存款净利息收入达10.0亿元，新增7.24亿元，增幅为262%，占存款净利息收入增长之比达48.83%。二是持续夯实客户基础，客户结构不断优化。开展质、量并重的“客户拓展年”活动。分行公司机构全量客户21.75万户，新增4.06万户，加权有效客户26.36万户，新增1.98万户，账户数量继续排名同业第一，保持对公“最大账户行”地位。在个人客户方面，全量客户676万户，新增57.1万户；加权有效客户1 042.2万户，新增119.4万户。

【控风险，积极应对严峻形势】一是做好风险项目处置工作，打一场不良资产的攻坚战。严防死守，开展拉网排查。分行持续加大全面滚动排查力度，做到存量授信客户的风险状况百分百覆盖。高压态势，加快风险处置。对于新增信贷风险实施严格的目标管理，分行与各经营单位签署责任状。在存量处置、化解不良资产的工作中，创造性地将国有资产管理公司、律师事务所、法院等各种资源与力量全部调动起来。二是面对复杂的形势，全行着力强化“如履薄冰”的意识，落实“不出事”的工作要求，认真执行党中央八项规定和总行十项要求，落实全面风险管理责任，持续深入推进“安全年”建设，落实《内控体系建设三年实施纲要》，防范信用、市场、操作、流动性、合规、声誉等风险。

【强党建，队伍战斗力和凝聚力不断提升】一是狠抓工作作风的转变和廉洁合规从业，做好群众路线教育实践活动总结和持续整改落实相关工作，推动“强化基础管理、强化服务基层、提升工作效能”工作的升级与延伸，有效促进分行工作效能及规范性的提升。二是深化“温暖工程”、“成长工程”首次实施并完成了分行营业网点五岗位员工晋升晋级工作，共有239名五岗位员工获得了职晋升，完成常规性八职及以下员工职等晋升工作，合计职等提拔87人，并通过“双三十”工程选拔后备干部35人。持续实施“温暖工程”，从“衣、食、住、行、养、休”各方面关心员工，提升了队伍凝聚力和战斗力。

执笔：李睿杰

大连市分行

大连市分行行长　林忠治
(2014年11月免)

大连市分行行长　郭元析
(2014年12月任行长)

一、主要业绩指标完成情况

【资产负债业务规模巩固扩大】本外币全口径存款日均余额1 322亿元，新增76亿元，增速为6.1%，新增与增速大连地区四大行排名第一；一般性存款日均余额1 290亿元，新增102亿元，增速为8.55%，新增当地四大行排名第一，余额与增速排名第二；对公存款日均余额712亿元，新增78亿元，余额与新增当地四大行排名第一，个人存款日均余额577亿元，新增24亿元，余额及新增当地四大行排名第二。本外币贷款余额1 029亿元，新增75亿元，增速为7.84%，余额与新增额当地四大行排名第二，增速当地四大行排名第三；对公贷款余额704亿元，新增33亿元，增速为4.96%；个人贷款余额326亿元，新增42亿元，增速为14.65%，新增与增速当地四大行排名第一。

【效益指标保持稳定】主营业务收入49.8亿元，同比增速为7.8%；拨备前利润32.1亿元，同比增长9.3%；税前利润27亿元；经济增加值11.72亿元。

实现中间业务收入10.9亿元，增速为5.16%。其中，公司条线与个人条线中间业务收入分别为6.9亿元、4亿元。

【全力压控资产质量】不良贷款余额16.65亿元，不良贷款率为1.65%；逾期贷款25亿元，逾期贷款率为2.49%；垫款为零。

【客户基础持续夯实】公司业务继续发挥在支持基础设施建设、中长期项目贷款、服务大客户及与区域内各级政府密切合作等方面的优势。分行公司机构全量客户2.80万户，新增1 983户，增速为7.6%；公司机构有效客户1.27万户，新增405户，增速为3.3%。个人业务做大客户增量，盘活存量，积极拓展资金源头，加大结算资金沉淀和流出链条延展。分行个人全量客户435万户，新增39万户，增速为9.89%；个人有效客户76万户，新增7.4万户，增速为10.65%；资产客户余额252万户，新增20万户，增速为

8.48%；个人贷款客户总量11.51万户，当年新发放2.14万户。

【战略性业务加快发展】住房金融业务保持当地同业领先，住房资金归集余额385亿元，市场占比为67%，比年初提升1.76个百分点。银行卡业务巩固优势，借记卡卡量余额553万张，四大行排名首位；社保卡、公积金卡、居民健康卡、ETC龙卡累计量发行分别达51万张、92万张、8.5万张、7.6万张；信用卡累计发卡57万张，净增发卡量、分期交易额、累计客户数当地四大行排名第二，信用卡贷款余额、卡片活动率、收单商户增速当地四大行均排名第一。投资理财业务强化创新，理财产品余额40亿元。小企业业务首次实现批量平台签约，授信客户达801户，其中授信基本户561户。供应链融资业务继续发挥总行平台优势，现金管理业务提升重点客户服务能力，实现存款沉淀15亿元，创新"一户通定活互转通"产品，增加同业存款10亿元。私人银行业务内外联动，客户余额397户，新增48户，增速为13.8%，保有率为70%，系统排名第一；中央级财政资金承接率为46%，较年初提升9个百分点；新增活跃企业代发工资客户372户，新增活跃代发工资个人客户3.24万户；养老金业务成功实现25户上线运营，新增市场份额占比为82%，继续保持同业领先；托管业务取得新突破，基金托管规模实现31亿元，保险类机构定期存款资金托管规模达16亿元；跨境人民币业务累计结算量87亿元，新增11亿元，增速为15%，结算量地区市场占比为19%，当地四大行排名第二。

【渠道建设不断加强】物理渠道进一步提升服务能力。年内新设支行2家，确立自助渠道选址项目21项，36台低效设备脱离低效范畴，总行完成率达139%。电子渠道与传统业务融合发展。充分发挥电子渠道平台作用，拓展代收付及电子支付项目，实现资金沉淀4.2亿元；坚持推进电子渠道强制分流，电子银行账务性交易量2 897万笔，增速为8.36%，离柜账务性交易量占比为81%，同比提升2.2个百分点。客户经理队伍建设不断强化。依托分行营销与支持管理系统，健全客户经理激励考核数据基础；加强客户经理培训力度，开展"个人客户经理训练营"与"对公客户经理轮训"项目。截至2014年末，分行客户经理占比达23%。

2014年12月7日，中国建设银行大连市分行举办第九届"建行杯"公司机构客户及员工羽毛球团体赛。

二、主要工作措施

【加快推动经营转型，提高综合化服务水平】一是提升全面金融服务能力。充分利用发债、理财、银团、租赁、票据、境外融资等多种渠道。年内为市公积金中心、产权交易所、红沿河核电等6家政府机构客户及大中型企业客户提供全面金融服务方案。二是加强海外联动业务。贸易融资投放力度持续加大，本外币一体化稳步发展。年内表内外贸易融资累计投放41亿美元，同比增长4.56亿美元，增幅为12%。三是加快客户结构调整。深化客户分层分类管理，加大中小客户营销资源倾斜力度，探索小额无贷户经营模式。年内实现中型授信客户净新增10户，达121户。四是加大县域业务支持力度。成立专项工作领导小组，制定分行县域无网点金融服务模式创新实施纲要及具体实施路径，加大县域自助设备的投放力度；分行助农取款业务取得人民银行批复，相关业务试点工作积极推进。五是推进"三综合"建设。不断完善制度，全年共完成营业网点升格28家。六是持续推动重点领域产品创新。全年实施完成产品创新项目26项。

【加强风险管理，强化内控合规文化】一是深化风险体制改革。推进对公信贷放款中心建设，进一步加强贷中发放环节风险审查和管理工作，统一对公授信放款标准，整合前台、中台、后台服务资源，提升放款审核的集约化管理水平。二是增强风险管理能力。加强主动授信管理，有序推进平行作业；落实“信贷风险防控年”活动要求，提升信用风险管控水平；加强重点领域风险排查，促进潜在风险有效化解；持续做好日常监控预警，建立风险客户动态监测制度，提高风险监测的前瞻性和敏感性。三是加强内控管理水平。有序推进内控体系建设三年规划，全面开展自我评价工作，出台《经营网点合规管理考核办法》，健全内控合规考核机制；创新关键风险点检查组织模式，推进操作风险自评估工作；认真组织开展反洗钱工作，成立反洗钱中心，实现反洗钱工作集中作业；开展“规章制度、规范性文件有效执行年”活动，梳理制度文件 1 117 份。四是强化案件防控工作。加强责任落实和压力传导，分行所属部门、分支机构层层签署责任书；修订“大平安建行”考评实施方案，强化考核管理；开展“管控关键环节 防范突出风险”案件专项治理活动。

【强化基础管理，推动经营管理取得新进展】一是优化组织机构设置。精简机构数量，分行本部部门从 29 个减少至 26 个。二是完善激励约束机制。完善等级行、KPI 考核体系、本部部门绩效评价考核办法；改进市场费用配置政策，加强资本性资产管理，支持业务发展；提升定价能力，完善定价管理办法。三是加强信息数据支撑保障。完成新一代企业级收付系统和员工渠道二期外设设备测试上线工作；完成管理与营销支持信息系统三期优化及上线培训工作，新增优化功能 130 项。四是开展简政放权工作。推动工作作风改进，推出《分行审批事项目录》，梳理审批事项 151 项。

【加强党的建设、班子建设、人才队伍建设和企业文化建设，促进科学健康发展】一是全面加强党的建设，落实从严治党工作要求。深入开展教育实践活动整改工作，将“四风”问题作为重点，对整改期限、整改成效进行全面检查，整改率达 98%。健全完善党风廉政建设工作责任制，强化对责任制落实情况的考核，开展“正风肃纪、勤业守廉”主题教育活动，严格执行廉洁自律各项规定。二是加强分行班子建设，提升领导干部队伍战斗力。强化各级领导班子应对市场竞争和外部环境变化的能力，加强和改进基层调研，密切联系群众，推动解决基层反映的突出问题。三是加强人才队伍建设，优化人力资源管理配置作用。加大年轻干部培养力度，建立管理岗位后备人才队伍；优化柜面人力资源配置，积极推进柜员等级考评体系建立等相关工作；创新培训模式，增强培训效果。四是加强企业文化建设，提升全行向心力与凝聚力。强化核心价值理念，开展“家风家规大家谈”征文活动，积极传导文明进步的正能量；组织“员工身边故事”教育活动，宣传在平凡岗位上工作的员工；开展“建功立业 创先争优”劳动竞赛，促进员工“学技能，练本领，提素质”。2014 年，分行有 6 家机构分别获得“中国银行业文明规范服务千佳示范单位”、“大连市青年文明号”、“中国建设银行文明单位”、“全行企业文化建设先进单位”称号。落实员工关爱举措，开展“走一线、送关爱、鼓干劲”主题教育活动，推进员工关爱工作，对全行 135 名员工实施困难救助；开展“拼搏杯”职工乒乓球赛、“建行杯”羽毛球赛等一系列文体活动，丰富员工文化生活，陶冶情操，增强凝聚力。

执笔：郑剑

宁波市分行

宁波市分行行长　葛王杰
（2014年1月任行长）

一、业务发展概况

【经营效益】截至2014年12月31日（数据未经审计），全行实现拨备前利润39.44亿元，当地四大行排名第二。存贷利差位居当地四大行第一，贷款收益率高于当地四大行平均水平。

【资产负债】一般性存款时点余额1 204.5亿元，新增40.5亿元，新增系统排名较上年末提升7个位次。其中，企业时点和日均存款余额均位居当地四大行第二，个人时点和日均存款新增市场份额同步提升。年末存款偏离度为2.15，严控在监管要求内。各项贷款余额1 482亿元，比年初新增112.9亿元，综合融资余额2 050亿元，新增191亿元，其中新型融资余额232亿元，呈现贷款余额占比下降、新型融资规模占比上升的良好态势。

【中间业务】实现中间业务净收入14.05亿元，位居四大行第三；计划完成率位居系统第25位，较上年末提升9个位次。

【战略性业务】一是国际业务外汇存款余额、新增均位居当地四大行第二，跨境结算同比翻番。二是投行业务收入占中间业务收入25%，收入占比跃居系统第二。实现新型投行业务收入3.36亿元，以绝对优势保持当地四大行首位。三是机构业务中央财政资金承接计划完成率超200%；社保卡新增32.6万张，市场占比为35.15%，位居当地3家发卡行第一。四是信用卡业务分期收入同比增幅为40%，行内客户信用卡渗透率位居系统第二。五是个人住房贷款余额315.2亿元，继续保持市场领先；住房维修基金存款比年初新增4.96亿元，成为住房资金新的增长点。六是电子银行实现离柜账务性交易量占比为82.78%，同比提升2.49个百分点；理财产品、账户贵金属等产品销售电子渠道占比超过75%。七是个人条线中间业务收入首超4亿元，系统贡献提升2.3个百分点；个人客户产品覆盖度位居系统第七。

【资产质量与风险控制】全年共实现不良处置27.38亿元，计划完成率为169%。年末全行不良贷款余额（审计前）33.9亿元，不良贷款率为2.33%，控制在总行计划内。经审计调整后，全行不良贷款余额41.45元，不良贷款率为2.85%。

【内控合规建设】风险内控考核权重从20%提升至41%，严格落实责任追究，全行合规意识增强。打造“先横后纵”的整改模式，内审外查问题整改率达98.9%。全行连续九年保持无重大风险事件、无重大违规和责任事故的安全稳健运行局面。

二、主要工作举措

【调整经营策略，提升全局驾驭能力】2014年是总行深化改革、加快转型的关键一年。分行紧紧围绕《中国建设银行转型发展规划》，认真贯彻落实总行领导赴宁波市分行调研时提出的工作要求，将总行战略转型、改革创新的新导向、新要求与分行工作相结合，提出全行要以“改革、创新、转型”为核心，努力推进经营转型，夯实发展基础。在全行竞争力分析、加快发展三年行动计划制订和思路研讨的基础上，紧密结合阶段发展调整经营策略，出台了《关于加快改革的指导意见》，推出了“五大改革”、拓户强基“一号工程”、大零售战略、大公司部制等改革举措。总体来看，全行主要业务的发展方向不断明确，发展目标定位逐渐清晰，改革转型措施逐步完善。

【加快业务拓展，提升综合竞争能力】一是全面落实“一号工程”。在年初双百家活动、93家战略客户综合金融服务推进、20大重点园区拓展的基础上，下半年将客户拓展作为加快发展的“一号工程”，确定了对公客户拓展、现金管理、电子银行、私人银行、信用卡、代发工资等“六大”子工程，营销成效初显。二是人民币结算账户净新增7 246户，首次跃居当地四大行第一，创近年来新增最高水平；现金管理业务签约完成率超200%；电子银行客户规模保持同业首位；私人银行金融资产亿元以上客户新增计划完成率为300%；信用卡净新增客户9.1万户，超额完成总行计划；新增代发工资业务客户超5万户，计划完成率为169%。

2014年10月21日，中国建设银行宁波市分行与宁波市海曙区人民政府签署战略合作协议。

【全力推进存款稳定与突破】在企业存款方面，加强基层存款服务督导，强化大客户增存管理，通过奥体中心、中山路改造等新客户项目到位注册资金本20亿元以上。充分利用创新产品营销行外资金，强化企业存款精细化管理和资金体内循环，通过投行引入22家客户理财资金达76.08亿元。在个人存款方面，依托支付结算产品抓资金沉淀，科学做好银行理财产品供给衔接，大力营销资本市场回流资金，同时加大低产网点改造力度，大力推进再造华山活动。年末个人存款时点新增17.1亿元，位居当地四大行第二。

【全力推进中间业务创收增收】明确了国际、投行、造价、信用卡为中间业务发展的四大板块，全力推进。国际业务以结算收入和资金收入为发展重点，以境内外联动、跨境业务、资金组合、汇率衍生四大产品为龙头，定向对接、精准营销，实现外币结算收入当地四大行唯一同比正增长。投行业务以建立区域管理为主、产品管理为辅的营销管理模式，大力推进产品创新，理财融资、新型融资和债券承销三大类产品齐头并进。信用卡业务全力打造建行分期业务品牌，全年实现中间业务收入1.7亿元，同比增长16.3%。造价业务深挖行内资产负债业务潜力，主动营销区域重点项目，全年实现收入1.16亿元，荣获“宁波市2013—2014年度优秀造价咨询企业”。

【深化改革转型，提升持续发展动力】高度重视加快改革的顶层设计，重点推进组织机构改革、组织人事改革、公司业务经营体制改革、个人业务准事业部制改革和考核评价体系改革五大改革。一是组织机构改革。通过分支行内设机构改革和优化，改变部分管理职能重叠、功能不集约的现状，加快推进支行本级直接经营。整合分行一级部2个，减少二级部4个，规范调整部门名称7个，减员10.6%，组建支行团队54个。二是组织人事改革。高度重视人才对全行业务发展的重要作用，进一步建设“有担当、有能力、有口碑”的智慧型干部队伍。通过公开竞聘、干部交流等方式，不断在干部选拔机制、员工晋升转制等方面突破创新。全年组织分支行10名经理级干部进行了双向交流，17名挂职锻炼员工全部落地支行，480名基层员工得到职等晋升，35名短期合同制员工实现择优转制。三是考核体系改革。明确了分配体系改革总体方向、框架和分步推进思路，强化经营业绩导向为主的考核原则，先后制定下发网点考核激励办法、二次分配指导意见、网点综合积分管理实施方案等，鼓励网点做大做强。实施减值拨备成本平滑政策，减缓资产质量对员工收入的冲击，全年用于资产质量平滑绩效总量4 400万元。四是对公经营体制改革。明确“经营半径要短、管理人员要少、客户经理要强”的改革要求，通过强化直接经营、综合管理、服务保障，推进分行本部组织架构调整与支行公司部直营改革，年末之前已基本完成各行部门和职能调整、团队组建等工作。成立系统首家、全市四大行首家小企业专业支行，实现小企业信贷业务集中处理，业务申报时效缩短近一半以上。五是个人业务准事业部制改革。优化网点布局，稳步推进“三综合”建设，构建大零售战略组织架构，探索建立“人力资源相对集中、财务资源相对独立”的相对垂直化化条线管理模式。全年完成三综合网点转型115家，网点综合营销团队转型比例为100%。

【管控资产质量，提升风险防范能力】一是推进资产质量攻坚。年初就明确了“处置果断、起诉果断、保全化解”的工作要求，提出严防死守的工作导向。组织开展20余项专项风险排查，持续加大对重大风险项目的关注和管理，按季制定下发各行资产质量控制目标，创新资产处置思路和手段，加快处置进度，严格将资产质量控制在总行计划内。二是加强全面风险管理。制定和完善了信贷客户会商制度、经营管理主责任人管理、重大信用风险事件报告等10多个政策制度，落实行业限额管理、名单制管理等要求，制定和完善了小企业、房地产、个贷业务营销审批指引与要点，认真组织“信贷风险防控年”活动，启动放款中心建设，强化贷款各环节风险防范。三是强化内控合规建设。高度重视合规经营文化的营造，健全内控管理体系。加强整改和责任认定工作，打造“先横后纵”的整改模式，内审外查问题整改率为98.91%。严格落实责任追究，全年处理违规责任人124人次，实施违规积分2 367分。强化案件防控，全力营造案防高压态势。

【夯实管理基础，提升队伍凝聚力】一是加强党建和队伍建设。认真学习习近平总书记讲话精神，积极开展党的群众路线教育实践活动“回头看”，首次开展了分行巡视工作，加强和改进了领导班子选配工作，进一步调整了收入分配结构，修订完善了绩效考核办法。坚决贯彻中央八项规定和总行勤俭办银行要求，超额完成年度费用压缩目标，招待费、会议费、宣传费分别下降34.6%、38.7%、16.9%。二是推进作风转变。加大了“五抓”工作力度，营造积极向上的工作氛围；强化服务基层、员工、客户意识，实施调研快线制度，改进督办方式；狠抓文风会风，全年会议费继续大幅减少，文件办理天数较年初缩短2.3个工作日，工作效率得到有效提升。三是强化员工关爱和凝聚力提升。组织举办了主题摄影展、歌咏晚会、行庆报告会等一系列行庆60周年纪念活动，实施了职工技能培训、岗位练兵、技术比武、技能升级“四位一体”的职工技能提升计划，开展了丰富多彩的文体活动，不断提高员工对建设银行的荣誉感，提升业务技能水平和学习工作热情。

执笔：毛薇薇

厦门市分行

厦门市分行行长　刘丽华
（2014 年 7 月免）

厦门市分行行长　生柳荣
（2014 年 8 月任行长）

一、业务发展概况

【主要指标完成情况】2014 年，在服务厦门、建设厦门过程中，厦门市分行各项业务稳健发展，存款保持当地同业领先。一般性存款时点余额 1 083亿元，当年新增 58.5 亿元，新增当地四大行占比为 120%；各项贷款有序投放。贷款余额 1 050亿元，当年新增 100 亿元，新增额当地四大行占比为 39%。其中对公贷款余额 540 亿元，当年新增 26.9 亿元；个人贷款（含信用卡透支）余额 510 亿元，当年新增 73.3 亿元。住房公积金贷款当年投放 17.8 亿元，新增 6.7 亿元，保持当地同业领先。四部委口径小微企业贷款余额突破百亿元大关，达 101.5 亿元，首次同业排名第一，并全面实现“两个不低于”的监管目标。资产质量保持稳定。五级分类不良贷款率为 0.35%，在当地同业和建设银行系统均位居前列。经营业绩突出：全年实现税前利润 34 亿元，同比增长 12%。全年累计实现中间业务收入 12.6 亿元，位居同业首位。不论是从规模看，还是从发展质量看，厦门分行在区域内筹融资重要渠道的地位进一步巩固，以行业职能的完满实现，为厦门经济、社会实现快速发展、绿色发展尽责尽力。

【公司业务】在传统的一般性存款中，年末对公存款余额 540 亿元，当年增长 32.6 亿元；储蓄存款余额 543 亿元，当年增长 25.9 亿元。面对不确定的宏观经济形势，实现存款稳中有增殊为不易，公司条线和个人业务条线，通过上新品、勤营销、巧借力、提服务等举措，稳住了老客户、拓展了新客户，如公司业务部门通过加强数据挖掘促稳存增存：一是多维度收集、整理、下发信息。与工商局、税务局、银监局、人民银行、海关等政府主管部门的联系，多维度收集、下发新注册企业、预核准企业、全市纳税大户客户、全市授信大户客户、外部联合评信大户客户、全市进出口企业大户客户等信息。二是加强分析，确定目标客户。根据收集的信息，整理分析客户在建设银行的开户情况及发展潜力，为支行拓展客户提供参考。三是掌握信息争主动。及时收集下发土地招标竞拍出让信息，了解有投标意向的房地产开发企业，并对支行拓展的土地招标竞拍保证金实行拓展支行与存入支行双向计存款方式，激励支行拓展积极性，促进土地招标竞拍保证金资金在建设银行体内循环，从而取得争取存款主动权，对公客户营销的针对性也大大增强。

【个人业务】通过银行卡、基金、保险、国债等新产品有效营销，截至2014年10月末，当年新增个人有效客户42.6万户，为个人存款增长打下坚实的基础。

2014年10月17日，中国建设银行厦门市分行与厦门进出口银行签署全面战略合作协议

【投资银行业务】投资银行业务为投融资拓展了新渠道。2014年，以总行资产管理部挂牌成立为契机，紧抓业务转型，全年实现投行业务直接融资投放超140亿元，同比增长83%；年底资产管理余额150亿元，同比增长约68%。其中，在债券承销方面，2014年，厦门市分行债券承销业务保持快速发展，全年累计发行债券56.3亿元，为上年全年承销额的2.3倍，承销额同业占比位居系统第二，当地四大行占比为77%。为象屿集团成功注册20亿元私募债，实现私募债券发行新突破；成功完成七匹狼集团30亿元中期票据的注册及发行工作，实现民企发债首单突破。通过债券承销、投资理财、新型财务顾问、常年财务顾问等方式抢占市场，资产管理规模及直接融资投放再创新高，也为在厦优质企业面向市场筹融资打开了新通道。

二、主要工作措施

（一）总分行合力，实现厦门稳增长、调结构

【集团授信成绩喜人】2014年，厦门市分行共发起63户集团综合授信工作；实际参与集团综合授信评审54户，申报金额967亿元；已经获得评审批复的51户，批复金额853亿元，其中，分行权限47户；上报建设银行总行4户（路桥、中骏、特房、建发）、分行权限47户，优质集团额度翻倍。

【总行、分行一体，为厦门重点客户争取差别化授权】一是争取建发91亿元集团授信额度获建设银行总行批复并成功列入建设银行总行级战略客户名单，成为福建省内首家本土总行级战略性客户，每户授权26亿元。二是争取到11户差别化授权名单（省行19户）。三是争取到未达标的客户进入总行重要客户，如冠捷、七匹狼等。四是完成建设银行总行级主办银行客户申报工作。共上报11户，综合贡献度1 200万以上。按单户认定，可享受与总战客户同等待遇，目前预通过7户。

【全力加强重点项目与客户的营销】密切跟踪和拓展政府的重点投资项目，积极与发展改革委、招商中心等单位对接，制定并下发《厦门市重点项目营销分解表》，并整理和下发厦门市2014—2018年重大投资项目汇总表，积极对接，为网点提供支持；做好重点客户的优质服务，加大了对建发、国贸等16大集团以及总行级重点客户的营销力度。

【以银团贷款产品拓展重点项目】一是外部银团。由厦门市分行牵头组建厦门轨道1号线、建发兆裕房地产、兆蓉房地产3家客户的外部银团贷款，组团金额160.23亿元，牵头建发兆裕外部银团打破了分行银团贷款无牵头的局面，实现零突破，目前已提款13.62亿元。二是内部银团。与福建省分行组建建发利龙置业“珑璟湾项目”、龙岩禹洲“城上城”项目2户内部银团贷款，组团金额14亿元，分行已实投放6.6亿元。银团贷款实现中间业务收入164万元，较2013年增长近5倍。

【营销厦门重点项目取得重大突破】拓展日本电气硝子、民合投资、中国铁塔、七二五所、中交（漳州）投资有限公司、中交建银（厦门）股权投资基金管理有限公司、厦门紫光科技园发展有限公司、厦门紫光展锐科技有限公司等优质重点客户，营销中交海西、招商邮轮、抽水蓄能、厦门华润中心、新机场、D项目等重点项目均取得突破性进展；“两岸金融中心”、“软件园三期”、“厦成高速”、“轨道交通一号线”、“东南航运中心”、“大小嶝围堰造地”等重大项目实现

投放。

（二）抓大不放小，小微企业服务上台阶

【小企业平台搭建成效显著】2014年继续加强与科技局、经发局、银联商务、万翔网商、行业协会和国有担保公司等平台营销合作，推进“圈、链、平台”的集群营销服务，形成科技金融平台、银担合作营销平台、产业园区营销平台、助保贷平台、政府采购平台和银联商务平台六大小微企业营销平台，依托业务平台为247个客户发放贷款12.79亿元，累计带来资金沉淀6.66亿元。其中，与科技局、担保公司合作的“科技小企业成长贷”产品贷款投放额、投放户数、授信余额、授信户数等各项指标均位居厦门市科技局授权开办该项业务7家银行的首位，在厦门当地树立厦门建行服务科技型小微企业的品牌形象。

截至2014年12月末，厦门市分行四部委小微企业贷款（不含个人经营性贷款）余额首次突破百亿元大关，达101.5亿元，贷款当年新增22.02亿元，贷款增速为27.7%，比全行所有贷款增速高出17.1个百分点，完成“两个不低于”的监管目标。四部委小微贷款总量首次突破百亿元，市场份额位居当地四大行第一。小微企业贷款当年新增位居当地四大行首位，授信客户数和授信客户当年新增也稳居当地四大行第一。

（三）创新国际业务经营，服务厦门对外开放举措

2014年，厦门市分行积极营销跨境结售汇、人民币境外放款、出口应收账款风险参与等重点产品，大力发展跨境人民币业务，当年跨境人民币业务量跨越式大幅增长，同比增长170%，采取的主要做法：通过精细化经营管理，特别是针对厦门市跨境人民币结算量前百强客户的精细管理和精准营销，深入挖掘重点客户潜力；把握历史性发展机遇，抢抓新兴领域业务机会。持续推动“跨国公司外汇资金集中运营管理”、“跨境人民币双向资金池和集中支付”等重点项目，积极关注厦门自贸区设立的进度，政策动向，多向有经验的分行学习推进经验，及时跟进，抢占先机；紧盯市场、加强贸易融资、资金交易、国际结算团队的联动，充分利用人民币境内外两个市场在汇率、利率方面的差异，加强产品组合创新，不断提升产品的市场竞争力；强化联动，提升业务协同发展能力。充分利用总行搭建的境内外信息资源平台，以及厦门市分行人民币业务优势，实现境内外联动、本外币联动、公私联动，将跨境业务联动广度和深度进一步延伸，有效推进跨境人民币业务实现跨越式发展。厦门市分行跨境人民币业务量跨越式大幅增长，跨境人民币业务同比增速、任务完成情况在系统内处于领先水平。

2014年1月2日，中国建设银行厦门市分行连续13年赞助厦门国际马拉松大赛，图为大赛现场。

【积极推进两岸人民币清算中心建设】自2014年5月，总行发文在厦门成立建设银行总行两岸人民币清算中心，总分行密切协同，厦门市分行牵头认真做好中心各项联络和服务工作；密切与台北分行的联动，做好台北分行清算业务开办的各项清算服务工作。全年新签订4家代理清算协议，在上年代理人民币清算量7 000万元的基础上，2014年代理人民币清算量新增14.37亿元，累计代理清算量突破15亿元，排名跃居当地同业第二。

【把握外汇市场脉搏，实现对客户的精准服务】2014年，人民币兑美元汇率在1月触及6.0406的历史高位后一路回调，最低跌至6.2666后再缓慢升值，最大波动幅度达3.7%，人民币汇率的双向波动走势格局由此确立。自2005年汇改以来，人民币首次走出如此深度回调的行情，令厦门市分行的外汇资金业务面临严峻的挑战。厦门市分行金融市场部从客户营销、网点协助、部门合作等几个方面下大力气，帮助外汇资金客户安然度过此次市场波动。一是向客户主动揭示人民币双向波动风险。此次人民币对美元的回调幅度之大令市场颇感意外，厦门市分行不少企业

客户出于锁定成本的目的，在年初纷纷与厦门市分行签订了远期结汇交易，这些交易均面临一定的浮亏，客户压力较大。厦门市分行金融市场部迅速反应，组织交易员对重点外汇客户进行一对一或片区集中式的客户走访，向客户详细分析市场走势，揭示人民币汇率双向波动的风险，并再次说明外汇资金产品的风险点。同时对需要追加保证金等情况向客户作出细致的解释，得到客户的理解与支持。二是协助网点把控客户信用风险。三是部门合作优化风险管理机制。通过上述服务措施，再次强化了客户的市场风险意识，提升了客户应对市场风险的能力，帮助客户顺利渡过了此次市场调整。同时，在危机的处理过程中，厦门市分行从客户角度出发的做法得到了客户的充分理解，进一步强化了厦门市分行外汇资金业务的品牌形象。

【提升电子银行服务功能，便利企业资金流转和百姓消费、理财】一是2014年，厦门市分行以“增客户、促应用、提能力”为主旨，大力推进电子银行业务发展，市场份额继续保持同业领先水平。企业网银客户规模经过连续两年努力，于2014年奋力超越，实现手机银行、个人网银、企业网银全渠道在当地同业中规模最大。其中，电子银行账务性交易量占比：厦门市分行离柜账务性业务交易量占比达94.59%，蝉联全国建设银行系统首位，截至12月末，全行企业网银客户、个人网银、手机银行、短信通客户、累计客户与新增客户保持地区四大行之首。二是通过加强产品创新，提升渠道服务能力，是提高客户满意度，做大做强电子银行业务的基础。2014年，厦门市分行统筹对公条线各业务部门，行内多部门联动，发挥企业网银主渠道作用，大力推广企业网银各项功能，为线上线下商户客户设计了包括新户开户优惠、定期存款利率上浮、pos机、网上支付、手机支付及微信支付、流量贷等专享服务，市场反响良好。为客户量身定制电子银行综合服务解决方案，满足客户应用需求，协作共赢推动厦门市分行对公客户、存款、中间业务收入的增长。如为通联支付厦门公司提供企业网银银企直连服务，开展第三方支付清算业务，该公司月均网银账务性结算量达20万笔。厦门市分行国业客户通过企业网银办理的网银结售汇交易笔数达5.4万笔，结售交易金额150.2亿元。在对公业务方面，建设银行统筹线上线下支付两手齐抓，充分运用电子银行平台，制订线上线下支付业务营销指引和综合金融服务方案，先后梳理全市POS机商户交易排名前500的大户、互联网商户约1 000户的信息（其中，阿里巴巴商户700户，自建电商网站300户），实行精准营销。截至9月末，POS机商户数当年新增1 556户，商户总数达3 565户，占比从年初的8%上升至12%，当地四大行排名第一；电商商户资金归集户当年新增25户，带来交易资金流量12亿元，吸收稳定存款3亿元。三是搭置个人客户高水平的投资理财销售电子银行平台，为厦门市民投资理财稳健获利打下基础。在理财方面，截至11月末，全年累计销售理财产品近700期，销售额达436亿元；其中厦门市分行自动理财累计归集49期，归集62亿元，信托产品销售16.15亿元；到期资金约450亿元，所有到期产品均顺利实现预期收益率，为客户创造收益近5亿元。在基金方面，继续推广“分散播种、集中收获”的方法，主动引导客户获利赎回基金，全年为客户基金资产增值8亿元。其中，绝大部分交易通过便利的建设银行投资理财销售电子银行平台得以实现。四是不断为电子银行平台客户量身定置产品，取得企业、银行、客户、社会效益多赢。2014年，建设银行会同有关部门积极推广公安便民龙卡发卡，推出代办年检、高速ETC设备优惠、优惠洗车、保险分期等增值服务，提升产品竞争力。厦门市分行从2011年起全面推广金融IC卡，并在第一时间提出厦门旅游年卡升级金融IC卡方案，经过不懈地努力，2014年，厦门市政府办确定由建设银行厦门市分行独家承办旅游年卡升级金融IC卡工作，该卡以建行龙卡IC卡为载体，加载旅游年卡、易通卡交通功能的行业应用，成为厦门地区第一张真正意义上加载行业应用的银行卡，迈出了厦门市IC卡公共领域行业应用推进的第一步，也为后续争取社保卡、民生卡等金融卡奠定了坚实的基础。再如建行E商贸通，实现业务稳步开展，上下游会员客户数和存款沉淀不断提升。2014年新拓展两家e商贸通合作客户（海沧石油中心与中经商品交易中心）目前已发展会员1 046户，存款沉淀6 203万元。

【提升员工素质 努力创新创优】多年来，厦门市分行把提升员工素质作为争创“一流银行、最佳品牌”的基础，常抓不懈，成效显著。2014年，厦门市分行客户服务继续保持建设银行系统和当地同业前列。顺利通过第四届全国文明单位复查和第七届福建省创建文明行业总评。业务创新成效显著，2014年全行完成非产品创新项目计120项。其中，服务创新28项，管理创新50项，流程优化42项。荣获建设银行系统“全行企业文化建设先进单位”称号。在总行第二届“青年创新建行强”创新创效金点子大赛中获奖总数位列系统第二。此外，厦门市分行当年还获得“全国金融优秀共青团员”、“全国金融服务明星”、“总行十大杰出青年提名奖”、“总行级青年文明号”等多项荣誉。“积分圆梦·微公益”项目荣获“厦门市十佳基层共青团特色活动”。在“美丽厦门、共同创建”过程中，分行组织各网点加入环卫工人“爱心饮水站”活动，在网点门口张贴示牌，热情向环卫工人提供免费饮水。在扶贫助学道路上，十二年始终如一开展结对帮扶同安新民镇溪林村，深得当地村民好评。开展“积分圆梦·微公益”活动，创造性地运用积分捐赠平台开展了“积分圆梦·微公益——感动厦门十大人物”、“福建最美乡村教师”张玉兰音乐教室捐赠活动。

执笔：梁小强

青岛市分行

青岛市分行行长　冯涛
（2014年11月免）

青岛分行行长　段红涛
（2014年12月任行长）

一、业务发展概况

【主要指标完成情况】2014年，青岛市分行本外币全口径存款时点余额1 023.37亿元，同比新增29.66亿元，增幅为2.98%，当地四大行排名第三；各项贷款余额955.71亿元，同比新增78.68亿元，增幅为8.97%，当地四大行排名第一。实现拨备前利润27.72亿元，同比新增0.82亿元；实现税前利润12.18亿元，同比新增－12.00亿元，实现经济增加值1.68亿元，同比新增－10.41亿元，增幅为－86.13%，实现中间业务收入9.35亿元，同比新增－1.95亿元，增幅为－17.28%；不良贷款余额23.18亿元，同比上升16.13亿元，不良贷款率为2.75%，同比上升1.93个百分点。

【公司业务】对公存款时点余额496.55亿元，同比下降20.25亿元，降幅为3.91%；对公贷款余额575.19亿元，同比新增44.08亿元，增幅为

8.30%；同业存款时点余额82.81亿元，同比新增29.45亿元，增幅为55.19%，余额和新增当地四大行排名第一；财政存款余额146.27亿元，同比新增34.79亿元，增幅为31.21%，同业余额排名第二位。

【个人业务】储蓄存款本外币（不含保本）时点余额444.01亿元，同比新增20.45亿元，增幅为4.83%；个人贷款余额326.62亿元（不含信用卡专项分期），同比新增42.50亿元，增幅为14.96%。个人业务条线实现中间业务净收入3.07亿元，同比新增0.33亿元，增幅为12.04%。

【房地产信贷业务】个人住房贷款余额358.25亿元，新投放贷款87.25亿元，本年新增31.64亿元，其中，个人住房贷款余额343.17亿元，新投放78.81亿元，本年新增40.19亿元，个人消费类贷款余额15.08亿元，新投放8.44亿元，比年初负增长8.55亿元。个人贷款余额、个人贷款发放额、个人贷款新增额均位居当地同业第一。

2014年7月12日，中国建设银行青岛市分行举办“学技能　练本领　提素质”劳动竞赛现场比赛。

【国际业务】实现国际结算业务量172.39亿美元，同比下降35.77亿美元，降幅为17.19%；其中，国际结算单证业务量74.96亿美元。实现外汇中间业务收入2.34亿元，同比下降0.77亿元，降幅为24.76%；完成跨境人民币结算业务量192.82亿元，同比新增44.39亿元，增幅为29.91%。

【信用卡业务】信用卡净增发卡13.5万张，发卡总量64万张；当年净增客户8.6万户，客户总量52万户；消费交易额121亿元，增幅为26%，其中，分期交易额10亿元；实现信用卡中间业务收入1.4亿元，增幅为25%；信用卡贷款余额22.27亿元，当年新增贷款额2.96亿元；贷款不良率为1.39%，较年初下降0.03个百分点。信用卡总量突破60万张，客户总量突破50万户，收单商户总量突破5 000户。

【电子银行业务】电子渠道交易量同比提高109.59%，离柜账务性交易量占比达83.56%，较年初提升了3.62个百分点，个人电子银行产品综合覆盖度达104%，较年初提升34%。

二、主要工作措施

【调整思路，研究策略，加大力度，奋发作为】围绕“增客户、促存款、稳质量、调结构、提占比”，积极作为，特别是新一届党委成立以后，召开多层次座谈会，深入基层调查研究，积极调整工作思路，加大工作推进力度，明确“坚持目标任务不动摇、坚持责任担当不动摇、坚持措施要求不动摇、坚持风控从严不动摇”，提出“同业新增保二争一、系统内消灭后30位指标、位列直属分行中等水平”的目标定位，不断增强危机意识和责任担当意识。对内设部门职能进行优化调整，进一步理顺经营管理架构和战略传导机制；狠抓作风建设，优化人力资源管理，大力弘扬奋勇争先、勇于担当的创业氛围；关心关爱员工，重视员工收入增长和职业生涯成长“两长”目标，制定配套措施，传递新导向，感受新变化，激发员工活力，全行人心思变、人心思进，业务经营局面明显改观。

【因地制宜，一行一策，组织推进县域战略】高度关注青岛县域经济发展，将支持县域支行发展提升到全行战略高度，“高看一眼，厚爱一层”，强化“竞争同业、决胜青岛、赢在县域”的经营策略，成立加快县域支行发展指导协调领导小组，按季召开专题会，建立行领导挂点和部门对口联系帮扶机制，加强对四市支行的指导和联系；建立职级晋升与经营业绩紧密联系机制，试行“职务与职级并行成长机制”、“差异化区域晋升机制”；研究制定支持保障措施，在财务资源、渠道建设等方面重点布局县域；对经营稳健和位次提升较快的支行加大财务、信贷授权。

【开展高层营销，“三大一高”战略取得新进展】积极推动总行与青岛市政府签订全面合作协议，分行与青岛中德生态园管委会签订战略合作协议，政银合作更加紧密，在地方财政、社保、公积金、医疗一卡通等重要领域合作取得实质性进展。密切与青岛市发展改革委、证监局、税务局等政府机构的合作，及时捕捉青岛市纳税千强企业等信息，开展名单制营销，组建由行领导任组长的任务型团队，和支行一起制订重点客户综合金融服务方案，在胶东机场、地铁、城际铁路、青钢整体搬迁等全市重大基础设施项目营销上取得突破；积极跟进"青岛市财富管理金融综合改革试验区"建设，在海洋经济建设、产业园区建设、基础设施和基础产业等重点领域展开广泛合作。

【攻坚克难，集中力量压降不良贷款】2014年，青岛市区域性金融风险凸显，不良贷款管控压力巨大，分行全力以赴，迎难而上，按照"总量控制、有进有出、压旧降新、分类施策"原则，对于列入年底前处置计划的14个项目，实行部门总经理、支行行长双责任制，将每一笔不良户对应到经营部门和支行负责人，不遗余力化解不良。对重点不良大户实行行领导挂点制度，连续召开专题会议，和部门、支行一起跑客户、研究对策，通过法律诉讼、重组等途径，加快处置。积极争取地方政府支持，提出的"企业担责、银行抱团、监管支持、政府主导"政策建议，得到省、市政府领导的高度重视，促进了青岛市银政企三方建立协作配合的风险化解应急处置机制。

截至2014年末，不良贷款余额、不良贷款率均为当地四大行最低，不良率较当地四大行平均不良率低0.78个百分点。逾期贷款得到大幅压缩，实现了信贷风险总体可控的目标。

【坚持存款立行，夯实个人业务发展基础】以转型为主线，紧盯"系统内规模进前30，系统内增速进前15"的两大总体目标，抓实"核心业务、基础建设、组织推动"三大举措，实现稳健发展。一是抓客户基础建设，持续夯实增存稳存基础。聚焦"代发、结算、理财、外汇、县域"五大资金源头，制定"公私联动、岗位联动、服务管理、资源配套"四大保障机制。二是组织开展"启程春天"活动。创新提出以"三大特色产品+四大配套支撑"为核心内容的过程管控体系，积极采取"精准+批量+保有"三项策略，持续开展三大目标客户"精准营销"，持续实施四大源头的联动化、综合化和批量化营销。三是加快自助渠道的投放、调整和更新速度；全年新投放自助设备102台，调整低效设备15台，更新机具106台。

【巩固优势，提升贡献，住房贷款业务保持同业领先】住房金融业务着力提升市场拓展、业务创新、风险控制及客户服务能力，电子渠道拓展系统内领先，资产质量稳定同业最优。一是有计划、有重点、有步骤地做好贷款投放安排，科学布局。按月测算额度及回收计划，综合考虑价格、渠道指标完成率及保证金缴存等因素，逐月下达贷款投放计划，确保优先投向万科、中海、海信等重点合作开发企业。二是积极策划营销活动，稳步开展个贷营销工作。制订个贷电子渠道营销拓展活动方案，开展"喜迎新春，建行房e通团购季"、"房e通"楼盘房源拓展活动等营销活动。三是积极提高个贷综合贡献度。密切关注同业个贷价格动向和走势，持续动态调整个人贷款执行利率价格，合理高低搭配，适时调整贷款额度，引导个贷利率稳步提高。

【积极探索，战略性业务保持稳健发展势头】国际业务充分发挥境内外联动优势，利用资金产品组合工具大力吸收外币存款，日均余额达47.44亿元，新增13.62亿元；与建行亚洲密切联动，参与海尔集团2.5亿美元的三年期境外银团贷款项目。

发行投资银行理财产品69.36亿元，同比新增2.36亿元，营销海尔地产、青岛高投等多家重大客户，顺利完成海尔财务公司6.4亿元金融债的承销和投资工作；成功中标青岛市地方政府债券主承销商，中标金额居当地四大行第一。

电子银行业务着力电子支付、缴费等市场拓展，新增黄海学院网银收银台缴费，积极策划善融商务营销活动，创新推出善融商务海尔电子商务有限公司电子发票，个人商城交易额1 240.05万元，企业商城交易额5.41亿元。

信用卡业务围绕"有活动、有声音、有特色"的"三有"方针，重点开展万达影城半价观影、鲁商凯越自助餐半价优惠等促销活动；结合青岛春、秋季国际车展，拓展购车分期业务，实现购车分期交易2亿元。信用卡客户数、发卡新增、商户收单额、商户新增、中间业务收入和资产质量等核心指标保持同业四大行第一。

【从严治行，坚持合规经营】组织开展“学案例、知法纪、明禁令”案例警示教育巡回宣讲和“管控关键环节 防范突出风险”案件专项活动，重点对员工违规代客理财、参与民间借贷等行为进行重点检查，严控案件风险隐患。认真组织“信贷风险防控年”活动，制定《对公信贷业务真实性核查实施细则》等规章制度，针对重点领域、产品持续开展风险排查，有序组织实施30多项排查工作。

持续抓好改进工作作风和反腐倡廉工作，扎实落实党风廉政建设和案件防控责任制，实行“一岗双责”，坚持案件“零容忍”，保持案防工作的高压态势。开展“正风肃纪、勤业守廉”主题教育活动，促进全行员工改进作风、严守纪律、勤勉尽责、廉洁从业。加大对检查发现问题的问责力度，严肃追究违规违纪问题和信贷风险事件有关人员的责任，全年处理责任人33人。

【关心关爱员工，提升企业形象和影响力】积极探索员工职务等并行成长机制；建立挂职任职制度，选派优秀青年干部轮岗任职、锻炼挂职、交流挂职；完善和优化干部选拔任用机制，按照“五好”干部标准严格选拔，突出基层经验和实干能力，建立多维度、立体化的干部考核评价体系。在全行组织开展员工“满意食堂”建设和评比活动，帮助基层网点改善食堂条件，解决网点配送保障等问题；关心关爱新入行的大学生，按照“六个一”标准努力改善异地新员工的住宿条件。

举行“建行成立60年发展成果展”，制作《善建者行，成其久远》宣传片并展览两个月，营造发展氛围，凝聚人心，鼓舞士气；积极履行企业社会责任，被评为青岛银行业“金融知识进万家”、“送金融知识下乡”和“关爱新市民子女”活动先进单位。“平安建行”创建活动荣获人民银行“反电信网络诈骗工作突出成果奖”。积极开展送温暖活动，组织职工体检，关心老同志生活，坚持员工家庭要事“五必访”，慰问困难职工79人次，发放慰问金50.62万元。截至2014年末，分行拥有3个总行级文明单位、3个省级文明单位、6个市级文明单位、7个市级文明单位标兵。

执笔：谭庆勋

苏州分行

苏州分行行长　刘兴华
（2014年1月任行长）

一、业务发展概况

在总行党委的正确领导下，分行党委带领全体干部员工团结奋斗、稳中求进，围绕“人、业务、管理”发展主线，推进改革创新与业务转型，保持了经营管理的连续性和稳健性，管理基础、经营策略、综合实力全面提升。

【存款份额提升】分行本外币一般性存款日均余额2 219亿元，日均余额占比为21.83%，当地四大行排名提升一位，占比提升0.16个百分点。日均新增69亿元，占比为28.43%，四大行排名提升一位。其中，个人存款时点新增位居当地四大行第一，日均新增位居当地四大行第二。

【资产规模扩大】“大资产”余额3 100亿元，新增238亿元，各项贷款2 243亿元，新增199亿元，位居当地四大行第二，位居系统第18。

【盈利能力增强】税前利润56亿元，位居当地四大行第三；增幅为15.46%，位居当地四大行第一。中间业务净收入27.06亿元，位居当地四大行第二，占比提升0.71个百分点。

【资产质量稳定】年末不良贷款额15.44亿元，下降2.36亿元，不良贷款率为0.7%，下降0.18个百分点。不良贷款实现双降。不良贷款率当地四大行最低，不良贷款额长三角地区五大行最低。继续做到了“两个最低”。

【客户稳步增长】公司机构有效客户4.05万户，新增3 991户，计划完成率为110%；单位结算账户总量位居当地四大行第二，基本户增幅位居当地四大行第一；个人加权有效客户763万户，新增73万户，计划完成率为166%。

【战略业务表现突出】债务融资工具新增注册额度及实际承销额均位居苏州市场第一，投行业务收入位居系统第七；住房贷款余额及新增、房金业务中间业务收入均位居四大行第一；信用卡连续三年新增发卡位居当地四大行第一；机构存款和财政社保存款新增位居当地四大行第一。

【国际化、现代化初显成效】跨境业务量435亿元，位居当地四大行第二，同比增长126亿元，增幅为40.82%；对公外汇时点存款余额位居系统第四，新增位居当地四大行第二；个人外币存款新增位居当地四大行第一，是当地四大行唯一正增长行。分行离柜账务性交易量占比达88.56%，跃居系统第九。

二、主要工作举措

（一）推进经营转型，实现业务发展

【制订中长期规划，明确发展方向】积极探索转型发展之路，确立了“建设十个分行①，建成长三角地区一流银行②”的发展目标；制订“苏州分行中长期发展规划”，明确未来八年发展方向，实现“345”③战略目标，始终走在建设银行发展的第一方阵；设立“转型发展、战略推进、改革创新、安全分行建设、形象建设、综合营销”六个重点工作小组，由分行行领导牵头，切实推进各项改革工作。

【加快转型发展，探索综合服务】一是积极探索综合金融服务。研究制定《大中型客户综合金融服务方案工作指引》，出台科技型小企业、卫生行业客户、公共资源交易中心综合服务方案，制订“善融商务网络金融综合服务方案”，针对私人银行客户推出“财富健康诊断”综合服务。二是持续推进网点综合经营。启动结算通资金归集、银发财富、高端客户资产负债报告三个综合营销项目；优选综合性网点试点，实现公私业务全面融合。全行开业网点和现金类自助设备均位居当地四大行第二；个人客户满意度位居当地四大行第一、系统第二。三是大力建设国际化、现代化分行。成立国际化、现代化分行建设领导小组，召开动员和推进大会，出台建设方案，工作初见成效。设立总行级“中新跨境金融中心”，将其打造为整合境内外、行内外资源的平台和为客户提供综合金融服务方案的平台，承担起苏州分行转型发展的历史性责任，同期设立“苏州跨境金融培训基地”，承担全国建设银行国际化人才培训重任。探索境内外多元合作模式，实现园区外汇资本金意愿结汇、人民币对新加坡元直接交易“双首单”。实施电子银行“协作共赢、互联互通”，上线苏州大宗商品电子交易商务公司等3家“E商贸通”项目，资金交易额超2亿元；与苏州客运集团合作开发汽车票网络销售系统；在当地和系统内首家推出“苏州建行房e团”O2O住房消费链金融服务。

【瞄准“三大一高”，推进“大资产、大负债”发展】制订对公客户资金体内循环工作方案，通过利用结算量管理系统、加强收单商户资

① 十个分行：智慧分行、文明分行、活力分行、安全分行、优雅分行、国际化分行、现代化分行、创新驱动分行、转型升级分行、全面发展分行。

② 长三角地区一流银行：走在建设银行发展的第一方阵，在长三角地区的商业银行中做到业绩一流，管理一流，服务一流，员工一流。

③ “345”战略目标：资产总额先后迈上3 000亿元、4 000亿元台阶，到2021年资产总额5 000亿元。

金跟踪、开展代发工资专项活动、政府类客户下游资金承接活动，提升日均存款；开展个人业务“再决蓝海”活动，推出薪享通、“3＋3”现金管理、建设银行留学旅行季，“超级汇”结算总量3 366亿元，同比增长60%，沉淀资金48亿元，较年初增长73%。与常熟、张家港、太仓、吴中、吴江、高铁新城、新区、姑苏区等市（区）政府签署全面战略合作协议，提供总资金支持1 350亿元，并首期投放75亿元；与两所大学签约十年期排他性全面合作协议，制订拥军服务方案，代理建信人寿保费规模4亿元。扩大投行资产规模，核心收益型资产余额由年初的188亿元增长至282亿元，增幅为50%。持续加强上市拟上市企业拓展，成功营销IPO募集资金20亿元；举办投行俱乐部—债券业务专场活动，现场与14家企业签订172.5亿元的债券业务合作意向协议。

【加强产品创新，寻找新的增长点】落实总行“2013—2015年产品创新规划”，明确分行阶段性创新重点内容，共完成产品创新项目55项。创新“公人民币特色存款、财易融、票据管家、结构性存款”产品，推进“票据＋贷款”业务模型，为稳存增户提供产品支持；研发“汽贸融”供应链金融产品；与安徽商会合作开发小微企业“类助保贷”产品；依托结算流水、保险增信工具等为小微企业提供增值额度。首家推出个人住房公积金贴息贷款产品，创新“金凤还巢”VIP个人综合保障计划，健全贵金属租赁产品线。Family卡项目获得总行“产品创新三等奖”，放款中心流程管理项目荣获总行流程优化一等奖。

（二）推进改革创新，实现管理发展

【依托“管理大会”，提升管理认识】在周密准备的基础上召开全行管理大会，分析全行管理现状和存在不足，明确“一流管理”的衡量标准，提出“精细、严实、规范、平衡”的管理格言；制定《二级分支行、分行部门管理评价办法》，提升全行管理水平。

【精简部门扩大授权，提高效能效率】精简分行本部内设部门数量，规范职能部门名称并明确职责，提升本部服务效能。梳理全行定价管理权限和财务审批授权权限，扩大二级行人民币存款定价授权和部分财务事项审批权，增强基层活力。

【完善二级行考核框架，制定差别化政策】建立二级行核心业务指标考核体系，推出二级行PK赛，与等级行、KPI考核办法构建成一个考核周期长短结合、指标互为补充的评判框架，从当地、系统、完成率三个纬度判断其经营能力。制订二级行差别化政策支持方案，选择综合实力较强和较弱的分支行给予扶持，以促进“强者更强，弱者变强”。

【加强风险控制，稳定资产质量】一是坚定不移地“控不良、压逾期、稳质量”。制定信贷风险事项化解处置八项意见，成立信用风险事项处置小组，千方百计化解风险，有效遏制不良和逾期贷款反弹势头。二是加强全流程风险管理。持续推进全面风险管理理念，强化贷款“三查”工作，加强信贷业务真实性管理；充分发挥信贷审批对实质性风险的把关作用，有效推进授信业务流程优化；建立重点监测客户名单库，增强风险识别和预警能力。三是创新风险管理手段。开发对公客户贷款利息结算监测系统、常态化风险信息即时共享平台，完善适应大额授信客户的风险管理制度，提升风险管控的前瞻性，提高风险管理的效率和效益。

【明确管理“红线”，强化案件防控】一是加强员工行为管控。提出“不出一案、不失一人、不损一金”的管理要求，开展“管理身边人”活动，让员工主动接受管理；制定“员工十大戒律”和“廉洁合规从业禁止性规定”，通过“三问三答”思维排查、廉洁合规问查系统，及时遏制风险隐患；制定案件防控十大措施，开展专项治理活动；开展巡视工作，对6个二级行领导班子巡视回访。二是严肃查处违规行为。依规查处授信业务和审计监管检查发现的违规问题，全行责任追究163人，其中，纪律处分占比为40.5%；轻微违规积分处理1 827人，积分覆盖率为40.72%，有效惩戒和警示员工。对59名受处分的授信业务人员进行廉洁合规从业培训，从思想上扭转认知偏差。

【稳固后台支撑，服务一线发展】实现八类网点实时性业务前后台分离，完成4项流程改造；实现柜面业务集中处理系统上线，上收前台81%的对公业务量；现金清分集中总量同比增长19.47%；对城区网点实行附行式自助设备集中供钞；成立分行反洗钱中心，减轻网点工作量。部署全辖五年税收风险管理工作检查，加强审计成果运用。建立消费者权益保护工作体系，在市级媒体设置60周年行庆专栏，策划媒体体验式采访，提升分行形象。

（三）推进党群建设，实现人的发展

【优化人力资源管理，提升队伍战斗力】召开全行组织人事工作会议，明确“素质高、能力强、业绩好”三项标准，清晰分行用人导向；推荐产生分行中层正职后备干部16人、副职后备干部50人，并对10名没有基层管理经验的分行部门副职后备干部，安排至基层交流任职，加速锻炼成长；倡导“员工从基层干起”和“多岗位锻炼”，建立人员岗位上下交流的常态化机制，对22名业务骨干实施交流任职，提升履岗能力。设立“分行行长留住人才奖励基金”，制定“领导干部聘任管理办法”，进一步明确“分行中层管理人员退居二线”相关规定，制定员工离职管理规定，建立员工脱密期制度。分层分类开展能力提升培训，完善重点业务条线课程开发工作，组织开展职业认证培训和考试，提升员工整体素质。

【加强党的建设，改进工作作风】抓好党组织建设，全年发展党员36名，其中基层一线员工占比为72.2%；组织开展新提拔中层领导人员、基层党组织负责人、党支部委员培训班，加强党性修养。继续贯彻落实中央八项规定和总行十项要求，群众路线教育实践活动问题整改率达93.6%；规范公务接待管理，严控行政费用支出，全年会议精简率为18.14%、文件精简率为17.36%，会议费、宣传费、招待费同比分别下降28.65%、29.45%、34.97%。

【加强文化引领，营造良好氛围】建立分行企业文化体系，树立“人与业务全面发展”的分行信念，倡导“团结、拼搏、胜利”的企业精神和“建行为根、员工为本、业绩为上”的价值准则，深化“关心身边人、传递正能量”活动，按照“关心树”层层传递关爱，设立“员工公益基金”，充分发挥思想引领、舆论推动、精神激励的重要作用。

执笔：梁鼎

哈尔滨培训中心

哈尔滨培训中心主任　孙平生

2014年，哈尔滨培训中心按照总行关于培训工作的总体要求和部署，紧密围绕建设银行战略转型和业务发展，牢固树立“以学员为中心”的培训理念，通过改革创新，强化管理，防范风险，持续增强培训核心能力，圆满完成了全年各项任务，比较好地发挥了培训主阵地作用。2014年共承办培训班440个，培训学员31 946人次，完成培训工作量205 747.5人/天，较上年增长2.61%。

一、紧密围绕全行战略转型和业务发展抓好培训工作，最大限度满足全行员工培训需求

【努力扩大现场培训规模】以总行培训项目为重点，集中内部优势资源，切实抓好总行培训计划落实。同时，注重利用中心培训资源服务各

分行，积极拓展现场培训，落实各分行培训计划。全年有33个总行业务部门和26家一级分行现场办班。

【积极开展非现场培训】在认真抓好现场培训的基础上，积极组织开展非现场培训，选派培训师深入分行上门开展培训，有效解决了分行基层人员无法脱岗培训的困难。

【探索开展自主培训新模式】紧密结合当前业务发展重点，充分发挥自身项目设计优势，以培训精品课程和精品项目为核心培训内容，面向分行积极探索自主办班渠道，主动开展由3个以上分行共同举办的培训班，全年共举办29个培训班，培训学员2 025人次，培训工作量18 015.5人/天。

【有序推进远程培训工作】坚持把远程培训作为战略性任务来抓，不断加大对远程培训的人力资源和物质资源投入，以培训课件开发为重点，加强与总分行业务系统的沟通，积极参与总行"新一代"系统和网络学习平台建设，承担了大量总分行电子课件项目开发和远程培训任务，在总行学习平台上挂课件数量不断加大，全行远程培训资源基地建设步伐进一步加快，在全行的影响力日益增强。同时，进一步完善远程培训课件与培训工作量挂钩机制，加大培训课件制作力度，切实拓宽了培训工作量的实现途径。

二、积极推进培训改革创新，进一步强化培训核心能力建设

【不断优化培训项目和课程开发管理方式】一是不断完善培训项目和课程开发全流程管理模式，专门组建评委会对培训项目和课程开发的必要性和开发质量严格把关，确保培训项目和课程符合建设银行业务发展和培训需求。二是加大对自主创新项目和课程开发力度，以业务发展和培训需求为导向，在参与总行项目开发的同时，积极开展新项目研发和新课程开发，完成审批验收了一批适应当前业务转型和培训需求的创新项目和课程。三是坚持对原有项目和课程改造维护，实行维护验收等级管理，重点在项目和课程的内容和案例更新方面狠下工夫，培训项目和课程的针对性和实效性不断增强。四是进一步扩大培训项目和课程应用率，不断完善培训计划内容，确保开发的项目和课程得到有效利用。自2011年以来开发的24个新项目和89门新课程，已有16个项目和73门课程得到应用。

【进一步深化培训教学改革，加大对培训改革创新和价值创造的政策支持力度】一是不断完善公开竞课机制，全面推进培训课程授课AB角制度。全年共有20门公共管理类和15门专业类课程的B角授课通过验收。在71门配有AB角课程授课任务中，B角全部授课量占全部授课量的51.61%，实现了课程资源的优化配置。二是积极推进品牌战略。坚持开展精品课程和优秀课程评选工作，积极鼓励培训师开发更多教学效果好、贴近培训需求、教学方式灵活的示范性课程。积极推进进行精品课程建设，有30门课程被总行评定为全行精品课。三是不断丰富培训教学方式，扩大案例教学和互动环节的范围，顾问式培训、体验式教学、体会交流特别是主题沙龙等一批新的培训方式和教学活动得到广泛应用。四是切实强化培训效果评估考核，定期开展培训教学检查，确保了培训授课质量。每季度开展一次教学部门联席会议，加强教学、教务与培训管理部门的沟通与协调，确保了正常的教学秩序。五是有序推进领导力研发中心、人才素质测评中心和考务中心建设，围绕业务理论积极组织开展领导力课题研究，进一步优化现有人才测评工具，提高人才素质测评的针对性和有效性，强化考务中心建设，增加分业务条线试题库，培训功能不断完善。六是着力抓好师资队伍建设，通过强化业务培训和实习调研等途径，不断提高培训师尤其是青年培训师的综合素质和岗位胜任能力.

【认真按照中央和总行党委要求，坚持强化学员管理】一是围绕在培训管理中薄弱环节和重点部位，修订完善了培训管理相关规章制度，促进了培训项目组织管理的规范化、制度化、流程化。二是优化培训管理队伍。通过岗位分配和调整，使青年员工充实到培训项目队伍中，使培训项目管理队伍逐步年轻化。三是不断完善培训管理方式。进一步完善了培训结业考试和颁发证书制度，不断加大培训学员考核力度，增强了培训效果。四是妥善处理从严管理与精细服务的关系，在坚持规范管理、从严治校基础上，坚持"用心管理、用情服务"，通过建立巡检制度、定期召

开座谈会、走访学员等形式，及时解决学员在学习和生活中遇到的困难，不断丰富和活跃学员培训生活，寓管理于服务之中，受到学员欢迎。

三、充分发挥党校党性教育优势，推进党校工作再上新台阶

【积极探索教学创新】以抓好领导干部进修班为重点，不断完善培训内容，丰富教学手段，不断创新培训形式，通过教学相长、学学相长的研究式教学方法进行互动教学，教学效果显著。注重加强学员考核，特别是学员的日常学习考核，更好的引导学员自学。积极搭建学习交流平台，通过学员刊物和网络刊登学员学习成果，使学员的学习成果得到了共享。

【学员组织管理得到加强】坚持从严治校方针，切实抓好学员组织管理，认真做好安全教育和培训制度讲解工作，提高学员的安全意识和遵章守纪意识。狠抓培训班运行期间的纪律管理，建立和健全考勤制度，有效地维护培训班良好的教学秩序。

【学员培训生活不断丰富】坚持定期走访制度，对走访过程中发现的问题做到及时解决及时反馈。坚持通过学员座谈会和调查问卷等形式，广泛征求学员意见和建议。通过多种文体活动和知识讲座不断丰富和活跃学员培训生活，形成了富有党校特色的文化氛围。

四、加快推进培训保障能力建设，培训保障能力日益增强

【加强员工队伍建设】进一步优化员工队伍结构，通过招录新员工、岗位交流、管理岗位公开竞聘等形式，使员工岗位配置和队伍结构更趋合理。加强培训师队伍建设，有计划、有重点地开展培训师下行实习、业务调研和技能培训活动。同时，加强兼职培训师队伍建设，形成了一支由行内专家为主的兼职培训师队伍，提高了整体培训质量。

【加快基础设施建设】集中力量抓好新建公寓建设，确保按时投入使用。通过挖潜改造，增收节支，加大投入，对年久失修、功能丧失的消防、空调、电路管网等基础设施设备以及中心机房、培训教室等培训设施进行维修改造，新建及更新改造了5个研讨室，电化教学设备得到进一步更新，基础设施设备条件得到改善和提升。

【不断提高服务保障水平】在努力改善培训条件的基础上，坚持“以学员为中心”的培训理念，通过完善服务制度流程、规范服务标准、开展技能培训、完善联合巡检、问卷调查等服务评价反馈途径及措施，进一步提高各岗位尤其是培训管理、后勤保障等窗口岗位员工综合素质和服务技能，不断推动服务创新，细化服务措施，丰富服务内涵，培训服务质量不断提高，学员满意度不断提升。

五、以推进落实教育实践活动整改计划为契机，切实加强领导班子和员工队伍建设

教育实践活动开展以来，把切实解决群众关心的问题和推进制度建设作为重点，精心研究制定整改措施和制度建设计划方案，努力把各项整改任务抓好抓实。通过督查督办等形式，持续抓好各项建议的整改情况，确保各项措施真正落实到位，推进持续整改工作常态化、长效化，不断巩固和扩大教育实践活动成果。

切实加强领导班子自身思想建设、能力建设和作风建设，认真贯彻落实中央八项规定和总行党委十项规定。坚持定期开展理论学习，定期召开员工学员座谈会，到课堂听课、到学员公寓走访。有效落实民主集中制，严格执行总行“三重一大”决策制度，开展“正风肃纪　勤业守廉”主题教育实践活动，深入落实党风廉政建设责任制。注重加强干部队伍建设，严格执行干部选拔任用工作制度，调动了干部员工的积极性，促进了工作的开展。加强员工岗位交流，调整优化员工队伍结构，下大气力抓好员工岗位能力提升。积极推进企业文化建设，通过开展践行社会主义核心价值观和建行核心理念以及形式多样的文体活动，增强了员工的凝聚力。坚持以人为本，深入推进“温暖工程”和“走一线、送关爱、鼓干劲”活动，制定和落实员工关爱八项措施，注重从工作和生活方面解决员工的实际困难，培训中心整体面貌大为改观。

执笔：和素军

常州培训中心

常州培训中心主任　屈建伟
(2014 年 6 月任主任)

一、培训工作概况

2014 年，面对全面深化改革形势和全行战略转型要求，常培中心在总行党委的领导支持下，认真贯彻总行决策部署，积极适应新形势、新要求，强调主动作为和深化改革，积极推动培训质量提升和创新发展，扎实推进中心各项管理制度的建设和完善，认真承担好全行培训任务，全年完成培训人次 3. 28 万（其中总行 1. 66 万人次，分行 1. 62 万人次），培训总量再创新高。

【现场培训工作高效运行】全年共举办各类培训班 512 期，完成培训 20. 46 万人/天，另外为分行提供上门培训 1. 16 万人/天。在排班上，常州培训中心引入需求管理理念，在确保做好总行培训计划落实的基础上，进一步合理引导分行需求，组织策划 12 期常培公开项目，不断挖掘资源潜力，培训班期数和培训总量创历年新高。在学员管理与服务上，狠抓学员安全管控细节，强调常培服务内涵深化和服务品牌建立，学员管理平稳有序，培训组织管理平均满意度达 99%。

【项目课程研发推进顺利】中心努力提升响应全行业务发展需求和总行培训要求速度，加快现场培训精品项目和培训课程的研发及推广应用。一是及时跟踪行内业务热点、难点，加快项目课程研发速度，全年启动开发新项目 9 个，更新完善重点项目 10 个，开发新课程 31 门。二是筛选并着重打造了一批发展潜力好、关注覆盖面广、认可度高的项目，初步建成常培精品库，目前已经形成模拟银行决策项目、员工压力管理与心理辅导培训咨询项目、行动学习项目、一级分行部门后备管理人才竞聘项目等一批精品项目。三是教学实施实现量质齐升。全年承担了培训中心内部教学 1 420 人/天，教学实施过程中始终坚持高标准高质量的原则，实施教学质量动态、全流程管理，教学平均满意度达 97. 8%。

【网络培训取得突破】中心将 2014 年作为网络培训年，进一步加大主动服务力度，推动网络培训在全行的应用。一是全力推动网络项目自主开发，将综合化网点八岗位项目、财富管理中心六岗位网络培训项目作为开发重点，开发完成两个项目共 23 个课件。二是高质量做好课件定制开发任务，全年完成总分行定制课件 117 个，新一代项目课件 93 个，现场转网络标准类课件 54。三是 DCCTS 培训规模持续扩大，全年完成 11. 06 万培训人次，组织全行岗位考试 9. 95 万人次。四是全力做好新一代项目以及网络学习系统的支持保障工作。全年完成新一代项目 850 个网络学习课件合规性测试，93 个课件开发；完成网络课程注册 402. 33 万人次，课程学习 425. 11 万人次，现场班维护 4. 1 万个，提供技术支持服务 3. 2 万次（含邮件和电话）。

【考试测评进展稳定】一是业务规模保持适度增长，全年完成命题组卷 299 套，测评人次 3 614次，开展考试测评项目 152 个，开展了 22 个岗位，54 个科目的岗位考试考务工作，完成了小企业客户经理岗位培训考试、财富管理师和造价咨询师专业技术岗位职务考试等题库建设工作，

2014年3月27日，中国建设银行常州培训中心召开第三届职工代表大会第三次会议。

并不断推进完善产品标准化、流程标准化、风险管控严格化等管理机制，确保了考试测评的良好服务质量。二是业务转型升级有力，不断建立研发优势。开展了新一轮管理类、会计营运类和客户经理类考试测评项目的研发、“15FQ＋测评工具”系统上线优化等工作。一方面，通过推动新一轮考试测评项目研发、测评工具自我研发、咨询式测评、项目标准化建设等工作，进一步提升考试测评专业化能力；另一方面，强调内力修炼，通过积极介入总分行项目、走出去学习、开展重点业务调研、内部管理优化等方式，着力增强考试测评团队整体实力。

【党校办学特色鲜明】全年共完成培训班42期的教学组织和学员管理任务，参训学员3 086人。常州分校在办学上始终坚持落实上级党校要求严格不走样，执行规定动作到位不打折扣，确保不冲淡主体课程教学。同时，紧跟政治形势发展与建设银行改革发展，在教学内容与学员管理方式上努力做到开拓创新，开展了在党务班、部门经理成长班课程中增加中共十八大、新党章、党的十八届三中全会精神和习近平总书记中央讲话精神等辅导内容，开设习近平总书记系列重要讲话专题讲座；在教学中增加“反四风”内容，实施互动教学、现场教学，探索大数据在学员管理中的应用，搭建创新学员交流平台，更新完善纪委书记培训项目课程等各项工作，进一步体现党校办学特色。

二、主要工作措施

【大力推动转型创新，狠抓培训质量提升】一是在培训服务上继续深化常培服务内涵，通过员工素质培训、安全管控流程优化、安全制度完善、服务创新竞赛等措施，不断建立安全管理标杆和优质服务标准，推动安全服务、特色服务、细节服务，全年始终如一地保持了较高的服务质量，以98%的学员平均满意度赢得了学员认可。二是培训组织规范高效。一方面，引入需求管理理念，强化分行培训需求引导，实现了科学排班，全年共承接全行培训班512期，创历年期数最高；另一方面，以提升培训带班经理从业能力和综合素质为抓手，全面提升培训组织管理水平。通过开展带班经理劳动技能竞赛、严格执行学员管理各项制度、强化行校反馈机制建设、创新学员情绪管理、探索班级微信群建立、课余生活新方式等学员管理新模式，全力为学员营造安全、活跃的学习环境和氛围。三是下大气力抓实教学质量提升。一方面，严抓研发质量，力求研发实效。研发实施紧跟行内业务发展，坚持矩阵式研发模式，建立项目研发分工负责制，对项目研发实施全流程标准化管理，确保研发规范化；同时加快创新转型，开启了向咨询型培训的转型，实施现场培训、网络培训、素质测评相互结合的立体式培训，实施了二级分行行级管理人员培训项目上引入在线领导力行为测评，心理反馈仪应用尝试、分专题咨询方式，行校合作等培训新模式。另一方面，严控教学实施质量，继续实施“六个一”教学模式，实施教学岗位培训师动态管理、教学质量抽样调查、建立新的绩效考核激励等制度，敦促培训师规范教学行为；同时不断拓展新的培训手段运用，创新实施了体验式、分享式、咨询式、诊断辅导式、沙盘模拟、“世界咖啡”等方式，推动教学实施水平提升。

【加快内部改革升级，深入推进精细化管理】一是进一步深化“五精四细”培训流程管控体系。出台了“常州培训中心业务操作流程”（2.0版），继续细化和规范每个工作环节，确保在做到培训各个环节的流程化、精细化和标准化的基础上，推进培训组织管理更加规范、有序和高效。二是积极推进绩效考核改革，探索符合我中心特

2014 年 11 月 25 日，中国建设银行常州培训中心邀请山西省分行李红英事迹报告团成员来校作专题报告。

点的薪酬管理体系和工资分配制度，形成合理的激励机制，对中心专项绩效工资的项目、标准等进行调整，争取专项绩效工资全业务覆盖、全员覆盖。三是继续完善创新激励制度，加大对研发创新项目和培训改革项目的支持和奖励力度，重点奖励研发并投入运营的创新型培训项目和课程开发以及有重要意义的管理机制的创新和重要荣誉的取得等。四是坚持安全管控“底线”思维，成立安全管理委员会，逐步升级安全防范技术，继续严格执行员工安全、学员安全、行车安全、食品安全、采购安全和设备安全等重点部位的安全管控制度，加大巡查和效能监察力度和频次，开展专项微巡视，同时建立完善隐患排查治理责任制、各团队风险防控“一把手”负责制，实施对重点安全部位管理和直接履职人风险防控专项绩效考核等制度，确保安全。五是严格践行勤俭办学要求，认真贯彻落实中央及总行有关规定，进一步加强成本管理和措施研究，精准分析财务需求，坚持严控费用支出，尤其是招待费和差旅费支出，科学高效地配置好资源。

【发挥文化引领作用，努力带好员工队伍】一是抓好队伍建设，通过持续学习，提升队伍综合素质和工作能力；开展实施党员专题培训项目、网络培训、支持员工外出培训、劳动竞赛等，鼓励员工以学习增强培训本领。严格按照“三严三实”的要求选拔干部，强调在实践中培养干部；同时不断深化用人机制改革，以能力和业绩为导向，注重业务能手培养，尤其是加大青年人才培养力度，保持队伍梯次。二是注重发挥文化力量，积极开展社会主义核心价值观教育，通过开展“青年创新建行强”创新创效金点子大赛、学习宣传李红英先进事迹、创建青年文明号等方式，激发员工爱岗敬业热情，增强员工自信，引导员工崇德尚善，汇聚常培发展能量。

执笔：许海英

CHINA 中国建设银行年鉴 CONSTRUCTION BANK ALMANAC 2015

第五部分　综合统计

中国建设银行股份有限公司资产负债表

（2014 年 12 月 31 日）　　　　（单位：人民币百万元）

	本集团		本行	
	2014 年	2013 年	2014 年	2013 年
资产				
现金及存放中央银行款项	2 610 781	2 475 001	2 600 028	2 469 497
存放同业款项	266 461	321 286	280 848	328 640
贵金属	47 931	35 637	47 931	35 637
拆出资金	248 525	152 065	247 606	233 574
以公允价值计量且其变动				
计入当期损益的金融资产	332 235	364 050	320 452	356 854
衍生金融资产	13 769	18 910	9 880	16 503
买入返售金融资产	273 751	281 447	273 444	280 959
应收利息	91 495	80 731	88 930	79 025
客户贷款和垫款	9 222 910	8 361 361	8 876 246	8 025 415
可供出售金融资产	926 170	760 292	844 914	714 745
持有至到期投资	2 298 663	2 100 538	2 294 723	2 095 741
应收款项债券投资	170 801	189 737	154 576	182 252
对子公司的投资	—	—	26 794	22 004
对联营和合营企业的投资	3 084	2 624	—	—
固定资产	151 607	135 678	141 880	127 810
土地使用权	15 758	15 731	15 341	15 682
无形资产	2 043	2 053	1 506	1 549
商誉	2 696	1 610	—	—
递延所得税资产	39 436	38 448	38 115	39 093
其他资产	26 014	26 011	56 569	58 417
资产总计	16 744 130	15 363 210	16 319 783	15 083 397
负债				
向中央银行借款	91 216	79 157	90 409	78 733
同业及其他金融机构存放款项	1 004 118	692 095	1 008 746	704 487
拆入资金	202 402	155 917	152 152	122 479
以公允价值计量且其变动计入当期损益的金融负债	296 009	380 380	292 642	377 731
衍生金融负债	12 373	19 872	10 612	16 796
卖出回购金融资产	181 528	61 873	177 256	55 457
客户存款	12 898 675	12 223 037	12 654 493	12 055 777
应付职工薪酬	34 535	34 080	33 234	32 938
应交税费	62 644	60 209	61 881	59 693
应付利息	185 874	153 627	184 627	152 946
预计负债	7 068	5 014	5 399	5 014
已发行债务证券	431 652	357 540	367 504	322 406
递延所得税负债	401	138	43	—
其他负债	83 272	65 942	48 549	40 339
负债合计	15 491 767	14 288 881	15 087 547	14 024 796
股东权益				
股本	250 011	250 011	250 011	250 011
资本公积	135 118	135 118	135 109	135 109
其他综合收益	（1 666）	（25 067）	3 143	（20 041）
盈余公积	130 515	107 970	130 515	107 970
一般风险准备	169 496	153 835	165 916	150 675
未分配利润	558 705	444 084	547 542	434 877
归属于本行股东权益合计	1 242 179	1 065 951	1 232 236	1 058 601
少数股东权益	10 184	8 378	—	—
股东权益合计	1 252 363	1 074 329	1 232 236	1 058 601
负债和股东权益总计	16 744 130	15 363 210	16 319 783	15 083 397

中国建设银行股份有限公司利润表

（2014 年度）　　　　（单位：人民币百万元）

	本集团		本行	
	2014 年	2013 年	2014 年	2013 年
一、营业收入	570 470	508 608	542 271	492 581
利息净收入	437 398	389 544	428 440	383 811
利息收入	739 126	646 253	721 179	636 987
利息支出	(301 728)	(256 709)	(292 739)	(253 176)
手续费及佣金净收入	108 517	104 283	106 171	102 476
手续费及佣金收入	112 238	107 432	109 580	105 415
手续费及佣金支出	(3 721)	(3 149)	(3 409)	(2 939)
投资收益	6 020	6 318	4 084	5 601
其中：对联营和合营企业的投资收益	245	60	—	—
公允价值变动损失	(263)	(1 325)	(75)	(1 096)
汇兑收益	1 768	1 810	2 692	945
其他业务收入	17 030	7 978	959	844
二、营业支出	(273 223)	(230 636)	(249 031)	(218 121)
营业税金及附加	(34 983)	(31 648)	(34 655)	(31 385)
业务及管理费	(159 825)	(148 692)	(153 471)	(143 832)
资产减值损失	(61 911)	(43 209)	(59 905)	(42 176)
其他业务成本	(16 504)	(7 087)	(1 000)	(728)
三、营业利润	297 247	277 972	293 240	274 460
加：营业外收入	3 160	2 737	2 943	2 583
减：营业外支出	(1 321)	(903)	(1 172)	(890)
四、利润总额	299 086	279 806	295 011	276 153
减：所得税费用	(70 839)	(64 684)	(69 557)	(63 634)
五、净利润	228 247	215 122	225 454	212 519
归属于本行股东的净利润	227 830	214 657	225 454	212 519
少数股东损益	417	465		
六、其他综合收益	23 701	(23 422)	23 184	(22 434)
归属于本行股东的其他综合收益的税后净额	23 401	(23 371)	23 184	(22 434)
最终不计入损益	(270)	454	(270)	454
补充退休福利重新计量的金额	(294)	443	(294)	443
其他	24	11	24	11
最终计入损益	23 671	(23 825)	23 454	(22 888)
可供出售金融资产产生的利得/（损失）金额	33 954	(28 282)	33 505	(28 181)
减：可供出售金融资产产生的所得税影响	(8 463)	7 157	(8 414)	7 051
前期计入其他综合收益				
当期转入损益的净额	(1 639)	(1 188)	(1 528)	(1 223)
现金流量套期净收益/（损失）	138	(148)	149	(148)
外币报表折算差额	(319)	(1 364)	(258)	(387)
归属于少数股东的其他综合收益的税后净额	300	(51)	—	—
七、综合收益总额	251 948	191 700	248 638	190 085
归属于本行股东的综合收益	251 231	191 286		
归属于少数股东的综合收益	717	414		
八、基本和稀释每股收益（人民币元）	0.91	0.86		

中国建设银行股份有限公司现金流量表

（2014 年度）　　　　（单位：人民币百万元）

	本集团		本行	
	2014 年	2013 年	2014 年	2013 年
一、经营活动现金流量：				
客户存款和同业及其他金融机构存放款项净增加额	947 653	613 017	880 761	544 890
向中央银行借款净增加额	11 605	73 116	11 222	72 804
拆入资金净增加额	36 256	38 816	25 656	47 712
卖出回购金融资产净增加额	119 467	59 603	121 799	54 566
已发行存款证净增加额	42 992	96 865	36 327	78 914
拆出资金净减少额	—	—	36 766	—
买入返售金融资产净减少额	12 707	35 238	7 515	35 665
收取的利息、手续费及佣金的现金	838 405	739 438	818 618	729 203
以公允价值计量且其变动计入当期损益的金融资产净减少额	33 362	—	37 510	—
以公允价值计量且其变动计入当期损益的金融负债净增加额	—	343 129	—	343 198
收到的其他与经营活动有关的现金	29 517	16 765	4 079	3 455
经营活动现金流入小计	2 071 964	2 015 987	1 980 253	1 910 407
客户贷款和垫款净增加额	(883 158)	(1 116 433)	(897 316)	(941 785)
存放中央银行和同业款项净增加额	(184 773)	(33 915)	(193 662)	(33 070)
拆出资金净增加额	(74 969)	(51 108)	—	(123 751)
支付的利息、手续费及佣金的现金	(265 542)	(221 788)	(256 916)	(218 357)
支付给职工以及为职工支付的现金	(91 537)	(85 653)	(88 063)	(83 026)
支付的各项税费	(112 422)	(94 714)	(110 499)	(93 574)
以公允价值计量且其变动计入当期损益的金融资产净增加额	—	(332 614)	—	(337 130)
以公允价值计量且其变动计入当期损益的金融负债净减少额	(84 371)	—	(85 089)	—

续表

	本集团		本行	
	2014 年	2013 年	2014 年	2013 年
支付的其他与经营活动有关的现金	(58 241)	(33 833)	(38 534)	(47 704)
经营活动现金流出小计	(1 755 013)	(1 970 058)	(1 670 079)	(1 878 397)
经营活动产生的现金流量净额	316 951	45 929	310 174	32 010
二、投资活动现金流量:				
收回投资收到的现金	503 662	730 160	471 403	733 716
收取的现金股利	504	461	123	505
处置固定资产和其他长期资产收回的现金净额	2 030	1 851	1 617	1 593
因收购收到的现金净额	—	—	2 496	—
投资活动现金流入小计	506 196	732 472	475 639	735 814
投资支付的现金	(810 304)	(971 998)	(736 947)	(940 865)
购建固定资产和其他长期资产支付的现金	(35 490)	(38 406)	(32 566)	(33 553)
取得子公司、联营和合营企业支付的现金净额	(4 289)	(250)	(4 790)	(3 828)
对子公司增资支付的现金	—	—	—	(1 500)
投资活动现金流出小计	(850 083)	(1 010 654)	(774 303)	(979 746)
投资活动所用的现金流量净额	(343 887)	(278 182)	(298 664)	(243 932)
三、筹资活动现金流量:				
发行债券收到的现金	42 238	1 997	25 471	1 997
子公司吸收少数股东投资收到的现金	130	51	—	—
筹资活动现金流入小计	42 368	2 048	25 471	1 997
分配股利支付的现金	(75 025)	(67 044)	(75 003)	(67 003)
偿还债务支付的现金	(22 500)	—	(22 500)	—
偿付已发行债券利息支付的现金	(7 693)	(7 545)	(7 565)	(7 513)
筹资活动现金流出小计	(105 218)	(74 589)	(105 068)	(74 516)
筹资活动所用的现金流量净额	(62 850)	(72 541)	(79 597)	(72 519)
四、汇率变动对现金及现金等价物的影响	2 731	(3 353)	3 554	(3 309)
五、现金及现金等价物净减少额	(87 055)	(308 147)	(64 533)	(287 750)
加:年初现金及现金等价物余额	440 773	748 920	444 706	732 456
六、年末现金及现金等价物余额	353 718	440 773	380 173	444 706

中国建设银行存、贷款主要指标统计表（人民币）

（2014 年 12 月）　　　　（单位：亿元）

项　　目	本期余额	比年初新增		新增比 2013 年同期（±）
		2014 年	2013 年	
全口径存款	**131 135.14**	**9 575.77**	**8 264.71**	**1 311.06**
一、一般性存款	121 113.01	5 330.79	10 556.48	-5 225.69
1. 对公存款	62 657.50	1 672.51	4 673.32	-3 000.81
活期存款	38 477.15	-1 105.37	3 364.73	-4 470.10
定期存款	24 180.36	2 777.88	1 308.59	1 469.30
2. 个人存款	58 455.51	3 658.28	5 883.16	-2 224.88
活期存款	26 640.39	1 670.73	4 165.03	-2 494.31
定期存款	31 815.11	1 987.56	1 718.13	269.43
二、同业存款	10 022.13	4 244.98	-2 291.77	6 536.75
保本理财资金	**2 348.89**	**-1 834.53**	**598.84**	**-2 433.37**
一、对公保本理财资金	1 439.69	-1 142.20	613.10	-1 755.31
二、个人保本理财资金	909.21	-692.32	-14.26	-678.06
各项贷款	**84 883.45**	**8 478.97**	**8 468.61**	**10.36**
一、对公贷款	56 054.34	4 286.62	3 997.83	288.79
其中：贴现贷款	1 718.53	528.47	-204.51	732.97
二、个人类贷款	28 829.11	4 192.34	4 470.77	-278.43
其中：个人住房贷款	24 142.98	3 893.54	3 747.66	145.88

注：1. 个人类贷款包括个人住房贷款、个人消费类贷款和信用卡透支，不含“个人买方信贷”。
　　2. 个人住房贷款中含个人商业用房贷款。
　　3. 存款不含保本理财资金。

中国建设银行存、贷款主要指标统计表（外币）

（2014 年 12 月）　　　　（单位：亿美元）

项　　目	本期余额	比年初新增		新增比 2013 年同期（±）
		2014 年	2013 年	
全口径存款	**582.13**	**-1.66**	**-60.87**	**59.22**
一、一般性存款	452.46	63.78	11.84	51.95
1. 对公存款	406.72	55.30	11.91	43.39
活期存款	104.65	-11.64	7.34	-18.98
定期存款	302.07	66.95	4.58	62.37
2. 个人存款	45.74	8.48	-0.08	8.56
活期存款	22.90	5.93	0.01	5.92
定期存款	22.84	2.55	-0.09	2.64
二、同业存款	129.67	-65.44	-72.71	7.27
保本理财资金	**7.42**	**-22.68**	**26.25**	**-48.93**
一、对公保本理财资金	7.07	-21.77	25.84	-47.60
二、个人保本理财资金	0.34	-0.92	0.41	-1.33
各项贷款	**531.59**	**-22.40**	**29.68**	**-52.07**
一、短期贷款	158.37	66.76	4.69	62.07
二、中长期贷款	103.31	50.89	3.93	46.96
三、进出口贸易融资	237.03	-144.77	18.28	-163.05
四、境外筹资转贷款	29.40	5.28	3.56	1.72
五、各项垫款	3.45	-0.55	-0.77	0.22
六、其他贷款	0.03	-0.01	-0.01	0.00

注：存款不含保本理财资金。

中国建设银行个人贷款主要指标统计表（本外币）

（2014 年 12 月） （单位：亿元）

项　　目	本期余额	比年初新增		新增比 2013 年同期（±）
		2014 年	2013 年	
个人贷款合计	**28 837.69**	**4 192.66**	**4 468.39**	**-275.73**
1. 个人消费贷款	580.41	-134.49	-90.66	-43.83
2. 个人助学贷款	2.25	-0.97	-1.20	0.23
3. 个人住房贷款	22 538.15	3 735.95	3 514.63	221.32
4. 个人商业用房贷款	1 508.70	180.84	242.41	-61.57
5. 个人其他消费贷款	0.05	0.01	-0.01	0.02
6. 下岗失业人员小额担保贷款	1.06	-0.27	-0.28	0.01
7. 个人助业贷款	750.02	-166.53	-101.21	-65.32
8. 个人住房最高额抵押贷款	96.32	-23.29	-9.46	-13.83
9. 个人支农贷款	72.85	-1.31	6.89	-8.20
10. 个人信用卡透支	3287.88	602.72	907.29	-304.57

中国建设银行各分行存款主要指标统计表（本外币）

（2014 年 12 月） （单位：亿元）

地区	一般性存款		其中：对公存款		其中：储蓄存款	
	本期余额	比年初新增	本期余额	比年初新增	本期余额	比年初新增
全国总计	**123 920.54**	**5 787.60**	**65 181.20**	**2 070.84**	**58 739.34**	**3 716.76**
总行本级	65.57	-8.45	21.95	-3.11	43.62	-5.34
信用卡条线	74.83	5.17	0.11	-0.05	74.72	5.22
长三角	23 848.21	1 082.28	13 872.08	564.81	9 976.13	517.47
上海	7 683.99	466.26	4 803.45	357.59	2 880.54	108.67
江苏	7 033.65	310.30	3 591.15	103.15	3 442.50	207.15
浙江	5 680.93	195.37	3 272.29	64.34	2 408.64	131.03
宁波	1 204.50	40.51	796.26	23.40	408.24	17.11
苏州	2 245.14	69.84	1 408.93	16.33	836.21	53.51
珠三角	18 693.06	279.38	9 687.44	38.34	9 005.62	241.04
广东	9 849.95	-157.43	4 679.89	-178.58	5 170.06	21.15
深圳	4 189.77	242.81	2 950.65	174.55	1 239.12	68.26
福建	3 569.96	135.48	1 517.01	9.75	2 052.95	125.73
厦门	1 083.37	58.51	539.88	32.61	543.49	25.90

续表

地区	一般性存款		其中：对公存款		其中：储蓄存款	
	本期余额	比年初新增	本期余额	比年初新增	本期余额	比年初新增
环渤海	23 072.53	1 013.16	12 665.74	402.93	10 406.79	610.23
北京	8 954.90	289.46	5 789.58	171.36	3 165.32	118.10
山东	5 938.00	392.88	3 046.95	126.00	2 891.05	266.88
天津	2 108.93	123.51	1 236.45	74.39	872.48	49.12
河北	5 130.14	207.10	2 096.21	51.42	3 033.93	155.68
青岛	940.56	0.20	496.55	-20.25	444.01	20.45
中部	24 416.57	1 877.72	11 400.58	672.03	13 015.99	1 205.69
山西	2 612.16	18.55	1 152.07	-30.29	1 460.09	48.84
广西	2 208.86	177.81	1 176.10	96.33	1 032.76	81.48
湖北	4 568.84	381.80	1 859.91	119.55	2 708.93	262.25
河南	4 303.92	349.56	1 936.03	132.80	2 367.89	216.76
湖南	4 640.46	436.74	2 010.40	134.09	2 630.06	302.65
江西	2 189.18	171.48	1 220.51	89.78	968.67	81.70
海南	727.33	-21.16	420.21	-45.36	307.12	24.20
安徽	3 165.83	362.96	1 625.35	175.14	1 540.48	187.82
西部	24 451.89	767.75	13 374.78	44.40	11 077.11	723.35
四川	6 586.21	346.67	3 620.10	122.99	2 966.11	223.68
重庆	2 359.58	168.94	1 267.58	77.52	1 092.00	91.42
贵州	1 835.17	77.41	1 058.75	10.57	776.42	66.84
云南	2 720.75	110.57	1 618.20	42.27	1 102.55	68.30
西藏	705.78	111.81	570.75	96.16	135.03	15.65
内蒙古	2 026.20	-102.15	889.20	-178.76	1 137.00	76.61
陕西	3 478.26	54.39	1 702.32	-101.31	1 775.94	155.70
甘肃	1 490.68	-151.39	764.72	-113.47	725.96	-37.92
青海	902.09	13.89	537.18	-10.17	364.91	24.06
宁夏	553.24	-5.66	285.92	-25.95	267.32	20.29
新疆	1 793.94	143.30	1 060.05	124.55	733.89	18.75
东北	9 297.88	770.59	4 158.51	351.49	5 139.37	419.10
辽宁	3 648.36	362.04	1 553.76	174.49	2 094.60	187.55
吉林	2 023.91	184.68	933.44	79.60	1 090.47	105.08
黑龙江	2 332.10	157.37	964.35	62.25	1 367.75	95.12
大连	1 293.51	66.49	706.96	35.14	586.55	31.35

注：存款不含保本理财资金。

中国建设银行各分行贷款主要指标统计表（本外币）

（2014 年 12 月）　　（单位：亿元）

地区	各项贷款		其中：对公贷款		其中：个人贷款	
	本期余额	比年初新增	本期余额	比年初新增	本期余额	比年初新增
全国总计	**88 181.97**	**8 426.96**	**59 344.28**	**4 234.30**	**28 837.69**	**4 192.66**
总行本级	133.12	13.78	133.12	13.78	0.00	0.00
信用卡条线	0.00	0.00	0.00	0.00	0.00	0.00
长三角	19 305.53	1 029.47	13 401.71	608.26	5 903.82	421.21
上海	4 520.08	272.67	3 346.71	127.90	1 173.37	144.77
江苏	5 563.29	355.41	3 875.64	207.40	1 687.65	148.01
浙江	5 496.70	89.30	3 611.10	49.01	1 885.60	40.29
宁波	1 482.44	112.90	1 107.85	101.46	374.59	11.44
苏州	2 243.02	199.19	1 460.41	122.49	782.61	76.70
珠三角	13 758.71	923.79	8 128.94	178.93	5 629.77	744.86
广东	5 655.58	296.35	3 705.75	77.31	1 949.83	219.04
深圳	3 616.01	130.63	2 128.58	-55.20	1 487.43	185.83
福建	3 437.27	396.57	1 754.88	129.88	1 682.39	266.69
厦门	1 049.84	100.23	539.72	26.93	510.12	73.30
环渤海	15 995.80	1 754.06	11 581.63	1 072.76	4 414.17	681.30
北京	5 025.63	571.50	3 995.38	438.47	1 030.25	133.03
山东	4 348.04	494.39	3 000.05	314.86	1 347.99	179.53
天津	2 186.26	199.08	1 732.78	115.34	453.48	83.74
河北	3 480.15	410.41	2 278.22	160.00	1 201.93	250.41
青岛	955.71	78.68	575.19	44.08	380.52	34.60
中部	16 219.92	2 129.58	10 427.87	960.45	5 792.05	1 169.13
山西	1 436.68	146.33	1 165.19	70.93	271.49	75.40
广西	1 751.32	229.63	1 088.60	113.42	662.72	116.21

续表

地区	各项贷款		其中：对公贷款		其中：个人贷款	
	本期余额	比年初新增	本期余额	比年初新增	本期余额	比年初新增
湖北	2 804.06	306.00	1 880.95	138.98	923.11	167.02
河南	2 805.98	455.52	1 747.84	187.67	1 058.14	267.85
湖南	3 108.44	371.94	2 132.82	188.24	975.62	183.70
江西	1 582.20	228.56	817.88	59.48	764.32	169.08
海南	407.24	78.79	272.85	56.06	134.39	22.73
安徽	2 324.00	312.83	1 321.73	145.68	1 002.27	167.15
西部	16 961.20	1 995.76	11 728.63	1 081.44	5 232.57	914.32
四川	3 544.84	374.59	2 253.78	136.41	1 291.06	238.18
重庆	2 342.57	291.36	1 384.18	92.02	958.39	199.34
贵州	1 414.05	194.08	1 062.50	112.35	351.55	81.73
云南	1 905.35	209.75	1 205.96	96.80	699.39	112.95
西藏	378.26	133.70	351.73	126.84	26.53	6.86
内蒙古	1 818.02	110.69	1 366.74	65.50	451.28	45.19
陕西	2 101.19	195.07	1 345.99	99.78	755.20	95.29
甘肃	967.69	120.19	765.23	63.82	202.46	56.37
青海	591.16	74.95	536.95	61.62	54.21	13.33
宁夏	638.69	57.18	483.18	39.00	155.51	18.18
新疆	1 259.38	234.20	972.38	187.28	287.00	46.92
东北	5 807.68	580.49	3 942.36	318.66	1 865.32	261.83
辽宁	2 302.76	282.31	1 569.61	178.31	733.15	104.00
吉林	1 406.30	177.80	954.25	108.15	452.05	69.65
黑龙江	1 069.34	45.52	714.94	-1.03	354.40	46.55
大连	1 029.29	74.87	703.57	33.24	325.72	41.63

注：个人贷款中不含个人买方信贷。

中国建设银行各分行国际结算业务量情况统计表

（2014 年 12 月） 单位：笔、万美元

地区	进口业务		出口业务		边贸业务		收入（人民币万元）
	笔数	金额	笔数	金额	笔数	金额	
全国总计	**1 332 954**	**60 692 234**	**3 332 339**	**56 609 520**	**25 258**	**862 279**	**508 921**
总行本级	816	537 815	5 206	6 361	0	0	1 725
长三角	589 010	16 697 399	1 578 123	18 590 628	0	0	136 756
上海	229 376	7 641 897	209 902	6 767 260	0	0	52 659
江苏	81 955	2 717 630	187 642	3 093 038	0	0	28 645
浙江	100 359	1 803 889	936 188	3 501 471	0	0	23 784
宁波	23 136	1 074 657	86 797	1 278 289	0	0	13 359
苏州	154 184	3 459 326	157 594	3 950 570	0	0	18 308
珠三角	262 320	17 320 031	833 911	16 150 602	0	0	105 939
广东	114 480	4 983 004	328 123	6 090 480	0	0	32 084
深圳	84 798	10 447 832	166 504	6 510 648	0	0	43 120
福建	31 045	1 125 154	192 073	1 801 914	0	0	20 291
厦门	31 997	764 041	147 211	1 747 560	0	0	10 445
环渤海	257 132	17 333 818	500 445	13 332 777	0	0	146 110
北京	112 938	8 838 989	80 319	5 806 951	0	0	28 957
山东	95 438	5 502 927	286 212	4 728 063	0	0	75 783
天津	14 912	1 272 385	21 962	1 056 648	0	0	11 806
河北	16 185	893 100	63 431	843 652	0	0	15 636
青岛	17 659	826 417	48 521	897 463	0	0	13 929
中部	87 168	3 557 564	193 870	3 935 895	9 196	373 156	34 988
山西	2 256	138 373	4 762	190 554	0	0	2 321
广西	5 738	218 536	8 408	197 461	9 196	373 156	4 177
湖北	20 575	809 903	35 006	712 102	0	0	4 548
河南	20 720	977 050	67 699	1 271 291	0	0	7 621
湖南	15 208	352 765	18 582	357 186	0	0	7 030
江西	6 655	435 998	24 697	603 871	0	0	3 881
海南	3 972	116 509	4 201	34 421	0	0	674
安徽	12 044	508 430	30 515	569 009	0	0	4 736
西部	74 080	2 732 959	80 162	2 964 929	12 420	457 519	53 300
四川	29 408	793 107	23 070	721 494	0	0	10 689
重庆	15 301	728 790	18 976	1 069 735	0	0	7 625
贵州	3 237	81 001	2 633	69 229	0	0	1 165
云南	4 607	162 541	6 674	168 154	2 448	46 537	2 324
西藏	29	326	344	1 146	0	0	0
内蒙古	4 009	271 735	3 789	219 404	5 272	116 381	2 073
陕西	9 763	323 882	10 154	348 413	0	0	3 200
甘肃	1 257	256 151	2 951	149 089	0	0	3 546
青海	608	19 130	400	8 896	0	0	286
宁夏	953	29 874	1 377	37 636	0	0	634
新疆	4 908	66 422	9 794	171 733	4 700	294 601	21 758
东北	62 428	2 512 648	140 622	1 628 328	3 642	31 604	30 103
辽宁	21 933	1 047 527	66 447	776 225	645	9 561	13 921
吉林	10 307	690 833	29 084	141 593	0	0	4 517
黑龙江	6 537	146 218	13 344	85 615	2 997	22 043	1 910
大连	23 651	628 070	31 747	624 895	0	0	9 756

中国建设银行各分行中间业务收入情况统计表（本外币、境内）

（2014 年 12 月）　　单位：万元、%

地区	中间业务毛收入	中间业务支出	中间业务净收入	同比增速（毛收入）
全国总计	**11 246 327. 28**	**355 191. 39**	**10 891 135. 89**	**0. 03**
总行本级	71 794. 82	13 881. 17	57 913. 65	(0. 31)
长三角	2 447 256. 85	63 991. 89	2 383 264. 96	(0. 01)
上海	704 591. 82	18 014. 83	686 576. 99	0. 06
江苏	737 953. 33	13 468. 17	724 485. 16	(0. 09)
浙江	578 511. 96	18 457. 56	560 054. 40	0. 06
宁波	146 079. 59	5 481. 54	140 598. 06	(0. 05)
苏州	280 120. 14	8 569. 79	271 550. 36	(0. 03)
珠三角	2 106 110. 47	71 113. 80	2 034 996. 67	0. 01
广东	916 996. 68	38 887. 95	878 108. 73	0. 01
深圳	571 542. 58	14 146. 43	557 396. 15	0. 03
福建	486 705. 40	13 554. 11	473 151. 29	(0. 00)
厦门	130 865. 81	4 525. 30	126 340. 51	0. 02
环渤海	2 095 562. 91	58 823. 60	2 036 739. 31	0. 05
北京	719 704. 62	23 813. 74	695 890. 89	0. 08
山东	634 606. 97	18 432. 99	616 173. 98	0. 09
天津	225 362. 80	3 032. 76	222 330. 04	0. 13
河北	419 363. 27	10 542. 61	408 820. 66	(0. 01)
青岛	96 525. 24	3 001. 50	93 523. 74	(0. 16)
中部	2 020 148. 06	68 602. 38	1 951 545. 69	0. 06
山西	146 121. 74	4 923. 01	141 198. 73	(0. 14)
广西	190 601. 20	5 452. 78	185 148. 42	0. 08
湖北	378 542. 72	11 523. 50	367 019. 22	0. 01
河南	419 071. 25	11 223. 16	407 848. 09	0. 15
湖南	395 364. 09	20 057. 12	375 306. 97	0. 10
江西	209 945. 02	6 149. 62	203 795. 39	0. 01
海南	48 438. 55	2 535. 36	45 903. 18	0. 21
安徽	232 063. 48	6 737. 81	225 325. 67	0. 11
西部	1 801 038. 63	58 589. 15	1 742 449. 48	0. 08
四川	427 358. 21	12 787. 47	414 570. 74	0. 08
重庆	281 496. 48	10 712. 51	270 783. 97	0. 21
贵州	152 132. 23	5 219. 83	146 912. 40	0. 05
云南	199 921. 95	6 458. 58	193 463. 37	0. 08
西藏	10 434. 88	604. 85	9 830. 03	0. 13
内蒙古	181 935. 26	4 682. 35	177 252. 91	(0. 07)
陕西	201 018. 94	6 373. 75	194 645. 19	(0. 01)
甘肃	132 905. 07	4 172. 05	128 733. 01	0. 10
青海	30 748. 73	1 349. 08	29 399. 66	0. 05
宁夏	43 012. 43	1 586. 28	41 426. 15	(0. 02)
新疆	140 074. 46	4 642. 40	135 432. 05	0. 23
东北	704 415. 54	20 189. 42	684 226. 12	0. 02
辽宁	261 560. 62	7 694. 81	253 865. 81	0. 12
吉林	199 437. 28	4 021. 50	195 415. 78	(0. 05)
黑龙江	133 681. 88	5 157. 06	128 524. 82	(0. 05)
大连	109 735. 76	3 316. 05	106 419. 71	0. 02

中国建设银行各分行借记卡主要指标统计表（本外币）

（2014 年 12 月）

地区	发卡总量（万张）	存款余额		交易总额		购物消费额（万元）
		余额（万元）	卡均（元）	余额（万元）	卡均（元）	
全国总计	**63 220**	**281 380 387**	**4 451**	**5 958 357 615**	**94 248**	**509 152 190**
长三角	9 866	44 749 327	4 536	1 076 708 546	109 139	95 701 650
上海	1 662	13 765 215	8 282	245 026 035	147 416	23 526 637
江苏	3 419	11 415 680	3 339	276 205 232	80 781	28 290 380
浙江	2 865	13 690 974	4 779	405 842 311	141 664	30 713 362
宁波	704	1 914 722	2 718	59 121 610	83 938	3 595 929
苏州	1 215	3 962 736	3 261	90 513 358	74 496	9 575 343
珠三角	10 899	48 946 592	4 491	1 215 511 725	111 523	101 545 344
广东	6 574	22 475 914	3 419	392 057 692	59 639	40 830 834
深圳	1 571	8 791 343	5 595	193 031 702	122 851	13 167 012
福建	2 196	13 836 555	6 300	524 400 237	238 753	40 741 811
厦门	558	3 842 781	6 890	106 022 094	190 105	6 805 686
环渤海	10 362	44 225 791	4 268	869 445 221	83 908	78 436 865
北京	1 911	15 485 831	8 104	265 027 194	138 688	28 558 761
山东	4 042	11 229 740	2 778	245 372 695	60 703	20 295 927
天津	1 111	2 749 055	2 474	58 597 936	52 739	6 204 129
河北	2 736	13 177 793	4 817	270 077 108	98 730	20 427 134
青岛	562	1 583 372	2 817	30 370 288	54 026	2 950 915
中部	15 649	63 929 007	4 085	1 365 345 607	87 249	123 858 710
山西	1 917	5 662 308	2 954	104 937 810	54 740	6 603 986
广西	1 289	5 154 735	4 000	95 611 755	74 191	7 048 431
湖北	2 678	13 151 767	4 911	260 403 472	97 228	26 965 068
河南	3 581	13 941 930	3 893	315 083 782	87 984	34 999 015
湖南	2 828	13 201 834	4 668	276 959 665	97 925	24 536 229
江西	1 410	5 247 664	3 722	131 199 121	93 057	8 763 582
海南	261	1 583 413	6 062	27 474 936	105 184	2 378 954
安徽	1 684	5 985 355	3 554	153 675 066	91 238	12 563 447
西部	11 620	59 515 459	5 122	1 042 287 127	89 698	81 105 698
四川	2 714	16 472 035	6 069	279 411 853	102 952	23 368 650
重庆	1 484	6 108 437	4 115	119 573 469	80 557	10 113 727
贵州	883	4 800 986	5 435	84 362 558	95 499	6 367 181
云南	1 193	6 105 368	5 117	117 284 240	98 294	8 945 880
西藏	80	949 982	11 870	12 713 820	158 855	916 414
内蒙古	1 303	6 047 826	4 641	91 363 606	70 114	6 371 872
陕西	1 518	8 181 615	5 391	132 006 308	86 988	10 329 790
甘肃	976	3 804 422	3 899	65 721 165	67 347	5 257 394
青海	272	1 857 187	6 830	26 048 646	95 797	2 023 942
宁夏	346	1 659 494	4 800	43 287 005	125 199	2 122 462
新疆	851	3 528 107	4 146	70 514 456	82 872	5 288 386
东北	4 824	20 014 211	4 149	389 059 389	80 643	28 503 923
辽宁	1 825	8 195 747	4 491	140 760 086	77 139	10 476 816
吉林	1 072	5 017 919	4 680	115 429 204	107 659	7 310 718
黑龙江	1 375	4 795 527	3 488	89 461 376	65 068	7 439 878
大连	553	2 005 017	3 628	43 408 723	78 551	3 276 510

中国建设银行各分行信用卡主要指标统计表（本外币、境内）

（2014 年 12 月）　　　　单位：户、张、万元、%

地区	发卡量（张）	客户数（户）	账户活动率（%）	消费交易额	信用卡贷款新增	其中：分期
全国总计	**65 933 842**	**54 786 092**	**58.19**	**165 808 082**	**6 032 692**	**2 891 747**
长三角	13 661 728	11 182 998	53.81	30 279 575	675 370	219 529
上海	4 664 050	3 661 032	50.49	8 708 839	206 439	70 337
江苏	3 714 783	3 092 154	51.93	8 476 941	173 635	67 100
浙江	3 536 091	2 990 442	59.42	9 505 294	262 607	105 551
宁波	735 105	623 845	50.35	1 619 761	32 822	9 858
苏州	1 011 699	815 525	58.60	1 968 739	－132	－33 316
珠三角	11 719 963	9 421 518	60.84	32 613 762	1 296 349	812 032
广东	5 269 410	4 370 723	55.44	10 735 461	514 151	347 456
深圳	2 059 859	1 694 072	66.23	7 121 101	388 217	266 257
福建	3 714 317	2 815 344	65.87	13 059 164	309 475	139 756
厦门	676 377	541 379	58.54	1 698 036	84 506	58 563
环渤海	11 492 125	9 439 739	56.93	28 355 359	816 478	335 701
北京	3 192 671	2 714 942	52.19	6 178 717	142 302	35 568
山东	3 489 220	3 000 153	66.34	11 354 768	305 028	120 804
天津	1 145 697	959 550	41.07	1 438 214	47 855	26 703
河北	3 027 183	2 241 497	57.59	8 172 815	291 629	140 609
青岛	637 354	523 597	53.80	1 210 845	29 664	12 017
中部	13 085 263	11 317 185	58.90	38 178 670	1 818 522	877 087
山西	1 732 071	1 506 810	57.62	4 239 041	218 095	73 695
广西	1 051 749	917 629	59.70	2 414 335	157 590	91 965
湖北	2 322 285	2 039 629	54.94	6 019 241	75 322	－11 153
河南	2 636 279	2 255 447	66.07	9 058 752	399 622	209 415
湖南	2 717 222	2 318 234	56.21	8 045 392	389 581	174 605
江西	1 041 201	903 433	63.51	4 477 695	490 744	323 474
海南	205 518	171 575	68.96	690 237	22 229	4 483
安徽	1 378 938	1 204 428	53.20	3 233 977	65 340	10 603
西部	10 816 301	9 104 051	62.37	27 771 777	1 085 506	476 601
四川	3 029 698	2 450 542	58.45	6 401 024	196 165	110 464
重庆	1 211 172	1 034 580	59.34	3 530 074	178 646	103 387
贵州	666 602	582 584	62.04	1 453 155	116 410	68 924
云南	1 118 611	921 894	61.98	2 922 539	103 314	28 276
西藏	42 881	35 400	73.21	121 669	3 695	314
内蒙古	1 172 050	1 024 248	73.60	5 285 035	104 220	－1 180
陕西	1 480 521	1 231 546	59.25	2 645 346	149 368	84 299
甘肃	799 999	709 301	63.75	1 752 631	73 438	23 715
青海	217 043	187 559	61.63	404 520	12 405	2 686
宁夏	328 331	278 111	77.66	1 423 521	37 081	988
新疆	749 393	648 286	63.94	1 832 262	110 765	54 729
东北	5 157 987	4 320 378	55.81	8 608 586	340 466	170 797
辽宁	1 802 543	1 468 640	55.50	2 738 557	89 591	38 195
吉林	1 393 913	1 140 528	58.04	2 720 562	106 514	62 556
黑龙江	1 389 451	1 217 162	54.84	2 197 604	111 935	53 839
大连	572 080	494 048	53.68	951 863	32 426	16 207

注：贷款口径为本金口径。

中国建设银行各分行电子银行业务主要指标表（本外币）

（2014 年 12 月）

地区	电子银行账务性交易量占比（%）		企业网银活跃客户数（户）		个人网银活跃客户数（户）		手机银行活跃客户数（户）		善融商务活跃商户数（户）	
	期末数	比年初	期末数	同比增长	期末数	同比增长	期末数	比上季	期末数	比上季
全国总计	**87.68**	**2.28**	**1 356 723**	**272 196**	**43 851 580**	**1 538 513**	**25 451 338**	**8 766 573**	**14 549**	**6 252**
长三角	87.67	2.33	260 518	41 769	6 610 354	-103 082	3 800 461	1 096 291	2 524	897
上海	89.66	2.76	84 451	12 240	1 511 930	161 248	970 020	418 569	738	281
江苏	86.26	2.01	72 455	14 141	2 519 898	54 859	1 257 110	342 819	761	245
浙江	91.95	3.38	56 593	7 983	1 517 099	-51 414	1 059 576	398 207	714	290
宁波	82.44	2.10	14 157	1 842	389 254	-74 579	210 025	-62	109	35
苏州	88.04	1.39	32 862	5 563	672 173	-193 196	303 730	-63 242	202	46
珠三角	92.90	1.97	275 611	53 442	6 110 875	-327 477	3 974 021	1 419 256	3 801	953
广东	89.66	2.09	99 123	19 875	2 397 151	-360 291	1 190 171	272 198	618	-247
深圳	94.50	2.12	75 011	17 332	964 186	87 220	812 520	301 914	227	-148
福建	92.91	2.46	70 696	8 851	2 126 969	-53 581	1 522 584	657 691	2 731	1 299
厦门	94.53	1.23	30 781	7 384	622 569	-825	448 746	187 453	225	49
环渤海	85.99	2.03	224 630	50 811	8 048 984	695 939	4 119 173	1 538 564	2 450	929
北京	91.95	-0.06	53 689	16 114	1 446 634	156 924	832 336	406 487	48	-25
山东	87.39	2.82	74 689	13 148	3 133 784	142 509	1 546 461	459 116	1 454	483
天津	81.32	1.10	22 690	3 916	574 018	42 399	337 717	120 063	90	18
河北	86.14	3.06	63 842	16 500	2 546 900	378 494	1 239 335	545 449	800	453
青岛	83.15	3.21	9 720	1 133	347 648	-24 387	163 324	7 449	58	0
中部	86.15	2.22	283 504	65 435	11 226 321	560 199	6 637 293	2 066 486	4 076	2 616
山西	87.12	2.60	13 932	1 705	883 806	63 600	444 204	193 775	709	585
广西	85.90	1.92	21 620	4 451	697 009	22 728	390 831	216 236	103	32
湖北	85.17	2.50	57 049	10 397	2 006 487	60 298	1 549 869	407 111	787	476
河南	85.67	1.78	49 487	12 844	2 027 612	86 098	926 032	313 049	588	405
湖南	90.34	2.30	57 409	15 107	2 593 917	160 182	1 678 659	475 772	1 087	665
江西	86.74	2.84	41 720	13 179	1 316 701	216 842	804 841	358 342	595	410
海南	84.97	1.60	4 898	802	118 355	-9 516	104 467	33 503	34	19
安徽	83.29	2.23	37 389	6 950	1 582 434	-40 033	738 390	68 698	173	24
西部	84.27	2.08	236 357	54 043	8 510 221	617 475	5 032 518	1 902 614	1 420	836
四川	87.79	1.74	69 671	13 998	1 869 723	115 485	1 172 760	367 830	213	75
重庆	87.84	2.68	35 398	8 181	996 722	5 222	658 624	214 626	730	538
贵州	87.52	1.55	15 833	3 454	573 725	49 965	289 299	150 807	58	23
云南	85.09	1.25	28 058	8 301	970 269	-18 188	479 404	183 590	49	27
西藏	79.19	4.76	1 465	532	31 111	-3 621	19 485	8 629	1	1
内蒙古	83.71	1.45	19 399	4 276	796 188	92 456	342 045	99 805	157	60
陕西	85.78	2.35	25 332	5 828	1 514 308	272 189	1 067 721	388 749	113	52
甘肃	84.94	1.87	14 610	3 494	783 082	23 925	484 086	246 620	71	41
青海	80.99	1.34	5 490	1 233	160 001	-16 700	66 459	25 720	5	4
宁夏	80.05	2.19	7 055	1 670	148 845	8 332	95 506	45 814	5	1
新疆	84.04	1.73	14 046	3 076	666 247	88 410	357 129	170 424	18	14
东北	81.53	1.98	76 103	6 696	3 343 402	104 455	1 887 872	743 436	278	21
辽宁	82.41	2.24	18 628	342	1 271 066	37 657	700 478	290 611	126	43
吉林	85.35	2.02	26 867	3 155	874 977	71 848	577 522	178 370	50	1
黑龙江	77.94	1.96	18 184	1 284	801 063	8 716	366 003	161 601	36	-28
大连	80.41	1.70	12 424	1 915	396 296	-13 766	243 869	112 854	66	5

注：1. 电子银行账务性交易量含个人网上银行、企业网上银行、callcenter、重要客户服务系统、手机银行、短信银行、家居银行、现金管理系统。

2. 善融商务活跃商户数使用未剔除体验性交易数据。

3. 离柜率使用比年初数值，活跃客户（商户）数使用同比增长值。

中国建设银行100个中心城市行各项存款综合排名表（本外币）

（2014年12月）　　　　（单位：亿元）

名次	地区	一般性存款		其中：对公存款		其中：储蓄存款	
		本期余额	比年初新增	本期余额	比年初新增	本期余额	比年初新增
1	北京	8 954.90	289.46	5 789.58	171.36	3 165.32	118.10
2	上海	7 683.99	466.27	4 803.45	382.16	2 880.54	84.11
3	深圳	4 189.77	242.81	2 950.65	174.55	1 239.12	68.26
4	成都	3 926.19	220.32	2 371.53	96.43	1 554.66	123.89
5	广州	3 584.50	-144.01	1 809.88	-127.42	1 774.62	-16.59
6	重庆	2 359.58	168.94	1 267.58	77.52	1 092.00	91.42
7	苏州	2 245.14	69.84	1 408.93	16.33	836.21	53.51
8	天津	2 108.93	123.51	1 236.45	74.39	872.48	49.12
9	西安	1 928.40	34.95	979.19	-40.10	949.21	75.05
10	武汉	1 917.14	229.25	888.93	148.54	1 028.21	80.71
11	沈阳	1 791.35	181.72	871.89	95.41	919.46	86.31
12	杭州	1 595.80	90.76	1 039.93	71.76	555.87	19.00
13	长沙	1 581.33	123.65	884.56	53.97	696.77	69.68
14	南京	1 523.85	74.15	942.34	73.61	581.51	0.54
15	福州	1 366.67	63.45	598.97	9.18	767.70	54.27
16	郑州	1 352.47	149.02	754.15	94.46	598.32	54.56
17	大连	1 293.51	66.49	706.96	35.14	586.55	31.35
18	昆明	1 233.46	58.90	731.37	30.02	502.09	28.88
19	宁波	1 204.50	40.51	796.26	23.40	408.24	17.11
20	济南	1 202.83	127.79	680.20	73.87	522.63	53.92
21	厦门	1 083.37	58.51	539.88	32.61	543.49	25.90
22	石家庄	1 069.61	-56.25	578.24	-80.17	491.37	23.92
23	无锡	1 034.72	-45.19	556.05	-52.87	478.67	7.68
24	贵阳	999.67	38.20	642.94	8.59	356.73	29.61
25	长春	967.77	89.72	547.38	63.76	420.39	25.96
26	南通	956.99	88.21	408.93	32.13	548.06	56.08
27	常州	950.17	39.38	434.88	4.03	515.29	35.35
28	泉州	941.40	54.14	382.16	30.00	559.24	24.14
29	青岛	940.56	0.20	496.55	-20.25	444.01	20.45
30	合肥	932.88	127.47	574.11	94.62	358.77	32.85
31	南宁	930.57	56.45	565.94	31.06	364.63	25.39
32	佛山	908.48	-52.45	437.44	-58.10	471.04	5.65
33	东莞	877.32	-0.79	359.49	6.76	517.83	-7.55
34	唐山	871.94	63.91	326.19	39.32	545.75	24.59
35	乌鲁木齐	844.82	73.30	480.52	65.50	364.30	7.80
36	南昌	813.41	61.07	512.48	48.44	300.93	12.63
37	太原	775.61	4.40	413.35	11.64	362.26	-7.24
38	温州	770.04	-25.33	296.82	-50.03	473.22	24.70
39	金华	753.08	54.67	418.45	31.03	334.63	23.64
40	哈尔滨	674.07	55.21	416.61	31.20	257.46	24.01
41	兰州	673.51	-98.33	376.05	-78.79	297.46	-19.54
42	嘉兴	649.43	38.00	369.67	20.07	279.76	17.93
43	西宁	640.53	-12.61	374.41	-28.03	266.12	15.42
44	烟台	632.94	66.41	367.36	39.55	265.58	26.86
45	中山	619.15	7.65	315.04	4.56	304.11	3.09
46	保定	588.38	55.82	188.48	25.25	399.90	30.57
47	惠州	586.62	10.25	297.59	0.84	289.03	9.41
48	扬州	540.51	42.45	263.42	21.89	277.09	20.56

续表

名次	地区	一般性存款		其中：对公存款		其中：储蓄存款	
		本期余额	比年初新增	本期余额	比年初新增	本期余额	比年初新增
49	潍坊	517.59	30.11	237.66	0.07	279.93	30.04
50	拉萨	513.14	77.17	414.17	66.18	98.97	10.99
51	绍兴	508.24	-19.72	310.67	-20.52	197.57	0.80
52	呼和浩特	493.61	-41.83	276.93	-46.08	216.68	4.25
53	廊坊	476.89	52.78	221.93	31.71	254.96	21.07
54	珠海	463.24	-36.64	235.74	-39.51	227.50	2.87
55	邯郸	459.01	-5.01	163.01	-9.37	296.00	4.36
56	泰州	432.30	28.64	182.36	5.94	249.94	22.70
57	襄樊	430.30	32.55	137.01	-4.14	293.29	36.69
58	沧州	427.88	3.91	139.71	1.36	288.17	2.55
59	江门	422.53	-10.78	174.37	-11.14	248.16	0.36
60	台州	416.70	29.21	243.02	12.04	173.68	17.17
61	洛阳	415.33	14.29	167.07	-3.37	248.26	17.66
62	东营	414.01	33.55	251.70	20.81	162.31	12.74
63	徐州	409.60	22.04	172.87	-0.75	236.73	22.79
64	三峡	399.99	-53.61	150.90	-62.83	249.09	9.22
65	海口	395.98	-10.99	214.27	-18.84	181.71	7.85
66	济宁	384.69	-41.38	169.58	-49.16	215.11	7.78
67	镇江	377.17	0.18	192.13	-8.75	185.04	8.93
68	鄂尔多斯	373.19	-19.87	133.66	-47.95	239.53	28.08
69	淄博	362.10	-22.48	133.33	-24.64	228.77	2.16
70	汕头	356.17	-11.51	134.85	-6.94	221.32	-4.57
71	衡阳	352.09	33.97	125.63	11.86	226.46	22.11
72	临沂	349.27	58.08	182.10	34.62	167.17	23.46
73	鞍山	340.74	36.64	83.82	7.37	256.92	29.27
74	包头	336.44	-62.67	120.80	-71.93	215.64	9.26
75	大庆	333.16	11.99	139.90	4.86	193.26	7.13
76	咸阳	324.25	-2.09	126.26	-19.82	197.99	17.73
77	盐城	317.98	16.32	162.71	2.77	155.27	13.55
78	榆林	308.80	-0.99	155.59	-25.92	153.21	24.93
79	湖州	301.06	14.20	164.28	4.30	136.78	9.90
80	盘锦	300.20	56.51	145.64	38.11	154.56	18.40
81	银川	295.56	-15.94	143.68	-23.95	151.88	8.01
82	漳州	293.08	20.41	134.95	11.39	158.13	9.02
83	滨州	292.72	31.88	173.96	8.38	118.76	23.50
84	柳州	291.60	28.19	141.27	13.95	150.33	14.24
85	莆田	289.27	32.70	88.49	9.51	200.78	23.19
86	泰安	263.07	9.95	131.45	0.06	131.62	9.89
87	南阳	262.43	3.99	119.69	-5.22	142.74	9.21
88	菏泽	250.37	22.51	114.36	6.23	136.01	16.28
89	聊城	240.80	21.03	121.67	7.88	119.13	13.15
90	桂林	222.02	23.09	82.58	12.01	139.44	11.08
91	新乡	215.34	24.34	90.96	8.62	124.38	15.72
92	芜湖	211.55	20.01	99.24	5.61	112.31	14.40
93	平顶山	209.36	11.79	86.57	6.45	122.79	5.34
94	吉林市	200.43	17.43	66.34	0.64	134.09	16.79
95	日照	190.69	8.14	120.58	2.82	70.11	5.32
96	吕梁	181.77	7.22	76.50	-2.40	105.27	9.62
97	三明	178.99	-10.17	85.74	-10.53	93.25	0.36
98	九江	170.20	-0.72	86.71	-7.27	83.49	6.55
99	滁州	153.26	10.71	89.07	1.69	64.19	9.02
100	龙岩	151.26	-11.23	72.31	-14.30	78.95	3.07

中国建设银行100个中心城市行各项贷款综合排名表（本外币）

（2014年12月） （单位：亿元）

名次	地区	各项贷款		其中：对公贷款		其中：个人贷款	
		本期余额	比年初新增	本期余额	比年初新增	本期余额	比年初新增
1	北京	5 025.63	571.50	3 995.38	438.47	1 030.25	133.03
2	上海	4 520.08	272.68	3 346.71	127.91	1 173.37	144.77
3	深圳	3 616.01	130.63	2 128.58	-55.20	1 487.43	185.83
4	成都	2 461.42	192.02	1 561.86	57.72	899.56	134.30
5	重庆	2 342.57	291.36	1 384.18	92.02	958.39	199.34
6	苏州	2 243.02	199.19	1 460.41	122.49	782.61	76.70
7	天津	2 186.26	199.08	1 732.78	115.34	453.48	83.74
8	广州	2 077.44	85.21	1 446.86	11.08	630.58	74.13
9	宁波	1 482.44	112.90	1 107.85	101.46	374.59	11.44
10	福州	1 465.88	205.33	568.47	47.49	897.41	157.84
11	杭州	1 423.23	47.23	994.77	32.62	428.46	14.61
12	西安	1 353.11	187.87	804.78	118.86	548.33	69.01
13	长沙	1 346.36	83.96	983.54	31.34	362.82	52.62
14	武汉	1 250.67	143.23	863.36	66.49	387.31	76.74
15	南京	1 220.65	121.54	797.68	57.48	422.97	64.06
16	沈阳	1 197.98	157.52	701.12	79.40	496.86	78.12
17	厦门	1 049.84	100.23	539.72	26.93	510.12	73.30
18	大连	1 029.29	74.87	703.57	33.24	325.72	41.63
19	昆明	971.88	90.38	574.08	22.92	397.80	67.46
20	青岛	955.71	78.68	575.19	44.08	380.52	34.60
21	无锡	942.23	18.03	737.70	14.94	204.53	3.09
22	郑州	873.03	197.06	556.52	108.55	316.51	88.51
23	南宁	829.07	129.28	570.33	92.37	258.74	36.91
24	贵阳	823.94	91.55	617.57	52.70	206.37	38.85
25	泉州	762.30	101.97	541.11	56.62	221.19	45.35
26	合肥	745.76	118.40	341.85	40.11	403.91	78.29
27	金华	733.46	36.24	505.00	17.82	228.46	18.42
28	常州	711.68	22.38	508.09	12.15	203.59	10.23
29	长春	709.55	78.80	466.93	43.69	242.62	35.11
30	温州	676.81	-108.76	407.71	-71.84	269.10	-36.92
31	佛山	675.59	-1.74	517.08	-9.23	158.51	7.49
32	南通	639.74	34.64	491.01	29.64	148.73	5.00
33	石家庄	637.21	77.96	463.15	44.38	174.06	33.58
34	唐山	624.35	40.76	524.18	26.73	100.17	14.03
35	哈尔滨	603.18	-21.35	391.08	-46.39	212.10	25.04
36	乌鲁木齐	597.41	88.75	486.86	74.38	110.55	14.37
37	嘉兴	592.84	52.88	449.31	44.40	143.53	8.48
38	南昌	562.48	58.61	348.22	24.60	214.26	34.01
39	太原	520.04	64.23	454.05	43.53	65.99	20.70
40	烟台	517.50	77.27	399.14	61.83	118.36	15.44
41	济南	495.30	43.33	373.00	15.50	122.30	27.83
42	绍兴	493.31	-1.76	354.81	-3.09	138.50	1.33
43	鄂尔多斯	466.21	14.29	409.84	23.56	56.37	-9.27
44	潍坊	466.19	26.08	297.64	21.81	168.55	4.27
45	西宁	463.45	48.53	419.68	38.91	43.77	9.62
46	台州	419.50	14.49	265.67	10.30	153.83	4.19
47	兰州	415.67	65.72	347.45	40.90	68.22	24.82
48	东莞	414.44	3.89	238.51	-8.70	175.93	12.59

续表

名次	地区	各项贷款		其中：对公贷款		其中：个人贷款	
		本期余额	比年初新增	本期余额	比年初新增	本期余额	比年初新增
49	三峡	408. 53	-22. 19	309. 78	-9. 32	98. 75	-12. 87
50	惠州	384. 46	10. 86	218. 08	-11. 84	166. 38	22. 70
51	廊坊	379. 52	63. 94	131. 74	6. 00	247. 78	57. 94
52	中山	372. 35	37. 69	211. 30	14. 46	161. 05	23. 23
53	泰州	365. 77	34. 44	263. 05	26. 60	102. 72	7. 84
54	镇江	342. 88	15. 58	265. 21	9. 53	77. 67	6. 05
55	扬州	342. 34	51. 18	235. 96	40. 24	106. 38	10. 94
56	银川	339. 26	31. 71	256. 84	19. 52	82. 42	12. 19
57	呼和浩特	338. 70	34. 53	258. 60	20. 59	80. 10	13. 94
58	湖州	308. 44	11. 56	199. 03	18. 17	109. 41	-6. 61
59	东营	296. 35	29. 98	260. 10	25. 04	36. 25	4. 94
60	邯郸	294. 60	23. 50	241. 29	5. 74	53. 31	17. 76
61	海口	288. 00	43. 15	203. 73	31. 80	84. 27	11. 35
62	淄博	273. 33	24. 08	186. 97	16. 24	86. 36	7. 84
63	徐州	273. 02	15. 34	171. 54	6. 94	101. 48	8. 40
64	临沂	269. 74	54. 62	166. 96	36. 09	102. 78	18. 53
65	济宁	264. 97	8. 78	196. 76	-3. 26	68. 21	12. 04
66	珠海	261. 45	28. 82	134. 37	21. 64	127. 08	7. 18
67	保定	250. 96	47. 81	141. 73	21. 77	109. 23	26. 04
68	盐城	250. 81	18. 16	162. 06	8. 26	88. 75	9. 90
69	洛阳	248. 77	12. 37	170. 42	-2. 78	78. 35	15. 15
70	漳州	234. 74	30. 55	119. 97	7. 52	114. 77	23. 03
71	江门	218. 65	17. 32	143. 06	10. 36	75. 59	6. 96
72	榆林	216. 64	-22. 62	157. 37	-24. 66	59. 27	2. 04
73	滨州	216. 40	21. 26	167. 77	14. 98	48. 63	6. 28
74	柳州	216. 30	10. 97	127. 19	-2. 70	89. 11	13. 67
75	包头	216. 16	-13. 63	133. 05	-19. 04	83. 11	5. 41
76	沧州	214. 26	27. 30	139. 58	12. 21	74. 68	15. 09
77	日照	212. 41	53. 58	157. 29	45. 73	55. 12	7. 85
78	莆田	204. 23	29. 12	103. 63	10. 75	100. 60	18. 37
79	菏泽	204. 01	19. 30	135. 64	9. 88	68. 37	9. 42
80	泰安	196. 55	23. 34	143. 06	16. 07	53. 49	7. 27
81	三明	196. 23	3. 75	114. 40	-0. 58	81. 83	4. 33
82	芜湖	178. 86	5. 99	132. 18	2. 86	46. 68	3. 13
83	龙岩	176. 84	5. 13	94. 62	2. 64	82. 22	2. 49
84	拉萨	172. 60	60. 18	152. 78	54. 16	19. 82	6. 02
85	鞍山	171. 50	33. 67	139. 02	30. 03	32. 48	3. 64
86	襄樊	163. 43	12. 97	106. 49	8. 49	56. 94	4. 48
87	聊城	163. 33	17. 97	111. 21	11. 43	52. 12	6. 54
88	平顶山	160. 46	17. 59	139. 57	13. 05	20. 89	4. 54
89	吉林市	156. 69	25. 34	117. 60	19. 81	39. 09	5. 53
90	南阳	155. 67	17. 78	96. 11	3. 25	59. 56	14. 53
91	盘锦	154. 49	18. 75	131. 70	15. 75	22. 79	3. 00
92	新乡	152. 38	11. 90	97. 63	1. 75	54. 75	10. 15
93	汕头	150. 17	15. 06	117. 87	12. 13	32. 30	2. 93
94	衡阳	149. 54	29. 54	105. 00	21. 77	44. 54	7. 77
95	九江	144. 98	17. 17	81. 23	5. 06	63. 75	12. 11
96	滁州	129. 66	10. 16	82. 29	3. 19	47. 37	6. 97
97	咸阳	128. 12	11. 17	82. 36	2. 52	45. 76	8. 65
98	桂林	127. 92	17. 52	90. 70	9. 46	37. 22	8. 06
99	吕梁	99. 43	9. 31	75. 75	3. 36	23. 68	5. 95
100	大庆	87. 27	22. 44	73. 51	18. 78	13. 76	3. 66

中国建设银行各项存款市场占比表（本外币、分地区）

（2014 年 12 月）

地区	一般性存款				其中：对公存款				其中：个人存款			
	余额（亿元）	占比（%）	比年初新增(亿元)	占比（%）	余额（亿元）	占比（%）	比年初新增(亿元)	占比（%）	余额（亿元）	占比（%）	比年初新增(亿元)	占比（%）
全国总计	**126 807.63**	**34.02**	**4 288.73**	**18.49**	**67 160.89**	**37.10**	**1 275.62**	**11.99**	**59 646.73**	**31.12**	**3 013.10**	**33.72**
长三角	24 559.42	24.12	405.03	15.43	14 379.63	26.17	171.20	13.05	10 179.79	21.72	-56.65	-38.53
上海	8 128.70	37.99	248.59	38.82	5 165.09	47.60	170.61	42.68	2 963.61	21.04	-136.87	66.09
江苏	7 146.18	31.29	144.73	18.24	3 650.82	31.98	16.88	5.76	3 495.36	23.60	100.37	36.12
浙江	5 752.88	27.44	-15.61	-1.45	3 305.16	29.77	0.78	0.12	2 447.72	20.47	-16.99	-22.52
宁波	1 227.02	30.27	-33.88	-15.55	807.80	33.45	-24.83	-15.71	419.22	20.19	-24.66	-3 680.60
苏州	2 304.64	28.79	61.20	60.11	1 450.76	30.34	7.76	4.29	853.88	20.56	21.50	14 333.33
珠三角	19 097.21	26.81	-281.76	-16.58	9 974.23	29.73	-418.50	-61.07	9 122.98	24.21	112.44	46.95
广东	10 115.60	31.30	-536.08	-107.47	4 848.45	38.31	-458.46	-2 660.82	5 267.15	21.66	-2.47	-1.16
深圳	4 304.47	40.08	124.66	13.66	3 050.99	46.16	53.82	8.56	1 253.48	24.36	53.97	-225.63
福建	3 571.43	49.07	120.13	40.27	1 518.63	46.92	2.61	4.80	2 052.80	33.43	37.89	73.54
厦门	1 105.71	61.33	9.53	89.32	556.16	51.72	-16.47	-109.58	549.55	42.97	23.05	-4 904.26
环渤海	23 965.26	22.39	803.99	13.69	13 358.37	22.29	337.72	8.22	10 606.89	22.51	269.43	44.62
北京	9 598.01	24.63	206.18	6.49	6 326.76	23.44	161.60	5.05	3 271.25	21.71	-44.26	7.35
山东	5 994.46	32.74	340.89	25.72	3 056.16	34.54	101.42	28.57	2 938.30	23.83	196.55	27.34
天津	2 270.04	31.80	67.24	45.49	1 361.90	40.15	50.58	52.38	908.14	19.29	-9.61	31.51
河北	5 157.86	33.88	192.38	17.80	2 116.00	36.93	47.61	11.14	3 041.87	24.44	114.28	25.85
青岛	944.89	27.49	-2.70	-1.91	497.55	31.16	-23.49	-78.30	447.33	19.50	12.47	16.46
中部	24 703.93	27.46	1 742.96	31.72	11 496.09	29.85	625.22	32.33	13 207.84	25.67	842.21	30.33
山西	2 632.53	30.81	24.33	57.15	1 156.36	34.70	-28.58	-14.28	1 476.17	22.07	34.73	21.82
广西	2 221.19	32.60	167.39	30.07	1 180.45	39.60	92.20	30.83	1 040.75	21.08	43.44	25.43
湖北	4 572.19	40.87	340.22	28.21	1 861.60	40.83	103.89	21.64	2 710.59	29.10	195.15	34.82
河南	4 343.54	37.08	276.85	29.34	1 953.40	42.28	102.64	34.26	2 390.14	25.00	116.25	23.80
湖南	4 707.86	56.20	458.76	41.33	2 043.40	66.45	152.00	41.31	2 664.46	33.29	279.66	40.14
江西	2 218.90	32.87	156.47	27.98	1 233.24	40.58	81.19	30.40	985.66	20.66	35.77	20.42
海南	736.42	27.83	-28.89	-52.28	427.86	30.78	-47.92	-918.01	308.55	19.40	9.16	26.07
安徽	3 271.30	35.46	347.83	34.05	1 639.78	40.77	169.80	39.93	1 631.52	23.50	128.05	26.09
西部	24 709.03	27.95	615.37	15.57	13 457.28	30.52	-80.46	-5.80	11 251.74	25.38	498.97	28.76
四川	6 611.11	39.78	331.56	25.11	3 624.97	49.27	121.24	27.63	2 986.14	24.28	146.91	22.00
重庆	2 377.90	34.80	36.31	8.75	1 282.42	38.92	-56.58	-75.65	1 095.48	23.47	53.46	25.81
贵州	1 850.55	44.81	73.08	20.65	1 061.40	50.06	11.60	7.27	789.15	28.38	48.46	37.19
云南	2 728.18	39.36	100.29	55.54	1 620.63	45.54	41.71	329.20	1 107.56	24.33	16.84	18.02
西藏	706.10	38.61	111.95	31.03	571.08	38.88	96.48	30.85	135.02	26.67	9.25	25.75
内蒙古	2 080.02	37.95	-82.91	-34.83	918.83	38.39	-170.20	-3 575.63	1 161.19	27.28	72.55	38.84
陕西	3 583.95	42.02	53.96	13.99	1 713.91	46.33	-105.06	-104.61	1 870.04	28.36	169.54	40.64
甘肃	1 508.37	33.64	-153.18	-271.36	770.77	35.00	-114.95	-267.57	737.60	25.13	-31.49	70.54
青海	904.62	53.63	15.73	17.79	539.08	59.24	-8.28	-28.57	365.53	32.49	17.85	77.01
宁夏	553.84	43.16	-6.23	-6.84	285.98	45.76	-25.90	-63.36	267.86	28.96	12.69	51.09
新疆	1 804.39	30.60	134.81	29.12	1 068.21	35.59	129.48	32.72	736.17	20.06	-17.09	246.97
东北	9 322.70	29.87	696.79	50.10	4 163.39	35.10	333.77	74.91	5 159.32	26.67	238.18	33.75
辽宁	3 649.83	47.67	303.88	54.88	1 554.95	61.32	164.69	108.66	2 094.88	28.81	96.62	31.00
吉林	2 038.19	40.89	176.03	33.45	935.68	48.08	77.14	31.13	1 102.51	26.38	72.94	33.47
黑龙江	2 332.06	39.61	150.21	192.97	964.38	54.11	57.62	69.09	1 367.69	24.51	52.20	50.48
大连	1 302.62	38.81	66.67	28.62	708.38	49.39	34.32	26.49	594.24	23.26	16.42	22.57

注：1. 本表数据来源于人民银行信贷收支月报，2013 年 12 月 31 日人行美元汇率 6.0969。

2. 与建行口径比，人行各项存款均包含保本理财资金，对公存款多包含邮储银行协议存款。

3. 占比为建行占国有四大银行的比重。

中国建设银行各项贷款市场占比表（本外币、分地区）

（2014 年 12 月）

地区	各项贷款			
	余额（亿元）	占比（%）	比年初（亿元）	占比（%）
全国总计	**88 136.25**	**26.53**	**8 354.15**	**26.98**
长三角	19 292.94	24.97	1 008.28	20.39
上海	4 515.94	26.55	265.20	22.30
江苏	5 560.71	26.43	350.89	25.77
浙江	5 494.59	23.24	85.72	7.87
宁波	1 481.42	24.24	111.46	22.22
苏州	2 240.23	23.73	194.96	26.83
珠三角	13 749.04	27.09	907.01	23.22
广东	5 648.37	22.32	283.36	19.75
深圳	3 616.02	32.06	130.64	12.61
福建	3 435.97	31.53	394.59	38.49
厦门	1 048.66	33.42	98.41	32.19
环渤海	15 982.98	26.35	1 735.79	30.74
北京	5 018.24	30.55	561.13	-35.73
山东	4 345.06	22.96	490.02	29.24
天津	2 185.43	25.98	197.86	34.50
河北	3 479.25	27.18	409.10	32.13
青岛	954.93	25.03	77.61	33.31
中部	16 216.96	28.75	2 124.99	33.63
山西	1 436.63	25.42	146.23	29.46
广西	1 750.96	25.70	229.11	34.88
湖北	2 803.39	29.48	304.92	26.31
河南	2 805.61	29.23	454.91	37.08
湖南	3 107.98	36.62	371.24	40.31
江西	1 581.90	25.75	228.06	34.35
海南	407.08	22.72	78.60	25.95
安徽	2 323.42	27.15	311.93	32.00
西部	16 956.30	27.94	1 988.24	27.88
四川	3 543.96	24.90	373.33	23.69
重庆	2 340.72	28.09	288.47	29.15
贵州	1 414.02	27.17	194.01	24.80
云南	1 905.16	25.84	209.48	31.26
西藏	378.26	28.91	133.70	35.17
内蒙古	1 817.77	29.06	110.29	23.77
陕西	2 100.78	31.98	194.42	27.48
甘肃	966.92	26.44	118.99	22.88
青海	591.14	33.15	74.92	25.76
宁夏	638.65	32.43	57.09	23.61
新疆	1 258.90	29.88	233.53	31.35
东北	5 804.91	29.35	576.06	31.23
辽宁	2 300.35	31.44	278.47	42.02
吉林	1 406.18	30.61	177.57	31.85
黑龙江	1 069.11	26.66	45.16	16.63
大连	1 029.29	27.30	74.87	30.65

注：1. 本表数据来源于人民银行信贷收支月报，2013 年 12 月 31 日人行美元汇率 6.0969。

2. 占比为建行占国有四大银行的比重。

CHINA 中国建设银行年鉴 2015
CONSTRUCTION BANK ALMANAC

第六部分　专题与调查研究

三、风险管理研究

如何破解贷后管理痼疾

总行风险管理部

一、流程设计不合理是贷后管理薄弱的根本原因

贷后管理是整个信贷生命周期的关键环节，也是出问题最多的环节。长期以来，贷后管理一直是国内商业银行的软肋，重贷轻管、重放轻收是商业银行存在的普遍现象。我行虽然采取了很多措施来加强贷后管理，但成效并不显著。贷后管理长期面临思想高度重视、执行流于形式的尴尬境地。究其原因，流程设计不合理是造成贷后管理薄弱的关键，主要体现在以下六个方面。

（一）环节多

从现行制度要求看，贷后管理主要包括贷后检查、风险分类、跟踪预警、评级重检、押品管理、减值估算六大方面，涉及客户经理、信贷经理、风险经理，贷后团队主管、经营部门主管、风险部门主管，贷款审批人、分管风险行长、分管经营行长3个层次、9个岗位角色。以一个客户经理负责10个客户为例，每季度客户经理完成所负责客户的贷后管理工作需要经过240个环节。如此多的贷后管理环节，使得大家的很多精力都花费在流程上，真正有效的贷后管理工作难以落实。

（二）报告多

我行贷后管理的六项主要工作涉及首次检查报告、月度走访记录、信贷资产贷后检查报告、客户调查评价报告、客户评级报告、资产分类工作底稿、押品价值重估报告、减值损失估算报告等多份报告。其中，客户调查评价报告模板有23页，信贷资产检查报告模板有15页，客户评级报告模板有38页，这些还仅是报告的空白模板，在填列客户内容后，粗略估算，一个客户的贷后相关报告要达到150多页，这些报告成了业务人员难以承受的负担。

（三）报告内容大量重复

由于各报告设计初衷不同，设计人员不同，因而各报告设计时主要从各自的用途出发，而很少考虑其他报告的情况（各报告包含的主要内容见下表）。可以看出，很多报告重复的内容较多，或者虽然表述不同但实质内容相同，所有这些贷后报告都需要业务人员手工填列，不仅增加了经办人员的工作量，而且容易导致不同报告间的同类信息不一致。此外，这些报告还需要打印出来进行存储，占用了大量存储资源，也造成了财务的浪费。

	首次检查报告	月度走访记录	信贷资产贷后检查报告	客户调查评价报告	客户评级报告	资产分类工作底稿	押品价值重估报告	减值损失估算报告
客户基本情况								
基本信息	√	√	√	√	√			
股权结构				√	√			
关联交易				√	√			
授信信息			√	√	√			
宏观外部环境情况								
外部经济环境			√	√		√		
客户经营情况								
管理情况			√	√	√			
运营情况			√	√	√			
竞争力及市场地位			√	√	√			
经营整体情况分析			√	√	√			
客户财务情况								
客户财务报表				√	√			
常用财务分析指标			√	√	√			
评级指标分析					√			
财务情况定性分析			√		√	√		
客户信用状况								
信用记录			√	√	√			
还款意愿			√			√		
客户重大风险事项								
风险事项	√	√	√	√	√	√	√	
影响程度	√		√	√	√			
债项基本信息								
合同信息	√		√	√		√		
合同使用情况	√		√	√				
风险缓释信息								
保证人情况			√	√		√		√
押品评估信息			√	√			√	√
客户需求		√		√				

（四）实际执行流于形式

报告内容多，工作量大，因而实际操作时，客户经理存在瞎填、乱填的现象，各期报告经常是首次报告的复制，每期报告几乎无变化，不能真实反映客户实际风险状况，撰写报告成为走形式、走过场。经办岗位（客户经理、信贷经理、风险经理）贷后管理的重点放在了完成“报告”上，管理岗位（贷后团队主管、经营部门主管、风险部门主管）贷后管理的重点放在了完成“动作”上，领导岗位（贷款审批人、分管风险行长、分管经营行长）贷后管理的重点放在了完成“形式”上，整个贷后管理工作重点模糊，执行流于形式。

（五）信贷队伍陷入整体违规的困境

贷后管理制度多，工作繁杂，使得完全按照规章执行成为几乎不可能完成的事情，包括客户经理、分支行行长在内的贷后管理人员为完成各项任务而疲于应付，对贷后工作进行选择性处理，重形式而轻实质，有章不循、有章难循成为贷后管理的正常现象。在银行资产出现风险或不良时，人人都有问题，责任难以认定，最后处理的通常都是经办人员，核心责任主体得不到处理。由于信贷队伍普遍违章成为常态，因而违规处理后相关人员不是进行自我检讨，而是认为自己倒霉，银行合规经营的理念严重淡化，弱化了规章制度的严肃性和规范性，掩盖了贷后管理的深层次问题。

（六）逆向选择普遍

由于贷后管理问题暴露出来后要影响分支行的绩效考核，出于自身利益考虑，分支行的普遍选择是瞒报、晚报，反映问题的人得不到应有的鼓励，而被认为是找事、找麻烦，从而导致贷后管理问题被拖延、掩盖，延误了贷后处理的最佳时机。

二、以评级为基础整合贷后管理流程是客观必然

解决贷后管理薄弱的根本途径是对现有贷后流程进行整合，即把重复工作合并，冗余工作删除，将多个流程改为一个流程。贷后流程整合应以客户评级为基础和核心，主要原因有以下几点。

（一）多流程的贷后管理体系越来越不适应业务发展

1996 年，银监会《贷款通则》明确要求商业银行发放贷款要进行“三查”，我行制定了贷后管理办法，要求进行贷后检查；1998 年，人民银行发布《贷款分类指导原则》，我行启动了信贷资产风险分类管理，十二级分类体系逐渐形成；2004 年，银监会《商业银行授信工作尽职指引》要求对客户进行信用评级，《商业银行资本管理办法》要求实施内评法的商业银行开展客户内部评级并适时进行评级更新，我行开始对客户进行信用评级并要求适时进行评级重检。由此可见，我行目前现行的贷后管理体系是根据多年来外部监管和内部管理要求，逐渐累加形成的，随着时间的推进，这种多部门、多流程交叉的贷后管理体系与业务发展的矛盾日益突出，迫切需要对贷后管理体系进行整合。

（二）贷后管理的本质决定了应以客户评级为基础整合贷后管理流程

贷后管理的本质和核心是评价客户信用状况及贷款偿还的安全性，同时，通过了解客户的最新需求，发现业务合作机会，提出银行与客户的全面合作对策。良好的贷后管理能够使银行及早发现和解决风险问题，也可以使银行通过发现商机创造业务效益，从而促进银行信贷业务的有机循环。因此，贷后管理不仅是对客户风险的跟踪监测，更是客户营销的延续，不仅不是客户营销的终点，在某种程度上更是客户营销的起点。客户评级的过程正是实现贷后管理目标的过程：客户评级就是通过了解客户最新生产经营和财务状况，及时对客户风险、收益进行全面、客观评价，并通过与客户的深入接触与沟通，发掘客户需求，不断巩固和加深客户关系。

（三）客户评级是贷后管理流程整合的核心枢纽

贷后检查概念较为笼统，更侧重于检查的动作，预警跟踪管理主要是体现监测，信贷资产分类则只是信贷资产质量的评价结果。客户评级更能体现以客户为中心的理念，基于客户评级可以实现债项十二级分类、减值准备计提、监测预警和贷后策略等一系列贷后工作的确定。由于客户违约概率是确定十二级分类的核心变量之一，因而，通过对客户风险的分析判断得到客户评级后，结合各债项的押品情况，可以得到十二级分类；十二级分类是计提贷款减值准备的基础，因而十二级分类确定后，减值准备金额也就自动计算出来；通过客户评级和十二级分类情况，可以给予相应的风险提示和预警，并确定客户的信贷政策、授信方案、风险缓释措施调整策略；同时，客户评级还通过对客户潜在需求的发掘，为新的综合服务提供支持。

三、以评级为基础整合贷后管理流程的核心内容

贷后管理流程整合的核心内容可以概括为“一个平台、两个载体、五种应用”。

（一）一个平台

目前贷后管理工作分散在多个系统或一个系统的多个模块，操作步骤复杂，结果分散。整合

后的贷后管理系统建议建立在统一的贷后管理平台上，业务人员只需在一个平台系统就可以完成所有贷后管理工作，避免了工作的遗漏和滞后，也便于不同贷后管理结果的调用、展示和应用。

（二）两个载体

整合后的贷后管理成果展现为两个载体，一是客户评价报告，二是债项评价报告。

1. 客户评价报告将现有贷后管理报告中涉及客户评价的内容整合在一起，其核心是违约概率PD，分为客户基本情况（包括客户基本信息、关联关系信息、授信信息等），客户宏观外部环境情况，客户经营情况（包括客户管理情况、运营情况、竞争力及市场地位等）、客户财务情况（包括客户财务报表、常用财务分析指标、评级指标分析等）、客户信用状况（信用记录、还款意愿）、客户重大风险事项、客户需求等部分。

2. 债项评价报告将现有贷后管理报告中涉及债项评价的内容整合在一起，其核心是违约损失率LGD，分为债项基本信息（包括合同信息、合同用途使用情况）、风险缓释信息（包括保证人代偿能力、押品重估价值情况）等部分。

报告中对于发生变化的内容予以重点展示，未发生变化的内容则不需再重新撰写。这两份报告不仅可以综合、全面反映客户整体状况，避免了报告的重复，减少了业务人员的无效工作，还便于发现当期的关键风险点，进而制订下一步的客户经营管理策略。

（三）五种应用

整合后的客户评价报告和债项评价报告里的相关信息将主要应用于客户评级、十二级分类、减值准备计提、监测预警、贷后策略制订五个方面。系统将根据报告里的评价内容，自动得出贷后管理的各项结果。

应用一：客户信用评级。根据客户评价报告中的定性指标评价和财务报表，得到客户的信用评级和违约概率。

应用二：信贷资产十二级分类。结合客户违约概率和根据债项评级报告中的押品信息计算得到的违约损失率，得到债项初始分类，并结合客户评价报告和债项评价报告里的相关定性信息，得到调整后信贷资产十二级分类结果。

应用三：减值损失估算和准备金计提。在信贷十二级分类的基础上，根据债项评价报告中风险缓释情况，估算减值损失，并计算专项准备金计提金额。

应用四：监测预警。根据客户评价报告和债项评价报告中的反映出风险现象和信号，自动给予预警提示，进而制订风险化解措施。

应用五：贷后策略制订。根据综合分析客户和债项风险状况，贷后人员可以制定针对信贷政策、授信方案、风险缓释措施的调整策略，并结合对客户潜在需求，为新的综合服务提供支持。

四、整体实施才能保证贷后管理流程整合的顺利到位

贷后管理流程整合涉及多个业务领域、多个部门、多个IT系统的改造，知易行难，只有进行整体设计施工才能将贷后流程整合工作落实到位。

（一）加强协同配合

各部门应以开放的心态共同参与贷后管理流程整合工作，充分理解贷后管理流程整合的必要性，树立流程银行的理念，从全行和全业务流程角度出发，克服本位主义，共同协作完成贷后流程整合工作。

（二）整合规章制度

将现有的贷后管理办法、信贷资产风险十二级分类办法、对公预警跟踪管理规程、评级管理办法中的评级重检内容、押品管理办法里的押品重估内容、贷款减值损失估算及专项准备金计提办法等贷后管理的相关制度整合为统一的贷后管理办法。

（三）整合系统平台

以新一代核心系统为契机，将现有分散于不同系统间的贷后管理操作整合为统一的贷后管理平台。

（四）落实“规定动作”

以先进技术手段为支撑，在贷后管理人员走访客户或进行贷后规定动作时，通过拍照、定位等方式，上传贷后管理平台，使贷后管理的各项动作可追踪、有记录，进而做到能追责，确保各项“规定动作”要求的落实。

（五）细化管理要求

在统一流程的基础上建立差别化的管理机制。

对公司、事业、金融机构、大企业、小企业等不同类型的客户，在贷后检查重点、贷后报告内容等方面予以区分，体现贷后管理的差异性，适应业务发展的要求。

关于全行担保圈贷款风险专项排查情况的报告

总行信贷管理部　阎妍

一、担保圈贷款风险专项排查分阶段有序推进

（一）在试点基础上有序推进专项排查

2014年8月以来，银监会办公厅下发《关于加强担保圈贷款风险防范和化解工作的通知》（银监办发〔2014〕214号）后，我部根据行领导有关指示要求，着手部署有关排查工作。由于以往缺乏担保圈贷款风险管理方面的基础和经验，为做好专项风险排查和后续治理工作，我部采取“分步走”的办法，下发《关于开展担保圈企业贷款风险专项排查的通知》（建总函〔2014〕601号），要求各一级分行开展试点，并由总行直接组织7家二级分行的试点工作（包括山东淄博、浙江萧山、浙江绍兴、福建泉州、江苏常州、山西运城、山西吕梁）。

9月下旬，为了针对性地解决各分行在排查过程中集中反映的困难和问题，总行召开担保圈企业贷款风险排查专题座谈会，及时调整了担保圈识别算法、细化了排查规定动作及分工、完善了专项排查工作方案，下发《担保圈企业贷款风险专项排查工作方案》（建信〔2014〕38号），全行担保圈贷款风险专项排查全面有序推进。

（二）明确排查各环节工作要求

在此次专项排查中，重点抓四个环节：一是各经办机构组织客户经理查询人行征信系统，逐笔录入保证担保基础信息，确保信息准确；二是各二级分行风险管理部门利用总行下发的担保圈自动识别及关系图谱绘制软件梳理本辖担保圈并绘制关系图谱，确保方法统一；三是由各一级分行风险管理部门牵头汇总分析本辖担保圈状况，会同经营部门、审批部门逐圈做好风险评估分类，确保标准统一；四是由各一级分行根据担保圈特性指定机构做好高风险担保圈的化解处置方案，确保责任落实。

（三）推广担保圈识别和关系图谱绘制软件

针对全行试点中集中反映的问题和困难，我部会同山东分行，以其试点中开发的批处理软件为基础，进行了优化完善，实现了担保圈自动识别、关系图谱自动绘制、关键信息自动统计。同时，录制了排查流程培训视频，分步演示各环节操作要领、详细讲解排查中的常见问题，较为显著地提高了全行专项排查工作的质量和效率。

最近，我部根据排查工作情况以及后续管理需要，组织力量对相关软件进行了优化完善：一是根据风险管理、信贷经营、信贷审批等不同岗位管理需求，采取不同的算法规则和参数设置，编制开发了“机构版”和“客户版”两个版本软件；二是优化各类统计报表的自动输出功能，减少人工处理工作量，进一步提高基层行工作效率和质量。

（四）制订后续防控化解方案

10月末，全行担保圈贷款风险专项排查工作基本结束，我部及时汇总分析排查结果、梳理管理薄弱环节，并向行领导进行了专题汇报。根据2014年11月13日专题会议精神，我部按照“长期任务、日常管理”的总体要求，重点围绕“尽快实现担保圈贷款常态化管理”、“逐步化解存量担保圈风险”、“落实分行主体责任并实施差别化管理”三方面任务，制定了《关于加强担保圈贷款风险治理的通知》，拟于近期提请行长办公会审议。

二、担保圈牵涉范围广、构成情况复杂、区域差异大，但主要风险部位依然有迹可循

在此次排查中，全行共查询录入700 749条保证担保基础信息，并依托软件梳理形成10 096个担保圈，涉及我行对公信贷客户40 516家，占全行对公客户的比例为32.43%，涉及我行信贷余额31 633.74亿元，占全行对公信贷余额的比例为41.36%。从排查情况来看：担保圈现象较为普遍，牵涉面广；多数担保圈构成企业少、担保关系简单，但同时个别担保圈规模庞大，足以决定经办行资产质量命运；不同区域产业特色不同、企业经营特性不同、受宏观经济影响不同，担保圈风险特征差异较大；民营企业之间出于利益交换，相互提供担保共同套取银行信用所形成的担保圈，危害最大；部分依托高杠杆实施大规模投资的企业往往在小额债权人收贷时成为引爆担保圈风险的薄弱链条。主要特点如下。

（一）担保圈牵涉范围之广超出预期

从排查情况看，全行共有10 096个担保圈，涉及对公信贷客户40 516家，客户数量占比为32.43%；涉及我行信贷余额31 633.74亿元，占全行对公信贷余额的比例为41.36%。个别分行过半数信贷客户均不同程度涉足担保圈，例如：山东分行共970个担保圈，涵盖分行61.15%的信贷客户；宁波分行共271个担保圈，涵盖分行59.19%的信贷客户（见表1）。

表1 全行担保圈贷款整体情况 单位：亿元%

一级分行	基础信息条数	担保圈数	涉及对公客户数	客户数占比	涉及我行信贷	对公信贷占比	高风险圈占比
浙江分行	124 053	1 327	5 267	42.09	2 365.27	52.69	23.51
广东分行	26 187	1 205	4 024	35.06	1 506.06	32.57	13.94
山东分行	99 042	970	5 239	61.15	3 020.77	68.11	6.29
江苏分行	74 046	733	4 103	37.65	2 506.69	50.42	11.32
福建分行	32 328	503	2 051	34.60	985.47	42.13	11.93
河南分行	29 606	477	1 603	32.99	856.82	39.50	1.26
苏州分行	39 890	334	1 692	43.32	947.49	49.26	2.99
上海分行	15 960	317	914	19.36	1 846.25	39.23	1.58
湖北分行	15 795	301	1 100	21.89	807.28	31.21	5.98
河北分行	13 651	297	876	18.76	538.93	20.05	9.43
宁波分行	20 944	271	1 150	59.19	1 005.36	69.00	14.39
四川分行	11 640	261	808	21.46	1 621.96	57.44	1.92
深圳分行	9 830	253	979	31.60	928.94	25.03	1.58
山西分行	11 132	227	1 065	46.41	458.31	34.46	8.37
安徽分行	10 523	218	994	19.88	449.59	28.61	5.96
湖南分行	20 384	182	577	13.24	705.84	28.35	10.44
辽宁分行	14 369	178	713	27.26	1 116.05	57.28	21.91
北京分行	30 226	173	702	28.79	1 957.09	34.15	5.78
天津分行	5 980	168	535	47.47	1 734.96	69.28	8.33
吉林分行	4 226	159	482	25.57	348.87	29.20	1.89
陕西分行	7 384	157	434	20.47	533.41	30.46	7.64
新疆分行	12 885	154	615	41.47	487.87	46.51	7.14
甘肃分行	6 809	150	425	19.10	227.47	27.02	4.67
重庆分行	3 323	135	338	12.22	512.22	28.76	0

续表

一级分行	基础信息条数	担保圈数	涉及对公客户数	客户数占比	涉及我行信贷（亿元）	对公信贷占比	高风险圈占比
江西分行	6 761	125	433	17.22	230.42	23.03	12.80
厦门分行	5 260	113	376	22.42	283.41	41.21	4.42
内蒙古分行	8 057	106	385	33.80	775.95	52.02	6.60
宁夏分行	5 988	100	411	47.46	210.98	39.26	23.00
青岛分行	7 137	100	340	30.36	365.98	44.81	10.00
云南分行	4 738	90	457	22.84	486.20	38.14	3.33
广西分行	7 843	83	472	33.29	409.01	34.10	1.20
黑龙江分行	2 687	75	349	25.51	261.20	30.65	14.67
大连分行	2 261	59	263	25.24	246.64	26.74	8.47
贵州分行	7 704	47	168	16.36	629.50	53.45	12.77
青海分行	1 260	36	138	31.08	181.76	31.37	0
海南分行	732	11	37	6.94	83.11	28.78	0
西藏分行	108	1	1	1.14	0.62	0.20	0
总计	**700 749**	**10 096**	**40 516**	**32.43**	**31 633.74**	**41.36**	**10.23**

资料来源：37 家分行上报排查情况。

（二）多数担保圈担保关系较为简单，部分地区存在规模庞大的担保圈足以决定经办行资产质量命运

从排查结果来看，3 个及以内企业构成的担保圈共 4 112 个，占比为 40.73%，此类担保圈的构成企业少、担保关系简单，其中存在违约企业的担保圈和高风险担保圈占比均低于全行平均水平（见表 2）。

表 2　担保圈构成企业个数的分布情况　　单位：%

构成担保圈的企业个数	担保圈数	占比	其中：存在违约企业的担保圈占比	其中：高风险圈占比
≤3	4 112	40.73	6.71	7.13
4～5	3 209	31.78	7.63	8.04
6～10	1 836	18.19	8.99	10.19
11～20	575	5.70	10.09	23.30
21～50	233	2.31	16.74	42.92
≥51	130	1.29	28.46	46.92
总计	**10 096**	**100.00**	**8.12**	**10.23**

资料来源：37 家分行上报排查情况。

但与此同时，各分行不同程度上均存在涉及企业数多、担保关系复杂的庞大担保圈。10 家分行存在涉及我行信贷客户上百户的庞大担保圈（见表 3）。

表 3　全行最大的十个担保圈情况　　单位：亿元

一级分行	圈号	担保关系企业数	其中我行信贷客户数	担保关系对数	涉及我行信贷余额	风险分类
山东	山东东营 2 号	657	409	955	370.08	中风险
江苏	江苏南通 3 号	799	378	912	273.83	高风险

续表

一级分行	圈号	担保关系企业数	其中我行信贷客户数	担保关系对数	涉及我行信贷余额	风险分类
江苏	江苏镇江 1 号	776	356	973	160. 13	高风险
浙江	浙江绍兴 2 号	1 156	348	1 408	195. 34	高风险
福建	福建宁德 1 号	434	301	495	45. 74	高风险
山东	山东泰安 1 号	473	280	571	101. 77	中风险
山东	山东日照 3 号	564	269	706	308. 46	高风险
山东	山东菏泽 1 号	361	238	436	68. 42	中风险
浙江	浙江温州 4 号	510	231	557	134. 81	高风险
浙江	浙江杭州 3 号	369	202	495	120. 77	高风险

资料来源：37 家分行上报排查情况。

其中，浙江绍兴 2 号圈共涉及企业 1 156 户、涉及保证担保关系 1 408 对，主要分布在建筑、化纤等行业，是全行涉及企业数最多的担保圈；山东东营 2 号圈涉及我行信贷客户 409 家、我行信贷余额 370. 08 亿元，是涉及我行信贷客户最多、信贷余额最大的担保圈；福建宁德 1 号圈围绕 7 家专业性担保公司形成担保圈，涉及我行信贷客户 301 户；江苏南通 3 号圈涉及我行信贷客户 378 户，其中近四成为建筑企业。（见表 4）

（三）企业间以利益交换为基础，相互担保共同套取银行信用的担保圈风险危害最大

基于两个或以上不同实际控制人控制的关联企业之间形成的担保组合、同行业或上下游企业相互提供融资、企业高管人员之间依托私人关系相互提供融资支持而形成的担保圈中，高风险比例显著高于平均水平。这几类担保圈以利益交换为基础，一方面基于融资需要不断向外衍生，难以控制边界；另一方面缺乏财经纪律管控、担保合作基础并不稳固，代偿责任履行比率较低。

表 4　　担保圈形成原因分析　　单位：%

担保圈形成原因	担保圈个数	占比	其中：存在违约客户的担保圈占比	其中：高风险圈占比
1. 依托股权关联关系	2 562	25. 38	3. 40	4. 64
2. 虽无直接股权关联关系，但归属于同一实际控制人	955	9. 46	7. 64	10. 05
3. 同行业或上下游企业相互提供融资支持	1 711	16. 95	13. 33	16. 95
4. 地方政府干预形成担保关系	245	2. 43	2. 86	5. 31
5. 依托企业高管人员之间私人关系相互提供融资支持	2 250	22. 29	12. 27	12. 31
6. 分别归属于两个或以上不同实际控制人控制的关联企业之间形成的担保组合	428	4. 24	9. 81	16. 82
7. 其他	2 076	20. 56	6. 84	10. 50
总计	**10 096**	**100. 00**	**8. 12**	**10. 23**

资料来源：37 家分行上报排查情况。

（四）引爆担保圈风险的薄弱链条企业有共性特征

从部分分行上报的典型案例来看，担保圈风险演化常见三部曲：一是存在涉房、涉矿或其他大额固定资产投资占用大量资金，如宁波 261 号担保圈，投入大量资金用于船舶制造和房地产开发，资金长期难以回笼；二是财务杠杆高、资金链条紧张，为获取融资不计对象、不计代价；三是小额贷款公司、异地中小金融机构或民间高利贷者等个别债权人抽贷引爆危机，如浙江绍兴三江机电担保圈，因小额贷款公司收贷导致资金链断裂，进而影响担保企业华远化纤、绿色蔬菜、梁祝酒业在我行授信业务全部产生风险。

（五）不同地区担保圈风险发展态势存在较大差异

根据总行提供的担保圈风险评估分类参考标准，各分行逐圈进行了风险分类认定，全行高、中、低风险担保圈占比分别为1:3:6，但区域差异较大。有的地区担保圈风险已出现蔓延态势，如浙江分行高风险担保圈占比为23.51%，高出全行平均水平13.28个百分点；部分地区担保关系简单，如海南分行低风险担保圈占比为81.82%，北京地区近七成担保圈主要是由国有企业集团客户依托股权关联关系形成，分行判断风险相对可控。

（六）不同地区担保圈行业性存在较大差异

例如，广东佛山顺德地区钢贸企业担保圈风险突出，单个企业风险易通过联保体引发多米诺骨牌效应；江苏苏南地区经济发展快，企业融资需求旺盛，担保圈数目众多、担保关系复杂，其中南通分行以建筑企业为主的担保圈占比达20%；广西地区担保圈主要依托专业担保公司和地方龙头企业形成，剔除担保公司外的担保圈平均担保对数为5对，担保关系较为简单。

（七）部分地区担保圈贷款涉及面较广且风险结构较差，保证担保类信贷业务占比较高且资产质量较差

例如，浙江分行保证方式业务在信贷余额中占比为30.04%，高出全行平均水平4.86个百分点，且保证业务不良率达10.58%，高于全行平均水平7.9个百分点；山西地区虽然担保圈总数不多，但高度集中，其中运城分行超半数的信贷客户均集中在一个担保圈内；宁波地区担保圈内我行客户的信贷余额占分行对公信贷高达69%，其中涉及房地产、航运业的担保圈风险较为突出；江苏分行保证方式业务在信贷余额中占比和保证业务不良率均高于全行平均水平（见表5）。

表5　第一类地区保证方式信贷业务开展情况（截至2014年9月末）　单位：亿元、%

一级分行	担保圈整体情况		保证方式信贷业务情况			
	担保圈内我行信贷余额在分行对公信贷中占比	中、高风险担保圈数占比	保证业务信贷余额	保证方式业务在信贷余额中占比	保证业务不良率	保证业务逾期贷款
浙江分行	52.69	61.72	1 348.30	30.04	10.58	135.12
山东分行	68.11	37.11	1 822.89	41.10	1.37	20.38
江苏分行	50.42	42.29	1 637.77	32.94	3.13	55.28
山西分行	34.46	45.81	474.40	35.67	2.14	16.55
内蒙古分行	52.02	35.85	389.08	26.08	1.47	6.45
宁波分行	69.00	31.00	516.53	35.45	2.48	14.97
全行平均水平	**41.36**	**36.47**	—	**25.18**	**2.68**	—

资料来源：37家分行上报排查情况以及CMISⅡ系统。

（八）部分地区保证担保类信贷业务占比上升较快，资产质量下降趋势较为明显

例如，截至2014年9月末，黑龙江分行保证担保类信贷业务占比较年初上升6.84个百分点，且保证业务逾期贷款较年初增长364.25%，均显著高于全行平均水平；福建分行形成原因存在高危风险的担保圈涉及分行超半数的信贷余额，且分行保证业务逾期贷款较年初增长245.68%（见表6）。

表 6　　第二类地区保证方式信贷业务开展情况（截至 2014 年 9 月末）　　单位：亿元、%

一级分行	担保圈内我行信贷余额在分行对公信贷中占比	保证担保类信贷业务占比较年初增长百分点	保证业务逾期贷款	保证业务逾期贷款较年初增幅
福建分行	42.13	1.78	24.16	245.68
广东分行	32.57	-1.06	50.41	79.16
天津分行	69.28	-1.57	11.58	241.09
黑龙江分行	30.65	6.84	7.18	364.25
吉林分行	29.20	2.18	5.25	152.65
深圳分行	25.03	1.86	10.76	45.89
青岛分行	44.81	1.12	5.03	392.55
苏州分行	49.26	-0.41	10.13	22.42
湖北分行	31.21	-8.53	27.53	30.67
全行平均水平	**41.36**	**-0.40**	**—**	**50.92**

资料来源：37 家分行上报排查情况以及 CMISⅡ系统。

三、信息基础薄弱、工具基础薄弱、制度基础薄弱是制约全行担保圈贷款风险管控成效的主要因素

从座谈和实地走访的情况看，各行对担保圈信息获取的及时性和准确性存在担忧、对担保圈实质风险特征的认识不够深入、对利用信息技术手段简化劳动的需求迫切、对完善配套政策制度促进担保圈风险管理常态化的期待较高。具体包括以下几个方面。

（一）担保圈贷款风险管控的信息基础较为薄弱

从信息掌握的全面性来看，尽管我行在此次排查中依托人行征信系统将全行存量信贷客户在各家银行的保证担保信息全部纳入了基础数据库，信息覆盖度优于多数银行同业（工商银行在担保圈识别时主要依据其系统内保证担保信息），但仍有部分保证担保信息未能覆盖，需要各基层机构将平时走访中所掌握的此类信息补充录入。例如，部分银行同业信息录入滞后、民间借贷和小额贷款公司有关信息未纳入人民银行征信系统、部分企业未按要求全面披露担保信息等。从实践看，担保圈风险底数不清严重影响后续预警跟踪管理，导致风险化解处置的被动。

从信息掌握的深度来看，尽管各分行可以借助总行提供的软件获取担保圈基础信息，如关系企业数、担保关系对数、担保金额、贷款风险分类等，但是对特定担保圈的风险特征以及影响其实质性风险的关键因素，如担保圈维系基础、成员企业关系构成、潜在风险传染路径等的认识依然不够深入，影响了担保圈贷款风险评估分类的准确性以及化解处置方案的针对性。

（二）担保圈贷款风险管控的工具基础较为薄弱

各行普遍反映：尽管得到了总行下发软件的有力支持，担保圈贷款风险排查仍占用了大量人力，要实现担保圈贷款持续有效管理，必须依托系统工具来提高生产力。当前亟须解决以下几方面问题：

一是定期批量获取人民银行征信系统保证担保信息，不再依赖基层经办机构人工录入，以提高劳动效率和数据质量。

二是将担保圈管理功能模块嵌入各信贷管理信息系统中，加快担保圈管理与日常信贷管理在流程上的融合。

三是试点中临时开发的担保圈自动识别及关系图谱绘制软件尽管作用不小，但仍不能全面满足不同层级、不同岗位使用者的需求，需要尽快投入力量予以完善。

（三）担保圈贷款风险管控的制度基础较为薄弱

担保圈贷款风险管理既是我行信贷管理的薄弱环节，也是崭新课题，需要尽快完善配套政策制度建设。

一是担保管理的制度办法需要尽快统一规范。例如，各类产品管理办法对保证担保管理要求不尽一致，对信贷客户对外担保总量评估缺乏具体标准和要求，对信贷客户贷后对外担保行为缺乏有效约束措施，对于提供担保的企业外部对其担保及其对外担保情况缺乏制度性的评估评价安排。

二是在贷前尽职调查、信贷审批和贷后管理中，缺乏对客户所属担保圈状况申报的要求。

三是担保圈贷款风险评估分类标准以及针对不同类别担保圈的风险管控策略需要在实践中不断完善优化。

四、后续工作安排

根据行领导在2014年11月13日专题会议上的有关指示要求，我部拟定了《关于加强担保圈贷款风险治理的通知》，就后续工作做出安排：一是将担保圈排查中行之有效的作法固化到日常信贷流程中去，尽快实现担保圈贷款风险常态化管理；二是区分不同情况采取差异性政策安排，积极稳妥地推进担保圈贷款风险化解；三是对不同区域实行差别化治理，落实担保圈风险治理责任主体并加强跟踪考核。具体措施包括：

（一）尽快实现担保圈贷款风险常态化管理

1. 明确经办机构查询录入基础信息的职责。由经办机构在准入受理、授信申报、单笔支用、季末分类时通过人民银行征信系统查询信贷客户保证担保基础信息，并按总行统一要求录入数据库；同时，将日常工作、检查走访、同业交流中掌握的其他担保信息作为补充，一并录入。

2. 以地级城市为单位，由风险部门牵头基础信息库管理，定期评估评价。除督促经办机构及时更新基础信息外，还应利用总行提供的软件每季梳理分析本辖担保圈状况。同时考虑在省会城市、计划单列市和直辖市实行数据库集中管理。

3. 按照总行提供的参考标准，由一级分行风险部门牵头，会同经营部门、审批部门于每季度末对本辖担保圈进行分类评估。

4. 由一级分行经营部门牵头，会同风险部门、审批部门，对高风险担保圈制定风险化解方案并组织实施。

5. 加强担保圈信息的应用。一是将担保圈梳理中发现的隐蔽关联关系纳入集团客户关系树梳理范围，并录入OCRMS、CLPM等信贷管理信息系统；二是在办理新增信贷业务的准入、受理、审批时，应利用总行提供的软件查询借款人和担保人所涉及担保圈情况，并将相关情况纳入授信申报材料；三是加强对高风险担保圈涉及我行信贷客户风险缓释措施有效性的跟踪评估，并做好风险预案。

6. 完善配套相关制度办法。一是制定保证类担保业务管理办法，统一规范全行保证担保类信贷业务准入标准、管理要求。二是优化贷前调查、贷后管理等相关办法，细化保证担保信息收集、担保圈识别、担保圈风险评估分类、担保圈贷款风险化解的有关工作要求。三是将信贷客户担保圈相关信息纳入授信申报材料要件。四是重检担保公司管理办法，对担保公司担保余额、累计代偿率等重检管理要求。

（二）积极稳妥地推进担保圈贷款风险化解

1. 区分存量业务与新增业务，采取不同治理方针。对于新增授信业务，应在准入受理、信贷审批和担保管理等方面执行新的要求，严格管理，重点是防止担保圈风险扩大。对于存量授信业务，重点是逐步缩小敞口、减少损失，为防止担保圈风险态势恶化，可暂时延续原有授信条件。

2. 区分一般保证人和专业担保公司，对新增保证担保类信贷业务采取不同的管理要求。对于一般保证人，主要通过担保总量、担保户数、信用评级等方面严格新增业务的管理要求，例如：同一保证人对外担保总量不得超过其净资产或对外担保的企业不超过3家；担保人信用评级应优于借款人等。对于专业担保公司，要重点了解其历史代偿责任履约记录、累计代偿率、担保总额等指标，优先选择国有出资比例在50%以上的担保公司开展合作。

3. 对于重点客户和重点业务予以差别化的例外通道。例如：采用小企业评分卡模式办理的助保贷业务，能够掌握真实贸易背景、落实还款资金来源、核心企业由总行准入的供应链金融业务，保证人为信用评级优于8级、近两年内无违约、信贷资产风险分类为正常的总重、总战客户三种情形可以例外。

4. 根据存量担保圈形成基础不同，采取不同的治理方针。例如，对于国有企业及其下属关联企业间形成的担保圈，应执行好集团授信管理要求，在授信审批中充分考虑担保因素对其整体偿债能力的影响；对于民营集团企业内部成员间关联担保为主体的担保圈，在安排授信总量时，应将其内部成员间互保部分视为信用贷款；对于同一民营实际控制人控制下的关联企业形成的担保圈，应按照“实质重于形式”的原则，及时将隐性关联企业纳入统一授信管理；对于由不同民营企业集团控制下的关联企业相互担保形成的担保圈，在准入受理和信贷审批时应从严掌握标准。

5. 努力降低风险敞口、减少损失，争取高风险担保圈信贷余额每年下降10%。例如，追加有效的抵（质）押品；对形成担保圈风险的主要保证关系进行切割；在风险可控的情况下，可将满足条件的保证类贷款转变为信用贷款，并以提高贷款利率作为风险补偿。此外，为避免担保圈风险恶化引发连锁反应，存量保证担保类信贷业务原有授信条件可暂时延续。

（三）有差别地确定管理重点并落实主体责任

鉴于担保圈贷款风险区域差异较大，建议由各行承担主体责任。同时，总行也应该根据不同区域的情况，采取差别化政策安排。主要考虑：

1. 第一类地区担保圈贷款涉及面较广且风险结构较差，同时保证担保类信贷业务占比较高且资产质量较差，包括浙江、山东、江苏、山西、内蒙古、宁波六家分行。建议要求2015年新增信贷业务中抵质押类信贷业务余额占比达50%或2015年末抵（质）押类信贷业务余额占比较2014年提高3个百分点；同时，高风险担保圈信贷余额下降10%以上。

2. 第二类地区担保圈贷款金额较大或者保证担保类信贷业务占比上升较快或者保证担保类业务资产质量下降趋势较为明显，包括福建、广东、天津、黑龙江、吉林、深圳、青岛、苏州、湖北九家分行。建议要求该分行2015年末保证担保类信贷业务余额占比较2014年末下降1.5个百分点或不高于20%；同时，高风险、中风险担保圈信贷余额应下降10%以上。

3. 第三类地区担保圈贷款涉及面相对较小或低风险担保圈占比较高，同时保证担保类信贷业务资产质量相对稳定，包括一类、二类地区以外的22家分行。建议要求上述分行2015年末抵（质）押信贷余额占比较2014年末提高1.5个百分点或高于45%；同时，高中风险担保圈信贷余额不再提高。

此外，要求各一级分行根据总行确定的差别化政策目标，制订本辖担保圈风险治理整体方案并组织实施。同时，总行将选择部分涉及我行信贷余额超百亿或涉及我行对公信贷客户超百户的高风险担保圈纳入跟踪名单。

民营企业风险排查及分析报告

总行信贷管理部　韩喜汶

近几年，我行民营企业信贷业务增长迅速，比重不断提高，在增加价值创造的同时，也对全行信用风险管控和资产质量稳定提出了更高要求。2013年以来，受经济增速放缓、企业扩张过度、债务担保代偿等因素影响，民营企业风险暴露较多，一些区域性知名企业也出现风险事项。近期，我部按照行领导批示精神，在分析近几年民营企业主要风险成因以及信贷管理薄弱环节的同时，通过多维度、有重点地开展民营企业信贷业务风险排查，形成本报告，并提出了相关措施建议。

一、排查情况

自2014年2月底至4月上旬，全行以低评级、高负债率、有投资项目、主业不突出、对外担保的客户，以及制造业和批发业为重点，从部分产品入手找线索、查隐患，立足防范区域性风险，开展了民营企业信贷业务风险排查。从分行上报的情况看，本次排查实际覆盖 10.27 万户民营企业，涉及信贷余额 2.76 万亿元，贷款余额 2.07 万亿元（数据时点为 2014 年第一季度末，下同）。

分类为正常和关注的客户中，存在各类不同程度风险因素（有的风险因素未必转化为现实风险，但应密切跟踪监测，如由关联方提供保证、对外担保、近三年有固定资产投资等）的共涉及 1.63 万户，信贷余额 6 924 亿元，贷款余额 5 150 亿元，分别占排查总量的 15.8%、25.1% 和 24.9%（由于同一客户可能存在多项风险因素，分项之和大于总数）（见表 1）。

表 1　民营企业风险排查覆盖情况（截至 2014 年第一季度末）　单位：亿元、%

内容	户数	信贷余额	贷款余额	户数占比	信贷占比	贷款占比
排查总数	102 659	27 583	20 666	100.0	100.0	100.0
其中：10 级及以下	34 099	5 107	4 095	33.2	18.5	19.8
制造业客户	51 186	11 602	8 774	49.9	42.1	42.5
批发业客户	27 035	5 380	3 084	26.3	19.5	14.9
其中：非不良户各类风险因素	16 254	6 924	5 150	15.8	25.1	24.9

此外，我部前期分析了全行民营企业信贷业务总量和结构特点，形成《民营企业信贷业务简要分析》，已先行上报。

（一）担保、民间借贷、过度融资

一是部分客户信贷业务保证人为我行信贷客户、关联企业、同一行业企业或异地企业，涉及 7 364 户，信贷余额 3 294 亿元，分别占 7.2% 和 11.9%（占排查总量的比例，下同）；部分客户对外提供担保，涉及 9 924 户，信贷余额 4 085 亿元，分别占 9.7% 和 14.8%。二是有的客户通过民间借贷融资，涉及 208 户，信贷余额 77 亿元，分别占 0.2% 和 0.3%。三是一些客户资产负债率过高，其中制造业客户超过 70%、批发零售客户超过 80% 的共 307 户，涉及信贷余额 302 亿元，分别占 0.3% 和 1.1%。

表 2　融资与担保方面的风险因素（截至 2014 年第一季度末）　单位：亿元

风险隐患	户数	信贷余额	贷款余额
由我行信贷客户、关联企业、同一行业企业、异地企业提供保证	7 364	3 294	2 179
对外提供担保	9 924	4 085	3 281
通过民间借贷融入资金	208	77	72
资产负债率超过 70% 的制造业客户	203	165	115
资产负债率超过 80% 的批发零售客户	104	137	55

（二）停产停业停工、失联、涉诉

一是停产/停业，或开工率/销售量大幅下降的涉及 1 118 户，信贷余额 276 亿元，分别占 1.1% 和 1.0%；项目已停工，或建设进度慢于计划进度的涉及 110 户，信贷余额 104 亿元，分别占 0.11% 和 0.38%。二是实际控制人或主要负责人无法取得联系，或能联系上但拒绝见面的涉及 172 户，信贷余额 27 亿元，分别占 0.17% 和 0.10%。三是涉及经济纠纷，或已被债权人起诉的涉及 500 户，信贷余额 167 亿元，分别占 0.49% 和 0.61%（见表 3）。

表3　　实际经营状态方面的风险因素（截至2014年第一季度末）　　单位：亿元

风险隐患	户数	信贷余额	贷款余额
停产/停业，或开工率/销售量大幅下降	1 118	276	238
有项目建设的，项目已停工，或建设进度慢于计划进度	110	104	97
实际控制人或主要负责人无法取得联系，或能联系上但拒绝见面	172	27	40
涉及经济纠纷，或已被债权人起诉	500	167	142

（三）真实性、合规性问题

一是一些客户贸易不真实，最主要表现是合同、发票、货运及质检单据虚假或无法相互印证，涉及28户，信贷余额9.44亿元，各占0.03%。二是部分项目存在瑕疵，最主要表现是投资超概算，涉及40户，信贷余额68.88亿元，分别占0.04%和0.25%。三是押品或抵质押手续存在瑕疵，涉及40户，信贷余额20.67亿元，分别占0.04%和0.07%。四是挪用信贷资金，涉及65户，信贷余额25.92亿元，分别占0.06%和0.09%。五是短贷长用，涉及45户，信贷余额39.70亿元，分别占0.04%和0.14%。六是污染问题，涉及23户，信贷余额20.24亿元，分别占0.02%和0.07%（见表4）。

表4　　真实性、合规性方面的风险因素（截至2014年第一季度末）　　单位：亿元

风险隐患		户数	信贷余额	贷款余额
贸易真实性	贸易背景不合法	3	2.13	2.09
	合同、发票、货运及质检单据虚假或无法相互印证	28	9.44	7.76
	保证金为银行贷款或贴现资金	2	0.69	0.69
	同时以自身名义和委托他人大额开证套取银行资金	1	0.14	0.14
	以滚动开证开票变相融资	8	4.63	4.50
项目合规性	产业、环保、土地等准入审批文件存在瑕疵	10	2.57	2.35
	项目资本金未先于贷款或与贷款同比例足额到位	15	9.55	9.55
	项目实际进度与已投资额不匹配	9	19.44	18.84
	存在资本金抽逃现象	4	1.32	1.26
	投资超概算	40	68.88	68.16
押品或抵质押手续存在瑕疵		40	20.67	17.95
存在挪用信贷资金现象		65	25.92	24.61
存在短贷长用现象		45	39.70	26.62
因污染问题被环保部门处罚		23	20.24	16.93

（四）还款意愿不强、还款来源难以落实、逾期垫款

一是一些客户还款意愿较弱或不坚定，涉及515户，信贷余额100亿元，分别占0.50%和0.36%。二是有些客户难以落实还款来源，涉及851户，信贷余额154亿元，分别占0.83%和0.64%；部分客户还款来源主要是债务资金，涉及240户，信贷余额177亿元，分别占0.23%和0.35%。三是一些客户出现逾期垫款，涉及741户，信贷余额97亿元，分别占0.72%和0.56%。

表5　　到期还款方面的风险因素（截至2014年第一季度末）　　单位：亿元

风险隐患	户数	信贷余额	贷款余额
还款意愿较弱或不坚定	515	100	89
难以落实还款来源	851	154	140
还款来源主要为债务资金	240	177	160
已经逾期/垫款	741	97	84

（五）实际控制人过度扩张、过度负债、担保代偿

一是部分客户的实际控制人涉嫌过度扩张，如在经济下行期有固定资产投资项目，涉及1 814户，信贷余额1 208亿元，分别占1.77%和4.38%；投资与传统主业不相关的产业，涉及369户，信贷余额223亿元，分别占0.36%和0.81%；投资过快导致资金链面临压力，涉及359户，信贷余额166亿元，分别占0.35%和0.60%。二是一些客户的实际控制人债务负担沉重，如涉足民间借贷导致财务负担重甚至已无力偿还，涉及144户，信贷余额41亿元，分别占0.14%和0.15%；对外担保已代偿或面临代偿风险导致资金链紧张甚至断裂，涉及390户，信贷余额134亿元，分别占0.38%和0.49%。三是有的客户实际控制人实际控制的其他企业涉及经济纠纷或已被债权人起诉，涉及197户，信贷余额69亿元，分别占0.19%和0.25%。

表6　　实际控制人方面的风险因素（截至2014年第一季度末）　　单位：亿元

风险隐患		户数	信贷余额	贷款余额
扩张	实际控制人近三年有固定资产投资项目	1 814	1 208	948
	实际控制人传统主业在收入总额中不足50%	39	14	9
	实际控制人投资与传统主业不相关的产业	369	223	169
	实际控制人投资传统主业的上下游产业	559	367	263
	实际控制人投资过快导致资金链面临压力	359	166	127
	实际控制人在金融机构办理了并购贷款	5	9	8
负债	实际控制人涉足民间借贷导致财务负担重甚至已无力偿还	144	41	39
	实际控制人对外担保已代偿或面临代偿风险导致资金链紧张/断裂	390	134	108
	实际控制人运用理财或信托等渠道融资	83	184	121
其他	实际控制人实际控制的其他企业涉及经济纠纷或已被债权人起诉	197	69	62
	实际控制人涉及刑事案件	32	14	14
	实际控制人患重大疾病	9	3	2

二、主要风险成因

排查的同时，我部搜集了2007—2013年发生的238个民营集团和单一客户（涉及308个独立法人，金额524亿元，以下简称“样本客户”，样本中有的客户已分类为不良）的重大信用风险事项。通过逐户梳理发现，民营企业最突出的风险成因是过度扩张和过度担保，涉及金额分别占1/3和1/4，并且自2012年以来，因这两类因素出现重大风险事项的比重呈上升趋势。

表7 样本客户主要风险成因（截至上报时点） 单位：亿元、%

风险成因	金额	占比	2013年		2012年		2011年及以前	
			金额	占比	金额	占比	金额	占比
总计	524.5	100	180.8	100	198.7	100	144.9	100
（1）过度扩张	187.2	36	79.6	44	75.4	38	32.2	22
（2）担保代偿	130.2	25	21.4	12	89.4	45	19.4	13
（3）合法合规	78.5	15	8.1	4	15.2	8	55.1	38
（4）行业下行	52.3	10	18.6	10	8.2	4	25.5	18
（5）垄断领域	42.0	8	40.8	23	—	—	1.2	1
（6）管理混乱	19.2	4	9.5	5	9.8	5	—	—
（7）绿色信贷	10.9	2	2.8	2	0.6	0	7.5	5

注：①过度扩张主要表现为扩张过速、跨界扩张、过度负债和民间借贷。

②担保主要体现为对外担保、关联担保、联保互保。

③合法合规主要指信贷欺诈、涉及刑事案件、涉及经济纠纷或诉讼、违规等。

④行业下行主要涉及船舶、光伏、化纤、橡胶等。

⑤垄断领域主要指公路等基础设施领域。

⑥ 管理混乱主要包括股东或高管之间存在矛盾、法人治理不完善、对下属控制力弱、财务管理混乱等。

⑦绿色信贷主要涉及环境保护、安全生产、淘汰落后产能等方面。

（一）过度扩张引发资金链断裂

一是跨界扩张，盲目投资自身不熟悉、与传统主业不相关的领域，导致投资失败拖累主业。例如，以煤炭贸易为主业的蓝文彬集团自2009年起开始投资航运业，短期内购买23艘干散货船，2012年又在揭阳港投资建设码头项目，占用大量资金。加上煤炭主业市场低迷，新进入的航运业持续不景气，造成资金严重紧张。再如，以电气设备制造为主业的宝光集团有限公司投资船厂，以金属结构制造为主业的里学集团有限公司投资多晶硅，以贸易为主业的胡风云家族控制企业大量投资房产和酒店，以皮革制造为主业的温州加仕德鞋业有限公司投资煤矿等，这些隔行取利投资行为都拖垮了主业。

二是过速扩张，超出自身资本实力盲目扩大生产经营规模，使资金周转陷入困境。例如，沈氏集团在金融危机后，忽视经济下行的背景加快储备土地，出资8亿元先后购买两宗土地，占用大量资金，同时另一项目因未完成拆迁而进度缓慢，前期投入的9亿元资金无法及时回笼，加之企业财务成本过高，再融资困难，最终导致资不抵债，资金链断裂。

三是过度负债，甚至不惜高息涉足民间借贷，背上沉重财务负担。例如，山西联盛集团债务规模大，融资成本高，到期期限集中，仅2013年8～12月需归还的贷款本息就有42亿，导致短期内财务压力急剧膨胀，整个集团的运营难以为继。中江集团、三峡全通等大额风险事项也都涉及巨额负债。此外，大规模举债的民营企业通常涉及民间借贷，由此加速了危机的爆发。例如，浙江恒基贸易有限公司的实际控制人民间融资金额接近5亿元，比银行融资敞口总额还多数千万元，最终无法周转，资金链断裂。再如，浙江华特斯聚合物科技有限公司的负责人因参与民间借贷，疲于调剂资金，难以专心从事生产经营管理，导致企业每况愈下。

（二）涉足基础设施领域容易出现投资失败

一些大型民营企业从事基础设施项目，由于资本实力、统筹协调能力都不足，造成项目难以实现预期的投入产出，最终投资失败。截至2013年末，民营公路贷款中不良和关注贷款占两成，该比例是国有公路贷款的4倍。例如，湖

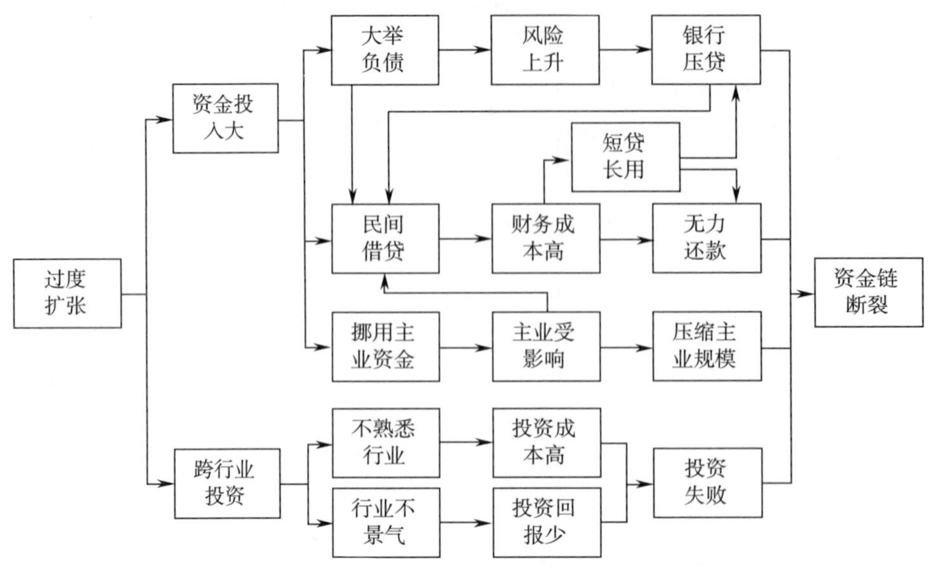

图1　过度扩张风险传导示意

南宜连高速项目建成通车后月平均收入仅为预计值的1/4左右，且只相当于每月费用的四成，偿债能力严重不足。再如，云南石锁高速最终总投资超概算约26亿元，超支幅度高达51%。广东东兴高速、湖南长浏高速等民营项目也出现了类似的问题。

（三）担保代偿加速风险传染

一些企业超出自身代偿能力过度担保，集团成员关联担保严重，不同形式的联保互保等担保行为严重削弱了客户之间的风险独立性，部分企业出现风险事项时，保证人承接或代偿贷款，加之经济下行期多数企业原本资金紧张，风险通过担保链条迅速传染。一是过度担保。例如，作为保证人，浙江大明特种纸业有限公司承接刘建根系企业的3 195万元贷款后，也出现资金链断裂，最终两家企业在我行均出现风险事项。二是关联担保。例如，成清波实际控制企业关联企业众多，关联关系复杂，风险事项涉及14亿元，其中就存在严重的成员单位关联担保。三是联保互保。例如，“三关联”的钢贸模式中（钢贸市场＋专业担保公司＋钢贸商户），专业担保公司几乎只为钢贸商户融资提供担保，实质上是联保互保的衍生形式。虽然单户融资金额不大，但专业担保公司担保将风险高度集中，分行上报的重大信用风险事项涉及总金额高达70多亿（如加上后续暴露，金额更大），大型民营集团几乎都达不到这样的金额。

此外，客户采用保证方式办理信贷业务，在经济下行期也暴露出一些风险。保证人无法继续提供保证时，客户又无法补充其他担保，并且往往因担保条件弱化而难以续贷，从而引发风险事项。例如，因保证人瑞新集团有限公司出现风险无法继续提供保证，温州帝嘉豪对外贸易有限公司在他行的500万美元到期不能续贷，导致现金流断裂。

（四）管理素质和水平不高

不少民营企业的管理素质和水平跟不上企业发展。一是经营成败主要受制于企业实际控制人的经验、能力甚至健康状况。例如，寿振江家族控制企业原实际控制人去世后，其子寿振江接收企业，但因管理经验不足，导致员工士气低落，主要业务骨干离职，生产萎缩，加上前期积累的问题，最终资金链断裂。再如，张周芳家族控制企业原实际控制人张周芳患重大疾病，在病情恶化期间，企业缺乏有效的领导，于是在多家银行出现逾期。二是股东之间存在严重矛盾。例如，罗邦时装（杭州）有限公司的3个股东对企业经营模式产生较大分歧，随后矛盾扩大、互不信任，以至于对我行到期贷款的偿还也无法统一意见，导致贷款逾期。三是内部管理混乱。例如，倪明连控制企业在芜湖的一个项目由于缺乏对项目经理的有效管

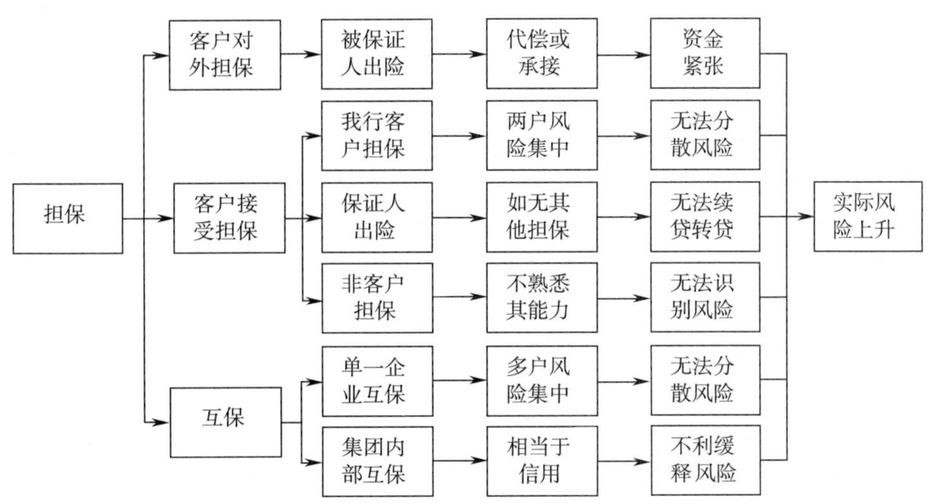

图2 担保风险传导示意

控，出现工程质量问题和众多合同纠纷，企业损失较大，现金流迅速枯竭。

（五）一些企业主诚信度低

个别民营企业通过多种方式实施信贷欺诈，骗取、套取银行信贷资金。一是财务报表造假。例如，同一会计期间提供差异较大的多份财务报告；报表前后期之间、关联企业之间缺乏钩稽关系；虚假注资、虚增资本公积、虚增利润；伪造会计师事务所签章等。审计检查发现，约8%的民营客户存在上述问题。二是虚构贸易背景。例如，提供假合同、假发票，伪造应收账款；通过关联企业作为交易对手虚开信用证、承兑汇票，利用议付、贴现套取信贷资金等。审计检查发现，上述问题涉及约9%的民营客户。三是伪造项目资料。例如，山东佳辰房地产开发有限公司通过伪造、变造房地产项目“四证”、土地他项权证、财务报表，捏造项目工程进度，编造虚假购销合同等方式，骗取挪用贷款资金。四是通过假按揭套取资金。黑龙江恒隆房地产开发有限责任公司通过寻找按揭贷款关键环节的漏洞，摸清银行审查重点，伙同施工企业、中介公司通过“假个贷”进行套现。

（六）多重因素叠加导致风险在不同行业间蔓延

从近两年的情况看，多数出现风险事项的客户通常具有多重风险特征，其中浙江地区“过度投资+民间借贷+对外担保”的“三重叠”模式最为典型。第一，不少企业前期投资过大，由于多数民营企业的自身积累并不殷实，无论是扩大主业规模，向上下游延伸，还是多元化扩张，在经济下行期现金流普遍紧张。第二，一些企业为缓解资金周转困难不惜高息从民间举债，反而加大了财务负担；另一些企业为牟取高息从主业抽血放贷，增加了经营风险。第三，这些企业为尽可能多地获取低成本的银行资金，大量采取保证方式办理信贷业务，最终形成了错综复杂的“担保圈”、“担保链”。

这些风险因素重叠交错，将众多企业紧紧地捆绑在一起，所以风险在不同行业之间的传染性极强。统计分析也印证了这一点。以浙江分行为例，该分行不良客户数在各行业大类的分布特征已发生巨大变化。从总体上看，2011年中期，浙江分行不良客户数的分布在各行业之间差异较大，例如，农业、道路运输、电子设备制造等行业不良客户数明显偏高；但到2013年末，不良客户在行业上的分布已没有显著差异[①]。

三、信贷管理薄弱环节

从风险事项案例分析情况看，除外部环境和客观原因外，主要还是内部管理不到位、操作不

① 统计分析方法简述：比较各行业不良客户数占比与对公客户数占比之间的差异，如果差异较大，则表明不良客户主要集中在个别行业；如果差异不大，则表明不良客户比较均匀分布在各个行业。其中，差异大小的判断采用卡方检验的方法。

合规等，未能在贷前、贷中、贷后有效识别风险，错失了及时化解风险的良机。一些业务虽然没有形成不良，但在信贷管理上存在的漏洞值得警惕。

（一）贷前调查不能有效识别风险隐患

一是未有效识别关联关系。例如，深圳市三山实业有限公司、深圳市兴霖塑胶有限公司、深圳市创海塑胶有限公司三个客户的关联关系并未反映在股权上，但以下迹象均表明了实质的关联关系：上述企业及其他十余家公司的多笔网银交易出自同一 IP 地址；部分股东、高管交叉重合；一家企业的实际控制人在其他企业以工资、奖金、报销、差旅费等名义大额提款；贷款资金也统一使用、偿还。经办行未深入挖掘客户的上述行为信息，所以没有发现关联关系。

二是未有效识别财务报表的真实性。例如，CLPM 显示河北沧州黄骅港森海工贸有限公司 2010 年实现销售收入 21.76 亿元，而人民银行征信系统显示该企业当年销售收入仅 1.57 亿元，相差 13 倍。再如，广东佛山市宏域房地产开发有限公司为满足授信方案要求，通过使用在报表上调减负债、虚增资本公积等手段，降低资产负债率。

三是未有效识别贸易背景的真实性。例如，上海信泰国际贸易有限公司利用关联关系虚构交易，通过开立国内信用证并叙做议付的手法套取信贷资金，检查指出问题后该客户即停止在我行办理信用证议付。再如，山东迅力特种汽车有限公司在两个相近月份分别办理的信贷业务，所提供的购销合同上载明的产品在品种、型号、单价上竟然完全相同。

四是未有效识别项目的真实性。例如，山东奥泰机械有限公司“年产 4 000 台玉米收获机”项目，为了满足最低资本金比例要求，向我行申报的项目规模远小于在有关部门备案的项目规模，并且“四证”虚假，近六成资本金到位凭证为假发票。

（二）贷款发放支用审核不严格

一是支付凭证把关不严。例如，黑龙江哈尔滨四海数控科技股份有限公司在贷款支用环节提供的 14 张发票中，有 13 张发票为变造发票或伪造发票，经办行却未发现。

二是逆流程发放贷款。例如，福建宁德分行营业部向宁德市天穗粮油贸易有限公司发放流动资金贷款 4 400 万，但借款合同签订日期是放款日以后的第八天。

三是审批条件不落实。例如，经办行在福建三明医药股份有限公司对外担保超出授信方案要求八成的情况下发放贷款。再如，经办行在江西南昌洪源投资有限责任公司未按授信前提条件要求将基本结算户转至我行的情况下发放贷款。

（三）抵质押物存在虚、假、空等问题

一是押品价值虚高。例如，河北远洋运输集团股份有限公司将已使用 20 年的二手散装船抵押给我行，评估净值超过了账面原值的两倍。经办行直接照搬资产评估公司的评估结果，未进行严格审核。

二是押品造假。例如，安徽蚌埠震兴路桥工程有限公司抵押的 89 台工程机械设备中，有 35 台设备并不存在。再如，河北廊坊三利木业有限公司将已抵押给他行的轧钢生产设备以虚假合同估价后再次抵押给我行。

三是抵质押权悬空。例如，内蒙古乌海市华资煤焦有限公司用于抵押的采矿权证、土地使用权证已到期。吉林省盈瑞饲料有限公司以玉米做动产抵押，借款人与仓储公司未签订《粮食保管协议》，无法确认押品权属。

（四）贷后管理不到位

一是贷后检查流于形式。例如，青岛泰华房地产开发有限公司在贷款发放后，将房地产项目规划面积缩减约 40%，资金需求随之减少，但经办行未在贷后检查报告中揭示。

二是贷款用途监控不力。例如，经办行向浙江久盛交联电缆有限公司发放用途为货款的流动资金贷款，当天资金先汇入其他企业，又回流至借款人他行账户后，随后分三笔转回我行，用于提前归还我行一周后到期的贷款。

三是风险应对不及时。例如，上海汇丰铜业有限公司以关联企业提供的标准仓储用房作抵押办理流贷，贷款发放后，经办行先后两次发现抵押物又被用于民间融资担保，但未采取有效应对措施，贷款形成不良后该抵押物被四家法院先行查封。

四、有关措施和建议

（一）依托现行政策框架，优化民营企业信贷政策

鉴于现行信贷政策框架以行业作为划分客户群的主维度，为维持政策框架的稳定和简洁，建议在行业政策框架内，对于民营企业集中或风险频发的行业和领域，提出针对性要求。

一是结合民营企业的行为特征和风险成因，在投资扩张、对外担保、管理水平、合法合规经营等方面，提出针对性的准入底线、客户标准和风险管控要求。

二是对于民营企业不擅长或不适合从事的公路基础设施等领域，针对投资期限长、协调成本高、回报不稳定、路网效应明显等特征，在资本金、股东以及担保方式等方面提出针对性的管理要求。

三是授信担保安排要立足缓释风险的有效性，优先选择押品价值合理、稳定、易变现的抵（质）押方式。对于关联关系复杂、扩张过快、主业不突出的客户，应主要采用抵（质）押方式。确需采用保证方式的，应重点审查保证人的代偿能力。对于我行客户提供保证的，特别是形成了事实上的担保链条的，要视同信用贷款加强贷后管理，切实防范风险传染扩散的隐患；对于他行客户提供保证的，要照授信客户贷前调查的方式，加强对保证人的尽职调查。同时，严格控制集团内成员单位互保、联保、循环担保。

（二）加强风险监测预警，及时发出预警提示

一是实施信贷资产质量重点观察客户制，建立风险客户监测名单库，强化事前监测预警提示。对于存在债务规模大、在建项目多、扩张速度快、涉足民间借贷、用信行为不规范、内部管理混乱等风险隐患的非不良民营企业客户，将实际控制人和实际控制的企业一并纳入监测范围；综合运用信息系统、实地走访等各种监测手段，提升风险识别和预警能力，严控新增不良。各分行应比照总行做法建立本行的风险客户监测名单库。

二是选取部分民营企业集中的重点分行，以大额授信客户（如信贷余额亿元以上）为切入点，通过与分行一对一访谈调研，逐户诊断大额客户的潜在风险隐患，摸清区域信用风险总体状况和薄弱环节，督促有关分行抓紧采取措施及时化解风险，避免出现对全行资产质量造成重大影响的大额风险暴露，有效防范区域的系统性风险。

（三）强化政策引导，加强信用风险管控

民营企业数量大，银行议价能力强，是我行扩大客户基础、增加价值创造的重要客户群体。但同时民营企业良莠不齐、情况复杂，只有强化政策引导、加强风险管控，才能确保民营企业信贷业务健康稳健发展。

一是始终坚持底线思维，严把准入关口，依据信贷政策抓准行业、选好客户，主动调整信贷结构，将信贷资源向优先支持行业和优先支持类客户倾斜。

二是不断强化合规意识，严格执行“贷款三查”，切实落实真实性管理、贷款支用管理、押品管理、贷后管理等关键环节的规定动作。

三是牢固树立资产质量管控大局观念，充分认识信用风险管理的严峻形势，保持资产质量管控高压态势，在加大存量不良贷款处置力度的同时，严控新增不良，确保全行资产质量稳定。

（四）贯彻了解客户原则，做实贷前调查

总行抓紧制定真实性核查指南，细化在客户信息、财务报告、项目、风险缓释措施、交易背景、贷款支付等方面的真实性尽职调查规定动作。各分行应始终把经营管理重点放在第一还款来源，按照“了解你的客户”原则，按照真实性核查指南要求，切实把握每个借款人自身真实的偿债能力和风险状况，避免因依赖担保措施、核心企业而忽视或弱化对第一还款来源的管理，严防利用虚假资料或虚假担保等骗取贷款。

（五）稳步推进放款中心建设，提升放款集约化管理

总行抓紧制定对公信贷放款中心建设指导意见，各分行按照“积极探索设置放款审核中心，与业务经营部门相分离”的总体要求，依据指导意见逐步推广“放款中心”模式，通过放款环节集约化管理、标准化操作，严防在未落实贷款条件、客户发生重大不利变化以及客户提供虚假支付依据等情况下发放贷款，夯实贷中环节内部管理。

（六）完善押品制度体系，夯实押品基础管理

总行抓紧修订押品相关制度办法，进一步明

确押品管理和估值流程标准、激励约束、监控要求等，细化押品管理流程及规定动作；完善外部评估机构准入退出机制和估值方法；制订押品管理流程操作手册，区别房地产、金融质押品、应收账款等不同类别押品，明确差异化操作流程及管理要求，提高押品管理精细化水平。各分行应按照制度要求抓好落实，避免出现押品虚、假、空等问题。

（七）健全贷后管理机制，取得贷后管理实效

总行抓紧修订公司及机构客户贷后管理办法，梳理贷后管理关键环节，进一步厘清岗位间职责分工，明确规定动作尽职标准，规范健全贷后管理流程；建立上下联动贷后管理机制，以及集团客户贷后管理协同机制；制定房地产、批发业、民营企业、贸易融资、国内保理等重点行业、客户群、产品等差别化贷后管理指引，提高贷后管理精细化水平。各分行要切实落实新职责、新机制，加强对贷款使用及账户行为的监控，及时掌握客户最新经营状况，严防贷款被挪用、资产质量恶化，取得贷后管理实效。

小企业信贷业务风险成因分析及相关措施和建议

总行小企业业务部　杨寒

近年来，在经济下行、产业结构调整以及客户自身和银行内部经营管理等多种因素影响下，小企业信贷业务风险出现一定程度上升，对小企业信贷资产质量和业务盈利水平产生较大影响。为总结经验教训，为业务健康发展和风险管控提供借鉴，我们对全行小企业不良客户进行了逐户调查梳理①，对不良形成原因进行了剖析，并提出了进一步加强小企业信贷风险管理的相关措施和建议。

一、我行小企业信贷业务风险现状及主要特征

从近年来全行小企业信贷资产质量的变动趋势看，2011 年四季度小企业不良贷款开始出现快速反弹，2013 年第二、第三季度达到高点，2013 年第四季度反弹趋势得到遏制，并实现逐步下降。截至2014 年 3 月末，全行小企业不良客户数 2 948 户，比年初减少 287 户；不良贷款额 241.67 亿，较年初减少 17.09 亿元；不良率 3.66%，比年初下降 0.33 个百分点。

从全行情况看，小企业信贷业务风险主要体现出以下几个特征：

（一）不良和逾期贷款主要集中在长三角地区，珠三角地区不良开始显现

截至 2014 年 3 月末，长三角地区小企业不良贷款 173.03 亿元，占全行的 71.60%，逾期贷款 211.80 亿元，占全行的 70.56%。珠三角地区不良贷款 29.85 亿元，较年初上升 3.36 亿元；不良占全行的比重为 12.35%，较年初上升 2.11 个百分点；不良率 2.49%，较年初上升 0.23 个百分点。

除长三角、珠三角地区外，其他分行资产质量相对较好，不良额为 38.76 亿元，比年初下降 0.73 亿元，不良率为 1.29%，比年初下降 0.08 个百分点。此外，全行共有 23 家分行不良率低于 2%，15 家分行不良率低于 1%。

（二）不良贷款主要集中在批发业和制造业，受钢贸风险影响批发业不良率较高

截至 3 月末，全行小企业批发业贷款余额

① 调查统计截止日期为 2014 年 3 月末，资料来源为 CMIS 系统，涉及小企业不良客户 2 948 户，不良贷款余额 241.67 亿元。

1 746.82亿元，占全部小企业贷款的26.49%，不良额104.31亿元，占全部小企业不良的43.16%，不良率5.97%，高于全行平均水平2.31个百分点，其中矿产品、建材及化工产品批发业不良余额71.82亿元，不良率7.76%。由于钢贸类小企业客户贷款违约在江苏、苏州等地集中性爆发，批发业小企业风险突出。

制造业小企业贷款余额3 497.45亿元，占全部贷款的53.03%，不良贷款余额114.14亿元，占全部不良的47.23%，不良率为3.26%，比全行平均不良率低0.40个百分点。

（三）银行承兑汇票等表外业务风险相对较高

小企业银行承兑汇票垫款21.83亿元，垫款率为4.28%，高于小企业不良平均水平0.62个百分点。

二、小企业信贷业务风险形成的外部主要因素

（一）宏观经济增速放缓，小企业经营困难加剧

近年来，国内经济增速持续放缓，小企业处于产业链末端，受经济波动影响相对大型企业更大，在劳动用工成本提高、原材料价格上涨、订单减少、下游企业付款周期过长等多重因素夹击下，盈利能力减弱，生产经营困难加剧，给银行信贷资产安全带来巨大冲击。

根据调查统计结果，我行小企业不良客户中，受订单减少、下游企业付款周期过长、成本上涨因素影响的客户分别为1 325户、1 177户和746户，占比分别为44.95%、39.93%和25.31%；不良余额分别为102.04亿元、90.33亿元和60.70亿元，占比分别为42.22%、37.38%和25.12%。

（二）外部需求下降，进出口企业风险加大

受国际金融危机影响，国内进出口总量下滑，汇率和大宗商品价格波动剧烈，进出口型小企业经营状况受到明显冲击，企业风险加大，对银行信贷资产质量形成较大影响。

调查结果显示，小企业不良客户中，受国际市场变化和大宗商品价格波动影响的客户为409户，占比13.87%；不良余额37.67亿元，占比15.59%。其中，浙江、江苏、广东分行涉及该问题的不良客户较多，共306户，占三家分行不良客户总数的20.13%，不良余额30.51亿元，占比19.98%。

（三）部分行业产能过剩引发银行信贷风险

受经济不景气和产业结构调整的双重影响，部分产能过剩行业风险集中爆发，并沿产业链向上下游迅速传导。

调查结果显示，小企业不良客户中，涉及所在行业产能过剩的共754户，占比25.58%，不良余额48.20亿元，占比19.95%；受上下游产能过剩行业关联风险的客户408户，占比13.84%，不良余额32.65亿元，占比13.51%①。其中，苏州、江苏行业产能过剩问题相对突出，涉及不良客户456户，占分行不良客户的52.17%，不良金额27.25亿元，占比48.49%。

（四）个别地区金融机构贷款投放过度

个别地区存在明显的贷款投放过度现象，且信贷资金的投入产出效率过低。以浙江地区为例，截至2013年末，该地区各项贷款余额与当年地区生产总值的比例为1.74，温州地区为1.81，远大于全国1.35的平均水平。在经济下行期，一方面，企业将贷款资金用于跨业经营和投机，经营利润与投资收益下降后，不足以支付融资成本，贷款不能正常回收，导致大量信贷出现违约；另一方面，为偿还债务，企业不得不占用经营资金，影响正常生产经营，导致经营困难加剧，最终诱发风险事项。

三、小企业信贷业务风险形成的客户自身因素

（一）小企业关联关系复杂，多头融资和过度融资问题较为突出

部分企业为了满足经营扩张、对外投资、参与民间借贷等，过度融资和多头融资，甚者通过关联企业进行“借壳”融资，导致企业融资额度远远超出偿债能力，一旦出现问题，轻者生产经营陷入困难，重者关停倒闭，给银行信贷业务带

① 涉及行业主要包括：金属及金属矿批发、建材批发、煤炭及制品批发、金属制品业、纺织业、纺织及服装服饰业等。

来极大风险。

根据调查统计，小企业不良客户中，放款时客户在不低于3家金融机构融资的共263户，占比8.92%，不良余额31.32亿元，占比12.96%；在金融机构融资额超过其销售收入30%的客户406户，占比13.77%，不良余额40.22亿元，占比16.64%。

（二）部分企业涉足民间借贷，信用风险不断暴露

在部分地区，民间借贷市场规模不断扩大①，大量小企业涉足其中，进行高息融资或投机来获取高额收益。受经济下滑影响，民间借贷风险集中爆发，大量企业资金链断裂，对银行贷款形成巨大冲击。

根据调查统计，小企业不良客户中，参与民间借贷的客户306户，占比10.38%，不良余额31.44亿元，占比13.01%。根据调研发现，温州分行2011年暴露的小企业不良贷款中，有近40%为企业涉足民间借贷引起的。

（三）部分企业过度扩张及盲目投资，导致资金链紧张

1. 企业过度扩张。小企业经营管理大多较为粗放，经营发展的盲目性较强，部分企业对前景预判过于乐观，脱离自身实力进行过度扩张，投入大量资金进行新厂房及生产线建设等，导致资金链紧张。

根据调查统计，小企业不良客户中，涉及过度扩张的客户460户，占比15.60%，不良余额44.66亿元，占比18.48%。

2. 企业跨行业经营。部分企业为追逐利润，涉足与自身主业不相关、缺乏运营经验的领域，如进军房地产、金融行业等，无法专注于原来的主营业务，导致经营困难，甚至破产关停。

根据调查统计，小企业不良客户中，涉及盲目跨行业经营的有220户，占比7.46%，不良余额25.73亿元，占比10.65%。其中，从事房地产业和金融业的89户，占比3.02%，不良余额12.73亿元，占比5.27%。

3. 企业盲目投资。部分企业为追求短期“高额回报”，偏离实体经营，进行盲目投资，用于炒股、炒矿、炒期货、炒房地产等，一旦投资失败便会直接拖累主业。

根据调查统计，小企业不良客户中，涉及盲目投资的有127户，占比4.31%，不良余额16.18亿元，占比6.70%。

（四）小企业客户真实性问题突出

小企业真实性问题呈现多发、群发态势，在多个环节以多种形式出现，主要表现为客户财务报表信息失真、贸易背景真实性不足、贷款资金用途不真实等。此外，隐瞒重大诉讼事项申报贷款，利用变更法定代表人规避资信审查，变更股权、转移资产逃废银行债务、伪造企业主签字逃脱法律责任等现象也时有发生。

2013年全行小企业专项审计检查发现，小企业客户真实性问题涉及38家分行的935户客户、信贷余额87.91亿元，分别占审计抽查样本的17.78%和19.26%。根据调查统计，小企业不良客户中，涉及真实性问题的客户有317户，占比10.75%，不良余额33.38亿元，占比13.81%。

（五）企业担保圈、担保链风险蔓延

小企业客户群体中，关联保证、交叉保证、循环保证、互保等圈链式担保现象比较普遍，在经济下行期，表现出越来越大的高风险传染性和破坏性，极易引发多米诺骨牌效应，形成群体性风险。

调查统计显示，在小企业不良客户中，因对外担保代偿形成不良的有329户，占比11.16%，不良余额35.06亿元，占比14.51%。其中，浙江、宁波分行该项问题相对突出，涉及不良客户和不良金额分别占两家分行的23.88%、24.50%。

四、小企业信贷业务风险形成的内部管理因素

（一）部分机构经营管理不能适应风险管控需要

1. 小企业信贷经营中心专业化建设未能有效落实。部分机构存在小企业经营中心建设覆盖面不高，规范化、标准化程度不够，建设水平参差

① 根据温州市金融办数据显示，2011年温州民间借贷市场的综合利率水平均在23%以上，8月首次突破25%，9月更是高达25.4%，市场规模约1 100亿元，9月局部民间借贷风波爆发。

不齐。目前，仍有超过40%的小企业经营中心建设未达到总行要求；约10%的经营中心未设置专职风险预警人员；约42%的经营中心未实行集中放款；约9%的经营中心未派驻专职审批，也无专人审批等。

2. 客户营销与授信评价岗位未实现分离。客户营销与授信评价工作由客户经理“一手清”，客户授信评价工作的专业化、集约化水平大大降低，评价质量难以保证。根据统计，目前仅有不到40%的小企业信贷业务评价授信工作由专职人员集中完成。

（二）信贷业务真实性管理不到位

1. 贷前调查不到位。一是对客户资料、财务数据真实性未有效核实。部分机构过度依赖企业提供的财务数据，未对企业资料和报表相关科目的真实性核实到位。

二是全面了解客户能力不足。对企业主和股东的个人品德、诚信、社会口碑、日常行为情况等缺乏深入的了解，导致客户准入不够审慎。

根据调查统计，小企业不良客户中，涉及贷前调查不到位问题的客户共330户，占比11.19%，不良余额32.43亿元，占比为13.42%。

2. 贷中对资金用途真实性控制不足。在信贷执行环节，仅注重对贷款资金支付形式上的审核，忽视造成对信贷资金用途真实性及合理性的核查管理，对信贷资金挪用带来的风险隐患防控不力。

调查统计发现，小企业不良客户中，存在贸易背景真实性问题的客户共122户，占比为4.14%，不良余额10.04亿元，占比4.16%。

3. 贷后对资金流向及企业经营异常情况监控不够。一是受监控手段和人员力量的限制，对企业信贷资金的流向，特别是对首次支付以后的多次支用或在他行的资金支用，难以进行有效监控。

二是对客户账户结算情况持续关注不够。对销售归行率偏低、结算账户少有甚至没有经营资金往来等现象反应欠敏感，未进一步分析具体原因。

三是贷后检查存在走过场现象，对企业货款回笼、纳税情况、行业分析、货物周转等重要内容未予以认真分析，对借款人及保证人的生产经营变化、抵（质）押物状态及价值变化等不能及时掌握。

调查统计显示，小企业不良客户中，贷后管理环节存在问题的客户共487户，占比为16.52%，不良余额44.48亿元，占比18.41%。

（三）过度授信问题突出，对关联企业未纳入统一授信管理

一是部分机构对过度授信的危害性认识不足，未能合理把握企业授信总量与经营水平的匹配度，对部分小企业客户的授信额度过大。

二是部分机构对小企业关联关系管理较为薄弱，对关联企业未按规定纳入统一授信管理。对客户利用关联企业多头融资、通过关联交易挪用信贷资金、关联担保等缺乏全面梳理和准确识别。

2013年小微企业信贷专项审计发现，小企业客户关联关系管理不到位和多头融资、过度授信的问题相对较多，问题涉及36家分行的651户客户，信贷余额74.84亿元，分别占抽查样本的12.38%和16.39%。

（四）个别机构对部分信贷产品的运用偏离其本质，导致大量风险积聚

个别机构对企业的经营特点和融资需求缺乏深入分析，或是出于保证金存款、中间业务收入等考虑，在不存在真实贸易背景的情况下，发展承兑汇票、贸易融资等表外业务，导致大量风险积聚。

根据调查统计，小企业不良客户中，因产品运用问题形成不良的有135户，占比4.58%，不良余额10.73亿元，占比4.44%。

五、加强小企业信贷风险管理的相关措施和建议

（一）建立小额化、标准化、集约化的经营管理模式

1. 深入推进小企业业务转型。一是贯彻落实《小企业业务深化转型方案》，加快推进小企业业务转型，明确市场定位，转变业务发展方式和经营模式，建立适合小微企业特点的小额化、标准化、集约化经营管理模式。

二是围绕商业圈、企业群、产业链及第三方合作平台，通过银政、银企合作，推进小企业批量营销和批量作业，提升业务经营管理和风险防控能力。

2. 持续加强小企业经营中心建设。一是继续

推进小企业经营中心建设，提高覆盖面，明确岗位设置，根据业务发展和风险控制要求合理配置人员数量，发挥小企业经营中心支持业务发展和控制风险的作用。

二是加强"信贷工厂"规范化建设，实现客户评价、信贷审批、抵押登记、放款审核、非现场监测等中后台业务专业化、批量化集中处理，提高业务道德风险和操作风险的防控能力。

三是加强对小企业经营中心的分类管理和检查验收，落实小企业经营中心客户营销与授信评价岗位的"两岗分离"，发挥专业专注和岗位制衡作用，保障业务真实运作。

3. 建立适应小企业特点的客户评价模式。改变以往过分依赖小企业财务报表的客户评价模式，充分考虑企业的资产状况、信用状况、偿债能力以及企业主的个人品德、诚信、社会口碑、日常行为情况等，建立小企业客户信用评级和评分卡并行的模式，提升对客户风险的准确识别能力。

（二）建立符合区域经济和市场特点的客户选择方式

1. 做好市场研究与规划。根据国家行业产业政策，结合区域经济特点，加强对小企业市场的细分研究，做好市场规划，明确目标市场。集中力量做好我行具有先发优势、竞争优势和品牌优势的市场，发展稳定、竞争力强、成长性好的区域特色市场，需求高度专业化、进入壁垒高、竞争优势持久的市场等。

2. 明确客户选择标准。一是重点支持管理规范、有市场、有技术、有诚信、专业专注、稳健经营、成长性好的小企业。

二是优先选择在我行开立基本结算账户、以我行为主办行、以抵（质）押或追加企业主及其配偶连带责任保证方式办理的信贷业务。对存在盲目投资、过度依赖负债经营、涉足民间高息借贷、跨业扩张、融资渠道过多、过度担保的小企业，不得进行信贷准入。

三是继续严控产能过剩行业、高污染高耗能行业的信贷投放，加快退出风险突出的钢贸、煤贸小企业以及淘汰落后产能小企业信贷业务。对环保不达标的企业不得进行信贷准入，存量客户尽快压缩退出。

（三）建立信贷业务真实性管理长效机制

1. 加强贷前调查，全面了解客户。一是加强企业经营状况调查，高度重视对借款人自身现金流及偿债能力分析，全面了解客户的生产经营、资金运作、产品产销状况，合理测算企业资金需求。

二是加强企业主个人诚信调查，将企业主和股东的个人品德、诚信、社会口碑、日常行为情况等作为客户筛选和评价指标，避免向企业主品行不端、有不良信用记录、甚至存在违法违规行为的小企业提供信贷业务。

三是充分利用相关系统核实客户关联关系，对属于集团客户成员的小企业客户纳入统一授信管理。合理确定授信额度和风险敞口，审慎判断客户偿债能力。加强多头授信管理，对同时在多家银行融资的小企业客户，提高客户准入门槛。

2. 加强贷中审核，严把资金真实用途。加强对信贷资金使用需求合理性、交易背景真实性的审核管理，认真核对企业购销合同、发票等支用材料的真实性，严格落实贷款支用相关规定和支用条件，加强对资金用途真实性的控制，防范企业挪用信贷资金。

3. 强化贷后管理，及时掌握客户变化。充分利用小企业早期预警系统、行为评分卡等工具，加强对企业管理、经营状况、企业及企业主账户行为、履约风险的监控和应对处置。充分利用主流媒体、网站、第三方人员、相关部门信息平台等，收集了解企业与企业主相关情况，及时发现客户潜在风险。

（四）建立真实可靠的风险缓释体系

1. 优化担保结构，增强风险缓释能力。一是逐步提高小企业抵（质）押贷款比例，合理控制保证贷款占比，增强风险缓释能力。加强与政府、协会、优质保险公司的合作，通过风险补偿金、履约保证保险等，完善风险分散机制。

二是严格控制相互保证、关联保证、交叉保证、循环保证。对存量信贷业务，要及时追加有效的风险缓释措施加固债权，或采取压缩退出措施。

2. 加强担保管理，保障风险缓释作用。一是加强第三方企业保证人管理。严格准入标准，加强保证能力评估及动态监控，重点关注以小企业为第三方担保人的情况。对于对超出代偿能力的保证贷款，要及时追加抵质押等风险缓释措施。

二是加强担保机构管理。严格执行准入管理相关规定，加强对担保机构经营风险和代偿指标的日常管理和动态监控，尤其要关注是否存在占用客户贷款资金、从事风险投资等情况，严格管理与客户有关联关系的担保机构。对存在不规范经营行为的，采取追加风险保证金、下调担保放大倍数、降低担保额度等控制措施，问题严重的，终止业务合作。

三是加强押品管理。严格执行押品管理的有关规定和要求，加强押品准入、评估、登记、重检、日常管理等工作，提高押品管理水平。加强对押品法律有效性、合规性的审查，加强押品登记和押品价值重估管理，严格执行各类押品抵押率要求，确保抵（质）押行为和风险缓释作用的有效性。

（五）建立完善的合规与内控管理体系

1. 加强员工合规教育，规范员工执业行为。提升小企业条线员工培训的广度和深度，提高人员业务素质和履职水平，加强对员工职业道德教育和合规教育，增强员工责任心，规范员工执业行为，提高执行能力。

2. 规范不相容岗位管理，落实岗位分离。梳理小企业业务不相容岗位，落实不相容岗位分离。对小企业经营中心客户营销和评价授信岗位未分离的，加强检查督导，杜绝混岗操作。

3. 完善岗位责任制度，强化责任约束机制。梳理明确小企业信贷业务流程各环节的岗位责任、履职要求，强化各环节人员的责任意识，提高制度约束力，防范业务合规风险。

（六）建立常态化、主动式的风险监测与预警机制

1. 加强单一客户风险监测预警。一是加快小企业早期预警工具优化、行为评分卡开发应用，整合小企业和企业主的综合数据，找准不同类型客户的关键性预警指标，落实系统自动化监测和预警。

二是完善预警处置机制，明确预警岗位设置、岗位职责和操作要求，完善预警处置流程，对客户潜在风险做到早发现、早处置。

2. 完善客户群风险监测。一是对小企业客户群，要针对其特征明确关键风险点，实行差别化的风险监测，并根据客户群总体风险状况实时调整风险敞口。

二是从区域、行业、客户、产品等多个维度，对小企业信贷客户风险情况进行交叉组合监测与分析，提高风险预判与防控能力。对存在潜在风险的领域，及时进行预警提示，做好风险应对与处置。

浅析信贷企业涉及民间借贷的甄别与防范

福建省分行 连育青

民营企业财务不透明的一个重要方面就是存在民间借贷。由于民间借贷的利率高，缺乏监管机制，容易引发经济纠纷，给银行信贷资产带来风险隐患，一旦企业的资金链断裂，银行的损失首当其冲。为此，如何及时甄别信贷企业涉及民间借贷，并有效地防范民间借贷引发的信贷风险，已成为当前基层行不可回避且急需解决的问题，也是基层行信用风险管理的热点和难点，本文在深入基层调研的基础上做一初探，望起到抛砖引玉的作用。

一、对授信客户民间借贷风险的识别

由于缺乏有效监管，民间借贷游离于正规金融之外，存在信息不够透明、银行间共享程度低，资金流向查实难；交易隐蔽、缺乏必要的登记和管理制度，法律地位不确定、风险不易监控，容易滋生非法融资、洗钱犯罪等诸多问题。尽管识别企业民间借贷存在诸多困难，但仔细分析企业经营管理、融资情况、财务信息、企业主（实际控制人或法人）个人行为，仍然可以发现一些端倪。

（一）观察企业主个人行为

一是观察企业主的经营行为。如经营基本游离主业，经营小额贷款公司、担保公司或投资性行业，或外流外迁，甚至转向国外，在高息利益驱使下，热衷于挣“快钱”，将利用实业平台谋得的银行贷款，或直接转手用于民间借贷等。二是观察业主的投资行为。若企业主投资偏好激进，热衷于高风险行业诸如资源、房地产开发以及股票、贵金属、艺术品等跨界领域投资，或存在炒原材料、大宗商品等投机行为，则该企业将生产经营资金挪用于参与民间借贷的可能性就比较大；如果投资涉及行业众多、投资分散且其自有资金不能满足投资欲望时，为了维持投资欲望和正常生产经营，在通过正常融资渠道得不到信贷资金支持下，势必会进行民间融资甚至是“高利贷”借款。三是观察企业主的管理行为。若公司治理结构混乱，如法人代表经常更换，生产经营处于停产或半停产状态，向银行借款后不能提供有效的证明真实贸易背景的支付凭证，申请的贷款金额明显超出实际有效需求，账户往来异常，财务信息失真；或者实际控制人和法人代表非同一人，公司大小事务由实际控制人决定，其他高管对公司财务、管理状况不了解的，存在逃避监管嫌疑，应对其经营管理、资本运作情况做进一步深入了解。四是观察企业主是否存在以下失范行为：（1）经常以各种名义诱导员工办理个人贷款或集资，与小额贷款公司、担保公司、典当行、财务公司等过从甚密，上下游企业反映其行为反常。（2）嗜好赌博，如部分企业主出入境记录显示近年频繁往返澳门，个人账户晚上 12 点以后或者在境外频繁波动。（3）嗜好奢侈品消费，尤其是部分年轻企业主，财富积累时间较短，父母、亲戚朋友也无高额收入来源，但却拥有大量奢侈品，消费水平远超收入水平的应仔细分析其资金来源。从现实案例来看，如果企业主存在赌博等不良嗜好，或经常存在大额奢侈消费的企业主，参与民间借贷的可能性非常大，所谓“花别人的钱不心疼”，靠自己一分一厘辛苦赚来而积累起财富的企业主，行事往往比较低调，也不铺张奢华。

（二）与客户有效沟通

无论是贷前调查还是贷后检查，客户经理在与企业主、财务人员、负责融资人员、公司员工、公司股东等接触过程中，通过一些有针对性的提问等方式，套取企业资金往来信息，是了解企业有无内外部集资（股）或民间借贷最简单的方式。询问的时候要注意方法：一是要背靠背地询问，问企业负责人时避开其财务人员，问财务负责人时避开其会计人员，然后根据询问的情况进行对比分析，以便发现问题。二是询问时要讲究策略，可在交谈中突然单刀直入地提出问题，在其猝不及防中发现蛛丝马迹。三是因人而异，突出重点。如向企业主了解投资理念、从业经历、人际关系，对企业财务重点了解多元化投资及资金紧缺情况；向管理人员重点了解企业主生活习惯、异常动向等，这些信息对分析企业主是否参与民间借贷、内部集资有很大帮助。此外，在与企业财务人员，特别是负责资金调度的人员交流过程中，发现其通过电话与资金中介（资金掮客、小贷公司、担保公司等）沟通频繁，话语中经常出现“价格、金额、期限”等字眼；或曾经侧面向客户经理咨询资金调头渠道等；或客户经理在试探性交流中发现其对民间融资利率十分熟悉，往往预示着企业已经介入民间借贷。

（三）开展外围调查

外围调查是了解企业有无民间借贷有深度的方式。企业民间借贷的来源主要是企业控制人或股东的亲朋好友、业务往来单位和不规范的担保公司、小额贷款公司、典当行等机构。对于企业控制人或股东的亲朋好友，客户经理可以个人的名义进行非正式的调查，调查中注意拜访的礼节，争取得到其配合。对于企业的业务往来单位和民间借贷机构，可以通过上门走访、函件等正规的方式开展调查。另外，要利用人民银行的征信系统、应收账款质押登记系统，以及税务、工商等部门或媒体信息，了解企业和企业控制人、主要股东的债务情况，通过关联企业、当地监管部门（如银监局、中央银行等）、地方政府（如工业办）、人民法院（如民间借贷诉讼案）等外围获取相关信息；也可以借助互联网、报纸杂志、广播电视等公众媒体发布的资讯了解企业的相关信息。例如，通过人民银行征信系统核对企业借款数据。企业借款金额超过征信系统查询余额的部分，则民间借贷的可能性比较大。如某工业企业，财务报表反映的借款余额为4 000万元，通过征信系统查询显示为3 300万元，经调查核实700万元为民间借入款。

（四）分析企业财务报表

财务报表是企业经营成果的静态反映，企业提供给金融机构未经审计的财务报表与企业的实际可能会存在一定的差距，但通过企业财务报表的深入分析，并借助征信系统、税务系统等查询平台，也能从中发现企业是否参与民间借贷的蛛丝马迹。第一，分析企业应付款项等流动负债明细，重点要对明细中无业务关联的应付款项进行核实。企业的应付账款和预收账款产生于经营活动，一般与生产规模相当，与生产周期的变动一致，并在短期内就要支付。对于下面情况应引起注意：一是企业的应付账款或预收账款长期固定不变；二是应收、应付款科目余额较大或者有大额进出，与企业规模和生产经营实际不相匹配的；三是应付款突然增加，表面挂股东或关联公司，股东通过个人借款再“转借”公司等，可以通过年度财务审计报告附注中应付款债权人明细情况，进一步分析判断企业是否存在民间借贷行为。其他应付款也是一样的道理，若所列的其他应付款对象非企业股东等正常的应付款项，而是与企业生产经营毫无关联的企业或个人，则此类应付款很有可能成为民间借贷款项。第二，分析财务费用与融资额的匹配度，“三费”是否异常增加。正常情况下，若企业在银行无信贷业务，财务费用应为负值（表示企业所取得的银行存款利息），而实际上为正值且金额较大，则极有可能是为民间借贷所支付的利息。若企业在银行有信贷业务，应根据企业在银行的融资规模，结合融资成本（包括支付的借款利息、费用等）匡算出企业的财务费用，与列支的财务费用进行比较，若后者明显高于前者，则企业很有可能存在民间借贷行为，为了支付民间借贷利息而使财务费用高涨；如果企业经营没有显著变化，销售稳定，但管理费用、销售费用、财务费用增长明显，超出其经营规模的合理范围；或者呈规律性的变动，如季度性地增加一个相对固定的金额，可能企业将民间融资利息支出摊入其中。第三，资本公积与实收资本不匹配。资本公积主要来源于资本溢价、接受捐赠等，一般应与企业财富积累经历保持一致。如果企业实收资本较小，而资本公积金迅速增加，或者无故提高资本公积金，再或者大额、连续增资，与企业发展不符，则其中可能有民间借贷资金进入。如某纺织企业注册资本1 000万元，2012年以前资本公积金科目余额呈现缓慢趋势，但2013年底的报表反映企业资本公积金由原来的565万元一下子增加到了2 165万元，经调查核实，该企业通过职工以及其他社会集资方式借入了民间借贷。

（五）分析资金流向

按月定期监测企业账户资金是银行贷后管理的重要内容之一，一是要分析相关企业的银行账户明细和银行账户流水，对与其经营范围明显不符的交易对手逐一核实，重点关注超过正常需要的异状情况和无业务背景的资金转账情况，分析企业是否存在民间借贷的可能。如果企业银行账户存在整笔划款，但并非划转给上下游企业或用于归还银行贷款，则企业有民间借贷可能。如果发现企业银行账户对外有规律地划款，在特定日期向特定对象支付等量小额资金，往往可以判断企业是在支付民间借贷利息；如为大额提现，则有可能是融出资金给其他企业、个人或者归还民间融资。二是分析银行授信转贷时点的企业资金进出活动，在银行贷款到期前几日有资金划入，贷款存量周转后原来划入账户的资金又等量划出，可见企业转贷资金源于民间借贷。三是通过查询法定代表人、实际控制人、主要经营者（包括股东、财务及销售人员等）的个人账户流水，分析明显不符个人正常运作所需的异状资金流转和大额现金存入和支取等行为，看是否存在高利贷现象。四是要特别关注其银行存款账户的资金往来信息，对企业与私募基金、合会及抬会、资金中介机构、地下钱庄、私人贷款公司、典当行、担保公司等机构的大额资金往来，或出现异常大额现金进账用于归还到期贷款或同户名转账等情形，应及时跟踪调查企业是否涉足民间（借贷）融资或非法集资。

（六）分析企业的融资情况

第一，分析银行负债程度，通常，企业过度负债、过度扩张或重大投资失误都会直接导致企业流动性困难，使企业陷入财务困境，如无法取得正规金融机构的新增授信，往往会迫使企业走上大额民间借贷的不归路。通过对企业实际控制人所涉及的行业及其资金实力分析判断是否存在民间借贷行为。如企业主业不突出，经营情况、行业前景一般，但银行负债高，该类企业往往利用信贷资金涉足民间融资、高利贷，甚至已将此作为主业。如果融资平台多、融资饱和度高，但企业的资产却同负债规模背离较大，企业可能存在抽取资金用于归还民间借款及利息的情况。如果对外投资大，且资金来源不明。在企业投资项目的资金缺口和银行债务严重不匹配的情况下，应对企业对外投资规模和来源构成进行仔细分析，看资金是否来源于民间融资。第二，对授信周转的时效性要求高。一般要求客户经理在一天内完成授信周转，或者要求在营业结束前将信贷资金整笔转出。尤其是部分企业在向银行申请授信时附带了时间点的要求，如“最好在×月×日前完成审批或放款”，可能暗示其在该时间段左右需要归还高利贷资金。第三，大量利用表外业务融资。部分涉及民间融资高利贷企业在表内融资饱和的情况下，往往利用虚假的贸易背景或者为融资而制造贸易背景，如通过关联企业交易开立国内证等进行“假贸易真融资”。第四，通过贷款担保方式进行判断分析。很多参与民间借贷的企业在办理银行信贷的时候，采用了第三方抵押，一是因为抵押人自身没有融资平台，或者对外融资过度，不符合银行准入条件，通过相互合作获取银行贷款后，借款人将贷款资金出借给抵押人，并获取一定的费用。二是抵押人与借款人合作，获取银行贷款后，从事民间借贷或者对外投资获取回报。在这种情况下，信贷客户与提供抵押或保证担保的第三方除了私人关系因素外，存在借贷关系或者其他利益关系的可能性较大，一旦抵押人和借款人之间出现了矛盾，很容易引发信用风险事件。

二、借款企业涉及民间借贷的风险防范

从根本上解决中小企业融资难问题、根治民间借贷乱象，是一项综合性的系统工程。因此，基层行必须认识到防范民间借贷风险是一个长期过程，不能因一时未出现风险就高枕无忧，只有建立制度和机制，才能有效防范风险。

（一）强化贷前调查，提升风险识别能力

判断是否存在民间融资情况，贷前调查是关键。除了常规调查外，还要针对民营企业的特点，通过对非财务因素的收集、监测、分析，获得和掌握影响贷款偿还的信息：一是强化调查力度，对新增贷款、首笔贷款还要着重调查企业主的道德品质、诚信度、投资理念和经营管理能力，真正做到“了解你的客户”。二是要拓展调查宽度，把调查工作延伸到税务、工商部门、有业务往来的相关企业以及业主的左邻右舍等，顺藤摸瓜，利用各类关系及时进行求证，对于异地企业，要尽量做到信息对称，需要勤跑企业，从企业的上下游和周边企业旁敲侧击，广泛获取信息。三是挖掘调查深度，提高现场调查的频率，除抽调原始凭证、实地核查库存商品等手段外，还可以要求企业提供水电费账单、纳税凭证、购销合同以及资产权属证明等材料以及行业协会等外部相关信息，全面摸清企业有效资产和真实现金流状况，用于发现涉及民间借贷的蛛丝马迹，切实防范因调查信息来源过于单一可能导致的潜在风险。对不配合的企业可冻结其授信额度，直至收回贷款。四是制定合理的授信额度，对企业提供的财务报表、银行账户资金流向、关联交易等情况进行综合分析，还要客观分析企业的经营和投资情况，详细测算其真实的资金需求，确定合理的授信方案，从源头上规避授信风险。

（二）加强贷款审查，提升风险防范能力

首先，提高审查质量。贷款审查、审批人员应加强对主要财务科目及其关联企业间应收应付明细的审核，努力实现“两个匹配”：一是企业（股东）经营历史与现有经营规模及资产规模的匹配。对历史积累不足以支撑现有经营及资产规模的企业，重点分析其资金来源，判断是否存在通过民间集资筹措资金。二是企业经营状况与授信额度的合理性及借贷成本的匹配。对行业前景一般，经营并不存在快速扩张条件的企业，重点分析其授信额度的合理性，判断其授信的真实用途。对银行综合借贷成本超过企业产品毛利率的

授信申请，结合企业周转水平，判断企业是否能以主营业务承担该财务成本，对主营业务无法承担该财务成本的企业，拒绝授信，以防止可能的不良用途。其次，优化授信方案。在授信产品配置中，为了有效监控授信客户的经营情况和资金流向，应针对不同的授信客户，设定合理的产品组合，尽可能采用信用证、银行承兑汇票、应收账款融资、动产融资等基于真实贸易背景的供应链融资产品替代资金不易监控的流动资金贷款产品；在授信产品的期限安排上，应考虑行业特点、生产周期和资金回笼渠道等因素，确定信贷产品的期限结构。要把抵（质）押、保证等手续办到位，不留瑕疵；认真落实好季度检查、年终重估（评估）等制度，筑牢信贷风险防范最后的堤坝。最后，严把审批关口。贷款审批人应认真阅读分析经办行申报材料及其财务报表，对涉及民间借贷企业申请的信贷业务应区别民间借贷性质作出不同的决策。一是对企业存在转贷时需要临时性的、融资成本受国家法律保护的民间借贷，并申请银行授信的客户，应根据其生产经营、市场占有、经营现金流、第二还款来源等情况进行综合分析，新拓展客户必须从严把关，存量客户一般不得新增，视具体情况作出是否逐渐压缩其信贷业务申请的决策。二是对存在融资成本超出国家法律保护的民间借贷的企业，应直接予以否决。

（三）强化贷后管理，提升风险缓释能力

首先，在贷后阶段，严格执行贷款新规，努力实现“两个结合”。一是受托支付与企业日常资金进出管理的结合。除贷款资金严格执行贷款新规，落实受托支付外，严格监控授信企业的日常资金流转，重点监控与企业主营无关的大额资金进出，通过资金流向和金额分析，判断企业是否存在民间借贷行为。二是常规检查与企业重大行为排查相结合。除依照业务流程进行首次检查、定期检查外，对企业的重大经营变化和重大事件，尤其对企业重大投资行为的资金落实情况、管理层重大变化、法律诉讼等事件进行重点分析和排查，防止因民间借贷引发授信风险。其次，加强资金管控。对自主支付的一定要求企业提供购销合同、发票、发货清单等佐证资料，以检查贷款实际用途与合同约定的用途是否一致；加强销货资金归行的管理，将资金归行率作为授信的前提条件和持续用款条件，对达不到持续用款条件的要分析原因，要求企业整改，发现有民间借贷的要及时采取措施；加强日常资金支付的管理，强化跟单支付的意识，对企业达到一定金额的支付必须要客户经理审核签字后前台才能付款。再次，银行客户经理应密切关注贷款企业资金流出流入动向。监控银行贷款资金用途的合规性，防止贷款资金流向与其生产经营无关的企业或个人，甚至流向民间借贷市场；监控企业资金流入的合理性，加强对其货款回笼等经营性款项之外的大额资金异常流入情况监测。如发现贷款企业资金流出流入异常，经调查核实属于“高利贷 ”行为，应果断采取增加抵押品、提前收回贷款等措施，切实防范银行信贷资金风险。最后，寓服务于监督之中，不断提高客户经理的监督意识和监督艺术，通过给企业办理结算、融资、咨询、理财等综合性业务时，及时关注企业的生产经营及资金使用情况，增强民间借贷风险识别的敏感性。

（四）改进监测技术，提升风险监控威慑力

民间借贷活动较为隐秘，检查人员仅凭交易凭证很难判断一笔交易是否为民间借贷，特别是在每天大量的账务交易中，更难识别出风险疑点。当前非现场监测手段的主要问题是，监测点和监测条件设立过于宽泛，缺乏针对民间借贷风险特点的精确识别、监测和管理。而运用非现场技术，根据非民间借贷资金特征和运作规律进行识别和监测，对疑点进行精确打击，效率较高。一是有针对性地改进监测技术，重点采取对资金链的上下游密切跟踪、模型精细特征识别、多渠道技术手段配合、日常监测与累计识别相结合等方式，提高监测技术水平。二是加强监测疑点核实管理，建立以疑点性质和风险权重为标准的分类疑点核实机制，加强疑点核实的过程规范管理，并通过建立模型设计者、运用者和疑点核实者三方之间的沟通和反馈的桥梁，不断对监测模型进行总结、优化、提升。三是将监测结果运用于员工行为排查、教育和客户信贷管理中，提升管理工作执行效能和威慑力。

（五）完善内控体系，提高制度执行力

在银企的关系中，信息不对称是永恒存在的，为保障贷款的安全，一是提升员工执业素养。一个优秀的信贷人员能够弥补信贷政策、管理制度的缺陷，而一个良好的信贷体系由一个素质低下的信贷人员执行，也会偏离既定的方向和目标。企业民间融资、虚假申请贷款材料能够顺利在多家银行瞒天过海，关键在于信贷人员不能切实做到实地调查借款人经营及资产情况，并进行真实性核对和审查，如果信贷人员切实认真做好调查核实工作，完全能够避免因此而产生的信贷风险。为此，从典型案例分析、从业“禁令”教育等入手，培养员工依法经营和操作的意识和习惯，提高员工深入分析和发现企业参与民间借贷的能力，杜绝员工参与高息借贷和社会集资、融资行为。二是要完善内控体系。要制定具体、规范、全面的民营企业涉及民间借贷的识别程序和管理制度，明确和细化各岗位、各业务环节的风险点和控制措施，优化风险管理流程，完善利益分配和协调管理机制。提高信贷人员对企业民间借贷风险的识别和判断能力。要针对其他银行出现的民间借贷问题，查找自身的风险隐患，及时弥补内控制度和流程的漏洞。在贷前调查中发现企业存在金额较大的民间借贷或民间借贷关系较复杂的，要拒绝受理企业的业务申请。对于发现企业确有民间借贷的违规行为，为了保障银行信贷资金的安全，可以视情况宣布贷款提前到期，及时收回贷款。三是要完善奖惩制度。要求经办行在申报民营企业授信业务前，客户经理及风险经理应切实加强贷前尽职调查，了解企业申请信贷资金的真实需求，同时将企业是否涉及民间借贷作为一项重要调查内容并在申报材料中予以说明，对于认真履行职责，及时发现和在防范和化解民间融资风险中贡献的员工要给予特殊奖励。要建立健全责任追究机制，对在信贷管理中存在调查不尽职行为，隐瞒不报的依纪依规严肃问责；对员工参与民间融资活动，充当资金掮客的客户经理，一律予以开除，涉嫌违法犯罪的移送司法机关处理，决不手软，维护执行制度的严肃性。四是创新服务功能降低企业、个人对民间借贷资金的依存度。建立重点联系行制度，随时掌握企业参与民间借贷的新情况、定期分析、交流经验，共同探索防范措施，要从尊重现状、承认客观需求的角度出发，有效识别正常的民间融资和过度融资、高利贷的区别，对那些市场前景看好、有发展潜力、风险可控的企业按照区别对待、择优扶持的原则，及时注入资金，简化贷款手续，拓宽服务范围，增加信贷品种，努力解决企业生产经营中的难题，更好地为民营企业发展提供全方位的金融服务。五是加强同业合作，在国内多家企业资金链断裂事件中，单个金融机构很难做到独善其身。这就需要在监管部门、银行业协会等牵头下，各金融机构之间建立信息沟通交流机制，如信贷黑名单共享机制等，增强对民间借贷风险的共同防御能力。

山东省分行担保圈风险管控研究

山东省分行风险管理部课题组

随着近两年经济步入下行期运行，担保圈内部分企业资金紧张、资金链断裂、风险迅速传导，导致整个担保圈内企业受影响甚至“全面崩溃”的事件时有发生，山东省内也先后暴露了圣花集团、瑞中医药、海洲粉末、豪盛集团、长丰集团等波及面较广的担保圈风险事件。为有效防控我行担保圈风险，我们年初提出了本研究课题。

在研究思路上，作为信用风险的一种，要实现担保圈风险的有效管控，首先要对其深入排查、摸清底数，其次是在排查基础上的风险状况分析，然后在前期排查摸底、后续深入分析的基础上，找到风险管控的难点和关键点，最后提出有针对性的管控建议。

一、担保圈的基本概念

什么是担保圈？目前并没有一个权威的定义。在互联网中输入“担保圈”这个词组时，百度百科也没有相关定义。

我国担保圈源起20世纪90年代，对其最初研究则始于21世纪初。2001年12月12日，福建工商时报刊登了一篇郎咸平等撰写的题为“‘福建担保圈’新形态的敛财模式”的文章，这篇文章深刻揭示了“担保圈”内上市公司的盈利能力主要来自于企业的“筹资活动”而不是“经营活动”或“投资活动”，这将给我国股票市场发展带来隐患。他们尖锐地指出：只有当借款和担保金额的增加为“担保圈”内公司带来了丰富的现金流入且回报超过其为贷款所支持的利息时，贷款才会促进公司业绩的增长；当“担保圈”内公司通过“筹资活动”获得的现金减少后，净现金流入就面临危机；担保圈中一旦某家公司资金断链，“多米诺骨牌效应”发生，必然爆发金融危机，最终受损的是贷款银行和中小股民。这篇文章的问世，虽未“一石激起千层浪”，但也引起了国内学者的高度关注。随着近两年经济步入下行期运行，担保圈内部分企业资金紧张、资金链断裂，风险迅速传导导致整个担保圈内企业受影响甚至“全面崩溃”的案例时有发生，担保圈风险重新引起社会各界的高度关注。

结合工作实践，课题组认为担保圈可以定义为多家企业因担保关系链条而连接在一起形成的特殊利益群体。这个定义当中有几个要素：一是之所以称为“圈”，更多地是出于风险传导性考虑，而非“圈”字面意义上的封闭性。链条不一定是传递闭环，可以是双向传递的，也可以仅仅是单向传递。二是企业之间的关系除了直接或间接的担保关系，还可能存在股权、控制、上下游等关联关系。三是企业之间的担保关系可能是一对一的，也可能是多对一或者一对多的。

二、担保圈风险管控的基本思路

作为信用风险的一种，要实现担保圈风险的有效管控，首先要对其深入排查、摸清底数，其次是在排查基础上的风险状况分析，再次在前期排查摸底、后续深入分析的基础上，找到风险管控的难点和关键点，最后提出有针对性的管控建议。

三、担保圈风险排查过程

前期摸底排查是否全面、准确，是后期风险分析和管控有效的基础，为此在确定排查方式时，课题组进行了多次讨论。首先，从数据信息获取的角度，现有的人民银行信用信息基础数据库是企业担保关系的权威数据库，应当以其作为主要的信息依据，能够从人民银行后台直接获取全量担保数据无疑是最直接、高效的方式。但经过积极沟通，出于查询授权、信息保密要求等诸多客观原因限制，这条捷径走不通，最终只能采取人工逐户、逐笔查询担保信息的方式。其次，从数据分析层级的角度，经办行（这里所说的经办行指县行层级）汇总数据、直接分析无疑是效率最高的，但这会漏掉可能存在的大量跨县域担保圈，由此最终确定经办行只负责查询和提供信息，二级行、省行负责数据分析。最后，是担保圈界定的范围。仅仅排查建行债项对应的担保圈无疑简单快速，但由于担保圈天然的传导性是跨企业、跨金融机构传播的，仅仅基于建行业务排查达不到实质风险判断的初衷，最终确定客户在各金融机构的所有担保信息全部排查。

（一）第一次排查

在上述多次讨论的基础上，课题组于2014年3月下发《关于开展对公客户担保情况全面调查的通知》（省行风险管理部〔2014〕23号便函），对全辖对公客户开展担保情况全面调查。

本次调查范围为2014年2月末信贷余额不为零或目前有效额度不为零的全部对公客户。要求对全部对公客户逐一进行贷款卡查询，将其全部的未结清对外担保信息、被担保信息、客户在各家金融机构授信情况、总资产、总负债等数据填列到课题组制作的Excel模板上。

各行经过1个多月的排查，课题组对数据进行了汇总，但最终发现数据填列不规范、不标准（如一个单元格填列多个数值项的情况大量存在），无法对数据进行深入、准确的统一分析和使用。为此，课题组充分吸收经验、积极改进模板，计划下半年择机重新排查。

（二）第二次排查

2014 年 9 月，总行积极落实银监会加强企业担保圈贷款风险防范和化解工作要求，选取了包括我行淄博分行在内的七家二级分行作为进行担保圈专项排查试点工作。在试点工作中，课题组在第一次排查的基础上积极优化担保信息录入模板，继续把建立规范、标准的企业担保、被担保信息数据库作为基础工作；同时在试点工作中，指导、协调淄博分行与省行信息技术部工作人员共同开发了担保关系图自动生成程序。这些工作思路都得到了总行高度认可，总行信贷管理部最终采纳了我行信息收集及图谱生成程序的做法，并最终于 2014 年 10 月在全国组织开展了担保圈企业贷款风险专项排查。我行排查工作的主要流程如下。

1. 信贷客户保证担保基础信息录入

（1）逐户查询我行存量信贷客户（截至 2014 年 9 月末有余额）在人民银行征信系统中的担保信息，填写《对公信贷客户保证担保关系基础信息表》。

（2）近期（原则上距离现在不应超过 1 个月）曾对上述客户开展过人民银行征信系统担保信息查询的，可以近期查询的信息为录入依据。

（3）在相关信息录入时，可以我行担保合同信息为印证对照，以地方政府、监管部门提供的信息以及日常业务管理中获取的其他可信信息作为补充。

（4）此项工作由经办机构经营部门组织客户经理完成，并对保证担保信息的真实性和完整性负责。

2. 担保圈关系梳理及图谱绘制

（1）审核、校验各经办机构经营部门报送的保证担保基础信息，可按一定比例抽取经办行通过人民银行征信系统获取的查询记录与所录入信息进行比对。

（2）利用提供的批处理软件、按照使用说明，统一处理本辖对公信贷客户保证担保关系基础信息表，以梳理担保圈关系，并依托该软件统一绘制担保圈担保关系图谱。

（3）根据批处理软件自动梳理分配的担保圈号，逐圈编制《担保圈关系企业基本情况表》。

（4）此项工作由各二级分行风险部门会同经营部门共同完成。

3. 担保圈信息分析汇总及风险评估分类

（1）汇总编制《担保圈信息汇总表》。该汇总情况表中部分字段，如圈号、担保关系企业数、担保关系对数、担保余额等，可由批处理软件自动生成，其余字段由各二级分行自行判断填列。

（2）各行比照总行提供的担保圈分类标准，并综合考虑担保圈成员企业构成、担保关系形成基础、实质代偿风险及金额大小等因素，评估担保圈风险分类并提出分类初步意见，省行对最终分类进行审定。

（3）此项工作由各二级分行风险部门会同经营部门、审批条线人员共同完成；担保圈风险分类审定工作由省行风险部门会同经营部门、审批部门共同完成。

4. 逐圈制定高风险担保圈风险化解工作档案

（1）省行将担保圈风险分类最终结果下发各二级分行，并针对“高风险担保圈”提出管控要求，各行逐圈制定担保圈风险化解处置方案。

（2）此项工作由各二级分行风险部门会同经营部门、审批条线人员共同完成。

四、山东分行担保圈风险状况

经排查，我行累计汇总录入 99 042 条客户保证担保基础信息，涉及 10 374 户企业（其中我行企业客户数 5 241 户，占我行 9 月末存量对公授信客户数的 61.04%），梳理担保圈 970 个。担保圈企业净资产总额合计 39 246 万亿元，担保金额合计 12 795 万亿元，担保倍数（担保金额与净资产之比）平均为 0.33。

参照总行担保圈风险分类参考标准，并结合总行调研座谈会讨论意见，本着实质重于形式和利于业务持续健康发展的原则，全行最终认定高风险担保圈 61 个，占比 6.29%；中风险担保圈 299 个，占比 30.82%；低风险担保圈 610 个，占比 62.89%。主要风险特征如下。

（一）担保圈涉及范围之广超出预期

从排查情况看，担保圈在各行普遍存在，涉及范围之广超出预期。例如，菏泽、东营、日照、潍坊、淄博、莱芜、枣庄、聊城、泰安、滨州、济宁十一个地区的担保圈均涵盖分行 60% 以上的信贷客户，菏泽、东营、日照三个地区更是均涵盖分行 80% 以上的信贷客户（见表 1）。

表1 担保圈整体情况分析

二级分行	整体情况					最大担保圈			
	担保圈数	涉及企业数	其中：我行信贷客户数	我行9月末信贷客户数	占比（%）	涉及企业数	其中：我行信贷客户数	我行9月末信贷客户数	占比（%）
菏泽	65	844	590	672	87.80	361	238	672	35.42
东营	23	750	454	556	81.65	657	409	556	73.56
日照	69	935	527	648	81.33	564	269	648	41.51
潍坊	128	1 192	681	942	72.29	381	188	942	19.96
淄博	93	1 193	458	653	70.14	522	196	653	30.02
莱芜	24	176	72	103	69.90	23	12	103	11.65
枣庄	58	464	272	409	66.50	92	33	409	8.07
聊城	42	583	257	402	63.93	372	155	402	38.56
泰安	44	639	321	506	63.44	473	280	506	55.34
滨州	38	684	250	395	63.29	471	170	395	43.04
济宁	62	549	274	442	61.99	242	118	442	26.70
德州	59	555	298	571	52.19	274	153	571	26.80
临沂	70	458	243	654	37.16	99	51	654	7.80
烟台	107	714	289	810	35.68	82	24	810	2.96
营业部	53	391	171	535	31.96	54	1	535	0.19
威海	35	247	84	288	29.17	42	14	288	4.86
合计	970	10 374	5 241	8 586	61.04	4 709	2 311	8 586	26.92

（二）绝大部分担保圈覆盖区域为县域及地市域以内

从担保圈覆盖区域范围看，只涉及同一县域内企业的担保圈463个，占比47.73%；涉及同一地市域内企业的担保圈383个，占比39.38%；涉及同一省域内企业的担保圈67个，占比6.91%；涉及跨省企业的担保圈58个，占比5.98%。绝大部分担保圈覆盖区域为县域及地市域以内，跨地市、跨省担保圈占比较少。

（三）近1/3的担保圈涉及互保

从担保圈内是否存在互保（“互保”指双方相互为对方提供保证担保方式）情况看，涉及互保的担保圈309个，占比31.86%；不涉及互保的担保圈661个，占比68.14%。

（四）极少数担保圈为联保体

从是否为联保体（“联保”是指三个或三个以上借款人组成担保小组，共同为小组内其他客户提供保证方式的担保）角度看，26个担保圈为联保体，占比2.68%；944个担保圈非联保体，占比97.32%。

（五）个别担保圈存在循环保现象

从是否存在循环保（“循环保”是指三个或三个以上借款人依次为下一个企业提供保证担保，并最终形成一个循环圈）角度看，25个担保圈存在循环保现象，占比2.58%；945个担保圈不存在循环保现象，占比97.42%。

（六）依托私人关系形成的担保圈较多

从担保圈形成原因分析，依托企业高管人员之间私人关系相互提供融资支持形成的担保圈413个，占比42.58%；同行业或上下游企业相互提供融资支持形成的担保圈118个，占比12.16%；依托股权关联关系形成的担保圈81个，占比8.35%；虽无直接股权关联关系但归属于同一实际控制人的担保圈52个，占比5.36%；分别归属于两个或以上不同实际控制人控制的关联企业之间形成担保组合的担保圈30个，占比3.09%；地方政府干预形成担保关系的担保圈9个，占比0.93%；其他原因的担保圈267个，占比27.53%。

五、担保圈风险管控难点

从担保圈上下半年两次排查的情况看，担保圈风险管控的难点集中暴露在信息获取、梳理工具、制度依据三个方面。

（一）担保圈信息获取较为烦琐

从担保圈梳理情况看，全行共计反馈了近十万条企业担保、被担保债项信息，信息的查询、录入完全依靠基层行客户经理、信贷经理，而工作手段只能依靠手工逐笔统计，工作量非常大，在当前各行经营压力大、人员紧张的现实情况下，对基层人员的工作人员数量、认真程度、工作耐性是一严峻考验。

此外，企业担保、被担保债项信息完全依靠基层行客户经理、信贷经理手工统计，缺乏数据质量验证和考核的必要手段，而数据准确性、完整性不能有效保证，将直接影响后续工作质量和结果。

（二）担保圈梳理工具较为单一

在第二次担保圈排查工作中，总行在我行淄博分行试点过程中开发的图谱分析软件基础上进行了软件后续优化，实现了自动绘制担保关系图功能，不仅提高了根据担保关系和担保方向“出图”的效率，也实现了一定的统计、分析量化“智能”分析功能。但从应用角度看，仅仅依托一个外挂软件作为梳理工具，仍显得较为单一，同时也无法满足不同层级、不同岗位、不同角度的使用需求。

（三）担保圈管控制度较为缺乏

目前政府部门、监管机构、各商业银行、我行内部均高度重视担保圈风险，但担保圈管控的制度依据仍然较为缺乏。目前通常将企业或有负债率控制作为授信持续条件之一，但这只是站在单一客户对外担保的角度简单考虑企业的或有负债风险，即使某个企业的或有负债率较低，但如果其身处一个高风险的担保圈中，一旦担保圈中某个企业违约，在担保圈迅速传导作用下，这个企业也将面临极大的信用风险。从这个角度看，目前对企业所处担保圈风险的调查、申报、管理需要大量的细化和规范。

六、提高担保圈风险管控的几点建议

在本次担保圈排查、梳理、分析等一系列研究的基础上，结合我行日常工作，课题组建议在以下几个方面完善担保圈信用风险管控。

（一）工作常态化，将担保信息查询录入纳入日常工作

从上下半年两次担保圈排查情况看，担保信息查询工作量巨大，对全行的工作资源消耗也非常大，但在目前人民银行贷款卡系统信息无法统一后台获取的情况下，这种人工查询并录入数据路又是唯一的方式。鉴于此，一是建议明确将担保信息查询录入数据库作为常态化工作，可以考虑与月度贷后管理、季度风险分类时的日常查询工作结合起来，定期查询担保信息并更新数据库，这样一方面可以避免大量重复信息的查询和录入，另一方面也满足了常态化管理要求。二是明确工作职责，将定期查询、更新数据库作为贷后管理的规定工作，确保信息录入的准确性。三是扩大信息获取渠道，对于人民银行贷款卡系统中不存在的线下担保信息，应通过同业交流、法律文件确认等方式核实后一并补充录入，以确保担保信息录入的完整性。

（二）依托科技力量，将担保圈梳理“线上化”升级

前面的分析中已经提到，线下单一的梳理工具虽然可以满足一次性排查的需要，但对于担保圈整体工作的管理要求仍存在一些差距。鉴于此，建议将担保圈梳理嵌入 CLPM 系统，建立风险防范长效机制：第一，可以充分利用 CLPM 系统中已经存在的建行债项担保信息数据库，而只需人工定期补录非建行债项担保信息，既节省人力资源又满足数据准确的需要；第二，可参照授信业务风险监测系统（CRMS 系统）集团客户关系树展现功能将担保圈自动识别、查询、分析等功能嵌入 CLPM 系统，在信贷业务的不同流程和环节中满足准入、审批、放款、贷后、风险监测等不同岗位的需要。

（三）定期进行担保圈分类，及时应对风险变化

与单一客户的信贷资产分类相比，担保圈分类可以看作是对圈内企业这一特殊利益群体的整体分类，借鉴单一客户信贷资产定期分类的工作方式，建议定期对担保圈进行高风险、中风险、低风险的分类工作。一方面，由于担保圈传导性的存在，信贷资产分类与担保圈分类存在客观的相互影响，单户信用风险的个体变化会导致相应担保圈的整体风险变化，担保圈整体风险变化也会反向影响圈中个体的信用风险变化，定期分类是真实、及时、准确反映风险变化的需要。另一方面，定期分类有助于针对担保圈风险的变化及时采取加固风险缓释措施、链条阻断、大圈化小等应对措施。

（四）完善担保圈管控制度

一是严格落实银监会《中国银监会办公厅关于加强企业担保圈贷款风险防范和化解工作的通知》（银监办发〔2014〕214号）中“对联保贷款方式，企业对外担保的限额原则上不得超过其净资产；除农户担保贷款外，每家企业担保贷款不得超过5户，并严格控制联保体内单户贷款额度”的新规。二是通过一段时间的摸底跟踪，积极探讨结合总行的担保圈分类标准（目前新的分类标准正在征求意见），将相关标准纳入到我行现行的营销、准入、审批、贷后管理、风险监测等相关工作制度中，建立担保圈风险的长效管控机制。

（五）充分考虑担保公司的特殊性

从实际情况看，由于专业担保公司在担保关系谱图中作为一个共同节点存在，导致整个担保关系图谱迅速扩大；但从实质风险角度讲，对外保证业务是担保公司的正常业务，这在担保公司的准入、限额确定、贷后管理时已有充分考量，担保圈排查的本意应为一般企业的或有负债及其风险传导性分析，两者采用统一标准考量并不准确，建议考虑区别对待。

（六）完善第二层担保关系梳理

考虑到排查工作时间有限和工作效率问题，本次课题研究通过“一次性查询授信客户担保和被担保信息”建立数据库，实际上主要侧重我行授信客户充当借款人或担保人时、与其相关的担保或被担保关系人（简称第一层担保关系）的梳理，而对于“与我行授信客户相关的担保或被担保关系人”充当借款人或担保人时、所涉及的担保或被担保关系人（简称第二层担保关系）的梳理是存在遗漏的，建议在日后常态化的工作中，还要对与我行存在担保关系的非我行授信客户进行逐笔债项查询，以确保担保圈梳理的完整性、准确性。

在本课题研究工作中，总行信贷管理部给予大量的工作指导，省行信息技术部、淄博分行风险管理部在软件技术开发、排查试点方面提供了大力支持，在此一并深表感谢。

课题组成员：冯元照　陆爱民　王广宏
张艳秋　郑二明　魏宝
尹兆亿

新形势下强化内部控制的思考

总行内控合规部　安瑛晖

当前，建设银行面临的经营管理形势十分复杂。第一，商业银行面临严峻的经济形势。主要表现在当前的“三期叠加”① 并在未来相当一段时期内成为“新常态”，告别以高增长、高投资、高出口、高污染与高能耗为特征的“旧常态”，使金融业出现大量新情况、新问题。主要体现在：金融业在前期政策刺激下出现了规模的快速扩张，而金融对于实体经济的渗透性却在弱化；在宏观

① “三期叠加”主要表现：（1）增长速度进入换挡期，是由经济发展的客观规律所决定的；（2）结构调整面临阵痛期，是加快经济发展方式转变的主动选择；（3）前期刺激政策消化期，是化解多年来积累的深层次矛盾的必经阶段。

流动性充裕的同时，微观流动性却处于紧张状态；整体债务率、杠杆率攀升；系统性风险上扬；金融服务于社会创新、产业升级以及生产消费的能力下降。从宏观的视角看，未来的发展需要坚持金融服务于实体经济的结构优化调整，使金融能够服务于创新、新兴产业发展，避免金融资源“空转套利”现象；利率市场化、汇率自由化、资本项目的有序开放、多层次资本市场建设、多主体金融市场开放、非标资产的标准化和阳光化、地方债务与土地财政融资体系改革以及存款保险制度都应在未来有序可控地推出。这对商业银行改进经营管理模式提出了新的现实要求。第二，商业银行面临的监管形势日益严峻。外部监管规则不断推出和更新，银行面临前所未有的监管压力。特别是2008年财政部、证监会、审计署、银监会、保监会联合下发《企业内部控制基本规范》等相关文献和规章，对企业实施和强化内部控制提出了明确要求；2014年9月，银监会再次修订下发了《商业银行内部控制指引》，对商业银行完善内部控制、提高经营管理水平提出了新的指导性意见。第三，商业银行的同业竞争日趋激烈。内部控制作为核心竞争力，各家银行对强化内部控制不敢有丝毫懈怠。作为主要市场竞争对手的国有大型商业银行，在内部控制方面积累了先进的实践经验，既给建设银行带来了巨大的压力，同时也提供了可资借鉴的模板。第四，银行经营管理风险凸显。在经济形势复杂变化中，银行业风险事件、损失事件甚至案件频发，外部因素、内部因素交织，其中超越底线、违规操作是重要原因。建设银行近年来也出现了风险损失事件和案件频发的状况。第五，商业银行面临重大战略调整。国有大型商业银行分别制定了适合自身发展的经营战略。建设银行确立了“综合性、多功能、集约化”的发展战略，并实施战略转型。力图通过转型发展，将建设银行打造成“最具价值创造力的银行”，增强服务国家建设能力、控制风险能力、参与国际竞争能力，逐步实现“资本充足、结构合理；管理规范、控制有效；功能完善、基础扎实；国内最佳、国际一流”的转型目标。战略转型发展对进一步强化内部管理、适应战略发展需要提出了更高的要求，突出表现在要在以下几个方面有所作为：强化经营能力提升和专业优势巩固，突出风险管理重点和提升风险机控能力，培育优秀企业文化，构建高素质人才队伍等。

因此，建设银行应当正视当前经营管理形势的变化，借鉴商业银行内部控制的先进实践经验，以满足外部监管要求和内部经营管理以及转型发展的需要为出发点和落脚点，进一步强化内部控制。其核心思想可以概括为：以问题为导向，以发展为主题，树立现代内部控制理念，借鉴国内外先进的商业银行经营管理实践经验，突出以风险管理文化建设为基础，整合内部控制、操作风险管理和合规管理职能，以“固有风险 ± 控制效率 = 残余风险”为风险内控的基本逻辑，以风险容忍度为衡量标准，实施“底线管理 + 区间管理”，在业务条线开展风险自评估的前提下，以日常合规性检查、定期内控有效性评价、内外部审计与外部监管检查为主要手段，建立问题发现工作机制，准确定位问题实质，并强调问题的系统性整改，逐步建立健全自我纠错和自我完善的内控合规体系，内防操作风险，外防合规风险，实现底线管理和区间管理的整体融合，共同促进业务健康持续发展。在强化内部控制方面，建设银行需要做好的工作具体体现在以下几个方面。

一是确定一个基本逻辑，即以“固有风险 ± 控制效率 = 残余风险”为风险内控的基本逻辑。这就提出了以下几个方面的要求：(1) 以残余风险作为风险容忍度的衡量标准，体现风险偏好，并以此为依据评价内部控制有效性。(2) 业务条线需要与风险内控管理部门密切配合，开展风险自评估、监督检查和评价内控有效性等工作，并建立问题发现工作机制，强调问题的系统性整改，逐步建立健全自我纠错和自我完善的内部控制体系。(3) 业务条线作为第一道防线，需要按照内部控制的要求，设计和实施内部控制，确保内部控制有效。

二是建立一个管理模式，即实施“底线管理 + 区间管理”。该模式一方面要求依法合规经营是底线，不能突破，尽管违法违规问题时有发生，甚至出现违法经营处罚的事项，但是由于其管理目标明确、管理规则清晰，便于实施；另一方面该模式要求对实施现代内部控制采取区间管理方式，突出效率与效益的本源要求，针对现代内部控制主要是解决大企业病应运而生的考量，正确把握“没有最好、只有更好”的内部控制实施效果，可以在激励机制方面有所体现，鼓励和倡导先进内部控制实践。

三是明确几项工作任务，即在政策、制度、标准、检查、评价、整改和IT支持等方面做大量的工作。（1）从战略层面考虑，进行顶层设计，倡导高层推动。在领导层面，从战略层面研究制定内部控制政策，明晰内部控制的建设标准、日常运行维护管理和缺陷认定标准，并推动内部控制建设和运行维护工作的正常开展。（2）健全制度体系，固化管理思想，持续推进内控建设。主要是建立内部控制制度，包括基本制度、业务制度与监督评价制度，建立全行分层次、分经营管理活动的《内部管理手册》和《合规手册》，实现制度的手册化，指导内控体系建设，规范经营管理活动。同时，分别研究制定内部控制建设标准、内部控制评价标准（包括内部控制缺陷认定标准）和内部控制鉴证标准，建立内部控制标准体系，指导内部控制体系建设工作。（3）规范监督检查，促进问题发现，提高整改效果。主要是统筹安排检查工作、整合检查资源、规范问题发现流程，促进监督检查效率提升和问题发现准确性的提高；针对发现问题开展系统性整改工作，并实施约束激励和严格的问责。（4）强化评价考核，实施责任追究，完善约束激励。主要是以内控评价作为关键环节，定期对内部控制有效性进行自我评价和审计评价，查找、分析内部控制缺陷，并有针对性地督促落实整改，促进自我纠错和自我完善；以激励约束机制为保障，通过控制评价，与绩效考核挂钩，建立内部控制内生驱动力。（5）利用IT技术，建设开放式管理平台，提升管理水平。主要是坚持以信息技术为支撑，充分运用信息技术的最新发展成果。一方面，利用新技术创新控制方式与手段，提高控制效率，降低内部控制实施成本，减少或消除人为操纵因素，并逐步推行实时监控；另一方面，依托信息系统建设，建立开放式的信息平台，实现信息共享。

四是提供一个基本保障，即组织保障，当然也包括工作机制。近年来，我行通过有效整合内部控制、合规管理、操作风险管理、业务连续性管理等职能，努力建设和完善内控合规管理工作体系，积极推进内控合规管理工作，切实保障全行各项业务的健康发展。但是，外部经济形势愈加严峻，监管合规要求日趋严格，内部经营压力不断增加，对我行内控合规工作形成了较大的压力，给内控合规工作带来了更大的挑战。如何建立健全适应我行经营发展的内控合规组织体系，成为我行面临的迫切任务。按照“界定职责、明确任务、健全组织、完善机制、分步实施、平稳过渡”的原则，依据外部监管要求，参考同业实践经验，在梳理总行内控合规部职责、明确核心工作的基础上，可以研究制定组织体系建设方案。该方案应以我行“综合性、多功能、集约化”的发展战略为中心，构建满足内部经营管理需要和外部监管要求的内控合规组织体系，实现对包括境内分行、海外机构、子公司在内的集团层面的内控合规管理，为内控合规管理工作开展提供基本的组织保障。同时，需要研究制订工作流程，明确工作机制，促进内控合规组织体系以及与相关业务条线的良好运转。

五是抓好两个基础建设，即专家队伍建设和风险文化建设。（1）优化人力资源结构，积极引进高素质人才，通过内部人才市场盘活存量，引导组织内部的部门之间、上下级机构之间的流动，并扩大外部招聘规模，引进实用性、高层次人才。（2）健全人才选拔和聘用机制，完善内部培养、公开选聘、推荐和自荐相结合的人才选拔机制，建立人才库，加强各级机构队伍建设，完善人才队伍和人才梯队的培养，通过专业技术岗位职务聘任拓宽高技能人才职业发展空间，打造员工多元发展通道，围绕如何更好地选人、用人，健全管理人员绩效考核指标，促进用人、育人、留人机制的逐步建立和完善。（3）加大人才培养与培训力度，一方面加大对组织内部部门以及分支机构的人才培养力度，促进人员交流，将上下机构、部门之间的双向交流作为人才培养的重要方式；另一方面加大培训投入力度，采取多种方式提升培训效果。（4）要进一步促进风险文化建设，在全行范围内形成对风险的敬畏，牢固树立“底线意识”和“红线意识”，并把风险管理贯穿到日常工作中去，对缺乏红线意识和底线意识的行为采取零容忍的态度，彻底遏制随意对待风险、对待红线和底线的错误行为，保障风险内控和合规管理的效果。

经济“新常态”下信贷欺诈特征及防范

总行授信审批部 周巍

一、研究背景

近年来，国内信贷欺诈的技术和手段不断升级且欺诈形式日趋隐蔽、复杂和智能化，既有不法分子巧立名目，以假企业、假项目、假交易、假票据等骗取并占有金融机构信贷资金；也有企业粉饰掩盖财务真实情况，套取或挪用金融机构资金。当前我国经济步入新常态，部分适应能力不强的企业，不排除在经营困境下铤而走险，信贷欺诈防控工作不容忽视。如何有效识别防范信贷欺诈，控制因信贷欺诈带来的声誉风险、信用风险，是国内金融机构面临的共同问题。

二、信贷欺诈特征和发展动向

（一）信贷欺诈的定义

欺诈是以“假”获利的行为，因其扰乱正常的社会经济秩序，历来是各国严厉打击的对象。而信贷欺诈是性质严重、影响恶劣的欺诈行为之一。所谓“信贷欺诈”，按刑法定义，可概括为欺诈人通过假企业、假项目、假交易等虚假载体，伪造信贷需求背景；或通过提供假报表、假担保、假评估来影响信贷决策等方式骗取、套用或挪用金融机构授信。

（二）信贷欺诈的常见表现方式

1. 编造引进资金、项目等虚假理由信贷欺诈。此类信贷欺诈的基本手法是虚设项目并编造一系列证明项目真实性的文件材料，据此向金融机构申请授信。

2. 使用虚假的经济合同信贷欺诈。此类欺诈常见于负债扩张、业务经营范围复杂、资金链紧绷的企业。基本欺诈手法包括违反合同法规定签订无效合同、篡改真实合同或编造虚假合同进行信贷欺诈；真合同夹带少量假合同，设定合同条款陷阱，与关联企业共谋编造虚假合同或合同先签后废等方式进行信贷欺诈。

3. 使用虚假证明文件信贷欺诈。基本欺诈手法包括以伪造、变造或无效的大额存款存单或承兑汇票质押进行信贷欺诈；以伪造、变造或无效项目的核准文件，制造项目土地、环保和投资核准、备案手续齐全的假象，进行信贷欺诈；以伪造、变造或无效的资本金划款证明、评估机构的资产评估报告等，制造资本金足额到位的假象，进行信贷欺诈；伪造、篡改、更换董事会决议、授权或母公司授权，进行信贷欺诈等。此外，通过虚假金融机构承兑汇票骗取质（押）贷款的情况也不少见。

4. 使用虚假的产权作担保或重复抵押信贷欺诈。基本欺诈手法包括编造、使用虚假的动产或不动产所有权文件，如房屋的产权证明，运输工具、票据的所有权文件等，进行信贷欺诈；通过财产重复抵押进行信贷欺诈；用债务人或第三人无处分权的财产抵押或设定质押，使抵押权或质权形同虚设；以范围不明的财产设定抵押或质押等；以伪造、变造或无效的金融机构保证、保险单据、母公司或其他第三方担保承诺等，蓄意制造可靠的信用风险缓释，进行信贷欺诈。

5. 以其他方法信贷欺诈。常见欺诈手法包括伪造、篡改、更换财务报告和报表，提供虚假财务信息，误导金融机构进行信贷欺诈；恶意抽逃资金、转移财产，进行信贷欺诈；隐瞒项目或交易已贷款事实，重复套取贷款；“钓鱼”欺诈，即先以良好的信贷履约记录取得金融机构信任，再以各种理由骗贷、套贷或挪用。有的不良企业还通过假破产、假合并、假分立等复杂资产重组方式，披上合法的外衣，导致金融机构债权悬空。

（三）经济新常态下信贷欺诈特征

经济新常态下，部分前期负债扩张过快、新增产能不能有效释放、投资决策失误的企业，脱离主业，赚“快钱”的企业，市场单一、产品附加值低的企业，开始出现经营困难、融资困难等问题。有的企业为缓解困难，铤而走险，使信贷欺诈行为更加复杂，欺诈特征有了新变化。

1. 性质恶劣，部分欺诈甚至造成系统性风险。信贷欺诈是对金融机构常规风险防范机制的突破，一旦欺诈得逞，性质是严重的。一些金额巨大，牵扯金融机构众多的恶性诈骗事件，还严重影响区域金融环境，并对金融机构信贷决策方向造成影响。

2. 一头或两头在外企业、贸易类企业需重点关注

（1）一头或两头在外企业是信贷欺诈易发地带。一些资金周转困难的企业借助大宗商品，通过保税区贸易融资方式，套取金融机构授信。一些企业利用境内外利率和汇率差异，制造虚假贸易套利。一些企业利用境内金融机构对境外企业调查取证困难，通过境外关联公司，或虚设采购或销售合同，或操纵关联交易骗取、套取金融机构授信，同时通过货物、资金分开走，以逃避监管，为欺诈行为暴露留下退路。

（2）贸易类企业是表外业务欺诈的多发地带。贸易类企业资金流量大，资金监控难，经营门槛低，管理方便等特点，是欺诈分子比较青睐的载体。贸易类企业欺诈，一是利用大宗商品贸易，诸如采取伪造、变造代理进出口贸易合同，骗取金融机构授信，负债扩张、囤积预期价格上涨商品以图牟利；二是与所在集团关联企业共谋欺诈。贸易类企业常见的欺诈手法是伪造或虚报贸易背景，骗取或套取金融机构信用，滚动申请承兑汇票、信用证等表外业务或采取票据贴现、海外代付等方式套现。

3. 隐蔽欺诈不容忽视。近年来披露的信贷欺诈实施者往往具有较丰富的信贷常识，熟悉金融机构信贷流程和内部操作要求，欺诈行为较为隐蔽，以套取挪用金融机构贷款为主要目的。信贷欺诈主要手段有粉饰财务经营状况欺诈贷款，高估抵押物评估价值欺诈贷款，假担保欺诈贷款，编造假项目欺诈贷款，关联企业交易转移挪用贷款等。此外，诈骗人注册成立公司，以合法经营掩盖欺诈行为，以及境外虚假企业境内欺诈仍具有较强的迷惑性，需加强重视。

4. 个人信贷产品欺诈需引起关注。个人信贷欺诈基本手段包括伪造交易合同和发票、伪造身份证明、冒用他人身份、雇佣他人；或通过粉饰个人收入、隐瞒负债情况、提供虚假首付证明、提供虚假担保等方式诈取贷款。此外，个别房地产商或汽车经销商资金周转困难，也存在通过伪造、冒用他人身份，编造虚假购销合同等手段，套取信贷资金用于经营周转。

（四）信贷欺诈的发展动向

1. 信贷欺诈多方共谋、共犯行为明显增加。近年来，信贷欺诈从金融机构、借款人之间的简单一对一关系，向更为复杂的三角、多角关系转化，多个欺诈人互有分工、互相合作，共同编制欺诈网，提高金融机构识别欺诈风险的难度，如关联企业信贷欺诈。

2. 智能化的欺诈手段、高技术的欺诈工具提高欺诈行为迷惑性。近年来，信贷欺诈呈现智能化。部分欺诈分子具备较为丰富的信贷和法律常识，熟悉金融机构信贷流程和审查重点，他们所设计欺诈往往贷款申请文件完备，符合金融机构审查的形式要求，有些甚至在所准备的文件中预设法律陷阱。还有部分欺诈不以占有金融机构资金为目的，而是骗取金融机构文件，借用金融机构信用或社会声誉，达到欺骗占用第三方财产的目的。

欺诈工具出现高技术倾向。近期媒体披露的票据欺诈案情中，一些高仿真的金融票据几乎乱真。此外，部分欺诈分子充分利用网络、媒体等工具为自己的欺诈行为制造虚假新闻，自抬身价，提高迷惑性。

3. 信贷欺诈未来一段时期仍处于高发期。信贷欺诈集中暴露与市场资金充裕情况高度相关，市场资金充裕阶段，欺诈分子资金周转相对容易，欺诈行为易于掩盖；而市场资金紧张阶段，欺诈分子资金周转困难，欺诈呈现高发。当前我国经济三期叠加，步入新常态，部分适应能力不强的企业，不排除会有铤而走险，实施信贷欺诈的行为。

三、当前需关注的几种欺诈类型

（一）信用卡欺诈

随着国内消费群体，特别是年轻一代对超前消费、透支消费的认可度不断提高，近年来，国内信用卡发卡量大量增加，循环信用账户透支余额和循环信用使用户数猛增，但2013年以来，信用卡恶意透支、非法套现活动大量频繁出现，这与持卡人周转资金紧张，信用卡受理市场管理不规范有密切关系。虽然国内整治金融机构卡违法犯罪专项行动打击成效显著，但信用卡欺诈现象仍需高度重视。

（二）中介机构欺诈

金融机构充分利用社会中介专业力量，符合现代经济分工精细化、专业化的规律，是发展趋势，但这也为少数不法分子所利用。近年来，社会上贷款担保、会计师事务所等中介机构涌现，为金融机构提供企业营销、资产评估、专业担保、法律咨询等服务，但良莠不齐，一些不良机构丧失中立立场，协助企业粉饰财务状况、提供虚假收入或资产证明、提供虚假担保；部分中介机构为获取更多业绩回报，怂恿、欺骗借款人，甚至在借款人不知情下冒用他人名义申请信贷业务。

（三）关联企业欺诈贷款

关联交易欺诈常见于企业集团。当前，国内企业集团化发展趋势明显，集团类型多样，有关系紧密的控股型集团，也有松散联盟的家族集团，还有隐蔽性的代理人控制集团，集团内部结构复杂，部分集团关系图谱难以完整识别，客观上为不良企业利用关联企业欺诈贷款带来便利。此类贷款欺诈隐蔽性强，欺诈金额较大，贷款资金往往快速划转而难以有效监控，危害极大。

常见欺诈手法包括：建立股权关系复杂的关联企业组织网欺诈贷款，如交叉参股设立若干家公司作为申请金融机构贷款的主体；采取交叉担保的方式欺诈贷款，且借款企业和担保企业不同时在一家金融机构申请贷款，避免金融机构关联互保的审查。

（四）假按揭贷款

在当前国内房地产调控持续深入下，部分房地产企业资金链紧张，市场对房地产行业未来前景判断趋于保守，不排除部分房地产企业为解决资金“燃眉之急”，打“假按揭”的主意。应高度关注和防范“假按揭”集中出现。

四、金融机构信贷反欺诈建议

信贷欺诈不但给金融机构带来经济损失，也可能对金融机构的声誉造成不良影响，威胁金融机构品牌价值。一个欺诈，金额可能很小，却会引发“蝴蝶效应”，使公众对案发金融机构管理水平产生质疑，而牵扯众多金融机构和企业的欺诈，甚至会危害区域经济金融环境的稳定。近年来，国内金融机构在信贷流程内部控制、岗位制衡、预警建设等方面已取得长足进展，但仍需继续加强，以下有几点建议。

（一）加强反信贷欺诈宣传，提高反欺诈意识

1. 在剖析信贷欺诈典型案例基础上，通过案例汇编、专栏宣讲等方式加强反面警示教育和正面经验介绍，使受众了解欺诈对公众财产和个人利益的伤害，也帮助提高对欺诈的直观警觉。

2. 加强岗位员工的信贷反欺诈技能培训，提高员工反欺诈专业素质。通过普及信贷反欺诈技能常识，加强客户经理等信贷人员信贷欺诈识别能力。

（二）完善欺诈识别工具和反欺诈技术，将反欺诈工作嵌入信贷流程关键环节，层层把关过滤，有效降低信贷欺诈概率

1. 反欺诈重在预防。应研究制订信贷欺诈行为特征指南，并进而开发欺诈风险评价模型，特别应提高隐蔽性欺诈识别能力。

2. 建立信贷欺诈事项快速通报和风险提示制度。加强金融机构间信贷欺诈未遂事项的登记和通报，建立未遂及疑似欺诈个人和企业名单，利用风险监测系统实时监控，避免欺诈人重复行骗。

3. 强化信贷流程各环节反欺诈尽职履责执行力度，提高责任意识。贷前调查人员要对照疑似欺诈行为特征指南，对于拟申报企业，应在申报材料中书面确认反欺诈规定动作执行情况；贷款审批人要运用专家智慧，对于反经济财务常识、反投资规律、反行业发展趋势的疑点企业，深入分析是否存在隐蔽欺诈行为，并综合作出审批决策；贷后管理人员则应加强贷后风险持续性跟踪评价，对照预警信号综合判断企业是否存在异常经营行为，并体现在贷后管理报告中，有问题企业及时启动应急风险处置。

（三）进一步加强信贷岗位制衡，提高对欺诈行为的识别和应对能力，夯实反信贷欺诈工作基础

1. 贷前调查岗是反信贷欺诈第一道防线。贷前调查岗是反欺诈第一道防线，直接接触第一手信息，负责贷款形式要件的收集、识别真伪以及现场调查，易于识别的常见信贷欺诈手法应在此环节得到过滤和识别。

2. 贷前条件审核岗是反欺诈第二关键岗位。贷前条件审核岗负责审核贷款合同签订前提条件和合同签订后的放款条件，是重要的反欺诈岗位，应加强贷前条件独立审核，督促贷款条件落实。

3. 贷款审批人与法律审核岗是反欺诈支持岗位。贷款审批人发挥专业水准，对于有悖经济常识、具有风险隐患的问题深入分析，“存疑”审批，对于风险大、疑问多的授信，果断科学决策；法律审核岗负责防范欺诈分子设立的各类法律陷阱，防止出现钻法律空子进行信贷欺诈的行为。

4. 贷后管理岗是识别隐蔽性欺诈的重要岗位。贷后管理岗通过贷后持续跟踪分析企业经营和财务行为，识别以合法的外衣和实际的生产经营活动掩盖欺诈，长期而隐蔽地骗取或套用金融机构信用的欺诈行为。

5. 授信支用岗负责合同项下授信支用，通过监控信贷资金流向，发现风险信号并及时预警。

（四）完善责任约束机制，提高职业操守

1. 细化信贷操作要求，加强信贷操作质量考核，避免贷前审查流于形式。

2. 加强内部审计稽核，在常规例行审计基础上，加强信贷突查工作，合理设定突查频率、范围和工作方式。

四、业务探讨

重温邓小平金融理论 深化商业银行改革实践

行长办公室党支部理论组

内容提要：邓小平金融理论是中国特色社会主义理论的有机组成部分，是中国共产党人立足于中国社会主义现代化建设实践，对马克思主义经济金融理论的科学继承和发展，是指导中国经济金融改革发展的重要指南。本文从分析邓小平金融理论的科学特质和历史方位入手，论述了邓小平金融理论在新的历史时期仍具有的历久弥新的理论活力。论文在重温邓小平金融理论五个方面核心论述的基础上，结合实际分析了商业银行在全面深化改革过程中的科学定位、撬动效应、内生动力、国际视野以及转型发展方向。

邓小平金融理论发轫于战火纷飞的战争年代，植根于新中国经济建设的发展进程，成熟于改革开放的伟大实践。在当前全面深化改革新的历史阶段，重温邓小平金融理论特别是关于银行体系的有关论述，对于推动金融改革特别是商业银行的深化改革和转型发展，具有重要的战略指导作用和方法论意义。

一、邓小平金融理论的科学特质和历史方位

邓小平同志在不同时期关于金融和银行的论述，随着现实环境的变化经历了一个不断完善、丰富和发展深化的过程。邓小平金融理论内涵深刻，富有科学性和前瞻性，突出体现在五个方面：一是“金融核心论”，“金融是现代经济核心”①的论断是邓小平同志金融理论的重要逻辑基础。二是“经济杠杆论”，“银行要抓经济，要把银行作为发展经济、革新技术的杠杆。”② 这是邓小平同志对银行本质功能的科学定位。三是“改革创新论”，这充分体现邓小平金融理论的实践特征，他强调“改革是第二次革命”③，改革既要有“闯”的精神也要有“稳”的定力。四是“金融开放论”，这体现邓小平金融理论的鲜明时代特色和国际化视野。五是“真正银行论”，邓小平

① 视察上海市的谈话．邓小平文选，第3卷，人民出版社，1993年10月第1版，366.

② 刘明康．谱写央行改革开放新篇章．人民日报，1998年12月15日第3版；周小川．认真学习邓小平理论，加快推进金融改革．中国金融，2004年第8期．

③ 改革是中国的第二次革命．邓小平文选，第3卷，人民出版社，1993年10月第1版，113.

同志多次强调“要把银行真正办成银行”①，这一论述集中体现了他对银行改革转型的战略眼光和前瞻性判断。

（一）邓小平金融理论的科学特质

重新学习邓小平关于金融与商业银行改革发展的一系列论述，深入研究邓小平金融理论发展演进历程，可以发现其中一以贯之的鲜活科学理论特质。

问题导向、国际视野是邓小平金融理论的方法论基础。邓小平同志讲过，“我们开会，作报告，作决议，以及做任何工作，都为的是解决问题”。② 针对具体问题、解决现实矛盾，是邓小平金融理论鲜明的方法论特征。

邓小平金融理论的“问题导向”，体现在邓小平同志对时代特点和主要矛盾、矛盾主要方面的准确判断，以及对现实机遇的敏锐把握上。在革命战争时期，邓小平同志强调了金融要适应革命斗争需要，指出：“我们的货币政策，也是发展生产和对敌斗争的重要武器……强化了对敌斗争的阵容，给了根据地建设以有力的保障”③。在中华人民共和国成立初期，尤其是在担任政务院（1954 年改称国务院）副总理兼任财政部长后，邓小平强调加快发展金融以有力支持国民经济建设。例如，1954 年 10 月在财政部下专门成立中国人民建设银行，邓小平在一次会议上专门强调，“建设银行的工作很重要，是为国家看门的”④。在改革开放时期，邓小平从解放生产力、发展生产力的高度，深刻阐述了金融的核心作用，强调“金融搞好了，一着棋活，全盘皆活”⑤，“要把银行办成真正的银行”⑥，“银行要抓经济，要把银行作为发展经济、革新技术的杠杆”⑦。邓小平同志在敏锐发现问题的同时，以问题为导向，找准症结和突破点，以勇于改革的魄力破解矛盾，带领中国人民找到了解决中国经济问题的根本途径。

国际视野是邓小平金融理论的另一个重要方法论特征。邓小平同志始终强调中国金融要面向世界。一是国际化的发展态度。邓小平同志指出应该以国际化的视野挖掘推动中国发展的要素，“应该充分利用世界的先进的成果，包括利用世界上可能提供的资金，来加速四个现代化的建设”⑧。二是国际化的改革思维。邓小平同志强调应该利用国际化的条件，引进先进技术经验，以开放推动经济改革和创新。他指出，“必须大胆吸收和借鉴人类社会创造的一切文明成果，吸收和借鉴当今世界各国包括资本主义发达国家的一切反映现代社会化生产规律的先进经营方式、管理方法”⑨，“我们要学会用经济方法管理经济。自己不懂就要向懂行的人学习，向外国的先进管理方法学习”。⑩ 三是国际化的战略定位。邓小平既立足我国经济社会发展实际又着眼于全球经济发展大局，对中国金融发展明确了国际化的战略定位。1991 年在上海浦东视察时，他特别提出了期望：“中国在金融方面取得国际地位，首先要靠上海”⑪，并希望思想更解放一些，胆子更大一些，步子更快一些。历史充分证明了邓小平的科学论断，闭关自守、固步自封只能是死路一条，放眼世界、开放包容才是中国金融发展前行的必由之路。

改革意识、勇于先行是邓小平金融理论实践品格的鲜明体现。邓小平银行金融理论的发展创新，始终秉承马克思主义“理论来源于实践，指导实践，实践是检验真理的唯一标准”的实践精

---

① 企业改革和金融改革．邓小平文选，第 3 卷，人民出版社，1993 年 10 月第 1 版，192.

② 在全军政治工作会议上的讲话．邓小平文选，第 2 卷，人民出版社，1994 年 10 月第 2 版，113.

③ 太行区的经济建设．邓小平文选，第 1 卷，人民出版社，1994 年 10 月第 2 版，84.

④ 中国建设银行史．中国财政经济出版社，2010 年 10 月第 1 版，32；中国建设银行大事记 1954—2005. 中国金融出版社，2008 年 1 月第 1 版，35.

⑤ 视察上海市的谈话．邓小平文选，第 3 卷，人民出版社，1993 年 10 月第 1 版，366.

⑥ 企业改革和金融改革．邓小平文选，第 3 卷，人民出版社，1993 年 10 月第 1 版，192.

⑦ 刘明康．谱写央行改革开放新篇章．人民日报，1998 年 12 月 15 日第 3 版；周小川．认真学习邓小平理论，加快推进金融改革．中国金融，2004 年第 8 期．

⑧ 社会主义也可以搞市场经济．邓小平文选，第 2 卷，人民出版社，1994 年 10 月第 2 版，234.

⑨ 在武昌、深圳、珠海、上海等地的谈话要点．邓小平文选，第 3 卷，人民出版社，1993 年 10 月第 1 版，373.

⑩ 解放思想，实事求是，团结一致向前看．邓小平文选，第 2 卷，人民出版社，1994 年 10 月第 2 版，150.

⑪ 视察上海市的谈话．邓小平文选，第 3 卷，人民出版社，1993 年 10 月第 1 版，366.

神。改革意识和勇于先行正是其实践品格的鲜明体现。

邓小平金融理论的发展创新凝聚了“改革意识”。邓小平同志深刻认识到，“改革是中国的第二次革命。这是一件很重要的必须做的事，尽管是有风险的事。”① 在长期的革命斗争和经济建设实践中，邓小平以科学的态度和大无畏的改革精神，破除旧体制、旧思想的“紧箍咒”，破解制约生产力发展和经济社会进步的诸多矛盾和问题。他强调“不改革就没有出路”②，“金融改革的步子要迈大一些，要把银行真正办成银行”③。正是这种旗帜鲜明的“改革意识”，扫清了制约我国金融业发展的制度和观念障碍，翻开了我国现代金融体系建设、现代银行制度改革的新的历史篇章。

邓小平金融理论的实践过程体现了“勇于先行”的责任担当。找准了突破口，就要敢闯敢试，为后续改革推进探出新路、打开局面。邓小平反复强调：“改革开放胆子要大一些，敢于试验……看准了的，就大胆地试，大胆地闯。深圳的重要经验就是敢闯。没有一点闯的精神，没有一点‘冒’的精神，没有一股气呀、劲呀，就走不出一条好路，走不出一条新路，就干不出新的事业。”④ 对于金融领域的改革，邓小平要求“勇于先行”，“坚决地试”。同时，“勇于先行”的实践精神并不是盲动、乱动。正如邓小平所指出的，“开放不简单，比开放更难的是改革，必须有秩序地进行。所谓有秩序，就是既大胆又慎重，要及时总结经验，稳步前进。”⑤正是这种科学务实、积极稳妥的实践精神，保障了我国金融改革的安全有序推进。

植根群众、服务全局是邓小平金融理论的基本立场。邓小平金融理论始终强调金融的发展要依靠群众、服务群众，要支持服务经济社会发展大局。

群众观点是邓小平金融理论的基本出发点。早在革命战争时期，邓小平同志就提出“为了尽快地恢复与发展工商业，政府银行应根据实际情况，举办工商贷款，而集中力量于首先恢复和发展那些对人民生计和军需有密切关系的部分”⑥，他领导下的晋察冀边区冀南银行，发放了大量贷款支持人民群众发展生产，包括针对灾民的纺织贷款、水利贷款等。坚持“问政于民、问需于民、问计于民”是邓小平金融理论的根本工作方法，他指出：“社会主义现代化建设的极其艰巨复杂的任务摆在我们的面前。很多旧问题需要继续解决，新问题更是层出不穷。党只有紧紧地依靠群众，密切地联系群众，随时听取群众的呼声，了解群众的情绪，代表群众的利益，才能形成强大的力量，顺利地完成自己的各项任务。”⑦ 可以说，群众观点和群众工作方法是邓小平金融理论不断发展创新的坚实基础。

服务全局是邓小平金融理论的另一重要基础。邓小平对金融发展、金融改革的认识，绝不仅局限于金融一隅，“服务全局”的观点贯穿了邓小平思想的全部。例如，邓小平正是从经济全局的角度出发，才做出了金融是现代经济核心的论断。他指出，“金融很重要，是现代经济的核心。金融搞好了，一着棋活，全盘皆活。”⑧这个论断从两个方面体现了“服务全局”的观点。首先，金融改革关乎于经济改革的全局，是经济全局的关键，金融不活，全局不活；其次，金融改革要服务于、服从于全局发展的需要，金融如果脱离了实体经济，最终只能是无源之水、无本之木。

（二）邓小平金融理论的历史方位

邓小平金融理论是中国特色社会主义理论的有机组成部分，是中国共产党人立足于中国社会主义现代化建设实践，对马克思主义经济金融理论的科学继承和发展，是指导中国经济金融改革

① 改革是中国的第二次革命．邓小平文选，第3卷，人民出版社，1993年10月第1版，113.
② 改革的步子要加快．邓小平文选，第3卷，人民出版社，1993年10月第1版，237.
③ 企业改革和金融改革．邓小平文选，第3卷，人民出版社，1993年10月第1版，192.
④ 在武昌、深圳、珠海、上海等地的讲话要点．邓小平文选，第3卷，人民出版社，1993年10月第1版，372.
⑤ 排除干扰，继续前进．邓小平文选，第3卷，人民出版社，1993年10月第1版，198.
⑥ 贯彻执行中共中央关于土改与整党工作的指示．邓小平文选，第1卷，人民出版社，1994年10月第2版，121.
⑦ 党和国家领导制度的改革．邓小平文选，第2卷，人民出版社，1994年10月第2版，343.
⑧ 视察上海市的谈话．邓小平文选，第3卷，人民出版社，1993年10月第1版，366.

发展的重要指南。通过前述分析，我们可以从三个方面来理解和把握邓小平金融理论的历史方位。

邓小平金融理论是马克思主义经济金融理论在中国的创造性运用和发展。一个半世纪以来的革命建设实践，证明了马克思主义基本原理的科学性。邓小平金融理论正是马克思主义基本经济原理与中国经济金融发展实际相结合并加以创造性发展的伟大成果。邓小平金融理论继承了马克思主义金融资本理论的基本观点，从“生产是金融的基础，资本是金融的核心”出发，始终把握了货币和金融的本质属性，坚持运用马克思主义的基本立场、观点和方法，基于对中国处于社会主义初级阶段的科学判断，厘清了社会主义市场经济的基本规律，还原了金融的现代经济含义，形成了中国特色金融发展指导原则。从改革开放初期的“经济杠杆论”到后来“金融是现代经济核心”等一系列科学论断，既继承与深化了马克思关于金融职能、货币是“第一推动力”的理论①，同时又基于中国的经济发展实践对金融与生产的关系、金融在社会主义经济建设中的作用等问题做了进一步的探索、创新和发展。

邓小平金融理论是被改革开放实践证明了的正确理论和行动指南。中国改革开放和现代化建设实践是邓小平金融理论发展和成熟的现实基础。而在此基础上产生的邓小平金融理论，在指导中国经济金融改革发展实践的过程中发挥了历史性作用，也被证明是符合中国实际和时代要求的正确理论和科学指南。在改革开放波澜壮阔的历程中，以邓小平金融理论为指导，中国金融发展冲破了计划经济的藩篱，在短短几十年间，紧紧围绕服务经济社会发展，搭建起了由银行、证券、保险、信托等构成的多形式、多层次的现代金融机构体系，并确立了中国金融“面向世界”的国际化战略格局。这些翻天覆地的变革，充分证明了邓小平金融理论的科学性、实践性和前瞻性。可以说，中国经济得以从前苏联的计划经济模式成功转型为中国特色的社会主义市场经济模式，邓小平金融理论发挥了不可替代的关键作用，尤其是其中蕴含的“勇于改革”的自新精神，也使其在全面深化改革的新时期仍然保持历久弥新的理论活力。

邓小平金融理论是我国金融体系改革发展的重要理论基石。邓小平金融理论是全党全国人民对社会主义现代金融实践的全面科学总结和高度理论概括，既充分继承了以毛泽东同志为核心的党的第一代领导集体经济思想的科学成分，又坚持与时俱进，在总结历史经验教训、解决新情况新问题中不断冲破体制机制、思想观念的禁锢，为我国持续深化金融改革、构建现代金融体系找到了坚实的理论基石。以江泽民同志为核心的第三代领导集体、以胡锦涛同志为核心的第四代领导集体，和以习近平同志为总书记的党中央，始终坚持以邓小平理论为指导，持续深化改革开放。党的十八届三中全会通过的《中共中央关于全面深化改革若干重大问题的决定》以及中央一系列重要文件，对完善金融市场体系、扩大金融业对内对外开放做出了全面部署和动员，必将进一步丰富和发展邓小平金融理论，并将其转化成为推动全面建成小康社会、实现中华民族伟大复兴中国梦的强大动力。

二、以邓小平金融理论为指导深化商业银行改革

在当前深化改革新的历史时期，经济社会发展中不平衡、不协调、不可持续问题逐步凸显，商业银行发展面临诸多新问题、新挑战，突出表现在：一是商业银行传统发展模式越来越难以持续，原有“改革红利”逐步递减，国家经济转型和产业结构调整、经济周期波动和“三期叠加”的新形势，都要求银行加快改革和转型的步伐。二是金融脱媒加剧。多层次金融市场建设、金融跨界竞争、互联网金融的兴起等，对商业银行传统支付中介、信用中介的地位带来新挑战。面对客户日益多样化、综合化的金融需求，商业银行还缺乏相应丰富的金融产品和服务能力。三是扩大开放带来新课题。大量中国企业“走出去”和人民币国际化进程加快，既为商业银行利用国内国际两个市场提供了难得的机遇，也对银行的全球化经营能力和专业化管理能力提出了新的课题。面对这些新形势、新挑战，带着问题来重新学习、

① 马克思恩格斯选集．第2卷．人民出版社，1995年版，340.

深刻领悟邓小平金融理论，有助于进一步解放思想、打开思路，为商业银行深化改革和转型发展找出一条适合我国国情的科学路径。

（一）重温“金融核心论”，准确把握商业银行深化改革的科学定位

金融要立足于经济发展大局，更好地发挥在现代经济中的核心作用。邓小平同志的“金融核心论”强调金融是“现代经济”的核心，金融尤其是商业银行要植根于经济发挥其核心作用，围绕经济发展有效配置金融资源。要深刻领会“金融核心论”的科学内涵，充分吸取国际金融危机的教训，避免金融“以自我为中心”而导致虚拟经济畸形繁荣，使得金融发展、银行转型朝着正确的方向推进。

商业银行要在发展普惠金融中承担更大的责任。党的十八届三中全会提出发展普惠金融。普惠金融的重点，就是提高金融服务的可获得性，使金融服务更多惠及广大人民群众和经济社会发展薄弱环节。长期以来，城乡二元结构一直是制约我国经济发展的“瓶颈”，县域、“三农”、小微企业等领域金融服务严重不足。随着“新型四化”特别是新型城镇化的深入推进，金融要切实发挥起核心牵引作用，尤其是商业银行要紧紧以经济发展、广大群众实际需求为驱动，以为民、便民、惠民为重点，加快上述薄弱领域的金融服务发展创新，研究借鉴“尤努斯金融模式”等经验做法，提高金融服务的可获得性和覆盖面，使广大人民群众特别是社会弱势群体都能公平地获取金融服务资源，共享金融改革发展的成果。

商业银行要在优化金融资源配置方面发挥重要的枢纽作用。目前当务之急是“盘活存量，用好增量”。要按照党的十八届三中全会关于深化经济体制改革和金融改革的要求，通过信贷等金融资源配置、利率等市场化机制，增量和存量并重，改变当前存在的一些领域金融资源低效、无效配置问题，真正实现市场在资源配置中发挥基础性作用，做到“一着棋活，全盘皆活”。

（二）重温“经济杠杆论”，充分发挥商业银行在经济转型中的撬动效应

商业银行要对经济增长发挥“放大器”的作用。金融资源是经济发展的“血液”，当前商业银行作为信用中介配置金融资源的基本职能没有发生根本变化。要把商业银行的信贷政策、经营策略、风险偏好与国家经济政策、产业政策、区域政策等协调一致，将目前还相对稀缺的金融资源真正用在刀刃上，运用于货币信贷的“乘数效应”，形成“1+1>2”的经济发展合力。

商业银行要对经济转型发挥“助推器”的作用。加快转变经济发展方式、调整经济结构是中国现代化的必由之路，也是当前深化改革的难点所在。要根据党中央、国务院关于金融支持经济结构调整和转型升级的要求，用好金融杠杆，通过信贷政策引导、准入底线控制、差别化定价、预警退出机制等组合措施，推进经济发展方式、产业结构的调整优化。尤其要大力支持蓬勃兴起的新兴产业、新兴业态，加大“三农”、小微企业等领域的金融创新力度，同时严控高污染、高耗能和产能过剩行业的信贷投放，促进绿色经济、低碳经济的发展。在助推经济结构调整和转型升级中，银行也才能实现自身的转型发展、科学发展。

（三）重温“改革创新论”，进一步激发商业银行转型发展的内生动力

从体制机制创新入手获取新的“改革红利”。改革开放以来商业银行的发展历程就是一个体制机制改革创新的过程。从专业银行向商业银行转轨，从剥离不良资产到重组改制上市，正是这些体制机制的改革创新，使我国商业银行走出了“技术破产”的困境，实现了跨越式发展。当前，面对新的问题和挑战，商业银行更需要以改革创新的勇气和智慧，按照现代金融企业治理的要求，注重加强顶层设计和整体统筹，进一步深化体制机制改革，从根子上解决制约银行发展的系统性、全局性问题。

从技术创新入手推动银行商业模式的升级。科学技术始终是商业银行发展的第一生产力。尤其是现代信息技术、互联网的快速发展，不仅催生了银行诸多业务创新，而且也为金融服务模式变革开启了新的空间。网络银行业务的发展就是典型的例子，虽然它提供的许多服务属于传统银行业务，但是却借助新的互联网商业模式取得了快速发展。互联网金融等新兴业态给商业银行带来竞争紧迫感的同时，也为银行商业模式的升级提供了有益的借鉴。特别是围绕客户体验、市场效率、盈利方式、分销渠道、风险管控等方面的技术创新，将成为银行探索建立新商业模式，主动变革转型的直接动力。

从产品创新入手提升对市场和客户需求的响应能力。随着经济的发展转型，无论企业还是个人的金融需求都日趋丰富，这对银行的产品创新能力提出了新的课题。银行必须围绕市场变化和客户需求，既要做好存贷汇等传统业务，又要能够为客户提供投行、理财、贸易融资、财务顾问等丰富的金融产品，这样才能避免在新的市场竞争中被边缘化。产品创新方面也要有邓小平同志提倡的“闯”的精神，要在坚持依法合规的前提下，以鼓励的态度引导创新、以宽容的态度看待创新、以开放的态度扶植创新。

从人才培养入手打造商业银行改革创新的专业队伍。邓小平同志多次强调：“事情成败的关键就是能不能发现人才，能不能用人才”①，他曾针对当时金融业的状况，指出不懂行的“万金油”干部太多②。当前商业银行的转型发展，既要积极引进国际先进创新经验和创新产品，更要着力培养自己的专业化创新人才梯队，为商业银行改革创新提供持续不竭的智力源泉和发展动力。

（四）重温“金融开放论”，以国际化的视野推进商业银行改革开放

主动配合新时期“走出去”战略的实施。随着中国经济、中国企业走向世界的脚步加快，商业银行的金融服务也要紧紧跟上“走出去”的步伐。具体地说，客户走出去、项目跟出去、产能转移出去，银行的服务也要及时跟进。特别是党的十八大以后，自由贸易区建设和内陆沿边扩大开放，标志着我国对外开放“升级版”全面启动，这为贸易便利化、投资自由化打开了新的空间，也为金融国际化提供了难得的历史性机遇。商业银行要以勇于开放的锐气，在发展跨境金融服务、推进人民币国际化、拓展全球金融市场方面迈出更大的步伐。

充分利用金融发展的国际资源。在经济金融全球化的大格局下，生产要素特别是金融资源的全球化配置将日益深入。要按照邓小平同志提出的大胆开拓国内外两个市场的要求，以更积极的态度，主动地引入、整合和运用好国际市场的金融资源。在做好“引资”的同时，更要注重“引智”，不断深化对国际银行业领先管理理念、技术、机制和流程等的吸收和转化，在此基础上加快自主创新的步伐，全面提升商业银行参与国际市场的综合实力。

积极争取国际金融格局中的话语权。邓小平同志对中国在金融领域取得国际地位寄予了殷切期望，这个期望经过几代人的艰苦努力正在一步一步变为现实。在金融开放不断深化的背景下，金融国际地位不仅体现在体量增长上，更要体现在金融的话语权上。这就要求商业银行对于国际金融市场的既有模式和规则进行深入研究，为我所用；同时，要以更加积极主动的姿态参与到国际金融市场规则、金融监管规则的制定中，在更好地维护自身金融合法权益的同时，提高中国金融业在国际市场的影响力和话语权。

（五）重温“真正银行论”，进一步明晰商业银行转型发展的方向

加快培育“真正的银行”所必须具备的多方面能力。邓小平同志提出的“真正的银行”，实际上蕴含着对现代银行经营管理综合能力的判断和思考。在新形势下，“真正的银行”至少应该包括五个方面的能力：一是服务实体经济的能力。主要表现在商业银行的经营行为要能够与经济发展与转型方向紧密契合，要鲜明地体现金融服务业的基本属性和服务实体经济的基本价值取向。二是持续的发展创新能力。“发展是硬道理”，商业银行要具备坚实的客户基础和健康的资产负债表，要能够做到在经济周期波动和不利市场环境下保持稳健发展，要能够因时而变保持创新的活力。三是稳定的获利能力。提升获利能力既是股东、员工和广大利益相关者的要求，更是现代银行市场竞争力的突出体现、市场价值的最直观标准。四是有效的风险把控能力。风险管理是银行经营永恒的主题，针对新的风险态势，要着力提升对风险的识别、计量、缓释、监测和处置能力，确保守住风险底线。五是良好的宏观政策执行力。对宏观经济政策、产业政策的准确把握，既是银行所必须具备的市场敏感性，更是银行特别是国有大型商业银行所必须承担的社会责任。

① 在中央顾问委员会第三次全体会议上的讲话．邓小平文选，第3卷，人民出版社，1993年10月第1版，93.

② 关于经济工作的几点意见．邓小平文选，第2卷，人民出版社，1994年10月第2版，196.

加快推进“综合性、多功能、集约化”的转型步伐。要符合新时期“真正的银行”的标准，具备上述五个方面的能力，必须要通过加快“综合性、多功能、集约化”的转型来实现。“综合性”强调基于客户的视角，为客户提供综合化服务，满足客户多样化的需求，全面挖掘客户金融价值，提高服务渗透率和产品覆盖度；“多功能”强调银行具备向客户提供多样化产品和服务的属性，即具有与客户多样性金融需求相匹配的各类产品和服务。多功能以银行的产品创新能力、服务定制能力和资产配置能力为基础，不仅满足客户的银行服务需求，而且努力满足客户的全方位金融服务需求；“集约化”强调银行为客户提供服务的方式特别是相应的内部资源组织方式，即以体验最佳、效率最高、成本最低的方式组织内部资源，实现精益化的管理。

执笔：张乔

发挥计算机技术优势，强化内部审计职能

——与美国银行集团审计部经验交流的体会

总行审计部　王一专　赵耀

根据我行与美国银行战略协助项目计划安排，总行审计部及部分审计机构骨干于2014年2月24—26日在北京与美国银行集团审计部高级副总裁 Jim McCole 开展了计算机辅助审计经验分享活动。

3天的时间里，双方就内部审计组织架构、工作流程、计算机辅助审计、信息安全管理等多方面内容进行了广泛的交流，取得了良好的效果。

一、对美国银行内部审计的基本认识

（一）美国银行审计工作简介

1. 组织架构。美国银行集团审计部与总审计师独立于公司的业务部门、内部监控与控制职能部门。总审计师在业务上直接向董事会审计委员会报告，在行政事务上向公司首席执行官报告。审计领导团队架构如图1所示。

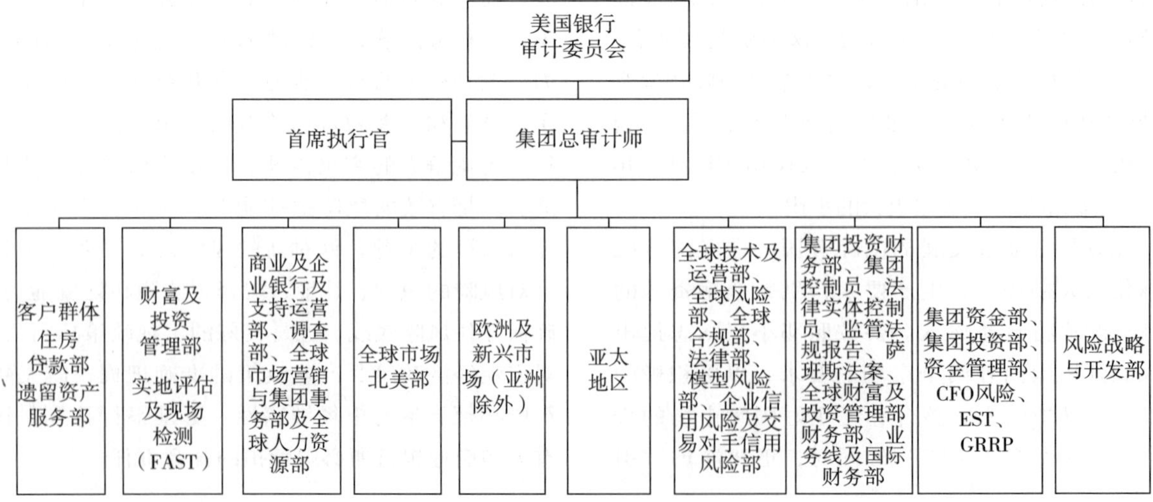

图1　审计领导团队架构

美国银行共有24万名员工，5 000多个支行，主要分布在北美地区。审计人员有900余人，占员工总数的0.38%，实行条线制团队管理，分布在全球19个国家和地区。

2. 审计流程。美国银行基本审计流程如图2所示。

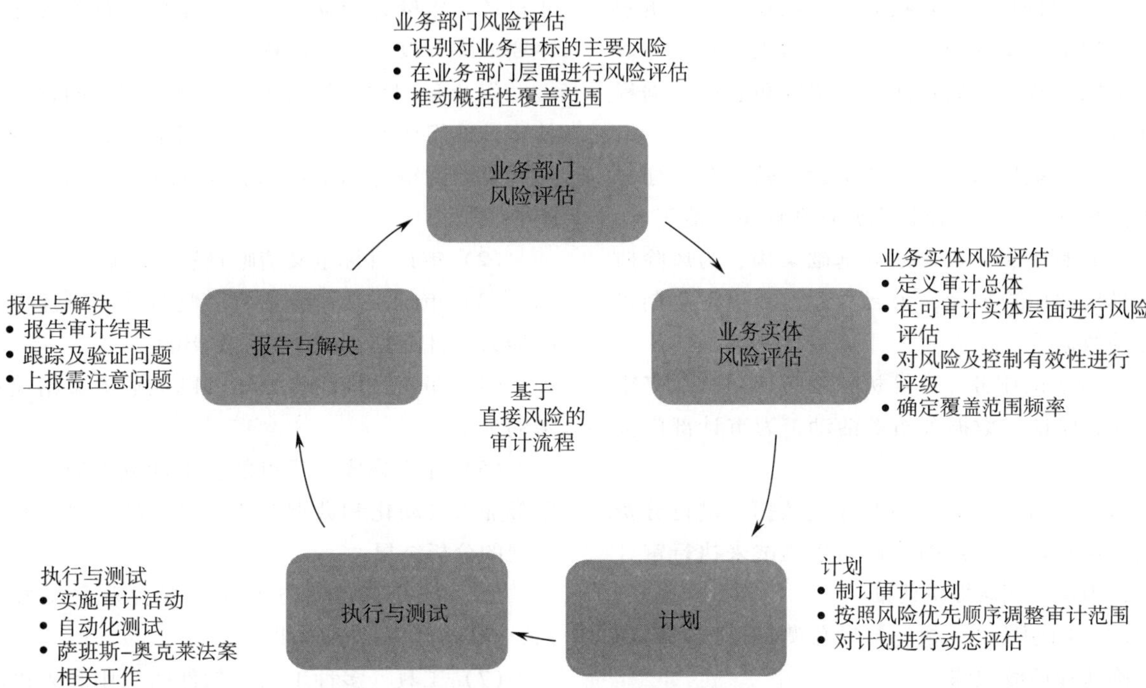

图2 美国银行基本审计流程

本次交流的重点是执行与测试中的实施审计活动和自动化测试。

3. 审计活动。美国银行电子化程度高，审计测试内容广泛。审计致力于通过各种活动，前瞻性地识别、报告和解决内控问题，促使公司完成经营目标。审计活动包括但不限于以下内容：

审计	持续审计	问题验证	《2002年萨班斯—奥克斯利法案》
• 与业务实体相关的定期审核，如 • 全范围审核 • 跨职能审核 • 针对性审核 • 特殊审核 • 改变方案 • 特殊流程、单位或法律法规审计 • 发布正式审计报告	由两项基本活动代表： • 自动化测试 • 持续测试 ——持续人工测试 ——预防性风险计划	• 跟踪和验证问题的活动 • 具有共同目标的重大问题群	与《2002年萨班斯—奥克斯利法案》有关的年度测试——要求对财务报告和季度披露审核的内控设计及运营有效性进行独立评估

（二）美国银行计算机辅助审计简介

计算机辅助审计团队隶属于风险战略与开发部，共有成员40人，约占审计人员的4%。团队成员派驻在全球各机构，为业务审计团队提供支持服务。

1. 团队角色及职责

（1）管理人员。负责项目管理、与业务条线审计团队合作确定工作重点、维护与技术团队的关系及为自动化审计师提供技术解决方案指导等。

（2）自动化审计师。是计算机辅助审计团队的核心，负责制订测试方案用以支持审计和问题验证工作、与业务线审计师合作制定规范、编写测试活动技术文档等。

（3）数据提取、转换和加载操作员。负责建立和维护审计系统和业务系统的数据连接，完成数据提取、转换和加载任务，调度和监控数据提取任务。

（4）数据库管理员。负责设计数据集、建立和维护数据库安全、监控和调整数据库性能等。

（5）程序员。负责建立基础架构、为风险监控工具构建用户界面、为展示面板和报告定制可视化的数据等。

2. 提供的服务。计算机辅助审计团队从事审计、问题验证和数据分析等活动，为审计部门提供服务。

（1）审计。独立评估业务线数据、进行分析和应用代码审核，并创建自动化测试来执行审计事项，为审计团队提供协助。

（2）问题验证。执行自动化测试，以对问题进行确认和后续跟踪。

美国银行自动化测试数量有300多个，测试程序按既定频率自动运行，测试结果按严重程度由高到低显示为红色、黄色和绿色，红色和黄色的结果会自动通过邮件发送给业务审计师进行后续处理。每年，业务审计团队和计算机辅助审计团队对自动化测试工具进行评估，根据适用性进行淘汰、更新或修改参数。

（3）数据分析。为业务审计团队提取业务数据，并根据其请求协助开展分析工作。

业务审计团队提出审计思路，计算机辅助审计团队编写查询语句对数据加工处理，形成测试数据。在审计过程中，计算机辅助审计师会持续对测试数据进行完善。

通常，效果好的测试工具经过讨论审批后，会被固化成重复性自动化测试。该测试目录由计算机辅助审计团队负责维护，以支持持续审计战略。计算机辅助团队每年大概开发700～800个新测试工具。

3. 计算机辅助审计的成功要素。计算机辅助审计的大规模应用切实提高了审计效率。2013年，计算机辅助审计团队40人完成了美国银行全年审计工作量的35%。计算机辅助审计发挥作用主要取决于以下几个方面：

（1）集团领导层的支持。业务部门的领导支持审计部门访问系统和数据。目前，美国银行的计算机辅助审计团队能够访问的业务系统有300多个。

（2）审计目标定义清晰且易于理解。

（3）审计人员的独立性。具备确定审计事项的能力，且不受被审计对象的影响。

（4）员工技能组合。培养既懂业务又精通技术的员工。

（5）流程集成。尽可能在审计流程的每个阶段都加入自动化和数据分析，以提高效率并获取客观的分析结果。

（6）技术支持。与系统所有者建立良好关系，充分利用其专业知识。

（7）工具。多种工具性软件的应用和先进的电脑设备有助于开展计算机辅助审计。同时，美国银行的专家认为，建立一个能够链接不同数据库的灵活架构和技术环境比购买昂贵的大型商业软件更重要。①

（8）技术环境。良好的技术环境可以链接不同的平台和数据库环境，支持系统开发生命周期。

（9）速度。测试工具要设计简洁，快速反应。

（三）数据与信息安全

美国银行将信息安全工作作为全行性工作看待，除了职业道德和法律约束外，还采用了诸多技术手段进行防控。

1. 计算机的使用。美国银行对办公电脑进行了严格的使用限定和监控。例如，禁止登录可以留言、上传信息的互联网网站，不能同时访问互联网和内网；对磁盘进行BitLocker加密处理；利用软件确保用户无法修改电脑的安全设置，不能随意安装软件；限制U盘的使用和CD驱动器的

① 注：美国银行的计算机辅助审计团队模只有40人，掌握如此之多的分析工具对业务系统数据库/数据仓库直接进行分析，对技术、业务和安全的要求都很高，但我行的审计队伍有3 000人，在目前的工作模式下，大部分审计人员都需要进行数据分析工作，必须提供特定的、较易掌握的工具。

写入功能；电子邮件发送对象只能是美国银行的内部邮箱等。

2. 数据访问。数据授权遵循“用必所需”和“最小授权”原则，使用数据时需要签署专门的数据分享协议。审计师访问生产系统数据时，首先要经过审计经理批准，判断申请访问的数据与审计师的角色和职责是否匹配，再向业务部门提出申请。技术部门会为访问生成专用口令，建立只读链接，确保审计师无法修改或删除生产数据。审计测试时，只能访问被授权的数据；展示结果时，通过用户分组控制，大部分审计师只能看到概要情况，敏感和细节信息只有测试负责人才能访问。

3. 应用控制。要求审计师使用强密码登录，定期更改密码，保证自己的用户名和密码不被他人获知。此外，通过确认设备、IP 等方式，验证账户的使用是合规且唯一的，在公司政策中明确员工禁止性行为，如有违反严肃处理。

系统对用户访问数据活动进行实时监控，当审计师查询重要敏感信息时，系统会自动向审计经理报警，审计经理需要对此做出反应，判断员工访问的合理性。当员工电脑链接到内部网时，在线软件会自动检查电脑中是否含有敏感信息。人力资源系统每天向审计经理发送人员变动报告，当有内部审计人员离职或换岗时，审计经理需立即变更员工的系统访问权限。

二、美国银行计算机辅助审计的经验和启示

结合我行内部审计工作实际，我们认为，可以借鉴美国银行的经验，优化完善非现场审计集中系统，发挥大数据数据挖掘分析优势，探索自动化测试程序，建立高精尖的审计团队，提升审计服务价值。

（一）充分发挥计算机辅助审计的支持作用，贯穿整个审计流程

综观美国银行的审计流程，计算机辅助审计始终起着重要作用。在项目计划阶段，利用风险监测工具和自动化测试对业务数据进行整体分析，得出银行各业务品种和分支机构的风险分布状况，为确定审计计划提供决策依据。在项目准备阶段，计算机辅助审计团队帮助业务审计师评估业务条线数据，对业务流程进行初步测试，确定关键控制点的有效性，按地区对业务数据进行分析，提出可能存在的差异性问题。在项目实施阶段，计算机辅助审计团队根据业务审计师的需要，编写和运行测试程序，提供数据分析结果。审计项目结束后，根据审计发现的问题，业务审计师确定将来是否持续运行在项目中使用的测试程序，以优化审计资源利用，及时关注关键业务风险。数据分析的全流程支持，使得审计工作形成良性循环，让审计工作日趋科学、合理和顺畅。

从我行目前的审计工作来说，非现场审计系统在项目实施过程中已成为审计人员不可或缺的辅助查证工具，在支持审计项目方面发挥了积极的作用。同时，在日常审计工作中，注重审计成果的有效转化，从审计模型集中管理、数据维护、基础审计方案、知识库等各方面推动专业化建设，打好审计的基础。从计算机辅助审计支持审计全流程的角度来看，建议利用计算机辅助审计技术，研究建立风险评估和审计问题自动跟踪机制，进一步提升审计自动化水平。

（二）计算机辅助审计团队和业务审计师无缝衔接，分工协作完成审计工作

美国银行计算机辅助审计团队根据各自的业务背景和实际审计需求，分别负责支持各业务条线的审计工作。一是在项目的实施过程中，与业务审计师充分沟通，确定其数据分析需求，利用多种计算机辅助审计工具，对数据库进行加工，编写测试程序，向业务审计师提供可视化界面，在此界面提交数据测试结果，支持业务审计师的核实工作，在项目结束后，配合业务审计师关闭测试程序或转换为重复测试程序。二是开展自动化测试，按一定频率持续运行测试程序，并提交可能出现问题的结果。在这两项主要工作中，业务审计师的主要职责是明确审计测试的业务目标，识别问题、提炼问题特征，设定优先顺序，配合计算机辅助审计团队落实测试需求，明确问题核实方法及是否需要对问题进行持续监测；计算机辅助审计团队的职责是确定业务审计师需求，提供完备的数据提取和分析服务，为自动化测试制定技术规范与准则，维护服务器、系统等基础设施，按要求提供测试结果。双方团队紧密合作，优势互补，极大地提高审计的效率和效果。

我行的审计工作高度重视团队配合，致力于培养专业化的审计团队，可借鉴美国银行的团队协同机制，进一步明确职责分工，确定人才培养计划，为审计工作打下扎实基础。

（三）充分利用计算机辅助审计工具，开展自动化测试

自动化测试是美国银行计算机辅助审计的一大特色，被广泛地运用于持续审计中。这种审计方式利用大数据进行整体分析，与传统审计活动相结合，使集团审计部能够持续覆盖关键业务风险。美国银行每个月有300多个自动化测试重复运行，覆盖信贷、储蓄、理财等主要的业务领域。如信贷管理自动化测试，基本覆盖各个环节，对部分限制贷款用途的资金进行监测，对担保物的价值进行监测，担保物价值不足时则自动报警等。自动化测试的广泛使用，大大减少了人工测试工作，拓展了审计覆盖度，优化了审计资源配置。

2012年10月非现场审计集中系统正式上线后，我行已具备进行数据集中分析的技术环境。美国银行自动化测试提供了很多的实践经验，可供我们进一步完善数据分析模式，拓展数据分析内容。

（四）计算机辅助审计工具多样，应用灵活，满足不同审计需求

美国银行计算机辅助审计工具种类丰富，既有在个人电脑上使用的数据处理和编程的软件，如 QUERY WRITERS、SAS、DATEBASE、JMP、MONARCH 等；也有在服务器环境下由编程和数据库维护人员使用的数据处理和编程的软件，如 INFOEMATICA（数据加载工具）、AUTOSYS（任务调度工具）、IIS（Web 服务器）、SSRS（报表服务器）等。这些软件在各项审计工作中发挥着独特的作用，给审计工作带来了极大的便利。如审计为分行贷款、储蓄和财富管理三个主要业务设计的积分卡系统，根据选定的指标赋予一定分值，将数据分析结果转换为可视化的图表和图形，展现数据的变化趋势和比对情况。审计人员若发现存在差异，可以向下钻取详情，获得出现差异的具体数据记录，该系统方便审计人员随时监测5 000多家支行的情况。对这些审计常用的软件，计算机辅助审计团队可以自行决定续租或购买，如需购买新的软件，可提出要求，由科技部门审核（主要审核安全性）批准后购买。

目前，我行审计有非现场审计系统和审计管理信息系统，分别支持审计查证和审计信息的集中管理工作，均被人民银行授予科技发展奖，经过多年的实践，所有参与审计项目的人员均能熟练应用这两套系统。但与美国银行相比，工具种类还偏少。尤其是非现场审计人员掌握的技术与一般审计人员相比，还不够突出，人员的多元化培养不够充分。建议组织有一定技术背景的审计人员多研究新的技术和方法，拓展非现场审计的领域。

（五）利用多种控制手段，严格把控数据信息安全

美国银行在信息安全和保密方面有着严格的控制规范，从职业道德、技术手段等多方面入手，尽量保证数据信息在合理范围内流转和使用，形成一套切实可行的文化与机制。

目前，我行已经逐步推行云桌面办公，对数据信息安全的管理大有裨益。非现场审计集中系统部署在云桌面，仅为少部分有需要的审计人员开设了数据下载权限，一定程度上加强了信息安全。建议与技术部门探讨进一步加强敏感数据的访问和下载控制措施，例如，通过工具自动监测、督促审计人员及时清理电脑中的敏感数据信息，优化已有的系统监控功能，对数据访问和下载实时监测，出现不合理访问时，自动报警并及时响应处理等。通过一系列的控制措施，将信息安全泄露的风险减至最低。

雾霾经济营销策略建议报告

总行公司业务部 行业管理处

近年来，国内各地区雾霾现象日益严重和频繁，影响范围越来越大，在给公众健康、工作和生活带来巨大危害的同时，也催生了火爆的“雾霾经济”。随着国家实施雾霾治理政策和措施的持续深入，雾霾经济已不单是空气净化器、净化型空调等因雾霾而产生的表层商机，更涉及国内产业结构调整、经济发展方式转变等深层次问题，并由此提振诸多消费领域，带来巨大的市场机遇。我行作为国有大型商业银行，始终贯彻落实国家宏观政策，积极履行社会责任，要综合把握雾霾经济的市场机遇和各类风险，实施合理有效的信贷政策，推动我行绿色信贷业务健康快速发展，助力国内雾霾天气治理、经济结构调整和产业转型升级。

一、雾霾区域分布及形成原因

雾霾是近年来显著影响我国城市和区域的一种空气污染现象，直接表现为大气中的可吸入颗粒物含量严重超标，主要污染物是二氧化硫、氮氧化物以及多种硫酸盐、硝酸盐、有机碳氢化合物等颗粒物（PM2.5）。

（一）区域分布

我国雾霾发生区域由点到面日益扩散，逐步蔓延全国。当前，已逐渐形成了京津冀、长三角、珠三角和成渝地区四大“雾霾带”。四大雾霾区几乎覆盖了所有工业化、城镇化最发达和人口最密集的地区，具有显著的组合集群特点。国内雾霾天气的空间分布特征主要表现为：

一是集中于重工业聚集区域。雾霾天气空间分布与国家产业布局密切相关。江苏、河南、山东、广东以及四川分列全国水泥产量前五位，河北、江苏和山东钢铁产量分列全国前三位，京津冀、长三角经济区工业布局均较为密集。相应地，北京、天津、石家庄、济南、南京、上海等城市均属于雾霾严重地区。

二是分布于主要能源生产消费区域。雾霾与能源生产和使用密切相关。山西、河北、江苏、山东、河南、陕西等省拥有较为丰富的煤炭资源和较高的煤炭使用量，陕西、天津、山东、四川等省市是我国主要的石油和天然气产区，上述地区环境压力均高于全国其他区域，雾霾程度也较为严重。据环保部研究，京津冀、长三角、珠三角区域国土面积仅约占中国国土面积的8%，却消耗了全国42%的煤炭、52%的汽柴油，生产55%的钢铁、40%的水泥，直接造成了该区域严重频发的雾霾天气。

三是多发生于人口密集的地区。城市规模和人口密度对环境的影响巨大，生产生活能耗和排放较高，特别是城市交通中汽车尾气的排放，已经超过了城市空气自我净化的能力，对京津冀、长三角以及珠三角等主要城市的环境污染造成了严重影响。

（二）形成原因

雾霾天气的形成原因分为自然原因和经济原因。自然原因主要是气候因素，经济原因主要有以下几点：

一是以煤为主的能源消费结构。我国能源消费结构中煤炭占比接近70%，我国排放污染物中70%的烟尘、90%的二氧化硫、67%的氮氧化物来自于燃煤。因此，以煤为主的能源消费结构是雾霾天气形成的主要原因。

二是工业化进程的污染物排放。工业废气是大气污染物的主要组成部分，在工业内部结构中，建材、冶金、炼油、火电、化工等“两高一资”产业占工业总比重的80%，排放的工业污染占全国总污染的60%以上。这种高能耗、高排放的粗放型经济发展模式造成了大气环境的严重污染。

三是汽车增加及其尾气的排放。近年来，我国汽车拥有量持续上升，已从1990年的551万辆增加到了2014年的1.4亿辆，随之而来的是尾气排放剧增，据分析，汽车尾气排放对PM2.5增加的影响大约占22%以上。

四是氮肥滥用污染。我国耕地面积约占世界耕地面积的8%，但每年却消耗了全球氮肥的35%。滥用化肥不仅使农产品氮氧化物残留恶化生态，还造成了氨气污染，成为雾霾天气的主要污染源之一。

五是秸秆焚烧污染。近年来，秸秆焚烧成为新的大气污染源头，每年夏收和秋冬之际，大量小麦、玉米等秸秆在田间焚烧，产生大量烟雾，对大气污染的影响非常大。据报告，京津冀及周边地区每年因秸秆焚烧向大气中排放的颗粒物有数十万吨，区域内PM2.5日均浓度平均增加60.6微克/立方米，最多增加127微克/立方米。

六是畜禽养殖污染。畜禽粪便造成的恶臭污染是造成畜牧业环境污染的主要污染源。据测定，我国畜牧业每年产生的粪便量逾20亿吨，以粪便为主的恶臭污染物中大约含有臭味化合物168种，其中大量排放的硫化氢、氨气等更是加剧了雾霾空气污染的形成。

七是城镇化进程中产生的建筑扬尘。目前全国各地都在为了城镇化进程大力投资兴建基础设施，尤其表现在房地产、公路、桥梁等。植被减少和大量的建筑扬尘也对空气造成了严重污染。

二、国家政策和治理措施

（一）治理思路

我国雾霾天气的产生涉及钢铁、水泥、火电、石化、有色金属等众多高耗能、高污染、高排放行业，因而在雾霾治理中改善产业结构状态，是从源头解决雾霾的最有效手段。

一是加快传统产业转型升级。加快淘汰高耗能、高污染、高排放产业的落后产能，利用信息技术对传统产业加以技术改造，优化产业发展方式，不断提高传统产业的自身创新发展能力，促进全产业链的整体升级，打造工业升级版。

二是合理布局建设基础产业。加快能源生产和利用方式变革，逐步降低石化能源消耗比例，积极开发利用煤层气、页岩气等非常规油气资源，并大力开发应用；大力发展公共交通产业，合理控制机动车总量，加速淘汰老旧机动车，加快推进汽车节能减排技术的研发和设备升级，不断促进节能与新能源汽车产业的发展。

三是严控大气污染重点行业。对重点控制区域内的钢铁、水泥、火电、石化、有色、化工六大重污染行业以及燃煤工业锅炉的新建项目，实施大气污染物特别排放限值，不断提高污染物排放和节能准入门槛。加快二氧化硫、氮氧化物、烟尘、粉尘等污染物的治理装备技术发展，以满足重点污染行业的治污装备需求。

（二）主要政策

国家已出台了多项大气污染治理政策法规，对我国大气污染防治、产业转型升级工作起到了重要的推动作用。

1.《国家环境保护“十二五”规划》要求对多种大气污染物实施综合控制。目标要求：到2015年，主要大气污染物排放总量显著减少，化学需氧量和二氧化硫排放量分别较2010年下降8%；氨氮和氮氧化物排放总量分别较2010年下降10%。具体措施：一是深化颗粒物污染控制；二是加强挥发性有机污染物和有毒废气控制；三是推进城市大气污染防治。

2.《大气污染防治行动计划》采取十条措施提高空气质量。目标要求：经过五年努力，使全国空气质量总体改善，重污染天气较大幅度减少；京津冀、长三角、珠三角等区域空气质量明显好转。十项具体措施：一是加大综合治理力度，减少污染物排放；二是调整优化产业结构，推动经济转型升级；三是加快企业技术改造，提高科技创新能力；四是加快调整能源结构，增加清洁能源供应；五是严格投资项目节能环保准入，提高准入门槛，优化产业空间布局，严格限制在生态脆弱或环境敏感地区建设“两高”行业项目；六是发挥市场机制作用，完善环境经济政策；七是健全法律法规体系，严格依法监督管理；八是建立区域协作机制，统筹区域环境治理；九是建立监测预警应急体系，制订完善并及时启动应急预案，妥善应对重污染天气；十是明确各方责任，动员全民参与，共同改善空气质量。

3.《重点区域大气污染防治“十二五”规划》（以下简称《规划》）对京津冀、长三角、珠三角等重点区域的大气污染防治进行重点规划。目标要求：到2015年，重点区域二氧化硫、氮氧化物、工业烟粉尘排放量分别下降12%、13%、10%，挥发性有机物污染防治工作全面展开；环境空气质量有所改善，可吸入颗粒物、二氧化硫、二氧化氮、细颗粒物年均浓度分别下降10%、10%、7%、5%，臭氧污染得到初步控制，酸雨污染有所减轻；建立区域大气污染联防联控机制，区域大气环境管理能力明显提高。

《规划》明确了13 369个重点工程项目，投资总额达3 500亿元，将新增二氧化硫减排能力228万吨/年，新增氮氧化物减排能力359万吨/年，新增颗粒物减排能力148万吨/年，新增挥发性有机物减排能力152.5万吨/年。提出以下措施：一是统筹区域资源环境，优化产业结构与布局；二是加强能源清洁利用，控制区域煤炭消费总量；三是深化大气污染治理，实施多污染物协同控制；四是创新区域管理机制，提升联防联控管理能力。

4.《能源行业加强大气污染防治工作方案》（以下简称《方案》）明确规定能源行业承担源头治理和清洁能源保障供应的责任。近期目标：到2015年，非化石能源消费比重提高到11.4%，天然气（不包含煤制气）消费比重达7%以上；京津冀、长三角、珠三角区域重点城市供应国V标准车用汽、柴油。

中期目标：到2017年，提高非化石能源和天然气消费比重，逐步提高京津冀、长三角、珠三角区域和山东省接受外输电比例，力争实现煤炭消费总量负增长。

《方案》提出以下措施：一是要加大火电、石化和燃煤锅炉污染治理力度；二是加强分散燃煤治理，推进民用清洁燃煤供应和燃煤设施清洁改造；三是加强能源消费总量控制，控制能源消费过快增长；四是推动煤炭高效清洁转化。

（三）主要区域措施

1. 六省区市打破行政区划共同治理雾霾。北京、天津、河北、山西、内蒙古、山东环保部门打破行政区划界限，共同治理雾霾。六省区市环保部门提出，要建立区域空气质量预报预警及应急联动工作机制、区域重污染预警会商与应急响应机制，开展区域联合执法，建立协作小组共享信息平台，逐步实现区域联合动态调控雾霾治理工作。

2. 北京市打出“组合拳”治理雾霾。为有效治理雾霾，北京市稳步实施源头控制、能源结构调整、机动车结构调整、产业结构优化、末端污染治理、城市精细化管理、生态环境建设、空气重污染应急八大减排工程，并于2014年初确定了7 600亿元的治理投资，重点投向压减燃煤、控车减油、治污减排、清洁降尘四个领域。颁布了《北京市大气污染防治条例》，在全国范围内首先出台地方治理大气污染法规，在全国起到了很强的引领作用。

3. 天津市“十二板斧”治理雾霾 。天津市对雾霾治理进行重点研究和部署，有针对性地采取了退出污染火电机组、搬迁改造中心城区发电厂、加大供热“煤改气”力度、淘汰12万辆“黄标车”、提升车用燃油标准、加快发展循环经济、清水工程、郊野公园、湿地生态建设等十二项措施，加大空气污染治理力度，并不断加强环境信息公开和社会宣传力度，营造“同呼吸、共行动”的社会氛围。

4. 河北省力争十年摘掉“雾霾大省”帽子。2013年9月，河北省颁布实施《河北省大气污染防治行动计划实施方案》，将采取50条措施，五年内搬迁123家重污染企业，削减燃煤4 000万吨，压缩钢铁产能6 000万吨、水泥产能6 000万吨、平板玻璃产能3 000万标准重量箱，到2017年首都周边及大气污染较重的石家庄、唐山、保定、廊坊和定州、辛集细颗粒物浓度比2012年下降33%，全省重污染天气大幅度减少，再利用五年时间或更长时间，基本消除重污染天气。

5. 山东省二十条措施治理雾霾。新政策鼓励城市建成区内的高污染企业改造搬迁；提高废气排污费征收标准，研究开征扬尘、挥发性有机物排污费；发展绿色照明、节能与新能源城市公交车，推行政府绿色采购；加快燃煤锅炉脱硫脱硝除尘改造和清洁能源替代；提前淘汰黄标车，加快老旧汽车报废步伐；发展风电、太阳能、浅层地能、页岩气等新能源产业，大力支持分布式光伏发电应用。

6. 陕西省削减煤炭消费治理雾霾。陕西省制订出台《陕西省能源行业加强大气污染防治工作实施方案》，提出将削减煤炭消费，提高非化石能源消费比重，要求到2015年，非化石能源消费比重提高到10%，煤炭消费比重降至70%，并且将严格问责考核不合格或存在严重问题的地市政府和企业。方案指出，西安、咸阳两市周边不再新建火电、热电厂，关中地区不再布局新的石化、煤化工项目；禁止销售和燃用劣质煤，火电机组环保不达标的将逐步关停；并加大资金支持促进能源行业的清洁生产。

7. 河南省实施“蓝天”工程治理雾霾。通过实施“蓝天”工程，加大郑州及周边地区灰霾天气治理力度，严格控制工业大气污染、城市燃煤和油烟污染、城市扬尘污染和机动车尾气污染，计划在未来五年使PM2.5浓度降低15%以上。

8. 江苏省八项举措治理雾霾。坚决淘汰落后产能，列入2014年淘汰落后产能和化解过剩产能任务的项目，相关生产线年底前全面停产；严控燃煤污染，继续实施绿色发电调度，安排煤耗低、治污设施全的电力企业优先发电；严控工业污染，加快推进钢铁、水泥等非电力行业脱硫、脱硝、除尘提标改造；加强机动车污染控制，全省年底前淘汰黄标车和老旧机动车30.7万辆以上；做好重污染天气预警应急。

三、雾霾经济提振的消费领域与市场机遇

（一）八大消费领域

1. 个人环保净化用品。雾霾天气的不断来袭，全民对于除霾、防霾也越来越重视，口罩、空气净化器等产品出现了热销局面，“雾霾经济”也因此而初步成型。据淘宝网统计，2013年淘宝网上购买口罩的消费者较上年增长181%，购买空气净化器增长131%，全年全国的淘友们共下单450万次，总计花费8.7亿元。据奥维咨询数据显示，2014年上半年中国空气净化器市场延续大热势头，销售量达275.2万台，较去年同期增长48%；预计2014年空气净化器的市场规模将会突破200亿元，未来三年我国空气净化器销量将继续保持高速增长，存在较大的发展空间，消费需求较大。

2. 高效燃煤锅炉。国家发展改革委、环保部等七部委日前出台《燃煤锅炉节能环保综合提升工程实施方案》，计划到2018年，推广高效锅炉50万蒸吨，高效燃煤锅炉市场占有率由目前的不足5%提高到40%；淘汰落后燃煤锅炉40万蒸吨；完成40万蒸吨燃煤锅炉的节能改造。2014年4月，环保部通过了迄今为止最为严格的《锅炉大气污染物排放标准》，新标准实施后，高效锅炉设备、工程和监测仪器投资最终将超过4 800亿元，其中与环保产业直接相关的投资不少于3 000亿元，工程设备全部完成后的年运行费用约为40亿元，对环保产业的消费刺激作用不容忽视。

3. 大气治理技术装备。国家将加快大气治理重点技术装备的产业化发展和推广应用，大力发展脱硝催化剂装备、再生资源化脱硫技术装备和高效除尘装备。受大气污染排放标准提高的影响，脱硫脱硝领域集中分布的电力、钢铁、化工等行业，产生大量粉尘的水泥、饲料加工、面粉等行业，对脱硫脱硝、脱尘等设备的需求将会加大，治理大气污染专用设备进口将会有所增加，其中高技术含量的单机、环保材料药剂、关键零部件将会有较大的增幅。

4. 垃圾焚烧处理装备。目前我国年城镇生活垃圾清运量1.56亿吨，垃圾存量逾70亿吨，全国670座大中城市约有三分之二被垃圾围城。为有效处理城镇垃圾，国家明确提出“十二五”期间全国城镇生活垃圾无害化处理设施建设总投资要达到2 636亿元，焚烧在未来垃圾处理方式的占比将从2009年的20%提高到2015年的52%，垃圾焚烧处理复合增长率将达30%。在国家政策的带动下，垃圾焚烧处理将成为环保行业增长较快的子行业，将产生垃圾焚烧炉及烟气净化成套装备的巨大消费需求。

5. 环境监测仪器设备。2014年国家启动第三阶段空气质量新标准监测能力建设工程，要求完成全国地级以上城市新标准监测能力全覆盖，对环境监测设备行业形成利好。目前环境监测设备的国产化进程正在加快，未来国内PM2.5检测设备的市场格局将会发生显著变化。根据环保部等

三部委共同发布的《国家环境监管能力建设“十二五”规划》，“十二五”期间环境监测领域规划总投资400亿元，相关仪器制造企业将受益于新增市场的巨大需求而快速发展。

6. 新能源汽车。国家正加快实施节能与新能源汽车技术创新工程，不断完善配套产业和充电设施，加快示范推广新能源汽车。目前，北京、上海、深圳等25个试点城市，示范推广的各类节能与新能源汽车共计2.74万辆。其中，公共服务领域2.3万辆，私人领域仅为0.44万辆，产销量与规划中2015年累计50万辆的产销目标相差甚远。未来几年，新能源汽车消费或将迎来爆发式的增长。

7. 环保服务消费。在城镇污水处理、生活垃圾处理、烟气脱硫脱硝、工业污染治理等重点领域，国家将鼓励发展包括系统设计、设备成套、工程施工、调试运行、维护管理的环保服务总承包和环境治理特许经营模式，专业化、社会化服务占全行业的比例将大幅提高。未来几年，包括生态环境修复、环境风险与损害评价、排污权交易、绿色认证、合同能源管理、环境污染责任保险等新兴环保服务业的市场需求和潜力巨大，发展空间广阔。

8. 绿色建筑领域。“十二五”期间，国家计划在城镇及农村新建绿色建筑11亿平方米，对5.7亿平方米建筑进行节能改造。2017年起，国家将对城镇新建建筑全部执行绿色建筑标准。因此，我国绿色建筑的市场规模非常大，而且由于建筑节能涉及范围越来越广泛，2020年前，我国用于节能建筑项目的投资将至少达1.5万亿元。建筑设计、建材、智能管理等领域的市场将加速形成，消费者群体广泛且稳定，行业中的领先企业将获得较好的发展机会。

（二）市场机遇分析

随着国家对环境保护、雾霾治理力度的持续加大，由此而产生的产业结构调整、经济发展方式转变等深层次变革，将给我行带来巨大的发展机遇。

1. 雾霾治理投资巨大，为我行巩固传统优势带来机遇。无论从国家宏观政策导向还是市场发展趋势看，雾霾治理中涉及的产业结构调整、新型节能环保领域的基本建设仍将发挥关键作用。国家业已出台的各类相关规划中，明确提出了众多投资数额巨大的重点产业升级和节能环保工程项目，这些纳入国家及各地方政府产业升级、环境保护、雾霾治理投资计划的重点、重大工程和项目，将为我行巩固基础设施领域的传统优势带来机会。

2. 产业升级成为重点，为我行信贷结构优化带来机遇。国家节能减排要求日益趋严，企业环保成本不断提高。拥有自主创新能力、掌握核心技术、低消耗、低排放的节能环保型企业将成为我行大力拓展的目标客户。我行信贷资源向契合实体经济发展趋势、低碳节能推动生产发展的产业领域倾斜，既顺应了产业转型升级，推动了经济转型发展，又有助于实现我行信贷结构优化和资产质量的提升。

3. 新兴产业规划明确，为我行培育增长动力带来机遇。《“十二五”国家战略性新兴产业发展规划》中提出的节能环保、新一代信息技术、生物、高端装备制造、新能源、新材料、新能源汽车七大战略性新兴产业，为工业化发展指明了方向，新兴产业发展目标量化明确，部分领域技术和市场需求培育逐渐成熟。随着国家加大推广节能环保、新能源等产品应用，将会有效拉动国内消费需求，进一步加快转变国内经济发展方式，低碳经济、绿色经济、循环经济领域将成为我行业务发展新的增长点。

4. 新型城镇化实施绿色建筑标准，为我行相关领域带来发展机遇。国家将围绕城镇化战略部署，颁布实施一系列的新型城镇化和新能源建筑应用政策，提升城市基础设施建设和管理水平，改善城市人居生态环境。受建设节能环保、和谐友好的“绿色城市”所推动，绿色建筑评价标准将于2015年正式实施，由此而带动的建筑节能、生态治理、园林绿化等领域金融需求将会出现明显增长，建筑设计、建材、智能管理等领域的市场将加速形成，为我行推进新型城镇化和绿色信贷带来机遇。

四、营销策略建议

（一）行业策略建议

1. 从引发雾霾的重点行业入手，明确营销范围。根据国家产业政策导向，结合致霾主要因素分析，将污染物限排行业和环保装备制造相关行业作为治霾重点营销行业或领域。具体包括（不限于）以下几点：一是燃煤锅炉使用较多的火电、钢铁、石化、水泥、有色、化工六大重点行业；二是煤炭消费和秸秆焚烧较多的城乡居民供热领域；三是粉尘污染严重的矿采选业；四是氨氮排放污染现象较为突出的农业及畜牧业；五是尾气排放污染相关的交通运输业和汽车及配件制造业；六是环境保护专用设备制造业（国标行业小类 C3591）。

2. 突出战略性新兴产业营销，加大差别化支持范围。综合把握战略性新兴产业市场需求，重点支持技术水平成熟、市场环境完善、减排效益突出、符合国家政策要求的节能环保、新能源、资源再生利用等产业的发展，大力扶持工业、交通、电网、建筑、家庭等节能领域重点技术装备制造、重大产品创新开发与产业化应用项目建设，促进节能环保、清洁能源等战略性新兴产业规模化、集约化发展。

（二）区域策略建议

一是严控“三区十群”内高耗能、高污染项目投放。国家在京津冀、长三角、珠三角区域以及辽宁中部、山东、武汉及其周边、长株潭、成渝、海峡西岸、山西中北部、陕西关中、甘宁、乌鲁木齐城市群等“三区十群”重点控制区内的 47 个城市，执行重点行业污染物特别排放限值，实施更严格的环境标准。建议我行严控上述地区“两高行业”项目的信贷准入，加大信贷退出力度，并有效结合当地区域化解过剩产能、节能减排的具体情况，将信贷资金主要投向于产业结构调整和转型升级的方向，加快推动当地经济发展方式转变。

二是积极支持清洁能源丰富地区的项目建设。综合把握新能源产业机遇和风险，积极支持符合条件的东北、华北和西北地区陆上风电基地建设项目，选择性地支持上海、江苏、浙江、河北、山东、广东、福建沿海地区海上风电示范项目；支持辽宁中部、陕西关中、甘宁等城市群地热能建设项目；密切关注并谨慎介入辽中半岛城市群、成渝地区、山西中北部城市群、陕西关中城市群煤层气、页岩气等新能源开发利用项目。

三是重点支持战略性新兴产业重点区域发展。我国战略性新兴产业主要集中于东部地区，中部、西部和东北地区发展相对落后。针对节能环保、资源再生利用等战略性新兴产业，要根据国家战略性新兴产业布局和产业化基地建设，确定重点合作地区，积极支持区位优势突出、具有技术及成本优势、产业链完整、集群效应突出的地区，在贷款规模及服务配套政策上给予充分支持。

（三）客户/项目策略建议

一是坚决关闭淘汰类企业和项目的信贷闸门。密切配合国家节能减排战略的实施，以《产业结构调整指导目录》为依据，对不符合国家产业政策、未按规定程序审批或核准的项目以及主要产品和技术属于《部分工业行业淘汰落后生产工艺装备和产品指导目录（2010 年版）》的企业，不提供任何形式的授信支持。

二是积极支持企业转型升级。针对传统产能过剩行业的重点企业，建议实施差异化的客户政策，支持优质客户的技术改造和节能环保类重点项目，积极推动优势企业兼并重组。建议通过支持重点企业提高生产技术、更新生产设备、转变经营管理等方式，逐步降低企业污染排放，提升经济效益，帮助企业转型升级，更好地发挥银行对化解产能过剩、促进节能减排的杠杆作用。

三是大力扶持绿色环保企业发展。对清洁能源、节能环保产品及相关装备制造等行业内资金实力雄厚、取得关键技术突破的龙头企业和优质客户，要采取积极增长的信贷策略，提高产业集中度；对符合国家产业导向、具备稳健发展综合实力和长期核心竞争力的绿色环保企业，要加大信贷支持力度，提供多样化的金融服务，助力企业实现技术创新，推动战略性新兴产业的快速发展。

四是加大重点项目营销。结合各地相继出台的围绕节能环保的政策措施和项目规划，发挥我行全国网络优势和集团化优势，选择一批重点项目加大营销。如燃煤锅炉改造（增效改造或煤改气）项目、传统工业企业环保改造项目、新能源汽车充电桩项目、既有建筑节能改造类项目（照明、电机、门窗、墙体改造等）、秸秆综合利用类（肥料化、饲料化、原料化、基料化、燃料化）项目、发展改革委公布的《今明两年开工的清洁能源重大工程项目情况表》和《生态环保重大工程建设项目情况表》项目等。

（四）差别化政策建议

一是完善行业限额管理。在行业风险限额出现预警时，为治霾项目提供的信贷可不受限制继续发放；对环境保护专用设备制造业不设置行业限额。

二是放宽区域内余额限制。对钢铁、水泥等逐步压缩行业的治霾项目，经总行认定后可不纳入各分行行业信贷及贷款余额控制，比照100%保证金业务享受剔除的政策待遇。

三是在信贷规模上予以倾斜。总行将组织分行统计报送治霾项目需求，经总行认定后，研究给予专项信贷规模。

四是强化经济手段的引导作用。在不改变经济资本计量数据的前提下，考核中对办理治霾项目贷款的客户当年增量经济资本扣减5%。

（五）产品服务策略建议

一是综合运用传统业务产品。综合运用传统信贷业务品种组合，积极为企业并购、项目建设、直接融资、融资租赁等提供产品和咨询服务，为企业购买成套环保设备提供国内保理、信用证、承兑汇票、贸易融资、网络银行贷款等业务品种，满足企业和项目不同的融资需求。

二是通过创新打造服务品牌。针对大气污染治理领域企业的经营特征，综合分析国家政策和市场需求，在风险可控的前提下，积极创新融资模式，通过引入未来收益权质押、碳资产质押、排污权质押等多样化担保模式，综合利用企业债券、理财产品等投行业务，打造我行特色产品和服务品牌，破解企业融资难题。

三是推进重点项目的打捆营销。燃煤锅炉改造等治霾项目普遍具有地方政府支持、试点先行、数量众多、区域分布广、同质性强等特点，建议密切跟踪相关项目信息动向，从分行需求切入，由总行统一部署开展打捆营销，及时总结并复制移植成功经验，提高治霾项目的营销效率和成功率。

（六）风险提示

雾霾经济催生了市场机遇，同时也隐含着诸多不确定性风险：

1. 产能过剩行业风险。产能过剩行业结构调整是工业升级的重要内容，产能过剩企业的关停淘汰是结构调整的主要手段。当前，需确保我行提供信贷支持的客户符合国家产业政策，不被列入淘汰关停范畴，确保我行支持客户及项目的政策合规性。

2. 投资过热风险。国内节能环保、新能源等战略性新兴产业发展迅速，部分行业出现制造环节过热发展、基础研发和终端应用滞后的不协调现象，为日后的产能过剩和结构性矛盾埋下隐患。信贷投放应以理性分析和研究为前提，避免将我行资产配置在过热投资领域。

3. 技术风险。当前，我国在脱硫脱硝关键技术、新能源开发核心技术、新能源汽车核心零部件制造等方面，自主研发能力不强，高新技术对外依存度较高。技术风险将成为制约相关产业发展的重要瓶颈，易导致行业发展陷入“引进—落后—淘汰—再引进”的循环中。我行在对治霾项目（尤其是新能源汽车领域和秸秆综合利用项目）的营销和支持中，应充分评估项目技术水平，将技术风险因素纳入主要准入标准。

美国银行的网络精准营销及启示

总行网络金融部　李彬

对商业银行而言，网络精准营销主要指通过客户特征分析，在网上银行、手机银行、银行互联网网站、第三方等网络渠道向目标客户推广银行金融产品的营销方式。随着网络媒体的蓬勃发展，网络精准营销已成为商业银行市场营销的重要方法和未来发展方向。目前，美国银行已建立了成熟的精准营销服务体系，精准营销服务在个人网银和互联网网站中几乎无处不在。在这方面，美国银行有许多可以借鉴的先进经验和做法，值得我行深入学习和思考。

一、美国银行精准营销的组织架构

美国银行电子银行精准营销工作由客户营销部门负责，该部门下设产品分类营销、客户推荐与定位、网上销售与数字营销、直接营销、销售支持、客户分析与报告6个团队，整个部门由100多人共同配合，完成精准营销全流程工作。其分工包括：产品分类营销团队负责按渠道收集营销产品，形成最初的营销创意和方案，包括营销时间和费用等。客户推荐与定位团队负责分析产品特点和客户相关字段信息，设定相关规则来分别筛选出符合每个营销产品的目标营销客户。网上销售与数字营销团队负责电子渠道营销产品广告设计、网上营销平台管理和执行营销等工作。直接营销团队负责寄送邮件营销、新客户营销等工作。销售支持团队负责特殊产品销售、特殊事件执行、抵押物执行等。客户分析与报告团队负责营销活动分析、渠道与客户体验分析、零售业务分析等。

二、美国银行精准营销的整体业务流程

美国银行精准营销能够实现对每个电子银行客户的个性化营销，通过客户的特点向他们推送适合的产品和服务。美国银行精准营销整体流程分明确营销产品和创意、定位营销目标、制作广告与创意、执行营销、报告与分析营销结果五个环节。

（一）营销产品与创意生成

营销产品与创意生成环节了解和收集各业务部门需要营销的产品，确定营销时间和营销费用，将这些拟营销的产品放在产品营销库中。对每个产品进行两个模型分析：客户可能接受分析（营销成功的概率）和股东价值增加分析（该产品能够给公司带来多少效益）。通过分析初步判定营销的优先级。

（二）定位目标客户

定位目标客户环节通过制作矩阵表格完成，表格对客户进行ID标识，将每个客户匹配适合的一些营销产品和活动。制作该表格需要设置产品营销规则，即某种营销产品需要客户符合哪些条件才向他们推销，将这些条件取交集，从而筛选出同时符合这些条件的客户群。定位目标客户表格每周更新一次，如果某一客户购买或签约了某种产品，将不再向该客户营销此产品。表格的设计由专业的数据专家完成，包括数据策划员、程序员和数据分析员。

（三）制作广告与创意

制作广告与创意阶段和执行营销环节由一个团队完成。其中，制作广告与创意阶段对每个营销产品服务制作相应的可以推送给客户的广告。不同的营销渠道要依据渠道特征制作不同的广告，如网上银行广告、Email广告、邮件广告、电话呼叫中心广告等。美国银行在制作网络营销广告中遵循信息简单明了、色彩对比鲜明、平衡文字与图片、与客户需求一致、流程顺畅、持续测试与优化等原则。这些原则具体而言是指使用简单、直接的语言表达对客户最重要的优惠措施；使用能够吸引客户的色彩效果，突出客户行动按钮的色彩，在最大程度上提高客户点击意愿；充分使用文字以及图形、图像、图标等各种视觉效果，平衡“表现内容”与“传递内容”；充分考虑客

户需求、兴趣与驱动因素，与客户当时办理的业务保持相关性；提供客户办理下一步业务的直接链接，在整体的客户体验过程中灵活使用广告图标；充分使用和测试不同风格和形式的广告图标，根据客户反馈情况持续改进。

（四）执行营销

执行营销环节是在营销平台上向目标客户发布制作好的广告，这项工作无须技术开发，而是由业务部门在平台通过设置参数实现。这一阶段美国银行对网上银行广告记录客户点击等操作，进行客户行为分析。

（五）报告与分析营销结果

在报告与分析营销结果阶段，营销效果的测量与评价包括两部分：一部分是广告投放前，对拟投放广告的网站进行测量评价，以确定网站是否适合投放广告，主要包括网站人气、网站热点、客户属性等。另一部分是对投放广告后的效果进行测量，以确定广告营销效果，主要从收益、成本、净利方面进行测量。通过对广告曝光数、点击数、销售量、点击率、转化率等数据的分析可以确定网络营销活动是否达到预期的效果，从而撤销没有达标的营销活动，把资源转移到效果好的营销活动上，以达到资源的最优配置。

三、美国银行网上银行的精准营销体系

当一个网上银行客户成为多种产品服务的目标时，美国银行会采取三种营销顺序并行的精准营销体系。

一是基于产品的网银营销体系。该营销顺序是在营销活动中不进行数据分析而直接手工设置将某种产品和服务优先推送给目标客户。美国银行过去的经验证实这种做法效果并不好，但是产品一旦推销成功能够带来很大的经济效益或战略意义。

二是基于规则的网银营销体系。该营销顺序是对将要推送给每个客户的所有营销产品进行优先级排序，排序的方法是将每个产品的经济增加值与类似产品过去的营销成功率相乘，得出该产品的预期收益，根据预期收益的高低将这些产品排序营销，预期收益最高的排在第一位，以此类推。这种方法充分考虑了客户能够接受什么样的产品服务，以及每种营销产品服务能够给公司带来多少利润。基于规则的网银精准营销数据库中的数据每星期更新一次。

三是基于客户行为的网银营销体系。该营销顺序是通过记录每一个客户在网银上的行为来推断客户感兴趣的产品，将营销库里的产品服务根据客户感兴趣的程度依次向其进行推送。这种营销顺序更注重客户对营销产品的点击率，而不是产品能给公司带来多少效益。这种方法需要用到专门的客户行为分析系统。

四、美国银行的精准营销控制与审批程序

美国银行每个产品和服务的网上银行营销都需要所有营销团队的负责人审批通过，并聘请了外部的律师确保营销活动的合法性。该行网上银行精准营销控制与审批至少需要四个步骤：

一是每个月的固定时间上述所有精准营销团队领导通过电话会议制定精准营销的基本政策和策略、重点需要营销的产品服务、营销活动的法律合规性等框架。

二是由产品创意与生成团队和制作广告与创意团队对接完成。在第一个流程形成的营销框架指引下，产品创意与生成团队通过对商业案例的分析，选出拟营销的产品，确定营销时间和营销费用。制作广告与创意团队根据营销的产品创作相应的广告。这两项工作完成后还会进行营销活动合法性和合规性的审核确认。

三是由广告创意团队和定位目标客户团队对接完成。这一阶段的主要任务是审核筛选目标客户的规则和标准，确保筛选规则标准的合规性。

四是定位目标客户团队向外部律师咨询，以正式确定定位目标营销客户方法的合法性。该环节和律师的沟通要保证每个产品筛选目标客户规则的合法性，明确是否涉及侵权、侵犯客户隐私、性别和种族歧视等。

五、美国银行的网络精准营销对我行的启示

网络精准营销解决了“银行不知道客户是谁，客户不知道需要的产品在哪里”的问题，并成为改善银行服务，实现银行电子渠道交易平台向“交易＋营销”服务平台转变的基础。通过精准营销，银行可以将多种多样的产品快捷地推送到目标客户手中，让有限的营销费用更加有效地完成投放。美国银行在网络精准营销方面卓有成

效的做法，对我行尽快优化网上银行、手机银行、互联网网站等电子银行渠道的设计，部署实施网络精准营销，进而扩大和提升电子银行业务竞争力提供了重要的启示。

（一）建立网络精准营销团队

由于我行线上和线下营销相对独立，建议由电子银行部组建网络精准营销团队以及下属小团队，每个小团队负责精准营销相应环节。如设立产品与服务营销团队，负责确定营销产品和方案、时间周期、营销费用等，并事后分析精准营销的广告效应和业务提升效应，评估费用投入性价比和费用节约情况，根据设置的对照组客户，进行网络精准营销工作的效果评估；设立数据挖掘团队，搭建数据分析平台，进行数据采集、数据模型设计和数据挖掘与应用；设立广告制作团队，负责设计视觉精美的广告图片和人性化的广告语言；设立营销活动发布团队，根据每个客户的特点按照一定的顺序为其推送产品广告。

（二）建立网络精准营销系统

为了实现多种产品服务的网络精准营销，建议搭建网络精准营销系统。首先选取合适的精准营销模型，进行深入分析，提出适合我行电子银行渠道的精准营销服务模型，并筛选相应的营销对象。在明确业务需求后，开发部署，实现网络营销活动的全流程操作，具体包括营销活动的参数化管理、上传营销广告、根据输入条件筛选目标客户、多个营销活动的优先级排序等。

（三）深入开展数据整合、分析与挖掘工作

建立完整的客户数据库，不仅包括客户基本信息和银行交易，还要记录客户的网上行为信息。对我行电子银行客户数据进行深入挖掘，丰富客户信息字段，有助于更全面地了解客户，筛选目标客户时更加精准。同时，通过整合我行电子银行客户的相关信息，采集客户网络动态行为数据，采集访问来源外部数据，形成统一跨界的电子银行客户数据源。在存储数据时，采用标准化的方式，减少数据重复和缺失，改善数据质量的同时，提升数据查询的便捷度和报表展示的灵活性。通过数据分析和挖掘，优化网络营销渠道和营销方式，让客户更容易访问到需要的产品和服务功能，掌握客户特征和行为数据，对于有明确需求的目标客户，能够开展实时个性化的营销。

（四）根据全行战略发展动态优化网络精准营销系统

电子银行部作为电子银行精准营销归口管理部门，要密切关注全行业务发展趋势，配合产品和服务的营销战略，将全行重点推广的产品与客户需求有机地结合，优化网络精准营销系统，促进电子渠道营销效果的不断提升。电子银行精准营销团队需要和各业务部门积极协调，对精准营销的对象进行客户细分，丰富营销活动所需的支持数据，通过对业务的正确理解和判断，共同建立网络精准营销的业务模型，从而实现对目标客户的精准营销。通过产品创新和客户体验改善，在电子渠道开展精准营销，通过与网点、自助设备等渠道的协同，配合各业务部门的营销活动，形成全行线上和线下营销的合力。

浅析中国 ATM 市场的国产化发展和应对策略

总行采购部　杜芳

目前，中国 ATM 市场中的 ATM（含取款机和存取款一体机，下同），既有国产品牌又有进口品牌，其中存取款一体机由于核心模块的技术壁垒较高，对日本品牌和日系机芯的依存度非常高。“棱镜门”事件曝光后，国内 IT 设备及系统的安全问题上升到了前所未有的高度，尤其是作为经济命脉的金融行业，提升金融设备及信息系统的国产化率已成为影响金融体系稳定的重要因素。本文通过对ATM国内市场发展、国内厂商的技术情况等方面的研究，分析了国产ATM市场的发展方向，并提出银行的应对策略。

一、中国ATM的市场现状

我国ATM供应商可分为进口品牌和国产品牌两大阵营。2008年以前，从供应商的分布情况来看，进口品牌称雄我国ATM市场，主要为迪堡、NCR、德利多富等欧美品牌。但随着国产品牌的不断发展，进口品牌在整体市场的份额已呈现下降趋势，已经由2007年的70%左右下降至2013年的55%左右。

2007年以前，在中国ATM市场上，取款机占据绝大多数，存取款一体机只占很小的比例。随着社会经济的发展，现金的使用量有增无减，人们不再满足于仅仅只能从ATM上取钱，很多时候还希望能方便地进行现金存款。加之现金循环技术的高效率，大幅减少了银行设备管理人员的工作量，近年来，银行采购已明显由“ATM为主”向“存取款一体机为主”转变。

此外，由于NCR、迪堡等传统国外ATM巨头因在存取款一体机技术上不具备纸币鉴别自主技术，未能抓住国内一体机市场的扩张，竞争力有所减弱。而机电一体化成熟，且掌握纸币鉴别核心技术的日本企业表现异常迅猛，快速占领了ATM市场。以日立、OKI（怡化）等日系品牌或日系技术为主的存取款一体机在各行的销售量占比均超过一半。

二、国内品牌发展过程

2005年以来，我国ATM市场进入快速发展阶段，部分国内企业开始进军ATM市场，广电运通、广州御银、东方通信、恒银等国内ATM生产企业先后成为四大商业银行的供应商。2007年之后，国内ATM生产企业的市场份额增长速度加快，逐渐开始改变进口品牌称雄国内ATM市场的格局。

早期，国内厂商基本上是以代工形式进入ATM市场，购买或买断进口机芯进行组装整合后，推出“中国制造”的ATM设备。为了适应国内市场的不断发展，部分国内厂商结合自身的优劣势和发展规划，逐步开始向合作和自主研发形式转型。近两年，部分国内企业开始掌握取款机的核心技术，加之国内企业在售后服务方面的投入明显优于进口品牌，获得了越来越多的客户使用好评，国产品牌的取款机销售量已有赶超进口品牌之势。

但在存取款一体机方面，由于技术壁垒较高，纸币识别和纸币传送模块（也称验钞和循环模块）的核心技术很长时间被日立、富士通、OKI等日本企业牢牢控制，国内厂商很难在短期内掌握核心技术，要想快速在供应市场上占有一席之位，只能从借鉴国外技术入手。

根据研发能力、资金投入、战略重点等情况，可将国内厂商对存取款一体机的生产模式分为三类（部分厂商是多类型并存，详见下表）：一是直接购买国外的核心部件，其他非核心部件自己生产，整机组装冠以国产品牌（以下简称“代工模式”）。二是国内厂商与国外厂商合作，在国外厂商成熟的核心技术基础上共同研发，最终技术双方均可使用（以下简称“合作模式”）。三是国内厂商自主研发和生产，核心技术具有自主知识产权（以下简称“自主模式”）。

国内厂商存取款一体机生产模式

生产模式	国内厂商代表	机芯主要品牌或合作方
代工模式	东信	日立（日）、得利来（英）
	恒银	日立（日）、LG（韩）
	御银	富士通（日）、得利来（英）
	运通	日立（日）
	怡化	OKI（日）
合作模式	御银	LG（韩）
	怡化	OKI（日）
自主模式	运通	运通

三、国内厂商的优劣势分析

（一）优势

1. 本土化优势。存取款一体机作为货币自助终端设备，已逐渐成为与本国居民日常生活密切相关的常用设施。国内厂商更了解我国居民的使用习惯和消费需求，能更及时地掌握一体机在使用过程中出现的新情况和遇到的新问题。同时，国内厂商的反应速度也更快，具有根据市场环境变化而进行快速响应及决策的能力。

2. 售后服务优势。存取款一体机作为机电一体化产品，其正常使用有赖于经常、及时和专业的维护维修等售后服务，在设备差异日趋缩小的情况下，售后服务的水平和能力将更被银行所重视。国内厂商拥有更完整、更强大、更完善的售后服务体系，具有服务网络覆盖面广和服务响应及时的优势，这些往往是国外厂商不具备的。

3. 支持民族品牌的政策优势。“棱镜门”事件曝光后，国内IT设备及系统的安全问题上升到了前所未有的高度。银监会已在全国银行业开展信息化应用使用情况专题研究，对大型银行、金融机构使用的计算机设备、网络设备、存储设备、安全设备、软件设备等信息系统基础软硬件开始全面摸底调查。为更好地确保银行信息安全，国家也在大力倡导和支持发展民族品牌，这对于国内厂商来说，无疑是非常好的发展机遇。

（二）劣势

1. 纸币识别技术的成熟度相对较低。国外的光电制造和精密机械加工经过了几十年的发展，才达到了今日的水平。我国光电制造和精密机械加工产业起步较晚，还需要一定时间的积累与沉淀。目前，国内厂商中真正完全、独立、自主掌握纸币识别技术的厂商非常少，已经应用于现有ATM设备并推广使用的更少。

2. 还未完全实现从组装制造到自主研发的蜕变。目前业内一体机使用的循环模块主要以日系为主，其中的关键模块——纸币识别器（简称“BV”，主要用于识别假币）的生产主要被加拿大、美国、日本、英国等国垄断。国内厂商虽然纷纷加大科研投入，积极推进自主研发，但仍是以代工模式和合作模式为主，真正具备自主研发能力、掌握自主核心技术的厂商很少，而且验钞模块自主技术的稳定性还未得到市场的长期使用验证（一般应大规模使用两至三年）。短时间内，不具备完全替代国外厂商的水平。

四、国内ATM市场的发展方向和国内银行的应对策略

随着国内品牌自主核心技术的进一步提升，中国ATM产业正在向着国产化时代迈进。国产品牌ATM凭借“中国制造”加上“中国创造”的优势，将完全有可能占据市场的主导地位。但在这个市场格局改变的过程中，国内ATM市场的竞争也将进一步加剧。

网络信息安全问题的频发，也给国内主要商业银行敲响了警钟。为防范国外厂商技术垄断带来的风险，银行方应开始培养多元化的设备供应商。在未来的ATM管理使用中，建议从以下三个方面入手：

一是加强银行自助设备的市场调研工作，特别是要加强一体机供应市场发展情况的跟踪和研究。一方面，深入了解日本品牌和日系技术的市场变化情况，及时评估供应风险。另一方面，重点关注国内企业在一体机市场的供应表现，持续追踪这些企业一体机核心模块研发进展情况和在国内同业采购中的应用情况，做到心中有数。

二是加强银行自助设备信息化建设的指导和政策研究，持续加强银行自助设备供应风险的研判和预防，不断提高对自助设备技术、业务功能的测试和评价能力，并形成明确的银行自助设备新品牌、新技术引入和使用的长期策略，从源头上保证银行自助设备运营安全。

三是引入新品牌新技术，逐步打破进口垄断格局。一体机的采购和使用策略不能简单地采取“一刀切”，需要有步骤、有策略地实现多品牌（多技术），尤其是要向国产品牌进行平稳过渡。银行可在完成充分的市场调研、供应商考察、业务技术测试等准备工作的基础上，在产品服务可靠、质量有保证的前提下，向国产品牌开放更大的一体机市场，增加对优质国产品牌的支持力度，尤其对拥有自主技术并有成功应用经验的国产品牌给予适度的政策倾斜。

抓住移动金融发展机遇 推进金融IC卡应用的思考

天津市分行　霍军　吕涛　刘任博　吴非娜

在我们每个人周围，都有很多有移动支付习惯的用户。他们每天醒来首先查看一下“余额宝”或“理财通”的投资收益，接着可能会用“滴滴”或者“快的”软件打车上班，再通过微信二维码扫描购买早餐，中午可能和同事用支付宝AA支付共进午餐，空闲时候还可以进行水电煤的缴费、信用卡还款、手机充值、转账汇款、网上购物……这些都是通过便捷的移动支付来完成的。可是在五年前，谁又会意识到移动支付能如此深刻地改变我们的生活呢!

移动支付在改善了用户体验的同时，也为金融机构、电信运营商、第三方支付和广大商户带来了新的发展机遇和挑战。对商业银行来说，正面临着越来越激烈的跨界竞争。尽管支付宝和微信提供的只是第三方支付服务，但他们通过转账、购买理财产品等一系列服务，事实上已经对商业银行的传统零售业务发起了挑战，2013年天弘基金凭借“余额宝”一举晋级基金公司新大佬就是最好的例子。未来的零售用户并不会关心提供金融服务的是不是银行，只会根据自己的喜好选择体验最好的服务方式。而第三方支付凭借其在支付结算服务方面具有的竞争优势，打破了以往支付结算体系单一构成的局面，对商业银行支付结算的基础地位形成了巨大冲击。商业银行在线下POS机收单、日常小额支付、跨行支付、资金归集、大宗商品交易电子支付等传统支付领域，正面临着被逐渐蚕食的危险，甚至可能沦为提供基础支付结算服务的后台支持者。在以网购消费为主的互联网时代，跨界竞争尚不明显，但在以手机为核心拓展服务的移动互联网时代，移动金融领域已成为商业银行与众多互联网公司共同角力的竞技场，传统金融版图也因此正在发生深刻变化。

一、商业银行发展移动支付面临的挑战

1. 掌控移动互联网的流量入口的挑战。国内有不少互联网公司已经掌握了移动互联网的入口。由于手机自身的特点，用户很难将精力分散给多个手机APP。因此，手机中的超级APP将成为整个移动互联网的超级入口，移动金融也同样不能例外。以国内最强势的移动通信软件微信为例，这款由腾讯公司出品的超级APP在国内拥有超过2亿的活跃用户，微信提供的服务也从通信逐步扩展到支付、理财等多个领域。而支付宝同样拥有绝对优势的流量入口，并已将业务触角逐渐渗透至银行多个领域，其引发的金融脱媒趋势削弱了商业银行支付中介、资金中介、渠道中介及服务中介的地位，进而将对商业银行的经营模式和竞争格局造成深刻的影响。

2. 精准覆盖目标客户的挑战。移动金融领域竞争将突出用户体验。以“80后”为代表的年轻人不仅对互联网等新技术非常熟悉，也已经逐步成长为社会中坚力量，是各家金融机构未来零售业务的争夺焦点。然而，由于商业银行所受的各项限制较多，在互联网产品的用户体验上往往赶不上奉行快速迭代原则的互联网企业，在目标用户的覆盖方面，存在产品劣势。

3. 运用互联网思维重塑经营理念和模式的挑战。互联网和大数据时代将重塑传统行业的商业模式，这一趋势已经很明显。与其等待外界改变银行，不如银行主动改变自己。商业银行不仅应当建立适合互联网运作的组织架构，还要适应跨界竞争的形势，转变对银行业务范畴的传统经营理念。

二、银行发展移动金融支付的思路

1. 借鉴跨界竞争对手长处，实现“占位与卡位”。与第三方支付为主的竞争对手相比，在移动支付产业中，银行在用户、价格以及匹配资源等方面并不占优势，以支付宝和腾讯为首的互联网企业经过近年来的长足发展，已经将品牌形象与特色服务深入人心。对移动支付用户来说，最重要的评判标准是安全与便捷。这两者的关系就如移动支付的“双腿”，作为服务商，谁真正能将安全与便捷同时做好，谁才会在移动支付中抢得先机，才能“大踏步”向前奔跑，任何一条腿做不好，都会站不稳。其中，安全是便捷的前提，对于从事传统金融已久的银行来说，更不难理解安全对于金融支付的重要性。

目前跨界竞争对手们的各类移动支付产品，为用户提供了快捷的使用场景，确实带来了便利的用户体验，银行应该虚心学习并认真借鉴。但在安全性方面，跨界竞争对手们现有的移动支付产品都是基于“无卡支付”的纯软安全策略，所有的支付环节都在软件实现的安全环境中完成，仍存在安全隐患的“硬伤”。2013 年至 2015 年，已经有多起支付宝及其他第三方支付产品因为密码丢失，账户信息泄露及支付信息被篡改盗链等事件发生，并在社会范围内造成了负面影响。

对手的不足就是我们的机会，随着 EMV 迁移的大力推动与金融 IC 卡的日益普及，天津建行推出了结合金融 SD 卡的手机客户端“e 点通”，在利用分行自身商圈资源，为用户的“衣、食、住、娱、行”提供各种定制便捷服务的同时，更进一步结合金融 SD 卡的硬件安全策略，提升用户使用与支付的安全性，让用户在获得强有力的安全保障的同时享受到便捷的服务。

2. 从用户角度出发，提高用户黏性。在做好“占位与卡位”的同时，银行还应考虑怎样将盘子做得更大更好。传统的银行业务在移动互联网与互联网金融的冲击下，迫切需要改变固有的模式，银行应当从用户角度出发，把握好用户的需求点与兴奋点，做好客户推送与业务细分工作。

从需求点来说，银行应将自己作为最普通的客户，深入观察日常生活金融服务方方面面存在的欠缺与不足，进而思考银行该如何去改进与提高。而从兴奋点来说，更多要考虑的是如何去引导客户，去思考研究客户的心理习惯与行为习惯。例如，微信红包就是将中国人的传统习俗与猎奇心理相结合，成功开展了各类促销活动。

3. 以创新为活力之源，提升银行品牌服务。银行作为最传统的金融机构，有着跨界竞争对手们无可比拟的优势与资源。第三方支付归根结底要依附于银行存在，银行要做的是在自有的优势上不断创新，在此基础上与第三方支付及其他竞争对手强强合作，提升品牌服务，进而牢牢占据移动支付的主导地位。

金融 IC 卡是基于安全芯片的银行卡，其安全可靠的特性也使其取代传统磁条卡，成为银行绑定与认证用户身份的载体。天津分行基于金融 IC 卡不断创新，结合异型金融 IC 卡——金融 SD 卡推广“e 点通”客户端，为用户打造随身随行的建行特色移动支付产品。在此基础上，更引入 TSM（trusted service management，可信任服务管理）平台功能与架构及 O2O 模式，打造了与现有业务相结合构筑移动支付生态系统。

TSM 平台包含跨机构路由交互，安全认证，动态加载及远程管理等多项服务，作为金融 IC 卡的可信公共服务平台，用于支持金融 IC 卡与金融 SD 卡的远程管理及特色应用推送，后续将全面支持 NFC SIM 及手机全终端等各类安全载体，从技术上保证业务的便捷推广与使用安全。O2O 模式以“线上获取，线下使用”方式推广，将各类特色业务通过手机客户端线上展现给用户，用户在线上获取各类特色业务应用（如电子优惠券）后，通过线下使用的方式完成线上线下相结合的使用过程，获得随时随用的便捷体验。

三、进一步推进分行金融 IC 卡发展的几点建议

金融 IC 卡具有“安全性高、快捷、闪付、一卡多用”的特点。目前，银联已推动全国 POS 机、ATM 终端基本完成受理改造，其中接受“闪付”的受理终端达 120 万台。截至 2013 年第三季度末，全国金融 IC 卡累计发卡已超过 3.8 亿张，较上年底增加 2.6 亿张，占新增银行卡比例为 57.5%。其中，带电子现金功能的共计 3.2 亿张，支持闪付非接触受理的共计 2.6 亿张。金融 IC 卡在公共服务

领域和便民行业的推广应用在不断加速，并与行业信息化、城市信息化融合发展，带动发卡量与交易量呈现出双双爆发式增长的趋势。如何更好地整合行业应用，最大限度地展现金融 IC 卡的特色，切实改善用户的体验成为银行亟待解决的一个关键问题。就天津建行来看，做好以下几项具体工作是进一步推进金融 IC 卡应用的重点内容。

1. 推广电子现金圈存及余额查询功能。天津建行推出的“e 点通”客户端可通过手机 APP 操作，为用户的建行金融 IC 卡及金融 SD 卡提供电子现金账户圈存、主账户余额查询、电子现金余额查询等功能，旨在打造基于手机的自助式终端设备，帮助用户完成除取现外的所有 ATM 机操作，从而实现借助移动互联网扩展分行自助终端受理能力，在提高业务办理效率的同时减轻柜面压力的目标。

2. 强化商户合作和优惠券营销。除了电子现金相关操作外，天津建行基于手机优惠券，打造了 O2O 概念的移动支付商圈，实现了线上与线下的对接。下一步，一方面要加快对天津商圈进行整合，加大与相关商户的合作力度；另一方面，应建立优惠券管理平台，通过引入大数据分析机制制定更加精准的营销策略。例如，有针对性地为核心用户定期推送优惠券，也可以将优惠券策略由赠送改为任务，如规定圈存满多少笔赠送、或者搞平台活动予以赠送等。

3. 拓展行业应用领域。例如，在目前“e 点通”平台上，同时将公交、校园、园区卡片所具有的门禁、食堂等卡片基本功能和行业卡圈存相结合，真正实现一卡多用，为未来移动互联网奠定客户端基础，最大限度地体现卡片功能。又如，可通过与银联商务沟通，直接接入银联商圈客户端，完成网上机票、火车票购买等业务。

4. 完善金融 IC 卡相关服务。例如，通过总行支付接口规划的逐步实施，提供建行行内卡卡转账、主账户余额查询、信用卡还款等服务，实现建行资金归集、理财产品购买以及善融商城接入、线上购物、创建积分系统等功能。未来，还可以结合 TSM 服务，提供空中申领信用卡、公交卡、预付费卡、会员卡等服务。

我行新型结算产品应用及发展研究

天津审计分部 马泽娟 杜玉清 邢峥 朱佳

本次课题研究旨在通过了解天津市分行重点推介的新型结算产品应用的基础上，反映新型结算产品发展中存在的主要问题，提出改进建议，促进我行新型结算产品持续健康发展。课题组注重与经办人员的深入沟通和探讨，向网点负责人、客户经理、产品经理、柜面人员发放调查问卷 115 份，向对公客户发放调查问卷 215 份。

本课题研究所指新型结算产品包括现金管理系统、国内信用证、对公通存通兑、单位人民币结算卡、单位电子银行承兑汇票、对公一户通、账单自助等总、分行重点推介的产品。

本报告的数据信息主要来源：总、分行信息站通报的《资金结算业务经营情况的通报》、《资金结算业务产品进度表》等；总行资金业务条线会议材料；互联网上其他银行产品介绍等。

鉴于总行目前通报的数据，截至 2014 年 3 月末，为保持数据考核口径的一致性和数据的可比性，本报告中的数据业务也截至 2014 年 3 月末，部分年度对比数据则截至 2013 年末。

一、全行新型结算产品发展状况

截至 2014 年 3 月末，全行实现新型结算产品收入 3.45 亿元，同比增长 0.62 亿元，增幅为 21.93%，占单位人民币结算收入的 16.25%。其中，国内信用证业务客户 2 282 户，办理开证、议付业务 2 581 笔、金额 374.09 亿元，实现手续费收入9 269.24万元，实现议付利息收入4.12亿元；账单自助收费客户66.27万户，实现收入8 627.31万元；单位人民币结算卡累计发卡136.02万张，交易量912.08万笔，实现收入6 702.10万元；对公一户通收费客户11.74万户，实现收入3 499.28万元；单位电子银行承兑汇票收费客户6 588户，实现收入3 916.56万元；单位通存通兑业务中，密码器通兑签约客户148.98万户，办理业务838.44万笔、金额合计7 542.58亿元，实现收入1 212.91万元；现金管理系统吸纳收入1 254.91万元。在38家一级分行中，有30家分行新型结算产品收入实现正增长。其中，新型结算产品收入总量前五位的分行为山东、江苏、北京、浙江、广东；同比增量前五位的分行为江苏、山东、广东、北京、湖北。

二、天津市分行资金结算产品发展情况

（一）业务发展概况

截至2014年3月末，天津市分行实现新型结算产品收入428.61万元，系统内排名第24位，同比下降12.71万元，下降了2.88%。

其中，国内信用证业务实现手续费收入184.46万元，系统内位居第13位；账单自助实现收入93.53万元，系统内位居第25位；单位人民币结算卡实现收入81.67万元，系统内位居第26位；对公一户通实现收入19.86万元，系统内位居第26位；单位电子银行承兑汇票实现收入39.63万元，系统内位居第20位；单位通存通兑业务实现收入4.25万元，系统内位居第34位；现金管理系统吸纳收入5.27万元，系统内位居第19位。

从上述结算收入结构分析，国内信用证实现收入较好，排名比较靠前；单位通存通兑、单位人民币结算卡等产品实现收入相对较少，系统排名靠后。

（二）分行的主要措施

1. 发挥资金结算部门职责，部门联动营销效果显现。

2010年12月底，天津市分行会计部正式更名为资金结算部，标志着分行正式启动资金结算业务转型工作。2011年，分行组建资金结算团队，承担了分行结算产品营销、业务管理及对二级机构业务指导等职责。通过与公司业务部、机构业务部等部门协调配合，有效联动，团队已向中节能（天津）投资集团有限公司、渤海钢铁集团有限公司、中国石化集团第四建设公司等总、分行级重点客户成功营销了现金管理系统、电子银行承兑汇票、国内信用证、单位人民币结算卡等产品。

2. 优化业务流程，促进工作效率提高。天津市分行注重完善业务流程，通过深入调研，结合分行管理特点和客户交易习惯，对结算产品部分业务流程进行优化。

例如，分行将同质性较强的多种资金结算产品申请书、产品协议和客户填报资料进行梳理、整合，编制并启用了新版资金结算产品申请书及支付结算协议，客户填列一份申请书可同时开办通存通兑、结算卡、企业网银等多种产品，减少了客户填写、柜员签章确认等环节的重复性劳动，方便了客户，提高工作效率，得到总行管理部门肯定，并在系统内予以推广。

3. 合理配置资源，加大绩效考核力度。天津市分行在历年开展的结算产品营销活动中，制订了详细活动方案，本着“保持政策导向和资源配置的稳定性、连续性”原则，合理配置财务资源，加大对资金结算业务的考核力度，充分调动员工积极性，推动业务发展。例如，2013年分行为电子银行承兑汇票、国内信用证、账单自助、单位人民币结算卡等产品共兑现营销费用170万元，员工激励费用246万元，员工激励费用比2012年增长了82%。

三、影响和制约新型结算产品发展的主要因素分析

（一）管理模式与绩效考核

1. 部门之间配合不到位，联动营销不充分，尚未形成营销合力。目前，新型结算产品管理和营销工作已渗透到公司业务部、资金结算部等多个部门，部门协作联动机制尚未完全形成，流程运转不顺畅。例如，基于国内信用证的业务特点，有该项业务需求的客户大多数源自于公司业务部门，且部分业务操作也由公司业务部进行，但任务考核却由资金结算部负责实施，业务管理连续性不足。在业务推广过程中，一方面客户经理对

该产品营销意识不强，疏于将该产品及时推广给客户；另一方面客户经理与会计人员配合不够紧密，客户经理也未及时将有产品需求的客户信息反馈资金结算部门，未能形成有针对性的分步营销策略。部门间联动营销不足，导致国内信用证产品推广与客户现实需求严重脱节，营销效果不佳。

2. 目标计划硬性分配，未充分考虑地域特点，重指标轻客户现象显现。分行下达业务指标时，未充分考虑二级机构客观存在的地域因素所导致的客户资源差异，对不具备产品适宜资源的机构进行硬性分配，造成部分二级机构为了完成任务而忽略了客户对产品的实际需求，向客户推荐并销售适用性不强的产品，既影响客户体验又制约了客户忠诚度的培养。例如，国内信用证业务多适用于大型企业，2013 年分行对 16 个二级机构下达该项指标，实际上只有 12 个机构经办了该产品，其中 9 个机构完成分行下达的计划指标，4 个机构全年未经办该产品。2014 年分行仍给上述未开办该业务的 4 个机构下达了计划。

3. 绩效考核办法不完善，奖励分配不明晰，考核后续跟踪不到位。调查发现，部分二级机构绩效考核办法未按照新型结算产品种类分别规定绩效奖励或是实行买单制，而是进行捆绑奖励，绩效奖励不清晰。因员工岗位不同，产品营销的侧重点也有所不同，员工无法直接测算实际营销奖励所得，降低了员工营销的积极性，也给基层机构分配绩效工资带来一定困难。

同时，业务主管部门对个别实行买单制产品的考核结果监控不力，部分基层机构为完成结算产品相关考核指标，取得营销奖励费用，虚增客户账务性交易量，一定程度上影响绩效考核结果的真实性。例如，部分基层机构为满足考核要求，获取每户 350 元及以上的绩效奖励，以现金存入方式，在同一天将连续 5 笔（含）以上、单笔 10 元及以下小额资金存入已办理结算卡产品的客户账户。2013 年 1 月至 2014 年 5 月末，共有 742 个账户具有上述特征，共计 7 083 笔，存入金额合计 2.16 万元，涉及 16 个二级机构。

（二）产品营销与客户体验

1. 部分新型结算产品功能有待改进，产品应用受限。由于部分新型结算产品功能有待改进，业务营销和发展受到一定限制。例如，单位人民币结算卡产品定价偏高，600 元/卡的年费让部分有需求客户望而却步，且部分内控管理较好客户认为结算卡使用存在风险，还需要一个了解和接受的过程；对公一户通产品收费较高，每月费用上百，若无特殊理财和其他结算需求的客户接受起来有难度，且账户之间转账回单要素不够明晰，给客户识别带来一些困难；国内信用证囿于客户传统交易习惯，产品认同度不高，且与银行承兑汇票相比，不能背书转让和撤销，优势不明显。

2. 个别产品功能未及时整合和拓展，客户需求挖掘不到位。一方面，个别新型结算产品在原有功能上仍需进一步改进，以便于客户简单快捷操作；另一方面，部分产品使用功能类似，需考虑成本因素的基础上在原有产品中完善开发新功能。

例如，持单位人民币结算卡客户，可在对公自助服务终端上办理全量回单、明细账、副本账页、对账单、支付密码等资料的自助查询、打印及校验，而取款、转账等操作需转至自动存取款机上进行。经访谈，客户亟须在自助服务终端上增加转账等功能，而不必往返两个系统进行操作，既利于对公自助服务终端功能完善，又进一步丰富单位结算卡使用范畴。

又如，我行现金管理系统与企业网上银行同质性较强，部分客户在使用“现金管理系统”后，认为还不如原签订的“高级版企业网银”类似功能，要求取消并重签“高级版企业网银”。

3. 产品签约流程不合理，影响处理效率。客户调查问卷结果显示，在“您认为我行单位结算产品还有哪些需要改进的地方”的 7 个选项中，53% 的客户选择“办理产品签约手续繁杂，等待时间较长”。在客户签约结算产品时，需要客户提供的资料和签字盖章的地方较多，签约不同产品提供的授权书格式和要求也有所不同，遇客户资料缺失或填列不准确，需要客户多次到银行办理产品签约事宜。同时，客户提供的签章均需柜员逐一进行验印审核，降低了业务处理效率。

调查同时关注到，当客户单位账户注销时，CCBS 系统无法同时将其已签约的结算产品自动注销，需要客户在办理销户前，另外提供产品签约申请表，由柜员在各个产品签约界面不断切换进行注销。该操作流程不仅极易产生工作错漏，而且增加了客户等待时间，影响客户体验。

4. 产品创新跟进不及时，与同业相比还有差距。目前，各家商业银行纷纷抢占资金业务市场，陆续推出多种资金结算产品，同业竞争日趋激烈。截至2013年末，全国共有38家商业银行推出新型结算产品，其中工商银行现金管理服务网络已扩展至39个国家和地区，农业银行改制上市后在香港建立了全球现金管理服务中心，中国银行全球现金管理平台已升级至第三代。

虽然各家商业银行新型结算产品功能相仿，但个别产品功能远超过我行。例如，工商银行推出的“财智账户卡”，是以卡片为介质，集账户管理、支付结算、投资理财、信息报告等服务功能于一体的结算产品。与我行单位人民币结算卡相比，具有如下优势：一是该卡可直接在柜面办理基金、黄金等投资理财业务；二是服务渠道更宽广，除可以通过柜面、ATM自助设备和银联POS机办理支付结算业务外，还可以利用电话银行自助完成支付结算、基金、债券等各类交易和查询操作；三是卡内关联账户可以作为透支账户，授信额度内可随时透支支付并循环使用；四是客户可申请普卡、金卡或白金卡，并享有相对应的优惠服务，优质客户服务体验较好。

又如，招商银行推出的“公司一卡通”银联单位结算卡，实现全国7×24小时跨行通存通兑，可按客户需求定制公司收款卡、公司付款卡、公司采购卡等多种专用卡片，并设置不同的金额权限；中国银行推出的“综合自助填单”服务，引导客户预先自主填写资料，客户可在家访问中国银行门户网站填写，也可在网点内的自助填单专用终端填单，凭申请编号和有效证件，在规定时间内前往网点办理业务，减少了客户临柜等待的时间。

（三）网点功能与队伍建设

1. 网点对公业务开办率有待提高，营销渠道亟须拓展。截至2014年3月末，分行对公业务网点173个，通过非现场审计二期系统查询，已实际办理对公结算业务的网点为125个，占全部对公网点的72.25%，已具备开办对公业务条件的网点尚未全部开办，柜面营销渠道未能得到充分利用，一定程度上限制了结算产品的营销和通存通兑等新型产品的广泛应用。

调查同时关注到，网点新型结算产品的宣传折页摆放较少或基本未摆放，单纯依靠产品经理或营销主管口头进行宣讲，与个人金融产品宣传力度相比略显不足，营销力度亟须增强。

2. 转型网点挖潜不够，缺乏主动营销意识。伴随资金结算部门职能从会计核算与风险防范为主向核算与营销并重的转变，以及网点综合化转型工作深入推进，亟须前台柜员尽快完成由坐等客户向主动营销的意识转变。调查发现，部分对公转型网点内部挖潜力度不够，缺乏专门的产品营销及管理人员，产品营销中多以柜面营销为主，而前台柜员因忙于日常账务处理，疏于客户管理和产品管理，无法充分了解客户经营状况、结算需求、财务人员专业素质及喜好，产品营销缺乏针对性，柜员营销技能提升还需要一个循序渐进、不断完善的过程。

3. 营销人员配置不足，客户持续营销和维护不到位。通过对本次抽查的12个综合化转型网点进行调查，产品经理和客户经理分别为19人和13人，分别占抽查网点总人数的9.13%和6.25%，其中兼职产品经理16人，兼职人员占比为84.21%。产品经理中，多数产品经理对个人金融类产品较为熟悉，但了解对公结算产品的人员相对较少。营销岗位人员总体占比偏低，且日常在岗时间多用于应付日常结算、销售其他产品等工作，无法对客户结算产品使用情况进行后续跟踪和持续营销。例如，2014年一季度上述抽查的12个网点，新开立的298户所使用的新型结算产品均为开户时一次性办理，存量客户营销力度相对较弱，主动营销意识有待提高，客户需求挖掘不足，后期维护效果有待增强。

（四）系统与后台支持

1. 后台分析系统支持不足，影响结算产品营销效果。调查发现，管理部门和营销人员不能实时了解客户新型结算产品使用情况，只能通过信息中心对单一产品签约客户情况进行筛选。一方面，无法实现针对某个对公客户或账户已签约产品情况的实时查询，也无法统计分析各签约产品的使用情况。本次所抽查的二级机构资金结算部门和综合型网点均采用手工登记台账方式统计客户签约产品情况，不仅给前台工作带来很大压力，而且不能快速掌握客户产品使用情况，无法准确锁定目标客户，影响结算产品深入营销。另一方面，分行对结算产品考核通报和激励费用的兑现，采取按月由信息中心筛选数据与网点手工统计数据相核对的方式，不仅加大了日常工作量，且延长了绩效兑现时间，削弱了激励机制对营销的考核导向效果。

2. 柜面操作系统无营销提示，丧失产品营销的最佳时机。在客户办理对公业务过程中，由于核心业务处理系统（CCBS 系统）不具备对客户已签约产品情况及营销要点等提示功能，前台柜员往往错失客户前来网点办理业务的有利时机，不利于客户对结算产品认知度的提升、购买需求的激发，且弱化了结算产品的柜面营销效果。本次调查问卷显示，“影响结算产品营销效果的因素”中，有 72% 的受调查员工选择了“系统营销功能支持不足”。

3. 营销数据未共享，降低营销效果。截至 2013 年末，天津市分行对公结算账户签约通存通兑业务占比 44%。审计关注到，在对公通存通兑结算账户日益增多的情况下，营业网点之间无法共享对公客户的产品签约数据，不便于非本网点开立账户的产品营销，且易产生重复营销。以往审计项目中发现，某二级分行的 3 个营业网点对同一对公客户的同一账号签订了 4 份批量代收代付协议。虽该客户仅激活使用了一个客户端，未造成实质性操作风险，但反映出对公结算产品数据共享机制的缺失是造成无效营销的重要影响因素之一。

四、结算产品发展思路探索

（一）加强部门联动营销，明确共担指标，做好工作衔接

应进一步加强不同部门、业务条线间联动营销，将业务考核指标、工作举措等作为与公司业务部、机构业务部等相关部门紧密关联纽带。二级机构层面，主管资金业务的负责人通过会议、培训等多种形式传递产品联动营销理念，使新型结算产品深入人心，加强中间环节衔接，提升产品营销精准度；基层机构层面，要及时传导考核政策、推进工作举措，新型结算产品联动营销要在网点真正落地，产品经理和客户经理加强沟通交流，互通信息，对有业务需求的客户及时跟进。

（二）加强资源配置，完善业务考核，建立利益分配机制

结合总行业务考核导向和分行实际情况，制定切实可行的业务目标和绩效考核政策，将总行奖励与员工利益充分挂钩。一方面，分行主管部门充分考虑地域经济特点和客户结构，制订符合二级机构实际情况的业务考核计划，将新型结算产品与客户需求相吻合；另一方面，二级机构应按结算产品特点制定绩效考核办法，可设置差别化的激励额度或买单制等，编制联动营销利益分配方案，令营销人员一目了然，充分发挥绩效考核正向激励作用。

（三）扩展网点服务功能，提高对公业务开办率，充分发挥网点营销渠道作用

在现有网点资源的基础上，发挥综合化转型网点优势，积极转变单纯注重对私的发展思路，逐步实现对公对私的并重发展；充分利用会计柜面营销优势，向客户宣传、推广各类资金结算产品；增加对公业务网点开办率，扩展网点服务功能，扩大结算产品的应用范围，提高客户服务能力；深入贯彻“了解你的客户”的服务意识，细化客户群体，针对不同客户实施差别化营销，增强对客户后期维护，真正实现全面服务。

（四）注重营销人员队伍建设，推动人员转型，提升柜员营销技能

加强新型结算产品营销人员培养，为综合型网点配备专门的营销人员；加大产品营销培训，增强“了解你的客户”的服务意识，推进员工从被动产品营销向主动营销转变；组建任务型综合服务团队，深入挖掘产品功能，满足客户多元化业务需求，为客户提供差别化、个性化服务，着力提升客户的归属感和满意度。

（五）依托新一代系统建设，打造综合服务平台，为产品营销提供支持保障

依托“新一代”系统建设，针对已显现的系统缺陷，整合业务流程，建立涵盖客户与产品统计、查询、分析和考核等功能的对公营销系统，为客户经理和柜员提供可视化、模板化的营销支持，为管理部门和营销人员快速、准确锁定目标客户提供帮助，逐步提升产品营销和客户维护效果，提高网点综合营销能力。

（六）持续关注同业动态，优化产品功能，积极应对同业竞争

京津冀一体化和天津自贸区的建立，给商业银行带来更多的机遇与挑战，我行应充分利用互联网等信息平台，持续关注同业新型结算产品发展动态，与我行现有产品进行对比，本着“人无我有，人有我新”的原则，不断优化产品功能，满足客户实际需求，提升客户体验。

住房公积金异地互贷业务产品创新的探讨

天津市分行　邵四华

一、住房公积金异地互贷业务提出的背景

多年来，建设银行房改金融业务之所以成为社会影响力最大、辐射面最广的传统优势品牌和特色业务。可以说，建设银行始终跟随着住房制度改革、住房建设发展节奏，始终没有放弃这块来之不易的业务阵地，始终没有间断过与当地住房资金管理部门的通力合作和紧密配合。围绕着住房公积金业务，建行超前创新的产品和产品创意并不多，只是跟着政府部门配合做好服务，因此在全国性住房公积金业务管理层次上还较低、被动式应对跟进服务的产品多、带有银行主动创意的产品尚属空白。为此，围绕住房公积金贷款的异地互认使用问题，能否率先尝试开发“跨界”双向互贷和多向互贷业务产品，以最大限度地满足住房公积金贷款客户的贷款需求，从而在更大范围内联网运作，这样不仅能够开辟建行公积金业务领域，增加市场占比，而且还可以通过产品迭代创新，达到异地城市功能转移、产业以及业务对接、跨界融合、有益民生之目的。

据信息发布，原本仅限于辖区内使用住房公积金贷款，从2009年就出现了松动迹象。如辽宁省鞍山、抚顺等13个城市与沈阳签订异地贷款协议。广东省广州、珠海、佛山等8个珠三角城市共同签订了公积金异地贷款协议。天津市已经与河北省签订了《河北省环天津地区住房公积金合作对接备忘录》，明确了异地互贷相关政策。北京市已经与河北省秦皇岛市共同出台了异地公积金贷款政策。住房公积金贷款的异地使用正在从双向互贷（辽宁13城市与沈阳）转为多向互贷（珠三角8城市间），从省内互贷发展到省际互贷。建行三峡分行在这方面也进行了超前探索。按照这样的趋势发展，住房公积金制度在更大范围内实现联网贷款运作指日可待。毫无疑问，住房公积金使用范围的扩大深化，无疑是一项产品创新的有益尝试。在全行范围内，尽早推出公积金互贷业务，缘由至少有以下四点：

1. 住房公积金贷款的异地使用与现代我国社会人口、资源流动趋势相适应。由于核心城市经济发展优势不断强化，伴随户籍、投资等有限制政策的不断松动，核心城市对人才和资本的吸引力同步增强。

2. 住房公积金异地贷款能够提高公积金的使用率。住房公积金使用率问题一直备受关注，根据统计数据显示，截至2012年末，我国住房公积金运用率仅60%（其中还包括购买国债余额），大量公积金沉淀是一种浪费。若住房公积金制度在全国范围内推广，将大大提高这部分资金的使用效率。

3. 公积金异地贷款是一种个人主导的提高使用率方法。目前，住房公积金启动用于保障性住房建设，私人的公积金账户用于公共保障性项目上，住房公积金能被动用于经济适用房建设上，相比之下，异地贷款更容易被百姓所接纳，它是将购房人的购房行为给予保障项目式的优惠，从而更能协调不同群体的利益诉求。

4. 公积金异地贷款是深度挖掘客户群体，提高客户满意度的一项制度创新和业务创新。住房公积金的异地互贷业务的设计和推出，将会带动

外来或异地购房置业者合理利用住房公积金，也为当地开放开发、引进人才和资源合理优化配置，也不失为建设银行住房金融与个人信贷业务的一项业务创新和产品创新。

二、住房公积金互贷业务产品创新可行性分析

1. 公积金中心与银行传统优势。建设银行公积金个贷网络营销渠道畅通；各地个贷中心集约运营；个贷客户群体和市场占比占据绝对优势；长期与住房公积金管理中心业务合作保持密切关系；具备住房公积金、住房抵押贷款、住房储蓄存贷业务三大融资工具和载体；公积金龙卡代扣还款全国联网；基本形成了个贷产品链；具有高效的网上支付结算系统；有一支高效的营销团队。

2. 产品亮点。提供融资便利、惠及民生。凡是城市单边或多边缔结双向或多向互贷协议的，对参加住房公积金制度的职工申请异地住房个人贷款，都可以在协议城市的建设银行申请利用公积金进行互贷，以达到融资便利之目的。同时还可以在互贷业务基础上，衍生出公积金转贷业务，对新就业的单位尚未建立公积金制度的职工申请个人住房贷款，先提供按揭贷款，待一年缴存期满后转为公积金贷款。

3. 客户群体。随着户籍制度改革，目标客户群体类型大多是异地、邻近城市的工作地之外的购房需求者和外地或本市“漂一族”购房群体等。利用公积金互贷业务，在异地签约的建行申请互贷业务，以满足异地购房融资需求。

4. 部署渠道。创意转化为产品后拟销售的途径，通过已签订互贷协议的开办互贷业务的协议城市建行房金部柜面和个贷中心直接受理、面签和营销。

5. 推广区域。创意转化为产品后可在全分行直接面对异地购房申请互贷业务的客户推广，带动环渤海区域、长三角、珠三角区域等城市分行多向互贷业务逐步开展。

6. 市场前景。通过建设银行公积金账户划转结算，解决了当地公积金利用率不太高等问题。有形效益是增加建行个人住房消费账户增量，个贷产品渗透率提高，公积金个人贷款利息收入增加。无形效益是公积金资金流动性增加、资金受益面扩大、公积金利用率提高，可以盘活当地住房存量、激活房市，加大区域间的金融联系与合作力度、保持公积金业务市场份额增长。同时，解决了客户工作地之外的异地公积金不能利用问题，提供了方便快捷的融资便利工具；同时也可利用建行网络高科技含量的贷款产品进行快捷融资并进行多形式还款；享受购房所在地建行执行的公积金个贷利率，相比按揭利率融资成本较低，为客户减轻利息负担。

7. 同业产品。由于住房公积金新政尚未出台异地互认互通等措施，当地住房公积金管理中心尚未委托他行进行互贷业务尝试，只是部分城市出台了提供公积金双向互贷业务的相关政策。

8. 现有产品。建行现有住房公积金个人贷款和组合个人住房贷款两大系列，还有镶嵌在“善融商务”上的网上个人信贷系列产品；适应互联网金融发展，已拥有网上缴存、公积金龙卡全国联网代扣还款等线上线下特色业务产品，利用建行现有个人住房贷款产品链和操作平台，完全有能力支撑并推动公积金互贷业务顺利开展。

三、创新住房公积金异地互贷业务产品的跟进对策

1. 吃透政策、善于谋划、跨界融合。京津冀协同发展要从金融创新破局，从这个意义上说，它是一种在原来金融要素重新配置基础上的制度创新。没有制度创新，产品创新就无从谈起。突破区域界线，本身也符合国家提倡的区域经济联合、形成经济合作带的发展思路，这是此项产品创新的关键点和难点。新产品出台面市离不开房产新政和公积金新政以及相关制度的支撑和配套。这项业务和产品开发需要打破部门利益格局、冲破区域间的保护壁垒，还要把惠及国计民生与保护公积金缴存者切身合法权益结合起来，涉及面较广、沟通环节多、产品设计难度大、涉及地区和部门多，要从住房制度改革和公积金管理体系创新角度，尽早动手谋划高层和顶层设计。

2. 制订新产品研发和推广实施方案。一是借助京津冀协同发展、金融合作协调机制、环渤海区域市长联席会议机制、京津冀金融联合协作机制提出意向，签订三地初步合作谅解备忘录；本

着先双向、后多向互贷为突破口，逐步在环渤海、长三角、珠三角区域推开，实行分层次、以点带面逐步推进合作；同时，利用民主党派参政议政渠道，以政协提案或政协常委会大会发言、主席促办等形式，建议政府相关部门给予关注和答复，促办落实。人民银行、银监局等相关部门将会予以关注并提出落实提案措施，供建行设计产品和研发流程中借鉴参考。二是商业银行按照新产品创新流程，前期将要进行的工作有：新产品导入市场调研、提出价值主张、概念生成、产品原型设计、功能完善、市场容量测试、优化流程、定价、制定产品创新绩效指标、立项开发、推介产品等，每一工作环节都需要内部结合、上下通力配合，需要一大批精干的产品经理和客户经理的密切协作来完成。三是承办银行抓紧与内部科技部门、审批、风险、法律、产品创新管理等部门协作，共同组建产品创新团队，研发制定相关管理制度和办法。与外部软件开发中心、异地公积金管理部门协调合作开发软件系统全省全国联网；配合公积金管理部门抓紧起草制定异地互贷业务流程、管理办法、合同文本、封闭管理协议等重要文件的制度安排。同时加快人员上岗培训，强调调查市场需求、客户需求与前期准备工作同步；与高层、决策层沟通与产品流程设计同步；区域协调谈判签约与高层协调同步；产品流程设计与软件开发联网同步，真正实现高效率运作。

3. 加强风险预警和防控，确保业务顺利推进。住房公积金异地互贷业务和产品创新是经济发展方式和转型的需要，也是京津冀协同发展的需要。在推进此项业务过程中，一定要识别和预警公积金异地互贷业务所带来的各类风险点和风险因素。一是管理风险。由于异地互贷的管理存在松散性，异地购房人的管理主体是住房公积金管理中心，异地公积金管理中心对异地购房人信用记录和资信情况不是很熟悉，一旦两个管理中心合作协约规定不到位或不完善，很容易产生管理上的疏忽、甚至形成贷款逾期。二是违约风险。购房人申贷主题存在不确定性，应变换工作单位或出现意外；工作在缴存地易产生放松按期偿还贷款的心理或中断偿贷行为。三是互联网科技支持风险。实现区域性、全省、全国系统联网，确保异地互认互通、通存通贷，便于申请人资格审查和异地提取者的审核，而对申请人和提取人的资格审查和资信评估的真实性、安全性易出现漏洞。加速网络数据技术的先进性和应用推广，以确保申请人身份真实、属地真实、缴存真实。还要配合当地纪检监察部门，开通信息预警管理系统，维护住房公积金异地使用安全。

抓住我市电子信息产业转型机遇　促进信贷结构调整

天津市分行　王宝铭　胥建　刘芳　李爽

一、天津市电子信息制造业优劣势与转型发展方向分析

天津是全国重要的电子信息产业基地，电子信息产业一直保持快速增长的势头，已经成为天津市八大优势产业之一。2013 年天津市电子信息产业完成工业总产值3 647.02 亿元，占全市工业总产值的13.81%，增幅为24.2%，是全市工业产值平均增幅的两倍左右，同时也远远超过国家和天津市制定的电子信息产业“十二五”增长目标。经过多年的发展，天津市已经形成通信设备制造、电子元器件制造、计算机外设等市场前景广阔、具有较强竞争力的行业，手机、片式元件、显示器等多个产品的生产规模在全国处于领先地位，形成了经济技术开发区、滨海高新区、空港经济区、中新生态城等多个相关产业聚

集区，整体产业发展趋势良好，竞争优势明显，其核心竞争力主要体现在以下几点：一是龙头企业在整体产业发展中作用明显。天津电子信息产业中龙头企业包括：移动通信、LED产业中的三星电机集团；集成电路制造封装及设计产业中的中芯国际、飞思卡尔；电子元器件产业中的通用半导体、罗姆半导体、中环半导体；物联网领域中的中兴RFID和大唐RFID以及东软和软通等系统集成与软件开发企业；云计算领域中的国家超算中心、国家数字出版中心以及惠普、腾讯数据中心等。这些龙头企业带动周边零配件制造商和设备制造商，形成了产业集群的整体竞争优势。二是天津市已经具备了较强的软件设计与系统集成能力。天津市近年来通过积极推进系统软件开发水平来提升整体电子信息产业的竞争实力，实现“软硬结合”，带动硬件制造业的发展水平和终端产品的市场竞争力的提升。三是“京津冀一体化”的推进有助于进一步提升电子信息产业的竞争能力。随着“京津冀一体化”进程的逐步推进，作为有着雄厚电子信息制造业实力的天津市，有望承接部分北京外迁的产业与人才，进一步突出天津市的产业竞争优势。四是天津市的地理位置、基础产业与人才竞争优势突出。天津市地处的环渤海地区是国内城市群、工业群、港口群最密集的区域之一，已经形成了高新技术、电子、汽车、机械等产业集群，基础设施、配套、人力资源丰富，整体劳动力素质、水平较高，用工成本适中，具备快速发展电子信息制造业的条件。

但是天津市电子信息制造业也存在以下劣势，首先是高端产业面临“北、上、广、深”地区的先发竞争优势，中低端产业也面临着中西部地区劳动力与土地资源的成本优势的竞争；其次是对外资具有明显的依赖性，龙头企业几乎全部是外商投资企业，这些企业中国有资本占比较小，无法掌握核心技术与资本运作的控制权，本地具有较强实力的企业不多，特别是具有核心技术的中小高科技企业相对较小。

针对天津市电子信息制造业的发展现状，天津市提出了五条转型发展措施：一是向高端制造转型，要有选择地向产业链的高端转型；二是向创新驱动升级，在完成技术创新、产品创新和产业创新的同时，做好品牌创新以及商业模式的创新，从而让创新来增加产业驱动力；三是向质量效益转型，稳中求质，把发展的质量和效益作为发展重点；四是向绿色低碳转型，在工业总量增长的同时，降低能耗，减少排放；五是向制造服务转型，鼓励更多的制造企业向生产服务业转型，让制造和服务更紧密地结合起来。另外，从我市电子信息产业“十二五”发展规划来看，未来天津市将坚持规模发展与高端发展相结合，构建开发区东区和“IT三角”两大产业聚集区，在高性能计算机服务器、存储器、路由器、电子基础材料等领域，形成上下游企业协调发展的特色集群；培育物联网、信息安全、人工智能、航空电子、汽车电子等领域多个特色产业集群，形成“两区相向发展，多极共同推动”的产业空间格局；培育一批规模优势明显、专业化水平较高的中小配套企业。

二、天津市分行电子信息制造业客户授信情况分析

（一）我行对电子信息制造业信贷政策分析

由于电子信息制造业与宏观经济的明显正相关性，而近年来国内经济面临“三期叠加”的困境，经济发展速度放缓，同时发达国家的经济大多处于不断调整的状态，全球经济低迷，海外市场的有效需求在下降，整体来看电子信息制造业的行业系统性风险处于上升阶段。总行下发的2014年信贷政策中电子信息产业相关的8个行业中类、20个行业小类的行业信贷政策全部为“选择支持”类，与2012年的信贷政策相比，明显趋严。但是，电子信息制造业中有大量的领域被国家纳入战略新兴产业，2014年总行信贷政策中对纳入国家战略新兴产业的领域继续维持了重点支持的政策：加大对有市场发展前景的战略性新兴产业、先进制造业、4G通信服务及相关设备制造业、现代信息技术产业和信息消费、服务业、传统产业改造升级以及绿色环保等领域的信贷支持力度。重点支持高端装备制造、节能环保、新一代信息技术、新材料等战略新兴产业中技术与市场成熟、具备商业持续性的项目。加快拓展制造业中部分综合回报高、带动作用大的子行业的信贷支持。另外，总行下发的天津市分行

的区域信贷政策中有关于电子信息产业客户的政策描述为“积极支持电子信息、生物制药、国防科技等产业中的优质客户；在执行好行业限额管理政策和贷款新增计划的前提下，允许分行对计算机、通信和其他电子设备制造业（C39）选择支持行业信贷和贷款增速超过10%。”

（二）我行授信业务结构分析

根据CLPM系统数据统计，截至2014年6月30日，全行电子信息制造业授信客户共16户，授信业务为337笔，授信余额共计15.65亿元，其中贷款余额5.98亿元，贷款不良率为0.5%。

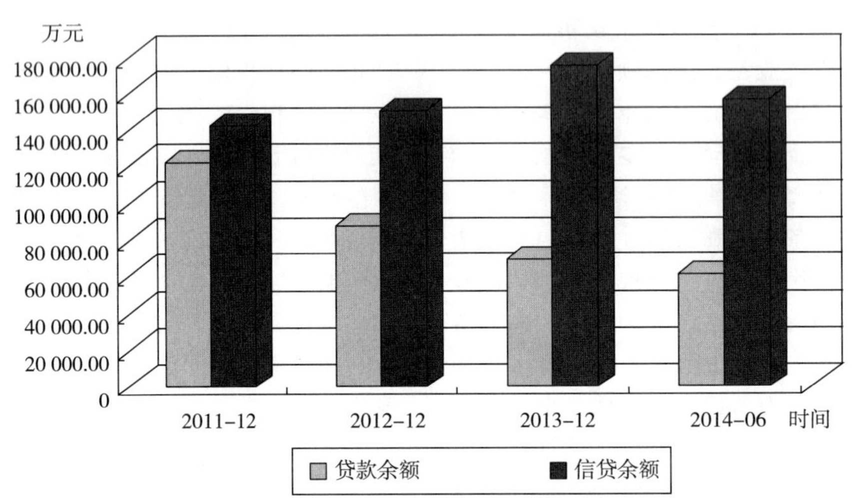

图1　天津市分行近三年电子信息制造业客户授信情况

从图1可以看出，近年来我行的电子信息制造业客户的整体授信余额的趋势是稳定增长，但是贷款余额呈现出明显的逐年下滑趋势，由2011年末的12.21亿元下降到2014年6月末的5.98亿元，下降幅度超过50%。从图2可以看出，近年来电子信息制造业客户的贷款余额和授信余额占制造业的整体比例不断下滑，贷款占比由2011年末的10.64%下降到2014年6月末的4.29%；授信余额占比由2011年末的10.14%下降到8.21%，授信业务的发展空间较大。

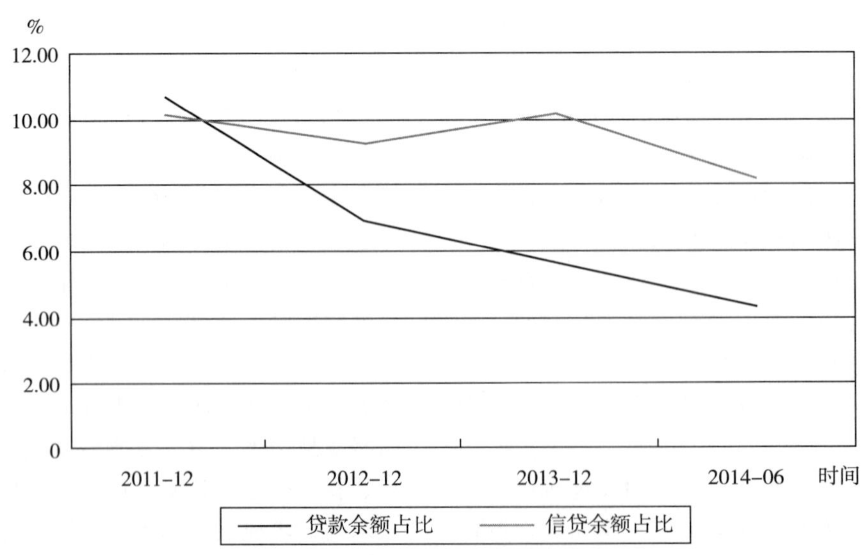

图2　天津市分行电子信息制造业客户信贷余额占比

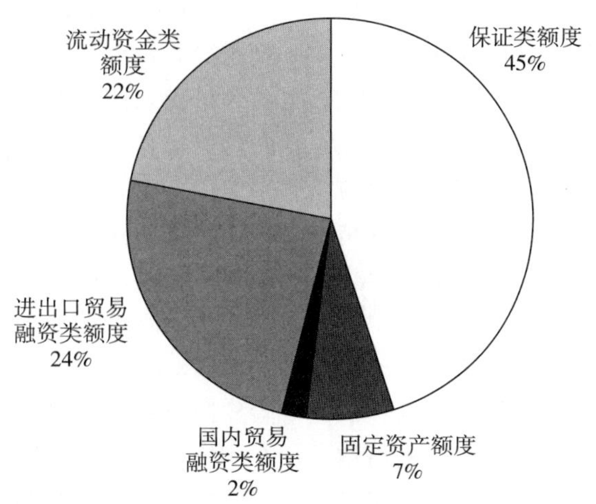

图3 天津市分行电子信息制造业客户授信品种结构分析

由图3可以看出，我行电子信息制造业客户的授信品种主要集中于保证类额度下的借款保函和关税保付保函；以及进出口贸易融资额度下的出口发票融资和票据保付；另外流动资金贷款占整体授信余额的比重也比较大。我行电子信息制造业客户的授信集中度较高，主要集中在三星集团下属企业与中环集团下属企业；授信业务项目中银行保证业务占比较大，表内授信业务项目占比较小。

（三）我行授信客户结构分析

我行经办的电子信息制造业授信客户主要有以下三种类型：第一类是跨国企业在华的生产基地，这类客户有以下几个特征：（1）核心技术、采购与销售渠道均由国外母公司掌握，属于“三头”在外；（2）销售规模较大，具有较好的盈利与现金流水平，但是关联交易占比较大；（3）由于客户背靠实力雄厚的母公司，同时本身经营可以产生较丰富的现金流，因此此类客户的融资需求不大，授信品种主要为银行保证、进口开证等表外业务。第二类是以中环电子集团为代表的国内大型电子信息制造企业，这类企业的特征为：（1）具有一定的技术实力；（2）集团整体实力较强，能够较好地把握国内电子产品市场的情况，项目投资有针对性；（3）产品具有一定的市场竞争力，但是多样性不足；（4）此类客户与银行的合作授信品种的多样性要超过跨国企业，授信产品包括固定资产贷款、流动资金贷款、进出口贸易融资等，种类较多。第三类是中型及中小型的电子信息制造企业，这类企业主要为核心企业提供零配件或组装服务，其特征为：（1）一般具有稳定的销售渠道，与下游核心企业具有稳定的合作关系，这也是此类企业的最重要的核心竞争力；（2）企业类型主要以劳动力密集型为主，人力成本与产品价格的控制水平是此类客户生存的关键；（3）此类客户对银行的融资需求比较旺盛，主要集中在银行承兑汇票、保理、流动资金贷款的产品。整体来看，我行电子信息制造业客户授信业务稳定发展，已经与天津市电子信息制造业的主要龙头企业建立了授信关系，但是授信业务发展速度要慢于我市电子信息制造业；另外，还存在客户授信集中度与产品应用集中度较高的问题，未能从核心企业出发，拓展其产业链上下游客户，电子信息制造业客户的群体规模较小。

三、天津市分行电子信息制造业客户授信业务发展建议

电子信息制造业是我国经济中战略性、基础性、先导性产业，是加快工业转型升级及国民经济和社会信息化建设的技术支撑与物质基础，是保障国防建设和国家信息安全的重要基石。目前正是天津市电子信息制造业调结构、转方式、增强产业核心竞争力、提升发展质量效益、由大变强的攻坚时期。预计未来天津市在产业布局、招商政策、税收与补贴政策上均会继续给予电子信息制造业较大支持，我行的电子信息制造业务客户授信业务会面临较好的发展机遇，因此我行应

抓住天津市电子信息产业转型契机，重点支持集成电路、移动通信、电子元器件等传统优势行业中龙头企业和领先企业；对于物联网、云计算、新一代信息技术等新兴行业中拥有核心技术、技术和人才实力雄厚的企业加强授信支持。同时应向核心企业的上下游产业链进行延伸，重点支持客户的经营周转需求，优先支持基于真实订单合同的国内信用证、银行承兑汇票、保理业务、短期流动资金贷款等产品。同时根据天津市电子信息产业聚集区规划，积极与相关区域的招商、工商部门沟通，进一步打造专业化的客户营销与信贷管理团队，根据电子信息制造业客户的不同类型，了解其经营特点和风险特征，加强授信客户的信贷管理，通过客户订单水平、应收账款、存货周转速度的变化，密切监测客户的授信风险。同时我行应加强与江苏、浙江、上海、广东、深圳等电子信息制造业发达地区的分支机构交流，进一步提升对电子信息制造业客户的营销、授信与贷后管理水平。除了了解授信客户的经营与财务状况以外，我行还应密切关注电子信息产业中心应用和新领域的发展，大众的生活习惯、消费习惯的变化都在影响着电子信息产业的发展方向与发展速度，对此我们应给予足够的关注，分析这种变化会对我行授信客户的影响。目前全球强调“以人为本”的理念，因此制造业与软件系统集成与内容提供商的相互融合越来越紧密，例如，苹果公司既是苹果手机的硬件制造商，同时也是IOS操作系统和各类APP软件的提供商。未来这种行业间相互融合发展趋势会越来越明显，因此我们必须分析电子信息制造企业的软件系统集成能力并提升自身服务能力。

（一）结合客户特点加强对客户核心竞争力的分析

在我行对电子信息制造业客户加强营销的同时，应加强对客户核心竞争力的分析，优先选择核心企业发展授信业务，并根据不同客户的类型，采用差别化的信贷政策。另外，我行还应加强客户核心竞争力与授信风险分析。

1. 企业经营规模分析。电子信息制造企业的经营状况受规模影响十分明显，例如，较大规模的企业往往能够购置更为先进的生产设备，在产品采购、定价方面充分享受规模经济效应的益处；较小规模的行业内企业往往没有真实的研发实力和水平。较大规模的企业有能力通过在研发方面的大量投入使自身不被市场上的主流技术所淘汰，时刻保持与下一代技术的紧密连接，通过将新技术应用于下一代产品而获得更大的市场份额和超额回报，并保持未来市场竞争的优势地位。另外，电子信息制造企业在规模上的优势往往能够提高企业的风险抵御能力，在宏观经济下行和行业周期性波动时大企业能够依靠自身的资金储备、风险控制机制、获得政府支持的能力等方面的优势在一定程度上抵御外部系统性风险。

2. 客户的市场地位分析。电子信息制造业的市场地位主要体现在：（1）是否形成技术和资本优势，常见于跨国企业，通过较长时间的技术和资本积累，这些企业在某些电子信息制造业的核心子行业中占有绝对优势，通过绝对市场份额和成本优势，把潜在竞争者拒之门外。（2）因为政策壁垒或者政府订单而形成的竞争优势，主要指电子信息制造企业的盈利和规模的增长主要依托于政府采购和国企订单，技术和成本的竞争放于次要地位，我国电子信息制造业某些子行业（如通信设备制造业）的龙头企业存在这种垄断特征。另外，规模、毛利率和市场地位存在一定的相关关系，一方面在容量有限的市场中规模是市场地位的一个重要表现，另一方面市场地位与毛利率存在一定的相关性，因为较高的市场地位往往说明企业的研发实力较强、成本及管理控制较好，在市场中具有较大影响力，毛利率普遍处于行业中上水平。

3. 技术与研发能力分析。电子信息制造业具有技术密集型产业的特征，技术与研发能力是行业内企业长期发展的核心竞争力。由于主流的电子产品技术更新速度较快，主流技术的掌控与适应水平直接关系到企业紧跟市场潮流的变化和与竞争对手竞争则保持有利地位的能力。目前我国在全球电子信息制造业的技术竞争中处于从属者和跟随者的地位。在这种环境下，行业内企业的技术和研发实力主要体现在“微创新”和“技术整合”等方面，一般的电子信息制造企业不会对某种电子产品从头开始进行技术研发，也不会在不确定的情况下不断投入大量资金来进行核心技术的创新，主要是购买技术授权，通过技术整合和本土化改造来推出自己的产品。因此在技术研发能力分析方面，应主要关注电子信息制造企业跟随和利用技术革新的能力，这体现在企业现有产品是否处于主流市场、是否面临淘汰、是否紧跟技术变化。

4. 产品的多样性分析。充分的多元化经营和丰富的产品线有助于提升企业的抗风险能力，具有良好的业务多样化经营的企业在不景气时可以更灵活地缩减或结束表现欠佳的业务，有助于平滑企业的收入波动，降低企业的经营风险。此外，业务多样化可以帮助企业迅速调整产品结构，有效规避单一产品需求下降的风险，同时企业也可以重启已停顿的业务运作，应对市场需求的增加，增强业务稳定性。

5. 原材料供应分析。电子信息制造业中分工合作特征明显，单一企业已经很难对产业链的上下游进行完全的垂直整合，自产所有核心零部件和必要组件，因此核心零部件和必要组件的保障性关系到企业产能的实现、存货的管理、应对市场需求的产量变化等方面。我们应分析企业采购渠道是否分散，以及供货商之间的可替代性是否足够强，以保证零配件供货的稳定性和成本控制。

6. 客户公司治理水平和股东实力分析。由于电子制造业的行业整体经营环境变化较快，企业的经营战略和公司治理需要根据经营环境的变化而不断调整，因此完善的治理结构、各部门分工管理的清晰和有效性会帮助企业在不断变化的商业竞争中保持决策的合理性和执行的效率。因此有必要对公司的机构设置是否齐全、组织架构是否清晰合理、管理结构是否适应企业的日常经营，进行深入分析。电子信息制造业的相关投资决策需要有专业的技术背景与强大的市场分析调查能力，该行业的客户的稳定发展离不开股东在资金、技术、渠道上的支持。因此，衡量一个电子制造业客户的市场竞争能力就必须分析其股东或是实际控制人从业经验、市场地位、资金与技术实力、人员管理水平、投资回报水平等情况。

7. 客户的财务风险分析

（1）盈利水平分析。较强的盈利波动性是电子信息制造业一个的重要特征。因此，在分析盈利性时，需要关注行业内企业长期的盈利水平，不能仅以一年的净利润来判断客户的实际盈利水平。对盈利的分析应采用息税及折旧摊销前利润（EBITDA）、营业毛利率、总资产报酬率三项指标。EBITDA 剔除了利息、所得税、折旧、摊销因素的影响，更能反映客户当期实际盈利水平。营业毛利率主要考察企业的主营业务盈利情况，可以结合其他盈利指标进行考虑。为了分析企业全部资产获取收益的水平和企业获利与投入产出情况，总资产报酬率指标应作为前两个指标的补充。

（2）现金流分析。在现金流的分析中，应重点关注企业的现金流状况对自身债务的覆盖水平。经营性现金净流量和投资活动的现金流入量是企业偿还债务的主要来源，由于电子信息制造业企业负债结构主要由流动负债组成，因此我们更要关注其对流动负债的覆盖程度。在分析现金流时，可以使用自由现金流（企业在不危及生存发展的前提下自身所产生的最大可供偿还债务的现金额），并与 EBITDA 利息保障倍数等指标一起衡量企业对债务或利息的保障水平。自由现金流与债务总额的比率反映了企业在持续经营状态下对债务的最大偿付水平，是未考虑企业融资行为的条件下可用现金流对债务覆盖保障能力的体现。

（3）资产负债结构的分析。大部分电子信息制造企业的债务结构会呈现短期化特征，融资主要通过流动负债来解决。过高的流动负债水平对企业生产经营的连续性和企业财务的流动性提出很高的要求。合理的长短期债务比不但会改善企业的融资结构，减缓企业短期的资金压力，同时也会在短期债务的低利息支出和长期债务的高利息支出之间寻求平衡。另外，对于客户表外融资与对外担保对企业的信用水平产生的影响的因素也必须要考虑到。对于资产项目的分析应着重分析应收账款与存货在流动资产中的占比与周转速度。分析应收账款的回收风险，分析存货的结构，由于电子产品具有平均售价递减的特征，存货对资金的大量占用增加了运营成本和风险，因此存货的管理能力对于企业流动性和盈利能力就显得十分重要，因此存货的管理水平是衡量资产质量的因素之一。

（4）现金持有量的分析。由于电子信息制造业周期性波动较大，日常运营对资金需求量较多，行业内企业往往需要保有大量的现金存量。这样虽然会对企业的资金使用效率产生一定的影响，但在抵御周期性风险方面是相当必要的。另外，行业内企业大部分为私营企业，外部的流动性支持会受到一定的限制，在企业因经营盲目扩张、行业景气程度下降、债务违约等不利因素而出现短期资金需求时，其资金来源首要为自有资金，而通过银行短期融资进行资金的周转具有一定的难度。因此，客户特别是中等规模的电子信息制造企业持有的现金及现金等价物的规模与其短期负债水平相匹配。

（二）结合天津市产业优势，加强核心企业的营销

对于分行在电子信息制造业授信客户的选择上，应重点关注两个“核心”，即从客户所处的整个产业链整体来把握“核心产品”和“核心客户”。分析客户所处产业链中的“核心企业”的竞争力水平，核心企业应是整个产业链中具备技术、品牌、掌握市场话语权的企业，核心企业竞争力水平如何，也决定了产业链上其他客户的经营风险的水平。分行重点支持的核心企业应为天津市区域竞争优势明显的行业龙头企业。核心产品是指产业链终端产品，分行重点支持的核心产品应为应用于物联网、新能源汽车、新一代信息技术、新一代照明技术（LED）、三网融合、高端集成电路制造、高端装备制造等领域。对于满足“两个核心”要求的电子信息制造业客户可以作为分行重点发展的授信客户。

（三）对电子信息制造业客户实施差别化的信贷政策与产品组合

充分认识行业风险特征，合理评估跨国企业的授信风险。我行应充分意识到电子信息制造业市场竞争的活力，即使是行业领军企业也很难一直维持市场的竞争优势，一方面，技术的快速升级换代导致企业对于发展的方向很难把握；另一方面，现在电子产品的应用中硬件的作用慢慢成为软件应用、内容提供的附属品，电子制造企业的发展更多地需要适应消费者行为习惯的变化；产能规模扩展迅速，比较容易形成产能过剩，电子制造业通过技术进步获取垄断竞争优势的时间大大缩短。

以三星电机在华企业为例，其成员单位资产负债率多在70%以下，流动比率为1.1左右，速动比率相对较低为0.5左右。公司的应收账款与存货周转天数均在30天左右，总资产报酬率16%～18%。再结合三星集团技术与品牌的优势，三星电机在天津的几家企业都属于我市行业龙头企业，但是这些企业也曾经因国际市场需求不足、产能利用率较低以及新建生产线加速折旧提取等因素的影响，出现过销售收入下滑并伴随出现大额亏损。因此对于电子信息制造行业来讲，我们不能因跨国企业的市场地位而忽略客户存在的风险隐患，必须结合行业整体的波动以及客户的发展战略分析现阶段客户的授信风险。对于跨国企业在天津的生产企业的信贷政策，我行可以在海外分行的配合下，提高其对分行授信产品的使用强度，逐步提高进出口贸易融资业务的占比，提高其综合贡献度。

分行应将股东背景较好、拥有较强技术实力、成熟市场的大中型电子信息制造企业作为我行的核心授信客户，与客户进行全面的业务合作，优化授信产品配置，完善授信担保方式，提高我行授信份额占比。

分行应积极吸揽为核心企业提供配套和零配件供应的中小型电子信息制造业客户，夯实我行客户基础，有效增加客户数量，并根据核心企业的经营规模、结算特点，在有充足抵押担保的基础上为中小企业提供授信支持。对于不掌握核心技术的中小企业来讲，产品的成本控制和销售渠道的稳定是其生存与发展的关键，其原材料采购渠道能否实现多样化，与核心企业的销售渠道是否稳健，是我们分析此类企业授信风险的要点之一。对于拥有一定技术专利的高新技术企业，拥有的技术是否能对产业链的发展产生重大影响，企业的技术整合与持续改进能力能否保证其产品符合市场的主流需求是关键。在授信产品配置上应以经营周转类、银行保证类产品为主，支持客户的日常生产、销售，避免过多地介入客户的固定资产项目建设，降低中长期授信业务占比。

综上所述，天津市电子信息制造业的主要发展方向属于总行信贷政策中优先支持的范围，其较快的发展速度也给我行加快扩大客户群体、优化客户结构的进度，特别是对于改变我行目前存量授信中政府背景公司、批发业客户占比较大的情况带来较大的机遇，有助于推进我行授信资金进入实体经济，促进天津市优势产业快速发展，降低我行授信业务风险，提高综合收益水平。

关于银行拓展网络金融市场的思考

浙江省湖州分行 赵宁 耿桂明

在网络应用如此普遍的今天，随着国家对金融行业紧绷政策的逐步放松，网络金融市场已经开始迅速成长壮大，这在一定程度上动摇了传统银行业，银行应在这场网络金融大潮中主动出招，变被动为主动，完成一次华丽转身。

一、银行业变革传统模式的迫切性

1. 网络金融的冲击。比尔·盖茨说过：传统的商业银行如果不能对电子化作出改变，它终将成为21世纪的恐龙。马云也说过：如果银行不作改变，我们就改变银行。网络金融对传统银行业的冲击几乎已是必然。从交通银行的“交博汇”到中信银行的“网上金融商城”还有建设银行的“善融商务”，似乎每家银行都已开始行动，终因银行自身发展战略以及市场定位的差异，这场变革开始得有些凌乱。

2. 互联网技术应用的滞后。我国银行业的电子化革命已经开始涌现，众多银行都利用各自的互联网技术，相继推出了网上银行、手机银行、短信银行甚至电子商务平台；网络金融机构早已从自己的优势领域出拳，逐级切入，第三方支付平台和P2P贷款公司凭借自己的互联网平台一步一步介入金融服务领域。

3. 网络金融公司的冲击。随着网络金融的进一步推进，网络金融公司对银行的依赖度正在降低，如在快捷支付领域就比较明显。近年来，大多支付公司都推出了各自的快捷支付品牌。用户利用快捷支付，商业银行的网银就被绕开了。在快捷支付这一链条中，银行的电子银行产品被边缘化了。快捷支付无疑冲击了商业银行的电子银行产品。

如果说像快捷支付这类业务对银行的冲击无关痛痒的话，P2P的威胁可谓要挑战银行的根基了。P2P（peer to peer lending）即由具有资质的网络公司作为第三方中介平台，借款人通过平台发放借款标的，投资者通过平台进行竞标向借款人进行放贷的行为。P2P网络金融模式下的资源配置不需要经过银行或是交易所等中介，资金供需信息直接在网上发布并匹配，供需双方直接联系和匹配，全程通过网络实现。伴随互联网的进一步发展和民间借贷的日渐兴起，这种新的金融模式终将成为金融服务发展的趋势。

在近几年货币政策持续收紧小微企业贷款难度普遍提升的背景下，我国的P2P市场开始活跃起来，其中以宜信等为代表的一大批网络金融公司如雨后春笋般成长起来。宜信这家公司目前已是中国最大的独立金融服务供应商之一，它的业务已经遍布全国。互联网金融模式为供需信息提供了几乎完全对称的机会，交易成本也变得越来越低，很多小微企业融资以及民间借贷和个人投资等问题的解决变得更容易。从这个角度来判断，随着网络金融市场的不断推进，传统商业银行面临的挑战的确日趋严峻。

P2P在有些方面的确领先银行，但这并不意味面对互联网时代的到来，银行只有被动应对。面对网络科技给金融领域带来的翻天覆地的变化，银行也已经开始有所行动，从产品层面来看，银行搭上网络便车主要集中在网银和手机银行领域。很多大一点的银行都成立电子银行部门，四大行还成立了各自的科技部和软件开发中心等一级部门。资金投入更是数以十亿计。银行对网络科技的重视，略见一斑。这样的投入，也取得一些效果。以电子银行的产出效果尤为明显。如今四大国有银行的个人客户中使用网上银行的人几乎过半，对公客户有些银行已经有近七成在使用企业网上银行，再加上银行众多的ATM以及POS终端等自助设备，通过这些渠道，大大减轻了银行柜面业务的压力。

4. 对网络金融理解的单一。对于网络金融的理解，不能简单停留在网点替代上，很多银行人士把互联网仅仅看作技术或工具，他们认为银行的核心竞争力仍然来自传统的银行业务本身，这种对互联网的片面理解，容易使银行陷入只重技术和工具而轻视了实质的转型。银行虽然盘子很大，但对网络金融的认知以及对此作出战略调整却还有很长的路。互联网化的业务把银行对终端客户的影响直接推到了客户的面前，未来趋势将是客户寻找适合自己终端的时代，这无疑也对传统银行提出了更大的挑战。

尽管网络金融模式还有很多待完善的地方，但它的优势正使它日渐壮大，银行单纯的传统业务模式在网络金融面前的颓势已经开始显现，变革的紧迫性刻不容缓。

二、银行业拓展网络金融市场的思考

（一）电子渠道建设是基础

网络时代的竞争离不开强有力的渠道建设和技术支持。随着同业竞争日趋激烈，具有创新性和创造性地把业务重点转向电子银行，将成为提银行升竞争力的关键步骤。在资源导向型向客户导向型转变的今天，银行业的发展更需要与时俱进，把电子渠道建设作为行业发展的重中之重已是大势所趋。银行能否在未来的网络金融市场占据主动，做好电子渠道的功课至关重要。唯有把渠道先建设好了，借助客户对渠道的依存和使用习惯，银行业的网络金融变革才更有客户基础。从传统业务转型到网络银行以及手机银行等业务，对许多传统的银行来说并非易事，发展电子银行业务并不意味着购买更先进的电脑这么简单，还需要在整个营销以及后台和风险管理流程体系方面做出转变，最为重要的是，发展电子银行的战略定位一定要远大。电子渠道的建设除了考虑到安全高效便捷等因素外，还必须牢牢扣住客户的实际需求，根据客户的需求进行合理化的规划和定位，以市场为导向，把客户需求作为产品设计的基点，把提高客户的满意度和依存度作为产品发展的目标和测效标的，电子渠道的发展应避免人云亦云，拒绝面面追求而面面落后的尴尬，重点突出优势和个性特点，把电子渠道产品做大做精，把银行电子渠道建设的基础打实打牢。

（二）巧用优势把握主动

虽然网络金融市场已经如火如荼，但多数网络金融公司还无法摆脱对实体银行的依赖。近来网传“四大国有银行合力围攻‘余额宝’”，的说法不论事实如何，至少说明，单纯的网络金融还是有其弊端的。而这恰恰是我们传统银行业的优势，是传统银行业变被动为主动的不错的切入点。

传统银行业向网络金融变革的同时，切勿生搬硬套，应当利用好自身优势。我们有众多传统客户，我们有星罗密布的实体网点，这对我们开展网络金融是很好的支撑，没有一家单纯的网络金融公司能具备这样的规模。我们有众多忠实的客户群体，很多客户还是更愿意把钱存在银行，我们有更完善的风险防控体系，这些都是传统银行的优势。但优势永远只是相对的，随着网民数量的增加和网络金融公司的悉心经营，我们的优势正在缩小。趁这些优势还在，传统银行业应当积极摆脱以实体为主网络为辅的思想，朝着网络为主实体为辅的方向发展。

（三）设计明星产品作推力

1. “余额宝”的可贵之处。2013年6月，经过精心设计和包装后上线的“余额宝”则凭借支付宝庞大的用户基数，在不到半年时间里就改写了互联网金融的困局，创造了货币基金的传奇。“余额宝”的闪亮登场，让世人看到了网络金融服务的巨大潜力，让整个金融行业为之震颤。

“余额宝”有三大特点。第一，操作方便，流程简单。一款再好的产品，如果很多客户都无法独立完成产品购买，那么这样的产品设计注定会失败的，简洁人性化的操作流程设计才能让客户对产品的兴趣不会因为客观因素而止步。第二，没有最低购买限额。“余额宝”对用户没有最低购买额的限制，以让客户的零花钱也能有增值机会为目标，与银行众多产品都有最低限额相比，“余额宝”的突破性设计不能不说是一种魄力和勇气。第三，收益高，使用灵活。与银行一般的理财服务相比，“余额宝”不仅能够提供相对较高的收益，其更大的优势在于使用的灵活，它支持

T+0实时赎回，以及可以直接用于消费，甚至可直接提现到银行卡，这些着实从客户角度出发的产品设计无一不突破了银行传统产品的传统。

2. 明星产品在精而不在多。作为银行从业者，我们都知道，网上银行其实里面功能齐全，各色金融产品应有尽有，但客户却不尽知，很多人把银行的网上银行误称作支付宝就足以说明问题。我们的电子银行急需要一款明星产品，但明星产品的设计应当重在精而不在多，琳琅满目反而乱花渐欲迷人眼。如果我们银行能在电子银行渠道服务相对占据优势的基础上推出一款类似"余额宝"这样有突破性的明星产品，那么我们的电子银行在客户眼里就不再仅仅只是一个渠道了，就像支付宝已经不再仅仅只是第三方支付平台一样。

（四）优质的服务是保障

1. 服务需要更专业化。与传统银行模式相比，网络金融模式不仅需要我们熟悉产品，还要我们对互联网知识有更进一步的钻研。就以建设银行来说，很多早些时候的银行工作人员自己修改网银盾密码都不会操作，更不用说在客户使用过程中出现困难时能指望我们这些银行工作人员给予帮助了。综观全局，我们建设银行部分员工在电子银行渠道方面的业务知识并不专业，这无疑严重影响了客户的服务体验。所以，在发展网络金融的同时，硬件和软件都应及时跟进。专业化的电子银行服务团队的建立显得尤为必要，通过培训等不同方式提高银行员工在网络金融方面的专业化水平也迫在眉睫。

2. 服务需要更个性化。在网络金融时代，客户是决定生死的核心，而留住客户的关键就是客户的服务体验。"一刀切"式的一致化的服务模式必然不能适应不同客户的需求。在网络金融大潮中，抓住客户的关键在于抓住客户的喜好，针对不同的客户群体推出具有特色的服务，个性化服务已经是大势所趋。举个简单的例子，比如，我们建设银行的网上银行可以针对女性客户凸显操作界面外观的设计效果，使其看起来更具观赏性和趣味性，而针对男性客户可以把简洁实用作为设计的首要出发点。我行的网银盾也是一样没有吸引力，虽然功能一点都不逊色，但"外观难看，携带麻烦"几乎是众多建设银行客户的一致看法。为什么不稍微改变一下设计，让网银盾的外形更别致，携带更方便呢？没有必要千篇一律，网银盾完全可以设计多款式样，客户可以根据自己性别年龄等不同层次自由选择不同款式和颜色。总之，客户的喜好和需求是千差万别的，我们虽然不可能面面俱到，但有针对性的个性化的服务体验会让客户更加流连忘返。

3. 服务需要更制度化。尽管人人皆知服务的重要性，但如果没有制度化的约束，全凭银行工作者的自我意识，优质的服务是不可能长久的。在全行上下普遍强调"开口率"和"营销业绩"的情况下，服务质量的提升显得力不从心。就像很多时候，我们建设银行是很注重柜面服务规范的，但一个柜员服务再规范，如果没有营销业绩就没有绩效工资，在这样的考核背景下，服务的规范化无疑就成了给领导和检查者观看的摆设。所以，把服务的考核制度化，让规范的服务不仅仅是产品营销的铺垫，而是与产品营销同样重要，好的服务也是银行工作人员的业绩，和营销了产品一样有量化的考核。应当建立全方位的服务考核评价体系，让每一个银行工作者都能主动提高自己的服务意识，提升自己的服务本领。唯有把服务量化考核，充分调动工作者的主观能动性，这样一来，对于服务的其他设想才可以一步一步得到落实。

营业网点综合化建设对提高新增对公账户存款贡献度的思考

福建省分行营运管理部课题调研组

营业网点综合化建设目标是将我行营业网点建成视觉形象更好、业务功能更全、对私对公业务共同发展、综合竞争能力更强、全行共享的产品展示平台、客户交流平台和客户体验平台，提升网点综合服务能力和市场竞争力。包括推进单功能对私网点开办对公业务、推行综合柜员制、设置综合服务窗口、组建综合营销队伍开展综合营销、统一网点岗位设置等方面内容。

在当前对公存款新增严峻的形势下，加强营业网点综合化建设显得尤为重要。为此，本文结合福建分行营业网点综合化建设工作现状，就如何在营业网点综合化建设工作中提高新增对公账户和对公存款的贡献度，以全省 2012 年至 2013 年 12 月末新增综合性网点作为研究样本，对此期间新增对公存款账户进行全面分析，通过梳理新增对公存款账户的账户类型、存款种类、行业属性、月末余额等账户数据信息，将这些信息与新增对公存款间的关系进行分析，从中寻找如何通过营业网点综合化建设增加对公账户和存款的规律，进而为营业网点综合化建设提供决策参考，进一步加强综合化转型网点账户营销力度，以提高新增对公账户的存款贡献度，具体分析如下：

一、综合化建设网点新增人民币单位银行结算账户及存款基本情况

（一）全省截至 2013 年 12 月 31 日综合化建设网点新增账户基本情况

从全省 2012 年 10 月后新增的 149 个网点型支行看，新开对公业务网点对新增对公存款贡献度较好，截至 2013 年 12 月 31 日，新增综合性网点中已开立对公账户网点 83 个，共新增对公账户 2 792 户，新增对公存款（本文以下新增对公账户和新增对公存款均指新增综合性网点的新增对公存款和新增对公账户）3.79 亿元。综合柜员数量比 2012 年末新增 541 人，柜员人均新增存款数量 70 万元，共有 176 个网点组建了 214 个综合营销团队。团队队均新增存款 177 万元，全省已开立对公结算账户的网点共开立对公结算账户 24 929 个，较上年新增 7 546 个，其中三综合网点新增 2 792 户，对新增账户贡献度达 37%。截至 2013 年 12 月 31 日，全省已开立对公结算账户的网点年末对公存款余额共计 117.31 亿元，较上年新增 23.07 亿元。其中三综合网点新增 3.79 亿元，对新增存款贡献度达 16.43%。

（二）新增对公存款账户的账户性质分布特征

截至 2013 年 12 月 31 日，新增的对公存款中，基本户占全部新增账户数的 47.1%，存款余额 1.26 亿元，占全部新增存款的 33.26%；新增一般户占全部新增账户数的 46.54%，存款余额 2.37 亿元，占全部新增存款的 62.53%；临时户占全部新增账户数的 0.8%，存款余额 469.96 万元；专用户占全部新增账户数的 0.3%，存款余额 485.12 万元；验资户占全部新增账户数的 5.58%，存款余额 640.51 万元。

（三）存款的地域性分布特征

截至 12 月 31 日，宁德地区新增账户 925 户，占全部新增账户数的 33.13%，存款余额 0.86 亿元，占全部新增对公存款的 22.69%；大福州地区新增账户 490 户，占全部新增账户数的 17.6%，存款余额 1.25 亿元，占全部新增对公存款的 33%；大泉州地区新增账户 542 户，占全部新增账户数的 19.41%，存款余额 0.38 亿元，占全部新增对公存款的 10.03%；其余 5 家分行，新增账户 835 户，占全部新增账户数的 29.91%，存款余额 1.3 亿元户，占全部新增对公存款的 34.3%。

二、存在的问题

（一）前台系统难以满足综合化工作需要

一是对于综合营销团队，需要掌握客户全面的信息，包括对公司资金状况、存款及信贷资金流向、经营情况、企业征信情况、对我行贡献度、风险点、公司主要法人代表及家庭成员以及主要生意往来伙伴相关信息进行全程掌握，才能及时挖掘商机，营销到潜在的客户。但是，目前我行前台的相关系统对综合营销支持尚不够强有力，综合营销团队无法在一套系统里及时、准确、完整、便捷地查询到对公客户以上所述较全面的信息。因为没有一套较为完整的对公对私客户综合信息联动跟踪监控系统，无法实现系统间信息的联动查询，如对公客户的对公账户信息、主要法人代表及主要家庭成员账户、贷款、资金变动等相关信息分散在 ODSB、CCBS、ALS、人民银行征信等多套不同系统中，需要在多套系统分别搜索，耗费大量人工加工工作量，且加工出的营销信息经常不准确、不完整、不及时，难以对网点综合营销工作起到强有力的支持。二是网点日常业务办理存在应用系统不统一的问题，比如印章管理，会计业务章在 ODSB 系统登记管理，对私业务章在分行特色系统登记管理，同一项业务存在两个系统。

（二）相关制度有待整合或调整

一是目前对于同一个综合性网点，有的业务对公对私制度要求不一致，相关制度未充分整合，网点因怕执行不到位，就直接平移执行，出现制度执行重叠但又不统一的现象，容易产生执行混乱或执行不到位的结果。比如流水勾对，对公业务是要求电子勾对，对私业务要求人工逐笔手工勾对。比如印章管理，会计业务章按照会计相关管理制度执行，对私业务章按照对私相关管理制度执行，执行标准不统一。又比如对于表外凭证，对私业务大部分不要求盖章，不要求主管签字，而对公业务要求盖章，要求主管签字，以上制度的不统一，造成网点执行的困惑，出现要么重叠执行，要么执行流于形式的问题。二是相关制度对岗位权限等规定不够明晰。比如对于网点的相关客户申请表单，有的制度规定由有权签发人审核签字、有的制度规定由专管员审核签字等，未明确规定对应综合化网点的什么岗位，导致网点执行的困惑，造成网点人员岗位职责不够明晰。

（三）原对私网点办理对公业务的积极性发挥不够

目前以下因素影响到原对私网点办理对公业务的积极性发挥：一是在激励机制方面，目前对私产品的买单机制相对比较明确，对公业务的买单机制不够明确，比如，贷款发放完的后续维护、账户后期维护管理和日常核算等均无买单激励，均会影响到原对私网点人员办理对公业务的积极性。二是原对私网点人员对公业务的熟悉程度不够。原对私网点尤其是网点型支行原先都是对私业务人员，整个团队整体上对公业务不够精通，传帮带的力量不够。在办理对公业务遇到问题时，有时会面临缺乏及时、足够的业务支持的困难。一些原对私老柜员，在办理对公业务后，面对更为复杂、更为繁多的对公制度，比较容易发生差错，因为害怕处罚，影响到主动办理对公业务的积极性。对大堂助理培训也不够全面，导致他们在对公客户营销时，对公业务不够熟练，以上都导致原对私网点人员对办理对公业务产生畏难情绪。

（四）管理上需要磨合

目前从客户管理到柜员管理上，尚有相关问题需要磨合解决：一是在客户管理方面，目前对公对私客户合并起来叫号，对公客户无法享受优先号，就要在柜台按普通号排队，等待时间长，意见大。二是在人员排班管理方面，目前原先对公柜员参与和原先对私柜员一起统一排班，因为日常工作中，他们更侧重办理对公业务，而对公业务晚上延班较多，现在参与对私统一排班后，实际上班时间比原先延长，也影响了原先对公柜员的工作积极性。三是在权限管理方面，目前如《电商平台申请表》、《POS 商户申请表》、《个人资金证明》等均主要为网点负责人审核签字，导致网点负责人介入太多营销审核等具体业务，不利于全面统筹管理的工作侧重，而营销主管对营销事务把关又不够。

三、提高新增对公账户存款贡献度的思考

（一）加强系统开发，为综合化提供统一的系统支持

一是目前，ODSB 系统、CCBS、ALS、人民

银行征信等相关系统均具备一定的客户信息查询功能，但这些系统中综合营销所需的对公对私相关联信息尚未整合到一起，对综合营销中一个对公账户涉及的各方面对公对私信息能够提供的支持不够，不能满足综合营销团队对客户经营、管理等各方面的分析要求，不适应当前综合营销业务发展的需要，导致综合营销信息自动化获取能力低，大量信息加工停留在人工加工的阶段。可建议总行整合以上系统。分行也可基于分行目前已有的特色系统或功能，自行开发优化客户信息联动查询功能，比如可整合目前对公客户综合贡献度及客户经理业绩评价、电银业务数据挖掘、个金业务数据挖掘、小企业客户数据挖掘等分行特色系统或功能，将其整合成一个可由网点用户全面查询相关信息的系统，并抓紧建立客户信息挖掘工具，提高系统对客户营销支持能力。二是应整合网点日常业务办理不同的应用系统，比如将 ODSB 系统和分行特色系统中的印章管理功能进行整合，提供用户统一的应用管理操作系统。

（二）统一制度，明确职责

综合营销是一个要求多岗位密切协作配合的工作，因此，综合营销必须实行统一的管理制度。一是要为整个综合营销团队建立一套统一的工作职责，必须建立统一、规范、明确的管理职责，消除要求不一致的制度，特别要消除对同一业务对公对私要求不一致，造成在实际工作中重叠执行或执行流于形式的问题。二是全面梳理原有制度，按照有利于综合化建设，有利于综合营销的原则，将原先制度中的相关权限进行重新调整和明确，如凡属于营销范围的审核权限，应明确为由营销主管行使，以明晰各岗位职责，充分发挥各岗位的积极性。

（三）建立问题解决长效机制

对三综合业务过程中遇到的问题，应充分调动网点创造力、开拓力，鼓励管理创新，应鼓励网点因地制宜，根据具体情况采取解决措施，比如，针对对公对私客户合并叫号后，对公客户无法享受优先号的问题，可采取开立主办对公窗口的特殊处理方法，保持对公服务窗口相对稳定性。同时，建议总行尽快优化结算卡或允许由分行优化结算卡功能，实现根据对公单位的资金、信用等情况，为对我行贡献度大的对公单位的财务人员提供优先号。又比如针对原先对公柜员在综合化后上班时间延长的问题，应支持网点根据各网点实际情况，适当减少日常主办对公业务的柜员周末排班的时间。

（四）探索建立综合检查辅导员制度

尽快建立统一的综合业务检查辅导员队伍，辅导员应由基层行熟悉对公对私业务的人员担任，逐渐将该队伍作为督促落实网点业务提升，同时防范业务风险的监督员和帮扶员，要充分发挥综合业务辅导员的价值和作用，要对各类排查、自查、审计、检查中发现的问题进行归集和梳理分析，从中查找原因、分析不足，对检查发现的问题进行跟踪、督促、整改，同时经常针对网点业务办理中遇到的困难，有针对性地帮助网点提出解决办法，对网点进行业务辅导，避免三综合后检查和业务辅导出现重叠或出现空白的现象，提高网点，尤其是网点型支行的各种业务处理能力，以及应对各种突发情况的能力。

（五）建立有效的激励机制，充分调动对私人员办理对公业务的积极性

在人员激励措施方面，一是建立更详细的对公业务和产品考核体系，把对公贷后管理、对公账户维护、对账、日常核算等都纳入买单考核范畴。二是逐步取消目前对网点所有柜员都实行三综合补贴的政策，补贴资金应向真正有办理三综合业务的综合柜员倾斜。三是加大对网点型支行对私人员开办对公业务的奖励力度，实行分档奖励制度，根据对私网点实际承办的对公业务量，对首批主动申请办理且实际办理对公业务量大的应进行优先奖励，第二档的次之，实际没有办理的不奖励，从而调动网点对私人员办理对公业务的积极性。

（六）制定业务帮扶长效机制

一是加强对私柜员办理对公业务的指导和支持，针对原网点型支行，有条件的二级行可派驻对公业务熟练的人员进行传帮带；对于无法派驻对公业务熟练人员的，可以对原网点型支行开设一对一的对公业务帮扶专线，指定专人在该网点办理对公业务遇到问题时，进行解答，让综合网点尤其是原网点型支行在办理对公业务时，有个有力的“靠山”，打消对私柜员害怕办理对公业务的顾虑。二是应加强对大堂助理的对公业务培训力度，提高大堂助理的对公业务熟悉程度，提升其对公业务营销能力。

课题组组长：张基峰
副组长：王宁渊
执笔人：曹嘉坤　傅永强

关于发展个人支农贷款的调研

山东省菏泽分行　郭占军　李军

一、发展支农贷款业务的背景

（一）菏泽悠久的农业历史

菏泽是农业大市，耕地面积0.833万平方公里，占土地总面积68.31%，农业人口占总人口的三分之二，农副产品加工业产值占工业总产值的比重达35.7%。地处黄河下游，大部分耕地为黄河淤积平原，地势平坦，土层深厚，旱能浇，涝能排，发展农业有得天独厚的条件。

（二）近年来国家及地方扶持农业的政策

2004—2014年中央连续十一年发布以“三农”为主题的一号文件，强调了“三农”问题在中国的社会主义现代化建设时期的重要地位，采取多项措施全面深化农村经济体制改革，加快推进农业现代化进程，从资金、技术及政策等多个层面给予倾斜，2014年人民银行分支行行长座谈会议明确要求引导金融机构加大对实体经济特别是“三农”的信贷支持，并针对农村商业银行实施专项降低存款准备金率。国家对农业扶持力度达到前所未有的高度。

（三）农业项目金融市场资金需求

当前我国正处在传统农业向现代农业转型、跨越的发展新阶段，农业生产经营方式正处在由分散的小农生产向规模化、组织化、社会化加快转变的新时期。与之相应的是，种粮大户、家庭农场、专业合作社和农业产业化龙头企业等新型经营主体大量涌现，虽然政府农业投资比重逐年增加，但仅靠简单的财政直补无法完全满足资金需求，亟待金融支持，融资难现象现阶段仍难以改观。有位合作社理事长甚至讲，“宁愿不要10万元的无偿补贴，也希望能帮助解决100万元的贷款。”

二、当地金融机构对农业扶持的现状

（一）当地同业金融机构贷款情况

农村信用社长期扎根于农村，网点在乡镇实现全覆盖，优势地位明显，截至2014年7月，涉农贷款余额为468亿元，占全市涉农贷款的53.6%，本年新增593 792万元，占金融机构全年新增额的55.04%，其中70%为个人类贷款。近年来农业银行、中国银行立足本地农业大区实际，围绕农作物种植专业大户、农民合作社社员等现代化农业和现代农业经营户，加大农业金融资金扶持力度，贷款余额逐年上升。我行把涉农领域作为优先支持的重点领域，不断加大涉农贷款投放，涉农贷款比重也在逐年增加，超额完成监管部门对涉农贷款增量不低于上年、增速不低于各项贷款平均增速的“两个不低于”的要求。

菏泽市涉农贷款情况（2014-07-31）

单位：万元

项目 机构	涉农贷款	
	余额	较年初（±）
工商银行	1 202 738	1 868
农业银行	887 617	54 634
中国银行	573 276	153 482
建设银行	917 637	84 387
交通银行	59 000	27 200
国有大型银行合计	3 640 268	321 571

续表

机构＼项目	涉农贷款	
	余额	较年初（±）
莱商银行	230 787	22 126
济宁银行	30 967	13 003
农村信用社	4 682 842	593 792
国有城商及农信	8 584 864	950 492
农业发展银行	676 666	94 835
邮政储蓄银行	69 920	11 533
村镇银行	81 050	21 902
合计	9 412 500	1 078 762

（二）支农类金融产品创新

农业银行已于近日在金融机构中首家出台农村土地承包经营权抵押贷款管理办法，将农村土地承包经营权纳入抵押品范围。邮政储蓄银行为有助盘活农村巨大的土地资源，围绕农村居民房屋产权、林权和土地承包经营权“三权”抵押出台具体贷款办法，加快保证保险贷款、担保公司担保贷款等新产品的推广进度。

三、加快我行支农贷款业务发展具体举措

（一）依托地方政府，加强银政合作

从源头抓政府扶持项目，尝试共同融资争取政策和资源支持。一是加强与政府机构在支农项目及客户信息方面的合作，联手确定金融支持的重点涉农产业、重点农户群体；二是争取政府在优势产业专项扶持政策范围内的项目补助和财政贴息资金与我行发放支农贷款项目进行对接，对我行支持的企业加大扶持力度；三是探索建立风险补偿机制，争取政府主管部门建立支农个贷风险补偿基金，最大化争取政府资源及配套政策，促进我行业务发展。

（二）加强市场调研，突出重点特色产业

有针对性地开展市场营销工作。一是重点支持菏泽当地如芦笋、山药、牡丹等特色种植产业及鲁西南黄牛、青山羊等规模养殖产业。二是重点支持当地已形成规模种（养）植的家庭农场、农民示范合作社、农业产业化龙头企业上下游链条农户等新型农业经营实体。

（三）坚持集约化经营原则，采取批量化操作经营模式

在贷款风险可控的前提下，现阶段以“龙头企业＋农户＋订单”、“示范合作社＋农户＋订单”、“家庭农场＋订单”为主要业务模式，将农业产业化重点龙头企业担保、示范合作社担保、专业担保公司担保、财政直补资金或财政风险补偿金担保、有效资产抵（质）押、保险等担保措施组合设计作为当前担保方式，促进业务稳步推进。同时将业务全程纳入个贷中心流程管理，实行集约化经营，以节约业务成本，控制风险。

（四）加快农业金融创新步伐，业务流程优化组合

在现有“龙头企业＋农户＋订单”业务模式基础上，一是关注目前农村集体土地确权登记发证工作，尝试推行土地承包经营权抵押贷款和宅基地使用权抵押方式。二是适度探索“农户联保”制度，在依据农户水平确定信贷规模的基础上，要求一组农户之间相互担保，可赋予农户联保小组一定贷款额度的经营模式。

（五）加大激励考核力度，调动支行营销积极性

一是组织各种形式业务培训，认真学习领会最新支农贷款政策，切实提高业务人员营销技能，提高营销自信心；二是制定差别化激励政策，因支农贷款属于创新业务产品，应给予优于个人住房贷款考核埋单政策；三是加大考核督导力度，明确责任目标，定期通报督导；四是提高经办人员责任意识，克服畏难恐惧思想，加强流程化管理，职责明晰，尽职免责，提高经办人员办理积极性。

四、开展个人支农贷款风险防控措施

（一）优选合作企业和农户，防范信用风险

一是在贷前调查环节严格审查农户个人信誉、从业经历，掌握其资信情况，加强相关信息审核调查，从源头上把好信贷资金风险防范关；二是加强农业合作企业审查准入，优选经济实力强、社会声誉好的省级以上龙头企业作为合作企业。

（二）认真核定贷款条件，防止过度融资

个人支农贷款属于短期周转、小额补充性质的融资支持，借款人所申请的贷款额度、期限和还款方法等要素，要与其可支配收入来源、特点及还款能力相匹配。

（三）规范操作流程，确保用途合规

将贷款全流程纳入个贷中心经营，实行双人调查。对操作及信贷流程不简化、不变通，确保“三亲见”、“四拍照”和“四个电话”规定动作的落实，保证借款主体、用途真实，防止信贷资金被挪用。

（四）严格执行首贷、实地检查制，及时化解行业风险

密切关注支农贷款投向的行业规定，关注贷款投向的农产品市场价格波动情况，关注农业种植的生产规律等，通过定期的研究和分析，动态监测、评估贷款质量，提早有效防范因农业生产销售信息不对称、相关管理政策及法规不完善等引发的政策风险和行业风险。

（五）加强合作企业风险管控，对保证金账户进行专户管理

密切关注企业经营情况，对出现影响其担保责任或担保能力下降情形的，应及时中止新贷款投放。合作企业缴纳的保证金应实行专户管理并按比例足额缴纳，确保所担保贷款逾期30天内予以代偿；如超过30天仍未代偿的，应暂停担保合作和合作企业存量贷款的投放直至全额代偿。

（六）多项措施防范化解市场风险

一是尝试引进农业保险作为风险缓释手段，引导农户投保农作物保险以抵御自然灾害；二是农户与合作企业签订长期订单购销合同，合作企业承诺以保护价收购农副产品以规避未来产品价格波动、收购信息变化所带来的市场销售风险。

关于发展跨境电子商务的思考

河南省分行　王会昌　河南省东区分行　刘海波　王君

我国现有20多万家企业在各类网络平台上开展电子商务活动，年交易额超过1.5万亿元，我国正与美国一起成为全球跨境电子商务的中心。在由互联网重塑的国际贸易格局中，中国不仅抢得先机，而且是贸易增长的新支点。

一、跨境电子商务简述

（一）跨境电子商务定义

跨境电子商务是指分属不同关境的交易主体，通过电子商务平台达成交易、进行支付结算，并通过跨境物流送达商品、完成交易的一种国际商业活动。从进出口方面，跨境电子商务可分为出口跨境电子商务和进口跨境电子商务，其中进口跨境电子商务又分为进口一般贸易跨境电子商务和进口保税贸易电子商务两种形式；从交易模式方面，可分为出口B2B跨境电子商务和进口B2C跨境电子商务。

（二）跨境电子商务发展背景

受2008年金融危机影响，全球经济低迷使得国际市场需求紧缩，给对外贸易企业以重创。然而，此次危机一定程度上变成了转机，长期以来的“集装箱”式的大额交易逐步被以数额小、次数多、速度快的订单所取代，跨境电子商务因此获得了生存和发展的契机。而随着互联网和电子商务的发展，消费者能够方便、快捷、轻松地在互联网上搜索到来自世界各地的商品信息并进行购买，为实现跨境电子商务提供了条件。2012年8月，郑州、上海、宁波、杭州、重庆五个城市被列为跨境贸易电子商务先行试点城市，进一步促进了跨境电子商务业务的发展。

（三）跨境电子商务发展现状

根据数据统计，截至2014年末，我国跨境电子商务平台企业现已超过5 000家，境内通过各类平台开展跨境电子商务业务的外贸企业已超过20万家，每年在跨境电子商务平台上注册的新经营主体中，90%以上为中小企业和个体工商户。目前，我国跨境贸易电子商务的进口规模小、出口规模大，总体上中国还处于跨境电商发展早期

阶段。进口商品主要包括奶粉、小零食等食品和化妆品、精品皮包、名表等奢侈品，规模较小；进口主要集中在海外代购，又称为“海淘”。一直以来，海淘一族都标榜自己是“用低价享奢华”，即通过海外代购实现了以较低的成本购买到了海外商品。自从淘宝网开通海外代购服务以来，该网店每月成交量均增长3倍。2007年，海淘市场规模仅有4亿元左右，到2009年猛增为50亿元，2013年，全中国消费者在跨境电子商务平台上的全年交易规模达150亿美元。2009年到现在，通过电商平台进行的跨境购物市场规模基本在以一年翻一倍的速率扩大。在已经建立的几个试点城市中，跨境贸易电子商务的跨境物流及跨境第三方支付仍在试验探索阶段，尚未跟上跨境电商增速的步伐；此外，政策监管体系尚未完善，由于跨境电子商务在交易方式、货物运输、支付结算等方面与传统贸易方式存在较大差异，先行的管理体制、政策、法规及现有环境条件尚有较大调整的空间和要求。

（四）跨境电子商务发展趋势

在全球电子商务快速发展的大环境下，跨境电商的快速发展将对中国整体国民经济以及进出口贸易产生深远意义和价值，一方面，相较于传统外贸，跨境电子商务能有效压缩中间环节、化解产能过剩，重塑国际产业链、促进外贸发展方式转变，增强国际竞争力；另一方面，电子商务网站集合海量商品信息库、个性化广告推送、智能化商品检索、口碑聚集消费需求、支付方式简便等多重优势，为中小企业提供发展之道。随着互联网、物流网等基础设施建设加快和移动互联网、大数据、云计算等技术的推动，跨境电子购物在全球范围内快速发展。中国跨境网络零售规模近年来增长迅猛，2012年大陆跨境网上交易达150亿美元，并保持了年均30%左右的增速。跨境贸易电子商务的商家和消费者遍布全球，拥有强大的市场潜力，市场规模逐渐增加，已围绕整个跨境贸易形成了一条从营销到支付、物流和金融服务的清晰、完整的产业链。PayPal最新研究结果显示，美国、英国、德国、澳大利亚和巴西五大跨境电子商务目标市场对中国商品的网购需求在2013年将达679亿元人民币；至2018年，这一数字预计将增至1 440亿元人民币。联合国贸易和发展会议预计，2015年的跨境电子商务将占到世界贸易总额的30%～40%，之后将会更高。

二、跨境电子商务业态下的国际贸易主要特征

（一）贸易趋向多边化、网状化

传统的国际贸易主要表现在国与国之间的双边框架下的贸易业态，即使有多边贸易，也是通过多个双边贸易实现的，呈线状结构。跨境电子商务业态下，国际贸易可以通过A国的交易平台、B国的支付结算平台、C国的物流平台，实现其他国家间的直接贸易。贸易过程中涉及的相关信息流、资金流、物流由传统的双边逐步向多边贸易形态演化，总体上呈网状结构，并正在重构全球经济格局新局面。

（二）交易环节少、批量小

传统的国际贸易主要由一国的进、出口商通过另一国的出、进口商集中进、出口大批量货物，然后通过境内流通企业经过多级分销，最后到达有进、出口需求的企业或消费者。贸易过程中环节多、时间长、成本高，一系列的交易过程直接造成了商品价格的提升。通过跨境电子商务模式，可以通过电子商务交易服务平台，实现多国企业之间、企业与最终消费者之间的直接交易，进出口环节少、时间短、成本低、效率高，为消费者带来的是物美价廉的商品。

三、跨境电子商务存在的主要问题

（一）政策监管体系不完善以及政策支持还有待进一步完善

国外客户通过跨境电子商务模式购买国内生产企业产品时，在消费习惯、交易方式、货物运输、支付结算等方面与传统贸易方式差异较大。此外现行管理体制、政策、法规及现有环境条件也无法满足跨境电子商务快速发展的需要，当前存在的主要问题集中在海关通关、检验检疫、税务和收付汇等方面。

（二）商户与消费者的习惯问题

消费者和商户都习惯把自己的目光聚集在国内本土市场，眼界和思路有待提升，还没有从“双11”的震撼圈中走出来，尚未适应电子商务

全球化发展的趋势，需要政府和相关机构的支持和引导。

（三）跨境电商交易环境亟待改善

文化环境差异是导致与当地市场对接不畅的主要原因，文化环境和当地居民的消费习惯成为困扰我国跨境电子商务企业发展的一个重要因素，该因素涉及跨境电子商务平台的建设、产品推广、品牌建设、跨境支付、国际物流等方面。

（四）需要外贸业态转方式调结构

跨境电子商务快速发展为我国海量的进出口企业提供了一个扩大海外营销渠道的舞台，对于提升我国品牌竞争力，实现我国外贸转型升级有重要而深远的意义。

（五）国际市场话语权特别是人民币国际化有待提升

当前，全球主要的跨境支付和货币结算还掌握在国外金融企业手中，我国作为跨境电子商务基础设施的跨境网络支付尚处于起步阶段，跨境供应链产品尚不丰富，为此积极推进人民币国际化、提升人民币在国际支付结算中的份额和丰富跨境供应链产品体系是解决我国跨境电子商务中一个至关重要的内容。

四、郑州参与跨境电子商务的探索

（一）郑州分行跨境电子商务的进展情况

郑州市跨境贸易电子商务服务（简称“E贸易”）试点项目作为全国首批六个跨境贸易电子商务试点项目中唯一具有跨境电子商务产品进、出口业务的试点，具有在该领域中先行先试的政策优势，由此积极参与由海关、质检、税务、保税中心等政府、机构部门引导的跨境电子商务业务的时机已经来临并势在必行。

分行成立项目团队，紧紧围绕“一个平台、服务三条主线”为基础、以再造“一个体系、适应两种模式”为目标来开展工作，“一个平台、服务三条主线”是指积极与保税中心共同就跨境电子商务综合服务管理平台展开合作、服务好保税中心这个核心客户、服务好保税中心园区企业客户、服务好参与跨境E贸易企业的电商平台类客户；“一个体系、适应两种模式”是指通过跨境电子商务支付结算管理体系、重点适应于B2C进口和B2B出口跨境电子商务两种模式。

众所周知，平台性企业是开展业务的基础性工作，谁抓住了平台型企业，谁就抓住了源头主要客户，为此，与保税中心开展全面深入的合作是所有工作的重中之重，从跨境电子商务的特性并结合当前我国六个试点城市的业务情况设计出了跨境电子商务的建设、支付结算体系和跨境供应链金融产品的服务思路。

（二）目标客户群体分析

跨境电子商务主要面向五类目标客户，分别是政府机构、国内外买家、国内进出口商、通关服务类外围客户、国外代理商或厂家，就跨境E贸易项目来说，进出口商又分园区企业、电商企业和非园区企业，园区企业和重点电商平台企业是我行当前需要重点服务的核心群体，该类群体的需求是我行服务的重点，也是我行业务调研和需求研讨的主要来源。

（三）提供金融服务的基本思路

1. 跨境电子商务设计。基于当前电子商务市场基本面情况和目标客户群体需求的理解，在电子商务建设上我行提出了“一中心两模式”、“一平台两窗口”的生态圈模式，即通过“一中心”（电子商务数据中心）、“两模式”（线下：跨境电子商务的O2O模式的应用；线上：自助通关的跨境电子交易全流程），打造“一平台”（电子商务平台）、“两窗口”（面向商户的统一服务窗口、面向客户的统一营销窗口）的电子商务模式，兼具以线下促线上、线上互动线下、进口（B2C）出口（B2B）并重的建设方式搭建以郑州跨境电子商务服务为中心的电子商务生态圈。

在该电子商务建设过程中通过嵌入我行跨行支付产品和新一代代收付的企业网银直联产品实现电子商务中国内客户的支付和国内进出口商之间的结算，从而实现资金在建行体系内循环。

2. 跨境支付结算

（1）跨境支付结算现状。一是跨境电子支付业务发生的外汇资金流动，必然涉及资金结售汇与收付汇。从目前支付业务发展情况来看，我国跨境电子支付结算的方式主要有跨境支付购汇方式（含第三方购汇支付、境外企业接受人民币支付、通过国内银行购汇汇出等）、跨境收入结汇方式（含第三方收结汇、通过国内银行汇款，以结汇或个人名义拆分结汇流入、通过地下钱庄实

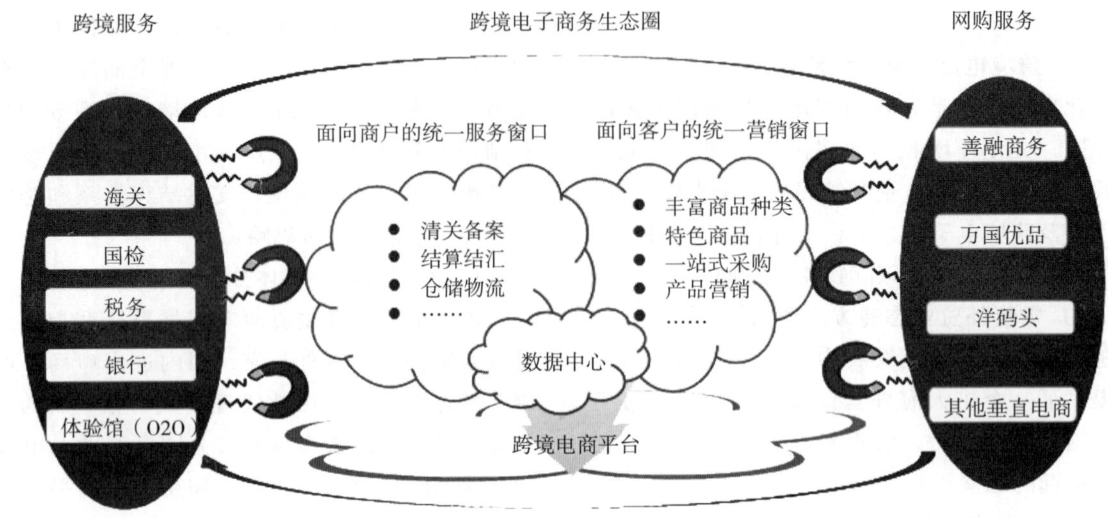

现资金跨境收结汇等）。

二是支付机构在跨境外汇收支管理中承担了部分外汇政策执行及管理职责，是外汇管理政策的执行者。对此类跨境电子商务支付金融服务在外汇管理的职能定位尚不明确，需在法规、制度上予以确定。

三是通过跨境电子支付方式，境内外电商的银行账户并不直接发生跨境资金流动，且支付平台完成实质交易资金清算常需要 7～10 天，因此由交易主体办理对外收付款申报的规定较难实施，不同的交易方式下对国际收支申报主体也会产生一定的影响，根据跨境电子商务高频、小额的特征的逐笔结汇导致结汇工作烦琐，增加外汇监管难度。

（2）跨境支付结算解决策略。一是积极申请跨境电子商务支付机构试点，把现有外汇主体监管体系中的主体监管结果实行分类管理，将当前外汇收支申报过程中的纸质材料改变为电子化的申报方式，直接将电子商务平台上的订单、物流单和支付单形成外汇收支申报单，同时协助电子商务平台健全客户实名认证机制，从而将跨境电子外汇业务纳入监管体系，通过创新建立跨境支付业务规范，并采用外汇管理局在一定范围内赋予我行部分代位监管职能和外汇管理局事后进行跨境电子商务收付汇业务稽查的形式，形成多方监管、互为监督的监管格局，从而为下一步的试点推广提供经验。

二是采用重点突出、分步实施的策略，梳理商品出口目的地主要国、进口商品主要生产国，挑选一两个与中国签署人民币清算协议且有建行海外分支机构的国家，结合我行作为跨境电子商务支付机构试点这一情况，搭建由建设银行、建设银行海外分支机构、外汇管理局和某国当地主要支付机构四方参与的跨境电子商务支付结算系统，明确跨境电子商务过程中结汇必需的有效电子单证，制定跨境电子商务结汇相关电子单证标准，实现电子商务中资金支付结算的电子化、一体化。

3. 跨境供应链金融服务。随着中国企业直接参与跨境电子商务的深入，跨境供应链金融服务可将金融服务与进出口企业所在的供应链各环节紧密结合，商业银行必须突破传统的境内金融服务框架，将国际金融服务延伸至海外，利用境外金融支撑平台，为企业提供完整的一站式高效金融服务。

（1）我行现有供应链金融产品。我行现有供应链金融产品主要有打包贷款、订单融资、出口应收账款风险参与、出口议付/出口押汇、信保融资、海外代付等多种融资产品，针对参与跨境电子商务业务的企业，通过建立“绿色通道”，提供有竞争力的融资价格，通过结算、融资和资金业务产品组合，基本上可以满足供应链过程中各个环节的融资支持。

（2）跨境供应链金融服务构建思路。通过我行的 E 贷款系列融资产品，现有供应链金融产品，和跨境电子商务信贷业务需求，通过对跨境电商

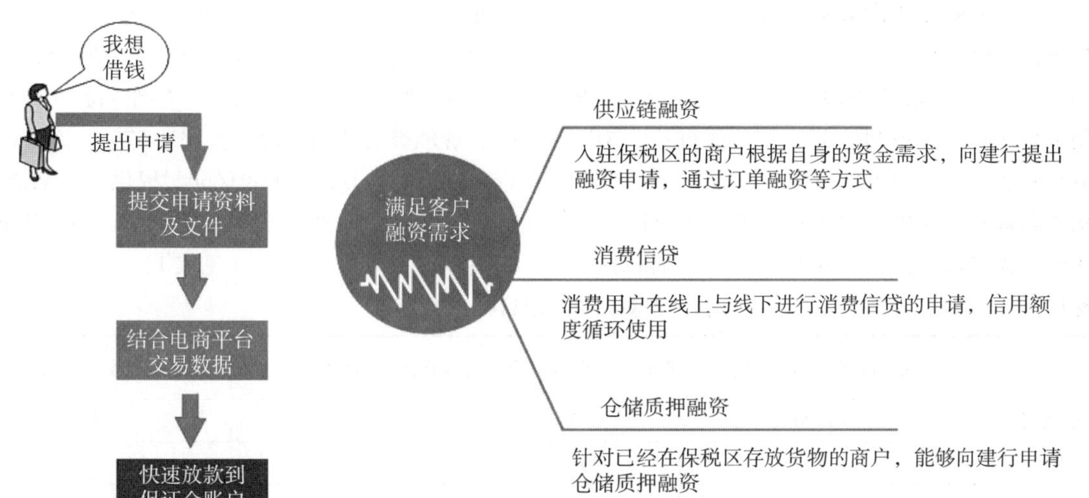

平台交易的大数据应用并结合建设银行的信用管理体系，建立跨境电商平台信用管理体系，同时引入保险公司对交易过程中涉及的物品损坏、丢失、退货运费等情况提供理赔保障方面的担保，从而打造核心企业、银行、保险公司和商户为主体的跨境供应链金融服务系统，以此满足商户及消费者的资金需求，提供全流程信贷融资服务，提升跨境电商平台的服务品质，通过此种形式，也可绑定我行与保税中心、电商平台企业的合作深度。

建行创新能力提升研究

广东省分行　沈奕明

一、创新能力现状与比较

（一）创新经历的两个阶段

以氛围营造为重心的起步阶段。2011 年以前，分行创新工作侧重于基础制度建设和员工积极性的激发调动，经过数年时间的大力推动，分行的创意、创新数量、参与创新机构和员工有了明显增加，创新理念和习惯逐渐在员工头脑中生根发芽，创新在行动上实现了从“要我创新”到“我要创新”的重要转变，重在转变观念、提高认识、调动积极性，营造氛围。

以价值创造为核心的提高阶段。2011 年以来，省分行按照创新三年规划确定的思路、目标、方向与重点，持续完善创新体制、机制和队伍建设，紧密围绕地方实体经济与客户需求，大力推进产品、服务、流程及管理创新，实现了创新业务由以贷款为主向综合金融服务转变，创新行业由传统产业向新兴产业、新科技应用转变，创新方式由独立创新向联合创新转变，创新重点由“氛围营造”向“价值创造”转变“四个重大转变”。

与此同时，分行也存在一些问题与不足，一是引领型、自主型创新不多，大部分创新仍然以跟随、仿制为主，部分新产品市场领先优势不够明显；二是具有较大市场影响力的新品牌比较缺乏，综合型、系列化的新品牌打造仍需要大力加强；三是创新对市场机遇把握能力仍需进一步提升，一些重点地区和重点领域的创新成效有待提升，需要加快创新步伐，加大突破力度。

（二）创新能力的优势与存在的不足

1. 创新领导力

（1）优势。在系统内率先制订了首个创新规划，使创新工作有序推进，并注重价值创造。2011年，分行党委出台了建设银行历史上首个分行级产品创新三年规划，提出了“每年完成创新项目不少于200个，收集认可创意不少于700个，创新对中间业务收入贡献度不少于15%”的“三个不少于”目标。近三年全分行完成创新项目874个，其中产品创新378个，流程、服务、管理创新496个，流程、管理类创新项目数量占比达57%。新产品累计带来存款时点新增1 188亿元，提供综合融资1 497亿元，实现中间业务收入31.1亿元，中间业务收入贡献度平均达12.9%（见表1）。

表1　首个创新三年规划目标实现情况

	认可创意数量（个）	创新项目数量（个）	创新实现中收（亿元）	中间业务收入贡献度（%）
规划目标	≥700	≥200	—	≥15
2011年	2 133	308	11.43	14.93
2012年	3 197	280	9.56	11.90
2013年	2 621	286	10.11	11.56

构筑了较为成熟的创新体制机制，提升了创新组织能力。在系统内率先建立了覆盖创意收集、立项研发、上市推广和反馈评价的创新全生命周期管理制度13项，有效建成了职责清晰的创新组织体系（见图1），持续实施了创意、创效、组织推动等多层面创新激励，率先探索了产品经理制和新产品推广机制，建立了370多人的产品经理队伍，设立了121个创新体验基地，按年举办“点亮建行”创意竞赛，组织创效奖评比。

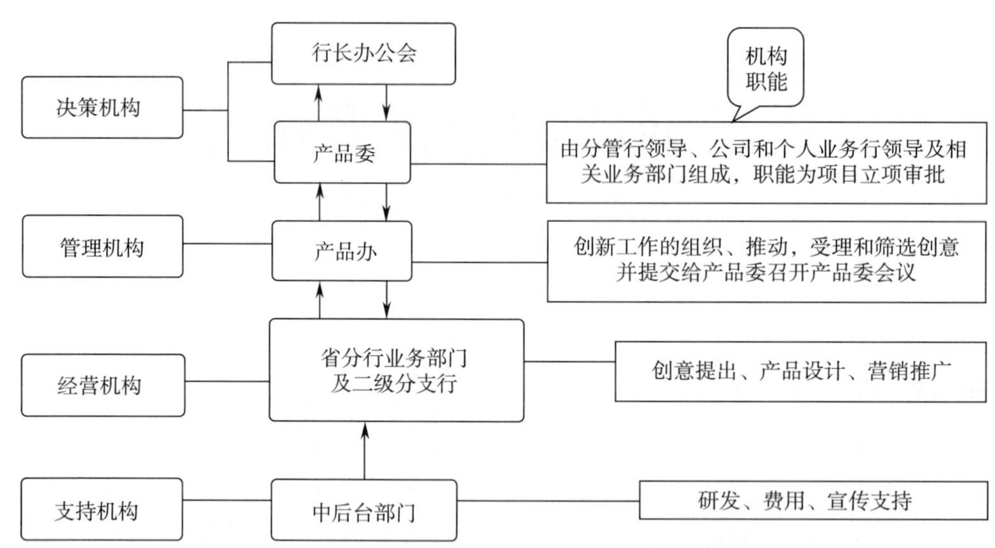

图1　广东省分行创新管理体制

建立了流程规范、分工清晰、激励有效的创新运作流程（见图2）。

（2）比较与不足。在国外，美国银行以事业部体制为基础，在各个业务条线下指定专门的团队负责本条线的产品研发和业务需求整合，建立了从规划到产品投放的全套创新流程（见图3、图4）。与美国银行相比，我分行事业部机制没有形成，也缺乏产品的投入产出分析。

2. 创新引领力

（1）优势。近三年，分行员工累计提出创意（含反馈客户需求、市场信息、同业信息和业务建议）39 700条，累计认可创意7 951条，创新中间业务收入超1 000万元的新产品71项，共有1 159个创意获奖，678个项目转化，获奖创意转化率达58.5%（见表2）。创意数量较多、转化运用效果好，我分行创意数量、完成项目、创新效

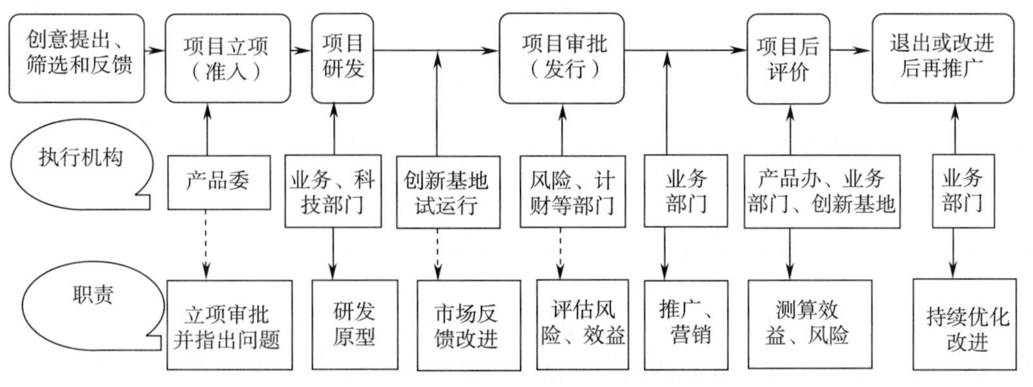

图 2　广东省分行产品创新流程

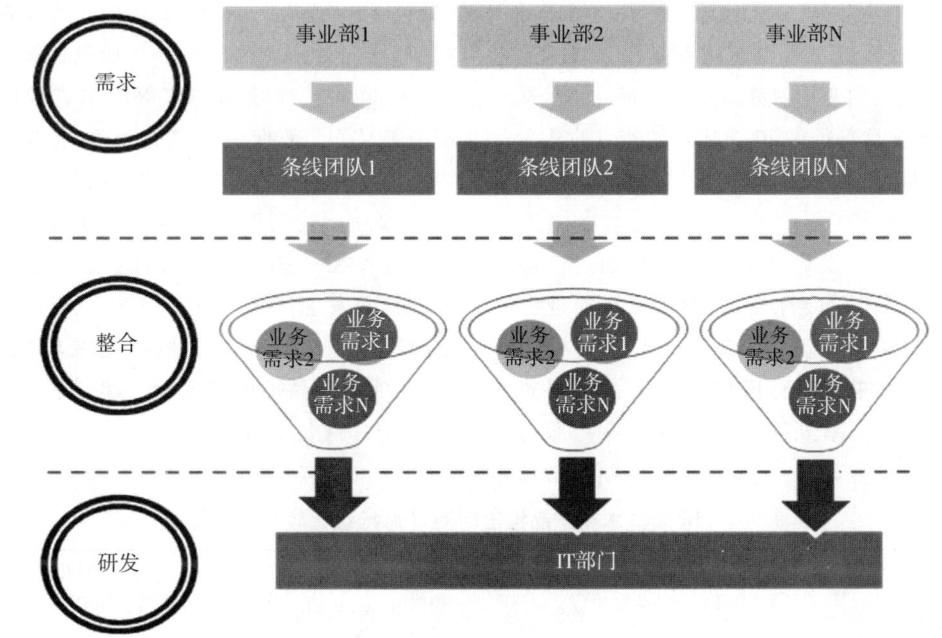

图 3　美国银行创新管理体制

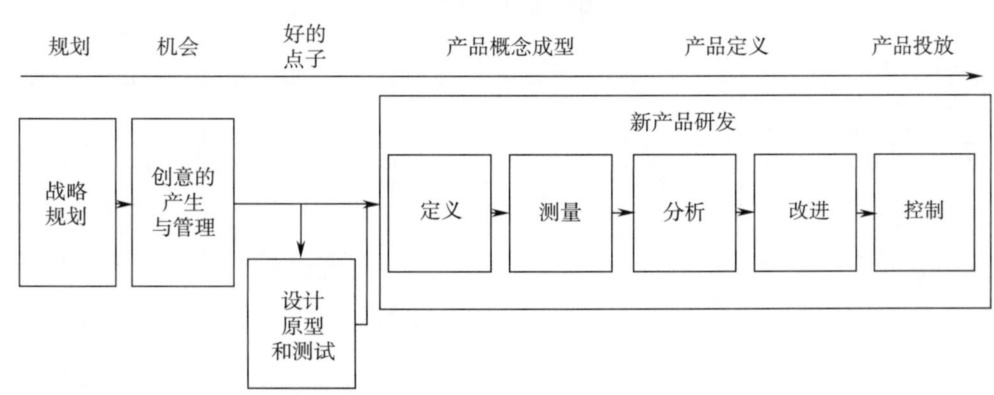

图 4　美国银行创新流程

益等指标均居系统内第一。

部分创新项目引领同业。“善融商务”荣获广东金融业支持经济社会发展“十大亮点工程”奖，“综融有道”荣获广东银行业服务实体经济“十大创新产品”奖。

表 2　　近三年创意情况　　单位：个

年份	认可创意数量	中收超 1 000 万的新产品数量	获奖创意数量	获奖创意转化数	获奖创意转化率（%）
2011	2 133	28	502	330	65.7
2012	3 197	20	285	152	53.3
2013	2 621	23	372	196	52.7

（2）比较与不足。与国内外相关机构相比，我分行的创新引领力存在以下不足：一是缺乏引领型、自主型的创新产品，大部分创新仍然以跟随、仿制为主，部分新产品市场领先优势不够明显。二是分行产品经理人均创意收集能力相当于腾讯公司产品经理的 5.97%。分行近三年累计认可创意 7 951 个，370 多名产品经理人均搜集创意 21.5 个。而腾讯公司每名产品经理每个月必须做 10 个用户调查，收集反馈 1 000 个用户体验，关注 100 个用户博客。

3. 新产品开发力

（1）优势。在研发机制上，我分行通过产品委会的“头脑风暴”对新产品的制度设计、业务流程、风险控制集思广益，为创新产品打下坚实业务基础。近三年来，分行准确把握了社会融资结构发展变化趋势，率先推出“综融有道”服务品牌，累计完成综合融资产品创新 178 项，占产品创新总数的 47%，为 500 多个客户提供综合融资 5 368 亿元，融资规模与同期贷款新增规模相当。分行抢先介入珠三角金融改革创新试验区和横琴、南沙新区建设，创新推出 25 项引领市场的产品，得到总行、省政府大力支持和客户高度认同。分行获得总行 2013 年“最具创新力”分行第一名。同时，连续两届获得广东省政府“金融创新一等奖”，是唯一蝉联该奖项金融机构，也是四大银行中唯一获得一等奖的银行。

（2）比较与不足。然而，分行在新产品研发方面也存在一些不足：从研发速度来看，全国建行创新研发速度慢于工商银行、招商银行，快于中国银行、农业银行，机遇把握较先进行落后。从 16 项新产品推出速度看，建行平均落后领先者 15.5 个月（见表 3）。

表 3　　16 项样本新产品推出时间（总行级比较）

推出时间	微信银行	手机钱包	实物黄金回购	网上银行票据	单位结算卡	人民币网络	上海黄金交易所	中小企业网贷	个人消费信用贷款	个人银行投资移	个人财富账户	工行“网贷通”	个人银行家族事	借贷通个人贷款业务	全面金融解决方案	无卡取款
建设银行	2013 年 11 月	2012 年 5 月	2011 年 8 月	2010 年 1 月	2011 年 11 月	2012 年 5 月	2013 年 6 月	2012 年 10 月	2012 年 9 月	2011 年 6 月	2013 年 11 月	2012 年 9 月	2014 年	2012 年	2011 年初	2012 年 10 月
工商银行	2013 年 7 月	2010 年 9 月	2008 年 4 月		2009 年 1 月				2011 年 4 月			2009 年底		2010 年		2012 年 3 月
农业银行	2013 年 9 月	2013 年 5 月	2010 年 10 月		2011 年 10 月											
中国银行				2013 年 6 月				2012 年 3 月		2011 年 5 月			2013 年 9 月			
交通银行			2011 年 9 月						2011 年 2 月							2010 年 3 月
招商银行	2013 年 3 月	2012 年 12 月				2010 年 4 月	2009 年 5 月			2011 年 9 月	2013 年 2 月		2013 年 7 月			
中信银行						2013 年 5 月										
平安银行													2013 年 1 月		2013 年 2 月	
广发银行	2013 年 5 月															2011 年 8 月
浦发银行	2013 年 8 月	2013 年 8 月														

从研发工具看，美国银行拥有专业的市场调查人员和成熟的客户之声调查能力，能够将客户需求调查、产品原型模拟、客户可用性测试嵌入研发流程中（见表4）。与美国银行相比，我分行尚未将客户需求调查、产品组合象限、竞争矩阵等工具纳入创新过程中，产品创新和推广过程中的市场分析及其工具利用需要加强。

表4　　我分行产品开发工具使用情况

产品管理工具	说 明	应用情况
产品损益表	费用分摊到每个产品，产品的总收入、成本及利润	少量应用
平衡记分卡	财务（股东）、顾客、内部流程、学习与创新4个方面来考核业绩	有KPI，但不对每个产品
生命周期图	产品从进入市场到退出市场所经历的市场生命循环过程，分为进入、成长、成熟和退出市场四个阶段	少量应用
产品路线图	反映了不同产品和产品组的发展方向及产品计划的关系，并反映了各个产品和产品组所属技术平台之间的联系	少量应用
产品与客户细分矩阵	反映产品和客户的对应关系	少量应用
竞争矩阵	评分表示优势和弱点，提供重要的内部战略信息	没有应用
波特五力分析	将不同因素汇集在一个简便的模型中，分辨出企业所面对的机会和威胁	少量应用
价值链分析	分析真正创造价值的经营活动是价值链上的“战略环节”，帮助确定核心竞争力	没有引用
SWOT分析	帮助分析公司运营环境的工具	少量应用
客户市场损伤	识别产品发生问题（市场损伤）时客户所产生的不良体验	没有应用
产品组合四象限图	根据商品市场占有率和销售增长率来对产品评价的方法	没有应用
干预决策矩阵	分析产品变革与干预措施的对应关系	没有应用

从研发成果看，我分行所提供的产品同质化现象较严重，缺乏引领型创新。总行《四大行产品竞争力分析报告》调查表明：建设银行与工商、农业、中国三家银行打平的产品占产品总量的80%以上。从“十大亮点工程”奖、“十大创新产品”奖获奖分布看，我分行在企业融资方面领先，但在新医改、小微企业、“三农”等专业领域缺乏引领型创新产品。

4. 创新推广力

（1）优势。筛选确定重点创新推广产品，“创新的重点在创效，创效的关键在推广”理念形成。2013年确定的24个重点产品的平均推广覆盖度由年初的46%提升到年末的95%。工商验资通、理财授信通、善融贷、资产收益权理财产品等产品推广效益突出。

产品推广机制基本到位。新产品开发完成后，由产品经理负责制定新产品营销传播方案并实施新产品推广计划，产品管理部门按季通报重点新产品推广情况，关注同业、系统内的创新产品成果，2013年累计编制银行同业产品简报24期。

单位KPI考核较为成熟。重点新产品推广实现按部门、二级分支行的二维考核。各部门、各二级分支行负责人是宣传和力行创新产品的关键人，也是组织、协调和支持、推广创新产品的主要责任人。

（2）比较与不足。澳大利亚联邦银行保险公司的新产品营销推广有着独到之处。该公司实行产品经理负责制，产品经理分析销量、盈利情况，做出产品改进，如此反复3个周期后交销售部门。每个新产品管理周期为2~3年，产品经理注重推广培训。此外，该公司非常注重品牌建设。

与其相比，我分行的创新推广能力仍存在以下不足：一是未实行产品经理责任制，产品推广的考核指标体系有待完善。二是营销手段较为单一，主要营销套路是拉关系、搏感情，营销推广方式的创新较少，打造品牌、吸引客户、科学营销要加强。三是缺乏有市场影响力的新品牌产品，近三年完成的378项产品创新中，中间业务收入超1 000万的仅71项。

5. 资源支撑力

创新战略性资源投入高效。近三年来，我分行累计投入产品创新专项研发费用140.65万元，发放创新激励奖金1 062.86万元，在系统内排名前列。

表5　　近三年创新投入产出情况

单位：万元

年份	2011	2012	2013
创新研究开发费用	56.73	39.11	44.81
创新激励费用	336.11	324.41	402.34
当年创新实现中收	114 300	95 600	101 100
投入/产出（%）	0.34	0.38	0.44

培育了务实、开放、包容的创新文化。近三年，分行坚持以创新促发展、促转型，全行上下凝心聚力，力促创新成为业务经营管理的基本元素。分行参与创意员工15 000多人，正是广大员工的创意和智慧，使分行始终能够敏锐感知到市场和客户的需求。为创新提供了大量有价值的线索，营造了“想创新、敢创新、善创新、齐创新”的良好氛围。

与国外银行相比，分行在产品经理队伍建设、系统支持方面仍有值得改进的地方。在队伍建设上，一是聘任的产品经理兼职多（兼职占比56%），负责重点新推广的少。二是产品经理的研发能力需要提升，2013年188人次的产品经理参与143个项目研发，尚有一半产品经理未参与研发。三是产品经理的考核机制有待做实。在系统建设上，我分行现行的OCRM系统、CLPM系统相对分散，未能对同一客户信息进行有效整合，客户关键信息涵盖不全面，不能很好地支持客户细分和差别化服务。

二、提升创新能力的几点建议

（一）以“三个转型”为中心，制订第二个三年规划，强化创新领导力

面对宏观经济、金融监管、客户需求的巨变、新技术的冲击和大数据时代的来临，必须实施新的创新规划，转变规模扩张模式、盈利模式和营销服务模式，通过提升创新能力培育自身独特价值。

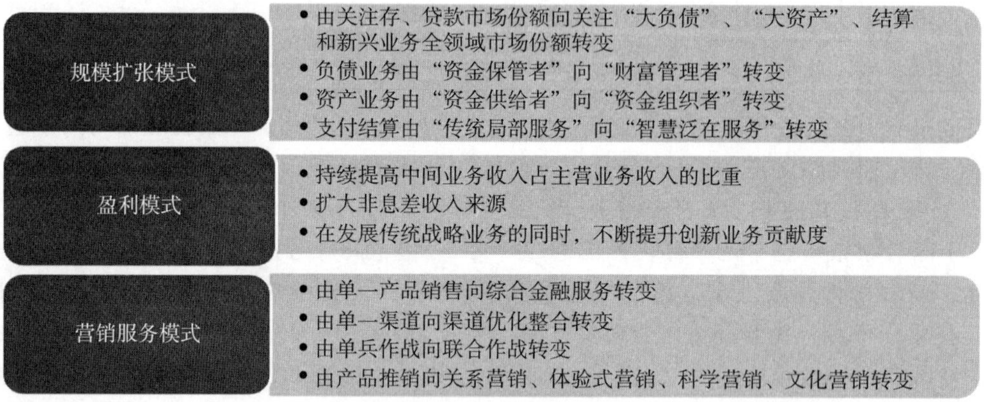

图5　广东省分行的“三个转型”

（二）提高创新效率，强化创新引领力

抓机遇，做好市场信息快速反应，把握自贸区、利率市场化、互联网金融和移动金融等热点机遇，聚焦民生领域、小微企业、消费金融、“三农”、金融市场、地方经济特色等重要领域，加强系统内、同业与我行产品监测比对，缩短研发时间，快速推出引领型自主创新产品。设立项目研发科学统筹机制，借鉴美国银行经验，做好产品创新的先进技术工具运用，如产品损益表、生命周期图、SWOT分析、客户市场损伤等工具（见表4），实现科学创新。加强与总行的上下联动，做好非授权创新项目的“顶层设计”，提高研发效率。

（三）做好品牌建设，强化创新推广力

探索科学营销。营销服务模式必须由单一产品销售模式向综合金融服务模式转变，要由单一渠道向渠道优化整合、逐渐改善客户体验转变，要从单兵作战向联合作战转变，要从产品或服务的推销向关系营销、体验式营销转变，并向科学营销、文化营销层面引导，打造具有较大影响力的新产品品牌。

建立重点产品推广指标体系。按业务发展需要确定重点推广产品范围，对部门、分支行从重点产品推广覆盖度、分支行使用率两个维度强化产品推广力度。

持续做好客户体验。充分发挥121个创新体验基地作用，收集反馈新产品市场接受度、市场满意度和客户忠诚度等指标变化。

（四）在统一管理的前提下，部分产品试行产品经理责任制，注重成本效益核算

细化产品经理职责，做实产品经理聘任，对专业性强、复杂度高、涉及面广的产品多配备专职产品经理。做实产品经理的责权、考核、支持，强化产品经理职责（见表6）。

表6　产品经理的分类职责、认证与考核

	产品研发经理	产品培训经理	产品销售经理	产品专家
职责重点	调查论证客户需求及国内外同业竞争信息，快速响应市场对产品的研发需求设计产品	负责组织产品营销培训，监测、分析和评价产品，整合产品创新需求	负责产品的销售，并根据收集到的市场信息提出初级的新产品优化意见	负责产品质量管理与控制，包括确立新产品研发立项与组织研发、新产品定价、产品销售计划与行销策划方案、产品分销渠道等，对产品研究产品营销优化策略，决定产品退出与淘汰时机等
认证	岗位资格考试	岗位资格考试	岗位资格考试	岗位资格考试
考核指标	所研发产品的市场接受度（销售规模）、市场竞争力（同类产品市场占比）、效益贡献度（综合收益占比）、市场响应效率（产品研发需求的完成率、研发用时）	产品培训成效（与产品销售经理平均产品熟知度挂钩）、产品销售技巧方案、产品贡献度分析水平及产品需求整合等	产品熟知度、产品销售总量、客户满意度、产品市场需求与同业产品信息收集反馈	产品销售计划完成情况、产品综合收益、产品营销指导水平（推广策划方案、优化策略）
支持	产品手册、创意管理系统、产品核算平台	产品手册、创意管理系统	产品手册、销售查询平台	产品手册、创意管理系统、产品销售查询平台、数据挖掘工具

（五）做好支持保障，强化资源支撑力

完善"粤龙云"等平台应用拓展，从产品维度反映投入产出情况。通过总行"新一代"系统建设和科技联动，有效整合客户信息，从客户维度反映投入产出情况。确保财务资源持续稳定投入。

跨境融资租赁业务初探

海南省分行　蔡雄　王美琼　姚芙蓉

融资租赁是市场经济发展到一定阶段而产生的一种适应性较强的融资方式，是集融资与融物、贸易与技术创新于一体的朝阳产业。欧美国家金融机构非常重视融资租赁业务，因为，融资租赁是建立在实物基础上的资产，是资本密集产业，杠杆率较低，资产质量较好。2008年金融危机，融资租赁资产因其优质获得市场认可。危机之后，欧美金融机构损失惨重，面临巨大的资本金缺口，大量出售融资租赁资产，释放较大的资本金压力。危机之后，由于资金充裕优势中国租赁业增长迅速，已经成为全球第二大融资租赁市场，中国即将迎来融资租赁业发展的春天，中国金融机构将迎来金融脱媒后的第二次发展机会。

一、融资租赁的概念及种类

根据《企业会计准则——租赁》的解释，融资租赁是指实质上转移了与资产所有权有关的全部风险和报酬的租赁。所有权有可能转移，也有可能不转移。

其商业模式为：承租人自筹10%～30%（作为租赁保证金和首付款），租赁公司融资或垫资购买企业指定的设备（包括指定规格型号、指定制造和销售厂商、指定价格）交承租人使用，承租人按月或按季支付租金，付清全款后，设备归承租人所有。

融资租赁根据其功能特征和租赁方式可分为：直接融资租赁、经营性租赁、出售回租、转租赁、委托租赁、分成租赁等。

二、融资租赁的发展背景

随着全球金融业的不断发展，在经济发达国家，融资租赁已经成为仅次于银行信贷的第二资金供应渠道。目前，融资租赁的设备市场渗透率（租赁设备总额占设备销售总额的比率）在发达国家平均已达20%，在美国更是达到了30%以上。而我国融资租赁业务相对发展缓慢，据世界租赁年鉴统计，截至2013年6月，渗透率仅为6.4%左右，全国融资租赁资产总额1.68万亿元。这表明，中国的融资租赁服务急需得到大力发展。

三、融资租赁的功能特征和业务优势

（一）融资功能

融资租赁从其本质上是以融通资金为目的的，它是为解决企业资金不足的问题而产生的。因此可以完善市场功能、快速配置资源、解决企业设备或项目资金缺口，提升中小企业融资能力，提高企业竞争力。

（二）资产管理功能

融资租赁将资金运动与实物运动联系起来，通过融资租赁，一方面能够盘活企业的存量资产，提高其利用率，使资源得到合理配置，促进实体经济快速发展；另一方面还可以促进租赁公司和银行资产托管业务的完善与发展，活跃经济，做大“蛋糕”。

（三）促销功能

融资租赁可以用“以租代销”的形式，改善市场营销方式，避免存货过多、流通不畅等，推动设备供应商技术升级，有利于设备出口。为生产企业或项目公司提供金融服务，企业可迅速引进先进技术设备，提高全球市场竞争力。融资租赁将工业、贸易、金融三个领域紧密结合起来，引导资本、资产有序流动。同时，以融物代替融资，能够保证资金直接进入实体经济，而不会挪作他用，既为企业以较小的投资迅速获得设备使用提供了基础，又为银行和其他资金提供了一条安全的投融资渠道。

（四）促进国际收支平衡功能

金融与服务贸易相结合，有利于金融市场对外开放。利用融资租赁方式，融资与购买均由租赁公司和金融业来承担，企业减少了投资环节，加快了利用外资的速度，促进金融创新和租赁公司创新加快。另外，融资租赁期限较长，标的物较为完整、独立、公开、清晰、可控，可以通过设立特殊目的公司（SPV）实现信息流、资金流、物流的有效控制，有利于国际收支平衡。SPV租赁是目前国际航空、航运租赁业的普遍做法，能起到风险隔离和降低融资成本的作用。

四、跨境融资租赁业务探析

（一）跨境融资租赁发展机遇

最近，国家外汇局相继出台了一些涉及融资租赁的外汇新政，外债管理将逐步放松。汇发〔2014〕2号文《国家外汇管理局关于进一步改进和调整资本项目外汇管理政策的通知》对包括对外债权、境外投资者受让境内不良资产、境内企业境外放款和利润汇出等七个方面的资本项目外汇管理进行了简化和调整，其中第一条就是简化融资租赁类公司对外债权的外汇管理。而最新的《跨境担保外汇管理规定》中，则针对跨境担保做了三大调整：以登记为主要管理手段，取消了所有事前审批；合理界定跨境担保的外汇管理范围和监管责任边界；大幅度缩小跨境担保的数量控制范围。这些新调整的外汇政策为跨境融资租赁业务提供了新的发展机遇。2013 年 12 月 2 日中央银行颁布了《关于金融支持中国（上海）自由贸易试验区建设的意见》，“取消金融类租赁公司境外租赁等境外债权业务的逐笔审批，实行登记管理”，同时，放开了非银行的境外融资，币种不限，融资杠杆率 10 倍。随着自贸区经验可以在全国复制，外债管理逐步放宽，跨境融资租赁大发展机遇期即将到来。

（二）当前存在的问题

1. 财税金融政策支持力度不够。发达国家对金融租赁产业支持政策较多：一是给予财税政策支持。美国对购买租赁设备的投资人实行税收减免优惠，并允许出租人对租赁设备采取加速折旧。日本对特定设备的承租人发给补让金，并对金融租赁公司实施财政补贴。韩国对租赁设备亦采取加速折旧政策。这些政策减少了承租人尤其是中小企业承租人的租赁成本。二是出台筹资优惠政策。日本金融租赁公司一般可通过国家开发银行的政策性优惠贷款取得 40% 的营运资金。韩国租赁公司发债的上限达净资产 10 倍。美国允许金融租赁公司利用商业银行、保险公司、团体投资、发行股票、发行公司债券、签发短期商业票据、发行特种基金等多种渠道筹资。三是采取保险等配套措施。日本政府推行租赁信用保险方案，租赁公司如与政府所批准的风险投资公司签订租赁合同，则出租人可获得的保险赔偿率提高到 70%。韩国则由商业银行和短期融资公司按照资产的一定比例无偿交纳一定的资金，建立忠信基金。

我国在税收政策方面只有上海自贸区和深圳前海地区对金融租赁特点的便利政策。金融租赁公司的税负水平和税务管理成本高于发达国家的企业。而飞机、船舶等领域的金融租赁业务却必须面向国际化市场，高税负和管理成本降低了我国金融租赁公司的国际竞争力。上海自贸区：（1）境内承租人减按 1% 关税、4% 进口环节增值税分期支付税金。（2）一次性注册 10 家以上 SPV，租赁公司 5 年内营改增部分 100% 补贴，所得税 40% 补贴；一次性注册 20 家以上 SPV，租赁公司项目租赁期内营改增部分 100% 补贴，所得税 40% 补贴。（3）对新设注册资本 10 亿元以下的租赁公司，三年内按公司上年度所形成的新区地方财力部分的 50% 给予财政补贴；10 亿元以上的租赁公司，前两年按 100% 给予财政补贴，后三年给予 50% 补贴。（4）对融资租赁企业高管，基于其当年在新区金融机构个人所得形成全部财力 40% 补贴；对融资租赁企业其他管理人员及专业人员 20% 补贴。

2. 市场渗透率低。美、日等国的金融租赁已成为仅次于银行信贷的第二大融资方式，其金融租赁业的市场渗透率（通过租赁实现的设备投资占设备总投资的比例）平均在 15% ~30%，美国是 30%，金融租赁被誉为“朝阳产业”以及“新经济的促进者”。美国的金融租赁涉及行业十分广泛。除房地产外，包括个人用品以及公共设施在内的各种产品几乎均可租赁，主要有建筑、发电、工业制造、医疗、矿产、石油天然气等设备和飞机、船舶等运输工具。据统计，我国租赁业的市场渗透率只有 4% 左右。

3. 监管过度抑制业务创新。美国的市场机制成熟，法律制度完善，金融租赁业以市场调节为主，政府不实施监管。日本实施适度监管，对有银行背景的金融租赁公司进行必要的限制，而对其他类型的金融租赁公司不实施监管。同时，美国、日本、韩国等均采取有效措施，着力防范金融租赁业务风险。如成立行业分析与预测机构，研究行业发展和宏观经济变化之间的关系，帮助金融租赁公司规避外部风险；国家设立专项基金，保证在中小企业无法继续偿还租金时，金融租赁公司能顺利地从专项基金中获得适当补偿。我国对金融租赁行业监管过度，使金融租赁公司经营模式单一、业务创新缺乏、规模增长缓慢。

五、促进融资租赁产业加快发展的建议

（一）尽快制定融资租赁相关法律

参照《国际融资租赁公约》，结合我国实践，尽快制定法律规定；建立融资租赁信用保险制度。在风险发生时，保险公司给予一定比例的赔偿，降低融资租赁各方当事人的风险损失。

（二）出台外债和金融扶持政策

放宽融资渠道。允许融资租赁公司从境外资本市场融资，放开币种结算限制。融资租赁资产购买和租金支付相对稳定、可控，有利于外汇国际收支平衡，最适合在外债管理领域率先开放，因为：（1）租赁资产是实物资产，价格比较稳定，抵押管理和变现容易；（2）租赁业务产生的现金流、租金收入稳定、可预期；（3）融资租赁业务主要看的是承租人的信用，承租人一般评级较高、实力较强。促进金融业与实体经济快速发展。融资租赁是资本密集型业务，与资本市场对接密切，吸引境内外主权基金、保险基金、私募基金，券商资产管理、公募基金、信托基金等资金投资金融租赁。

（三）出台财税扶持政策

一是落实税务加速折旧政策。调整税法中租赁物折旧政策的执行方式，允许特定租赁物实现税务加速折旧，提高其国际竞价能力。二是降低融资租赁企业整体税负，提高运营管理效率。

（四）鼓励业务创新

一是鼓励金融机构积极探索转租赁、售后回租、杠杆租赁、风险租赁等创新服务。二是扩大金融租赁业务标的物的范畴，允许向酒店业、建筑、发电、工业制造、医疗、矿产、石油天然气等设备和飞机、船舶等运输工具等领域延伸，积极发展进出口金融租赁业务。三是鼓励其为符合条件的中小微企业提供融资租赁服务。按照发达国家经验看，租赁公司80%都是中小企业，放宽外债额度支持，并适当降低融资成本，有利于实体经济发展。国家还可设立融资租赁专项基金，对符合国家产业政策导向的租赁项目给予信贷资金和贷款贴息支持，支持中小微企业发展壮大。

人民币存贷款主要定价政策参考

云南省分行　周子喻

随着利率市场化加速推进，贷款基础利率（LPR）的广泛深入应用，存款利率上浮区间进一步扩大接近于上限完全放开，存贷款市场距离利率自由化仅一步之遥，存贷利差的传统盈利模式难以为继。对此，必须化被动为主动，加强主动负债和定价策略研究，优化负债结构，推动多功能灵活化的存款品种创新研发和投产应用，同时加快适应贷款定价模式转变，运用综合性集约化的营销和定价手段，发挥信贷资源的撬动作用，拓展综合金融业务并提升综合效益，提高全行的资产负债和定价管理水平。

一、当前形势下存贷款业务影响分析

（一）存款

在收支两线的全额资金计价管理模式下，一级分行不必考虑期限错配带来的流动性风险①，从而可以更多地选择长期限贷款获得高收益的同时吸收短期限低成本资金，保持可观的存贷利差，这成为我行以往明显的竞争优势，但随着存款市场逐步由利率管制向自由议价过渡，存款利率上浮及长期化迁移使存款付息成本上升趋势已不可逆转。

1. 利率上浮存款快速增长。近年来存款上浮区间逐步扩大，执行利率上浮的存款成倍增长，且多为一浮到顶，就我行来看，截至2014年末，利率上浮存款余额532亿元，占2014年末一般性存款时点余额的19.59%，较2013年末增长372亿元，占比同比上升13.43个百分点。

2. 存款长期化迁移趋势持续。以近三年日均

① 选择基准利率较高的长期限贷款同时吸收基准利率较低的短期限存款，形成贷出资金与借入资金在期限上的不匹配，从而带来潜在的兑付风险。

余额来看，活期存款占一般性存款日均下降7.49个百分点，其中单位活期下降明显；一年（含）内定期（含通知）和一年以上定期存款占一般性存款日均分别上升4.05个百分点和3.44个百分点。整体来看，个人存款在期限迁移方面稳定性较强（见表1）。

表1 大类存款较一般性存款占比情况 单位:%

年份	单位活期占比	个人活期占比	活期占比小计	单位一年（含）内定期占比	个人一年（含）内定期占比	一年（含）内定期占比小计	一年以上定期占比
2012	48.50	23.20	71.70	5.97	12.24	18.21	10.09
2013	44.01	22.12	66.14	7.83	13.95	21.77	12.09
2014	42.54	21.67	64.21	8.67	13.59	22.26	13.53

注：数据来源于资产负债管理系统。

3. 效益影响。累计降息对存款利率上浮政策形成的抵消作用，以及存款重定价滞后，带来2013年一般性存款付息率同比下降，但随着存款利率逐渐上浮到顶及长期化迁移，2014年一般性存款付息率同比明显上升，并超过2012年水平，且负面影响将在以往年度进一步显现（见表2）。

表2 存款付息水平 单位:%

年份	单位存款付息率	个人存款付息率	一般性存款付息率
2012	1.45	1.76	1.56
2013	1.43	1.60	1.50
2014	1.53	1.62	1.57

以楚雄和普洱两行为例，在相同存款规模且利率上浮存款比例一致的情况下，不同期限结构对付息水平有明显影响，一般来说，存款期限越长，付息率越高，付息成本也越大，从而存款净利息差越小，2014年楚雄和普洱两行存款内转收入分别为21 979.52万元和21 844.08万元，在内转收入基本持平的情况下，付息成本较高直接导致普洱分行税前利润较楚雄分行少1 091万元（见表3）。

表3 一般性存款余额结构及付息比较

行别	2014年日均（亿元）	2014年时点（亿元）	活期占比（%）	一年（含）内定期占比（%）	一年以上定期占比（%）	利率上浮存款占比（%）	2014年付息率	2014存款利息支出（万元）
普洱	66.48	74.03	65.81	23.47	10.72	29.09	1.42	9 446.88
楚雄	68.76	75.89	71.57	22.70	7.50	28.65	1.23	8 491.42

注：数据来源于资产负债管理系统及2014年考核结果。

（二）贷款及存贷利差

就对公贷款来看，2012—2014年来新发放贷款下浮占比分别为14.71%、9.77%、0.22%，加权平均浮动幅度分别为4.01%、5.52%、7.46%，尽管议价水平明显上升，但受2012年以来多次降息影响，使新发放对公贷款执行利率和全量贷款收益水平仍较2012年以前大幅下降。新发放个人贷款近三年加权平均利率分别为7.27%、6.89%、6.94%，加权平均浮动比例分别为8.46%、6.39%、7.67%，持续保持高位，其中受降息影响住房类贷款加权平均利率水平逐年下降，但消费经营类贷款议价水平及加权平均利率同比均明显上升，个人类贷款定价水平在当地同业始终保持排名前两位。

1. 近三年收益及存贷利差情况。近三年存贷利差呈现明显缩小趋势，尤其2014年尽管全量贷款收益水平同比有所提高，但由于存款付息成本上升较快，导致存贷利差较上年保持一致（见表4）。

表 4　　贷款收益及存贷利差　　单位:%

行别	新发放对公贷款执行利率			新发放个人贷款执行利率			全量贷款收益率			存贷利差		
	2012 年	2013 年	2014 年	2012 年	2013 年	2014 年	2012 年	2013 年	2014 年	2012 年	2013 年	2014 年
云南	6. 67	6. 43	6. 53	7. 27	6. 88	6. 94	6. 65	6. 36	6. 43	5. 09	4. 86	4. 86
昆明	6. 59	6. 37	6. 28	7. 32	6. 84	6. 83	6. 57	6. 27	6. 30	4. 73	4. 52	4. 46
昭通	6. 54	6. 46	6. 58	7. 41	6. 83	6. 90	6. 75	6. 43	6. 53	5. 60	5. 29	5. 29
曲靖	6. 87	6. 38	6. 35	7. 25	6. 85	6. 84	6. 67	6. 45	6. 48	5. 28	5. 14	5. 12
玉溪	6. 14	6. 11	6. 95	7. 13	6. 87	6. 87	6. 55	6. 30	6. 44	4. 66	4. 44	4. 50
红河	6. 61	6. 43	6. 40	7. 26	6. 93	6. 84	6. 55	6. 31	6. 32	5. 15	4. 92	4. 85
文山	6. 69	6. 66	6. 99	7. 30	7. 10	7. 14	6. 90	6. 60	6. 70	5. 88	5. 62	5. 67
普洱	7. 06	6. 31	6. 36	7. 34	7. 04	7. 10	6. 80	6. 40	6. 57	5. 49	5. 04	5. 15
版纳	7. 10	6. 50	7. 05	6. 98	6. 79	6. 88	6. 81	6. 48	6. 61	5. 74	5. 43	5. 50
楚雄	6. 65	6. 60	6. 87	7. 13	6. 79	6. 87	6. 72	6. 45	6. 61	5. 47	5. 32	5. 37
大理	6. 72	6. 65	6. 87	7. 06	6. 89	7. 08	6. 75	6. 41	6. 55	5. 34	5. 18	5. 31
保山	7. 52	6. 98	7. 58	7. 12	7. 00	7. 22	6. 65	6. 61	6. 78	5. 40	5. 38	5. 44
德宏	7. 48	6. 97	7. 07	7. 39	7. 19	7. 81	6. 91	6. 61	6. 80	5. 56	5. 28	5. 43
丽江	7. 14	6. 74	6. 89	7. 16	6. 85	6. 94	7. 18	6. 78	6. 80	6. 10	5. 78	5. 75
怒江	6. 42	6. 27	6. 53	6. 73	7. 11	6. 97	6. 69	6. 25	6. 24	5. 72	5. 39	5. 39
迪庆	6. 71	6. 27	6. 23	7. 41	7. 32	7. 36	6. 86	6. 42	6. 54	5. 88	5. 38	5. 59
临沧	6. 89	6. 68	6. 82	7. 26	7. 02	7. 18	6. 71	6. 41	6. 46	5. 57	5. 26	5. 30

2. 同业比较。当地同业比较来看，我行近年　　末位（见表 5）。新发放对公非贴贷款议价水平均位列当地四大行

表 5　　新发生对公非贴贷款利率水平　　单位:%

行别	2014 年										2013 年									
	对公非贴贷款加权利率					对公非贴贷款加权利率					对公非贴贷款加权利率					对公非贴贷款加权利率				
	建设银行	工商银行	农业银行	中国银行	排名	建设银行	工商银行	农业银行	中国银行	排名	建行	工商银行	农业银行	中国银行	排名	建设银行	工商银行	农业银行	中国银行	排名
全省	6. 53	6. 58	6. 87	7. 19	4	7. 5	10. 2	15. 0	18. 1	4	6. 43	6. 49	6. 60	6. 73	4	5. 5	8. 2	9. 1	9. 7	4
昆明	6. 28	6. 38	6. 61	7. 38	4	4. 2	6. 0	10. 8	20. 0	4	6. 37	6. 47	6. 45	7. 89	4	4. 2	6. 8	6. 7	9. 6	4
昭通	6. 58	6. 57	7. 05	6. 42	2	5. 8	11. 9	16. 6	8. 5	4	6. 46	6. 22	6. 80	6. 07	2	5. 9	8. 1	10. 9	1. 2	3
曲靖	6. 35	6. 25	7. 08	6. 70	3	4. 6	5. 9	17. 2	10. 0	4	6. 38	6. 11	6. 87	7. 27	3	3. 7	4. 6	14. 9	19. 7	4
玉溪	6. 95	6. 16	6. 78	6. 21	1	17. 2	4. 9	13. 4	5. 1	1	6. 11	6. 67	6. 34	5. 97	3	1. 6	10. 8	4. 9	2. 3	4
红河	6. 40	6. 48	6. 63	6. 55	4	6. 1	9. 9	11. 3	11. 0	4	6. 43	6. 40	6. 30	7. 80	2	6. 2	8. 9	6. 2	30. 0	3
文山	6. 99	6. 91	7. 10	7. 04	3	13. 5	15. 0	16. 6	16. 8	4	6. 66	7. 20	6. 66	7. 06	3	8. 0	18. 8	9. 0	14. 6	4
普洱	6. 36	7. 33	7. 18	7. 65	4	4. 8	21. 8	21. 4	25. 7	4	6. 31	6. 47	6. 82	6. 53	4	5. 0	9. 6	13. 1	6. 3	4
版纳	7. 05	6. 76	6. 97	7. 72	2	15. 1	11. 8	16. 8	28. 5	3	6. 50	6. 68	6. 86	7. 42	4	7. 3	8. 9	11. 4	23. 0	4
楚雄	6. 87	6. 74	7. 16	8. 18	3	11. 2	14. 1	19. 0	38. 1	4	6. 60	7. 12	6. 98	7. 24	4	8. 2	17. 1	15. 4	20. 6	4
大理	6. 87	6. 98	7. 29	7. 28	4	10. 3	15. 8	24. 0	17. 3	4	6. 65	7. 15	6. 74	6. 35	3	8. 5	14. 4	12. 0	5. 8	3

续表

行别	2014 年										2013 年									
	对公非贴贷款加权利率					对公非贴贷款加权利率					对公非贴贷款加权利率					对公非贴贷款加权利率				
	建设银行	工商银行	农业银行	中国银行	排名	建设银行	工商银行	农业银行	中国银行	排名	建设银行	工商银行	农业银行	中国银行	排名	建设银行	工商银行	农业银行	中国银行	排名
保山	7.58	6.97	7.16	7.90	2	25.5	14.1	21.3	28.3	2	6.98	6.29	7.02	7.58	3	15.0	7.1	15.4	24.2	3
德宏	7.07	7.45	7.31	7.92	4	16.3	24.9	17.7	31.9	4	6.97	6.66	7.39	7.91	3	16.0	8.5	20.3	31.8	3
丽江	6.89	7.39	7.48	8.36	4	7.1	21.6	26.2	33.7	4	6.74	6.64	6.98	7.29	3	5.6	8.7	13.8	12.3	4
怒江	6.53	6.42	6.86	7.04	3	9.0	9.3	14.1	0	3	6.27	6.59	6.73	6.89	4	4.4	8.6	10.8	2.6	3
迪庆	6.23	7.08	6.74	6.81	4	4.3	19.0	8.6	0	3	6.27	5.80	6.52	6.56	3	0.5	-0.8	4.0	0	2
临沧	6.82	7.14	7.30	6.58	3	13.6	20.6	24.8	11.7	3	6.68	7.15	6.83	6.92	4	12.3	19.9	10.4	15.3	3

我行 2014 年贷款收益率位列当地四大国有银行第三位，存贷利差位列当地四大国有银行第二位，但近年来呈现差距逐步缩小的趋势（见表 6）。

表 6　　2014 年贷款盈利同业比较　　单位：%

行别	贷款收益率				存贷利差			
	建设银行	工商银行	农业银行	中国银行	建设银行	工商银行	农业银行	中国银行
云南	6.43	6.44	6.63	6.13	4.86	4.51	5.20	3.34
昆明	6.30	6.30	6.40	6.42	4.46	4.11	4.71	4.42
昭通	6.53	6.41	6.89	6.55	5.29	4.33	5.54	5.37
曲靖	6.48	6.30	6.70	6.77	5.12	4.40	5.23	5.14
玉溪	6.44	6.36	6.58	6.41	4.50	4.57	4.85	4.59
红河	6.32	6.35	6.55	6.32	4.85	4.44	5.13	3.85
文山	6.70	6.70	6.84	6.80	5.67	5.60	5.87	5.34
普洱	6.57	6.89	6.76	6.38	5.15	5.64	5.55	4.90
版纳	6.61	6.92	6.29	6.63	5.50	5.63	4.89	5.52
楚雄	6.61	6.56	6.88	6.34	5.37	4.84	5.67	4.62
大理	6.55	6.49	6.90	6.56	5.31	4.71	5.45	4.89
保山	6.78	6.81	6.82	7.22	5.44	5.36	5.32	5.57
德宏	6.80	7.01	7.06	6.86	5.43	5.84	5.87	4.53
丽江	6.80	6.79	6.89	6.90	5.75	5.70	5.78	5.79
怒江	6.24	6.72	7.06	6.90	5.39	5.22	6.19	5.72
迪庆	6.54	6.64	6.66	6.18	5.59	5.76	5.68	4.75
临沧	6.46	7.00	6.91	6.67	5.30	5.69	5.81	4.85

3. 对公贷款效益敏感度。客户的信用及违约状况等将直接影响贷款的效益结果，而客户信用及违约状况取决于贷款的行业、期限、产品、抵押覆盖率、客户信用等级及规模六大因素，静态模拟单因素分析来看，议价水平越高、或期限越长（基准利率越高）、或抵押覆盖率越大、或信用评级越高、或客户规模越大均能形成较高的贷款经济增加值（见表 7）。

表 7 **亿元对公贷款经济增加值情况** 单位：万元

企业规模及信用等级		抵押覆盖率 100%				抵押覆盖率 20%			
		执行基准上浮 10%		执行基准下浮 10%		执行基准上浮 10%		执行基准下浮 10%	
		10 年固贷	3 年流贷	10 年固贷	3 年流贷	10 年固贷	3 年流贷	10 年固贷	3 年流贷
5 级	大型	91.79	82.64	11.86	7.63	83.53	75.20	9.36	6.02
	中型	89.63	80.48	10.62	6.39	81.56	73.24	8.38	5.04
	小型	75.05	65.90	2.22	-2.00	68.29	59.97	1.75	-1.58
大型	4 级	120.16	111.01	28.18	23.96	122.87	113.51	25.00	21.25
	9 级	-7.81	-10.84	-54.54	-58.77	-6.01	-8.34	-48.38	-52.12
	15 级	-150.60	-153.63	-302.63	-306.86	-115.85	-118.18	-268.41	-272.16

注：行业政策较为刚性，在此不作进一步分析，假设以上为电力生产行业客户。

二、应对策略及相关政策执行

（一）加强主动负债，优化期限结构

当前的存款业务效益主要是结构性问题，结合表 8 来看，期限越短、执行利率越低的存款效益贡献越明显，期限越长、上浮水平越高的存款效益贡献有限，甚至为负，由此，就传统存款品种如何做好期限配置，优化负债结构，是稳定存款并提升效益的主要方向，具体有以下几方面措施。

表 8 **各期限存款效益情况** 单位：%、万元

存款种类	存款净利息差（内转 - 存款利率）			每百万存款税前利润			每百万存款 EVA		
	建设银行挂牌	上浮 20%	上浮 30%	建设银行挂牌	上浮 20%	上浮 30%	建设银行挂牌	上浮 20%	上浮 30%
活期	2.17	2.10	2.07	1.54	1.47	1.44	1.12	1.07	1.05
协定存款	1.37	1.14	1.03	1.52	1.41	1.35	1.12	1.04	1.00
一天通知	1.80	1.64	1.56	1.55	1.39	1.31	1.14	1.02	0.96
七天通知	1.25	0.98	0.85	1.00	0.73	0.60	0.73	0.53	0.43
三个月	1.43	1.41	1.20	1.18	1.16	0.95	0.86	0.85	0.70
半年	1.28	1.22	0.99	1.03	0.97	0.74	0.75	0.71	0.54
一年	1.18	1.08	0.83	0.93	0.83	0.58	0.68	0.61	0.42
二年	0.83	0.36	0.05	0.58	0.11	-0.20	0.42	0.08	-0.15
三年	0.63	-0.12	-0.50	0.38	-0.37	-0.75	0.28	-0.28	-0.56
五年	0.58	-0.22	-0.62	0.33	-0.47	-0.87	0.24	-0.35	-0.65

1. 转变观念，提升主动管理意识。以往对存款业务是重视量的管理，主要的经营目标是存款量的增长，但随着利率市场化存款市场价格的放开，存款波动性增加，稳存增存压力较大，且短期内可能成为吞噬利润的最不利因素，由此，对存款的管理要从以量为主向量价并重转变，要对辖内客户进行全面分析和分类，细化客户定期存款上浮的准入标准、不同上浮幅度存款的占比，主动设计安排，综合考虑存款稳定性和效益盈亏，从而变事后统计分析为主动目标管理，改变以往吸存时期限摆布的被动无序，逐步建立起存款业务的目标和结构管理体系。

2. 扩大定价授权，提高定价策略灵活性。日益激烈的存款市场竞争，必然需要快速准确的市场响应速度，为提高定价策略和应对方式灵活性，增强议价过程中的主动性，针对当前逐步放开的存款利率浮动上限，单位存款分别对机构类客户分行归口部门、各二级行区分客户类别实行分级授权，对重点公司类和统筹资金类客户分行归口部门及各二级行全额授权；个人存款对条线部门和二级行及全辖营业机构全额授权，充分考虑权责统一和市场竞争，提升市场响应速度，并优化

授权审批流程提高效率，加强事后监测监督和价值引导和约束，以应对进一步的存款利率市场化。

3. 维持活期资金占比，严控长期限资金比重，积极吸收中短期资金。结合表 8 各期限存款效益情况看，如吸收 100 万元利率上浮 30% 的五年期定期存款带来的亏损，需要吸收 62 万元利率上浮 30% 的活期存款弥补，因此，在维持存款稳定并实现计划目标同时兼顾效益，需要确保维持活期资金占比，通过链式营销增加提高资金承接率和封闭循环性，增加结算资金沉淀并控制转存，此外，控制长期限资金转存和新增，积极争取一年（含）以内定期存款，确保稳定和新增得同时兼顾效益。

4. 提升存款议价能力，控制上浮，争取下浮。利率市场化是要素价格按照市场供需的自由议价，由此根据存款产品特性，深入研究客户敏感性和需求，细化市场分类、分层，控制上浮比例及上浮水平，针对利率敏感性较低、银行议价处于优势的存款品种，积极争取下浮（可参见以下山东省分行案例），以熨平长期存款资金的高付息成本，控制综合付息成本。

（二）加强负债产品创新应用

除了优化传统负债结构外，通过加强研发和应用，基于客户风险偏好平衡流行性和收益性需求，推广多功能灵活化的存款创新产品，以适应市场的分层需求，从而增加存款资金来源和稳定性，并确保收益。

1. 结构性存款。结构性存款是本金以人民币计价，通过产品收益与国内外金融市场有关指标变动挂钩，使得对公客户有可能获得较高收益的保本浮动收益负债产品，客户在产品存续期间不能提前支取本金，并承担一定浮动收益风险。该产品优势在于类同于理财产品的收益，且较高收益的概率较高，但本身属于存款范畴，能够满足不能投资理财产品的客户资金投资需求；对于我行来说，结构性存款统计为一般性存款，且可同时获得利差收入和中间业务收入，对应对存款市场竞争和兼顾收益有明显作用。

2. 特色存款。是指对于存款人超出约定最低保留额度并且符合靠档计息单笔起点值整数倍的资金，存入时不约定存期，可随时多次支取，对支取部分的资金根据实际存期和相应期限档次的利率给付利息的人民币单位存款产品。目前约定最低保留额度为 1 000 万元，靠档计息单笔起点值为 1 万元，按“后进先出”原则支取。特色单位存款采用一个账户两类计息规则进行管理（分别用 A 户和 B 户进行说明），账户余额超过最低保留余额且符合靠档计息单笔起点值的整数倍资金转入 B 户进行计息，剩余的在 A 户中计息，A 户按照单位活期存款规则计息，B 户根据实际存期靠档计息，规则如下：

存期不满七天：按单位活期存款利率计息
存期满七天不满三个月：按照单位七天通知存款利率计息
存期满三个月不满六个月：满三个月期限部分按照三个月单位定期存款利率计息；超过三个月部分，如不满七天的，按照单位活期存款利率计息，如满七天的，超过三个月部分均按照单位七天通知存款利率计息
存期满六个月不满九个月：满六个月期限部分按照六个月单位定期存款利率计息；超过六个月部分，如不满七天的，按照单位活期存款利率计息，如满七天的，超过六个月部分均按照单位七天通知存款利率计息
存期满九个月不满十二个月：满六个月期限部分按照六个月单位定期存款利率计息；满六个月至九个月部分按照三个月单位定期存款利率计息；超过九个月不满十二个月部分，如不满七天的，按照单位活期存款利率计息，如满七天的，超过九个月部分均按单位七天通知存款利率计息
存期满十二个月的存款，到期日日终按照一年期定期存款利率结息并自动结清，续存纳入账户余额按产品规则续作

尽管特色存款对行内效益贡献不明显，但从客户角度看，其能兼顾流动性和一定的收益性，尤其对于客户一次性归集但多次支付的大额资金，既能获得远高于活期存款的利息率又能确保支付需求的活期资金流动性，对于应对存款市场竞争有一定作用。

3. 存款差异化定价创新案例。山东省分行利用单位保证金存款利率敏感性低且银行议价能力相对优势的特点，采取“一笔业务一个价”的协议定价策略，针对银行承兑汇票、信用证、保函等表外业务衍生的存款保证金，利用对基础业务的依赖性，发挥综合谈判优势，控制存款期限在6个月以内并压低存款利率，2014年其所辖两家试点行办理单位保证金存款业务1 441笔，合计金额245亿元，其中执行利率低于建行挂牌的1 028笔，合计金额200亿元，节约年付息成本近2 000万元，由此带来整个山东省分行低成本的保证金存款占其对公定期存款高达28.2%，有效降低其整体存款付息水平。

（三）加强贷款定价管理能力，提升客户综合收益

在新老基准利率模式并行的过程中，在外部新规则确立和监管要求变化，以及内部贷款业务利润增长乏力的情况下，如何尽快适应新的基准体系及定价模式，用好贷款资源实现综合效益，成为全行的紧迫任务。

1. 利用好贷款资源的撬动作用。在贷款投向的选择上，选择具有行业关键地位的集团核心企业，发挥上下游的辐射作用，以贷款资源为撬动，提升综合金融服务能力，建立起“大资产”的多元化资产业务优势，以提升上浮水平、积极落实抵押担保提升抵押覆盖率、选择高信用等级的规模较大客户作为切实提升贷款收益的有效手段。

2. 推广应用贷款基础利率LPR。长远来看，LPR必将替代现行的人行贷款基准利率（三个档次）成为贷款市场的定价基础，因此，当前的过渡时期是抓住时机尽快适应新模式的阶段，目前常见的做法是采用原人行基准利率（三个档次）与客户浮动议价，确定执行利率水平后再签订采用LPR定价的贷款合同并采用CCBLPR的利率依据方式录入系统。

3. 建立综合效益的价值理念，加强综合定价模型应用。对公客户综合定价是基于客户与我行的整体合作情况，对客户综合效益贡献进行的全面计量和定价，不是简单让利，而是通过提高灵活定价和自主定价能力，更好地发挥信贷资源的撬动作用，是我行应对利率市场化、满足客户合理需求、提高市场化竞争力的重要手段，真正实现了由单一产品定价向客户综合定价转变，有效提升对客户综合营销能力和客户综合贡献度。

按照总行工作安排及下发名单，结合我行实际，省分行于3月20日下发《关于调整人民币存贷款定价授权及明确相关价格管理要求的通知》（建云函〔2015〕63号），明确综合定价客户授权标准及客户名单，其中，包含总战集团核心综合定价客户53户（现增加为55户）、总行级主办银行客户4户、分行级综合定价客户18户。

（四）强化绩效考核措施，激励议价水平提升，并约束相关价格政策落实

按照“强化定价引导、鼓励价值创造”原则配置专项激励资源，制定《2015年人民币存贷款定价专项考核办法》，指标设置尽量简化高效，存款定价设置新发生一般性存款利率上浮占比和加权平均利率两个指标，通过比较系统均值对以上指标相对较低的奖励非人力费用；贷款定价设置加权平均利率和加权平均浮动幅度两个指标，通过比较四大国有银行同业对以上指标相对较高的奖励非人力费用。此外，为有效落实贷款基础利率（LPR）推广，对未按要求落实LPR定价工作目标的按年度LPR定价占比每低于规定要求一个百分点扣罚激励费用1万元。

同时，设置存贷利差竞争力考核，对2015年存贷利差排名四大行前两位以及存贷利差较四大国有银行平均水平高的行给予激励，并在且等级行、KPI考核中根据一般性存款付息率四大国有银行位次修正各行当年存款余额。

总的来说，利率市场化改革过程中，存款付息成本的上升已不可逆，贷款业务受规模和价格影响收益增长乏力，从而带来传统利差收入的大幅压缩。以美国银行业历史经验看，利率市场化进程中，存贷款利率和市场基准利率都出现大幅波动；利率市场化改革完成后，存贷款利率与市场基准利率均保持平稳，并趋近于市场基准利率，净息差超过存贷利差且差距不断扩大，由此可见，利率市场化也是寻找市场公允价格，银行收入构成逐步摆脱利差收入寻找新的利润增长点的过程。对于正处于利率市场化进程中的国内商业银行，中短期内要通过加强主动负债和策略研究，优化负债结构和加大产品创新应用拓宽资金来源，同时提升议价能力和风险控制能力，提高资产业务的综合营销和定价能力，延缓成本上升将形成短期内的竞争优势；长期来看，加强业务结构调整和应对外部产业升级，将传统优势转化为创新优势以推动转型，大力发展中间业务，降低对存贷利差的依赖以提高综合盈利能力和竞争力是未来最重要的发展目标。

金融支持新型城镇化建设思考

青海省分行 李振宇 申顺

新型城镇化是一国现代化水平的重要标志。近年来，我国城镇化发展不仅速度快而且总量大，每年有2 000万人口进入城市，13.6亿人口中，需要城镇化的人口达7.1亿，2012年，我国城镇化率达52.6%，我国的城镇化虽然发展很快，但并没有完全步入到现代化的行列，而且东部和西部差距很大。新型城镇化要体现新的发展路径，即工业化、信息化、农业现代化协调推进，生态文明和城镇化相互依托。

党的十八大报告提出，要协调城乡区域发展，走中国特色新型城镇化道路。党的十八届三中全会又明确提出：要加快构建新型农业经营体系，赋予农民更多的财产权利，推进城乡要素平等交换和公共资源均衡配置，完善城镇化健康发展体制机制。2013年12月中央召开了经济工作会议，会议提出要“积极稳妥推进新型城镇化，着力提高城镇化质量”。在同期召开的中央城镇化工作会议上，又提出“推进城镇化是解决农业、农村、农民问题的重要途径，是推动区域协调发展的有力支撑，是扩大内需和促进产业升级的重要抓手，对全面建成小康社会、加快推进社会主义现代化具有重大现实意义和深远历史意义。”并提出了包括推进农业转移人口市民化、提高城镇建设用地利用水平、建立多元可持续的资金保障、提高城镇化水平、加强城镇化管理等方面的任务。由此可以看出中央的新型城镇化改革方向、推进措施，实现路径更加明确、具体和清晰，从中我们也可以解读出新型城镇化体现了转型的特点——人的城镇化、生态城镇化、城市群与增长极、优化空间、土地集约、注重“三农”等主要内容。

一、金融支持新型城镇化进程中的现状及难点

（一）金融资源的富集与稀缺并存，资源配置的效率总体不高，制约了新型城镇化的发展

在我国现阶段，金融机构的设立往往偏好在经济繁荣地区以提高盈利水平，金融资源也过多地集中流入大、中城市，而县域和小城镇金融资源则相对缺乏，这与金融的逐利本性有直接关系，其结果是金融机构不断向经济发达地区、中心城市聚集，形成了该区域金融资源的富集，而欠发达地区则存在严重的金融排斥现象，尤其在一些极度贫困地区，由于经济环境所造成的信用缺失、抵押担保资源匮乏等问题十分严重，金融业务难以开展，抑制了金融机构进入该地区的冲动和意愿，使得经济欠发达地区的金融机构始终相对稀少，特别是在农村地区，金融机构更是稀缺。与此同时，金融资源配置效率也受到影响，对于资金集聚的大、中城市而言，其信贷资金分布也呈现出许多不合理的现象。金融机构贷款趋同现象十分普遍，各家金融机构竞相把大量信贷资金投向相同的大项目、大企业，造成低水平重复投入，降低了金融资源配置效率。而真正需要信贷资金的项目或企业的融资需求却得不到满足，自然不利于城市建设中小型基础项目正常的资金供给与配置，也就不利于城市的全面可持续、协调发展。

（二）现有的金融工具难以与城镇经济多样化需求实现很好的对接

近年来，随着我国金融领域对外开放的深入和同业间竞争的加剧，引发了金融机构在金融工具开发和创新上的冲动，我国金融工具正朝着多元化方向发展。应该看到欠发达地区对于新式金

融工具的利用远远落后于发达地区，我国城镇和农村普遍盛行的融资方式依然是信贷融资。城镇经济和农村经济各不相同，但随着城镇化的推进，一些新的金融产品需求又不断呈现出来，同质化的金融工具难以满足他们多样化的需求，如服务基础设施建设的金融工具可以利用债权融资、非银行业金融机构出资、企业直接投资等方式，农业技术集成化应用、农业的产品加工、土地承包经营权的流转、确权与抵押尝试等都需要以特定的金融工具为载体。因此，提高金融服务效率，仅凭信贷融资是远远不够的，还需要金融机构创新服务产品，开发特色金融工具来与新型城镇化发展实现“无缝对接”。

（三）我国金融制度的不完善在一定程度上限制了新型城镇化的发展

我国金融制度建设尚未完善，所以在某种程度上限制了金融自由化的发展。具体来说，主要包括以下几点：第一，利率制度。我国利率水平的决定权虽然正逐步放开，但还未完全交付市场。利率水平被长期压低，使债权方不断地补贴债务方，导致经济社会的两极分化（二元经济），也就是金融抑制理论里所指出的“低利率分割经济”。由此可见，利率制度问题是区域、城乡发展失衡问题产生的一个主要诱因。第二，民营金融机构市场准入制度。从经济社会发展全局来看，民营中小金融机构将是国有金融机构的重要补充，而从城镇化发展来看，民营金融机构可以扮演更为重要的核心角色。因此，在制度上对民营金融机构发展的限制，不利于新型城镇化的发展。第三，国有大型商业银行的信贷审批制度。国有大型商业银行是金融业的龙头，其运行制度将对金融业乃至整个社会经济产生影响。就城镇化问题来说，国有大型商业银行的县域支行不具备信贷发放的审批权，整个向上报批的程序降低了县域经济的融资效率，使金融本就薄弱的城镇更加难以享受到便利化的金融服务。

（四）农村金融服务的结构不尽合理，资金投放导向作用不明显

由于传统观念、金融排斥等问题以及现行法律制度不支持或支持力度不够等问题，使得金融机构对于农村的金融服务力度和结构都不尽合理，很多业务难以展开。例如，《物权法》规定集体所有土地不得抵押，便限制了基层抵押担保业务的发展。在农村金融市场，目前金融机构还习惯于“买方”市场，不注重市场开发，增加服务品种，而是乐衷于小额贷款。在代表农业发展趋势的优质农产品、绿特种植和畜牧业以及农产品加工、储运保鲜等金融支持上没有实现有效对接，相应的金融产品很少，使得资金导向作用还没有发挥出来。

二、金融支持新型城镇化建设的着力点

金融内生于经济，其自身的特点决定只能按照市场经济规律支持城镇化建设，金融机构追求盈利目标和城镇化建设的社会效益存在矛盾，在我国金融资源相对稀缺的背景下，金融支持城镇化建设必须找准着力点和切入点。城镇化是一个广义的概念，从经济学的角度来理解城镇化，其表现形式主要包括人口城镇化、经济城镇化和社会城镇化。城镇化发展过程中的三个方面互为制约，相互促进，紧密联系。其中，人口城镇化是核心，经济城镇化是基础，社会城镇化是表现。城镇化对我国当前扩大消费和投资需求、统筹城乡发展、促进国民经济持续协调发展等具有重大意义。从现实的角度和中央在城镇化工作会议所传递的政策导向来看，金融部门支持新型城镇化的重点应是中小城市，支持的具体内容为：社会城镇化中对中小城镇基础设施建设的金融支持；经济城镇化中对农业经济、中小企业的金融支持；人口城镇化中对农村居民的金融服务。这应该成为金融支持新型城镇化建设的着力点。

三、新型城镇化进程中构建金融支持的几点思路

（一）引导金融机构调整区域布局，推动金融资源向经济欠发达和基层地区流动

2013 年中央城镇化工作会议精神意味着中小城市将成为新型城镇化发展的重点和主导方向。因此，要引导金融资源从大城市向中小城市（镇）流动。金融支持城镇化建设既要发挥政策性金融在新型城镇化中的金融支持特殊作用，也要发挥商业金融在新型城镇化中的金融支持的主导功能，构建多元化金融服务体系。要通过政策手段打破金融机构进入经济欠发达和县域、乡镇等基层地区的屏障，

引导金融机构调整区域布局，推动金融资源向基层地区流动。金融机构如果不能进入欠发达地区，对新型城镇化的支持也就无从谈起。但就目前欠发达经济和基层的发展状况来看，金融机构进入这些地区存在经济障碍，相对于经济发达地区来说，贫困的基层几乎无利可图。

（二）为城镇化基础设施建设创造多元化的融资渠道

城镇化需要大量基础设施投资，但建设项目资金不足将是各地普遍存在和亟待解决的问题。中央城镇化工作会议提出建立多元可持续的资金保障机制。包括建立健全地方债券发行管理制度，推进政策性金融机构改革。鼓励社会资本参与城市公用设施投资运营等。按照这一要求，我国应建立和完善多元化的融资渠道，为城镇化基础设施建设提供可靠而有力的资金保障。一是发挥政策性金融在城镇化过程中的先导作用。商业银行贷款与政府财政收入都很难满足城镇化过程中巨大的资金需求，只有政策性金融机构才有可能成为城镇化建设融资的先导力量。二是采用 BOT（建设—经营—转让）、BTO（建设—转让—经营）、BOO（建设—拥有—经营）等项目融资方式，盘活社会资本，此类融资方式能减少政府的财政投入，通过盘活社会资本来建设基础设施，可以为满足城镇化建设的资金需求提供良好的途径。由于这些投资方式比较讲究高回报率，商业银行要积极参与到这些融资项目的信贷合作中去。三是试行和发展基础设施资产证券化。基础设施建设中的证券化融资，是指对已有的能产生现金流的基础设施资产或者在未来能产生现金流的基础设施资产进行证券化，以实现融资目的的过程，所转变成的证券能够在金融市场上出售和流通。很多基础设施项目具有投资额大、建成后现金流量稳定等特点，使得基础设施资产非常适合证券化。在城镇化基础建设中推进基础设施的资产证券化能够广泛动员大量资金，缓解建设资金的不足，减轻财政支出压力，加快资金周转，分散项目的投资风险。

（三）完善相关的金融制度，为新型城镇化铺平道路

现阶段我国金融制度存在的问题影响了新型城镇化的发展，完善金融制度是推进新型城镇化所必须推行的重要措施。第一，利率市场化改革与贴息政策并举，支持新型城镇化改革。二元经济结构使发达地区的市场优势已经形成，此时推行市场化政策会导致欠发达的城镇在竞争中始终处于劣势。利率市场化可以矫正金融的市场功能，与此同时在合理的利率水平下对城镇经济实施贴息政策，才能真正地做到对欠发达地区城镇的“反哺”，才能发挥贴息的最大效能。第二，适度开放民营金融市场，使民营资本有机会参与到新型城镇化的建设中来。在党的十八届三中全会公报中已经明确了允许具备条件的民间资本设立中小型银行，这不仅有利于打破现有银行业的利益格局，实现更充分的竞争，也将是新型城镇化进程中资本聚集和资本运作的利好因素。第三，完善与金融相关的法律制度。通过法律的完善来保护和开发城镇经济的潜在抵押担保资源，增加企业和农户的合法抵押、担保、信用增进等资源。第四，下放国有大型商业银行的信贷审批权。用“一刀切”的方式取消国有大型商业银行县域支行信贷审批权的做法不够灵活，每个城镇经济地区的发展状况不同，应该区别对待。一些国有商业银行已经意识到这方面存在的问题，正在通过完善内部机制和补充修订相关政策来加以调整。

（四）构建多层次的资本市场体系，以此带动城镇企业转型和产业经济升级

银行业主导的金融市场体系可以为产业发展提供资金支持，但却不能从根本上改变企业落后的生产、经营和管理。公司治理能力缺失是制约城镇中小规模企业发展的主要因素，而实施股份制经营，逐步建立现代企业管理制度即公司治理制度是改变这一现状的唯一途径，进而最终实现上市融资的目标。上市融资必须依托于资本市场，须构建多层次的资本市场，才能满足城镇地区众多企业不同的上市需求。构建多层次的资本市场，支持城镇企业上市融资，对于新型城镇化目标的实现具有重要意义。金融在构建多层次资本市场上发挥着不可或缺的中介作用，构建层次的资本市场有利于银行自身投资银行业务的发展和复合型金融工具的创新。

（五）加快新型城镇化进程中的金融创新步伐

一是针对新型城镇化的需要，量身定做合适的金融工具。金融机构作用的发挥需要借助金融工具，金融工具是金融业与城镇化之间直接互动的主要载体。按照城镇化的基本要求来分析，首先，金融支持城镇基础设施建设不应只依赖高成本的信贷工具，增加政府财政负担，应积极开发直接融资工具。例如，设立基建发展基金并配套优惠政策鼓励企业出资，推广期限灵活的债权融资方式，甚至可以通过选择性的利用外资等方式解决资金“瓶颈”。其次，金融工具的创新应面向中小企业融资。中小企业可以吸纳大量的就业，是农村剩余人口进入城镇的保障。服务形式各异的中小企业的金融工具应该灵活多变，开发中小企业的潜在抵押担保资源，鼓励信用增进融资工具的发展，开发无抵押担保的信用融资业务等。最后，发展有助于提升城市配套功能的金融工具。在客观条件的约束下，欠发达地区的政府、企业和居民在从事经济活动时很少利用金融工具，导致效率低下，多样化金融工具可以提升城市功能。二是开发区别于城市的金融产品。可继续加大对农村的信用贷款投放力度，并根据生产周期、贷款用途、还款来源等，更加灵活地设定放款期限和额度，确定合理的利率。结合统筹城乡发展综合配套改革中出现的土地流转、林权改革、农村基础设施建设等新问题，改变目前单一以抵押为主的支农贷款方式，力争在信贷额度、抵押担保方式、贷款期限、贷款定价等信贷政策上有新突破，适应城乡一体化发展的需要，积极引入现代金融手段和工具，为农户和农村中小企业提供综合金融服务。三是提高商业银行综合化和个性化服务能力。随着城镇化的发展，居民对银行的产品与服务不再仅仅停留在传统的资金融通层次上，而是更加注重投资组合、风险控制、信息咨询等高层次的金融需求。商业银行要把握这一发展趋势，加强与证券、保险、投资基金等其他相关行业之间的合作，满足客户多方面的金融需求。在做好传统业务的同时，商业银行要积极开拓网络结算与服务、股票质押贷款、证券资金结算、资产管理、财务顾问、投资银行业务、基金托管、代收保险费、代支保险金、代销保险产品等业务领域，增加综合服务能力和市场竞争能力。

（六）改善和提高农村金融服务的方式和质量

一是国家应针对农业贷款风险大、成本高、收益低、门槛高等问题，推动制定农业信贷服务方式创新的政策，推动金融机构农业贷款的设计和流程再造。二是拓宽金融服务口径，实现农村金融服务结构的优化。要针对农业结构调整的需求，向农业产业化、规模化和种类多元化提供大力支持，开展农产品抵押贷款，如对大型农机具开展抵押贷款、畜牧业专项长期贷款业务等。党的十八届三中全会还明确提出慎重稳妥推进农民住房财产权抵押、担保和转让，这将有利于农民多渠道获得金融服务，并为逐步实现城乡房产同权创造条件。三是建立农村信用体系。构建资源共享、评定权威、约束有效、维权有力的信用体系是农贷畅通的重要保证。可由政府部门牵头组建非营利性、保本微利的信用登记咨询机构，及时从银行、税务、企业等其他部门广泛收集信息和数据，在严格依法管理的前提下，依靠现代技术通过授权查询的方式，向金融机构及社会广泛评估、公布守信状况、经济实力和发展趋势，全面、准确、公正地评定各经济实体的信用等级。积极开展信用乡镇、信用企业、信用农户的创建活动，加大对逃废金融债务行为的制裁力度。四是探索农地金融。目前，我国土地的使用权、收益权和处分权都存在农民以外的其他利益主体。土地产权的不清晰使农民不能充分行使土地权利，土地的使用权有偿转让受到限制，农地金融的发展受到限制。农地金融的运作特点是农户或拥有大量土地的经营业主以土地经营权作抵押从银行获得贷款用于发展生产，农地金融发展的根本目的是增加农民生活来源、提高农户在城镇谋生的水平。

四、青海省“新型城镇化”建设和建设银行在支持新型城镇化建设中的实践

（一）青海省“新型城镇化”建设的进展及特点

青海城镇化发展已逐步成为西部乃至全国城镇化发展重要组成部分，随着城镇化建设的推进，将对青海的社会经济发展起到很强的拉动作用。青海省自2012年9月开始启动城镇化发展规划的编制工作，其间充分吸纳和延展了全省“四区两带一线”规划、“十二五”规划以及城镇体系规划。按照规划，到2015年，青海全省城镇化水平

达50.5%，年均增长1.2个百分点；青海全省基本形成1个中心城市、3个次中心城市、3个一般城市、37个重点城镇、60个一般城镇以及其他40个建制镇组成的城镇体系。力争到“十二五”末，建设城镇保障性住房30万套，基本解决城镇中下收入住房困难家庭的住房问题，使城镇保障性住房覆盖率和保障水平走在西部省区前列。

青海地域辽阔、发展的基础条件及发展的动力不尽相同，具有城镇化动力多元化、路径多样性特征。必须立足省情，围绕“两新”目标，积极探索与“三区”建设战略协调发展的城镇化新模式。要在提高青海省对国家生态安全的贡献度、在全国循环经济和绿色发展中发挥示范引领作用上独辟蹊径，开创一条具有青海特点的新型绿色城镇化道路。青海推进新型城镇化的重点应在着力建设生态城市（如三江源功能区建设），人口聚集与城市建设协同推进，打造东部城市群，发展城镇生态产业等方面下工夫。同时，青海的生态环境比较脆弱，其地理环境决定了城镇化建设成本将远远高于其他地区，城镇化建设的未来收益也难以覆盖其成本。因此，青海在城镇化进程中存在诸多挑战，青海的城镇化建设应有重点地量力而行。作为金融机构在发展城镇化相关业务中既要积极参与又应循序渐进，有所侧重。

（二）建设银行在支持青海城镇化建设中的实践

青海省分行作为当地一家大型国有银行，在积极支持当地经济建设发展的同时，也在支持新型城镇化方面从机构布局、产品创新以及农民增收等方面做了一些有益的尝试并取得了一定的成效。

1. 积极参与四川玉树灾后重建并恢复经营机构。建设银行青海省分行在玉树地震灾害不久即恢复业已撤销多年的经营机构，既凸显了作为国有商业银行应有的社会责任，也反映了国有大银行下沉服务和在机构布局上向城镇化渗透的特点。在支持玉树住房重建过程中，分行还突破了现行的一些个人住房贷款的制度障碍，具体包括在防范风险的前提下，设计适合灾后重建的个人住房贷款和商用房贷款业务流程和操作模式，为贷款人提供更为灵活的信贷担保方式等。

2. 紧紧抓住海东撤地设市的契机，积极介入东部城市群建设。海东撤地建市将有力助推青海东部城市群的发展，建设银行青海省分行凭借自身优势，积极介入东部城市群建设，率先与当地政府签订了政企战略合作协议，为海东市的城市化推进提供综合配套金融服务和创新性金融产品，金融服务的范围覆盖了财务顾问、融资咨询、资产重组、债券发行与债券承销以及网络银行电子商业贷款等各个方面。通过提供“一揽子”的服务方案和持续推进金融产品与服务创新，不遗余力地支持海东经济建设，为促进海东经济社会发展和城镇化进程做出积极的努力。

3. 加大支农贷款品种的创新力度。新型城镇化的一个突出特点是为农村居民提供金融支持和实现农民的增收。建设银行青海省分行认识到涉农类贷款在今后业务发展中的巨大潜力和带动效应，近年来，以支农小额贷款为切入点，以产品更加贴近农业、贴近农民和贴近市场为出发点，先后在海东、黄南、海西等地区围绕当地农业特点和农民需求，适时推出了海东地区特色农产品贷款、黄南牲畜养殖业户贷款、海西枸杞种植贷款等具有鲜明特色和品牌效应的支农贷款产品，为促进当地经济和农民增收起到了积极的作用。同时，还针对黄南热贡文化特点，推出了“唐卡”贷款这一产品，得到了当地政府和总行的充分肯定。

县支行个人贷款业务发展浅析

——以建设银行青海省分行为例

青海省分行　吕建萍

近几年来的各种宏观调控政策和经济社会领域发展的种种迹象和现实表明，我国县域经济大发展的时代已经来临。拓展县域金融服务和提高县域金融服务水平已经成为金融行业顺应当前发展大势的必然之举。随着各商业银行近几年来各项业务的大发展，各行政县支行已经快速融入到当地经济社会发展的进程当中，通过传统金融业务和金融创新活动为当地县域经济的发展作出了新的贡献。特别是近年来，县支行个人贷款业务的快速发展，成为快速融入到县域经济发展的一大亮点。下面就以青海分行的情况为基础对县支行个人贷款业务的发展现状和对策进行简单的分析。

一、青海省分行各县支行近年来个人贷款业务发展的现状

截至2013年末，青海省分行个人贷款余额363 737.58万元，其中各县支行个人贷款余额有79 825.02万元，占全省建设银行个人贷款余额的21.95%。2011年以来，青海省建行个人贷款余额增加了132 550.96万元，其中各县支行个人贷款余额增加了48 042.63万元。从近三年的增长速度来看，分行增长率为57.33%，各县支行增长率为151.16%。2013年，分行发放个人类贷款4 767笔，发放贷款金额为137 756.04万元，各县支行共计发放个人类贷款2 082笔，发放贷款金额43 415.16万元，县支行发放笔数和金额在分行占比分别为43.68%和1.52%。以上数据可以看出，近三年来各县支行的个人贷款业务取得了长足的发展，虽然发展的规模和西宁各行的业务比起来还有差距，但是从发展速度上来看，县支行已经有超过全行水平的势头。从贷款结构上看，全省建设银行个人住房贷款依然是个人贷款发展的主要产品，各县支行的个人住房贷款也呈持续增长态势。随着县区城镇个人住房消费市场的兴起，县支行个人住房贷款业务开始成为各家银行争夺的“肥肉”。且近几年，国务院不断出台针对楼市宏观调控的新措施，而县支行所在地区，房价涨幅普遍不高，尚未涉及房屋限购令等政策制约，是县支行开展个人住房贷款的重要途径。但消费贷款近几年一直处于负增长状态。

各县支行个人贷款业务在近几年大发展的同时，资产质量控制方面也取得了不错的成绩。2013年末，全省建行各县支行不良贷款额7.1万元，不良率仅为0.01%，不良额主要集中在原来存量的个人类贷款，近两年对新发贷款从选择客户源头开始就从严控制，以风险相对较低的个人住房贷款为发展重点，确保了资产质量的持续趋好。

二、县支行个人贷款业务发展存在的问题和不足之处

县支行个人贷款业务面临大好发展时机的同时，也存在一些问题，主要表现在以下几方面：

（一）发展不平衡

业务发展不平衡有两个方面：一是各县支行间业务发展不平衡，以青海省分行为例，10个县支行个人贷款余额最高的有19 881.59万元，而最低的只有192万元；二是各贷款品种之间发展不平衡，近两年来县支行个人贷款业务发展主要集中于个人住房贷款，个人消费类贷款的投放大大低于个人住房贷款，个人住房贷款作为新兴市场和低风险业务要大力发展不错，但其他类个人贷款发展滞后往往会影响到县支行服务于当地县

域经济发展的深度和广度，甚至会影响到县支行对当地个人高中端客户的综合服务能力。

（二）外部发展环境良莠不齐

银行在当地业务做得如何，与当地的金融环境有很大关系。个人贷款业务由于是面向广大个人客户，所以当地的个人投资消费环境、个人信用环境和当地民风好坏都会影响到个人信贷业务在当地的开展。我省有的县区居民收入较高、投资渠道多、信用环境也好，县支行的个人贷款业务发展自然好；有的县区人口众多，由于居民借贷消费意识不强，住房贷款发展都相当缓慢；有的县区社会投资渠道复杂、个人信用意识不强，甚至存在公职人员欠贷现象，造成了县支行在当地投放贷款谨小慎微、无所作为。

（三）内部流程控制缺位，贷款管理力量薄弱

县支行由于人员缺乏，通常是一名客户经理对受理、调查、签约、抵押登记、档案管理职责一肩挑，另一名客户经理承担审核和兼职调查角色，会计人员负责柜台放款和还款业务。这样往往就会出现在贷款办理流程中“一手清”的现象，诸多岗位的事情由一个人去完成，失去了岗位监督和流程控制，流程管理过于粗放，造成的直接后果就是使得弄虚作假成为可能，资产质量难以保证。由于人手紧张和其他条件的局限，重贷轻管的现象已经很普遍。县支行很多贷款发放后，档案不能及时整理，甚至没有放到专门的档案室（柜）进行专人保管，档案借阅的随意性很大。这些看似简单的工作其实存在很大的风险隐患。

三、县支行个贷业务又好又快发展的对策

（一）把脉地方经济，寻求发展立足点

随着城乡一体化建设和大力发展县域经济的不断推进，县区尤其是县城所在地的城镇将迎来社会经济发展前所未有的机遇。与个人贷款业务发展有密切关系的住房消费方兴未艾，由于县区投资环境的不断改善和招商引资政策的相对宽松，民营个体经济也逐渐向周边县区转移，中小企业的融资需求也日趋旺盛。各县支行已经形成了个人贷款发展的良好氛围，在把握好借款人“人品、产品、抵押品”三品的基础上，把触角延伸到县域内的各行各业，既可深化与当地经济实体界的合作，又可以牢牢地把握高端个人存款客户。

（二）大力发展涉农个贷

当前，“三农”工作是国家乃至西部大开发的重中之重，西部地区特色农业、农产品深加工具有广阔的发展前景；随着新农村建设推进，西部地区推进城镇化，必将带动“三农”金融服务需求快速增长。我省农业占比较大，农民对贷款的需求旺盛，具有广阔的市场前景。按照人民银行居民户贷款统计口径（即包括涉农个人贷款），截至2013年末，全省居民户贷款余额283.24亿元，其中个人消费类贷款143.97亿元，而统计口径为个人消费类贷款的涉农个贷余额为86.85亿元，占全省个人消费类贷款的60.33%，且主要集中在我省设置网点较多的金融机构如农业银行、邮政储蓄银行和农村合作金融机构。而县支行的营业网点是营销受理涉农个人贷款的前沿基地，是商业银行积极开拓个贷市场的关键。商业银行应全力推进“农耕文明”涉农个贷的发展。以帮扶支持的县支行为营销基地，积极营销当地“公司+农户”模式的涉农个人贷款，对符合贷款条件，并有贷款意向的涉农个贷项目，由各行个贷中心与县支行个贷营销人员共同营销受理贷款，指导县支行开展涉农业务。

（三）顺应形势、因地制宜、强化营销

近两年来，各县支行的个人贷款业务的发展速度很快，但是和其他业务比起来，和县区的金融总量比起来，规模还远远不够。各县区之间发展不平衡的局面仍存在而且今后在一段时间内还会存在。有的县区住房消费市场很旺盛，比如我省海东市的几个县，人口相对较多，住房贷款市场很大，个人住房贷款营销还有较大空间。有的县区，个体民营经济相对来说比较发达，个人助业贷款恰恰可以满足这方面客户的需求，我们可以对县区的个体民营经济做一次全面的摸排，挑选出一批“三品”优良的客户再上门营销，投放一批优质的个人助业贷款是完全可能的。正所谓因地制宜，找准突破口再强化营销，方可实现切实有效的发展。

（四）建立考核机制、激发潜能

为继续推动各县支行个人贷款业务的发展，打破各支行业务发展不平衡的局面，使各支行个

人贷款业务能比翼齐飞，只有建立有效的考核机制，才能充分激发他们的潜能。在建立考核机制方面，有两个层面需要考虑：一是建立起对各支行的考核机制，主要是通过个人贷款业务发展指标和个人贷款资产质量指标来考核各支行业绩表现，二是要建立起对各支行营销管理人员和经办人员的考核机制，从现实意义上来讲，县支行的一笔贷款可能要经过支行客户经理营销推荐、相关岗位受理、调查、审核、申报审批、签约、抵押登记、发放、贷后管理等诸多环节，只有通过明确的考核，才能激发各岗位人员营销的积极性、办事高效性、办理过程的谨慎尽责心。当这些考核机制都建立起来之后，调动的是全流程的积极性，激发的是各岗位的潜能，内部流程控制缺位、贷款管理力量薄弱的问题才可能得到有效解决。

（五）加大县支行培训力度

进一步加大与县财政局、农牧局的合作，组织对各县支行从业人员相关业务培训，结合“与县级财政合作投放涉农个贷”工作，同时从营销政策、产品支持、财务资源配置和培训名额等方面给予支持和倾斜，树立个贷业务典型，做强做大县支行的个人信贷业务。

普惠金融视角下国有大型银行发展小微金融的启示

——基于国际实践经验与宁波区域探索的比较研究

宁波市分行　施立可

近年来，我国逐步将普惠金融构建作为金融体系建设的重要内容，本文以小微企业为切入点，采用比较研究法，通过国际代表性金融机构普惠金融实践经验与宁波地区国有大型银行——建设银行宁波市分行发展探索模式的对比分析，提出相关问题及建议。

一、国际代表性银行的实践经验

（一）发展中国家金融机构实践经验

孟加拉国乡村银行是世界上规模最大、效益最好的微型金融机构之一，主要面向社会低收入人群发放小额贷款，从低层到高层依据“会员—会员小组—会员中心”的模式层层递进，并严格审查新成员的信用状况、在乡村周边的信用状况，实行小组贷款互相监督和分期还款的政策来有效降低风险性。每笔小额贷款以 100 美元为单位，通过小额化分散风险，在保证资金使用率、扩大服务受益面的同时也保障了资金的安全性，实践证明贷款偿还率达到了 99.02%。

（二）发达国家大型金融机构实践经验

富国银行借鉴消费信贷中的零售信贷模式，根据小微企业的规模和成长周期，做深做细客户群体，研发小微企业信贷模型，对信用评分较高的客户以自动化审批取代低效的人工审核，降低贷款成本。同时，将网点作为主要服务渠道，有效弥补了客户经理不足的现象。截至目前，富国银行已成为了美国最大的小微企业贷款银行，平均贷款余额 3.6 万美元的微贷占小微贷款总额的 60% 以上，连续五年在全美小企业贷款业务上名列第一，在美国 50 个州和加拿大拥有超过 70 万家小微企业客户。

美国银行通过综合考虑企业客户规模、需求复杂程度以及风险敞口大小等因素，建立精准的客户细分方法，对不同的客户群提供差异化的产品和服务。对于潜在的目标客户，积极获取客户额外信息，制定相应的联系策略。对于存量客户，根据贡献程度确定存量客户的营销优先级别，并针对优质客户建立了自动续贷评价审批模式。截至目前，美国银行小微企业业务市场份额已在美国四大银行中位居第二。

二、宁波地区国有大型银行的探索发展

本文以建设银行宁波市分行为例，探索分析宁波地区国有大型银行的小微企业普惠金融发展模式。截至目前，建设银行宁波市分行小微企业贷款余额246.3亿元，累计为1.5万余家小微企业提供3 000多亿元的融资服务，培育成长大中型企业超100家。

（一）特色产品支撑

建行宁波市分行根据市场变化和小微企业客户需求，不断创新，已形成了“速贷通”、“成长之路”、“信用贷”、“小额贷”四大产品体系30余款特色产品，积极为不同发展阶段的小微企业提供“量身定制”的金融服务。对初创期小企业，以基本结算、理财、信用卡等基础业务为主；对成长期小企业，提供“基础+信贷”的套餐式服务；对成熟期小企业，除信贷服务外，还满足企业债券融资、企业年金等个性化需求。

小微企业融资难关键在于担保难。为破解这一难题，创新推出了“信用贷”系列产品，旗下有信用贷、善融贷、创业贷、结算透、POS贷、税易贷等子产品，注重对小微企业及企业主的信用累积。截至2014年8月末，各类信用类小微企业贷款余额已达20.65亿元，占全部小微企业贷款余额的8.4%。

（二）创新简化流程

针对单户授信500万元以下的小微企业，建立了评分卡模式的专属业务流程。通过对账户信息、还款行为、违约行为等信息的分析，由系统定期自动进行行为评分、筛选、评价，相比传统流程至少节约2个工作日。同时也减少了客户经理的工作量，充分释放人力资源，有助于解决大银行在服务小微企业中的人力资源“瓶颈”。

（三）完善机构建设

全面升级辖内8个小企业经营中心，实现“人员到位、管理集中、网点覆盖”规范化升级，推进中后台的标准化操作。借力打造综合型网点契机，赋予网点营销服务职能，使小企业客户走进每一个建设银行网点都能享受到优质的金融服务。同时，为推进县域、乡镇的小微企业普惠金融，设立了慈溪建信村镇银行和宁海建信村镇银行，坚持“立足本地、服务三农、支持小微企业”的宗旨，为区域提供优质高效、富有自身特色的金融服务。

另外，成立全国建行系统首家、宁波市四大国有银行第一家小企业专业支行——宁波成长之路小企业专业支行，实现流程化、标准化操作，业务时效较以往缩短了近一半以上，成为了区域展示建行小微企业信贷服务品牌的“窗口”。

（四）优化资源配置

小企业贷款规模单列管理，保证“专款专用”，对单户500万元以下小企业贷款不受信贷规模限制，并坚持均衡投放，新增贷款投放与区域经济发展重点保持协调，确保投放节奏与实体经济的运行节奏相衔接。同时，将“小额化”作为业务转型发展目标，持续加大单户500万元以下的小额贷款投放。截至目前，纯新发放单户500万元以下小额贷款占比达26.7%，比2013年提高了4.9个百分点；纯新发放单户500万元以下客户占比69.3%，比2013年提高7.4个百分点。

（五）深入探究小微企业金融普惠模式

在全行开展小企业业务分支行联动营销服务活动，通过走访当地经信局等政府部门，了解当地小微企业的发展现状以及政府扶持措施，并就银政合作共同支持小微企业发展进行探讨。目前已与海曙区、江北区、镇海区、北仑保税区、象山县、余姚、杭州湾等区域政府达成合作意向。同时，积极关注小微企业融资状况，发放问卷调查1 300份，回收1 071份，回收率达到了82%，并针对调查情况由行领导带队走访行业协会、产业园区内的小企业，获得客户信息的第一手资料，积极帮扶暂时困难的企业，继续加大信贷支持力度，切实履行国有大行应尽的社会责任。

三、宁波地区发展普惠金融存在的问题及难点

（一）客户定位仍需进一步下沉

与三家国际性代表银行相比，宁波地区服务的小微企业单户贷款金额依然偏高，全市法人小微型企业户均贷款余额达到了950多万元。由于企业规模小，其融资需求也相对较小。因此，小额化的贷款投放反而更能契合绝大部分小微企业

生产经营所需的实际融资需求。

（二）业务流程仍需进一步优化

虽然已经建立了快速评价的评分卡业务流程和“信贷工厂”模式的小企业专营机构，也建立了续贷模式，然而实际应用的还相对较少，与美国银行自动续贷率相比仍有较大的差距。

（三）服务渠道仍需进一步整合

宁波地区金融机构营业网点众多，网点分布密集，但利用效能不高，与富国银行相此存在较大差距，网点人员服务小微企业意识也不够强。同时，电子服务渠道利用率也有待提升，多数小微企业不懂如何通过互联网渠道来进行在线贷款申请、支用以及还款等便捷的融资服务。

（四）大银行的普惠金融综合服务能力未能充分体现

随着经济快速发展，单一的信贷服务已无法满足小微企业日益多元化的金融需求，所以发展普惠金融不仅要提供信贷服务，还要提供现金管理、保险、租赁、基金等多种类型的一站式综合金融服务，使小微企业能够享有更多的金融服务。

四、应对措施及相关建议

（一）金融机构应对措施

1. 进一步下沉聚焦客户定位，持续推进普惠金融。要建立适应小企业业务发展的差异化的经营模式，通过大力发展单户500万元以下客户群体，促使小微企业普惠金融向标准化、小额化方向发展。对于单户授信余额500万元（含）以下的小企业贷款，尤其是存量的结算客户群、合作平台客户群等实行标准化的业务模式，建立起主动授信、评分卡评价、标准化申报、自动化审批以及系统化监控的业务流程；对于单户授信余额50万元（含）以下、采用评分卡模式办理的小企业业务，以逐步实现规模化、效率化。

2. 推进客户群体细分，实现客户精准服务。要加强客户分析，探索建立360度全景客户视图，支持客户细分与多维度客户综合贡献度分析。要根据客户的结算信息，重点服务开立结算账户、拥有稳定结算量的无贷户客户群，着重创新推广大数据微贷产品。同时，要依托政府、协会、供应链、专业市场等批量化平台合作筛选优质客户群，围绕商业圈融资、产业链融资、企业群融资搭建多方合作平台，达到以点带面、以点带线批量服务的效果。

3. 建立多元化销售渠道，提高客户服务覆盖面。要探索小企业专营机构的直接经营模式，强化对网点的业务支持，并与相关业务联动的网点、个贷中心等采取双边记账的方式进行有效整合，完善客户推荐、客户维护、绩效分配等配套机制和业务衔接流程。另外，在建立由综合化网点直接销售产品的基础上，逐步建立起由一般性网点推荐有信贷需求的小企业客户模式，通过系统开发和物理布局，实现网点销售以及小企业业务咨询服务和客户推荐功能。

4. 完善综合化服务模式，不断提升服务体验。一方面要充分发挥联动平台作用，加强公私产品综合服务，强化公私业务组合的金融服务套餐运用，提升客户体验。另一方面，要注重体现社会职责，对生产经营正常、发展前景好但资金出现暂时困难的企业建立名单制管理，真心帮扶困难企业。在严格执行人民银行的利率政策和收费规定的基础上，建立小微企业贷款利率机制，在商业可持续条件下，主动让利企业。

（二）监管部门相关建议

1. 进一步明确监管职责，持续完善政策支持和引领。建议市政府成立跨部门的普惠金融工作领导小组，出台相应的促进政策，制定合理的普惠金融发展战略，构建全面、多层次的普惠金融供给体系。同时，积极培育公平的市场环境，引导金融机构开展公平竞争，及时满足小微群体的金融需求。

2. 发挥财政政策作用，适当减轻企业负担。在财政政策方面，建议通过财政贴息的方式，引导金融机构发展小额贷款。同时，在每年制定预算时单列扶持小微企业等弱势群体的专项资金，鼓励金融机构根据财政资金确定、放大对应的信贷规模，实现财政资金的规模效应。在税收方面，在鼓励降低贷款利率的同时，给予小微群体在税费方面的优惠，并在现有国家政策的基础上，建议宁波地区进一步加大减免力度。

3. 推进普惠金融消费者教育，切实保护消费者权益。建议开展针对性较强的金融知识普及工作，如开展“普惠金融送小微”或组织新闻媒体对先进的普惠金融探索模式进行集中报道、树立典型等活动，建立长效服务机制。另外，要不断探索完善金融消费权益保护机制，严格规范金融服务收费行为，监管落实“七不准”等措施，将消费者权益保护作为常态化工作去抓，切实保障小微群体能享受公平公正金融服务的权益。

浅析国内人才测评业务发展趋势及其对工作的启示

常州培训中心　伍晓燕

随着人力资源管理向科学化、精细化方向的纵深发展和管理者对人才测评认识的逐步深入，人才测评已经成为人力资源管理不可或缺的手段，在人力资源领域多个模块加以运用，成为企业战略落地的重要工具，未来其应用广度和深度将会继续延伸。本文主要通过文献查阅、测评公司调研、网络搜索等方式对国内的人才测评业务在业务范围、服务模式、方法技术、队伍建设、行业规范等方面的发展趋势进行分析，并在此基础上对工作提出几点启示。

一、人才测评业务发展趋势

综观近年来我国人才测评理论与实践的发展，我国人才测评业务发展主要有以下趋势：

（一）测评服务范围逐步扩大，在原有招聘与选拔基础上扩展到人力资源管理其他模块，更加注重人才发展，测评业务链条从人才管理的单一环节走向全流程

随着科学化管理和数字化管理要求的提高，企业越来越需要对人才进行科学量化的分析，并以此分析为基础开展人才管理工作。以人才测评理论和技术为核心，包含人才标准、人才评价、人才发展三大体系的人力资源管理模型，恰好是解决人才管理问题的三个关键因素。因此，测评业务也跳出当前测评环节，从人才寻找开始，界定更符合企业当前业务需要和未来战略发展需要的人才标准，设定高效的招聘管理流程和候选人才库。在人才进入企业的同时为每个员工设计职业生涯规划和培养发展方案，帮助人才从自己的优势和不足出发，对照企业的发展目标与企业共同成长。同时设计以人为本的人力资源管理体系，在人力资源规划、培训发展、继任管理、职业管理、绩效管理、劳动关系等各个环节的设计上与人才的特点融合，设计更加个性化的符合企业特点的人才管理体系。人才测评未来将聚焦于如何让测评与前后流程对接，测评业务将依靠其自身在人才胜任力的评价和发展方面的优势，逐步向人才管理的全流程渗透，最终帮助企业进入“以人为本”的人才管理流程。目前，北森、诺姆四达、中智等测评公司都提出了业务转型，将人才测评服务发展为人才管理和人力资源咨询业务。

（二）测评业务呈现“产品化、标准化、网络化”，在线测评服务已成必然之选，测评服务方式注重线上线下结合

以往，人才测评技术的发展、服务模式都是依赖于人，即依赖测评顾问提供服务，顾问的人数和水平决定了服务的能力。只有使技术和服务产品化、标准化、信息化，才具有可复制性，才能提高服务的质量和效率，服务的受众面才会更大。产品化，就是根据测评的目的，将测评服务标准化，形成不同的产品，满足客户需求，如形成招聘管理系统、绩效管理系统、360 度评估反馈系统、员工调查系统、职业规划系统等。标准化，就是评价标准设计、组织实施都需要遵循标准化的流程，符合一定的标准规范。而网络化，可以节省人力、物力及时间，使测评活动不再受被评价者数目过大和地理位置过于分散的限制，还可以避免测验的标准答案曝光，保持测验的效度，保护被评价者测评中的隐私。目前，许多业内领先的测评公司都将其可以通过产品化、标准化实现的服务，进行了产品化、标准化设计，将可以通过互联网实现的测评搬到了互联网上进行。如一些公司将“评价中心”从线下搬到线上，达到快速便捷，满足跨国性、集团化企业的需求；将“公文处理”E化，完美模拟现代办公场景，提高测试仿真度和代入感；借助微信平台进行微测评，当然移动测评还需要采用谨慎的态度，形式必须服务于内容；打造了深度融合社交化的人才管理平台，包括社交招聘管理、社交继任管理、社交绩效管理等。

（三）测评进入基于数据库的积累和开发应用时代，数据的积累、分析和应用越来越重要

咨询公司的最大优势就是具有强大的数据库。在未来，一批拥有大量测评和研究数据的测评机构，将依据数据的分析和挖掘提出更多适合中国企业的人才管理模式，让人力资源管理者在更多领域受益。

（四）人才测评必须专业化，从业人员越来越专业化

著名的测评专家苏永华指出测评必须专业化。人才测评的专业性集中体现在需要心理学、管理学、人力资源等多个学科的专业知识与理论体系作支撑，需要具备丰富知识结构和实践经验的专业人才，需要针对不同行业、企业和岗位做不同的分析与定制。整体测评方案的设计，各种测评手段的组织实施，测评数据的整合，综合测评报告的撰写都对测评人员的理论基础、实践经验和职业道德修养提出了很高的要求。因此，加强人才测评队伍建设专业化建设，培养一批素质过硬的专业人员对测评行业的健康发展是必需的。

（五）测评方法向以情景模拟为主的评价中心技术发展，且持续改进

不同的素质特征有其适用的最佳测评技术，因此各种技术的综合应用是人才测评的发展趋势。目前以情景模拟为主的评价中心技术得到了广泛的应用。评价中心的变化趋势是内部不同测评方法的配置组合更为合理，运行效率和工作准确性更高，同时力求降低施测成本，计算机和传统多媒体技术的利用逐渐增多，强化了应用，更加重视培训发展。在应用过程中，人们也对其进行了持续改进，主要包括单个情景模拟的改进和整体改进。单个改进包括公文框通过邮件的形式，小组讨论更加结构化，将案例分析和演讲结合等。总的来说，情境模拟的改进有两大特点：更加强调仿真程度以及尝试使情境模拟变得结构化。整体改进包括加入计算机和其他辅助设备；采用“整体情境”；越来越多地引入行为访谈和心理测验；对评价中心应用的强化。其中，结构化面谈基于行为和情境的结构化可计分访谈成主流。心理测验主要集中在和工作相关的个性特征、职业兴趣、工作基本能力以及态度和价值观等测验。

（六）测评工具将越来越丰富，本土测评技术的研究成果开始凸显价值

心理测验、情景模拟和面谈等技术都来自于西方，与其配套的测评方法和工具也多来自西方，很多中国企业无法接受或者觉得不适合自己企业。最近几年，以技术见长的测评公司将其本土化的测评技术研究成果转化为产品推向市场，赢得了很多好评。这些测评技术研究的共同方向，是针对中国社会和中国企业的内环境特点，设置更具中国特色的情境，同时研究中国人对于测评工具反应的特点，改进测评方式和方法，让候选人更真实地表现自己。

（七）个性化需求引发个性化服务越来越多

随着测评外包服务的兴起，购买测评服务的企业提出了更多的个性化需求，于是测评机构提供的服务也与时俱进。很多为企业量身打造的个性化人才测评服务应运而生，如素质模型的个性化制定，测评工具的个性化开发，测评实施的个性化设计，测评结果应用的个性化辅导等。

（八）缺乏行业标准，测评行业呼唤规范化

人才测评已呈产业化发展趋势，如果要进一步发展并走向成熟，就必须建立更加完善的产业规范。这就需要政府、企业和专业机构的共同努力。政府需要制定出严格和适用的人才测评行业法规和政策，对其服务宗旨、工作内容、经营方式等加以机制约束，并加强监督管理，对于从业人员的资格认证要严格审核。而企业和专业机构需要认真遵守相关制度，规范化经营。

二、人才测评业务发展趋势对测评工作的启示

了解人才测评业务发展趋势，是为了与时俱

进地做好实际的测评工作。在以后的工作中，需要加强人才测评的应用，将测评不仅应用于招聘选拔、内部晋升等环节，还要切实运用到培训、职业发展、绩效管理、人力资源规划等；加强测评工作的专业化建设，建立完善的测评体系，打造专业性的测评队伍；注重人才测评信息平台建设，加大线上和线下业务的结合，注重测评数据的积累和分析。目前，可以在以下方面进行尝试：

（一）加强测评与培训结合，延伸其在培训发展中的应用，注重其“发展”的作用

1. 创新测评形式，借助课程进行测评，形成培训式测评模式。对于一些中高层管理人员，为了避免被评价者对测评的猜想和抵触，可以采用培训式测评的形式，让被评价者在培训的基础上，轻松接受测评，不仅完成培训，也对人员的素质进行了测评和盘点。如某测评公司将测评与沙盘模拟结合，学员积极投入，既有合作也有互动，每个人的特质也展示出来，状态真实。因此借助课程对人才进行评价是可行的。

2. 进行培训前测和后测，将测评应用于培训需求诊断和效果评估中。培训前进行测评，了解学员特点，同时寻找发展差距，然后利用测评结果制订行动学习方案。培训后再次进行测评并反馈，帮助组织掌握培训的效果，有效制订未来的培养方案，帮助学员认识自我，通过与前测结果的比较，学员能够更深地了解行动学习过程中自己的提升，也明确差距，有利于学员树立正确的价值观，合理协调自身目标与组织目标。

3. 进行基于情景模拟的发展培训。继续在培训班上进行基于情景模拟的发展培训。通过综合运用无领导小组讨论、公文筐练习、案例分析等考察技巧，让参与者在公平的条件下，充分展示他们与职位相关的工作能力及行为模式，测评师更多地扮演培训师的角色，在每一项模拟活动结束后，组织参与者进行充分的讨论，并进行适当的点评反馈，引发学员质疑和反思。学员在思想和观点的碰撞下，总结和内化自己在管理上的知识和经验，从而提升其管理能力。多种情景模拟手段的运用，有效地覆盖到目标岗位所需要的各种能力素质要求，模拟情景接近工作实际，且有互动、质疑和反思，评价的效度高，对被评价者的培训作用也更为明显。

4. 注重测评反馈和测评跟踪评估。反馈是测评实现其价值的重要手段。以往我们主要通过书面反馈的形式，以后将增加电话反馈和面对面反馈。测评以后，还可以对被评价者的表现进行跟踪记录，并加以辅导。

（二）扎实做好四项基础性工作，构建完善的测评体系，打造专业化的测评队伍

参照宝钢、太平洋保险、中兴等公司的内部测评中心，我们发现要实现测评服务产品化、标准化、专业化、信息化，必须扎实做好四项基础性工作。第一是标准库建设。准确定义人才标准是测评中心的基础，对于所涉及的测评对象，必须建立以胜任力模型为基础的人才标准。第二是题库建设，即测评工具库，在人才标准库的基础上建立对应的测评题库，如专业知识题库、技能测评题库、素质测评题库、管理能力测评题库等。第三，专业队伍建设。培养或引进测评专业人员或专家级人才。在工作中，要加强人才测评理论和技术的学习；要特别注重平时工作积累和总结；要加强与外部机构的交流与合作，学习他们的专业化做法；要参加一些资格认证，提升职业化水平。第四是管理系统建设，包括测评机构、测评工具、测评活动等相关制度和流程建设。如题库管理系统、考试系统、素质测评系统，以及其他相应的测评活动管理系统。

（三）将线上线下业务紧密结合，“两手抓，两手都要硬”，提高线下业务的专业性，同时引入线上测评工具，提高测评效率

测评业务和工具大致可以分为两类：一类是线上的，就是依托于网络；另一类是线下的，如评价中心。线上工具方面，可以引入更多科学的线上测评工具，丰富线上测评产品，同时打造强大的测评平台，重点关注产品是否满足需求，信效度是否好，本土化和国际化的测评产品都可以考虑。线下的评价中心方面，重点关注体系和专业化建设，要求测评师掌握素质模型构建技巧，评价中心设计技巧，在组织实施上更加注重学习、积累、提高，全面提升观察、记录、分类、评价、反馈等技能。在具体的评价实施上，质量和效率并重，可以引入计算机等其他辅助设备，将情境模拟的呈现计算机化；用录像等协助施测；通过软件对测评师评分进行自动汇总等。

（四）积极进行转型，注重测评数据的积累和分析，构建新一代人才测评中心，迎接大数据时代来临

面对以云计算和移动互联为科技基础的大数据时代的来临，只有建立起基于人才数据库的测评中心，才能满足未来发展的需要。也就是测评中心要能够全面收集、储存、整理人才信息，并能对这些数据进行挖掘，作出预测性的分析和判断，为业务发展和战略目标提供前瞻性的决策支撑。这就需要在标准库、试题库、信息系统基础上，构建人才数据库，更需要学习数据分析相关的知识和技能。过去我们并没有有意识地去积累数据，更没有将数据系统化，以后需要按照不同员工、团队、组织对数据进行分类分级的梳理和积累。在已有的数据基础上进行尝试性分析，如利用已有的数据，注重测评前后的效果跟踪，进行人才测评信效度分析；利用数据与标准的对比，发现能力差距，制定相应的应对措施；通过对数据的分析和挖掘，发现数据呈现出的优秀员工的特点，通过对比新进人员与现职优秀人员的特点，预测新进人员的胜任程度以及与组织和团队的匹配程度等。

人才测评作为时代的产物应运而生，也随着时代的发展而发展。人们对于人才测评正在从整体上不断地加以改革和完善，从而使人才测评更加切合社会实际，适应市场需求。

五、高层论坛

培育优秀建行文化　建设国际一流银行

中国建设银行董事长　王洪章

最近，习近平总书记在文艺座谈会上发表了重要讲话。通过认真学习领会，使我们对文化的概念和作用的认识又上升到了一个新高度。文化，对一个民族而言，是血脉的传承、复兴的源泉；对一个企业而言，是价值的引领、精神的纽带，是重要的软实力与核心竞争力。

建设银行成立 60 年以来，始终按照党中央、国务院的要求，坚持以服务实体经济发展为根本，秉承与祖国同呼吸共命运，与客户同成长共进步，与社会同发展共繁荣的理念，由一家经办基本建设拨款的专业银行，发展成为总资产超过 16 万亿元，公司和个人客户近 3 亿户，规模、质量和效益等经营指标在全球银行业名列前茅的大型综合性商业银行集团。当前，深入推进建设银行文化建设，对于认真学习贯彻党的十八届三中、四中全会精神和习近平总书记系列重要讲话，积极践行社会主义核心价值观，建设“国内最佳、国际一流”的最具价值创造力的现代商业银行具有重要和深远的意义。

一、培育优秀建设银行文化是落实文化强国战略部署的必然要求

党的十八大把文化强国纳入中国特色社会主义“五位一体”的总体格局；党的十八届三中全会通过《中共中央关于全国深化改革若干重大问题的决定》（以下简称《决定》）明确指出：“建设社会主义文化强国，增强国家文化软实力，必须坚持社会主义先进文化前进方向”。习近平总书记强调：“一个国家、一个民族的强盛，总是以文化兴盛为支撑，中华民族伟大复兴需要以中华文化发展繁荣为条件。”建设银行文化作为社会主义文化在建设银行的具体体现，始终把握着正确的发展方向。正是在社会主义核心价值观的引领下，在国家经济建设和改革发展的每一个历史阶段，建设银行都是责在人先、勇立潮头，不负重托、不辱使命，积淀了优秀的建设银行文化。建设银行也从创业初期的“哪里有重点建设，哪里就有建设银行人”的基本建设拨款机构，发展成为引领金融改革发展的现代商业银行，发挥着金融生力军作用。

（一）建设银行文化的内涵体现了社会主义核心价值观的本质要求

社会主义核心价值观是兴国之魂，是民族复兴精神之“钙”，也是引导企业可持续发展之魂。自股改上市以来，建设银行率先推出了较为完善的文化要素体系，包括“始终走在中国经济现代化的最前列，成为世界一流银行”的愿景、“为客户提供更好的服务，为股东创造更大价值，为

员工搭建广阔的发展平台，为社会承担全面的企业公民责任”的使命、“诚实、公正、稳健、创造”的核心价值观、“以市场为导向，以客户为中心”的经营理念、“善建者行，成其久远”等宣传用语，无不体现了建设银行服务大局、心系民生的责任担当，锐意改革、志存高远的卓越追求，恪守规则、稳健经营的经营之道，专业专注、打牢基础的发展观念，艰苦奋斗、慎终如始的优良作风，集中反映了建设银行作为企业公民对国家、社会、个人三个层次价值的追求，把民族精神、时代精神和企业使命熔铸于建设银行文化。建设银行文化充分体现了社会主义核心价值观的本质要求，充分展示了建设银行助力实现中华民族伟大复兴“中国梦”的价值追求。

（二）建设银行文化的积淀是对中华优秀传统文化的继承和弘扬

中华文明绵延数千年，有其独特的价值体系。中华优秀传统文化已经成为中华民族的基因，根植在中国人内心，潜移默化地影响着中国人的思想方式和行为方式。在建设银行60年的发展历程中，建设银行文化植根于中华优秀传统文化的沃土，成长于建设银行经营管理的长期实践，凝结着全体建行人的思想和智慧。建设银行在不同的历史发展阶段，都根据经营管理实际，形成了独具特色的文化理念和文化积淀，积累了宝贵的精神财富，成为建设银行独具特色的发展禀赋。在政策性银行时期，建设银行承担双重职能、履行监督责任，形成的重要文化积淀是“责任、团结、奉献”；在国家专业银行时期，建设银行推进银行改革、回归银行本职，形成的重要文化积淀是“开拓、创新、包容”；在商业银行时期，建设银行率先导入企业识别系统（CIS），实行“四自”经营，商业银行转型基本完成，形成的重要文化积淀是“规范、竞争、进取”；在股份制商业银行时期，建设银行建立现代企业制度，深化转型发展，形成的重要文化积淀是“稳健、诚实、公正”和“以客户为中心，以市场为导向”的现代商业银行经营理念。这些文化积淀，既是对现代商业银行文化的吸收与发展，也是中华优秀传统文化在建设银行的继承与弘扬，始终是引领建行人团结奉献、拼搏进取的精神纽带和动力源泉。

（三）建行文化的实践也是对现代金融文化的丰富和发展

金融是现代经济的核心，银行作为经营风险的服务行业，其鲜明特征是“诚信经营、勇于创新、以人为本、责任立业、稳健行远、和谐共赢”。建设银行在长期的文化建设与实践中，构建了具有自身特色的“五位一体”的企业文化建设体系。包括坚持以人为本，视“员工是企业最宝贵财富”，尊重人、关心人、鼓励人和培育人，让每个员工都有更好的成长预期和更大的发展空间，激发员工积极性和创造性的人本文化；坚持“以客户为中心”，为客户提供优质高效的“综合性、多功能”的“一揽子”金融服务方案的服务文化；坚持品牌战略，提升公众和投资者对建设银行品牌的认知度和满意度，扩大品牌价值，打造“善建者行，成其久远”和最具价值创造力银行形象的品牌文化；坚持“依法经营，规范操作”、“风险防范优先”和“全面风险管理”理念的合规文化；坚持创新驱动战略，倡导“鼓励、开放、宽容、审慎、进取”的创新文化。体现了金融行业的文化特色，丰富和发展了金融文化。

二、建设银行文化引领和推动建设银行改革创新发展的主要做法及启示

在建设银行60年的发展历程中，文化始终是引领和推动建设银行改革创新发展的重要软实力和核心竞争力。股改上市后，建设银行党委以高度的文化自觉，坚持围绕发展抓文化、抓好文化促发展，将企业文化建设纳入“十一五”、“十二五”全行发展战略规划，全面部署，持续推进，不断创新，企业文化建设工作始终走在同业前列，取得了物质文明和精神文明的双丰收。截至2014年9月30日，建设银行资产总额达16.7万亿元。先后荣获中国最佳银行、中国最具实力银行、履行社会责任最佳企业、最具社会责任金融机构等荣誉。最近英国《银行家》和美国《福布斯》杂志对2013年全球1 000家大银行和2014年全球2 000家大企业综合排名，建设银行均名列第二位。

（一）坚持“文化领航”，塑造共同的价值观

建设银行将践行社会主义核心价值观和建行核心价值观作为文化建设的首要任务，按照“弘

扬主旋律、打好主动仗、积聚正能量”的要求，积极推进“教育培训工程、典型示范工程、宣传推广工程、文化评估工程”等企业文化建设四大工程。通过积极践行核心价值观，使全体员工树立正确的世界观、人生观、价值观。通过宣传推动典型引导，倡导新风，树立正气；通过丰富多彩的企业文化活动和载体建设，激发职工爱岗敬业的热情，最大限度地统一全体员工的意志、规范员工行为、凝聚员工力量，进而形成推动建设银行转型发展的强大的文化合力。积极推进企业文化示范单位建设，发挥其探索创新、先行先试、表率示范、以点带面的作用。先后打造了“向党工作站”、“红梅理财中心”、“刘艳快线”、“红英绽放”、“科技金融”、“文化领航”等154个文化品牌，在广大客户中产生了良好影响。2013年，中宣部、中国政研会、中国金融政研会先后选择建行为银行系统唯一代表单位，调研建设银行培育和践行核心价值观的做法和成效，形成了《坚持抓实“五度”，深植核心价值观》的经验报告并在《光明日报》刊发。

（二）坚持“服务立行”，打造卓越服务能力

建设银行把服务作为立行之本，矢志不渝地坚守“国家利益至上，服务建设为本”的理念，坚持机构跟着项目走、服务跟着需求走，加大对国家重点项目和经济社会发展薄弱领域的支持力度。2014年以来，建设银行基础设施贷款新增占对公贷款新增额约为50%，贷款余额达2.44万亿元，支持了大批重点在建续建项目。研发并推广“助保贷”等小微企业专属产品，贷款余额达9 463亿元，获得了2013年度唯一“最佳中小企业服务银行”荣誉。加大民生领域金融创新，打造“民本通达”服务品牌，在文化、教育、社保、医疗、环保、养老等民生领域赢得了先发优势。建设银行始终牢记“为客户提供更好服务”的使命，构建了由物理网点、网上银行、手机银行、电话银行、微信银行、善融商务、智慧银行组成的线上线下服务网络。同时，建设银行已拥有建信基金、建信租赁、建信信托、建信人寿、中德银行、建信期货6家境内子公司，拓展信托、租赁、基金、保险、期货、养老金融及工程造价咨询等业务，初步搭建了综合化经营平台，为近3亿公司和客户提供综合金融服务。

（三）坚持“实干兴行”，做到知行合一

“空谈误事，实干兴行。”在60年的发展历程中，建设银行坚持实干兴行，做到知行合一。在政策银行时期，建设银行以尽职尽责、严谨专业的作风，为国家重点建设“守计划、把口子”，受到毛泽东主席等中央领导的肯定。1954—1978年，共制止不合理开支108亿元，为国家节约了巨额资金。在专业银行时期，全行敏锐抓住机遇，运用信贷手段大力推进预算内基建投资管理体制改革，积极摸索开展新业务、开拓新领域。在商业化转型时期，时任建设银行行长的王岐山同志高瞻远瞩地作出了必须“死里逃生”的诊断，鲜明地提出了建设银行“一心一意办银行”的指导思想，奠定了建设银行商业化改革的思想文化基础。进入新世纪，按照党中央、国务院的决策部署，建设银行作为首批试点银行进行了股份制改造，并于2005年率先成功上市。通过对作业流程、服务模式、管理制度、资源配置机制等进行变革，实现了“脱胎换骨”式的转变，朝着世界一流银行的目标迈出了关键性的步伐。进入新时期，建设银行制定了“综合性、多功能、集约化”的发展战略，推进“五个转型”，以改革创新激发内生活力、以转型发展打造新的竞争优势，取得了出色的经营业绩和市场表现。正是一代代建行人坚持“知行合一，实干兴行”的价值追求，推动了建设银行事业稳健发展。目前，建设银行正朝着“国内最佳、国际一流”的最具价值创造力银行的战略目标继续迈进。

（四）坚持“创新强行”，汇聚强大创新能力

创新是一个企业发展的动力源泉。建设银行始终坚持“创新驱动发展”战略，无论是在财政和投融资体制改革、重组改制上市、管理架构变革等制度创新，还是在中长期信贷、房地产金融等重要领域的业务创新，以及品牌建设和优秀企业文化培植等方方面面，建设银行都是披荆斩棘、引领发展的先行者。率先利用存款发放基本建设贷款、率先在同业设立“善融商务”电子商业平台、率先推出小微企业“信贷工厂”模式、创新推出房地产金融服务、创新推出无机构县域金融服务方案等都体现了建设银行“不断创新，追求卓越”的精神风貌。2013年，建设银行完成产品创新961项，在存续期内的自有产品和代理第三方产品累计近7 000个，成为国内金融产品最丰富、服务种类最齐全、最具创新活力的商业银行之一。

（五）坚持“依法治行”，完善公司治理机制

建设国际一流现代金融企业，离不开法治的引领和规范，更离不开法治的保障和支撑。认真“守计划、把口子”，建行人一直铭记这个教诲，守规矩、讲原则，不放不该放的款、不做不该做的事，始终坚守理性、自律、稳健的经营风格。面对一次次市场波动，建设银行秉持传统、保持定力，不跟风逐利，依法合规经营。股改上市以来，建设银行坚持制度先行，落实依法治行要求，在公司治理、经营管理、风险内控等方面取得了长足进步。在公司治理方面，坚持党的政治领导核心作用，按照股份公司管理要求，明确了“三会一层”的治理机制，充分发挥各自职能。在经营管理方面，认真落实中央八项规定、规范领导职务行为、加强廉政制度建设、制定业务产品制度、出台员工行为规范、加强“六型总行”建设等，确保了建设银行依法经营。在风险内控方面，着力完善全面风险管理体系，打造“三道防线”风险管控体制，创新风险管理技术，及时处置化解了各类风险，实现了稳健发展。

（六）坚持“以德治行”，积聚发展的正能量

弘扬中华传统美德，培育社会公德、职业道德、家庭美德、个人品德，重视发挥道德的教化作用，是以德治行的重要内容。建设银行始终坚持“两手抓”、“两手硬”，集聚了推动建行改革创新发展的正能量。坚持以人为本，视“员工是企业最宝贵财富”，尊重人、关心人、鼓励人和培育人，激发员工积极性和创造性。按照中宣部“五个一”创建标准和建设银行“六个一”创建要求，积极开展道德讲堂建设，在全行营造讲道德、尊道德、守道德的浓厚氛围。截至2013年末，建设银行共开设道德讲堂404个，举办道德讲堂活动1 254场，有10余万名员工走进道德讲堂。深入开展“讲员工故事、展员工风采”活动。近两年，挖掘员工故事超过12 000个，参与员工超过17万人次，达到了员工自我参与、自我教育、自我升华的目的。其中重点总结宣传了数年如一日照顾患病丈夫并创造突出业绩的山西临汾分行客户经理李红英、八年36万笔业务无差错的陕西汉中分行柜员吴笑梅、66次义务献血5万毫升的天津宝坻支行员工魏广碧等34个典型人物。尤其是山西临汾分行客户经理李红英，在爱人失去语言和行动能力的情况下，她主动挑起家庭和事业两副重担，以“没有迟到、没有早退、没有差错、没有投诉、没有向组织伸手”的职业追求，创造了突出业绩。在她身上体现的爱岗敬业、心存大爱、勇于担当、自立自强，既是对中华传统美德的弘扬，也是践行社会主义核心价值观的生动写照。同时，建设银行把履行社会责任和引导员工参与社会公益作为企业文化建设重要内容，教育广大员工热爱祖国、心系人民、关心社会，使热爱公益、扶危济困、奉献社会成为全行员工的自觉行动；全行积极参加抗震救灾、服务奥运、服务世博等重大社会公益活动，创造出许多感人事迹和鲜活案例。上市以来，建设银行开展实施了70多个公益项目，累计捐款达7亿多元。“中国贫困英模母亲”、“母亲健康快车”、“建行爱心公益积分”等公益项目在社会上引起热烈反响，产生了良好的社会效应。

三、落实“三个能力建设”要求，着力打造充满生机活力的建设银行文化

建设银行“因建设而生，因建设而兴”。60年间，建设银行饱含家国情怀，致力于服务“一五”至“十二五”的共和国经济建设，走出了一条现代化大型国有银行的兴行强国之路。中央领导同志对建设银行60年来服务国家经济建设取得的成绩予以充分的肯定，要求建设银行进一步增强服务国家建设能力、防范金融风险能力、参与国际竞争能力，为中华民族伟大复兴作出更大贡献。这既是对建设银行的巨大鼓舞，也为建设银行的发展指明了方向。作为国有控股大型银行，建设银行要继续发扬勇于担当的精神，着力弘扬建设银行文化。要积极推进适应综合化经营、国际化发展、全球化服务、海内外联动要求，具有全球视野和开放包容的集团文化体系建设；制定并实施符合新时期发展战略要求的企业文化建设实施纲要，把社会主义核心价值观作为建行文化之魂，把中华优秀传统文化融入建设银行文化，把促进建行科学发展作为企业文化建设的目标，把建设银行与客户及员工共同发展作为企业文化建设的出发点和落脚点，不断提升文化软实力，

提升企业文化价值创造力。

（一）落实“三个能力建设”要求，要进一步强化转型发展意识，着力打造综合化多功能的服务文化

当前，我国已经进入了深化改革开放、加快转变经济发展方式的攻坚时期，面对国内外经济金融形势带来的机遇和挑战，建设银行坚持以转型促发展、以发展推转型，积极推进“综合性、多功能、集约化”的发展战略，加快向综合性银行集团、多功能服务、集约化发展、智能银行和创新银行转型。要围绕国家发展战略和实体经济发展需要，提高对重点区域、重点项目的服务水平，继续加大对小微企业和“三农”支持力度。树立大服务意识，强化集团母子公司联动、海内外全球联动。搭建大服务平台，快速发展投资银行、私人银行、电子银行、小微企业和消费金融等战略性新兴业务，全面打造包括保险、基金、信托、租赁、投行、期货等在内的综合服务平台，大力拓展“三大一高”客户的企业链、产品链、供应链系统服务，推进网点“三综合”建设，做到一点接触、全面响应的“一站式”服务。提升大服务能力，建设新一代核心信息系统，深入挖掘大数据应用，以综合营销的方式，通过综合化的平台，向客户提供综合化的产品，最终满足客户综合化需求。通过综合化多功能的大服务文化建设，打造同业难以复制的综合化多功能服务能力，进而形成新的竞争优势，发挥好共和国金融主力军作用。

（二）落实“三个能力建设”要求，要进一步强化风险合规意识，着力打造全员全面风险管理的合规文化

随着金融改革的深化特别是利率市场化的全面推进，迫切需要我们提升市场化条件下驾驭复杂局面的能力。贯彻落实十八届四中全会精神，按照依法治行要求，要进一步强化风险合规意识。要牢固树立“了解客户，理解市场，全员参与，抓住关键”的风险理念和“内控促发展，合规创价值”的内控合规理念，着力打造全员全面风险管理的合规文化体系。通过强化思想道德、价值理念的“软约束”和制度机制、信息技术的“硬约束”，培养依法经营、规范操作的行为习惯。准确研判和把握经济“新常态”下企业风险和金融风险的迁徙演化规律，提升风险预警预控的有效性。强化“三个不放过”，对违纪违法实施“零容忍”，建立健全责权对等，“一岗双责”的管理机制。着力强化信用风险防控，重拾过去贷款“三查”中好的做法，重塑项目评估、客户评级、授信风险评价和造价咨询等领域的传统优势。大力推广运用大数据分析、计量模型、系统机控等先进工具，丰富日常风控技术手段，将风险管理能力打造成为建设银行的一项核心竞争力。进一步增强理性分析、主动应对的能力，守住不发生系统性、区域性金融风险的底线，发挥好大型银行金融“稳定器”的作用。

（三）落实“三个能力建设”要求，要进一步强化国际竞争意识，着力打造适应全球发展战略的人本文化

人是企业最活跃的要素，人才是企业最宝贵的财富和核心竞争力。目前，建设银行正在加速推进海外发展战略，海外一级机构总数达到20家，覆盖18个国家和地区，初步搭建了全球化服务网络，站在了与国际大银行同台竞争的舞台上。同时，大量企业“走出去”和人民币国际化进程加快，既为银行利用国内国际两个市场提供了难得的机遇，也对银行的跨境金融服务能力、全球资产配置能力、全面风险管控能力提出了新的挑战。特别是互联网金融的兴起、大数据技术的运用等，对金融发展创新以及竞争格局产生了深远的影响，如果不加紧跟进，就会在新一轮竞争中造成被动。在参与国际竞争的过程中，不仅需要我们加强对现代经营管理、信息技术、网络技术、金融工程、大数据，以及心理学、行为学等新知识的学习，还需要我们建设一支具有全球化经营思维的人才队伍。要进一步强化人才兴行意识，着力发现人才、培养人才、用好人才，充分激发和释放人才红利。认真落实“五关爱”工作机制，即“思想关爱、工作关爱、成长关爱、健康关爱、家庭关爱”，进一步增强全行员工的归属感和自豪感，提升全行员工的凝聚力和价值创造力。同时，积极构建具有国际视野和自身特色的跨文化管理体系，为推进国际化战略、增强国际竞争能力提供文化保障，在全球展现中国银行业卓越的价值创造和良好的品牌形象，在实现“中国梦”的伟大进程中再立新功、再创辉煌。

加强三个能力建设　勇担大型银行责任

中国建设银行董事长　王洪章

中国建设银行成立60周年之际，习近平总书记作出重要指示：要求进一步增强服务国家建设能力、防范金融风险能力、参与国际竞争能力，为中华民族伟大复兴作出更大贡献。李克强总理、马凯副总理也作出重要批示。习近平总书记提出的三个能力不仅为建设银行，更为中国银行业特别是大型银行的改革发展指明了方向。

一、增强三个能力是大型银行改革发展的必然要求

服务国家建设是国有大型银行的基本职责和天然使命，加强风险防范是创造价值的坚实基础和根本保障，参与国际竞争是建设金融强国的重要手段和必经之路。增强这三个能力是大型银行立行之本、兴行之基、强行之道，是银行业解决重大改革发展问题的基本方针。

从国际银行业发展趋势看，增强三个能力是大型银行转型发展的方向。2008年国际金融危机迫使全球银行业进行深刻反思，一方面反思金融发展与实体经济的关系，再次明确了服务实体经济是商业银行等金融机构生存和发展的基础；另一方面是全球银行业被迫转变发展方式，国际监管改革也扭转了商业银行的投行化趋势，强化了资本要求，引导服务实体经济，并加大了对风险的约束。在2013年20国集团第八次峰会上，各方纷纷强调长期投融资对促进经济增长和就业的重要作用，并就国际金融稳定、加强对影子银行监管等提出了明确要求。国际金融危机后国际银行业的发展趋势，充分表明我国大型银行增强三个能力的必要性和紧迫性。

从国内经济发展要求看，增强三个能力是大型银行履责的关键。当前，中国经济进入新常态，加快经济结构调整、化解部分领域产能过剩、推动产业结构升级、提升国际竞争力等任务十分艰巨，教育、医疗、养老等民生领域以及小微企业金融供需矛盾依然突出。这些都对银行业尤其是大型银行提出了新的更高要求。目前我国金融体系仍以间接融资为主体，间接融资占社会融资总额的比重超过60%，其中大型银行贷款几乎又占到了间接融资的50%，如果再加上政策性银行和邮政储蓄银行，这一比例会更高。因此，大型银行加强三个能力建设，既是自身履责的关键所在，也是促进经济转型的迫切需要。

从中国银行业发展愿景看，增强三个能力是我国大型银行成为世界一流银行的必备条件。经过30多年的改革发展，中国银行业总资产超过150万亿元，大型银行资产规模、资本实力和盈利能力跻身全球银行业前列。在英国《银行家》颁布的2013年全球银行排名中，我国四大国有商业银行市值全部进入前十名，工商银行和建设银行分列第一、二位。但与世界一流银行相比，我国大型银行在体制机制、产品创新、风险控制、市场竞争、专业人才等方面还有距离，并最终体现在服务客户、风险管控和全球竞争力方面。要实现成为“世界一流银行”的发展愿景，肩负起建设经济金融强国的历史使命，加强三个能力建设刻不容缓。

二、立足实体经济发展，增强服务国家建设能力

随着我国经济进入新常态，并致力于通过深化改革和结构调整打造中国经济升级版，大型银行在获得新的、更大市场机遇和发展空间的同时，必须着眼大局，以更广阔的视野和更前瞻的思维，兼顾各方利益，承担社会责任，加大改革创新力度，努力提升服务国家建设的能力。

围绕国家经济发展战略，优化信贷资源配置。服务国家经济建设是大型银行义不容辞的责任。我们要以国家经济发展战略为指引，集中信贷资源，大力支持重大基础设施、民生工程、城镇化等国家重点建设项目；继续向高端制造业、科技服务业、养老健康产业以及循环经济等有利于经济转型升级的行业和项目倾斜信贷；加大对“京津冀一体化”、“长江经济带”、西部大开发、东北老工业基地改造等区域战略的信贷投放，推动产业梯次转移；在参与国际竞争中，促进亚太经济金融一体化，通过“一带一路”实现互联互通、“两走廊”、自贸区等对外开放措施实现全面对外开放。同时，压缩产能严重过剩行业、融资平台、房地产等行业贷款，盘活存量信贷资产，提高信贷资金使用效率。

紧跟国家经济建设需求，创新服务方式。要根据新形势下实体经济、消费、民生等重要领域金融需求的特点，创新服务方式，持续完善协同服务模式。一是顺应金融需求综合性与特色化要求越来越突出的趋势，在纵向上组建由不同层级人员构成的金融服务团队，在横向上加强前中后台、母子公司以及分行间协同联动，为实体经济发展提供综合性金融解决方案；二是紧跟人民币国际化和企业“走出去”趋势，调整国际化经营布局，强化境内外优势互补，完善全球一体化服务模式；三是加强与地方政府、行业协会的合作，依托政府信用增级、财政补贴等政策基础，创新供应链金融等服务模式，共同搭建对小微企业、“三农”领域客户的金融服务平台。

顺应经济发展方式转变，加快经营转型。加快向综合性经营转型，持续完善综合经营架构，充分发挥和扩展集团服务功能，形成母银行与子公司、境内外、客户和产品部门等对接协作的一体化综合服务平台。加快向多功能服务转型，加强新产品研发和综合服务输送能力建设，形成多层次金融产品和多样化增值服务能力。加快向集约化发展转型，通过业务和服务流程的顶层设计，持续推进业务流程差异化、动态化再造，搭建跨条线、跨部门、跨产品的通用性、组件化集中作业平台，提高专业化经营能力。

三、着眼经济金融安全，增强防范金融风险能力

当前我国大型银行已建立了较为完善的全面风险管理体系，风险防范能力得到持续提升。但未来的国内外经营环境会更加复杂，维护国家经济金融安全的任务更加繁重，增强银行风险防范能力更加迫切。

坚守系统性金融风险底线，发挥压舱石作用。大型银行资产约占我国银行业总资产的40%，总市值全球排名领先。作为中国乃至世界的系统性重要银行，大型银行是我国金融体系安全的压舱石。因此，我们要继续苦练内功，坚决落实审慎监管要求，不断夯实风险管理基础，全面提升风险管理能力，坚决守住不发生系统性金融风险的底线，勇担维护国家金融体系安全的重任。

适应经济新常态，发挥稳定器作用。在经济转型升级、金融改革攻坚克难的关键期，金融市场波动很难避免，如曾出现的“钱荒”现象，一度引发利率飙升、市场恐慌。大型银行作为金融市场的主力军和货币政策的重要传导载体，既要遵循市场规律，也要勇于担当社会责任，坚定支持、认真贯彻国家金融政策，增强做市定价能力，稳定市场秩序；增强流动性管理能力，避免信贷投放的大起大落；坚持有所为有所不为，发挥市场稳定器作用。

加强重点领域风险防控，发挥缓释剂作用。在经济换挡与结构调整过程中，部分行业和部分区域风险事件频发，商业银行尤其是资产规模较大的大型银行面临的风险压力骤增。经济转型不仅考验我们的风险承受能力，更考验我们的经营智慧。要增强对风险的前瞻性识别和预警能力，加强客户选择和风险安排，积极协调地方政府、金融同业、当事客户，多策并举缓解和化解风险压力，最大限度地避免重大风险事件对宏观经济运行的冲击与干扰。

四、顺应对外开放大势，增强参与国际竞争能力

中国经济已经从“引进来”阶段发展到“走出去”时代，大型银行作为中国金融业的主体，迫切需要提升国际竞争能力，全面参与国际竞争。

这既是经济发展阶段的客观要求，也是维护国家金融安全、争取本国核心金融利益、提升中国金融地位的现实要求。

加快融入国际金融业，提升在国际金融界的话语权。在世界经济一体化和金融全球化背景下，中国金融必须“走出去”。金融危机后的世界金融格局，为中国银行业参与国际竞争提供了难得机遇。全面提升大型银行参与国际竞争能力，既要从大局出发、大处着手，又要讲战略、重运筹，及早布局，谋定而后动。应以“支持人民币国际化、金融服务网络全球化、金融业务全面化”为抓手，走综合化、全能化发展之路，实现国际化经营、全球化发展，全面参与国际金融竞争，努力打造国际一流的综合银行集团。积极参与区域性和跨区域性金融合作事务，不断提升在国际金融机构的话语权，扩大在全球金融市场的影响力。

深刻理解国际金融规则，培养一大批熟练掌握国际金融技术的专业人才。国际金融危机之后，由我国积极参与并支持的《巴塞尔新资本协议》，已经作为国际社会认可与自觉遵从的全球银行监管规则。中国银行业正在越来越多地参与具有较高技术要求和较为复杂金融规则的外汇交易、期货交易及其他金融衍生品交易。只有在深刻理解金融规则和熟练掌握专业知识的前提下，才能在面对复杂的国际金融市场的情况下作出准确判断和决策。目前的紧迫任务就是培养一大批熟悉金融规则的专业人才，借鉴国际先进做法和经验，全面参与国际竞争。

加速推进人民币国际化进程，在国际货币体系中占有与经济水平相适应的地位。人民币国际化是中国金融全面提升的货币基础，是中国在世界金融版图中必须抢占的制高点。中国要在国际金融事务中享有更大话语权，尽可能地降低汇率波动风险，实现对外贸易与投资的自由化和便利化，就要加快推进人民币国际化。始终站在人民币国际化前沿，致力拓展人民币国际业务，既是大型银行国际化发展道路的必然选择，也是中国银行业肩负的历史责任。要采取综合有效措施，加速人民币“走出去”；积极推动人民币离岸市场建设，使人民币在海外“流转起来”；打造人民币清算行优势，建立自主的全球报价体系，提升做市报价能力，确立在离岸人民币业务领域的主导地位。

大力支持中国企业“走出去”，提升全球一体化服务的主导权。应尽快改变“走出去”的中国企业高度依赖国外金融机构的局面，全面提升大型银行“跟随”服务能力，使之成为中国企业全球拓展的坚强后盾。构建多层次全球网络，实现企业走到哪里，银行服务跟到哪里。构建全面覆盖、智能高端、富有竞争力的全球一体化支付清算体系，着重提升跨境人民币清算结算能力。构建全球授信、全球现金管理、全球账户管理、跨境风险管理等金融服务体系，打造全方位、全时空金融服务平台。

现代银行制度的实践与探索

中国建设银行副行长　庞秀生

自2003年起，在党中央、国务院的正确领导下，在国家有关部门的指导和帮助下，建设银行（5.58，0.04，0.72%）、中国银行（3.96，-0.04，-1.00%）、工商银行（4.47，0，0）、农业银行（3.16，-0.01，-0.32%）等大型国有银行先后成功完成了财务重组、创立股份公司、引进战略投资者、发行上市等改革任务，由历史包袱沉重、管理相对落后的传统银行，逐步改造成为资本充足、内控严密、运营安全、服务和效益良好的现代金融企业。

一、股份制改革给大型银行带来巨大转变

股份制改革最为值得称道的成果是建立了有利于银行长期发展的现代银行制度，实现了“三会一层”内部制衡机制的有效运转。在此基础上，大型银行的经营管理实现了巨大转变，突出表现在以下四个方面。

第一，资本、风险、效率在相互平衡的基础上实现了良性发展。股份制改革以前，大型国有银行由于缺乏有效的产权约束，经营效率普遍较低，内部风险控制体系薄弱，财务包袱十分沉重。随着改革的推进和公司治理的完善，大型银行积极转变经营方式，遵循国际国内监管规则，优化资本构成、严格控制风险，经营绩效不断提升。截至目前，大型银行资本充足率普遍达到了12%以上，符合国际和国内监管要求；不良贷款率在1%左右，远低于国际大银行水平。经营效率也取得了长足进步。以建设银行为例，10年前85%的账务性交易在网点柜面办理，只有15%的业务通过电子银行和自助渠道办理，目前正好反过来，15%的账务性交易在柜面办理，85%通过电子银行和自助渠道办理；过去10年间，柜面60%以上的事务性工作实现了后台工厂化操作，网点排队等候时间大幅缩短。

第二，经营信息实现了高标准的充分披露。股改上市以前，大型国有银行没有向市场公开披露信息的义务。在缺乏有效监督的情况下，银行客户服务意识不足，风险内控有章不循，案件频发。随着大型银行在境内和香港两地上市，信息披露成为上市公司一项基本义务。银行普遍按高标准原则，通过定期报告和临时报告，将经营情况和重大事项及时向投资者、市场以及社会公众公布，尤其是将资产质量、风险管理、内控体制作为信息披露的一项重点内容，在定期报告中进行了详细说明，公司透明度大幅提高。在投资者和社会公众的监督下，银行的客户服务能力和风险管理水平都有了质的提高。

第三，建立了以经济资本和经济增加值为手段的管理体系。大型国有银行的管理、考核传统上以规模和利润为基础，各级管理者有追求短期回报和规模最大化的倾向，与股东的目标不完全一致。股份制改革以来，大型银行先后引进了经济资本和经济增加值的管理方法，并在实践中不断完善，形成完整的管理体系。业务发展方面，在兼顾规模、份额的同时，突出了经济增加值对业务的引导，将资本的约束显性化。绩效考核方面，形成了以经济资本分配和经济增加值为基础的考核体系，更加强化价值创造导向，资源配置优先向战略领域倾斜。风险控制方面，通过优化资本计量参数，运用内部评级系统开展风险监控，有效传导了内部管理需求。在此基础上，银行的经营管理真正体现了股东价值追求目标，管理层次得到有效提升。

第四，业务分析实现了由经验定性向基于定量的逻辑判断转变。在信息技术的支持下，大型银行的客户细分能力不断加强，能够根据大、中、小客户的不同需求，提供不同产品、渠道和解决方案。通过管理信息系统的建设，大型银行初步实现了客户、产品、渠道、机构等多维度的报告和核算体系，分析和决策的有效性不断加强。风险管理方面，大型银行经过多年数据收集和积累，已形成涵盖信用风险、市场风险、操作风险等主要风险领域，适用于境内外各类客户、产品风险识别、计量、控制的评级体系，风险管理能力和风险定价能力得到了有效提高；信贷资产分类由传统的“一逾两呆”，提升为五级分类，并进一步扩展到十二级分类，管理的精细化程度大幅度提升。

二、建立健全现代银行制度重点在于深化内部改革

现代银行制度是一个有机整体，建设银行作为最早实施股份制改革并上市的大型国有银行，在建立现代银行制度的过程中，不仅强调建立良好的公司治理结构，而且注重协调推进战略规划、组织机构、业务流程、激励约束、风险管理等各方面改革，有力地提升了银行客户服务能力和市场竞争能力。

建立具有中国特色的公司治理体制。现代银行制度的核心是建立规范的公司治理结构。建设银行按照“有效制约、协调发展”的原则设立了股东大会、董事会、监事会，充实了高级管理层，形成科学的决策、执行和监督机制。董事会主要关注公司的战略规划和市场定位等重大方向性问

题，监事会职责是督促董事会、管理层依法尽责，高级管理层负责银行的经营管理。建设银行同时十分注重发挥职工代表大会和工会的作用，建立了全系统职工代表大会和工会制度，定期召开职代会，审议重大经营决策和涉及职工切身利益的制度办法。此外，建设银行还主动把客户、媒体和公众监督作为公司治理的重要组成部分，加强信息披露，在遵守法律法规和市场规则的前提下，努力提高公司透明度。

确立适合的银行发展战略。上市之初，建设银行董事会、管理层就把战略研究和制定工作放在首位，先后制定了中国建设银行业务发展纲要、业务发展三年规划和五年规划。近两年，建设银行董事会、管理层根据宏观形势变化和国家政策要求，提出了“综合性、多功能、集约化”的发展思路，并拟于2014年完成中国建设银行转型发展规划。上述发展战略的总体思路，是强调客户和市场导向，解决建设银行业务结构和收入结构比较单一、盈利模式存在一定的脆弱性等问题，加快推进战略转型。

树立“以客户为中心”的经营理念。为彻底改变改革前根深蒂固的官商作风，在改革之初建设银行就明确提出，将建立“以客户为中心”的理念和机制作为股份制改革的中心内容，贯穿到经营管理的各个方面。近年来，建设银行通过扎实推进综合性网点、综合柜员制和综合营销队伍建设，提升网点综合服务能力，实现网点功能转型。研究制订产品创新战略规划，完善产品创新机制，强化创新驱动。积极推动流程银行建设，将流程优化和改造嵌入正在建设中的“新一代”核心系统。加大对电子渠道资源投入，通过“善融商务”等电子商务平台，提升客户资金流、物流、信息流整合能力，深度挖掘客户的信息和需求。

建立适应改革和发展的组织架构。股改以来，建设银行集团管理架构初步形成，逐步搭建起涵盖基金、租赁、信托、保险、投行等一系列综合化服务平台以及村镇银行、住房储蓄银行等专业化和差别化服务机构。稳步推进了业务条线管理模式，划分了批发业务、零售业务和投资理财业务三大业务条线，并在信用卡等领域积极探索业务单元制管理。持续推动城市行扁平化管理，压缩中间层级，做强分行，做大网点，通过优化城市行经营体制，增强竞争力。

完善与市场竞争形势相适应的激励约束制度。在组织机构改革过程中，建设银行借鉴平衡计分卡理论，修订完善等级行评定办法，考察视角从单纯向内、专注财务及业务规模转为内外兼顾、统筹定性定量评价指标。在一级分行关键指标基础上，建设银行设立部门条线关键业绩指标，落实总行部门经营管理责任，细化落实战略，形成纵横交错的关键指标体系。同时，积极改进经济资本计量方法，由原先的系数法改变为基于内部评级系统的资产变动法，进一步提升风险计量的准确性。

不断深化风险管理改革，加强内控机制建设。2006年建设银行推行了风险管理体制改革，初步建立起了全面风险管理体系，对于股改后业务持续健康发展发挥了重要作用。2013年，根据形势变化和管理需要，总行董事会、管理层通过深入调查研究，结合体制机制中一些不适应的环节，对于风险管理体制和信贷机制进行了优化和调整。通过落实全员风险管理、强化班子责任、实现双向报告、推进专业分工、完善风险抓总等措施，使得银行经营管理更高效、风险管控更有效，实现了效率和风控在更高水平上的平衡。

三、进一步完善现代银行制度的建议

随着中国金融业改革进入“深水区”，银行经营环境将日益复杂，大型银行在现代银行制度建设方面面临诸多新的任务与挑战。当前，需要重点研究和解决以下几个问题。

进一步优化大型银行股权结构。大型银行经过股份制改革，已形成清晰的产权关系，多元化又相对集中的股权结构为公司治理机制的顺利运行奠定了基础。下一步大型银行需要在持续完善股东制衡机制方面进一步探索。一是探索引入多元化投资主体。根据十八届三中全会积极发展混合所有制经济的要求，在充分保证国有资本对大型银行控股权和控制力的前提下，探索引入多种所有制形式的资本及其他投资主体，形成更加灵活和多元的股权结构。二是积极推进优先股发行。优先股股东拥有优先于普通股股东的利润和剩余财产分配权，并且在银行未按约定发放股息的情况下有权出席股东大会并表决，因此在一定程度上可以形成对普通股股东的监督和制约。三是稳步推进员工持股计划。十八届三中全会明确提出允许混合所有制经济实行企业员工持股，大型银行实施员工持股计划在政策上已无障碍。下一步，大型银行应探索在国家有关部门的指导下，适时推出或持续完善员工持股计划，一方面，使员工分享国有银行改革的成果，另一方面，发挥员工股东的监督和制衡作用。

持续加强董事会建设。董事会建设既要提高董事会整体决策效率，又要保证对重大事项的讨论深入充分。一是加强董事履职能力。进一步完善董事会工作机制和程序，规范董事、监事、高级管理人员之间的沟通机制，加强董事调研和培训，积极为董事履职创造条件。二是加强对重大问题的研究，重点是公司治理、战略规划、经营转型、风险问题等方面的研究。三是完善授权体系。进一步梳理股东大会对董事会授权，使董事会的权限与银行资产规模、董事会决策能力和市场竞争形势相匹配；研究董事会对专门委员会的授权，发挥专门委员会的决策支持作用；在依法合规、加强监督、风险可控的前提下，授予管理层足够的经营权限。

保持业务增长和资本积累的良性循环。自本轮国际金融危机以来，境内外监管机构不同程度地加强了对银行业的资本监管。如何在严格的资本约束下，实现业务的较快发展，是大型银行面临的严峻挑战。一方面要做好资本补充规划。随着中国银监会、证监会相关政策的明确，商业银行可以选择发行的新型资本工具日益丰富。大型银行资本结构中核心一级资本（主要是普通股）已占较大比重，应积极研究发行优先股、永续债等其他一级资本，以及具有转股或减记条件的二级资本，在满足银行资本需要的同时，丰富和优化资本结构。另一方面，要加大业务转型和结构调整力度，加快向资本集约化转型。以“资本占用少、收益高”为原则，鼓励个人贷款、信用卡透支、小微企业贷款等业务发展，控制房地产贷款、产能过剩行业贷款等高风险权重资产的增长速度，发展非信贷类资产业务。通过提高资本使用效率，降低低效和无效资本占用，实现业务增长和资本积累的良性循环。

探索有效的投资者关系管理和市值管理。目前，中国大型银行规模和盈利能力达到了全球领先水平，但资本市场表现却不尽如人意。股价的长期低迷不仅不利于投资者获得满意回报，也不利于银行改革的深化和推进，需要探索有效的投资者关系管理和市值管理手段，使银行价格逐步回归内在价值。一是有针对性地加强与投资者的沟通和交流。通过多种方式向市场宣传我国经济基本面长期向好的趋势、大型银行的发展战略及投资价值，增强市场投资信心。二是创新利润分配方式。在保持分红率总体稳定的基础上，根据投资者的意愿和需求，推出现金股利和股票股利结合，以及“以股代息”等创新型分红方式，优化投资回报机制。三是进一步完善信息披露。通过法定披露和自愿披露增强信息披露的针对性，提高透明度，保障中小投资者的知情权。四是银行经营计划、资本规划、股本结构调整和创新资本工具发行等工作都要考虑市值管理因素，进一步完善市值管理的方法和工具。

持续完善公司治理传导机制。在复杂多变的宏观经济金融环境下，如何在集团内有效贯彻和落实发展战略始终是一个难点问题，需要不断的探索。一是加强统一法人意识，督促指导各分支机构结合自身实际，对照公司治理的基本要求，进一步完善自身决策、执行、监督机制；同时完善子公司治理结构，按照依法合规的原则，履行控股股东的管理职责。二是实现战略规划与经营计划的有效衔接。经营计划要以战略规划为主要依据与基础，并作为考核各业务条线和各分行经营业绩的重要依据。三是建立科学的风险偏好准则。各条线、境内外分行、各附属机构均以此为基准，将经营目标与风险偏好有机结合，充分体现股东的价值取向和安全性要求。四是发挥信息技术的支持作用。通过建立和完善统一的信息平台，集中管理各类信息，实现信息的有效传导和实时监控。

建设银行云计算数据中心及运维体系建设实践探讨

总行信息技术管理部总经理　金磐石

云计算、大数据和移动互联网技术的出现是21世纪信息科技最具影响力的事件，这些技术不但正在改变信息技术相关产业的发展格局，还深刻影响了传统行业经营理念和管理模式。近年来，国务院及工信部等部委也相继发文要求积极推进云计算等相关产业的发展，要求各地企事业单位进行云计算示范应用，以带动产业结构的优化升级。建设银行响应号召，积极推进云计算等相关技术的研究与应用，努力探索大型商业银行云计算数据中心及运维体系建设的最佳实践方式，并在2011年启动的“新一代核心系统”项目中开始实践。2013年开始实施效果逐步显现，体现为基础设施标准统一、应用部署快速发布、参数标准统一固化、监控处理敏捷有效、资源供给周期从“周”缩短到“分钟”。建设银行将在“新一代核心系统”、“两地三中心”数据中心建设中持续探索、深化云计算应用，预期上述项目于2016年完成，届时，云计算应用将更为深入广泛、效果将更加明显。

一、企业级的架构设计指导实施

规模效应是云计算数据中心的主要特征之一，只有形成了一定的规模，云计算才能充分发挥效能计算的作用。规模效应的产生虽然需经历很长的发展过程，但初始设计时的大局意识、顶层设计往往会决定其成长基因。建设银行在实施云计算数据中心的建设过程中有一个很好的契机，即“新一代核心系统”项目的建设。按照“集中、集约、集成”的信息技术发展原则，“新一代核心系统”旨在重构一个商业驱动的企业级IT系统。企业级系统是从业务的顶层设计开始，而非从局部需求发起，根据业务架构梳理的114个业务组件以及流程建模、数据建模的成果，规划设计出“7+1”层的IT架构和64个信息技术服务能力。IT架构中基础设施及服务层涉及网络、存储、计算、安全、运维管理等技术组件，依据面向服务架构（SOA）设计的理念，参考业界已有云计算模型，设计出“新一代核心系统”的总体技术架构逻辑模型（见图1），该技术架构模型能有效支撑建设银行未来“两地三中心”的云数据中心运维体系。

新的技术架构融入了云计算的构建思想和构建元素，将整个数据中心的基础资源和运维管理分为基础设施资源层、通用服务层、基础设施服务目录层、基础设施服务层、前端层和统一管理层。其中，服务目录层是将网络、存储、计算以及各种技术组件通过标准化过程抽象成不同的云服务，然后再通过云管理平台进行调度和管理。云服务的形成和云管理平台的设计是商业银行实践云计算的关键，云服务的形成既要考虑企业自身的技术基础和技术策略，如网络、存储、计算等相关产品的应用模式和使用策略，还要考虑安全和运维的具体要求，将资源供给和银行信息安全及运维管理具体要求有机地结合形成云服务，这是商业银行核心技术能力之一，也是建设银行云计算数据中心追求的主要技术目标。

经过前期的规划设计，建设银行现已梳理了31个技术组件和28个云服务，不仅涉及网络、存储、计算等基础资源，还涉及云管理、监控、运维流程、配置管理等IT服务管理，这些技术组件及技术架构的确定对以后云计算数据中心的逐步完善具有很强的指导作用。

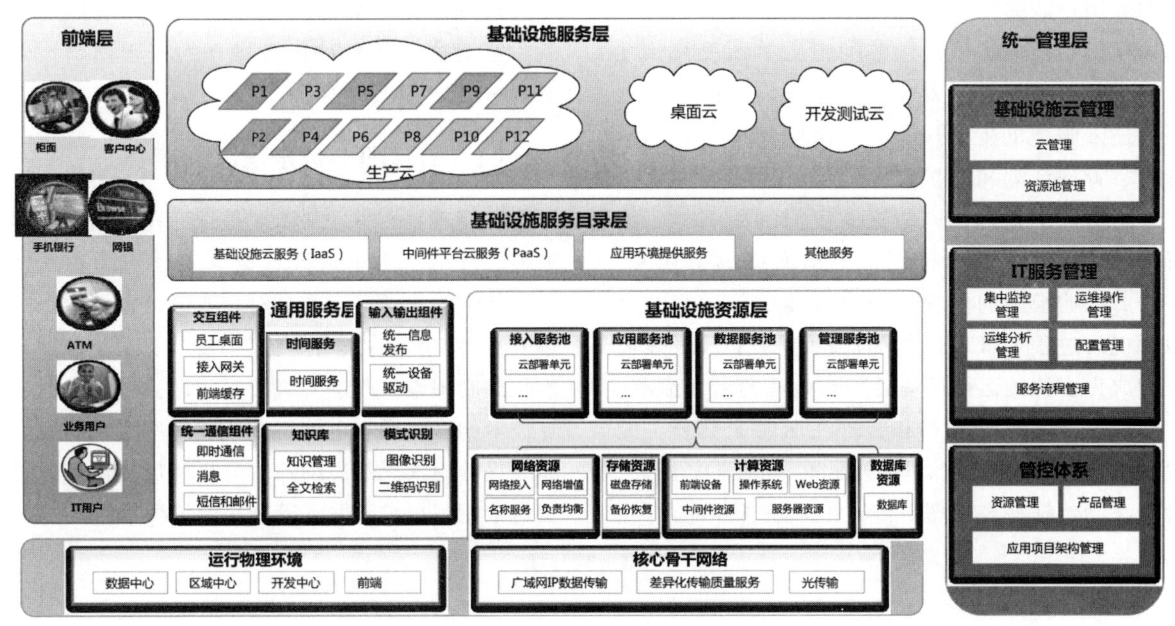

图1 云数据中心技术架构逻辑模型

二、标准规范奠定实施基础

云计算数据中心资源提供的方式与以往有很大的不同，它以快速敏捷的服务方式向用户提供，而传统的数据中心是面向应用的偏向个性化的资源供给。首先，在技术实现方面，传统的数据中心是分层次、分应用逐个技术叠加实现最终的资源提供，不同的层次是由不同的团队进行实施，此种情况下形成的技术标准或规范很难在云计算数据中心中继续使用。其次，云计算建立在大规模的资源池和自动化的基础之上，而资源池的形成和自动化的实现都需要标准化支撑。因此，云计算数据中心的实施必须标准规范先行，才能达到事半功倍的效果。

建设银行在云计算实施过程中全面梳理了现有技术和规范，将新的架构设计和服务要求融入标准规范之中，形成了包含服务目录、计算资源、存储资源、网络资源、数据库资源、机柜布线、命名规范、云服务开发等的相关技术标准或规范，为云服务设计以及云管理平台有效地进行资源供给和资源管理奠定了基础。

三、云服务设计是实现效果的关键

目前，云计算的实现还没有一个固定的模式，业界有各种实现方式，从技术特征来看，都具有资源池、虚拟化和分布式的特点。商业银行云计算数据中心的实现难点主要体现在：技术组件的多样性和异构性；信息安全和运维安全的高要求；运维管理的高复杂程度。面对这些难点，商业银行应充分利用新技术，持续优化技术架构和管理流程。建设银行经过几年的不断努力，摸索出了一套云服务的设计模式和设计方法，并形成了云服务开发规范。

建设银行的云服务设计分为物理层面和逻辑层面两个层次，物理层面主要是资源池的设计，它将具体的计算资源、存储资源和网络资源通过标准化的过程组合在一起，形成基本的云部署单元，多个云部署单元形成相应的资源池。依据不同的技术和产品分类，目前有9种资源池可供使用。逻辑层面的设计主要是指在物理的资源池基础上，根据需求将具体的资源以服务的形式提供给应用。其中的服务，不但包含基础的网络、存储和计算资源，还包含运维有关的备份、监控和自动化管理等配置信息和配置脚本。

为了有效开发云服务，建设银行形成了云服务描述模型，它由业务定义、结构模型和操作模型组成。业务定义是从业务视角描述云服务的服务能力，包括可以提供的功能和服务质量等，使云服务用户能够更容易地理解云服务可以做什么。结构模型主要描述了云服务的组成单元及其相互关系，并以图形化的方式进行呈现。操作模型主要描述云服务的生成过程，它由构建计划、供给计划、管理计划和维护计划组成。构建计划是创建一个镜像的过程，同时记录镜像的版本号、配置文件等关系。供给计划是申请取得虚拟环境，并按照结构模型的要求将镜像部署在分配好的虚拟环境的过程。管理计划描述的是一个云服务被分配成为虚拟的运行环境后需要处理的后续流程。管理计划分为配置脚本和管理注册两个部分。配置脚本包括网络配置、安全配置、管理配置等；管理注册包括在云管理平台的相关注册和配置。维护计划是在服务部署完成后，服务运行生命周期中需要执行的各种运维操作的流程模型，如服务启停、服务下线等。

四、云管理平台是建设的核心

云管理平台（见图2）是云计算数据中心建设的核心环节。由于云计算技术还处于快速发展阶段，传统的软件厂商产品对商业银行数据中心的管理方案还不够成熟，存在架构复杂、功能分散、个性化定制困难、改进升级慢等问题。较早应用云计算技术的互联网和电信行业往往采取自主研发、不断改进的模式。经过细致的分析和反复论证，建设银行采用了自主研发云管理平台的技术路线。

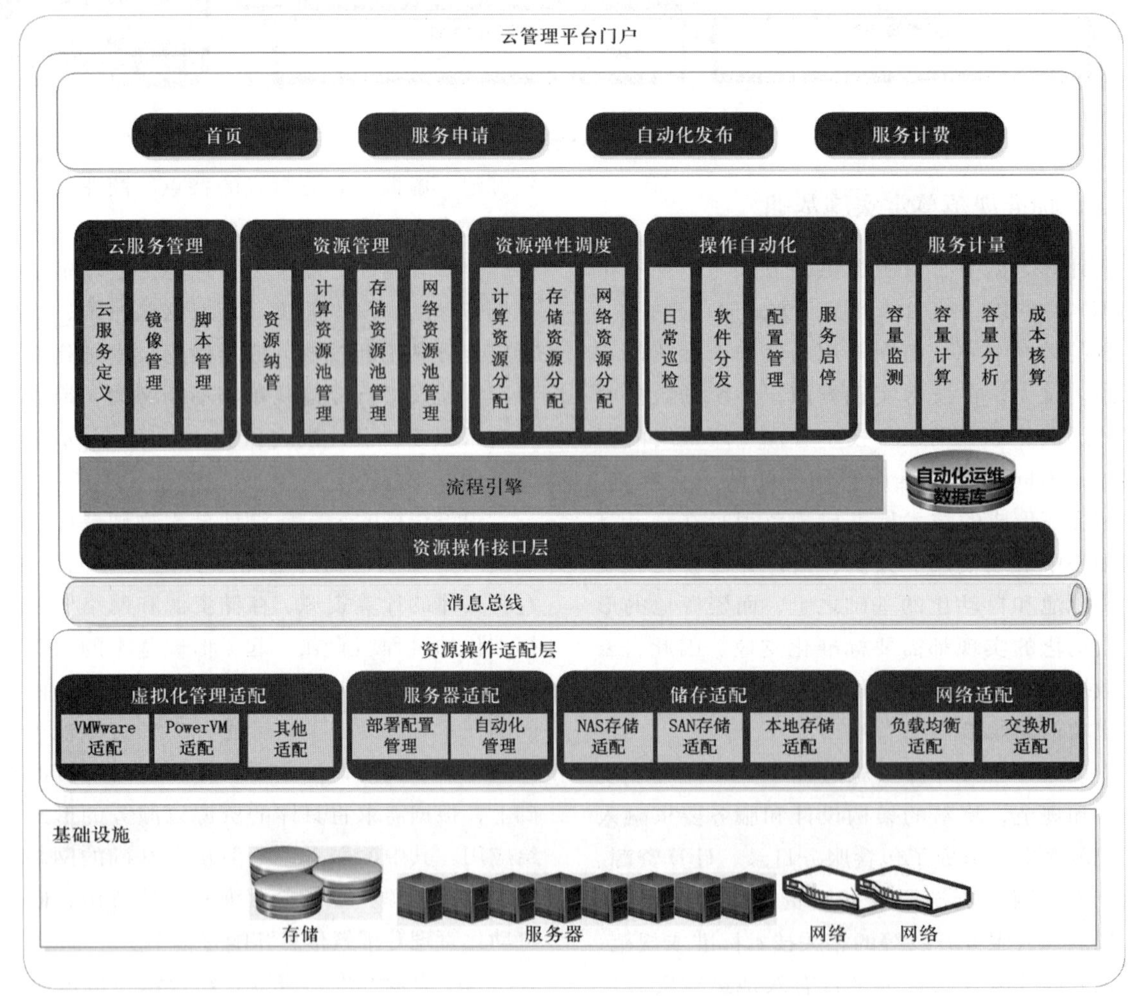

图2　云管理平台逻辑架构

建设银行云管理平台参考了开源项目 OpenStack 的架构设计，并根据商业银行数据中心运维的特点进行了适当的扩展，主要增加了和运维有关的日常检查、软件分发、配置管理和服务启停等功能模块。在技术架构方面，主要由用户门户、服务管理、流程引擎、消息总线和资源适配五部分组成。其中，用户门户实现界面接入；服务管理实现资源调度和资源管理，云服务有关的镜像、版本、容量和计量等管理，以及运维有关的自动化操作等内容；流程引擎负责服务流程的编排和调度；消息总线负责平台内各组件的消息传送；资源适配负责对网络资源、存储资源和计算资源等物理资源的具体操作。实践过程中，建设银行对大量产品进行了抽象化和标准化的工作。

通过云管理平台的建设，建设银行初步实现了基础设施资源管理和服务的快速交付，以及融合 IT 服务管理流程和运维操作自动化的目标。现阶段云管理平台可提供了 28 种基础设施即服务（IaaS）及平台即服务（PaaS）的云服务，支持了“新一代核心系统”一期 15 个应用项目上线，创造了 5 个工作日交付上千台虚拟化服务器的行业纪录。

五、实践经验总结

首先，商业银行云计算数据中心及运维体系建设的成败和效果不仅取决于技术因素和数据中心，而是由整个企业的 IT 战略决定，需要从战略、规划、架构、开发、运维多个领域统筹规划，提升部门间的沟通和协作水平，促进应用与基础实施架构的融合，设计出更合理的应用架构，提升应用研发速度和用户体验，最终让业务人员和用户感知到云计算实施带来的效果。

其次，基础设施是商业银行实施云计算较好的切入点，商业银行在数据中心的建设和运维方面已经积累了大量的实践经验，通过云计算的实施可以有效地解决传统数据中心面临的资源管理复杂、运维操作风险高、服务响应慢的难题，同时还可以节约大量成本，增加业务的敏捷性。

再次，商业银行通过自主设计、自主研发的方式实现传统数据中心的云化是可行的。由于综合了金融行业的稳定性和互联网行业的敏捷性，自主研发方案在技术先进性、业务适用性、实施效果上比外购商业软件具有明显优势，和互联网行业的云相比也有独特优势。

最后，相对于互联网行业，金融行业的云计算数据中心建设还处于起步阶段，还没有形成完整的最佳实践。建议同业加强交流学习，推动行业云计算建设、运营和管理经验的共享，促进金融行业的云计算最佳实践形成，提升金融行业数据中心整体的运维管理水平。

以创新转型推动信用卡跨越式发展

总行信用卡中心总经理　段超良

2014 年，尽管面临经济下行和互联网金融冲击的双重考验，国内信用卡产业仍以良好的业绩实现快速增长，特别是在多年的市场培育下，在支付生态圈加快构建的进程中，信用卡发展内涵急剧扩张，市场空间彻底打开，整个产业高速发展的新时代已经到来。到第三季度末，全国信用卡发卡量达到 4.36 亿张，当年新增 4 500 万张，保持了去年新增 6 000 万张的增长速度；实现消费交易额 9 万亿元，占社会消费品零售总额的 48%；贷款余额 2.19 万亿元，占个人短期消费信贷比重超过70%。信用卡不仅成为国家扩大消费、拉动内需的中坚力量，更成为各家商业银行转型发展、加快改革的主力军。

回顾2014年，建设银行龙卡信用卡坚持“以客户为中心，以市场为导向”，在机遇和挑战的交织中开拓奋进，用创新驱动谋求转型发展，以专业专注的积极态度、令人振奋的市场表现，实现规模、质量与效益协同并进的快速发展。

一、顺应行业发展上行大势，明确加快发展主基调

三年来，我国信用卡新增发卡从2012年的4 500万张增长到2014的6 000万张，消费交易额年均增速超过50%，贷款总规模三年内连翻两番。即使是这样的发展速度，与发达国家信用卡产业发展历程、速度和体量相比，还是有相当的发展空间。以美国为例，信用卡经历了20多年的高速放量增长期，我国刚刚走过11年发展历程，而且我国人均持卡量仅为0.32张，还不到美国的1/5。由此可见，我国信用卡产业正处于、并且还将长期处于快速发展的黄金阶段，上行趋势不会改变。

2014年，建设银行龙卡信用卡明确加快发展的主基调，从扩大客户规模入手打牢发展根基，创下8个月发卡增长1 000万张的新纪录，平均每3秒就有一人成为龙卡信用卡客户，以较快的客户增长优势领跑行业发展。

一是在综合化经营中拓展客户。依托建设银行“综合性、多功能、集约化”的发展战略，从综合化经营客户的高度把信用卡作为客户综合金融服务的重要组成部分，在提供其他金融服务的同时有效识别客户，挖掘客户支付结算、消费信贷等用卡需求，通过系统和流程的整合，将信用卡业务嵌入到客户综合金融服务的各个环节，联动实施精准营销，既能够增强客户综合经营成效，又能够进一步提升营销成功率和信用卡渗透率，逐步将建设银行的整体客户优势转化为信用卡客户营销成果。

二是以创新产品扩大客户规模。今年以来，建设银行龙卡信用卡加大产品创新和推广力度，先后推出龙卡全球至尊信用卡、全系列龙卡全球支付信用卡、龙卡热购卡、龙卡益农卡等新产品，在产品权益和功能设计上为客户打造极致优惠的用卡体验。比如，龙卡全球支付信用卡不仅具有同业领先的“全币种、免兑换”权益优势，更是形成金卡到白金卡的全系列产品，成为市场上中高端客户覆盖面最广的信用卡；龙卡全球至尊信用卡业内率先推出双客户经理服务制，以“八项之最”权益成为同业最顶端的IC信用卡；龙卡热购卡整合优质商户和行业应用资源，搭建客户、商户和银行三方共赢合作平台，成为业内首款跨商圈、综合化、平台性信用卡产品。这些创新产品为获取优质客户提供了源源不断的发展动力。

三是重点项目发卡带动客户增长。以IC信用卡行业应用为契机，加大民生领域的推广应用力度，重点加快龙卡信用卡在城市交通、高速公路ETC方面的项目推广，在服务民生行业的同时，批量拓展行业应用客户。抓住今年冬奥会、世界杯、第三季“中国好声音”热播、《变形金刚4》上映等热点事件，相继发行龙卡奥运信用卡、龙卡足球世界杯信用卡、中国好声音龙卡、“变形金刚4”主题信用卡等一批充满时尚活力的特色产品，并通过主题的跨年延续形成系列产品，受到相应客户族群的热烈欢迎。

二、抢抓促进消费的政策红利，做大信用卡支付规模

党的“十八大”以来，国务院及各部委密集出台了一系列消费刺激政策，10月底国务院常务会议再次要求重点推进互联网、旅游、教育文体等六大领域消费；APEC会议前后，多国相继宣布放宽或延长我国公民商业旅游签证期限；国家进一步放开和规范银行卡清算市场、统一收单商户类别、实行借贷分离的商户收单费率政策也有望近期出台。这样高密度、高强度的政策背后，是因为拉动经济增长的“三驾马车”中，企业投资意愿依旧低迷，出口回暖不容乐观，促进消费拉动内需成为最佳选择，政策红利的集中释放将为信用卡创造长期利好的发展环境。2014年，建设银行龙卡信用卡抓住当前难得的发展契机，以良好的用卡环境、丰富的促销活动、强大的信贷消费产品，实实在在地普惠客户，支持和促进消费增长。

一是打造优质的用卡商户平台。以“为客户

打造最佳用卡环境”为己任，加快商户拓展和支付创新，先后推出平板点餐、电子签名、POS 流量贷等新业务和新功能，成功上线出租车金融 IC 卡收单应用项目，为酒店、餐饮、百货等行业提供量身定制的收银解决方案，当年新增商户超过前三年商户增长总和，首次实现银联口径的新增跨行活动商户同业第一。加快特惠商户拓展，为客户提供便利、持续、长久的用卡优惠环境，龙卡信用卡特惠商户覆盖休闲娱乐、精品酒店、时尚购物、生活服务和汽车服务等热门消费行业，覆盖面和商户规模行业领先。

二是开展丰富的“最惠”促销活动。以打造好用、爱用、想用的信用卡为目标，抓住客户消费热点，着力开展“龙卡美食惠”和“玩转世界”两大优惠促销活动。其中，“龙卡美食惠”覆盖哈根达斯、味千拉面等全国 300 多个城市、4 100余家知名特色餐饮商户，将美食最惠到底；“玩转世界”活动着眼于客户出境前后、线上线下各个用卡环节，推出“热门旅游线路立减”、“境外消费 5% 返现”、“线上名店 5% 奖励”、“亚马逊海淘 5% 奖励”等系列活动，期间还穿插中国香港等地区知名商圈的短期促销，为日益高涨的客户出境消费需求提供了实实在在的优惠体验。通过全方位的促销优惠体验，带动整体消费交易额超过 1.6 万亿元，消费交易笔数同业第一，龙卡信用卡成为客户使用最多的信用卡。

三是打造引领行业的消费金融品牌。面对不断升级的消费信贷需求，持续优化龙卡信用卡消费信贷结构，加快发展账单分期、益贷卡等回归信用卡本源的循环消费信贷产品，打造“龙卡分期付”品牌，实现循环消费信贷产品在网点自助渠道、电子化渠道和移动社交网络的全面覆盖，其中账单分期已实现短信、微信、个人网银、手机银行、信用卡网站和自助语音六大自助渠道，受理渠道同业领先。同时积极把握全国公务车车改机遇，推出“车改汇”购车分期品牌，为超过 2 万客户提供购车金融服务，凭借在业务规模、效益贡献、专业服务、品牌影响力等方面的卓越表现，龙卡信用卡购车分期荣获中国汽车金融年会授予的“2014 年最佳汽车信用卡品牌”大奖。

三、把握信用卡互联网化主方向，敢于创新大胆作为

互联网技术、思维和应用在金融领域的加速渗透，给信用卡产业带来的冲击不可小觑，但无论互联网金融如何创新，信用卡连结客户和商户这两个账户的核心本质不会改变。支付清算协会调查显示，2014 年移动支付中，信用卡交易占比高达 93.4%，因此信用卡要抓住这个核心优势，加快互联网化发展，在跨界合作中赢得主动，信用卡产业将迸发新的活力。2014 年建设银行龙卡信用卡坚持用户至上，强化互联网思维和大数据应用，将互联网创新应用覆盖到客户生命周期的各个环节，以崭新的业务运营模式，打造高效、便捷的客户体验。

一是构建全覆盖的电子办卡渠道。办卡是客户接触信用卡的第一站，目前龙卡信用卡已实现手机、微信、PAD、二维码等九大电子办卡渠道全覆盖，在大幅缩短办卡时间的基础上，应用互联网技术推出即时发卡功能，将信用卡办卡时间带入“秒”级时代，带给客户更快的办卡体验，成为国内最丰富的电子办卡平台。同时，积极与联盟方合作搭建网站及手机客户端办卡通道，电子渠道新增发卡、新增客户连续三年实现翻番增长。

二是做大互联网支付交易。加大新兴支付方式的部署及推广，如手机信用卡、虚拟卡、苹果支付等，在业内首创推出龙卡电子支付钱包，实现跨境互联网消费“一键式支付”，荣获万事达卡“2014 年最佳支付创新产品奖”。创新互联网支付渠道，拓展“建行龙 PASS”、ECI 网络支付、电话邮件订购以及代收代付等各类网络支付，不断为客户用卡提供安全、快捷的支付手段。同时在支付宣传上大胆创新，借助微信社交平台开展寓教于乐的“我是卡神”信用卡知识竞赛等微信互动营销活动，吸引参与人数超过 1 亿人次。随着互联网支付创新的不断加快，龙卡信用卡电子支付交易额突破千亿大关，同比增长 57%，电子支付和境外消费同业领先。

三是打造“智慧客服”平台。建设银行信用卡客户服务，始终以“为客户提供最佳服务体验，打造信用卡客户服务第一品牌”为目标，依

托互联网科技和渠道创新，向更加高效、智能、低成本的服务模式转变，搭建“智慧客服”平台，对贯穿信用卡生命周期各接触点的渠道、产品、流程、服务等重新审视和优化组合，实现信用卡客户服务资源的横向整合、纵向整合和动态整合，为客户提供高效、便捷、及时、准确的超越预期的服务体验。自下半年客服转型以来，在10月旺季前后的电话高峰时段，实现人工电话量连续三个月同比下降，客户满意度、电话接通率、首呼解决率大幅提升，每百万张卡投诉量始终保持同业最低。

四、沉着应对风险挑战，确保业务健康发展

2014年，面对经济持续下行、行业风险向信用卡转移、信用风险及欺诈风险频发的外部环境，建设银行龙卡信用卡树立“重规模、更重质量”的理性发展观，始终坚持沉着稳健、长远审慎的风险管理策略，沉着应对风险挑战。

一是高度关注系统风险，对产能过剩行业可能带来的客户信用风险做到及时预警和排查。二是采用先进科学的风险计量工具，强化数据分析与挖掘能力，为风险管理提供策略平台。三是加强信用卡“三道防线”体系建设，持续完善风险侦测和监控体系，为信用卡差异化、精细化管理提供决策，为业务健康发展保驾护航。

通过全方位的风险防控，建设银行龙卡信用卡资产质量连续三年保持同业最优，2014年荣获VISA国际组织授予的风险管理“三个卓越服务”奖项，成为全球唯一一家同时荣获三个奖项的银行；同时还荣获中国互联网金融支付安全联盟授予的2014年互联网金融支付“风险联防优秀奖”。

新常态下商业银行发展普惠金融对策研究

内蒙古自治区分行行长　邱书民

十八届三中全会上首次提出“大力发展普惠金融”，这是我国金融发展理念和发展方式上的重大举措，标志着未来中国金融体制改革将朝着开放、包容、有竞争力、有创造力的方向发展，发展普惠金融将成为未来我国全面深化金融体制改革的重要内容。商业银行作为经济社会发展的重要组成部分，如何积极落实中央战略部署，发挥其金融资源配置的功能，做好普惠金融以更好地促进经济社会发展成为各国银行机构思考和解决的新课题。

一、发展普惠金融的必要性

推进我国普惠金融体系建设，是促进金融体制改革、健全现代金融体系、服务实体经济的重点领域之一。发展普惠金融，为各经济主体尤其是小微企业和个体工商户提供必要的金融支持，有利于推动经济的发展和社会的进步。

第一，发展普惠金融有利于增强社会公平，促进和谐社会建设。普惠金融是金融领域中注重体现人人都有平等机会获得金融服务这样一个理念，它的主要宗旨在于降低享受金融服务的门槛，使在传统金融中无法正常得到金融服务的中小企业、微型企业、个体经营者、农户以及贫困人群能够享受到基本的金融服务，运用金融手段，促进就业创业，改善民生，促进共同富裕，从而推进和谐社会建设。

第二，发展普惠金融有利于提高资金配置效率。发展普惠金融，就是通过创新工具将市场储蓄资源进行跨主体、跨行业、跨地区有偿转移，提高资金配置效率。我国金融体系存在的一个突出问题就是，金融资源使用不合理，资金配置效率不高。发展普惠金融，就是要破除各种制度性和政策性障碍，进一步扩大金融服务的广度和深度，将金融服务向欠发达地区和低收入群体扩展，

促进资金自由合理流动，提高资金使用和运行效率。

第三，发展普惠金融有利于克服现有金融体系的弊端。有些金融机构的服务由于越来越倾向于服务价值取向较高的客户，而忽视有发展潜力的中小企业、微型企业、个体经营者或自然人客户，也就意味着很大一部分低收入人群和微小型企业只有通过非正规金融途径才能获得他们需要的金融服务。发展普惠金融可以从广度和深度上进一步完善金融体系，依靠技术革新和政策支持来推动金融市场向那些更加贫困和更加偏远的地区开放，并提供种类更加丰富、价值更加合理的金融产品。

第四，发展普惠金融有利于金融业的可持续发展。发展普惠金融不但促使金融服务体系的提升，也促使金融产品及服务的升级。从长远来看，普惠金融的发展可以促进金融业的可持续发展。

二、普惠金融发展中存在的主要问题

目前，我国普惠金融机构和业务均呈现快速发展态势，小额贷款公司、村镇银行、P2P借贷平台等新型普惠金融业态得到长足发展，涌现出一些有代表性的普惠金融服务模式。但我国金融体系的普惠程度仍然不够，与农业、农村经济发展的新需求相比，仍有很大差距。

第一，普惠金融服务机构相对单一，多元化竞争格局尚未形成。金融资源配置不均衡，金融机构网点分布不合理。各金融机构营业网点都集中在县城，只有农村信用联社、邮政储蓄银行在部分乡镇设点，金融机构网点分布率相对较低。

第二，普惠金融的整体发展框架需要进一步完善。十八届三中全会发展普惠金融的论述实际上更多是一个原则性与方向性表述，目前国内缺乏普惠金融的整体框架设计，对普惠金融的现状问题、目标原则、战略部署、政策保障、机构职能以及监管评估等缺乏全局性、系统性和可操作性的安排。

第三，普惠程度有待进一步提高。中国普惠金融体系在提升金融服务的覆盖率和可获得性方面还有很大的提升空间，金融体系的普惠程度仍不够。例如，边远地区、经济社会发展相对滞后地区人口少而且居住分散乡镇的金融基础设施薄弱，网点较少；中小企业融资难融资贵的问题仍然存在；小型社区类金融机构发展有待加快；新技术革命冲击下的部分金融创新业务有待进一步规范；金融消费者合法权益的保护力度还不够等。

第四，普惠金融产品与服务创新能力有待进一步提高。近年来在互联网技术的支撑下，中国综合性普惠金融服务呈现网络化、移动化趋势，第三方支付、网络P2P信贷、网络保险、移动支付等新兴普惠金融业态蓬勃发展。同时，延续数十年的以经营模式单一的大银行为主导的金融结构仍未根本改变，金融机构的国际竞争力和创新能力依然有限。中国普惠金融发展仍处于初期阶段，市场环境有待改善，市场竞争仍停留在较低层次上，普惠金融机构的盈利模式和创新能力有待实现新的突破。

第五，金融基础设施供给有待进一步增加。互联网技术为普惠金融带来了新的发展机遇与挑战。在缺乏制度环境保障的新兴经济体中，互联网金融有可能引发市场风险失控或投资者保护缺陷。因此，在金融监管创新和金融基础设施建设方面，我们要积极面对新技术所带来的挑战。在全球互联网金融模式都尚未定型之时，如何加强监管，如何提供合适的金融基础设施，都是有待进一步探索的问题。

第六，普惠金融服务的发展对风险管理和监管带来新的挑战。普惠金融的发展对于信用风险、市场风险、操作风险等全方位的风险管理的方式和手段都提出了新的挑战。

三、商业银行发展普惠金融对策建议

普惠金融发展过程中将会给商业银行带来许多金融机遇。商业银行应把握好发展机会，结合普惠金融的基本内容及其金融服务新需求，主动对接中央战略，在金融理念、商业模式、金融体系构建等方面探索创新，明确发展普惠金融的基本方向，提供全方位服务。

（一）转变观念，增强主动服务意识

商业银行要从服务经济社会发展和自身长远发展的角度出发，一是要充分认识发展普惠金融的重要性和紧迫性，利用普惠金融的发展空间，坚持社会效益与经济效益相统一，加大支持力度。二是发展普惠金融有利于改善金融体系的传统模式。发展普惠金融可以从广度和深度上进一步完善金融体系，改善商业银行自身的资源配置。三是要认识到发展普惠金融有利于银行业进一步优化信贷结构，提高资本运营能力，拓展新的利润空间。四是发展普惠金融是商业银行竞争的必然要求。在信息技术和新营销模式的推动下，传统的商业法则开始发生变化，商业银行紧盯高端客户的“二八定律”也遭到了“金字塔底端理论”的有力挑战。不少商业银行也遵循这一新理论，自发地进军以前被忽视的中小微企业、个体商户等市场群体。商业银行要在新常态下，大力气探索各种新的业务经营模式，开拓和培育新的业务增长点。

（二）大力发展互联网金融

一是加强数据平台建设。商业银行要建设电商平台或综合金融服务平台，实现线上资信评估、融资服务、咨询服务、支付结算和营销服务，以拓宽信息积累的渠道。二是加强电子渠道建设。要大力发展微信银行、网上银行、电话银行、手机银行等，以大量使用手机的方式扩大对农村地区、边远地区和贫困地区的基本金融服务，提高电子服务渠道替代率。三是加强流程银行建设。为切实减少在发展普惠金融过程中存在的功能重复、数据不统一、规则上有矛盾等情况，银行业要通过一体化思维，实现灵活的一体化流程服务。四是借助大数据做好风险管理。商业银行要充分利用机构自身风险管理的专业知识，做好风险的前瞻性判断，及时发现风险苗头，降低潜在风险转变成事实风险的比例。通过数据分析把好风险准入关，将发展普惠金融的风险管理不断前移。

（三）探索发展社区银行模式

社区银行是发展普惠金融的重要途径。在利率市场化改革、移动互联网金融爆发式增长和建设新型城镇化的背景下，国内多家银行将社区银行作为战略重点进行规划和推进。据不完全统计，2013 年，民生、兴业、广大、华夏、中信等多家中小型商业银行进行了不同形式的“社区银行”试点。目前，国内商业银行普遍采用的社区银行模式则是以民生银行为代表的“金融便利店”或“金融资讯站”。社区银行的良好发展将在相当程度上改善我国的金融环境、提高金融服务水平、推动金融市场化改革。发展社区银行不仅可以满足多层次的金融产品需求和个性化金融服务，还可以增强银行竞争力，促进区域经济发展。关于社区银行的发展模式需要有关各界进一步探索。

（四）创新金融产品和服务，不断扩大金融服务的覆盖面和渗透率

1. 加强产品创新。一是要进一步分析客户需求，研究创新金融产品或改进现有产品。二是在产品种类和功能方面，要注意产品种类的差异化、产品功能的简单化，针对细分客户推出标准化的创新产品。也要充分考虑客户对金融服务需求持续存在的现状，做好递进性、系统性的产品创新。三是大型商业银行对于分支机构在产品创新方面要予以充分授权，鼓励基层分支机构结合本地区特点开展产品创新，提高产品创新的反应速度和市场适应性。

2. 加强信贷技术创新。互联网企业的优势是“大数据”，通过技术手段分析客户交易历史数据，了解客户需求和交易行为，从而降低信息不对称程度。银行等金融机构应借鉴学习电商平台，重视掌握客户交易记录、客户互动评价、行为习惯等，加强对各种形式的文档、文本、图像等非结构化数据的采集和处理。

3. 创新抵押担保机制。就城乡弱势群体而言，无抵押和无担保是其获得金融服务的最大障碍之一。为打破这一“瓶颈”，当前除要继续推行其他行之有效的抵押担保方式外，还要抓住十八届三中全会提出“农村产权制度改革”的时机，重点探索开展家庭承包经营权、林权、农民住房财产权、集体建设用地经营权及集体建设用地开发项目收益权和耕地复耕新增用地指标等抵押方式。在具备条件的地区，积极开办大型农机具抵押、农产品非标准仓单质押等担保方式。

4. 借鉴国际经验，创新金融模式。金融模式的创新在国际上有一些可借鉴的做法，例如，尤努斯的乡村银行联保模式，这种模式是由 5 名孟加拉国妇女组成联保圈，互相担保，几十年来被 30 多个国家效仿，放贷六七百亿美元，不良率很低。又如，巴西的代理银行业务模式。该模式允许代理银行在更大的范围以更多的形式提供金融服务。巴西各大城市的零售商店、邮局、彩票销售点成为银行分支机构的补充。

（五）积极支持小微企业，带动地方经济全面发展

一是认真贯彻落实有关支持小微企业发展的金融政策，提高小微企业贷款比重。建立以小微企业经济活跃区域为重点，以丰富的产品组合为手段，以集群产业、特色行业为导向，以具有发展潜力的小微企业客户为依托的多维度业务结构体系。二是加强专业化机构建设。三是加快产品和业务模式创新。积极探索创新适用于小企业的融资替代产品，拓宽全面金融服务渠道。尝试引入类似上市战略顾问、私募股权基金、杠杆融资等新型投资银行顾问服务。对于新兴的高科技企业，可以引入知识产权质押；对于需要贸易融资的企业，积极开展仓单融资、出口发票融资、货权或动产质押、出口退税托管贷款等业务。通过探索开展小微企业金融租赁，完善金融功能，使小微企业真正体会到融资的便利性、操作的简单性、租金支付的灵活性和技术设备的先进性。

（六）进一步完善服务渠道，努力提升金融服务能力

围绕普惠金融发展中新的金融需求，商业银行要优化物理网点布局，强化电子渠道服务，提高金融服务覆盖面。一是加大营业网点建设，优化布局，提高覆盖率。要遵循网点建设与客户资源相一致、网点功能与客户需求相匹配的原则，调整优化网点布局。加大营业网点改造，增加在农村及城郊地区网点自助设备和缴费终端的投放，弥补新兴地区网点布设的空白。二是加大以电子银行为代表的新型服务渠道建设。高度关注信息化与城镇化交融发展的新趋势，加强网络金融、移动金融、语音金融等新渠道建设，加快自助金融产品创新步伐，不断提升电子渠道金融服务水平。

（七）全面做好风险管理

商业银行在创新金融产品、发展普惠金融时，需要做好全面的风险管理。一是要从创新流程方面管理风险，认真做好产品创新流程的设计和管理，在产品创新中让风险管理部门提前介入并全面参与，从产品创新的源头做好风险管理。二是对于相关产品设计，要从制度方面规范产品的创新和营销等工作，减少操作风险。三是做好产品创新的后评估，通过评估及时退出不符合市场需求、发展前景不好的产品，防范市场风险。四是在产品创新风险管理中要注意充分利用互联网信息技术，降低风险管理的成本，增强风险管理的效果。

（八）加强与外部机构的合作

一方面，商业银行可以与非银行金融机构如保险机构、基金机构、信托机构、金融租赁机构、微型金融机构、担保机构等进行有效的要素整合，合作开展产品创新。对大型商业银行而言，现阶段需要更多地采用间接的方式，从资金、技术等方面对微型和地区性金融机构的产品创新提供支持，从而达到发展普惠金融的目的。另一方面，商业银行也可研究与非金融机构的合作，通过服务内容和服务方式的创新，实现跨界经营，将普惠金融服务逐步扩大至普惠服务。

关于通过市政债方式支持城镇化建设的思考

江苏省分行行长　杨毓

新型城镇化是中央确定的未来较长时期内的重大发展战略，在当前地方政府负债总量已较大的情况下，社会各界普遍希望通过建立市场化融资机制，找到一种既可为城镇化建设提供融资支持，又能控制地方政府融资风险的有效途径，其中，发行市政债被寄予了厚望。笔者认为，要达到上述目的，必须坚持十八届三中全会提出的“发挥市场在资源配置方面的决定性作用”，坚持制度先行、规范发展，充分发挥市场机制的约束力量，通过发行市政债满足新型城镇化建设资金需求，并促进形成地方政府自我约束负债机制，使其避免成为另一版本的地方政府融资平台贷款，展示地方政府形象和财政实力，提升公信力。

一、新型城镇化需要新型融资方式

城镇化是现代化的必由之路，是一个自然历史过程，从发达国家发展历史看，城镇化的发展普遍伴随着政府在基础设施和公共服务领域投资的快速增长，资金需求巨大。根据我国现状，新型城镇化建设迫切需要创新融资方式，找到长期可持续的资金来源。

1. 融资支持是新型城镇化的重要前提。中央城镇化工作会议明确提出，新型城镇化的核心是人的城镇化，要提高城镇化的质量，把促进有能力在城镇稳定就业和生活的常住人口有序实现市民化作为首要任务，这就必然要求地方政府增加在基础设施建设、完善公共服务体系、加强环境保护等多个方面的资金投入。根据国家开发银行的预测，未来3年我国城镇化投融资资金需求量将达到25万亿元。从目前实际情况看，地方政府财源相对有限，各项支出负担较大，仅仅依靠地方政府当期财政收入显然难以负担，必须通过金融市场进行融资，以满足建设资金需要。

2. 新型城镇化必须创新融资方式。在以往制度环境下，地方政府受到政绩冲动和预算软约束的影响，纷纷通过融资平台进行大量融资，包括银行信贷以及信托、租赁、理财等其他“影子银行”渠道融资，导致地方政府债务规模急剧膨胀。根据国家审计署公布的数据，截至2013年6月末，中央和地方政府债务总额达到30.27万亿元。由此产生了一系列问题：包括资金使用不规范，大量资金没有按约定用途使用；融资的透明性较差，导致难以准确评估地方政府的负债情况；增加了银行的系统性风险，一旦部分地方融资平台出现资金链断裂，将可能会发系统性金融风险，并导致经济的剧烈波动。因此，要解决城镇化建设的融资需求，必须转变原有的政府融资方式，加大创新力度，加快转型。

二、市政债是城镇化建设持续融资的有效手段

党的十八届三中全会明确提出，“允许地方政府通过发债等多种方式拓宽城市建设融资渠道。”从国际经验来看，市政债是一种市场化融资机制，公开性、透明度较高，便于判断其风险，容易被投资者接受，能有效解决政府融资需求，这一方式已为多数发达国家普遍采用。如美国纽约市政府早在1812年就以发行市政债方式为城市基础设施建设筹措资金，截至2011年末，美国发行的市政债券总额达到37 433亿美元，占到发行债券总量的10.23%。通过发行市政债，可为新型城镇化建设筹措资金，并实现多方面的好处。

1. 有利于盘活社会存量资金。通过市政债方式融资，可让更多的社会资本参与市政基础设施建设，为社会资本找到有效的投资渠道，有利于盘活社会存量资金，为城镇化建设提供持续资金来源。同时，发行市政债也有利于降低货币超发压力，截至2013年末，我国广义货币供给 M_2 总量已经达到110.65万亿元，同比增长13.6%，比年初预定目标高出0.6个百分点，社会上已经存在一些质疑“货币超发”的声音。通过市政债，盘活存量资金，符合中央“盘活存量、用好增量”的货币政策导向，有助于提高货币流通效率，降低货币超发压力。

2. 有利于促进政府债务显性化。市政债是一种市场化的融资机制，通过公开市场交易，过程公开、透明、市场化，地方政府如想以合理的价格进行融资，必须公开自身资产负债、财政收支情况，必须明确未来的还款来源，这就会促使地方政府负债显性化。如地方政府的负债比例过高，市场将会用脚投票，融资成本将会显著增高，甚至难以融到资金。因此，地方政府为了保证自身的融资渠道畅通，必须主动控制负债规模，避免过度负债，保持良好形象和社会公信力。

3. 有利于降低对土地财政的依赖。发行市政债是地方政府负债模式改革的积极尝试，也是直接融资市场的创新之举。当前，多数政府融资平台是通过土地抵押向银行申请融资的，未来的还款来源是土地出让收益，政府对土地财政的依赖非常大。但是，目前不少地方政府可抵押的土地

基本已经抵押完毕，部分地方政府已难以拿出更多的土地抵押给银行进行融资。市政债是以政府财政收入或者特定项目收益为还款来源的信用融资方式，无需政府提供相应的担保手段，有利于降低地方政府对土地财政的依赖程度，通过金融工具，把社会资金聚集起来，支持项目建设。

4. 有利于解决期限错配问题。发行市政债能满足建设项目的长期资金需求。城镇化进程中有些基础设施和公共服务项目投资回收期限长，银行贷款（包括中长期贷款）一般期限相对较短，最长不超过15年，并且需要分期还款，难以满足这些期限较长的项目融资需求。与银行贷款相比，市政债一般期限较长，最长期限能达到30年甚至更长，更加有利于支持重大基础设施项目建设，能解决银行贷款期限相对较短、并且需要分期还款问题；有些情况下，市政债还可以借新债还旧债，解决固定资产贷款到期后必须还本付息的问题，为大型建设项目拓宽稳定的长期资金来源。

三、发行市政债要明确思路、制度先行

在目前我国特殊的时空背景和行政体制下，市政债承担了为城镇化融资和解决地方政府债务风险的双重责任。要实现这一目标，就必须坚持制度先行，建立起一整套公开透明、行之有效的配套政策制度体系，保证市政债规范发展，避免“穿新鞋、走老路”、“新瓶装旧酒”，出现“南橘北枳”的状况。从制度建设的角度而言，必须从市政债本身的制度设计以及与其相关的配套政策制度设计两方面考虑，确保预期目标实现。

（一）明确解决问题

1. 明确发行主体，解决谁能发行的问题。一是按照“有需求、有条件、控总量”原则确定发行主体。从国外实践来看，市政债发行主体是地方政府或政府授权机构，我国市政债发行主体建议以市级政府或其授权机构为主。“有需求”是指市政债只能用于已初具规模的中小城镇的快速发展，起到推动、助推的作用，而不能成为“引领”作用，即不能用于不具备条件的“平地造城”，也不能用于“政绩工程”和“形象工程”。“有条件”是指地方政府要具备一定的偿债能力，主要体现在GDP规模及增速、一般性财政预算收入总量及增速、资产负债率、存量政府债务规模等指标上。“控总量”是指地方政府整体债务要在可控范围内，要统筹考虑存量政府融资平台债务和新发行市政债，实行债务规模总量控制，只有在落实了存量政府融资平台债务的偿还问题后，才能发行新的市政债，要明确发行市政债前后的资产负债率上限，防止债务规模无限扩大。二是在市政债实际推动上，要坚持稳步、有序推进，防止“一窝蜂”的现象。可考虑选择部分经济发达地区的城市先行试点，结合试点发现中的问题，认真总结经验教训，不断完善相关政策制度，条件成熟后再考虑在全国推广。

2. 明确具体用途，解决干什么的问题。一要明确用途，当前，许多地方政府财政支出压力巨大，资金需求量较大。虽然国外也有通过市政债募集资金弥补财政赤字的情况，但是考虑到我国地方政府面临的预算软约束情况，建议目前要明确不得将募集资金用于弥补政府经常性预算赤字，必须坚决禁止挪用资金行为。市政债募集资金必须按照计划，用于公共基础设施建设和公共事业，如道路、供水、学校、医院等项目，做到一一对应、专款专用；在具体产品设计上，要按照市政项目的类型，合理确定收益型债券或责任型债券，发行期限上要做到与项目运营期限匹配。二要加强全流程资金管理，在市政债发行前，发行单位和承销单位要公开项目可行性研究报告，列明资金具体用途，让投资人充分了解项目信息，相关各方要对报告内容的真实性承担责任。市政债成功发行后，要加强项目和资金管理，积极开展项目审计，定期披露项目信息，按照项目建设进度提起款项，不得随意超前提取资金。一旦项目出现难以完工情况，相关方要及时披露信息，并将募集资金冻结，作为偿还投资人的资金来源。

3. 明确投资主体，解决谁投资的问题。目前我国地方政府债券主要在银行间市场发行，商业银行是主要的投资者。美国市政债投资主体中，个人类投资者占比超过了1/3，我国市政债发行要借鉴国外经验，扩大市政债投资主体，拓宽融资渠道。一要坚持“属地化”，明确以本地机构和居民作为市政债的投资主体。由于本地机构和居民对本地政府的负债状况、偿债能力更为了解，所以要通过加强投资者教育，增强投资者风险意识，使投资者作出更加准确的投资判断，增强市

场约束力。二要坚持“分散化”，尽量提高居民、企业和证券、基金、保险等非银行金融机构投资比重。如此不仅能拓宽居民投资渠道，有利于调动存量社会资金，为市政债的发行创造有利条件；同时，还有利于分散风险，减少地方政府对银行系统的依赖，降低发生系统性金融风险的概率。三要在当前公共项目收益率普遍偏低的情况下，为鼓励公众积极参与市政债发行，可以参考国外经验，对持有市政债券获得的利息收入实行免税，提高市政债的实际收益水平；特殊情况下，甚至可以考虑给予一定的财政补贴，保证市政债持有人的收益水平。

4. 明确管理体制，解决怎么管的问题。要充分借鉴发达国家在市政债管理方面的成功经验，从落实十八届三中全会提出的正确处理市场和政府的关系入手，建立一套完善、高效的市场化管理机制。一方面，运用好政府管理这只有形的手，对发行主体是否符合准入资格进行审核，解决能否发行市政债的问题；另一方面，要更好地发挥市场这只无形的手的作用，通过信息透明、信用评级等手段，能否成功发行、以什么价格发行的问题让市场说了算。一是建立国家层面的市政债发行审核机构，由发展改革委、财政部、人民银行等相关部门共同参与市政债发行审核，制定相关的标准和流程，对发行人资格进行审核，批准市政债发行规模，规范市政债的管理。二是确保信息公开透明，地方政府要主动“晒账本”、“亮家底”，发债主体要按照统一规范的格式公开财务报告；市政债发行后，要定期公开项目建设情况和资金使用情况；要加快落实十八届三中全会提出的建立规范合理的中央和地方政府债务管理和风险预警机制。保证信息彻底透明，为评级公司进行信用评级创造条件，让市场投资者自己判断风险。三是充分发挥信用评级作用，信用评级是客户判断债券风险高低的主要指标，也是定价的主要依据，评级机构要对市政债发行主体和债券本身进行科学评级，确保利率水平真实反映风险状况；债券发行后，评级机构也要定期发布评级信息，为投资者买卖债券决策提供信息。四是建立危机处理机制，明确市政债出现偿付危机后的处理预案，责任分担。五是建立市政债的二级市场，增强市政债的流动性，降低持有者的机会成本，为市政债的长远发展奠定基础。

5. 明确偿债来源，解决怎么还的问题。一是进一步加快财政体制改革，完善地方税体系，赋予地方政府一定范围的税收立法权，为地方政府培育稳定的财源，如加快房产税、资源税、消费税立法等，保证地方政府具有稳定的偿债来源。二是市政债的发行要纳入本级人大的财政预算管理，明确偿债来源，偿还计划要经过本级人大审议并同意，发行前要向上级政府备案。三是加强还款资金管理，项目收益类债券还款资金要做到专户管理，按期提取，不得将还款资金挪作他用；一般责任债券要建立偿债基金，定期归集。四是为降低市政债持有人面临的到期未能偿付风险，可以考虑借鉴美国做法，由保险公司为市政债发行及二级市场交易提供保险。

上述五方面的主要问题，需要通过法律的方式进行明确。要赋予地方政府发债资格，以法律制度的形式对市政债发行申请、审核、信息披露、信用评级、定价、发行、交易、偿还等流程和环节进行规范，明确发行主体、评级机构、承销商、投资人等各方的权利和责任，同时可以对个人和企业投资市政债的利息所得减免所得税。最终，通过法律制度的建设和信息披露、风险评级等市场力量的充分发挥，确保市政债真正成为一种市场化的融资机制。

（二）完善配套政策措施

发行市政债是市场化改革的一个组成部分，除需建立市政债自身完善的制度体系外，还应建立完善相关的配套政策措施，为市政债顺利发行提供保障。

1. 进一步完善地方政府考核评价机制。长期以来，各级地方政府以 GDP 为核心的政绩观是导致过度负债的根源，如此政绩观不改变，就无法从根本上抑制地方政府负债扩张冲动。中央已经提出改进地方党政领导班子和领导干部政绩考核的要求，突出了科学发展导向，把民生改善、社会和谐进步、文化建设、生态文明建设作为重要考核内容，不能仅仅把地区生产总值及增长率作为考核评价政绩的主要指标，特别提出要把政府负债作为政绩考核的重要指标，强化任期内举债情况的考核、审计和责任追究，防止急于求成，以盲目举债搞“政绩工程”。应尽快完善考核评价制度，以促使地方政府真正树立科学发展理念。

2. 实施地方政府财务公开制度。只有财务信息公开透明了，才能有利于社会各界的监督，才能为中介机构评级和市场化定价创造条件。要认真落实十八届三中全会提出的深化财税体制改革的相关措施，实施全面规范、公开透明的预算制度，建立权责发生制的政府综合财务报告制度，建立规范合理的中央和地方政府债务管理及风险预警机制。建议借鉴美国做法，由国家相关部门制定《政府会计准则》，制定各级地方政府统一的财务公开标准和流程，准确发布地方政府的资产、负债、税收及重要开支情况等重要财务数据，使政府的财务运转做到高效透明，为评级机构和社会大众判断地方政府财务状况创造条件。

3. 建立独立的信用评级市场。独立、客观、准确的评级机制是准确判断市政债风险和实施市场化定价的关键，在市政债发行中居于核心地位。一要建立我国独立的债券评级机构或引进穆迪、标普等国际评级机构，发挥市场竞争的作用，防止由于市场垄断导致的评级结果失真。二要制定明确的评级标准和流程，全面评价地方政府的经济发展水平和潜力、整体负债情况、未来收入来源和偿债能力，规范评级机构的行为。三要建立针对评级机构的监管规则，增强评级机构自律意识，一旦评级机构出现信息披露严重失真、评级结果严重偏离、误导投资者等情况，监管部门要对评级机构进行必要和适当的处罚。

四、商业银行应积极参与市政债创新发行

近年来，我国直接融资市场快速发展，直接融资规模不断扩大，商业银行在承销短期融资券、中期票据、企业债、地方政府债等方面发挥了重要的作用，并积累了宝贵的经验。在市政债的发行过程中，商业银行地位突出、作用显著，应积极参与，加大支持力度，在促进经济发展的同时，有效提升自身金融创新、服务水平和可持续发展能力。

1. 专业咨询服务商。市政债尤其是地方政府自主发行的市政债券作为一种独立的形式，在我国存在的时间较短，尚处于试点阶段，但其债券的本质却是银行间市场成熟和标准化的产品。市政债券的发行成功与否、利率高低往往与银行间市场的资金流动性、价格走势、发行时机和主承销商的承销能力、做市能力以及资金实力等密切相关。在市政债券发行过程中，商业银行应借助专业化的服务能力和丰富的业务经验为发行人提供包括产品结构化设计、发行时机选择、合理定价、过程控制等综合化的服务，帮助地方政府更为顺利和高效地制订发行方案并付诸实施。

2. 合格债券承销商。从目前我国的债券市场来看，商业银行尤其是四大国有银行占据着银行间债券市场的主导和领先地位，是银行间债券市场最大的债券产品供给者和债券投资者。在市政债发行过程中，商业银行可利用自身的专业化能力和投资者渠道为地方政府提供债券承销服务，同时，在风险可控的前提下，商业银行应发挥自身的资金优势，通过积极主动的认购，为市政债的发行保驾护航。此外，商业银行还应通过自身的服务渠道和客户资源优势，在资产管理的过程中，通过产品设计配置市政债资产，拓宽市政债券的销售空间。

3. 配套服务提供商。一是资金结算管理服务。在市政债成功发行后，商业银行应利用资金结算网络，为发行主体提供包括募集资金、项目配套资金等在内的资金监管和结算服务，规范资金的使用和提高资金的使用效率。二是项目评估与管理服务。募集资金的投向与资金安全密切相关，我国商业银行经过多年的发展，已经建立可相对完善和可以信赖的项目评估管理体系，商业银行可为市政债资金的投向提供项目咨询与评估服务，对项目的可行性、投入产出、预决算、进度管理等提供综合化的服务，从第三方的角度为地方政府提供理论性的决策依据。三是项目配套资金支持。市政建设项目往往具有投入规模大、产出时间长甚至无产出的特点，商业银行应对市政债募投项目提供配套资金支持，以保障项目的持续性和有效性。现代商业银行除了能够提供传统的信贷业务配套支持外，还可通过多种方式如支持项目实施主体发行企业债券、提供其他直接融资服务等为市政建设项目提供补充支持，能够有效地满足地方政府全范围的资金需求，以更好地保障市政债券的发行作用。

加快十大转型　构筑发展新优势

河南省分行行长　石亭峰

一、转型路径及内容

转型是一个大课题、大工程，在路径设计和内容确定上，必须牢牢把握商业银行的客观规律，处理好继承和创新的关系，处理好加快发展与防范风险的关系，保持经营发展的连续性、稳定性。现阶段重点要推进十个方面的创新转型。

1. 加快负债业务的创新转型。不管市场形势如何变幻，银行在金融系统的主体地位不会变，存款对银行的基础性作用不会变。必须主动顺应资金市场出现的新变化，将增存稳存、扩展资金来源作为重中之重，树立“大负债”理念，紧盯大市场、大机构和大循环，实现从抓存款向抓客户全量资金转变，实现从部门、产品分割到统筹联动、全流程抓存款转变，实现从资金市场向资本、债券、同业全方位市场转变，实现从传统重点领域向积极扩展新兴领域、新兴市场转变。要加强流动性管理，坚持低成本策略，努力调整存款结构，增强资金运用，增加存款收益。

2. 加快资产业务的创新转型。坚持以支持服务实体经济发展转型为根本，持续跟踪重大项目建设、产业升级和经济建设热点，把新农村城镇化建设贷款、棚户区改造贷款、涉农业务、低碳金融、绿色信贷项目以及新材料、新能源等产业领域、新兴业务作为新的突破口和增长点。加大对零售类贷款、小微企业贷款、资本节约类贷款的投放力度，进一步提升资产业务对整体业务的带动效应。加强对存量贷款的监控管理，及时回收国家调控产业、产能过剩、缺乏市场前景客户贷款，腾出规模支持重点行业、优质客户和新兴产业。加大投行相关业务发展，加强与建信租赁、建信信托、建银国际、建信基金、建信人寿等子公司的联动合作；加大与外部机构如信托、券商、基金子公司、保险、私募基金的合作，整合建行客户资源和投融资需求，为客户提供包括理财、信托、券商资管、私募基金等一揽子金融服务，实现由“资金提供者”向“资金组织者”的转变。

3. 加快客户结构的创新转型。客户是各项业务发展的源泉，拥有稳定的客户群体和合理的客户结构，是提高议价能力、推进结构调整、保持业务持续健康发展的基础和保障。客户基础薄弱特别是基本结算户、有效客户不足，是当前制约建行持续发展的主要“瓶颈”问题。必须将做大做强客户和优化客户结构作为一项持续性与长久性的基础工作抓实、抓好。在客户选择上，坚持“抓大不放小，大中小客户并举”的原则，在巩固建行在基础设施领域、中长期信贷领域等传统优势的基础上，积极拓展新兴行业产业客户、优质中小型客户、个人高端客户和大众富裕客户，持续壮大客户群体，优化客户结构。要坚持“多打井、打深井”，多打井，就是要尽最大可能吸引客户，壮大群体，扩大规模；打深井，就是要深挖潜力，精耕细作，精细服务，不断提高客户对银行的忠诚度。

4. 加快产品结构的创新转型。目前，建行的产品虽然很多，但拳头产品、厚利产品不足，员工队伍对产品的运用和创新能力也有待增强，因此必须加快推进产品结构由同质化、大众化向专业化、定制化、品牌化的转型。要进一步加强对现有产品的梳理和整合，对重点产品、传统产品、新兴产品、战略产品分类管理，实施不同的营销和定价策略。要针对市场热点和客户需求，抓紧研发适销对路的新业务、新产品、新服务，打造新的产品亮点，形成重点产品、厚利产品快速发展，支柱产品、基础产品支撑有力，创新产品、亮点产品不断涌现的良好局面。

5. 加快收入结构的创新转型。随着利率市场化、金融脱媒化迅速深化，商业银行以息差为主要收入来源的盈利模式会越来越窄、越来越薄。要保持财务效益合理平稳增长，需要全行进一步贯彻落实价值创造和“以效益为中心”的经营理念与导向，努力实现增收节支，切实加强盈利管理，进一步提升集约化经营能力。经营方式上，在继续巩固资产业务支撑优势的同时，要加快综合性、多功能金融服务发展，尽快转变过去对利差收入转化的依赖，积极通过对接产品服务、创新业务种类、改变服务模式、提升服务质量等措施，进一步做实中间业务收入；在发展方向和产品选择上，大力发展投行、理财、债券、信托、私募等创新业务，大力发展电子银行、信用卡、国际、造价咨询、养老金等战略性业务，不断提高中间业务收入占比，改善收入结构，夯实盈利基础。

6. 加快服务方式的创新转型。商业银行作为融资、融智性行业，持续抓好服务是根本大计。简单的单一产品营销向综合化服务转变，不仅是适应外部形势的需要，也是凸显建行作为大型商业银行竞争优势的手段。在服务模式上，要主动引领客户需求，针对不同类型客户特点，通过创新服务、创新产品、创新营销方式等手段，逐步探索通过提供综合化金融服务、多产品的交叉销售、部门条线间联动营销等，由被动响应客户需求向主动引导客户需求转变，由被动式营销向主动式营销转变。要以客户为中心，推进业务流程优化，对影响业务发展和客户投诉较多的业务流程进行完善。推出的新产品、新业务，要站在客户角度设计业务流程，简化操作手续，提高业务效率。要加强大数据分析和深度挖掘，充分利用现有系统功能、产品服务资源，加强名单客户的梳理分析，有效匹配产品资源，实施精准化营销服务。

7. 加快网点结构的创新转型。网点始终是银行最重要的分销渠道和服务平台，必须坚持推进以“始于客户，终于客户”为核心的网点结构转型。要紧跟区域经济金融发展变化，加大网点统筹规划和环境改造，优化网点布局，加大网点向新兴经济区域、城乡结合部等优质客户集中与业务发展潜力大的地区的布局力度；跟进城乡发展一体化、社会事业改革、农村产权流转等重大政策变化，加快向县域以下市场渗透，打造县域精品服务渠道，更好地服务“三农”特别是新农村建设；加大城区低产低效网点整合改造力度，提高网点产出水平，提升网点综合经营服务能力；深化推进网点经营服务转型，打造以综合化为基础、专业化为支撑、以智能化为手段的营销服务平台。

8. 加快激励约束机制的创新转型。科学有效的激励约束机制对推动银行持续快速发展至关重要。在考核激励上，要进一步引入市场竞争机制，突出业绩和实效，健全完善与效益和业绩挂钩、与职责和岗位适应的薪酬分配制度，真正实现“干部能上能下、人员能进能出、收入能高能低”。大力实行公开竞聘和竞争上岗，大胆选拔任用有能力、有业绩、有担当的优秀干部，大胆培养、任用年轻干部，营造优秀人才脱颖而出的体制机制和氛围，以吸引人才、留住人才、用好人才，实现企业价值最大化与员工个人价值最大化的有机统一。

9. 加快人员结构的创新转型。针对国内商业银行，特别是国有商业银行人员队伍在年龄结构、学历结构及配置结构上普遍存在的问题，要坚持培训提升和外部引进相结合，加强高素质员工队伍建设，改善员工队伍综合素质结构；继续加大以客户经理、产品经理、风险经理为核心的各级各类专业技术岗位建设，加快制定对公客户经理、产品经理管理办法和绩效考评办法，明确准入、退出标准，拓宽员工职业发展渠道；加快引导中后台综合管理服务人员向经营和一线倾斜，提升人力资源的集约化管理水平，建立一支高素质的人才队伍，形成金融业的人才高地。

10. 加快风险控制的创新转型。要把防范风险放在更加突出的位置，稳步推进全行授信体制和风险管理体制调整，建立从风险防范、风险预警到化解处置为一体、完善高效的风险控制和内部管理体系，切实防范和化解经营风险。要抓好“三基”、严控“三线”，即抓好基层网点、基层员工、基层机构负责人的管理、严禁踩踏政策红线、严禁逾越风险底线、严禁触碰案件高压线，持续加强风险合规文化、制度、机制的建设和落实，在案件和操作风险防控上，逐步实现从人控向人、机、系统、文化等综合性控制转变。

二、相关保障措施

1. 强化组织领导，既要做好整体设计，也要兼顾区域特色。总行负责制订转型发展的总体规划，对分行而言，更多的则是结合本辖实际，根据总行规划做好分行转型发展的整体设计和推进落实。总行、一级分行都要成立转型推进领导小组和办公室，负责结合实际，研究拟定转型发展路线图和施工图，指导所在单位稳步推进转型工作，并对转型工作成效定期进行考核评价，从组织上为转型工作提供保障。具体到区域特色上，如针对河南省县域经济占据主导地位的现状，在转型设计中可以适度突出县域金融转型，进一步加快县域支行发展潜力释放，将县域金融打造成战略转型的特色与亮点，为河南省分行持续快速健康发展做出更大支撑。

2. 做好财务资源配置与绩效机制设计，推进转型落地。转型发展必须有足够的财务资源和绩效机制支持。在转型过程中，需要做好绩效机制设计与财务资源配置，一是引导全行积极推进转型，增强转型的内生动力，推进转型落地；二是通过绩效机制优化与资源配置机制调整，完善转型考核评价机制，建立涵盖和反映转型成果的考核指标体系，定期对转型效果进行考评分析，形成持续改进体系，确保全行围绕转型目标在预定轨道上平稳前行，保障转型成效实现。

3. 强化转型发展的人力资源保障。坚持总量控制和结构优化调整方向，因地制宜，统筹规划并盘活现有人力资源，通过整合业务流程和优化岗位设置，压缩各级行机关本部人员和不直接创造效益岗位，引导人员由本部机关向基层一线流动，由支持保障岗位向经营岗位流动。建立人力资源投入约束机制，使各级机构特别是各业务条线摒弃人力资源“零成本”的观念，重视人力资源成本管理，引导人力资源向价值创造高的岗位流动，将人员总量优势转化为业务发展动力。不断加大培训力度，为转型工作提供智力支持。

4. 加大产品创新力度，以产品创新推动整体创新。创新是转型发展的必然要求，转型本身就是通过创新打破制约发展的桎梏，为全行营造更好的发展环境。近年来，随着业务发展及考核引导加重，建设银行在产品创新上取得了一定的成效，如营销方式创新、产品服务创新等，但与同业相比，建行产品创新优势不强仍是制约客户营销的关键因素。以建设银行河南省分行为例，从中间业务相关产品同业对比来看，在同业对比的22项产品中，建行6项产品位居同业第一，而工行9项产品位居同业首位，且最多的时候达到11项。同时，中行产品创新力度不断加大，有4项产品居同业首位，与建行的差距不断缩小。因此，在转型中，要不断加大创新力度，拓宽创新界限，将创新工作常态化、制度化、体系化，通过创新支持转型发展，引领转型发展。

5. 加大服务流程优化，提升综合服务能力。加快推进从部门银行向流程银行转变，经营架构要与管理层级有机“结合”，真正实现部门、支行、网点间的左右联动、上下联动，在营销中做到以客户为中心，“下去一把抓，回来再分家”。深入推进网点的“三综合”建设，持续建立完善探索相关配套机制，促进各行间经验交流，努力做到“客户体验好、员工体验好、风险控制好”，全面提升营业网点的综合营销服务能力。

6. 持续推进结构调整和风险防控。在信贷业务领域全面推行综合定价机制，大力推进低经济资本占用的相关业务，在用好增量的同时盘活存量，不断压缩“两高一剩”、“6＋1”行业、低信用等级等劣质客户的信贷规模，优先支持民生领域、涉农金融领域、新型城镇化建设领域等方面的战略新兴业务，充分发挥信贷资源的杠杆作用，提高客户群体对建行的综合贡献度。完善差别化的授信机制，优化信贷客户结构，扭转中型客户、中小型客户、小微客户相对不足的局面。严格落实案防、风控和合规管理各项制度机制，确保经营安全。

7. 加强建行核心价值观教育，培育健康企业文化。践行核心价值观可以为实现科学发展提供强大精神动力和文化保障。全行在转变业务发展方式、实现科学发展过程中，必然会面临一系列的困难和矛盾，践行核心价值观，可以帮助我们破解这些困难。要引导全行员工积极践行“诚实、公正、稳健、创造”的核心价值观，特别是各级管理人员要自觉做践行核心价值观的表率，推进战略转型，促进科学发展。要构建和谐健康的企业环境，实现客户、股东、员工、社会之间的和谐共赢。

三、其他建议

1. 加大对营销支撑相关系统的开发。一是加快开发员工经办业务统计、分析和绩效考核系统。让基层员工每天的业务活动，比如做了几笔业务、卖了几个产品等业务，能够一目了然，并且直接可以算出当天能挣到多少绩效工资。这样对基层员工的激励更加直接，导向作用更加明确，管理也更加简洁有效。二是加快开发客户资金流程路径查询检索系统。盯住客户的资金来源、运用、调度等多维度变动情况，盯住客户的上下游企业资金业务往来，通过这个系统能够使银行随时知道钱从哪儿来，流向哪儿去，从而及时采取针对性措施，确保资金的体内循环。三是加快开发客户公共信息后台查询系统。充分调动内外部各种资源和手段，整合梳理客户各类信息，包括企业性质、法人、资产、负债、纳税额、海关进出口业务量等基本信息，以及客户在建行使用了哪些业务、产品、服务，这些业务是在哪个行办理的等业务信息，建立客户公共信息查询系统，这样能够为营销拓展提供极大的便利条件。

2. 加大机构业务重点项目的投入。财政、社保、军警、公积金、教育医疗等机构客户，掌握着大量的资金和客户资源，已经成为各家银行的必争之地。一个行、一个单位能否在当地把机构业务做大做强，能否把财政、社保、医保、公积金开到建行，不仅事关市场份额和竞争力，也体现了在当地政府、公众心目中的地位。近几年，机构业务在总行的大力支持下取得了长足的发展，但是随着机构客户财务管理集约化、规范化水平的逐步提高，越来越多的客户选择竞标的方式来遴选合作伙伴，同业之间的竞争日益白热化。目前，随着机构项目的逐步增多，尤其是金融社保卡、居民健康卡、健康龙卡和公共资源交易中心项目资本性投入较大，依靠一级分行自身资源解决的难度较大。因此，希望总行考虑到机构业务发展的实际，对各行机构业务重点项目给予资源倾斜支持。

3. 完善全行协力发展电子银行业务的体制机制。一是建议在总行层面成立由行长担任主任的电子银行推进委员会，提升对电子银行业务发展的决策、领导和协调的层级，加大对电子银行业务发展的组织领导、统筹规划、组织协调和整体推进的力度。二是加快对移动金融和互联网金融领域的拓展，比如，可以探索公司化运作善融商务，成立建行控股公司或者子公司，向互联网企业学习，按照电商的方式推进“善融商务”快速发展，巩固并扩大善融商务在金融电商的先发优势。三是研究电子银行与基层网点“三综合”转型的有机结合，在工作流程、制度、考核等方面，将电子银行有机融入网点，进一步发挥电子银行对网点营销服务能力的倍增作用。

4. 加强投行业务队伍建设。目前全行熟悉投行业务和产品的专家型人才十分匮乏，与该项业务的战略性地位不相匹配。在二级分行层面普遍没有机构、团队和专职人员，一些二级分行甚至没有兼职人员。与此同时，投行业务本身具有“市场变化快、内外部政策调整快、产品更新快”的特点，对从业人员的要求也越来越高，对加强专职产品经理队伍建设的需求更加强烈。建议总行加强投行条线队伍建设，明确投资银行业务从业人员准入条件，并根据各二级分行的业务规模、客户资源等情况，明确投行业务专职人数配备标准。通过充实队伍、开展多层次的培训、岗位资格从业认证等措施，不断壮大力量，提高从业人员素质。

5. 加强票据业务专业化经营力度。目前资金市场和信贷规模紧张已经成为常态，票据业务完全可以在资金和信贷规模调控上发挥更大的作用，同时也能够创造不菲的收益。各家银行越来越多地关注和重视票据业务的发展，中小股份制银行也纷纷成立专业型、区域化的票据专营机构，不断将资金投入票据市场，开展专业化经营的发展道路。建议总行顺应市场发展变化，由总行申领专营牌照，有效整合系统资源，强化业务指导与战略创新，给予一级分行较大业务浮动权限；在全国选取几家专业化程度高、规模较大、业务成熟、队伍健全的一级分行实行专业化经营和资源集中，以便在市场上形成一定的影响力和话语权。

6. 加强对创新产品的知识产权保护。目前，全行产品创新力度很大，每年创新产品数量很多。

如果我们辛辛苦苦创新了产品，但没有及时申请知识产权，其他金融机构就可能纷纷仿效，尤其是一旦有的金融机构抢先注册，如果未经许可，我们就不能再使用，那么我们的创新就是为别人做嫁衣。建议总行进一步加强对创新产品的知识产权保护工作，按照《中国建设银行知识产权管理办法》等制度规定，做好知识产权权利申请和权利状态监测工作，保护业务创新的成果。

融资融智，助力“丝路经济带”文化建设

甘肃省分行行长　艾尔肯·艾则孜

甘肃省分行近年来注重文化引领、重视企业的文化竞争力，努力寻找企业可持续性发展的新动力。

一、品牌先行——助力民生文化大发展

近年来，建行甘肃省分行率先在同业内推出了专注于文化领域的综合金融服务方案“民本通达——文化悦民”。该方案通过建行甘肃省分行的金融服务，支持优秀的文化客户和文化产品发展创作，促进文化产业的快速发展，满足人民群众日益增长的文化精神需要。“文化悦民”综合金融服务方案分别针对广电影视、新闻出版、互联网、演艺演出、文化会展和动漫动画六个重点领域，设计了“繁荣影视”、“支持出版”、“网络金融”、“振兴演艺”、“特色会展”、“多彩动漫”6个子方案，进行了细分，按需求对文化行业的各领域提供不同特色的综合金融服务，从而实现了服务民生、促进文化发展与银行价值的有机统一。近三年以来，建行甘肃省分行累计对54个文化行业客户授信合计38亿元，累计实现贷款投放25.5亿元，重点支持了甘肃省广电总台、甘肃省广电网络传输公司、敦煌研究院等一批文化行业的排头兵客户。

建行甘肃省分行与读者出版集团面向全国共同发行了“读者龙卡”，截至目前，累计发行80多万张，在有力推进了建行业务的同时，使“读者”品牌得到进一步推广。

探索合作新模式一直是建行对文化企业提供更好金融服务的努力方向。2011年10月，建行为读者集团搭建电子支付平台，实现了《读者》杂志及《读者》电子书网上销售。2012年，建行率先与甘肃广播电视网络传输公司天水分公司合作推出了代收有线收视费业务，建行利用自身营业网点、电子渠道和自助设备方便快捷的优势，为广播电视用户提供7×24小时自助缴费服务，在节约了广电网络公司资源成本的同时，给数字电视用户的缴费带来了极大方便。2014年8月1日，随着敦煌研究院通过各大媒体正式对外发布线上预约订票消息，建行甘肃省分行与敦煌研究院合作落实了旅游景区网上电子售票支付结算计划。通过开放的互联网，实现了莫高窟旅游景点的信息发布、在线订票、在线支付、退款、对账等功能。游客通过登录敦煌研究院官方网站点击在线订票，即可方便快捷了解景点信息，订购门票、套票、单一项目票，配合自助取售票系统，科学安排出行时间，提升工作效率和服务层次，也受到了社会的广泛关注和好评。

2013年，建行甘肃省分行“花韵书香”文化品牌通过了国家商标局第36类商标专利注册认证，标志着该品牌名称在批准范围内的使用推广成为建行的专有权利，为持续创新该项文化品牌的内涵、扩大品牌影响力提供了法律保障。

2014年，建行甘肃省分行推出了“花韵书香·爱行悦读”品牌，并在建行甘肃省分行办公楼四楼建立了1 000多平方米的“花韵书香·爱行悦读”品牌示范基地，成立建行甘肃省分行首个“爱行悦读”书院。“花韵书香”，面向社会，是文化品牌；面向客户，是服务品牌；面向员工，

是学习品牌。建行甘肃省分行以最小的投入，实现了最大的品牌价值。建行甘肃省分行成功举办了“爱行悦读·书漂陇原”活动启动仪式，推出60余条图书漂流线路图。参与本次书漂活动的图书突破了200多本，涉及社科、管理、励志、经济、互联网、国学等各类图书70个品类。这些图书将经历三个多月，漂流到全省20家二级分支机构、282个经营网点，覆盖7 000余名员工，彰显了“花韵书香”文化品牌的广泛社会价值和社会影响力。

二、立足甘肃——争当金融支持文化建设的领舞者

建行甘肃省分行坚持以客户为中心的服务理念，为客户提供最优质的服务，保障民生经济的发展，不仅担当起金融支持“丝绸之路经济带”文化建设的领舞者，而且要成为甘肃特色文化的传播者。

近年来，银行业竞争日趋激烈，为打破产品同质化的桎梏，甘肃建行以现代金融理念为先导，融入传统民族文化，从产品功能和附加权益的创新入手，发行具有弘扬盛唐文化、李氏文化，彰显旅游、身份象征等功能的“陇西堂龙卡”，以及带有鲜明传统文化特色和浓郁陇原文化色彩的“读者龙卡”，搭建微信公众平台，为客户提供李氏历史文化、专属《读者》推荐的热门文章、文化领域的热点新闻、最新龙卡优惠活动资讯等内容，不断优化客户体验，提升了客户满意度。建行甘肃省分行还自行开发设计了特色实物黄金“天方金卡”，是全国首款以阿拉伯风格为主题的实物黄金，获得了国家知识产权局外观专利权，是建行甘肃省分行在知识产权领域中第一个专利产品。建行甘肃省分行拟于近期发行“丝绸之路龙卡”，旨在通过产品组合、服务创新和渠道丰富为“丝绸之路经济带”做好金融支持保障工作，充分发挥甘肃省历史文化底蕴深厚、旅游资源丰富的优势，打造“丝绸之路经济带”甘肃段的文化旅游新名片。

建行甘肃省分行“读者龙卡”和“陇西堂龙卡”的发行，在甘肃掀起阵阵文化与金融跨界联合的旋风。截至2014年9月末，“陇西堂龙卡”累计发行23.58万张，当年新增发卡10万张，“读者龙卡”累计发行82.92万张，当年新增发卡33万张。

甘肃分行“读者龙卡”和“陇西堂龙卡”特色联名卡主打甘肃特色文化，最大的特点是融入了诸多的文化惠民内涵。在这一点上，甘肃分行特色联名卡不仅仅是一张向持卡人提供金融功能的卡片，更是对中国传统文化传承、对传播社会公益责任的担当。目前，读者龙卡和陇西堂龙卡已成为甘肃分行首屈一指的借记卡产品。随着移动互联金融对消费者各方面生活的影响日愈明显，未来，建设银行甘肃分行将不断创新产品、丰富内涵，满足持卡人消费需求，力争将特色联名卡打造成建行极具影响力的强势品牌产品。

建行甘肃省分行在同业首创的“丝绸之路龙卡”，已经进入了注册登记的公示阶段，必将成为金融传播丝绸之路文化的又一明星产品。

建行甘肃省分行自2003年发行首张符合国际标准的龙卡信用卡以来，始终坚持以客户为中心的服务理念，深入挖掘客户需求及市场变化。经过建行甘肃省分行的不懈坚持和努力，累计发卡77万张，年实现消费交易额123亿元，本年新增发卡量、跨行活动收单商户数两项主要业务指标均位列同业第一。

建行甘肃省分行围绕总行龙卡信用卡产品管理体系及发展思路，龙卡信用卡产品已全面涵盖商旅航空、激情时尚、潇洒车族、缤纷购物、莘莘学子、爱心公益、高端系列、经典系列等产品体系，同时建行甘肃省分行不断创新金融产品，助力“丝绸之路经济带”的甘肃教育、文化、经济建设，先后在省内发行了酒钢龙卡、兰大龙卡、兰天龙卡等名企、名校、百货联名卡产品。

建行甘肃省分行还将不断深化拓展民生、文化、高速公路ETC建设等众多领域的合作，把握市场机遇，加快创新脚步，打造甘肃品牌，为助力甘肃发展提供金融服务和支持。

今年，建行甘肃省分行布局“善融商务”，以“一市一专场”品牌推广为主打，全力实施以电子银行业务抢占地方经济转型制高点的转型跨越蓝图，力争将“善融商务”发展成为全省14个地州市政府、区域市场带动经济转型的首选战略平台。目前，“善融商务”包括企业商城和个人商城，该平台通过对电子商务信息流、资金流、

物流的整合，将银行支付、融资和信用等业务进行了创新展现，再加上建行品牌背书，与其他电子商务平台相比独具优势。

三、融智融资——跻身“丝绸之路经济带”建设主力军

目前，建行甘肃省分行各项贷款余额938亿元，成为金融支持“丝绸之路经济带”建设的重要基石。建行甘肃省分行以丝绸之路经济带建设为契机，以为客户提供更好服务为战略使命，完善以服务意识、服务手段、服务内容创新为重点的服务机制，抢抓机遇，主动服务承接产业转移的外向型招商引资项目，支持重点和特色优势产业的发展。围绕“三大一高”战略，创新服务，转变观念，提高市场的敏锐性，形成快速的反应机制；强化境内外联动，充分利用境内境外两个市场的优势资源，细化“一户一策”金融服务方案，为客户提供个性化金融服务。

建行甘肃省分行深刻认识到，要实现“丝绸之路经济带”文化的大发展大繁荣，必须让黄土高原上的农民尽快脱贫致富。农业兴，百业兴；农民富，国家富。建行甘肃省分行从甘肃农业大省实际出发，积极调整信贷结构、产品结构、产业结构和服务模式，创新推出了“农耕文明”涉农个人贷款产品。近4年来，“农耕文明”贷款累计投放84亿元。

“农耕文明”贷款主要依托“公司+农户”这种信用担保体制的运行模式，解决农户和农业方面集体土地、流转土地、承包土地、农民个人资产无法抵押的问题。从甘肃省陇东地区农耕文明内涵极为丰富的文化中提炼，开拓性地创新设立了“农耕文明”涉农个人贷款品牌，并提交国家商标局进行注册。建行甘肃省分行“农耕文明”贷款产品符合甘肃省新农村建设和特色农牧产业发展实际，不仅有效地解决了农村市场的资金短缺问题，也促进了农业和农村经济发展。“农耕文明”贷款不但模式创新，操作性、推广性也较强，自开办以来，得到了各地监管部门、地方政府、项目企业和合作农户的肯定。

“农耕文明”贷款支持了2.5万户农民致富，321个涉农贷款合作企业和72家专业合作社快速发展，涉及54个县、区，强有力地支持了甘肃特色农业——奶牛、肉牛、肉羊、生猪、制种、花卉、大棚种植等的发展，得到了政府、农民、农业企业的肯定和赞誉。2014年该业务又被甘肃省委列入省委1号文件要求大力发展，“农耕文明”涉农个贷取得了经济效益和社会效益的有机统一。

CHINA 中国建设银行年鉴 CONSTRUCTION BANK ALMANAC 2015

第七部分　大事记

领导重要活动类

1月3日 董事长王洪章、副行长朱洪波到信访办公室军博丙12号来访接待室看望慰问一线接访人员，与接访人员亲切交谈，了解接访工作流程，上访人员构成与诉求，协解人员上访情况等。

1月6日 行长张建国到银监会参加2014年全国银行业监督管理工作（电视电话）会议。

1月7日 行长张建国在北京主持召开资产负债与成本控制委员会会议，研究流动性及有关产品潜在风险等事宜，副行长庞秀生、副行长赵欢、副行长章更生、首席风险官曾俭华出席。

1月7日 行长张建国、副行长朱洪波在北京会见人力资源和社会保障部副部长胡晓义。

1月10日 行长张建国、副行长赵欢、副行长杨文升、首席风险官曾俭华在北京与授信审批人座谈。

1月13日 董事长王洪章、副行长胡哲一在北京会见毕马威全球金融服务主管合伙人杰瑞米·安德森（Jeremy Anderson）先生一行。

1月14日 董事长王洪章、行长张建国在北京出席第十八届中央纪委第三次全体会议。

1月14日 董事长王洪章、副行长杨文升、首席审计官兼北京市分行行长余静波在北京会晤国家烟草专卖局局长、中国烟草总公司总经理凌成兴。

1月15日 董事长王洪章在北京出席国务院常务会议。

1月15日 董事长王洪章、首席风险官曾俭华在北京会见江苏省委常委、常务副省长李云峰一行。

1月15日 行长张建国、副行长庞秀生在西安出席绩效考核座谈会议。会议由副行长庞秀生主持，行长张建国做重要讲话。

1月16日 董事长王洪章在北京会见新任德国驻华大使柯慕贤先生。

1月16日 行长张建国在北京主持召开经营形势分析会议，副行长朱洪波、副行长庞秀生、副行长杨文升、党委委员黄毅，首席风险官曾俭华、首席经济学家黄志凌、首席审计官余静波、董事会秘书陈彩虹、批发业务总监许会斌出席。

1月17日 董事长王洪章上午主持召开2014年第3次党委会议，认真学习贯彻习近平总书记在第十八届中央纪委三次全会上的重要讲话精神和王岐山同志的工作报告，研究部署全行系统党风廉政建设工作。行长张建国、副行长朱洪波、副行长胡哲一、副行长庞秀生、副行长章更生、副行长杨文升、党委委员黄毅出席，首席风险官曾俭华、首席经济学家黄志凌、董事会秘书陈彩虹、批发业务总监许会斌列席部分议题。

1月20—21日 董事长王洪章在京西宾馆参加党的群众路线教育实践活动第一批总结暨第二批部署会议。

1月20日 董事长王洪章、行长张建国、监事长张福荣、副行长胡哲一，首席风险官曾俭华在北京拜会银监会主席尚福林、副主席周慕冰。

1月22—23日 董事长王洪章、行长张建国、监事长张福荣、副行长朱洪波、副行长胡哲一、副行长庞秀生、副行长章更生、副行长杨文升、党委委员黄毅，首席风险官曾俭华、首席经济学家黄志凌、首席审计官余静波、董事会秘书陈彩虹、批发业务总监许会斌在北京出席全行工作会议。会上，党委书记、董事长王洪章做重要讲话并进行了会议总结，行长张建国作工作报告，监事长张福荣主持会议。

1月22日 董事长王洪章、行长张建国、监事长张福荣、副行长朱洪波、副行长胡哲一、副行长庞秀生、副行长章更生、副行长杨文升、党委委员黄毅，在北京出席中国建设银行全行系统党的群众路线教育实践活动总结（视频）会议。

1月23日 董事长王洪章、副行长章更生在北京出席中国建设银行第三届职工代表大会第三次会议。党委书记、董事长王洪章做重要讲话，副行长、工会主席、机关党委书记副行长章更生作工会工作报告。

1月23日 行长张建国在北京出席国务院有关会议。

1月24日 董事长王洪章、副行长朱洪波、副行长庞秀生、副行长章更生、党委委员黄毅，批发业务总监许会斌在北京出席2014年离退休老干部迎春茶话会。董事长王洪章发表新年致辞，副行长章更生主持团拜会。

1月24日 董事长王洪章、副行长朱洪波在北京会见新华人寿董事长康典。

1月24日 行长张建国、副行长胡哲一、副行长杨文升，首席风险官曾俭华在北京出席2014年海外工作座谈会议并做重要讲话。

1月27日 董事长王洪章、行长张建国、副行长胡哲一、副行长庞秀生、副行长杨文升在北京听取巴西子银行筹备组工作汇报。

2月11—14日 董事长王洪章一行赴新西兰奥克兰参加亚太经合组织（APEC）工商咨询理事会（ABAC）2014年第一次会议。董事长王洪章作为APEC工商咨询理事会中国候任代表和APEC中国工商理事会（ACBC）副主席出席了相关会议和活动。会议期间，董事长王洪章拜访了新西兰储备银行行长格雷姆·惠勒先生，商谈建设银行在新西兰设立经营机构事宜；拜访了我国驻奥克兰总领事和驻新西兰大使；会见了建设银行前任独立董事詹妮·希普利爵士和现任独立董事莫里·洪恩先生；考察了建设银行新西兰子行备选经营场所，听取筹备组工作汇报。

2月11日 行长张建国在北京参加国务院第二次廉政工作会议。

2月13日 行长张建国、副行长章更生在北京会见青海省副省长王晓。

2月16日 董事长王洪章在澳大利亚墨尔本出席墨尔本分行ATM启动仪式。中国驻墨尔本总领馆总领事、澳大利亚维多利亚州政府财长、澳大利亚前任驻华大使、澳新银行首席执行官、银联国际南太代表处首席代表等近20位嘉宾参加启动仪式。

2月17日 董事长王洪章在悉尼出席建设银行悉尼分行人民币清算业务启动仪式并发表重要讲话。会后，董事长王洪章与澳洲储备银行行长Glenn Stevens先生，澳洲审慎监管局主席John Laker博士就悉尼分行成功开展人民币清算业务交换意见。

2月17日 行长张建国到中央党校出席有关会议。

2月19日 董事长王洪章、副行长庞秀生在北京会见贵阳市委书记陈刚一行。

2月21日 董事长王洪章在北京出席山西省与大型银行座谈会。

2月21日 行长张建国、副行长杨文升在北京会见美国VISA组织首席执行官夏尚福（Charles W. Scharf）先生一行。

2月24日 董事长王洪章、行长张建国、党委副书记郭友、副行长朱洪波、副行长胡哲一、副行长庞秀生、副行长章更生、副行长杨文升、党委委员黄毅，首席风险官曾俭华、首席审计官余静波、董事会秘书陈彩虹在北京出席全行纪检监察工作（视频）会议。

2月25日 董事长王洪章、副行长朱洪波在北京出席2014年巡视工作培训会议。董事长王洪章做重要讲话。

2月25日 董事长王洪章在北京出席总分行处级干部交流行前动员会议。

2月25日 行长张建国、副行长杨文升在北京会见广西区政府副主席张晓钦一行。

2月27日 董事长王洪章在北京参加中组部有关会议。

2月27日 行长张建国、副行长庞秀生在北京出席全行计财工作会议。行长张建国做重要讲话，副行长庞秀生做工作报告。

2月28日 董事长王洪章在北京主持召开巡视工作领导小组第一次会议。

3月1日 党委副书记郭友到中关村国家自主创新示范区展示中心出席“贵州·北京大数据产业发展推介会”。

3月3—12日 行长张建国在北京出席全国政协会议。

3月4日 董事长王洪章、行长张建国、副行长胡哲一、批发业务总监许会斌在北京会见甘肃省委书记王三运、省长刘伟平一行，并出席双方《金融战略合作协议》签约仪式。

3月4日 党委副书记郭友在北京出席北京市人大财经小组会议。

3月5日 董事长王洪章、行长张建国在北京列席第十二届全国人大二次会议开幕会。

3月7日 董事长王洪章、副行长胡哲一在北京与战略规划部部分干部员工座谈。董事长王洪章就抓好战略规划和研究工作，加快转型发展等问题做了讲话。

3月10日 行长张建国在北京列席第十二届全国人大二次会议第三次全体会议。

3月11日 行长张建国、副行长杨文升、首席风险官曾俭华在北京出席2014年全行风险管理工作会议。行长张建国做重要讲话，副行长杨文升对授信审批提出要求，首席风险官曾俭华做工作报告。

3月11日 行长张建国、副行长杨文升在北京会见厦门市市长刘可清一行。

3月12日 行长张建国在北京出席全国政协第十二届二次会议闭幕会。

3月13日 董事长王洪章、行长张建国、党委副书记郭友、副行长朱洪波、副行长胡哲一、副行长庞秀生、党委委员黄毅、首席风险官曾俭华、首席审计官余静波、董事会秘书陈彩虹、批发业务总监许会斌在北京出席银监会2013年度监管通报会。

3月14日 行长张建国在北京主持召开会议，研究落实银监会2013年度监管通报会要求有关事宜，副行长朱洪波、副行长胡哲一、副行长庞秀生、党委委员黄毅、首席风险官曾俭华出席。

3月17日 董事长王洪章在北京会见德国驻华大使柯慕贤先生。

3月17—24日 行长张建国率团出访智利、巴西。期间会见智利银行及金融机构监管局新任主席、中国驻智利大使、巴西财政部副部长、中央银行行长、BIC银行首席执行官及中国驻巴西大使馆公使衔参赞等。

3月18日 董事长王洪章在北京主持召开会议，研究伦敦子行申请人民币清算行资格有关事宜，党委副书记郭友、副行长朱洪波、副行长庞秀生、副行长杨文升、党委委员黄毅出席。

3月18—22日 张福荣同志率团访问了英国。出席伦敦子行董事会，拜访英国监管机构高层，听取监管机构对伦敦子行工作的意见并推进伦敦分行申设相关工作等。

3月19日 董事长王洪章在北京会见纽约联储储备银行执行副行长阿尔贝托·穆萨雷（Alberto Musalem）先生一行。

3月19日 董事长王洪章在北京会见新西兰总理约翰·基一行。

3月24日 董事长王洪章在北京会见渣打银行总裁冼博德。

3月25日 董事长王洪章在北京参加国务院第42次常务会议。

3月25日 董事长王洪章、副行长胡哲一在北京金融街丽思卡尔顿酒店会见英国汇丰集团执行总裁欧智华（Stuart Gulliver）先生一行。

3月27日 董事长王洪章、副行长章更生到总行公司业务部调研。董事长王洪章就全行对公业务转型发展发表重要讲话。

3月27日 行长张建国、副行长朱洪波、副行长胡哲一、首席风险官曾俭华、董事会秘书陈彩虹在北京出席董事会风险管理委员会会议。

3月28日 董事长王洪章在北京主持召开董事会战略发展委员会会议，行长张建国、党委副书记郭友、副行长朱洪波、副行长胡哲一、副行长庞秀生、首席风险官曾俭华、首席经济学家黄志凌、董事会秘书陈彩虹、批发业务总监许会斌出席。

3月28日　董事长王洪章、行长张建国、党委副书记郭友、副行长朱洪波、副行长胡哲一、副行长庞秀生、首席风险官曾俭华、首席审计官余静波、董事会秘书陈彩虹在北京出席董事会2014年第一次会议。

3月28日　董事长王洪章、行长张建国、党委副书记郭友、副行长朱洪波、副行长胡哲一、首席经济学家黄志凌、董事会秘书陈彩虹在北京出席董事会重大事项（转型发展规划专题）讨论会。

3月31日　董事长王洪章、副行长庞秀生、副行长杨文升、董事会秘书陈彩虹在香港出席建设银行2013年度业绩发布会。

3月31日　行长张建国、副行长朱洪波、副行长胡哲一、副行长章更生、党委委员黄毅、首席风险官曾俭华在北京出席建设银行2013年度业绩发布会。

3月31日—4月4日　行长张建国在中央党校参加学习贯彻习近平总书记系列讲话精神第六期研讨班。

4月1日　董事长王洪章在香港主持召开建行亚洲董事会、战略与企业管治委员会会议。

4月2日　董事长王洪章、副行长杨文升在深圳市分行就创新转型工作进行调研，先后视察了住房城建支行、深圳产品创新实验室及智慧银行，并听取了深圳市分行创新转型工作专题汇报，之后与广东省委常委、深圳市委书记王荣，市委常委、副市长陈应春等会晤。

4月2日　行长张建国在北京参加国务院第43次常务会议。

4月2日　党委副书记郭友在北京出席2014年全行审计条线工作会议。会上郭友做重要讲话，首席审计官余静波做工作报告。

4月4日　董事长王洪章、副行长杨文升到总行授信审批部调研。董事长王洪章就持续完善优化授信流程、强化授信审批管理、提升审批质量和水平、加强实质性风险管控等问题做了讲话。

4月8日　董事长王洪章在北京会见宁夏区委书记李建华一行。

4月8日　董事长王洪章在北京会见阿里巴巴集团董事局主席马云一行。

4月9日　行长张建国、副行长朱洪波、副行长章更生、首席风险官曾俭华、批发业务总监许会斌在南京出席2014年对公业务工作会议。行长张建国做重要讲话，副行长朱洪波宣读“关于表彰2013年度对公业务先进集体和个人”的决定，副行长章更生做工作报告，首席风险官曾俭华就风险管理工作提出要求，批发业务总监许会斌做会议总结。

4月10日　董事长王洪章、副行长胡哲一到国际业务部调研。听取了国际业务及海外业务发展情况的汇报，并与员工代表座谈。

4月10日　行长张建国、副行长杨文升在福州出席2014年零售及电子银行业务工作会议。行长张建国做重要讲话，副行长杨文升做工作报告，首席风险官曾俭华对加强风险管理工作提出要求。

4月10日　行长张建国、副行长杨文升、首席风险官曾俭华在福州与福建省分行班子座谈。

4月10日　党委副书记郭友在北京出席中共中国建设银行党校2014年春季学期（第30期）干部进修班开学典礼。监事长郭友做讲话，着重就推动建设银行尽快实现战略转型提出要求。

4月11日　党委副书记郭友到北京市分行、北京总审计室调研。郭友要求审计人员在促进业务健康发展和管理水平提升上发挥更大作用，并对分行转型创新及防范风险提出要求。

4月14日　董事长王洪章、副行长朱洪波、首席审计官余静波在北京会见中国能源建设集团有限公司董事长汪建平。

4月14—18日　党委副书记郭友在北京参加中组部省部级干部学习贯彻习近平总书记系列重要讲话精神第七期研讨班。

4月15日　行长张建国、副行长章更生、首席风险官曾俭华、首席审计官余静波在北京出席审计署 2014 年新增贷款及经营管理情况专项审计进点会议。

4 月 16 日 董事长王洪章在北京参加国务院常务会议。

4 月 16 日 行长张建国在北京主持召开 2014 年第一季度经营形势分析会议，副行长朱洪波、副行长胡哲一、副行长章更生、副行长杨文升，首席风险官曾俭华、首席经济学家黄志凌、首席审计官余静波、董事会秘书陈彩虹出席。

4 月 17 日 董事长王洪章、行长张建国、副行长朱洪波、副行长胡哲一、副行长章更生、副行长杨文升，首席风险官曾俭华、首席经济学家黄志凌、首席审计官余静波、董事会秘书陈彩虹在北京出席全行 2014 年春季工作（视频）会议。党委书记、董事长王洪章代表党委和管理层做重要讲话，张建国行长主持会议。

4 月 18 日 董事长王洪章在北京参加部委、企业、高校深化整改工作座谈会。

4 月 21 日 董事长王洪章、副行长庞秀生、副行长章更生下午召开会议，听取湖北省分行、三峡分行有关工作汇报。

4 月 21—30 日 行长张建国率团出访德国、卢森堡和法国三国，拜访监管机构、进行业绩路演并与 50 多个欧洲机构投资者座谈。出访期间，行长张建国分别会见了德国央行副行长 Dr. Andreas Dombret 先生和卢森堡金融监管局（CSSF）主席 Jean Guill 先生。4 月 25 日卢森堡分行、建行欧洲新办公大楼正式启用，行长张建国为新大楼揭牌并向员工致辞。出访期间行长张建国还分别与法兰克福分行和建行欧洲商讨了当前和今后一个时期的工作重点。

4 月 22 日 董事长王洪章在北京出席全国农村金融服务经验交流电视电话会议。

4 月 22 日 董事长王洪章在北京会见西藏自治区常务副主席丁业现。

4 月 22 日 党委副书记郭友到银监会参加中国金融政研会第四届理事会议。

4 月 23 日 董事长王洪章在北京会见湖南省副省长张剑飞一行。

4 月 23—24 日 董事长王洪章和德国施豪银行行长麦茨博士在北京举行会谈。

4 月 24 日 董事长王洪章在北京主持召开中德住房储蓄银行董事会。

4 月 25 日 行长张建国（视频）、党委副书记郭友、副行长朱洪波、副行长胡哲一、副行长庞秀生、董事会秘书陈彩虹在北京出席董事会战略发展委员会暨董事会 2014 年第二次会议。

4 月 29 日 党委副书记郭友到银监会出席 2014 年第一季度经济金融形势分析（电视电话）会议。

5 月 6—7 日 行长张建国、首席风险官曾俭华在山西省分行就重大风险事项和资产质量状况开展调研。调研期间，张建国一行会见了山西省省长李小鹏、副省长王一新。

5 月 7 日 董事长王洪章、副行长杨文升在北京出席个人存款与投资部、财富管理与私人银行部、住房金融与个人信贷部调研座谈会。

5 月 7—7 月 11 日 党委副书记郭友在中央党校参加第 44 期国防研究班。

5 月 8 日 董事长王洪章、副行长章更生在北京会见华南城集团董事局主席郑松兴一行。

5 月 8—9 日 行长张建国、首席风险官曾俭华在宁波分行就重大风险事项和资产质量状况开展调研。调研期间，在宁波召开了江苏、浙江、宁波、苏州分行主要负责人参加的座谈会。行长张建国一行在宁波会见宁波市委书记刘奇、宁波市市长卢子跃。

5 月 13 日 董事长王洪章在北京会见天津市常务副市长崔津渡一行。

5 月 13 日 行长张建国在北京会见上海证券交易所总经理黄红元。

5 月 14 日 董事长王洪章、副行长庞秀生、首席经济学家黄志凌在北京出席信息中心调研座谈会。

5 月 14 日 行长张建国在北京主持召开风险管理和内控管理委员会会议，副行长朱洪波、首席风险官曾俭华、首席审计官余静波出席。

5 月 15 日 董事长王洪章、行长张建国、副行长朱洪波、副行长章更生、副行长黄毅、首席风险官曾俭华、首席经济学家黄志凌在北京出席第二届“青年创新建行强”创新创效金点子大赛颁奖展示暨青年创先争优表彰活动。

5月15日 行长张建国在北京会见银河证券董事长陈有安。

5月16日 董事长王洪章在北京会见英国银行家杂志荣誉编辑斯蒂芬先生一行并接受英国《银行家》杂志采访。

5月16日 董事长王洪章主持党委中心组“围绕综合性、多功能、集约化战略定位，大力推进建设银行转型发展”专题学习，行长张建国、副行长朱洪波、副行长庞秀生、副行长章更生、副行长杨文升、副行长黄毅、首席风险官曾俭华、首席经济学家黄志凌、首席审计官余静波、批发业务总监许会斌出席。

5月19—27日 董事长王洪章和首席风险官曾俭华一行先后赴丹麦、荷兰和瑞士进行2013年度及2014年第一季度业绩路演，与相关国家重要投资机构、监管部门和金融同业进行交流。董事会办公室和国际业务部主要负责人陪同出访。出访期间，董事长王洪章一行先后会见丹麦诺迪亚投资管理公司、荷兰APG养老金管理公司、瑞士瑞银财富管理公司、瑞信私人银行及财富管理公司等18家境外重要投资机构的分析师和基金经理26人次，拜会荷兰央行、中国驻荷兰及驻丹麦大使馆，会晤荷兰ING集团、瑞信集团及瑞银集团3家同业机构高层。

5月20日 行长张建国在北京会见信达资产管理股份有限公司总裁臧景范。

5月21日 行长张建国赴国务院参加有关会议。

5月21日 行长张建国、副行长胡哲一在北京会见迪拜国际金融中心（DIFC）首席行政官H. E. Essa Kazim先生一行。

5月21日 党委副书记郭友、副行长庞秀生在武汉会见湖北省常务副省长王晓东及人民银行武汉分行、湖北银监局有关负责人，并出席湖北省分行班子会议。

5月22日 行长张建国在内蒙古赤峰参加由国务院总理李克强主持召开的部分企业和金融机构负责人座谈会。

5月22日 党委副书记郭友、副行长庞秀生在湖北宜昌与宜昌市委副书记、市长马旭明，市政府副秘书长刘灿、市委组织部常务副部长肖高沛、金融办副主任羿文英，人民银行宜昌市中心支行行长王安明、宜昌银监分局局长赵想林等会谈。

5月22日 党委副书记郭友、副行长庞秀生在湖北宜昌出席三峡分行干部大会并讲话，指导湖北省分行与三峡分行机构整合工作。

5月27日 行长张建国在北京出席全国政协双周会议。

5月30日 董事长王洪章在北京参加国务院常务会议。

6月6日 董事长王洪章、副行长章更生在北京会见北京市西城区委书记王宁。

6月6日 董事长王洪章在北京参加国务院座谈会。

6月6日 行长张建国、副行长章更生在北京出席建设银行与银行间市场清算所股份有限公司（简称上海清算所）战略合作协议签字仪式。

6月10日 董事长王洪章、副行长章更生到北京市政府拜会北京市市长王安顺。

6月10日 董事长王洪章、行长张建国在北京参加中央国家机关工委有关会议。

6月10日 董事长王洪章、副行长胡哲一在北京会见香港金融管理局总裁陈德霖一行。

6月10日 行长张建国在北京主持召开全行（视频）会议，布置全行经营管理及风险防控有关工作，副行长庞秀生、首席风险官曾俭华出席。

6月11—12日 董事长王洪章到甘肃省分行工作调研。调研期间，董事长王洪章会见了甘肃省委副书记、省长刘伟平，省委常委、组织部长吴德刚等甘肃省领导；与省分行领导班子成员、相关部门负责人，张掖分行、铁路支行、金城支行负责人及部分网点负责人、客户经理和新行员代表进行了座谈；深入基层网点进行实地调研，慰问一线员工。

6 月 12—13 日 董事长王洪章到宁夏区分行工作调研。调研期间，董事长王洪章到营业网点看望慰问了一线员工，听取了分行汇报，并与分行领导班子成员，分行各部门主要负责人、基层机构和基层员工代表进行了座谈。在宁期间，董事长王洪章会见了宁夏回族自治区党委书记李建华、自治区政府副主席王和山，并到相关企业进行调研。

6 月 12 日 行长张建国在深圳主持召开专题会议，研究建银国际有关工作，副行长胡哲一、首席风险官曾俭华出席。

6 月 13 日 行长张建国在深圳市分行调研并出席建设银行与中国国际海运集装箱（集团）股份有限公司战略合作协议签字仪式。

6 月 16 日 行长张建国、副行长胡哲一、董事会秘书陈彩虹在北京会见智利前总统、现亚太事务特使爱德华·弗雷先生一行。

6 月 17 日 （伦敦时间）国务院总理李克强在伦敦英中贸易协会举办的欢迎晚宴上宣告：中国建设银行成为伦敦人民币业务清算行，中国人民银行也在官方网站上发布了该消息。这是央行首次在亚洲以外的国家（地区）选定人民币清算行，也是建设银行首次获任海外人民币指定清算行。

6 月 18 日 董事长王洪章在伦敦出席“英中金融论坛”并发表主旨演讲，重点强调了伦敦作为全球最重要的金融中心在国际金融史上具有的重要地位及伦敦离岸人民币中心建设将为伦敦国际金融中心带来的新曙光。

6 月 19 日 董事长王洪章在伦敦出席建设银行伦敦人民币清算合作签约仪式。建行伦敦与工行（伦敦）、交通银行（伦敦）、汇丰银行、渣打银行、花旗银行、摩根大通、澳新银行等 11 家银行签署人民币清算合作备忘录。

6 月 19 日 董事长王洪章、副行长胡哲一在伦敦出席伦敦人民币清算业务媒体问答会。

6 月 23 日 董事长王洪章、董事会秘书陈彩虹在北京会见汇金公司总经理解植春一行。

6 月 23 日 董事长王洪章、副行长朱洪波、首席审计官余静波会见中粮集团有限公司（简称中粮集团）董事长宁高宁，并出席建设银行与中粮集团战略合作协议签字仪式。

6 月 23 日 行长张建国在北京会见汇金公司总经理解植春一行。

6 月 24 日 董事长王洪章在北京会见爱尔兰就业、企业与创新部部长理查德·布鲁顿先生。

6 月 24 日 董事长王洪章在澳大利亚驻华使馆会见澳财政部长霍奇先生。

6 月 24 日 行长张建国、副行长胡哲一、首席风险官曾俭华在香港出席建设银行与招商局集团综合金融合作协议签字仪式。

6 月 25 日 行长张建国、副行长胡哲一、首席风险官曾俭华在澳门听取澳门分行工作汇报，出席澳门分行成立庆祝活动。期间先后会见中央人民政府驻澳门特别行政区联络办公室主任李刚，澳门金融管理局主席丁连星。

6 月 26 日 董事长王洪章在香港主持召开中国建设银行 2013 年度股东大会，行长张建国、副行长朱洪波、副行长胡哲一、副行长庞秀生、首席风险官曾俭华、首席经济学家黄志凌、首席审计官余静波、首席财务官许一鸣、董事会秘书陈彩虹出席；会后主持召开媒体座谈会，行长张建国、副行长庞秀生、首席风险官曾俭华、董事会秘书陈彩虹出席。

6 月 26 日 董事长王洪章在香港主持召开建行亚洲董事会会议。

6 月 26 日 董事长王洪章、副行长胡哲一在香港出席建银国际董事会会议。

6 月 26 日 行长张建国、副行长朱洪波、副行长胡哲一、首席风险官曾俭华、董事会秘书陈彩虹在香港出席董事会风险管理委员会会议。

6 月 26 日 监事长郭友在香港主持召开监事会 2014 年第四次会议，董事会秘书陈彩虹列席。

6 月 27 日 董事长王洪章在香港主持召开董事会战略发展委员会会议，监事长郭友、副行长朱洪波、副行长胡哲一、副行长庞秀生、首席经济学家黄志凌、董事会秘书陈彩虹出席。

6 月 27 日　董事长王洪章在香港主持召开 2014 年董事会第四次会议，监事长郭友、副行长朱洪波、副行长胡哲一、副行长庞秀生、董事会秘书陈彩虹出席。

6 月 27 日　董事长王洪章在香港主持召开董事会重大事项讨论会议，郭友监事长、副行长朱洪波、副行长胡哲一、副行长庞秀生、首席经济学家黄志凌、董事会秘书陈彩虹出席。

6 月 27 日　行长张建国在北京主持召开季末业务调度会议，副行长杨文升、首席风险官曾俭华、首席财务官许一鸣出席。

6 月 30 日　董事长王洪章、副行长胡哲一在北京会见卢森堡财政大臣格拉美亚先生一行。

6 月 30 日　行长张建国在北京主持召开业务调度会议，副行长朱洪波、副行长庞秀生、副行长杨文升、首席风险官曾俭华、首席财务官许一鸣出席。

7 月 1 日　行长张建国在北京主持召开调度会议，副行长朱洪波、副行长胡哲一、副行长庞秀生、副行长杨文升、副行长黄毅，首席风险官曾俭华出席。

7 月 2 日　董事长王洪章在北京参加国务院常务会议。

7 月 2 日　董事长王洪章在北京会见宁夏回族自治区党委常委、组织部部长傅兴国一行。

7 月 2 日　行长张建国、副行长朱洪波、首席审计官兼北京分行行长余静波中国有色矿业集团有限公司（简称中国有色集团），与总经理罗涛、总会计师武翔举行会晤。中国有色集团办公厅、人事部、财务部、投资部、企业发展部等有关负责人陪同会晤。

7 月 3 日　董事长王洪章、副行长胡哲一在北京会见青海省副省长王晓一行。

7 月 3 日　行长张建国、首席风险官曾俭华到总行党校，着重就推进战略转型、坚持稳健发展的主题，与第 30 期干部进修班学进行了面对面座谈交流。

7 月 4 日　董事长王洪章在北京主持党委中心组就加快结构调整进行集体学习。行长张建国、副行长朱洪波、副行长胡哲一、副行长庞秀生、副行长章更生、副行长杨文升、党委委员黄毅、首席风险官曾俭华、首席经济学家黄志凌、首席审计官余静波、首席财务官许一鸣、董事会秘书陈彩虹、批发业务总监许会斌出席。

7 月 8 日　行长张建国、副行长章更生在北京会见大唐电信集团董事长真才基、副总裁陈山枝，并出席建设银行与大唐电信集团战略合作协议签字仪式。

7 月 8 日　行长张建国、副行长杨文升、首席风险官曾俭华在北京会见广东省副省长刘志庚。

7 月 10 日　董事长王洪章在武汉主持召开部分分行信贷资产质量管控座谈会，副行长章更生、首席风险官曾俭华出席。期间，与湖北省省长王国生进行了会晤，湖北省副省长曹广晶、省政府秘书长王祥喜，省金融办副主任胡俊明，省老领导任世茂参加了会议。

7 月 10—11 日　行长张建国、副行长黄毅在贵阳参加生态文明贵阳国际论坛 2014 年年会，行长张建国应邀在“大数据时代的互联网金融”主题论坛上发表致辞。在黔期间，会见了贵州省省长陈敏尔、常务副省长谌贻琴和省委常委、贵阳市委书记陈刚，并与贵州省分行班子成员座谈。

7 月 12—20 日　董事长王洪章、副行长杨文升率团出访智利、巴西，分别听取了建设银行智利分行筹备组和收购巴西机构筹备组的工作汇报并作出重要指示。在智期间，董事长王洪章拜会了中国驻智利大使馆，会见了桑坦德智利董事长及智利金融机构监管局（SBIF）主席。在巴期间，董事长王洪章应邀出席习近平主席和巴西总统迪尔玛共同主持的中巴重点项目签字仪式，中巴企业家委员会年会及习近平主席在巴西国会演讲活动；会见了巴西央行行长和分管市场准入的副行长，并与 BIC 银行首席执行官及拟留任高管进行深入交流，拜会了中国驻巴西大使馆。

7 月 14 日　行长张建国在北京参加国务院经济形势企业负责人座谈会议。

7 月 16 日　行长张建国在北京参加国务院第 56 次常务会议。

7 月 16 日　行长张建国、监事长郭友、副行长朱洪波、副行长庞秀生、副行长章更生在北京出席建设银行与中国中信集团有限公司（简称中信集团）战略合作协议签字仪式。

7月18日 行长张建国在北京主持召开2014年上半年经营形势分析会议，副行长朱洪波、副行长胡哲一、副行长庞秀生、首席风险官曾俭华、首席审计官余静波、首席财务官许一鸣、批发业务总监许会斌出席。

7月18日 监事长郭友在北京出席中共中国建设银行党校2014年春季学期（第30期）干部进修班毕业典礼，并为学员颁发中央党校毕业证书。

7月21日 董事长王洪章在北京参加国务院有关会议。

7月23日 董事长王洪章在北京参加国务院第57次常务会议。

7月23日 行长张建国在北京主持召开"三十大"项目风险化解处置进展情况汇报会议，副行长朱洪波、副行长杨文升、副行长黄毅、首席风险官曾俭华、首席财务官许一鸣、批发业务总监许会斌出席。

7月24日 董事长王洪章在北京出席意大利财政部长招待午宴并会见意大利财政部长帕多安先生一行。

7月25日 行长张建国在北京出席银监会2014年上半年全国银行业监督管理工作会议暨经济金融形势分析会议。

7月25日 监事长郭友监事长在北京会见《欧洲货币》执行总裁尼尔·奥斯本（Neil Osborn）先生一行。

7月29日 行长张建国、首席风险官曾俭华到党校出席风险管理高级研修班开班仪式。

7月30日 董事长王洪章、行长张建国、监事长郭友、副行长朱洪波、副行长胡哲一、副行长庞秀生、副行长章更生、副行长杨文升、副行长黄毅、首席风险官曾俭华、首席经济学家黄志凌、首席审计官余静波、首席财务官许一鸣、董事会秘书陈彩虹、批发业务总监许会斌在北京出席全行领导干部会议。

7月30日 董事长王洪章在北京主持召开巡视工作领导小组会议，听取2014年第一批次对3个分行巡视情况的汇报，听取全行一级分行巡视工作开展情况的汇报。纪委书记、副行长朱洪波及领导小组成员部门主要负责人参加会议。

7月30日 行长张建国、副行长章更生、副行长杨文升在北京出席建设银行与大连商品交易所战略合作协议签字仪式。大连商品交易所刘兴强理事长出席了签约仪式。副行长章更生与大连商品交易所李克强总经理代表双方分别在战略合作协议上签字。

8月1日 董事长王洪章在北京主持召开转型发展规划领导小组会议，副行长胡哲一、首席经济学家黄志凌、首席财务官许一鸣、董事会秘书陈彩虹、批发业务总监许会斌出席。

8月1日 董事长王洪章在北京参加首都规划建设委员会第33次全体会议。

8月5日 行长张建国、副行长朱洪波在北京会见神华集团有限责任公司总经理凌文、副总经理郝贵一行。

8月7—8日 董事长王洪章、行长张建国、监事长郭友、副行长朱洪波、副行长胡哲一、副行长庞秀生、副行长章更生、副行长杨文升、副行长黄毅、首席风险官曾俭华、首席经济学家黄志凌、首席审计官余静波、首席财务官许一鸣、董事会秘书陈彩虹、批发业务总监许会斌在北京出席2014年战略与创新专题研讨暨夏季工作座谈会。

8月11—15日 行长张建国出访印度尼西亚。在印尼期间，行长张建国分别会见了央行副行长Perry Warjiyo先生、印尼投资协调委员会主席Mahendra Siregar先生、金融服务管理局（OJK）主席Muliaman Hadad先生、中国驻印尼大使谢锋先生等。

8月12—13日 监事长郭友到黑龙江省分行工作调研。调研期间，监事长郭友主持召开了省行行级领导、风险管理部、公司业务部、个人金融部主要负责人参加的座谈会，听取了关于黑龙江省分行有关工作情况的汇报。

8 月 14 日 监事长郭友在北京接受毕马威关于社会责任的专题访谈。

8 月 15 日 董事长王洪章、首席财务官许一鸣在北京会见四川省副省长甘霖一行。

8 月 15 日 监事长郭友到党校与党校干部专题（文化）研修班学员座谈。

8 月 19 日 董事长王洪章在北京主持召开深化改革领导小组会议，行长张建国、监事长郭友、副行长朱洪波、副行长胡哲一、副行长章更生、副行长杨文升、首席经济学家黄志凌、董事会秘书陈彩虹出席。

8 月 20 日 董事长王洪章、首席风险官曾俭华在山西省分行进行工作调研并座谈。调研期间，董事长王洪章一行会见了山西省省长李小鹏。

8 月 20 日 行长张建国、副行长庞秀生、副行长杨文升、首席财务官许一鸣在北京出席银监会 2014 年上半年监管工作会谈。

8 月 21 日 董事长王洪章、首席风险官曾俭华在黑龙江省分行就化解重大信贷项目风险进行专题调研。调研期间，董事长王洪章与省行领导班子及相关部门主要负责人进行了座谈。董事长王洪章还会晤了黑龙江省省长陆昊、副省长郝会龙、副省长吕维峰、副省长胡亚枫，就化解有关重大风险事项进行了沟通协商。

8 月 21 日 行长张建国、副行长朱洪波在北京会见中国诚通控股集团有限公司董事长马正武、总会计师徐震等一行。

8 月 21 日 监事长郭友、副行长章更生、副行长杨文升、批发业务总监许会斌在北京会见中华全国供销合作总社副主任顾国新、邹天敬，经济发展与改革部部长侯顺利、财会部部长原梅生、中国供销集团公司总经理杨凤禄等一行。

8 月 22 日 监事长郭友、副行长庞秀生到北京数据中心调研。

8 月 25 日 董事长王洪章、行长张建国在银监会出席有关会议。

8 月 25 日 监事长郭友在北京会见中国上市公司协会纪委书记、专职副监事长杨琳一行。

8 月 26 日 行长张建国在北京主持召开风险管理与内控管理委员会议，副行长朱洪波、副行长胡哲一、副行长章更生、副行长黄毅、党委委员余静波、首席风险官曾俭华、首席财务官许一鸣出席。

8 月 27 日 董事长王洪章、行长张建国、郭友监事长、副行长朱洪波、副行长胡哲一、副行长章更生、副行长杨文升、副行长黄毅、党委委员余静波、首席风险官曾俭华、首席经济学家黄志凌、首席财务官许一鸣、董事会秘书陈彩虹在北京出席全行组织人事工作会议。会上董事长王洪章做重要讲话，党委委员、副行长章更生主持并做会议总结。

8 月 27 日 董事长王洪章在北京会见宝钢集团董事长徐乐江一行。

8 月 27 日 行长张建国、副行长章更生、党委委员余静波在北京出席建设银行与北京外国语大学战略合作协议签字仪式。

8 月 27 日 行长张建国在北京会见湖北省副省长曹广晶一行。

8 月 28 日 行长张建国、副行长朱洪波、副行长胡哲一、首席风险官曾俭华、董事会秘书陈彩虹在北京出席董事会风险管理委员会会议。

8 月 29 日 董事长王洪章、行长张建国、监事长郭友、副行长朱洪波、副行长胡哲一、首席财务官许一鸣、董事会秘书陈彩虹在北京出席董事会战略发展委员会会议。

8 月 29 日 董事长王洪章、行长张建国、监事长郭友、副行长朱洪波、副行长胡哲一、首席风险官曾俭华、首席财务官许一鸣、董事会秘书陈彩虹在北京出席董事会 2014 年第 5 次会议。

8 月 29 日 行长张建国、副行长黄毅、首席风险官曾俭华在北京会见青岛市市长张新起一行。

8 月 董事长王洪章获得中国外交部和中国国际贸易促进委员会共同委任，成为亚太经济合作组织（APEC）工商咨询理事会（ABAC）正式代表，成为中国选派的三位代表之一，也是中国金融界的唯一代表。

9月1日　董事长王洪章在北京主持召开2014年中期业绩发布会（北京），副行长朱洪波、副行长章更生、副行长杨文升、董事会秘书陈彩虹出席。

9月1日　行长张建国在香港主持召开2014年中期业绩发布会（香港），副行长黄毅、首席经济学家黄志凌、首席财务官许一鸣出席。在港期间，行长张建国一行进行了路演，通过小组会谈、一对一拜访等方式，与40多家重要投资机构进行了交流。

9月2日　行长张建国、首席财务官许一鸣上午在香港出席投资人会谈。

9月2日　行长张建国、副行长章更生下午在深圳出席建设银行与深圳证券交易所（简称深交所）在深圳签署了全面战略合作协议签字仪式。

9月2日　监事长郭友在北京会见瑞士日内瓦州副州长皮埃尔·莫丹先生一行。

9月3日　行长张建国、首席财务官许一鸣、董事会秘书陈彩虹在上海出席上海证券交易所业绩说明会。

9月4日　董事长王洪章、行长张建国、副行长章更生、副行长杨文升、首席财务官许一鸣、董事会秘书陈彩虹在上海出席龙卡全球至尊信用卡上市发布会。

9月4日　董事长王洪章、副行长章更生、副行长杨文升、首席财务官许一鸣、董事会秘书陈彩虹在上海出席建信期货有限责任公司揭牌仪式。

9月5日　董事长王洪章在香港主持召开建行亚洲董事会会议。

9月9日　董事长王洪章在银监会出席银行业协会第14次会员大会。

9月10—14日　董事长王洪章在英国参加由国务院副总理马凯主持的第六次中英经济财金对话，并出席中英金融圆桌会议、中英联合投资论坛等活动。期间，董事长王洪章出席了与香港交易所［包括港交所旗下的伦敦金属交易所（LME）］、伦敦证券交易所（LSE）战略合作谅解备忘录签约仪式。9月11日（伦敦时间），董事长王洪章一行分别拜访了香港交易及结算所有限公司行政总裁李小加先生、伦敦金属交易所主席 Brian Bender 爵士和伦敦证券交易所集团行政总裁 Xavier Rolet 先生。

9月10日　行长张建国在北京主讲总行机关保密专题党课。

9月10日　监事长郭友在北京出席中国建设银行党校2014年秋季学期（第31期）干部进修班开学典礼并讲话。

9月11日　行长张建国在北京会见来访的德国商业银行行长马丁·布莱辛（Martin Blessing）先生一行。

9月15日　董事长王洪章在北京会见花旗集团首席执行官高沛德一行。

9月16日　董事长王洪章、副行长黄毅在北京会见了就贯彻执行中央八项规定和国务院约法三章情况来建设银行进行督查调研的中央国家机关工委副书记陈存根及工委委员、办公室主任常大光、纪工委副书记吴海英一行。

9月16日　行长张建国在北京会见澳大利亚西太平洋银行首席执行官吉尔·凯利（Gail Kelly）女士一行。

9月17日　董事长王洪章在北京参加国务院常务会议。

9月18日　董事长王洪章、副行长章更生在北京德国驻华大使馆出席为纪念德国住房储蓄制度进入中国十周年而举办的“住房储蓄进入中国十周年”大型研讨会，这也是中德住房储蓄银行成立十周年活动之一。

9月18日　行长张建国、副行长朱洪波、党委委员首席审计官余静波在北京出席建设银行与中国民航信息网络股份有限公司战略合作协议签字仪式。

9月18日　行长张建国在北京会见英国伦敦金融城政策与资源委员会主席包默凯（Mark Boleat）先生一行。

9月19日　董事长王洪章在北京接受新华社、中央电视台、香港商报等10家境内外媒体集体专访，就建设银行60年服务国家经济建设、转型发展成果和发展战略回答记者提问。

9月19日 董事长王洪章在北京会见澳大利亚和新西兰银行首席执行官邵铭高（Mike Smith）先生一行。

9月22日 董事长王洪章、行长张建国、监事长郭友、副行长章更生、党委委员首席审计官余静波在北京出席建设银行与光大集团战略合作协议签字仪式。

9月22日 董事长王洪章在北京会见欧洲稳定机制总裁克劳斯·雷格林先生一行。

9月22日 董事长王洪章、副行长胡哲一、首席风险官曾俭华在北京会见纽约联邦储备银行管理委员会成员、执行副总裁兼金融机构监管部主管萨拉·达尔格伦（Sarah Dahlgren）女士一行。

9月23日 中共中央政治局常委、国务院副总理马凯在《中国建设银行成立60年来情况汇报》上做重要批示："洪章同志：建设银行成立60年来，始终坚持以服务国家建设为己任，锐意改革，开拓进取，从一家经办基本建设拨款的专业银行，发展成为经营指标在全球银行业名列前茅的大型综合性商业银行集团。谨向建设银行广大干部职工表示衷心的祝贺和诚挚的慰问！希望建设银行以党的十八大精神为指导，认真贯彻中央关于全面深化改革的部署，始终坚持服务实体经济发展这个根本，着力完善治理机制和经营机制，全面提升综合服务能力和竞争力，不断提高风险管控能力，努力向国际一流银行的目标迈进，为社会主义现代化建设不断作出新的贡献！"

9月23日 行长张建国、首席财务官许一鸣在北京会见国家发改委价格司司长许昆林。

9月24日 中共中央政治局常委、国务院总理李克强在《中国建设银行成立60年来情况汇报》上做重要批示："中国建设银行成立60年来，以服务国家建设为己任，栉风沐雨、成长壮大，为经济社会发展作出了积极贡献。望进一步深化改革，开拓创新，围绕支持实体经济、促进重大项目建设、破解小微企业融资难题、助力民生改善等加强服务，苦练内功，不断提升经营管理水平、风险防控能力和国际竞争力，在促进经济提质增效升级中再创佳绩。"

9月24日 行长张建国、副行长胡哲一在天津会见纽约联邦储备银行管理委员会成员、执行副总裁兼金融机构监管部主管萨拉·达尔格伦（Sarah Dahlgren）女士一行。

9月25—26日 董事长王洪章一行到江西省分行工作调研。调研期间，董事长王洪章视察基层支行，走访总行重点客户双胞胎（集团）股份有限公司，召开座谈会，与省分行班子成员、部门负责同志及部分基层机构负责同志进行座谈。调研期间，董事长王洪章一行与江西省委书记强卫、省长鹿心社、副省长李炳军进行了座谈，会见了人民银行南昌中心支行、江西银监局有关负责同志。

9月25日 行长张建国在天津参加第18届国际银行监督官大会。

9月25日 行长张建国、副行长胡哲一在天津会见印尼金融服务管理局（OJK）主席 Muliaman 先生一行。

9月26日 中共中央总书记、国家主席、中央军委主席习近平在《中国建设银行成立60年来情况汇报》上做重要批示："洪章同志：60年来，建设银行砥砺奋进，不断发展壮大，为国家经济社会发展作出了积极贡献。希望再接再厉，与时俱进、改革创新，进一步增强服务国家建设能力、防范金融风险能力、参与国际竞争能力，再创新佳绩，为中华民族伟大复兴作出更大贡献。"

9月26日 行长张建国、副行长胡哲一会见智利银行及金融机构监管局主席 Eric Parrado 先生。

中共中央政治局常委、国务院副总理马凯在《中国建设银行成立60年来情况汇报》上做重要批示："洪章同志：在建设银行成立60周年之际，习近平总书记和李克强总理作出重要批示，是对建设银行全体员工的巨大鼓舞，又对今后的发展提出了明确的和更高的要求。希望全行同志认真学习领会，贯彻落实，深化改革，强化管理，防范风险，提升服务，作出更大贡献！"

9月28日 董事长王洪章主持召开2014年第18次党委会议，传达学习习近平总书记、李克强总理、马凯副总理在建设银行呈报的《中国建设银行成立60年来情况汇报》上作出的重要批示精神。行长张建国、监事长郭友、副行长朱洪波、副行长胡哲一、副行长庞秀生、副行长章更生、副行长杨文升、副行长黄毅、党委委员余静波出席。

9月29日 董事长王洪章、行长张建国、监事长郭友、副行长朱洪波、副行长胡哲一、副行长庞秀生、副行长章更生、副行长杨文升、副行长黄毅、党委委员余静波、首席风险官曾俭华、首席经济学家黄志凌、董事会秘书陈彩虹、批发业务总监许会斌在北京出席庆祝中国建设银行成立60周年座谈会。

9月30日 董事长王洪章、行长张建国、监事长郭友、副行长朱洪波、副行长庞秀生、副行长章更生、副行长杨文升、副行长黄毅、党委委员余静波、首席风险官曾俭华、首席经济学家黄志凌、董事会秘书陈彩虹、批发业务总监许会斌在北京出席中国建设银行成立60周年（视频）大会。董事长王洪章做了题为《赓续传统 锐意改革 砥砺奋进 携手共铸建设银行更加辉煌的明天》的重要讲话。

9月30日 董事长王洪章、副行长黄毅在人民大会堂参加国庆招待会。

10月8日 董事长王洪章在北京参加中央党的群众路线教育实践活动总结大会；参加国务院部门负责同志会议。

10月9—10日 行长张建国、副行长黄毅到新疆区分行调研工作。调研期间，行长张建国、副行长黄毅视察了基层网点，与新疆区分行班子成员座谈，并会见新疆维吾尔自治区主席努尔·白克力，新疆生产建设兵团司令刘新齐、副司令宋建业。

10月11日 董事长王洪章在北京主持召开转型发展规划领导小组会议，副行长胡哲一、首席经济学家黄志凌、批发业务总监许会斌出席。

10月13日 董事长王洪章主持召开巡视工作领导小组会议，副行长朱洪波出席。

10月15日 董事长王洪章、首席风险官曾俭华一行在苏州分行调研工作。董事长王洪章一行视察了基层网点，慰问了一线员工，并在分行召开调研座谈会。

10月15日 行长张建国在北京出席国务院有关会议。

10月15日 行长张建国在北京主持召开2014年第三季度经营形势分析会议，监事长郭友、副行长胡哲一、副行长庞秀生、副行长章更生、副行长杨文升、副行长黄毅、党委委员余静波、首席经济学家黄志凌、首席财务官许一鸣、董事会秘书陈彩虹出席。

10月16日 董事长王洪章、首席风险官曾俭华一行在常州培训中心调研工作。董事长王洪章一行实地考察了培训设施，看望了正在校参训的第8期二级分行行级管理人员领导人培训班，与学员进行交流互动，还与海外机构外籍员工培训班授课人员进行交流，并与培训中心领导班子和各部门负责人进行了座谈。

10月16日 行长张建国在北京会见了英国标准人寿（Standard Life plc）董事长Gerry Grimstone（秦智涛）爵士一行。

10月16日 行长张建国在北京会见了信安金融集团国际业务总裁韦达志先生一行。

10月17日 董事长王洪章、首席风险官曾俭华一行在江苏省分行调研工作。期间，董事长王洪章一行与省分行班子成员、南京审计分部负责人、省分行相关部门负责人进行了座谈。

10月17日 行长张建国、副行长杨文升、副行长黄毅、党委委员余静波在北京出席“客户服务，我最用心”个人客户服务岗位劳动竞赛活动。

10月20—23日 董事长王洪章、行长张建国在北京参加中国共产党第十八届中央委员会第四次全体会议。

10月21日 监事长郭友在北京会见中国投资有限公司监事长郭浩达一行。

10月22日 监事长郭友在北京主持召开监事会履职尽职监督委员会2014年第三次会议。

10月23日 董事长王洪章在北京主持召开董事会2014年第六次会议暨战略发展委员会2014年第六次会议，行长张建国、监事长郭友、副行长胡哲一、副行长庞秀生、首席风险官曾俭华、首席经济学家黄志凌、首席财务官许一鸣、董事会秘书陈彩虹出席。

10月23日 监事长郭友在北京主持召开监事会2014年第六次会议，首席风险官曾俭华、首席财务官许一鸣、董事会秘书陈彩虹出席。

10月24日 董事长王洪章在北京参加国务院常务会议。

10月24日 董事长王洪章主持召开党委会，认真传达学习党的十八届四中全会精神，深刻领会习近平总书记在会议上所做的重要报告和重要讲话精神，以及全会审议通过的《中共中央关于全面推进依法治国若干重大问题的决定》，并紧密联系建设银行经营管理和改革发展实际，作出了具体部署，提出了落实要求。会上，党委副书记、监事长郭友就推动战略转型、实现发展目标做主题发言。

10月24日 行长张建国、副行长朱洪波在北京与中国铁塔公司总经理佟吉禄商谈业务合作事宜。

10月24日 行长张建国在北京参加中国银行业监督管理委员会银行业支持西藏经济社会发展座谈会。

10月26—30日 行长张建国、首席财务官许一鸣出访美国纽约和华盛顿。在美期间，进行业绩路演，行长张建国一行与投资者进行了会谈，会见了纽约联邦储备银行执行副总裁萨拉女士、美联储银行业监管部高级副主管杰克·詹宁斯先生。

10月28日 董事长王洪章在北京会见了美国史带公司董事长莫利斯·格林伯格（Maurice Greenberg）先生一行

10月29日 董事长王洪章、副行长黄毅在北京会见荷兰阿姆斯特丹市市长范德兰先生一行。

10月29日 董事长王洪章在北京参加国务院常务会议。

10月31日 董事长王洪章、行长张建国、监事长郭友、副行长朱洪波、副行长胡哲一、副行长庞秀生、副行长杨文升、副行长黄毅、党委委员余静波、首席风险官曾俭华、首席经济学家黄志凌、首席财务官许一鸣、董事会秘书陈彩虹、批发业务总监许会斌在北京出席2014年秋季工作（视频）会议。

11月3日 董事长王洪章、行长张建国、监事长郭友、副行长朱洪波、副行长胡哲一、副行长杨文升、副行长黄毅、首席财务官许一鸣、批发业务总监许会斌在北京出席“心有大爱铸忠诚——李红英同志先进事迹（视频）报告会”。

11月4日 董事长王洪章、副行长朱洪波、党委委员余静波在北京会见中国铝业董事长葛红林，副总经理刘才明一行。

11月5日 董事长王洪章在北京参加国务院常务会议。

11月6日 董事长王洪章、行长张建国、监事长郭友、副行长朱洪波、副行长胡哲一、副行长章更生、副行长杨文升、副行长黄毅、党委委员余静波、首席风险官曾俭华、首席财务官许一鸣、董事会秘书陈彩虹、批发业务总监许会斌在北京钓鱼台国宾馆出席了建设银行作为APEC工商咨询理事会（简称ABAC）中国代表企业和APEC中国工商理事会副主席单位主办的ABAC工作晚宴。董事长王洪章主持晚宴并致辞。

11月6—10日 董事长王洪章、董事会秘书陈彩虹出席ABAC和APEC工商领导人峰会相关会议及活动。在ABAC金融与金融工作组会议上，董事长王洪章提交了“加强区域金融基础设施和机构合作”提案，被列为ABAC金融与经济工作组2015年重点研讨议题；董事长王洪章参加国家主席习近平出席的新西兰总理约翰·基、日本首相安倍晋三、泰国总理巴育和秘鲁总统乌马拉等亚太经合组织领导人同ABAC代表对话会；在APEC工商领导人峰会全球金融论坛上，董事长王洪章发表演讲。会议期间，董事长王洪章、副行长朱洪波、首席财务官许一鸣、董事会秘书陈彩虹先后会见了澳大利亚前总理霍克、新西兰国际资本有限公司执行主席、俄罗斯外贸银行（VTB）董事长、俄罗斯直接投资基金首席执行官、普华永道全球主席、泛美开发银行行长、印度尼西亚Indika能源公司总裁等，就业务拓展及合作进行沟通交流。董事长王洪章还分别接受了新华社、中央电视台国际频道和财经频道的采访。

11月12日 董事长王洪章在上海出席中德住房储蓄银行第四届董事会第四次会议。

11月12日 董事长王洪章和德国施豪银行副行长施密特先生、吉斯乐先生在上海举行会晤。

11月14日 董事长王洪章、副行长朱洪波在北京会见美国信安集团董事长施伯文先生一行。

11 月 14 日 董事长王洪章在北京接受台湾《经济日报》采访。

11 月 14 日 行长张建国、首席财务官许一鸣在北京拜访银监会副主席周慕冰。

11 月 17 日 董事长王洪章在北京参加国务院应对国际金融危机领导小组会议。

11 月 17 日 董事长王洪章在北京出席全国银行业小微企业金融服务工作（电视电话）会议。

11 月 17—22 日 应中国国际贸易促进委员会的邀请，行长张建国一行参加中国经贸代表团对芬兰首都赫尔辛基和斯洛文尼亚首都卢布尔雅那进行了访问。其间，拜会斯洛文尼亚财政部部长杜尚・姆拉莫尔及相关官员，参加了汪洋副总理接见中国驻斯洛文尼亚使馆、当地华人华侨代表、中资企业代表和中国经贸代表团成员的活动，出席了由中国贸促会与斯洛文尼亚工商会共同举办的中斯经贸合作论坛等。

11 月 18 日 董事长王洪章、副行长朱洪波、副行长杨文升、黄毅、余静波、首席经济学家黄志凌、首席财务官许一鸣在北京出席一级分行党委书记及总行部门总经理专题培训班开班仪式。

11 月 18 日 董事长王洪章在北京为一级分行党委书记及总行部门总经理专题培训班授课。

11 月 19—21 日 董事长王洪章、副行长章更生率团赴新西兰和马来西亚。其间，出席建设银行新西兰子银行开业仪式，拜访新西兰储备银行副行长、北部湾国际港务集团高层、马来西亚中央银行行长、马来亚银行集团总裁兼首席执行官、拜访中国驻马来西亚大使黄惠康和马来西亚首相对华特使丹斯里黄家定等。考察市场情况并参加相关活动等。

11 月 19 日 监事长郭友在北京参加国务院常务会议。

11 月 20 日 监事长郭友在北京出席一级分行党委书记及总行部门总经理专题培训班学员座谈会。

11 月 21 日 （新西兰当地时间）中国国家主席习近平与新西兰总理约翰・基共同为包括中国建设银行（新西兰）有限公司在内的四家中资机构揭牌。这是建设银行海外发展史上首次由国家最高领导人为机构开业揭牌。董事长王洪章、副行长章更生及各界嘉宾和媒体代表 300 余人出席了庆祝活动。当日，董事长王洪章在中国建设银行（新西兰）有限公司开业庆祝活动上致辞。

11 月 25 日 行长张建国在北京会见德意志交易所集团首席执行官瑞图・佛兰乔尼（Reto Francioni）博士一行。

11 月 26 日 行长张建国、副行长庞秀生、首席财务官许一鸣在北京会见国税总局稽查局局长马毅民。

11 月 26 日 监事长郭友在北京主持召开总行本部机构集约化调整专项工作会议。

11 月 28—29 日 董事长王洪章在北京参加中央外事工作会议。

12 月 1 日 董事长王洪章、行长张建国、副行长章更生在北京会见辽宁省省长李希、副省长刘强一行，并出席建设银行与辽宁省政府战略合作协议签字仪式。

12 月 1 日 行长张建国在北京会见斯洛文尼亚经济发展和技术部国务秘书让克・伯格（Janko Burgar）先生一行。

12 月 2 日 董事长王洪章、监事长郭友、副行长朱洪波在北京出席“母亲健康快车”捐赠暨发车仪式。

12 月 2 日 行长张建国、副行长朱洪波、副行长章更生、副行长黄毅、首席风险官曾俭华、首席经济学家黄志凌在北京出席银监会监管会谈。

12 月 2 日 行长张建国、副行长庞秀生、首席财务官许一鸣在北京会见证监会副主席姚刚。

12 月 3 日 董事长王洪章在北京会见中央第三十三督导组组长马之庚。

12 月 3 日 行长张建国在北京主持召开岁末年初工作部署暨 2014 年度财务会计决算（视频）会议，副行长庞秀生、首席风险官曾俭华、首席财务官许一鸣出席。

12 月 4 日 行长张建国一行到云南省分行调研工作，并参加了省分行领导班子民主生活会。调研期间，行长张建国会见了云南省委书记李纪恒，省委副书记、代省长陈豪。

12 月 5 日 董事长王洪章、副行长章更生、党委委员余静波、批发业务总监许会斌在北京出席建设银行与中国印钞造币总公司战略合作协议签字仪式。

12 月 5 日 董事长王洪章、副行长朱洪波、副行长黄毅在北京出席总行机关第七次党员代表大会。

12 月 5 日 （加拿大当地时间）监事长郭友、加拿大财政部部长乔·奥利弗、加拿大联邦参议员胡子修、中国驻多伦多总领事馆总领事房利、中国驻加拿大使馆公使衔参赞余本林及加拿大各界嘉宾 200 余人在多伦多出席中国建设银行多伦多分行开业庆祝活动。在加期间，监事长郭友与加拿大金融机构监管署多伦多分局局长 Scott Knight 先生会谈，会见加拿大皇家银行资本市场董事长兼首席执行官 Doug McGregor 先生，并受邀出席爱尔兰财长晚宴。

12 月 9—11 日 董事长王洪章、行长张建国在北京参加中央经济工作会议。

12 月 11 日 董事长王洪章主持召开党委扩大会议，传达学习中央经济工作会议精神。会上，董事长王洪章、行长张建国分别传达了习近平总书记和李克强总理在中央经济工作会议上的重要讲话精神。会议精神传达后，王洪章结合年底和明年各项工作提出了具体要求。总行党委成员，高管人员，部分董事、监事，各部门、在京子公司主要负责人参加了会议。

12 月 11 日 行长张建国、副行长朱洪波、副行长胡哲一、首席风险官曾俭华、董事会秘书陈彩虹在北京出席董事会风险管理委员会会议。

12 月 12 日 董事长王洪章在北京主持召开董事会战略发展委员会会议，行长张建国、监事长郭友、副行长朱洪波、副行长胡哲一、副行长庞秀生、首席风险官曾俭华、首席经济学家黄志凌、首席财务官许一鸣、董事会秘书陈彩虹出席。

12 月 12 日 董事长王洪章在北京主持召开董事会 2014 年第七次会议，行长张建国、监事长郭友、副行长朱洪波、副行长胡哲一、副行长庞秀生、首席风险官曾俭华、首席经济学家黄志凌、首席财务官许一鸣、董事会秘书陈彩虹出席。

12 月 12 日 行长张建国在北京主持召开民主生活会、征求意见座谈会。

12 月 15 日 董事长王洪章在北京主持召开民主生活会、征求意见座谈会。

12 月 15 日 监事长郭友、党委委员余静波在北京会见北京市常务副市长李士祥。

12 月 16 日 董事长王洪章在石家庄出席河北省分行民主生活会并讲话。期间，董事长王洪章与河北省省委书记周本顺等主要领导人进行了会晤。

12 月 16 日 董事长王洪章在石家庄主持召开部分一级分行党委主要负责人座谈会。

12 月 16 日 监事长郭友在北京参加 2014 年中投公司参控股银行监事会工作座谈会。

12 月 17 日 监事长郭友在北京主持召开民主生活会、征求意见座谈会。

12 月 17—19 日 行长张建国、首席风险官曾俭华到辽宁省分行调研工作，召开座谈会，省分行领导班子、沈阳审计分部主任，部分二级分行和省分行部门主要负责人、基层员工代表参加了座谈会。在调研期间，行长张建国还会见了辽宁省省长李希、副省长刘强。

12 月 18 日 董事长王洪章在北京参加全国融资性担保行业发展与监管经验交流电视电话会议。

12 月 18 日 行长张建国、首席风险官曾俭华在沈阳出席辽宁省分行民主生活会。

12 月 18 日 行长张建国在沈阳主持召开部分一级分行党委主要负责人座谈会，首席风险官曾俭华出席。

12 月 18 日 监事长郭友在贵阳出席贵州省分行 2014 年度党员领导干部民主生活会并讲话。总行党委组织部、行长办公室有关同志及贵州总审计室总审计师列席了会议。

12 月 19 日 董事长王洪章在北京主持召开建行亚洲 2014 年第四次董事会（视频）会议。

12 月 19 日 监事长郭友在贵阳主持召开部分一级分行党委主要负责人座谈会，并到贵州省分行调研工作。

12 月 22—23 日 董事长王洪章、首席风险官曾俭华到浙江省分行调研工作，出席浙江省分行民主生活会，并在杭州主持召开部分一级分行党委主要负责人座谈会。

12 月 22 日 行长张建国、副行长胡哲一在北京会见尼泊尔中央银行行长卡蒂瓦达（Yuba Raj Khatiwada）先生一行。

12 月 23—24 日 董事长王洪章、首席风险官曾俭华到深圳市分行调研工作，并出席深圳市分行民主生活会。

12 月 23 日 行长张建国在北京参加银监会监管工作会议。

12 月 24 日 行长张建国在北京参加国务院常务会议。

12 月 24 日 监事长郭友在北京主持召开总行本部机构集约化调整专项工作会议。

12 月 24—25 日 董事长王洪章、首席风险官曾俭华一行在广东省分行调研工作，出席广东省分行2014 年度党员领导干部民主生活会，并主持召开部分一级分行党委主要负责人座谈会（华南片区）。在粤期间，董事长王洪章一行拜会了广东省委书记胡春华、省长朱小丹、常务副省长徐少华、省委秘书长林木森、副省长陈云贤等。

12 月 26 日 监事长郭友在北京主持召开监事会履职尽职监督委员会 2014 年第 4 次会议，之后主持召开监事会 2014 年第 7 次会议，首席财务官许一鸣、董事会秘书陈彩虹出席。

12 月 29 日 董事长王洪章、行长张建国、监事长郭友、副行长朱洪波在北京分别与中纪委组织部调研组谈话。

12 月 29 日 董事长王洪章在北京主持召开部分部门负责人征求意见座谈会。

12 月 30 日 董事长王洪章在北京主持召开总行党委 2014 年度党员领导干部民主生活会，行长张建国、郭友监事长、副行长朱洪波、副行长庞秀生、副行长章更生、副行长杨文升、黄毅、余静波出席。

12 月 31 日 董事长王洪章、行长张建国、监事长郭友、副行长朱洪波、副行长庞秀生、副行长章更生、副行长杨文升、副行长黄毅、副行长余静波、首席风险官曾俭华、首席财务官许一鸣分别到总行相关部门、直属中心，北京市分行部分网点及部分子公司看望员工。

机构及人事类

1 月 9 日 中共中央组织部发文通知郭友同志任中国建设银行党委副书记，免去张福荣同志的中国建设银行党委副书记职务。

1 月 17 日 总行战略规划与股权投资部更名为股权与投资管理部，总行研究部更名为战略规划部。

1 月 17 日 总行发文通知张龙担任中国建设银行股份有限公司独立非执行董事，张燕玲、郭衍鹏担任中国建设银行股份有限公司非执行董事。

1 月 20 日 总行发文通知中国建设银行股份有限公司董事会各委员会组成人员：王洪章担任中国建设银行董事会战略发展委员会主席，朱洪波、齐守印、张建国、张燕玲、陈远玲、伊琳·若诗、胡哲一、维姆·科克、莫里·洪恩、徐铁、郭衍鹏、梁高美懿、董轼担任中国建设银行董事会战略发展委员会委员；钟瑞明担任中国建设银行董事会审计委员会主席，张龙、张燕玲、伊琳·若诗、赵锡军、莫里·洪恩、徐铁、董轼担任中国建设银行董事会审计委员会委员；梁高美懿担任中国建设银行董事会风险管理委员会主席，朱洪波、齐守印、张龙、张建国、陈远玲、赵锡军、胡哲一、钟瑞明、莫里·洪恩担任中国建设银行董事会风险管理委员会委员；伊琳·若诗担任中国建设银行董事会提名与薪酬委员会主席；钟瑞明、维姆·科克、莫里·洪恩、郭衍鹏、梁高美懿、董轼担任中国建设银行董事会提名与薪酬委员会委员；赵锡军担任中国建设银行董事会关联交易控制委员会主席，朱洪波、张龙、胡哲一、钟瑞明担任中国建设银行董事会关联交易控制委员会委员。

1 月 21 日 期货业务机构筹备组成立，程双起任筹备组组长，葛文杰任筹备组副组长。

2 月 7 日 经中国证券监督管理委员会批准，建信信托有限责任公司（“建信信托”）成功以现金方式认缴上海良茂期货经纪有限公司（“良茂期货”）新增注册资本 3.36 亿元人民币，认缴完成后，建信信托在良茂期货的出资比例达到 77.07%，原股东上海良友（集团）有限公司的出资比例变更为 22.93%。

2 月 8 日 中国建设银行深化改革领导小组（以下简称改革领导小组）成立。党委书记、董事长王洪章任组长，党委副书记、行长张建国，党委副书记郭友任副组长，党委委员、副行长胡哲一、副行长庞秀生、副行长杨文升及部分高管、相关部门主要负责人为领导小组成员；改革领导小组办公室设在战略规划部。改革领导小组的主要职责是：贯彻《中共中央关于全面深化改革若干重大问题的决定》，结合金融体制改革的整体要求和建设银行的实际，按照总行党委、董事会确定的改革和转型发展要求，牵头组织全集团改革和转型发展的总体设计、统筹协调、整体推进和督促落实 。

2 月 19 日 总行发文通知王琳担任中国建设银行股份有限公司职工代表监事。

2 月 19 日 总行发文通知赵欢不再担任中国建设银行股份有限公司副行长职务。

4 月 3 日 中共中央国家机关工作委员会发文通知黄毅同志任中共中国建设银行机关委员会书记，免去章更生同志的中共中国建设银行机关委员会书记职务。

4 月 21 日 中国建设银行两岸人民币清算中心成立，与厦门市分行国际业务部合署办公。两岸人民币清算中心主要负责两岸人民币清算工作并配合总行开展台资银行营销，由总行国际业务部、厦门市分行共同管理。

4 月 25 日 （当地时间）卢森堡分行、建行欧洲新办公大楼正式启用，行长张建国为新大楼揭牌并向员工致辞。

5 月 4 日 总行发文通知黄毅任中国建设银行股份有限公司副行长。

5 月 4 日 中国建设银行外事工作领导小组成立，负责指导全行因公临时出访管理工作，审议全行因公临时出访计划和预算，指导落实监管机构布置的外事管理工作检查等。董事长王洪章任组长，行长张建国、党委副书记郭友、副行长胡哲一，成员包括财务会计部、人力资源部、审计部、国际业务部、纪检监察部 5 个部门主要负责人。外事工作领导小组下设办公室，作为其办事机构，设在国际业务部。

5 月 4 日 中国建设银行中国—东盟跨境人民币业务中心成立，与广西区分行国际业务部合署办公。副行长胡哲一出席挂牌仪式。中国—东盟跨境人民币业务中心主要职责为配合总行开展东盟地区跨境人民币业务并承担中心管理工作，由总行国际业务部、广西区分行共同管理。

5 月 9 日 总行发文通知不再对三峡分行实行行内计划单列，三峡分行恢复二级分行建制，由湖北省分行进行管理。

6 月 7 日 中国建设银行澳门分行成立，当天吸收合并中国建设银行（澳门）股份有限公司全部网点、业务和人员，圆满完成机构转换工作。6 月 9 日，澳门分行正式对外营业。

6 月 16 日 总行发文通知庞秀生不再兼任中国建设银行首席财务官，许一鸣任中国建设银行首席财务官。

7 月 4 日 总行发文通知王贵亚不再担任中国建设银行股份有限公司投资理财总监职务。

7 月 4 日 总行发文通知郭友担任中国建设银行股份有限公司监事长。

7 月 4 日 总行发文通知中国建设银行股份有限公司监事会各委员会组成人员：郭友担任中国建设银行股份有限公司监事会履职尽职监督委员会主席；刘进、李晓玲、王琳、王辛敏担任中国建设银行股份有限公司监事会履职尽职监督委员会委员；李晓玲担任中国建设银行股份有限公司监事会财务与内部控制监督委员会主席；刘进、金磐石、张华建、白建军担任中国建设银行股份有限公司监事会财务与内部控制监督委员会委员。

7月4日 中国建设银行巴黎分行筹备组成立，张广迎任筹备组组长，缪如林任筹备组副组长。

7月4日 中国建设银行米兰分行筹备组成立，张哲任筹备组组长。

7月4日 中国建设银行阿姆斯特丹分行筹备组成立，李翔任筹备组组长，黄代全任筹备组副组长。

7月4日 中国建设银行巴塞罗那分行筹备组成立，刘江任筹备组组长，朱志强任筹备组副组长。

7月10日 总行批复同意内蒙古分行本部从呼和浩特市新城区昭乌达路9号迁址到呼和浩特市赛罕区大学东街6号。

7月15日 新西兰储备银行正式批准了中国建设银行在新西兰奥克兰市设立子银行的申请。中国建设银行新西兰子行由即日起正式成为当地注册银行，依监管法规可经营包括批发业务和零售业务在内的各项银行业务。

7月17日 总行发文通知撤销宜昌总审计室。总行对宜昌总审计室的授权终止，其职能由武汉审计分部承接。

8月3日 总行发文通知黄毅兼任中国建设银行股份有限公司工会委员会主席；章更生不再兼任中国建设银行股份有限公司工会委员会主席；王琳任中国建设银行股份有限公司工会委员会常务副主席。

8月11日 中国建设银行中新跨境金融中心成立，与苏州分行国际业务部合署办公。中新跨境金融中心主要负责苏州工业园区内的跨境人民币创新业务试点并配合总行开展跨境人民币清算业务，由总行国际业务部、苏州分行共同管理。

8月19日 中共中央组织部发文通知余静波同志任中国建设银行党委委员。

9月4日 建信期货有限责任公司在上海举行揭牌仪式。上海市屠光绍副市长和总行王洪章董事长共同为该公司揭牌。副行长章更生、副行长杨文升、首席财务官许一鸣、董事会秘书陈彩虹，上海市政府副秘书长金兴明、中国证监会机构部副主任李格平等相关政府部门、期货交易所、兄弟单位的领导出席揭牌仪式。中国证监会于2014年1月批复同意中国建设银行附属建信信托有限责任公司以增资扩股方式控股上海良茂期货经纪有限公司，并于4月更名为"建信期货有限责任公司"。

9月10日 中国建设银行（亚洲）（以下简称建行亚洲）下属全资子公司建行（亚洲）信托有限公司（以下简称建亚信托）在香港举行开业庆典暨客户营销活动，这是中国建设银行首家海外托管机构。揭牌仪式后，建亚信托与中国人寿富兰克林资产管理有限公司、博时基金（国际）有限公司、农银国际资产管理有限公司和中信建投（国际）金融控股有限公司四家在现场进行了私募基金专户托管合作签约仪式。

9月17日 中国建设银行中国（东兴试验区）东盟货币业务中心成立，该中心为中国建设银行中国—东盟跨境人民币业务中心的下属机构。

9月23日 总行发文通知中共中国建设银行纪律检查委员会组成人员纪委书记：朱洪波，纪委副书记：张华建、林鸿、王德刚，纪委委员：姜国云、薛胜利、刘进、方秋月、李秀昆、王军、吴慧文。

10月24日 中国建设银行苏州跨境金融培训基地成立。苏州跨境金融培训基地主要利用苏州工业园区优质的培训资源，承担跨境金融业务培训和人才培养任务，为建设银行国际化人才提供培训、交流与实践机会。苏州跨境金融培训基地由总行人力资源部和苏州分行共同管理。

10月27日 总行设立资产管理部，与投资银行部合署办公，部门名称为资产管理部（投资银行部）。

10月28日 中国建设银行"中新跨境金融中心"及"苏州跨境金融培训基地"在苏州工业园区揭牌。批发业务总监许会斌与苏州市委常委、园区党工委书记王翔共同为"中新跨境金融中心"揭牌。

10月29日 （加拿大当地时间）中国建设银行多伦多分行正式获得加拿大金融机构监管署（OS-

FI）颁发的开业许可。这是中国建设银行在北美地区继纽约分行后获准开业的第二家分行，也是中资银行在加拿大开设的第一家分行。

11 月 5 日 中国建设银行武汉生产基地投产启动会在武汉召开，副行长庞秀生主持会议。

11 月 13 日 中国建设银行布里斯班分行正式开业。副行长胡哲一出席分行启动仪式，澳大利亚昆士兰州财政部长 Timothy Nicholls 先生、布里斯班市长 Graham Quirk 先生、中华人民共和国驻布里斯班总领事馆赵永琛总领事、悉尼中国文化中心赵立主任及来自澳大利亚社会各界嘉宾应邀出席。布里斯班分行是建设银行在澳大利亚设立的第三家经营性机构。

11 月 21 日 （新西兰当地时间）中国建设银行（新西兰）有限公司隆重开业。中国国家主席习近平与新西兰总理约翰·基共同为包括中国建设银行（新西兰）有限公司在内的四家中资机构揭牌。这是建设银行海外发展史上首次由国家最高领导人为机构开业揭牌。董事长王洪章、副行长章更生及各界嘉宾和媒体代表 300 余人出席了庆祝活动。当日，董事长王洪章在中国建设银行（新西兰）有限公司开业庆祝活动上致辞。

12 月 5 日 （加拿大当地时间）中国建设银行多伦多分行正式开业。监事长郭友、加拿大财政部长乔·奥利弗、加拿大联邦参议员胡子修、中国驻多伦多总领事馆总领事房利、中国驻加拿大使馆公使衔参赞余本林及加拿大各界嘉宾 200 余人出席了庆祝活动。多伦多分行是建设银行在北美地区设立的第二家分行，也是中资银行在加拿大开设的第一家分行。

12 月 16 日 中共中央组织部发文通知同意免去胡哲一同志中国建设银行党委委员的职务。

12 月 18 日 总行发文通知总行行长办公室（党委办公室）更名为办公室（党委办公室），不再区分行务、总务两个职能板块，基建办公室挂靠办公室；总行集团客户部（营业部）更名为战略客户部；总行机构业务部下设同业业务部（二级部）；总行资金结算部更名为结算与现金管理部；总行电子银行部更名为网络金融部；总行信息中心更名为数据管理部；总行纪检监察部（巡视办）更名为纪委、监察部（巡视办）。

12 月 22 日 英国审慎监管局（PRA）国际银行监管部官员 Chris Foster 先生来函，通知建设银行伦敦分行申请已于当天正式获得无条件批准，并同时批准豁免未来伦敦分行流动性监管要求。同日，建行伦敦也正式从金丝雀码头搬迁至在金融城购置的新办公楼内办公。

12 月 29 日 总行发文通知余静波任中国建设银行股份有限公司副行长。

会议类

1 月 3 日 全行公司业务转型（视频）会议在北京召开。副行长章更生主持会议并讲话，批发业务总监许会斌出席。会议剖析了对公业务转型的必要性和紧迫性，回顾了近年来对公业务转型所做的探索，明确了未来对公业务转型的思路、方向和目标，并对转型推进工作提出了具体要求。

1 月 7 日 资产负债与成本控制委员会会议在北京召开。会议研究了流动性及有关产品潜在风险等事宜。行长张建国主持，副行长庞秀生、副行长赵欢、副行长章更生、首席风险官曾俭华出席。

1 月 9 日和 1 月 15 日 部分分行绩效考核办法座谈会分别在上海、西安召开。总行分别在上海、西安两地组织召开华东、中南、西南和西北地区共 17 家分行片区会议，研究讨论分行绩效考核办法的调整。会议由副行长庞秀生主持，行长张建国出席西安座谈会并发表重要讲话，总行财务会计部和人力资源部主要负责人参加会议。

1月10日 中国监察学会建设银行分会第一届理事会第四次全体会议在北京召开。建设银行分会会长辛树森做工作报告，纪委书记、副行长朱洪波出席会议并讲话，中央纪委廉政研究中心主任、中国监察学会副会长、秘书长丁顺生，中央纪委二室正局级副主任张志刚应邀出席会议，建设银行分会各副会长、常务理事、理事参加了会议。会议传达了中国监察学会第五次会员代表大会精神，回顾了建设银行分会去年各项工作取得的成效，并对未来工作提出了具体要求。

1月16日 全行经营形势分析会议在北京召开。行长张建国主持会议，副行长朱洪波、副行长庞秀生、副行长杨文升、党委委员黄毅，首席风险官曾俭华、首席经济学家黄志凌、首席审计官余静波、董事会秘书陈彩虹、批发业务总监许会斌出席。

1月22日 全行系统党的群众路线教育实践活动总结（视频）大会在北京召开。会议的主要任务是认真学习贯彻习近平总书记重要讲话精神和中央关于开展党的群众路线教育实践活动有关精神，对全行群众路线教育实践活动进行总结，并对下一步工作进行部署。会上，党委书记、董事长王洪章同志对全行系统教育实践活动情况进行总结讲话。中央第33督导组组长马之庚同志对建设银行教育实践活动给予充分肯定，并对今后工作提出了具体要求。党委副书记、行长张建国，党委委员、副行长朱洪波、胡哲一、庞秀生、章更生、杨文升，党委委员黄毅，中央第33督导组副组长魏向阳出席会议；党委副书记、监事长张福荣主持会议。

1月22—23日 2014年中国建设银行工作会议在北京召开。会议的主要任务是贯彻落实党的十八届三中全会、中央经济工作会及中纪委三次全会精神，落实国家宏观管理部门和监管部门的要求，总结2013年的工作，研究部署今年的转型发展、经营目标和主要工作任务。会上，党委书记、董事长王洪章做重要讲话并进行了会议总结，行长张建国做工作报告，监事长张福荣主持会议。总行高级管理人员，部分董事、监事出席会议。国务院办公厅、中纪委、中组部、发展改革委、财政部、人民银行、审计署、银监会、证监会和汇金公司有关同志应邀出席会议。总行党的群众路线教育实践活动各指导组、督导组组长也出席了会议。

1月22—23日 中国建设银行第三届职工代表大会第三次会议在北京召开。会上，党委书记、董事长王洪章做重要讲话，副行长、工会主席、机关党委书记副行长章更生做工会工作报告。

1月24日 中国建设银行2014年海外工作座谈会在北京召开。行长张建国、副行长胡哲一、副行长杨文升和首席风险官曾俭华出席会议并做讲话，总行相关部门和各海外机构负责人参加了会议。会议肯定了2013年海外发展取得的成绩，并对下一步工作提出了具体要求。

2月24日 全行纪检监察工作（视频）会议在北京召开。会议贯彻落实中纪委三次全会精神和全行工作会议精神，总结2013年全行党风廉政建设和反腐败工作，研究部署2014年工作任务，党委书记、董事长王洪章做重要讲话。行长张建国、党委副书记郭友、副行长朱洪波、副行长胡哲一、副行长庞秀生、副行长章更生、副行长杨文升、党委委员黄毅，首席风险官曾俭华、首席审计官余静波、董事会秘书陈彩虹出席会议。

2月27日 全行计划财务工作会议在北京召开。会议的主要内容是贯彻落实年初工作会议精神，研究部署全年综合经营计划和计财工作。行长张建国出席会议并做重要讲话，副行长庞秀生做工作报告。部分董事、监事出席会议，财政部、银监会和汇金公司的有关领导应邀参加会议。各一级分行分管计财工作的行领导和计财部门主要负责人，总行相关部门的负责人参加了会议。

3月11日 全行2014年风险管理工作会议在北京召开。会议的主要内容是，贯彻落实年初全行工作会议和银监会大型银行监管工作的会议精神，统一思想，认清形势，明确2014年风险管理目标和重点，强化信用风险管理，部署开展“信贷风险防控年”专项治理活动。行长张建国出席会议并做重要讲话，副行长杨文升对授信审批提出要求，首席风险官曾俭华做工作报告。部分在京董事、监事出席会议，银监会、汇金公司有关同志应邀出席了会议。

3 月 12 日　2014 年总行“三十大”重大信用风险项目化解处置方案论证会在北京召开。会议对 2014 年总行重大信用风险项目的化解处置方案进行逐一论证，并部署下一步工作安排。副行长朱洪波、副行长胡哲一、副行长章更生、副行长杨文升、副行长黄毅、首席风险官曾俭华、批发业务总监许会斌出席会议并听取汇报，总行风险管理部、信贷管理部等 13 个部门负责人、21 家一级分行的项目处置团队代表参加会议。

3 月 13 日　中国建设银行股份有限公司监事会 2014 年第一次会议及委员会会议在北京召开。监事长张福荣委托监事刘进代为主持并表决，监事刘进、李晓玲、金磐石、黄叔平、张华建、王琳、王辛敏和白建军出席会议。董事会秘书陈彩虹列席会议。本次监事会会议审议通过了关于提名监事会履职尽职监督委员会委员的议案，全体监事一致同意王琳先生担任本行监事会履职尽职监督委员会委员。与会监事还讨论了《2013 年度监事会报告》和《监事会 2013 年度工作情况及相关履职评价意见》。在监事会履职尽职监督委员会 2014 年第一次会议上，对《监事会对董事会及其成员 2013 年度履职情况的评价报告》、《监事会对高级管理层及其成员 2013 年度履职情况的评价报告》和《监事会及其成员 2013 年度履职情况的自我评价报告》进行了集中评议。在财务与内部控制监督委员会 2014 年第一次会议上，听取了建设银行 2013 年度内部控制评价工作情况汇报，讨论了《监事会 2013 年度财务、内部控制和风险管理监督工作情况及意见》。

3 月 27—28 日　中国建设银行董事会 2014 年第一次会议及相关专门委员会会议在北京召开。董事会 2014 年第一次会议暨 2013 年度业绩董事会审议通过 2013 年度报告、利润分配方案、内部控制评价报告、社会责任报告、内部审计计划、银监会内审履职情况现场检查整改工作方案、资本充足率报告、资本充足率管理报告、在欧洲五国设立分行、银监会国际化战略成效现场检查整改工作方案、全面风险管理报告、提名董轼连任非执行董事、聘任黄毅为副行长、董事会关联交易控制委员会更名为社会责任与关联交易委员会、股东大会对董事会授权方案、董事会对董事会专门委员会授权方案、董事会对行长授权方案、批准张龙担任社会责任与关联交易委员会主席和提请召开本行 2013 年度股东大会等议案。董事会战略发展委员会 2014 年第一次会议审核在欧洲五国设立分行的议案，听取宏观经济、金融改革形势分析及影响、人民币存款计划及策略安排、五年规划执行情况、重大信用风险情况及固定资产投资预算执行情况等报告，书面参阅战略委 2013 年度工作报告、董事会对行长授权方案执行情况、经营计划执行报告、股东分析报告、落实港交所《环境、社会及管治报告》信息披露要求报告、消费者权益保护工作开展情况及设想等报告。董事会审计委员会 2014 年第一次会议听取 2013 年度管理层财务报表审阅情况、普华永道年度财务报告审计情况、2013 年上半年内审主要发现整改情况报告，审核 2013 年度国内及国际财务报告、财务报告声明书、年度报告、内部控制评价报告、利润分配方案、内审计划、外审工作评价报告、银监会内审履职情况现场检查整改工作方案报告等议案，书面参阅审计委 2013 年度工作报告、首席审计官履职报告、非审计服务审查办法落实情况和年度外部审计师工作总结备案。董事会审计委员会还于会后与普华永道召开了闭门会议。董事会风险管理委员会 2014 年第一次会议跟踪 2013 年第四次会议重要事项落实情况，审核全面风险管理报告，听取首席风险官述职报告，书面参阅风险委 2013 年度工作报告、2013 年四季度主要监管政策概览、信用风险内部评级体系运行、并表管理计划执行情况及 2014 年并表管理工作要点、宏观情景压力测试等报告。董事会提名与薪酬委员会 2014 年第一次会议审核通过提名董轼连任非执行董事、聘任黄毅为副行长、聘任许一鸣为首席财务官等议案，讨论董事、监事及高级管理人员 2014 年度薪酬分配实施细则，书面参阅提名薪酬委 2013 年度工作报告。董事会关联交易控制委员会 2014 年第一次会议听取 2013 年第四季度及全年关联交易及相关管理、一般关联交易备案情况汇报，讨论回复监事会关联交易征询函支持材料，审核通过关于提名张龙担任董事会关联交易控制委员会主席等议案，书面参阅关联委 2013 年度工作报告。

3 月 28 日　中国建设银行股份有限公司监事会 2014 年第二次会议及委员会会议在北京召开。监事长张福荣委托监事刘进代为出席并表决，监事刘进、李晓玲、金磐石、黄叔平、张华建、王琳、王辛敏和白建军出席会议。董事会秘书陈彩虹列席会议。银监会银行监管一部主任李琳副、建行处处长丁慧应邀列席会议。本次会议审议通过了 11 项议案：关于 2013 年度报告、年度报告摘要的议案、关于 2013 年度利润分配方案的议案、关于中国建设银行股份有限公司 2013 年社会责任报告的议案、关于 2013 年度内部控制评价报告的议案、关于银监会国际化战略成效现场检查整改工作方案的议案、关于银监会对建设银行内审履职情况现场检查整改工作方案的报告、关于 2013 年度监事会报告的议案、关于监事会对董事会及其成员 2013 年度履职情况的评价报告的议案、关于监事会对高级管理层及其成员 2013 年度履职情况的评价报告的议案、关于监事会及其成员 2013 年度履职情况的自我评价报告的议案、关于提名郭友先生为本行股东代表监事候选人的议案。在监事会财务与内部控制监督委员会 2014 年第二次会议上，听取了上半年内部审计主要发现问题整改情况报告和普华永道会计师事务所 2013 年度财务报告审计情况汇报，审核通过了 2013 年度内部控制评价报告、2013 年度国内、国际财务报告、2013 年年度报告、年报摘要和 2013 年度利润分配方案。在履职尽职监督委员会 2014 年第二次会议上，审核通过了《监事会对董事会及其成员 2013 年度履职情况的评价报告》、《监事会对高级管理层及其成员 2013 年度履职情况的评价报告》、《监事会及其成员 2013 年度履职情况的自我评价报告》 和关于提名郭友先生为本行股东代表监事候选人的议案。

4 月 2—3 日 全行 2014 年审计工作会议在北京召开。会议的主要内容是贯彻落实全行工作会议精神，总结交流 2013 年审计工作，以“当前形势下，如何更好地发挥审计作用” 为主题，研究部署 2014 年审计工作。总行党委副书记郭友出席会议并做重要讲话，首席审计官余静波做工作报告。部分董事、监事出席会议。各审计分部和总审计室主要负责人，审计条线十佳主审人，以及总行审计部、相关部门人员参加了会议。

4 月 9—10 日 全行 2014 年对公业务工作会议在南京召开。行长张建国、首席风险官曾俭华就风险管理工作提出要求，许会斌批发业务总监做会议总结。会议以“转型、风控、发展” 为主题，传达贯彻曾俭华首席风险官就风险管理工作提出的要求，许会斌批发业务总监做会议总结。会议以“转型、风控、发展” 为主题，传达贯彻全行工作会议精神，总结回顾了 2013 年及 2014 年一季度全行对公业务工作运营情况，分析了面临的形势、机遇和挑战，明确了 2014 年对公业务工作思路、目标，部署了各项重点工作及落实措施。

4 月 10 日 2014 年全行零售和电子银行业务工作会议在福州召开。会议的主要内容是：贯彻落实全行年初工作会议精神，总结 2013 年经营和管理情况，研究当前面临的新形势、新问题，明确部署 2014 年零售和电子银行业务工作任务。行长张建国出席会议并做重要讲话，副行长杨文升做工作报告，首席风险官曾俭华对风险工作提出要求。董事徐铁、董轼出席会议。

4 月 16 日 2014 年一季度经营形势分析会议在北京召开。行长张建国主持会议，副行长朱洪波、副行长胡哲一、副行长章更生、副行长杨文升，首席风险官曾俭华、首席经济学家黄志凌、首席审计官余静波、董事会秘书陈彩虹出席。

4 月 17 日 中国建设银行 2014 年春季工作（视频）会议在北京召开。会议的主要任务是分析一季度经营情况，布置下一阶段重点工作，进一步打牢经营基础，沉着应对挑战，保持政策定力，加快转型发展。会上，党委书记、董事长王洪章代表党委和管理层做重要讲话，行长张建国主持会议；副行长朱洪波、胡哲一、章更生、杨文升出席会议；总行高级管理人员，部分董事、监事出席会议。人民银行、银监会和汇金公司有关同志应邀出席会议。

4 月 18 日 “信贷风险防控年”（以下简称防控年）工作部署（视频）会议在北京召开。会议的主要内容是贯彻落实全行风险管理工作会议精神，部署落实“防控年” 工作。总行人力资源部等 15 个部门的负责人在现场参加了会议；总行信用卡中心负责人、各一级分行、二级分行分管行领导、相应部门负责人在当地分会场参加了视频会议。

4 月 24—25 日 中国建设银行股份有限公司监事会 2014 年第三次会议及委员会会议在北京召开。

监事长张福荣委托监事刘进代为出席并表决，监事王琳委托监事张华建代为出席并表决，监事刘进、李晓玲、金磐石、张华建、王辛敏和白建军出席会议。董事会秘书陈彩虹列席会议。会议审议并通过了关于2014年第一季度报告的议案。监事会财务与内部控制监督委员会2014年第三次会议审核通过了2014年第一季度报告，听取了普华永道关于2014年第一季度财务报告商定程序的工作汇报、2014年第一季度信贷资产质量情况的汇报和2013年下半年内部审计主要发现汇总报告。与会监事与参会部门和外部审计师就民营企业风险管控、个别分行和区域信贷资产质量、重大会计政策信息披露、审计跟踪与整改等事项进行了深入讨论，并提出了意见和建议。

4月25日 董事会2014年第二次会议及相关专门委员会会议在北京召开。中国建设银行股份有限公司董事会2014年第二次会议（一季度业绩董事会）暨战略发展委员会2014年第二次会议审议通过2014年第一季度报告、内部资本充足评估报告、申请设立养老金管理公司、聘任许一鸣为首席财务官的议案；听取审计委主席介绍审计委会议情况。董事会审计委员会2014年第二次会议听取普华永道汇报2014年第一季度财务报告商定程序工作及年度审计计划、2013年下半年内部审计主要发现汇总的报告；审核2014年第一季度报告、2014年度外审服务合同、2013年内审工作考核结果；书面参阅普华永道2014年一季度工作总结备案、非审计服务审查办法落实情况、上交所上市公司董事会审计委员会运作指引。

5月8日 部分分行重大风险事项和资产质量座谈会在宁波召开。行长张建国、首席风险官曾俭华一行在宁波市分行就重大风险事项和资产质量状况开展调研期间召开了江苏、浙江、宁波、苏州分行主要负责人参加的座谈会。行长张建国做重要讲话，首席风险官曾俭华对分行提出明确要求。

5月16—21日 中国建设银行股份有限公司董事会及战略发展委员会2014年第三次会议以书面会议方式召开。会议审议通过关于在英国伦敦设立分行的议案。

6月3日 派出董事监事履职培训暨启动会在北京召开。副行长胡哲一出席会议并讲话，董事会秘书陈彩虹亲自授课，16位在京办公的派出非执行董事监事、总行人力部、股权部、风险部、内控部、国际部等部门负责人、6家境内子公司负责人参加了培训。

6月9日 2014年全行机构业务存款推进（视频）会议在北京召开。会议的主要内容为进一步明确工作思路、加大工作力度，推进全行机构业务存款再上新台阶。副行长出章更生席会议并做重要讲话，批发业务总监许会斌主持会议，云南、吉林、江苏、北京、安徽、河南六家分行做经验交流，总行相关部门负责人，相关业务处室负责人及客户经理，各分（支）行分管机构业务的行领导及对公部门负责人和重点客户经理等参加了本次会议。

6月10日 全行经营管理及风险防控（视频）会议在北京召开。会议布置了全行经营管理及风险防控有关工作。行长张建国主持会议，副行长庞秀生、首席风险官曾俭华出席会议。

6月18日 2014年全行物理渠道建设管理工作视频会议在北京召开。福建、山东、湖南三家分行做经验交流，各分行负责网点、自助渠道建设管理部门的总经理、分管副总经理及相关人员参加了会议。

6月26日 中国建设银行股份有限公司监事会2014年第四次会议在香港召开。会议由监事长郭友主持，监事刘进、李晓玲、金磐石、张华建、王辛敏和白建军出席会议，监事王琳委托监事张华建代为出席并表决，董事会秘书陈彩虹列席会议。会议审议并通过了关于提名郭友先生担任中国建设银行股份有限公司监事长的议案、关于中国建设银行股份有限公司股东代表监事2014年度绩效考核方案的议案两项议案。

6月26—27日 中国建设银行股份有限公司董事会2014年第四次会议及相关专门委员会会议在香港召开。董事会2014年第四次会议听取审计委主席介绍审计委会议情况、风险委主席介绍风险委会议情况、社会责任与关联交易委主席介绍社会责任与关联交易委会议情况和取提名与薪酬委员会主席介绍提名与薪酬委会议情况，审议通过2013年度董事、监事和高级管理人员薪酬分配清算方案、2014年度执行董事、高级管理人员绩效考核方案。董事会战略发展委员会2014年第四次会议审议关于收购印尼Windu银行股份的议案，听取近期经济形势有关情况、建设银行近几年海外业务发展情况总结、新一代核心系统建设工作进展情况的报告，书面参阅利率市场化对建设银行影响。董事会审计委员会2014年第三次会议听取普华永道2013年度管理建议书及管理层回应、2014年半年度报告编制工作方案说明和普华永道2014年中期财务报表审阅计划的汇报。董事会风险管理委员会2014年第三次会议跟踪关于当前信贷资产质量情况等重要事项落实情况，讨论当前建设银行风险表现及应对措施，听取房地产信贷业务风险管理情况报告，书面参阅建设银行与银监会近期监管会谈情况汇报、2014年一季度主要监管政策概览和信用风险内部评级体系运行情况报告。董事会提名与薪酬委员会2014年第二次会议审核2013年度董事、监事和高级管理人员薪酬分配清算方案、2014年度执行董事和高级管理人员绩效考核方案，书面参阅建设银行董事会组成及架构回顾、独立董事津贴的有关规定及现状。董事会社会责任与关联交易委员会2014年第二次会议听取2014年第一季度关联交易及相关管理情况和一般交联交易备案情况的报告，书面参阅2013年黑龙江、江西省分行关联交易管理专项审计情况的报告。

6月26日 中国建设银行股份有限公司2013年度股东大会在香港召开。董事长王洪章主持会议，行长张建国、副行长朱洪波、副行长胡哲一、副行长庞秀生、首席风险官曾俭华、首席经济学家黄志凌、首席审计官余静波、首席财务官许一鸣、董事会秘书陈彩虹出席。大会审议通过关于2013年度董事会报告、监事会报告、财务决算方案、利润分配方案、2014年度固定资产投资预算、聘用2014年度会计师事务所、选举董轼连任本行非执行董事、选举郭友担任本行股东代表监事和股东大会对董事会授权方案。

6月30日 伦敦清算行工作视频会议在北京召开。会议听取了伦敦子行有关伦敦清算行开业准备工作进展情况的汇报，明确了清算行下一步的方向、目标和工作部署。副行长胡哲一主持会议并讲话，资产负债管理部、财务会计部、人力资源部、风险管理部、信贷管理部、授信审批部、内控合规部、金融市场部、营运管理部、信息技术管理部、法律事务部、公共关系与企业文化部、国际业务部、建行伦敦参加了此次视频会议。

7月2日 综合金融服务和供应链金融服务动员部署（视频）会议在北京召开。副行长朱洪波出席会议并做重要讲话，批发业务总监许会斌主持会议，北京、四川、深圳、上海、广东、吉林六家分行做了经验分享，总行34个部门、境内37家一级分行、5家海外分行及6个子公司的相关负责人参加了本次会议。

7月4日 税务风险管理及核查工作（视频）会议在北京召开。会议的目的是根据国家税务总局关于税收风险管理工作的总体要求，动员全行上下认真开展税务风险自查工作，配合税务部门现场抽查做好迎接检查的工作，并以此为契机改进全行税务风险管理工作。副行长庞秀生出席会议并讲话。

7月10日 部分分行信用风险管控专题座谈会在湖北武汉召开。董事长王洪章出席并做重要讲话，副行长章更生主持会议，首席风险官曾俭华提出了下一步信用风险管控的工作要求。会议的主要内容是：摸清不良资产底数，积极行动，提振信心，采取有效措施，千方百计地应对不良贷款反弹压力，进一步提升全行的风险管控水平与能力。会议上，总行信贷管理部通报了上半年全行资产质量情况；黑龙江、上海、江苏、浙江、福建、江西、山东、湖北、湖南、广东、深圳、宁波、青岛分行分别汇报了本行经营情况、资产质量管控情况和下半年在经营、风险防控等方面面临的困难、问题和建议；总行公司业务部、集团业务部、小企业业务部分别结合部门业务做了发言。

7月18日 2014年上半年经营形势分析会议在北京召开。行长张建国主持会议，副行长朱洪波、副行长胡哲一、副行长庞秀生、首席风险官曾俭华、首席审计官余静波、首席财务官许一鸣、批发业务总监许会斌出席。

7月22日 “八一工程”先进个人（视频）表彰会在北京召开。副行长章更生出席会议并讲话，批发业务总监许会斌主持会议并宣读了表彰决定。会上，海南、四川、北京三家分行的先进个人发言，从不同层面进行了经验交流。总行相关部门负责人、相关业务处室负责人及客户经理，各分（支）行分管机构业务的行领导及相关部门负责人和重点客户经理等参加了本次会议。

7月24日 全行小企业业务转型发展推进视频会在北京召开。批发业务总监许会斌出席会议并讲话。山东、湖北、深圳、重庆、河北分行以及广东中山分行6家分行进行了业务转型发展方面的经验分享。总行小企业业务部、资产负债管理部等11个部门负责人，各一级分行小企业业务分管负责人、相关部门负责人、小企业业务部有关人员，二级分支行主要负责人、相关部门负责人、小企业经营中心有关人员参加了本次会议。

7月30日 全行领导干部会议在北京召开。董事长王洪章、行长张建国、监事长郭友、副行长朱洪波、副行长胡哲一、副行长庞秀生、副行长章更生、副行长杨文升、黄毅、首席风险官曾俭华、首席经济学家黄志凌、首席审计官余静波、首席财务官许一鸣、董事会秘书陈彩虹、批发业务总监许会斌出席了会议。

7月30日 巡视工作领导小组会议在北京召开。董事长王洪章主持会议，听取2014年第一批次对3个分行巡视情况的汇报，听取全行一级分行巡视工作开展情况的汇报。纪委书记、副行长朱洪波及领导小组成员部门主要负责人参加会议。

8月1日 总行在合肥召开部分分行案件防控工作座谈会，纪委书记、副行长朱洪波出席并做讲话。

8月7—8日 中国建设银行战略与创新专题研讨暨夏季工作座谈会在北京召开。会议的主要任务是：学习贯彻中央政治局会议和国务院常务会议精神，分析经营形势，研讨转型发展规划，布置下一阶段工作任务。会上，党委书记、董事长王洪章做了重要讲话，行长张建国做工作报告，监事长郭友主持并做会议总结。总行党委委员、高级管理人员，部分董事、监事出席会议。人民银行、银监会和汇金公司有关同志应邀出席会议。

8月11—12日 中国建设银行2014年夏季海外工作座谈会在上海召开。副行长胡哲一主持会议并讲话，副行长庞秀生、首席风险官曾俭华出席会议并对海外金融市场业务风险防控工作进行了部署。会议肯定了近几年海外业务积极发展和深化转型取得的成绩，分析了海外业务存在的问题和挑战，再次强调了发展海外业务的根本目的，明确了赶超标杆银行的工作目标，并就新形势下如何进一步推进落实海外发展战略，切实做好业务转型、风险管理和基础建设工作提出了具体要求。

8月21日 全行理财业务推动（视频）会议在北京召开。副行长胡哲一出席并做了重要讲话，会议分析了当前理财业务面临的复杂局势、困难和挑战，就如何稳健经营、扩大销售、提高资产收益率、严控风险等提出了下一步的工作目标和要求，并就今后理财业务的转型发展方向进行了部署。

8月25—27日 中国建设银行“走出去”业务工作会在长春召开，同时印发了《“走出去”国际融资业务工作方案》。境内外23家重点分行参会，会上明确了“走出去”国际融资业务发展思路和工作目标。

8月27—29日 全行组织人事工作会议在北京召开。会议的主要任务是以党的十八届三中全会精神为指导，深入学习贯彻习近平总书记系列重要讲话精神，进一步落实全国组织部长会议和年初全行工作会议精神，总结前一阶段工作，分析当前形势，安排部署今后一个时期的组织人事工作。会上，党委书记、董事长王洪章做了重要讲话，党委委员、副行长章更生主持并做会议总结。总行党委委员、高级管理人员出席会议。中央组织部有关领导同志应邀出席会议，中央组织部干部监督局巡视员、副局长、部巡视工作联络办公室主任侯绪伦就进一步加强干部监督工作做了专题辅导报告，中央组织部干部一局巡视员、副局长孔圣根就学习贯彻《干部任用条例》做了专题辅导报告。

8月28—29日 中国建设银行董事会2014年第五次会议及专门委员会会议在北京召开。全体董事参加了相关会议，部分监事、高管人员和银监会代表列席了会议。2014年半年度业绩董事会暨董事会2014年第四次会议听取审计委主席介绍审计委会议情况、风险委主席介绍风险委会议情况、提名与薪酬委员会主席介绍提名与薪酬委会议情况和社会责任与关联交易委主席介绍社会责任与关联交易委会议情况，审议通过2014年半年度报告、半年度业绩公告及半年度报告摘要、发行不超过380亿元人民币等值减记型合格资本工具、2014年上半年全面风险管理报告、设立资产管理部（投资银行部）、聘任马陈志先生为公司秘书的议案。董事会战略发展委员会2014年第五次会议审核发行不超过380亿元人民币等值减记型合格资本工具的议案，审议向建信金融租赁有限公司增资的议案，听取落实2011—2015年海外发展规划工作方案执行情况报告，书面参阅产品创新规划执行情况、子公司经营与发展情况和股东分析报告。事会审计委员会2014年第四次会议审核2014年半年度报告、半年度业绩公告及半年度报告摘要，听取普华永道2014年半年度财务报告审阅情况、2013年下半年内部审计主要发现整改情况、2014年上半年内部审计主要发现汇总和普华永道管理建议书有关建议整改情况的报告，书面参阅普华永道2014年二季度工作总结备案和非审计服务审查办法落实情况报告。之后审计委员会委员与审计师召开闭门会议。董事会风险管理委员会2014年第三次会议跟踪信贷政策调整优化等重要事项落实情况，审核2014年上半年全面风险管理报告，书面参阅银监会近期监管会谈情况、二季度主要监管政策概览、上半年信用风险内部评级体系运行情况和应对美国《外国账户税务合规法案（FATCA）》情况的报告。董事会提名与薪酬委员会2014年第三次会议跟踪2014年度绩效考核方案等重要事项落实情况，听取高级管理人员及关键后备人才发展培养有关情况的报告。董事会社会责任与关联交易委员会2014年第三次会议听取二季度关联交易及相关管理、一般交联交易备案情况、上半年新一代核心系统关联交易管理功能建设进展和绿色信贷工作开展情况的报告。

8月28—29日 中国建设银行股份有限公司监事会2014年第五次会议及相关委员会会议在北京召开。中国建设银行股份有限公司监事会2014年第五次会议由监事长郭友主持，监事李晓玲、金磐石、张华建、王琳、王辛敏和白建军出席会议，监事刘进委托监事李晓玲代为出席并表决。首席财务官许一鸣、董事会秘书陈彩虹列席会议。银监会银行监管一部建行处处长丁慧、杨文梅应邀列席会议。会议审议并通过了关于2014年半年度报告、半年度报告摘要的议案。监事会财务与内部控制监督委员会2014年第四次会议，审核通过了2014年半年度报告及摘要，听取了普华永道关于2014年半年度财务报告审阅情况的汇报、2014年上半年全面风险管理情况的汇报、2013年下半年内部审计主要发现整改情况汇报和2014年上半年内部审计主要发现汇总报告。与监事会与管理层重点就半年报中关于贷款质量的表述、对当前资产质量形势的应对措施、主要风险评估工作、操作风险和案件风险状况、审计发现和整改情况及加强对新一代系统建设的支持等事项进行了沟通和交流，并提出了相关意见建议。

9月12日 改进全行外包业务管理启动会（视频）在北京召开。首席财务官许一鸣出席会议并讲话，会议对加强外包管理提出了要求。

9月22日 中国建设银行行庆60周年老干部座谈会在京召开。副行长庞秀生做业绩通报，副行长章更生主持会议，总行离退休老行长周道炯出席会议。总行有关部门负责人，原总行部门和来自湖北、安徽和吉林等分行的离退休老干部共计40多人参加了座谈会，部分老干部代表应邀发言。

9月19日 产品创新实验室建设部署会议在北京召开。副行长杨文升主持会议，会议对推进产品创新实验室建设的具体工作进行专题部署，总行12个部门、7家产品创新实验室所在地分行负责人出席会议。

9月26日 部分分行小企业业务发展座谈会在北京召开。副行长章更生主持会议，首席风险官曾俭华出席会议。辽宁、江苏、江西、广西、深圳、宁波、苏州、青岛分行分管小企业业务行领导、小企业部主要负责人，总行资产负债管理部、财务会计部、风险管理部、信贷管理部、授信审批部、公司业务部和小企业业务部等相关部门负责人参加了座谈会。

9月26日 全行存款业务（视频）会议在北京召开。副行长庞秀生、首席财务官许一鸣出席会议并讲话。

9月28日 中国建设银行党委在北京召开会议。党委书记、董事长王洪章主持了会议。会议传达学习习近平总书记、李克强总理、马凯副总理在建设银行呈报的《中国建设银行成立60年来情况汇报》上作出的重要批示精神。会议就全行结合改革发展实际，认真贯彻落实中央领导同志重要批示精神作出了工作部署。总行全体党委成员参加了会议。

9月29日 中国建设银行成立60周年座谈会在北京召开。党委书记、董事长王洪章出席座谈会并做重要讲话；党委副书记、行长张建国，党委副书记、监事长郭友，全国政协委员、原监事长谢渡扬，总行党委成员，高级管理人员，以及周道炯、苏文川、刘淑兰、赵玉琢、石春贵等部分离退休老同志出席座谈会。全行优秀员工代表、总行有关部门负责人，部分子公司代表参加了座谈会。党委委员、副行长章更生主持会议。

9月30日 上午，中国建设银行成立60周年（视频）大会在北京召开。党委书记、董事长王洪章出席会议并做重要讲话；党委副书记、行长张建国，党委副书记、监事长郭友，总行党委成员，高级管理人员，部分董事、监事出席座谈会；周道炯、苏文川、刘淑兰、赵玉琢、石春贵等部分离退休老同志，以及部分优秀员工代表出席座谈会并在主席台上就座。党委委员、副行长章更生主持会议。会议传达了习近平总书记、李克强总理、马凯副总理在建设银行60周年情况汇报上的重要批示。董事长王洪章做了题为《赓续传统　锐意改革　砥砺奋进　携手共铸建设银行更加辉煌的明天》的重要讲话。

10月15日 建设银行2014年第三季度经营形势分析会议在北京召开。行长张建国主持会议，监事长郭友、副行长胡哲一、副行长庞秀生、副行长章更生、副行长杨文升、副行长黄毅、党委委员余静波、首席经济学家黄志凌、首席财务官许一鸣、董事会秘书陈彩虹出席。

10月17日 工业和信息化部（简称工信部）与建设银行战略合作推进座谈会在重庆召开。会议的主要内容是：通报工信部与建设银行战略合作推进情况，介绍、交流建设银行与工信部合作的主要做法及取得的成效，并分别就推进战略合作做动员、提要求。副行长章更生出席并讲话，批发业务总监许会斌主持座谈会，工信部党组成员、总工程师朱宏任，重庆市副秘书长郎展到会并讲话，来自36个省、市的38名工信厅、经信委、中小企业局的工信主管部门代表和建设银行37家一级分行的小企业业务分管副行长出席。

10月22—23日 中国建设银行董事会2014年第六次会议及专门委员会会议在北京召开。全体董事参加了相关会议，部分监事、高管人员和银监会代表列席了会议。本次董事会会议与战略发展委员会会议合并召开，审议通过了2014年第三季度报告、中国建设银行转型发展规划、将建设银行迪拜子行牌照转换为分行牌照及聘任余静波先生为本行副行长（任职资格尚待银监会核准）等议案，听取了审计委员会和提名与薪酬委员会会议情况，书面参阅了当前经济金融形势对集团资产质量的影响分析报告。审计委员会会议审核通过了2014年第三季度报告和2014年度内部控制评价工作方案，听取了普华永道2014年第三季度财务报告商定程序工作汇报和普华永道2014年度审计计划更新情况汇报，书面参阅了普华永道2014年三季度工作总结和非审计服务审查办法落实情况报告。提名与薪酬委员会会议审核通过了关于聘任余静波先生为本行副行长的议案。

10月22—23日 中国建设银行股份有限公司监事会2014年第六次会议及专门委员会会议在北京召开。全体监事参加了相关会议，部分高管列席了会议。本次监事会会议审议并通过了关于2014年第三季度报告、《监事会2014年年度履职监督与评价工作方案》两项议案，研究讨论了当前市场情况下风险分类和拨备计提相关事项、重大风险事项中的内控问题。监事会履职尽职监督委员会会议审核通过了《监事会2014年年度履职监督与评价工作方案》，研究讨论了公司治理文件修订事项。监事会财务与内部控制监督委员会会议审核通过了2014年第三季度报告，听取了普华永道关于2014年第三季度财务报告商定程序工作的汇报、信贷管理部关于2014年第三季度信贷资产质量情况的汇报、内控合规部关于2014年前九个月内控合规工作相关情况的汇报。

10月24日 中国建设银行党委书记、董事长王洪章主持召开党委会，认真传达学习党的十八届四中全会精神，深刻领会习近平总书记在会议上所做的重要报告和重要讲话精神，以及全会审议通过的

《中共中央关于全面推进依法治国若干重大问题的决定》，并紧密联系建设银行经营管理和改革发展实际，作出了具体部署，提出了落实要求。

10月31日 中国建设银行2014年秋季工作（视频）会议在北京召开。会议的主要任务是：学习贯彻党的十八届四中全会和国务院常务会议精神，总结前三季度工作，分析经营形势，推动转型发展，做好风险防控，完成好全年各项工作任务。会上，党委书记、董事长王洪章做重要讲话，行长张建国做全行经营情况报告，监事长郭友主持会议。总行高级管理人员，部分董事、监事出席会议。人民银行、银监会和汇金公司有关同志应邀出席会议。在京总行各部门主要负责人及副总经理以上人员，在京各子公司负责人在主会场参加了会议。各一级分行行级领导人员及各部门主要负责人，总行信用卡中心班子成员，哈尔滨、常州培训中心班子成员，境内审计分部、总审计室主要负责人在各分会场参加了会议。

11月3日 “心有大爱铸忠诚”——李红英同志先进事迹（视频）报告会在北京举行。郭友代表建设银行党委发表了讲话，总行党委委员、副行长、总行机关党委书记黄毅宣读了总行党委“关于开展向李红英同志学习的决定”。党委成员，高级管理人员，部分董事、监事参加了现场报告活动。中央国家机关工委、全国总工会、中国政研会、中国银行业协会、中国金融政研会等单位领导及部分中央级媒体应邀参加了报告会。

11月14日 全行ETC业务推进视频会议在北京召开。副行长章更生出席会议并讲话。会议还邀请了交通运输部路网中心处长王刚介绍全国ETC联网总体情况，辽宁、湖南、陕西三家分行进行了成功经验案例汇报。总行相关部门负责人和人员参加了主会场会议，总行信用卡中心，37家一级分行、二级分行、县支行相关行领导及有关部门人员参加了分会场视频会议。

11月14日 全行地方政府性债务相关工作部署专题视频会在北京召开。副行长章更生出席会议并讲话。会议贯彻落实了《国务院关于加强地方政府性债务管理的意见》要求，以及银监会10月31日全国地方政府融资平台监管工作座谈会精神。

11月20日 全行资产质量调度暨放款中心建设座谈会议在常州召开。会议主题一是研判年内资产质量管控形势，预测年底资产质量数据。二是各分行交流放款中心筹备和建设的推进情况，分享经验。首席风险官曾俭华出席会议并讲话。

12月2日 全行对公业务风险管控及利率市场化应对专题视频会在北京召开。副行长章更生出席会议并讲话，批发业务总监许会斌主持会议，总行相关部门主要负责人在主会场参加会议；各审计分部、各总审计室负责人，各一级分行、二级分行对公业务主管行长、相关部门主要负责人以及各县支行相关人员在分会场参会。

12月3日 全行岁末年初工作部署暨2014年度财务会计决算（视频）会议在北京召开。会议的主要任务是结合经营形势，部署岁末年初重点工作及年终决算工作，打好收官之战，为应对未来更加严峻的形势和挑战奠定良好基础。行长张建国主持会议并讲话，副行长庞秀生对年末财务安排和明年业务发展、费用管控等进行了总体部署和安排，首席风险官曾俭华对年末风险防控、不良资产管理等提出了明确要求，首席财务官许一鸣对财务会计决算工作、中间业务收入规范管理和存款业务的发展等做了具体布置。

12月4日 李红英同志先进事迹座谈会在山西省临汾分行召开。会议回顾总结前一阶段学习宣传李红英同志先进事迹情况，研究部署贯彻总行领导有关指示精神、为科学应对经营挑战提供正能量等工作。部分党委宣传部负责人、二级分行负责人及常州培训中心、哈尔滨培训中心有关人员参加了座谈会。

12月4日 全行印章管理工作座谈会在济南召开。各一级分行办公室有关负责人参加了会议。会议回顾了近年来全行印章管理工作情况和取得的成绩，分析了当前经济下行压力下银行业印章风险案件防控的严峻形势，并结合具体案例剖析了思想认识、制度执行、技术手段、岗位人员等方面存在的差距和不足。会议就做好新形势下的印章管理和风险防控工作做了布置，就推进科技管章工作做了安排。

12 月 5 日 全行个人业务旺季营销启动视频会在北京召开。副行长杨文升出席并做重要讲话，个人存款与投资部总经理杨绍萍主持会议，总行相关部门及子公司负责人、各分支行分管副行长及相关部门负责人参会。会议全面部署了 2015 年旺季期间主攻方向和工作安排，同时提出了明年个人业务发展总体思路。部分分行分享了旺季营销活动的先进经验和做法。

12 月 5 日 总行机关第七次党员代表大会北京召开。中央国家机关工委副书记、纪工委书记俞贵麟，总行党委书记、董事长王洪章出席大会并做重要讲话。总行党委委员、纪委书记、副行长朱洪波出席会议，总行党委委员、副行长兼机关党委书记黄毅主持会议，总行机关 99 名党员代表参加了会议。大会全面总结了第六届机关党委、机关纪委的工作，并对今后一个时期机关党建工作进行了部署。大会听取并审议通过了机关党委副书记吴慧文同志代表第六届机关党委所做的工作报告和机关纪委工作报告；酝酿并选举产生了第七届机关党委和机关纪委委员。

12 月 11—12 日 中国建设银行股份有限公司董事会 2014 年第七次会议及专门委员会会议在北京召开。本次董事会会议审议通过了中国建设银行 2015 年度经营计划、2015 年度固定资产投资预算、修订公司章程、在境内外发行优先股股票、在瑞士设立分行、提名李军先生为非执行董事候选人、提名郝爱群女士为非执行董事候选人、提议莫里·洪恩先生担任董事会风险管理委员会主席和修订关联交易管理实施办法等议案。2015 年度固定资产投资预算、修订公司章程、在境内外发行优先股股票和董事候选人的议案将提交 2015 年召开的股东大会审议。

12 月 11 日 中国建设银行党委书记、董事长王洪章主持召开党委扩大会议，认真传达学习中央经济工作会议精神。会上，董事长王洪章、行长张建国分别传达了习近平总书记和李克强总理在中央经济工作会议上的重要讲话精神。会议精神传达后，王洪章结合年底和明年各项工作提出了具体要求。

12 月 18 日 总行纪委专题会议在北京召开。纪委书记朱洪波同志主持会议。会议传达了王岐山同志近期有关讲话精神；听取了纪检监察部关于起草《中国建设银行落实党风廉政建设纪委监督责任的意见》的情况汇报。

12 月 26 日 中国建设银行股份有限公司监事会 2014 年第七次会议及专门委员会会议在北京召开。全体监事参加了相关会议，部分高管、银监会列席了会议。本次监事会会议听取了 2015 年经营工作安排及政策措施的汇报、2014 年案件防控工作情况的汇报，研究讨论了监事会 2015 年工作重点。监事会履职尽职监督委员会会议听取了转型规划实施工作安排的汇报，听取了建设银行薪酬管理体系的介绍。

业务类

1 月 2 日 中国建设银行中标中国投资有限责任公司企业年金受托人资格。

1 月 18 日 海外清算系统（GMPS）澳元直接清算在悉尼分行正式上线。

1 月 19 日 新一代企业网银自主购汇功能上线，中国建设银行成为四大行中唯一在全行范围内推广统一版本企业网银结售汇业务的银行。

1 月 21 日 中国建设银行联合 VISA 国际组织首推的国内奥运主题系列信用卡——龙卡奥运信用卡正式发卡。

1 月 27 日 中国建设银行完成首笔对客白银租赁交易，成为首批开展白银租赁业务的银行之一。当日，总行通过金交所贵金属租赁交易平台，自山东省中矿金业股份有限公司租入白银 1 005 公斤，同时向浙江省温州宏丰电工合金股份有限公司转租出白银1 005公斤，交易金额折合人民币406万元。

1月28日　深圳市分行“智慧银行”成功投产上线，这是行业内首家“智慧银行”，董事长王洪章通过电子签名板题词“智在理念，慧在建行”。

2月16日　墨尔本分行ATM正式启动。董事长王洪章出席启动仪式，中国驻墨尔本总领馆总领事、澳大利亚维多利亚州政府财长、澳大利亚前任驻华大使、澳新银行首席执行官、银联国际南太代表处首席代表等近20位嘉宾参加启动仪式。

2月17日　悉尼分行人民币清算业务启动仪式在悉尼举行。董事长王洪章出席仪式并发表重要讲话。启动仪式上，悉尼分行与澳大利亚联邦银行、国民银行、西太平洋银行、澳新银行及台湾兆丰商业银行五家金融机构签订了代理人民币清算账户协议，同时配套推出了人民币货币市场及做市业务。中国驻悉尼总领事李华新、澳大利亚联邦政府财政部副部长Arthur Sinodinos、新南威尔士州州长Andrew Stoner、澳大利亚储备银行国际部主管Chris Ryan、悉尼分行总经理及中澳两国主要银行同业代表70余人出席了仪式。

2月18日　总行与美国银行合作开展的“小微企业营业网点营销和综合服务项目”启动会在北京召开。

2月24日　中国建设银行与周大福珠宝集团在深圳签署《战略合作协议》和《实物贵金属业务合作协议》。批发业务总监许会斌及周大福珠宝集团有限公司执行董事陈世昌、执行董事郑炳熙出席签约仪式。

2月28日　中国建设银行与VISA国际组织在沪举行龙卡足球世界杯信用卡发卡仪式。副行长杨文升和VISA中国区总经理廖光宇、中国区副总经理夏军出席了发卡仪式。

2月　建设银行获中国人民银行“第三方支付机构备付金存管资质认定”首批公示。

3月1日　个人网上银行系统最后一批WEB服务器成功迁移至“新一代”虚拟资源池，建设银行个人网银WEB服务全部实现虚拟化。

3月4日　中国建设银行与甘肃省人民政府在北京签署《金融战略合作协议》。董事长王洪章、甘肃省委书记王三运见证协议签署。行长张建国和甘肃省省长刘伟平代表双方签署协议。副行长胡哲一及批发业务总监许会斌参加了签约仪式。

3月5日　中国建设银行中标中国神华集团有限责任公司企业年金托管资格。这是近三年中业界首个年金资产规模超过百亿元的大单。

3月6日　建行（亚洲）欧元中期票据（EMTN）项目启动暨首只中期债券（中期票据）顺利发行。建行（亚洲）此次发行2年期人民币固定利率债券（穆迪评级A2）40亿元，利率3.25%。这是当时境外单次单年期规模最大的点心债。

3月8日　广东省政府、中国人民保险集团、中国建设银行深化合作座谈会议在北京召开。总行党委委员黄毅、人保集团董事长吴焰、广东省常务副省长徐少华出席会议。

3月18日　中国建设银行作为联席主承销商，通过上海清算所招标系统为中国铁路总公司招标成功发行了2014年第一期短期融资券200亿元。这是中国铁路总公司成立以来发行的第一笔短期融资券，同时也是上海清算所正式提供债券招标发行服务后进行的第一笔债券招标发行。

3月19日　《中国建设银行产品手册》以电子书形式在总行信息网站正式发布。该手册是总行继企业级产品目录发布之后在产品基础管理方面的又一重要举措。

3月20日　总行在上海召开“养颐无忧”补充医疗计划管理产品发布仪式。副行长朱洪波、副行长章更生出席并分别致辞，批发业务总监许会斌主持发布仪式。中国中铁、航天科工、中国铁建等20余家建设银行重要养老金客户代表，总行有关部门及建信人寿相关负责人参加了发布仪式。

3月30日　中国建设银行在上交所、外网主页投资者关系栏目正式披露2013年资本充足率报告（简体中文、繁体中文及英文版），本次是首次单独披露。

3 月 31 日　中国建设银行在北京、香港两地同步举办年度业绩发布媒体问答会。

3 月　中国建设银行采取总部统一对接的方式，全国首家与中国移动集团公司面向全国移动用户推出手机话费缴纳相关服务（“中国移动易充值”项目）。

3 月　建设银行网站统一会员整合成功上线。

4 月 2 日　银监会正式批复核准建设银行实施资本管理高级方法，成为国内首批实施银行之一。

4 月 11 日　中国建设行微信银行更名为“中国建设银行”。

4 月 17 日　中国建设银行在南非约翰内斯堡举办南非银企合作交流会。批发业务总监许会斌出席会议并致辞。中国有色矿业集团、华为、中非基金等 30 余家重要中资企业和南非企业受邀参加本次会议，北车集团、南非国家电力公司（Eskom）、兰德商业银行三家客户做了主题交流。

4 月 19 日　小微企业行为评分卡模型及应用于贷后自动风险监测预警及贷款到期续贷业务功能在系统成功上线运行，中国建设银行全面建成基于评分卡的小微企业零售化信贷业务模式，并成为大型股份制商业银行中率先采用小微企业零售化评分卡的银行。

4 月 19 日　迪拜子行、俄罗斯子行海外网银上线。

4 月 21 日　中国建设银行携手银联在同业率先推出银联单位结算卡产品。

4 月 25 日　建行亚洲成为首个在瑞士发行瑞郎债券的中国发行人。

4 月 29 日　中国建设银行在全行印发《无机构县域金融服务模式指导意见》，旨在落实国家发展普惠金融服务、做好扶贫开发金融服务工作要求。

4 月　中国建设银行中标卡特彼勒金融服务公司在华私募债主承资格。本次发债是世界五百强企业在华发行的首只私募债，也是融资租赁公司在境内发行的首只私募债。

4 月　中国建设银行“善融商务跨境购”服务正式开通，善融商务成为银行业内首家提供该项服务的电子商务平台。

5 月 15 日　中国建设银行会同中国人民银行在四川成都举办发布会，推出 NFC－SD 模式的创新移动金融产品。该产品是基于人民银行移动金融安全可信公共服务平台（MTPS）在国内应用的率先落地。

5 月 17 日　中国建设银行智能客服（包括 WEB 机器人等）正式对个人网银客户和网站会员提供客户咨询服务。

5 月 17 日　新一代企业网上银行系统完成在全行的推广，260 万企业网银存量客户全部成功迁移至新一代系统。

5 月 19 日　中国建设银行成功在法兰克福市场发行 15 亿元人民币债券（“歌德债”），债券期限两年，利率 3.38%，获得近 3 倍超额认购。该债券将在法兰克福交易所（Frankfurt Stock Exchange）挂牌上市，是法兰克福债券市场的第一只可挂牌上市交易的人民币债券。承销团成员包括香港建银国际、德国商业银行、渣打银行（中国香港）、法国巴黎银行（中国香港）。

5 月 19 日　中国建设银行—建信人寿电子渠道业务推动活动在北京启动，建信人寿总经理赵甫高、副总经理张坤出席，建信人寿成为建设银行在电子渠道首家也是唯一一家销售保险的保险公司。

5 月 27 日　中国建设银行与浙江大学在杭州签署全面战略合作协议。副行长章更生、批发业务总监许会斌，浙江大学校长林建华、党委副书记兼秘书长任少波、校总会计师石毅铭，以及总行相关部门和浙江省分行主要负责人出席了签约仪式。许会斌与浙江大学负责人代表双方签署《全面战略合作协议》。

5 月 29 日　中国建设银行与中国人民解放军第一集团军在浙江湖州签署军银金融业务合作协议。副行长章更生、集团军军长、政委等出席签约仪式。

5 月 29 日　总行在山东济南召开“中国建设银行小企业助保贷业务推介会”，副行长章更生出席并致辞，批发业务总监许会斌主持推介会，工信部、银监会、中国中小企业协会、山东省金融办等单位的领导嘉宾到会并讲话，来自 27 个省的 54 名省市级财政厅、经信委、金融办等多个政府部门负责人和相应分行的分管行长、小企业部负责人出席。

5 月 中国建设银行与支付宝（中国）网络技术有限公司签署第三方支付机构备付金存管框架协议。

5 月 中国建设银行悉尼分行发行的 2 年期 5 亿元人民币存款证在澳大利亚证券交易所进行挂牌交易，成为首支离岸人民币的大洋债。

6 月 6 日 中国建设银行与银行间市场清算所股份有限公司（以下简称上海清算所）在北京签署战略合作协议。行长张建国代表中国建设银行接受了清算所董事长许臻授予的上海清算所综合清算会员证书，副行长章更生与上海清算所总经理谢众代表双方分别在战略合作协议上签字。

6 月 7 日 伦敦子行机构下清算行 IT 系统上线。

6 月 13 日 行长张建国在深圳市分行调研并出席建设银行与中集集团战略合作协议签字仪式。

6 月 13 日 中国建设银行与中国国际海运集装箱（集团）股份有限公司（以下简称中集集团）深圳签署战略合作协议。行长张建国、首席风险官曾俭华出席签约仪式，集团客户部总经理程远国、中集集团资金管理部曾北华总经理代表双方签署协议。

6 月 17 日 （伦敦时间）中国建设银行获任伦敦人民币指定清算行。当日，国务院总理李克强在英中贸易协会举办的欢迎晚宴上宣告：中国建设银行成为伦敦人民币业务清算行，北京时间 6 月 18 日凌晨，中国人民银行在官方网站上发布了该消息。这是央行首次在亚洲以外的国家（地区）选定人民币清算行，也是中国建设银行首次获任海外人民币指定清算行。

6 月 17 日 中国建设银行宣布，随着新加坡毕盛资产管理有限公司（APS Asset Management Pte Ltd.）获批人民币合格境外机构投资者（RQFII）资格，建设银行已成为中国内地首家服务于新加坡申请 RQFII 资格的金融机构的中资托管行。

6 月 18 日 中国建设银行作为首批通过分账核算业务验收的五家银行之一，参加了中国人民银行上海总部举办的自由贸易账户业务启动银企签约仪式，副行长胡哲一出席，上海市分行行长王江与宝钢集团签署了《自由贸易账户合作协议》。

6 月 19 日 董事长王洪章在伦敦出席建行伦敦人民币清算合作签约仪式。建行伦敦与工行（伦敦）、交通银行（伦敦）、汇丰银行、渣打银行、花旗银行、摩根大通、澳新银行等 11 家银行签署人民币清算合作备忘录。

6 月 19 日 中国建设银行同步在伦敦、北京召开伦敦人民币清算业务媒体问答会。新华社、人民日报、中央电视台、中国日报（英文版）、英国广播电视台（BBC）、泰晤士报（Thames）、金融时报（FT）、路透社、经济日报、中央人民广播电台、中国金融家等近 20 家中英两国主要新闻媒体的记者参加。

6 月 19 日 中国建设银行（亚洲）成功发行瑞士历史上第一只人民币债券共 12.5 亿元，交割后在苏黎世挂牌交易。

6 月 21 日 中国建设银行与青岛市人民政府在青岛签署战略合作协议。副行长黄毅，青岛市市长张新起、副市长刘明君出席仪式并见证协议签署。总行公司业务部总经理康义和青岛市副市长刘明君代表双方签署《战略合作协议》。

6 月 23 日 中国建设银行与中粮集团有限公司（以下简称中粮集团）在北京签署《战略合作协议》。董事长王洪章、副行长朱洪波、首席审计官余静波出席签约仪式，副行长朱洪波和中粮集团总会计师马王军代表双方签署了《战略合作协议》。

6 月 24 日 中国建设银行与招商局集团有限公司在香港签署综合金融合作协议。张建国行长、招商局集团李建红总裁出席签约仪式，副行长胡哲一与招商局集团财务总监付刚峰代表双方签字。这是该集团首次与商业银行签订此类合作协议。

6 月 25 日 澳门分行成立庆祝酒会在澳门举行。“澳门特别行政区政府经济财政司”司长谭伯源、中央人民政府驻澳门特别行政区联络办公室主任仇鸿副、全国政协常委、澳门特区行政会委员廖泽云、澳门金融管理局行政委员会主席丁连星、澳门中国企业协会会长许开程、行长张建国、副行长胡哲一、首席风险官曾俭华，以及各界嘉宾及媒体代表200余人出席了庆祝酒会。

6月　中国建设银行作为牵头主承销商成功发行银行间市场首单"私募永续债"。中国建设银行作为牵头主承销商，发行山东黄金集团有限公司2014年第一期长期限含权非公开定向债务融资工具，为其成功募集资金15亿元。

6月　中国建设银行推出短信银行客户端。

6月　中国建设银行新版手机银行3.0版上线。

6月　中国建设银行悉尼分行（含墨尔本）、中国台北分行海外网银上线。

7月2日　中国建设银行伦敦子行与深圳市华为投资控股有限公司正式签署银团贷款合同，实现中国建设银行海外机构本地业务重要突破。

7月2日　总行下发《关于做好2014年智慧银行推广工作的通知》及《智慧银行推广实施方案》，在全行范围内启动智慧银行推广工作。

7月8日　中国建设银行与大唐电信集团在北京签署《战略合作协议》。行长张建国、副行长章更生与大唐电信集团董事长真才基、副总裁陈山枝出席签约仪式，副行长章更生与副总裁陈山枝代表双方签约。

7月16日　中国建设银行与中国中信集团有限公司（以下简称中信集团）在北京签署战略合作协议。行长张建国、监事长郭友与中信集团董事长常振明、总经理王炯等双方领导共同出席仪式，副行长朱洪波及中信集团副总经理居伟民代表双方在《战略合作协议》上签字。

7月17日　在中国国家主席习近平和巴西总统罗塞芙的见证下，中国建设银行与巴西BIC银行大股东签署《股份交割谅解备忘录》。

7月17日　中国建设银行龙卡信用卡芯片卡在MasterCard和VISA正式投产发卡，龙卡信用卡的EMV芯片卡迁移全面完成。

7月19日　东京分行（含大阪）海外网银上线。

7月22日　中国建设银行与海关总署签署《合作备忘录》。

7月24日　中国建设银行与上海国际能源交易中心股份有限公司（以下简称能源交易中心）在上海签署了战略合作协议。副行长章更生、上海期货交易所理事长杨迈军出席了签约仪式。机构业务部孙玉辉副总经理与能源交易中心褚玦海总经理代表双方分别在战略合作协议上签字。

7月25—26日　中国建设银行实施了第二代支付系统总行本级上线切换。

7月28日　18：00总行大、小额和代理支付系统日终对账顺利完成，总行第二代支付系统成功上线。10月18日，第三批23家分行顺利切换至总行第二代支付系统，中国建设银行第二代支付系统全行推广上线工作全部完成，也是五大国有控股商业银行中首个完成整体上线的银行。

7月29日　中国建设银行正式启动伦敦人民币清算行运营，为参加行提供人民币清算、结算、平盘等各类人民币清算行服务。

7月30日　中国建设银行与大连商品交易所在北京签署战略合作协议。行长张建国、副行长杨文升与大连商品交易所理事长刘兴强出席签约仪式。章更生副行长与大连商品交易所总经理李正强代表双方分别在战略合作协议上签字。

7月　中国建设银行成功为华能国际电力股份有限公司发行2014年度第一期中期票据40亿元。

7月　中国建设银行成功营销中国通信设施服务股份有限公司基本结算账户。

7月18日　中国通信设施服务股份有限公司在北京正式挂牌成立，公司基本结算账户正式开立在中国建设银行。

7月　中国建设银行与中国能源建设集团有限公司签署企业年金账户管理合同。

7 月 中国建设银行针对大型餐饮连锁企业创新推出了餐饮点单与财务管理一体化收单系统。

8 月 8 日 中国建设银行与中国广播电视网络有限公司在北京签署战略合作协议。副行长章更生、首席审计官兼北京市分行行长余静波、批发业务总监许会斌，中国广播电视网络有限公司董事长赵景春、总经理梁晓涛等出席签约仪式。许会斌和梁晓涛代表双方在战略合作协议上签字。

8 月 8 日 中国建设银行企业商城涉农产业频道正式对外服务，主要涵盖供应、咨询、活动等几大栏目。

8 月 15 日 中国建设银行 2014 年境内第一期二级资本债券在银行间市场成功发行。本期债券为固定利率债券，是《巴塞尔协议Ⅲ》框架下的新型资本工具，为银行间首单“10 + 5”年期品种新资本工具，发行规模 200 亿元，最终票面利率为 5.98%，全场认购倍率 1.48 倍。

8 月 20 日 中国建设银行甘肃省分行与深圳证券交易所在兰州签署“深银通”业务合作协议。副行长章更生、甘肃省副省长郝远、深圳证券交易所副总经理陆肖马出席签约仪式并讲话。甘肃省金融办、银监局、证监局、人民银行兰州中心支行、天水市政府，深交所有关领导出席签约仪式。

8 月 27 日 中国建设银行与北京外国语大学在北京签署战略合作协议。行长张建国，副行长章更生，党委委员、首席审计官兼北京市分行行长余静波，北京外国语大学党委书记韩震、校长彭龙出席签约仪式。章更生和彭龙分别代表双方在协议上签字。

8 月 29 日 中国建设银行与中国轻工集团公司在北京签署资金集中管理银企合作协议。总行资金结算部总经理李国建与中国轻工集团公司总经理俞海星共同签署了现金管理业务合作协议。

8 月 29 日 （巴西当地时间）中国建设银行收购 Banco Industrial e Comercial S. A.（BICBANCO 或 BIC 银行）总股本 72% 的股份买卖交易完成交割手续，控股股份的购买价款总价约为 16 亿雷亚尔。这是截至当时中资商业银行在海外规模最大的控股权并购。

8 月 中国建设银行成功营销中国人寿 200 亿元外投资托管业务，并正式启动托管运营服务。

8 月 中国建设银行推出小微企业“政府采购贷”业务和小微企业“税易贷”业务。

9 月 2 日 中国建设银行与深圳证券交易所在深圳签署全面战略合作协议。行长张建国与深圳证券交易所总经理宋丽萍出席签约仪式。副行长章更生与深圳证券交易所副总经理陆肖马代表双方分别在战略合作协议上签字。

9 月 1 日和 3 日 中国建设银行在北京、香港、上海三地先后召开了中期业绩发布会，董事长王洪章、行长张建国分别带队介绍了中期业绩并回答问题，共有 120 多名分析师及 100 余名媒体记者应邀出席了三场会议。其中，北京发布会成员由董事长王洪章、副行长朱洪波、副行长章更生、副行长杨文升和董事会秘书陈彩虹组成，香港发布会成员由行长张建国、副行长黄毅、首席经济学家黄志凌和首席财务官许一鸣组成。此外，应上海证券交易所的邀请，建设银行增加了一场在上海证券交易所交易大厅举办的业绩发布说明会，发布会成员由行长张建国、首席财务官许一鸣和董事会秘书陈彩虹组成。业绩发布会期间，行长张建国、首席财务官许一鸣及董办、资债部、信管部负责人在香港进行了路演，通过小组会谈、一对一拜访等方式，与 40 多家重要投资机构进行了交流。

9 月 3 日 中国建设银行与华南城集团在深圳签署战略合作协议。副行长章更生，华南城集团董事长郑松兴、总裁梁满林出席签约仪式。总行公司业务部总经理康义与华南城集团总裁梁满林代表双方分别在战略合作协议上签字。

9 月 3 日 中国建设银行在郑州召开养老金新产品发布暨新型城镇化养老保障现场会，发布“养颐安康”和“养颐乐家”两个养老金新产品服务方案，并对新型城镇化养老保险业务进行专题研讨。副行长朱洪波出席会议并讲话。

9 月 4 日 中国建设银行与中国银联在上海联合推出“龙卡全球至尊信用卡”。该卡以“八项之最”成为同业最顶端 IC 信用卡。董事长王洪章、行长张建国、副行长章更生，中国银联董事长苏宁等出席发卡仪式；副行长杨文升致辞；出席发卡仪式的还有首席财务官许一鸣、董事会秘书陈彩虹。当天，绿地控股集团董事长张玉良、上海复星高科技集团董事长郭广昌、均瑶集团董事长王均金等7位持卡人成为首批客户。

9月5日 中国建设银行台北分行成功在台发行人民币债券——宝岛债，发行总金额为20亿元，其中3年期发行8亿元，利率为3.35%；5年期发行6亿元，利率为3.75%；7年期发行6亿元，利率为4%。

9月9日 全行建信人寿对公板块联席视频会议在北京召开。副行长章更生出席并讲话，公司业务部、集团客户部、小企业业务部、养老金业务部、投资托管部、资金结算部、国际业务部、电子银行部等相关部门参加。

9月11日 （伦敦时间）中国建设银行在伦敦分别与中国香港交易所［包括港交所旗下的伦敦金属交易所（LME）］、伦敦证券交易所（LSE）签署战略合作谅解备忘录。董事长王洪章出席签约仪式。

9月13日 中国建设银行柜台债券发行交易系统全面上线，同步实现网点柜面、个人网银、企业网银、手机银行、电话银行等多类渠道认购交易。

9月13日 中国建设银行个人网银正式推出全国金融系统首个全流程网上自助个人贷款产品——快贷。

9月18日 中国建设银行与中国民航信息集团公司签署战略合作协议。行长张建国、副行长朱洪波、党委委员兼首席审计官余静波与中国民航信息集团公司党委书记崔志雄、总经理肖殷洪、副总经理兼总会计师孙湧涛共同出席签约仪式。

9月19日 中国建设银行（建亚信托）托管的RQFII产品“农银国际资产管理有限公司—客户资产”成功汇入第一笔资金并起始运作。这是建亚信托成立后的第一只产品，是中国建设银行海外机构提供托管服务的第一只产品，也是中国建设银行依靠自身机构提供两地跨境托管一条龙服务的首支RQFII产品。

9月19日 建行亚洲牵头中国中信集团有限公司10亿美元银团贷款在北京签约。本次银团贷款是中信集团在香港整体上市以来境外市场筹组的第一笔大额银团贷款。

9月22日 中国建设银行与中国光大集团在北京签署战略合作协议。董事长王洪章、行长张建国、监事长郭友、副行长章更生、党委委员余静波与中国光大集团董事长唐双宁、行长赵欢、副总经理郭新双共同出席签约仪式。

9月25日 中国建设银行与中国证券投资基金业协会在伦敦共同举办“中国资产管理行业推介会”。英国及欧洲的金融投资机构约120位嘉宾参加了会议，中国证监会、基金业协会领导出席会议，国内7家基金公司和中央国债登记结算公司推介了中国资产管理行业及有关的服务与产品，中国建设银行就“中国托管行业及建行服务”做了主题演讲。此次会议是中国资产管理行业首次整体对外推介。

9月 中国建设银行善融商务企业商城首页全新改版。

9月 中国建设银行获得中国船舶工业集团公司企业年金账户管理人资格。

9月 总行调整2014年一级分行KPI考核办法，增加“存款偏离度”和“资产质量控制目标”两项考核指标。

9月 2014年大数据应用高级研修班在北京举办。副行长庞秀生、首席经济学家黄志凌出席研修班，与全体学员座谈，庞秀生做了重要讲话，黄志凌就大数据理念进行了专题授课。各一级分行分管信息管理工作的行级领导、信息管理部门负责人、总行相关部门负责人参加了本次培训。

9月 截至9月全行所有37家一级分行及16家业务中心迁移至核心网，“核心网分行推广”实施工作顺利完成。

10月15日 中国建设银行与恒安集团在厦门签署战略合作协议。批发业务总监许会斌出席签约仪式。

10月16日 中国建设银行与厦门大学在厦门续签战略合作协议。副行长章更生、批发业务总监许会斌，厦门大学校长朱崇实、副校长叶世满共同出席签约仪式。许会斌和叶世满分别代表双方签署战略合作协议。

10月17日 中国建设银行悉尼分行在澳大利亚新南威尔士州政府贸易投资部会议中心举办了“澳大利亚人民币业务发展机会与潜力”研讨会。来自澳大利亚联邦及州两级政府、当地监管机构、中国人民银行南太平洋代表处、澳大利亚当地金融机构、中资金融机构及学术界的代表50余人出席了研讨会。

10月23—24日 中国建设银行作为特别协办单位应邀在北京参加第六届中国对外投资合作洽谈会。副行长朱洪波出席开幕式并发表演讲，批发业务总监许会斌出席电力国际合作专题论坛并发言。

10月23日 中国建设银行与美国银行合作开展的“小微企业电话营销和综合服务”战略协助项目顺利结项，进入推广应用阶段。

10月27日 中国建设银行与中兴通信集团公司在北京签署战略合作协议。副行长朱洪波、批发业务总监许会斌与中兴通信集团公司执行副总裁韦在胜、副总裁张易出席签约仪式，许会斌与张易分别代表双方在战略合作协议上签字。

10月29日 中国建设银行与美国银行合作开展的“小微企业营业网点营销和综合服务”战略协助项目进入控制试点阶段。

11月3日 香港金融管理局正式宣布，委任中国建设银行（亚洲）股份有限公司为香港离岸人民币市场一级流动性提供行（Primary Liquidity Provider，PLP），即做市商。

11月3日 中国建设银行联合中国银联推出龙卡全球支付信用卡，该卡以芯片卡为介质。

11月5日 中国建设银行在境外市场成功发行20亿元人民币二级资本债券。这是境内银行离岸人民币市场发行的首支符合巴塞尔Ⅲ的资本债券。本次人民币二级资本债券规模20亿元，期限5+5年，第5年末附带一次性选择赎回权。

11月5日 中国建设银行中标中国太平保险集团有限责任公司企业年金托管人。

11月6日 中国建设银行作为APEC工商咨询理事会中国代表企业和APEC中国工商理事会副主席单位，在钓鱼台国宾馆主办了ABAC工作晚宴。来自21个APEC经济体的代表、国家有关部委负责人、中国建设银行股东和战略性大客户代表等330余人出席。董事长王洪章主持晚宴并致辞，行长张建国，监事长郭友，总行在京党委委员朱洪波、胡哲一、章更生、杨文升、黄毅、余静波，部分董事、监事、高管，总行有关部门负责人参加。

11月11日 中国建设银行成功发行33亿元宝岛债。建行亚洲在台湾成功发行33亿元人民币债券，这是截至当时最大规模的宝岛债。该笔宝岛债在亚欧三地即中国台湾柜买中心、中国香港交易所和卢森堡证交所同时挂牌交易，是首支在中国香港挂牌交易的宝岛债，也是首支在欧洲挂牌交易的宝岛债。

11月14日 中国建设银行与多家大型跨国公司在上海成功召开银企合作交流会。阿尔斯通、通用电气、三星、卡特彼勒、拜耳、博世、小松七家大型跨国公司财务负责人及总行授信审批部、集团客户部、战略规划部、相关分行业务负责人参加了会议。首席经济学家黄志凌出席会议。

11月15日 中国建设银行卢布清算系统正式上线，提前一年实现了卢布直通直汇。

11月21日 海外核心业务系统（OCBS）及其周边系统在新西兰子行正式上线。

11月25日 中国建设银行在北京市财政局组织的2014年北京市市级国库现金管理商业银行定期存款（第一期）招标中以第二名的成绩获得22.9亿元一年期定期存款，这是地方国库现金管理定期存款招标首例采用国债质押方式。

11月27日 中国建设银行个人住房抵押贷款证券化工作启动。

11月28日 中国建设银行与印尼曼底利银行在北京签署《全面合作谅解备忘录（MOU）》。

11月29日 高院司法查询系统一期上线。系统开通了建设银行与最高人民法院网络的专线连接，实现了网络集中办理存款等涉案金融资产的司法查询。

11月 中国建设银行电话95533与信用卡400客户服务热线号码整合工作完成最后一批分行的推

广，个人业务和信用卡业务实现在全行范围内统一的电话对外服务入口。

12 月 1 日 中国建设银行与辽宁省人民政府在北京签署战略合作协议。董事长王洪章、行长张建国、副行长章更生、辽宁省省长李希、副省长刘强出席签约仪式，副行长章更生和副省长刘强代表双方签署《支持辽宁老工业基地振兴战略合作协议》。

12 月 3 日 总行下发建总发〔2014〕266 号文件，《中国建设银行转型发展规划》印发全行。

12 月 5 日 中国建设银行与中国印钞造币总公司在北京签署战略合作协议。董事长王洪章、副行长章更生、党委委员余静波、批发业务总监许会斌与中国人民银行行长助理金琦、货币金银局局长文四立，中国印钞造币总公司董事长敖惠诚、党委书记韩玉婷、总经理布建臣、副总经理郑会仓、财务总监李泽云出席签约仪式，章更生和布建臣代表双方签署战略合作协议。

12 月 5 日 中国建设银行推出国内首单个人内保外贷业务。建行（亚洲）在香港完成对国内首单个人内保外贷业务的贷款发放，金额为 177 万港币。该笔个人保函由广东省分行出具，保函标的为房产。这标志着面向大陆居民的内保外贷业务正式启动。

12 月 10 日 中国建设银行在江西举行龙卡益农信用卡首发仪式。批发业务总监许会斌出席发卡仪式。

12 月 10 日 中国建设银行在江西南昌召开全行推进双胞胎集团综合金融服务现场会。批发业务总监许会斌到会并讲话。

12 月 12 日 中国建设银行中标中国农业发展银行首批企业理财业务托管银行。

12 月 15 日 中国建设银行主承销的保利房地产（集团）股份有限公司 150 亿元中期票据获得中国银行间市场交易商协会注册。这是全国首单上市房企中期票据。

12 月 16 日 中国建设银行中标中央财政授权支付代理银行项目。副行长章更生代表建设银行参加了财政部在北京举行的中央财政非税收入收缴代理银行项目的招标并做投标陈述。

12 月 17 日 中国建设银行与浙江省工商业联合会在舟山市举行了战略合作协议续签暨“浙江省商会会员单位结算卡”首发仪式。

12 月 17—18 日 中国建设银行珠三角地区协调委员会 2014 年例会暨重要客户产品推介会、境内外联动项目对接会在南宁召开。副行长胡哲一出席并讲话。

12 月 26 日 中国建设银行、交通银行和上海浦东发展银行在郑州及河南省政府签署设立“河南省新型城镇化发展基金”战略合作协议。副行长章更生出席签约仪式，并与河南省政府副省长李亚分别代表双方签订“建信豫资城镇化建设发展基金”战略合作协议。

12 月 29 日 中国建设银行与国家电网中国电力技术装备有限公司埃塞俄比亚复兴大坝输变电工程项目 12.8 亿美元出口信贷银团贷款融资协议在北京签署。该项目为第一笔由建设银行牵头的出口信贷银团业务，且金额为历年美元出口信贷项目之最。

12 月 31 日 中国建设银行成为首家开展资管产品代理业务银行。当日中国建设银行为霄麓资产管理（上海）有限公司资产管理产品金麟 2 号开设代理账户，建设银行成为首家开展资管产品代理业务的银行。

12 月 中国建设银行确定为国开证券企业年金基金受托人和账户管理人。

12 月 新版龙卡卡面正式启用并推向市场。

综合类

1月7日 中央电视台《新闻联播》在“整改进行时”中，以《建设银行：针对热点着重改善服务作风》为题，报道了建设银行党的群众路线教育实践活动取得的成效。

1月9日 第二届“领航中国金融行业创新发展高峰论坛”在北京金融街威斯汀大酒店举行，中国建设银行荣膺了领航中国2013金融行业年度“最佳零售银行奖”和“最佳手机银行奖”。此次高峰论坛由中文财经网站金融界主办，由中国银行业协会、中国证券业协会、中国保险业协会、中国期货业协会、中国信托业协会、中国基金业协会协办。中央电视台、北京电视台、中央人民广播电台、中国证券报、上海证券报、证券时报、证券日报、经济观察报等几十家媒体进行相关报道。

1月15日 国际组织VISA授予中国建设银行“年度中国最佳清算贡献奖”，该奖项是2013年VISA授予银行的唯一清算类奖项。

1月 中国建设银行“最美青工”评选结果产生。本次活动共评选出“最美青工”10名，“最优服务明星”、“最佳岗位能手”、“最有社会责任感志愿者”各10名。

1月 中国建设银行获得中国银联“2013年银联卡跨行交易贡献奖”、“2013年银联卡推广贡献奖”和“2013年银联卡IC卡推广突出贡献奖”等奖项。

1月 中国建设银行荣获企业财资协会“中国最佳贸易融资银行”奖、中国银行业协会“最佳贸易金融产品创新银行”奖。

1月 中国建设银行上榜21世纪传媒旗下研究机构21X LAB发布的“21世纪·2013年度最佳雇主”榜单。

2月10日 总行印发《中国建设银行行旗使用管理暂行规定》，确定中国建设银行行旗样式。

2月 中国建设银行荣获《贸易金融》杂志与中国贸易金融网颁发的“2013年度最佳现金管理银行”奖项。

2月 “建行率先实现云计算在金融生产环境的深度应用”入选由《金融电子化》杂志社评选的“2013年金融信息化10件大事”。

3月28日 在CIFC中国互联网金融联盟、和讯网、华夏时报、新传媒联盟主办的2014互联网金融大会春季峰会上，善融商务电子商务金融服务平台获颁中国互联网金融领军榜“百强品牌”大奖。

3月 中国建设银行私人银行荣获第六届中国“金理财”奖评选“最佳私人银行”奖。此次“金理财”奖评选活动由上海证券报社、中国证券网主办。

3月 在《亚洲银行家》杂志举办的“2014《亚洲银行家》中国零售金融服务奖”评选中，中国建设银行小微企业“善融贷”产品荣获“最佳小微金融产品”奖，龙卡全球支付信用卡荣获“最佳信用卡产品”奖。

4月17日 在北京举办的2014《亚洲银行家》大型颁奖典礼上，建设银行ATM系统荣获“2014年中国最佳多功能终端机系统”。

4月21日 总行决定，追授广西区南宁市科园大道支行客户经理廖民军同志“中国建设银行卫士”荣誉称号，并号召全行员工向廖民军同志学习。

4月 在《CT》杂志（Corporate Treasurer）“The Corporate Treasurer Awards，2013”评选中，中国建

设银行获得“中国最佳贸易融资银行”大奖。

4月 中华全国总工会和中国金融工会表彰了一批先进集体和先进个人。中国建设银行陕西省西安高新技术产业开发区支行被中华全国总工会授予全国五一劳动奖章，深圳市福田支行营业部主任黄亚红被授予全国五一劳动奖章，厦门市分行个贷业务经营中心被授予全国工人先锋号荣誉称号。中国建设银行北京市铁道专业支行等3家单位被中国金融工会分别授予全国金融五一劳动奖章荣誉称号，北京市分行个人理财客户经理李明祥等31名同志被授予全国金融五一劳动奖章；上海市分行大客户五部被授予全国金融先锋号荣誉称号；甘肃省分行等7单位荣获全国金融系统职工代表大会制度建设示范单位称号；厦门市江头支行荣获第六届全国金融系统职工职业道德建设标兵单位称号；深圳市分行和湖南省长沙芙蓉支行营业部荣获第六届全国金融系统职工职业道德建设先进单位称号；江苏省南京四牌楼支行丁海萍等三人获得第六届全国金融系统职工职业道德建设先进个人称号。

4月 中国建设银行在《亚洲银行家》杂志“2014年中国零售银行大奖”评选中，获得“最佳按揭及住房贷款业务奖”。

5月8日 中国建设银行在“投资者—中国新经济论坛暨2014年度中国资本金桥奖”颁奖礼上获评“最值得信赖银行”。

5月12日 总行决定授予北京市安慧支行行长姜杰、四川省眉山分行行长余伟、深圳市福田支行副行长韩刚、河北省唐山曹妃甸工业区支行行长李长锁、山东省日照北京路支行行长于咏梅、湖北省武汉鹏飞支行行长张鹏、广东省珠海分行公司业务部横琴营销团队客户经理林铄、上海市分行营业部营业室大堂经理傅静、广西区柳州分行住房金融业务部经理陈灵玲、总行信贷管理部信贷质量监控处处长李冰10名员工第十届“中国建设银行十大杰出青年”称号，同时授予辽宁省辽阳分行国际业务部经理安菲等32名员工第十届“中国建设银行十大杰出青年”提名奖。

5月15日 第二届“青年创新建行强”创新创效金点子大赛展示暨青年创先争优表彰（视频）活动在北京举行。党委书记、董事长王洪章，行长张建国，副行长朱洪波、章更生、黄毅及总行高级管理人员曾俭华、黄志凌出席表彰会并为获奖集体和个人颁奖。中央金融团工委书记郭鸿应邀出席。第二届“金点子”创新创效征集活动由总行工会团委、青联、产品创新与管理部共同组织发起，共评选“产品创意奖”一等奖20名，二等奖40名，三等奖80名。

5月 英国《银行家》杂志公布“2014年全球银行品牌价值500强排行榜”。中国建设银行在全球银行业中排名第9位，较去年提升一位，在亚太地区银行业中位列第2位，品牌价值由去年的166.67亿美元上升至189.54亿美元，增长22.87亿美元。

6月26日 中国建设银行在中国银行业协会举办的《2013年度中国银行业社会责任报告》发布暨社会责任工作表彰会上获得“年度社会责任最佳公益慈善贡献奖”，中国建设银行“母亲健康快车”资助计划获评“年度公益慈善优秀项目奖”，并在会议现场进行了展示。

6月30日 英国《银行家》杂志（The Banker）公布了对全球前1 000家银行的利润与资本实力进行的统计结果。按一级资本总额排名，中国建设银行以1 739.92亿美元位居全球第2位，较2013年增长26.45%，排名提升3位。

6月 VISA国际组织日前授予中国建设银行最佳国际交易授权通过率、最快国际交易响应时间、最佳国际交易风险控制效率，中国建设银行成为全球范围内唯一一家同时荣获三个奖项的银行。

7月25日 中国建设银行荣获《欧洲货币》杂志“2014中国最佳债券融资银行”奖。在监事长郭友与《欧洲货币》执行总裁尼尔·奥斯本（Neil Osborn）先生一行的高层会晤中，奥斯本先生亲手将“2014中国最佳债券融资银行”奖颁给中国建设银行。

7月25日 第六届中国企业社会责任年会在北京举行，中国建设银行在“中国国有上市企业社会责任榜”中位列第2名，较上年上升2个位次，并获评“年度履行企业社会责任最佳企业”奖。

7月31日 经中国人民银行批准，“中国建设银行成立60周年”熊猫加字金银币全国发行。该套纪念金银币共有 3 种规格，分别是 1 盎司金币，1/4 盎司金币和 1 盎司银币，均为中华人民共和国法定货币。纪念币在 2014 年熊猫普制币基础上，加印“中国建设银行成立 60 周年纪念”及其英文“60TH ANNIVERSARY OF CHINA CONSTRUCTION BANK”字样。其中，1 盎司金币规格为熊猫加字金银币近 30 年发行以来首次出现。

8 月 6 日 中国建设银行决定向云南昭通地震灾区捐款 500 万元，用于支持灾区人民抗震救灾、重建家园。

8 月 26 日 总行印发《关于开展向李红英同志学习的决定》，部署各级党组织广泛深入地开展向李红英同志学习活动。

8 月 28—31 日 中国建设银行参加了由人民银行主办的“2014 中国国际金融展”。中国建设银行“手机银行”被组委会授予 2014 中国国际金融展“金鼎奖”年度特别大奖和“优秀金融品牌奖”。

8 月 31 日 中国建设银行承办的“援疆青少年融情夏令营”活动圆满结束。整个夏令营活动为期 8 天，规模 50 人。

9 月 20—21 日 中国建设银行第四届职工羽毛球决赛在北京落下帷幕。行长张建国，副行长胡哲一参加了比赛，并和副行长黄毅、党委委员余静波在闭幕式上为获奖运动员颁奖。

9 月 24 日 总行为全行 555 名厅、局级和享受厅局级以上待遇的离退休人员分别寄、送董事长王洪章亲署签名的慰问信。

9 月 30 日 中国建设银行在 2014 中国最佳客户联络中心与 CRM 评选中，荣获“中国最佳客户联络中心（金音奖）”。

9 月 由美国《环球金融》杂志主办的“2014 年中国之星”评选揭晓，中国建设银行获得“最佳创新银行”、“最佳农业信贷银行”和“最佳小企业贷款银行”三项大奖。

9—10 月 “中国梦·建行情”——庆祝建行成立 60 周年员工书法绘画展在北京总行举办。

10 月 4 日 中央电视台《新闻联播》以《建设银行：共和国建设的金融主力军》为题，报道了中国建设银行 60 年来坚持国家利益至上，服务国家经济建设和实体经济的情况。至此，围绕中国建设银行 60 年行庆主题宣传，人民日报、新华社、中央电视台新闻联播、中央人民广播电台新闻与报纸摘要节目、中国国际广播电台、光明日报、经济日报、中国经济时报、金融时报、经济参考报、华夏时报以及新华网、人民网、搜狐网、网易、腾讯、凤凰网、央广网、央视网等中央和全国媒体集中进行了重点报道。

10 月 17 日 “客户服务 我最用心”个人客户服务岗位竞赛总决赛在北京举行。行长张建国到会致辞，副行长杨文升、副行长黄毅、党委委员余静波分别向获奖单位和选手颁奖。经过现场激烈角逐，山东省分行、安徽省分行、北京市分行和北京电话银行中心获得大赛各单项特等奖，上海市分行、厦门市分行、山东省分行和广州电话银行中心获得大赛各单项一等奖。

10 月 18 日 总行企业信息门户（EIP）改版完成上线。

10 月 中国建设银行成为第一家人民银行认可的商事制度改革账户管理创新先试先行银行。

10 月 著名国际财经媒体《亚洲银行家》（Asian Banker）公布了亚太地区最具实力银行奖项名单，中国建设银行独家获得“2014 年中国最具实力银行”（Strongest Bank in China）大奖。这是自该奖项设置以来，中国建设银行首次获得这一荣誉。

10 月 中国建设银行在“中国企业竞争力年会暨 2014（第十届）中国企业诚信与竞争力论坛峰会”上荣获“中国养老金融最具竞争力品牌”奖项。

10 月 总行决定向服务建设银行（含子公司）满 20 年以上的离退休人员及在册员工颁发荣誉证书，以表彰老员工为建设银行发展所作出的贡献，鼓励员工扎根建设银行。

11 月 15 日 中国建设银行荣获《每日经济新闻》“小微金融卓越贡献奖”。

11 月 15—17 日 中国企业文化研究会在成都组织召开“企业文化顶层设计与基层践行——中外企

业文化2014峰会”，董事长王洪章荣获“企业文化顶层设计与基层践行十大典范人物”称号，北京市分行营业部、北京市丰台支行、河北省沧州分行荣获“企业文化基层践行五十佳班组”称号，北京市分行等19个单位荣获优秀单位称号，北京市分行营业部副总经理刘艳等18名个人荣获先进工作者称号。

11月25日 中国青少年发展基金会“希望工程25年大会”在京举行，中国建设银行荣获“希望工程25年杰出贡献奖”。

11月26日 中国建设银行荣获《环球金融》2014年境内唯一“最佳小企业信贷银行”。

11月 在中国银行业协会银团贷款业务评优活动中，中国建设银行荣获2013年度银团贷款最佳业绩奖和最佳交易奖。

11月 在中国银行业协会举办的第三届中国银行业优秀客户服务中心评选活动中，中国建设银行广州电话银行中心、成都电话银行中心、北京电话银行中心分别荣获中国银行业客户服务中心“综合示范奖”、“价值贡献奖”和“优秀创新奖”。

11月 在中国银行业协会举办的中国银行业优秀客服中心评选活动中，中国建设银行荣获中国银行业客户服务中心“综合示范单位奖”。

11月 总行印发《中国建设银行全员健身计划指导意见》。

12月1日 中国建设银行荣获中小商业企业协会“全国支持中小企业发展十佳商业银行”。

12月2日 中国建设银行与中国妇女发展基金会在中国妇女儿童博物馆共同举行了“母亲健康快车”捐赠发车活动仪式。全国妇联党组书记、副主席、书记处第一书记宋秀岩，中国妇女发展基金会理事长黄晴宜，董事长王洪章、监事长郭友、副行长朱洪波出席活动。此次中国建设银行捐赠700万元购置的45辆健康快车，由现场驶往新疆、内蒙古、辽宁、河北、西藏5省区的贫困乡县，为当地妇女的健康检查、疾病救治、孕产妇卫生保健提供服务。

12月3日 在由中国金融认证中心（CFCA）举办的“第十届中国电子银行年会暨2014年中国电子银行金榜颁奖盛典”上，中国建设银行获得“2014年中国最佳电子银行奖”。

12月18日 中国建设银行荣获“第九届人民企业社会责任奖”评选活动“年度最佳上市公司”奖。

12月18日 中国建设银行在由中国日报社主办的“教育人中国梦”2014英语教育行业年度大会荣获“最具满意度出国留学金融服务机构”奖。

12月19日 由国家互联网信息办公室指导，国务院国资委新闻中心、中央企业媒体联盟、《国资报告》杂志社主办的第二届中国企业新媒体年会在京举行，中国建设银行微信银行荣获“2014年度中国企业最具影响力十大新媒体账号”第一名。

12月25日 中国建设银行在第三届领航中国金融行业创新发展高峰论坛暨金融行业年度评选活动中获得“最佳中资银行”、“最佳社会责任银行”和“手机银行最佳品牌”三项大奖。

12月25日 由《中国经营报》社主办的“2014中国企业竞争力年会暨2014卓越竞争力金融机构评选颁奖盛典”在北京举办，中国建设银行荣获“卓越竞争力信用卡品牌银行”奖。

12月26日 中国建设银行在“2014中国金融机构金牌榜·金龙奖”评选活动中，荣获“年度最佳住房金融银行”奖项。本次评选活动由金融时报社主办、中国社科院金融研究所联合举办。

12月30日 在中国妇女发展基金会召开的第三届“中国妇女慈善奖”颁奖大会上，中国建设银行获得“中国妇女慈善奖”最高荣誉——典范奖。全国人大常委会副委员长、全国妇联主席沈跃跃出席并为建设银行代表颁奖。

12月30日 中国邮政发行《中国建设银行成立60周年》纪念邮资信封一套1枚。编号为：JF115（1-1）2014，发行量为115万份。

12月 由《当代金融家》杂志主办的“2014年全国性发展银行”排名榜单揭晓，中国建设银行以

94.12 分的高分荣膺“2014 年全国性发展银行”公司价值排名第一位，总资产排名第二位，居中国银行业首位。

12 月 全球最大品牌咨询机构 Interbrand 发布“2014 年最佳中国品牌价值排行榜”，中国建设银行进入 2014 年最佳中国品牌价值排行榜十大，并连续第二年在金融服务业类别居首位。

12 月 在中国银行业协会主办的第三届“贸易金融卓越奖”评选中，中国建设银行荣获年度“最佳供应链金融银行”奖。

12 月 中国建设银行荣获澳新银行颁发的“澳元清算直通率奖”。

CHINA 中国建设银行年鉴 2015
CONSTRUCTION BANK ALMANAC

第八部分　附录

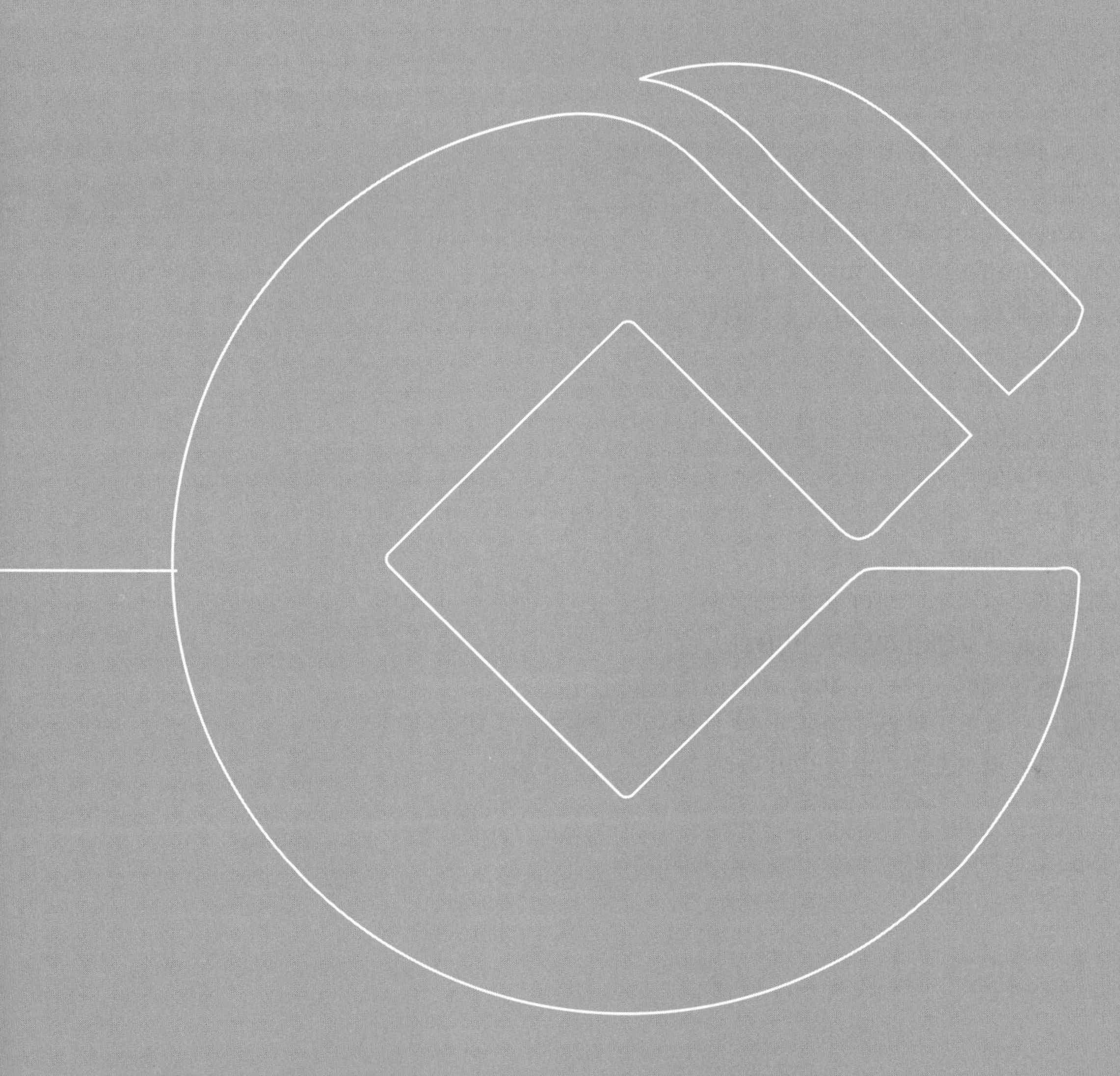

2014 年建设银行董事会成员名录

董事长、执行董事：王洪章

副董事长、执行董事：张建国

执行董事：朱洪波（2015 年 3 月离任）

执行董事：胡哲一（2015 年 1 月离任）

非执行董事：齐守印（2014 年 10 月离任）

非执行董事：张燕玲（女）（2014 年 5 月离任）

非执行董事：陈远玲（女）

非执行董事：徐　铁

非执行董事：郭衍鹏（2014 年 1 月任）

非执行董事：董　轼

独立非执行董事：张　龙

独立非执行董事：伊琳·若诗（女）

独立非执行董事：赵锡军（2014 年 3 月离任）

独立非执行董事：钟瑞明（2013 年 10 月任）

独立非执行董事：维姆·科克（2013 年 10 月任）

独立非执行董事：莫里·洪恩（2013 年 12 月任）

独立非执行董事：梁高美懿（女）（2013 年 12 月任）

2014年建设银行监事会成员名录

监事长：张福荣（2014年6月离任）

监事长：郭　友（2014年6月任）

股东代表监事：刘　进（女）

股东代表监事：李晓玲（女）

职工代表监事：金磐石

职工代表监事：黄叔平（女）（2014年4月离任）

职工代表监事：张华建

职工代表监事：王　琳（2014年1月任）

外部监事：王辛敏

外部监事：白建军

2014年建设银行总行党委成员名录

董事长、党委书记：王洪章

副董事长、行长、党委副书记：张建国

监事长、党委副书记：张福荣（2014年1月免党委副书记职务，2014年6月免监事长职务）

监事长、党委副书记：郭友（2014年1月任党委副书记，2014年6月任监事长）

执行董事、副行长、纪委书记、党委委员：朱洪波

执行董事、副行长、党委委员：胡哲一（2014年12月免，退休）

副行长、党委委员兼任首席财务官：庞秀生（2014年6月不再兼任首席财务官职务）

副行长、党委委员：赵欢（2013年12月免党委委员职务，2014年2月免副行长职务，调离）

副行长、党委委员兼工会委员会主席、机关党委书记：章更生（2014年4月不再兼任机关党委书记职务，2014年8月不再兼任工会委员会主席职务）

副行长、党委委员：杨文升

副行长、党委委员兼工会委员会主席、机关党委书记：黄毅（2014年4月任副行长兼机关党委书记，2014年8月兼任工会委员会主席）

副行长、党委委员兼首席审计官、北京市分行行长、党委书记：余静波（2014年8月任党委委员，2014年12月任副行长）

2014 年建设银行总行高管人员名录

首席风险官：曾俭华

首席经济学家：黄志凌

首席财务官兼总行资产负债管理部总经理：许一鸣（2014 年 6 月任首席财务官，2014 年 7 月不再兼任总行资产负债管理部总经理职务）

董事会秘书：陈彩虹

批发业务总监：许会斌

2014 年建设银行总行部门领导名录

董事会办公室

主任：徐漫霞（女）
副主任：何欣梅（女）
副主任：卢刚
副主任：李兖
资深经理（专业技术二级）：高云（女）（2014 年 12 月任）

监事会办公室

主任：刘进（2014 年 7 月免）
主任：王炽（2014 年 7 月任）
副主任：车新亭
副主任：薄银根

办公室（党委办公室）（2014 年 12 月更名）

行长办公室、党委办公室主任：王琳（2014 年 5 月免）
行长办公室、党委办公室主任：姜国云（2014 年 5 月任）
《建设银行报》编辑部总编辑：刘健（总行部门副总经理）（2014 年 6 月任）
行长办公室、党委办公室副主任：杨洸
行长办公室副主任：林朝晖
行长办公室（总务）副主任：郭京凯
行长办公室（总务）副主任：刘建国
行长办公室（总务）副主任：祝艳阳
信访办公室主任：王艳薇（女）（总行部门总经理级）
信访办公室副主任：李恒生（总行部门副总经理）
基建办公室主任：刘铁彦（总行部门总经理级）

资产负债管理部

总经理：许一鸣（2014 年 7 月免）
总经理：应承康（2014 年 7 月任）
副总经理：刘方根
副总经理：王晓薇（女）
副总经理：邸慧清（女）
资深经理（专业技术二级）：刘津峰（2014 年 12 月任）

财务会计部

总经理：应承康（2014 年 7 月免）
主要负责人：方秋月（2014 年 8 月任）
副总经理：俞斌
副总经理：汪涛（2014 年 5 月免，调离）
副总经理：许涛
副总经理：朱琳（女）
总经理助理：杨立斌

人力资源部（党委组织部）

总经理、党委组织部部长兼工会委员会常务副主席：李卫平（2014 年 7 月免，退休）
总经理、党委组织部部长：薛胜利（2014 年 7 月任）
副总经理、党委组织部副部长：李春信（总行部门总经理级）
副总经理：刘英（女）
副总经理、党委组织部副部长：徐云清
副总经理、党委组织部副部长：徐剑
副总经理：王晓平（2014 年 3 月任）

股权与投资管理部（2014 年 1 月更名）

总经理：　李云泽（2014 年 3 月任）
副总经理：文远华（2014 年 3 月任）
副总经理：谢瑞平（2014 年 3 月任）
副总经理：齐建功（2014 年 3 月任）
副总经理：常佳伟（2014 年 3 月任）

风险管理部

总经理：任德奇（2014 年 5 月免，调离）
主要负责人：彭洪明（2014 年 8 月任）
副总经理兼资产保全部（二级部）总经理：刘桂峰（女）（总行部门总经理级）
副总经理兼市场风险管理部（二级部）总经理：杨军（总行部门总经理级）（2014 年 6 月任总行部门总经理级）
副总经理：高扬
副总经理：田国林
资深经理（专业技术二级）：怡颖（女）（2014 年 4 月任）
市场风险管理部（二级部）副总经理：钱爱莉（女）（总行部门副总经理）
资产保全部（二级部）副总经理：谭兴民
资产保全部（二级部）副总经理：马奎
资产保全部（二级部）资深经理（专业技术二级）：曹桂英（女）（2014 年 4 月任）

信贷管理部

总经理：于妍玲（女）（2014 年 12 月免，退休）

总经理：尚朝辉（2014 年 12 月任）
副总经理：刘守平（2014 年 3 月免）
副总经理：张华清
副总经理：陈蕾
副总经理：尚妍（女）
资深经理（专业技术二级）：胡萍（女）（2014 年 12 月任）

授信审批部

总经理：王业（2014 年 11 月免）
总经理：靳彦明（2014 年 12 月任）
副总经理：李敏新（总行部门总经理级）
副总经理兼授信部（二级部）总经理：邓艾兵（总行部门总经理级）（2014 年 6 月任总行部门总经理级）
副总经理：宋知春（女）
副总经理：臧慧业
副总经理：童文涛
资深经理（专业技术二级）：张颖（女）（2014 年 4 月任）
授信部（二级部）副总经理：张明合
授信部（二级部）副总经理：贺志红
授信部（二级部）副总经理：修　琦
副总经理级专职贷款审批人：王建林
副总经理级专职贷款审批人：何平（女）
副总经理级专职贷款审批人：杨利亚（2014 年 7 月任）
副总经理级专职贷款审批人：王展刚
副总经理级专职贷款审批人：张山林
副总经理级专职贷款审批人：蒋雯（女）
副总经理级专职贷款审批人：魏海滨
副总经理级专职贷款审批人：张承
副总经理级专职贷款审批人：饶跃胜
副总经理级专职贷款审批人：闫静波（2014 年 7 月任）
副总经理级专职贷款审批人：陈林峰
副总经理级专职贷款审批人：喻永新（2014 年 7 月任）
副总经理级专职贷款审批人：周晓（2014 年 11 月任）
副总经理级专职贷款审批人：梁洪晨（2014 年 7 月任）
副总经理级专职贷款审批人：蒋伯荣
副总经理级专职贷款审批人：陈红霞（女）
副总经理级专职贷款审批人：周永舫
副总经理级专职贷款审批人：陈新声
副总经理级专职贷款审批人：江艳峰
副总经理级专职贷款审批人：曹众
副总经理级专职贷款审批人：李年丰
副总经理级专职贷款审批人：张文利

副总经理级专职贷款审批人：毕立民
副总经理级专职贷款审批人：商立平

审计部

总经理：赵观甫（2014 年 7 月免）
主要负责人：李秀昆（2014 年 7 月任）
副总经理：周小知
副总经理：冯道海
副总经理：杨军
副总经理：武丕宏
副总经理：靳晓飞（女）

内控合规部

总经理：王军
副总经理：秦仁文
副总经理：陈宝东
副总经理：万盛举
副总经理助理：（2014 年 3 月任）

公司业务部

总经理：康义
副总经理：蔡亚蓉（女）
副总经理：李钺（女）
副总经理：李丽杰（女）
副总经理：张喜军（2014 年 7 月任）
副总经理：田建明（2014 年 12 月任）
资深专员：魏兴富（总行部门总经理级）

战略客户部（2014 年 12 月更名）

总经理：程远国（2014 年 7 月免）
主要负责人：刘广良（2014 年 7 月任）
副总经理：张向群（2014 年 8 月免）
副总经理：万志敏
副总经理：郑玉金（女）
副总经理：程志伟
副总经理：鲁秀艳（女）
总经理助理：周明

机构业务部

总经理：刘仁刚
副总经理：张坤
副总经理：王强（2014 年 3 月免）

副总经理：王雪玲（女）
副总经理：马解宇（女）（2014 年 10 月任）
副总经理：孙玉辉
副总经理：葛文杰（2014 年 8 月免）
副总经理：黄小汉（2014 年 12 月任）
资深经理（专业技术二级）：梅亚星（2014 年 12 月任）

小企业业务部

总经理：余江（2014 年 3 月免）
总经理：刘守平（2014 年 3 月任）
副总经理：周鑫泉
副总经理：隋露（女）
副总经理：李从军
副总经理：李晓芳（女）
资深经理（专业技术二级）：张楠（女）（2014 年 12 月任）

养老金业务部

总经理：冯丽英（女）
副总经理：龚毅
副总经理：李红骏
副总经理：施宇平
资深经理（专业技术二级）：杭琛（2014 年 12 月任）
总经理助理：张剑峰（女）

投资托管业务部

总经理：杨新丰（2014 年 7 月免）
总经理：赵观甫（2014 年 10 月任）
副总经理：纪伟
副总经理：张军红
副总经理：郑绍平
副总经理（拟任）：张力铮（2014 年 7 月任）
副总经理：黄秀莲（女）
总经理助理：尹东（2014 年 2 月免，调离）

结算与现金管理部（2014 年 12 月更名）

总经理：李国建
副总经理：周玉旺
副总经理：张继波
副总经理：霍晓梅（女）

个人存款与投资部

总经理：杨绍萍（女）

副总经理：马美芹（女）
副总经理兼电话银行中心副总经理：张敏（女）（2014 年 10 月兼任电话银行中心副总经理）
副总经理：刘涛（女）
副总经理：曹伟
副总经理：孙娜（女）
电话银行中心副总经理：周夏（总行部门总经理助理）（2014 年 10 月免，调离）
电话银行中心副总经理：李建峰（总行部门副总经理）（2014 年 12 月任）
资深经理（专业技术二级）：虞菊华（女）（2014 年 12 月任）

财富管理与私人银行部

总经理：魏春旗
副总经理：应红（女）
副总经理：梅雨方
副总经理：杨刚
副总经理：马勇
副总经理：严俊

住房金融与个人信贷部

总经理：王毅
副总经理：孙冰峰（总行部门总经理级）
副总经理：童学锋（2014 年 10 月任）
副总经理：孙聚贤（女）
副总经理：孟国鸿
副总经理：周　刚
资深经理（专业技术二级）：赵晓英（女）（2014 年 12 月任）

信用卡中心

总经理、党委书记：段超良
副总经理、党委副书记：蒋志春
副总经理、党委委员：吴惠涛
副总经理、党委委员：黄勇（2014 年 3 月任副总经理）
副总经理、党委委员：张伟（2014 年 3 月任副总经理）
纪委书记、党委委员：杨学才（总行部门副总经理）

网络金融部（2014 年 12 月更名）

总经理：黄浩
副总经理：马春峰（总行部门总经理级）
副总经理：刘建忠
副总经理：寇冠
副总经理：于潇（女）

产品创新与管理部

总经理：李尚荣

副总经理：赵志宏

副总经理：胡恒社

副总经理：陈昕（2014 年 12 月免）

副总经理：汪下烟（2014 年 12 月任）

金融市场部

总经理：谷裕

副总经理兼商品与期货交易部（二级部）总经理：王勇（总行部门总经理级）

副总经理：曹守年

副总经理：刘彦（女）

副总经理：张铮

副总经理：严瑛（女）（2014 年 12 月任）

商品与期货交易部（二级部）副总经理：雷鸣（总行部门副总经理）（2014 年 3 月任总行部门副总经理）

商品与期货交易部（二级部）副总经理：格根（女）（总行部门副总经理）

香港交易中心副主任：郭志鹏（总行部门副总经理）（2014 年 6 月免）

资产管理部（投资银行部）（2014 年 10 月更名）

总经理：黄曦（女）

副总经理：孙念北（女）（2014 年 6 月免）

业务总监：黄金华（总行部门副总经理）

副总经理：李少俊

副总经理：谢国旺

国际业务部

总经理：杨爱民

副总经理：孙建政（总行部门总经理级）

副总经理：江建华

副总经理：孙剑波（女）

副总经理：钱理红（女）（2014 年 1 月任）

副总经理：原玎（女）（2014 年 1 月任）

资深经理（专业技术二级）：蒋畅（女）（2014 年 6 月任）

营运管理部

主要负责人：杨丰来（2014 年 4 月免）

总经理：牟乃密（2014 年 12 月任）

副总经理：吕穗春（女）（总行部门总经理级）

副总经理：李雪艳（女）

副总经理：梁军

副总经理兼后台业务中心总经理：陈德

副总经理：李月希（2014 年 3 月任）

资金业务营运总监：刘润发（总行部门总经理助理）

数据管理部（2014 年 12 月更名）

总经理：刘静芳（女）
副总经理：施良
副总经理：曹建勇
副总经理：常征
副总经理：刘贤荣（2014 年 3 月任）
资深经理（专业技术二级）：尚波

信息技术管理部

总经理：金磐石
副总经理兼“新一代核心系统”建设推进工作小组常务副组长：朱玉红（女）（总行部门总经理级）
副总经理：王申科
副总经理：刘延新
副总经理：纪朝晖（2014 年 6 月任）
资深经理（专业技术二级）：林磊明（2014 年 4 月任）
资深经理（专业技术二级）：郭汉利（2014 年 6 月任）
资深专员：李骁（总行部门副总经理级）（2014 年 10 月任）
总工程师（专业技术一级）：胡宪忠

法律事务部

总经理：程美芬（女）
副总经理：曹屹立
副总经理：吴胜春
副总经理：侯太领
副总经理：周立众（2014 年 12 月任）
资深经理（专业技术二级）：邱纪成

战略规划部（2014 年 1 月更名）

总经理：吴建杭（2014 年 3 月任）
副总经理：蒋清海（2014 年 3 月任）
副总经理：许占涛（总行部门总经理级）（2014 年 3 月任）
副总经理：宋海林（2014 年 3 月任）
副总经理：朱勇（2014 年 3 月任）
资深经理（专业技术二级）：贾铁真（2014 年 12 月任）

采购部

总经理：吴建中
副总经理：顾万寿
副总经理：黄文化

纪委、监察部（巡视办）（2014 年 12 月更名）

总经理、纪委副书记兼巡视工作办公室主任：张华建
纪委副书记兼巡视工作办公室副主任：林鸿（总行部门总经理）
纪委副书记：王德刚（总行部门总经理）（2014 年 5 月任）
副总经理：刘文锦
副总经理级纪检监察员兼党风廉政建设处处长：马景欣（女）（2014 年 3 月任）
总经理助理：罗铿
巡视工作办公室副主任兼总行巡视组副组长：傅晓燕（女）
总行第一巡视组组长：张涛（女）
总行第二巡视组组长：潘念宁（女）
总行第三巡视组组长：王毅
总行巡视组副组长：邹春生（总行部门副总经理）（2014 年 10 月任）
总行巡视组副组长：冯涛（2014 年 11 月任）
总行巡视组副组长：赵翀（总行部门副总经理）（2014 年 3 月任总行部门副总经理）
总行巡视组副组长：赵荣（女）（总行部门副总经理）（2014 年 12 月任总行部门副总经理）
中国监察学会建设银行分行副秘书长：韩晓春（女）（总行部门副总经理）

公共关系与企业文化部（党委宣传部）

总经理、党委宣传部部长：王炽（2014 年 7 月免）
总经理、党委宣传部部长：刘进（2014 年 7 月任）
副总经理：何小平
副总经理：柴翔
副总经理：张延明

安全保卫部

总经理：刘晖
副总经理：任亚民
副总经理：熊自力

离退休人员管理部

总经理：安全德（2014 年 2 月免，退休）
总经理：张玉英（2014 年 5 月任）
副总经理：邹春生（2014 年 10 月免）
资深经理（专业技术二级）：万滨江（2014 年 12 月任）

机关党委

副书记：张宪（总行部门总经理级）（2014 年 4 月免）
副书记：吴慧文（女）（总行部门总经理级）（2014 年 4 月任总行部门总经理级）
机关纪委副书记兼总行巡视组副组长：李志（女）（总行部门副总经理）

党校（高级研修院）

常务副校长、高级研修院院长：王博之（总行部门总经理）（2014 年 12 月任常务副校长）

副校长、高级研修院副院长：周平

工会（团委）

常务副主席：王琳（2014 年 8 月任）
副主席：张玉英（女）（总行部门总经理级）（2014 年 5 月免）
副主席：邵风高
团委书记：周波（总行部门副总经理）

“新一代核心系统”建设推进工作小组

副组长：王怀伟

2014年建设银行分行领导名录

北京市分行

行长、党委书记（兼）：余静波
副行长（总行部门总经理级）、党委副书记：方秋月（2014年8月免）
副行长、党委副书记：李凡（2014年7月任党委副书记）
纪委书记、副行长、党委委员：王光明（2014年7月任）
副行长、党委委员：郎理英（女）
副行长、党委委员：徐洪昇
副行长、党委委员：张力铮（2014年8月免）
副行长、党委委员：王新立（2014年7月任党委委员，9月任副行长）
行长助理：吴泼伟
资深专员：董建恒（2014年6月由纪委书记、党委委员改任）
资深专员：赵克义

天津市分行

行长、党委书记：高德高
副行长、党委委员：刘步其
副行长、党委委员：王　斌
副行长、党委委员：李明凯
副行长、党委委员：屈宏志
行长助理：王津成（2014年7月任）
行长助理：王艳颖（女）（2014年2月任）
资深专员：李军（女）（2014年3月由纪委书记、党委委员改任）

河北省分行

行长、党委书记：李秀昆（2014年7月免）
行长、党委书记：程远国（2014年7月任党委书记，8月任行长）
副行长、党委委员：郭英辉（女）
纪委书记、副行长、党委委员：韩智慧
副行长、党委委员：李春生
党委委员：陈中新（2014年12月任）
副行长、党委委员：喻永新（2014年7月免）
副行长、党委委员：尹全振
副行长、党委委员：王永平

工会主任：杜彦芳（女）
资深专家：孙福州（2014 年 3 月由副行长、党委副书记改任资深专员，7 月任资深专家）

山西省分行

行长、党委书记：高　强
副行长、党委副书记：陈东平
纪委书记、副行长、党委委员：解陆一
副行长、党委委员：斛文锋
副行长、党委委员：于　凡（女）
副行长、党委委员：宋佐军（2014 年 7 月任党委委员，10 月任副行长）
副行长、党委委员：贾爱民（2014 年 9 月任党委委员，11 月任副行长）
风险总监：杨利亚（2014 年 7 月免）
资深专员：康生福（2014 年 6 月免职退休）
资深专员：孟荣华

内蒙古自治区分行

行长、党委书记：邱书民
纪委书记、党委委员：楚孔用
副行长、党委委员：张兆西
副行长、党委委员：董发凯
副行长、党委委员：崔殿满
副行长、党委委员：孙建国
副行长、党委委员：乔俊峰（蒙古族）
副行长、党委委员：高凤山
行长助理：吕作龙（2014 年 7 月免）
资深专员（总行部门总经理级）：裴品才（2014 年 4 月免职退休）

辽宁省分行

行长、党委书记：袁桂军
副行长（总行部门总经理级）、党委副书记：陈利（2014 年 2 月免职退休）
纪委书记、党委委员：肖　青（女）（2014 年 7 月免）
副行长、党委副书记：韩　民（2014 年 12 月任党委副书记）
副行长、党委委员：于宁哲（2014 年 11 月免）
副行长、党委委员：司朝伟
副行长、党委委员：林忠治（2014 年 11 月任）
副行长、党委委员：张　勇
副行长、党委委员：张连钢（2014 年 1 月任副行长）
资深专员：籍宝奎（2014 年 3 月由副行长、党委委员改任）
资深专员：孙琳（2014 年 8 月任）

吉林省分行

行长、党委书记：杨铁军

副行长、党委副书记：郭元析（2014 年 11 月免）
副行长、党委副书记：于宁哲（2014 年 11 月任）
副行长、党委委员、工会主任：姚殿英
纪委书记、党委委员：奚丽娟（女）（满族）
副行长、党委委员：具京子（女）（朝鲜族）
副行长、党委委员：刘　伟
行长助理：李　华（女）（朝鲜族）（2014 年 4 月任）

黑龙江省分行

行长、党委书记：张　勤
副行长、党委副书记：耿庆军
副行长、党委委员：尹　君
副行长、党委委员：李　松
副行长、党委委员：江文波
行长助理：邹洵游
资深专员：姜鸿飞（2014 年 9 月由副行长、党委委员改任）
资深专员：张慧敏（女）（2014 年 9 月由纪委书记、党委委员、工会主任改任）
资深专员：吕春光（2014 年 1 月任）

上海市分行

行长、党委书记：王　江
副行长、党委副书记：忻明宝（2014 年 3 月免职退休）
副行长、党委副书记：徐　捷
纪委书记、副行长、党委委员：林晓东
副行长、党委委员：陈金富
副行长、党委委员：徐众华
副行长、党委委员：吴益强
副行长、党委委员：李　骏
副行长、党委委员：李朝阳
行长助理：孙维（女）（2014 年 2 月任）

江苏省分行

行长、党委书记：杨　毓
副行长、党委副书记：张　毅
副行长、党委副书记：樊庆刚（2014 年 12 月任党委副书记）
副行长、党委委员：金扬统
副行长、党委委员：邵　斌
纪委书记、党委委员：王光明（2014 年 7 月免）
副行长、党委委员：张伟煜（2014 年 1 月任副行长）
副行长、党委委员：陈宝权（2014 年 9 月任党委委员、10 月任副行长）
行长助理：贾纯（2014 年 8 月免）
行长助理：刘　兵（2014 年 2 月任）

资深专家：沈义明（2014 年 10 月由副行长、党委副书记改任）
资深专员：武莉（女）（2014 年 7 月由风险总监改任）

浙江省分行

行长、党委书记：黄先俊（蒙古族）
副行长、党委副书记：侯建培（2014 年 4 月免职退休）
副行长、党委副书记：林顺辉
副行长、党委委员：张　民
纪委书记、党委委员、工会主任：傅春兰（女）
副行长、党委委员：陈慧芳（女）
副行长、党委委员：陈根海
副行长、党委委员：贾　纯（2014 年 8 月任党委委员，9 月任副行长）
风险总监：叶进（2014 年 7 月免）
行长助理：何向东（2014 年 5 月免）

安徽省分行

行长、党委书记：戴跃明
副行长、党委委员：姚启凡
纪委书记、副行长、党委委员：杨庆生（2014 年 1 月任副行长）
副行长、党委委员：杨学军
副行长、党委委员：吴振广（2014 年 1 月任副行长）
副行长、党委委员：张广飞（2014 年 1 月由行长助理提任党委委员，2 月任副行长）
副行长、党委委员：方华平（2014 年 1 月任党委委员，2 月任副行长）
行长助理：袁　平（2014 年 4 月任）
资深专员：范绍杰（2014 年 8 月免职退休）

福建省分行

行长、党委书记：彭洪明（2014 年 7 月免）
行长、党委书记：刘丽华（女）（2014 年 7 月任党委书记，10 月任行长）
副行长、党委副书记：陈万铭（布依族）
副行长、党委委员：刘　峰
副行长、党委委员：丁保平（回族）
副行长、党委委员：王东标
纪委书记、党委委员、工会主任：郑碧玲（女）（2014 年 7 月任纪委书记、党委委员）
副行长、党委委员：黄　汾（2014 年 8 月由行长助理提任党委委员，9 月任副行长）
副行长、党委委员：林　平（2014 年 8 月由行长助理提任党委委员，9 月任副行长）
行长助理：吴建政（2014 年 8 月免）
资深专员：李文贤（2014 年 3 月由副行长、党委委员改任）
资深专员：林和发（2014 年 3 月由副行长、党委委员改任）
资深专员：胡敏华（2014 年 6 月由纪委书记、党委委员改任）

江西省分行

行长、党委书记：万国平

副行长、党委委员：彭家彬
副行长、党委委员：喻金龙
副行长、党委委员：蒋曙明
纪委书记、党委委员：王志武（女）
副行长、党委委员：刘　忠（2014 年 3 月由行长助理提任党委委员，4 月任副行长）
副行长、党委委员：杜占良（2014 年 9 月由风险总监改任）
行长助理：丁俊（2014 年 4 月任）
资深专家：易建荣（2014 年 10 月由副行长、党委副书记改任）

山东省分行

行长、党委书记：薛　峰
副行长、党委副书记：李文达
副行长、党委副书记：王晓永（2014 年 12 月任党委副书记）
副行长、纪委书记、党委委员：张维国
副行长、党委委员：路　民
副行长、党委委员：李建平
副行长、党委委员：朱治昌
党委委员：郝子建
行长助理：宋佐军（2014 年 7 月免）
资深专员：刘振奇（2014 年 6 月由副行长、党委委员改任）

河南省分行

行长、党委书记：石亭峰
副行长、党委副书记：石永拴（2014 年 12 月任党委副书记）
副行长、党委委员：张志军
副行长、党委委员：王保信
副行长、党委委员：黄兴宏
副行长、党委委员：路建华
纪委书记、党委委员：张新华
副行长、党委委员：许建东（2014 年 1 月任副行长）
行长助理：胡军

湖北省分行

行长、党委书记：廖　林（2014 年 6 月任行长）
副行长、党委副书记：陈汉华（2014 年 1 月免职退休）
副行长、党委委员：范广州
副行长、党委委员：林　帆（2014 年 5 月任党委委员，9 月任副行长）
副行长、党委委员：王进军
副行长、党委委员：段红涛（2014 年 11 月免）
副行长、党委委员：石章振
副行长、党委委员：李忠东
纪委书记、副行长、党委委员：张为忠（2014 年 7 月任副行长）

行长助理：任鹏（2014 年 7 月免）
巡视员：陶恒喜

湖南省分行

行长、党委书记：刘力耕
副行长、党委副书记：梁德顺（2014 年 12 月任党委副书记）
副行长、党委委员：李　泉（2014 年 12 月免）
副行长、党委委员：刘广良（2014 年 8 月免）
副行长、党委委员：尹利芳
副行长、党委委员：卢　刚（2014 年 7 月任党委委员，8 月任副行长）
副行长、党委委员：文爱华（2014 年 1 月任副行长）
纪委委员、党委委员：朱怀伟
党委委员：黄天祥（2014 年 12 月任）
资深专家：陈二尧（2014 年 7 月由副行长、党委副书记改任）

广东省分行

行长、党委书记：靳彦民（2014 年 11 月免）
行长、党委书记：刘　军（2014 年 11 月任党委书记，12 月任行长）
副行长、党委委员：易景安
副行长、党委委员：吴集荣（2014 年 8 月任党委委员，10 月任副行长）
副行长、党委委员：李　民
副行长、党委委员：李洪茂
副行长、党委委员：王　燊（2014 年 9 月任党委委员，10 月任副行长）
纪委书记、党委委员：杨泽英（女）（2014 年 12 月任）
工会主任：王志雄
风险总监：梁洪晨（2014 年 7 月免）
行长助理：邓　竞（2014 年 3 月任）
行长助理：席荣贵（2014 年 3 月任）
资深专员：李锦海（2014 年 2 月免职退休）
资深专员：沈奕明（2014 年 6 月由副行长、党委委员改任）
资深专员：王少先（2014 年 3 月由纪委书记、副行长、党委委员改任）
资深专员：陈翠芳（女）（2014 年 6 月由副行长、党委委员改任）

广西壮族自治区分行

行长、党委书记：胡昌苗
副行长、党委副书记：魏振华
副行长、党委副书记：李思影（2014 年 12 月任党委副书记）
纪委书记、党委委员、工会主任：杨静挺
副行长、党委委员：梁建林（回族）
副行长、党委委员：黄诚东
副行长、党委委员：农卫东（壮族）
副行长、党委委员：陈创胜（2014 年 1 月免风险总监任党委委员，2 月任副行长）

行长助理：张石强

海南省分行

行长、党委书记：张中科
副行长、党委委员：李　泉（2014 年 12 月任）
副行长、党委委员：石　滨（女）
纪委书记、党委委员、工会主任：尹慧琳（女）
副行长、党委委员：麦文盛（2014 年 1 月免风险总监，任党委委员，2 月任副行长）
副行长、党委委员：戴建军（土家族）（2014 年 2 月任副行长）
资深专家：梁福成（2014 年 2 月免职退休）
资深专家：麦仲山（壮族）（2014 年 10 月由副行长、党委副书记改任）
资深专员：赵永林（2014 年 6 月免职退休）
资深专员：陈泽钧（2014 年 6 月任，10 月免职退休）

重庆市分行

行长、党委书记：李　果（2014 年 3 月免）
行长、党委书记：余　江（2014 年 3 月任党委书记，4 月任行长）
副行长、党委副书记：熊　刚（2014 年 12 月任党委副书记）
副行长、党委委员：文姜元
纪委书记、党委委员：高永强
副行长、党委委员：陈　义（2014 年 1 月任副行长）
副行长、党委委员：吴承恩（2014 年 1 月任副行长）
副行长、党委委员：张　希（2014 年 2 月由行长助理提任党委委员、4 月任副行长）
资深专家：何益民（2013 年 1 月任）
资深专员：罗文章
资深专员：颜显民（女）（2014 年 6 月免职退休）

四川省分行

行长、党委书记：曾益（2014 年 4 月免）
行长、党委书记：杨丰来（2014 年 4 月任党委书记、6 月任行长）
副行长、党委委员：严　斌（2014 年 12 月任党委副书记）
副行长、党委委员：王　浩（2014 年 8 月免）
纪委书记、党委委员：李述成
副行长、党委委员：卢　生
副行长、党委委员：汪　海
工会主任：颜克忠
行长助理：戴虎林
行长助理：杨泽新（女）

贵州省分行

行长、党委书记：吴民豪（2014 年 3 月免）
行长、党委书记：李　果（2014 年 3 月任党委书记，6 月任行长）

副行长、党委委员：杜　坚
纪委书记、副行长、党委委员：许修智（2014 年 12 月任纪委书记）
纪委书记、副行长、党委委员：陈中新（2014 年 2 月任副行长，12 月免）
副行长、党委委员：周　晓（2014 年 1 月免风险总监，任党委委员，2 月任副行长，11 月免）
副行长、党委委员：肖　倬（2014 年 8 月任党委委员、10 月任副行长）
党委委员：陈昕（2014 年 12 月任）
副行长、党委委员：陆雪涛（女）（2014 年 12 月任）
副行长、党委委员：朱启江（2014 年 7 月由行长助理提任党委委员，10 月任副行长）
副行长、党委委员：吴建政（2014 年 8 月任党委委员、10 月任副行长）
资深专员：张民权（白族）（2014 年 1 月由副行长、党委委员改任）
资深专员：蒋晓树（2014 年 6 月由副行长、党委委员、工会主任改任）

云南省分行

行长、党委书记：高升亮
副行长、党委副书记：马亦凌（女）（回族）
副行长、党委委员：何　跃
副行长、党委委员：董晓威
副行长、纪委书记、党委委员：赵海涛（2014 年 1 月任副行长）
副行长、党委委员：李瑞冬（女）
副行长、党委委员：吴灿文（2014 年 2 月任党委委员，5 月任副行长）
党委委员：普跃（2014 年 2 月任）
资深专员：范京云（2014 年 9 月免职退休）

西藏自治区分行

行长、党委书记：韩文贞
副行长、党委副书记：查克健（2014 年 9 月任党委副书记）
纪委书记、党委委员：次仁顿珠（藏族）
副行长、党委委员：王曼村
副行长、党委委员：武青勇（2014 年 8 月由行长助理提任党委委员，10 月任副行长）
副行长、党委委员：孟　伟（2014 年 9 月任党委委员，11 月任副行长）
资深专员：严仕成（2014 年 6 月由副行长、党委委员改任）
风险总监：刘晓兰（女）（2014 年 2 月免）

陕西省分行

行长、党委书记：牟乃密（2014 年 7 月免）
行长、党委书记：杨新丰（2014 年 7 月任党委书记，9 月任行长）
副行长、党委副书记：李忠华
副行长、党委委员：刘红旗
副行长、党委委员：曹建平
副行长、党委委员：张玺峰
副行长、党委委员：张　敏（女）
纪委书记、党委委员：严建新

甘肃省分行

行长、党委书记：艾尔肯.艾则孜（维吾尔族）
副行长、党委委员：孙一顺
副行长、党委委员：王文永
副行长、党委委员：杨玉江
副行长、党委委员：朱博海
副行长、党委委员：陆雪涛（女）（2014 年 1 月任党委委员，4 月任副行长，12 月免）
资深专员：苏安平（2014 年 9 月由纪委书记、党委委员改任）
风险总监：杨仲元（2014 年 7 月免）

青海省分行

行长、党委书记：郭继庄（2014 年 1 月免）
行长、党委书记：李振宇（2014 年 1 月由副行长、党委副书记提任）
副行长、党委副书记：王　浩（2014 年 8 月任）
副行长、党委委员：王正录（2014 年 4 月免职退休）
副行长、党委委员：郑海峰（2014 年 7 月免）
副行长、党委委员：梁世斌
副行长、党委委员：刘志发
副行长、党委委员：吕作龙（2014 年 7 月任党委委员，9 月任副行长）
副行长、党委委员：刘玉武（蒙古族）（2014 年 9 月任党委委员，11 月任副行长）
纪委书记、党委委员：汪有胜（2014 年 12 月任）
资深专员：卜建平（2014 年 3 月由纪委书记、党委委员改任，12 月免职退休）
风险总监：金大钊（满族）（2014 年 1 月免）

宁夏回族自治区分行

行长、党委书记：郑海峰（2014 年 7 月任党委书记，10 月任行长）
副行长、党委副书记：刘海涛
纪委书记、党委委员：袁贵
副行长、党委委员：徐长宁
副行长、党委委员：陈福功
副行长、党委委员：金大钊（满族）（2014 年 1 月任党委委员，3 月任副行长）
副行长、党委委员：吴其海
副行长、党委委员：王　斌

新疆维吾尔自治区分行

行长、党委书记：魏承国
副行长、党委副书记：杨险峰（2014 年 7 月任党委副书记）
副行长、党委委员：张春生
纪委书记、副行长、党委委员：阿布来提・木明（维吾尔族）
副行长、党委委员：徐军世
党委委员：李新平

副行长、党委委员：李军（2014 年 9 月任党委委员，11 月任副行长）
风险总监：闫静波（2014 年 7 月免）
资深专员：孙积安（2014 年 6 月任）

深圳市分行

行长、党委书记：刘　军（2014 年 11 月免）
行长、党委书记：王　业（2014 年 11 月任党委书记，12 月任行长）
副行长、党委委员：李华峰
副行长、党委委员：吴集荣（2014 年 8 月免）
纪委书记、副行长、党委委员：王雄（2014 年 2 月任副行长）
副行长、党委委员：赵芝然
副行长、党委委员：潘　虹
副行长、党委委员：戴惠明
副行长、党委委员：韩风林

大连市分行

行长、党委书记：林忠治（2014 年 11 月免）
行长、党委书记：郭元析（2014 年 11 月任党委书记，12 月任行长）
副行长、党委副书记：程超英（女）
纪委书记、党委委员：隋　岩（女）
副行长、党委委员：石新亭
副行长、党委委员：张喜军（2014 年 7 月免）
副行长、党委委员：全敏（朝鲜族）
风险总监：王津成（2014 年 7 月免）
行长助理：张鹏举
行长助理：率长江
资深专员：肖　青（女）（2014 年 7 月任）

宁波市分行

行长、党委书记：葛王杰（2014 年 1 月任行长）
纪委书记、副行长、党委委员：任国正
副行长、党委委员：陈恒星
副行长、党委委员：卢　冲
副行长、党委委员：张琐琐（女）（2014 年 1 月任副行长）
行长助理：陈晓峰

厦门市分行

行长、党委书记：刘丽华（女）（2014 年 7 月免）
行长、党委书记：生柳荣（2014 年任党委书记，8 月任行长）
副行长、党委副书记：黄　霞（女）
副行长、党委委员：肖春辉
纪委书记、党委委员：戴丽萍（女）（2014 年 6 月免职退休）

副行长、党委委员：黄惠玲（女）
副行长、党委委员：黄华红（女）
资深专员：丁嘉槐

青岛市分行

行长、党委书记：冯　涛（2014 年 11 月免）
行长、党委书记：段红涛（2014 年 11 月任党委书记，12 月任行长）
副行长、党委委员：刘远方
副行长、党委委员：王士清
副行长、党委委员：郭中华（女）
副行长、党委委员：刘从正
纪委书记、党委委员：杨洲德
副行长、党委委员：陈庆辉（2014 年 1 月任副行长）

苏州分行

行长、党委书记：刘兴华（2014 年 1 月任行长）
副行长、党委副书记：杨　虹（女）
副行长、党委委员：黄松鹤
纪委书记、副行长、党委委员：方建平
副行长、党委委员：许永良（2014 年 8 月由风险总监改任）
副行长、党委委员：朱斌晨（2014 年 9 月由行长助理提任党委委员，10 月任副行长）
副行长、党委委员：冯　宇（2014 年 9 月由行长助理提任党委委员，10 月任副行长）
行长助理（挂职）：顾卫东（2014 年 2 月免）
资深专家：林少斌
资深专员：吕伟民（2014 年 3 月由工会主任改任）

哈尔滨培训中心

主任、党委书记兼建设银行党校哈尔滨分校校长：孙平生
副主任、党委副书记：孙耀河
纪委书记、党委委员：王建立

常州培训中心

主任、党委书记兼建设银行党校常州分校校长：屈建伟（2014 年 6 月由副主任、党委副书记（主持工作）提任）
副主任、党委副书记：江炳钰
纪委书记、副主任、党委委员兼建设银行党校常州分校副校长：赵余分
副主任、党委委员：汪书明（2014 年 12 月任）

2014年建设银行境内子公司负责人名单

序号	所在机构	职务	姓名	性别	备注
1	中德住房储蓄银行	董事长（兼）	王洪章	男	
		行长	王云	男	
2	建信基金管理有限责任公司	董事长	江先周	男	2014年6月免
		董事长（兼）	杨文升	男	2014年6月任
		总经理	孙志晨	男	
3	建信金融租赁有限公司	董事长	顾京圃	男	
		总裁	吴建杭	男	2014年5月免
		总裁	王强	男	2014年5月任
4	建信信托有限责任公司	董事长	曾见泽	男	2013年11月免
		董事长	杜亚军	男	2014年7月任
		总裁	程双起	男	2014年7月免
		总裁	王宝魁	男	2014年7月任
5	建信人寿保险有限公司	董事长（兼）	章更生	男	
		总裁	赵富高	男	
		党委书记	苏克	男	
		监事长	郭世坤	男	
6	建信期货有限责任公司	董事长	程双起	男	2014年8月任
		总裁	葛文杰	男	2014年8月任

2014 年建设银行境外机构负责人名单

编号	所在机构	姓名	性别	出生年月	民族	职务	备注
1	新加坡分行	任冬艳	女	1970. 11. 12	汉族	副总经理（主持工作）	
		姜国云	男	1959. 04. 17	汉族	总经理	2014 年 5 月免
2	法兰克福分行	李彪	男	1964. 07. 08	汉族	总经理	2015 年 6 月免
3	约翰内斯堡分行	张进国	男	1968. 05. 30	汉族	总经理	
4	东京分行	李勇龙	男	1963. 02. 24	汉族	总经理	
5	首尔分行	彭钢	男	1965. 04. 10	汉族	总经理	
6	纽约分行	张骏	男	1967. 02. 05	汉族	总经理	
7	悉尼分行	王启新	男	1954. 07. 19	汉族	总经理	2015 年 1 月免
8	胡志明市分行	孙琳	男	1958. 03. 05	汉族	总经理	2015 年 2 月免
9	台北分行	李国夫	男	1963. 03. 07	汉族	总经理	
10	多伦多分行	孙念北	女	1966. 05. 11	汉族	总经理	
11	澳门分行	侯伟荣	男	1970. 10. 12	汉族	总经理	
12	建行亚洲	毛裕民	男	1955. 03. 15	汉族	执行总裁	
13	建银国际	胡章宏	男	1969. 02. 03	汉族	执行总裁	
14	建行伦敦	丰习来	男	1963. 10. 16	汉族	执行总裁	
15	建行俄罗斯	高榕	男	1970. 11. 11	满族	总经理	
16	建行迪拜	袁盛瑞	男	1964. 04. 28	汉族	总经理	
17	建行欧洲	李锁生	男	1964. 04. 02	汉族	总经理	
18	香港培训中心	吴忆	女	1963. 10. 16	汉族	主任	

2014 年建设银行审计机构负责人名单

序号	所在机构	职务	姓名	性别	备注
1	天津审计分部	分部主任	鲁可贵	男	
2	沈阳审计分部	分部主任	王书仁	男	2014 年 10 月提任总行部门总经理级
3	上海审计分部	分部主任	沈明	男	
4	南京审计分部	分部主任	邵来吉	男	
5	武汉审计分部	分部主任	金海萍	女	
6	广州审计分部	分部主任	熊建华	男	
7	成都审计分部	分部主任	黄叔平	女	2014 年 4 月免
		分部主任	曾益	男	2014 年 4 月任
8	西安审计分部	分部主任	汪永俭	男	
9	香港审计分部	分部主任	孔永新	男	
10	北京总审计室	总审计师	张超英	女	
11	河北总审计室	总审计师	岳鹰	男	2014 年 1 月免
		总审计师	任鹏	男	2014 年 7 月任
12	山西总审计室	总审计师	许敏鸣	女	
13	内蒙总审计室	总审计师	白俊芝	女	
14	大连总审计室	总审计师	金军	男	
15	吉林总审计室	总审计师	宋涛	男	
16	黑龙江总审计室	总审计师	贾悦红	女	
17	浙江总审计室	总审计师	王爱玲	女	
18	宁波总审计室	总审计师	黄品良	男	
19	福建总审计室	总审计师	林华	女	
20	厦门总审计室	总审计师	温剑	男	
21	山东总审计室	总审计师	崔凤芹	女	
22	青岛总审计室	总审计师	于敬一	女	
23	安徽总审计室	总审计师	胡忠	男	
24	苏州总审计室	总审计师	谷成沛	男	
25	江西总审计室	总审计师	樊精隆	男	
26	河南总审计室	总审计师	程全正	男	
27	宜昌总审计室	总审计师	刘家桂	男	2014 年 1 月免，6 月机构撤并
28	湖南总审计室	总审计师	王新立	男	2014 年 7 月免
29	深圳总审计室	总审计师	谭晓兵	男	
30	广西总审计室	总审计师	陈泽钧	男	2014 年 6 月免

续表

序号	所在机构	职务	姓名	性别	备注
31	海南总审计室	总审计师	庞平声	男	
32	重庆总审计室	总审计师	刘平	男	
33	贵州总审计室	总审计师	陈光俊	男	
34	云南总审计室	总审计师	王黎川	男	
35	西藏总审计室	总审计师	杨劲青	女	2014 年 12 月免
36	甘肃总审计室	总审计师	孙积安	男	2014 年 6 月免
37	青海总审计室	总审计师	李锦旗	男	2014 年 12 月免
38	宁夏总审计室	总审计师	沈忠良	男	
39	新疆总审计室	总审计师	熊跃明	男